Knaur®

Dieses Buch wurde auf chlor- und säurefreiem Papier gedruckt.

Vollständige Taschenbuchausgabe August 1992
Droemersche Verlagsanstalt Th. Knaur Nachf., München

Umschlaggestaltung Manfred Waller
Druck und Bindung Ebner Ulm
Printed in Germany 5 4 3 2
ISBN 3-426-82008-0

Knaurs Fremdwörterlexikon

40 000 Fremdwörter
Schreibweise
Bedeutung
Anwendung

Von Ursula Hermann

Herausgegeben vom
Lexikographischen Institut,
München

Knaur®

Inhalt

Einführung und Hinweise für den Benutzer

Was dieses Buch will

Dieses Buch will beim Umgang mit Fremdwörtern helfen. Es versucht,
die gebräuchlichen Fremdwörter aus allen Lebens- und Wissensbereichen zu erfassen, soweit sie dem Leser außerhalb spezieller Fachliteratur begegnen,
die neu aufkommenden, größtenteils aus dem Angloamerikanischen stammenden Wörter aufzunehmen, da sie vielerlei Schwierigkeiten bieten,
durch Schriftwahl und übersichtliche Anordnung das schnelle Auffinden des Gesuchten zu erleichtern,
ausreichende grammatische Informationen zu vermitteln und die Aussprache genau anzugeben.

Namen

Namen von Personen und geographischen Objekten sind nur dann aufgeführt, wenn sich aus ihnen ein allgemeiner Begriff entwickelt hat, z. B. Casanova: Frauenheld, galanter Verführer; Canossa: Demütigung.

Abkürzungen als Stichwort

Allgemein verbreitete Abkürzungen sind als Stichwort aufgenommen, z. B.: **h. c.** *Abk. für* honoris causa. Die ausgeschriebenen Wörter erscheinen entweder an ihrer eigenen Stelle im Alphabet und werden dort erläutert, z. B.: **honoris causa** ehrenhalber, oder sie werden bei der Abkürzung kurz erklärt, z. B.: **BBC** *Abk. für* British Broadcasting Company (die britische Rundfunkgesellschaft).

Abc-Ordnung

Die Umlaute ä, ö, ü erscheinen in der alphabetischen Ordnung der Stichwörter wie die einfachen Vokale a, o, u; ae und oe werden jedoch als zwei Buchstaben behandelt. Es erscheint also **Pädagoge** mit dem Wortteil Päda- zwischen Pachulke und Paddel; dagegen steht **praemissis** mit dem Wortteil -aem- zwischen Prädomination und Präfation, und es steht **Œuvre** zwischen Odyssee und Office.

Schreibung

Die Ph-Schreibung wurde in den Fällen, in denen der Gebrauch noch schwankt, beibehalten – mit Hinweis auf die gleichfalls mögliche F-Schreibung. „Telefon“ jedoch mit allen Ableitungen wurde mit f geschrieben, da diese Schreibung sich völlig durchgesetzt hat.
Die Schreibung chemischer Bezeichnungen folgt dem neueren internationalen Gebrauch und bevorzugt c (Calcium) statt k und z (Kalzium); bei der eingedeutschten Schreibung ist regelmäßig ein Verweis auf die Schreibung mit c gegeben. Ebenso wird -oxid anstelle der veralteten Form -oxyd verwendet.
Sehr schwankend ist der heutige Sprachgebrauch bei zusammengesetzten Substantiven, die aus dem Angloamerikanischen übernommen und noch nicht eingedeutscht worden sind: Art-Work oder Art-work, Art Work, Art work oder Artwork? Hier wurde im allgemeinen zusammen- oder mit Bindestrich geschrieben, der Wortanfang immer groß, der zweite Wortteil nur dann, wenn es sich um ein Substantiv handelt. Beispiel: Jet-Set, Jumbo-Jet; aber Flashback, Fieldworker.

abweichende Schreibungen

Gibt es von einem Wort mehrere zulässige Schreibungen, so sind beide im Wörterverzeichnis aufgeführt, z. B. **Guasch** *eindeutschende Schreibung für* Gouache. Die Erklärung findet sich beim Stichwort Gouache.

Verweise

Der Pfeil (→) dient als Verweiszeichen (Aufforderung, das betreffende Wort nachzuschlagen);
bei orthographischen Verschiedenheiten: **Laktam** → Lactam (Erklärung bei Lactam);
bei Synonymen: **Leukodermie** → Albinismus (Erklärung bei Albinismus).

Betonung

Der betonte Vokal eines Wortes ist, wenn er lang gesprochen wird, durch einen untergesetzten Strich markiert: **A̱bakus**; wenn er kurz ist, durch einen Punkt: **Ạbba**. Die Angabe der Betonung erfolgt beim Stichwort; folgt jedoch eine Ausspracheangabe in phonetischer Schrift, ist die Betonung bei dieser gegeben.

Aussprache

Wo Zweifel über die richtige Aussprache bestehen können, ist sie in eckigen Klammern hinter dem Stichwort angegeben, und zwar in den Zeichen des

Internationalen Phonetischen Alphabets (vgl. S. 11f.). Bei langen Reihen von Zusammensetzungen, wie z. B. bei Chemie, Chemiegraph, Chemikalien usw., wurde die Aussprache nur beim ersten Wort gegeben, sie gilt also auch für alle Ableitungen und Zusammensetzungen. Ebenso bei Wörtern auf -tion und ihren Zusammensetzungen: beim Grundwort ist [-tsjon] angegeben: **Funktion** [-tsjon]; bei Zusammensetzungen nur der Betonungsstrich unter dem o: **Funktionsverb**; die Aussprache muß also beim ersten Wort nachgesehen werden.

Silbentrennung Die Silbentrennung wird durch senkrechten Strich angegeben, die Nottrennung (nur in Notfällen zulässige Trennung) durch gebrochenen Strich, z.B. Chil|li¦as|mus.
Die deutschen Wörter sowie die englischen und französischen sind nach deutschen Regeln getrennt, also nach Sprechsilben, z. B. **Bo|dy|buil|ding**, **Figh|ting**, Fremdwörter aus dem Griechischen und Lateinischen großenteils nach Sprachsilben, da sich hier noch keine neuen Regeln durchgesetzt haben, also z. B. **Päd|ago|ge**, **In|ter|es|se**.

Herkunft Die Herkunft ist durch Angabe der Ursprungssprache in eckigen Klammern hinter dem Stichwort bzw. hinter der Aussprachebezeichnung angegeben: Affront [-frɔ̃, frz.]. Gelegentlich wird auch die Vermittlungssprache genannt, durch die ein Wort ins Deutsche eingedrungen ist: [arab.-frz.].

grammatische Angaben Alle Substantive haben nach der Geschlechtsangabe (*m., w., s.*) eine Ziffer, die auf das betreffende Deklinationsschema hinweist (s. S. 13ff.). Ist ein Wort nicht im Schema unterzubringen, so sind der Gen. Ez. und der Nom. Mz. angegeben, z. B. **Album** *Gen.* -s *Mz.* -ben (Genitiv: des Albums, Mehrzahl: die Alben) oder **Informatik** *Gen.* - *nur Ez.*, was bedeutet, daß das Wort nur in der Einzahl vorkommt.

Warenzeichen Das Zeichen ® gibt an, daß eine Bezeichnung urheber- oder wettbewerbsrechtlich geschützt ist. Aus seinem Fehlen kann jedoch nicht geschlossen werden, daß der betreffende Name nicht geschützt sei.

Aufbau eines Artikels

1 2 3 4 5 6

An|ci|en|ni|tät [ãsjɛni-, frz.] *w. 10 nur Ez. veraltet:* Reihenfolge nach dem Alter im Dienst, Dienstalter

6

1. Stichwort (halbfett), Silbentrennung durch |, Nottrennung durch ¦; Betonung durch _ (langes, betontes ä);
2. Aussprache in phonetischen Zeichen, hier eingeschränkt auf den einer solchen Angabe bedürftigen Wortteil;
3. Herkunft (Ursprungssprache);
4. grammatische Angaben: Geschlecht (*w.* = weiblich); Nummer des Deklinationsschemas (*10*); Besonderheiten: *nur Ez.*, das heißt, es kann keine Mehrzahl gebildet werden;
5. Angabe des Gültigkeitsbereichs oder der Sprachschicht, z. B. *veraltet, Med.* = Medizin;
6. Erklärung

1 2 4 2 3 4

ab|ser|vie|ren **1** vom Tisch abräumen (Speisen); **2** *ugs.*: aus dem Amt entfernen

1. Stichwort (halbfett); Silbentrennung durch |; Betonung durch . (kurzes, betontes a);
2. das Stichwort hat zwei Bedeutungen, die durch die halbfetten Ziffern **1**, **2** gekennzeichnet sind;
3. die eine der beiden Bedeutungen gilt nur in einem bestimmten Bereich, nämlich in der Umgangssprache (*ugs.*);
4. Erklärung des Wortes.

Verzeichnis der verwendeten Abkürzungen

Abk.	Abkürzung
Adv.	Adverb
afrik.	afrikanisch
ahd.	althochdeutsch
Akk.	Akkusativ
alem.	alemannisch
allg.	allgemein
amerik.	amerikanisch
Anat.	Anatomie
aram.	aramäisch
Archit.	Architektur
argent.	argentinisch
Astrol.	Astrologie
Astron.	Astronomie
AT	Altes Testament
austr.	australisch
Bankw.	Bankwesen
Bauw.	Bauwesen
bayr.	bayrisch, bayerisch
bes.	besonders
Bez.	Bezeichnung
Biol.	Biologie
Bot.	Botanik
Buchw.	Buchwesen
bzw.	beziehungsweise
Chem.	Chemie
chin.	chinesisch
Dat.	Dativ
DDR	Deutsche Demokratische Republik
dt.	deutsch
Dtschl.	Deutschland
eigtl.	eigentlich
Elektr.	Elektrotechnik
erg.	ergänze
europ.	europäisch
ev., evang.	evangelisch
Ez.	Einzahl
Forstw.	Forstwesen
frz.	französisch
Gen.	Genitiv
Geol.	Geologie
Ggs.	Gegensatz
Gramm.	Grammatik
grch.	griechisch
hebr.	hebräisch
hl.	heilig
idg.	indogermanisch
i. e. S.	im engeren Sinn
ital.	italienisch
i. w. S.	im weiteren Sinn
jap.	japanisch
Jh.	Jahrhundert
jmd.	jemand
jmdm.	jemandem
jmdn.	jemanden
jmds.	jemandes
kath.	katholisch
kfm.	kaufmännisch
Kunstw.	Kunstwort
Kurzw.	Kurzwort
landsch.	landschaftlich
Landw.	Landwirtschaft
lat.	lateinisch
Lit.	Literatur
luth.	lutherisch
m.	männlich
MA	Mittelalter
mal.	malaiisch
Math.	Mathematik
Med.	Medizin
Meteor.	Meteorologie
mhd.	mittelhochdeutsch
Mil., Milit	Militär
Mio.	Million
mlat.	mittellateinisch
Myth.	Mythologie
Mz.	Mehrzahl
nat.-soz.	nationalsozialistisch
n. Chr.	nach Christus
nddt.	niederdeutsch
ndrl.	niederländisch
neulat.	neulateinisch
Nom.	Nominativ
norw.	norwegisch
NT	Neues Testament
o. ä.	oder änliche(s)
österr.	österreichisch
Österr.	Österreich
Part. Perf.	Partizip Perfekt
Philos.	Philosophie
Phot.	Photographie
Phys.	Physik
port(ug).	portugiesisch
Präp.	Präposition
Pron.	Pronomen
prot.	protestantisch
Psych.	Psychologie
Rechtsw.	Rechtswesen
relig.	religiös
Relig.	Religion
rotw.	rotwelsch
s.	sächlich
sanskr.	sanskritisch
scherzh.	scherzhaft
Schimpfw.	Schimpfwort
schweiz.	schweizerisch
Seew.	Seewesen
skand.	skandinavisch
sog.	sogenannt
Soziol.	Soziologie
Sp.	Sport
Spr.	Sprache
Sprachw.	Sprachwissenschaft
Stud.	Studentensprache
Tech.	Technik
Theol.	Theologie
tschech.	tschechoslowakisch
u. a.	und andere(s)
u. ä.	und ähnliche(s)
übertr.	im übertragenen Sinn
u. dgl.	und dergleichen
ugs.	umgangssprachlich
ung.	ungarisch
urspr.	ursprünglich
usw.	und so weiter
v. Chr.	vor Christus
vgl.	vergleiche
VR	Volksrepublik
vulg.	vulgär
w.	weiblich
Wirtsch.	Wirtschaft
Wiss.	Wissenschaft
z. B.	zum Beispiel
zig.	zigeunerisch
Zool.	Zoologie
Zus.	Zusammensetzung

Griechisches, kyrillisches und hebräisches Alphabet

griechische Schrift: 1 altgriechische Majuskeln bzw. neugriechische Großbuchstaben; 2 byzantinische Minuskeln bzw. neugriechische Kleinbuchstaben; 3 Buchstabenname; 4 altgriechischer, 5 neugriechischer Lautwert
kyrillische Schrift: der lateinischen Schrift angenäherte 'bürgerliche Schrift' in der modernen russischen Form: 1,2 Druckschrift, 3,4 Kursive; 5 wissenschaftliche Transliteration; 6 Lautwert im Russischen
hebräische Schrift: 1 Buchstabenform (Quadratschrift unpunktiert); 2 Buchstabenname; 3 Lautwert für das biblische Hebräisch; 4 wissenschaftl. Transliteration

1	2	3	4	5
Α	α	alpha	a	a
Β	β	beta	b	v
Γ	γ	gamma	g	g, j
Δ	δ	delta	d	δ
Ε	ε	epsilon	e	ɛ
Ζ	ζ	zeta	ds	z
Η	η	eta	e	i
Θ	ϑ	theta	th	θ
Ι	ι	jota	i	i, j
Κ	ϰ	kappa	k	k
Λ	λ	lambda	l	l
Μ	μ	my	m	m
Ν	ν	ny	n	n
Ξ	ξ	xi	ks	ks
Ο	ο	omikron	o	ɔ
Π	π	pi	p	p
Ρ	ρ	rho	r	r
Σ	σ	sigma	s	s, z
Τ	τ	tau	t	t
Υ	υ	ypsilon	ü	i, v
Φ	φ	phi	ph	f
Χ	χ	chi	kh	x, ç
Ψ	ψ	psi	ps	ps
Ω	ω	omega	o	o

1	2	3	4	5	6
А	а	*А*	*а*	a	a
Б	б	*Б*	*б*	b	b
В	в	*В*	*в*	v	v
Г	г	*Г*	*г*	g	g
Д	д	*Д*	*∂, g*	d	d
Е	е	*Е*	*е*	e	jɛ
Ж	ж	*Ж*	*ж*	ž	ʒ
З	з	*З*	*з*	z	z
И	и	*И*	*и*	i	i
Й	й	*Й*	*й*	j	j
К	к	*К*	*к*	k	k
Л	л	*Л*	*л*	l	l
М	м	*М*	*м*	m	m
Н	н	*Н*	*н*	n	n
О	о	*О*	*о*	o	o
П	п	*П*	*п*	p	p
Р	р	*Р*	*р*	r	r
С	с	*С*	*с*	s	s
Т	т	*Т*	*т*	t	t
У	у	*У*	*у*	u	u
Ф	ф	*Ф*	*ф*	f	f
Х	х	*Х*	*х*	ch	x
Ц	ц	*Ц*	*ц*	c	ts
Ч	ч	*Ч*	*ч*	č	tʃ
Ш	ш	*Ш*	*ш*	š	ʃ
Щ	щ	*Щ*	*щ*	šč	ʃtʃ
Ъ	ъ	*Ъ*	*ъ*	['hartes' Zeichen]	—
Ы	ы	*Ы*	*ы*	y	y
Ь	ь	*Ь*	*ь*	['weiches' Zeichen]	—
Э	э	*Э*	*э*	ė	ɛ
Ю	ю	*Ю*	*ю*	ju	ju
Я	я	*Я*	*я*	ja	ja

1	2	3	4
א	alef	'	'
ב	beth	b, w	b, ḇ
ג	gimel	g, gh	g, ḡ
ד	daleth	d, dh	d, ḏ
ה	he	h	h
ו	waw	w	w
ז	sajin	s	z
ח	cheth	ḥ	ḥ
ט	teth	ṭ	ṭ
י	jodh	j	j
כ	kaf	k, ch	k, ḵ
ל	lamedh	l	l
מ	mem	m	m
נ	nun	n	n
ס	ßamech	ß	s
ע	ajin	'	'
פ	pe	p, f	p, p̄
צ	ṣadhe	ṣ	ṣ
ק	qof	q	q
ר	resch	r	r
שׂ	śin	ś	ś
שׁ	schin	sch	š
ת	taw	t, th	t, ṯ

Römische Ziffern und Zahlen

Es gibt acht verschiedene Zeichen:
I = 1, V = 5, X = 10, L = 50, C = 100, D = 500, M = 1000, A = 5000.

Die Zahlen werden von links nach rechts gelesen und addiert; steht jedoch eine kleinere Zahl vor einer größeren, so muß sie abgezogen werden: II = 2, III = 3, IV = 4, VI = 6, VII = 7, VIII = 8, IX = 9, XI = 11, XIX = 19, XX = 20, XXX = 30, XL = 40, LX = 60, XC = 90, XCIX = 99, CI = 101, CCCXLIX = 349, MCMLXXIII = 1973

Aussprachebezeichnungen

[a] a

[a] G*a*lopp
kurz, unbetont

[ạ] Ges*a*ng
kurz, betont

[a:] Zier*a*t
lang, unbetont

[a̲] N*a*se
lang, betont

[ʌ] dunkles, kurzes a

[ʌ] Ketch*u*p
kurz, unbetont

[ʌ̣] C*u*tter
kurz, betont

[ã] nasales a

[ã] antich*a*mbrieren
nasal, unbetont

[ã̲] Ch*a*nce
nasal, betont

[e] geschlossenes e

[e] j*e*doch
geschlossen, kurz, unbetont

[e:] Th*e*orie
geschlossen, lang, unbetont

[e̲] L*e*ben
geschlossen, lang, betont

[ɛ] offenes e (= ä)

[ɛ] Eid*e*chse
offen, kurz, unbetont

[ɛ̣] Pf*e*nnig, sch*ä*ndlich
offen, kurz, betont

[ɛ:] Eisb*ä*r
offen, lang, unbetont

[ɛ̲] S*ä*ge
offen, lang, betont

[æ] sehr offenes ä

[æ] Jazzb*a*nd
sehr offen, mittellang, unbetont

[æ̣] C*a*tcher
sehr offen, mittellang, betont

[æ̲] S*a*ndwich
sehr offen, lang, betont

[ɛ̃] nasales ä

[ɛ̃] po*i*ntiert
nasal, unbetont

[ɛ̲̃] Refr*ai*n, Bullet*i*n
nasal, betont

[i] i

[i] M*i*nute
kurz, unbetont

[ị] H*i*lfe
kurz, betont

[i:] Mitgl*ie*d, Augenl*i*d
lang, unbetont

[i̲] Schw*ie*rigkeit
lang, betont

[o] geschlossenes o

[o] Krok*o*dil
geschlossen, mittellang, unbetont

[o:] Tri*o*
geschlossen, lang, unbetont

[o̲] M*o*de
geschlossen, lang, betont

[ɔ] offenes o

[ɔ] Her*o*s
offen, kurz, unbetont

[ɔ̣] S*o*rge
offen, kurz, betont

[ɔ:] Over*a*ll
offen, lang, unbetont

[ɔ̲] St*o*ry
offen, lang, betont

[õ] nasales o

[õ] F*o*ndue
nasal, unbetont

[õ̲] Plaf*o*nd
nasal, betont

[ə] dunkles e oder offenes ö

[ə] Gab*e*
dunkles e, kurz, unbetont

[ə:] Callg*i*rl
offenes ö, lang, unbetont

[ə̲] J*e*rsey
offenes ö, lang, betont

[ø] geschlossenes ö

[ø] Dej*eu*ner
geschlossen, kurz, unbetont

[ø:] eint*ö*nig
geschlossen, lang, unbetont

[ø̲] K*ö*nig
geschlossen, lang, betont

[œ] offenes ö

[œ] J*eu*nesse dorée
offen, kurz, unbetont

[œ̲] *Œ*uvre
offen, lang, betont

[œ̃] nasales ö

[œ̲̃] Verd*u*n
nasal, betont

[u] u

[u] Omnib*u*s
kurz, unbetont

[ụ] P*u*ppe
kurz, betont

[u:] Uh*u*
lang, unbetont

[u] Vers*uch*
lang, betont

[y] ü

[y] parf*ü*mieren
kurz, unbetont

[y] M*ü*cke
kurz, betont

[y:] Haust*ür*
lang, unbetont

[y] Gem*ü*se
lang, betont

[ai] Verbindung von a und i

[ai] Am*ei*se
unbetont

[ai] Sp*ei*se
betont

[ɔi] Verbindung von offenem
o und i

[ɔi] Ef*eu*
unbetont

[ɔi] Fr*eu*de
betont

[au] Verbindung von a und u

[au] Kabelj*au*
unbetont

[au] L*au*ne
betont

[ɛi] Verbindung von offenem
e und i

[ɛi] Gangw*ay*
unbetont

[ɛi] B*a*by
betont

[b] *B*all

[ç] i*ch*

[x] a*ch*

[d] *D*ach

[ð] engl. mo*th*er

[θ] engl. Commonweal*th*

[f] *F*eld, *V*eilchen

[g] *G*arten

[h] *H*aus

[j] *j*a

[k] *K*ind

[l] *L*icht

[m] *M*ann

[n] *N*est

[ŋ] Fa*ng*

[p] *P*ilz

[r] *R*iese

[z] Ro*s*e

[s] Ro*ß*

[ʒ] *G*enie

[ʃ] *Sch*iff

[t] *T*ag

[v] *V*illa, *W*elt

[w] engl. *W*ales

In einsilbigen Wörtern bezeichnen Punkt (.) und Strich (_) nur die Kürze und Länge der Aussprache, z. B.: Fạß und Spa̱ß, wẹg und We̱g, Lịst und Li̱d, Ọrt und To̱r, Lụst und Knu̱st.

Deklinationstabellen

Starke Deklination des Substantivs

		Singular	*Plural*	*Singular*	*Plural*
			Maskulinum		
1	*Nominativ*	der Weg	die Wege	der Greis	die Greise
	Genitiv	des Weg(e)s	der Wege	des Greises	der Greise
	Dativ	dem Weg(e)	den Wegen	dem Greis(e)	den Greisen
	Akkusativ	den Weg	die Wege	den Greis	die Greise
	Nominativ	der Kürbis	die Kürbisse	der Riß	die Risse
	Genitiv	des Kürbisses	der Kürbisse	des Risses	der Risse
	Dativ	dem Kürbis (-sse)	den Kürbissen	dem Riß (-sse)	den Rissen
	Akkusativ	den Kürbis	die Kürbisse	den Riß	die Risse
			Femininum		
	Nominativ	die Drangsal	die Drangsale	die Kenntnis	die Kenntnisse
	Genitiv	der Drangsal	der Drangsale	der Kenntnis	der Kenntnisse
	Dativ	der Drangsal	den Drangsalen	der Kenntnis	den Kenntnissen
	Akkusativ	die Drangsal	die Drangsale	die Kenntnis	die Kenntnisse
			Neutrum		
	Nominativ	das Pferd	die Pferde	das Gleis	die Gleise
	Genitiv	des Pferd(e)s	der Pferde	des Gleises	der Gleise
	Dativ	dem Pferd(e)	den Pferden	dem Gleis(e)	den Gleisen
	Akkusativ	das Pferd	die Pferde	das Gleis	die Gleise
	Nominativ	das Ereignis	die Ereignisse	das Geschoß	die Geschosse
	Genitiv	des Ereignisses	der Ereignisse	des Geschosses	der Geschosse
	Dativ	dem Ereignis(-sse)	den Ereignissen	dem Geschoß(-sse)	den Geschossen
	Akkusativ	das Ereignis	die Ereignisse	das Geschoß	die Geschosse
	Nominativ	das Maß	die Maße		
	Genitiv	des Maßes	der Maße		
	Dativ	dem Maß(e)	den Maßen		
	Akkusativ	das Maß	die Maße		
			Maskulinum		
2	*Nominativ*	der Sohn	die Söhne	der Hals	die Hälse
	Genitiv	des Sohn(e)s	der Söhne	des Halses	der Hälse
	Dativ	dem Sohn(e)	den Söhnen	dem Hals(e)	den Hälsen
	Akkusativ	den Sohn	die Söhne	den Hals	die Hälse
	Nominativ	der Fluß	die Flüsse	der Spaß	die Späße
	Genitiv	des Flusses	der Flüsse	des Spaßes	der Späße
	Dativ	dem Fluß(-sse)	den Flüssen	dem Spaß(e)	den Späßen
	Akkusativ	den Fluß	die Flüsse	den Spaß	die Späße
			Femininum		
	Nominativ	die Maus	die Mäuse	die Nuß	die Nüsse
	Genitiv	der Maus	der Mäuse	der Nuß	der Nüsse
	Dativ	der Maus	den Mäusen	der Nuß	den Nüssen
	Akkusativ	die Maus	die Mäuse	die Nuß	die Nüsse

		Singular	Plural	Singular	Plural
			Neutrum		
	Nominativ	das Floß	die Flöße		
	Genitiv	des Floßes	der Flöße		
	Dativ	dem Floß(e)	den Flößen		
	Akkusativ	das Floß	die Flöße		
			Maskulinum		
3	*Nominativ*	der Leib	die Leiber		
	Genitiv	des Leib(e)s	der Leiber		
	Dativ	dem Leib(e)	den Leibern		
	Akkusativ	den Leib	die Leiber		
			Neutrum		
	Nominativ	das Rind	die Rinder	das Ei	die Eier
	Genitiv	des Rind(e)s	der Rinder	des Ei(e)s	der Eier
	Dativ	dem Rind(e)	den Rindern	dem Ei(e)	den Eiern
	Akkusativ	das Rind	die Rinder	das Ei	die Eier
			Maskulinum		
4	*Nominativ*	der Mann	die Männer	der Strauch	die Sträucher
	Genitiv	des Mann(e)s	der Männer	des Strauch(e)s	der Sträucher
	Dativ	dem Mann(e)	den Männern	dem Strauch(e)	den Sträuchern
	Akkusativ	den Mann	die Männer	den Strauch	die Sträucher
			Neutrum		
	Nominativ	das Blatt	die Blätter	das Gras	die Gräser
	Genitiv	des Blatt(e)s	der Blätter	des Grases	der Gräser
	Dativ	dem Blatt(e)	den Blättern	dem Gras(e)	den Gräsern
	Akkusativ	das Blatt	die Blätter	das Gras	die Gräser
	Nominativ	das Faß	die Fässer		
	Genitiv	des Fasses	der Fässer		
	Dativ	dem Faß(-sse)	den Fässern		
	Akkusativ	das Faß	die Fässer		
			Maskulinum		
5	*Nominativ*	der Kater	die Kater	der Sessel	die Sessel
	Genitiv	des Katers	der Kater	des Sessels	der Sessel
	Dativ	dem Kater	den Katern	dem Sessel	den Sesseln
	Akkusativ	den Kater	die Kater	den Sessel	die Sessel
			Neutrum		
	Nominativ	das Fenster	die Fenster	das Rätsel	die Rätsel
	Genitiv	des Fensters	der Fenster	des Rätsels	der Rätsel
	Dativ	dem Fenster	den Fenstern	dem Rätsel	den Rätseln
	Akkusativ	das Fenster	die Fenster	das Rätsel	die Rätsel
	Nominativ	das Gebirge	die Gebirge		
	Genitiv	des Gebirges	der Gebirge		
	Dativ	dem Gebirge	den Gebirgen		
	Akkusativ	das Gebirge	die Gebirge		
			Maskulinum		
6	*Nominativ*	der Vater	die Väter	der Vogel	die Vögel
	Genitiv	des Vaters	der Väter	des Vogels	der Vögel
	Dativ	dem Vater	den Vätern	dem Vogel	den Vögeln
	Akkusativ	den Vater	die Väter	den Vogel	die Vögel

		Singular	Plural	Singular	Plural
			Femininum		
	Nominativ	die Tochter	die Töchter		
	Genitiv	der Tochter	der Töchter		
	Dativ	der Tochter	den Töchtern		
	Akkusativ	die Tochter	die Töchter		
			Neutrum		
	Nominativ	das Kloster	die Klöster		
	Genitiv	des Klosters	der Klöster		
	Dativ	dem Kloster	den Klöstern		
	Akkusativ	das Kloster	die Klöster		
			Maskulinum		
7	*Nominativ*	der Tropfen	die Tropfen		
	Genitiv	des Tropfens	der Tropfen		
	Dativ	dem Tropfen	den Tropfen		
	Akkusativ	den Tropfen	die Tropfen		
			Neutrum		
	Nominativ	das Zeichen	die Zeichen		
	Genitiv	des Zeichens	der Zeichen		
	Dativ	dem Zeichen	den Zeichen		
	Akkusativ	das Zeichen	die Zeichen		
			Maskulinum		
8	*Nominativ*	der Graben	die Gräben		
	Genitiv	des Grabens	der Gräben		
	Dativ	dem Graben	den Gräben		
	Akkusativ	den Graben	die Gräben		
			Maskulinum		
9	*Nominativ*	der Kakadu	die Kakadus	der Trupp	die Trupps
	Genitiv	des Kakadus	der Kakadus	des Trupps	der Trupps
	Dativ	dem Kakadu	den Kakadus	dem Trupp	den Trupps
	Akkusativ	den Kakadu	die Kakadus	den Trupp	die Trupps
			Femininum		
	Nominativ	die Kobra	die Kobras	die Bar	die Bars
	Genitiv	der Kobra	der Kobras	der Bar	der Bars
	Dativ	der Kobra	den Kobras	der Bar	den Bars
	Akkusativ	die Kobra	die Kobras	die Bar	die Bars
			Neutrum		
	Nominativ	das Auto	die Autos	das Fräulein	die Fräuleins
	Genitiv	des Autos	der Autos	des Fräuleins	der Fräuleins
	Dativ	dem Auto	den Autos	dem Fräulein	den Fräuleins
	Akkusativ	das Auto	die Autos	das Fräulein	die Fräuleins

Schwache Deklination des Substantivs

		Singular	*Plural*	*Singular*	*Plural*
			Maskulinum		
10	*Nominativ*	der Held	die Helden		
	Genitiv	des Helden	der Helden		
	Dativ	dem Helden	den Helden		
	Akkusativ	den Helden	die Helden		
			Femininum		
	Nominativ	die Frau	die Frauen	die Bahn	die Bahnen
	Genitiv	der Frau	der Frauen	der Bahn	der Bahnen
	Dativ	der Frau	den Frauen	der Bahn	den Bahnen
	Akkusativ	die Frau	die Frauen	die Bahn	die Bahnen
	Nominativ	die Freundin	die Freundinnen		
	Genitiv	der Freundin	der Freundinnen		
	Dativ	der Freundin	den Freundinnen		
	Akkusativ	die Freundin	die Freundinnen		
			Maskulinum		
11	*Nominativ*	der Knabe	die Knaben	der Bauer	die Bauern
	Genitiv	des Knaben	der Knaben	des Bauern	der Bauern
	Dativ	dem Knaben	den Knaben	dem Bauern	den Bauern
	Akkusativ	den Knaben	die Knaben	den Bauern	die Bauern
			Femininum		
	Nominativ	die Blume	die Blumen	die Harmonie	die Harmonien
	Genitiv	der Blume	der Blumen	der Hamonie	der Harmonien
	Dativ	der Blume	den Blumen	der Harmonie	den Harmonien
	Akkusativ	die Blume	die Blumen	die Harmonie	die Harmonien
	Nominativ	die Feder	die Federn	die Wurzel	die Wurzeln
	Genitiv	der Feder	der Federn	der Wurzel	der Wurzeln
	Dativ	der Feder	den Federn	der Wurzel	den Wurzeln
	Akkusativ	die Feder	die Federn	die Wurzel	die Wurzeln

Gemischte Deklination des Substantivs

		Singular	*Plural*	*Singular*	*Plural*
			Maskulinum		
12	*Nominativ*	der Strahl	die Strahlen	der Schmerz	die Schmerzen
	Genitiv	des Strahl(e)s	der Strahlen	des Schmerzes	der Schmerzen
	Dativ	dem Strahl(e)	den Strahlen	dem Schmerz(e)	den Schmerzen
	Akkusativ	den Strahl	die Strahlen	den Schmerz	die Schmerzen
			Neutrum		
	Nominativ	das Ohr	die Ohren	das Juwel	die Juwelen
	Genitiv	des Ohr(e)s	der Ohren	des Juwel(e)s	der Juwelen
	Dativ	dem Ohr(e)	den Ohren	dem Juwel(e)	den Juwelen
	Akkusativ	das Ohr	die Ohren	das Juwel	die Juwelen
			Maskulinum		
13	*Nominativ*	der Doktor	die Doktoren		
	Genitiv	des Doktors	der Doktoren		
	Dativ	dem Doktor	den Doktoren		
	Akkusativ	den Doktor	die Doktoren		
			Maskulinum		
14	*Nominativ*	der Vetter	die Vettern	der Muskel	die Muskeln
	Genitiv	des Vetters	der Vettern	des Muskels	der Muskeln
	Dativ	dem Vetter	den Vettern	dem Muskel	den Muskeln
	Akkusativ	den Vetter	die Vettern	den Muskel	die Muskeln
	Nominativ	der See	die Seen		
	Genitiv	des Sees	der Seen		
	Dativ	dem See	den Seen		
	Akkusativ	den See	die Seen		
			Neutrum		
	Nominativ	das Auge	die Augen		
	Genitiv	des Auges	der Augen		
	Dativ	dem Auge	den Augen		
	Akkusativ	das Auge	die Augen		
			Maskulinum		
15	*Nominativ*	der Name	die Namen		
	Genitiv	des Namens	der Namen		
	Dativ	dem Namen	den Namen		
	Akkusativ	den Namen	die Namen		
			Neutrum		
16	*Nominativ*	das Herz	die Herzen		
	Genitiv	des Herzens	der Herzen		
	Dativ	dem Herzen	den Herzen		
	Akkusativ	das Herz	die Herzen		

Deklination des substantivierten Adjektivs

stark

		Singular	Plural
		Maskulinum	
17	*Nominativ*	ein Angestellter	viele Angestellte
	Genitiv	eines Angestellten	vieler Angestellter
	Dativ	einem Angestellten	vielen Angestellten
	Akkusativ	einen Angestellten	viele Angestellte
		Femininum	
	Nominativ	eine Angestellte	viele Angestellte
	Genitiv	einer Angestellten	vieler Angestellter
	Dativ	einer Angestellten	vielen Angestellten
	Akkusativ	eine Angestellte	viele Angestellte
		Neutrum	
	Nominativ	ein Ganzes	viele Ganze
	Genitiv	eines Ganzen	vieler Ganzer
	Dativ	einem Ganzen	vielen Ganzen
	Akkusativ	ein Ganzes	viele Ganze

schwach

		Singular	Plural
		Maskulinum	
18	*Nominativ*	der Angestellte	die Angestellten
	Genitiv	des Angestellten	der Angestellten
	Dativ	dem Angestellten	den Angestellten
	Akkusativ	den Angestellten	die Angestellten
		Femininum	
	Nominativ	die Angestellte	die Angestellten
	Genitiv	der Angestellten	der Angestellten
	Dativ	der Angestellten	den Angestellten
	Akkusativ	die Angestellte	die Angestellten
		Neutrum	
	Nominativ	das Ganze	die Ganzen
	Genitiv	des Ganzen	der Ganzen
	Dativ	dem Ganzen	den Ganzen
	Akkusativ	das Ganze	die Ganzen

A

a *Abk. für* Ar
à [frz.] je, zu, zu je; 5 Stück à 2 Mark
a. *Abk. für* anno
A 1 *Phys.: Abk. für* Ampere; **2** *Abk. für* Avance (**5**)
Å *Abk. für* Ångström(einheit)
A. *Abk. für* Anno
a. a. *Abk. für* ad acta
Abalka [indones.] *m. Gen.* -s *nur Ez.* Manilahanf
Abalkus [griech.] *m. Gen.* - *Mz.* - **1** antikes Rechen-, Spielbrett; **2** Deckplatte über dem Säulenkapitell
Ablalielnaltilon [-lienatsjon, lat.] *w. 10 veraltet:* Veräußerung; **ablalielnielren** veräußern
Abanldon [abãdõ, frz.] *m. 9*, **Abanldonlnement** [abãdɔnəmã] *s. 9* Abtretung (von Rechten oder Sachen); **abanldonlnielren** [abã-] abtreten
Abalte [aram.-ital.] *m. Gen.* -(n) *Mz.* -ten *oder* -ti Titel ital. Weltgeistlicher
Abalton [griech.] *s. Gen.* -s *Mz.* -ta das Allerheiligste in der griech.-orthodoxen Kirche
Ablba [aram. „Vater"] *im NT Anrede für* Gott
Ablbalsilde [nach Abbas, dem Onkel Mohammeds] *m. 11* Angehöriger eines Kalifengeschlechts
Ablbalte → Abate
Ablbé [abe, frz.] *m. 9* Titel der niederen frz. Weltgeistlichen
Ablbelvillien [abəviljɛ̃, nach dem frz. Fundort Abbeville] *s. Gen.* -(s) *nur Ez.* Kulturstufe der älteren Altsteinzeit
Ablbrelvialtilon [-tsjon, lat.] *w. 10*, **Ablbrevialtur** *w. 10* Abkürzung (in Schrift und Druck); **ablbrelvilielren** abkürzen
Abldelrit [nach den Einwohnern der altgriech. Stadt Abdera] *m. 10* einfältiger Mensch
Abldilkaltilon [-tsjon, lat.] *w. 10* Abdankung; **abldilzielren** abdanken, dem Thron entsagen
Abldolmen [lat.] *s. Gen.* -s *Mz.* - *oder* -milna Bauch, Unterleib; Hinterleib der Gliederfüßer; **abldolmilnal** das Abdomen betreffend, zu ihm gehörend
Abldukltilon [-tsjon, lat.] *w. 10* Bewegung von der Körperachse weg, Abspreizen; **Abduktor** *m. 13* Streckmuskel; *Ggs.:* Adduktor; **abldulzielren** abspreizen
ablerlrant [lat.] abweichend; **Ablerlraltilon** [-tsjon] *w. 10* **1** Abweichung; **2** *Astron.:* scheinbare Ortsveränderung eines Sterns; **3** *Optik:* sphärische A.: Bildunschärfe; chromatische A.: Farbabweichung; **ablerlrielren** abweichen
ablhorlreslzielren, ablhorlrielren [lat.] *veraltet:* verabscheuen; *Rechtsw.:* verwerfen
Abilliity [əbi-, engl.] *w. Gen.* - *Mz.* -ties *Psych.:* Fähigkeit des Menschen, auf Grund seiner Veranlagung (ohne Schulung) eine Tätigkeit auszuüben
Abiolgelnelse [griech.] *w. 11 nur Ez.*, **Abiogelnelsis** *w. Gen.* - *nur Ez.* Urzeugung, Zeugung aus unbelebter Materie; **Abiolse** *w. 11 nur Ez.* Leblosigkeit, Lebensunfähigkeit; **abioltisch** leblos; **Abioltrolphie** *w. 11* vorzeitiges Absterben von Geweben, z. B. Grauwerden des Haars
Abiltur [lat.] *s. 1* Reifeprüfung an der höheren Schule; **Abiltulrilent** *m. 10* jmd., der das Abitur ablegt oder gerade abgelegt hat
Abljuldilkaltilon [-tsjon, lat.] *w. 10 Rechtsw.:* Aberkennung; **abljuldilzielren** aberkennen
Abllakltaltilon [tsjon, lat.] *w. 10 nur Ez.* **1** Entwöhnung von der Muttermilch, Abstillen; **2** *Obstbau:* Veredelung; **abllakltielren** **1** entwöhnen, abstillen; **2** veredeln
Abllaltilon [-tsjon, lat.] *w. 10* Abschmelzen (von Gletschern); Abtragung, Einebnung (der Erdoberfläche) durch Wind; **Abllaltiv** *m. 1* Beugungsfall in indogerman. Sprachen zur Angabe der Richtung von … her
ablnorm [lat.] von der Norm, der Regel abweichend, nicht normal, regelwidrig; **ablnormal** *österr., schweiz.:* abnorm; **Ablnorlmiltät** *w. 10* Abweichung von der Norm, Regelwidrigkeit, krankhafte Erscheinung
ablolielren [lat.] *veraltet:* abschaffen; begnadigen; **Ablolliltilon** [-tsjon] *w. 10* Niederschlagung (eines Strafverfahrens); Abschaffung, Aufhebung; **Ablolliltiolnislmus** *m. Gen.* - *nur Ez. in den USA* Bewegung für die Abschaffung der Sklaverei, *in England* für die Abschaffung der Prostitution
Abonlnelment [abɔnəmã, schweiz. auch: -bɔn-, frz.] *s. 9*, *schweiz. auch* [abonəment] *s. 1* Bezug von Zeitungen u. a. auf bestimmte oder unbestimmte Zeit; Miete eines Platzes im Theater oder Konzert für eine Spielzeit bzw. Saison; **Abonlnent** *m. 10* Inhaber eines Abonnements; **abonlnielren** ein Abonnement nehmen (für etwas); auf eine Zeitung, einen Theaterplatz abonniert sein: eine Z., einen Th. im Abonnement beziehen
Ablort [lat.] *m. 1* Fehlgeburt; **ablorltielren** **1** einen Abort haben; **2** *Gartenbau:* keine Früchte ansetzen; **ablorltiv** **1** unreif, unfertig; **2** abtreibend (Mittel); **3** leicht, verkürzt verlaufend (Krankheit); **Ablorltilvum** *s. Gen.* -s *Mz.* -va Mittel zur Abtreibung, Mittel, das eine Krankheit verkürzt oder ihren Aus-

bruch verhindert

ab ovo [lat. „vom Ei an"] von Anfang an, weit ausholend; etwas ab ovo berichten

ab|qua|li|fi|zie|ren abwertend beurteilen

Abra|ka|da|bra [vielleicht von Abraxas] *s.9* ein Zauberwort; sinnloses Geschwätz

Ab|ra|sio [lat.] *w. Gen.- Mz.*-sio|nen *Med.:* Ausschabung; **Ab|ra|si|on** *w.10* **1** Abtragung (der Küste durch die Brandung); **2** *Med.:* Ausschabung (der Gebärmutter)

Abra|xas [ägypt.] *m. Gen.-nur Ez.* **1** *in der Gnostik:* Name für Gott; **2** Zauberwort auf geschnittenen Steinen

ab|rea|gie|ren loswerden, entladen (Ärger, Erregung); sich a.: seinem Ärger Luft machen; **Ab|re|ak|ti|on** [-tsjo:n] *w.10* das Abreagieren

Abri [frz.] *m.9* steinzeitl. Wohnstätte unter einem Felsvorsprung

Ab|ro|ga|ti|on [-tsjon, lat.] *w.10* Abschaffung, Aufhebung (eines Gesetzes), Zurücknahme (eines Auftrages); **ab|ro|gie|ren** *veraltet:* abschaffen, aufheben

ab|rupt [lat.] ohne Übergang, plötzlich

Ab|sence [absãs, frz.] *w.11* Geistesabwesenheit; kurze Bewußtseinstrübung oder Bewußtlosigkeit bei epilept. Anfall; **ab|sent** [lat.] abwesend; *Ggs.:* präsent; **ab|sen|tie|ren** sich a.: sich entfernen; **Ab|senz** *w.10* **1** Abwesenheit; *Ggs.:* Präsenz (**1**); **2** *schweiz.* → Absence

ab|ser|vie|ren **1** vom Tisch abtragen (Speisen); **2** *ugs.:* aus dem Amt entfernen

Ab|sinth [griech.] *m.1* Wermutbranntwein

ab|so|lut [lat.] **1** *adjektiv.:* unabhängig, losgelöst; uneingeschränkt, unbedingt; *Ggs.:* relativ; zu jmdm. absolutes Vertrauen haben; absolutes Gehör: Fähigkeit, einen musikal. Ton nach dem Gehör zu bestimmen; absolute Mehrheit: Mehrheit mit über 50% aller abgegebenen Stimmen; absolute Monarchie: Monarchie, in der der Herrscher die unbeschränkte Gewalt ausübt, Absolutismus; absolute Kunst: ungegenständl. Kunst; absolute Musik: Musik, die nicht auf außermusikal. Vorstellungen beruht; *Ggs.:* Programmusik; absoluter Nullpunkt: tiefste mögliche Temperatur, −273° C; absolute Temperatur: vom absoluten Nullpunkt aus gerechnete Temperatur; absolute Zahl: unabhängig von ihrem Vorzeichen betrachtete Zahl; **2** *adverbial:* durchaus, völlig, überhaupt; ich habe absolut keine Lust; absolut nicht: keineswegs; **Ab|so|lu|ti|on** [-tsjon] *w.10* Freisprechung von Sünden; jmdm. A. erteilen; **Ab|so|lu|tis|mus** *m. Gen.-nur Ez.* Regierungsform, bei der der Monarch die unbeschränkte Gewalt ausübt; **Ab|so|lu|to|ri|um** *s. Gen.*-s *Mz.*-ri|en, *veraltet:* **1** Freispruch; **2** die Bescheinigung darüber; **3** *österr.* → Abitur

Ab|sol|vent [lat.] *m.10* jmd., der eine Schule, einen Lehrgang absolviert hat; **ab|sol|vie|ren** **1** erfolgreich beenden (z. B. Lehrgang); **2** jmdn. a.: freisprechen

Ab|sor|bens [lat.] *s. Gen.- Mz.*-ben|zi|en *oder* -ben|tia [-tsja] Stoff, der einen anderen absorbiert; vgl. Absorptiv; **Ab|sor|ber** *m.5* Anlage zum Absorbieren von Gasen oder Dämpfen; **ab|sor|bie|ren** aufsaugen; **Ab|sorp|ti|on** [-tsjon] *w.10* Aufnahme von Gas oder Dampf in Flüssigkeit oder festen Körper; Energieschwächung von Strahlung beim Durchdringen von Materie; **ab|sorp|tiv** zur Absorption fähig, ein-, aufsaugend; **Ab|sorp|tiv** *s.1* Stoff, der von einem anderen absorbiert wird; vgl. Absorbens

ab|sti|nent [lat.] enthaltsam, auf Alkohol verzichtend; **Ab|sti|nenz** *w.10 nur Ez.* Enthaltsamkeit; **Ab|sti|nenz|ler** *m.5* jmd., der enthaltsam lebt, bes. keinen Alkohol trinkt

ab|stra|hie|ren [lat.] das Allgemeine im Einzelnen erkennen und von ihm abheben; verallgemeinern, zum Begriff erheben; **ab|strakt** begrifflich, unanschaulich; *Ggs.:* konkret; abstrakte Kunst: Kunst, die ihre Themen nicht in der konkreten Wirklichkeit sucht, ungegenständl. Kunst; **Ab|strak|ti|on** [-tsjon] *w.10* Verallgemeinerung, Begriffsbildung; **Ab|strak|tum** *s. Gen.*-s *Mz.*-ta **1** allgemeiner, ungegenständl. Begriff; **2** abstraktes Substantiv; *Ggs.:* Konkretum

ab|strus [lat.] schwer verständlich, verworren

ab|surd unsinnig, unvernünftig; **Ab|sur|di|tät** *w.10* Unsinnigkeit

ab|sze|die|ren [lat.] sich absondern; eitern, einen Abszeß bilden; **Ab|szeß** *m.1, österr. ugs. s.1* Eitergeschwulst

Ab|szis|se [lat.] *w.11 Math.:* parallel zur Abszissenachse abgemessener Linienabschnitt; **Ab|szis|sen|ach|se** [-aksə] *w.11* waagerechte Achse im Koordinatensystem

Abt [aram.] *m.2* Vorsteher eines Mönchsklosters oder Stifts; **Äb|tis|sin** *w.10* Vorsteherin eines Nonnenklosters oder Stifts

Abu *in arab. Eigennamen:* Vater (des oder der …); Abu Hassan

Abu|lie [griech.] *w.11* Willensschwäche, Willenlosigkeit, Unentschlossenheit

ab|un|dant [lat.] reichlich (vorhanden); **Ab|un|danz** *w.10 nur Ez.* **1** Überfluß; **2** Bevölkerungsdichte; **3** Häufigkeit einer Tier- oder Pflanzenart in einem Gebiet

ab ur|be con|di|ta [lat.] (*Abk.:* a. u. c.) seit Gründung der Stadt (Rom): altröm. Zeitrechnung ab 753 v. Chr.

ab|u|siv [lat.] mißbräuchlich; **Ab|usus** *m. Gen.- Mz.-* Mißbrauch, übermäßiger Gebrauch

abys|sal, abys|sisch [griech.] aus der Tiefe der Erde, des Meeres stammend; zur Tiefsee gehörig; abgrundtief; **Abys|sus** *m. Gen.- nur Ez.* Abgrund; Unergründliches

Ac *chem. Zeichen für* Actinium

a c. *Abk. für* a conto

a. c. *Abk. für* anni currentis
à c. *Abk. für* à condition
Aca|de|my-Award [əkædəmi əwɔ:d] *m. Gen.* -(s) *Mz.* -s amerik. Filmpreis, Oscar
a cap|pel|la [ital. „in der Art eines Kapellchores"] ohne Instrumentalbegleitung; ein Lied a cappella singen
ac|ce|le|ran|do [atʃɛl-, ital.] (*Abk.:* accel.) *Mus.:* beschleunigend, schneller werdend; *Ggs.:* ritardando
Ac|cent ai|gu [aksãtɛgy, frz.] *m. Gen.* -- *Mz.* -s-s [aksãtɛgy] (*Zeichen:* ´) im Frz. Zeichen für die geschlossene Aussprache des e, z. B. in Café; vgl. Akut; **Ac|cent cir|con|flexe** [aksãsirkõflɛks] *m. Gen.* -- *Mz.* -s-s [aksãsirkõflɛks] (*Zeichen:* ˆ) im Frz. Zeichen für die Dehnung eines Vokals oder Diphthongs infolge eines ausgefallenen s, z. B. fenêtre [fənɛtrə], lat. fenestra „Fenster", maître [mɛtrə], lat. magister „Meister"; **Ac|cent grave** [aksãgrav] *m. Gen.* -- *Mz.* -s-s [aksãgrav] (*Zeichen:* `) im Frz. Zeichen für die lange, offene Aussprache des e, z. B. mère [mɛ:r]; vgl. Gravis
Ac|ces|soires [aksɛswars, frz.] *nur Mz.* modisches Zubehör, z. B. Gürtel, Schmuck
Ac|com|pa|gna|to [-nja-, ital.] *s. 9, Mz. auch:* -ti, das vom Orchester begleitete Rezitativ; **Ac|com|pa|gne|ment** [-njəmã, frz.] *s. 9 Mus., veraltet:* Begleitung; **ac|com|pa|gnie|ren** [-nji-] *Mus., veraltet:* begleiten
Ac|count [əkaunt, engl.] *m. 9* **1** Werbeetat; **2** Auftraggeber einer Werbeagentur
ac|cre|scen|do [-ʃɛn-, ital.] (*Abk.:* acc.), *Mus.:* anschwellend, lauter werdend; *Ggs.:* decrescendo
Ac|cro|chage [-ʃaʒ(ə), frz.] *w. 11* Ausstellung einer Galerie aus ihren eigenen Kunstbeständen
Ace|t|al|de|hyd [lat.] *m. 1 nur Ez.* stechend riechende organ. Verbindung; **Ace|tat** *s. 1* Salz der Essigsäure; **Ace|ton** *s. 1 nur Ez.* aromatisch riechendes Lösungsmittel; **Ace|ty|len** *s. 1 nur Ez.* ungesättigter, gasförmiger Kohlenwasserstoff
Achä|ne [axɛ-, griech.] *w. 11* einsamige Schließfrucht von Korbblütlern
Achat [axat, griech.] *m. 1* ein Halbedelstein; **acha|ten** aus Achat
Achei|ro|poie|ta [griech. „nicht von Menschenhand gemacht"] *Mz., Bez. für* byzantinische Bildnisse von Christus, Maria oder Heiligen, deren Ursprung man für außerirdisch hielt
ache|ron|tisch [axə-, nach Acheron, dem Fluß der Unterwelt in der griech. Sage] unterweltlich
Acheu|lé|en [aʃøleɛ̃, nach dem frz. Fundort St-Acheul] *s. Gen.* -(s) *nur Ez.* Kulturstufe der älteren Altsteinzeit
Achil|les|fer|se [nach dem Helden der griech. Sage] *w. 11* verwundbare Stelle, schwacher Punkt; **Achil|les|seh|ne** *w. 11* Sehne zwischen Wadenmuskeln und Fersenbein
achla|my|de|isch [griech.] ohne Blütenhülle
a. Chr. (n.) *Abk. für* ante Christum (natum): vor Christi Geburt
Achro|it [akro-, griech.] *m. 1* ein Mineral, ein Turmalin
Achro|ma|sie [akro-, griech.] *w. 11 bei optischen Geräten:* Brechung des Lichts ohne Zerlegung in Farben; **Achro|mat** *m. 1* Linsensystem, das Licht nicht in Farben zerlegt; **Achro|ma|tin** *s. 1 nur Ez.* der nicht färbbare Teil der Zellkernsubstanz; **achro|ma|tisch** nicht in Farben zerlegend; **Achro|ma|tis|mus** *m. Gen.* - *Mz.* -men →Achromasie; **Achro|mat|op|sie** *w. 11* Farbenblindheit
Acid [lat.] *s. 1* Salz der Stickstoffwasserstoffsäure; **Aci|di|me|trie** [lat. + griech.] *w. 11 nur Ez.* Verfahren zum Messen der Konzentration von Säuren; **Aci|di|tät** *w. 10 nur Ez.* Säuregrad (einer Flüssigkeit); **Aci|do|se** *w. 11* krankhaftes Ansteigen des Säuregrades im Blut; **Aci|dum** *s. Gen.* -s *Mz.* -da Säure; **Aci|dur** *s. 1 nur Ez.* säurebeständiges, siliciumhaltiges Gußeisen
Ack|ja [finn.] *m. 9* **1** Rentierschlitten; **2** Rettungsschlitten der Bergwacht
à con|di|tion [akõdisjõ, frz. „auf Bedingung"] (*Abk.:* à c.) unter Vorbehalt, nicht fest (zu liefern bzw. geliefert)
Aco|ni|tin *s. 1* → Akonitin
a con|to [ital.] (*Abk.:* a c.) auf Rechnung (von); einen Betrag a c. schreiben
Acquit [aki, frz.] *s. 9* Empfangsbescheinigung, Quittung
Acre [eikə, engl.] *m. 9* engl. und nordamerik. Flächenmaß, 4047 m²
Acryl|säu|re [lat.] *w 11* Äthylencarbonsäure, Ausgangsstoff vieler Kunstharze und synthet. Fasern
Ac|ta Apo|sto|lo|rum [lat.] *nur Mz.* die Apostelgeschichte des NT; **Ac|ta Sanc|to|rum** *nur Mz.* Sammlung von Heiligenlegenden und -berichten
Ac|ti|ni|um [griech.] *s. Gen.* -s *nur Ez.* (*Zeichen:* Ac) chem. Element
Ac|tion [ækʃən, engl.] *w. 9* ereignisreicher Vorgang, geschäftige Bewegung; **Ac|tion Pain|ting** [-peintiŋ] *w. Gen.* -- *nur Ez. wörtl.:* „Aktionsmalerei", Richtung innerhalb der amerik. abstrakten Malerei
a d. *Abk. für* a dato
a. D., A. D. *Abk. für* anno Domini, Anno Domini
ad ab|sur|dum [lat.] eine Behauptung ad absurdum führen: die unmöglichen Folgen einer Behauptung zeigen und damit ihre Unsinnigkeit beweisen
ad ac|ta [lat.] (*Abk.:* a. a.) etwas ad acta legen: zu den Akten legen, es als erledigt betrachten
ada|gio [adadʒo, ital.] *Mus.:* langsam, ruhig;

Ada|gio [-dʒo] *s.9* langsames Musikstück
Adak|ty|lie [griech.] *w.11* angeborenes Fehlen der Finger
Adam [nach dem Stammvater der Menschheit im AT] der Mensch schlechthin; den alten A. ausziehen: ein neuer Mensch werden; **Ada|mit** *m.10* Angehöriger einer Sekte, die den paradies. Unschuldszustand des Menschen durch Nacktkultur wiederherstellen wollte
Ad|ap|ta|bi|li|tät [lat.] *w.10 nur Ez.* Anpassungsvermögen; **Ad|ap|ta|ti|on** [-tsjon] *w.10 nur Ez.* Anpassung an die Umwelt, (bei Sinnesorganen) an äußere Reize, z. B. des Auges an Licht und Dunkelheit; **Ad|ap|ter** *m.5* Ergänzungs-, Zusatzgerät; **ad|ap|tie|ren** anpassen; eine Wohnung a. *österr.:* neu herrichten; **Ad|ap|ti|on** [-tsjon] *w.10* → Adaptation; **ad|ap|tiv** auf Adaption beruhend, (sich) anpassend
Ad|äquanz [lat.] *w.10 nur Ez.* Angemessenheit; **ad|äquat** angemessen, entsprechend
a da|to [lat.] (*Abk.:* a d.) vom Tag der Ausstellung (des Wechsels) an
ad ca|len|das grae|cas *in der Wendung* etwas a. c. g. verschieben: bis zu den griech. Kalenden, d. h. bis zu einem nie eintretenden Zeitpunkt (die Kalenden waren in der altröm. Zeitrechnung die ersten Monatstage, doch die Griechen hatten keine Kalenden)
Ad|dend [lat.] *m.10* → Summand; **Ad|dendum** *s. Gen.*-s *Mz.*-da Zusatz, Nachtrag; **addie|ren** dazu-, zusammenzählen
ad|dio [lat.] adieu, leb wohl
Ad|di|ti|on [-tsjon, lat.] *w.10* Hinzufügung, Zusammenzählung; *Ggs.:* Subtraktion; **ad|di|tio|nal** [-tsjo-] zusätzlich, nachträglich; **ad|di|tiv** auf Addition beruhend, hinzufügend; **Ad|di|tiv** *s.1* Zusatz, der in geringer Menge die gewünschte Eigenschaft eines Stoffes verbessert; **ad|di|zie|ren** zusprechen, zuerkennen, z. B. ein unsigniertes Bild einem bestimmten Maler
Ad|duk|ti|on [-tsjon, lat.] *w.10* das Anziehen eines Gliedes an den Körper; **Ad|duk|tor** *m.13* heranziehender Muskel; *Ggs.:* Abduktor
ade [frz.] adieu, leb wohl; **Ade** *s.9* ein Abschiedsgruß
Ade|ni|tis [griech.] *w. Gen.* - *Mz.*-ti|den Drüsen-, Lymphknotenentzündung; **ade|no|id** drüsenartig, drüsig; **Ade|nom** *s.1*, **Ade|no|ma** *s. Gen.*-s *Mz.*-mata gutartige Drüsengeschwulst; **Ade|no|to|mie** *w.11* operative Entfernung eines Adenoms im Nasen-Rachen-Raum
Ad|ept [lat.] *m.10* **1** Eingeweihter, Meister; **2** Schüler, Jünger
Ades|po|ta [griech.] *Mz.* Werke (bes. Kirchenlieder) unbekannter Verfasser
à deux mains [adømẽ, frz.] mit zwei Händen (zu spielen, beim Klavierspiel)
ad|hä|rent [lat.] anhaftend, zusammenhängend; **Ad|hä|renz** *w.10* das Anhaften; **ad|hä|rie|ren** anhängen, anhaften; **Ad|hä|si|on** *w.10* **1** das Haften aneinander (von Stoffen); **2** Verwachsung (von Geweben); **ad|hä|siv** (an)haftend, (an)klebend
ad hoc [lat.] **1** zu diesem Zweck; **2** aus dem Augenblick heraus; eine Redewendung, ein Wort ad hoc bilden
ad ho|mi|nem [lat.] die Denkart des (angesprochenen) Menschen berücksichtigend
Ad|hor|ta|tiv [lat.] *m.1* Ermahnungsform, Imperativ der 1. Person Mehrzahl, z. B. gehen wir!
adia|ba|tisch [griech.] ohne Wärmeaustausch mit der Umgebung (von Gasen, Luft)
Adia|pho|ra [griech.] *s. Mz., Ez.*-ron gleichgültige, zwischen Gut und Böse liegende Dinge
adieu [adjø, frz.] leb wohl; **Adieu** *s.9* ein Abschiedsgruß
Ädi|ku|la [lat.] *w. Gen.* - *Mz.*-lä **1** Einfassung von Fenstern oder Nischen mit Säulen und Giebel; **2** Nische (für ein Standbild, einen Sarkophag)
Ädil [lat.] *m.10 oder 12, im alten Rom:* hoher Beamter
ad in|fi|ni|tum [lat.] bis ins Unendliche; und so weiter ad infinitum
adi|pös [lat.] fettreich, verfettet; **Adi|po|si|tas** *w. Gen.* - *nur Ez.* Fettsucht
Ad|jek|tiv [lat.] *s.1* Eigenschaftswort
Ad|ju|di|ka|ti|on [-tsjon, lat.] *w.10* Zuerkennung; **ad|ju|di|zie|ren** zuerkennen
Ad|junkt [lat.] *m.10 veraltet:* Gehilfe; *österr.:* Beamtentitel, z. B. Forstadjunkt
ad|ju|stie|ren [lat.] anpassen, eichen; *österr.:* einkleiden, mit Uniform versehen
Ad|ju|tant [lat.] *m.10* einem höheren Offizier zur Hilfe zugeteilter junger Offizier; **Adju|tan|tur** *w.10* Amt, Dienststelle eines Adjutanten
Ad|ju|tor [lat.] *m.13* Helfer, Gehilfe
ad l. *Abk. für* ad libitum
Ad|la|tus [lat.] *m. Gen.* - *Mz.* - *oder*-ten Helfer, Amtsgehilfe
ad lib. *Abk. für* ad libitum; **ad li|bi|tum** [lat.] (*Abk.:* ad l., ad lib.) nach Belieben
ad maio|rem Dei glo|ri|am [lat.] (*Abk.:* A. M. D. G.) *eigentlich* omnia ...: (alles) zur größeren Ehre Gottes (Wahlspruch der Jesuiten)
Ad|mi|ni|stra|ti|on [-tsjon, lat.] *w.10* Verwaltung, Verwaltungsbehörde; **ad|mi|ni|stra|tiv** zur Verwaltung gehörend, auf dem Verwaltungswege; **Ad|mi|ni|stra|tor** *m.13* Verwalter; **ad|mi|ni|strie|ren** verwalten; administrierter Preis: behördlich festgesetzter oder genehmigter Preis, z. B. Post-, Bahntarif
ad|mi|ra|bel *veraltet:* bewunderungswürdig
Ad|mi|ral [arab.] *m.1, österr. auch m.2* **1** Seeoffizier im Generalsrang; **2** ein Schmetterling; **Ad|mi|ra|li|tät** *w.10* Gesamtheit der

Admirale, oberste Kommando- und Verwaltungsstelle der Kriegsmarine
Ad|mis|si|on [lat.] *w.10* Zulassung, Zutritt
Ad|mo|ni|ti|on [-tsjon, lat.] *w.10* Ermahnung zur Buße bei der Beichte
Ad|nex [lat.] *m.1* **1** Anhang, Anhängsel; **2** Eierstock und Eileiter (der Frau); **Ad|ne|xi|tis** *w. Gen.* - *Mz.*-ti|den Entzündung des Adnexes (**2**)
ad|no|mi|nal [lat.] zu einem Nomen gehörig oder hinzutretend; adnominales Attribut
ad no|tam [lat.] etwas a. n. nehmen: zur Kenntnis nehmen, vormerken
ad ocu|los [lat.] vor Augen; etwas a. o. demonstrieren: etwas vor Augen führen, durch Augenschein beweisen
ado|les|zent [lat.] heranwachsend, im Jugendalter stehend; **Ado|les|zenz** *w.10 nur Ez.* Jugendalter, die Zeit nach der Pubertät bis zum 20. Lebensjahr
Ado|nai [hebr. „mein Herr"] *im AT Name für* Gott
Ado|nis [nach der griech. Sagengestalt] *m.1* **1** schöner Jüngling; **2** ein Schmetterling; **ado|nisch** schön wie Adonis; adonischer Vers: antiker Vers aus Daktylus und Trochäus; **Ado|ni|us** *m. Gen.* - *Mz.* - → adonischer Vers
ad|op|tie|ren [lat.] an Kindes Statt annehmen; **Ad|op|ti|on** [-tsjon] *w.10* Annahme an Kindes Statt; **Ad|op|tiv|el|tern** *Mz.* Eltern durch Adoption; **Ad|op|tiv|kind** *s.3* adoptiertes Kind
ad|ora|bel [lat.] verehrungswürdig
Ad|orant [lat.] *m.10* Anbetender; *in der Kunst:* Gestalt in betender Stellung; **Ad|ora|ti|on** [-tsjon] *w.10* **1** Anbetung; **2** Huldigung (der Kardinäle vor dem neugewählten Papst); **ad|orie|ren** anbeten
ad pu|bli|can|dum [lat.] zur Veröffentlichung
Adr. *Abk. für* Adresse
ad re|fe|ren|dum [lat.] zur Berichterstattung
ad rem [lat.] zur Sache
Adre|ma *w.9* ⓦⓩ *Kurzw. für* Adressiermaschine
Ad|re|na|lin [lat.] *s.1 nur Ez.* Hormon des Nebennierenmarks; **Ad|re|no|ste|ron** *s.1 nur Ez.* Hormon der Nebennierenrinde
Adres|sant [mlat.] *m.10* Absender; **Adres|sat** *m.10* Empfänger (einer Postsendung); **Adres|se** *w.11* **1** Anschrift; **2** polit. (schriftl.) Kundgebung, offizieller schriftl. Gruß, Glückwunschschreiben; **3** *Datenverarbeitung:* Kennzeichen (meist Zahl), mit dem eine bestimmte Stelle im Speicher angesprochen wird, dient zur Identifizierung von gespeicherten Daten; **adres|sie|ren** mit der Adresse versehen; einen Brief (an jmdn.) a.
adrett [lat.-frz.] hübsch, sauber und ordentlich
Ad|sor|bat [lat.] *s.1* → Adsorptiv; **Ad|sor|bens** *s. Gen.* - *Mz.*-ben|zi|en *oder* -ben|tia [-tsja], **Ad|sor|ber** *m.5* bei der Adsorption der adsorbierende Stoff; vgl. Adsorptiv; **ad|sor|bie|ren** auf der Oberfläche eines festen Stoffes anlagern, verdichten (Gase und gelöste Stoffe); **Ad|sorp|ti|on** [-tsjon] *w.10* Anlagerung, Verdichtung (eines Gases oder gelösten Stoffes) auf der Oberfläche eines festen Stoffes; **Ad|sorp|tiv** *s.1* bei der Adsorption der adsorbierte Stoff; vgl. Adsorbens
Ad|strin|gens [lat.] *s. Gen.* - *Mz.*-gen|zi|en *oder* -gen|tia [-tsja] zusammenziehendes, blutstillendes Heilmittel; **Ad|strin|genz** *w.10 nur Ez.* zusammenziehende Fähigkeit (eines Stoffes); **ad|strin|gie|ren** *Med.:* zusammenziehen
Adu|lar [fälschlich nach den Adula-Alpen in Graubünden] *m.1* ein Feldspat, Halbedelstein
adult [lat.] erwachsen, geschlechtsreif
ad us. prop. *Abk. für* ad usum proprium; **ad usum** [lat.] zum Gebrauch; **ad usum Del|phi|ni** zum Gebrauch des Dauphins (des frz. Kronprinzen); *übertr.:* zum Gebrauch für den Schüler (früher bei Klassikerausgaben, aus denen anstößige Stellen entfernt worden waren); **ad usum pro|pri|um** (*Abk.:* ad us. prop.) *auf ärztl. Rezepten:* zum eigenen Gebrauch
ad va|lo|rem [lat.] dem Wert nach
Ad|van|tage [ədvantidʒ, engl.] *m.9* **1** Vorteil; **2** *Tennis:* der erste Fehler nach dem Einstand als Pluspunkt für den Gegner
Ad|vek|ti|on [-tsjon, lat.] *w.10 Meteor.:* die waagerechte Heranführung von Luftmassen; *Ggs.:* Konvektion; **ad|vek|tiv** auf Advektion beruhend
Ad|vent [lat. „Ankunft"] *m.1* die vier Wochen vor Weihnachten; **Ad|ven|tist** *m.10* Angehöriger einer Sekte, die an die baldige Wiederkunft Christi glaubt; **ad|ven|tiv** an ungewöhnl. Stelle befindlich; **Ad|ven|tiv|knos|pe** *w.11* Knospe an ungewöhnl. Stelle, z. B. am Stamm; **Ad|ven|tiv|kra|ter** *m.5* Nebenkrater
Ad|verb [lat.] *s. Gen.* -s *Mz.*-bi|en Umstandswort, Wort, das ein Adjektiv oder Verb genauer bezeichnet; **ad|ver|bi|al** in der Art eines Adverbs, umstandswörtlich; **Ad|ver|bi|al|be|stim|mung** *w.10*, **Ad|ver|bia|le** *s. Gen.* -s *Mz.* -li|en Umstandsbestimmung; **ad|ver|bi|ell** → adverbial
Ad|ver|sa|ria, Ad|ver|sa|ri|en [lat.] *s. Mz., Ez.* -ri|um, Aufzeichnungen, Notizen; **ad|ver|sa|tiv** entgegenstellend, gegensätzlich
Ad|ver|ti|sing [ædvətaiziŋ, engl.] *s.9* Anzeigenwerbung
Ad|vo|ca|tus Dei [lat. „Anwalt Gottes"] *m. Gen.* - - *Mz.*-ti Dei *im kath. Heilig- bzw. Seligsprechungsprozeß:* Geistlicher, der für den Betreffenden eintritt; **Ad|vo|ca|tus Dia|bo|li** [„Anwalt des Teufels"] *m. Gen.* - - *Mz.* -ti - *im kath. Heilig- bzw. Seligsprechungsprozeß:*

Geistlicher, der die Bedenken vorbringt; *übertr.:* jmd., der bewußt eine schlechte Sache vertritt, *auch:* strenger Kritiker; **Ad|vo|kat** *m.10 veraltet:* Rechtsanwalt

Ady|na|mie [griech.] *w.11 Med.:* Kraftlosigkeit; **ady|na|misch** kraftlos, schwach

Ady|ton [griech. „das Unzugängliche"] *s. Gen.*-s *Mz.*-ta *in Tempeln:* Allerheiligstes

Ae|ri|al [ae-, griech.] *s.1 nur Ez.* der Luftraum als Lebensbezirk der Landtiere; **ae|ril** [ae-], **ae|risch** *Geol.:* durch Windwirkung entstanden; **ae|rob** *Biol.:* Sauerstoff zum Leben brauchend; *Ggs.:* anaerob; **Ae|ro|bi|er** *m.5,* **Ae|ro|bi|ont** *m.10* Lebewesen, das nur mit Sauerstoff leben kann; *Ggs.:* Anaerobier; **Ae|ro|bus** [griech. + lat.] *m.1* Hubschrauber im Zubringerdienst; **Ae|ro|dy|na|mik** [griech.] *w.10 nur Ez.* Lehre von der Bewegung gasförmiger Stoffe; **Ae|ro|gramm** *s.1* Luftpostleichtbrief; **Ae|ro|kar|to|graph** *m.10* Gerät zum Entzerren von Luftaufnahmen zur kartograph. Auswertung; **Ae|ro|lith** *m.10 veraltet:* Meteorstein; **Ae|ro|lo|gie** *w.11 nur Ez.* Lehre von den höheren Luftschichten; **Ae|ro|me|cha|nik** *w.10 nur. Ez.* Lehre vom Gleichgewicht und von der Bewegung der Gase; **Ae|ro|me|di|zin** *w.10 nur Ez.* Gebiet der Medizin, das sich mit den Wirkungen der Luftfahrt auf den Körper befaßt; **Ae|ro|me|ter** *s.5* Gerät zum Messen von Gewicht und Dichte der Luft; **Ae|ro|naut** *m.10 veraltet:* Flieger; **Ae|ro|nau|tik** *w.10 nur Ez. veraltet:* Luftfahrt; **Ae|ro|na|vi|ga|ti|on** [-tsjon] *w.10 nur Ez.* Steuerung und Standortbestimmung von Luftfahrzeugen; **Ae|ro|no|mie** *w.11 nur Ez.* Lehre von den höchsten Luftschichten; **Ae|ro|phon** *s.1* Musikinstrument, bei dem der Ton durch Luft erzeugt wird, z. B. Blasinstrument; **Ae|ro|pho|to|gramme|trie** (-gramm|me-) *w.11* Luftbildmessung; **Ae|ro|pho|to|gra|phie** *w.11* Luftaufnahme; **Ae|ro|phyt** *m.10* auf einer anderen Pflanze lebende, den Boden nicht berührende Pflanze, Luftpflanze; **Ae|ro|plan** *m.1 veraltet:* Flugzeug; **Ae|ro|sol** *s.1* **1** Luft- oder Gasmenge, in der feinste flüssige oder gasförmige Teilchen schweben, z. B. Nebel, Rauch; **2** Heilmittel zum Einatmen; **Ae|ro|sta|tik** *w.10 nur Ez.* Lehre von den Gleichgewichtszuständen der Gase; **Ae|ro|taxe** *w.11* Mietflugzeug für kurze Strecken; **Ae|ro|tro|pis|mus** *m. Gen.- nur Ez.* Wachstumsbewegung von Pflanzen nach Stellen mit höherem Sauerstoff- oder Kohlendioxidgehalt

Ae|tit [ae-, griech.] *m.1* Adlerstein, Eisenmineral

a. f. *Abk. für* anni futuri

afe|bril [griech. + lat.] ohne Fieber

Af|fä|re [frz.] *w.11* Angelegenheit, (unangenehmer) Vorfall; *auch:* Liebschaft

Af|fekt [lat.] *m.1* starke Gemütsbewegung, Erregung; **Af|fek|ta|ti|on** [-tsjon] *w.10* Ziererei, Getue; **af|fek|tiert** geziert, unnatürlich; **Af|fek|ti|on** [-tsjon] *w.10* **1** *Med.:* krankhafter Vorgang oder Zustand, Erkrankung; **2** *veraltet:* Zuneigung, Wohlwollen; **af|fek|tio|niert** [-tsjo-] *veraltet:* zugeneigt, wohlgesinnt; **Af|fek|ti|ons|wert** *m.1* Liebhaberwert; **af|fek|tiv** affekt-, gefühlsbetont; **Af|fek|ti|vi|tät** *w.10 nur Ez.* Gefühlsleben, Ansprechbarkeit des Gefühls

af|fet|tuo|so [ital.] *Mus.:* ausdrucksvoll, leidenschaftlich

Af|fiche [afiʃ(ə), frz.] *w.11* Anschlagzettel, Plakat; **af|fi|chie|ren** [-ʃi-] durch Affiche bekanntmachen, aushängen, anschlagen

Af|fi|da|vit [lat.] *s.9* **1** eidesstattl. Erklärung; **2** Bürgschaft für einen Einwanderer

Af|fi|lia|ti|on [-tsjon, lat.] *w.10* Aufnahme (in eine Gemeinschaft), An-, Eingliederung; **af|fi|li|ie|ren** aufnehmen, an-, eingliedern

af|fin [lat.] verwandt; *bes. Math.:* parallelverwandt; **Af|fi|ni|tät** *w.10 nur Ez.* Wesensverwandtschaft, Schwägerschaft

Af|fir|ma|ti|on [-tsjon, lat.] *w.10* Bejahung, Zustimmung; **af|fir|ma|tiv** bejahend, zustimmend; **Af|fir|ma|ti|ve** *w.11* bejahende Aussage; **af|fir|mie|ren** bejahen, zustimmen

Af|fix [auch: af-, lat.] *s.1* Vor- oder Nachsilbe, Präfix bzw. Suffix; **af|fi|zie|ren** **1** reizen, erregen; **2** *Med.:* krankhaft verändern

Af|fo|dill [griech.] *m.1* ein Liliengewächs

af|fret|tan|do [ital.] *Mus.:* schneller werdend

Af|fri|ka|ta *w. Gen.- Mz.*-tä, **Af|fri|ka|te** *w.11* Verschlußlaut mit folgendem Reibelaut, z. B. pf, z (= ts)

Af|front [afrɔ̃, frz.] *m.9* Beleidigung, Kränkung; **af|fron|tie|ren** [-frɔ̃-] *veraltet:* beleidigen

Af|gha|ni *m.9* afghan. Münze

AFL *Abk. für* American Federation of Labor (amerik. Gewerkschaftsverband)

à fonds per|du [afɔ̃ perdy, frz. „bei verlorenem Kapital"] ohne Aussicht auf Wiedererstattung oder Gegenleistung

a fres|co → al fresco

Afri|kaa|ner *m.5* weißer Bürger Südafrikas niederländischer, niederdeutscher oder hugenottischer Herkunft; **Afri|kaans** *s. Gen.- nur Ez.* Sprache der Afrikaaner; **Afri|kan|der** *m.5* südafrik. Rind eigener Züchtung; **Afri|ka|ni|stik** *w.10 nur Ez.* Wissenschaft von den afrik. Sprachen und Kulturen; **Afrik|an|thro|pus** [griech.] *m. Gen.- nur Ez.* nach den Fundorten in Afrika benannter Urmensch der Eiszeit

Af|ter-Shave-Emul|si|on [aftərʃeiv-, engl.] *w.10* Flüssigkeit zur Hautpflege nach der Rasur

Ag *chem. Zeichen für* Silber (Argentum)

AG, A. G., A.-G. *Abk. für* Aktiengesellschaft

Aga [türk.] *m.9 früher im Osman. Reich:* Offiziers- und Beamtentitel; **Aga Khan** *m.*

Gen. --s *Mz.* --e erbliches Oberhaupt der Hodschas
agam [griech.] sich ohne Befruchtung fortpflanzend; **Aga|mie** *w. 11 nur Ez.* Ehelosigkeit; **aga|misch 1** ehelos; **2** ungeschlechtlich; **Aga|mo|go|nie** *w. 11 nur Ez.* ungeschlechtl. Fortpflanzung
Aga|pe [griech.] *w. 11* **1** *in der altchristl. Gemeinde:* gemeinsame Mahlzeit mit Armenspeisung; **2** *nur Ez.* Liebe Gottes
Agar-Agar [mal.] *m. oder s. 9 nur Ez.* Droge aus Rotalgen für Bakterienkulturen, auch zum Andicken von Speisen
Aga|ve [griech.] *w. 11* der Aloe ähnl. trop. und subtrop. Pflanze, Amaryllisgewächs
Agen|da [lat.] *w. Gen. - Mz.* -den **1** Schreibtafel, Notizbuch, Terminkalender; **2** Zusammenstellung von Gesprächspunkten bei Verhandlungen; **Agen|de** *w. 11* Buch für die Gottesdienstordnung
Agens [lat.] *s. Gen. - Mz.* Agen|zi|en **1** tätige Kraft, wirkendes Prinzip; **2** *Med.:* wirkendes Mittel; **3** *nur Ez., Gramm.:* Träger des Geschehens im Satz; *Ggs.:* Patiens; **Agent** *m. 10* **1** Vertreter, Vermittler; **2** Spion; **Agen|tie** *w. 11 österr.:* Geschäftsstelle der Donau-Dampfschiffahrtsgesellschaft; **agen|tie|ren** *österr.:* Kunden werben; **Agent pro|vo|cateur** [aʒã prɔvokatœr, frz.] *m. Gen. - - Mz.* -s -s [aʒã -tœr] Lockspitzel; **Agen|tur** *w. 10* Geschäftsstelle eines Agenten, Vertretung; Geschäftsnebenstelle
Ag|glo|me|rat [lat.] *s. 1* Ablagerung von scharfkantigen, unverfestigten Gesteinsbrokken; Masse von Lavabrocken; *Ggs.:* Konglomerat (**2**); **Ag|glo|me|ra|ti|on** [-tsjon] *w. 10* **1** Anhäufung; **2** Ballung von städt. Siedlungen und Industrieanlagen; **ag|glo|me|rie|ren** (sich) anhäufen
Ag|glu|ti|na|ti|on [-tsjon, lat.] *w. 10* **1** Zusammenballung, Verklumpung, Verklebung; **2** *Gramm.:* Anhängen eines Affixes an den Wortstamm; **ag|glu|ti|nie|ren** zusammenballen, verkleben, verklumpen; agglutinierende Sprachen: Sprachen, in denen die grammat. Beziehungen durch Anhängen von Suffixen an den Wortstamm wiedergegeben werden, z. B. das Ungarische; **Ag|glu|ti|nin** *s. 1* Abwehrstoff im Blutserum; **Ag|glu|ti|no|gen** *s. 1* Stoff zur Bildung von Agglutininen
Ag|gra|va|ti|on [-tsjon, lat.] *w. 10 nur Ez.* **1** Verschlimmerung, Erschwerung; **2** Übertreibung von Krankheitserscheinungen; **ag|gra|vie|ren 1** verschlimmern, erschweren; **2** übertreiben
Ag|gre|gat [lat.] *s. 1* **1** mehrgliedriges Ganzes; **2** mehrgliedrige mathemat. Größe; **3** Satz aus mehreren gekoppelten Maschinen; **Ag|gre|ga|ti|on** [-tsjon] *w. 10* Vereinigung mehrerer Moleküle; **Ag|gre|gat|zu|stand** *m. 2* Erscheinungsform der Materie; fester, flüssiger, gasförmiger Aggregatzustand
Ag|gres|si|on [lat.] *w. 10* Angriff; **ag|gres|siv** angreifend, angriffslustig; **Ag|gres|si|vi|tät** *w. 10* Angriffslust; **Ag|gres|sor** *m. 13* Angreifer
Agha *m. 9* → Aga
Ägi|de [griech.] *w. 11 nur Ez.* Schutz, Obhut, Schirmherrschaft; *meist in der Wendung:* unter der Ägide von …
agie|ren [lat.] handeln, wirken; a. als …: die Rolle spielen von …
agil [lat.] flink, beweglich, behende; **Agi|li|tät** *w. 10 nur Ez.* Flinkheit, Beweglichkeit
Agio [adʒo, auch: aʒio, ital.] *s. 9 nur Ez.* Aufgeld, Betrag, um den der Kurs einer Währung oder eines Wertpapiers über dem Nennwert steht; *Ggs.:* Disagio; **Agio|ta|ge** [aʒiotaʒə, ital.-frz.] *w. 11* Börsenspekulation unter Ausnutzung des Agios; **Agio|teur** [aʒiotœr] *m. 1* Börsenspekulant, der das Agio ausnutzt; **agio|tie|ren** [aʒio-] Börsenspekulation betreiben
Agi|ta|ti|on [-tsjon, lat.] *w. 10* aufreizende polit. Werbung; **agi|ta|to** [adʒi-, ital.] *Mus.:* sehr bewegt; **Agi|ta|tor** [lat.] *m. 13* jmd., der für etwas agitiert; **agi|tie|ren** politisch werben; **Agit|prop** [Kurzw. aus: Agitation und Propaganda] *w. Gen. - nur Ez.* seit Lenin Bez. für den mit den Mitteln der Kunst (vor allem Film, Theater) arbeitenden Versuch, in den Massen ein revolutionäres Bewußtsein zu entwickeln und sie zur aktiven Teilnahme an der (marxist.-)kommunist. Bewegung zu gewinnen
Aglo|bu|lie [lat.] *w. 11 nur Ez.* Verringerung der Anzahl der roten Blutkörperchen
Agnat [lat.] *m. 10* männl. Blutsverwandter der männl. Linie; vgl. Kognat; **Agna|ti|on** [-tsjon] *w. 10 nur Ez.* Blutsverwandtschaft väterlicherseits; vgl. Kognation
Ag|no|men [lat.] *s. Gen.* -s *Mz. - oder* -mi|na *im alten Rom:* Beiname
Agno|sie [griech.] *w. 11* **1** *Med.:* Unfähigkeit, das sinnlich Wahrgenommene geistig zu verarbeiten, Seelenblindheit, -taubheit; **2** *Philos.:* Nichtwissen; **Agno|sti|ker** *m. 5* Vertreter des Agnostizismus; **Agno|sti|zis|mus** *m. Gen. - nur Ez.* Lehre von der Unerkennbarkeit des übersinnl. Seins; **agnos|zie|ren 1** anerkennen; **2** *österr.:* identifizieren (einen Toten)
Agnus Dei [lat. „Lamm Gottes"] **1** Bezeichnung Christi nach Johannes 1, 29; **2** Gebetshymnus im kath. Gottesdienst; **3** vom Papst geweihtes Wachstäfelchen mit dem Bild des Lamms
Ago|gik [griech.] *w. 10 nur Ez. Mus.:* Lehre von den Tempi als Ausdrucksmittel
Agon [griech.] *m. 1* **1** altgriech. Wettkampf; **2** Hauptteil der attischen Komödie; **Ago|nie** *w. 11* Todeskampf; **Ago|nist** *m. 10* altgriech. Wettkämpfer
Ago|ra [griech.] *w. Gen. - nur Ez.* altgriechischer Markt und Versammlungsplatz;

Ago|ra|pho|bie *w. 11* krankhafte Scheu, freie Plätze zu überqueren, Platzangst
Agraf|fe [frz.] *w. 11* **1** Brosche, Schmuckspange; **2** *Med.:* Wundklammer; **3** *Baukunst:* klammerförmige Verzierung am Rundbogen
Agra|nu|lo|zy|to|se [lat. + griech.] *w. 11* Schwund der weißen Blutkörperchen
Agra|pha [griech.] *Mz.* nicht im NT überlieferte Aussprüche Christi
Agra|ri|er [lat.] *m. 5* **1** Grundbesitzer, Landwirt; **2** Interessenvertreter des Großgrundbesitzes; **agra|risch** landwirtschaftlich
Agree|ment [əgriːmənt, lat.-engl.] *s. 9* Vereinbarung, Übereinkunft; **agre|ie|ren** [lat.-frz.] genehmigen; **Agré|ment** [agremã] *s. 9* Zustimmung einer Regierung zum Empfang eines ausländ. Diplomaten
Agri|kul|tur [griech. + lat.] *w. 10* Landwirtschaft; **Agro|no|mie** [griech.] *w. 11 nur Ez.* Landwirtschaftswissenschaft; **Agro|tech|nik** *w. 10 nur Ez.* Technik in der Landwirtschaft; **Agro|sto|lo|gie** *w. 11 nur Ez.* Gräserkunde
Agru|men, Agru|mi [mlat.] *Mz. Sammelbez. für* Zitrusfrüchte
Agryp|nie [griech.] *w. 11 nur Ez.* Schlaflosigkeit
Agu|ti [indian.] *m. 9* südamerik. Nagetier, Goldhase
Ägyp|to|lo|gie *w. 11 nur Ez.* Wissenschaft vom ägypt. Altertum
Ah *Abk. für* Amperestunde
Ahas|ver [nach der jüd. Sagengestalt des Ewigen Juden] *m. Gen.* -(s) *nur Ez.*, **Ahasve|rus** *m. Gen. - nur Ez.* ruhelos umherirrender Mensch
Ai [auch: ai, südamerik. Indianerspr.] *s. Gen.* -(s) *Mz.* -s eine Faultierart
Aide [ɛd, frz.] *m. 11* **1** Gehilfe, Beistand; **2** *Kartenspiel:* Spielpartner; **3** *schweiz.:* Hilfskoch; **Aide-mé|moire** [ɛ:dmemoar] *s. Gen. - Mz.* -s Niederschrift einer mündl. diplomat. Erklärung
Ai|gret|te [ɛgrɛtə, frz.] *w. 11* **1** Federbusch; **2** Bündel, Büschel, z. B. Strahlenbüschel beim Feuerwerk
Ai|guière [ɛgjɛr(ə), frz.] *w. 11* metallenes Tischkännchen
Ai|ma|ra **1** *m. 9 oder Gen. - Mz.* - Angehöriger eines Indianervolkes in Bolivien und Peru; **2** *s. Gen.* -(s) *nur Ez.* dessen Sprache
Ai|nu *m. 9 oder Gen. - Mz.* - Angehöriger des Ureinwohnervolkes von Japan
Air [ɛr, frz.] *s. 9* **1** Aussehen, Haltung; sich ein Air geben: vornehm tun; sich ein Air von etwas geben: so tun, als ob; **2** Lied, Arie, liedartiges Instrumentalstück
Air|bag [ɛrbæg, engl.] *w. 9* mit Luft gefülltes Kissen; Luftsack am Lenkrad von Kraftfahrzeugen, der sich beim plötzl. Bremsen sofort mit Luft füllt und den Stoß abfängt; **Air|bus** [ɛr-] *m. 1* Flugzeug im Passagierverkehr auf kurzen Strecken; **Air|con|di|tion** [ɛrkəndiʃn] *s. 9* Lüftung und Temperaturregelung durch Klimaanlage
Aire|dale|ter|ri|er [ɛrdeil-, engl.] *m. 5* eine Hunderasse
Air|fresh [ɛrfrɛʃ, engl.] *s. 9* Mittel zur Luftverbesserung; **Air mail** [ɛrmeil] *w. Gen. - nur Ez.* Luftpost
à jour [aʒur, frz.] **1** bis zum (heutigen) Tag; à jour sein: auf dem laufenden sein; **2** *(österr.:* ajour) eingefaßt (Edelstein); durchbrochen (Gewebe); **Ajour|ar|beit** *w. 10* Durchbruchsarbeit, -stickerei; **ajou|rie|ren** *österr.:* in Ajourarbeit herstellen
Aka|de|mie [griech.] *w. 11* **1** der Forschung dienende Vereinigung von Gelehrten oder Künstlern; **2** Fachhochschule; **3** Forschungsanstalt; **4** *österr.:* literar. oder musikal. Veranstaltung; **Aka|de|mi|ker** *m. 5* jmd., der an einer Universität oder Akademie studiert hat; **aka|de|misch** **1** zu einer Akademie gehörend, an einer A.; akademische Freiheit: *Bez. für* die besonderen Freiheiten im Hochschulbereich; akademisches Viertel: Viertelstunde nach dem für eine Vorlesung angesetzten Zeitpunkt; **2** *übertr.:* trocken-lehrhaft; **Aka|de|mis|mus** *m. Gen. - nur Ez.* in Regeln erstarrte Betätigung in einer Kunst oder Wissenschaft
Akan|thit [griech.] *m. 1* Silberglanz, ein Mineral
Akan|thus [griech.] *m. Gen. - Mz. -* **1** ein Staudengewächs, Bärenklau; **2** Schmuckform an Säulenkapitellen
Aka|ro|id|harz [griech.] *s. 1* ein gelbes oder rotes Baumharz für Lack und Firnis
akal|tho|lisch nichtkatholisch
Aka|zie [-tsjə, griech.] *w. 11* ein tropischer Laubbaum
Ake|lei [mlat.] *w. 10* ein Hahnenfußgewächs
ake|phal → azephal
Aki *s. 9* *Kurzw. für* Aktualitätenkino
Aki|ne|sie [griech.] *w. 11 nur Ez.* **1** Bewegungslosigkeit; **2** Totstellen (von Tieren)
Ak|kla|ma|ti|on [-tsjon, lat.] *w. 10* **1** Beifall, zustimmender Zuruf; **2** Wahl oder Abstimmung durch Zuruf; **ak|kla|mie|ren** jmdn. a.: jmdm. Beifall spenden, jmdn. durch Zuruf wählen
Ak|kli|ma|ti|sa|ti|on [-tsjon, lat.] *w. 10* Anpassung an veränderte Klima- oder Umweltverhältnisse; **ak|kli|ma|ti|sie|ren** (sich) anpassen
Ak|ko|la|de [frz.] *w. 11* **1** zeremonielle Umarmung beim Ritterschlag und bei Ordensverleihungen; **2** geschweifte Klammer ({)
ak|kom|mo|da|bel [frz.] anpassungsfähig; zweckmäßig; **Ak|kom|mo|da|ti|on** [-tsjon] *w. 10* Anpassungsfähigkeit, bes. des Auges an wechselnde Entfernungen; **ak|kom|mo|die|ren** **1** *veraltet:* anpassen; **2** sich a.: sich mit jmdm. über etwas einigen
Ak|kom|pa|gna|to [-nja-] *s. Gen.* -(s) *Mz.* -s *oder* -ti → Accompagnato

Ak|kord [lat.-frz.] *m.1* **1** Übereinstimmung; **2** Leistungs-, Stücklohn; im Akkord arbeiten; **3** *Rechtsw.:* Vereinbarung mit Gläubigern; **4** *Mus.:* Zusammenklang mindestens zweier verschiedener Töne; **Ak|kor|de|on** *s.9* Handharmonika mit Tastatur; **Ak|kor|deo|nist** *m.10* Akkordeonspieler; **ak|kor|die|ren** **1** vereinbaren; **2** *veraltet:* einen Vertrag (über etwas) abschließen

ak|kre|di|tie|ren [lat.] jmdn. a.: **1** jmdm. Kredit gewähren; **2** jmdn. beglaubigen (diplomatischen Vertreter); **Ak|kre|di|tiv** *s.1* **1** Zahlungsanweisung (an eine Bank); **2** Beglaubigungsschreiben

Ak|kres|zenz [lat.] *w.10* Wachstum (eines Erbteils); **ak|kres|zie|ren** *veraltet:* anwachsen

Ak|ku *m.9 Kurzw. für* Akkumulator

Ak|kul|tu|ra|ti|on [-tsjon, neulat.] *w.10* kulturelle Angleichung

Ak|ku|mu|la|ti|on [-tsjon, lat.] *w.10* Anhäufung; **Ak|ku|mu|la|tor** *m.13* **1** Gerät zum Speichern von elektr. Energie; **2** Druckwasserbehälter; **ak|ku|mu|lie|ren** anhäufen

ak|ku|rat [lat.] genau, sorgfältig; a. so ist es! *süddt.:* genauso; **Ak|ku|ra|tes|se** *w.11 nur Ez.* Genauigkeit, Sorgfalt

Ak|ku|sa|tiv [lat.] *m.1* vierter Fall, Wenfall; A. mit Infinitiv, *lat.* accusativus cum infinitivo (*Abk.:* a. c. i.): eine lat. Satzkonstruktion

Ak|me [griech.] *w.11 nur Ez.* Höhepunkt (einer Krankheit)

Ak|ne [griech.] *w.11* eitrige Entzündung von Talgdrüsen

Ako|luth [griech.] *m.12 oder 10* kath. Geistlicher im vierten Grad der niederen Weihen

Ako|nit [griech.] *m.1* **1** Eisenhut, Sturmhut, eine Heilpflanze; **2** → Akonitin; **Ako|ni|tin** *s.1* aus den Wurzeln des Blauen Eisenhuts gewonnener Giftstoff

Akon|to [ital.] *s. Gen.*-s *Mz.*-ten *oder* -s *österr.:* Anzahlung; **Akon|to|zah|lung** *w.10* Teilzahlung, Anzahlung

Ako|ty|le|do|ne *w.11* keimblattlose Pflanze

ak|qui|rie|ren [lat.] erwerben, anschaffen; **Ak|qui|si|teur** [-tør] *m.1* Werber von Kunden, bes. für Anzeigen in einer Zeitung; **Ak|qui|si|ti|on** [-tsjon] *w.10* **1** Anschaffung, Erwerbung; **2** Kundenwerbung

Akra|ni|er [griech.] *m.5* Angehöriger der Gruppe schädelloser Meerestiere mit → Chorda dorsalis

Akri|bie [griech.] *w.11 nur Ez.* höchste Genauigkeit, äußerste Sorgfalt

akri|tisch nicht kritisch, unkritisch, kritiklos

Akro|bat [griech.] *m.10* Artist, der in Varieté und Zirkus turnerische und Gelenkigkeitsübungen vorführt; **Akro|ba|tik** *w.10 nur Ez.* Kunst des Akrobaten

Akro|ke|pha|le *m.11* → Akrozephale

Akro|le|in [griech.] *s.1 nur Ez.* übelriechende chem. Verbindung zur Herstellung von Lack, Parfüm, Tränengas

Akro|lith [griech.] *m.10* altgriech. Bildwerk, bei dem die unbekleideten Körperteile aus Marmor, die bekleideten aus bemaltem oder vergoldetem Holz bestehen

Akro|me|ga|lie [griech.] *w.11* übermäßiges Wachstum

Akro|nym [griech.] *s.1* aus den Anfangsbuchstaben mehrerer Wörter gebildetes Kurzwort, z. B. Agfa, UNO

Akro|po|lis [griech.] *w. Gen.* - *Mz.*-po|len altgriech. Stadtburg, am berühmtesten die von Athen

Akro|sti|chon [-çɔn, griech.] *s. Gen.*-s *Mz.* -chen *oder* -cha Lied oder Gedicht, bei dem die Anfangsbuchstaben, -silben oder -wörter ein Wort oder einen Satz ergeben

Akro|te|rie [griech.] *w.11,* **Akro|te|ri|on, Akro|te|ri|um** *s. Gen.*-s *Mz.*-ri|en Ranken- oder Blattverzierung an Tempelgiebeln

Akro|ze|pha|le [griech.] *m.11* Mensch mit nach oben spitz zulaufendem Kopf; **Akro|ze|pha|lie** *w.11* spitze Kopfform

Akt [lat.] *m.1* **1** Handlung, Tat, Vorgang; **2** künstler. Darstellung des nackten Körpers; **3** Abschnitt eines Bühnenwerkes, Aufzug; **4** *m.12* → Akte; **Ak|te** *w.11* alle schriftl. Unterlagen eines geschäftl. Vorgangs; **Ak|tei** *w.10* Aktensammlung

Ak|teur [-tør, lat.-frz.] *m.1* **1** Handelnder; **2** Schauspieler

Akt|fo|to, Akt|pho|to *s.9* Photographie eines nackten Menschen

Ak|tie [-tsjə, lat.] *w.11* Urkunde über den Anteil am Grundkapital einer Aktiengesellschaft; **Ak|ti|en|ge|sell|schaft** *w.10* (*Abk.:* AG) Handelsgesellschaft, bei der das Kapital durch Einlagen der Gesellschafter aufgebracht wird

Ak|ti|nie [-njə, griech.] *w.11* ein Meerespolyp, Seerose, Seeanemone; **ak|ti|nisch** durch Strahlung hervorgerufen (Krankheit); **Ak|ti|ni|um** *s. Gen.*-s *nur Ez.* → Actinium; **Ak|ti|no|graph** *m.10* mit einem Aktinometer verbundenes Schreibgerät; **Ak|ti|no|me|ter** *s.5* Gerät zum Messen von Lichtstrahlen, bes. der Sonne; **Ak|ti|no|me|trie** *w.11* **1** *nur Ez.* Lichtstrahlenmessung; **2** Sternkatalog mit Angabe der Helligkeiten; **ak|ti|no|morph** strahlenförmig; **Ak|ti|no|my|ko|se** *w.11* Strahlenpilzkrankheit; **Ak|ti|no|my|zet** *m.10* Strahlenpilz, ein Fadenbakterium

Ak|ti|on [-tsjon, lat.] *w.10* Handlung, Tat, Unternehmung, Maßnahme; **Ak|tio|när** [-tsjo-] *m.1* Inhaber einer Aktie; **Ak|tio|nis|mus** *m. Gen.* - *nur Ez.* Bestreben, das Bewußtsein der Menschen und/oder die gesellschaftl. Zustände durch zielgerichtetes Vorgehen zu verändern; **Ak|tio|nist** *m.10* Anhänger des Aktionismus; **Ak|ti|ons|art** [-tsjons-] *w.10* Art und Weise, wie das durch ein Verb ausgedrückte Geschehen vor sich geht, z. B. beginnend („erblühen"), vollendend („verblühen"), wiederholend („kränkeln"); **Ak|ti|ons|form** *w.10* Form des Geschehens, der Handlung beim Verb, *gemeinsame Bez. für* Aktiv, Passiv; **Ak|ti|ons|ra|di|us** *m. Gen.- Mz.*-di|en Wirkungs-, Reichweite, Fahr-, Flugbereich

ak|tiv [lat.] **1** wirksam, handelnd, tätig; aktives Wahlrecht: das Recht, zu wählen; vgl. passives Wahlrecht; **2** *Mil.:* ständig im Dienst stehend; aktiver Offizier; **3** [ak-] *Gramm.:* in der Tatform stehend (Verb); *Ggs.:* passiv; **4** *Chem.:* wirksam, reaktionsfähig; **Ak|tiv 1** *s. Gen.*-s *nur Ez.* Tatform des Verbums; *Ggs.:* Passiv; **2** [-tiv] *s.1 in kommunist. Ländern:* Arbeitsgruppe, die an einer bestimmten Aufgabe arbeitet und überdurchschnittl. Leistung anstrebt; **Ak|ti|va** *s. Mz., Ez.:* -vum, Vermögenswerte, Guthaben; *Ggs.:* Passiva; **Ak|ti|va|tor** *m.13* **1** Stoff, der die Wirksamkeit eines Katalysators beschleunigt, ohne selbst Katalysator zu sein; **2** *Zahnmed.:* Vorrichtung zur Kieferregulierung; **Ak|tiv|bür|ger** *m.5 früher, noch schweiz.:* Bürger mit sämtl. polit. Rechten; *Ggs.:* Passivbürger; **ak|ti|vie|ren 1** zu größerer Wirkung bringen; **2** in die Buchführung und Bilanz aufnehmen; **Ak|ti|vis|mus** *m. Gen.- nur Ez.* betont zielstrebiges Handeln; **Ak|ti|vist** *m.10* **1** (bes. politisch) zielstrebig handelnder Mensch; **2** *DDR:* Arbeiter oder Angestellter, der für bes. gute Leistungen ausgezeichnet worden ist; **ak|ti|vis|tisch** auf Aktivismus beruhend; **Ak|ti|vi|tas** *w. Gen.- nur Ez., in student. Verbindungen:* alle, die zur aktiven Beteiligung verpflichtet sind; **Ak|ti|vi|tät** *w.10* **1** Tätigkeit, Wirksamkeit; **2** *Mz.:* Handlungen, Unternehmungen; **Ak|tiv|koh|le** *w.11* aus Holz, Knochen u. a. gewonnene, als Adsorbens zur Reinigung und Entgiftung verwendete Kohle; **Ak|tiv|po|sten** *m.7 Mz.* → Aktiva

Ak|tri|ce [aktrisə, frz.] *w.11 veraltet:* Schauspielerin

ak|tua|li|sie|ren [lat.] aktuell, zeitnah machen; **Ak|tua|lis|mus** *m. Gen.- nur Ez.* Auffassung, daß die heute wirksamen Naturkräfte die gleichen sind wie in früheren Erdzeitaltern; **Ak|tua|li|tät** *w.10* Zeitnähe, Bedeutung für die Gegenwart; **Ak|tua|li|tä|ten|ki|no** *s.9 (Kurzw.:* Aki) Kino mit ständig laufendem, aktuellem Programm

Ak|tu|ar [lat.] *m.1* **1** *veraltet:* Gerichtsangestellter; **2** *schweiz.:* Schriftführer einer Behörde oder eines Vereins

ak|tu|ell [lat.] zeitnah, für die Gegenwart interessant oder wichtig

Aku|punk|tur [lat.] *w.10* sehr altes Heilverfahren durch Stiche mit Gold- oder Silbernadeln in bestimmte Hautstellen

Aku|stik [griech.] *w.10 nur Ez.* **1** Schallwirkung, Schallwiedergabe (eines Raumes); **2** Lehre vom Schall, von den Tönen; **aku|stisch** die Akustik betreffend, auf ihr beruhend, mit dem Gehör wahrnehmbar; *Ggs.:* visuell; akustischer Typ: jmd., der sich Gehörtes besser merken kann als Gesehenes

akut [lat.] **1** im Augenblick wichtig, brennend, dringend; **2** *Med.:* plötzlich auftretend, rasch und heftig verlaufend (Krankheit); *Ggs.:* chronisch; **Akut** *m.1 (Zeichen:´)* Zeichen für die geschlossene Aussprache eines Vokals, im Ungarischen für die geschlossene Aussprache des e und o sowie für die offene Aussprache des a, in einigen Sprachen, z. B. im Spanischen, für die Betonung; vgl. Accent aigu

Ak|ze|le|ra|ti|on [-tsjon, lat.] *w.10* Beschleunigung; **Ak|ze|le|ra|tor** *m.13* **1** Beschleuniger; **2** *Wirtschaft:* Koeffizient, der angibt, welche Investitionsausgaben bei Erhöhung der Konsumausgaben oder des Volkseinkommens um eine Einheit eintreten; **ak|ze|le|rie|ren** beschleunigen

Ak|zent [lat.] *m.1* **1** (*Zeichen:*´ ` ^) Zeichen für die Betonung, Länge, geschlossene oder offene Aussprache eines Vokals; vgl. Akut, Gravis, Zirkumflex; **2** Betonung, Nachdruck; **3** Tonfall, Aussprache; **Ak|zen|tua|ti|on** [-tsjon] *w.10* Betonung; **ak|zen|tu|ie|ren** betonen; genau und deutlich aussprechen

Ak|zept [lat.] *s.1* **1** durch Unterschrift angenommener Wechsel; **2** Annahmeerklärung auf dem Wechsel; **ak|zep|ta|bel** annehmbar; **Ak|zep|tant** *m.10* jmd., der einen Wechsel akzeptiert, Bezogener; **Ak|zep|ta|ti|on** [-tsjon] *w.10* Annahme; **ak|zep|tie|ren** annehmen, billigen; **Ak|zep|tor** *m.13* Stoff, der bei einer chem. Reaktion andere Stoffe annimmt, bindet

Ak|zeß [lat.] *m.1* **1** Zutritt; **2** Zulassung; **Ak|zes|si|on** *w.10* **1** Zugang, Erwerb; **2** Beitritt (zu einem bereits abgeschlossenen Staatsvertrag); **Ak|zes|sist** *m.10 österr.:* Anwärter auf den Gerichts- und Verwaltungsdienst; **Ak|zes|so|rie|tät** [-rie-] *w.10 nur Ez.* **1** Zugänglichkeit; **2** *Rechtsw.:* Abhängigkeit des Nebenrechts vom Hauptrecht; **ak|zes|so|risch** hinzutretend, nebensächlich; **Ak|zes|so|ri|um** *s. Gen.*-s *Mz.*-ri|en **1** Nebensache, Beiwerk; **2** Nebenanspruch

Ak|zi|dens [lat.] *s. Gen.- Mz.*-den|zi|en oder -den|tia [-tsja] Zufälliges, Nebensächliches, Hinzutretendes; **Ak|zi|den|ta|li|en** *s. Mz., Ez.:* -li|um, Nebenpunkte (bei Rechtsgeschäften); *Ggs.:* Essentialien; **ak|zi|den|tell, ak|zi|den|ti|ell** [-tsjel] zufällig, unwesentlich, nebensächlich; **Ak|zi|denz** *w.10* Drucksache, meist von geringem Umfang, z. B. Anzeige, Glückwunsch, Formular

ak|zi|pie|ren [lat.] annehmen, empfangen; vgl. Akzept

Ak|zi|se [lat.-frz.] *w.11* indirekte Verbrauchssteuer, Zoll

Al *chem. Zeichen für* Aluminium

Al. *Abk. für* Alinea
à la [frz.] nach Art von ..., so wie ...; Spaghetti à la Bolognese
à la baisse [alabes, frz.] à la baisse spekulieren: mit dem Fallen der Börsenkurse rechnend spekulieren; vgl. à la hausse
Ala|ba|ster [griech.] *m.3* dem Marmor ähnl. Gipsart
à la bonne heure! [alabɔnœr, frz.] recht so!, bravo!
à la carte [alakart, frz.] à la carte essen: nach der Speisekarte essen
à la hausse [alaos, frz.] à la hausse spekulieren: mit dem Steigen der Börsenkurse rechnend spekulieren; vgl. à la baisse
à la jar|di|niè|re [alaʒardinjɛrə, frz. „nach Art der Gärtnerin"] mit Gemüse garniert (Fleisch)
à la mode [alamɔd, frz.] sich à la mode kleiden: sich nach der Mode kleiden; **Ala|mode|li|te|ra|tur** [alamɔd-] *w.10 nur Ez.* die dt. höfische Unterhaltungsliteratur des 17./18. Jh., die frz. und ital. Vorbilder nachahmte
Ala|nin [Kunstw.] *s.1 nur Ez.* eine Aminosäure
Alant [vulgärlat.] *m.1* eine Heilpflanze
Alarm [frz. „zur Waffe!"] *m.1* **1** Gefahrensignal, Warnzeichen; **2** *während des 2. Weltkrieges:* Zeit zwischen Warnung und Entwarnung; **alar|mie|ren 1** durch Alarmsignal warnen; **2** zur Hilfe herbeirufen
à la suite [alasyit, frz.] im Gefolge von ...
Alaun [lat.] *m.1* Kalium-Aluminium-Sulfat, u. a. blutstillendes Mittel
Al|ba [lat.] **1** *w. Gen. - Mz.*-ben langes, weißes liturg. Gewand der kath. und anglikan. Geistlichen; **2** *w.9* Tagelied der Troubadoure
Al|ba|tros [arab.] *m.1* ein Sturmvogel der südl. Meere
Al|be *w.11* → Alba (**1**)
Al|be|do [lat.] *w.9 nur Ez.* Verhältnis des auf eine Fläche fallenden Lichts zum zurückgestrahlten Licht; **Al|be|do|me|ter** [lat. + griech.] *s.5* Gerät zum Messen der Albedo
Al|bi|gen|ser [nach der frz. Stadt Albi] *m.5* Angehöriger einer frz. Sekte des 12./13. Jh.
Al|bi|nis|mus [lat.] *m. Gen. - nur Ez.* fehlende Farbstoffbildung in Haut, Augen und Haaren; **Al|bi|no** *m.9* Mensch oder Tier mit Albinismus; **al|bi|no|tisch** auf Albinismus beruhend, in der Art eines Albinos
Al|bit [lat.] *m.1* ein Natronfeldspat
Al|bum [lat.] *s. Gen.*-s *Mz.*-ben Gedenkbuch, Sammelbuch (für Gedichte, Lieder, Bilder u. ä.)
Al|bu|men [lat.] *s. Gen.*-s *nur Ez.* Eiweiß; **Al|bu|min** *s.1 meist Mz.* Gruppe von Eiweißstoffen; **al|bu|mi|no|id** eiweißähnlich; **al|bu|mi|nös** eiweißhaltig; **Al|bu|min|urie** *w.11* Vorkommen von Eiweiß im Urin; **Al|bu|mo|se** *w.11* Zwischenprodukt bei der Eiweißverdauung
Al|bus [lat.] *m.1* alte dt. Münze, 6–10 Pfennig, Weißpfennig, *in Westdeutschland:* Silbergroschen
Al|che|mie, Al|chi|mie [arab.-griech.] *w.11 nur Ez.* Vorstufe der wissenschaftl. Chemie, Goldmacherei; **Al|chi|mist** *m.10* jmd., der sich mit Alchimie beschäftigt
Al|de|hyd [Kurzw. aus: Alcoholus dehydrogenatus] *m.1* Vertreter einer Gruppe chem. Verbindungen, die durch Entzug von Wasserstoff aus Alkoholen gewonnen werden
Al|der|man [ɔldərmən, engl.] *m. Gen.*-s *Mz.* -men [-mən] *in angelsächs. Ländern:* Mitglied der gesetzgebenden Körperschaft einer Gemeinde
Al|di|ne *w.11* **1** durch mustergültige Qualität gekennzeichneter Druck des venezian. Druckers Aldus Manutius; **2** halbfette Antiquaschrift
Ale [ɛil, engl.] *s.9 nur Ez.* engl. helles Bier
Alea iacta est [lat. „Der Würfel ist gefallen"] Die Entscheidung ist getroffen (angebl. Ausspruch Cäsars)
Alea|to|rik [lat.] *w.10 nur Ez.* moderne Kompositionsweise, die dem Interpreten weitgehenden Spielraum läßt; **alea|to|risch** vom Zufall abhängig
alert [ital.-frz.] munter, flink
Aleu|ron [griech.] *s. Gen.*-s *nur Ez.* ein Eiweißstoff, Kleber
Alex|an|dri|ner *m.5* sechsfüßiger, gereimter jambischer Vers; **Alex|an|drit** [nach dem Zaren Alexander II.] *m.1* grünes, bei Lampenlicht rotes Mineral
Alex|ia|ner *m.5* Angehöriger einer kath. Brudergenossenschaft, die sich urspr. (seit dem 14. Jh.) der Pflege und Bestattung Pestkranker, später der allg. Krankenpflege widmete, Lollarde
Ale|xin [griech.] *s.1 meist Mz.* eiweißartiger Schutzstoff im Blutserum gegen Bakteriengifte
Al|fa|gras [arab.] *s.4 nur Ez.* → Esparto
al|fan|zen [ital.] *veraltet:* Possen treiben, närrisch reden; schwindeln; **Al|fan|ze|rei** *w.10* närrisches Benehmen; Schwindelei
al fi|ne [ital.] *Mus.:* bis zum Schluß (zu spielen); vgl. da capo
al fres|co [ital.] „auf frischen" Putz (gemalt)
Al|ge [lat.] *w.11* eine niedere Wasserpflanze
Al|ge|bra [österr.: -ge-, arab.] *w. Gen. - nur Ez.* Buchstabenrechnung, Rechnung mit Gleichungen
Al|gen|säu|re *w.11 nur Ez.* → Alginsäure
Al|ge|sie [griech.] *w.11* Schmerz, Schmerzempfindlichkeit
Al|gin|säu|re *w.11 nur Ez.* aus Algen gewonnene, vielseitig verwendbare Säure
Al|go|lo|gie [griech.] *w.11 nur Ez.* Lehre von den Algen

Al|gon|kin 1 *m. 9 oder Gen. - Mz.-* Angehöriger einer Gruppe nordamerik. Indianerstämme; **2** *s. Gen.*-(s) *nur Ez.* deren Sprache; **Al|gon|ki|um** *s. Gen.*-s *nur Ez.* Abschnitt der Erdfrühzeit

Al|go|rith|mus [pers.] *m. Gen. - Mz.*-men Rechenverfahren

Al|gra|phie [lat. + griech.] *w. 11* ein Flachdruckverfahren

Al|hi|da|de [arab.] *w. 11* drehbarer Teil an Winkelmeßgeräten

ali|as [lat.] anders, sonst, auch, auch … genannt; Franz Müller alias Huber

Ali|bi [lat. „anderswo"] *s. 9* Nachweis der Abwesenheit (eines Verdächtigen) vom Tatort des Verbrechens zur Tatzeit

ali|cy|clisch [lat.] mit ringförmig angeordneten Kohlenstoffatomen; *Ggs.:* aliphatisch

Alie|na|ti|on [ali|enatsjon, lat.] *w. 10* **1** *veraltet:* Entfremdung; Verkauf, Veräußerung; **2** eine Form der Psychose; **alie|nie|ren** [ali|e-] **1** entfremden; **2** veräußern

Ali|gne|ment [alinjəmã, frz.] *s. 9* Abstecken einer Richtlinie beim Straßen- und Streckenbau; **ali|gnie|ren** [alinji-] abmessen, abstecken

ali|men|tär [lat.] mit der Ernährung, mit Nahrungsmitteln zusammenhängend; **Ali|men|ta|ti|on** [-tsjon] *w. 10* Gewährung von Alimenten; **Ali|men|te** *s. 1 Mz.* Beiträge zum Lebensunterhalt (für nichteheliche Kinder); **ali|men|tie|ren** jmdn. a.: jmdm. Alimente zahlen

a li|mi|ne [-ne:, lat.] von vornherein, ohne die Sache zu prüfen

Ali|nea [lat.] *s. 9* (*Abk.:* Al.) Absatz, neuer Zeilenanfang; **ali|ne|ie|ren** mit einer neuen Zeile beginnen, absetzen

ali|pha|tisch [griech.] mit in offenen Ketten angeordneten Kohlenstoffatomen (in chem. Strukturformeln); *Ggs.:* alicyclisch

ali|quant [lat.] nur mit Rest teilbar (Zahl); **ali|quot** ohne Rest teilbar (Zahl); **Ali|quo|te** *w. 11* Zahl, durch die eine andere ohne Rest geteilt werden kann; **Ali|quot|flü|gel** *m. 5* Flügel (Klavier) mit Aliquotsaiten; **Ali|quot|sai|te** *w. 11* Saite, die mit der angeschlagenen (tieferen) Saite mitschwingt, Resonanzsaite; **Ali|quot|ton** *m. 2* mitschwingender Oberton

Ali|za|rin [arab.] *s. 1* ein Pflanzenfarbstoff

Alk [schwed.] *m. 1* ein Meeresvogel der Arktis

Al|ka|hest [arab.] *s. 1 nur Ez. in der Alchimie:* Mittel angeblich zur Lösung aller Stoffe

Al|kal|de [arab.-span.] *m. 11* span. Bürgermeister

Al|ka|li [arab.] *s. Gen.*-s *Mz.*-li|en chem. Verbindung, die in wäßriger Lösung alkalisch (basisch) reagiert; **Al|ka|li|me|trie** [arab. + griech.] *w. 11* Bestimmung des Alkaligehalts einer Lösung; **al|ka|lin** alkalisch reagierend; alkalihaltig; **Al|ka|li|ni|tät** *w. 10 nur Ez.* die Eigenschaft (eines Stoffes), alkalisch zu reagieren; **al|ka|lisch** laugenartig; **al|ka|li|sie|ren** alkalisch machen; **Al|ka|li|tät** *w. 10 nur Ez.* → Basizität; **Al|ka|lo|id** *s. 1* organ. Verbindung, Heilmittel

Al|ka|n|na [arab.] *w. Gen. - nur Ez.* Pflanzengattung, deren Wurzeln roten Farbstoff (Henna) liefern

Al|ka|zar [-kaθar, auch: -θar, span.] *m. 1* Burg, Schloß in Spanien

Al|ko|hol [arab.] *m. 1, i. w. S.:* organ. chem. Verbindung; *i. e. S.:* Äthylalkohol, Grundlage aller Spirituosen; **Al|ko|ho|lat** *s. 1* **1** Metallverbindung eines Alkohols; **2** → Alkolat; **Al|ko|ho|li|ka** *Mz.* alle alkoholischen Getränke; **Al|ko|ho|li|ker** *m. 5* gewohnheitsmäßiger Trinker; **al|ko|ho|lisch** Alkohol enthaltend; alkoholische Gärung: G., bei der Alkohol entsteht; **al|ko|ho|li|sie|ren** mit Alkohol vermischen; **al|ko|ho|li|siert** *ugs.:* betrunken; **Al|ko|ho|lis|mus** *m. Gen. - nur Ez.* **1** Trunksucht; **2** Alkoholvergiftung; **Al|ko|ho|lo|me|ter** *s. 5* Gerät zum Bestimmen des Alkoholgehalts einer Flüssigkeit; **Al|ko|hol|spie|gel** *m. 5* Menge des im Blut enthaltenen Alkohols; **Al|ko|lat** *s. 1* wenig Alkohol enthaltendes Getränk

Al|ko|ven [-vən, auch: -ko-, arab.-span.] *m. 7* kleiner Nebenraum, Bettnische

Al|kyl [arab. + griech.] *s. 1* einwertiger Kohlenwasserstoff; **al|ky|lie|ren** mit Alkylgruppen versetzen

al|kyo|nisch [griech.] windstill; friedlich, ruhig; alkyonische Tage

al|la bre|ve [ital.] *Mus.:* in straffem Tempo; **Al|la-bre|ve-Takt** *m. 1* Takt, bei dem statt vier Vierteln zwei Halbe gezählt werden

Al|lah *im Islam Name für* Gott

al|la mar|cia [- martʃa, ital.] *Mus.:* in der Art eines Marsches

Al|lan|to|is [-to:is, griech.] *w. Gen. - nur Ez.* embryonaler Harnsack

al|la po|lac|ca [ital.] *Mus.:* in der Art einer Polonäse

al|la pri|ma [ital.] *in der Wendung* alla prima malen: mit nur einer Farbschicht, ohne Unter- und Übermalung

Al|lasch [nach dem Gut Allasch bei Riga] *m. 1* ein Kümmellikör

al|la te|des|ca [ital.] *Mus.:* nach deutscher Art, in der Art eines deutschen Tanzes

al|la tur|ca [ital.] *Mus.:* nach türk. Art, in der Art der Janitscharenmusik

al|la zin|ga|re|se [ital.] *Mus.:* in der Art von Zigeunermusik

Al|lee [frz.] *w. 11* beidseitig von Bäumen gesäumte Straße

Al|le|gat [lat.] *s. 1* angeführte Textstelle, Berufung auf ein Schriftwort; **Al|le|ga|ti|on** [-tsjon] *w. 10* Anführung einer Textstelle, Berufung darauf; **al|le|gie|ren** [lat.] anführen (Textstelle, Schriftwort)

Al|le|go|re|se [griech.] *w.11* Ausdeutung eines relig. Textes, wobei vorausgesetzt wird, daß sich ein tieferer Sinn hinter ihm verbirgt; **Al|le|go|rie** *w.11* bildhafte, gleichnishafte Darstellung eines Begriffs oder Vorgangs; **al|le|go|risch** in der Art einer Allegorie; **al|le|go|ri|sie|ren** allegorisch darstellen
al|le|gret|to [lat.-ital.] *Mus.:* weniger schnell als allegro, mäßig schnell; **al|le|gro** *Mus.:* lebhaft, bewegt
Al|lel [griech.] *s.1* Zustandsform einer Erbanlage, bezogen auf homologe Chromosomen; **Al|le|lie** *w.11,* **Al|le|lo|mor|phis|mus** *m. Gen.- nur Ez.* Vorkommen einer Erbeinheit in verschiedenen Zuständen; **Al|le|lo|pa|thie** *w.11* gegenseitige Beeinflussung von Pflanzen durch Stoffwechselausscheidungen
al|le|lu|ja → halleluja
Al|le|man|de [almād(ə), frz.] *w.11* **1** Gesellschaftstanz im 16./17. Jh., aus einem dt. Volkstanz entstanden; **2** *Mus.:* ein Satz der Suite
All|er|gen [griech.] *s.1 meist Mz.* Stoff, der allergische Erscheinungen hervorruft; **All|er|gie** *w.11* Überempfindlichkeit gegen bestimmte Stoffe; **All|er|gi|ker** *m.5* jmd., der an einer Allergie leidet; **all|er|gisch** auf Allergie beruhend, überempfindlich
al|lez! [ale, frz. „geht!"] vorwärts!
Al|li|anz [frz.] *w.10* **1** Bündnis zwischen Staaten; **2** Vereinigung, Interessengemeinschaft
Al|li|ga|ti|on [-tsjon, lat.] *w.10* Mischung (z. B. von Metallen)
Al|li|ga|tor [lat.-span.] *m.13* ein Krokodil
al|li|ie|ren [frz.] sich a.: sich verbünden; **Al|li|ier|te(r)** *m.18(17)* Verbündeter
Al|li|te|ra|ti|on [-tsjon, lat.] *w.10* Gleichheit des Anfangsbuchstabens mehrerer aufeinanderfolgender Wörter, Stabreim; **al|li|te|rie|ren** sich im Stabreim reimen
Al|lo|cho|rie [-ko-, griech.] *w.11* Verbreitung von Früchten und Pflanzensamen durch Einwirkung von außen, z. B. durch Wind oder Tiere
al|lo|chro|ma|tisch [griech.] anders gefärbt, als es der Substanz nach zu erwarten wäre; *Ggs.:* idiochromatisch
al|lo|chthon [griech.] *Geol.:* in fremdem Boden oder anderenorts entstanden; *Ggs.:* autochthon
al|lo|gam [griech.] *Bot.:* auf Allogamie beruhend; **Al|lo|ga|mie** *w.11* Fremdbestäubung
Al|lo|ku|ti|on [-tsjon, lat.] *w.10* feierliche Ansprache des Papstes an die Kardinäle
Al|lo|mor|phie *w.11* → Allotropie
Al|lon|ge [ālɔ̄ʒ(ə), frz.] *w.11* **1** Verlängerungsstreifen für zusätzl. Angaben (an Wechseln); **2** Blatt (in Büchern), an dem eine Faltkarte o. ä. befestigt ist; **Al|lon|ge|pe|rücke** (-rük|ke) *w.11* Männerperücke mit langen Locken
all'on|g(h)a|re|se [ital.] *Mus.:* nach ungar. Art
al|lons! [alɔ̄, frz. „gehen wir!"] vorwärts!, los!; **Al|lons en|fants de la pa|trie** [alɔ̄zāfā də la patri] Vorwärts, Kinder des Vaterlandes! (Anfang der frz. Nationalhymne)
All|onym [griech.] *s.1* Name eines anderen als Deckname
Al|lo|path [griech.] *m.10* nach der Allopathie arbeitender Arzt; *Ggs.:* Homöopath; **Al|lo|pa|thie** *w.11 nur Ez.* das herkömml. Heilverfahren, gegen eine Krankheit ein ihrer Ursache entgegenwirkendes Mittel anzuwenden; *Ggs.:* Homöopathie
Al|lo|pla|stik [griech.] *w.10* **1** Ersatz von Gewebe durch anorgan. Stoff; **2** das Ersatzstück
Al|lo|tria [griech.] *früher: Mz., heute meist: s.9 nur Ez.* Unfug, Dummheiten
Al|lo|tro|pie [griech.] *w.11* Eigenschaft eines chem. Stoffes, in verschiedenen festen Zustandsformen vorzukommen, z. B. des Kohlenstoffs als Graphit und Diamant, Allomorphie
all'ot|ta|va [ital.] (*Zeichen:* 8va) *Mus.:* eine Oktave höher bzw. tiefer (zu spielen)
all right! [ɔːlrait, engl.] in Ordnung!, gut!, einverstanden!
All|roun|der [ɔːlraundər, engl.] *m.5 ugs.,* **All|round|man** [ɔːlraundmən, engl.] *m. Gen.-s Mz.-men* [-mən] jmd., der auf vielen Gebieten Bescheid weiß und tätig ist; **All|round|sport|ler** *m.5* Sportler, der viele Sportarten ausübt
All-Star-Band [ɔːlstarbænd, engl.] *w.9* aus berühmten Musikern bestehende Jazzband
all'un|ghe|re|se [ital.] *Mus.:* nach ungar. Art
all'uni|so|no [ital.] (*Abk.:* all'u.) → unison
Al|lü|re [frz.] *w.11* Gangart (des Pferdes); **Al|lü|ren** *Mz.* ungewöhnl., übertriebenes Benehmen
Al|lu|si|on [lat.] *w.10* Anspielung (z. B. auf Werke, Personen, Aussprüche oder histor. Ereignisse)
al|lu|vi|al [lat.] aus dem Alluvium stammend; **Al|lu|vi|on** *w.10* Anschwemmung, angeschwemmtes Land; **Al|lu|vi|um** *s. Gen.-s nur Ez.* jüngste Abteilung des Quartärs, *neuere Bez.:* Holozän
Al|lyl|al|ko|hol [lat. + griech. + arab.] *m.1* ein ungesättigter Alkohol
Al|ma ma|ter [lat. „nährende Mutter"] *w. Gen.-- nur Ez. poet. Bez. für* Universität
Al|ma|nach [arab.] *m.1* **1** meist mit Bildern und kleinen Geschichten o. ä. versehener Kalender; **2** jährlich erscheinendes kleines Buch mit Leseproben aus den Werken eines Verlages
Al|man|din [nach dem Fundort Alabanda in Kleinasien] *m.1* ein Mineral, Sonderform des Granats
Al|mo|sen [griech.-mlat.] *s.7* **1** Gabe an Bedürftige; **2** *übertr.:* dürftiges Geschenk, zu

geringes Entgelt; **Al|mo|se|nier** *m.1 früher:* geistl. Würdenträger, der die Almosen verteilte
Aloe [aloe:, hebr.-griech.] *w.11* eine Heilpflanze
alo|gisch nicht logisch
Alo|pe|zie [griech.] *w.11* Haarschwund (über das normale Maß hinaus)
Al|pac|ca *s.9 nur Ez.* → Alpaka (**4**); **Al|pa|ka** *s.9* **1** [indian.] südamerik. Lama; **2** *nur Ez.* dessen Wolle; **3** *nur Ez.* eine Gewebeart; **4** [chin.?] *nur Ez.* ® Neusilberlegierung
al pa|ri [ital. „zum gleichen" (Wert)] zum Nennwert (bei Aktien)
Al|pha *s.9* (*Zeichen:* A, α) erster Buchstabe des griech. Alphabets; das A. und das Omega: Anfang und Ende; **Al|pha|bet** [nach den griech. Buchstaben alpha und beta] *s.1* die Buchstaben einer Sprache in geordneter Reihenfolge, Abc; **al|pha|be|tisch** in der Ordnung des Alphabets, abecelich; **al|pha|be|ti|sie|ren** in alphabet. Reihenfolge bringen; **al|pha|nu|me|risch** [griech. + lat.] *EDV:* Dezimalziffern und Buchstaben enthaltend; **Al|pha|strah|len, α-Strah|len** *m.12 Mz.* aus Alphateilchen bestehende, radioaktive Strahlung; **Al|pha|teil|chen** *s.7* Heliumkern
Al|pi|ni [ital.] *Mz., Ez.*-no, ital. Gebirgsjäger; **Al|pi|nis|mus** *m. Gen. - nur Ez.*, **Al|pi|ni|stik** *w.10 nur Ez.* sportlich betriebenes Bergsteigen; **Al|pi|num** *s.9* Steingarten mit Alpenpflanzen
al s. *Abk. für* al segno
al sec|co [ital.] „auf trockenen" Putz (gemalt); vgl. Seccomalerei
al se|gno [alzenjo, ital.] (*Abk.:* al s.) *Mus.:* bis zum Zeichen (wiederholen)
Alt [ital. alto „hoch"] *m. Gen.*-s *nur Ez.* **1** Altstimme, tiefe Stimmlage bei Frauen und Knaben; **2** Sänger(in) mit dieser Stimme; **3** Gesamtheit der tiefen Frauen- oder Knabenstimmen im Chor; **4** Stimmlage bei Musikinstrumenten, z. B. Altblockflöte
Al|tan [ital.] *m.1* vom Boden aus gestützter Balkon, Söller; *auch:* (umlaufender) Holzbalkon
Alt|azi|mut [lat. + arab.] *s.1 oder m.1* Gerät zum Messen von Höhe und Azimut eines Gestirns
Al|te|ran|ti|um [-tsjum, lat.] *s. Gen.*-s *Mz.*-tia [-tsja] *Med.:* umstimmendes Mittel
Al|te|ra|ti|on [-tsjon, lat.] *w.10* **1** Erregung; **2** *Med.:* krankhafte Veränderung; **3** *Mus.:* chromat. Veränderung eines Akkordtons
Al|ter ego [lat.] *s. Gen. - - nur Ez.* **1** das „andere Ich", Seele; **2** vertrauter Freund; **3** *bei Naturvölkern:* pflanzl. oder tier. Lebewesen, zu dem ein Mensch eine enge, übersinnl. Beziehung hat; **4** *bei Schizophrenie:* der abgespaltene seel. Bereich des eigenen Ichs
al|te|rie|ren [lat.] **1** *Mus.:* chromatisch verändern (Akkordton); **2** sich a.: sich aufregen
Al|ter|nanz [lat.] *w.10* **1** → Alternation; **2** *Obstbau:* Wechsel von Jahren mit und ohne Ertrag; **Al|ter|nat** *s.1 nur Ez., bei Staatsverträgen:* Wechsel in der Aufzählung der Vertragschließenden und der Reihenfolge der Unterschriften; **Al|ter|na|ti|on** [-tsjon] *w.10* Wechsel zwischen zwei Dingen oder Möglichkeiten; **al|ter|na|tiv** **1** die Wahl zwischen zwei Möglichkeiten bietend, wechselweise; **2** anders als üblich, als die übrigen; a. leben, essen; **Al|ter|na|ti|ve** *w.11* Wahl zwischen zwei Möglichkeiten; **al|ter|nie|ren** wechseln (von zwei Vorgängen, Zuständen usw.)
Al|ti|graph [lat. + griech.] *m.10 Meteor.:* automat. Höhenschreiber; **Al|ti|me|ter** *s.5* Höhenmesser
Al|tist *m.10* Sänger, der Alt (**1**) singt; **Al|ti|stin** *w.10* Sängerin, die Alt (**1**) singt
Al|to|ku|mu|lus [lat.] *m. Gen. - Mz.*-li Haufenwolke in mittlerer Höhe; **Al|to|stra|tus** *m. Gen. - Mz.*-ti Schichtwolke in mittlerer Höhe
Al|tru|is|mus [lat.] *m. Gen. - nur Ez.* Uneigennützigkeit; *Ggs.:* Egoismus; **Al|tru|ist** *m.10* uneigennütziger Mensch; *Ggs.:* Egoist
Alu *Kurzw. für* Aluminium; **Alu|fo|lie** [-ljə] *w.11 Kurzw. für* Aluminiumfolie; **Alu|men** *s.7 nur Ez.* → Alaun; **Alu|mi|nat** [lat.] *s.1* aluminiumsaures Salz; **alu|mi|nie|ren** mit Aluminium überziehen; **Alu|mi|nit** *m.1 nur Ez.* ein Mineral; **Alu|mi|ni|um** *s. Gen.*-s *nur Ez.* (*Zeichen:* Al) chem. Element, ein Metall; **Alu|mi|ni|um|fo|lie** [-ljə] *w.11* fein ausgewalztes Aluminium für Verpackungen u. a.
Alum|nat [lat.] *s.1* **1** zu einer Schule gehöriges Schülerheim; **2** *österr.:* Ausbildungsstätte für Geistliche; **Alum|ne** *m.11,* **Alum|nus** *m. Gen. - Mz.*-nen Schüler eines Alumnats
Alu|nit [lat.] *m.1 nur Ez.* ein Mineral, Alaunstein
al|veo|lar [lat.] → dental; **Al|veo|lar** *m.1* → Dental; **al|veo|lär** mit kleinen Hohlräumen versehen; **Al|veo|le** *w.11* **1** Zahnfach im Kiefer; **2** Lungenbläschen
Am *chem. Zeichen für* Americium
AM *Abk. für* Amplitudenmodulation
a. m. *Abk. für* ante meridiem, ante mortem
ama|bi|le [ital.] *Mus.:* liebenswürdig, lieblich
ama|gne|tisch unmagnetisch, nicht magnetisierbar
Amal|gam [arab.-griech.] *s.1* eine Quecksilberlegierung; **Amal|ga|ma|ti|on** [-tsjon] *w.10* Gewinnung von Gold und Silber aus Erz durch Lösen in Quecksilber; **amal|ga|mie|ren** **1** mit Quecksilber legieren; **2** aus Erzen durch Lösen in Quecksilber gewinnen
ama|rant [griech.] dunkelrot; **Ama|rant** *m.1* **1** eine Zierpflanze; **2** ein afrik. Webervogel; **3** ein Farbholz; **ama|ran|ten** → amarant
Ama|rel|le [lat.-ital.] *w.11* eine Sauerkirschenart

Ama|ryl [griech.] *m. 1* künstlich hergestellter, hellgrüner Saphir; **Ama|ryl|lis** *w. Gen. - Mz.* -len eine Zierpflanze

Ama|teur [-tør, lat.-frz.] *m. 1* jmd., der eine Beschäftigung nur aus Liebhaberei, nicht berufsmäßig betreibt, Nichtfachmann

Ama|ti *w. 9* Geige aus der Werkstatt der ital. Geigenbauerfamilie Amati (16./17. Jh.)

Amau|ro|se [griech.] *w. 11* Erblindung, „schwarzer Star"

Amau|se [frz.] *w. 11 im MA Bez. für* Email und Schmuckstein aus Glas

Ama|zo|na *w. Gen. - Mz.* -nae [-nɛ:] *oder* -nen eine Gattung mittel- und südamerik. Papageien; **Ama|zo|ne** [griech.] *w. 11* **1** *griech. Myth.:* Angehörige eines kriegerischen Frauenvolkes; **2** Reiterin; **3** *Motorsport:* Fahrerin; **4** sportl., knabenhaftes Mädchen

Am|bas|sa|de [ã-, frz.] *w. 11 veraltet:* Botschaft, Gesandtschaft; **Am|bas|sa|deur** [ãbasadœr] *m. 1 veraltet:* Botschafter, Gesandter

Am|be [ital.] *w. 11* Doppeltreffer im Lotto

Am|ber *m. 5 oder 14* → Ambra

am|bi|dex|ter [lat.] mit beiden Händen gleich geschickt; **Am|bi|dex|trie** *w. 11* Geschicklichkeit mit beiden Händen

Am|bi|en|te [lat.-ital.] *s. Gen. - nur Ez.* **1** *Malerei und bildende Kunst:* Umgebung (einer Gestalt); **2** *allg.:* Umwelt, Milieu

Am|bi|gui|tät [lat.] *w. 10 nur Ez.* Zweideutigkeit; Doppelsinn (von Wörtern)

Am|bi|ti|on [-tsjon, lat.] *w. 10* Ehrgeiz, Streben; am|**bi|tio|nie|ren** [-tsjo-] erstreben; ambitioniert sein *österr.:* ehrgeizig sein; **am|bi|ti|ös** [-tsjøs] ehrgeizig

Am|bi|tus [lat.] *m. Gen. - Mz. -* Tonumfang (einer Stimme, eines Instruments, einer Melodie)

am|bi|va|lent [lat.] doppelwertig; **Am|bi|va|lenz** *w. 10* Doppelwertigkeit (von Gefühlen, Begriffen usw.); Möglichkeit, auch das Gegenteil einzuschließen, z. B. Haßliebe; zwischen Liebe und Haß schwankende Einstellung gegenüber einem Menschen

Am|bo [lat.] *m. 9, Mz. auch* -ben **1** *österr.* → Ambe; **2** *in frühchristl. Kirchen:* erhöhter, steinerner Aufbau mit Lesepult; **Am|bon** *m. Gen.* -s *Mz.* -bo|nen →Ambo (**2**)

Am|bra [arab.] *w. 9* für Duftstoffe verwendete Ausscheidung des Pottwals

Am|bro|sia [griech.] *w. Gen. - nur Ez.* **1** *griech. Myth.:* Götterspeise, die Unsterblichkeit verleiht; vgl. Nektar (**1**); **2** eine Pflanzengattung; **am|bro|sisch** himmlisch, göttlich

am|bu|lant [lat.] **1** wandernd, umherziehend; ambulanter Handel: Handel von Tür zu Tür; ambulantes Gewerbe: nicht ortsgebundenes Gewerbe; **2** *Med.:* während der Sprechstunde, nicht im Krankenhaus; *Ggs.:* stationär; **Am|bu|lanz** *w. 10* **1** bewegl. Feldlazarett; **2** kleine Station für ambulante Behandlung im Krankenhaus; **3** fahrbare Einrichtung für ärztl. Untersuchungen und Behandlungen; **4** Krankenwagen; **am|bu|la|to|risch** → ambulant (**2**); **Am|bu|la|to|ri|um** *s. Gen.* -s *Mz.* -ri|en → Ambulanz (**2**)

A. M. D. G. *Abk. für* ad maiorem Dei gloriam

Ame|lie [griech.] *w. 11* angeborenes Fehlen von Gliedmaßen

ame|lio|rie|ren [lat.] verbessern (Ackerboden); **Ame|lio|ri|sa|ti|on** [-tsjon] *w. 10* Verbesserung (des Ackerbodens)

amen [hebr. „so sei es"] Gebetsschlußwort, Segens- und Bestätigungsformel; zu allem ja und amen sagen; sein Amen zu etwas geben *ugs.:* sein Einverständnis geben; das ist so sicher wie das Amen in der Kirche

Amen|de|ment [amãdəmã, lat.-frz.] *s. 9* Zusatz-, Änderungsvorschlag zu einem Gesetz oder Gesetzesentwurf, in den USA auch zur Verfassung; **amen|die|ren** [amã-] etwas a.: zu etwas ein Amendement einreichen

Ame|nor|rhö *w. 10,* **Ame|nor|rhoe** [-rø, griech.] *w. 11* Ausbleiben der Menstruation

Amen|tia [-tsja, lat.] *w. Gen. - Mz.* -tiae [-tsjɛ:], **Amenz** *w. 10* vorübergehende geistige Verwirrung

Ame|ri|ca|na *Mz.* Bücher, Bilder, Dokumente über Amerika

Ame|ri|ci|um [nach Amerika] *s. Gen.* -s *nur Ez.* (*Zeichen:* Am) künstlich hergestelltes chem. Element, Transuran

Ame|ri|ka|na *Mz.* → Americana; **ame|ri|ka|ni|sie|ren** nach amerik. Vorbild gestalten; **Ame|ri|ka|nis|mus** *m. Gen. - Mz.* -men **1** amerik. Spracheigentümlichkeit in einer anderen Sprache; **2** amerik. Eigenart in Lebensstil, Weltanschauung, Kultur, Wirtschaftsform usw.; **Ame|ri|ka|ni|stik** *w. 10 nur Ez.* Wissenschaft von der Kultur und den Sprachen Amerikas

a me|tà [ital. „zur Hälfte"] *Kaufmannsspr.:* Gewinn und Verlust zu gleichen Teilen

ame|tho|disch nicht methodisch, nicht planvoll

Ame|thyst [griech.] *m. 1* ein Edelstein

Ame|trie [griech.] *w. 11* Abweichung vom Ebenmaß, Ungleichmäßigkeit; **ame|trisch** abweichend, ungleichmäßig

Ame|tro|pie [griech.] *w. 11* Sehfehler infolge Abweichung von der normalen Brechkraft der Augenlinse

Ameu|ble|ment [amœbləmã, frz.] *s. 9 veraltet:* Gesamtheit der Möbel, Mobiliar

Am|ha|rer *m. 5* Angehöriger des (hamit.) Staatsvolkes in Äthiopien

Ami **1** *m. 9 ugs., Kurzw. für* Amerikaner; **2** *w. 9 ugs., Kurzw.* für amerikanische Zigarette

Ami [frz.] *m. Gen. - Mz.* -s Freund

Ami|ant [griech.] *m. 1* ein Mineral

Amid [nach Ammoniak] *s. 1* chem. Verbindung des Ammoniaks von basenähnl. Cha-

rakter; **Ami|da|se** *w.11* Kohlenstoff-Stickstoff-Bindungen spaltendes Ferment
Amin [nach Ammoniak] *s.1* Verbindung des Ammoniaks mit organ. Molekülgruppen
Ami|no|plast [griech.] *s.1* ein Kunstharz; **Ami|no|säu|re** *w.11* eine organ. Säure
Ami|to|se [griech.] *w.11* direkte Kernteilung mittels einfacher Durchschnürung ohne Chromosomenbildung; *Ggs.:* Mitose
Am|mo|ni|ak [-jąk, auch: ąm-, österr.: amǫn-, griech.] *s.1 nur Ez.* ein stechend riechendes Gas aus Wasserstoff und Stickstoff, wichtiger Ausgangsstoff für Düngemittel
Am|mo|nit [nach dem ägypt. Gott Ammon] *m.10* ausgestorbener, als Versteinerung erhaltener Kopffüßer
Am|mo|ni|ter *m.5* Angehöriger eines semit. Volkes im AT
Am|mo|ni|um [griech.] *s. Gen.* -s *nur Ez.* eine Atomgruppe; **Am|mo|ni|um|ni|trat** *s.1* ein Sprengstoff und Düngemittel; **Am|mo|ni|um|sul|fat** *s.1* ein Düngemittel
Am|ne|sie [griech.] *w.11* dauernder oder vorübergehender Gedächtnisschwund
Am|ne|stie [griech.] *w.11* Begnadigung; Straferlaß durch Gesetz; **am|ne|stie|ren** begnadigen; **Am|nes|ty In|ter|na|tio|nal** [æmnisti -næʃənəl, engl.] *w. Gen.* - - *nur Ez.* internationale, überparteil. Hilfsorganisation zur Betreuung politisch Verfolgter und Gefangener
Am|ni|on [griech. amnos „Lamm"] *s.9 nur Ez.* innerste Embryonalhülle bei den höheren Wirbeltieren, Schafhaut, Eihaut; **Am|nio|te** *m.11 meist Mz.* Angehöriger einer der drei obersten Wirbeltierklassen (Säugetiere, Vögel, Reptilien), deren Embryonen sich in einem Amnion entwickeln; *Ggs.:* Anamnier
Amö|be [griech. „Wechsel"] *w.11* Wechseltierchen, ein Einzeller; **amö|bo|id** amöbenartig
Amok|lau|fen [mal. amuk „Wut"] *s. Gen.* -s *nur Ez.* infolge Geistesstörung auftretendes, blindwütiges Umherlaufen (meist mit einer Waffe), wobei der Betreffende jeden angreift, der ihm begegnet
Amom [griech.] *s.1,* **Amo|mum** *s. Gen.* -s *Mz.* -ma eine Gewürzpflanze
Amo|ral [griech.] *w. Gen.* - *nur Ez.* Fehlen von Moral; **amo|ra|lisch** sich über jegliche sittl. Grundsätze hinwegsetzend, jenseits der Moral; vgl. immoralisch; **Amo|ra|lis|mus** *m. Gen.* - *nur Ez.* Ablehnung von sittl. Grundsätzen überhaupt; vgl. Immoralismus; **Amo|ra|li|tät** *w.10 nur Ez.* die Sittlichkeit ablehnende Einstellung; vgl. Immoralität
Amo|ret|te [ital.-frz.] *w.11 bildende Kunst:* Figur eines geflügelten Knaben mit Pfeil und Bogen
Amor fa|ti [lat.] *in der Philos. Friedrich Nietzsches m. Gen.* - - *nur Ez.* freudige Bejahung des eigenen Schicksals
amo|ro|so [ital.] *Mus.:* zärtlich, innig
amorph [griech.] form-, gestaltlos; **Amor|phie** *w.11 nur Ez.* **1** Form-, Gestaltlosigkeit; **2** *Phys.:* Zustand eines Stoffes zwischen festem und flüssigem Aggregatzustand
amor|ti|sa|bel amortisierbar, tilgbar; **Amor|ti|sa|ti|on** [-tsjon, mlat.] *w.10* Tilgung, Abschreibung; **amor|ti|sie|ren** eine Schuld a.: allmählich tilgen; ein Gegenstand amortisiert sich: seine Anschaffungskosten werden durch den Ertrag getilgt
Amou|ren [amu-, frz.] *w.10 Mz.* Liebschaften, Liebesabenteuer; **amou|rös** [-mu-] Liebes...; amouröse Abenteuer
Am|pel [lat.] *w.11* **1** Hängelampe; **2** Verkehrslicht
Am|pere [-pęr, nach dem frz. Physiker A. M. Ampère] *s. Gen.* -(s) *Mz.* - *(Zeichen:* A) Maßeinheit der elektr. Stromstärke; **Am|pere|me|ter** *s.5* Stromstärkemesser; **Am|pere|se|kun|de** *w.11* (*Zeichen:* As) die Elektrizitätsmenge, die Strom von 1 Ampere in 1 Sekunde transportiert; **Am|pere|stun|de** *w.11* (*Zeichen:* Ah) die Elektrizitätsmenge, die Strom von 1 Ampere in 1 Stunde transportiert
Am|phi|bie [-biə, griech.] *w.11* Tier, das im Wasser und auf dem Land leben kann; **Am|phi|bi|en|fahr|zeug** *s.1* Land-Wasser-Kraftfahrzeug; **am|phi|bisch** im Wasser und auf dem Land lebend oder sich bewegen könnend; **Am|phi|bi|um** *s. Gen.* -s *Mz.* -bi|en → Amphibie
Am|phi|bol [griech.] *m.1* Hornblende, ein Mineral; **Am|phi|bo|lie** *w.11* Doppeldeutigkeit; **am|phi|bo|lisch** doppeldeutig; **Am|phi|bo|lit** *m.1* → Amphibol
Am|phi|go|nie [griech.] *w.11* zweigeschlechtl. Fortpflanzung (durch Ei und Samen); *Ggs.:* Monogenese
Am|phi|ktyo|nie *w.11* kultisch-polit. Verband altgriech. Stämme oder Staaten zum Schutz eines Heiligtums
am|phi|mik|tisch [griech.] durch Amphimixis entstanden; **Am|phi|mi|xis** *w. Gen.* - *nur Ez.* Vermischung der Erbanlagen bei der Amphigonie
Am|phio|le [wahrscheinlich aus Ampulle und Phiole] *w.11* ® Ampulle mit spritzfertigem Arzneimittel
Am|phi|oxus [griech.] *m. Gen.* - *nur Ez.* Lanzettfisch
am|phi|pneu|stisch [griech.] durch Lungen und Kiemen atmend
Am|phi|po|de [griech.] *m.11* Flohkrebs
Am|phi|pro|sty|los [griech.] *m. Gen.* - *Mz.* -sty|len altgriech. Tempel mit Säulenvorhalle an der Vorder- und Rückseite
Am|phi|thea|ter [griech.] *s.5* (urspr. antikes) Theater unter freiem Himmel mit kreis- oder ellipsenförmigem Grundriß und ansteigenden Sitzreihen; **am|phi|thea|tra|lisch** in der Art eines Amphitheaters

Am|pho|ra, Am|pho|re [griech.] *w. Gen. - Mz.* -pho|ren **1** altgriech. Gefäß mit engem Hals und zwei senkrechten Henkeln; **2** antikes Flüssigkeitsmaß
am|pho|ter [griech.] je nach Umgebung teils sauer, teils basisch reagierend
Am|pli|fi|ka|ti|on [-tsjon, lat.] *w.10* Erweiterung, ausführlichere Darstellung; **am|pli|fi|zie|ren** erweitern
Am|pli|tu|de [lat.] *w.11* größter Ausschlag (eines schwingenden Körpers), Schwingungsweite (einer Welle); Schwankungsbreite (einer Größe); **Am|pli|tu|den|mo|du|la|ti|on** [-tsjo:n] *w.10* (*Abk.*: AM) Beeinflussung der Schwingungsweite einer hochfrequenten Trägerwelle durch die zu übertragende niederfrequente Welle
Am|pul|le [lat.] *w.11* **1** *i.w.S.*: kleines bauchiges Gefäß; **2** *i.e.S.*: zugeschmolzenes Glasröhrchen mit Arzneimittel zum Einspritzen
Am|pu|ta|ti|on [-tsjon, lat.] *w.10* operative Abtrennung eines Körpergliedes; **am|pu|tie|ren** durch Operation abtrennen
Amu|lett [lat.] *s.1* am Körper getragener Gegenstand, dem eine schützende Wirkung zugeschrieben wird
amü|sant [frz.] vergnüglich, unterhaltend; **Amü|se|ment** [-mã] *s.9* Vergnügen, Unterhaltung, heiterer Zeitvertreib; **amü|sie|ren** erheitern, vergnügen
amu|sisch ohne Sinn für Kunst
Amyg|da|lin [griech.] *s.1 nur Ez.* blausäurehaltiger Geschmacksstoff in bitteren Mandeln; **amyg|da|lo|id** bittermandelähnlich
Amyl|al|ko|hol [griech.] *m.1* ein giftiger Alkohol; **Amy|la|se** *w.11 nur Ez.* → Diastase; **amy|lo|id** stärkeähnlich; **Amy|lo|se** *w.11 nur Ez.* ein Bestandteil der Stärke; **Amy|lum** *s. Gen.* -s *nur Ez.* pflanzl. Stärke
Ana|bap|tis|mus [griech.] *m. Gen. - nur Ez.* Lehre einer christl. Sekte (Wiedertäufer), in der die Erwachsenentaufe üblich ist; **Ana|bap|tist** *m.10* Wiedertäufer
Ana|ba|sis [griech.] *w. Gen. - nur Ez.* das Emporsteigen, bes. Reise oder Feldzug in eine höher gelegene Gegend; **ana|ba|tisch** *Meteor.*: aufsteigend (Wind)
Ana|bio|se [griech.] *w.11 nur Ez.* Überdauern und Wiederaufleben mancher Lebewesen nach längerem Scheintod
Ana|bo|lie [griech.] *w.11* Erwerb neuer Merkmale im Lauf der Entwicklung des Individuums
Ana|cho|ret [-xo- oder -ço- oder -ko-, griech.] *m.10, frühchristl. Bez. für* Einsiedler
Ana|chro|nis|mus [-kro-, griech.] *m. Gen. - Mz.* -men **1** falsche zeitl. Einordnung; **2** nicht mehr zeitgemäße Einrichtung; **ana|chro|ni|stisch** in einen Zeitabschnitt nicht hineingehörend
an|ae|rob [-aerob, griech.] ohne Sauerstoff lebend; *Ggs.*: aerob; **An|ae|ro|bi|er** *m.5*, **An|ae|ro|bi|ont** *m.10* niederes Lebewesen, das ohne Sauerstoff leben kann; *Ggs.*: Aerobier; **An|ae|ro|bio|se** *w.11 nur Ez.* Unabhängigkeit der Lebensvorgänge vom Luftsauerstoff
Ana|ge|ne|se [griech.] *w.11 nur Ez. Biol.*: Höherentwicklung im Lauf der Stammesgeschichte
Ana|gramm [griech.] *s.1* Buchstabenversetzrätsel, Umstellen von Buchstaben oder Silben eines Wortes zu einem neuen Wort, z. B. Unart – Natur; **ana|gram|ma|tisch** in der Art eines Anagramms
Ana|ko|luth [griech.] *m.1* Satzbruch, formal falsche Weiterführung eines angefangenen Satzes (als Stilfigur)
Ana|kon|da *w.9* südamerik., nicht giftige Riesenschlange
Ana|kre|on|tik *w.10 nur Ez.* die Dichtweise des altgriech. Dichters Anakreon nachahmende Richtung in der Literatur des 18. Jh.
An|aku|sis [griech.] *w. Gen. - nur Ez.* Taubheit
anal [lat., zu Anus] zum After gehörig, in der Nähe des Afters gelegen
Ana|lek|ten [griech.] *Mz.* Sammlung von Aufsätzen oder Auszügen aus Dichtwerken; **ana|lek|tisch** auswählend
Ana|lep|ti|kum [griech.] *s. Gen.* -s *Mz.* -ka den Kreislauf anregendes Mittel
Anal|ero|tik [lat. + griech.] *w.10 nur Ez. Psych.*: **1** frühkindl. Interesse am analen Körperbereich; **2** Fixierung der sexuellen Wünsche auf den Anus
An|al|gen *s.1* → Analgetikum; **An|al|ge|sie** [griech.] *w.11* Aufhebung der Schmerzempfindlichkeit, Schmerzlosigkeit; **An|al|ge|ti|kum** *s. Gen.* -s *Mz.* -ka schmerzstillendes Mittel; **An|al|gie** *w.11* → Analgesie
an|al|lak|tisch [griech.] unveränderlich
ana|log [griech.] ähnlich, entsprechend; **Ana|lo|gie** *w.11* Entsprechung, sinngemäße Übertragung oder Anwendung; **Ana|lo|gie|schluß** *m.2*, **Ana|lo|gis|mus** *m. Gen. - Mz.* -men auf Vergleich oder Ähnlichkeit beruhender Schluß; **Ana|lo|gon** *s. Gen.* -s *Mz.* -ga ähnl. Fall; **Ana|log|rech|ner** *m.5* Rechenmaschine, bei der zu verrechnende Größen durch ihnen entsprechende elektr. Größen dargestellt werden (z. B. 1 cm Weg entspricht 1 V Spannungsänderung)
An|al|pha|bet [griech.] *m.10* des Lesens und Schreibens Unkundiger; **An|al|pha|be|tis|mus** *m. Gen. - nur Ez.* Lese- und Schreibunkundigkeit
Ana|ly|sand [griech.] *m.10* jmd., der sich einer psychotherapeut. Analyse unterzieht; **Ana|ly|sa|tor** *m.13 Phys.*: Vorrichtung zur Zerlegung von Schwingungen in ihre Einzelwellen; **Ana|ly|se** *w.11* **1** Zergliederung eines Ganzen in seine Teile und deren Untersu-

chung in ihrem Verhältnis zum Ganzen; **2** *Chem.:* Zergliederung, Untersuchung; **ana|ly|sie|ren** zergliedernd untersuchen; **Ana|ly|sis** *w. Gen. - nur Ez.* zergliederndes Verfahren zur Lösung mathemat. Aufgaben; **Ana|lyst** [engl.: ænəlist] *m.10* Fachmann, der Börsenbewegungen beobachtet und auf ihre Gründe untersucht; **Ana|ly|tik** *w.10 nur Ez.* Lehre, Kunst der Analyse; **ana|ly|tisch** zergliedernd

An|ämie [griech.] *w.11* Blutarmut; **an|ämisch** blutarm

Ana|mne|se [griech.] *w.11* **1** *griech. Philos.:* Erinnerung der Seele an ihre vorgeburtl. Ideen; **2** *Med.:* Vorgeschichte der Krankheit nach Angaben des Patienten; vgl. Katamnese; **ana|mnę|stisch, ana|mne|tisch** die Anamnese (**2**) betreffend, auf ihr beruhend

An|am|ni|er [griech.] *m.5* Wirbeltier, dessen Embryo sich ohne Amnion entwickelt; *Ggs.:* Amniote

Ana|mor|phot [griech.] *m.10* Linse, die bei Breitwand-Filmaufnahmen die Bilder verzerrt und bei der Vorführung wieder entzerrt; **ana|mor|pho|tisch** verzerrt

Ana|nas [indian.-port.] *w.1* **1** eine trop. Frucht; **2** eine Erdbeersorte

Ana|nym [griech.] *s.1* Deckname aus den rückwärts gelesenen (und wenig veränderten) Buchstaben des eigenen Namens

Ana|päst [griech.] *m.1* Versfuß mit zwei Senkungen und einer Hebung

Ana|pher [griech.] *w.11,* **Ana|pho|ra** *w. Gen. - Mz.*-rä Wiederholung des Anfangswortes in aufeinanderfolgenden Sätzen (Stilfigur); vgl. Epiphora (**2**); **ana|pho|risch** in der Art einer Anapher

An|aphro|di|sia|kum [griech.] *s. Gen.*-s *Mz.* -ka den Geschlechtstrieb dämpfendes Mittel

Ana|phy|la|xie [griech.] *w.11* Überempfindlichkeit gegen artfremdes Eiweiß

An|ar|chie [griech.] *w.11* Zustand der Gesetzlosigkeit, polit. Unordnung; **an|ar|chisch** auf Anarchie beruhend; **An|ar|chis|mus** *m. Gen. - nur Ez.* Lehre, die jede Staatsgewalt und -ordnung ablehnt; **An|ar|chist** *m.10* Vertreter des Anarchismus; **an|ar|chi|stisch** auf Anarchismus beruhend

ana|sta|tisch [griech.] wiederauffrischend, neubildend; anastatischer Druck: veraltetes Nachdruckverfahren ohne Neusatz mit Hilfe von Umdruck auf Stein oder Metall

An|äs|the|sie [griech.] *w.11* **1** Schmerzbetäubung; **2** Fehlen der Schmerzempfindlichkeit; **an|äs|the|sie|ren** schmerzunempfindlich machen; **An|äs|the|sio|lo|gie** *w.11 nur Ez.* Lehre von der Anästhesie; **An|äs|the|sist** *m.10* Facharzt für Narkose; **An|äs|the|ti|kum** *s. Gen.*-s *Mz.*-ka schmerzunempfindlich machendes Mittel; **an|äs|the|ti|sie|ren** → anästhesieren

An|astig|mat [griech.] *m.1 oder s.1 Phot.:* Objektiv, das unverzerrte Bilder ermöglicht

Ana|sto|mo|se [griech.] *w.11* **1** Verbindung zwischen Adern, Lymphgefäßen und Nerven; **2** Verbindung zwischen Blattnerven; **3** operative Verbindung von Hohlorganen

Ana|stro|phe [-fe:, griech.] *w. Gen. - Mz.* -stro|phen Umkehrung der Wortstellung, z. B. zweifelsohne *statt:* ohne Zweifel

Ana|them [griech.] *s.1,* **Ana|the|ma** *s. Gen.* -s *Mz.*-the|ma|ta Kirchenbann, Verfluchung; **ana|the|ma|ti|sie|ren** mit dem Anathem belegen

ana|tio|nal nicht national, gleichgültig gegenüber Volk und Nationalität

Ana|to|mie [griech.] *w.11* **1** *nur Ez.* Wiss. vom Körperbau der Lebewesen; **2** Lehrbuch darüber; **3** Ausbildungsstätte für Anatomen an einer Universität; **ana|to|mie|ren** zerlegen, zergliedern (Leichen); **ana|to|misch** mit Hilfe der Anatomie, den Körperbau betreffend

Ana|to|zis|mus [griech.] *m. Gen. - Mz.*-men Verzinsung rückständiger Zinsen

an|axi|al [auch: an-] nicht in der Achsenrichtung angeordnet

ana|zy|klisch vorwärts und rückwärts gelesen gleichlautend, umkehrbar; anazyklische Wörter vgl. Palindrom

An|cho|vis [-ʃo-] *w. Gen. - Mz.* - → Anschovis

An|ci|en|ni|tät [ãsjɛni-, frz.] *w.10 nur Ez. veraltet:* Reihenfolge nach dem Alter im Dienst, Dienstalter; **An|ci|en ré|gime** [ãsiɛ̃ reʒim] *s. Gen. - - nur Ez.* **1** die absolutistische Regierung in Frankreich vor der Frz. Revolution; **2** *allg.:* die höfische europ. Gesellschaft im 18. Jh.

an|dan|te [ital. „gehend"] *Mus.:* ruhig; **an|dan|te con mo|to** *Mus.:* ruhig, (doch) mit Bewegung; **an|dan|ti|no** *Mus.:* etwas schneller als andante

An|dra|go|gik [griech.] *w.10 nur Ez.* Erwachsenenbildung

An|dro|ga|met [griech.] *m.10* männl. Keimzelle; **An|dro|gen** *s.1* männliches Geschlechtshormon; **an|dro|gyn** zweigeschlechtlich, zwitterig; **An|dro|gy|nie** *w.11* Vorhandensein männl. Geschlechtsmerkmale bei Frauen; *Ggs.:* Gynandrie (**1**); **An|dro|lo|gie** *w.11 nur Ez.* Lehre von den Männerkrankheiten; *Ggs.:* Gynäkologie

An|ek|do|te [griech.] *w.11* kurze, witzige, nicht unbedingt verbürgte, aber charakterisierende Geschichte über eine histor. Persönlichkeit; **an|ek|do|tisch** kurz, witzig und treffend

Ane|mo|ga|mie [griech.] *w.11* Bestäubung durch Wind; **Ane|mo|graph** *m.10* selbstschreibender Windmesser, Windschreiber; **Ane|mo|me|ter** *s.5* Windmeßgerät

Ane|mo|ne [griech.] *w.11* Windröschen, Buschwindröschen

An|en|er|gie *w.11* → Anergie; **an|en|er|gisch** → anergisch

An|epi|gra|pha [griech.] *Mz.* Schriften ohne Titel; **an|epi|gra|phisch** ohne Titel, unbetitelt
An|er|gie [griech.] *w.11* **1** Energielosigkeit; **2** Reizunempfindlichkeit; **3** nicht umwandelbare Energie; **an|er|gisch 1** energielos; **2** unempfindlich gegen Reize
Ane|ro|id [griech.] *s.1,* **Ane|ro|id|ba|ro|me|ter** *s.5* ein Luftdruckmesser
An|ero|sie [griech.] *w.11* Fehlen des Geschlechtstriebes
An|eu|rie [griech.] *w.11* Nervenschwäche
An|eu|rin [griech.] *s.1 nur Ez.* Vitamin B_1
An|eu|rys|ma [griech.] *s. Gen.* -s *Mz.*-men *oder* -ma|ta sackartige Erweiterung einer Schlagader
An|gi|na [griech.] *w. Gen.* - *Mz.*-nen fieberhafte Mandel-Rachen-Entzündung; **An|gi|na pec|to|ris** *w. Gen.* - - *nur Ez.* Erkrankung oder Verengung der Herzkranzgefäße mit Angstzuständen; **an|gi|nös** auf Angina beruhend
An|gio|gramm [griech.] *s.1* Röntgenbild der Blutgefäße; **An|gio|lo|gie** *w.11 nur Ez.* Lehre von den Blutgefäßen
An|gi|om [griech.] *s.1* Gefäßgeschwulst
An|gio|pa|thie [griech.] *w.11* Erkrankung eines Blutgefäßes
An|gio|sper|men *s. Mz., Ez.*-ma bedecktsamige Blütenpflanzen; *Ggs.:* Gymnospermen
An|glaise [ãglɛz, frz.] *w.11* „engl. Tanz", alter Gesellschaftstanz
an|gli|ka|nisch [lat.] anglikanische Kirche: die englische Staatskirche; **An|gli|ka|nis|mus** *m. Gen.* - *nur Ez.* Lehre, Ordnung und Kultus der anglikan. Kirche; **an|gli|sie|ren** nach engl. Vorbild gestalten; **An|gli|stik** *w.10 nur Ez.* Wissenschaft von der engl. Sprache und Literatur; **An|gli|zis|mus** *m. Gen.* - *Mz.*-men engl. Spracheigentümlichkeit in einer anderen Sprache; **An|glo|ma|ne** [lat. + griech.] *m.11* jmd., der übertrieben für alles Englische schwärmt; **An|glo|ma|nie** *w.11 nur Ez.* übertriebene Vorliebe für alles Englische; **an|glo|phil** englandfreundlich; **An|glo|phi|lie** *w.11 nur Ez.* Vorliebe für alles Englische; **an|glo|phob** allem Englischen abgeneigt; **Anglo|pho|bie** *w.11 nur Ez.* Abneigung gegen alles Englische
An|go|stu|ra *m.9* aus der Rinde des Angosturabaumes gewonnener Likör
An|gry young men [æŋgri jʌŋ mɛn, engl.] *Mz.* „Zornige junge Männer", Vertreter einer literar. Richtung mit sozialkrit. Note im England der 50er Jahre unseres Jahrhunderts
Ång|ström [ɔŋ-, auch: aŋ-, nach dem schwed. Physiker A. J. Ångström] *s. Gen.* -s *Mz.*-, **Ång|ström|ein|heit** *w.10* (*Abk.:* Å, *früher auch:* AE) nicht mehr zulässige Maßeinheit für die Wellenlänge von Licht- und Röntgenstrahlen
an|gu|lar [lat.] zu einem Winkel gehörig, Winkel..., eckig
An|hy|drid [griech.] *s.1* Sauerstoffverbindung, die mit Wasser eine Säure oder Base bildet; **An|hy|drit** *m.1* wasserfreier Gips
Ani|lin [arab.] *s.1 nur Ez.* ein Öl, Ausgangsstoff für Farb- und Kunststoffe sowie Arzneimittel
Ani|ma [lat.] *w.9* **1** *Philos.:* Geist, Seele; **2** *bei Münzen:* aus unedlem Metall bestehender, mit Edelmetall überzogener Kern
ani|ma|lisch [lat.] tierisch, den Tieren eigen; **Ani|ma|lis|mus** *m. Gen.* - *nur Ez.* relig. Verehrung von Tieren; **ani|ma|li|stisch** zum Animalismus gehörend; **Ani|ma|li|tät** *w.10 nur Ez.* tierische Wesensart
Ani|ma|teur [-tør, frz.] *m.1* = Animator; **ani|ma|to** [ital.] *Mus.:* belebt, beseelt; **Ani|ma|tor** [engl.] *m.13* **1** Zeichner der Bewegungsabläufe im Zeichentrickfilm; **2** Angestellter in der Touristik, der die Ferienreisenden dazu anregt, ihre Freizeit aktiv zu gestalten; **ani|mie|ren** [frz.] anregen, in Stimmung bringen; **Ani|mier|mäd|chen** *s.7 in Tanzlokalen:* Mädchen, das die Gäste zum Trinken anregt; **Ani|mis|mus** [lat.] *m. Gen.* - *nur Ez.* Glaube an die Beseeltheit der Natur; **Ani|mo** *s.9 nur Ez. österr.:* Lust, Schwung; **Ani|mo|si|tät** *w.10 nur Ez.* Abneigung, Widerwille; **Ani|mus** *m. Gen.* - *Mz.*-mi Geist, Seele, Neigung, Gefühl; *ugs. scherzh.:* Ahnung
An|ion [griech.] *s. Gen.* -s *Mz.*-io|nen negatives Ion, bei der Elektrolyse zur Anode wanderndes Ion; *Ggs.:* Kation
Anis [auch: anis, griech.] *m.1* eine Gewürz- und Heilpflanze; **Ani|sett** *m.1* mit Anis gewürzter Likör
An|iso|ga|mie [griech.] *w.11* Fortpflanzung niederer Pflanzen mit ungleichen männl. und weibl. Keimzellen
an|iso|trop [griech.] **1** bei gleichen Bedingungen verschiedene Wachstumsrichtung aufweisend (von Pflanzenteilen); **2** nach verschiedenen Richtungen verschiedene physikal. Eigenschaften aufweisend (von Kristallen); *Ggs.:* isotrop
An|ky|lo|se [griech.] *w.11* Gelenkversteifung
An|na|len [lat.] *Mz.* geschichtl. Jahrbücher; **An|na|list** *m.10* Verfasser von Annalen
An|na|ten [lat.] *Mz.* Abgaben an den päpstl. Stuhl für die Verleihung kirchlicher Pfründen
an|nek|tie|ren [lat.] sich (mit Gewalt) aneignen (Staat oder Staatsgebiet)
An|ne|li|den [lat.] *Mz.* Ringelwürmer
An|nex [lat.] *m.1* Anhang, Anhängsel, Anbau; **An|ne|xi|on** *w.10* (gewaltsame) Aneignung (fremden Gebietes); **An|ne|xio|nis|mus** *m. Gen.* - *nur Ez.* Streben nach Annexion
an|ni cur|ren|tis [lat.] (*Abk.:* a. c.) des laufenden Jahres; **an|ni fu|tu|ri** (*Abk.:* a. f.) des kommenden Jahres
An|ni|hi|la|ti|on [-tsjon, lat.] *w.10* **1** *veraltet:* Nichtigkeitserklärung; **2** *Phys.:* Umwandlung

eines Elementarteilchenpaares in Strahlungsenergie; **an|ni|hi|lie|ren 1** für nichtig erklären; **2** in Energie umwandeln
an|ni prae|te|ri|ti [lat.] (*Abk.:* a. p.) vorigen Jahres
An|ni|ver|sar [lat.] *s. 1,* **An|ni|ver|sa|ri|um** *s. Gen.* -s *Mz.* -ri|en *kath. Kirche:* jährlich abgehaltene Gedächnisfeier
an|no, An|no [lat.] (*Abk.:* a., A.) im Jahre; anno *oder:* Anno 1848; anno dazumal *ugs.:* vor langer Zeit, damals, einstmals; Anno Tobak *ugs. scherzh.:* einstmals; **an|no Do|mi|ni, An|no Do|mi|ni** (*Abk.:* a. D., A. D.) im Jahr des Herrn: nach Christi Geburt, z. B. a. D. 1483
An|non|ce [-nɔ̃sə, frz.] *w. 11* Zeitungsanzeige, Inserat; **An|non|cen|ex|pe|di|ti|on** [-nɔ̃sən--tsjo:n] *w. 10* Anzeigenvermittlungsbüro; **an|non|cie|ren** [-nɔ̃si-] durch eine Annonce bekanntgeben
An|no|ta|ti|on [-tsjon, lat.] *w. 10* Anmerkung
an|nu|ell [lat.] **1** *veraltet:* jährlich; **2** *Bot.:* einjährig (Pflanzen); **An|nui|tät** *w. 10* jährl. Zahlung zur Verzinsung und Tilgung einer Schuld
an|nul|lie|ren [lat.] für ungültig, nichtig erklären
An|ode [griech.] *w. 11* positive Elektrode; *Ggs.:* Kathode
ano|mal [griech.] nicht normal, von der Regel abweichend, regelwidrig; **Ano|ma|lie** *w. 11* Regelwidrigkeit
Ano|mie [griech.] *w. 11* **1** Gesetz-, Normenlosigkeit; **2** *Soziol.:* Unfähigkeit, sich in der Gesellschaft zu orientieren
an|onym [griech.] ohne Angabe des Namens, ungenannt; **An|ony|mi|tät** *w. 10 nur Ez.* Namenlosigkeit, Verschweigen des Namens; **An|ony|mus** *m. Gen.* - *Mz.* -mi Ungenannter; Künstler mit unbekanntem Namen
An|ophe|les [griech.] *w. Gen.* - *Mz.* -, **An|ophe|les|mücke** (-mük|ke) *w. 11* trop. Stechmücke, Überträgerin von Malaria
An|opie [griech.], **An|op|sie** *w. 11 Med.:* Untätigkeit der Netzhaut eines Auges, z. B. beim Schielen
Ano|rak [eskimoisch] *m. 9* Windjacke, meist mit Kapuze
an|or|ga|nisch nicht organisch, unbelebt; anorganische Chemie: Lehre von den Elementen und Verbindungen ohne Kohlenstoff-Kohlenstoff-Bindungen
An|or|gas|mie [griech.] *w. 11* Ausbleiben des Orgasmus
anor|mal [Bildung aus anomal und abnorm] nicht normal
An|or|thit [griech.] *m. 1* ein Mineral
An|osto|se [griech.] *w. 11* Knochenschwund
An|ox|ämie, An|oxy|hä|mie [griech.] *w. 11* Sauerstoffmangel im Blut
An|scho|ve [span.-ndrl.] *w. 11,* **An|scho|vis** *w. Gen.* - *Mz.* - kleine gesalzene Sardelle
Ant|ago|nis|mus [griech.] *m. Gen.* - *Mz.* -men Widerstreit, (unversöhnlicher) Gegensatz; **Ant|ago|nist** *m. 10* Gegner, Widersacher; **ant|ago|ni|stisch** unversöhnlich
Ant|ark|tis [griech.] *w. Gen.* - *nur Ez.* Südpolargebiet; *Ggs.:* Arktis
an|te Chri|stum (na|tum) [lat.], *Abk.:* a. Chr. (n.), vor Christi Geburt; *heute meist:* v. Chr.; *Ggs.:* post Christum (natum)
an|te|da|tie|ren [lat.] *veraltet:* mit einem früheren Datum versehen
an|te me|ri|di|em [lat.] (*Abk.:* a. m.) vormittags; *Ggs.:* post meridiem; **an|te mor|tem** (*Abk.:* a. m.) *Med.:* vor dem Tode
An|ten [lat.] *Mz.* die verlängerten Längswände des altgriech. Tempels, die mit zwei Säulen eine Vorhalle bilden
An|ten|ne [lat.] *w. 11* **1** Vorrichtung zum Empfangen oder Senden von elektromagnet. Wellen; **2** *meist Mz.* Fühler der Gliedertiere
An|ten|tem|pel *m. 5* altgriech. Tempel mit → Anten
An|te|pän|ul|ti|ma [lat.] *w. Gen.* - *Mz.* -mä *oder* -men drittletzte Silbe (eines Wortes)
An|te|pen|di|um [lat.] *s. Gen.* -s *Mz.* -di|en Verkleidung des Altarunterbaues aus Stoff, Holz oder Metall
an|te por|tas [lat. „vor den Toren"] im Kommen, im Anmarsch
An|te|ze|dens [lat.] *s. Gen.* - *Mz.* -den|zi|en Voraussetzung, Ursache, Grund, Prämisse; **an|te|ze|dent** durch Antezedenz (**2**) entstanden; **An|te|ze|denz** *w. 10* **1** → Antezedens; **2** Talbildung an einem Fluß bei gleichzeitiger Erhebung eines Gebirges; **an|te|ze|die|ren** *veraltet:* vorausgehen; **An|te|zes|sor** *m. 13 veraltet:* Amtsvorgänger
Ant|he|li|um [griech.] *s. Gen.* -s *Mz.* -li|en Lichterscheinung am Himmel der Sonne gegenüber, Gegensonne
Ant|hel|min|thi|kum [griech.] *s. Gen.* -s *Mz.* -ka Mittel gegen Eingeweidewürmer
An|them [ænθəm, engl.] *s. 9* engl. motetten- oder kantatenartiges kirchenmusikal. Werk, Hymne
An|the|mi|on [griech.] *s. Gen.* -s *Mz.* -mi|en *altgriech. Baukunst:* Blumenschmuckfries
An|the|mis [griech.] *w. Gen.* - *Mz.* - Hundskamille
An|the|re [griech.] *w. 11 Bot.:* Staubbeutel
An|tho|lo|gie [griech. „Blumenlese"] *w. 11* Sammlung von Gedichten, Sprüchen oder Prosastücken; **An|tho|lo|gi|on** *s. Gen.* -s *Mz.* -gia *oder* -gi|en *griech.-orthodoxe Kirche:* liturg. Gebetbuch; **an|tho|lo|gisch** ausgewählt; **An|tho|lo|gi|um** *s. Gen.* -s *Mz.* -gia *oder* -gi|en → Anthologion
An|tho|zo|on [griech.] *s. Gen.* -s *Mz.* -zo|en Korallentier
An|thra|cen [griech.] *s. 1* Bestandteil des Steinkohlenteers, Ausgangsstoff für Farbstoffe; **An|thra|chi|non** [-çi-] *s. 1 nur Ez.*

Abkömmling des Anthracens; **An|thra|cit** [auch: -tsit] *m. 1* Steinkohle mit hohem Heizwert; **an|thra|cit|far|ben** schwarzgrau; **An|thra|ko|se** *w. 11* Kohlenstaubablagerung in der Lunge; **An|thrax** *m. Gen. - nur Ez.* Milzbrand; **An|thra|zen** *s. 1* → Anthracen; **An|thra|zit** *m. 1* → Anthracit

an|thro|po|gen [griech.] vom Menschen geschaffen oder beeinflußt; **An|thro|po|ge|ne|se, An|thro|po|ge|nie** *w. 11* Lehre von der stammesgeschichtl. Entwicklung des Menschen; **An|thro|po|go|nie** *w. 11* relig. Lehre von der Entstehung des Menschen; **An|thro|po|gra|phie** *w. 11* Beschreibung der menschlichen Rassenmerkmale; **an|thro|po|id** menschenähnlich; **An|thro|po|id** *m. 10* Menschenaffe; **An|thro|po|lo|gie** *w. 11 nur Ez.* Wissenschaft vom Menschen; **An|thro|po|me|trie** *w. 11* Lehre von den Maßverhältnissen des menschl. Körpers; **an|thro|po|morph** menschenähnlich gestaltet; **an|thro|po|mor|phi|sie|ren** vermenschlichen; **An|thro|po|mor|phis|mus** *m. Gen. - nur Ez.* Vermenschlichung; **An|thro|po|pha|gie** *w. 11 nur Ez.* Menschenfresserei, Kannibalismus; **An|thro|po|pho|bie** *w. 11 nur Ez.* Menschenscheu; **An|thro|po|so|phie** *w. 11 nur Ez.* von Rudolf Steiner begründete Lehre vom Menschen in seiner Beziehung zum Übersinnlichen; **An|thro|po|tech|nik** *w. 10 nur Ez.* Zweig der Arbeitswissenschaft, der sich mit der menschengerechten Gestaltung von Arbeitsplätzen und -geräten befaßt; **an|thro|po|zen|trisch** den Menschen in den Mittelpunkt stellend; **An|thro|pus** *m. Gen. - nur Ez.* Frühmensch

an|ti..., An|ti... [griech.] gegen..., Gegen...

An|ti|al|ko|ho|li|ker *m. 5* Alkoholgegner

An|ti|asth|ma|ti|kum *s. Gen. -s Mz. -ka* Mittel gegen Bronchialasthma

an|ti|au|to|ri|tär gegen Autorität gerichtet oder eingestellt

An|ti|ba|by|pil|le [-bebi-] *w. 11* empfängnisverhütendes Arzneimittel

an|ti|bak|te|ri|ell gegen Bakterien wirkend

An|ti|bar|ba|rus [griech. + lat.] *m. Gen. - Mz. -ri veraltet:* Titel von Büchern, die gegen Sprachverwilderung ankämpfen

An|ti|bi|ont [griech.] *m. 10* Kleinstlebewesen, das Antibiose bewirkt; **An|ti|bio|se** *w. 11* Vernichtung von Kleinstlebewesen durch Stoffwechselprodukte anderer Kleinstlebewesen (Bakterien, Pilze); **An|ti|bio|ti|kum** *s. Gen. -s Mz. -ka* Stoff, der Antibiose bewirkt, als Heilmittel verwendet; **an|ti|bio|tisch** Antibiose bewirkend

an|ti|cham|brie|ren [-ʃã-, frz.] **1** im Vorzimmer warten; wiederholt bei einer Behörde vorsprechen; **2** *übertr.:* um Gunst betteln, katzbuckeln

An|ti|christ [auch: -krist] **1** *m. 10* Gegner des Christentums; **2** *m. 1 nur Ez.* der Teufel; **an|ti|christ|lich** [auch: -krist-] dem Christentum feindlich gesinnt

An|ti|di|ar|rhoi|kum [griech.] *s. Gen. -s Mz. -ka* Mittel gegen Durchfall

An|ti|dot [griech.] *s. 1,* **An|ti|do|ton** *s. Gen. -s Mz. -ta* Gegengift

An|ti|fa|schis|mus *m. Gen. - nur Ez.* Gegnerschaft gegen Faschismus und Nationalsozialismus

An|ti|gen [griech.] *s. 1* artfremder Eiweißstoff, der im Blut die Bildung von → Antikörpern bewirkt, die ihn selbst vernichten

an|tik [lat.-frz.] die Antike betreffend, aus ihr stammend; *übertr.:* alt, altertümlich; **An|ti|ka|gli|en** [-kaljən, lat.-ital.] kleine antike Kunstwerke

An|ti|ka|tho|de *w. 11* Anode einer Röntgenröhre

An|ti|ke [lat.-frz.] *w. 11 nur Ez.* das griech.-röm. Altertum; **An|ti|ken** *Mz.* antike Kunstwerke; **an|ti|kisch** die Antike nachahmend; **an|ti|ki|sie|ren** nach dem Vorbild der Antike gestalten

an|ti|kle|ri|kal kirchenfeindlich; **An|ti|kle|ri|ka|lis|mus** *m. Gen. - nur Ez.* kirchenfeindliche Haltung

An|ti|kli|max *w. 1 Stilistik:* Übergang vom stärkeren zum schwächeren Ausdruck; *Ggs.:* Klimax (**1**)

an|ti|kli|nal [griech.] *Geol.:* sattelförmig; **An|ti|kli|na|le, An|ti|kli|ne** *w. 11* Sattel (einer geolog. Falte)

an|ti|kon|zep|tio|nell [griech. + lat.] empfängnisverhütend; **An|ti|kon|zep|ti|vum** *s. Gen. -s Mz. -va* empfängnisverhütendes Mittel

An|ti|kör|per *m. 5* im Blut gebildeter Abwehrstoff gegen Krankheitserreger

An|ti|kri|tik [auch: -tik] *w. 10* Gegenkritik, Erwiderung auf eine Kritik

An|ti|lo|pe [griech.] *w. 11* ein Huftier, bes. in Asien und Afrika

An|ti|ma|te|rie [-riə] *w. 11 nur Ez.* Form der Materie, deren Ladungsaufbau dem der normalen Materie entgegengesetzt (komplementär) ist

An|ti|mi|li|ta|ris|mus *m. Gen. - nur Ez.* Einstellung gegen den Militarismus

An|ti|mon [griech.] *s. 1 nur Ez.* (*Zeichen:* Sb) chem. Element, ein Metall, Ausgangsstoff für Halbleiter

an|ti|mon|ar|chisch feindlich gegen die Monarchie eingestellt; **an|ti|mon|ar|chi|stisch** feindlich gegen den Monarchismus eingestellt

An|ti|mo|nat *s. 1* Salz der Antimonsäure; **An|ti|mon|blü|te** *w. 11* ein Mineral; **An|ti|mo|nit** *m. 1* **1** Salz der antimonigen Säure; **2** ein Antimonerz, Antimonglanz, Grauspießglanz

An|ti|mo|ra|lis|mus *m. Gen. - nur Ez.* feindl. Einstellung gegenüber der herrschenden Moral; vgl. Amoralismus

An|ti|neur|al|gi|kum [griech.] *s. Gen.* -s *Mz.* -ka schmerzstillendes Mittel
An|ti|neu|tron *s. 13* Antiteilchen zum Neutron
An|ti|no|mie [griech.] *w. 11* Widerspruch zweier an sich gültiger Sätze oder innerhalb eines Satzes, Widersprüchlichkeit; **an|ti|no|misch** widersprüchlich; **An|ti|oxy|dans** *s. Gen. - Mz.* -dan|tia [-tsja] *oder* -dan|zi|en die Oxydation verderblicher Stoffe (vor allem Lebensmittel) verhindernde chem. Verbindung
An|ti|pa|pist *m. 10* Gegner des Papsttums
An|ti|pas|sat *m. 1* Gegenpassat, dem → Passat entgegengesetzter Wind der Tropen
An|ti|pa|sto [ital.] *m. oder s. Gen.* -(s) *Mz.* -sti Vorspeise
An|ti|pa|thie [griech.] *w. 11* gefühlsmäßige Abneigung, Widerwille; *Ggs.:* Sympathie; **an|ti|pa|thisch** nicht sympathisch
An|ti|phon [griech.] *w. 10* liturg. Wechselgesang; **an|ti|pho|nal** im liturg. Wechselgesang; **An|ti|pho|na|le** *s. Gen.* -s *Mz.* -li|en, **An|ti|pho|nar** *s. Gen.* -s *Mz.* -ri|en Sammlung von Antiphonen; **An|ti|pho|ne, An|ti|pho|nie** *w. 11* → Antiphon
An|ti|phra|se [griech.] *w. 11* Stilmittel, bei dem das Gegenteil von dem gesagt wird, was gemeint ist, z. B. „Das ist ja eine schöne Bescherung!"
An|ti|po|de [griech. „Gegenfüßler"] *m. 11* **1** auf dem entgegengesetzten Punkt der Erde lebender Mensch; **2** *übertr.:* den entgegengesetzten Standpunkt vertretender Mensch
An|ti|pol *m. 1* Gegenpol
An|ti|pro|ton *s. 13* Antiteilchen zum Proton, besitzt negative Ladung
An|ti|py|re|ti|kum [griech.] *s. Gen.* -s *Mz.* -ka fiebersenkendes Mittel
An|ti|qua [lat. „die alte" (Schrift)] *w. Gen. - nur Ez., Sammelbez. für* mehrere lat. Druckschriften; **An|ti|quar** *m. 1* jmd., der mit gebrauchten Büchern handelt; *auch:* Antiquitätenhändler; **An|ti|qua|ri|at** *s. 1* Altbuchhandel, Altbuchhandlung; **an|ti|qua|risch** gebraucht, alt (von Büchern, Noten u. dgl.); **An|ti|qua|ri|um** *s. Gen.* -s *Mz.* -ri|en Sammlung von Altertümern; **an|ti|quiert** veraltet; **An|ti|qui|tät** *w. 10* altertüml. Kunstwerk, altertüml., wertvoller Gebrauchsgegenstand
An|ti|rheu|ma|ti|kum [griech.] *s. Gen.* -s *Mz.* -ka Mittel gegen Rheumatismus
An|ti|se|mit *m. 10* Judenfeind; **An|ti|se|mi|tis|mus** *m. Gen. - nur Ez.* feindliche Einstellung gegenüber den Juden
An|ti|sep|sis [griech.] *w. Gen. - nur Ez.,* **An|ti|sep|tik** *w. 10 nur Ez.* Abtötung von Krankheitskeimen, bes. in Wunden; **An|ti|sep|ti|kum** *s. Gen.* -s *Mz.* -ka Mittel zur Antisepsis; **an|ti|sep|tisch** keimtötend
An|ti|se|rum [griech. + lat.] *s. Gen.* -s *Mz.* -ren *oder* -ra Heilserum, Immunserum
An|ti|spas|mo|di|kum, An|ti|spa|sti|kum [griech.] *s. Gen.* -s *Mz.* -ka krampflösendes Mittel; **an|ti|spa|stisch** krampflösend
An|ti|sta|tik|mit|tel *s. 5* Substanz, die auf Grund schwacher elektr. Leitfähigkeit die elektrostat. Aufladung von Gegenständen verhindert; **an|ti|sta|tisch** sich nicht elektrisch aufladend
An|ti|stes [lat. „Vorsteher"] *m. Gen. - Mz.* -ti|sti|tes **1** *kath. Kirche:* Titel für Bischof und Abt; **2** *schweiz. früher:* Titel des reformierten Oberpfarrers
An|ti|stro|phe *w. 11 im altgriech. Drama:* die von der zweiten Hälfte des Chors gesungene, der Strophe folgende Gegenstrophe
An|ti|teil|chen *s. 7* Elementarteilchen, dessen Eigenschaften denen eines anderen bestimmten Teilchens entgegengesetzt (komplementär) sind, z. B. Proton – Antiproton
An|ti|the|se [auch: an-] *w. 11* der → These entgegengestellte Behauptung, Gegenbehauptung; **An|ti|the|tik** *w. 10 nur Ez.* Lehre von den Widersprüchen und ihren Ursachen; **an|ti|the|tisch** entgegenstellend
An|ti|to|xin *s. 1* Gegengift, Antikörper
An|ti|zi|pa|ti|on [-tsjon, lat.] *w. 10* Vorwegnahme, Vorgriff; **an|ti|zi|pie|ren** vorwegnehmen
an|ti|zy|klisch einem Zyklus entgegenwirkend; *Ggs.:* prozyklisch
An|ti|zy|klo|ne *w. 11 Meteor.:* Hochdruckgebiet
An|ti|zy|mo|ti|kum [griech.] *s. Gen.* -s *Mz.* -ka gärungshemmendes Mittel
Ant|ono|ma|sie [griech.] *w. 11* **1** Umschreibung eines Eigennamens, z. B. „Dichterfürst" für Goethe; **2** Bez. eines Gattungsbegriffs durch einen Eigennamen, z. B. „ein Herkules" für „starker Mann"; **Ant|onym** *s. 1* Wort mit entgegengesetzter Bedeutung, z. B. „schön" im Unterschied zu „häßlich"
an|tur|nen [-tə:nən, engl.] *ugs.* → on-turnen
An|urie [griech.] *w. 11* Versagen der Urinabsonderung
Anus [lat.] *m. Gen. - Mz.* Ani After
an|vi|sie|ren etwas a.: auf etwas zielen; *übertr.:* sich als Ziel setzen
äo|lisch [nach Äolus, dem griech. Gott der Winde] durch Windeinwirkung entstanden; **Äols|har|fe** *w. 11* Harfe, deren Saiten durch Wind zum Schwingen gebracht werden
Äon [griech.] *m. 12* unendlich langer Zeitraum, Weltalter
Ao|rist [griech.] *m. 1* Form des Verbums, die eine einmalige, unbestimmte, abgeschlossene Handlung bezeichnet
Aor|ta [griech.] *w. Gen. - Mz.* -ten Hauptschlagader des Körpers; **Aort|al|gie** *w. 11* von der Aorta ausgehender Schmerz
a. p. *Abk. für* anni praeteriti
Ap|ago|ge [griech.] *w. Gen. - nur Ez.* Schluß, der aus einer sicheren und einer nicht ganz

sicheren Voraussetzung gezogen wird; **ap|ago|gisch** *nur in der Fügung* apagogischer Beweis: indirekter Beweis, indem man das Gegenteil als unrichtig beweist
Apa|na|ge [-ʒə, frz.] *w.11* Unterhalt nicht regierender Angehöriger eines regierenden Fürsten
apart [frz. „beiseite"] eigenartig, ungewöhnlich und reizvoll
Apart|heid *w.10 in der Republik Südafrika:* Rassentrennung
Apart|ment [əpartmənt, engl.] *s.9* → Appartement
Apa|thie [griech.] *w.11* Teilnahmslosigkeit; **apa|thisch** teilnahmslos
Apa|tit [griech.] *m.1* ein Mineral
Aper|çu [-sy, frz.] *s.9* geistreiche Bemerkung
ape|ri|odisch nicht periodisch, unregelmäßig
Ape|ri|tif [frz., „öffnend"] *m.9* ein alkohol., appetitanregendes Getränk; **Ape|ri|ti|vum** [lat.] *s. Gen.* -s *Mz.*-va **1** mildes Abführmittel; **2** appetitanregendes Mittel
Aper|tur [lat.] *w.10* Öffnungsverhältnis der Blende eines Objektivs, das dessen Lichtstärke angibt
Apex [lat. „Spitze, Gipfel"] *m. Gen.* - *Mz.* Api|zes **1** *Astron.:* Zielpunkt der Bewegung eines Gestirns; **2** *Sprachw.:* Zeichen für die Länge eines Vokals, z. B. ˆ; **3** *Metrik:* Zeichen für die Betonung einer Silbe (′)
Aph|äre|se [griech.] *w.11,* **Aph|äre|sis** *w. Gen.* - *Mz.*-äre|sen Wegfall des Anlauts, z. B. „'s" statt „es"; *Ggs.:* Apokope
Apha|sie [griech.] *w.11* **1** *Philos.:* Urteilsenthaltung; **2** *Med.:* Verlust des Sprechvermögens (bei Gehirnstörung)
Aphel [aphel, auch: afel, griech.] *s.1* Punkt der größten Entfernung eines Planeten von der Sonne, Sonnenferne; *Ggs.:* Perihel
Aphel|an|dra [griech.] *w. Gen.* - *Mz.*-dren eine Zierpflanze
Aphon|ge|trie|be [griech.] *s.5* geräuscharmes Schaltgetriebe; **Apho|nie** *w.11 Med.:* tonloses Sprechen, Flüsterstimme
Apho|ris|mus [griech.] *m. Gen.* - *Mz.*-men kurz und treffend formulierter Gedanke, Sinnspruch; **Apho|ri|sti|ker** *m.5* Verfasser von Aphorismen; **apho|ri|stisch** in der Art eines Aphorismus, kurz und treffend
Aphro|di|sia|kum [nach der griech. Liebesgöttin Aphrodite] *s. Gen.* -s *Mz.*-ka den Geschlechtstrieb anregendes Mittel; **Aphro|disie** *w.11* krankhaft gesteigerter Geschlechtstrieb
Aph|the [griech.] *w.11 meist Mz.* Bläschenausschlag im Mund, Mundfäule; **Aph|thenseu|che** *w.11* Maul- und Klauenseuche
Aphyl|len [griech.] *Mz.* blattlose Pflanzen; **Aphyl|lie** *w.11* Blattlosigkeit
Apia|ri|um [lat.] *s. Gen.* -s *Mz.*-ri|en Bienenhaus
api|kal [lat.] an der Spitze gelegen
Apla|nat [griech.] *m.1* die Aberration korrigierendes Linsensystem
Apla|sie [griech.] *w.11* angeborenes Fehlen oder Fehlleistung eines Organs
Aplomb [aplɔ̃, frz.] *m.9 nur Ez.* **1** Sicherheit, Nachdruck im Auftreten; **2** *Ballett:* Abfangen einer Bewegung
APO *w. Gen.* - *nur Ez. Abk. für* außerparlamentar. Opposition
Apo|chro|mat [-kro-, griech.] *m.1* Farbfehler korrigierendes Linsensystem
Apo|dik|tik [griech.] *w.10 nur Ez. Philos.:* Lehre vom Beweis; **apo|dik|tisch** unwiderleglich; keinen Widerspruch duldend
Apo|ga|mie [griech.] *w.11 Bot.:* ungeschlechtl. Fortpflanzung, Apomixis
Apo|gä|um [griech.] *s. Gen.* -s *Mz.*-gä|en Punkt der größten Entfernung des Mondes oder anderer Erdsatelliten von der Erde, Erdferne
Apo|ka|lyp|se [griech. „Enthüllung"] *w.11* prophet. Schrift über das (schreckliche) Weltende, bes. die Offenbarung des Johannes im NT; **Apo|ka|lyp|tik** *w.10* **1** Lehre vom Weltende; **2** Gesamtheit der Schriften über die Apokalypse; **Apo|ka|lyp|ti|ker** *m.5* Verfasser oder Deuter einer Apokalypse; **apoka|lyp|tisch** zur Apokalypse gehörend, in ihr vorkommend
Apo|ko|pe [-pe:, griech.] *w. Gen.* - *Mz.* -ko|pen Wegfall des Auslauts, z. B. „im Tal" statt „im Tale"; *Ggs.:* Aphärese
apo|kryph [griech.] zu den Apokryphen gehörend, unecht, später hinzugefügt; **Apokryph** *s.12,* **Apo|kry|phe** *w.11* nicht anerkannte, später hinzugefügte Schrift, bes. der Bibel, im Unterschied zum Kanon (**5**)
apo|li|tisch unpolitisch, politisch uninteressiert
apol|li|nisch [nach dem griech. Gott der Dichtkunst, Apollo] maßvoll, ausgeglichen; *Ggs.:* dionysisch; **Apol|lo** *m.9,* **Apol|lo|fal|ter** *m.5* ein Schmetterling
Apo|log [griech.] *m.1* lehrhafte Fabel oder Erzählung; **Apo|lo|get** *m.10* Verfechter, Verteidiger, bes. des Christentums; **Apo|lo-ge|tik** *w.10* Verteidigung, Rechtfertigung, bes. des christl. Glaubens; **apo|lo|ge|tisch** verteidigend, rechtfertigend; **Apo|lo|gie** *w.11* Verteidigungs-, Rechtfertigungsrede oder -schrift; **apo|lo|gisch** in der Art eines Apologs, lehrhaft
Apo|mi|xis [griech.] *w. Gen.* - *nur Ez.* → Apogamie
Apo|phtheg|ma [griech.] *s. Gen.* -s *Mz.*-men *oder* -malta witziger, treffender Ausspruch
Apo|phy|se [griech.] *w.11* Knochenfortsatz
Apo|plek|ti|ker [griech.] *m.5* jmd., der zu Apoplexien neigt; **Apo|ple|xie** *w.11* Schlaganfall
Apo|rem [griech.] *s. Gen.* -s *Mz.*-re|malta *Philos.:* Streitfrage, logische Schwierigkeit;

apo|re|ma|tisch zweifelhaft; **Apo|re|tik** *w.10 nur Ez.* Auseinandersetzung mit philosoph. Problemen; **Apo|rie** *w.11* Ausweglosigkeit, Unmöglichkeit, ein schwieriges Problem zu lösen

Apo|sta|sie [griech.] *w.11* Abfall vom Glauben; **Apo|stat** *m.10* Abtrünniger

Apo|stel [griech.] *m.5* **1** Jünger Jesu; **2** Vertreter, Vorkämpfer einer Lehre

a po|ste|rio|ri [lat. „vom Späteren"] aus der Erfahrung (gewonnen); nachträglich, später; *Ggs.:* a priori; **Apo|ste|rio|ri** *s. Gen. - Mz. -* aus der Erfahrung gewonnene Erkenntnis; *Ggs.:* Apriori; **apo|ste|rio|risch** auf Erfahrung beruhend; *Ggs.:* apriorisch

Apo|stilb [griech.] *s. Gen. -s Mz. -* (*Abk.:* asb) Maßeinheit der Leuchtdichte

Apo|sto|lat [griech.] *s.1* **1** Amt eines Apostels; **2** geistl. Auftrag; **Apo|sto|li|kum** *s. Gen. -s nur Ez.* das Apostolische Glaubensbekenntnis; **apo|sto|lisch** die Apostel betreffend, von ihnen ausgehend; das Apostolische Glaubensbekenntnis: ältestes christl. Glaubensbekenntnis; der Apostolische Stuhl: Sitz und Regierung des Papstes in Rom; die apostolischen Väter: die ältesten christl. Schriftsteller

Apo|stroph [griech.] *m.1* Auslassungszeichen für einen Vokal, z. B. „er hat's" statt „er hat es"; **Apo|stro|phe** [-fe:] *w. Gen. - Mz. -*stro|phen **1** Wendung des Redners an eine andere Person als die bisher angeredete; **2** feierliche Anrede, Anrufung; **apo|stro|phie|ren** feierlich anreden, nachdrücklich bezeichnen

Apo|the|ke [griech.] *w.11* Räume zur Herstellung und zum Verkauf von Arzneimitteln; **Apo|the|ker** *m.5* jmd., der nach abgeschlossenem Hochschulstudium und Praktikum berechtigt ist, eine Apotheke zu leiten

Apo|theo|se [griech.] *w.11* **1** Vergöttlichung, Verherrlichung; **2** *Theater:* prächtiges Schlußbild

a po|tio|ri [lat.] *veraltet:* der Hauptsache, der Mehrzahl nach

Ap|pa|rat [lat.] *m.1* **1** mehrteiliges Gerät; **2** alle für eine Tätigkeit nötigen Hilfsmittel; **3** Telefon; **ap|pa|ra|tiv** mit Hilfe eines Apparats; **Ap|pa|rat|schik** *m.9 abwertend:* führende Persönlichkeit im Staats„apparat" totalitärer östl. Staaten; **Ap|pa|ra|tur** *w.10* Gesamtheit von mehreren Apparaten

Ap|pa|ri|ti|on [-tsjon, lat.] *w.10* **1** Erscheinung; **2** Sichtbarwerden (von Gestirnen)

Ap|par|te|ment [apartəmã, frz.] *s.9* **1** Zimmerflucht (Wohn-, Schlafzimmer und Bad) im Hotel; **2** komfortable Kleinstwohnung

ap|pas|sio|na|to [ital.] *Mus.:* leidenschaftlich

Ap|peal [əpil, engl.] *m.9 Werbung:* Anreiz, Anziehungskraft

Ap|pell [frz.] *m.1* **1** Aufruf, Mahnruf; **2** Antreten, Aufstellung, Versammeln; **3** Gehorsam (des Jagdhundes); **ap|pel|la|bel** durch Berufung bei Gericht anfechtbar; **Ap|pel|lant** [lat.] *m.10* Berufungskläger; **Ap|pel|lat** *m.10* Berufungsbeklagter; **Ap|pel|la|ti|on** [-tsjon] *w.10* Berufung; **Ap|pel|la|tiv** *s.1*, **Ap|pel|la|ti|vum** *s. Gen. -s Mz. -*va Gattungsbegriff, z. B. „Tier"; vgl. Kollektivum; **ap|pel|lie|ren** an jmdn. oder etwas a.: sich an jmdn. wenden, jmdn. oder etwas anrufen

Ap|pend|ek|to|mie [lat. + griech.] *w.11* operative Entfernung des Appendix; **Ap|pen|dix** [lat.] *m. Gen. - oder -*es *Mz. -*e *oder -*di|zes **1** Anhang; **2** *Med.:* Wurmfortsatz des Blinddarms; **Ap|pen|di|zi|tis** *w. Gen. - Mz. -*ti|den Entzündung des Wurmfortsatzes

Ap|per|zep|ti|on [-tsjon, lat.] *w.10* bewußte Wahrnehmung eines Sinneseindrucks; **ap|per|zi|pie|ren** bewußt wahrnehmen

Ap|pe|tenz [lat.] *w. Gen. - nur Ez.* instinkthaftes Suchen, Streben; **Ap|pe|tenz|ver|hal|ten** *s. Gen. -s nur Ez.* zielstrebiges Verhalten höherer Tiere, das auf die Auslösung einer Triebhandlung gerichtet ist, z. B. das Suchen nach Nahrung, um fressen zu können

Ap|pe|tit [lat.-frz.] *m.1* Verlangen nach Speise, bes. nach einer bestimmten

ap|pla|nie|ren [lat.-frz.] einebnen

ap|plau|die|ren [lat.] Beifall klatschen; **Applaus** *m.1 nur Ez.* durch Händeklatschen ausgedrückter Beifall

ap|pli|ka|bel [lat.] anwendbar; **Ap|pli|ka|ti|on** [-tsjon] *w.10* **1** Verordnung und Anwendung von Heilmitteln; **2** auf ein Kleidungsstück aufgenähte Verzierung; **Ap|pli|ka|tur** *w.10* Fingersatz (beim Instrumentalspiel); **ap|pli|zie|ren** **1** verabreichen (Heilmittel); **2** aufnähen

Ap|pog|gia|tur [-dʒa-, ital.] *w.10 Mus.:* langer Vorschlag

Ap|point [apwɛ̃, frz. „auf den Punkt"] *m.9* **1** eine Restschuld vollständig ausgleichender Wechsel; **2** Gelddokument, z. B. Wertpapier

ap|port! [frz.] bring es her! (Befehl an den Hund); **Ap|port** *m.1* **1** *in Kapitalgesellschaften:* Sach- statt Bargeldeinlage; **2** Herbeibringen des erlegten Wildes durch den Hund; **ap|por|tie|ren** herbeibringen (nur vom Jagdhund gesagt)

Ap|po|si|ti|on [-tsjon, lat.] *w.10* **1** *Gramm.:* hauptwörtl. Beifügung im gleichen Kasus, z. B. Peter „der Große"; **2** *Bot.:* Dickenwachstum der Zellwände

Ap|prai|sal [əprɛɪzəl, engl.] *s.9* regelmäßige Leistungsbeurteilung der Manager zwecks besserer Qualifizierung

Ap|pre|hen|si|on [lat.] *w.10* Erfassen, Begreifen, Begriffsvermögen; **ap|pre|hen|siv** reizbar, furchtsam

Ap|pret [frz.] *m.9 oder s.9* Mittel zum Appretieren; **Ap|pre|teur** [-tør] *m.1* jmd., der Gewebe appretiert; **ap|pre|tie|ren** Gewebe a.: sie bearbeiten, um ihre Gebrauchsfähigkeit zu verbessern; **Ap|pre|tur** *w.10* **1** das Appretieren; **2** Glanz und Festigkeit von Geweben; **3** Abteilung, in der Gewebe appretiert werden

Ap|pro|ba|tie *w.11* → Approbation (**4**); **Ap|pro|ba|ti|on** [-tsjon, lat.] *w.10* **1** Genehmigung, Bewilligung; **2** staatl. Zulassung zur Berufsausübung für Ärzte und Apotheker; **3** Bestätigung eines Priesters durch die Kurie; **4** Druckerlaubnis für relig. Schriften durch die Kirchenbehörde; **ap|pro|bie|ren** **1** genehmigen; **2** zur Berufsausübung zulassen

Ap|pro|pria|ti|on [-tsjon, lat.] *w.10* **1** Aneignung; **2** Zueignung

Ap|pro|xi|ma|ti|on [-tsjon, lat.] *w.10* **1** Annäherung; **2** *Math.:* Näherungswert; **ap|pro|xi|ma|tiv** annähernd

Après nous le dé|luge [aprɛnu lədelyʒ, frz.] Nach uns die Sintflut, d. h. was nach uns kommt, kümmert uns nicht (angeblicher Ausspruch der Marquise de Pompadour)

Après-Ski [aprɛʃi, frz. -ʃi] *s. Gen. - nur Ez.* **1** bequeme, modische Kleidung nach dem Schilaufen; **2** geselliges Beisammensein nach dem Schilaufen; **Après-Swim** [aprɛswim, frz. + engl.] *s. Gen. - nur Ez.* bequeme, modische Strandkleidung (für Damen) nach dem Schwimmen

Apri|ko|se [lat.-ndrl.] *w.11* eine pflaumengroße Steinfrucht

a pri|ma vi|sta [ital. „auf den ersten Blick"] vom Blatt; a p. v. spielen, singen

a prio|ri [lat. „vom Früheren"] aus dem Denken, aus der Vernunft her, ohne Erfahrungsgrundlage; von vornherein; *Ggs.:* a posteriori; **Aprio|ri** *s. Gen. - Mz. -* aus der Vernunft gewonnene Erkenntnis; *Ggs.:* Aposteriori; **aprio|risch** aus dem Denken gewonnen, begrifflich; *Ggs.:* aposteriorisch; **Aprio|ris|mus** **1** *m. Gen. - Mz.* -men Erkenntnis a priori; **2** *nur Ez.* Lehre, die eine von der Erfahrung unabhängige Erkenntnis annimmt

apro|pos [-po, frz.] übrigens, nebenbei bemerkt, dabei fällt mir ein

Ap|si|de [griech.] *w.11* **1** Punkt der kleinsten oder größten Entfernung eines Planeten von dem Gestirn, um das er sich bewegt; **2** → Apsis; **ap|si|di|al** zur Apsis gehörig; **Ap|sis** *w. Gen. - Mz.* -si|den halbrunde oder vieleckige Altarnische im Chor einer Kirche

Apte|ry|go|ten [griech.] *Mz.* flügellose Insekten

Aqua de|stil|la|ta [lat.] *s. Gen. - - nur Ez.* destilliertes (chemisch reines) Wasser

Aquä|dukt [lat.] *s.1* (bes. altröm.) Wasserleitung, meist auf Brücken entlanglaufende Rinnen oder Rohre

Aqua|ma|ni|le [lat.] *s.14 im MA:* Gefäß zur Handwaschung des Priesters während des Gottesdienstes

Aqua|ma|rin [lat. „Meerwasser"] *m.1* meerblauer oder -grüner Edelstein

Aqua|naut [lat.] *m.10* Tiefseeforscher

Aqua|pla|ning [engl.: ækwəplæniŋ] *s. Gen.* -s *nur Ez.* Verlust der Bodenhaftung von Autoreifen bei rascher Fahrt durch aufgestaute Wasserschichten auf der Fahrbahn (hat u. a. Steuerunfähigkeit zur Folge)

Aqua|rell [lat.-ital.] *s.1* mit Wasserfarben gemaltes Bild; **aqua|rel|lie|ren** mit Wasserfarben malen; **Aqua|rel|list** *m.10* Maler von Aquarellen

Aqua|ria|ner [lat.] *m.5* Aquarienliebhaber; **Aqua|rist** *m.10* Aquarienkundler; **Aqua|ri|stik** *w.10 nur Ez.* Aquarienkunde; **Aqua|ri|um** *s. Gen.* -s *Mz.* -ri|en Glasbehälter oder Gebäude (Museum) zur Pflege und Zucht kleiner Wassertiere

Aqua|tin|ta [lat.] **1** *w. Gen. - nur Ez.* ein Kupferstichverfahren, bei dem die Zeichnung aus der Platte herausgeätzt wird; **2** *w. Gen. - Mz.* -ten in diesem Verfahren hergestelltes Kunstblatt

aqua|tisch [lat.] zum Wasser gehörig, im Wasser lebend

Äqua|tor [lat.] *m.13* der größte Breitenkreis der Erd- bzw. Himmelskugel; **äqua|to|ri|al** zum Äquator gehörig

Aqua|vit [lat.] *m.1* ein Kümmelbranntwein

Äqui|li|bris|mus [lat.] *m. Gen. - nur Ez.* philosoph. Lehre, daß Handlungsfreiheit nur dann bestehe, wenn alle Motive zur Tat gleich stark sind; **Äqui|li|brist** *m.10* Gleichgewichtskünstler, z. B. Seiltänzer; **Äqui|li|bri|stik** *w.10 nur Ez.* Gleichgewichtskunst; **Äqui|li|bri|um** *s. Gen.* -s *nur Ez.* Gleichgewicht

äqui|nok|ti|al [-tsjal, lat.] zum Äquinoktium gehörig, auf ihm beruhend; **Äqui|nok|ti|um** [-tsjum] *s. Gen.* -s *Mz.* -ti|en [-tsjən] Tagundnachtgleiche

äqui|pol|lent [lat.] Gleiches bedeutend, aber verschieden ausgedrückt; **Äqui|pol|lenz** *w.10 nur Ez.* gleiche Bedeutung bei verschiedener Formulierung

äqui|va|lent [lat.] gleichwertig; **Äqui|va|lent** *s.1* Gleichwertiges, gleichwertiger Ersatz; **Äqui|va|lenz** *w.10 nur Ez.* Gleichwertigkeit

äqui|vok [lat.] doppelsinnig, mehrdeutig; **Äqui|vo|ka|ti|on** [-tsjon] *w.10* Mehrdeutigkeit, Doppelsinnigkeit

Ar [lat.] *s. oder m., Gen.* -s *Mz. -* (*Abk.:* a) Flächenmaß, 100 Quadratmeter

Ar *chem. Zeichen für* Argon

Ara [indian.] *m.9* südamerik. Langschwanzpapagei

Ära [lat.] *w. Gen. - Mz.* Ären Zeitalter, Zeitabschnitt, Amtszeit

Ara|bes|ke [frz.] *w.11* **1** Pflanzenornament; **2** heiteres Musikstück; **3** *Ballett:* Körperhaltung mit waagerecht nach hinten gestrecktem Bein; **Ara|bi|stik** *w.10 nur Ez.* Wissenschaft von der arab. Sprache und Kultur

Arach|ni|den, Arach|noi|den [griech.] *Mz.*

Spinnentiere; **Arach|no|lo|gie** *w. 11 nur Ez.* Spinnenkunde
Ara|go|nit *m. 1 nur Ez.* ein Mineral
Ara|lie [-ljə, wahrscheinlich indian.] *w. 11* efeuartiger nordamerikanischer und ostasiatischer Strauch, Zimmerpflanze
Ara|mä|er *m. 5* Angehöriger eines semit. Volksstammes
Aräo|me|ter [griech.] *s. 5* Gerät zum Messen des spezif. Gewichts von Flüssigkeiten, Senkwaage
Ärar [lat.] *s. 1* Staatsschatz, -vermögen
Ara|ra *m. 9* → Ara
ära|risch zum Ärar gehörig, staatlich
Arau|ka|ner *m. 5* Angehöriger eines Indianervolkes in Chile und Argentinien
Arau|ka|rie [-riə, nach den Araukanern] *w. 11* ein Nadelbaum, Zimmertanne
Araz|zo [ital., nach der frz. Stadt Arras] *m. Gen.*-s *Mz.*-zi gewirkter Wandteppich
Ar|bi|tra|ge [-ʒə, lat.-frz.] *w. 11* **1** *Handelsrecht:* Schiedsspruch; **2** *Börse:* Ausnutzung von Kursschwankungen; **ar|bi|trär** [lat.] nach Ermessen; **ar|bi|trie|ren** schätzen; **Ar|bi|tri|um** *s. Gen.*-s *Mz.*-tria Schiedsspruch
Ar|bo|re|tum [lat.] *s. Gen.*-s *Mz.*-ten Baumgarten mit verschiedenen Hölzern zu Studienzwecken
Ar|bu|se [Herkunft unsicher] *w. 11* Wassermelone
arc *Abk. für* Arkus
Ar|chai|kum [-çai-], **Ar|chäi|kum** [-çɛi-, griech.] *s. Gen.* -s *nur Ez.* ältestes Zeitalter der Erdgeschichte; **ar|cha|isch** aus sehr früher Zeit (einer Kunst o. ä.) stammend; **ar|chä|isch** zum Archaikum gehörend, aus ihm stammend; **ar|chai|sie|ren** altertüml. Sprach- oder Kunstformen nachahmen; **Ar|chai|is|mus** *m. Gen.* - *Mz.*-men altertüml. Form, altertüml. Wort, Nachahmung archaischer Kunstformen; **ar|chai|stisch** in der Art eines Archaismus
Ar|chäo|lo|gie [-çɛo-, griech.] *w. 11 nur Ez.* Wissenschaft von den alten Kulturen, bes. auf Grund von Ausgrabungen, Altertumskunde
Ar|chäo|pte|ryx [griech.] *w. oder m. Gen.* - *Mz.*-e *oder* -ptę|ry|ges versteinerter Urvogel mit Reptilienmerkmalen
Ar|chäo|zoi|kum [griech.] *s. Gen.*-s *nur Ez.* Erdfrühzeit mit Beginn des organ. Lebens, Proterozoikum, Eozoikum, Algonkium
Ar|che [-çə, lat.] *w. 11* kastenähnliches Schiff; die Arche Noah
Ar|che|go|ni|um [griech.] *s. Gen.*-s *Mz.*-ni|en weibl. Fortpflanzungsorgan der Moose und Farne
Ar|che|typ [griech.] *m. 12* **1** Urbild, Urform; **2** Muster, Vorbild; **3** älteste verfügbare Vorlage eines Druckes oder einer Handschrift; **ar|che|ty|pisch** der Urform entsprechend, vorbildlich, musterhaft
Ar|chi|dia|kon [griech.] *m. 1 oder 10* **1** *kath. Kirche:* Vorsteher eines Kirchensprengels, Erzdiakon; **2** *evang. Kirche:* zweiter Geistlicher; **Ar|chi|dia|ko|nat** *s. 1* Amt und Amtsbereich eines Archidiakons
Ar|chi|man|drit [griech.] *m. 10* *Ostkirche:* Klostervorsteher, Abt
Ar|chi|me|di|sches Prin|zip *s. Gen.*-n -s *nur Ez.* von dem griech. Mathematiker Archimedes aufgestelltes Gesetz vom Auftrieb eines in eine Flüssigkeit eintauchenden Körpers
Ar|chi|pel [griech.] *m. 1* Inselgruppe
Ar|chi|tekt [griech.] *m. 10* Baufachmann, Baumeister; **Ar|chi|tek|to|nik** *w. 10 nur Ez.* **1** Wissenschaft von der Baukunst; **2** Aufbau, Bauart eines Bauwerkes; **ar|chi|tek|to|nisch** die Architektur betreffend, baulich; **Ar|chi|tek|tur** *w. 10* Baukunst, Baustil
Ar|chi|trav [griech. + lat.] *m. 1* *antike Baukunst:* die Säulen verbindender, den Oberbau tragender Querbalken, Epistyl
Ar|chiv [-çif, griech.-lat.] *s. 1* **1** Sammlung von Urkunden u. ä.; **2** Raum oder Gebäude dafür; **Ar|chi|va|li|en** *s. Mz., Ez.*-li|um, Urkunden; **ar|chi|va|lisch** urkundlich; **Ar|chi|var** *m. 1* Leiter, Angestellter eines Archivs; **ar|chi|vie|ren** in ein Archiv aufnehmen
Ar|chi|vol|te [griech. + lat.] *w. 11* **1** Stirn-, Innenseite eines Rundbogens; **2** meist figürlich verzierter roman. oder got. Portalbogen
Ar|chon [-çon, griech.] *m. Gen.*-s *Mz.*-chon|ten, **Ar|chont** [-çont] *m. 10* *in altgriech. Städten:* höchster Beamter
Ar|cus [lat.] *m. Gen.* - *Mz.* - **1** *Anat.:* bogenförmiges Gebilde; **2** *Math.* → Arkus
Are *w. 11, schweiz. für* Ar
Are|al [lat.] *s. 1* Bodenfläche, Siedlungs-, Verbreitungsgebiet; **Are|al|lin|gui|stik** *w. 10 nur Ez.* → Sprachgeographie
Are|ka|nuß [drawid.-port.] *w. 2* Frucht der Areka- oder Betelpalme
are|li|gi|ös nicht religiös
Are|na [lat.] *w. Gen.* - *Mz.*-nen **1** mit Sand bestreuter Kampfplatz; **2** Sportplatz mit Zuschauertribünen; **3** Zirkusmanege; **4** *österr.:* Sommerbühne
Areo|pag [griech.] *m. 1, im alten Athen:* höchster Gerichtshof
Ar|gen|tan [lat.] *s. 1 nur Ez.* Neusilber
Ar|gen|tit [lat.] *m. 1 nur Ez.* Silberglanz, ein Mineral
Ar|gen|tum [lat.] *s. Gen.*-s *nur Ez.* (*Zeichen:* Ag) Silber
Ar|gi|nin [lat.] *s. 1* eine Aminosäure
Ar|gon [auch: -gon, griech.] *s. 1 nur Ez.* (*Zeichen:* Ar) chem. Element, ein Edelgas
Ar|go|naut [griech.] *m. 10* ein Tintenfisch
Ar|got [-go, frz.] *s. 9* **1** die frz. Gaunersprache; **2** *auch:* Sondersprache einer sozialen Schicht, Jargon
Ar|gu|ment [lat.] *s. 1* Beweisgrund, einleuch-

tende Entgegnung; **Ar|gu|men|ta|ti|on** [-tsjon] *w.10* Beweisführung; **ar|gu|men|tie|ren** Argumente vorbringen
Ar|gus|au|gen [nach dem hundertäugigen Riesen der griech. Sage] *w.11 Mz.* scharfe, wachsame Augen; etwas mit A. beobachten
Arhyth|mie *w.11* → Arrhythmie
Ari|ad|ne|fa|den [nach der griech. Sagengestalt] *m.8* Leitfaden, rettendes Mittel
Aria|ner *m.5* Anhänger des Arianismus; **Aria|nis|mus** *m. Gen. - nur Ez.* Lehre des Arius von Alexandria, daß Gott und Christus nicht wesensgleich, sondern wesensähnlich sind; vgl. Athanasianer
arid [lat.] trocken, dürr (Boden, Klima); **Ari|di|tät** *w.10 nur Ez.* Trockenheit
Arie [ariə, lat.-ital.] *w.11* Sologesangsstück mit Instrumentalbegleitung
Ari|er [griech.] *m.5* **1** Angehöriger einer frühgeschichtl. Völkergruppe mit idg. Sprachen in Iran und Indien; **2** *im nat.-soz. Sprachgebrauch Bez. für* Nichtjude weißer Hautfarbe
Ari|et|ta [ital.] *w. Gen. - Mz.*-ten kleine Arie
ari|os, ario|so [ital.] arienartig, sanglich, melodiös; **Ario|so** *s.9, Mz. auch:* -si arienartiges Sologesangs- oder Instrumentalstück
Ari|sto|krat [griech.] *m.10* **1** Angehöriger der Aristokratie; **2** *übertr.:* vornehmer Mensch; **Ari|sto|kra|tie** *w.11* **1** Adel; **2** Adelsherrschaft; **3** *übertr.:* Oberschicht; **ari|sto|kra|tisch** zur Aristokratie gehörend; *übertr.:* vornehm
Arith|me|tik [griech.] *w.10 nur Ez.* Zahlenlehre, Rechnen mit Zahlen und Buchstaben; **arith|me|tisch** zur Arithmetik gehörend, mit ihrer Hilfe; arithmetisches Mittel: Durchschnittswert
Ar|ka|de [lat.-frz.] *w.11* auf zwei Säulen oder Pfeilern ruhender Bogen
Ar|ka|num [lat.] *s. Gen.*-s *Mz.*-na *Pharmazie:* Geheimmittel
Ar|ke|bu|se [ndrl. „Hakenbüchse"] *w.11, 15. Jh.:* schweres, beim Schießen in einen Haken zu hängendes Gewehr; **Ar|ke|bu|sier** *m.1* Soldat mit Arkebuse
Ar|ko|se [frz.] *w.11 nur Ez.* Feldspat und Glimmer enthaltender Sandstein
Ar|ko|so|li|um [lat.] *s. Gen.*-s *Mz.*-li|en *in Katakomben:* Wandgrab unter einer bogenförmigen Nische
Ark|tis [griech.] *w. Gen.- nur Ez.* Nordpolargebiet; *Ggs.:* Antarktis
Ar|ku|bal|li|ste [lat.] *w.11* Bogenschleuder, altröm. und mittelalterl. Belagerungsgerät
Ar|kus [lat.] *m. Gen. - Mz. -* (*Abk.:* arc) Kreisbogen eines Winkels
Ar|lec|chi|no [-ki-, ital.] *m.9, Mz. auch:* -ni, *in der Commedia dell'arte:* Hanswurst
Ar|ma|da *w.9, Mz. auch:* -den, Kriegsmacht, *bes.* die Flotte des spanischen Königs Philipp II.
Ar|ma|gnac [-njak, nach der frz. Landschaft] *m.9* ein frz. Weinbrand
Ar|ma|to|len [neugriech.] *Mz. 18./19. Jh.:* griech. Freischaren gegen die Türken
Ar|ma|tur [lat.] *w.10* Bedienungsvorrichtung zu Maschinen und techn. Anlagen
Ar|mee [frz.] *w.11* **1** Gesamtheit der Streitkräfte eines Landes; **2** Verband von Landstreitkräften aus mehreren Armeekorps; **Ar|mee|korps** [-ko:r] *s. Gen. -* [-ko:rs] *Mz. -* [-ko:rs] Verband von Landstreitkräften aus mehreren Divisionen
ar|mie|ren [lat.] **1** bewaffnen; **2** mit Armaturen versehen; **3** mit Stahleinlagen verstärken; **Ar|mie|rung** *w.10* **1** das Armieren; **2** Stahleinlage in Beton
Ar|mi|nia|nis|mus *m. Gen. - nur Ez.* Lehre des Jakob Arminius, Gegners der calvinist. Prädestinationslehre
Ar|mo|ri|al [frz.] *s.1* Wappenbuch
Ar|mü|re [frz.] *w.11* **1** kleingemustertes Seiden- oder Kunstseidengewebe; **2** Teil des Webstuhls
Aro|ma [griech.] *s. Gen.*-s *Mz.*-men *oder* -malta, *auch: s.9* **1** Duft; **2** künstlich hergestellter Geschmacksstoff; **Aro|mat** *m.10 Chem.:* aromat. Verbindung; **aro|ma|tisch** duftend; aromat. Verbindung *Chem.:* Benzolverbindung; **aro|ma|ti|sie|ren** mit einem Aroma versehen
Ar|peg|gia|tur [-pɛdʒa-, ital.] *w.10* Reihe von Arpeggien; **ar|peg|gie|ren** [-pɛdʒi-] einzeln nacheinander spielen (Akkordtöne); **Ar|peg|gio** [-pɛdʒo] *s.9, Mz. auch:* -peg|gien [-pɛdʒən] mit seinen einzelnen Tönen gespielter Akkord; **Ar|peg|gio|ne** [-pɛdʒo-] *w.11* sechsseitiges, gitarrenähnl., mit dem Bogen zu streichendes Musikinstrument
Ar|rak [arab.] *m.1 oder m.9* Reisbranntwein
Ar|ran|ge|ment [-arãʒmã, frz.] *s.9* **1** Anordnung, Zusammenstellung, Gestaltung; **2** Übereinkunft; **3** Bearbeitung eines Musikstücks für andere Instrumente; **Ar|ran|geur** [arãʒør] *m.1* jmd., der ein Musikstück arrangiert; **ar|ran|gie|ren** [arãʒi-] anordnen, übereinkommen, bearbeiten; sich a.: sich mit dem Unvermeidlichen abfinden
Ar|rest [lat.] *m.1* **1** leichte Freiheitsstrafe; **2** Beschlagnahme; **3** Strafstunde, Nachsitzen; **Ar|re|stant** *m.10* Häftling; **ar|re|tie|ren** **1** festnehmen; **2** *Tech.:* sperren, feststellen; **Ar|re|tie|rung** *w.10* **1** Festnahme; **2** Hemmvorrichtung in der Uhr
Ar|rhyth|mie [griech.] *w.11* **1** Störung des Rhythmus, Mangel an Gleichmaß; **2** *Med.:* Unregelmäßigkeit des Herzschlags
ar|ri|vie|ren [frz.] beruflich vorwärtskommen, Erfolg haben; arriviert sein: anerkannt sein; arrivierter Schriftsteller
ar|ro|gant [lat.-frz.] dünkelhaft, anmaßend; **Ar|ro|ganz** *w.10 nur Ez.* Dünkel
ar|ron|die|ren [-rɔ̃-, frz.] abrunden, zusam-

menlegen (Grundbesitz); **Ar|ron|disse|ment** [arɔ̃dismã] *s. 9* **1** Abteilung eines frz. Departements; **2** *in frz. Großstädten:* Stadtbezirk
Ar|ro|si|on [lat.] *w. 10* allmähliche Zerstörung von Gewebe durch Entzündung oder Geschwür
Ar|row|root [ærourut, engl. „Pfeilwurzel"] *s. 9* Stärkemehl aus Wurzeln oder Knollen verschiedener trop. Pflanzen
Ars an|ti|qua [lat. „alte Kunst"] *w. Gen. - - nur Ez.* die mehrstimmige Musik des 13. Jh. in Nordfrankreich
Ar|schin [russ.] *m. 12, bei Zahlenangaben Mz. -* früheres russ. Längenmaß (71 cm)
Ar|sen [griech. oder arab.] *s. 1 nur Ez.* (*Zeichen:* As) chem. Element
Ar|se|nal [arab.-ital.] *s. 1* Geräte-, Waffenlager, Zeughaus
Ar|se|nat *s. 1* Salz der Arsensäure; **Ar|se|nid** *s. 1* Verbindung aus Arsen und einem Metall; **ar|se|nig** Arsenik enthaltend; arsenige Säure: Arsensauerstoffsäure; **Ar|se|nik** *s. 1 nur Ez.* Verbindung von Arsen und Sauerstoff; **Ar|se|nit** *s. 1* Salz der arsenigen Säure; **Ar|sen|kies** *m. 1 nur Ez.* ein Mineral
Ar|sis [griech.] *w. Gen. - Mz.* Arlsen **1** *antike Metrik:* unbetonter Taktteil; *Ggs.:* Thesis (**1**); **2** *neuere Metrik:* betonter Taktteil, Hebung; **3** *Mus.:* Aufheben des Fußes bzw. der Arme beim Taktschlagen
Ars no|va [lat. „neue Kunst"] *w. Gen. - - nur Ez.* die mehrstimmige Musik des 14./15. Jh. in Florenz und Frankreich
Art. *Abk. für* Artikel
Art-Di|rec|tor [-dairɛktər, engl.] *m. 9 Werbung:* künstler. Leiter eines Ateliers oder einer Layoutgruppe
ar|te|fakt [lat.] künstlich hervorgerufen (Verletzung); **Ar|te|fakt** *s. 1* **1** Kunsterzeugnis, Erzeugnis menschl. Könnens, z. B. vorgeschichtl. Werkzeug; **2** *Med.:* künstlich hervorgerufener Körperschaden, z. B. Verletzung, zwecks Täuschung
Ar|tel [-tjɛl, russ.] *s. 9* **1** eine Form der sowjet. Kollektivwirtschaft; **2** *im zarist. Rußland:* Arbeiter- oder Handwerkergenossenschaft
Ar|te|rie [-riə, griech.] *w. 11* vom Herzen wegführendes Blutgefäß, Schlagader; vgl. Vene; **ar|te|ri|ell** zur Arterie gehörig; arterielles Blut: Sauerstoff enthaltendes Blut; **Ar|te|ri|itis** *w. Gen. - Mz.* -riliti|den Entzündung der Arterie; **Ar|te|rio|gramm** *s. 1* Röntgenaufnahme einer Arterie; **Ar|te|rio|skle|ro|se** *w. 11* Arterienverkalkung
ar|te|sisch [nach der frz. Grafschaft Artois] artesischer Brunnen: durch Druck höherer Grundwasserschichten zutage tretendes Grundwasser, Springquell
Ar|thral|gie [griech.] *w. 11* Gelenkschmerz; **Ar|thri|tis** *w. Gen. - Mz.* -ti|den Gelenkentzündung
Ar|thro|pla|stik [griech.] *w. 10 Med.:* künstl. Gelenk
Ar|thro|po|de [griech.] *m. 11 meist Mz.* Gliederfüßer
Ar|thro|se [griech.] *w. 11,* **Ar|thro|sis** *w. Gen. - Mz.* -sen auf Abnutzung beruhendes Gelenkleiden
ar|ti|fi|zi|ell [lat.] künstlich, gekünstelt
Ar|ti|kel [auch: -ti-, lat.] *m. 5* (*Abk.:* Art.) **1** Geschlechtswort; **2** Abschnitt (eines Gesetzes oder Vertrages); **3** kleiner Aufsatz, kleine Abhandlung; **4** Glaubenssatz (einer Religion); **5** Ware
ar|ti|ku|lar [lat.] zum Gelenk gehörig; **Ar|ti|ku|la|ten** *Mz.* Gliedertiere; **Ar|ti|ku|la|ti|on** [-tsjon] *w. 10* **1** *Anat.:* Gelenkverbindung; **2** *Sprachw.:* Lautbildung, Aussprache; das Artikulieren (von Gedanken, Gefühlen); **3** *Mus.:* sinnvolle Gliederung einer Tonfolge; **ar|ti|ku|lie|ren** **1** deutlich aussprechen (Laute); zum Ausdruck bringen, wiedergeben (Gedanken); sich a.: seine Gedanken ausdrücken; **2** *Mus.:* gliedern und betonen (Töne)
Ar|til|le|rie [auch: ar-, frz.] *w. 11* **1** mit Geschützen ausgerüstete Truppe; **2** die Geschützausrüstung selbst; **Ar|til|le|rist** *m. 10* Soldat der Artillerie
Ar|ti|schocke (-schok|ke) [arab.] *w. 11* in wärmeren Ländern angebaute Gemüsepflanze
Ar|tist **1** [frz.] *m. 10* Varieté- oder Zirkuskünstler; **2** [artist, engl.] *m. 9 Werbung:* Gebrauchsgraphiker, Photograph, Typograph usw.; **Ar|ti|stik** *w. 10 nur Ez.* Kunst des Artisten; **ar|ti|stisch** die Artistik betreffend, zu ihr gehörend; künstlerisch
Art nou|veau [a:r nuvo] *w. Gen. - - nur Ez., frz. u. engl. Bez. für den* Jugendstil
Ar|to|thek [lat. + griech.] *w. 10* Institution, die Werke der bildenden Kunst ausleiht
Art-Work [artwə:k, engl.] *s. 9 Sammelbez. für* graph., photograph., typograph. Gestaltung einer Anzeige
As *s. Gen. - Mz.* As|se, *österr. auch:* Aß *s. 1* Spielkarte mit dem höchsten Wert; *übertr.:* Spitzenkönner, der Beste
As **1** *chem. Zeichen für* Arsen; **2** *Abk. für* Amperesekunde
ASA *Abk. für* American Standards Association (US-amerik. Normenausschuß)
Asa foe|ti|da, Asa fö|ti|da [lat.] *w. Gen. - - nur Ez.,* **Asant** *m. 1 nur Ez., Tierheilkunde:* krampflösendes Mittel
ASA-Grad *s. 1, nach Zahlenangaben Mz. -* Maßeinheit für die Lichtempfindlichkeit photographischer Schichten
asb *Abk. für* Apostilb
As|best [griech. „unauslöschlich"] *m. 1* ein faseriges, hitzebeständiges Mineral; **As|be|sto|se** *w. 11* durch Asbeststaub hervorgerufene Lungenkrankheit

Aschkenasim [auch: -sim, hebr.] *Mz., Sammelbez. für* die ost- und mitteleurop. Juden; vgl. Sephardim
Ascorbinsäure [griech.] *w. 11 nur Ez., chem. Bez. für* Vitamin C
Asebie [griech.] *w. 11 nur Ez.* Gottlosigkeit; *Ggs.:* Eusebie
a secco → al secco
Asepsis [griech.] *w. Gen. - nur Ez. Med.:* Keimfreiheit; **aseptisch** keimfrei; **Aseptik** *w. 10 nur Ez.* keimfreie Wundbehandlung
Asiatika *Mz.* Bücher, Bilder, Dokumente über Asien
Askari [arab.] *m. 9* eingeborener Soldat im ehemaligen Deutsch-Ostafrika
Askariasis [griech.], **Askaridiasis** *w. Gen. - nur Ez.* Spulwurmkrankheit; **Askaris** *m. Gen. - Mz.* -riden im Verdauungskanal von Mensch und Tier schmarotzender Spulwurm
Askese [griech.] *w. 11 nur Ez.* streng enthaltsame Lebensweise, Selbstüberwindung; **Asket** *m. 10* jmd., der Askese übt; **Asketik** *w. 10 nur Ez.* Lehre von der Askese; **asketisch** in der Art eines Asketen, enthaltsam
Äskulapstab [nach dem griech. Gott der Heilkunde] *m. 2* von einer Schlange umwundener Stab, Symbol der Ärzte
asomatisch [auch: -ma-, griech.] nicht somatisch, körperlos, unkörperlich
asozial [auch: a-] nicht sozial, unfähig zum Leben in der Gemeinschaft
Asparagin [griech.] *s. 1 nur Ez.* Derivat einer Aminosäure; **Asparaginsäure** *w. 11* häufig vorkommende Aminosäure; **Asparagus** [auch: -pa-] *m. Gen. - nur Ez.* Spargel, Gemüse- und Zierpflanze
Aspekt [lat.] *m. 1* **1** eine Seite (einer Sache); **2** Betrachtungsweise, Blickwinkel; **3** *bes. in den slaw. Sprachen:* Aktionsart des Verbums, die ausdrückt, ob ein Vorgang vollendet ist oder nicht; **4** bestimmte Stellung der Planeten zueinander
Aspergill [lat.] *s. 1* Weihwasserwedel
Aspermatismus [griech.] *m. Gen. - nur Ez.*, **Aspermie** [griech.] *w. 11 nur Ez.* Fehlen der Samenzellen im Samenerguß
Aspersion [lat.] *w. 10* Besprengung mit Weihwasser
Asphalt [griech.] *m. 1* Mischung aus Bitumen und Mineralstoffen, Erdharz, Erdpech; **asphaltieren** mit Asphalt bedecken
Asphodelle [griech.] *w. 11*, **Asphodill** *m. 1* → Affodill
asphyktisch [griech.] auf Asphyxie beruhend; **Asphyxie** *w. 11* Erstickung infolge Lähmung des Atemzentrums
Aspik [griech.-frz.] *m. 1, österr. auch: s. 1* säuerliches Gallert für Fleisch- oder Fischstücke als Einlage
Aspirant [lat.] *m. 10* **1** Anwärter, Bewerber; **2** *in kommunist. Ländern:* Nachwuchswissenschaftler an einer Hochschule; **Aspirantur** *w. 10 in kommunist. Ländern:* Stelle eines Aspiranten
Aspirata [lat.] *w. Gen. - Mz.* -tä *oder* -ten behauchter Laut, z. B. griech. ϱ (rho), ϑ (theta)
Aspirateur [-tør, frz.] *m. 1* Absaugvorrichtung, die das Getreide vor dem Mahlen reinigt; **Aspiration** [-tsjon, lat.] **1** *veraltet:* Streben, Bestrebung; **2** behauchte Aussprache (eines Lautes); **3** Ansaugung (von Flüssigkeit); **Aspirator** *m. 13* Vorrichtung zum Ansaugen von Luft oder Gas; **aspiratorisch** mit Hauchlaut (auszusprechen); **aspirieren** **1** mit Hauchlaut aussprechen; aspirierte Laute; **2** auf etwas a. *österr.:* sich um etwas bewerben
Aspirin [Kunstw.] *s. 1 nur Ez.* (Wz) Acetylsalicylsäure, ein fiebersenkendes, schmerzstillendes Mittel
Aß *s. 1, österr. für* As
Ass. *Abk. für* Assessor, Assistent
assai [ital.] *Mus.:* ziemlich, genug, z. B. allegro assai
assanieren [lat.] Felder a.: gesunde Bodenverhältnisse für Felder schaffen; Stadtteile a.: hygien. Verhältnisse für sie schaffen
Assassine [arab., zu: Haschisch] *m. 11* **1** Angehöriger einer mittelalterl. mohammedan. Sekte; **2** *veraltet:* Meuchelmörder
Assaut [aso, lat.-frz.] *m. 9* Fechtkampf
Assekurant [lat.] *m. 10 veraltet:* Versicherer; **Assekuranz** *w. 10 veraltet:* Versicherung; Versicherungsgesellschaft; **Assekurat** *m. 10 veraltet:* Versicherter; **assekurieren** *veraltet:* versichern
Assemblee [asãble, frz.] *w. 11* Versammlung; **Assemblée nationale** [asãble nasjonal] *w. Gen. - - nur Ez.* die frz. Nationalversammlung; **Assembling** [əsɛm-, engl.] *s. 9* Zusammenschluß von Industriebetrieben zur Rationalisierung
assentieren [lat.] **1** bei-, zustimmen; **2** *österr.:* für tauglich zum Militärdienst erklären
asserieren [lat.] behaupten, feststellen; **Assertion** [-tsjon] *w. 10* Behauptung, Feststellung; **assertorisch** behauptend, feststellend
Asservat [lat.] *s. 1* amtlich aufbewahrter Gegenstand (z. B. für eine Gerichtsverhandlung); **Asservatenkonto** *s. Gen.* -s *Mz.* -ten Bankkonto für bestimmte Zwecke; **asservieren** aufbewahren
Assessor [lat.] *m. 13* (*Abk.:* Ass.) Anwärter auf die höhere Beamtenlaufbahn nach dem zweiten Staatsexamen; **Assessorin** *w. 10* weibl. Assessor
Assibilation [-tsjon, lat.] *w. 10* Verwandlung eines Verschlußlautes in einen Reibelaut, z. B. niederdt. „Tid“ in hochdt. „Zeit“; **assibilieren** in einen Reibelaut verwandeln
Assignate [frz.] *w. 11, nach der Frz. Revolu-*

tion: Anweisung auf kirchl. und staatl. Güter; Assignaten: Papiergeld; **as|si|gnie|ren** anweisen (Geld)
As|si|mi|lat [lat.] *s. 1* durch Assimilation entstandenes Produkt, z. B. Zucker; **As|si|mi|la|ti|on** [-tsjon] *w. 10* Angleichung, Verschmelzung, Überführung; **as|si|mi|la|to|risch** durch Assimilation entstanden; **as|si|mi|lie|ren** angleichen, sich einverleiben
As|si|sen [frz.] *Mz., in Frankreich und der Schweiz:* **1** Schwurgericht; **2** dessen Sitzungen
As|si|stent [lat.] *m. 10* (*Abk.:* Ass.) Helfer, Mitarbeiter (bes. Wissenschaftler); **As|si|stenz** *m. 10* Hilfe, Mitwirkung; **As|si|stenzarzt** *m. 2* Hilfsarzt; **as|si|stie|ren** jmdm. a.: ihm helfen
As|so|cié [asɔsje, frz.] *m. 9 veraltet:* Teilhaber
As|so|nanz [lat.] *w. 10* Gleichklang nur der Vokale, nicht aber der Konsonanten beim Reim, z. B. „Segen" und „Leben"
as|sor|tie|ren [frz.] mit Waren versehen, vervollständigen (Lager)
As|so|zia|ti|on [-tsjon, lat.] *w. 10* Vereinigung, Zusammenschluß, Verknüpfung, Verbindung; *Ggs.:* Dissoziation; **as|so|zia|tiv** durch Verknüpfung von Vorstellungen bewirkt, verbindend; *Ggs.:* dissoziativ; **as|so|zi|ie|ren** verbinden, verknüpfen; *Ggs.:* dissoziieren
As|sump|ti|on [-tsjon] *w. 10 nur Ez.* → Assumtion; **As|sump|tio|nist** [lat.] *m. 10* Angehöriger der Kongregation der Augustiner von der Himmelfahrt Mariä; **As|sum|ti|on** [-tsjon] *w. 10 nur Ez.* Himmelfahrt Mariä; **As|sun|ta** *w. Gen. - Mz.* -ten, **As|sun|zio|ne** *w. 11* bildl. Darstellung der Himmelfahrt Mariä
As|sy|rio|lo|gie *w. 11 nur Ez.* Wissenschaft von den assyrisch-babylon. Sprachen und Kulturen
Asta|tin [griech.] *s. 1 nur Ez.* (*Zeichen:* At) künstlich hergestelltes chem. Element
asta|tisch 1 *Med.:* unstet, unruhig; **2** *Phys.:* gegen Beeinflussung durch äußere elektr. und magnet. Felder geschützt
Aster [griech. „Stern"] *w. 11* Sternblume, eine Zierpflanze; **aste|risch** sternähnlich; **Aste|ris|kus** *m. Gen. - Mz.* -ken *Buchdruck:* Sternchen (*); **Aste|ro|id** *m. 12 oder 10* → Planetoid
Asthe|nie [griech.] *w. 11* allgemeine Körperschwäche; **Asthe|ni|ker** *m. 5* schmächtiger, zart gebauter Mensch; **asthe|nisch** schlank, zart, schwach
Äs|the|sie [griech.] *w. 11 nur Ez.* Empfindungsvermögen; **Äs|thet** *m. 10* überfeinerter Freund des Schönen; **Äs|the|tik** *w. 10 nur Ez.* Lehre vom Schönen; **Äs|the|ti|ker** *m. 5* Kenner der Ästhetik; **äs|the|tisch** im Sinne der Ästhetik, auf ihr beruhend; schön, geschmackvoll; **äs|the|ti|sie|ren** einseitig nach den Gesetzen der Ästhetik gestalten oder beurteilen; **Äs|the|ti|zis|mus** *m. Gen. - nur Ez.* einseitig ästhetische Lebenshaltung oder Kunstbetrachtung
Asth|ma [griech.] *s. 9 nur Ez.* anfallsweise auftretende Atemnot; **Asth|ma|ti|ker** *m. 5* jmd., der an Asthma leidet; **asth|ma|tisch** an Asthma leidend, kurzatmig
Asti *m. Gen.* -(s) *Mz.* - Wein aus der Gegend um die ital. Stadt Asti; Asti spumante: ital. Schaumwein
astig|ma|tisch [griech.] *Optik:* Punkte strichförmig verzerrend; **Astig|ma|tis|mus** *m. Gen. - nur Ez.* Abbildungsfehler von Linsen, linear verzerrte Punktwiedergabe; Augenfehler
Ästi|ma|ti|on [-tsjon, lat.] *w. 10 nur Ez.* Hochschätzung, Beachtung, Würdigung; **ästi|mie|ren** hochachten, schätzen; beachten, Aufmerksamkeit widmen
Astra|chan [-xa:n, nach der südruss. Stadt A.] *m. 9* Fell eines südruss. Lammes
astral [griech.] die Gestirne betreffend, von ihnen stammend; **Astral|leib** *m. 3 Okkultismus:* ätherischer, nach dem Tode fortlebender Leib des Menschen, Umhüllung der Seele
Astra|lon [Kunstw.] *s. 1 nur Ez.* ⓦ ein durchsichtiger Kunststoff
Astral|re|li|gi|on *w. 10* relig. Verehrung von Gestirnen
Astro|bio|lo|gie [griech.] *w. 11 nur Ez.* Zweig der Astronomie und Biologie, der die Möglichkeiten des Lebens außerhalb der Erde erforscht; **Astro|bo|ta|nik** *w. 10 nur Ez.* Erforschung der Lebensbedingungen für pflanzl. Lebewesen auf anderen Sternen; **Astrograph** *m. 10* **1** Fernrohr mit Einrichtung zum Photographieren des Sternhimmels; **2** Gerät zum Zeichnen von Sternkarten; **Astro|graphie** *w. 11 nur Ez.* Sternbeschreibung; **Astrola|bi|um** *s. Gen.* -s *Mz.* -bi|en altes astronom. Instrument; **Astro|lo|gie** *w. 11 nur Ez.* Lehre vom angeblichen Einfluß der Gestirne auf das menschl. Schicksal, Sterndeutung; **Astro|me|ter** *s. 5* Gerät zum Messen der Helligkeit von Sternen; **Astro|me|trie** *w. 11 nur Ez.* Zweig der Astronomie, der sich mit der Bestimmung der Örter der Gestirne beschäftigt; **Astro|naut** *m. 10* Weltraumfahrer; **Astro|nau|tik** *w. 10 nur Ez.* Weltraumfahrt sowie die Wissenschaft davon; **Astro|na|viga|ti|on** [-tsjon] *w. 10 nur Ez.* Bestimmung des Kurses eines Raumschiffes durch Anpeilen von Himmelskörpern; **Astro|no|mie** *w. 11 nur Ez.* Wissenschaft von den Gestirnen, Sternkunde; **astro|no|misch** zur Astronomie gehörend, mit ihrer Hilfe; *übertr.:* sehr hoch; astronomische Preise; **Astro|photo|gra|phie** *w. 11 nur Ez.* Photographie der Himmelskörper; **Astro|pho|to|me|trie** *w. 11 nur Ez.* Wissenschaft von der wirklichen und scheinbaren Helligkeit der Gestirne; **Astro-**

phy|sik *w. 10 nur Ez.* Wissenschaft von der physikal. Beschaffenheit der Himmelskörper
Ästu|ar, Ästua|ri|um [lat.] *s. Gen.*-s *Mz.*-ri|en trichterförmige Flußmündung
Asyl [griech.] *s. 1* **1** Zufluchtsort (für Verfolgte), Freistatt; **2** Heim (für Obdachlose)
Asym|me|trie [griech.] *w. 11 nur Ez.* Mangel an Symmetrie, Ungleichmäßigkeit; **asym|metrisch** nicht symmetrisch
Asym|pto|te [griech.] *w. 11* Gerade, der sich eine Kurve nähert, ohne sie (im Endlichen) zu erreichen
asyn|chron [griech.] asynchromer Druck: Mehrfarbendruck, bei dem für jede Farbe eine Druckplatte verwendet wird
asyn|chron [griech.] nicht gleichzeitig; **Asynchron|mo|tor** *m. 12* Elektromotor mit frequenzunabhängiger Drehzahlregelung
asyn|de|tisch [griech.] nicht durch Bindewörter verbunden (Sätze, Satzteile); *Ggs.:* syndetisch; **Asyn|de|ton** *s. Gen.*-s *Mz.*-ta Aneinanderreihung von Sätzen oder Satzteilen ohne Bindewörter, z. B. „Ich kam, ich sah, ich siegte" (Cäsar); *Ggs.:* Polysyndeton
Aszen|dent [lat.] *m. 10* **1** Verwandter in aufsteigender Linie, Vorfahr; **2** aufgehendes Gestirn; **3** Aufgangspunkt eines Gestirns; *Ggs.:* Deszendent; **Aszen|denz** *w. 10* **1** Verwandtschaft in aufsteigender Linie; **2** Aufgang (eines Gestirns); *Ggs.:* Deszendenz; **aszen|die|ren** **1** aufsteigen, aufgehen; *Ggs.:* deszendieren; **2** *veraltet:* befördert werden
at *früher Abk. für* Atmosphäre, *heute:* bar
At *chem. Zeichen für* Astatin
atak|tisch [griech.] auf Ataxie beruhend, ungleichmäßig
Ata|man [russ.] *m. 1* Stammes- und militär. Führer der Kosaken
Ata|ra|xie [griech.] *w. 11 nur Ez.* unerschütterl. Ruhe, Gleichmut
Ata|vis|mus [lat.] *m. Gen.* - *Mz.*-men Wiederauftreten von Eigenschaften oder Anschauungen der Ahnen; **ata|vi|stisch** einem früheren Stadium der Menschheit entsprechend
Ata|xie [griech.] *w. 11 Med.:* Störung des geordneten Bewegungsablaufs in Form von schleudernden Bewegungen
Ate|lier [-lje, frz.] *s. 9* **1** Werkstatt eines Künstlers, eines Maßschneiders; **2** Raum für photograph. oder Filmaufnahmen
Atel|la|ne [nach der altröm. Stadt Atella] *w. 11* altröm. Stegreifkomödie
a tem|po [ital.] **1** *Mus.:* wieder im gleichen Tempo (zu spielen); **2** *ugs.:* sofort, schnell
Äthan [griech.] *s. 1 nur Ez.* ein gasförmiger gesättigter Kohlenwasserstoff
Atha|na|sia|ner *m. 5* Anhänger der Lehre des Kirchenvaters Athanasius, daß Gott und Christus wesensgleich sind; vgl. Arianismus
Atha|na|sie [griech.] *w. 11 nur Ez.* Unsterblichkeit; **Atha|na|tis|mus** *m. Gen.* - *nur Ez.* Lehre von der Unsterblichkeit der Seele
Ätha|nol [Kurzw. aus Äthan und Alkohol] *s. 1 nur Ez.* → Äthylalkohol
Atha|pas|ke *m. 11* Angehöriger einer Gruppe nordamerik. Indianerstämme
Athe|is|mus [griech.] *m. Gen.* - *nur Ez.* Verneinung der Existenz Gottes; **Athe|ist** *m. 10* jmd., der die Existenz Gottes verneint
Äther [griech.] *m. 5 nur Ez.* **1** Himmelsluft, Himmel; **2** *griech. Philos.:* feinster Urstoff, aus dem alles entsteht und der in allem wirkt; **3** *Chem.:* Oxid eines Kohlenwasserstoffs; ein Narkosemittel (Äthyläther); **äthe|risch** **1** himmlisch; **2** hauchzart; vergeistigt; **3** ätherartig; ätherische Öle: aromatische, vollständig verdunstende pflanzliche Öle; **äthe|ri|sie|ren** mit Äther behandeln
ather|man [griech.] undurchlässig für Wärmestrahlen; *Ggs.:* diatherman
Athe|rom [griech.] *s. 1* Talgdrüsengeschwulst, Grützbeutel
Ath|let [griech.] *m. 10* **1** Wettkämpfer; **2** sehr starker, kräftig gebauter Mann; **Ath|le|tik** *w. 10 nur Ez. Sammelbegriff für* Leichtathletik und Schwerathletik; **Ath|le|ti|ker** *m. 5* muskulöser, starkknochiger Menschentyp; **ath|le|tisch** starkknochig und muskulös
Äthyl [griech.] *s. 1 nur Ez.* organische, einwertige Molekülgruppe, von Äthan abgeleitet; **Äthyl|al|ko|hol** *m. 1 nur Ez.* der gewöhnl. Alkohol; **Äthy|len** *s. 1 nur Ez.* ein ungesättigter Kohlenwasserstoff
Athy|mie [griech.] *w. 11 nur Ez.* Mutlosigkeit, Schwermut
Ätio|lo|gie [griech.] *w. 11 nur Ez.* Lehre von den Ursachen, bes. der Krankheiten
At|lant [nach dem die Himmelskugel tragenden Riesen Atlas der griech. Sage] *m. 10 Baukunst:* das Gebälk tragende Männergestalt
At|las **1** [griech.] *m. 1 oder Gen.* - *Mz.*-lan|ten Buch mit Landkarten; Buch über ein Wissensgebiet mit Abbildungen; **2** [griech.] *m. Gen.* - *oder* -las|ses *nur Ez.* Name des obersten Halswirbels; **3** [arab.] *m. 1* ein Seidengewebe
atm, Atm *Abk. für* Atmosphäre
At|man [sanskr.] *m. 1 ind. Philos.:* Atem, Seele, Selbst
At|mo|me|ter [griech.] *s. 5* Gerät zum Messen der Wasserverdunstung; **at|mo|phil** überwiegend in der Atmosphäre vorkommend; **Atmo|sphä|re** [griech.] *w. 11* **1** Gashülle eines Planeten, *bes.:* die Lufthülle der Erde; **2** *früher:* Maßeinheit für den Luftdruck, *heute:* Bar; **3** *übertr.:* Stimmung, Umwelt; **At|mosphä|ri|li|en** *s. Mz., Ez.*-li|um, Gesamtheit der in der atmosphär. Luft enthaltenen Stoffe; **atmo|sphä|risch** zur Atmosphäre (**1**) gehörend, die A. (**3**) betreffend, hinsichtlich der A.
Atoll [mal.] *s. 1* ringförmige Koralleninsel
Atom [griech.] *s. 1* kleinstes Teilchen eines chem. Elements; **ato|mar** **1** das Atom betref-

fend, auf ihm beruhend; **2** auf Atomwaffen beruhend; **Atom|au|to** *s.9* mit Atomenergie betriebenes Kraftfahrzeug; **Atom|bom|be** *w.11* Bombe, bei deren Explosion Atomenergie freigesetzt wird; **Atom|bun|ker** *m.5* Schutzraum gegen Atomwaffen; **Atom|ener|gie** *w.11* durch Kernspaltung entstehende Energie; **Atom|ge|wicht** *s.1* Masse eines Atoms; **ato|mi|sie|ren** in Atome zerkleinern, völlig zerstören; **Ato|mis|mus** *m. Gen.- nur Ez.*, **Ato|mi|stik** *w.10 nur Ez.* Lehre, daß alle Materie aus kleinsten, unteilbaren Teilchen (Atomen) bestehe; **Atom|kern** *m.1* innerster Bestandteil eines Atoms, um den die Elektronen kreisen; **Atom|mei|ler** *m.5* → Reaktor; **Atom|müll** *m.1 nur Ez.* radioaktiver Abfall; **Atom|phy|sik** *w.10 nur Ez.* Physik der Elektronenhülle des Atoms; **Atom|re|ak|tor** *m.13* → Reaktor

ato|nal *Mus.:* nicht tonal, nicht auf einen Grundton bezogen, zwölftonig; **Ato|na|list** *m.10* Vertreter der atonalen Musik; **Ato|na|li|tät** *w.10 nur Ez.* atonale Kompositionsweise; *Ggs.:* Tonalität

Ato|nie [griech.] *w.11* Erschlaffung, bes. der Muskeln; **ato|nisch** erschlafft

Ato|non [griech.] *s. Gen.*-s *Mz.*-na unbetontes, unvollständiges Wort, das sich an ein vorangehendes anlehnt, z. B. das „es" in „ich bin's"

Atout [atu, frz.] *m.9 oder s.9 Kartenspiel:* Trumpf

à tout prix [atupri, frz.] um jeden Preis

ato|xisch nicht toxisch, ungiftig

Atre|sie [griech.] *w.11* angeborenes Fehlen einer Körperöffnung, z. B. des Afters

Atri|chie, Atri|cho|se [griech.] *w.11* Haarlosigkeit, Kahlheit

Atri|um [lat.] *s. Gen.*-s *Mz.*-tri|en **1** Hauptraum des altrömischen Hauses; **2** Innenhof; durch Säulen gebildete Vorhalle; **3** *Anat.:* Vorhof des Herzens; **Atri|um|haus** *s.4* um einen Innenhof gebautes Einfamilien- oder Mietshaus

Atro|phie [griech.] *w.11* Schwund von Muskeln, Zellgewebe, Organen, z. B. infolge mangelhafter Ernährung; **atro|phie|ren** *Med.:* schwinden, schrumpfen

Atro|pin [griech.] *s.1 nur Ez.* in der Tollkirsche enthaltenes Gift, krampflösendes Mittel

Atro|zi|tät [lat.] *w.10* Grausamkeit

at|ta|cca [ital.] *Mus.:* ohne Unterbrechung anschließen

At|ta|ché [-ʃe, frz.] *m.9* **1** Anwärter auf den diplomat. Dienst; **2** Sachverständiger einer Auslandsvertretung, z. B. Kulturattaché; **at|ta|chie|ren** [-ʃi-] jmdn. einem anderen a.: zugesellen, zuteilen

At|tack [ətæk, engl.] *m.9 Jazz:* lautes, heftiges Anspielen, wobei die Tonhöhe in kurzem, raschem Anlauf erreicht wird

At|tacke (-tak|ke) [frz.] *w.11* **1** Angriff, bes. der Kavallerie; **2** Krankheits-, Schmerzanfall; **at|tackie|ren** (-tak|kie-) angreifen (auch mit Worten)

At|ten|tat [auch: at-, lat.-frz.] *s.1* polit. Mordanschlag; **At|ten|tä|ter** [auch: at-] *m.5* jmd., der ein Attentat verübt hat

At|ten|tion! [atãsjõ, frz.] Achtung!, Vorsicht!

At|ten|tis|mus [lat.-frz.] *m. Gen.- nur Ez.* Zurückhaltung der Entscheidung, bis eine von zwei streitenden Parteien erfolgreich ist

At|test [lat.] *s.1* ärztl. Bescheinigung, Zeugnis; **at|te|stie|ren** jmdm. etwas a.: bescheinigen

At|ti|ka [griech.] *w. Gen.- Mz.*-ken *Baukunst:* brüstungsartige Wand über dem Hauptgesims; niedriges Obergeschoß

At|ti|la [nach dem Hunnenkönig A.] *w.9* mit Schnüren besetzte Husarenjacke

at|tisch [nach der griech. Landschaft Attika] attisches Salz: feiner Witz, Geist

At|ti|tü|de [frz.] *w.11* **1** ausdrucksvolle Körperhaltung, Pose; **2** Einstellung, Haltung (gegenüber jmdm. oder etwas); **3** *Ballett:* Körperstellung mit nach hinten erhobenem Bein und abgewinkeltem Unterschenkel

At|ti|zis|mus *m. Gen.- nur Ez.* Sprachgebrauch der attischen Dichter sowie später dessen Pflege und Nachahmung

Atto... [skand.] (*Abk.:* a) *vor Maßeinheiten:* ein Trillionstel (10^{-18}), z. B. Attofarad

At|trak|ti|on [-tsjon, lat.] *w.10* **1** Anziehung, Anziehungskraft; **2** Glanznummer (im Zirkus); **3** bes. gut gehende Ware; **at|trak|tiv** anziehend; **At|trak|ti|vi|tät** *w.10 nur Ez.* Anziehungskraft

At|trap|pe [frz. „Falle"] *m.11* **1** Nachbildung, Schaupackung; **2** *übertr. ugs.:* Person oder Sache ohne Bedeutung, ohne Wirkung oder Einfluß

at|tri|bu|ie|ren [lat.] *Gramm.:* **1** als Attribut verwenden; **2** mit einem Attribut versehen; **At|tri|but** *s.1* **1** Merkmal, Eigenschaft; **2** bestimmter Gegenstand als Kennzeichen einer Person, z. B. der Schlüssel für den hl. Petrus; **3** *Gramm.:* Beifügung; **at|tri|bu|tiv** *Gramm.:* als Attribut (gebraucht)

At|tri|ti|on [-tsjon, lat.] *w.10 nur Ez., kath. Kirche:* die unvollkommene, nur aus Furcht vor Strafe empfundene Reue; *Ggs.:* Kontrition

atü *früher Abk. für* Atmosphärenüberdruck; vgl. bar

aty|pisch [auch: aty-] nicht typisch, von der Regel abweichend

Au *chem. Zeichen für* Gold (Aurum)

Au|ber|gi|ne [obɛrʒinə, arab.-frz.] *w.11* eine Gemüseart, Eierfrucht

Au|brie|tie [obrietsjə, nach dem frz. Blumenmaler Aubriet] *w.11* eine mittelmeerische Zierpflanze

a. u. c. *Abk. für* ab urbe condita

Au|dia|tur et al|te|ra pars [lat.] Auch der andere Teil muß gehört werden (röm. Rechtsgrundsatz); **Au|di|enz** [lat.] *w. 10* feierl. offizieller Empfang (bei hochgestellten Persönlichkeiten)

Au|di|max *s. Gen. - Mz. nicht üblich, Kurzw. für* Auditorium maximum

Au|dio|gramm [lat. + griech.] *s. 1* graph. Darstellung der mit dem Audiometer festgestellten Werte; **au|dio|lin|gu|al** [lat.] vom gesprochenen Wort ausgehend; z. B. audiolinguale Methode (beim fremdsprachl. Unterricht); **Au|dio|me|ter** [lat. + griech.] *s. 5* Gerät zum Messen des menschl. Hörvermögens; **Au|dio|me|trie** *w. 11 nur Ez.* Prüfung des Gehörs mit Meßgeräten

Au|di|on [lat.] *s. 9 oder Mz.* -dio|nen Bauelement von Verstärkerschaltungen

Au|dio-Vi|deo-Tech|nik *w. 10* Technik des Übertragens und Empfangens von Ton und Bild; **au|dio|vi|su|ell** [lat.] das Hören und Sehen betreffend; audiovisueller Unterricht: Unterricht mit Lehrmitteln, die die Fähigkeit sowohl des Hörens als auch des Sehens ausnutzen; **Au|di|phon** [lat. + griech.] *s. 1* Hörapparat für Schwerhörige; **Au|di|teur** [-tør, frz. „Zuhörer"] *m. 1 früher:* Rechtsgelehrter beim Militärgericht; **au|di|tiv** [lat.] das Hören betreffend, auf ihm beruhend; **Au|di|tor** *m. 13* **1** Richter, Beamter der röm. Kurie; **2** *schweiz.:* öffentl. Ankläger beim Militärgericht; **Au|di|to|ri|um** *s. Gen.* -s *Mz.* -ri|en **1** Hörsaal einer Universität; **2** Zuhörerschaft; A. maximum: größter Hörsaal einer Universität

auf|ka|schie|ren *österr.:* auf Karton kleben

auf|ok|troy|ie|ren [-ɔktroa-] *ugs. für* oktroyieren

Au|gi|as|stall [nach dem König A. der griech. Sage] *m. 2* verschmutzter Raum; vernachlässigte Arbeit; verrottete, korrupte Verhältnisse

Au|git [griech.] *s. 1* ein Mineral

Aug|ment [lat.] *s. 1* **1** Zusatz; **2** dem Verbstamm vorangesetzter Wortbildungsteil, bes. im Griech.; **Aug|men|ta|ti|on** [-tsjon] *w. 10* Vergrößerung, Vermehrung, Verlängerung; **aug|men|tie|ren** vergrößern, vermehren

Au|gur [lat. „Vogelschauer"] *m. 12 oder 10* altröm. Priester und Wahrsager; **Au|gu|ren-lä|cheln** *s. 7 nur Ez.* wissendes Lächeln unter Eingeweihten (als Zeichen geheimen Einverständnisses)

Au|gu|sti|ner *m. 5* Angehöriger eines kath. Ordens

Auk|ti|on [-tsjon, lat.] *w. 10* Versteigerung; **Auk|tio|na|tor** [-tsjo-] *m. 13* Versteigerer; **auk|tio|nie|ren** [-tsjo-] versteigern

Au|la [griech.] *w. Gen. - Mz.* -len **1** Innenhof des altgriech. Hauses; **2** altröm. Palast; **3** *MA:* Pfalz; **4** Vorhalle der altchristl. Basilika; **5** Versammlungssaal einer Schule oder Hochschule

au na|tu|rel [onatyrɛl, frz. „nach der Natur"] ohne künstl. Zusatz (bei Speisen und Getränken)

au pair [opɛr, frz.] auf Gegenleistung, ohne Bezahlung; **Au|pair-Mäd|chen** *s. 7* Mädchen, das gegen Unterkunft, Verpflegung und Taschengeld in einer Familie im Ausland arbeitet, um die Landessprache zu erlernen

au por|teur [opɔrtœr, frz.] auf den Überbringer lautend (Wertpapier)

Au|ra [lat.] *w. Gen. - Mz.* -ren **1** *Okkultismus:* Strahlenkranz, der (angeblich) einen Menschen umgibt; **2** *Med.:* von bestimmten Sinnesempfindungen begleitetes Gefühl vor epilept. u. a. Anfällen; **3** *übertr.:* die Gesamtheit der von einem Menschen ausgehenden Wirkungen

au|ral [lat.] zum Ohr gehörig

Au|ra|min [lat.] *s. 1 nur Ez.* ein gelber Teerfarbstoff

Au|rar *Mz. von* Eyrir

Au|reo|le [lat.] *w. 11* **1** *bildende Kunst:* Heiligenschein um die ganze Gestalt; **2** *Bergbau:* bläul. Lichtschein um Grubenlampen bei Auftreten von Grubengas; **3** *Astron.:* Hof um Sonne und Mond infolge Wolkendunst; **4** *Elektrotechnik:* Lichterscheinung an elektrisch geladenen Körpern bei hoher Spannung

Au|reo|my|cin [Kunstw.] *s. 1 nur Ez.* ⓦ ein Antibiotikum

Au|ri|gna|ci|en [orinjasjɛ̃, nach der frz. Stadt Aurignac] *s. 9 nur Ez.* Stufe der jüngeren Altsteinzeit; **Au|ri|gnac|ras|se** [orinjak-] *w. 11* Menschenrasse des Aurignacien

Au|ri|kel [lat. „Öhrchen"] *w. 11* eine Zierpflanze, Primelart

au|ri|ku|lar [lat.] zum Ohr gehörig

Au|ri|pig|ment [lat.] *s. 1* ein Arsenmineral

Au|ri|punk|tur [lat.] *w. 10* Durchbohrung des Trommelfells des Ohrs

Au|ro|ra [nach der röm. Göttin] *w. Gen. - nur Ez.* Morgenröte

Au|rum *s. 9 nur Ez.* (*Zeichen:* Au) *lat. Bez. für* Gold

aus|ba|lan|cie|ren [-lãsi:-] ins Gleichgewicht bringen

aus|flip|pen die Kugel flippt aus: sie rollt zwischen den → Flippern hindurch und scheidet aus; er ist ausgeflippt *übertr.:* 1. er ist im Drogenrausch; 2. er ist aus den gesellschaftl. Normen ausgebrochen; vgl. einflippen

aus|ge|bufft erfahren, gerissen, raffiniert

aus|knocken (-knok|ken) [-nɔkən] durch Knockout besiegen

aus|kri|stal|li|sie|ren Kristalle aus Lösungen heraus bilden

Aus|kul|ta|ti|on [-tsjon, lat.] *w. 10 Med.:* Abhorchen der Geräusche im Körperinnern mit dem Ohr oder Stethoskop; **aus|kul|ta|to|risch** durch Abhorchen; **aus|kul|tie|ren** abhorchen

aus|ku|rie|ren bis zur endgültigen Gesundung kurieren
aus|lo|gie|ren [-ʒi:-] zum Auszug aus der Wohnung veranlassen
Au|spi|zi|um [lat.] *s. Gen.* -s *meist Mz.* -zi|en, *österr. nur Mz.* **1** *im alten Rom:* Weissagung nach dem Vogelflug; **2** Aussicht, Vorzeichen; etwas steht unter günstigen, ungünstigen Auspizien; **3** Obhut, Leitung; etwas unter jmds. Auspizien tun
aus|po|wern [zu frz. pauvre „arm"] ausplündern, ausbeuten
aus|quar|tie|ren zum Auszug aus einer Unterkunft veranlassen
aus|ran|gie|ren [-raŋʒi:-] heraussuchen und wegwerfen oder weggeben
aus|staf|fie|ren [frz.] schmücken, herausputzen
aus|ta|rie|ren *österr.:* auf der Waage das Leergewicht (eines Behälters) feststellen
Au|ste|nit [nach dem engl. Forscher Roberts-Austen] *m. 1* ein Mischkristall von Eisen und Kohlenstoff
Au|ster [griech.] *w. 11* eine eßbare Meeresmuschel
Au|ste|ri|ty [ɔ:stẹriti, engl.] *w. Gen. - nur Ez.* staatl. Sparmaßnahmen, Einschränkung
au|stral [zu lat. auster „Südwind"] *veraltet:* zur südl. Erdhalbkugel gehörend; **au|stra|lid** zu den Australiden gehörend; **Au|stra|li|de(r)** *m. 18 (17)* Ureinwohner Australiens; **au|stra|lo|id** den Australiden ähnlich; **Au|stra|loi|de(r)** *m. 18 (17)* Mensch mit den Australiden ähnl. Rassenmerkmalen
aut|ark [griech.] (bes. wirtschaftlich) unabhängig; **Aut|ar|kie** *w. 11* **1** Unabhängigkeit, Eigenständigkeit; **2** wirtschaftliche Unabhängigkeit vom Ausland durch Selbstversorgung
Au|then|tie *w. 11 nur Ez.* → Authentizität; **au|then|ti|fi|zie|ren** [griech. + lat.] als echt bezeugen, beglaubigen; **au|then|tisch** [griech.] verbürgt, echt; **au|then|ti|sie|ren** glaubwürdig machen; **Au|then|ti|zi|tät** *w. 10 nur Ez.* Echtheit, Glaubwürdigkeit
au|thi|gen [griech.] am Fundort entstanden (Gestein)
Au|tis|mus [griech.] *m. Gen. - nur Ez.* extreme Kontaktunfähigkeit, krankhafte Ichbezogenheit (z. B. bei Schizophrenie); **Au|tist** *m. 10* jmd., der an Autismus leidet
au|to…, Au|to… [griech.] *in Zus.:* selbst…, Selbst…
Au|to *s. 9* **1** *Kurzw. für* Automobil, Kraftwagen; **2** *Kurzw. für* Autotypie; **3** [lat.] relig. einaktiges span. und portug. Schauspiel
Au|to|bio|gra|phie [griech.] *w. 11* Beschreibung des eigenen Lebens; **au|to|bio|graphisch** in der Art einer Autobiographie
Au|to|bus [zu: Automobil und Omnibus] *m. 1* → Omnibus
Au|to|car [griech. + engl.] *m. 9, schweiz.:* Autobus für Gesellschaftsreisen, Ausflugsomnibus
au|to|chthon [griech.] alteingesessen, bodenständig, am Ort entstanden; *Ggs.:* allochthon
Au|to|coat [-kout, engl.] *m. 9* kurzer Mantel zum Autofahren; **Au|to-Cross** *s. Gen. - nur Ez.* Geschicklichkeitswettbewerb für Autofahrer im Gelände
Au|to|da|fé [-fe, lat.-port.] *s. 9* Ketzerverbrennung, öffentl. Verbrennen verbotener Bücher
Au|to|di|dakt [griech.] *m. 10* jmd., der durch Selbstunterricht Wissen erworben hat
Au|to|drom [griech.] *s. 1, österr. für* Skooter
au|to|dy|na|misch [griech.] selbstwirkend
Au|to|ero|tik [griech.] *w. 10 nur Ez.* Trieberfüllung am eigenen Körper
Au|to|ga|mie [griech.] *w. 11* Selbstbefruchtung
au|to|gen [griech.] selbsttätig; autogenes Schweißen: Schweißen zweier Werkstücke durch Stichflamme; autogenes Training: allein auszuführende Entspannungsübungen
Au|to|gi|ro [-ʒi-, span.: -xi-, griech.-span.] *s. 9* Hubschrauber
Au|to|gramm [griech.] *s. 1* eigenhändig geschriebener Namenszug
Au|to|graph [griech.] *m. 10* eigenhändig geschriebenes Schriftstück (einer bekannten Persönlichkeit); **au|to|gra|phie|ren** eigenhändig schreiben; **Au|to|gra|vü|re** *w. 11* ein Tiefdruckverfahren
Au|to|hyp|no|se *w. 11* Selbsthypnose
Au|to|in|fek|ti|on [-tsjo:n] *w. 10* Selbstansteckung
Au|to|in|to|xi|ka|ti|on [-tsjo:n] *w. 10* Selbstvergiftung (bei Fäulnisprozessen im eigenen Körper)
Au|to|ke|pha|lie [griech.] *w. 11 nur Ez.* kirchl. Unabhängigkeit, bes. der Ostkirche
Au|to|ki|no *s. 9* Freilichtkino, in dem man den Film vom Auto aus ansieht, Drive-in-Kino
Au|to|klav [griech. + lat.] *m. 12* Stahlgefäß zum Erhitzen bei Überdruck
Au|to|krat [griech.] *m. 10* Alleinherrscher; *übertr.:* selbstherrlicher Mensch; **Au|to|kratie** *w. 11* Alleinherrschaft
Au|to|ly|se [griech.] *w. 11* **1** Selbstauflösung, Auflösung abgestorbener pflanzl. oder tier. Lebewesen ohne Beteiligung von Bakterien; **2** *Med.:* Selbstverdauung, Abbau von Körpereiweiß ohne Bakterien
Au|to|mat [griech.] *m. 10* selbsttätiger Apparat; **Au|to|ma|tie** *w. 11* unbewußt ablaufende Handlung (Gehen) oder unwillkürl. Organtätigkeit (Herzschlag); **Au|to|ma|tik** *w. 10* Selbststeuerung, selbsttätige Wirkungsweise; **Au|to|ma|ti|on** [-tsjon] *w. 10 nur Ez.* vollautomat. Fabrikation; **Au|to|ma|ti|sa|ti|on** [-tsjon] *w. 10 nur Ez.* Einführung automat. Arbeitsgänge; **au|to|ma|tisch** **1** mit Hilfe ei-

ner Automatik, selbsttätig; **2** *übertr.:* unwillkürlich, zwangsläufig; **au|to|ma|ti|sie|ren** einen Betrieb a.: in einem Betrieb automat. Arbeitsgänge einführen; **Au|to|ma|tis|mus** *m. Gen. - Mz.* -men unbewußter Ablauf von Bewegungen oder Handlungen; **Au|to|ma|to|graph** *m. 10* Gerät zum Aufzeichnen unwillkürlicher Bewegungen; **Au|to|ma|to|phon** *s. 1* automat. Musikgerät
Au|to|mo|bil [griech. + lat.] *s. 1* (*Kurzw.:* Auto) Kraftfahrzeug; **Au|to|mo|bi|list** *m. 10 schweiz.:* Autofahrer
au|to|morph → idiomorph
au|to|nom [griech.] unabhängig, selbständig, nach eigenen Gesetzen lebend; *Ggs.:* heteronom; **Au|to|no|mie** *w. 11* Unabhängigkeit; Recht zur Selbstverwaltung; *Ggs.:* Heteronomie; **Au|to|no|mist** *m. 10* Anhänger der bzw. Kämpfer für Autonomie
aut|onym [griech.] unter dem wirkl. Namen des Verfassers; **Aut|onym** *s. 1* autonym erschienenes Buch
Au|to|pi|lot *m. 10* automat. Steuerungsanlage im Flugzeug
Au|to|pla|stik *w. 10 Med.:* Verpflanzung von Gewebe auf demselben Körper
Aut|op|sie [griech.] *w. 11* **1** eigener Augenschein, Selbstwahrnehmung; **2** Leichenschau, Leichenöffnung
Au|tor [lat.] *m. 13* Verfasser, Urheber (eines Schrift- bzw. Kunstwerkes); **Au|to|ri|sa|ti|on** [-tsjon] *w. 10* Ermächtigung, Vollmacht; **au|to|ri|sie|ren** als einzigen ermächtigen, berechtigen; autorisierte Übersetzung
au|to|ri|tär [lat.-frz.] mit uneingeschränkter Autorität (herrschend); autoritäres Regime; **Au|to|ri|tät** *w. 10* **1** *nur Ez.* Ansehen, Geltung; **2** anerkannter Fachmann; **au|to|ri|ta|tiv** maßgebend, entscheidend
Au|tor|kor|rek|tur *w. 10* vom Autor selbst durchgeführte Korrektur (eines Schriftsatzes); **Au|tor|schaft** *w. 10* Urheberschaft
Au|to|sko|pie [griech.] *w. 11 Med.:* Untersuchung des Kehlkopfs durch Spatel mit eingebauter Lichtquelle ohne Spiegel
Au|to|stopp *m. 9* Anhalten von Autos, um mitgenommen zu werden
Au|to|stra|da [ital.] *w. 9 in Italien:* Autobahn
Au|to|sug|ge|sti|on [-stjo:n] *w. 10 nur Ez.* Selbstbeeinflussung; **au|to|sug|ge|stiv** mittels Autosuggestion
Au|to|to|mie [griech.] *w. 11* Selbstverstümmelung (von Tieren) durch Abwerfen eines Körperteils bei Gefahr
Au|to|to|xin *s. 1* im eigenen Körper entstandenes Gift
Au|to|trans|fu|si|on *w. 10 Med.:* Eigenblutübertragung
au|to|troph [griech.] sich selbst ernährend durch Umwandlung anorganischer Nahrung in organische Stoffe (bei Pflanzen); *Ggs.:* heterotroph; **Au|to|tro|phie** *w. 11 nur Ez.* Ernährung von anorganischen Stoffen; *Ggs.:* Heterotrophie
Au|to|ty|pie [griech.] *w. 11* **1** Druckstock mit durch Raster entstandenen Halbtönen; **2** das davon hergestellte Druckbild
Au|to|vak|zi|ne [griech. + lat.] *w. 11* Impfstoff, der aus Bakterien im Körper des Impflings hergestellt wurde
Au|to|ze|pha|lie *w. 11 nur Ez.* → Autokephalie
au|xi|li|ar [lat.] *veraltet:* zur Hilfe, Hilfs...;
Au|xi|li|ar|verb *s. 12 veraltet:* Hilfsverb
Au|xin [griech.] *s. 1* das Wachstum der Pflanzen fördernder Stoff
a v. *Abk. für* a vista
Aval [frz.] *m. 1, auch: s. 1* Wechselbürgschaft; **aval|lie|ren** als Bürge unterschreiben (Wechsel); **Aval|list** *m. 10* Wechselbürge
Avan|ce [avãs(ə), frz.] *w. 11* **1** Vorsprung, Vorteil, Gewinn; **2** Entgegenkommen, Ermutigung; jmdm. Avancen machen: in jmdm. Hoffnungen wecken; **3** Vorschuß; **4** Preisunterschied zwischen Kauf und Verkauf; **5** *bei Uhrwerken:* Beschleunigung (*Abk.:* A); **Avan|ce|ment** [avãsəmã] *s. 9 bes. Mil.:* Beförderung; **avan|cie|ren** [avãsi-] aufrücken, befördert werden
Avan|ta|ge [avãtaʒ(ə), frz.] *w. 11 veraltet:* Vorteil; Vorgabe
Avant|gar|de [avãgard(ə), frz.] *w. 11* Vorhut, Vorkämpfer (für eine Idee, eine Bewegung); **Avant|gar|dis|mus** *m. Gen. - nur Ez.* Eintreten für neue Ideen; **Avant|gar|dist** *m. 10* jmd., der neue Ideen vertritt oder verwirklicht
avan|ti! [ital.] vorwärts!, schnell!
Ave [ital.] **1** Sei gegrüßt!; **2** *s. 9, Kurzw. für* Avemaria; **Ave Ma|ria** Anfangsworte eines kath. Gebets; **Ave|ma|ria, Ave-Ma|ria** *s. 9 oder Gen. - Mz.* nach seinen Anfangsworten benanntes kath. Gebet; englischer Gruß
Ave|ni|da [span., portug.] *w. Gen. - Mz.* -den *in spanisch und portugiesisch sprechenden Ländern:* Prachtstraße, Allee
Aven|tu|rin [ital.] *m. 1* gelber, roter oder brauner, von vielen kleinen Rissen durchzogener Quarz
Ave|nue [-ny, frz.] *w. 11* Allee, Prachtstraße
Ave|rage [ævəridʒ, engl.] *m. Gen. - nur Ez.* **1** Mittelwert, Durchschnitt; **2** → Havarie
Aver|bo [lat.] *s. 9 oder Mz.* -bi Gesamtheit der Stammformen eines Verbums, aus denen sich andere Formen ableiten lassen, z. B. trinken, trank, getrunken
Avers [frz.] *m. 1* Vorderseite (einer Münze oder Medaille); *Ggs.:* Revers (**2**)
Aver|sal|sum|me *w. 11* → Aversum
Aver|si|on [lat.] *w. 10* Widerwille, Abneigung
Aver|sio|nal|sum|me *w. 11* → Aversum; **aver|sio|nie|ren** [lat.] *veraltet:* abfinden; **aver|siv** Aversion hervorrufend; **Aver|sum** *s. Gen.* -s *Mz.* -sa Abfindungssumme
aver|tie|ren [frz.] *veraltet:* benachrichtigen;

Aver|tis|se|ment [avɛrtismã] *s. 9 veraltet:* Benachrichtigung
Avia|ri|um [lat.] *s. Gen.* -s *Mz.* -ri|en großes Vogelhaus
Avia|tik [lat.] *w. 10 nur Ez. veraltet:* Flugtechnik, Flugwesen
avi|ru|lent [griech. + lat.] nicht ansteckend; *Ggs.:* virulent
Avis [avi, frz.] *s. Gen. - Mz. -* [avis] Benachrichtigung, Ankündigung; **avi|sie|ren** anmelden, ankündigen; **Avi|so 1** *s. 9 österr.* → Avis; **2** [span.] *m. 9* kleines, schnelles Kriegsschiff
a vi|sta [ital. „bei Sicht"] (*Abk.:* a v.) bei Vorlage fällig (Wechsel); **Avi|sta|wech|sel** *m. 5* Sichtwechsel
Avit|ami|no|se *w. 11* durch Vitaminmangel entstandene Krankheit
Avi|va|ge [-vaʒə, frz.] *w. 11* Nachbehandlung von Geweben, um ihnen mehr Glanz und Farbe zu geben; **avi|vie|ren** der Avivage unterwerfen
Avo|ca|do [aztek.] *w. 9* ölhaltige, birnenförmige Frucht aus Südamerika, Avokadobirne, Advokatenbirne
Avus [Kurzw. aus Automobil-Verkehrs- und Uebungsstraße] *w. Gen. - nur Ez.* eine Autorennstrecke in Berlin
Awa|re *m. 11* Angehöriger eines tatar. Volkes
axi|al [lat.] auf eine Achse bezogen, in der Achsenrichtung, längsachsig, symmetrisch; *Ggs.:* anaxial; **Axi|ali|tät** *w. 10 nur Ez.* Anordnung in Achsenrichtung
axil|lar [lat.] **1** *Med.:* zur Achselhöhle gehörig, in ihr gelegen; **2** *Bot.:* in der Blattachsel stehend, achselständig
Axio|lo|gie [griech.] *w. 11 Philos.:* Wertlehre;
Axi|om *s. 1* ohne Beweis einleuchtender, grundlegender Lehrsatz; **Axio|ma|tik** *w. 10 nur Ez.* Lehre von den Axiomen; **axio|ma|tisch** auf Axiomen beruhend, unmittelbar einleuchtend
Axis|hirsch *m. 1* eine kleine vorderindische Hirschart
Ax|min|ster|tep|pich [æks-, nach der engl. Stadt A.] *m. 1* gewebter Florteppich
Axo|lotl [aztek.] *m. 5* mexikanischer Wassermolch
Axon [griech.] *s. Gen.* -s *Mz.* Axo|nen Achsenzylinder, zentraler Teil einer Nervenfaser
Axo|no|me|trie [griech.] *w. 11* eine geometr. Parallelprojektion
Aya|tol|lah [arab. „Beispiel Gottes"] *m. 9, in der Schi'a:* hoher Würdenträger
Aye-Aye [aijai, madagass.] *s. Gen. - Mz.* -s Fingertier, ein Halbaffe
Aza|lee, *auch:* **Aza|lie** [-ljə, griech.] *w. 11* eine Zierpflanze
aze|phal [griech.] **1** ohne Kopf (geboren); **2** azephaler Vers: Vers, dem am Anfang eine Silbe fehlt; **3** ohne Anfang, am Anfang verstümmelt (Buch); **Aze|pha|lie** *w. 11* Fehlen des Kopfes
Aze|tat *s. 1* → Acetat; **Aze|ton** *s. 1 nur Ez.* → Aceton
Azid *s. 1* → Acid
Azi|li|en [aziliɛ̃, nach dem frz. Fundort Le Mas-d'Azil] *s. Gen.* -(s) *nur Ez.* Stufe der Mittelsteinzeit
Azi|mut [arab.] *m. 1 oder s. 1, Astron.:* Winkelabstand zwischen dem Fußpunkt des durch ein Gestirn gehenden Vertikalkreises und dem Südpunkt (auf dem Horizont); **azi|mu|tal** den Azimut betreffend
Azo|farb|stoff [zu: Azot] *m. 1* ein Teerfarbstoff; **Azo|grup|pe** *w. 11* eine Stickstoffgruppe
Azoi|kum [griech.] *s. Gen.* -s *nur Ez.* ältestes Erdzeitalter ohne organ. Leben
Azol|la *w. Gen. - nur Ez.* eine Gattung meist trop. Wasserfarne
Azoo|sper|mie [atsolo-, griech.] *w. 11* Fehlen der Samenzellen in der Samenflüssigkeit
Azot [azo, griech.] *s. 9 nur Ez.,* **Azote** [azɔt] *m. Gen. - nur Ez., ältere frz. Bez. für* Stickstoff
Az|te|ke *m. 11* Angehöriger eines Indianerstammes in Mexiko
Azu|le|jos [asulɛxɔs, span.: aθu-] *Mz.* bunte, bes. blaue, von den Mauren in Spanien eingeführte Fayencefliesen
Azu|len [lat.] *s. 1* in verschiedenen ätherischen Ölen enthaltener blauvioletter Kohlenwasserstoff
Azur [pers.-frz.] *m. 1 nur Ez.* Himmelsblau, -bläue; **Azu|ree|li|ni|en** [zu: Azur] *w. 11 Mz.* waagerechtes Linienfeld (für Wertangaben auf Formularen); **azu|riert** mit Azureelinien versehen; **Azu|rit** [zu: Azur] *m. 1 nur Ez.* ein Mineral; **azurn** azurblau
azy|gisch nicht paarweise vorkommend, unpaarig (Organe)
azy|klisch [auch: -tsy-] **1** *allg.:* nicht zyklisch; **2** *Bot.:* nicht kreisförmig, spiralig; **3** *Med.:* zeitlich unregelmäßig

B

b *Meteor.:* Zeichen für Bar (1)
B 1 *Phys.: Zeichen für* Bel; **2** *chem. Zeichen für* Bor; **3** *Abk. für* Boliviano; **4** *Abk. für* Baht
B. *Abk. für* Bachelor
Ba *chem. Zeichen für* Barium
Baas [ndrl.] *m. 1 nddt.:* Herr, Vorgesetzter
Baath-Par|tei *w. 10 nur Ez.* arab. nationalist. Partei
Bab|bitt [bæbit, nach dem Titelhelden des Romans von Sinclair Lewis] *m. 9* nordamerik. Durchschnittsmensch, geschäftstüchtiger Spießer
Bab|bitt|me|tall [bæbit-, nach dem nordamerik. Erfinder I. Babbitt] *s. 1, Sammelbez. für* bestimmte Lagermetalle
Ba|be|sia [nach dem rumän. Arzt. V. Babes] *w. Gen. - Mz.*-si|en Erreger mehrerer durch Zecken übertragener Tierkrankheiten
Ba|bis|mus [pers.] *m. Gen. - nur Ez.* Lehre einer islam. Sekte
Ba|bu [hind.] *m. 9* ind. Titel und Anrede für gebildete Männer, *eigtl.:* Fürst
Ba|bu|sche [pers.-frz.] *w. 11 nordostdt.:* Stoffpantoffel, warmer Hausschuh
Ba|busch|ka [poln.] *w. 9 slaw. Bez. für* Großmutter
Ba|by [bebi, engl.] *s. 9, Mz. auch noch:*-bies Säugling; **Ba|by|look** [bebiluk] *m. 9 nur Ez.* durch kosmet. Behandlung verjüngtes Aussehen; **ba|by|sit|ten** *nur im Infinitiv gebräuchlich:* sich als Babysitter betätigen; **Ba|by|sit|ter** *m. 5* Beaufsichtiger eines Babys in Abwesenheit der Eltern
Bac|cha|nal [baxa-, lat.] *s. 1* Fest zu Ehren des röm. Weingottes Bacchus; *übertr.:* wüstes Trinkgelage; **Bac|chant** [-xant] *m. 10* Diener des Bacchus; **bac|chan|tisch** trunken, ausgelassen
Ba|che|lor [bætʃələr, engl.] *m. 9* (*Abk.:* B.) Bakkalaureus, niedrigster engl. und US-amerikanischer akadem. Grad
back [engl.] *Seew.:* zurück, hinten
Back [bæk, engl.] *m. 9 schweiz., Sport:* Verteidiger
back|bord(s) *Seew.:* links; **Back|bord** *s. Gen.* -(s) *nur Ez.* linke Schiffsseite (von hinten gesehen); *Ggs.:* Steuerbord
Back|ground [bækgraund, engl.] *m. 9* **1** *Film:* Projektion als Hintergrund einer Dekoration; **2** *Jazz:* Klanghintergrund beim Solo; **3** geistige Herkunft
Back|hand [bækhænd, engl.] *m. 9 Tennis u. a.:* Rückhand(schlag); *Ggs.:* Forehand
Ba|con [beikən, engl.] *m. Gen.*-s *nur Ez.* leicht geräucherter und gesalzener, durchwachsener, magerer Speck; **Ba|con|schwein** *s. 1* Schwein mit zartem Fleisch und dünner Speckschicht
Ba|di|na|ge [-ʒə, frz.], **Ba|di|ne|rie** *w. 19* schnelles, heiteres Musikstück, Satz der Suite im 18. Jh.
Bad|min|ton [bædmintən, nach dem Besitztum des Herzogs von Beaufort in England] *s. 9 nur Ez.* **1** Federballspiel; **2** ein Erfrischungsgetränk
Bad Trip [bæd, engl. „schlechter Ausflug"] *m. Gen.* - -(s) *Mz.* - -s → Horror-Trip
Ba|fel [jidd.] *m. 5 nur Ez.* **1** Ausschußware; **2** Gerede, Geschwätz
Ba|ga|ge [-ʒə, frz.] *w. 11* **1** *veraltet:* Reisegepäck; **2** *Mil., veraltet:* Troß; **3** *ugs., abwertend:* Gesindel, Pack
Ba|gas|se [frz.] *w. 11* Rückstand bei der Rohrzuckergewinnung
Ba|ga|tel|le [frz.] *w. 11* **1** kurzes, leichtes Musikstück; **2** Kleinigkeit, Geringfügigkeit; **ba|ga|tel|li|sie|ren** als geringfügig hinstellen
Bag|ger [ndrl.] *m. 5* Maschine zum Heben und Wegschaffen von Erdreich, Schutt u. a.; **bag|gern** mit dem Bagger arbeiten, ausheben
Ba|gno [banjo, ital. „Bad"] *s. 9, Mz. auch:* -gni, *in Italien und Frankreich:* Kerker
Ba|guette [-gɛt, frz.] *w. 11* **1** längl. Schliff von Edelsteinen, bes. Diamanten; **2** langes, dünnes frz. Weißbrot
Ba|ha|is|mus *m. Gen. - nur Ez.* aus dem Babismus hervorgegangene islam. Religion
Baht *m. Gen. - Mz.* - (*Abk.:* **B**) Währungseinheit in Thailand, 100 Stangs
Bai [ndrl.] *w. 10* Meeresbucht
Bai|ram *m. 9* türk. Fest am Ende des Fastenmonats
Bai|ser [bɛze, frz.] *s. 9* Gebäck aus Eischnee und Zucker
Bais|se [bɛs, frz.] *w. 11* niedriger Stand (von Aktien, Preisen); *Ggs.:* Hausse; **Bais|sier** [bɛsje] *m. 9* jmd., der an der Börse auf Baisse spekuliert; *Ggs.:* Haussier
Ba|ja|de|re [portug.] *w. 11* ind. Tempeltänzerin
Ba|jaz|zo [ital.] *m. 9* Hanswurst
Ba|jo|nett [nach der frz. Stadt Bayonne] *s. 1* Stoß- und Stichwaffe, Seitengewehr; **ba|jo|net|tie|ren** mit dem Bajonett kämpfen oder aufspießen; **Ba|jo|nett|ver|schluß** *m. 2* leicht lösbare Verbindung von Rohren, Hülsen usw. durch Aufstecken und geringe Drehung des Deckels oder Geräteteils
Ba|ke|lit [nach dem belg. Erfinder L. H. Baekeland] *s. 1 nur Ez.* Ⓦ ein Kunstharz; **ba|ke|li|tie|ren** mit Bakelit überziehen

Bak|ka|lau|re|at [lat.] *s.1* Würde eines Bakkalaureus; **Bak|ka|lau|re|us** *m. Gen.* - *Mz.* -rei [-re:i] niedrigster akadem. Grad in England, Frankreich und den USA; vgl. Bachelor
Bak|ka|rat [-ra, frz.] *s.9 nur Ez.* ein Glücksspiel mit Whistkarten
Bak|ken [norw.] *m.7 Schisport:* Sprunghügel
Bak|schisch [pers.] *s.1* Trinkgeld; Bestechungsgeld
Bak|te|ri|ämie [griech.] *w.11* Vorhandensein von Bakterien im Blut ohne septische Krankheitserscheinungen; **Bak|te|rie** [-riə] *w.11 ugs.* → Bakterium; **bak|te|ri|ell** durch Bakterien hervorgerufen; **Bak|te|rio|lo|gie** *w.11 nur Ez.* Wissenschaft von den Bakterien; **Bak|te|rio|ly|se** *w.11* Vernichtung von Bakterien; **Bak|te|rio|pha|ge** *m.11* bakterienvernichtendes Virus; **Bak|te|rio|se** *w.11* durch Bakterien hervorgerufene Pflanzenkrankheit; **Bak|te|rio|the|ra|pie** *w.11* Verfahren, durch Schutzimpfung Immunität gegen eine Krankheit zu erzeugen; **Bak|te|ri|um** *s. Gen.* -s *Mz.* -ri|en pflanzl. Einzeller, Fäulnis- und Krankheitserreger; **Bak|te|ri|urie** *w.11* Vorhandensein von Bakterien im Harn; **bak|te|ri|zid** bakterientötend; **Bak|te|ri|zid** *s.1* bakterientötendes Mittel
Ba|la|lai|ka [russ.] *w. Gen.* - *Mz.* -ken russ. Zupfinstrument mit drei Saiten und dreieckigem Klangkörper
Ba|lan|ce [-lãsə, frz.] *w.11* Gleichgewicht; **Ba|lan|ce|ment** [balãsəmã] *s.9 Mus.:* Bebung, Schwingung des Tons; **ba|lan|cie|ren** [-lãsi-] (sich) im Gleichgewicht halten
Ba|la|ni|tis [griech.] *w. Gen.* - *Mz.* -ti|den Entzündung der Eichel des Penis, Eicheltripper
Ba|la|ta [indian.] *w. Gen.* - *nur Ez.* dem Naturkautschuk ähnl. Stoff; **Ba|la|tum** *s. Gen.* -s *nur Ez.* ® mit Kautschuklösung getränkter Wollfilz als Fußbodenbelag
Bal|boa [nach dem span. Entdecker B.] *m. Gen.* - *Mz.* - Währungseinheit in Panama
Bal|da|chin [-xi:n, nach Baldacco, der ital. Bez. für die Stadt Bagdad] *m.1* Stoffdach über Bett oder Thron oder steinerner Überbau bei Statuen
Bal|le|ster [lat.] *m.5* Kugelarmbrust
Bal|ge, Bal|je [frz.-nddt.] *w.11* **1** Fahrwasser, Wasserlauf im Wattenmeer; **2** Abzugsgraben; **3** Waschfaß, Eimer
Bal|ka|no|lo|gie *w.11 nur Ez.* Wissenschaft von den Sprachen und Literaturen der Balkanhalbinsel
Bal|kon [-kõ, frz.] *m.9 oder eindeutschend* [-kon] *m.1* **1** durch Gitter oder halbhohe Mauer abgeschlossener Vorbau eines Hauses; **2** *Theater:* erster Rang
Bal|la|de [frz.] *w.11* episch-lyrisches, dramatisch bewegtes Gedicht; **bal|la|desk** balladenhaft
Bal|lad-ope|ra, Bal|lad Ope|ra [bæləd ɔpərə, engl.] *w. Gen.* - - *Mz.* - -s *17./18. Jh.:* volkstümliches engl. Singspiel
Bal|last [auch: bal-, ndrl.] *m.1 nur Ez.* **1** wertlose Fracht (bei Schiffen zum Ausgleich des Tiefgangs); **2** *übertr.:* unnützes Beiwerk
Bal|la|watsch [ital.] *m.1 nur Ez. österr.:* Durcheinander; Unsinn
Bal|lei [lat.] *w.10* Verwaltungsbezirk eines Ritterordens
Bal|le|ri|na, Bal|le|ri|ne [ital.] *w. Gen.* - *Mz.* -nen Ballettsolistin
Bal|lett [ital.] *s.1* **1** Bühnentanz; **2** Bühnentanzgruppe; **Bal|let|teu|se** [-tø-, frz.] *w.11* Ballettänzerin
Bal|li|ste [griech.-lat.] *w.11* antike Wurfmaschine; **Bal|li|stik** *w.10 nur Ez.* Lehre von der Flugbahn geworfener oder geschossener Körper
Bal|lon [-lõ, frz.] *m.9 oder eindeutschend* [-lon] *m.1* **1** mit Gas gefüllter Ball; **2** mit Gas gefülltes, kugelförmiges Luftfahrzeug; **3** bauchiger Glasbehälter; **Bal|lo|nett** *s.1* Luftkammer in Fesselballons und Luftschiffen
Bal|lot **1** [-lo, frz.] *s.9* kleiner Warenballen; **2** [bælət, engl.] *s.9 in England und den USA:* geheime Abstimmung, vgl. Ballotage; **Bal|lo|ta|de** [frz.] *w.11 Hohe Schule:* ein Sprung des Pferdes mit angezogenen Vorderbeinen und nach hinten gerichteten Hufen; **Bal|lo|ta|ge** [-ʒə, frz.] *w.11* geheime Abstimmung mit weißen und schwarzen Kugeln; **bal|lo|tie|ren** mittels Ballotage abstimmen
Bal|neo|lo|gie [griech.] *w.11 nur Ez.* Bäder-, Heilquellenkunde; **Bal|neo|the|ra|pie** *w.11* Behandlung mit Heilbädern
Bal pa|ré [-re, frz.] *m. Gen.* - - *Mz.* -s -s [bal pare(s)] bes. festl. Ball
Bal|sa [span.] *s.9* **1** floßartiges Boot aus Binsenbündeln oder Balsaholz bei südamerik. Indianern; **2** → Balsaholz; **Bal|sa|baum** *m.2* trop. Baum aus extrem leichtem Holz; **Bal|sa|holz** *s.4* Holz des Balsabaums
Bal|sam [hebr.-lat.] *m.1* **1** Gemisch von Harzen und äther. Ölen; **2** *übertr.:* Wohltat, Linderung; **bal|sa|mie|ren** mit Balsam einreiben; **Bal|sa|mi|ne** *w.11* eine Zierpflanze
Bal|to|lo|gie [lat. + griech.] *w.11 nur Ez.* Wissenschaft von den baltischen Sprachen und Literaturen
Ba|lu|ster [griech.-frz.] *m.5* kleine Säule als Geländerstütze; **Ba|lu|stra|de** *w.11* Geländer, Brüstung mit Balustern
Bam|bi|no [ital.] *m. Gen.* -s *Mz.* -ni *oder* -s kleiner Junge, kleines Kind
Bam|bus [mal.] *m.1* trop. Riesengras
Ban **1** [serbokroat. „Herr"] *m.1* ung. Statthalter; kroat. Würdenträger; **2** [rumän.] *m. Gen.* -s *Mz.* Ba|ni rumän. Währungseinheit, $^1/_{100}$ Leu
ba|nal [frz.] alltäglich, fad, geistlos; **ba|na|li-**

sie|ren ins Banale ziehen, herabsetzen; **Ba|na|li|tät 1** *w. 10 nur Ez.* Fadheit, Geistlosigkeit; **2** *w. 10* geistlose Bemerkung, fader Witz
Ba|na|ne [Kongospr.] *w. 11* trop. Frucht; **Ba|na|nen|stecker** (-stek|ker) *m. 5 Elektrotechnik:* kleiner, schmaler, einpoliger Stecker
Ba|nat *s. 1* ehemaliger, einem Ban unterstehender Verwaltungsbezirk
Ba|nau|se [griech.] *m. 11* Mensch ohne Sinn für Kunst und geistige Dinge
Band [bænd, engl.] *w. 9* Kapelle für Tanzmusik und Jazz
Ban|da|ge [-ʒə, frz.] *w. 11* Stütz-, Schutz-, Wundverband; **ban|da|gie|ren** [-ʒi-] mit einer Bandage versehen; **Ban|da|gist** [-ʒist] *m. 10* Hersteller, Verkäufer von Bandagen und künstl. Gliedmaßen
Bạn|de [frz.] *w. 11* **1** Umrandung des Billardtisches; **2** Einfassung der Zirkusmanege und Reitbahn
Ban|de|lier [frz.] *s. 1 veraltet:* Schulterriemen, Wehrgehänge
Bạn|den|spek|trum *s. Gen.* -s *Mz.*-tren *Phys.:* von Molekülen erzeugtes Spektrum, das von zahlreichen Linien (Banden) durchsetzt ist
Ban|de|ril|la [-rịlja, span.] *w. 9* mit Fähnchen geschmückter Wurfspieß mit Widerhaken, der beim Stierkampf dem Stier in den Nakken gestoßen wird; **Ban|de|ril|le|ro** [-rilje-] *m. 9* Stierkämpfer, der den Stier mit Banderillas reizt
Ban|de|ro|le [frz.] *w. 11* mit Preis oder steuerl. Vermerk versehener Streifen, mit dem die Verpackung einer steuer- oder zollpflichtigen Ware verschlossen wird; **ban|de|ro|lie|ren** mit Banderole versehen, versteuern
Ban|dit [ital.] *m. 10* Räuber
Band|lea|der [bændli:dər, engl.] *m. 5* Leiter eines Jazzorchesters
Ban|do|la *w. 9* → Bandura
Ban|do|ne|on, Ban|do|ni|on [nach dem Erfinder H. Band] *s. 9* Handharmonika mit Knöpfen auf beiden Seiten
Ban|du|ra [griech.] *w. 9* ukrainisches Zupfinstrument mit 12 Saiten; **Ban|dụr|ria** [griech.-span.] *w. 9* span. Zupfinstrument mit 10 Saiten
Ba|ni *Mz. von* Ban (**2**)
Bạn|jo [auch: bændʒo, engl.] *s. 9* 5- bis 9saitiges Zupfinstrument der nordamerik. Neger
Bạnk [ital.] *w. 10* Unternehmen für Geldverkehr
Ban|kẹtt [frz.] *s. 1* **1** Festmahl; **2** Absatz einer Böschung oder des Fundaments unter dem Mauerwerk; **3** schmaler Weg neben der Fahrstraße oder Eisenbahnschienen; **Ban|kẹt|te** *w. 11* → Bankett (**2, 3**); **ban|ket|tie|ren** ein Bankett (**1**) abhalten, tafeln
Ban|kier [-kje-, frz.] *m. 9* Inhaber oder Leiter einer Bank
bank|rọtt [ital.] zahlungsunfähig; **Bank|rọtt** *m. 1* finanzieller Zusammenbruch; **Bank|rot|teur** [-tør] *m. 1* jmd., der Bankrott gemacht hat; **bank|rot|tie|ren** Bankrott machen
Bạn|schaft [zu: Ban] *w. 10 früher:* Verwaltungsbezirk in Jugoslawien
Bạn|tam|ge|wicht [nach dem zum Hahnenkampf verwendeten Bantamhuhn] *s. 1* Gewichtsklasse in der Schwerathletik; **Bạn|tam|huhn** [nach der javan. Stadt Bantam] *s. 4* engl. Zwerghuhn
Bạn|tu 1 *m. 9 oder Gen. - Mz. -* Angehöriger einer Gruppe von Negerstämmen, die Bantusprachen sprechen; **2** *s. Gen.* -(s) *nur Ez.* eine weitverbreitete afrik. Sprachengruppe
Ba|nus *m. Gen. - Mz. -* → Ban (**1**)
Bao|bab [afrik.] *m. 9* Affenbrotbaum
Bap|tịs|mus [griech.] *m. Gen. - nur Ez.* Lehre einer calvinist. Gemeinschaft, die bewußte Glaubensentscheidung fordert und daher nur die Erwachsenentaufe zuläßt; **Bap|ti|ste|ri|um** *s. Gen.* -s *Mz.* -ri|en **1** Schwimmbecken im altröm. Bad; **2** Taufkapelle; Taufbecken
bar *Zeichen für* Bar (**1**)
Bar 1 [griech.] *s. Gen. - Mz. -* (*Zeichen:* bar, *Meteor.:* b) Maßeinheit des Luftdrucks; **2** [engl.] *w. 9* Lokal; Theke, Schanktisch
Ba|rạcke (-rak|ke) [frz.] *w. 11* ebenerdiges, nicht unterkellertes, zerlegbares Haus aus vorgefertigten Wandplatten
Ba|rat|te|rie [lat.-ital.] *w. 11 Seerecht:* vorsätzliche Unredlichkeit von Kapitän oder Besatzung; **Ba|rạtt|han|del** *m. 6 nur Ez.* Tauschhandel; **ba|rat|tie|ren** tauschen (Waren)
Bar|bar [griech.] *m. 10 urspr.:* Nichtgrieche; *heute:* roher, ungesitteter Mensch; **Bar|ba|rei** *w. 10 nur Ez.* Roheit, Unmenschlichkeit; **barba|risch 1** roh, grausam; **2** *ugs.:* sehr hart; barbarische Kälte; **Bar|ba|rịs|mus** *m. Gen. - Mz.*-men Verstoß gegen die Sprachregeln
Bar|be|cue [barbikju:, engl.] *s. 9* **1** Gartenfest, bei dem ganze Tiere am Spieß oder auf dem Rost gebraten werden; **2** Gerät zum Rösten von Fleisch; **3** das auf dem Rost oder am Spieß gebratene Fleisch
Bar|bier [frz.] *m. 1 veraltet:* Bartscherer, Friseur; **bar|bie|ren** rasieren
Bạr|bi|ton *s. 9,* **Bạr|bi|tos** *m. oder w. Gen. - Mz.*-toi altgriech. harfenähnliches Saiteninstrument
Bar|bi|tur|säu|re *w. 11* Grundstoff für Schlafmittel
Bạr|chent [arab.] *m. 1* Baumwollflanell
Bạr|ches [hebr.] *Mz.* weißes Sabbatbrot der Juden
Bar|da|me *w. 11* Angestellte, die an einer Bar Getränke ausschenkt und den Gästen Gesellschaft leistet
Bạr|de 1 [kelt.] *m. 11* kelt. Dichter und Sänger; *übertr., oft iron.:* lyrischer Dichter; **2** [arab.-frz.] *w. 11* Speckscheibe um gebratenes Geflügel; **bar|die|ren** mit einer Barde

umwickeln; **Bar|diet** *m.1* vaterländ. Lied im Ton der Barden; **bar|disch** von den Barden stammend, in der Art eines B.; **Bar|dit** *m.1*, **Bar|di|tus** *m. Gen. - Mz. -* → Bardiet

Ba|rett [lat.-frz.] *s.1* flache Kopfbedeckung ohne Rand, bes. zur Amtstracht von Richtern, Geistlichen usw.

Bar|fran|kie|rung *w.10* Frankierung mit Stempelmaschine

ba|risch [zu: Bar (1)] den Luftdruck betreffend, auf ihm beruhend

Ba|ri|ton [griech.-ital.] *m.1* **1** Männerstimme in der Mittellage; **2** Sänger mit dieser Stimme; **Ba|ri|to|nist** *m.10* → Bariton (2)

Ba|ri|um [griech.] *s. Gen. -s nur Ez.* (*Zeichen:* Ba) chem. Element

Bark [griech.-ndrl.] *w.10* Segelschiff mit drei oder mehr Masten; **Bar|ka|ne** [ital.] *w.11* zwei- oder dreimastiges Fischerboot im Mittelmeer; **Bar|ka|ro|le** *w.11* **1** Ruderboot; **2** Lied des Gondoliere, Gondellied (auch als Instrumentalstück); **Bar|kas|se** [ndrl.] *w.11* **1** größtes Beiboot auf Kriegsschiffen; **2** kleines Dampfboot; **Bar|ke** [griech.-frz.] *w.11* kleines Boot; *poet.:* Kahn, Boot

Bar|kee|per [-ki:-, engl.] *m.5* **1** Inhaber einer Bar; **2** Kellner hinter der Bar

Bar|ko|ne *w.11* → Barkane

Bar|mi|xer [engl.] *m.5* jmd., der an der Bar Getränke mixt

ba|rock [portug.] **1** zum Barock gehörend, aus ihm stammend; **2** überladen; **Ba|rock** *m. Gen. -(s) nur Ez.* **1** schmuckreicher Kunst- und Literaturstil des 17./18. Jh.; **2** das Zeitalter selbst; **ba|rocki|sie|ren** (-rok|ki-) nach dem Vorbild des Barockstils gestalten

Ba|ro|gramm [griech.] *s.1* Aufzeichnung des Barographen; **Ba|ro|graph** *m.10* selbstaufzeichnender Luftdruckmesser; **Ba|ro|me|ter** *s.5* Luftdruckmesser; **Ba|ro|me|trie** *w.11* Luftdruckmessung; **ba|ro|me|trisch** mit Hilfe des Barometers (gemessen); barometrische Höhenformel, Höhenstufe: Höhenunterschied zwischen zwei Orten mit einem Unterschied des Barometerstandes von 1 mm Quecksilbersäule

Ba|ron [mlat.] *m.1* Freiherr; **Ba|ro|nat** [frz.] *s.1* Würde, Stammsitz eines Barons; **Ba|ro|nes|se** *w.11* Freiin, Freifräulein; **Ba|ro|net** [bærənət, engl.] *m.9* (*Abk.:* Bart.) unterster engl. Adelstitel; **Ba|ro|nie** *w.11* → Baronat; **Ba|ro|nin** *w.10* Freifrau; **ba|ro|ni|sie|ren** in den Freiherrnstand erheben

Ba|ro|ther|mo|graph [griech.] *m.10* Verbindung von Barograph und Thermograph

Bar|ras [jidd.] *m. Gen. - nur Ez.* *süddt.:* **1** Kommißbrot; **2** Militär

Bar|ré [frz.] *s.9 beim Lauten-, Cellospiel u. a.:* Querlegen eines Fingers über alle Saiten

Bar|rel [bærəl] *s.9* engl. und nordamerik. Hohlmaß, Faß, Tonne

Bar|ren [frz.] *m.7* **1** ein Turngerät; **2** gegossenes Formstück aus Metall (Edelmetallbarren früher auch als Zahlungsmittel)

Bar|rie|re [frz.] *w.11* Schranke, Schlagbaum, Sperre

Bar|ri|ka|de [frz.] *w.11* Straßensperre, Hindernis

Bar|scheck *m.9* Scheck, der von der Bank gegen Bargeld eingelöst wird

Bar|soi [-sɔi, russ.] *m.9* russ. Windhund

Bar|sor|ti|ment *s.1* Zwischenbuchhandel, Buchhandelsbetrieb zwischen Verlag und Einzelbuchhandel

Bart. *Abk. für* Baronet

Ba|rut|sche [lat.-ital.] *w.11* zweirädrige Kutsche

Ba|ry|o|nen [griech.] *s. Mz., Ez.* Ba|ry|on, *zusammenfassende Bez. für* die schwereren Elementarteilchen (Nukleonen und Hyperonen)

Ba|ry|sphä|re [griech.] *w.11 nur Ez.* innerster Teil der Erde, Erdkern

Ba|ryt [griech.] *m.1* Schwerspat, ein Mineral

Ba|ry|ton [griech.] *s.1* gambenähnl. Streichinstrument des 18. Jh.

Ba|ry|to|non [griech.] *s. Gen. -s Mz. -na* Wort mit unbetonter letzter Silbe

Ba|ryt|pa|pier *s.1* mit Bariumsulfat bestrichenes Papier mit glatter Oberfläche (für Photographie und Reproduktion)

Ba|ryt|weiß *s. Gen. - nur Ez.* weiße Malerfarbe

Ba|ry|zen|trum [griech. + lat.] *s. Gen. -s Mz. -tren oder -tra Phys.:* Schwerpunkt

Bar|zel|let|ta [ital.] *w. 9, 15./16. Jh.:* Tanzlied

ba|sal zur Basis gehörend, auf ihr liegend

Ba|salt [lat.] *m.1* ein Vulkangestein

Ba|sal|tem|pe|ra|tur *w.10* die morgens vor dem Aufstehen gemessene Körpertemperatur

Ba|sar [pers.] *m.1* **1** *in oriental. Ländern:* Markt; **2** *früher:* Warenhaus; **3** Warenverkauf für wohltätige Zwecke

Basch|ki|re *m.11* Angehöriger eines Volksstammes im südl. Ural

Basch|lik [türk.] *m.9* kaukas. Wollkapuze

Ba|se [griech.] *w.11* alkalisch reagierende chem. Verbindung

Base [bɛis, engl.] *s. Gen. - Mz. -s* [bɛisiz] jede der vier Markierungen des Baseballquadrats;

Base|ball [bɛisbɔ:l] *m.9 nur Ez.* nordamerik., dem Schlagball ähnl. Spiel

Ba|sic-Eng|lish [bɛisikiŋgliʃ] *s. Gen. - nur Ez.* Grundenglisch, vereinfachtes Englisch mit 850 Grundwörtern und einfachen Regeln

ba|sie|ren [zu: Basis] auf etwas b.: auf etwas beruhen, etwas zur Grundlage haben

Ba|si|lia|ner [nach Basilius dem Großen] *m.5* Angehöriger eines griechisch-orthodoxen Mönchsordens

Ba|si|lie [-ljə, griech.] *w.11*, **Ba|si|li|en|kraut** [-ljən-] *s.4* eine Gewürzpflanze

Ba|si|li|ka [griech., nach dem Amtsgebäude

des Archon Basileus in Athen] *w. Gen. - Mz.* -ken **1** altröm. Markt- und Gerichtshalle; **2** altchristl. Kirchenform mit Mittelschiff, zwei niedrigeren Seitenschiffen und (seit dem 4. Jh.) Querschiff; **ba|si|li|kal** in der Art einer Basilika (**2**)

Ba|si|li|kum *s. Gen.* -s *nur Ez.* → Basilie

Ba|si|lisk [griech.] *m. 10* **1** *in oriental. Sagen:* schlangenhaftes Ungeheuer; **2** mittel- und südamerik. Echse

Ba|sis [griech.] *w. Gen. - Mz.* -sen **1** Grundlage, Ausgangspunkt, Wurzel; **2** militär. Stützpunkt; **3** Grundzahl (einer Potenz oder eines Logarithmus); **4** Grundlinie (einer geometr. Figur), Grundfläche (eines Körpers); **5** *Marxismus:* die wirtschaftl. Struktur (einer Gesellschaftsordnung); **Ba|sis|grup|pe** *w. 11* Arbeitsgruppe linksorientierter Studenten, die versucht, die Basis der Gesellschaft (Arbeiterschaft usw.) zu informieren und für bestimmte Probleme zu interessieren

ba|sisch *Chem.:* wie eine Base (reagierend)

Ba|sis|frak|tur *w. 10* Bruch der Schädelbasis

Ba|si|zi|tät *w. 10 nur Ez. Chem.:* **1** Basengehalt einer Lösung, Alkalität; **2** Maßbegriff für die Neutralisationsfähigkeit einer Säure

Bas|ke *m. 11* Angehöriger eines Volkes in den Pyrenäen

Bas|ker|ville [-vil, nach dem engl. Buchdrukker] *w. Gen. - nur Ez.* eine Druckschrift

Bas|ket|ball [engl.] *m. 2 nur Ez.* dem Korbball ähnl. Spiel

Bas|kü|le [frz.] *w. 11* Hebelverschluß für Fenster und Türen

Bas|re|li|ef [barəljɛf, auch: -ljɛf, frz.] *s. 9 oder s. 1* flach herausgearbeitetes Relief, Flachrelief; *Ggs.:* Hautrelief

Baß [ital.] *m. 2* **1** Kontrabaß, Baßgeige; **2** tiefe Tonlage der Männerstimme; **3** Sänger mit dieser Stimme; **4** Gesamtheit der tiefen Männerstimmen im Chor; **5** tiefste Tonlage bei Musikinstrumenten, z. B. Baßflöte

Bas|sa *m. 9, veraltet für* Pascha

Baß|ba|ri|ton *m. 1* **1** Stimmlage zwischen Baß und Bariton; **2** Sänger mit dieser Stimme;

Baß|buf|fo *m. 9* Baßsänger für komische Rollen

Basse|lisse [baslis, frz.] *w. 11* Webart mit waagerechter Kette; *Ggs.:* Hautelisse

Bas|set [engl. bæsət, frz. basɛ] *m. 9* kurzbeiniger Jagdhund mit Hängeohren

Bas|sett [lat.-ital.] *m. 1, veraltet für* Violoncello; **Bas|sett|horn** *s. 4* Altklarinette

Bas|sin [-sɛ̃, frz.] *s. 9* künstlich angelegtes Becken für Flüssigkeiten

Bas|sist *m. 10* Baßsänger; Baßgeiger

Bas|so [ital.] *m. Gen. - Mz.* -si Baß; B. continuo (*Abk.:* b. c., B. c.): Generalbaß, im 17./18. Jh. Baßstimme zur Unterstützung oder Begleitung bei Instrumentalstücken; Basso ostinato: ständig wiederkehrendes Motiv im Baß

ba|sta! [ital. „es genügt"] genug, Punktum, Schluß!

Ba|stard [frz.] *m. 1* **1** Mischling; **2** nichteheliches Kind *(auch abwertend)*; **Ba|star|da** *w. Gen. - nur Ez.* Druckschrift, Abart der Gotisch; **ba|star|die|ren** kreuzen (Rassen, Arten); **Ba|stard|schrift** *w. 10* eine Druckschrift mit Merkmalen der Fraktur und Antiqua

Ba|ste [frz.] *w. 11* zweithöchste Trumpfkarte

Ba|stei [mlat.] *w. 10* vorspringender Teil einer Festung, Bollwerk, Bastion

Ba|stil|le [bastijə, frz.] *w. 11* **1** befestigtes Schloß in Frankreich; **2** Burg in Paris, die als Staatsgefängnis diente

Ba|sti|on [ital.] *w. 10* Bollwerk, Schutzwehr; **ba|stio|nie|ren** *veraltet:* mit Bastionen versehen

Ba|sto|na|de [ital.] *w. 11* früher im Orient übl. Prügelstrafe, Stockhiebe, bes. auf die Fußsohlen

Ba|su|to *m. 9 oder Gen. - Mz. -* Angehöriger eines Bantustammes

Bat. *Abk. für* Bataillon; **Ba|tail|le** [batajə, frz.] *w. 11 veraltet:* Kampf, Schlacht; **Ba|tail|lon** [bataljon] *s. 1* (*Abk.:* Bat.) Teil eines Regiments

Ba|ta|te [indian.-span.] *w. 11* südamerik. Knollenpflanze, Süßkartoffel

Ba|tho|lith [griech.] *m. 1 oder 10* magmatischer, in der Tiefe erstarrter Gesteinskörper;

Ba|tho|me|ter *s. 5* → Bathymeter

Bath|or|den [baθ-] *m. 7 nur Ez.* ein engl. Ritterorden

Ba|thy|al [griech.] *s. 1 nur Ez.* **1** lichtarmer Bereich eines Meeres zwischen 200 und 800 m Tiefe; **2** Ablagerungen in diesem Bereich;

Ba|thy|gra|phie *w. 11 nur Ez.* Tiefseeforschung; **Ba|thy|me|ter** *s. 5* Gerät zum Messen der Meerestiefe; **Ba|thy|skaph** *m. 10* Tiefseetauchgerät; **Ba|thy|sphä|re** *w. 11* **1** Tiefsee; **2** Tiefenzone der Erde, aus der Magma aufsteigt; **3** Tiefseetauchkugel

Ba|tik [javan.] *w. 10* **1** *nur Ez.* javan. Gewebefärbverfahren durch Abdecken des Musters mit Wachs; **2** ein so gefärbter Stoff; **ba|ti|ken** mittels Batik färben

Ba|tist [frz.] *m. 1* feines, leinenartiges Gewebe

Batt. *Abk. für* Batterie *(Mil.)*

Bat|te|rie [frz.] *w. 11* **1** *Mil.* (*Abk.:* Batt.): kleinste Artillerie-Einheit; **2** *Elektrotechnik:* Zusammenschaltung mehrerer Elemente zu einer Stromquelle; **3** Vorrichtung zum Mischen von kaltem und warmem Wasser im Rohr; **4** *Schach:* eine Figurengruppierung; **5** *frz. Bez. für die* Schlaginstrumente eines großen Orchesters oder einer Jazzband

Baud [auch: bo oder bod, nach dem frz. Telegraphisten Baudot] *s. Gen.* -(s) *Mz. -* Einheit für die Telegraphiergeschwindigkeit

Bau|mé|grad [bome-, nach dem frz. Chemiker A. Baumé] *m. 1, nach Zahlenan-*

gaben Mz.- (*Abk.*: °Bé) Maßeinheit für das spezif. Gewicht von Flüssigkeiten; **Bau|mé|spin|del** *w.11* nach Baumégraden geeichtes Instrument

Bau|ta|stein [altnord.] *m.1* bronzezeitl. skandinav. Gedenkstein

Bau|xit [auch: -ksit, nach dem Fundort Les Baux in Frankreich] *m.1* ein Mineral

Ba|zar *m.1* → Basar (**1**)

ba|zil|lär [lat.] durch Bazillen hervorgerufen; **Ba|zil|lus** *m. Gen.* - *Mz.* -len stäbchenförmiger Spaltpilz, oft Krankheitserreger

Ba|zoo|ka [-zu-] *w.9* rückstoßfreie, tragbare amerik. Panzernahbekämpfungswaffe

BBC [bibisi] *Abk. für* British Broadcasting Corporation (die brit. Rundfunkgesellschaft)

b. c., B. c. *Abk. für* Basso continuo

B. C. [bisi] *Abk. für* Before Christ: vor Christus

BCD [bisidi] *Abk. für* Binary Coded Decimal: binär kodierte Dezimalziffer

Be *chem. Zeichen für* Beryllium

Bé *Abk. für* Baumégrad

Beagle [bigəl, engl.] *m.9* kleine engl. Spürhundrasse

Beat [bit, engl.] *m.9 nur Ez.*, *im Jazz:* **1** gleichmäßiger Schlagrhythmus; **2** betonter Taktteil; **3** Musik mit gleichmäßigem Schlagrhythmus; **4** → Beatnik; **Beat|ge|ne|ra|ti|on** [bitdʒɛnəreiʃn] *w. Gen.* - *nur Ez.* eine Gruppe amerik. Künstler nach dem 2. Weltkrieg, die sich gegen Staat und Gesellschaft auflehnte

Bea|ti|fi|ka|ti|on [-tsjon, lat.] *w.10* Seligsprechung; **bea|ti|fi|zie|ren** seligsprechen

Beatle [bitl, engl.] *m.9* **1** Mitglied einer engl. Rock-Gruppe; **2** junger Mann mit pilzförmiger Frisur

Beat|nik [bitnik] *m.9* Vertreter der Beatgeneration

Beat|pad [bitpæd, engl.] *m.9* Stelle, wo man Rauschgift kaufen kann

Beau [bo, frz.] *m.9* schöner, eitler Mann

Beau|fort|ska|la [bofərt-, nach dem engl. Admiral Sir F. Beaufort] *w. Gen.* - *Mz.* -len urspr. zwölfgradige, heute auf 17 Stufen erweiterte Skala für Windstärken

Beau|jo|lais [boʒɔlɛ, frz.] *m. Gen.* - *Mz.* - ein aus der frz. Landschaft B. stammender Rotwein

Beau|té [bote, frz.] *w.9* schöne Frau

Bé|bé [-be, frz.] *s.9 schweiz.:* kleines Kind

Be|bop [bibɔp, engl.] *m.9* nordamerik. Jazzstil nach 1940

Bé|cha|mel|so|ße [-ʃamɛl-, nach dem Marquis de Béchamel] *w.11* Soße aus Mehl, Milch, Butter und Gewürzen

Bec|que|rel|ef|fekt [nach dem frz. Physiker A. E. Becquerel] *m.1* durch Belichtung ausgelöste Spannungsänderung an Metallelektroden in einem Elektrolyten

Be|dui|ne [arab.] *m.11* arab. Nomade

Beef|steak [bifste:k, engl.] *s.9* englisches B.: gebratene Rindslende; deutsches B.: gebratenes Fleischklößchen; **Beef|tea** [bifti:] *m.9* Rindfleischbrühe

Be|el|ze|bub [auch: bel-, hebr.] *m. Gen.* - oberster Teufel im NT; den Teufel mit B. austreiben: ein Übel mit einem andern vertreiben

Bef|froi [bɛfrwą, frz.] *m.9* Hauptturm einer Burg, Bergfried

Beg [türk. „Herr"] *m.9* türk. Titel

Be|gard [vielleicht nach dem Begründer L. le Bègue] *m.10*, **Be|gar|de** *m.11* Angehöriger einer im Kloster lebenden, aber nicht durch Gelübde gebundenen Männervereinigung; **Be|gi|ne** [vgl. Begard] *w.11* Angehörige einer im Kloster lebenden, aber nicht durch Gelübde gebundenen Frauenvereinigung

Be|go|nie [-njə, nach dem Franzosen M. Bégon] *w.11* eine Zierpflanze

Be|gum [Hindi] *w.10, Titel für* ind. Fürstin

Be|ha|vio|ris|mus [bihɛivjə-, engl.] *m. Gen.* - *nur Ez.* Richtung der Psychologie, die ausschließlich vom Verhalten von Mensch und Tier ausgeht

Be|hen|nuß *w.2* → Bennuß

Bei *m.9* → Beg

beige [beʒ, frz.] sandfarben, gelbbraun

Bei|gnet [bɛnje, frz.] *m.9* in Pfannkuchenteig getauchte und in schwimmendem Fett gebackene Fruchtscheiben

Bei|ram *m.9* → Bairam

Be|kas|si|ne [frz.] *w.11* Sumpfschnepfe

Bel [nach dem Erfinder des Telefons, A. G. Bell] *s. Gen.* -s *Mz.* - (*Abk.*: B) Maßeinheit für die Dämpfung von Schwingungen

Bel|ami [frz. „schöner Freund"] *m.9* Frauenliebling

bel can|to *m. Gen.* - -, **Bel|can|to** *m.9, beides nur Ez.* → Belkanto

Bel|em|nit [griech.] *m.10* ausgestorbener Kopffüßer; fossiler Rest seines Gehäuses, Donnerkeil, Teufelsfinger

Bel|es|prit [bɛlɛspri, frz.] *m.9 veraltet:* Schöngeist

Bel|eta|ge [bɛletaʒə, frz.] *w.11 veraltet:* erstes Stockwerk, Hauptgeschoß

Be|li|al [hebr.] *m.1 nur Ez., bibl. Bez. für* Teufel

Bel|kan|to [ital. „schöner Gesang"] *m.9 nur Ez.* die Schönheit der Stimme zur Geltung bringender ital. Gesangsstil des 17.–19. Jh.; **bel|kan|tie|ren** in der Art des Belkantos singen

Bel|la|don|na [ital. „schöne Frau"] *w. Gen.* - *Mz.* -nen **1** Tollkirsche, eine Gift- und Heilpflanze; **2** *nur Ez.* daraus gewonnenes Heil- und (früher) Schönheitsmittel

Bel|le|trist [frz.] *m.10* Schriftsteller der Belletristik; **Bel|le|tri|stik** *w.10 nur Ez.* schöne Literatur, Unterhaltungsliteratur

Belle|vue [bɛlvy, frz. „schöne Aussicht"]

1 *w. 11* Aussichtspunkt; **2** *s. 9* Name von Schlössern

Bel|li|zist [neulat.] *m. 10* Kriegstreiber

Be|lo|rus|se [russ.] *m. 11* Angehöriger eines ostslaw. Volkes, Weißrusse, Weißruthene

Bel-Pae|se [ital. „schönes Land"] *m. Gen. - Mz. -* ein ital. Weichkäse

Be|ludsch *m. 1* kleiner, dunkelfarbiger Orientteppich

Be|lu|ga [russ.] *m. 9* **1** Weißwal, ein Gründelzahnwal; **2** Hausen, Stör; **3** der aus dem Rogen von (**2**) hergestellte Kaviar

Be|lutsch *m. 1* → Beludsch

Bel|ve|de|re [ital. „schöne Aussicht"] *s. 9* **1** Aussichtspunkt; **2** Name von Schlössern

Ben *vor hebr. und arab. Namen:* Sohn, Enkel

be|ne|dei|en [lat.] segnen; gebenedeit seist du, Maria

Be|ne|dic|tus [lat.] *s. Gen. - Mz. - in der kath. Messe:* Lobgesang, Hymnus; **Be|ne|dik|ti|ner** *m. 5* **1** Angehöriger eines Mönchsordens; **2** ein Kräuterlikör; **Be|ne|dik|ti|on** [-tsjon] *w. 10* Segnung; **be|ne|di|zie|ren** segnen

Be|ne|fiz *s. 1* **1** → Benefizvorstellung; **2** → Benefizium; **Be|ne|fi|zi|ant** *m. 10* **1** *veraltet:* Wohltäter; **2** Nutznießer einer Benefizvorstellung; **Be|ne|fi|zi|ar, Be|ne|fi|zi|at** *m. 1* Inhaber eines Benefiziums; **Be|ne|fi|zi|um** *s. Gen. -s Mz. -zi|en im MA:* **1** zur Nutzung überlassenes, vererbbares Land; **2** mit einer Pfründe verbundenes Kirchenamt; **Be|ne|fiz|vor|stel|lung** *w. 10* Theater- oder Musikaufführung zugunsten eines Künstlers oder eines wohltätigen Zweckes

Ben|ga|li *s. Gen. -(s) nur Ez.* eine neuind. Sprache

be|ni|gne [lat.] *Med.:* gutartig (von Geschwülsten); *Ggs.:* maligne; **Be|ni|gni|tät** *w. 10 nur Ez. Med.:* Gutartigkeit; *Ggs.:* Malignität

Be|nnuß *w. 2* Frucht eines arab. Wüstenbaumes

Ben|thal [griech.] *s. 1* Lebensbereich des Bodens stehender Gewässer; **Ben|thos** *s. Gen. - nur Ez.* Tier- und Pflanzenwelt eines Benthals

Ben|to|nit [nach dem Fundort Fort Benton in Montana/USA] *m. 1 nur Ez.* Ton mit starker Quellfähigkeit

Benz|al|de|hyd *m. 1* Bittermandelöl

Ben|zin [arab.] *s. 1* aus Erdöl gewonnene, farblose, flüchtige, feuergefährl. Flüssigkeit, bes. als Treibstoff

Ben|zoe [-tsoe:, arab.] *w. Gen. - nur Ez.*, **Ben|zoe|harz** *s. 1 nur Ez.* wohlriechendes Harz des ostind. und indones. Benzoebaumes; **Ben|zoe|säu|re** *w. 11 nur Ez.* ein Konservierungsmittel; **Ben|zol** [Kurzw. aus Benzoe und Alkohol] *s. 1 nur Ez.* ein Kohlenwasserstoff; **Ben|zyl** *s. 1 nur Ez.* Restgruppe des Moleküls Benzoesäure; **Ben|zyl|al|ko|hol** *m. 1* ein aromat. Alkohol, Ausgangsstoff für Parfüme

Ber|ber *m. 5* **1** Angehöriger einer hamit. nordafrikan. Völkergruppe; **2** von Berbern gezüchtete Pferderasse; **3** von Berbern hergestellter Teppich

Ber|be|rit|ze [lat.] *w. 11* Sauerdorn, ein Zierstrauch

Ber|ceu|se [bɛrsøz(ə), frz.] *w. 11* Wiegenlied

Ber|ga|mas|ka [nach der ital. Stadt Bergamo] *w. Gen. - Mz. -ken* Tanzlied des 17./18. Jh.

Ber|ga|mot|te [türk.] *w. 11* **1** Pomeranze, eine Zitrusfrucht; **2** eine Birnensorte; **Ber|ga|mott|öl** *s. 1* aus der Bergamotte (**1**) gewonnenes Öl für Parfüme

Be|ri|be|ri [singhales.] *w. 9 nur Ez.* eine Vitamin-B-Mangelkrankheit, bes. in ostasiat. Ländern, mit Lähmungen, Schwäche und allgemeinen Schmerzempfindungen

Ber|ke|li|um [nach der kaliforn. Stadt Berkeley] *s. Gen. -s nur Ez.* (*Zeichen:* Bk) ein chem. Element

Ber|locke (-lok|ke) [frz.] *w. 11* Schmuckanhänger für Uhrketten u. ä.

Ber|me [ndrl.] *w. 11* horizontaler Absatz in einer Böschung

Ber|sa|glie|re [-saljɛrə, ital.] *m. Gen. -s Mz. -ri* Soldat der ital. Elitetruppe mit breitkrempigem Hut und Federbusch

Ber|ser|ker [altnord.] *m. 5 altnord. Myth.:* wilder, starker Kämpfer

Be|ryll [griech.] *m. 1* ein Edelstein; **Be|ryl|li|um** *s. Gen. -s nur Ez.* (*Zeichen:* Be) chem. Element

Be|san [arab.-ital.] *m. 1* Segel am Besanmast

Be|san|mast *m. 12* der hinterste Mast (eines Segelschiffes)

Bé|sigue [bezig, frz.] *s. 9 nur Ez.* ein Kartenspiel

Bes|se|mer|bir|ne [nach dem engl. Ingenieur Sir Bessemer] *w. 11* feuerfester Behälter, in dem Roheisen gereinigt und in Stahl verwandelt wird; **bes|se|mern** in der Bessemerbirne herstellen

Be|ste|der [ndrl.] *m. 5 Seew.:* Schiffsbauherr

be|stia|lisch [lat.] **1** ungemein roh, grausam; **2** fürchterlich; es stinkt b.; **Be|stia|li|tät** *w. 10 nur Ez.* Roheit, Grausamkeit; **Be|stia|ri|um** *s. Gen. -s Mz. -ri|en MA:* Sammlung von Tierbeschreibungen; **Be|stie** [-stjə] *w. 11* **1** wildes Tier; **2** roher, grausamer Mensch

be|strei|ken durch → Streik stillegen; einen Betrieb bestreiken

Best|sel|ler [engl.] *m. 5* Buch (auch Schallplatte o. ä.) mit großem Verkaufserfolg

Be|ta|strah|len, β-Strah|len [griech.] *m. 12 Mz.* aus Elektronen oder Positronen bestehende radioaktive Strahlen; **Be|ta|tron** [Kurzw. aus Betastrahlen und Elektron] *s. 1 oder s. 9* Gerät zum Beschleunigen von Elektronen, Elektronenschleuder

Be|tel [mal.] *m. 5* aus der Betelnuß herge-

stelltes Genußmittel; **Be|tel|nuß** *w. 2* Frucht der Betelpalme; **Be|tel|pal|me** *w. 11* südostasiat. Baum, Arekapalme
Bet|ti|se [frz.] *w. 11* Dummheit
Be|ton [-tɔŋ oder -tõ, lat.-frz.] *m. 9, eindeutschend* [-ton] *m. 1* ein Baustoff aus Zement, Wasser, Sand u. a.
Be|to|nie [-njə, lat.] *w. 11* eine Wiesenblume, Heilpflanze
be|to|nie|ren mit Beton ausmauern
be|tucht [hebr.] wohlhabend
Be|va|tron [engl. Kunstw.] *s. 1 oder 9* in Berkeley (Calif.) erbauter Teilchenbeschleuniger
Bey *m. 9* → Beg
be|zir|zen [nach der Zauberin Circe der griech. Sage] *ugs.:* bezaubern, verliebt machen, verführen
Be|zo|ar [pers.-frz.], **Be|zo|ar|stein** *m. 1* kleiner Ballen aus Pflanzenresten, Haaren u. a. im Magen von Ziege, Gemse, Lama, früher als Heilmittel benutzt
bfr *Abk. für* belgischer Franc
Bi *chem. Zeichen für* Wismut (Bismutum)
Bi|ar|chie [lat. + griech.] *w. 11* Doppelherrschaft
Bi|as [baiəs, engl. „Vorurteil"] *s. Gen. - nur Ez. Marktforschung:* Verzerrung von Meinungsumfrage-Ergebnissen durch subjektive Einflüsse oder systemat. Fehler
Bi|ath|lon [lat. + griech.] *s. 9* Kombination aus Schilanglauf und Schießübungen (als olymp. Disziplin)
Bi|blia pau|pe|rum [lat.] *w. Gen. - - Mz.* -liä- Armenbibel, mittelalterliche Bilderbibel mit kurzen Erläuterungen für das einfache Volk
Bi|blio|graph [griech.] *m. 10* Hersteller einer Bibliographie; **Bi|blio|gra|phie** *w. 11* **1** Bücherkunde; **2** Bücherverzeichnis mit genauen Angaben von Titel, Verfasser, Erscheinungsort und -jahr, Seitenzahl usw.; **bi|blio|gra|phie|ren** in eine Bibliographie aufnehmen; *auch:* (einen Buchtitel) genau feststellen, ermitteln; **Bi|blio|klast** *m. 10* jmd., der aus Sammelwut Seiten aus fremden Büchern herausreißt; **Bi|blio|ma|ne** *m. 11* übertrieben leidenschaftl. Büchersammler; **Bi|blio|ma|nie** *w. 11* übertrieben leidenschaftl. Sammeln von Büchern; **bi|blio|phil** **1** bücherliebend; **2** schön und kostbar ausgestattet; bibliophile Ausgabe; **Bi|blio|phi|le** *m. 11* Liebhaber und Sammler schöner Bücher; **Bi|blio|phi|lie** *w. 11 nur Ez.* Freude an schönen Büchern; **bi|blio|phob** bücherfeindlich; **Bi|blio|pho|be** *m. 11* Bücherfeind; **Bi|blio|pho|bie** *w. 11 nur Ez.* Abneigung gegen Bücher; **Bi|blio|taph** *m. 1* jmd., der seine Bücher verbirgt und nicht verleiht; **Bi|blio|thek** *w. 10* **1** Büchersammlung, Bücherei; **2** Raum, Gebäude dafür; **Bi|blio|the|kar** *m. 1* Angestellter in einer Bibliothek (mit bes. Ausbildung)
Bi|bli|zis|mus *m. Gen. - nur Ez.* Auffassung, daß alle Aussagen der Bibel wörtlich zu verstehen seien und als Verhaltensnorm zu gelten hätten
Bi|car|bo|nat [lat.] *s. 1* doppeltsaures Salz der Kohlensäure
Bi|chro|mat [-kro-, lat. + griech.] *s. 1, früher für* Dichromat; **Bi|chro|mie** *w. 11 nur Ez.* Zweifarbigkeit
Bi|ci|ni|um [lat.] *s. Gen.* -s *Mz.* -ni|en *15./16. Jh.:* kurzes, zweistimmiges Musikstück
Bi|det [-de, frz.] *s. 9* Sitzbadebecken
Bi|don [-dõ, frz.] *s. 9* Benzinkanister; **Bi|don|ville** [-dõvil] *s. 9* Elendsviertel (in nordafrik. und frz. Städten)
bi|enn [lat.] zweijährig, zwei Jahre lebensfähig; **Bi|en|na|le** [ital.] *w. 11* alle zwei Jahre stattfindende Ausstellung und Vorführung von Werken der bildenden Kunst, der Musik und des Films, bes. in Venedig; **Bi|en|ni|um** [lat.] *s. Gen.* -s *Mz.* -ni|en Zeitraum von zwei Jahren
bi|fi|lar [lat.] *Tech.:* zweifädig, zweidrahtig
Bi|fo|kal|glas [lat.] *s. 4* Brillenglas mit zweifachem Schliff für Fern- und Nahsicht
Bi|ga [lat.] *w. Gen. - Mz.* -gen antiker, mit zwei Pferden bespannter, zweirädriger Wagen
Bi|ga|mie [lat. + griech.] *w. 11 nur Ez.* Doppelehe; **Bi|ga|mist** *m. 10* jmd., der in Bigamie lebt
Big Band [-bænd, engl.] *w. Gen. - - Mz.* - -s großes Jazzorchester
Big Bu|si|ness [-biznis, engl.] *s. Gen. - - nur Ez.* Wirtschaftsform mit der Tendenz zum Großbetrieb und zu Unternehmenszusammenschlüssen
Bi|gno|nie [-njə, nach dem frz. Abbé Bignon] *w. 11* eine Zierpflanze
bi|gott [frz.] frömmelnd, blindgläubig; **Bi|got|te|rie** *w. 11 nur Ez.* Frömmelei
Bi|jou [-ʒu, frz.] *s. 9 oder m. 9* Kleinod, Schmuckstück; **Bi|jou|te|rie** *w. 11* **1** (meist unechte) Schmuckwaren; **2** Schmuckgeschäft
Bi|kar|bo|nat *s. 1* → Bicarbonat
Bi|ki|ni [nach dem Atoll Bikini in den Marshallinseln] *m. 9* sehr knapper, zweiteiliger Badeanzug
bi|kon|kav [auch: bi-, lat.] beiderseits hohl geschliffen (Linse)
bi|kon|vex [auch: bi-, lat.] beiderseits gewölbt geschliffen (Linse)
Bi|la|bi|al [auch: bi-, lat.] *m. 1* mit beiden Lippen gebildeter Laut, m, b, p
Bi|lanz [ital.] *w. 10* **1** Gegenüberstellung von Vermögenswerten und Verpflichtungen zu einem bestimmten Zeitpunkt; **2** *übertr.:* Gegenüberstellung, abschließender Überblick; **bi|lan|zie|ren** eine Bilanz aufstellen (über etwas)
bi|la|te|ral [lat.] zweiseitig; bilaterale Verträge; **Bi|la|te|ra|lis|mus** *m. Gen. - nur Ez.* Zweiseitigkeit der Verträge zwischen zwei Staaten
bi|lin|gu|isch [lat.] zweisprachig

Bi|li|ru|bin [lat.] *s. 1 nur Ez.* rötlichbrauner Gallenfarbstoff; **Bi|lis** *w. Gen. - nur Ez.* Galle; **Bi|li|ver|din** *s. 1 nur Ez.* grüner Gallenfarbstoff

Bill [engl.] *w. 9* **1** *im engl. Parlament:* Gesetzesentwurf; **2** *engl.-amerik. Rechtsw. allg.:* Urkunde

Bil|lard [-lj-, frz.] *s. 1, österr.* [biljar oder bijar] Kugelstoßspiel auf einem tuchbespannten Tisch; **bil|lar|die|ren** Billard regelwidrig spielen

Bill|ber|gia [nach dem schwed. Botaniker G. J. Billberg] *w. Gen. - Mz.*-gi|en, **Bill|ber|gie** [-gjə] *w. 11* eine Zimmerpflanze, z. B. Spanischer Hafer

Bil|let|doux [bijɛdu, frz. „süßes Briefchen"] *s. 9 veraltet:* Liebesbriefchen; **Bil|le|teur** [bijɛtœr] *m. 1 oder m. 9 österr.:* Platzanweiser (im Theater); **Bil|lett** [-ljɛt] *s. 9 oder s. 1* **1** *veraltet:* Briefchen, Zettel mit einer Mitteilung; **2** *veraltend:* Eintrittskarte, Theater-, Fahrkarte

Bil|li|ar|de [-ljar-, frz.] *w. 11* tausend Billionen; vgl. Quadrillion

Bil|li|on [-ljon, frz.] *w. 10, in Dtschl., Frkr. und Engl.:* eine Million Millionen; *in den USA, der UdSSR:* tausend Millionen

Bil|lon [biljɔ̃, frz.] *s. 9 oder m. 9* **1** Legierung aus Kupfer, Zinn und Zink; **2** Münze daraus

Bi|lux|lam|pe [lat.] *w. 11* Glühlampe mit zwei getrennt schaltbaren Leuchtkörpern, z. B. in Autoscheinwerfern

bi|ma|nu|ell [lat.] zweihändig

bi|ma|xil|lär [lat.] Ober- und Unterkiefer betreffend

Bi|me|tall *s. 1* zwei aufeinandergeschweißte oder -gewalzte Metallstreifen mit verschiedenem Ausdehnungskoeffizienten (für Thermometer, elektr. Kontakte); **Bi|me|tal|lis|mus** *m. Gen. - nur Ez.* auf zwei Metallen (meist: Gold und Silber) beruhende Währung; *Ggs.:* Monometallismus

bi|när, bi|nar, bi|na|risch [lat.] aus zwei Einheiten bestehend (Ziffer, Stoff); **Bi|när|code** [-ko:d] *m. 9 Kybernetik:* aus nur zwei Elementen bestehender Code; **bi|na|ry di|git** [bainəri didʒit, engl.] → bit

bin|au|ral [lat.] mit beiden Ohren; binaurales Hören

Bin|okel [lat.] **1** *s. 5* Brille, Fernrohr, Mikroskop für beide Augen; **2** *m. 5 oder s. 5 schweiz., veraltet:* Kartenspiel; *auch:* die Kombination von Karobube und Pikdame dabei; **bin|oku|lar** für beide Augen zugleich eingerichtet; b. sehen: mit beiden Augen gleichzeitig sehen

Bi|nom [lat.] *s. 1* **1** aus zwei Gliedern bestehender mathemat. Ausdruck; **2** *Bot.:* zweigliedriger Pflanzenname

bio..., **Bio...** [griech.] *in Zus.:* leben(s)..., Leben(s)...

Bio|che|mie *w. 11 nur Ez.* Wiss. von den chem. Vorgängen in Lebewesen; **Bio-Element** *s. 1* Spurenelement

bio|gen [griech.] von Lebewesen stammend; **Bio|ge|ne|se, Bio|ge|nie** *w. 11 nur Ez.* Entstehung, Entwicklungsgeschichte des Lebens

Bio|geo|gra|phie [griech.] *w. 11 nur Ez.* Wissenschaft von der Verteilung der Tiere und Pflanzen auf der Erde

Bio|gramm [griech.] *s. 1 Verhaltensforschung:* Aufzeichnung der Lebensvorgänge innerhalb einer zusammengehörigen Gruppe

Bio|graph [griech.] *m. 10* Verfasser einer Biographie; **Bio|gra|phie** *w. 11* Lebensbeschreibung

Bio|in|di|ka|tor *m. 13* Lebewesen (Tier oder Pflanze), das durch sein Vorhandensein oder Fehlen bestimmte Umweltverhältnisse anzeigt

Bio|kli|ma|to|lo|gie [griech.] *w. 11 nur Ez.* Wissenschaft von der Wirkung des Klimas auf das Leben

Bio|ky|ber|ne|tik *w. Gen. - nur Ez.* Wissenschaft von den Steuerungsvorgängen in Lebewesen

Bio|lith [griech.] *m. 10 oder 12* Ablagerungsgestein tierischer oder pflanzlicher Herkunft

Bio|lo|gie [griech.] *w. 11 nur Ez.* Wissenschaft von den Lebewesen; **bio|lo|gisch** **1** zur Biologie gehörig, auf ihr beruhend; **2** *übertr.:* dem natürlichen Wachstum entsprechend, nicht chemisch beeinflußt; biologisches Gemüse: natürlich gedüngtes, nicht gespritztes Gemüse; **Bio|lo|gis|mus** *m. Gen. - nur Ez.* einseitige Anwendung biolog. Betrachtungsweisen auf andere Wissensgebiete

Bio|lu|mi|nes|zenz [griech. + lat.] *w. 10 nur Ez.* Leuchtvermögen bestimmter Pflanzen und Tiere

Bio|ly|se [griech.] *w. 11* Zersetzung von organ. Substanz durch Lebewesen

Bio|man|tie [griech.] *w. 11 nur Ez.,* **Bio|mantik** *w. 10 nur Ez.* Wahrsagen aus Handlinien, Puls u. ä.

Bio|me|cha|nik *w. 10 nur Ez.* Lehre von den mechan. Vorgängen in Lebewesen

Bio|me|trie [griech.] *w. 11 nur Ez.,* **Bio|metrik** *w. 10 nur Ez.* **1** Lehre von den Maß- und Zahlenverhältnissen bei Lebewesen; **2** biolog. Statistik, Biostatistik

bio|morph [griech.] von natürl. Lebenskräften geformt; vgl. soziomorph, technomorph; **Bio|mor|pho|se** *w. 11* die durch natürl. Vorgänge hervorgerufene Umwandlung der Lebewesen

Bio|mo|tor *m. 13* Gerät zur künstl. Beatmung

Bio|nik [Kurzw. aus Biologie + Technik] *w. 10 nur Ez.* Wissenschaft, die die Funktionsweise von Organen zur Lösung techn. Probleme heranzieht

Bio|no|mie [griech.] *w. 11 nur Ez.* Wissenschaft von den Gesetzen des Lebens

Bio|phy|sik [auch: -sik] *w. 10 nur Ez.* **1** Wis-

senschaft von den physikal. Vorgängen in Lebewesen; **2** in der Medizin angewendete physikal. Verfahren
Bi|op|sie [griech.] *w.11* Untersuchung von Gewebe u. ä., das dem lebenden Organismus entnommen wurde
Bio|rheu|se [griech.], Bior|rheu|se *w.11 nur Ez.* der Vorgang des Alterns
Bio|rhyth|mik *w.10 nur Ez.*, **Bio|rhyth|mus** *m. Gen. - nur Ez.* rhythm. Ablauf von Lebensvorgängen
Bi|os [griech.] *m. Gen. - nur Ez.* die belebte Welt
Bio|sa|tel|lit *m.10* mit Tieren oder Pflanzen besetzter Satellit zur Erforschung ihres Verhaltens im Zustand der Schwerelosigkeit
Bio|se [griech.] *w.11* einfacher Zucker mit zwei Sauerstoffatomen im Molekül
Bio|sen|sor [griech. + lat.] *m.13* Vorrichtung zum Übertragen von Meßwerten vom lebenden Körper
Bio|skop [griech.] *s.1* kinematographisches Gerät
Bio|sphä|re *w.11 nur Ez.* der von Lebewesen bewohnte oder bewohnbare Teil der Erdoberfläche
Bio|sta|ti|stik *w.10* → Biometrik (**2**)
Bio|tech|nik *w.10 nur Ez.* die Erkenntnis technischer Grundsätze und Abläufe in biolog. Vorgängen und ihre Nutzbarmachung in der Technik (z. B. Aerodynamik des Vogelfluges); **Bio|tech|no|lo|gie** *w.11 nur Ez.* Wissenschaft von der Biotechnik
Bio|tin *s.1 nur Ez.* Vitamin H
bio|tisch [zu: Bios] zu Lebewesen gehörend, von ihnen stammend
Bio|tit [nach dem frz. Physiker J. B. Biot] *m.1* schwarzer Glimmer
Bio|to|nus [griech.] *m. Gen.- nur Ez.* natürliche, angeborene Lebenskraft, Spannkraft
Bio|top [griech.] *m.1 oder s.1* einheitlicher Lebensraum mit bestimmten Pflanzen- und Tierarten
bio|trop [griech.] auf Lebewesen bestimmend einwirkend; biotrope Faktoren: z. B. Luftdruck, Temperatur; **Bio|tro|pie** *w.11* Wittevungsempfindlichkeit des Organismus
Bio|typ *m.12*, **Bio|ty|pus** *m. Gen. - Mz.*-pen Gesamtheit aller reinerbigen Exemplare einer Population
bio|zen|trisch das Leben, seine Erhaltung und Höherentwicklung in den Mittelpunkt stellend
Bio|zö|no|se [griech.] *w.11* Lebensgemeinschaft von Pflanzen und Tieren in einem Biotop
Bi|pe|de [lat.] *m.11* Zweifüßer, zweifüßiges Tier
bi|po|lar zweipolig; **Bi|po|la|ri|tät** *w.10* Zweipoligkeit
Bi|qua|drat *s.1* Quadrat des Quadrats, vierte Potenz
Bi|quet [bikɛ, frz.] *m.9* Schnellwaage für Gold- und Silbermünzen; **bi|que|tie|ren** [-kɛ-] auf dem Biquet abwiegen
Bi|re|me [lat.] *w.11* antikes Kriegsschiff mit zwei Ruderreihen übereinander
Bi|rut|sche *w.11* → Barutsche
Bi|sam [hebr.] *m.1* **1** Fell der Bisamratte; **2** *veraltet für* Moschus
Bi|sek|trix [lat.] *w. Gen. - Mz.*-tri|zes Winkelhalbierende zwischen den Achsen eines Kristalls
Bi|se|xua|li|tät *w.10 nur Ez.* **1** *Biol.:* Zweigeschlechtigkeit; **2** *Med.:* auf beide Geschlechter gerichtete Sexualität; **bi|se|xu|ell** mit beiden Geschlechtern verkehrend
Bis|ko|te [ital.] *w.11 österr.:* Biskuitplätzchen
Bis|kuit [-kvit, auch: -kvit, bis-, lat.- frz.] *s.9 oder s.1* leichtes, feines Gebäck ohne Fett;
Bis|kuit|por|zel|lan *s.1* zweimal gebranntes, unglasiertes Porzellan
Bis|mu|tit *m.1* ein Mineral; **Bis|mu|tum** *s. Gen.*-s *nur Ez.* (*Zeichen:* Bi) Wismut
Bi|son [german.-lat.] *m.9* nordamerik. Wildrind
Bi|ster [frz.] *m.5* aus Ruß gewonnene, braune Wasserfarbe
Bi|stou|ri [-stu-, frz.] *m.9 oder s.9* Operationsmesser mit bewegl. Klinge
Bi|stro(t) [-stro, frz.] **1** *s.9* kleine frz. Gaststätte, Kneipe; **2** *m.9* frz. Schankwirt
bi|syl|la|bisch [lat.] zweisilbig
bit *in der Datenverarbeitung Abk. für* binary digit: Stelle im Zweiersystem, Element eines nur aus zwei Zeichen bestehenden Codes
Bi|tu|men [lat.] *s.7* Erdharz, Erdpech; **bi|tu|mi|nie|ren** mit Bitumen bestreichen; **bi|tu|mi|nös** Bitumen enthaltend
bi|va|lent [lat.] *Chem.:* zweiwertig; **Bi|va|lenz** *w.10* Zweiwertigkeit
Bi|wa [jap.] *w.9* viersaitige jap. Laute
Bi|wak [frz.] *s.1 oder 9* Nachtlager im Freien, Feldlager; **bi|wa|kie|ren** ein Biwak aufschlagen, im B. übernachten
bi|zarr [frz., ital.] **1** seltsam, ungewöhnlich (Form); **2** launenhaft, wunderlich (Person);
Bi|zar|re|rie *w.11* Seltsamkeit, Wunderlichkeit
Bi|zeps [lat.] *m.1* zweiköpfiger Beugemuskel (z. B. am Oberarm und Oberschenkel)
Bi|zi|nie [-njə, lat.] *w.11* → Bicinium
bi|zy|klisch einen Kohlenstoffdoppelring enthaltend (chem. Verbindung)
Bk *chem. Zeichen für* Berkelium
Black|band [blækbænd, engl.] *s.9 nur Ez.* geringwertiges Eisenerz
Black|out [blækaut, engl.] *s.9* **1** plötzl. Dunkelwerden der Bühne beim Szenenschluß; **2** kurze, meist witzige Szene mit einem solchen Schluß; **3** Ausfall der Funkverbindung mit einem Raumschiff bei dessen Eintritt in die Atmosphäre; **4** vorübergehender Verlust

der Sehfähigkeit unter Einwirkung extremer Beschleunigung; **5** Aussetzen der Wahrnehmungsfähigkeit oder des Bewußtseins

Black Po|wer [blæk pauər, engl.] *w. Gen.* - - *nur Ez.* Freiheitsbewegung der US-amerik. Neger

bla|ma|bel [frz.] beschämend; **Bla|ma|ge** [-ʒə] *w. 11* peinl. Beschämung; **bla|mie|ren** bloßstellen, beschämen

blan|chie|ren [blãʃi-, frz. „weiß machen"] abbrühen (Geflügel, Mandeln)

bland [lat.] **1** mild, reizlos (Diät); **2** ruhig verlaufend (Krankheit)

Blan|kett [ital.] *s. 1* nicht völlig ausgefülltes, aber unterschriebenes Formular (*bes.:* Wechsel); **blan|kie|ren** verkaufen, ohne es selbst schon gekauft zu haben

blan|ko [ital.] unausgefüllt, aber unterschrieben; **Blan|ko|scheck** *m. 9* nicht ausgefüllter, aber unterschriebener Scheck; **Blan|ko|verkauf** *m. 2* Leerverkauf, spekulativer Verkauf einer Sache, die man noch nicht besitzt; **Blan|ko|voll|macht** *w. 10* unbeschränkte Vollmacht

Blank|vers [engl.] *m. 1* fünffüßiger Jambus ohne Reim

bla|siert [frz.] eingebildet und eitel, hochnäsig

Bla|son [-sõ, frz.] *m. 9* Wappen, Wappenschild; **bla|so|nie|ren** ein Wappenschild b.: ausmalen oder erklären

Blas|phe|mie [griech.] *w. 11* Gotteslästerung, Beschimpfung von etwas Heiligem; **blas|phemisch, blas|phe|mi|stisch** gotteslästerlich, Heiliges verhöhnend

Bla|sto|derm [griech.] *s. 1 nur Ez.* Zellwandung der Blastula; **Bla|sto|ge|ne|se** *w. 11* ungeschlechtl. Vermehrung durch Sprossung oder Knospung; **Bla|stom** *s. 1* nichtentzündl Geschwulst; **Bla|sto|my|zet** *m. 10* Sproßpilz; **Bla|sto|po|rus** [griech.-lat.] *m. Gen. - nur Ez.* Öffnung des Urdarms, Urmund; **Bla|stu|la** *w. Gen. - nur Ez.* Blasenkeim, frühe Entwicklungsstufe des Embryos

Bla|zer [bleizər, engl.] *m. 5* leichte, sportl. Herren- oder Damenjacke mit aufgesetzten Taschen

Blen|nor|rhö [griech.] *w. 10,* **Blen|nor|rhoe** [-rø] *w. 11 veraltet:* eitrige Schleimabsonderung, *bes.:* eitrige Bindehautentzündung

bles|sie|ren [frz.] *veraltet:* verletzen; **Bles|sur** *w. 10 veraltet:* Verletzung

bleu [blø, frz.] *meist nicht flektiert:* grünlichblau

Bliz|zard [blizərd, engl.] *m. 9* Schneesturm (in Nordamerika)

Blou|son [bluzõ, frz.] *m. 9 oder s. 9* über dem Rock getragene, über der Hüfte eng anliegende Bluse

Blow-up [blou ʌp, engl.] *s. Gen.* - - *nur Ez.* **1** Aufbauschen, Vergrößern; **2** Vergrößerung (eines Photos u. a.)

Blue Jeans [blu dʒinz, engl.] *Mz.* blaue Drillichhose

Blues [bluz, engl.] *m. Gen. - Mz. -* **1** schwermütiges Tanzlied der nordamerik. Neger; **2** langsamer Gesellschaftstanz

Bluff [blʌf, auch noch: bløf, auch schon: bluf, engl.] *m. 9* dreiste Täuschung, Irreführung; **bluf|fen** [blʌf-, auch noch: bløf-, auch schon: bluf-] dreist täuschen, verblüffen

blü|me|rant [frz.] *ugs.:* schwindelig, flau, schwach; mir ist, wird ganz b. (zumute)

b. m. *Abk. für* brevi manu

Bö [ndrl.] *w. 10* Windstoß

Boa [lat.] *w. 9* **1** Riesenschlange; **2** langer, schmaler Pelz oder Schal zum Umhängen

Boar|ding|house [bordiŋhaus, engl.] *s. Gen. - Mz.* -s [-hausiz] Pension, Fremdenheim

Bob *m. 9 Kurzw. für* Bobsleigh

bob|ben beim Bobfahren den Oberkörper ruckweise nach vorn bewegen, um die Fahrt zu beschleunigen

Bob|by [nach dem Engländer Robert (Bobby) Peel] *m. Gen.* -s *Mz.* -bies engl. Polizist

Bo|bi|ne [frz.] *w. 11* **1** Garnspule; **2** endloser Papierstreifen; **3** Trommel für Förderbänder

Bo|bi|net [auch: bo-, engl.] *m. 9* engl. Tüll

Bob|sleigh [-slɛi, engl.] (*Kurzw.:* Bob) *m. 9* lenkbarer Rennschlitten

Boc|cia [botʃa] *s. Gen. - nur Ez.* ital. Kugelspiel

Boche [boʃ, frz. „Schwein"] *m. 9, bes. im 1. Weltkrieg:* Schimpfname der Franzosen für den Deutschen

Bo|de|ga *w. 9* span. Weinschenke

Bo|dhi|satt|wa [sanskr.] *m. 9* buddhist. Heiliger

Bo|do|ni [nach dem ital. Buchdrucker und Schriftschöpfer G. Bodoni] *w. Gen. - nur Ez.* eine Antiqua-Druckschrift

Bo|dy|buil|ding [-bil-, engl.] *s. Gen. - s nur Ez.* Muskeltraining zur Ausbildung guter Körperformen

Böe *w. 11* → Bö

Bo|fel *m. 5* → Bafel

Bog|head|koh|le [-hɛd-, nach dem schott. Ort Boghead] *w. 11 nur Ez.* sehr fetthaltige Steinkohle

Bo|go|mi|le, Bo|gu|mi|le [slaw. „Gottesfreund" oder nach dem Gründer Bogomil] *m. 11* Angehöriger einer mittelalterl. Sekte in Osteuropa und Kleinasien

Bo|heme [boɛm, frz.] *w. 11 nur Ez.* unbürgerl., ungebundenes Künstlerleben oder -milieu; **Bo|he|mi|en** [boɛmjɛ̃] *m. 9* jmd., der in der Art der Boheme lebt

Boi|ler [boi-, engl.] *m. 5* Gerät zum Warmwasserbereiten und -speichern

Bo|jar [russ.] *m. 10, im alten Rußland:* Angehöriger des Hochadels, *in Bulgarien und Rumänien:* adliger Großgrundbesitzer

Bo|je [ndrl.] *w. 11* verankertes Seezeichen

Bok|mål [-mo:l, norw.] *s. Gen.* -s *nur Ez.* vom

Dän. beeinflußte norw. Schriftsprache, im Unterschied zum Landsmål

Bol *m. 1* → Bolus

Bo|la [span.] *w. 9* südamerik. Wurfwaffe

Bo|le|ro [span.] *m. 9* **1** span. Tanz; **2** kurzes, offenes Jäckchen

Bo|le|tus [griech.] *m. Gen.- Mz.* -ti ein Pilz

Bo|lid [griech.] *m. 1 oder 10* Meteor in Form einer Feuerkugel

Bo|lí|var *m. Gen.*-s *Mz.*- Währungseinheit in Venezuela, 100 Centimos; **Bo|li|via|no** *m. 9 Mz. auch:* - (*Abk.:* B) Währungseinheit in Bolivien, 100 Centavos

Bol|lan|dist [nach dem Jesuiten J. Bolland] *m. 10* Mitglied der Arbeitsgemeinschaft zur Herausgabe von Heiligenlegenden

Bo|lo|me|ter [griech.] *s. 5* Gerät zum Messen der Energie elektromagnet. Strahlung

Bol|sche|wik [russ.] *m. 10, Mz. auch* -ki Angehöriger der Kommunist. Partei der UdSSR; **bol|sche|wi|sie|ren** nach dem Vorbild des Bolschewismus gestalten; **Bol|sche|wis|mus** *m. Gen.- nur Ez.* Lehre und Taktik des von Lenin weiterentwickelten Marxismus

Bo|lus [griech.] *m. Gen.- nur Ez.* **1** kalkhaltiger Ton; **2** Bissen, große Pille; **Bo|lus|tod** *m. 1 nur Ez.* Tod durch Ersticken an einem zu großen Bissen oder Fremdkörper

Bom|ba|ge [-ʒə, frz.] *w. 11* Biegung, Wölbung, gewölbte Form

Bom|bar|de [frz.] *w. 11* **1** altes Steinschleudergeschütz; **2** tiefes Orgelregister; **3** *auch:* Holzblasinstrument, Pommer; **Bom|bar|de|ment** [-mã] *s. 9* Bombardierung; **bom|bar|die|ren** **1** mit Bomben angreifen; **2** *scherzh.:* bewerfen; jmdn. mit Steinen, Vorwürfen b.; **Bom|bar|don** [-dõ] *s. 9* Blechblasinstrument, Vorläufer der Baßtuba

Bom|bast [pers.-engl.] *m. 1 nur Ez.* Schreib-, Redeschwulst, Prunk, Überladenheit; **bom|ba|stisch** allzu prunkvoll, überladen; schwülstig, hochtrabend

bom|bie|ren [frz.] biegen, wölben (Glas, Blech)

Bon [bõ, frz.] *m. 9* Kassenzettel, Gutschein

bo|na fi|de [lat.] im guten Glauben, auf Treu und Glauben

Bo|na|par|tis|mus *m. Gen.- nur Ez.* polit. Richtung in Frankreich, die die Wiedereinsetzung eines Angehörigen des Hauses Bonaparte erstrebte

Bon|bon [bɔŋbɔŋ, frz. bõbõ] *s. 9, auch: m. 9,* kleine Süßigkeit, kleines Zuckerwerk; **Bon|bon|nie|re** [bõbɔnjɛrə] *w. 11* Pralinen-Geschenkpackung

Bond [engl.] *m. 9* engl. und amerik. festverzinsl. Schuldverschreibung

bon|gen eine Bestellung, einen Kauf b.: einen Bon für eine Bestellung, einen Kauf an der Registrierkasse tippen, bonieren

Bon|go **1** [afrik. Eingeborenenspr.] *m. 9* eine afrik. Antilope; **2** [span.] *s. 9* kubanische, paarweise mit den Fingern zu schlagende Trommel

Bon|ho|mie [bɔnɔmi, frz.] *w. 11 nur Ez.* Gutmütigkeit, Biederkeit; **Bon|homme** [bɔnɔm] *m. 9* gutmütiger, einfältiger Mensch

bo|nie|ren → bongen

Bo|ni|fi|ka|ti|on [-tsjon, lat.] *w. 10* Vergütung; **bo|ni|fi|zie|ren** ein Guthaben b.: einen höheren Zinssatz als üblich dafür gewähren

Bo|ni|tät [lat.] *w. 10* **1** Güte, Wert; **2** kaufmänn. Ruf; **3** Zahlungsfähigkeit; **bo|ni|tie|ren** schätzen, dem Wert nach einstufen (Grundstück, Waren)

Bo|ni|to [span.] *m. 9* (wirtschaftlich wichtiger) Speisefisch trop. Meere, Thunfisch

Bon|mot [bõmo, frz.] *s. 9* witzige, geistreiche Bemerkung

Bon|ne [frz.] *w. 11 veraltet:* Kindermädchen

Bo|nus [lat.] *m. 1 oder Gen.- Mz.-* **1** Gutschrift, einmalige Sondervergütung; **2** verbessernder Zuschlag auf Zeugnisnoten u. ä.; *Ggs.:* Malus (**2**)

Bon|vi|vant [bõvivã, frz.] *m. 9* Lebemann; *im Theater:* Salonheld

Bon|ze [jap.] *m. 11* **1** lamaist. Mönch; **2** *übertr.:* engstirniger Parteifunktionär; **Bon|zo|kra|tie** *w. 11* Bonzenherrschaft

Boom [bum, engl.] *m. 9* wirtschaftl. Aufschwung, Hochkonjunktur, Hausse

Boo|ster [bu-, engl.] *m. 5* Zusatzgerät zur Kraftverstärkung bei Antriebsaggregaten (Raketen) oder Steuervorrichtungen

Boot|leg [but-] *m. 9* Tonträger mit unautorisierter Aufnahme; **Boot|leg|ger** [but-, engl.] *m. 5, amerik. Bez. für* Alkoholschmuggler, illegaler Schnapsbrenner; **Boot|leg|ging** [but-] *s. Gen.*-s, *nur Ez.* unberechtigtes Aufnehmen von Rundfunksendungen, Konzerten u. a. auf Tonträger sowie deren Vervielfältigung und Vertrieb, Raubmitschnitt, Raubpressung

Bop *m. 9 Kurzform für* Bebop

Bor [zu: Borax] *s. 1 nur Ez.* (*Zeichen:* B) chem. Element, Nichtmetall

Bo|ra [slaw.?] *w. 9* kalter Wind an der nördl. Adria

Bo|rat *s. 1* Salz der Borsäure

Bo|rax [pers.-mlat.] *s. 1 nur Ez.* Natriumsalz der Borsäure; **Bo|ra|zit** *s. 1 nur Ez.* ein borhaltiges Mineral

Bor|deaux [-do, nach der frz. Stadt B.] *m. Gen.- Mz.-* [-dos] ein frz. Wein; **Bor|de|lai|ser Brü|he** [-lɛ-] *w. 11* Kupferkalkbrühe, Mittel gegen Obst-, bes. Rebenkrankheiten

Bor|dell [frz.] *s. 1* Haus zur Ausübung der Prostitution, Freudenhaus

Bor|de|reau [-ro, frz.] *m. 9 oder s. 9* Liste, Verzeichnis (von Wechseln oder Wertpapieren)

bor|die|ren [frz.] mit einer Borte versehen, einfassen

Bor|dun [frz.] *m. 1* **1** ständig mitklingender

Baßton, z. B. bei Dudelsack und Drehleier; **2** tiefes Orgelregister; **3** → Bordunsaite; **Bor|dun|sai|te** *w.11* mitschwingende, neben dem Griffbrett liegende Saite
Bor|dü|re [frz.] *w.11* farbiger Rand, Einfassung (von Geweben)
bo|re|al nördlich, kalt-gemäßigt; **Bo|re|as** [nach dem griech. Gott des Nordwindes] *m. Gen. - nur Ez.* Nordwind am Ägäischen Meer
Bor|gis [zu frz. bourgeois „bürgerlich"] *w. Gen. - nur Ez.* ein Schriftgrad (9 Punkt)
Bo|rid *s.1* Verbindung aus Bor und einem Metall
bor|niert [frz.] geistig beschränkt, engstirnig, stur
Bor|ra|go *m.9 nur Ez.*, **Bor|retsch** [arab.-frz.] *m.1 nur Ez.* ein Küchenkraut, Salatgewürz
Borschtsch *m. Gen. - nur Ez.* russ. Kohlsuppe mit Fleisch
Bör|se [griech.-lat.] *w.11* **1** Geldbeutel, Portemonnaie; **2** regelmäßiger Markt zum Handel von Wertpapieren und bestimmten Gütern; **3** Gebäude, in dem Börsengeschäfte getätigt werden; **4** Einnahmen eines Berufsboxers aus einem Wettkampf; **Bör|sen|job|ber** [-dʒɔbər] *m.5* Börsenspekulant; **Bör|sia|ner** *m.5* Börsenmitglied, -besucher
Bos|kett [frz.] *s.1* Lustwäldchen
Boß [ndrl.-engl.] *m.1* Arbeitgeber, Chef, Partei-, Gewerkschaftsführer
bos|se|lie|ren, bos|sie|ren [frz.] roh behauen (Stein); formen (Wachs, Ton)
Bo|ston [bɔstən, nach der Stadt B. in den USA] **1** *s.9 nur Ez.* ein Kartenspiel mit Whistkarten; **2** *m.9* langsamer amerik. Walzer
Bo|ta|nik [griech.] *w.10 nur Ez.* Pflanzenkunde; **bo|ta|ni|sie|ren** Pflanzen sammeln
Bo|tel [aus Boot und Hotel] *s.9* als Hotel umgebautes, verankertes Schiff
Bot|te|ga *w.9, ital. Mz.* -ghe ital. Weinschenke
Bot|te|lier [ndrl.-frz.] *m.1* Verwalter der Verpflegungsvorräte auf Kriegsschiffen
Bottle-Par|ty [bɔtl-, engl.] *w.9* Party, zu der die Gäste die Getränke selbst mitbringen
Bo|tu|lis|mus [lat.] *m. Gen. - nur Ez.* Lebensmittel-, bes. Wurst- oder Konservenvergiftung
Bou|clé [bukle, frz.] **1** *s.9* frotteeartiger Zwirn; **2** *m.9* Gewebe; Teppich daraus
Bou|doir [budoar, frz.] *s.9* kleines, elegantes Damenzimmer
Bou|gain|vil|lea [bugɛ̃-, nach dem frz. Geographen L. A. de Bougainville] *w.9, Mz. auch:* -vil|len ein trop. Kletterstrauch
Bou|gie [buʒi, frz.] *w.9* Stäbchen zum Dehnen krankhaft verengter Körpergänge, bes. der Harnröhre; **bou|gie|ren** [buʒi-] mit der Bougie dehnen
Bouil|la|baisse [bujabɛs, frz.] *w. Gen. - Mz.* -s [-bɛs] kräftig gewürzte provenzalische Fischsuppe
Bouil|lon [buljɔ̃, *österr.:* bujɔ̃, frz.] *w.9* Fleischbrühe
Boule [bul, frz.] *s.9 oder w.9* ein frz. Kugelspiel
Bou|let|te [bu-] *w.11* → Bulette
Bou|le|vard [buləvar, frz.] *m.9* Ring-, Prachtstraße; **Bou|le|vard|pres|se** *w.11 nur Ez.* billige, vorwiegend auf der Straße verkaufte Sensationszeitungen; **Bou|le|vard|thea|ter** *s.5* kleines Theater im Vergnügungsviertel großer Städte für leichte Unterhaltung
Boulle|ar|beit [bul-, nach dem frz. Tischler A. Ch. Boulle] *w.10* Intarsien mit Schildpatt, Elfenbein, Messing, Kupfer, Zinn
Bou|quet [bukɛ-, frz.] *s.9 veraltete Schreibung von* Bukett
Bou|qui|nist [buki-, frz.] *m.10* Händler mit gebrauchten Büchern, bes. in Paris
Bour|bo|ne [bur-] *m.11* Angehöriger eines frz. Herrschergeschlechts
bour|geois [burʒwa, bei flektierten Formen: burʒwas, frz.] zur Bourgeoisie gehörend, bürgerlich; **Bour|geois** *m. Gen. - Mz. - abwertend:* wohlhabender, selbstzufriedener Bürger; **Bour|geoi|sie** *w.11* wohlhabendes Bürgertum
Bour|rée [bure, frz.] *w.9* **1** altfrz., bäuerl. Tanz; **2** Teil der Suite
Bour|ret|te [burɛt(ə), frz.] *w.11* **1** Abfallseide; **2** Gewebe daraus
Bou|teille [butɛj(ə), frz.] *w.11* Flasche
Bou|tique [butik, frz.] *w.11* kleiner Laden für Modeartikel
Bou|ton [butɔ̃, frz.] *m.9* Schmuckknopf fürs Ohr, bes. in Form einer Knospe
Bou|zou|ki [buzu-, griech.] *w.9* → Busuki
Bow|den|zug [bau-, nach dem engl. Erfinder Bowden] *m.2* in Rohren u. ä. geführtes Drahtkabel zum Übertragen von Zugkräften
Bo|wie|mes|ser [nach dem amerik. Erfinder J. Bowie] *s.5* langes Jagdmesser
Bow|le [bolə, engl.] *w.11* **1** Getränk aus Wein, Sekt, Früchten und Zucker; **2** Glasgefäß dafür
Bow|ler [bou-, engl.] *m.5* runder, steifer Hut, Melone
Bow|ling [bou-, engl.] *s.9* **1** amerik. Art des Kegelspiels; **2** engl. Rasen-Kugelspiel
Box [engl.] *w.10* **1** Abteil im Pferdestall oder in der Autogarage; **2** Unterstellraum; **3** Behälter; **4** einfache Kamera in Kastenform
bo|xen [engl.] mit der Faust schlagen; mit den Fäusten nach bestimmten Regeln kämpfen; **Bo|xer** *m.5* **1** Faustkämpfer; **2** eine Hunderasse; **Bo|xer|mo|tor** *m.12* Art des Verbrennungsmotors mit einander gegenüberliegenden Zylindern
Bo|xin [engl.] *s.1 nur Ez.* Kunstleder
Box|kalf [engl.: -ka:f] *s.9* chromgegerbtes Kalbsleder mit viereckiger Musterung

Boy [bɔi, engl.] *m.9* Lauf-, Botenjunge; jugendl. Diener in Hotels
Boy|kọtt [nach dem geächteten ir. Gutsverwalter Boycott] *m.1* Verrufserklärung, Waren-, Liefersperre; **boy|kot|tie|ren** mit Boykott belegen
Boy-Scout [bɔiskaut, engl.] *m.9* engl. Pfadfinder
Br *chem. Zeichen für* Brom
Bra|ban|çonne [-bãsɔn, nach der belg. Provinz Brabant] *w. Gen. - nur Ez.* belg. Nationalhymne
bra|chi|al [lat.] zum Oberarm gehörig; **Bra|chi|al|ge|walt** *w.10 nur Ez.* rohe Körperkraft
bra|chy|ke|phal [griech.] kurz-, rundköpfig; **Bra|chy|ke|pha|lie** *w.11* kurze, runde Kopfform; **Bra|chy|lo|gie** *w.11 nur Ez.* gedrängte Kürze, Knappheit des Ausdrucks, Breviloquenz
Bra|chy|ze|pha|lie *w.11* → Brachykephalie
Brah|ma|ịs|mus → Brahmanismus; **Brah|man** [sanskr.] *s. Gen. -s nur Ez., ind. Relig.:* Urgrund alles Seins, beherrschendes Weltprinzip; **Brah|ma|ne** *m.11* Angehöriger der ind. Priesterkaste; **Brah|ma|nịs|mus** *m. Gen. - nur Ez.* ind. Religion; **Brah|mi|ne** *m.11 selten für* Brahmane
Braille|schrift [brajə-, nach ihrem frz. Erfinder, L. Braille] *w.10 nur Ez.* Blindenschrift
Brain|stor|ming [brɛin-, engl. „Gehirnstürmen"] *s. Gen. -s nur Ez.* eine Konferenzmethode, bei der in begrenzter Zeit spontan alle Vorschläge zu einem bestimmten Problem abgegeben werden, Ideenfindung, Ideenkonferenz
Brain-Trust [brɛintrʌst, engl.] *m.9* Beratungsausschuß aus hochqualifizierten Fachleuten
Brai|se [brɛzə, frz.] *w.11* Würzbrühe; **brai|sen** [brɛ-] in einer Braise dämpfen (Fleisch)
Brak|te|at [lat.] *m.10* mittelalterl., einseitig geprägte Münze
Bram [ndrl.] *w.10 Seew.:* zweitoberste Verlängerung des Mastes
Bra|mar|bas [span.] *m.1* Prahlhans, Aufschneider; **bra|mar|ba|sie|ren** aufschneiden, großtun
Bram|sten|ge *w.11* → Bram
Bran|che [brãʃə, frz.] *w.11* Geschäfts-, Wirtschaftszweig
Bran|chi|at [-çi-, griech.] *m.10* durch Kiemen atmendes Wassertier; **Bran|chi|en** [-çi-] *w.11 Mz.* Kiemen; **Bran|chio|sau|ri|er** [-çio-] *m.5* ausgestorbenes kleines Amphibium des Erdaltertums
Bran|dy [brȩndi, engl.] *m.9, engl. Bez. für* Branntwein
Branle, Bransle [brãl, frz.] *m. Gen. - nur Ez.* alter frz. Volkstanz
Bra|sil 1 *m.1 oder 9* Kaffee-, Tabaksorte; **2** *w. Gen. - Mz. -* Zigarre aus Brasiltabak; **Bra|sil|holz** *s.4 nur Ez.* ein Farbholz; **Bra|si|lin** *s.1 nur Ez.* aus Brasilholz gewonnener Farbstoff; **Bra|sil|nuß** *w.2* → Paranuß
Brạs|se [frz.-ndrl.] *w.11* Tau zum Drehen der Segel; **Bras|se|lẹtt** [frz.] *s.1* **1** Armband; **2** *Mz. Gaunerspr.:* Handschellen; **brạs|sen** die Segel b.: mit der Brasse nach dem Wind drehen; **Brạs|sen** *m.7* → Brasse
Brat|sche [ital.] *w.11* Altgeige, Viola; **Brat|schist** *m.10* Bratschenspieler
bra|vịs|si|mo! [ital.] ausgezeichnet!; **bra|vo!** sehr gut!; **Bra|vo 1** *s.9* Beifallsruf; **2** *m.9, ital. Bez. für* gedungener Mörder
Bra|vour [-vur, frz.] *w. Gen. - nur Ez.* **1** Meisterschaft, sehr großes techn. Können; **2** Kühnheit, Schneid; **Bra|vour|arie** [bravura:riə] *w.11* Arie, die großes techn. Können erfordert; **bra|vou|rös** [-vu-] **1** großes techn. Können erfordernd; **2** technisch hervorragend (gespielt)
break! [brɛik, engl.] trennt euch! (Kommando des Ringrichters beim Boxen); **Break** [brɛik] **1** *m.9* lange, offene Kutsche für Gesellschaftsfahrten; **2** *m.9* Kombiwagen; **3** *s.9 Jazz:* Zwischensolo mit entgegengesetztem Rhythmus; **4** *s.9 Sport:* unerwarteter Durchbruch
Brec|cie [brȩtʃə, ital.] *w.11* aus Gesteinstrümmern verkittetes Sedimentgestein
Bre|douil|le [bredụljə, frz.] *w.11 nur Ez.* Bedrängnis, Verlegenheit
Bree|ches [britʃəz, engl.] *nur Mz.* oben weite, unten enge Sporthose, bes. Reithose
Brẹk|zie [-tsjə] *w.11* → Breccie
Bre|to|ne *m.11* Einwohner der Bretagne
Bre|ve [lat. „kurz"] *s.9 oder s.14* kurzes päpstl. Schreiben; **Bre|vet** [breve, frz.] *s.9 früher:* Gnadenbrief des frz. Königs; *heute:* Verleihungs-, Schutzurkunde für Diplome, Patente usw.; **bre|ve|tie|ren** etwas b.: ein Brevet über etwas ausstellen
Bre|vi|ar [lat.] *s.1,* **Bre|via|ri|um** *s. Gen. -s Mz. -ri|en* kurze Übersicht, Auszug; **Bre|vier** *s.1* **1** Gebetbuch der kath. Geistlichen; **2** kleine Stellensammlung aus den Werken eines Dichters; **Bre|vi|lo|quẹnz** *w.10 nur Ez.* → Brachylogie
bre|vi ma|nu [lat.] (*Abk.:* b. m. *oder* br. m.) *veraltet:* kurzerhand; das hätte er b. m. erledigen können
Bridge [bridʒ, engl.?] *s. Gen. - nur Ez.* ein Kartenspiel mit frz. Karten
Brie [nach der frz. Landschaft B.] *m. Gen. -(s) nur Ez.* ein frz. Weichkäse
Bri|ga|de [frz.] *w.11* **1** *Mil.:* größere Truppeneinheit; **2** *DDR:* Arbeitskollektiv im Betrieb; **Bri|ga|dier** [-dje] *m.9* Führer, Leiter einer Brigade
Bri|gant [ital.] *m.10* Straßenräuber; **Bri|gan|ti|ne** *w.11* zweimastiges Segelschiff mit nur einem Gaffelsegel am hinteren Mast
Brigg [engl.] *w.9* Segelschiff mit zwei vollgetakelten Masten

Bri|ghel|la [ital.] *m. 9 oder Mz.* -ghel|li, listiger, intriganter Diener in der Commedia dell'arte
Bri|kett [frz.] *s. 9* in Form gepreßte Kohle; **bri|ket|tie|ren** zu Briketts formen
Bri|ko|le [frz.] *w. 11 Billard:* Rückprall des Balles von der Bande; **bri|ko|lie|ren** durch Brikole treffen
bril|lant [briljant, frz.] glänzend, ausgezeichnet; **Bril|lant 1** *m. 10* geschliffener Diamant; **2** *w. Gen. - nur Ez.* ein Schriftgrad; **Bril|lan|ti|ne** [-lj-] *w. 11 nur Ez., österr. auch:* Brillantin [-lj-] *s. Gen. -s nur Ez.* Haarpomade; **Bril|lanz** [-lj-] *w. 10 nur Ez.* **1** Glanz, Feinheit; **2** meisterhafte Geschicklichkeit; **bril|lie|ren** [-lj-] glänzen, sich durch sehr gute Leistung hervortun
Brim|bo|ri|um [lat.] *s. Gen. -s nur Ez.* unnützer Aufwand, Getue, Umschweife
Brim|sen [tschech.] *m. 7 österr.:* ein Schafskäse
Bri|nell|här|te [nach dem schwed. Ingenieur A. Brinell] *w. 11 nur Ez.* (*Abk.:* HB) Maß für die Härte eines Werkstoffes
brio → con brio
Bri|oche [briɔʃ, frz.] *w. 9* ein feines Hefegebäck
brio|so → con brio
bri|sant [frz.] **1** sprengend, hochexplosiv; **2** sensationell; **Bri|sanz** *w. 10 nur Ez.* **1** Sprengkraft; **2** höchste Aktualität
Bri|se [engl.] *w. 11* leichter Wind
Brise|so|leil [bri:zsɔlɛj, frz.] *m. 9* aus einzeln beweglichen Lamellen bestehendes Sonnenrollo außen am Fenster
Bri|so|lett [frz.] *s. 1,* **Bri|so|let|te** *w. 11* gebratenes Fleischklößchen
Bri|tan|nia|me|tall [nach dem lat. Namen für die Brit. Inseln] *s. 1* eine Zinnlegierung; **Bri|te** *m. 11* Einwohner der Brit. Inseln
br. m. *Abk. für* brevi manu
Bro|de|rie [frz.] *w. 11 veraltet:* Stickerei; **bro|die|ren** *veraltet:* besticken, einfassen
Bro|kat [ital.] *m. 1* schwerer Seidenstoff mit eingewebten Gold- oder Silberfäden; **Bro|ka|tell** *m. 1,* **Bro|ka|tel|le** *w. 11* schwerer Halbseidenstoff mit erhabenem Muster
Brok|ko|li [ital.] *Mz.* Spargelkohl, eine ital. Kohlsorte
Brom [griech.] *s. 1 nur Ez.* (*Zeichen:* Br) chem. Element; **Bro|mat** *s. 1* Salz der Bromsäure; **Bro|ma|to|lo|gie** *w. 11 nur Ez.* Lehre von der Zubereitung der Nahrungs- und Genußmittel; **Bro|mid** *s. 1* Salz der Bromwasserstoffsäure; **Bro|mis|mus** *m. Gen. - nur Ez.* Bromvergiftung; **Bro|mit** *m. 1 nur Ez.* **1** Salz der Bromwasserstoffsäure; **2** ein Mineral
bron|chi|al [-çi-, griech.] zu den Bronchien gehörend, von ihnen ausgehend; **Bron|chi|al|asth|ma** *s. Gen. -s nur Ez.* anfallsweise auftretende Atemnot infolge Verengung der Bronchiolen; **Bron|chi|al|ka|tarrh** *m. 1* Schleimhautentzündung der Bronchien; **Bron|chie** [-çiə] *w. 11 meist Mz.* Ast der Luftröhre; **Bron|chio|len** *Mz.* feine Verzweigungen der Bronchien; **Bron|chi|tis** *w. Gen. - Mz.* -ti|den → Bronchialkatarrh; **Bron|cho|pneu|mo|nie** [-ço-] *w. 11* eine Form der Lungenentzündung; **Bron|cho|skop** *s. 1* Gerät zur Untersuchung der Bronchien; **Bron|cho|sko|pie** *w. 11* Untersuchung der Bronchien mit dem Bronchoskop; **Bron|chus** [-çus] *m. Gen. - Mz.* -chen Hauptast der Luftröhre
Bron|to|sau|rus [griech.] *m. Gen. - Mz.* -ri|er riesiger Saurier der Kreidezeit in Nordamerika
Bron|ze [brɔ̃sə, frz.] *w. 11* **1** *nur Ez.* eine Kupferlegierung; **2** künstlerisch gestalteter Gegenstand daraus; **3** *nur Ez.* braungelber Farbton; **Bron|ze|krank|heit** [brɔ̃sə-] *w. 10 nur Ez.* Erkrankung der Nebennieren mit Braunfärbung der Haut; **bron|zie|ren** [brɔ̃si-] mit Bronze überziehen; **Bron|zit** *m. 1 nur Ez.* ein Mineral
Bro|sche [frz.] *w. 11* Schmucknadel
bro|schie|ren [frz.] heften oder leimen (Druckbogen); **Bro|schur** *w. 10* **1** das Broschieren; **2** Erzeugnis des Broschierens; **Bro|schü|re** *w. 11* dünnes broschiertes Buch in leichtem Kartonumschlag
Brow|ning [brau-, nach dem amerik. Erfinder John B.] *m. 9* Selbstladepistole
BRT *Abk. für* Bruttoregistertonne
Bru|cel|lo|se [nach dem engl. Arzt D. Bruce] *w. 11* auf Menschen übertragbare Infektionskrankheit bei Haustieren, z. B. Maltafieber
Brui|tis|mus [frz. bruit „Lärm"] *m. Gen. - nur Ez.* Richtung der Musik, in der Geräusche als Gestaltungsmaterial verwendet werden
Brunch [brʌntʃ, aus engl. breakfast + lunch] *s. Gen. -(s) Mz. -s oder* -e zeitlich zusammengelegtes spätes Frühstück und Mittagessen
brü|nett [frz.] braunhaarig
brü|nie|ren [frz.] mit einer Oxidschutzschicht überziehen (Metall)
brüsk [frz.] schroff, kurz; **brüs|kie|ren** schroff, abweisend behandeln
bru|tal [lat.] roh, gewalttätig; **bru|ta|li|sie|ren** jmdn. b.: ihn brutal machen, brutale Triebe in ihm wecken; **Bru|ta|li|tät** *w. 10 nur Ez.* Roheit, Gewalttätigkeit
brut|to [ital.] (*Abk.: btto.*) **1** mit Verpackung; **2** ohne Abzug von Kosten; *Ggs.:* netto; **Brut|to|ein|kom|men** *s. 7* Einkommen vor Abzug von Steuern und Versicherungsbeiträgen; **Brut|to|re|gi|ster|ton|ne** *w. 11* (*Abk.:* BRT) Maßeinheit für den Rauminhalt von Schiffen; **Brut|to|so|zi|al|pro|dukt** *s. 1* (*Abk.:* BSP) Summe aller in einem Jahr in einer Volkswirtschaft erzeugten Güter und Dienstleistungen
Bruy|ère|holz [bryjɛr-, frz.] *s. 4 nur Ez.* rötliches Wurzelholz der Baumheide (für Tabakspfeifen)

Bryo|lo|gie [griech.] *w.11 nur Ez.* Mooskunde; **Bryo|nie** [-njə] *w.11* eine Kletterpflanze; **Bryo|phy|ten** *Mz.* Moospflanzen, Moose; **Bryo|zo|en** *Mz.* Moostierchen

btto. *Abk. für* brutto

Bu|bo [griech.] *m. Gen.* -s *Mz.* -bo|nen entzündl. Lymphknotenschwellung in der Leistenbeuge; **Bu|bo|nen|pest** *w. Gen. - nur Ez.* Beulenpest

Bu|cha|ra [nach der Hauptstadt der Usbek. SSR] *m.9* überwiegend roter, handgeknüpfter Teppich mit achteckigen Mustern

Buch|tel [tschech.] *w.11* süßer Hefekloß

Bu|cin|to|ro [-tʃin-] *m. Gen.*-(s) *Mz.*-ri *ital. Form von* Buzentaur (**2**)

Buck|skin [engl.] *m.9* **1** Schaf- oder Hirschleder; **2** ein Streichgarngewebe

Bud|dhis|mus [nach dem Stifter Buddha „der Erleuchtete"] *m. Gen. - nur Ez.* ind. Religion

Bud|get [bydʒe, frz.] *s.9* (bes. staatl.) Haushaltplan, Etat; **bud|ge|tär** [bydʒe-] das Budget betreffend; **bud|ge|tie|ren** ein Budget aufstellen

Bu|di|ke *w.11* → Butike

Bu|en Re|ti|ro [span. „gute Zuflucht"] *s. Gen.* - -s *Mz.* - -s Ort der Ruhe und Entspannung

Bü|fett [frz.] *s.9* Anrichte; Schanktisch; Geschirrschrank; *österr. auch:* Gaststätte (Bahnhofsbüffet); kaltes Büfett: Auswahl kalter Gerichte; **Bü|fet|tier** [-tje] *m.9* jmd., der hinter dem Büfett Speisen und Getränke ausgibt; **Buf|fet, Büf|fet** [byfe], *s.9 österr.* → Büfett

Buf|fo [ital.] *m.9, Mz. auch:* -fi Sänger komischer Rollen; **buf|fo|nesk** in der Art eines Buffos oder der Buffooper; **Buf|fo|oper** *w.11* komische Oper

Bug|gy [bʌgi, engl.] **1** zweirädriger, einspänniger Wagen für Trabrennen; **2** offenes kleines Auto (Selbstbau); **3** Kindersportwagen

bug|sie|ren [lat.-ndrl.] **1** ins Schlepptau nehmen (Schiff); **2** mit einiger Mühe oder Geschicklichkeit an einen bestimmten Ort bringen; **Bug|sie|rer** *m.5,* Bug|sier|damp|fer *m.5* Schleppdampfer

Bu|hurt [altfrz.] *m.1* mittelalterl. Reiterkampfspiel

Bu|ka|ni|er [frz.] *m.5* karib. Seeräuber im 17. Jh.

Bu|kett [frz.] *s.1* **1** Blumenstrauß; **2** Duft, Aroma (des Weins)

Bu|ki|nist *m.10, eingedeutschte Form von* Bouquinist

Bu|ko|lik [griech.] *w.10 nur Ez.* Hirten-, Schäferdichtung

bul|bös [lat.] knollig, zwiebelförmig

Bul|bus [lat.] *m. Gen. - Mz.*-bi **1** Zwiebel, Knolle; **2** rundl. Organ, z. B. Augapfel; **3** Anschwellung

Bu|let|te [frz.] *w.11* gebratenes Fleischklößchen

Bulk [engl.] *m.1 schweiz.:* Fahrzeug mit Ladeeinrichtung; **Bulk|car|ri|er** [bʌlkkæriər] *m.5* Frachtschiff für Massengut, bes. Schüttgut; **Bulk|la|dung** *w.10 Seew.:* Schüttgut

Bul|la|ri|um *s. Gen.* -s *Mz.*-ri|en Sammlung päpstlicher → Bullen

Bull|au|ge [engl.] *s.14* kleines, rundes Fenster (am Schiff)

Bull|dog [engl.] *m.9* ® Zugmaschine

Bull|dog|ge [engl.] *w.11* eine schwere, mittelgroße Hunderasse

Bull|do|zer [-do:zər, engl.] *m.5* schwere Planierraupe

Bul|le [lat.] *w.11* Urkunde mit Metallsiegel, *bes.:* päpstl. Erlaß

Bul|le|tin [byltɛ̃, frz.] *s.9* amtl. Tagesbericht; öffentl. Bekanntmachung

Bull|finch [bulfintʃ, engl.] *m.9* Hindernis bei Pferderennen

Bul|li|on [buljən, engl.] *s.9* Barren aus Gold oder Silber

bul|lös [lat.] *Med.:* blasig

Bull|ter|ri|er [engl.] *m.5* eine engl. Hunderasse

Bul|ly [engl.] *s.9 Hockey und Eishockey:* auf bestimmte Weise geführter erster Schlag, um den Ball ins Spiel zu bringen, Abschlag

Bum|boot [engl.] *s.1* kleines Händlerschiff zur Versorgung größerer Schiffe

Bu|me|rang [austral.] *m.1* gekrümmtes Wurfholz, das, wenn es sein Ziel verfehlt, zum Werfer zurückkehrt

Bu|na [Kunstw. aus Butadien und Natrium] *m. oder s. Gen.* -s *nur Ez.* ® synthet. Kautschuk

Bun|ga|low [-lo:, engl.] *m.9* kleines Wohnhaus ohne Oberstock, meist mit flachem Dach

Bun|ker [engl.] *m.5* **1** Behälter für Massengüter (Kohle); **2** betonierter Schutzraum; **bun|kern** in einen Bunker füllen und dort speichern

Buph|thal|mie [griech.] *w.11,* **Buph|thal|mus** *m. Gen. - nur Ez.* Augapfelvergrößerung

Bur *m.10* → Bure

Bu|ran [russ.] *m.1* Sand- bzw. Schneesturm aus nordöstl. Richtung in Mittelasien

Bu|rat|ti|no [ital.] *m.9, Mz. auch:* -ni *ital. Bez. für* Marionette

Bur|do [lat.] *m. Gen.*-s *Mz.*-do|nen aus einer Pfropfung hervorgegangener Bastard

Bu|re [ndrl. „Bauer"] *m.11* Südafrikaner niederländ. Herkunft

Bü|ret|te [frz.] *w.11* Glasröhrchen zum Abmessen von Flüssigkeiten

Bur|ja|te, Bur|jä|te *m.11* Angehöriger eines mongol. Volksstammes

Bur|lak [russ.] *m.10, im alten Rußland:* Schiffszieher an der Wolga

bur|lesk [ital.] possenhaft, derb-komisch; **Bur|les|ke** *w.11* **1** Posse, Schwank; **2** *Mus.:* heiteres Instrumentalstück

Burlnus [arab.] *m.1* Kapuzenmantel der Beduinen
Bülro [frz.] *s.9* **1** Raum oder Räume für Schreibarbeiten oder Abwicklung von Geschäften; **2** kleine Firma; **3** alle Angestellten eines Büros (**2**); **Bülrolkrat** [frz. + griech.] *m.10* pedantisch nach Vorschriften arbeitender Mensch; **Bülrolkraltie** *w.11* **1** Beamtenschaft; **2** kleinl. Beamtenherrschaft; **bülrolkraltisch** **1** in der Art einer Bürokratie; **2** kleinlich, allzu genau; **bülrolkraltilsielren** einer genauen Ordnung unterwerfen; **Bülrolkraltislmus** *m. Gen. - nur Ez.* kleinl. Auslegung von Vorschriften, Kleinigkeitskrämerei; **Bülrolkraltilus** [-tsjus] *m. Gen. - nur Ez. scherzh.:* „Heiliger" des Bürokratismus, personifizierte Kleinlichkeit von Behörden
burlschilkos burschenhaft ungezwungen
Burlse [griech.-lat.] *w.11* **1** *im MA:* Studentenheim, dessen Bewohner aus einer gemeinsamen Kasse lebten; **2** *heute auch:* Studentenkantine, Mensa
Burlsiltis [griech.] *w. Gen. - Mz.*-tilden Schleimbeutelentzündung
Bus [Kurzw.] *m.1* Autobus, Omnibus
Bülse [ndrl.] *w.11* Fischerboot zum Heringsfang
Bulshel [buʃəl, engl.] *m. Gen.*-s *Mz.*- englisch-amerikanisches Trockenhohlmaß, 36 bzw. 35 l
Bulsilneß [biznis, engl.], **Bulsilness** *s. Gen. - nur Ez.* Geschäft, Geschäftsleben
Buslsard [frz.] *m.1* ein Raubvogel
Buslsolle [ital.] *w.11* Meßgerät mit Magnetnadel zur Bestimmung des erdmagnetischen Feldes
Bulsulki *w.9* griech. lautenähnl. Zupfinstrument

Bultaldilen [zu: Butan] *s.1 nur Ez.* ungesättigter gasförmiger Kohlenwasserstoff, Ausgangsstoff für synthet. Kautschuk; **Bultan** [lat.] *s.1 nur Ez.* gesättigter gasförmiger Kohlenwasserstoff; **Bultalnol** *s.1 nur Ez.* → Butylalkohol; **Bulten** *s.1 nur Ez.* → Butylen
Bultilke [frz.] *w.11* **1** kleiner Laden; vgl. Boutique; **2** Kneipe; **Bultilker** *m.5* Besitzer einer Butike
Butller [bʌtlər, engl.] *m.5* Leiter des Hauspersonals
Butlterlflylstil [bʌtərflai-, engl.] *m.1 nur Ez. Schwimmen:* Schmetterlingsstil, schnellster Schwimmstil
Bultyl [lat. + griech.] *s.1 nur Ez.* Kohlenwasserstoffrest mit 4 Kohlenstoffatomen; **Bultyllallkolhol** *m.1 nur Ez.* aliphat. Alkohol mit 4 Kohlenstoffatomen; **Bultyllen** *s.1 nur Ez.* ungesättigter gasförmiger Kohlenwasserstoff, Ausgangsstoff für Buna, Nylon u. a.; **Bultylrat** [lat.] *s.1* Salz der Buttersäure; **Bultylrolmelter** [lat. + griech.] *s.5* Gerät zum Messen des Fettgehalts der Milch
Bulzenltaur [lat. od. griech.] *m.10* **1** *griech. Myth.:* Stiermensch, **2** Prunkschiff des Dogen von Venedig
bye-bye! [baibai, engl.] auf Wiedersehen!
Byslsus [griech.] *m. Gen. - nur Ez.* **1** *im Altertum:* feines Gewebe (z. B. für Mumienbinden); **2** Ⓦ feines Baumwollgewebe; **3** Haftfäden von Muscheln
Bylzanltilner *m.5* **1** Einwohner von Byzanz; **2** *veraltet:* Schmeichler, Kriecher; **Bylzanltinislmus** *m. Gen. - nur Ez.* **1** byzantin. Staatsform; **2** *veraltet:* Kriecherei; **Bylzanltilnilstik** *w.10 nur Ez.* Wissenschaft von der Kultur des Byzantin. Reiches

C

Unter C nicht aufgeführte Stichwörter schlage man unter K bzw. Z nach

c *Abk. für* Cent, Centime
C 1 *chem. Zeichen für* Carboneum (Kohlenstoff); **2** *Abk. für* Celsius, Coulomb, *früher für* Curie; **3** *röm. Zahlzeichen für* 100 (centum)
Ca *chem. Zeichen für* Calcium
ca. *Abk. für* circa (→ zirka)
Ca. *Abk. für* Karzinom
c. a. *Abk. für* coll'arco
Ca|bal|le|ro [kavaljero, span.] *m. 9, span. Bez. für* Ritter, Edelmann
Ca|bo|chon [-ʃɔ̃, frz.] *m. 9* nach oben kuppelförmig gewölbt geschliffener Edelstein
Ca|che|nez [kaʃ(ə)ne, frz.] *s. Gen.* - [-nes] *Mz.* - [-nes] seidenes Halstuch
Ca|chet [kaʃɛ, frz.] *s. 9 veraltet:* **1** Siegel, Petschaft; **2** Gepräge, Eigentümlichkeit
Ca|chou [kaʃu, mal.-frz.] *s. 9* Lakritzensaft, ein Hustenmittel
Cad|die [kædi, lat.-engl.] *m. 9* **1** Junge, der den Golfspielern die Schläger trägt; **2** kleiner, zweirädriger Wagen für Golfschläger
Cad|mi|um [griech.] *s. Gen.* -s *nur Ez.* (*Zeichen:* Cd) chem. Element, ein Metall
Ca|fé [frz.] *s. 9* Kaffeehaus, Konditorei; **Ca|fe|te|ria** [ital.] *w. Gen.* - *Mz.* -ri|en Kaffeewirtschaft, auch Selbstbedienungsrestaurant; **Ca|fe|tier** [-tje, frz.] *m. 9* Kaffeehausbesitzer; **Ca|fe|tie|re** [-tjɛ-] *w. 11* **1** Kaffeehausbesitzerin; **2** *auch:* Kaffeekanne
Ça ira [sa ira, frz. „Es wird gehen"] Anfang des frz. Revolutionsliedes von 1789
Cais|son [kɛsɔ̃, frz.] *m. 9* unten offener Senkkasten für Unterwasserarbeiten
cal *Abk. für* Kalorie
Ca|la|mus [griech.] *m. Gen.* - *Mz.* -mi **1** *Altertum:* Schreibrohr; **2** hohler Teil der Vogelfeder; **3** Palmengattung
ca|lan|do [ital.] *Mus.:* an Tempo und Lautstärke abnehmend
Cal|ceo|la|ria *w. Gen.* - *Mz.* -ri|en *lat. Schreibung für* Kalzeolarie
Cal|cit [lat.] *m. 1* ein Mineral, Kalkspat; **Cal|ci|um** *s. Gen.* -s *nur Ez.* (*Zeichen:* Ca) chem. Element, ein Metall; **Cal|ci|um|car|bo|nat** *s. 1 nur Ez.* kohlensaurer Kalk; **Cal|ci|um|hydr|oxid** *s. 1 nur Ez.* gelöschter Kalk; **Cal|ci|um|oxid** *s. 1 nur Ez.* gebrannter Kalk, Ätzkalk; **Cal|ci|um|sul|fat** *s. 1 nur Ez.* schwefelsaurer Kalk
Ca|lem|bour [kalãbur, frz.] *m. 9* einfaches, etwas albernes oder gekünsteltes Wortspiel, Kalauer
Ca|li|for|ni|um *s. Gen.* -s *nur Ez.* (*Zeichen:* Cf) chem. Element
Call|girl [kɔlgə:l, engl.] *s. 9* Prostituierte, die auf telefon. Anruf hin kommt oder jmdn. empfängt
Ca|lu|met [frz.: kalymɛ] *s. 9* Tabakspfeife (Friedenspfeife) der nordamerik. Indianer
Cal|va|dos [nach dem frz. Departement C.] *m. Gen.* - *Mz.* - ein Apfelbranntwein
Cal|vi|nis|mus *m. Gen.* - *nur Ez.* Lehre des Schweizer Reformators Calvin
Ca|mem|bert [kamãbɛ:r, nach dem frz. Ort] *m. 9* ein Weichkäse
Ca|me|ra ob|scu|ra [lat.] *w. Gen.* - - *Mz.* -rae [-rɛ:] -rae [-rɛ:] Kamera mit Loch statt der Linse, Lochkamera, Vorläuferin des Photoapparates
Ca|mion [-mjɔ̃, frz.] *m. 9 schweiz.:* Lastkraftwagen; **Ca|mion|na|ge** [-ʒə] *w. 11* Spedition
Ca|mou|fla|ge [kamuflaʒə, frz.] *w. 11 veraltet:* Irreführung, Täuschung, Tarnung
Camp [kæmp, engl.] *s. 9* Feld-, Zeltlager, Wohnstätte aus Zelten oder wenigen einfachen Häusern; *auch:* Gefangenenlager
Cam|pa|ni|le [ital.] *m. Gen.* -(s) *Mz.* - freistehender Glockenturm ital. Kirchen
Cam|pa|ri [ital.] *m. 9* ® ein bittersüßer, meist als Aperitif getrunkener Wein
Cam|pe|che|holz [kampɛtʃə-] *s. 4 nur Ez.* → Kampescheholz
cam|pen [kæm-, engl.] zelten; auf dem Campingplatz übernachten; **Cam|per** [kæm-] *m. 5* **1** jmd., der im Zelt oder im Wohnwagen übernachtet; **2** motorisierter Wohnwagen, Wohnauto, Wohnmobil
Cam|pher *m. 5, fachsprachl. Schreibung von* Kampfer
cam|pie|ren *schweiz. für* campen; **Cam|ping** [kæm-] *s. Gen.* -s *nur Ez.* Leben auf Campingplätzen; **Camp|mee|ting** [kæmpmi:tiŋ] *s. 9* Gottesdienst im Freien oder im Zelt
Cam|po|san|to [ital.] *m. 9, Mz. auch* -ti Friedhof
Cam|pus [engl.: kæmpəs] *m. Gen.* - *nur Ez.*, *in Großbritannien und den USA:* Gelände einer Hochschule oder eines Colleges
Ca|nail|le [kanaljə] *w. 11* → Kanaille
Ca|na|sta [span.] *s. Gen.* -s *nur Ez.* ein Kartenspiel
Can|can [kãkã, frz.] *m. 9* Bühnentanz mit Hochwerfen der Beine
Can|cer [kantsər, lat.] *m. 5 Med.:* Krebsgeschwulst

cand. *Abk. für* candidatus, vgl. Kandidat
Can|de|la [lat.] *w. Gen. - Mz. -* (*Abk.:* cd) Maßeinheit für die Lichtstärke
can|di|da|tus re|ve|ren|di mi|ni|ste|rii [lat.] (*Abk.:* cand. rev. min. *oder* c. r. m.) Kandidat des (lutherischen) Predigtamtes
cand. med. *Abk. für* candidatus medicinae: Kandidat der Medizin (Student in den klinischen Semestern); **cand. phil.** *Abk. für* candidatus philosophiae: Kandidat der Philosophie
Can|na|bis [griech.] *m. Gen. - nur Ez.* **1** Hanf; **2** → Haschisch
Can|nel|kohl|le [kɛnəl-] *w. 11 nur Ez.* → Kännelkohle
Ca|ñon [kanjɔn, auch: kanjon, span.; engl.: kænjən] *m. 9* enges, steiles Flußtal, bes. in Nordamerika, Schlucht
Ca|no|ni|cus *m. Gen. - Mz.* -ci [-tsi:] *lat. Form von* Kanoniker
Ca|nos|sa [nach der Reise Heinrichs IV. zu Papst Gregor VII. nach Canossa] *s. Gen.* -(s) *nur Ez. übertr.:* demütigender Bittgang
Cant [kænt, engl.] *m. 9* **1** Gaunersprache; **2** Heuchelei, Scheinheiligkeit
can|ta|bi|le [-le:, ital.] *Mus.:* gesanglich, beseelt
Can|to [ital.] *m. 9, Mz. auch* -ti Gesang; **Cantus fir|mus** *m. Gen. - - Mz. -* -mi [-tu:s] Hauptmelodie eines polyphonen Chor- oder Instrumentalsatzes
Ca|pa [span.] *w. 9* Mantel des Stierkämpfers
Cape [kep, engl.] *s. 9* ärmelloser Umhang
Ca|pric|cio [kapritʃo, ital.] *s. 9* heiteres, launiges Musikstück; **ca|pric|cio|so** [-tʃo-] *Mus.:* launig, scherzhaft; **Ca|price** [kapris, frz.] *w. 11* → Kaprice
Ca|prio|le [frz.] *w. 11 Hohe Schule:* Sprung aus der Levade mit parallel nach hinten ausschlagenden Hinterbeinen, während sich der Körper in der Waagerechten befindet
Cap|sien [kapsjɛ̃, nach dem Fundort Capsa, heute Gafsa, in Tunesien] *s. Gen.* -(s) *nur Ez.* Kultur der Alt- und Mittelsteinzeit
Cap|tain [kæptn] *m. 9, engl. Bez. für* Hauptmann
Cap|ta|tio be|ne|vo|len|tiae [-tsjo -tsjɛ:, lat.] *w. Gen. - - nur Ez.* Werben um die Gunst des Zuhörers oder Lesers, *eigtl.:* Einfangen des Wohlwollens
Ca|pu|chon [kapyʃɔ̃, frz.] *m. 9* **1** Kapuze der Mönchskutte; **2** Damenmantel mit Kapuze
Cap|puc|ci|no [-tʃi-, ital.] *m. Gen.* -(s) *Mz.* -s *oder* -ni Tasse Kaffee mit Schlagsahne und etwas Kakaopulver obenauf
Ca|put mor|tu|um [lat. „toter Kopf"] *s. Gen. - - nur Ez.* Eisen(III)-Oxid, Englischrot, als Malerfarbe und Poliermittel verwendet
Car [engl.] *m. 9 schweiz.:* Auto für Gesellschaftsfahrten; **Car al|pin** [-pɛ̃, frz.] *m. Gen. - - Mz.* -s -s [karzalpɛ̃] *schweiz.:* Auto für Gesellschaftsfahrten in die Berge
Ca|ra|bi|nie|re [-njɛ-] *m. Gen.* -(s) *Mz.* -ri italien. Polizist
Ca|ram|ba! [span.] Verdammt!
Ca|ra|van [auch: -van, engl.] *m. 9* kombinierter Personen- und Lastwagen; Reisewohnwagen
Carb|amid [Kurzw. aus Carbid und Amid] *s. 1 nur Ez.* Harnstoff; **Car|bid** [lat.] *s. 1* Verbindung des Kohlenstoffs vor allem mit Metallen; **car|bo|cy|clisch** Kohlenstoffringe enthaltend; **Car|bo|nat** *s. 1* Salz der Kohlensäure; **Car|bo|ne|um** *s. Gen.* -s *nur Ez.* (*Zeichen:* C) Kohlenstoff
care of [kɛ:r ɔv, engl.] (*Abk.:* c/o) *in Anschriften:* wohnhaft bei ...
Ca|rio|ca [indian.-port.] *w. 9* ein lateinamerik. Tanz
Ca|ri|tas [lat.] *w. Gen. - nur Ez., kurz für* Deutscher Caritasverband (der kath. Kirche), Verband zur Wohlfahrtspflege; vgl. Karitas
Car|ma|gnole [-njɔl, auch: -njolə, frz.] *w. 11* **1** *nur Ez.* Lied und Tanz während der Frz. Revolution; **2** kurzes Jäckchen der Jakobiner
Car|net de pas|sages [karnɛ də passaʒ(ə), frz.] *s. Gen. - - - Mz.* -s - - [-nɛ] Zollpassierschein für Kraftfahrzeuge
Car|pe di|em [lat. „pflücke (= nütze) den Tag"] Spruch aus einer Ode von Horaz
Car|te blanche [kart blãʃ, frz. „weiße Karte"] *w. Gen. - - Mz.* -s -s [kart blãʃ] unbeschränkte Vollmacht
Car|toon [-tun] *m. oder n. 9, engl. Bez. für* Karikatur
Ca|sa|no|va [nach dem ital. Abenteurer und Schriftsteller C.] *m. 9* Frauenheld, galanter Verführer
Cä|sar Ehrenname der röm. Kaiser; **Cä|sa|ren|herr|schaft** *w. 10* Alleinherrschaft, diktator. Herrschaft; **Cä|sa|ren|wahn** *m. 1 nur Ez.* Größenwahn; **cä|sa|risch** kaiserlich, selbstherrlich; **Cä|sa|ris|mus** *m. Gen. - nur Ez.* Cäsarenherrschaft; **Cä|sa|ro|pa|pis|mus** *m. Gen. - nur Ez.* Herrschaftsform, bei der der weltl. Herrscher zugleich kirchl. Oberhaupt ist
Cash [kæʃ] *engl. Bez. für* Barzahlung; **Cash and Car|ry** [kæʃ ənd kæri] *s. Gen. - - - nur Ez.* (*Kurzform:* C und C) Vertriebsform im Handel mit Selbstbedienung und Barzahlung; **Cash-and-Car|ry-Klau|sel** *w. 11 Überseehandel:* Vertragsklausel, nach der der Käufer die Ware selbst abholen und sofort bar bezahlen muß
Ca|shew [kæʃu, indian.-engl.] *w. Gen. - Mz.* -(s) Frucht des gleichnamigen trop. Nierenbaumes
Cash-flow [kæʃflou, engl.] *m. 9* Summe aus Reingewinn und Abschreibungen eines Unternehmens; **Cash|ge|schäft** [kæʃ-, engl.] *s. 1* Barzahlungsgeschäft
Cä|si|um [tsæ-, lat.] *s. Gen.* -s *nur Ez.* (*Zeichen:* Cs) chem. Element, ein Metall

Cas|sa *w. Gen. - nur Ez., ital. Bez. für* Kasse, Bargeld; per cassa: in bar
Cas|sio|pei|um [lat.] *s. Gen.*-s *nur Ez.* (*Zeichen:* Cp) *veraltete Bez. für* Lutetium
Cast [engl.] *s. 9 nur Ez., amerik. Filmwesen:* alle Mitwirkenden bei einem Film
Ca|sti|ze [span.] *m. 11* Mischling aus Weißen und Mestizen
Ca|stris|mus *m. Gen. - nur Ez.* das politische System des kubanischen Politikers Fidel Castro
Ca|sus *m. Gen. - Mz. -* [kasu:s] *lat. Schreibung von* Kasus; Casus belli: Grund zum Krieg, zum Krieg führendes Ereignis; Casus foederis: Ereignis, das die einem anderen Staat gegenüber eingegangene Verpflichtung eines Staates auslöst; Casus obliquus: abhängiger Fall, jeder Beugungsfall außer dem Nominativ und Vokativ; Casus rectus: unabhängiger Fall, Nominativ, Vokativ
Catch-as-catch-can [kætʃ əz kætʃ kæn, engl. „pack, wie du packen kannst"] *s. Gen. - nur Ez.* Art des Freistilkampfes; **Cat|cher** [kætʃər] *m. 5* Freistilringkämpfer; **Cat|cher-pro|mo|ter** [kætʃərprəmoutər] *m. 5* Veranstalter eines Freistilringkampfs
Catch|up [kætʃʌp, engl.] *m. 9 oder s. 9* → Ketchup
Ca|the|dra [griech.-lat.] *w. Gen. - Mz.*-drae [-drɛ:] Lehrstuhl; Ehrensitz, bes. des Bischofs; Cathedra Petri: der Päpstliche Stuhl; vgl. ex cathedra
Cau|sa [lat.] *w. Gen. - Mz.*-sae [-sɛ:] **1** Grund, Ursache; **2** Rechtsfall; **Cause cé|lè|bre** [koz selɛbrə, frz.] *w. Gen. - - Mz.*-s -s [koz selɛbrə] aufsehenerregender Vorfall, berüchtigte Angelegenheit
Cau|se|rie [kozəri, frz.] *w. 11* Plauderei, leichte, heitere Unterhaltung; **Cau|seur** [kozør] *m. 1* Plauderer; *auch:* Schwätzer; **Cau|seuse** [kozøz] *w. 11* **1** Plauderin; Schwätzerin; **2** *veraltet:* kleines Sofa
Ca|ve ca|nem [lat.] „Hüte dich vor dem Hund" (Warnungsschild an altrömischen Haustüren)
Ca|yenne|pfef|fer [-jɛn-] *m. 5 nur Ez.* sehr scharfes Gewürz
CC *Abk. für* Corps consulaire
Cb **1** *chem. Zeichen für* Columbium; **2** *Abk. für* Kumulonimbus
cbm *früher Abk. für* Kubikmeter
ccm *früher: Abk. für* Kubikzentimeter
cd *Abk. für* Candela
Cd *chem. Zeichen für* Cadmium
CD *Abk. für* Corps diplomatique
c. d. *Abk. für* colla destra
cdm *früher: Abk. für* Kubikdezimeter
Ce *chem. Zeichen für* Cer
Ce|dil|le [sədij(ə), span.] *w. 11* Häkchen unter dem c (ç), Zeichen zur Aussprache des c wie s vor a, o, u, z. B. Curaçao [kyrasao]
Ce|le|sta [tʃɛ-, ital.] *w. Gen. - Mz.*-s *oder* -sten Glockenspiel mit hohlen Stahlstäben, mit Tasten gespielt
Cel|la [tsɛla, lat.] *w. Gen. - Mz.*-lae [-lɛ:] **1** Kultraum im antiken Tempel mit dem Götterbild; **2** Mönchszelle; **3** *Anat.:* Zelle
Cel|list [tʃɛl-, ital.] *m. 10* Cellospieler; **Cel|lo** [tʃɛlo] *s. Gen.*-s *Mz.*-li Kurzw. für Violoncello
Cel|lo|phan *s. 1 nur Ez.* Ⓦ ein Kunststoff, durchsichtige Folie
Cel|si|us [nach dem schwed. Astronomen C.] (*Zeichen:* C) Einheit beim in 100 Grade eingeteilten Thermometer; 5 Grad Celsius, 5° C
Cem|ba|list [tʃɛm-, lat.] *m. 10* Cembalospieler; **Cem|ba|lo** [tʃɛm-] *s. Gen.*-s *Mz.*-li altes Tasteninstrument, bei dem die Saiten angerissen werden
Cent [sɛnt, zu lat. centum „hundert"] *m. Gen.*-(s) *Mz.*-(s) (*Abk.:* c *oder* ct, *Mz. Abk.:* cts) kleine Münze in den USA, Niederlanden, Kanada, China; **Cen|ta|vo** [sɛn-, span. θɛn-] *m. Gen.*-(s) *Mz.*-(s) kleine Münze in Mittel- und Südamerika
Cen|ter [sɛn-, amerik.] *s. 5* Zentrum, z. B. Mode-C., Einkaufs-C. (*Bez. für* Läden, Vergnügungsstätten u. ä.)
Cen|te|si|mo [tʃɛn-] *m. Gen.*-(s) *Mz.*-(s) frühere ital. Münze; **Cen|té|si|mo** [sɛn-] *m. Gen.*-(s) *Mz.*-(s) kleine Münze in Chile, Uruguay und Panama; **Cen|ti|me** [sãtim] *m. Gen.*-(s) *Mz.*-(s) (*Abk.:* ct, *Mz. Abk.:* cts) kleine Münze in Frankreich, Belgien, Luxemburg und der Schweiz; **Cén|ti|mo** [-sɛn-, span. θɛn-] *m. Gen.*-(s) *Mz.*-(s) kleine Münze in Spanien, Venezuela, Paraguay, Costa Rica
Cen|to [tsɛn-, lat.] *s. Gen.*-s *Mz.*-s *oder* -tonen literar. Form (z. B. Hörspiel), die nur aus Zitaten (aus Dichtwerken, Briefen, Tagebüchern u. ä.) zusammengesetzt ist
Cent|weight [sɛntweit, engl.] *s. Gen.*-(s) *Mz.*-(s) engl. und nordamerik. Gewichtsmaß, Zentner, Hundredweight
Cer [lat.] *s. Gen.*-s *nur Ez.* (*Zeichen:* Ce) chem. Element, ein Metall
Cer|cle [sɛrkl, frz.] *m. 9* **1** kleiner Kreis, geschlossene Gesellschaft; **2** Empfang bei Hofe; C. halten: Gäste beim Hofempfang ins Gespräch ziehen; **Cer|cle|sitz** [sɛrkl-] *m. 1 österr.:* Theater- und Konzertplatz in den vorderen Reihen
Ce|rea|li|en [lat.] *nur Mz.* altröm. Fest zu Ehren der Ceres, Göttin des Feldes und des Wachstums; vgl. Zerealien
ce|rise [səriz, frz.] *unflektierbar* kirschrot
Ce|ri|um *s. Gen.*-s *nur Ez.* → Cer
Cer|ve|lat [sɛrvəla] *w. 9 oder m. 9 schweiz.:* eine Art Teewurst; vgl. Zervelatwurst
C'est la guerre [sɛ: la gɛr, frz.] Das ist (= so ist) der Krieg
C'est la vie [sɛ: la vi, frz.] Das ist (= so ist) das Leben

C'est le ton qui fait la musique [sɛ: lə tõ ki fɛ: la myzik, frz.] Der Ton macht die Musik: es kommt auf den Ton an, in dem etwas gesagt wird

ceteris paribus [lat. „(wenn) das übrige gleich (ist)"] unter sonst gleichen Bedingungen

Ceterum censeo [lat. „im übrigen meine ich"; *eigtl.:* ceterum censeo Carthaginem esse delendam: „im übrigen meine ich, daß Karthago zerstört werden muß"; Schlußsatz jeder Rede Catos im röm. Senat] *s. Gen.* - - *nur Ez.* immer wieder vorgebrachte, feste Überzeugung

cf *Abk. für* cost and freight, im Seehandel Klausel, daß Verlade- und Frachtkosten im Preis eingeschlossen sind

Cf *chem. Zeichen für* Californium

cf., cfr. *Abk. für* confer

CFTC *Abk. für* Confédération Française des Travailleurs Chrétiens (Spitzenverband der frz. christl. Gewerkschaften)

cg *Abk. für* Zentigramm

CGS-System *s. 1* auf den Einheiten Zentimeter, Gramm, Sekunde beruhendes Maßsystem; vgl. MKS-System

CGT *Abk. für* Confédération Générale du Travail (Spitzenverband der frz. sozialist. Gewerkschaften)

CH *Abk. für* Confoederatio Helvetica

Cha-Cha-Cha [tʃa-] *m. 9* ein moderner, aus Kuba stammender Gesellschaftstanz

Chaconne [ʃakɔn, span.-frz.] *w. 9 oder 11* **1** span. Reigentanz; **2** Satz der Suite

Chacun à son goût [ʃakœna sõ gu, frz.] Jeder nach seinem Geschmack

Chagrin [ʃagrɛ̃, türk.-frz.] *s. 9 nur Ez.* ein Seidengewebe; **chagrinieren** [ʃa-] mit einer künstl. Narbung versehen (Leder); **Chagrinleder** [ʃagrɛ̃-] *s. 5* Leder aus Esels- oder Pferdehaut mit künstlicher Narbung

Chaine [ʃɛn, frz.] *w. 11* **1** Tanztour beim Kontertanz; **2** Kettfaden

Chairman [tʃɛrmən] *m. Gen.* - *Mz.* -men [-mən] *engl. Bez. für* Vorsitzender, z. B. eines Ausschusses im Parlament

Chaise [ʃɛzə, frz.] *w. 11* **1** Kutsche mit Halbverdeck; **2** *veraltet:* Sessel; **3** *ugs. veraltet kurz für* Chaiselongue; **Chaiselongue** [ʃɛ:zəlɔ̃g] *w. Gen.* - *Mz.* -n [-gən] *oder* -s Sofa ohne Rückenlehne, Liege

Chaldäer [kal-] *m. 5* Angehöriger eines semit.-aramäischen Volksstammes

Chalet [ʃalɛ, frz.] *s. 9* **1** Sennhütte; **2** kleines Landhaus

Chalkochemigraphie [çal-, griech.] *w. 11 nur Ez.* Metallgravierung; **Chalkogene** *s. 1, Mz. Sammelbez. für* die Elemente (Sauerstoff, Schwefel, Selen, Tellur), die mit Metallen meist Erze bilden, Erzbildner; **Chalkographie** *w. 11 nur Ez. veraltet:* Kupferstechkunst

Chalkolith [çal-, griech.] *m. Gen.* -s *oder* -en *nur Ez.* ein Mineral; **Chalkolithikum** *s. Gen.* -s *nur Ez.* Kupfersteinzeit, Ende der Jungsteinzeit

Chalzedon [çal-, nach der Landschaft Chalzedonien in Kleinasien] *m. 1 nur Ez.* ein Mineral

Chamäleon [ka-, griech.] *s. 9* **1** Baumeidechse mit bei Gefahr veränderl. Hautfarbe; **2** *übertr.:* oft seine Überzeugung wechselnder Mensch

Chambre garnie [ʃãbrə garni, frz.] *s. Gen.* - - *Mz.* -s -s *veraltet:* möbliertes Zimmer zum Vermieten; **Chambre séparée** [ʃãbrə separe] *s. Gen.* - - *Mz.* -s -s [ʃãbrə separe] kleiner abgetrennter Raum im Restaurant

chamois [ʃamwa, frz.] gemsfarben, gelbbräunlich; **Chamois** *s. Gen.* - *nur Ez.,* **Chamoisleder** *s. 5* Gems-, Ziegen-, Schafleder

Champagner [ʃãpanjər, auch: ʃam-, frz.] *m. 5* frz. Schaumwein

Champignon [ʃampinjɔ̃, frz.] *m. 9* ein Speisepilz

Champion [tʃæmpjən, engl.] *m. 9* **1** Meister in einer Sportart; **2** *österr.:* Aufsatz auf dem Rauchfang; **Championat** [ʃam-] *s. 1* Meisterschaft in einer Sportart

Champlevé [ʃãləve, frz.] *s. Gen.* -s *nur Ez.* Grubenschmelz, Art der Emailmalerei, bei der die flüssige Emailmasse in ausgestochene Vertiefungen des Metalls gegossen wird

Chamsin [kam-] *m. 1* → Kamsin

Chan [xan, pers.] *m. 1* **1** Herberge im Vorderen Orient; **2** → Khan

Chance [ʃãsə, frz.] *w. 11* günstige Gelegenheit

Change [tʃɛindʒ, engl.] *m. Gen.* - *nur Ez. oder* [ʃãʒ, frz.] *w. Gen.* - *nur Ez.* Geldwechsel

changeant [ʃãʒã, frz.] *unflektierbar* schillernd, im Farbton wechselnd (Stoff); **Changeant** *m. 9* schillernder Stoff; **changieren** [ʃãʒi-] **1** schillern, im Farbton wechseln; **2** *Reitsport:* den Galopp wechseln; **3** *Jägerspr.:* die Fährte wechseln (Hund)

Chanson [ʃãsɔ̃, frz.] *s. 9* **1** *in der altfrz. Dichtung:* sangliches Gedicht; **2** *heute:* Kabarettlied; **Chansonette, Chansonnette** [ʃã-] *w. 11* **1** kleines, komisches oder frivoles Lied; **2** Chansonsängerin; **Chansonnier** [ʃãsɔnje] *m. 9* **1** *Sammelbez. für* Troubadour und Trouvère; **2** Sammlung französischer weltlicher Lieder des 13.–16. Jh.; **3** Chansonsänger; **Chansonniere** [ʃãsɔnjɛrə] *w. 11* Chansonsängerin

Chante [xan-] *m. 11* Angehöriger eines westsibir. Volkes, Ostjake

Chanukka [xa-, hebr.] *w. Gen.* - *nur Ez.* jüd. Fest im Dezember zur Tempelweihe

Chaos [ka-, griech.] *s. Gen.* - *nur Ez.* **1** die ungeformte Masse der Welt vor der Schöpfung; **2** Durcheinander, Wirrwarr; **Chaote**

m. 11, meist Mz. radikaler Anarchist; **chaotisch** wirr, ungeordnet
Cha|peau [ʃapo̲, frz.] *m. 9, im Dt. nur scherzh.:* Hut; **Cha|peau claque** [ʃapo klą̲k] *m. Gen. -- Mz.* -x -s [ʃapo klą̲k] zusammenklappbarer Zylinderhut
Cha|rạk|ter [ka-, griech.] *m. Gen.* -s *Mz.* -te̲|re Gepräge, Eigenart; *auch:* feste Haltung, Standhaftigkeit; **cha|rak|te|ri|si̲e|ren** kennzeichnen, treffend schildern; **Cha|rak|te|rịstik** *w. 10* **1** treffende Schilderung, Kennzeichnung; **2** *Math.:* Kennziffer eines Logarithmus; **Cha|rak|te|rị|sti|kum** *s. Gen.* -s *Mz.* -ka Kennzeichen, hervorstechende Eigenschaft; **cha|rak|te|rị|stisch** kennzeichnend; **Cha|rak|te|ro|lo|gi̲e** *w. 11 nur Ez.* Wissenschaft vom Wesen und von der Entwicklung des Charakters, Persönlichkeitsforschung
Char|cu|te|rie [ʃarkytəri̲, frz.] *w. 11 veraltet, noch schweiz.:* Fleischerei
Char|don|net|sei|de [ʃardɔne̲-, nach dem frz. Chemiker Chardonnet] *w. 11 nur Ez.* eine Kunstseide
Char|ge [ʃạrʒə, frz.] *w. 11* **1** Würde, Rang; **2** *Mil.:* Dienstgrad; **3** *Technik:* Beschickung eines metallurg. Ofens; **4** kleine, aber sehr ausgeprägte Bühnenrolle; **Char|gen|spie|ler** [ʃạrʒən-] *m. 5* Darsteller einer Charge (**4**); **char|gie|ren** [ʃarʒi̲-] **1** *Technik:* beschicken, laden (Hochofen); **2** *Stud.:* in Amtstracht oder Farben erscheinen; **3** *Theater:* eine Rolle überdeutlich gestalten; **Char|gier|te(r)** [ʃarʒi̲r-] *m. 18 (17)* Vorstandsmitglied einer Studentenverbindung
Cha|rịs|ma [ça-, griech.] *s. Gen.* -s Mz. -rịsma|ta *oder* -rịs|men **1** göttl. Gnadengeschenk; **2** Berufung (eines Propheten oder kirchl. Würdenträgers); Ausstrahlung (einer Persönlichkeit)
cha|ri|ta|ti̲v [ka-] → karitativ
Cha|ri|ten [ça-, griech.], **Cha|ri|tin|nen** *nur Mz. griech. Myth.:* Göttinnen der Anmut und Schönheit
Cha|ri|va̲|ri [ʃa-, frz.] *s. 9* **1** Durcheinander, Katzenmusik; **2** *süddt.:* ein Trachtenschmuck; **3** *in Frankreich:* Polterabend
Charles|ton [tʃa̲rlstən, nach der Stadt Ch. in den USA] *m. Gen.* -(s) *Mz.* -s schneller Foxtrott aus den zwanziger Jahren
Charm [tʃa̲rm, engl. „Zauber"] *m. Gen.* -s *nur Ez.* bei 1976 entdeckten Elementarteilchen (Hadronen) beobachtete Eigenschaft beim Entstehen und Zerfall; **charmạnt** [ʃar-, frz.] gewinnend, liebenswürdig; **Charme** [ʃạrm] *m. Gen.* -s *nur Ez.* Reiz, Liebreiz, gewinnendes Wesen; **Char|meur** [ʃarmœ̲r] *m. 1 oder m. 9* betont liebenswürdiger Mensch; **Char|meuse** [ʃarmø̲z] *w. Gen. - nur Ez.* eine kunstseidene Wirkware
Char|ta [kạr-, griech.] *w. 9* Verfassungsurkunde, Staatsgrundgesetz; **Char|te** [ʃạrtə, frz.] *w. 11 Staats- und Völkerrecht:* wichtige Urkunde; **Char|ter** [tʃa̲rtər, engl.] *m. 9* **1** Urkunde, Freibrief; **2** *Seerecht:* Frachtvertrag; **Char|te|rer** [tʃa̲r-] *m. 5* Mieter eines Schiffes oder Flugzeugs; **Char|ter|ma|schine** [tʃa̲r-] *w. 11* für private Zwecke gemietetes Flugzeug; **char|tern** [tʃa̲r-] mieten (Schiff oder Flugzeug); **Char|tịs|mus** [tʃar-] *m. Gen. - nur Ez.* engl. Arbeiterbewegung im 19. Jh.
Char|treuse [ʃartrø̲z, nach dem frz. Kloster Grande Chartreuse] *m. Gen. - nur Ez.* Ⓦ ein frz. Kräuterlikör
Char|tu|la̲|ri|um [kar-, griech.-lat.] *s. Gen.* -s *Mz.* -ria Sammlung von Urkundenabschriften in Buchform
Cha|ryb|dis [ça-] *w. Gen. - nur Ez.* vgl. Scylla
Chase [tʃe̲iz, engl.] *s. oder w. Gen. - nur Ez. Jazz:* ständiger Wechsel zwischen improvisierenden Solisten
chas|mo|ga̲m [ças-, griech.] offenblütig; **Chas|mo|ga|mi̲e** *w. 11* Fremdbestäubung bei offener Blüte
Chas|se|pot|ge|wehr [ʃasəpo̲-, nach dem frz. Erfinder A.-A. Chassepot] *s. 1* Hinterladegewehr
Chas|si|di̲m [xas-, hebr.] *Mz.* Anhänger des Chassidismus; **Chas|si|dịs|mus** *m. Gen. - nur Ez.* im 18. Jh. begründete jüd. relig. Bewegung in Osteuropa
Chas|sis [ʃasi̲, frz.] *s. Gen.* - [ʃasi̲s] *Mz.* - [ʃasi̲s] Gestell für Aufbauten, Fahrgestell (des Autos), Montagerahmen (des Rundfunkempfängers u. a.)
Châ|teau [ʃato̲, frz.] *s. 9 veraltet:* Landhaus, Schloß
Chau|deau [ʃodo̲, frz.] *m. 9* Weinschaumsoße
Chauf|feur [ʃɔfø̲r, frz.] *m. 1* jmd., der berufsmäßig andere mit dem Kraftwagen befördert; **chauf|fie̲|ren** [ʃɔf-] einen Kraftwagen lenken
Chaus|se̲e [ʃɔs-, frz.] *w. 11* Landstraße; **chaus|sie̲|ren** mit einer festen Decke versehen
Chau|vi|nịs|mus [ʃo-, frz.] *m. Gen. - nur Ez.* übersteigerte Vaterlandsliebe
Check *m. 9* **1** [tʃẹk, engl.] *Eishockey:* Behinderung des Spielverlaufs; **2** [ʃẹk] *schweiz.:* Scheck; **checken** (chek|ken) [tʃẹk-] prüfen, vergleichen; **Chẹck|li|ste** *w. 11* Kontrolliste mit allen wichtigen Punkten eines Arbeitsbereichs; **Check|point** [tʃẹkpɔint] *m. 9* Kontrollpunkt an Grenzübergängen
chee|rio! [tʃi:rio̲, engl.] *ugs.* **1** auf Wiedersehen!; **2** prost!, zum Wohl!
Chef [ʃẹf, frz.] *m. 9* **1** Vorgesetzter, Leiter; **2** Geschäftsinhaber; **3** Haupt..., Ober..., z. B. Cheflektor; **Che|feu|se** [ʃɛfø̲zə] *w. 11 ugs. scherzh.:* Frau des Chefs; **Che|fin** [ʃẹ-] *w. 10* weibl. Chef (**1** und **2**)
Chei|ro|no|mi̲e [çai-, griech.] *w. 11 nur Ez., im Altertum und MA:* Dirigierweise durch Handbewegungen, die die Tonhöhe angeben

Chel|lé|en [ʃɛleɛ̃, nach dem frz. Ort Chelles] *s. Gen.*-(s) *nur Ez.* Stufe der Altsteinzeit, *heute* → Abbevillien

Che|mie [çe-, süddt., österr.: ke-, griech.] *w. 11 nur Ez.* Wissenschaft von den Eigenschaften und der Umwandlung der Stoffe; anorganische Chemie: Wissenschaft von den nicht kohlenstoffhaltigen Stoffen; organische Chemie: Wissenschaft von den kohlenstoffhaltigen Stoffen; **Che|mi|gra|phie** *w. 11* Verfahren zur Herstellung von Druckplatten auf photomechan. Wege; **Che|mi|kal** *s. Gen.* -s *meist Mz.* -li|en, **Che|mi|ka|lie** [-ljə] *w. 11 meist Mz.* auf chem. Wege hergestellter Stoff; **Che|mi|ker** [çe-, süddt., österr.: ke-] *m. 5* Wissenschaftler auf dem Gebiet der Chemie

Che|mi|nee [ʃəmine, frz.] *s. 9 schweiz.:* offener Kamin im Wohnraum

che|misch [çe-, süddt., österr.: ke-] die Chemie betreffend, auf ihr beruhend, zu ihr gehörig; auf Stoffumwandlung beruhend; chemisches Element: durch chem. Verfahren nicht weiter zerlegbarer Bestandteil der Materie

Che|mise [ʃəmiz, frz.] *w. 11 um 1800:* hemdartiges Kleid, Überwurf; **Che|mi|sett** [ʃəmizẹt] *s. 1 oder 9,* **Che|mi|set|te** [ʃəmizẹt(ə] *w. 11* gestärkte Hemdbrust zum Vorbinden; *auch:* weißer Einsatz am vorderen Oberteil des Damenkleides

Che|mis|mus [çe-, süddt., österr.: ke-, griech.] *m. Gen.- nur Ez.* Gesamtheit der chemischen Vorgänge bei Stoffumwandlungen, besonders im Tier- und Pflanzenkörper

Che|mo|na|stie [çe-, süddt., österr.: ke-, griech.] *w. 11* durch chem. Reiz ausgelöste, ungerichtete Bewegung von Pflanzen; vgl Chemotropismus; **Che|mo|plast** *m. 1 meist Mz.* härtbares Kunstharz; **Che|mo|re|si|stenz** *w. 10 nur Ez.* Widerstandsfähigkeit von Krankheitserregern gegen Chemotherapeutika, von denen sie vorher vernichtet worden waren; **Che|mo|re|zep|tor** *m. 13 meist Mz.* auf chem. Reize (z. B. Geruchsreize) ansprechende Nervenzelle; **Che|mo|syn|the|se** *w. 11* auf chem. Wege (ohne Sonnenlicht) verlaufende Umwandlungsvorgänge in Pflanzen; **che|mo|tak|tisch** auf Chemotaxis beruhend; **Che|mo|ta|xis** *w. Gen. - Mz.*-xen durch Einfluß von Chemikalien ausgelöste Bewegungen von Pflanzen und Tieren; **Che|mo|tech|nik** *w. 10* Zweig der Technik, der auf der Anwendung chem. Verfahren beruht; **Che|mo|the|ra|peu|ti|kum** *s. Gen.*-s *Mz.*-ka aus chem. Stoffen hergestelltes Arzneimittel, das Krankheitserreger vernichtet oder im Wachstum hemmt, ohne dem Körper zu schaden; **Che|mo|the|ra|pie** *w. 11* Behandlung mit Chemotherapeutika; **Che|mo|tro|pis|mus** *m. Gen. - nur Ez.* durch chem. Reiz ausgelöste, gerichtete Bewegung von Pflanzen; vgl. Chemonastie

Che|nil|le [ʃənịljə, frz.] *w. 11* Garn mit abstehenden Fasern, Raupengarn

Cher|chez la femme [ʃɛrʃe la fạm, frz. „sucht die Frau"] Dahinter steckt bestimmt eine Frau

Cher|ry Bran|dy [tʃẹri bræ̨ndi, engl.] *m. Gen.*--s *Mz.*--s Kirschlikör

Che|rub [çe-, hebr.] *m. Gen.*-s *Mz.*-ru|bim *oder* -ru|bi|nen Engel, Paradieswächter; **che|ru|bi|nisch** engelgleich

Che|ster [tʃẹ-, nach der engl. Stadt] *m. 5* ein fetter Hartkäse

che|va|le|resk [ʃə-, frz.] ritterlich; **Che|va|lier** [ʃəvalje] *m. 9* **1** Ritter, Edelmann; **2** frz. Adelstitel

Che|vau|le|ger [ʃvoləʒe, frz.] *m. 9 veraltet:* Angehöriger der leichten Kavallerie

Che|vi|ot [tʃẹ-, ʃẹ- oder ʃẹ-, nach den in den Cheviotbergen an der engl.-schott. Grenze gezüchteten Schafen] *m. 9* ein Kammgarngewebe aus Schafwolle

Che|vreau [ʃəvro, frz.] *s. Gen. -Mz.*-s Ziegenleder

Che|vrette [ʃəvrẹt, frz.] *w. 11* mit Chromsalzen gegerbtes Schafleder

Che|vron [ʃəvrɔ̃, frz.] *m. 9* **1** *Wappenkunde:* pfeilspitzenartige Verbindung zweier Schrägbalken; **2** frz. Dienstgradabzeichen in dieser Form; **3** Gewebe mit Fischgrätenmuster

Chi|an|ti [kjạn-, nach der ital. Landschaft] *m. 9* ein ital. Rotwein

Chi|as|mus [çi-, nach dem griech. Buchstaben Chi] *m. Gen. - Mz.*-men Stilfigur, kreuzweise Gegenüberstellung von gleichen oder gegensätzlichen Begriffen

chic [ʃịk] *unflektierbar, frz. Schreibung von* schick

Chi|co|rée [ʃịkore:, frz.] *w. oder m. 9 nur Ez.* Trieb der Zichorie, als Gemüse und Salat

Chief [tʃif] *m. 9, engl. Bez. für* Oberhaupt, Anführer

Chif|fon [ʃifɔ̃, frz.] *m. 9, österr.:* [-fon] *m. 1* leichtes seidenes oder kunstseidenes, schleierartiges Gewebe; **Chif|fon|nier** [ʃifonje] *m. 9 veraltet:* Schreibsekretär; **Chif|fon|nie|re** [ʃifonjẹrə] *w. 11 veraltet:* **1** Nähtisch; **2** *schweiz.:* Kleiderschrank

Chif|fre [ʃịfrə, auch: ʃịfər, frz.] *w. 11* **1** Ziffer, Zahl; **2** Geheimzeichen; **3** Kennwort (bes. in Zeitungsanzeigen); **Chif|freur** [ʃifrør] *m. 1* jmd., der Texte in Chiffren **(2)** umsetzt oder sie entschlüsselt; **chif|frie|ren** in Geheimschrift abfassen

Chi|gnon [ʃinjɔ̃, frz.] *m. 9* Haarknoten im Nacken

Chi|le|sal|pe|ter [çi-] *m. 5 nur Ez.* Natronsalpeter

Chi|li [tʃi-, indian.] *m. 9* **1** eine Art Paprika, aus der Cayennepfeffer gewonnen wird; **2** mit Cayennepfeffer gewürzte Soße

Chi|lia|de [çi-, griech.] *w.11* Zahl, Reihe, Sammlung von Tausend; Jahrtausend; **Chi|li-as|mus** [çi-] *m. Gen. - nur Ez.* Lehre von der Erwartung des Tausendjährigen Reiches (nach Christi Wiederkunft)
Chi|mä|ra [çi-] *w. Gen. - Mz.*-ren **1** *griech. Myth.:* Ungeheuer, Löwe, Ziege und Schlange in einem; **2** *Biol.* → Chimäre; **Chi-mä|re** [çi-] *w.11* Pfropfbastard
Chin|chil|la [tʃintʃila, span. tʃintʃilja] **1** *w.9 oder s.9* südamerik. Hasenmaus; **2** *m.9* Pelz dieses Tieres
Chi|né [ʃine, frz.] *m.9* ein Kunstseidengewebe; **chi|niert** [ʃi-] geflammt (Gewebe)
Chi|nin [çi-, süddt., österr.: ki-, indian.] *s.1 nur Ez.* Alkaloid der Chinarinde, ein Fiebermittel
Chi|no [tʃi-, span.] *m.9* Mischling aus einem negriden und einem indian. Elternteil
Chi|noi|se|rie [ʃinwazə-, frz.] *w.11* kunstgewerbl. Gegenstand in chines. Stil
Chi|nook [tʃinuk] **1** *m.9 oder Gen. - Mz. -* Angehöriger eines nordamerik. Indianerstammes; **2** *m.9 nur Ez.* föhnartiger Wind an der Ostseite der Rocky Mountains
Chintz [tʃints, Hindi] *m.1* durch Wachsüberzug glänzend gemachtes, meist gemustertes Baumwollgewebe; **chint|zen** [tʃin-] mit Wachs überziehen
Chip [tʃip, engl.] *m.9* **1** Spielmarke; **2** *Mz.* dünne, knuspriggebackene, gewürzte Kartoffelscheibchen; **3** Träger einer elektron. Miniaturschaltung
Chip|pen|dale [tʃipəndeil, nach dem engl. Kunsttischler Th. Chippendale] *s. Gen.* -(s) *nur Ez.* ein Möbelstil des 18. Jh.
Chir|agra [çir-, griech.] *s. Gen.*-s *nur Ez.* Gicht in den Handgelenken
Chi|ro|gno|mie [çi-, griech.] *w.11 nur Ez.* → Chirologie; **Chi|ro|graph** *s.12 oder 10,* **Chi|ro|gra|phum** [çi-] *s. Gen.*-s *Mz.*-pha *oder* -graphen **1** *Antike:* Handschreiben; **2** *MA:* eigenhändig geschriebene Urkunde; **Chi|ro-lo|gie** *w.11 nur Ez.* Lehre von der Charakterdeutung aus Form und Linien der Hände; **Chi|ro|man|tie** *w.11 nur Ez.* Handlesekunst, Charakter- und Zukunftsdeutung aus Form und Linien der Hände; **Chi|ro|no|mie** *w.11 nur Ez.* → Cheironomie; **Chi|ro|prak|tik** *w.10 nur Ez.* Methode zur Behandlung von Wirbelverrenkungen und Bandscheibenschäden mit den Händen; **Chi|ro|spas|mus** *m. Gen. - Mz.*-men Schreibkrampf
Chir|urg [çir-, süddt., österr.: kir-, griech.] *m.10* Facharzt der Chirurgie; **Chir|ur|gie** *w.11 nur Ez.* **1** Zweig der Medizin, Heilbehandlung durch operativen Eingriff; **2** *ugs.:* chirurg. Klinik
Chi|tin [çi-, griech.] *s.1 nur Ez.* der Zellulose verwandte, stickstoffhaltige Substanz im Panzer von Gliederfüßern sowie in den Zellwänden von Bakterien und Pilzen; **chi|ti|nös** aus Chitin
Chi|ton [çi-, griech.] *m.1* altgriech. Gewand
Chla|mys [xla-, auch: xlamys, griech.] *w. Gen. - Mz. -* altgriech. kurzer Überwurfmantel für Reiter und Krieger
Chlor [klor, griech.] *s.1 nur Ez. (Zeichen:* Cl) chem. Element; **Chlo|ral** *s.1 nur Ez.* stechend riechende, ätzende Chlorverbindung; **Chlo-ral|hy|drat** *s.1 nur Ez.* ein Schlafmittel; **Chlo-ra|lis|mus** *m. Gen. - Mz.*-men Chlorvergiftung; **Chlor|amin** *s.1 nur Ez.* ein Bleich- und Desinfektionsmittel; **Chlo|rat** *s.1* Salz der Chlorsäure; **Chlo|rel|la** *w. Gen. - Mz.*-len eine Grünalge; **chlo|ren** [klo-] mit Chlor versetzen und dadurch keimfrei machen; **Chlo-rid** *s.1* eine Chlorverbindung, Salz der Chlorwasserstoffsäure (Salzsäure); **chlo|rie-ren** → chloren; **chlo|rig** [klo-] Chlor enthaltend; **Chlo|rit** *s.1* **1** Salz der chlorigen Säure; **2** ein Mineral; **Chlor|kalk** [klor-] *m.1 nur Ez.* ein Bleich- und Desinfektionsmittel; **Chlor-na|tri|um** [klor-] *s. Gen.*-s *nur Ez.* → Natriumchlorid; **Chlo|ro|form** *s. Gen.*-s *nur Ez. früher:* Narkosemittel; **chlo|ro|for|mie|ren** mit Chloroform betäuben; **Chlo|rom** *s.1* bösartige Geschwulst an Knochen und Drüsen; **Chlo|ro|phyll** *s.1 nur Ez.* die Assimilation bewirkender, grüner Farbstoff von Pflanzenzellen, Blattgrün; **Chlo|ro|phy|zee** *w.11* eine Grünalge; **Chlo|ro|se** *w.11* **1** *Bot.:* Bleichwerden grüner Pflanzenteile bei mangelnder Bildung von Blattgrün; **2** *Med.:* Bleichsucht
Choc [ʃɔk] *m.9, frz. Schreibung von* Schock
Choke [tʃouk, engl.] *m.9* Vorrichtung zum Erzeugen eines stärker benzinhaltigen Gemisches für den leichteren Start von Verbrennungsmotoren
Chol|an|gi|tis [kol-, griech.] *w. Gen. -Mz.*-tiden Entzündung der Gallenblase und Gallengänge; **Cho|le|lith** *m.10* Gallenstein
Cho|le|ra [ko-, griech.] *w. Gen. - nur Ez.* eine schwere Infektionskrankheit mit heftigem Brechdurchfall
Cho|le|ri|ker [ko-, griech.] *m.5* reizbarer, leicht aufbrausender Mensch; **cho|le|risch** leicht aufbrausend
Cho|le|ste|rin [ko-, griech.] *s.1 nur Ez.* ein Fett, Hauptbestandteil der Gallensteine; **Cho|le|zy|sti|tis** *w. Gen. - Mz.*-tiden Gallenblasenentzündung
Chol|iam|bus [çoljam-, griech.] *m. Gen. - Mz.* -ben jamb. Vers mit einem Trochäus statt des letzten Jambus, Hinkjambus
Chon|drit [çɔn-, griech.] *m.10* aus kleinen Kristallkörnern (Chondren) aufgebauter Meteorstein; **Chon|dri|tis** *w. Gen. - Mz.*-tiden Knorpelentzündung; **Chon|dro|bla|stom, Chon|drom** *s.1* gutartige Geschwulst aus Knorpelgewebe
Chor [kor, griech.] *m.2* **1** *urspr.:* Kulttanz,

Kultgesang; *dann:* deren Ausführende, Bestandteil der altgriech. Tragödie; **2** *selten auch: s.2,* erhöhter, den Geistlichen vorbehaltener Raum am Ende des Kirchenschiffs mit dem Hochaltar; **3** größere Sängergruppe; **4** Musikstück für diese; **5** gemeinsamer Gesang; **6** *16./17. Jh.:* Gruppe gleicher Instrumente sowie ihr Spiel, z. B. Posaunenchor; **Cho|ral** [ko-] *m.2* Kirchengesang; Kirchenlied; **Cho|ral|no|ta|ti|on** [-tsjo:n] *w.10 MA:* nur die Tonhöhe angebende Notenschrift des 12. Jh.; vgl. Mensuralnotation, Modalnotation

Chor|da [kɔr-, griech.] *w. Gen. - Mz.*-den strangartiges Gebilde, Sehne; Chorda dorsalis: Rückensaite, Vorstufe der Wirbelsäule beim Embryo der Wirbeltiere; **Chor|da|ten** *Mz.* alle Tiere, die eine Chorda dorsalis besitzen; **Chor|di|tis** *w. Gen. - Mz.* -ti|den Stimmbänderentzündung

Cho|rea [ko-, griech.] *w. Gen. - nur Ez.* Veitstanz

Cho|re|en [ko-] *Mz. von* Choreus

Cho|reg [ko-, griech.] *m.10,* **Cho|re|ge** *m.11, im altgriech. Theater:* Chorführer; **Choreo|graph** [ko-, griech.] *m.10* Künstler, der die Tänze für Ballettaufführungen entwirft; **Cho|reó|gra|phie** *w.11* Tanzschrift, Regieentwurf für Ballettänze; **Cho|reo|ma|nie** *w.11 nur Ez.* Tanzwut, krankhafte Sucht zu tanzen

Cho|re|us [ko-, griech.] *m. Gen. - Mz.*-re|en → Trochäus

Cho|reut [ko-, griech.] *m.10, im altgriech. Theater:* Chortänzer; **Cho|reu|tik** *w. Gen. - nur Ez.* Tanzkunst

Chor|frau [kor-] *w.10* Angehörige einer relig. weibl. Gemeinschaft, auch des weibl. Zweigs eines Mönchsordens; **Chor|hemd** *s.12* langes, hemdartiges Kleidungsstück der kath. Priester und Chorknaben, Chorrock; **Chor|herr** *m.10* Mitglied eines Domkapitels oder Stifts; **Chor|iam|bus** *m. Gen.- Mz.*-ben aus einem Choreus und einem Jambus bestehender Versfuß in einem jamb. Vers

Cho|ri|on [ko-, griech.] *s. Gen.*-s *nur Ez.* **1** äußerste Hülle des Embryos, Zottenhaut; **2** harte Hülle von Insekteneiern

cho|risch [ko-] durch einen Chor ausgeführt oder auszuführen; **Cho|rist** *m.10* Chorsänger; **Chör|lein** [kør-] *s.7* kleiner Erker an mittelalterl. Wohnhäusern, urspr. als Kapelle

Cho|ro|gra|phie [ko-, griech.] *w.11 nur Ez.* **1** Länder-, Landschaftsbeschreibung; **2** *veraltet für* Chorologie; **Cho|ro|lo|gie** *w.11 nur Ez.* **1** Lehre von der Verteilung und Anordnung von Gegenständen im Raum; **2** Lehre von der Verbreitung von Tieren und Pflanzen auf der Erde

Cho|ro|ma|nie [ko-] *w.11 nur Ez.* → Choreomanie

Chor|re|gent [kor-] *m.10 süddt. veraltet:* Leiter eines kath. Kirchenchors; **Chor|rock** *m.2* → Chorhemd

Cho|rus [ko-, griech.] *m. Gen. - nur Ez.* **1** *veraltet:* Sängerchor; **2** *Jazz:* mehrfach wiederholtes Thema

Cho|se [ʃo-, frz.] *w.11 frz. Schreibung von* Schose

Chow-Chow [tʃautʃau, chin.-engl.] *m.9* eine spitzähnliche, aus China stammende Hunderasse

Chre|sto|ma|tie [krɛ-, griech.] *w.11* Auswahl von Prosastücken für den Unterricht

Chri|sam [kri-, griech.] *s. oder m. Gen.*-s *nur Ez.,* **Chris|ma** [kris-] *s. Gen.*-s *nur Ez., kath. Kirche:* geweihtes Salböl; **Chris|ma|ri|um, Chris|ma|to|ri|um** *s. Gen.*-s *Mz.*-ri|en Behälter für geweihtes Salböl

Christ [krist, griech.] *m.10* **1** Angehöriger des Christentums, Getaufter; **2** *nur Ez. volkstüml. für* Christus; **chri|stia|ni|sie|ren** [kri-] zum Christentum bekehren; **Chri|sti|an Sci|ence** [kristjən saiəns, engl. „christl. Wissenschaft"] *w. Gen. - - nur Ez.* christl. Lehre und Gemeinschaft zur Erlösung von Krankheit, Sünde und Tod durch engste Verbindung mit Gott; **Chri|sto|gramm** [kri-] *s.1* → Christusmonogramm; **Chri|sto|la|trie** *w.11 nur Ez.* Verehrung, Anbetung Christi; **Chri|sto|lo|gie** *w.11 nur Ez.* Lehre von Person und Natur Christi; **Chri|sto|pha|nie** *w.11 nur Ez.* Erscheinung des auferstandenen Christus; **chri|sto|zen|trisch** Christus als Mittelpunkt habend; **Chri|stus** [kri-, „der Gesalbte"] *m. Gen.*-sti *nur Ez.* Ehrenname Jesu; Jesus Christus; nach Christo, nach Christus (*Abk.:* n. Chr.): nach Christi Geburt; vor Christo, vor Christus (*Abk.:* v. Chr.): vor Christi Geburt; **Chri|stus|mo|no|gramm** *s.1* die ineinandergeschriebenen griech. Buchstaben X (Chi = Ch) und P (Rho = R): ☧

Chrom [krom, griech. „Farbe"] *s.1 nur Ez. (Zeichen:* Cr) chem. Element; **Chro|mat** *s.1* Salz der Chromsäure; **Chro|ma|tik** [griech. „Färbung"] *w.10 nur Ez.* **1** *Mus.:* Erhöhung oder Erniedrigung der Stufen einer Tonleiter um einen halben Ton durch Versetzungszeichen; *Ggs.:* Diatonik; durch Halbtonfolgen gekennzeichnete Musik; **2** *Phys.:* Farbenlehre; **Chro|ma|tin** *s.1 nur Ez.* bei basischer Färbung leicht färbbarer Bestandteil des Zellkerns; **chro|ma|tisch** **1** *Mus.:* in Halbtonschritten fortschreitend; *Ggs.:* diatonisch; **2** *Optik:* auf Farbenzerlegung beruhend; chromatische Aberration, chromatische Abweichung: Abbildungsfehler von Linsen durch Farbzerstreuung; **chro|ma|ti|sie|ren** mit einer Chromatschicht überziehen; **Chro|ma|to|gra|phie** *w.11 nur Ez.* Verfahren zur Trennung von ähnlichen und schwer trennbaren chem. Stoffen auf Grund von unterschiedlicher Wandlungsgeschwindigkeit in einem Lösungsmittel und unterschiedlicher Färbung;

Chro|ma|to|me|ter *s. 5* Gerät zum Messen der Farbstärke; **Chro|ma|to|phor** *s. 1* bei manchen Tieren mit Farbstoff gefüllte Zelle, Grundlage für eine Farbänderung der Haut; **Chro|ma|tron** [kro-] *s. Gen.*-s *Mz.*-tro|ne Bildröhre für das Farbfernsehen; **Chrom|bei|ze** *w. 11* Chromverbindung zum Nachfärben von Textilien; **chro|mie|ren** nach dem Färben mit Chrombeize nachbehandeln; **Chrom|le|der** [krom-] *s. 5* mit Chromsalzen gegerbtes, widerstandsfähiges Leder; **chro|mo|gen** Farbstoff bildend; **Chro|mo|lith** *m. 1 oder 10* unglasiertes, farbiges Steinzeug mit eingelegten Verzierungen; **Chro|mo|li|tho|gra|phie** *w. 11* **1** *nur Ez.* Mehrfarben-Steindruck; **2** in diesem Verfahren hergestelltes Erzeugnis; **Chro|mo|skop** *s. 1* Gerät zum Projizieren farbiger Bilder; **Chro|mo|som** *s. 12* hauptsächlich aus Chromatin bestehendes, bei der Teilung entstehendes Teilstück des Zellkerns, Träger der Erbanlagen, Kernschleife, Idiosom; **Chro|mo|sphä|re** *w. 11 nur Ez.* Gasschicht der Sonnenatmosphäre

Chro|nik [kro-, griech.] *w. 10* Aufzeichnung geschichtl. Vorgänge in der Reihenfolge ihres Geschehens; **chro|ni|ka|lisch** in der Art einer Chronik; **Chro|nique scan|da|leuse** [kronik skädaløz, frz.] *w. Gen. - - nur Ez.* (meist übertriebene) Skandalgeschichte; **chro|nisch** [kro-] langsam verlaufend; *Ggs.:* akut; **Chro|nist** *m. 10* Verfasser einer Chronik; **Chro|no|bio|lo|gie** *w. 11 nur Ez.* Wiss. von den regelmäßigen Abläufen im lebenden Organismus (z. B. Atmung, Stoffwechsel, Schlafrhythmus) in bestimmten Zeiträumen; **Chro|no|graph** *m. 10* Gerät zum Aufzeichnen der Zeitdauer eines Vorgangs; **Chro|no|gra|phie** *w. 11* Geschichtsschreibung in der Reihenfolge der Ereignisse; **Chro|no|lo|gie** *w. 11* **1** Lehre von der Zeitrechnung; **2** zeitl. Ablauf; **chro|no|lo|gisch** nach dem zeitl. Ablauf, zeitlich geordnet; **Chro|no|me|ter** *s. 5 veraltet:* sehr genau gehende (mechan.) Uhr; **Chro|no|me|trie** *w. 11* Zeitmessung; **Chro|no|skop** *s. 1* Gerät zum Messen sehr kleiner Zeitabschnitte

Chrys|an|the|me [krys-, griech.] *w. 11,* **Chrys|an|the|mum** *s. Gen.*-s *Mz.*-the|men Zierpflanze mit großen, strahlenförmig angeordneten Blütenblättern, Wucherblume

chrys|ele|phan|tin [krys-, griech.] in Gold-Elfenbein-Technik gearbeitet

Chry|so|be|ryll [kry-, griech.] *m. 12* ein grünes durchscheinendes Mineral; **Chry|soi|din** *s. 1 nur Ez.* ein Farbstoff zum Färben von Leder, Kokosfasern u. a.; **Chry|so|lith** *m. 12 oder 10* ein Mineral; **Chry|so|pras** *m. 1* ein Halbedelstein; **Chry|so|til** *m. 1* ein faseriges Mineral

chtho|nisch [çto-, griech.] der Erde angehörend, unterirdisch, unter der Erde lebend; chthonische Götter

Chut|ney [tʃʌtni, Hindi-engl.] *s. Gen.*-s *nur Ez.* Würzpaste aus Früchten, bes. Mango

Chuz|pe [xụs-, jidd.] *w. Gen. - nur Ez.* Dreistigkeit, Unverschämtheit

chy|lös [çy-, griech.] aus Chylus bestehend, milchig, trüb; **Chy|lus** [çy-] *m. Gen. - nur Ez.* fettreiche Darmlymphe

Chy|mo|sin [çy-, griech.] *s. 1 nur Ez.* Ferment im Magen von Kalb und Schaf, bringt Milch zum Gerinnen, Lab; **Chy|mus** [çy-] *m. Gen. - nur Ez.* Speisebrei im Magen

Ci *Abk. für* Curie

CIA [si:aiɛi] *Abk. für* Central Intelligence Agency (US-amerik. Geheimdienst)

Cia|co|na [tʃa-] *w. 9 oder Gen. - Mz.*-ne *ital. Bez. für* Chaconne

ciao [tʃaɔ] *ital. Schreibung von* tschau

CIC 1 [si:aisi] *Abk. für* Counter Intelligence Corps (US-amerik. militär. Abwehrdienst); **2** *Abk. für* Codex Iuris Canonici

Ci|ce|ro [tsịtsero, nach dem röm. Staatsmann und Schriftsteller] *w. Gen. - nur Ez., schweiz.: m. Gen. - nur Ez.* ein Schriftgrad; **Ci|ce|ro|ne** [tʃitʃe-, ital.] *m. 9 oder Gen. - Mz.* -ni Fremden-, Kunstführer in Italien; **ci|ce|ro|nia|nisch,** ci|ce|ro|nisch in der Art des röm. Schriftstellers Cicero, stilistisch mustergültig

Ci|cis|beo [tʃitʃis-, ital.] *m. Gen.*-(s) *Mz.*-s Liebhaber, Hausfreund

Ci|dre [sidrə] *m. Gen.*-(s) *nur Ez., frz. Schreibung von* → Zider

Cie. *Abk. für* Compagnie, *veraltet, heute:* Co.

cif [tsif] *Abk. für* cost, insurance, freight, *im Überseehandel:* Klausel, nach der Kosten für Verladung, Versicherung und Fracht im Kaufpreis enthalten sind

CIL *Abk. für* Corpus Inscriptionem Latinarum

Cin|cho|na [sintʃo-, nach der Gemahlin des Grafen Cinchón, des Vizekönigs von Peru, im 17. Jh.] *w. Gen. - Mz.*-nen Chinarindenbaum; **Cin|cho|nin** *s. 1 nur Ez.* bei der Herstellung von Chinin gewonnenes Alkaloid der Chinarinde, ein Fiebermittel

Ci|ne|ast [si-, griech.-frz.] *m. 10* Filmfachmann, Filmschaffender; *auch:* Filmfan

Ci|ne|ma|scope [sinemaskop, engl.] *s. Gen.* -(s) *nur Ez.* ® Breitwand- und Raumtonverfahren beim Film; **Ci|ne|ma|thek** [frz. + griech.] *w. 10* → Filmothek; **Ci|ne|ra|ma** *s. Gen. - nur Ez.* ein Breitwand- und Raumtonverfahren beim Film

Cin|que|cen|tist [tʃinkvətʃɛn-, ital.] *m. 10* Künstler des Cinquecentos; **Cin|que|cen|to** [tʃinkvətʃɛn-, ital. „fünfhundert" (nach 1000)] *s. Gen.*-(s) *nur Ez.* die künstler. Stilepoche des 16. Jh. in Italien

CIO [si:aiou] *Abk. für* Congress of Industrial Organizations (US-amerik. Gewerkschaftsverband)

Ci|pol|lin [tʃi-, ital.] *m. 1* mit Streifen durchsetzter Marmor, Zwiebelmarmor

cir|ca *(Abk.:* ca.) → zirka
Cir|ce [tsirtse:, nach der sagenhaften griech. Zauberin] verführerische Frau; vgl. bezirzen
Cir|cuit-Trai|ning [sәkit trε-, engl.] *s. 9 nur Ez.* allgemeines Konditionstraining an verschiedenen, im Kreis aufgestellten Geräten
Cir|cu|lus vi|tio|sus [tsir- -tsio-, lat. „fehlerhafter Kreislauf"] *m. Gen. - - Mz.* -li -si **1** Zirkelschluß, Zirkelbeweis, Schlußfolgerung, bei der das zu Beweisende im Beweisgrund enthalten ist; **2** Kreislauf ohne positives Ergebnis, wenn das Beheben eines Fehlers zu einem weiteren Fehler führt
ci|tis|si|me [tsitisime:, lat.] sehr eilig (als Aktenvermerk); **ci|to** [tsi-] eilig (als Aktenvermerk)
Ci|toy|en [sitwajε̃, frz.] *m. 9, frz. Bez. für* Staatsbürger
Ci|ty [siti, engl.] *w. 9* Geschäftsviertel einer Großstadt, Innenstadt, Stadtzentrum
Ci|vet [sivε, frz.] *s. 9* Wildfleischragout
Ci|vi|tas Dei [tsi-, lat.] *w. Gen. - - nur Ez.* der (jenseitige) Gottesstaat (vom Kirchenvater Augustinus geprägter Begriff)
ckm *früher: Abk. für* Kubikkilometer
cl *Abk. für* Zentiliter
Cl *chem. Zeichen für* Chlor
c. l. *Abk. für* citato loco: am angeführten Ort (bei Zitaten), *heute meist:* a. a. O.
Claim [kleim, engl. „Anspruch"] *s. 9* Anrecht, Anteil (bes. an einer Goldmine)
Clai|ret [klεrε, frz.] *m. 9* → Klarett (**2**)
Clair-ob|scur [klε:rɔbskyr, frz. „Helldunkel"] *s. Gen.* -s *nur Ez.* Malstil, bei dem durch den Kontrast von Hell und Dunkel bes. Wirkung erreicht wird
Clai|ron [klεrɔ̃, frz.] *s. 9* **1** Signalhorn; **2** hohe Trompete, Bachtrompete
Clan [klan, engl. klæn] *m. 1, engl. m 9* **1** alter schott. und irischer Sippenverband; **2** *Völkerkunde:* Untergruppe eines Stammes
Claque [klak, frz.] *w. 9* Gruppe von Claqueuren; **Cla|queur** [-kør] *m. 1* bezahlter Beifallklatscher
Cla|ri|no *s. 9, Mz. auch* -ni **1** *ital. Bez. für* Clairon; **2** ein Orgelregister
Cla|ve|cin [-vәsε̃] *s. 9, frz. Bez. für* Clavicembalo; **Cla|ve|ci|ni|sten** [-si-] *Mz.* frz. Komponisten für Clavecin im 17./18. Jh.; **Cla|vi|cem|ba|lo** [-tʃεm-, ital.] *s. Gen.* -s *Mz.* -li → Cembalo
Cla|vi|cu|la [lat.] *w. Gen. - Mz.* -lae [-lε:] Schlüsselbein; **Cla|vis** *w. Gen. - Mz. - oder* -ses **1** Notenschlüssel; **2** Taste (an Klavier und Orgel); **3** *veraltet:* Wörterbuch zur Erläuterung klassischer Schriften, bes. der Bibel
clean [klin, engl. „sauber"] infolge Behandlung nicht mehr rauschgiftsüchtig
Clea|ring [kli-, engl. „klären"] *s. 9* Verrechnungsverfahren
Clerk [klak, engl.] *m. 9* Gerichtsschreiber; Buchhalter, kaufmänn. Angestellter (bes. in Großbritannien und den USA)
cle|ver [engl.] geschickt, geschäftstüchtig, wendig; **Cle|ver|neß** *w. Gen. - nur Ez.* Schlauheit, Geschick, Geschäftstüchtigkeit
Cli|an|thus [griech.] *m. Gen. - nur Ez.* austral. Zierstrauch
Cliff-dwel|ler [engl.] *m. 9* vorgeschichtl. Höhlenbewohner im Colorado-Cañon (USA)
Clinch [klintʃ, engl.] *m. Gen.* -es *nur Ez. Boxen:* Umklammerung des Gegners
Clip|per [engl.] *m. 5* amerik. Langstreckenflugzeug
Cli|que [klikә, klikә, frz.] *w. 11* **1** Gruppe miteinander befreundeter Personen; **2** durch gemeinsame egoist. Interessen verbundene Gruppe, Sippschaft, Klüngel
Cli|via [nach einer engl. Herzogin, Lady Clive] *w. Gen. - Mz.* -vi|en eine Zimmerpflanze
Clo|chard [klɔʃar, frz.] *m. 9, frz. Bez. für* Vagabund (in Großstädten)
Cloi|son|né [klwazɔne, frz.] *s. Gen.* -s *nur Ez.* Zellenschmelz, Art der Emailmalerei, bei der das flüssige Email in kleine, durch aufgelötete Metallstege gebildete Zellen gegossen wird
Clo|qué [klɔke, frz.] *m. 9* Kreppgewebe mit blasig erhabenem Muster
Closed-Cir|cuit-Te|le|vi|si|on [klouzd sәkju:t telәviʒn, engl.] *s. Gen. - nur Ez.* Kabelfernsehen
Cloth [klɔθ, engl.] *m. oder s. Gen. - nur Ez.* glänzendes Atlasgewebe, Futterstoff
Clou [klu, frz.] *m. 9* **1** Glanz-, Höhepunkt; **2** Zugstück, Schlager
Clown [klaun, engl.] *m. 9* Spaßmacher, dummer August im Zirkus; *urspr.* lustige Person des engl. Theaters; **Clow|ne|rie** [klau-] *w. 11* Spaßmacherei, Spaß; **clow|nesk** in der Art eines Clowns
Clu|ny|azen|ser [klyni-, nach dem frz. Kloster Cluny] *m. 5* Angehöriger einer kath. kirchlichen Bewegung zur Reform des Klosterwesens
cm *Abk. für* Zentimeter; **cm²** *Abk. für* Quadratzentimeter; **cm³** *Abk. für* Kubikzentimeter
Cm *chem. Zeichen für* Curium
cmm *früher: Abk. für* Kubikmillimeter
cm/s, *früher:* **cm/sec,** *Abk. für* Zentimeter in der Sekunde
c/o *Abk. für* care of
Co *chem. Zeichen für* Kobalt (lat. Cobaltum)
Co. *Abk. für* Kompagnie, vgl. Kompanie
Coach [koutʃ, engl.] *m. 9* Trainer und Betreuer eines Sportlers; **coa|chen** [koutʃәn] als Trainer betreuen
Cob|bler [engl.] *m. 9* Getränk aus Wein, Sekt, Kognak oder Whisky (und Selters) mit Fruchtsaft und Eiswürfeln
Co|ca-Co|la *s. oder w. Gen. - Mz. -* (Wz) Aus-

züge der Kolanuß und des Kokastrauchs enthaltendes Erfrischungsgetränk
Co|che|nil|le [kɔʃənịljə, span.] *w. 11* → Koschenille
Co|chon [kɔʃɔ̃, frz.] *m. 9 Schwimpfw.:* Schwein, unanständiger Mensch; **Co|chon|ne|rie** [kɔʃɔnə-] *w. 11* Schweinerei, Unanständigkeit
Cocker|spa|ni|el (Cok|ker-) [engl.] *m. 9* angeblich aus Spanien stammender, kleiner englischer Hühnerhund, der bes. zur Schnepfenjagd (cocking) verwendet wurde
Cock|ney [-ni] *s. Gen.*-(s) *nur Ez.* in London (bes. Ostlondon) gesprochene Mundart; **2** *m. 9* Londoner, der Cockney spricht
Cock|pit [engl.] *s. 9* **1** Pilotenkabine im Flugzeug; **2** vertiefter Sitzraum in Jacht und Motorboot, Plicht; **3** Fahrersitz im Rennwagen
Cock|tail [-teil, engl.] *m. 9* alkoholisches Mischgetränk; **Cock|tail|par|ty** *w. 9* zwanglose gesellige Zusammenkunft am frühen Abend
cod., Cod. *Abk. für* Codex, Kodex
Code [kod] *m. 9* → Kode; **Code ci|vil** [kod sivịl, frz.] *m. Gen.* - - *nur Ez.* das frz. bürgerl. Gesetzbuch; **Code Na|po|lé|on** [kod napoleɔ̃] *m. Gen.* - - *nur Ez., im 1. und 2. frz. Kaiserreich Bez. für den* (auf Veranlassung Napoleons I. geschaffenen) Code civil
Co|dex [lat.] *m. Gen.* - *Mz.*-dices [-tse:s] → Kodex; **Co|dex ar|gen|te|us** [„Silberbibel"] *m. Gen.* - - *nur Ez.* got., auf purpurfarbenem Pergament mit silbernen und goldenen Buchstaben geschriebenes Evangeliar; **Co|dex au|re|us** [„Goldbibel"] *m. Gen.* - - *Mz.* Co|di|ces au|rei [-reli] reich illuminiertes Evangeliar des MA mit goldverziertem Einband; **Co|dex Iu|ris Ca|no|ni|ci** *m. Gen.* - - - *nur Ez. (Abk.:* CIC) Gesetzbuch der kath. Kirche von 1918
Coe|no|bit [tsø-] *m. 10* → Zönobit
Cœur [kœr, frz.] *s. 9 oder Gen.* - *Mz.* -*, im frz. Kartenspiel:* Herz
Co|gi|to, er|go sum [lat.] Ich denke, also bin ich (Grundsatz des frz. Philosophen René Descartes)
Coif|feur [kwafœr, schweiz.: kwạ-, frz.] *m. 1* Friseur; **Coif|feu|se** [kwaføzə] *w. 11* Friseuse; **Coif|fure** [kwafyr] *w. 11, Mz.*[-rən] *veraltet:* kunstvolle Frisur
Coir [Tamil] *w. 10 oder s. 12* Kokosfaser
col. *Buchw.: Abk. für* columna (Spalte, Seite)
Cold Cream [kould krim, engl.] *w. Gen.* - - *Mz.* - -s durch rasche Verdunstung ihres Feuchtigkeitsgehalts kühlende Hautcreme
col|la de|stra [ital.] (*Abk.:* c. d.) *Mus.:* mit der rechten Hand (zu spielen)
Col|la|ge [-ʒə, frz.] *w. 11* aus Papierstücken oder anderem Material geklebtes Bild
coll'ar|co [ital.] (*Abk.:* c. a.) *Mus.:* (nach vorangegangenem Pizzicato wieder) mit dem Bogen (zu spielen)
col|la si|ni|stra [ital.] *(Abk.:* c. s.) *Mus.:* mit der linken Hand (zu spielen)
Col|lec|ta|nea *Mz.* → Kollektaneen
Col|lege [kọlidʒ] *s. Gen.*-(s) *Mz.*-s [-dʒiz] **1** *in England:* Wohnheim für Studenten und Lehrer, meist der Universität angegliedert; **2** *in den USA:* höhere Lehranstalt, die zur Hochschulreife führt; **Col|lège** [kɔlɛʒ, frz.] *s. Gen.*-s *Mz.*-s, *in Frankreich, Belgien und der frz. Schweiz:* höhere Schule; **Col|legi|um Ger|ma|ni|cum** [lat.] *s. Gen.* - - *nur Ez.* dt. Priesterseminar in Rom; **Col|le|gi|um mu|si|cum** *s. Gen.* - - *Mz.*-gia -ca Vereinigung von Musikliebhabern, bes. Studenten; **Col|le|gi|um pu|bli|cum** *s. Gen.* - - *Mz.*-gia -ca öffentl. Vorlesung an einer Universität
Col|li|co [Kunstwort] *s. 9* zusammenlegbare Transportkiste der Dt. Bundesbahn
Col|lie [engl.] *m. 9* schott. Schäferhund
Co|lón [span.] *m. Gen.*-(s) *Mz.*-(s) Währungseinheit in Costa Rica und El Salvador
Co|lo|nel [engl. kənəl, frz. kɔlonẹl] *m. 9, engl. und frz. Bez. für* Oberst
Co|lo|nia|kü|bel *m. 5 in Wien:* Mülltonne
Colt [nach dem amerik. Ingenieur C.] *m. 9* ein Revolver
Co|lum|bi|um *s. Gen.*-s *nur Ez.* (*Zeichen:* Cb) *ältere Bez. für* Niob
Com|bo [aus engl. „combination"] *w. 9* kleine Gruppe von Jazz-Solisten
Come|back [kʌmbæk, engl. „Rückkehr"] *s. 9* Wiederauftreten eines bekannten Künstlers, Sportlers oder Politikers nach längerer Pause
COMECON *Abk. für* Council for Mutual Economic Aid: Rat für gegenseitige Wirtschaftshilfe (Wirtschaftsorganisation der Ostblockstaaten)
Co|mes [lat.] *m. Gen.* - *Mz.* - *oder*-mi|tes **1** *im alten Rom:* hoher Amtstitel; **2** *MA:* Graf; **3** *Mus.:* erstes in der zweiten Stimme auftretendes Thema der Fuge; vgl. Dux
Co|mic [kọmik, engl.] *m. 9 meist Mz. Kurzw. für* Comic strip; **Co|mic strip** *m. Gen.* - -s *meist Mz.* - -s gezeichnete Bildergeschichte komischen oder abenteuerl. Inhalts
comme ci, comme ça [kɔm si, kɔm sạ, frz.] soso, lala
Com|me|dia dell'ar|te [ital.] *w. Gen.* - - *nur Ez.* die ital. Stegreifkomödie des 16.–18. Jh.
comme il faut [kɔmilfo, frz.] wie es sich gehört, musterhaft
Com|mis [-mi] *m. Gen.* - *Mz.* -[-mis] → Kommis; **Com|mis voya|geur** [kɔmi vwajaʒœr, frz.] *m. Gen.* - - *Mz.* - -s [-ʒœr] *veraltet:* Geschäftsreisender
com|mo|do, co|mo|do [ital.] *Mus.:* ruhig, behaglich
Com|mon|sense [kọmənsẹns, engl.] *m. Gen.* - *nur Ez.* gesunder Menschenverstand
Com|mon|wealth [kọmənwɛlθ, engl.] *s. Gen.* -

nur Ez. Staatenbund, Völkergemeinschaft; C. of Nations [- ɔv nei∫nz]: Gesamtheit der (heute meist unabhängigen) Staaten, die die brit. Krone anerkennen

Com|pa|gnie [kɔmpani] *w.11, veraltete Schreibung von* Kompanie; **Com|pa|gnon** [-panjɔ̃] *m.9 veraltete Schreibung von* Kompagnon

Com|pi|ler [-pai-, engl.] *m.5 EDV:* Programm, das die Programmiersprache des einzugebenden Programms in die von dem Computer lesbare Maschinensprache überträgt

Com|po|ser [engl. -pou-] *m.5* elektr. Schreibmaschine mit Randausgleich und auswechselbaren Schrifttypen

Com|pound|ma|schi|ne [kɔmpaund-, engl.] *w.11* aus zwei miteinander verbundenen Einheiten bestehende Dampfmaschine, Verbunddampfmaschine

Comp|toir [kɔ̃twar, frz.] *s.9, veraltete Form von* Kontor

Com|pur|ver|schluß [Kunstw.] *m.2* Verschluß von photograph. Objektiven, bei dem sich Lamellen von der Mitte aus öffnen

Com|pu|ter [kɔmpju-, engl.] *m.5* programmgesteuerter elektron. Rechenautomat; **com|pu|te|ri|sie|ren 1** für einen Computer lesbar machen; **2** (zu bearbeitendes Material) einem Computer eingeben

Comte [kɔ̃t, frz.] *m.9* Graf, frz. Adelstitel; **Com|tesse** [kɔ̃tɛs] *w.11* → Komteß

con af|fet|to [ital.] *Mus.:* mit Ausdruck, bewegt

con ani|ma [ital.] *Mus.:* beseelt, mit Empfindung

con|axi|al → koaxial

con brio [ital.] *Mus.:* mit Schwung, lebhaft

Con|cen|tus [-tsɛn-, lat.] *m. Gen. - Mz. -* vom Chor oder Vorsänger gesungener Teil des Gregorian. Gesangs

Con|cer|ti|no [-t∫er-, ital.] *s.9, Mz. auch:* -ni kleines Konzert; **Con|cer|to** [-t∫ɛr-] *s. Gen. - Mz.* -ti Konzert; **Con|cer|to gros|so** *s. Gen. -- Mz.* -ti -si *Barockmusik:* Konzert für Soloinstrumente und Orchester

Con|cierge [kɔ̃sjɛrʒ] *m. oder w. Gen. - Mz.* -s [-sjɛrʒ] *frz. Bez. für* **1** Gefängniswärter(in); **2** Pförtner(in), Hausmeister(in)

Con|cours hip|pique [kɔ̃kur ipik, frz.] *m. Gen. -- Mz.* --s [-pik] Reit- und Fahrturnier

Con|di|tio si|ne qua non [-tsjo-, lat. „Bedingung ohne die nicht"] *w. Gen. ---- nur Ez.* unerläßl. Bedingung

con|fer! [lat.] *(Abk.:* cf. cfr., conf.) vergleiche!

Con|fé|rence [kɔ̃ferãs, frz.] *w.11* geistreich-unterhaltsame Ansage in Kabarett und Rundfunk; **Con|fé|ren|cier** [kɔ̃ferãsje] *m.9* unterhaltender Ansager

Con|fes|sio [lat.] *w. Gen. - Mz.* -sio|nes **1** Glaubens-, Sündenbekenntnis; **2** *Reformationszeit:* Bekenntnisschrift; **Con|fes|sor** *m. Gen.* -s *Mz.* -so|res Bekenner (Ehrenname der verfolgten Christen während der röm. Kaiserzeit); **Con|fi|te|or** [„ich bekenne"] *s. Gen. - nur Ez.* Sündenbekenntnis im christl. Gottesdienst

Con|foe|de|ra|tio Hel|ve|ti|ca [-tsjo] *w. Gen. -- nur Ez. (Abk.:* CH) Schweizerische Eidgenossenschaft

con fuo|co [-fuɔkɔ, ital.] *Mus.:* mit Feuer

Con|ga [span.] *w.9* **1** kuban. Volkstanz; **2** kuban. Handtrommel

con mo|to [ital.] *Mus.:* bewegt

Con|nais|seur [kɔnɛsør, frz.] *m.9* **1** Kenner; **2** Feinschmecker

Con|nec|tion [kɔnɛk∫n, engl.] *w.9* Beziehung, Verbindung (bes. zum Drogenhandel)

con pas|sio|ne [ital.] *Mus.:* leidenschaftlich, ausdrucksvoll

Con|se|cu|tio tem|po|rum [-tsjo, lat.] *w. Gen. -- nur Ez. Gramm.:* Zeitenfolge im zusammengesetzten Satz

Con|sen|sus [lat.] *m. Gen. - Mz. -* [-sus] Übereinstimmung

Con|si|li|um ab|eun|di [lat.] *s. Gen. -- nur Ez.* Androhung des Verweises von der höheren Schule

con sor|di|no [ital.] *Mus.:* mit dem Dämpfer

con spi|ri|to [ital.] *Mus.:* geistvoll, spritzig

Con|sta|ble [kɔnstəbəl, engl.] *m.9* → Konstabler

Con|sti|tu|ante [kɔ̃stityãt, frz.] *w. Gen. - nur Ez.* verfassunggebende Versammlung (urspr. der Frz. Revolution)

Con|tai|ner [-tei-, engl.] *m.5* Großbehälter zum Gütertransport

Conte [kɔ̃t, frz.] *w.9* kurze Erzählung

Con|te [ital.] *m. Gen.- Mz.* -ti Graf, ital. Adelstitel

Con|te|nance [kɔ̃tənãs] *w.11 nur Ez.* = Kontenance

Con|ter|gan [Kunstw.] *s. Gen.* -s *nur Ez.* Ⓦ ein (aus dem Handel gezogenes) Schlafmittel; **Con|ter|gan|kind** *s.3* durch Contergan vor der Geburt körperlich geschädigtes Kind

Con|tes|sa [ital.] *w. Gen. - Mz.* -sen Gräfin, ital. Adelstitel; **Con|tes|si|na** *w.9* Komtesse, ital. Adelstitel

Con|ti|nuo *m.9 Kurzw. für* Basso continuo

Con|to de Reis [kɔntu ðə rais] *m. Gen. --- Mz. ---* portug. (1000 Escudos) und brasilian. (1000 Cruzeiros) Währungseinheit

con|tra → kontra; **Con|tra|dic|tio in ad|jec|to** [-tsjo, lat.] *w. Gen. --- nur Ez.* Widerspruch im beigefügten Eigenschaftswort, z. B.: die größere Hälfte

Con|trat so|ci|al [kɔ̃tra sɔsjal, frz.] *m. Gen. -- nur Ez.* Gesellschaftsvertrag

con|tre cœur [kɔ̃trə kœr, frz. „gegen das Herz"] das geht mir c. c.: das widerstrebt

mir; **Con|tre|coup** [kõtrəku, frz.] *m. 9* Gegen-, Rückstoß; **Con|tre|danse** [kõtrədãs] *m. Gen. - Mz.* -s [-dãs] → Kontertanz
Con|trol|ler [kəntroulər, engl.] *m. 5* **1** amtl. Prüfer; **2** Leiter des Rechnungswesens; **3** elektr. Regler (an Motoren); **4** *Sport:* Kontrollposten
Con|vey|er [-vɛi-, engl.] *m. 5* auf Schienen laufendes Becherwerk zum Materialtransport
cool [kul, engl.] **1** kühl, distanziert, ohne Erregung; **2** glückselig im Drogenrausch; **Cool Jazz** [kul dʒæs] *m. Gen. - - nur Ez.* Richtung im modernen Jazz mit „kühler" (undynamischer) Intonationstechnik
Co|py|right [kɔpirait, engl.] *s. 9* (*Zeichen:* ©) Urheberrecht
co|ram pu|bli|co [lat.] in der Öffentlichkeit, vor allen; etwas c. p. erklären
Cór|do|ba [nach dem span. Forscher C.] *m. Gen.* -(s) *Mz.* -(s) Währungseinheit in Nicaragua, 100 Centavos
Cor|don bleu [kɔrdõ blø, frz.] *s. Gen. - - Mz.* -s -s [-dõ blø] zwei Kalbsschnitzel mit Käse und Schinken dazwischen
Co|ri|um [lat.] *s. Gen.* -s *nur Ez.* Lederhaut (zwischen Oberhaut und Unterhautzellgewebe)
Cor|ned beef [kɔrnd bif, engl.] *s. Gen. - - nur Ez.* gepökeltes Rindfleisch in Büchsen
Cor|ner [engl.] *m. 5 oder m. 9* **1** *Boxen:* Ringecke; **2** *Fußball, veraltet, noch österr.:* Eckball; **3** → Korner
Corn-flakes [kɔrnflɛiks, engl.] *Mz.* Maisflocken
Cor|ni|chon [-ʃõ, frz.] *s. 9* kleine Pfeffergurke
Corps [kɔr, frz.] *s. Gen. -* [kɔrs] *Mz.* -[kɔrs] → Korps; **Corps con|su|laire** [kɔːr kõsylɛr] *s. Gen. - - Mz.* - -s [-lɛr] (*Abk.:* CC) alle Angehörigen der ausländ. Konsulate in einem Land; **Corps de bal|let** [kɔːr də balɛ, frz.] *s. Gen. - - - Mz. - - -* Ballettgruppe; **Corps di|plo|ma|tique** [kɔːr -tik] *s. Gen. - - Mz.* - -s [-tik] (*Abk.:* CD) Diplomatisches Korps
Cor|pus *s. Gen. - Mz.* -po|ra → Korpus; **Cor|pus de|lic|ti** [lat.] *s. Gen. - - Mz.* -po|ra - Gegenstand (z. B. Werkzeug) eines Verbrechens, Beweisstück; **Cor|pus In|scrip|tio|num La|ti|na|rum** *s. Gen. - - - nur Ez.* (*Abk.:* CIL) Sammlung aller latein. Inschriften; **Cor|pus iu|ris** *s. Gen. - - nur Ez.* Gesetzbuch, Gesetzessammlung; **Cor|pus Iu|ris Ca|no|ni|ci** *s. Gen. - - - nur Ez.* kath. Gesetzessammlung, 1918 durch den → Codex Iuris Canonici ersetzt; **Cor|pus Iu|ris Ci|vi|lis** *s. Gen. - - - nur Ez.* im 6. Jh. von Kaiser Justinian geschaffenes Gesetzbuch
Cor|ren|te *w. 11, ital. Form von* Courante
Cor|ri|da de to|ros *w. Gen. - - - Mz.* -s - - *span. Bez. für* Stierkampf
cor|ri|ger la for|tune [kɔriʒe la fɔrtyn, frz. „das Glück verbessern"] falschspielen, betrügen
Cor|tes [span.] *Mz.* span. (früher auch port.) Parlament
cos *Abk. für* Kosinus; **cosec** *Abk. für* Kosekans
Cos|mea [griech.] *w. Gen. - Mz.* -me|en eine Gartenblume
cot, cotg, ctg *Abk. für* Kotangens
Cot|tage [kɔtidʒ, engl.] *s. Gen. - Mz.* -s [-tidʒiz] **1** kleines engl. Landhaus; **2** *österr.:* Villenviertel
Cot|ton [kɔtn] *s. Gen.* -s *nur Ez., engl. Bez. für* Baumwolle, Kattun; **Cot|ton|öl** [kɔtn-] *s. 1* Baumwollsamenöl; **Cot|ton|stuhl** [kɔtn-] *m. 2,* Cot|ton|ma|schi|ne *w. 11* Strumpf-Wirkmaschine
Couch [kautʃ, engl.] *w. 9* gepolsterte Liegestatt
Coué|is|mus [kue-, nach dem frz. Heilkundigen É. Coué] *m. Gen. - nur Ez.* Heilmethode durch Autosuggestion
Cou|leur [kulør, frz.] *w. 10 oder 9* **1** *Kartenspiel:* Trumpf; **2** Farbe einer Studentenverbindung; **3** Auffassung (von etwas), innere Einstellung
Cou|loir [kulwar, frz.] *m. 9* **1** Flur, Verbindungs-, Wandelgang; **2** *Alpinistik:* Schlucht, Rinne; **3** *Reitsport:* ovaler Sprunggarten für Pferde
Cou|lomb [kulõ, nach dem frz. Physiker C. A. de Coulomb] *s. Gen.* -s *Mz.* - (*Abk.:* C) Maßeinheit für die Elektrizitätsmenge (1 C = 1 Amperesekunde)
Count [kaunt, engl.] *m. 9 in England:* Titel des nichtengl. Grafen
Count|down [kauntdaun, engl. „herunterzählen"] *m. 9 oder s. 9* **1** lautes Rückwärtszählen bis Null als Einleitung eines Startkommandos; **2** die dafür aufgewendete Zeitspanne; **3** die für einen Raketenstart nötigen Vorbereitungen und Kontrollen
Coun|tess [kauntis, engl.] *w. Gen. - Mz.* -tes|ses [-tisiz] *oder* -tes|sen Gräfin, Frau eines Counts oder Earls; **Coun|ty** [kaunti] *w. 9 in England und den USA:* Grafschaft
Coup [ku, frz.] *m. 9* **1** Schlag, Hieb; **2** Kunstgriff, Kniff; **3** kühnes Unternehmen
Cou|pé [kupe, frz.] *s. 9* **1** *veraltet:* Abteil; **2** sportlicher, meist zweitüriger Personenkraftwagen mit nach hinten abgeflachtem Dach
Cou|plet [kuple, frz.] *s. 9* witziges, satir. Kehrreimlied im Kabarett
Cou|pon [kupõ] *m. 9* → Kupon
Cour [kur, frz. „Hof"] *w. Gen. - nur Ez., nur noch in der Wendung* einer Dame die Cour machen, *auch:* schneiden: ihr den Hof machen
Cou|ra|ge [kuraʒə, frz.] *w. 11 nur Ez.* Mut, Schneid; **cou|ra|giert** [kuraʒirt] mutig, beherzt
Cou|rante [kurãt, frz.] *w. 11* **1** altfrz. Tanz; **2** schneller Satz der Suite

Cour|bet|te [kur-, frz.] *w.11 Hohe Schule:* Aufrichten auf die Hinterbeine und einige Schritte oder kleine Sprünge nach vorn
Cour|ma|cher, Cour|schnei|der [kur-] *m.5* jmd., der einer Dame die Cour macht, Liebhaber, Schmeichler
Cour|ta|ge [kurtaʒə, frz.] *w.11, Börse:* Maklergebühr
Cour|toi|sie [kurtwazi, frz.] *w.11 nur Ez.* ritterliches, höfliches Benehmen
Cou|sin [kuzɛ̃, frz.] *m.9* Vetter; **Cou|si|ne** [ku-], *heute meist:* Ku|si|ne *w.11* Base
Cou|ture [kutyr, frz.] *w.11 nur Ez.* Schneiderkunst; vgl. Haute Couture
Cou|va|de [ku-, frz.] *w.11* Männerkindbett, Sitte bei manchen Naturvölkern, daß der Mann die Rolle der Wöchnerin übernimmt, um böse Geister abzuwehren; **Cou|veu|se** [kuvøzə] *w.11* Brutschrank für Frühgeburten
Co|ver [kʌvər, engl.] *s.9* **1** Titelblatt (einer Zeitschrift); **2** Hülle, Tasche (einer Schallplatte)
Co|ver|coat [kʌvərkout, engl.] *m.9* **1** imprägnierter Wollstoff; **2** Herrenmantel aus diesem Stoff
Co|ver|girl [kʌvərgəːl, engl.] *s.9* auf der Titelseite (cover) einer Illustrierten abgebildetes Mädchen
Cow|boy [kaubɔi, engl.] *m.9* nordamerik. berittener Rinderhirt
Cow|per [kaupər, nach dem engl. Ingenieur E. A. Cowper] *m.5,* **Cow|per|ap|pa|rat** *m.1* Winderhitzer für Hochöfen
Cp *chem. Zeichen für* Cassiopeium
CQD *Abk. für* Come quick, danger: Kommt schnell, Gefahr (Seenotzeichen)
Cr *chem. Zeichen für* Chrom
cr. *Abk. für* currentis
Crack [kræk, engl.] *m.9* **1** Spitzensportler; **2** sehr gutes Rennpferd; **cracken** (crak|ken) [kræk-] → kracken; **Cracker** (Crak|ker) *m.9* **1** sprödes, salziges Kleingebäck; **2** Knallkörper oder -bonbon
Cra|ni|um [lat.] *s. Gen.*-s *Mz.*-nia Schädel (des Menschen)
Cra|que|lé [krakəle, frz.] *m.9 oder s.9* feine, absichtlich hervorgebrachte Risse in der Glasur von Geschirr
craw|len [krau-, engl.] → kraulen
Créa|tion [kreasjɔ̃] *w.9* → Kreation; **crea|tive** [kriitiv, engl.] schöpferisch; **Crea|tive Di|rec|tor** [-dairɛktər] *m. Gen.* --s *Mz.* --s *Werbung:* Leiter einer Gruppe, die werbl. Ideen gestaltet und in die Praxis umsetzt
Creek [krik, engl.] *m.9* nur während der Regenzeit wasserführender Fluß
Creme [krɛm oder krem, griech.-frz.] *w.9* **1** schaumige Süßspeise; **2** Salbe zur Hautpflege; **3** *nur Ez.* das Erlesenste; die Creme der Gesellschaft: die Oberschicht; **cre|men** mit Creme einreiben
Crêpe [krɛp, frz.] **1** *m.9* → Krepp; **2** *w.9* Pfannkuchen; **Crêpe de Chine** [krɛp də ʃin] *m. Gen.* --- *Mz.*-s -- [krɛp] Seiden- oder Kunstseidenkrepp in Taftbindung; **Crêpe Geor|gette** [krɛp ʒɔrʒɛt] *m. Gen.* -- *Mz.*-s - [krɛp] durchsichtiger Seiden- oder Kunstseidenkrepp; **Crêpe Sa|tin** [krɛp satɛ̃] *m. Gen.* -- *Mz.*-s - [krɛp] Krepp in Atlasbindung mit einer glänzenden und einer matten Seite; **Crêpe Su|zette** [krɛp syzɛt] *w. Gen.* -- *Mz.*-s - [krɛp] sehr dünner, mit Weinbrand oder Likör flambierter Eierkuchen
cresc. *Abk. für* crescendo; **cre|scen|do** [krɛʃɛn-, ital.] (*Abk.* cresc., *Zeichen:* <) *Mus.:* anschwellend, lauter werdend; *Ggs.:* decrescendo
Cre|tonne [kretɔn, frz.] *m.9* Baumwollstoff in Leinenbindung
Crew [kru, engl.] *w.9* **1** Schiffs-, Flugzeugbesatzung; **2** Kadettenjahrgang der Kriegsmarine; **3** *allg.:* Gruppe, Team
c.r.m. *Abk. für* candidatus reverendi ministerii
Croi|sé [krwaze, frz.] *s.9* **1** Gewebe in Köperbindung; **2** Tanzschritt mit kreuzweisem Übersetzen des einen Fußes über den andern; **croi|siert** [krwa-] geköpert
Cro|ma|gnon|ras|se [kromanjɔ̃-, nach dem Fundort Cro-Magnon in Südwestfrankreich] *w.11 nur Ez.* Menschenrasse der jüngeren Altsteinzeit
Crom|ar|gan *s.1 nur Ez.* ⓦ rostfreier Chrom-Nickel-Stahl
Cro|quet [krɔkɛ] *s.9 nur Ez.* → Krocket
Cro|quet|te [krɔkɛt(ə)] *w.11* → Krokette
Cro|quis [krɔki] *s. Gen.* - *Mz.* -[-kis] → Kroki
Cross-Coun|try, Croß-Coun|try [krɔskʌntri, engl.] *s. Gen.* - *Mz.*-s **1** Querfeldeinrennen zu Pferde, Jagdrennen; **2** Geländelauf
Croup [krup] *m. Gen.*-s *nur Ez.* → Krupp (**2**)
Crou|pa|de [kru-] *w.11* → Kruppade
Crou|pier [krupje, frz.] *m.9* Bankhalter beim Glücksspiel, der auch das Spiel überwacht
Crou|pon [krupɔ̃, frz.] *m.9* Rückenstück der gegerbten Rindshaut; **crou|po|nie|ren** [kru-] aus der gegerbten Haut herausschneiden
crt. *Abk. für* courant, vgl. kurant
Crux [lat.] *w. Gen.* - *nur Ez.* Last, Kummer, „Kreuz"
Cru|zei|ro [-zeiru oder -zero] *m. Gen.*-(s) *Mz.*-(s) brasilian. Währungseinheit, 100 Centavos
Cs *chem. Zeichen für* Cäsium
c. s. *Abk. für* colla sinistra
Csár|dás [tʃardaʃ] *m. Gen.* - *Mz.* - ung. Nationaltanz
Csi|kós [tʃikoʃ] *m. Gen.* - *Mz.* - ungar. Pferdehirt
ct *Abk. für* Cent, Centime
Ct. *schweiz. Abk. für* Centime(s)
c. t. *Abk. für* cum tempore
ctg. *Abk. für* Kotangens

cts *Abk. für* Cents, Centimes
Cu 1 *chem. Zeichen für* Cuprum (Kupfer); **2** *Abk. für* Kumulus
Cu|bi|cu|lum [lat.] *s. Gen.*-s *Mz.*-la **1** Schlafraum im altröm. Haus; **2** Grabkammer in einer Katakombe
Cui bo|no? [lat.] Wem zunutze?, Wer hat davon einen Vorteil?
Cu|ius re|gio, eius re|li|gio [lat.] Wessen das Land, dessen die Religion (Grundsatz des Augsburger Religionsfriedens, nach dem der Herrscher die Konfession seiner Untertanen bestimmen konnte)
Cul de Pa|ris [ky də pari, frz. „Pariser Hinterer"] *m. Gen.*--- *Mz.*-s--[ky] *im 18. Jh.:* hinten unter dem Kleid getragenes Gestell oder Polster
Cum|ber|land|sau|ce [kʌmbərləndzosə] *w. 11* pikante kalte Soße aus Johannisbeergelee, Senf, Rotwein u. a.
cum gra|no sa|lis [lat. „mit einem Körnchen Salz" (zu verstehen)] mit einer gewissen Einschränkung, nicht ganz wörtlich
cum lau|de [lat.] mit Lob (drittbeste Note der Doktorprüfung)
cum tem|po|re [lat. „mit Zeit"] (*Abk.:* c. t.) mit dem akadem. Viertel, eine Viertelstunde nach der angegebenen Zeit; *Ggs.:* sine tempore
C und C *Kurzform für* Cash and Carry
Cun|ni|lin|gus [lat.] *m. Gen.* - *nur Ez.* Reizung des weibl. Geschlechtsteiles mit Lippen und Zunge
Cup [kʌp, engl.] *m. 9* **1** Pokal (Ehrenpreis bei sportl. Wettkämpfen, bes. bei Fußball und Tennis); **2** Körbchen (des Büstenhalters)
Cu|prum [lat.] *s. Gen.*-s *nur Ez.* (*Zeichen:* Cu) chem. Element, Kupfer
Cu|ra|çao [kyrasao, nach der Insel im Karib. Meer] *m. 9* ein Likör
Cu|ra po|ste|ri|or [lat.] *w. Gen.*-- *Mz.*-rae [-rɛ:]-rio|res spätere, zukünftige Sorge
Cu|ré [kyre, frz.] *m. 9 in Frankreich:* kath. Geistlicher
Cu|rie [kyri, nach dem frz. Physiker-Ehepaar P. und M. Curie] *s. Gen.* - *Mz.* - (*Abk.:* Ci) Maßeinheit für radioaktive Strahlung
Cu|ri|um [lat.] *s. Gen.*-s *nur Ez.* (*Zeichen:* Cm) chem. Element, Transuran
Cur|ling [kə-, engl.] *s. 9 nur Ez.* schott. Eisschießen
cur|ren|tis [lat.] (*Abk.:* cr.) des laufenden (Monats, Jahres); am 10. cr. (*besser:* am 10. d. M.): am 10. dieses Monats
Cur|ri|cu|lum [lat.] *s. Gen.*-s *Mz.*-la *umfassende Bez. für* Lehrplan, umfaßt Inhalte und Ziele des Unterrichts, Methoden sowie die vermittelten Qualifikationen; **Cur|ri|cu|lum vi|tae** [-tɛ:] *s. Gen.*-- *Mz.*-la - Lebenslauf
Cur|ry [kəri, engl. kʌri, Hindi] *m. 9, auch: s. 9 nur z.* ein scharfes ind. Gewürz
Cu|stard [kʌstərd, engl.] *m. Gen.* - *Mz.*-s eine engl. Milchsüßspeise
Cut [kʌt, engl.] *m. 9* **1** [meist: kət] *Kurzw. für* Cutaway; **2** Film- oder Tonschnitt; **Cut|away** [kʌtəwɛi, engl. „wegschneiden"] *m. 9* Herrenschoßrock mit abgerundeten Ecken; **cutten** [kʌtən] fertigstellen (Film oder Tonband); **Cut|ter** [kʌtər] *m. 9* **1** *Film, Funk:* Schnittmeister, der den Filmstreifen bzw. das Tonband zerschneidet und nach künstler. Gesichtspunkten zusammensetzt; **2** Fleischschneidemaschine
Cu|vée [kyve, frz.] *s. 9* Verschnitt von Weinen zur Herstellung von Schaumwein
cwt. *Abk. für* Centweight
Cy|an [tsy-, griech.] *s. 1 nur Ez.* giftige Kohlenstoff-Stickstoff-Verbindung; **Cy|an|ka|li** *s. Gen.*-s *nur Ez.* → Zyankali
cy|clisch in Ringstrukturen angeordnet (chem. Verbindung)
Cy|clo|he|xan *s. 1* ringförmiger gesättigter Kohlenwasserstoff mit sechs Kohlenstoffatomen, Naphthen
Cy|ste|in [tsy-, griech.] *s. 1 nur Ez.* eine schwefelhaltige Aminosäure; **Cy|stin** *s. 1 nur Ez.* eine vom Cystein abgeleitete Aminosäure

D

d 1 *Math.: Abk. für* Differential; **2** *vor Maßeinheiten: Abk. für* Dezi..., z. B. dm; **3** *Abk. für* Denar, Penny, Pence; **4** [von lat. dies „Tag"] *Phys., Astron. Zeichen für die Zeiteinheit* Tag
D 1 *röm. Zahlzeichen für* 500; **2** *chem. Zeichen für* Deuterium; **3** *Abk. für* Dinar
D. *Abk. für* Doktor der evang. Theologie (ehrenhalber)
₰ *Zeichen für* deleatur
da *Abk. für* Deziar
da ca|po [ital. „vom Kopf (an)"] (*Abk.:* d. c.) *Mus.:* noch einmal von Anfang an (spielen, singen); da capo al fine: noch einmal vom Anfang bis zum Ende (oder bis zum Zeichen „fine")
Da-ca|po-Arie [- ariə] *w.11* zu wiederholende Arie
d'ac|cord [dakɔr, frz.] *veraltet:* einig, der gleichen Meinung; mit jmdm. d'accord gehen
Da|da|is|mus *m. Gen. - nur Ez.* aus dem Expressionismus hervorgegangene literarisch-künstler. Strömung um 1920
Da|guer|reo|ty|pie [dagero-, nach dem frz. Erfinder, L. J. M. Daguerre] *w.11* **1** *nur Ez.* Frühform der Photographie; **2** danach hergestelltes Lichtbild
Dah|lie [-ljə, nach dem schwed. Botaniker A. Dahl] *w.11* eine Zierpflanze
Dail Ei|reann [dail ærən] *m. Gen. - nur Ez.* das Abgeordnetenhaus der Republik Irland
Dai|mio, Dai|myo *m.9* altjap. Territorialfürst
Da|jak *m.9 oder Gen. - Mz. -* altindonesisches Volk auf der Insel Borneo
Da|ka|po [ital.] *s.9* Wiederholung; vgl. da capo
Da|ko|ta 1 *m.9 oder Gen. - Mz. -* Angehöriger eines nordamerik. Indianerstammes; **2** *s. Gen.* -(s) *nur Ez.* dessen Sprache
Dak|ty|lio|man|tie [griech.] *w.11* Wahrsagerei mit Hilfe eines Pendels; **Dak|ty|li|tis** *w. Gen. - Mz.* -ti|den Fingerentzündung; **Dak|ty|lo** *w.9 Kurzw. für* Daktylographin; **Dak|ty|lo|gramm** *s.1* Fingerabdruck; **Dak|ty|lo|gra|phie** *w.10 schweiz.:* Maschinenschreiben; **dak|ty|lo|gra|phie|ren** *schweiz.:* mit der Maschine schreiben; **Dak|ty|lo|gra|phin** *w.10 schweiz.:* Maschinenschreiberin; **Dak|ty|lo|lo|gie** *w.11* Gebärdensprache der Taubstummen; **Dak|ty|lo|sko|pie** *w.11* Fingerabdruckverfahren; **Dak|ty|lus** *m. Gen. - Mz.* -ty|len Versfuß aus einer langen, betonten und zwei kurzen, unbetonten Silben
Da|lai-La|ma [tibet.] *m.9, Gen. auch: -, bis 1959:* geistl. und weltl. Oberhaupt Tibets
Dal|ma|tik, Dal|ma|ti|ka *w. Gen. - Mz.* -ken **1** altröm., über der Tunika getragenes Gewand; **2** *kath. Kirche:* liturg. Gewand; **Dal|ma|ti|ner** *m.5* **1** Wein aus Dalmatien; **2** eine Jagdhundrasse
dal se|gno [-njo, ital.] (*Abk.:* d. s.) *Mus.:* vom Zeichen an (zu wiederholen)
dam *Abk. für* Dekameter
Da|mast [nach der syr. Stadt Damaskus] *m.1* Seidengewebe mit gleichfarbigem eingewebtem Muster
Da|mas|ze|ner|klin|ge *w.11* elastische, durch Verschweißen mehrerer Stahlplatten hergestellte und mit einem flammigen Muster versehene Säbelklinge aus Damaskus; **da|mas|zie|ren** nach Art der Damaszenerklingen verschweißen und bearbeiten
Dam|mar [mal.] *s.9 nur Ez.,* **Dam|mar|harz** *s.1 nur Ez.* Harz von südostasiat. Zweiflügelfruchtgewächsen
dam|na|tur [lat. „es wird verworfen"] *früher:* Formel der Zensur, durch die der Druck eines Buches verboten wurde; **Dam|no** [ital.] *m.9 oder s.9,* **Dam|num** [lat.] *s. Gen.* -s *Mz.* -na *Bankwesen:* Einbuße, Verlust; Unterschiedsbetrag zwischen Nennbetrag und Auszahlungssumme eines Darlehens
Da|mo|kles|schwert [nach dem Günstling des Dionysos d. Ä. von Syrakus] *s.3 übertr.:* ständig drohende Gefahr
Dä|mon [griech.] *m.13* (meist böser) Geist; innere Stimme; **Dä|mo|nie** *w.11* undurchschaubare, gefährl. Macht; **dä|mo|nisch 1** von einem Dämon bewirkt; **2** teuflisch, unheimlich; **Dä|mo|nis|mus** *m. Gen. - nur Ez.* Glaube an Dämonen; **Dä|mo|ni|um** *s. Gen.* -s *Mz.* -ni|en warnende innere Stimme; **Dä|mo|no|lo|gie** *w.11 nur Ez.* Lehre von den Dämonen
Da|na|er|ge|schenk [nach dem → Trojan. Pferd] *s.1* unheilbringendes Geschenk
Da|na|iden *Mz. griech. Myth.:* die 50 Töchter des Danaos; **Da|na|i|den|ar|beit** *w.10* ermüdende, vergebl. Arbeit
Dan|dy [dændi, engl.] *m.9* Geck, übertrieben modisch gekleideter (und frisierter) Mann
Da|ne|brog [dän. „dän. Tuch"] *m. Gen.* -s *nur Ez.* die dän. Flagge; **Da|ne|werk** *s.1 nur Ez.* alte dän. Grenzbefestigung zwischen Schlei und Treene südl. der Stadt Schleswig
Danse ma|ca|bre [dãs makabrə, frz.] *m. Gen. - - Mz.* -s -s [dãs makabrə] Totentanz
Daph|ne [griech.] *w.11* Seidelbast, ein Zierstrauch; **Daph|nia, Daph|nie** [-niə] *w. Gen. - Mz.* -ni|en Wasserfloh
Dar|ling [engl.] *m.9* Liebling
Dar|wi|nis|mus *m. Gen. - nur Ez.* die Abstam-

mungs- und Entwicklungslehre des engl. Naturforschers Ch. Darwin
Dash [dæʃ, engl.] *m. 9* Spritzer, kleine Menge (beim Mixen von Cocktails)
Da|sy|me|ter [griech.] *s. 5* Gerät zum Messen der Gasdichte, Gaswaage
dat. *Abk. für* datum
Da|ten **1** *Mz. von* Datum; **2** Angaben, Informationen; **Da|ten|bank** *w. 10* Informationszentrum mit elektron. Speicherung von Daten (**2**); **Da|ten|trä|ger** *m. 5* Lochkarte, Magnetband o. ä. zum Speichern von Daten (**2**); **Da|ten|ty|pi|stin** *w. 10* weibl. Person, die Daten (**2**) auf Datenträger überträgt; **da|tie|ren** **1** mit einem Datum versehen; einen Brief d.; **2** stammen von; der Brief datiert vom 10. Mai
Da|tiv [lat.] *m. 1* (*Abk.:* Dat.) 3. Fall, Wemfall
da|to [ital.] heute; bis dato; drei Monate dato: binnen drei Monaten; **Da|to|wech|sel** *m. 5* Wechsel, der zu einem bestimmten Termin eingelöst werden muß
Dat|scha, Dat|sche [russ.] *w. Gen. - Mz.* -schen kleines russ. Sommerhaus auf dem Lande
da|tum [lat. „gegeben"] (*Abk.:* dat.) *veraltet:* geschrieben; **Da|tum** *s. Gen.* -s *Mz.* -ten Zeitpunkt, Zeitangabe; vgl. Daten
Dau [arab.] *w. 10* arab. Segelschiff
Dau|phin [dofẽ, frz.] *m. 9, 1349–1830:* Titel des frz. Thronfolgers
Da|vid(s)|stern *m. 1* Stern aus zwei gekreuzten gleichseitigen Dreiecken, Symbol der Juden
Da|vis-Cup [dɛiviskʌp] *m. 9,* **Da|vis-Po|kal** [dɛivis-, engl., nach dem amerik. Stifter, D. F. Davis] *m. 1 seit 1909:* Wanderpreis (für Nationen) im Tennis
Da|vit [dɛivit, *auch:* da-, engl.] *m. 9* vertikal drehbarer Schiffskran (für Anker, Boote)
db *Abk. für* Dezibel
d. c. *Abk. für* da capo
Dd. *Abk. für* doctorandus, → Doktorand
d. d. *Abk. für* de dato
DDT ⓦⓩ *Abk. für* Dichlordiphenyltrichloräthan (ein Schädlingsbekämpfungsmittel)
de..., De... [lat.] *in Zus.:* von … weg, ent…, herab…
dea|len [di-, engl.] *ugs.:* mit Rauschgift handeln; **Dea|ler** [di-] *m. 5* **1** → Jobber (**1**); **2** Rauschgifthändler
Dean [din, engl.] *m. 9 in England:* **1** *in der anglikan. Kirche:* Hauptgeistlicher, z. B. an einer Kathedrale; **2** Leiter einer Universitätsfakultät oder eines Colleges
De|ba|kel [lat.-frz.] *s. 5* Zusammenbruch, Niederlage
De|bar|da|ge [-ʒə, frz.] *w. 11* Löschen der Schiffsladung (von Holzfracht); **De|bar|deur** [-dør] *m. 1* Auslader (von Schiffsfracht); **de|bar|die|ren** ausladen (Schiff)
de|bar|kie|ren [frz.] *veraltet:* ausladen, ausschiffen
De|bat|te [frz.] *w. 11* lebhafte Erörterung, Diskussion; parlamentar. Verhandlung; **de|bat|tie|ren** etwas oder über etwas d.: etwas mündlich erörtern
De|bauche [-boʃ, frz.] *w. 11 veraltet:* Ausschweifung; **de|bau|chie|ren** [-boʃi-] *veraltet:* ausschweifend leben
De|bet [lat] *s. 9* Soll, Schuld; *Buchführung: ältere Bezeichnung für* die zu belastende Seite des Kontos; *Ggs.:* Kredit (**3**)
de|bil [lat.] leicht schwachsinnig; **De|bi|li|tät** *w. 10 nur Ez.* leichteste Form des Schwachsinns
De|bit [-bi, frz.] *m. 9 nur Ez. veraltet:* Kleinhandelsvertrieb
de|bi|tie|ren [lat.] belasten (Konto); **De|bi|tor** *m. 13* Schuldner; *Ggs.:* Kreditor
de|blockie|ren (-blok|kie-) *Buchw.:* blockierte Buchstaben d.: durch richtige ersetzen
De|brec|zi|ner, De|bre|zi|ner [-tsi-, nach der ung. Stadt Debreczin] *Mz.* scharf gewürzte Würstchen
De|büt [deby, frz.] *s. 9* **1** erstes öffentl. Auftreten; **2** erstes Auftreten bei Hofe; **De|bü|tant** *m. 10* jmd., der zum ersten Mal öffentlich auftritt; **de|bü|tie|ren** zum ersten Mal öffentlich auftreten; mit einer Rolle, einem Konzert d.
Dec|ame|ro|ne *s. Gen.* -(s) *nur Ez.* → Dekameron
De|cha|nat [-ça-] *s. 1* → Dekanat; **De|cha|nei** *w. 10* → Dekanei; **De|chant** [-çant, österr.: dę-] *m. 10* → Dekan; **De|chan|tei** *w. 10 österr. für* Dekanei
De|char|ge [-ʃarʒ, frz.] *w. 11 veraltet:* Entlastung; **de|char|gie|ren** [-ʃarʒi-] *veraltet:* (von einer Amtspflicht) entlasten, entbinden
De|chet [-ʃe, frz.] *m. 9 meist Mz.* Spinnereiabfälle
de|chif|frie|ren [-ʃif-, frz.] entziffern, entschlüsseln (eine Geheimschrift, einen chiffrierten Text)
De|co|ding [dikou-, engl.] *s. 9 Kommunikationsforschung:* Entschlüsselung (einer Nachricht); *Ggs.:* Encoding
De|col|la|ge [-ʒə, frz.] *w. 11* Kunstobjekt, das aus verschiedenen zerstörten Materialien zusammengesetzt ist
de|cou|ra|gie|ren [-kuraʒi-, frz.] *veraltet:* entmutigen; *Ggs.:* encouragieren
decr., decresc. *Abk. für* decrescendo; **de|cre|scen|do** [-ʃɛn-, ital.] *Mus.:* abnehmend, leiser werdend; *Ggs.:* crescendo, accrescendo
de da|to [lat.] (*Abk.:* d. d.) *veraltet:* vom Tag der Ausstellung (eines Wechsels) an
De|di|ka|ti|on [-tsjon, lat.] *w. 10* Widmung, Geschenk; **de|di|zie|ren** widmen, schenken
De|duk|ti|on [-tsjon, lat.] *w. 10* Ableitung des Besonderen aus dem Allgemeinen; *Ggs.:* Induktion (**1**); **de|duk|tiv** das Besondere aus

dem Allgemeinen erschließend; **de|du|zie|ren** deduktiv vorgehen
Deep-free|zer [dipfri:zər, engl.] *m.5* Tiefkühltruhe
de fac|to [lat.] den Tatsachen nach, tatsächlich; *Ggs.:* de jure
De|fai|tis|mus [-fɛ-] *m. Gen. - nur Ez.* → Defätismus
De|fä|ka|ti|on [-tsjon, lat.] *w.10 Med.:* Reinigung, Darmentleerung
De|fä|tis|mus [frz.] *m. Gen. - nur Ez.* Zustand der Mutlosigkeit, Schwarzseherei
de|fekt [lat.] schadhaft, beschädigt; **De|fekt** *m.1* Schaden, Fehler, Beschädigung; Gebrechen; **De|fek|tar** [lat.] *m.1* Apotheker, der mit der Herstellung größerer Mengen von vorrätig zu haltenden Arzneien betraut ist; **de|fek|tiv 1** lücken-, mangelhaft; **2** *Gramm.:* mit fehlenden Beugungsformen; **De|fek|ti|vum** *s. Gen.*-s *Mz.*-va *Gramm.:* Wort, dem Beugungsformen fehlen, z. B. Durst (ohne Mz.), Leute (ohne Ez.); **De|fek|tur** *w.10* **1** Herstellung von Arzneimitteln, die in größeren Mengen vorrätig gehalten werden sollen; **2** Arbeitsraum des Defektars
de|fen|siv [lat.] verteidigend, abwehrend; *Ggs.:* offensiv; **De|fen|si|ve** *w.11* Verteidigung, Abwehr(stellung); *Ggs.:* Offensive; **De|fen|sor** *m.13* Verteidiger; Sachwalter; D. fidei: Verteidiger des Glaubens (Ehrentitel des engl. Königs)
de|fe|rie|ren [lat.] *veraltet:* **1** zuschieben (die Eidesleistung); **2** bewilligen (Gesuch)
De|fi|bra|tor [lat.] *m.13,* **De|fi|breur** [-brør, lat.-frz.] *m.1* Maschine zum Zerfasern von Holz
de|fi|bri|nie|ren [lat.] von Fibrin befreien und dadurch ungerinnbar machen (Blut)
De|fi|gu|ra|ti|on [-tsjon, lat.] *w.10* Verunstaltung, Entstellung; **de|fi|gu|rie|ren** verunstalten, entstellen
Dé|fi|lé [-le] *s.14 oder 9, österr., schweiz. für* Defilee; **De|fi|lee** [frz.] *s.14* **1** *Geogr.:* Hohlweg, Engpaß; **2** *Mil.:* Parademarsch, Vorbeimarsch; **de|fi|lie|ren** feierlich vorbeimarschieren
de|fi|nie|ren [lat.] erklären, begrifflich bestimmen; **de|fi|nit** bestimmt; definite Größen *Math.:* Größen mit immer gleichem Vorzeichen; **De|fi|ni|ti|on** [-tsjon] *w.10* **1** Begriffsbestimmung; **2** *kath. Kirche:* als unfehlbar geltende Entscheidung des Papstes oder eines Konzils in dogmat. Fragen; **de|fi|ni|tiv** endgültig, abschließend, bestimmt; **De|fi|ni|ti|vum** *s. Gen.*-s *Mz.*-va endgültiger Zustand
de|fi|zi|ent [lat.] unvollständig, z. B. bei Schriftsystemen: ohne Vokalzeichen; **De|fi|zi|ent** *m.10 veraltet:* Dienstuntauglicher; **De|fi|zit** [auch: -zit] *s.1* fehlender Befrag, Einbuße, Verlust; **de|fi|zi|tär** ein Defizit ergebend, mit einem Defizit belastet
De|fla|gra|ti|on [-tsjon, lat.] *w.10* Abbrennen von Sprengstoffen ohne Explosion, Verpuffung; vgl. Detonation
De|fla|ti|on [-tsjon, lat.] *w.10* **1** Verringerung des Geldumlaufs; *Ggs.:* Inflation; **2** Abtragung von lockerem Gestein durch Wind; **de|fla|tio|när** [-tsjo-], **de|fla|tio|ni|stisch, de|fla|to|risch** eine Deflation (**1**) bewirkend
De|flek|tor [lat.] *m.13* **1** Rauch-, Luftsaugkappe, Schornsteinaufsatz; **2** Vorrichtung in Kreisbeschleunigern zur Ablenkung von Elektronen
De|flo|ra|ti|on [-tsjon, lat.] *w.10* Zerreißung des Jungfernhäutchens, Entjungferung; **de|flo|rie|ren** entjungfern
de|form [lat.] entstellt, mißgestaltet; **De|for|ma|ti|on** [-tsjon] *w.10* Formveränderung, Verformung, Mißbildung; **de|for|mie|ren** verformen, verunstalten, entstellen; **De|for|mi|tät** *w.10* Mißbildung
De|frau|dant [lat.] *m.10* jmd., der eine Defraudation begangen hat, Betrüger; **De|frau|da|ti|on** [-tsjon] *w.10* Betrug, Unterschlagung, Steuer-, Zollhinterziehung; **de|frau|die|ren** unterschlagen, hinterziehen
De|fro|ster [engl.] *m.5* **1** *am Kraftwagen:* Heizvorrichtung, die das Beschlagen und Vereisen der Windschutzscheibe verhindert; **2** *bei Kühlanlagen:* Vorrichtung zum Abtauen des Gefrierfachs
De|gage|ment [-gaʒmã, frz.] *s.9* Befreiung (von einer Verpflichtung), Zwanglosigkeit; **de|ga|gie|ren** [-ʒi-] befreien; **de|ga|giert** [-ʒirt] frei, zwanglos
De|ge|ne|ra|ti|on [-tsjon, lat.] *w.10* Rückbildung, Entartung; *Ggs.:* Regeneration (**3**); **de|ge|ne|ra|tiv** auf Degeneration beruhend; **de|ge|ne|rie|ren** sich zurückbilden, entarten; *Ggs.:* regenerieren (**2**)
De|gout [-gu, frz.] *m.9 nur Ez.* Ekel, Widerwille, Abneigung; **de|gou|tant** [-gu-] ekelhaft, widerlich, abstoßend; **de|gou|tie|ren** [-gu-] anekeln, anwidern
De|gra|da|ti|on [-tsjon, lat.] *w.10* **1** → Degradierung; **2** *Landw.:* Verschlechterung des Bodens (durch Entzug von Nährstoffen); **3** *Phys.:* Zerstreuung (von Energie); **de|gra|die|ren 1** *Mil.:* im Rang herabsetzen; **2** aus dem Amt ausstoßen (Geistlichen); **3** verschlechtern (Boden); **4** zerstreuen (Energie); **5** *allg.:* herabsetzen, herabwürdigen; **De|gra|die|rung** *w.10* **1** *Mil.:* strafweise Herabsetzung im Rang; **2** strafweise Ausstoßung (eines Geistlichen) aus dem Amt
de|grais|sie|ren [-grɛs-, frz.] von Fett befreien (Soße, Brühe)
De|gras [-gra, frz.] *s. Gen. - nur Ez. Gerberei:* beim Entfetten trandurchtränkten Leders gewonnenes Fett
De|gres|si|on [lat.] *w.10* **1** *Kostenrechnung:* Verminderung der Stückkosten bei Vergrößerung der Auflage; **2** *Steuerrecht:* Verminderung des jährl. Abschreibungsbetrages;

de|gres|siv nachlassend, sinkend, sich vermindernd; *Ggs.:* progressiv (**1**)
De|gu|sta|ti|on [-tsjon, lat.] *w. 10 bes. schweiz.:* Kostprobe; **De gu|sti|bus non est dis|pu|tan|dum** Über den Geschmack läßt sich nicht streiten; **de|gu|stie|ren** *bes. schweiz.:* kosten, probieren (Lebensmittel, Wein)
De|hors [dəɔr, frz.] *Mz.* gesellschaftl. Anstand, Schicklichkeit, *fast nur in der Wendung:* die D. [dəɔrs] wahren
De|hy|dra|se [lat. + griech.] *w. 11* Ferment, das chem. Verbindungen unter Wasserstoffabspaltung oxydiert; **De|hy|dra|da|ti|on** [-tsjon] *w. 10* Wasserentzug, Trocknung (von Lebensmitteln); **De|hy|dra|ti|on** [-tsjon] *w. 10* Abspaltung von Wasserstoff; **de|hy|dra|ti|sie|ren** Wasser entziehen; **de|hy|drie|ren** Wasserstoff abspalten; **De|hy|dri|te** *Mz.* ⓦ Trockenmittel
Dei|fi|ka|ti|on [de:i--tsjon, lat.] *w. 10* Vergottung; **dei|fi|zie|ren** zum Gott, zur Gottheit machen, vergotten
Dei gra|tia [-tsja, lat.] (*Abk.:* D. G.) von Gottes Gnaden (Zusatz zum Titel von Bischöfen und Fürsten)
deik|tisch [griech.] hinweisend, durch Beispiele zeigend, auf Beispiele gegründet
De|is|mus [lat.] *m. Gen. - nur Ez.* religionsphilosoph. Anschauung, die die Existenz Gottes zwar anerkennt, aber den Glauben an sein Einwirken auf die Welt nach der Schöpfung ablehnt; vgl. Theismus
Dé|ja-vu-Er|leb|nis [deʒavy-, frz.] *s. 1* Erlebnis, bei dem man das Gefühl hat, es schon einmal durchlebt zu haben
De|jekt [lat.] *s. 1 Med.:* Auswurfstoff, bes. Kot; **De|jek|ti|on** [-tsjon] *w. 11* Entleerung (von Kot)
De|jeu|ner [deʒøne, frz.] *s. 9 veraltet:* Frühstück; **de|jeu|nie|ren** [-ʒø-] *veraltet:* frühstücken
de ju|re [lat.] rechtlich, auf rechtl. Grundlage, von Rechts wegen; *Ggs.:* de facto
De|ka [griech.] *s. Gen.-s Mz.-, österr. kurz für* Dekagramm
de|ka..., De|ka... [griech.] *in Zus.:* zehn
De|ka|brist [zu russ. dekabr „Dezember"] *m. 10* Teilnehmer am russischen Aufstand vom Dezember 1825
De|ka|de [griech.] *w. 11* zehn Stück, Zeitraum von zehn Tagen, Wochen, Monaten, Jahren
de|ka|dent [lat.] durch generationenlange Überfeinerung kraftlos, angekränkelt; **De|ka|denz** *w. 10 nur Ez.* Niedergang, Verfall, Kraftlosigkeit
de|ka|disch [griech.] auf der Zahl 10 beruhend, zehnteilig; dekadisches System: Zahlen-, Rechensystem mit der Grundzahl 10, Dezimalsystem
De|ka|eder [griech.] *m. 5 oder s. 5* von zehn regelmäßigen Flächen begrenzter Körper, Zehnflächner; **De|ka|gon** *s. 1* Zehneck; **De|ka|gramm** *s. Gen. - Mz. -* (*Abk.:* Dg, *österr.:* dkg) zehn Gramm; **De|ka|li|ter** *m. 5 oder s. 5* (*Abk.:* Dl, dkl) zehn Liter
De|kal|kier|pa|pier [frz.] *s. 1* Papier zum Druck von Abziehbildern
De|ka|log [griech.] *m. 1* die Zehn Gebote
Dek|ame|ron [griech. „zehn Tage"] *s. Gen. -s nur Ez.* Zehntagewerk, 100 Novellen von Giovanni Boccaccio, die an zehn Tagen erzählt wurden
De|ka|me|ter [griech.] *m. 5 oder s. 5* (*Abk.* dam, *früher:* Dm, dkm) zehn Meter
De|kan [lat.] *m. 1* **1** Leiter einer Hochschulfakultät; **2** *evang. Kirche:* Superintendent; **3** *kath. Kirche;* Vorsteher eines Kirchenbezirks oder eines Domkapitels; **De|ka|nat** *s. 1* Amt, Amtszeit, -sitz, -bezirk eines Dekans; **De|ka|nei** *w. 10* Wohnung eines Dekans (**2** und **3**)
de|kan|tie|ren [frz.] vom Bodensatz abgießen (Flüssigkeit)
de|ka|pie|ren [frz.] durch Beizen von Zunder reinigen (geglühte Metalle)
De|ka|po|de [griech.] *m. 11* Zehnfußkrebs
Dek|ar [griech. + lat.] *s. Gen.-s Mz. -, schweiz.:* **Dek|are** *w. 11* zehn Ar
de|kar|tel|lie|ren, de|kar|tel|li|sie|ren [lat.] entflechten (Kartell)
De|ka|ster [griech.] *m. Gen.-s Mz. - veraltet:* zehn Ster = zehn Kubikmeter
De|ka|teur [-tør, frz.] *m. 1* jmd., der Stoffe dekatiert; **de|ka|tie|ren** mit Wasserdampf behandeln, um Einlaufen nach dem Waschen zu verhindern (Stoffe); **De|ka|tur** *w. 10* Behandlung mit Wasserdampf
De|kla|ma|ti|on [-tsjon, lat.] *w. 10* **1** kunstgerechter Vortrag (einer Dichtung u. ä.); **2** *übertr.:* pathetischer, aber inhaltsarmer Vortrag; **3** Einheit von musikal. und textl. Gestaltung; **De|kla|ma|tor** *m. 13* Vortragskünstler; **De|kla|ma|to|rik** *w. 10 nur Ez.* Vortragskunst; **de|kla|ma|to|risch** in der Art einer Deklamation (**1** und **2**); **de|kla|mie|ren** künstlerisch vortragen; *auch:* übertrieben sprechen
De|kla|rant [lat.] *m. 10* jmd., der eine Deklaration (**2**) abgibt; **De|kla|ra|ti|on** [-tsjon] *w. 10* **1** offizielle Erklärung; **2** Zoll-, Inhalts-, Steuererklärung; **de|kla|rie|ren** den Inhalt, Wert (von etwas) angeben, erklären
de|klas|sie|ren [lat.] **1** jmdn. d.: jmdn. in eine sozial niedrigere Klasse verstoßen, herabsetzen; **2** *Sport:* einen Gegner d.: ihn überlegener schlagen, als es seine Klassifizierung erwarten ließe
de|kli|na|bel [lat.] deklinierbar, beugbar (Wörter); **De|kli|na|ti|on** [-tsjon] *w. 10* **1** *Gramm.:* Beugung, Abwandlung (der Substantive, Pronomen, Adjektive und Numeralien); **2** Winkelabstand eines Gestirns vom

Himmelsäquator; **3** Abweichung der Magnetnadel von der geographischen Nordrichtung, Mißweisung; **De|kli|na|tor** *m.13,* **De|kli|na|to|ri|um** *s. Gen.*-s *Mz.*-ri|en Gerät zum Bestimmen von Veränderungen der Deklination (der Magnetnadel); **de|kli|nie|ren** *Gramm.:* beugen, abwandeln (Substantive, Adjektive, Pronomen, Numeralien); **De|kli|no|me|ter** *s.5* → Deklinator

De|kokt [lat.] *s.1* durch Kochen (bes. von Heilkräutern) hergestellte Brühe, Absud

De|kol|le|té [lat.-frz.] *s.9* tiefer Halsausschnitt; **de|kol|le|tiert** tief ausgeschnitten

De|kom|pen|sa|ti|on [-tsjo̱n, lat.] *w.10* Versagen der Ausgleichsmaßnahme (Kompensation) des Körpers (bes. des Herzens) bei Organschwäche

de|kom|po|nie|ren [lat.] in seine Bestandteile zerlegen, auflösen; **De|kom|po|si|ti|on** [-tsjo̱n] *w.10* **1** Zerlegung, Auflösung; **2** *bei Säuglingen:* Organschwund infolge mangelhafter Ernährung; **De|kom|po|si|tum** *s. Gen.*-s *Mz.*-ta *Gramm.:* Ableitung von einem zusammengesetzten Wort (Kompositum), z. B. Baupolizei – baupolizeilich; *auch:* mehrfach zusammengesetztes Wort, z. B. Schulhausmeister

De|kon|ta|mi|na|ti|on [-tsjo̱n, lat.] *w.10* **1** Entfernung von Spaltprodukten, die Neutronen absorbieren, aus dem Reaktor; **2** Entgiftung von radioaktiv verseuchten Kleidern, Geräten und Gebieten; **de|kon|ta|mi|nie|ren** **1** aus dem Reaktor entfernen; **2** entgiften

De|kon|zen|tra|ti|on [-tsjo̱n, lat.] *w.10* Zerstreuung, Zersplitterung, Verteilung, Auflösung; *Ggs.:* Konzentration (**1**); **de|kon|zen|trie|ren** zerstreuen, verteilen, auflösen

De|kor [lat.-frz.] *s.9* Verzierung, Vergoldung, Muster (auf Glas-, Porzellan- und Tonwaren); **De|ko|ra|teur** [-tø̱r] *m.1* Fachmann für die Ausstattung von Innenräumen, Schaufenstern usw.; **De|ko|ra|ti|on** [-tsjo̱n] *w.11* **1** Ausschmückung, Schmuck; **2** *Theater, Film, Fernsehen:* Ausstattung (Kulissen, Bauten usw.); **3** Auszeichnung (von Personen) mit Orden oder Ehrenzeichen; **De|ko|ra|ti|ons|ma|ler** [-tsjo̱ns-] *m.5* Maler für Innenräume (im Unterschied zum Kunstmaler); **De|ko|ra|ti|ons|stoff** *m.1* Stoff für Möbelbezüge und Gardinen; **de|ko|ra|tiv** schmückend, wirkungsvoll; **de|ko|rie|ren** **1** schmücken, verzieren; **2** (mit einem Orden o. ä.) auszeichnen; **De|ko|rie|rung** *w.10* → Dekoration (**1, 3**)

De|kort [frz.] *m.1, auch:* [-ko̱r] *m.9* Zahlungsnachlaß wegen Mängel; Preisnachlaß im Exportgeschäft; Kassaskonto im Großhandel; **de|kor|tie|ren** von der Rechnung abziehen; einen Betrag d.

De|ko|rum [lat.] *s. Gen.*-s *nur Ez.* Anstand, Schicklichkeit; das D. wahren

De|ko|stoff *m.1 Kurzw. für* Dekorationsstoff

De|kre|ment [lat.] *s.1* **1** Verminderung, Abnahme (einer Krankheit, des Fiebers); Verfall; **2** *Math.:* natürlicher Logarithmus des Verhältnisses der Amplituden zweier aufeinanderfolgender Schwingungen

de|kre|pit [frz.] heruntergekommen, hinfällig, altersschwach; **De|kre|pi|ta|ti|on** [-tsjo̱n] *w.10* knisterndes Zerfallen, Zerplatzen von Kristallen (beim Erhitzen); **de|kre|pi|tie|ren** zerfallen, zerplatzen

de|kre|scen|do [-ʃɛn-] *eindeutschende Schreibung von* decrescendo; **De|kres|zenz** [lat.] *w.10 Mus.:* Abnahme, Verminderung

De|kret [lat.] *s.1* behördl. Verordnung, Verfügung, Regierungserlaß; **De|kre|ta|le** *s. Gen.- Mz.*-li|en *oder w.11, meist Mz.* päpstl. Entscheidung; **De|kre|ta|list** *m.10 MA:* Kirchenrechtslehrer; **de|kre|tie|ren** verordnen, verfügen; **De|kre|tist** *m.10* → Dekretalist

De|ku|bi|tus [lat.] *m. Gen.- nur Ez. Med.:* Wundliegen

De|ku|ma|ten|land [lat.], **De|ku|mat|land** *s.4 nur Ez.* vom Limes begrenztes altröm. Herrschaftsgebiet zwischen Oberrhein und oberer Donau

de|ku|pie|ren [frz.] aussägen; **De|ku|pier|sä|ge** *w.11* Laubsäge

De|ku|rie [-riə, lat.] *w.11, im alten Rom:* **1** *Mil.:* Abteilung von zehn Mann; **2** Gruppe von Senatoren u. ä.; **De|ku|rio** *m. Gen.*-s *oder* -rio|nen *Mz.*-rio|nen, *im alten Rom:* **1** Führer einer Dekurie; **2** Mitglied des Senats

de|kus|siert [lat.] kreuzweise gegenständig (Pflanzenblätter)

De|ku|vert [-vɛr, frz.] *s.9* **1** *Kaufmannsspr.:* Ausfall einer Einnahme; **2** *Börse:* Mangel an Wertpapieren; **de|ku|vrie|ren** **1** aufdecken, entlarven; **2** sich zu erkennen geben, sich verraten

del. **1** *Abk. für* deleatur; **2** *Abk. für* delineavit

De|lat [lat.] *m.10 veraltet:* jmd., dem ein Eid zugeschoben wird; **De|la|ti|on** [-tsjo̱n] *w.10 veraltet:* **1** gesetzl. Übertragung (einer Erbschaft); **2** Zuschiebung (eines Eides); **3** verleumder. Anzeige; **de|la|to|risch** verleumderisch

de|lea|tur [lat. „es werde getilgt"] (*Zeichen:* ₰, *Abk.:* del.) Anweisung zum Streichen von Schriftsatz; **De|lea|tur** *s. Gen.*-s *Mz.*-, **De|lea|tur|zei|chen** *s.7* Tilgungszeichen, ₰

De|le|gat [lat.] *m.10* Bevollmächtigter; Apostolischer D.: Bevollmächtigter des Papstes (ohne diplomat. Rechte) zur Überwachung des kirchl. Lebens; **De|le|ga|ti|on** [-tsjo̱n] *w.10* **1** Abordnung, Gruppe von Bevollmächtigten; **2** Übertragung (einer Vollmacht oder Befugnis); **De|le|ga|tur** *w.10* Amt oder Amtsbereich eines Apostol.

→ Delegaten; **de|le|gie|ren** **1** jmdn. d.: abordnen; **2** jmdm. eine Befugnis, Schuld d.: übertragen
de|lek|tie|ren [lat.] sich an etwas d.: sich gütlich tun, *auch:* sich ergötzen
De|li|be|ra|ti|on [-tsjon, lat.] *w.10 veraltet:* Beratung, Überlegung; **De|li|be|ra|ti|ons|frist** *w.10 veraltet:* Bedenkzeit; **De|li|be|ra|tivstim|me** *w.11, in polit. Körperschaften:* nur beratende Stimme; vgl. Dezisivstimme; **de|libe|rie|ren** beraten, überlegen
de|li|kat [frz.] **1** lecker, köstlich, wohlschmeckend; **2** heikel, behutsam zu behandeln (Angelegenheit); **3** *auch:* zartfühlend; *Ggs.:* indelikat; **De|li|ka|tes|se** *w.11* **1** Leckerbissen; **2** *nur Ez.* Behutsamkeit
De|likt [lat.] *s.1* Straftat, Vergehen
delin. *Abk. für* delineavit; **de|li|nea|vit** [lat.] (*Abk.:* del., delin.) „hat (es) gezeichnet" (Vermerk unter Bildern nach dem Namen des Künstlers)
De|lin|quent [lat.] *m.10* Übel-, Missetäter, Angeklagter
de|li|rant [lat.] *in der Wendung:* deliranter Zustand → Delirium; **de|li|rie|ren** *Med.:* irrereden; **De|li|ri|um** *s. Gen.*-s *Mz.*-ri|en Bewußtseinstrübung (im Fieber oder Rausch) mit Wahnvorstellungen; D. tremens: Säuferwahnsinn
de|li|zi|ös [frz.] köstlich, fein, erlesen
Del|kre|de|re [ital.] *s. Gen.- Mz.-* Haftung (für den Eingang einer Forderung), Bürgschaft, Bürgschaftssumme; **Del|kre|de|refonds** [-fõ] *m. Gen.-* [-fõs] *Mz.-* [-fõs] Rücklage für eventuelle Verluste
de|lo|gie|ren [-ʒi-, frz.] *bes. österr.:* zum Ausziehen aus der Wohnung zwingen
Del|phin [griech.] *m.1* ein Zahnwal; **Delphi|na|ri|um** *s. Gen.*-s *Mz.*-ri|en Wasserbekken für Delphine
del|phisch [nach dem Orakel von Delphi] doppelsinnig, rätselhaft
Del|ta *s.9* **1** (*Zeichen:* Δ, δ) vierter Buchstabe des griech. Alphabets; **2** mehrarmige Flußmündung in Form eines Dreiecks (nach dem griech. Buchstaben Δ); **Del|ta|flie|ger** *m.5* von einem Motorboot gezogener Wasserskiläufer, der sich mit Hilfe eines dreieckigen Segels bei zunehmender Geschwindigkeit über die Wasseroberfläche erheben kann; **Del|ta|me|tall** *s.1* eine Kupfer-Zink-Legierung; **Del|ta|strah|len, δ-Strah|len** *Mz.* nicht direkt von radioaktiven Substanzen ausgehende, sondern von deren Strahlung sekundär ausgelöste Elektronen; **Del|to|id** *s.1* Viereck aus zwei gleichschenkligen Dreiecken; **Del|to|id|do|de|ka|eder** *m.5* von zwölf Deltoiden begrenzte Kristallform
De|lu|si|on [lat.] *w.10* Täuschung; Verspottung; **de|lu|so|risch** auf Delusion beruhend, täuschend
de Lu|xe [lyks, frz.] bes. gut ausgestattet, Luxus… (Zusatz bei den Namen von Fabrikaten)
Dem|ago|ge [griech. „Volksführer"] *m.11* Volksverführer, polit. Hetzer; **Dem|ago|gie** *w.11* Volksverführung
De|mant *m.10 poet. für* Diamant; **De|manto|id** *m.1* ein Mineral mit diamantähnlichem Glanz
De|marche [-marʃ, frz.] *w.11* diplomat. Schritt, mündlicher diplomat. Einspruch
De|mar|ka|ti|on [-tsjon, frz.] *w.10* Abgrenzung; **De|mar|ka|ti|ons|li|nie** [-njə] *w.11* vorläufige Grenzlinie; **de|mar|kie|ren** abgrenzen
de|mas|kie|ren [frz.] jmdn. d.: jmdm. die Maske abnehmen, jmdn. entlarven; sich d.: sein wahres Gesicht zeigen
De|men *Mz. von* Demos
De|men|ti [lat.-frz.] *s.9* Widerruf, Leugnung, amtl. Richtigstellung
De|men|tia [-tsja] *w. Gen.- Mz.*-tiae [-tsjɛː] → Demenz; D. praecox: Jugendirresein; D. senilis: Altersschwachsinn
de|men|tie|ren [frz.] (amtl.) widerrufen, leugnen, bestreiten
De|menz [lat.] *w.10* erworbener Schwachsinn
De|me|rit [frz.] *m.10 kath. Kirche:* straffälliger Geistlicher
De|mi|john [-dʒɔn, engl.] *m.9* bauchige Korbflasche
de|mi|li|ta|ri|sie|ren → entmilitarisieren
De|mi|monde [-dəmimõd, frz.] *w. Gen.- nur Ez.* Halbwelt
de|mi|nu|tiv → diminutiv
de|mi-sec [dəmisek, frz.] *bei Schaumweinen:* halbtrocken
De|mis|si|on [lat.] *w.10* Rücktritt (eines Ministers, einer Regierung), Entlassung; **Demis|sio|när** *m.1 veraltet:* verabschiedeter Beamter; **de|mis|sio|nie|ren** zurücktreten
De|mi|urg [griech.] *m.10, bei Plato:* Weltschöpfer, Gott
De|mo|bi|li|sa|ti|on [-tsjon, lat.] *w.10* Abrüstung; **de|mo|bi|li|sie|ren** [lat.] vom Kriegs- in den Friedenszustand zurückführen
De|mo|du|la|ti|on [-tsjon, lat.] *w.10* Abtrennung der niederfrequenten Schwingung von der hochfrequenten Trägerwelle, Gleichrichtung; **De|mo|du|la|tor** *m.13* die Demodulation bewirkender Teil des Rundfunkempfängers; **de|mo|du|lie|ren** gleichrichten
De|mo|gra|phie [griech.] *w.11* Wissenschaft von der Bevölkerung, nach Zahl und Zusammensetzung
De|moi|sel|le [dəmwazel, frz.] *w.11 veraltet:* Fräulein
De|mo|krat [griech.] *m.10* Anhänger der Demokratie; **De|mo|kra|tie** *w.11* Volksherrschaft; **de|mo|kra|tisch** den Grundsätzen der Demokratie entsprechend; **de|mo|kra|ti|sieren** nach den Grundsätzen der Demokratie gestalten; **De|mo|kra|tis|mus** *m. Gen.- nur*

Ez. übertrieben demokrat. Denken und Handeln
de|mo|lie|ren [frz.] zerstören, zerschlagen, niederreißen
de|mo|ne|ti|sie|ren [lat.] aus dem Umlauf ziehen (Münzen)
De|mon|strant [lat.] *m.10* Teilnehmer an einer Demonstration (**3**); **De|mon|stra|ti|on** [-tsjon] *w.10* **1** Darlegung, Vorführung; **2** polit. Machtentfaltung (als Warnung, z. B. Flottendemonstration); **3** Massen-, Protestkundgebung; **de|mon|stra|tiv** **1** anschaulich, darlegend; **2** betont, auffällig; **3** *Gramm.:* hinweisend; **De|mon|stra|tiv** *s.1,* **De|mon|stra|tiv|pro|no|men** *s.7,* **De|mon|stra|ti|vum** *s. Gen.*-s *Mz.*-va hinweisendes Fürwort, z. B. dieser; **De|mon|stra|tor** *m.13* jmd., der etwas demonstriert, Vorführer; **de|mon|strie|ren** **1** darlegen, anschaulich vor Augen führen; **2** an einer Demonstration (**3**) teilnehmen
De|mon|ta|ge [-ʒə, frz.] *w.11* Abbau, Abbruch (von Industrieanlagen); **de|mon|tie|ren** abbauen, abbrechen
De|mo|ra|li|sa|ti|on [-tsjon, frz.] *w.10* Zerstörung der Moral; **de|mo|ra|li|sie|ren** jmdn. d.: jmds. Moral zerstören, jmdn. seiner Standhaftigkeit berauben
De mor|tu|is nil ni|si be|ne [lat. „über die Toten nichts, wenn nicht gut"] Von den Toten soll man nur Gutes sprechen
De|mos [griech.] *m. Gen.*- *Mz.*-men **1** altgriech. Stadtstaat und seine Bevölkerung; **2** *heute:* kleinster griech. Verwaltungsbezirk
De|mo|sko|pie [griech.] *w.11* Meinungsumfrage, -forschung; **de|mo|sko|pisch** die Meinung erforschend
de|mo|tisch [griech.] volkstümlich; demotische Schrift: altägypt. Gebrauchsschrift
den *Abk. für* Denier
De|nar [lat. „je zehn"] *m.1* (*Abk.:* d) altröm. Silbermünze
De|na|tu|ra|li|sa|ti|on [-tsjon, lat.] *w.10* Entzug der, Entlassung aus der bisherigen Staatsangehörigkeit, Ausbürgerung; *Ggs.:* Naturalisation (**1**); **de|na|tu|ra|li|sie|ren** ausbürgern
de|na|tu|rie|ren [lat.] ungenießbar machen, vergällen (Spiritus)
de|na|zi|fi|zie|ren → entnazifizieren
Den|drit [griech.] *m.10* **1** verzweigter Protoplasmafortsatz einer Nervenzelle; **2** pflanzenähnl., verästelte Gesteinszeichnung; **den|dri|tisch** verzweigt, verästelt; **Den|dro|chro|no|lo|gie** *w.11 nur Ez.* Methode der Altersbestimmung in Holzfunden; **Den|dro|lo|gie** *w.11 nur Ez.* Lehre von den Bäumen und Gehölzen; **Den|dro|me|ter** *s.5* Gerät zum Messen der Höhe und Stärke stehender Bäume
Dengue|fie|ber [dɛŋgə-, span.] *s.5 nur Ez.* eine trop. Infektionskrankheit
De|nier [dənje, lat.-frz.] *s. Gen.*-(s) *Mz.*- (*Abk.:* den) Maßeinheit für die Feinheit von Seide und Kunstfasern
de|ni|trie|ren eine organ. Verbindung d.: Nitrogruppen aus ihr abspalten
de|no|bi|li|tie|ren [frz.] jmdn. d.: jmdm. den Adelstitel entziehen
De|no|mi|na|ti|on [-tsjon, lat.] *w.10* **1** Vorschlag, Benennung, Anzeige; Ernennung (zu einem Amt); **2** [dinɔminɛiʃn] *amerik. Bez. für* relig. Gemeinschaft, Sekte; **3** Form der Kapitalherabsetzung einer Aktiengesellschaft durch Herabsetzung des Nennbetrags der Aktien; **De|no|mi|na|tiv** *s.1,* **De|no|mi|na|ti|vum** *s. Gen.*-s *Mz.*-va von einem Nomen (meist Substantiv oder Adjektiv) abgeleitetes Wort, z. B. Bürger von Burg, kränklich von krank; **de|no|mi|nie|ren** ernennen, benennen
Den|si|me|ter [lat.] *s.5* Gerät zum Messen des spezif. Gewichts; **Den|si|tät** *w.10* **1** Dichte; **2** Schwärzegrad (einer photograph. Schicht); **Den|si|to|me|ter** *s.5* Gerät zum Messen der Schwärze (Dichte) einer photograph. Schicht; **Den|si|to|me|trie** *w.11 nur Ez.* Dichtemessung; **Den|so|graph** *m.10,* **Den|so|me|ter** *s.5* → Densitometer
den|tal [lat.] die Zähne betreffend, zu ihnen gehörend, von ihnen ausgehend, alveolar; **Den|tal** *m.1* an den Zähnen gebildeter Laut, Zahnlaut, Alveolar, z. B. d, t; **Dent|al|gie** [lat. + griech.] *w.11* Zahnschmerz; **Den|tal|laut** *m.1* → Dental; **den|te|lie|ren** auszacken, zakkig machen, zähnen; **Den|tin** *s.1 nur Ez.* **1** Zahnbein; **2** Hartsubstanz der Haifischschuppen; **Den|tist** *m.10 früher:* Zahnarzt ohne Hochschulprüfung; **Den|ti|ti|on** [-tsjon] *w.10* Zahndurchbruch, Zahnen; **Den|to|lo|gie** [lat. + griech.] *w.11 nur Ez.* Zahnheilkunde
De|nu|da|ti|on [-tsjon, lat.] *w.10* **1** flächenhafte Abtragung der Erdoberfläche durch Wind oder Wasser; **2** *Med.:* Fehlen einer natürl. Hülle, z. B. von Zahnfleisch
De|nu|klea|ri|sie|rung [lat.] *w.10 nur Ez.* Abrüstung von Atomwaffen
De|nun|zi|ant [lat.] *m.10* jmd., der einen anderen denunziert; **De|nun|zia|ti|on** [-tsjon] *w.10* Anzeige, Anschwärzung aus niedrigen Beweggründen; **de|nun|zia|to|risch** verleumderisch; **de|nun|zie|ren** anzeigen, anschwärzen (aus niedrigen Beweggründen)
De|odo|rant [engl.] *s.1, Mz. auch:* -ti|en [-tsjən] geruchstilgendes Mittel, Desodorans; **De|odo|rant|spray** *s.9* Deodorant in Form von Spray (**1**)
Deo gra|ti|as [-a:s, lat.] Gott sei Dank
Deo|spray *s.9 Kurzw. für* Deodorantspray
De|par|te|ment [-partmã, schweiz.: -təmɛnt, lat.-frz.] *s.9, schweiz.: s.1* **1** Verwaltungsbezirk (in Frankreich); **2** *schweiz. auch:* Verwaltungsinstanz, Ministerium; **3** Geschäfts-, Fachbereich, Abteilung; **De|part|ment** *s.9, engl. Form von* Departement
De|pen|dance [depãdãs, lat.-frz.] *w.11* **1** Ne-

bengebäude (bes. eines Hotels); **2** Zweigstelle; **De|pen|dẹnz** *w.10* **1** Abhängigkeit; **2** *auch* → Dependance

De|per|so|na|li|sa|ti|on [-tsjon, lat.] *w.10* Herabsetzung oder Verlust des Persönlichkeitsgefühls, Entpersönlichung (bei psych. Störungen)

De|pẹ|sche [frz.] *w.11* Funkspruch, Telegramm; **de|pe|schie|ren** drahten, telegraphieren

De|phleg|ma|ti|on [-tsjon, lat. + griech.] *w.10* bei der Destillation Abkühlung eines Dampfgemischs, so daß die niedriger siedenden Flüssigkeiten kondensieren und in den Destillierkolben zurückfließen, Rückflußkühlung; **De|phleg|ma|tor** *m.13* Rückflußkühler; **de|phleg|mie|ren** der Dephlegmation unterziehen

De|pi|la|ti|on [-tsjon, lat.] *w.10* **1** Enthaarung; **2** krankhafter Haarausfall; **De|pi|la|to|ri|um** *s. Gen.*-s *Mz.*-ri|en Enthaarungsmittel; **de|pi|lie|ren** enthaaren

De|place|ment [deplasmã, frz.] *s.9* **1** Verrückung, Verschiebung; **2** *Seew.:* Wasserverdrängung (eines Schiffes); **de|pla|cie|ren** [-si-, -tsi-] versetzen, verrücken; **de|pla|ciert** [-sirt, -tsirt] unangebracht, unpassend, fehl am Platze (Bemerkung, Verhalten)

De|plan|ta|ti|on [-tsjon, lat.] *w.10* Um-, Verpflanzung; **de|plan|tie|ren** um-, verpflanzen

De|po|la|ri|sa|ti|on [-tsjon, lat.] *w.10* Aufhebung der Polarisation in galvan. Elementen; **De|po|la|ri|sa|tor** *m.13* chem. Stoff, der im galvan. Element die Polarisation verhindert; **de|po|la|ri|sie|ren** die Polarisation aufheben (von etwas)

De|po|nẹnt [lat.] *m.10* jmd., der etwas deponiert, Hinterleger; **De|po|nie** *w.10* **1** Abladeplatz für Müll; **2** das Abladen von Müll; **de|po|nie|ren** in Verwahrung geben, hinterlegen

De|po|pu|la|ti|on [-tsjon, lat.] *w.10 veraltet:* Entvölkerung

De|pọrt [frz.] *m.1, auch:* [-por] *m.9* Vergütung dafür, daß eine Lieferung früher als vereinbart erfolgt; *Ggs.:* Report (**2**)

De|por|ta|ti|on [-tsjon, lat.] *w.10* Zwangsverschickung, Verbannung; **de|por|tie|ren** zwangsweise verschicken, verbannen

De|po|si|tar, De|po|si|tär [lat.] *m.1* jmd., der etwas Hinterlegtes verwahrt; **De|po|si|ten** *Mz.* **1** hinterlegte Wertgegenstände (vgl. Depositum); **2** verzinslich angelegte Gelder; **De|po|si|ti|on** [-tsjon] *w.10* **1** Hinterlegung; **2** Absetzung (bes. von Geistlichen); **De|po|si|to|ri|um** *s. Gen.*-s *Mz.*-ri|en Aufbewahrungs-, Hinterlegungsort, Tresor; **De|po|si|tum** *s. Gen.*-s *Mz.*-ta *oder* -si|ten hinterlegter Gegenstand oder Betrag

de|pos|se|die|ren [lat.] *veraltet* **1** enteignen; **2** absetzen, entthronen

De|pot [-po, frz.] *s.9* **1** Aufbewahrungsort; **2** Abstellplatz für Straßenbahnen und Omnibusse; **3** *Med.:* Ablagerung, Ansammlung, Speicher; *Kurzw. für* Depotbehandlung; **4** *schweiz.:* Pfand (für etwas Entliehenes, z. B. Flaschen); **De|pot|be|hand|lung** *w.10* Einspritzung von schwer lösl. Medikamenten, die nur langsam vom Körper absorbiert werden; **De|pot|fund** *m.1* Sammelfund aus vorgeschichtl. Zeit; **De|pot|prä|pa|rat** *s.1* Medikament zur Depotbehandlung; **De|pot|wech|sel** *m.5* als Sicherheit hinterlegter Wechsel; **De|pot|wir|kung** *w.10* langanhaltende Wirkung (von Depotpräparaten)

De|pra|va|ti|on [-tsjon, lat.] *w.10* **1** Verschlechterung (eines Krankheitszustandes); **2** Verringerung des Edelmetallgehalts (von Münzen); **de|pra|vie|ren** **1** verringern; **2** sich verschlechtern

De|pres|si|on [lat.] *w.10* **1** Niedergeschlagenheit; **2** wirtschaftl. Tiefstand; **3** *Meteor.:* Tiefdruckgebiet; **4** *Geogr.:* unter Meereshöhe liegendes Land; **5** *Astron.:* negative Höhe eines unter dem Horizont stehenden Gestirns; Kimmtiefe; **de|pres|siv** niedergeschlagen, gedrückt (Stimmung)

de|pri|mie|ren [lat.] niederdrücken, entmutigen; **de|pri|miert** niedergeschlagen, mutlos, schwermütig

De|pri|va|ti|on [-tsjon, lat.] *w.10* **1** Absetzung (eines kath. Geistlichen); **2** *Psych.:* Entbehrung, Entzug (von etwas Notwendigem oder Erwünschtem)

De pro|fụn|dis [lat. „Aus der Tiefe" (rufe ich, Herr, zu dir), Anfangsworte des 130. Psalms] *s. Gen.* - - *nur Ez.* Klageruf

De|pu|rans [lat.] *s. Gen.* - *Mz.*-rạn|tia [-tsja] *oder* -rạn|zi|en Abführmittel

De|pu|tạnt [lat.] *m.10* jmd., der auf ein Deputat Anspruch hat; **De|pu|tat** *s.1* Naturalien als Teil des Lohns; **De|pu|ta|ti|on** [-tsjon] *w.10* Abordnung; **de|pu|tie|ren** abordnen

De|ran|ge|ment [-rãʒ(ə)mã, frz.] *s.9 veraltet:* Verwirrung, Unordnung, Störung; **de|ran|giert** [-rãʒirt] verwirrt, in Unordnung, zerzaust

Der|by [engl.: darbi, amerik.: dəbi, eindeutschend: dẹrbi, nach dem Begründer, Lord Derby] *s.9* Pferderennen

De|ri|vat [lat.] *s.1* **1** *Chem.:* abgeleitete Verbindung; **2** abgeleitetes Wort, z. B. „Gebäude" von „bauen"; **3** Organ, das sich entwicklungsgeschichtlich auf ein früheres zurückführen läßt; **De|ri|va|ti|on** [-tsjon] *w.10* **1** Ableitung; **2** seitl. Abweichung (eines Geschosses) von der Visierlinie; **de|ri|va|tiv** *Sprachw.:* durch Ableitung entstanden; **De|ri|va|tiv** *s.1*, **De|ri|va|ti|vum** *s. Gen.*-s, *Mz.*-va → Derivat (**2**); **de|ri|vie|ren** ableiten

Dẹr|ma [griech.] *s. Gen.*-s *Mz.*-malta *Med.:* Haut; **der|mal** die Haut betreffend, zu ihr gehörig; **Der|ma|ti|kum** [griech. + lat.] *s. Gen.*-s *Mz.*-ka Mittel gegen eine Hautkrankheit; **der|ma|tisch** → dermal; **Der|ma|ti-**

tis [griech.] *w. Gen. - Mz.*-ti|ti|den Hautentzündung; **Der|ma|to|lo|gie** *w. 11 nur Ez.* Wissenschaft von den Hautkrankheiten; **Der|ma|tom** *s. 1* Hautgeschwulst; **Der|ma|to|my|ko|se** *w. 11* Pilzflechte; **Der|ma|to|pla|stik** *w. 10* → Dermoplastik; **Der|ma|to|se** *w. 11* Hautkrankheit; **Der|ma|to|zo|en** *s. Mz., Ez.* -zo|on Hautschmarotzer, z. B. Milben; **Der|ma|zo|ono|se** *w. 11* durch Hautschmarotzer verursachte Hautkrankheit; **Der|mo|graph** *m. 10* Fettstift zum Markieren von Stellen auf der Haut; **Der|mo|pla|stik** *w. 10* operativer Ersatz eines erkrankten oder verletzten Hautstücks durch ein gesundes, Hautplastik; **der|mo|trop** die Haut beeinflussend

Der|nier cri [dɛrnje kri, frz.] *m. Gen. - - Mz.*-s-s [-nje kriz] „letzter Schrei", letzte Neuheit der Mode

De|ro|ga|ti|on [-tsjon, lat.] *w. 10* **1** Beschränkung; **2** teilweise Aufhebung (eines Gesetzes); **de|ro|ga|tiv, de|ro|ga|to|risch** **1** beschränkend; **2** teilweise aufhebend; **de|ro|gie|ren** beschränken, aufheben

De|route [-rut, frz.] *w. 11 veraltet:* **1** *Mil.:* wilde Flucht; **2** *Börse:* Kurs-, Preissturz; **de|rou|tie|ren** [-ru-] vom Wege abbringen, verwirren

Der|wisch [pers.] *m. 1* mohammedan. Bettelmönch

des. *Abk. für* designatus

des..., Des... [lat.] *in Zus.:* ent..., Ent...

Des|an|ne|xi|on [lat.] *w. 10* Rückgängigmachen einer Annexion

des|ar|mie|ren [lat.] **1** entwaffnen; **2** *Fechten:* den Gegner d.: ihm die Klinge aus der Hand schlagen

De|sa|ster [frz.] *s. 5* Unheil, Unglück, Zusammenbruch

des|avou|ie|ren [-vu-, frz.] **1** leugnen; **2** im Stich lassen, bloßstellen

Des|en|gage|ment [-ãgaʒmã, frz.] *s. 9* → Disengagement

De|sen|si|bi|li|sa|ti|on [-tsjon, lat.] *w. 10* Herabsetzen oder Aufheben der Empfindlichkeit; **De|sen|si|bi|li|sa|tor** *m. 13* Farbstoff, der Filme desensibilisiert; **de|sen|si|bi|li|sie|ren** **1** weniger empfindlich machen; **2** *Phot.:* lichtunempfindlich machen

De|ser|teur [-tør, frz.] *m. 1* fahnenflüchtiger Soldat; **de|ser|tie|ren** fahnenflüchtig werden; **De|ser|ti|on** [-tsjon] *w. 10* Fahnenflucht

de|si|de|ra|bel [lat.] wünschenswert; **De|si|de|rat** *s. 1,* **De|si|de|ra|tum** *s. Gen. - Mz.*-ta *Bibliothekswesen:* gewünschtes, fehlendes und daher zur Anschaffung empfohlenes Buch; **De|si|de|ri|um** *s. Gen.*-s *Mz.*-ri|en **1** Wunsch, Forderung; **2** → Desiderat

De|sign [dizain, engl.] *s. 9* **1** Plan, Entwurf; **2** Muster, Modell; **3** Formgebung, künstler. Gestaltung; **De|si|gna|ti|on** [-tsjon, lat.] *w. 10* **1** Bezeichnung, Bestimmung; **2** vorläufige Ernennung; **de|si|gna|tus** (*Abk.:* des.) bestimmt, vorgesehen, im voraus ernannt; **De|si|gner** [dizainər, engl.] *m. 5* Fachmann, der Formen für Gebrauchsgüter entwirft und gestaltet; **de|si|gnie|ren** [lat.] **1** bezeichnen, bestimmen; **2** im voraus ernennen, (für ein Amt) vorsehen

Des|il|lu|si|on [frz.] *w. 10* Enttäuschung, Ernüchterung; **des|il|lu|sio|nie|ren** der Illusionen berauben, ernüchtern; **Des|il|lu|sio|nis|mus** *m. Gen. - nur Ez.* illusionslose Weltbetrachtung

Des|in|fek|ti|on [-tsjon, lat.] *w. 10* Vernichtung von Krankheitserregern mit chem. Mitteln; **Des|in|fek|tor** *m. 13* Fachmann für Desinfektion; **Des|in|fi|zi|ens** *s. Gen. - Mz.*-zi|en|tia [-tsja] *oder* -zi|en|zi|en keimtötendes Mittel; **des|in|fi|zie|ren** von Krankheitserregern befreien

Des|in|fla|ti|on [-tsjon, lat.] *w. 10* Bekämpfung einer Inflation durch Deflation

Des|in|for|ma|ti|on [-tsjon, lat.] *w. 10* mangelnde oder bewußt falsche Information

Des|in|te|gra|ti|on [-tsjon, lat.] *w. 10* Spaltung, Auflösung (eines Ganzen in seine Teile); **Des|in|te|gra|tor** *m. 13* Schlag- und Schleudermaschine; **des|in|te|grie|ren** auflösen; **des|in|te|grie|rend** nicht notwendig

Des|in|ter|es|se [lat.] *s. Gen.*-s *nur Ez.* Mangel an Interesse, Gleichgültigkeit; **des|in|ter|es|siert** nicht interessiert

de|si|stie|ren [lat.] *veraltet:* von etwas ablassen, darauf verzichten, etwas zu tun

Des|ja|ti|ne *w. 11* → Deßjatine

De|skrip|ti|on [-tsjon, lat.] *w. 10* Beschreibung; **de|skrip|tiv** beschreibend

Des|odo|rans [neulat.] *s. Gen. - Mz.*-ran|tia [-tsja] *oder* -ran|zi|en geruchtilgendes Mittel, Deodorant; **des|odo|rie|ren, des|odo|ri|sie|ren** von schlechtem Geruch befreien

de|so|lat [lat.] **1** vereinsamt; **2** trostlos, traurig

Des|ordre [frz.] *m. 9 veraltet:* Unordnung, Verwirrung

Des|or|ga|ni|sa|ti|on [-tsjon, lat.] *w. 10* **1** Auflösung, Zerrüttung; **2** mangelhafte Organisation; **des|or|ga|ni|siert** mangelhaft organisiert

des|ori|en|tiert [lat.] nicht oder falsch unterrichtet, nicht orientiert

Des|oxy|da|ti|on [-tsjon, lat. + griech.] *w. 10* Entzug von Sauerstoff; **des|oxy|die|ren** von Sauerstoff befreien

de|spek|tier|lich [lat.] respektlos, geringschätzig

De|spe|ra|do [span. „verzweifelt"] *m. 9* polit. Heißsporn, Umstürzler; anarchist., asozialer Draufgänger; **de|spe|rat** [lat.] verzweifelt, hoffnungslos

Des|pot [griech.] *m. 10* Gewaltherrscher, Tyrann; *übertr.:* herrischer Mensch; **Des|po|tie** *w. 11* Gewaltherrschaft; **des|po|tisch** herrisch, rücksichtslos; **des|po|ti|sie|ren** despotisch be-

handeln, tyrannisch beherrschen; **Des|po|tis|mus** *m. Gen. - nur Ez.* System, Zustand einer Despotie
Des|sert [dɛsɛr, frz.] *s.9* Nachspeise; **Des|sert|wein** *m.1* süßer, alkoholreicher Wein, Südwein
Des|sin [dɛsɛ̃, frz.] *s.9* **1** Muster, Musterzeichnung; Entwurf; **2** *Billard:* Weg des gestoßenen Balls; **Des|si|na|teur** [-tør] *m.1* jmd., der Muster entwirft; **des|si|nie|ren** (Muster) entwerfen, zeichnen
Deß|ja|ti|ne [russ.] *w.11* russ. Flächenmaß, 1,0925 ha
Des|sous [dəsu, frz.] *s. Gen.- meist Mz.-* [dəsuz] Unterwäsche (für Damen)
De|stil|lat [lat.] *s.1* Produkt der Destillation; **De|stil|la|teur** [-tør] *m.1* **1** Branntweinbrenner; **2** Branntwein-Schankwirt; **De|stil|la|ti|on** [-tsjon] *w.10* **1** Verdampfung und Wiederverflüssigung einer Flüssigkeit, um sie von Feststoffen oder anderen Flüssigkeiten zu trennen; **2** Branntweinbrennerei oder -ausschank; **de|stil|la|tiv** mittels Destillation; **De|stil|le** *w.11 ugs.:* Branntweinschenke; **de|stil|lie|ren** mittels Destillation trennen; destilliertes Wasser: chemisch reines Wasser
De|sti|na|tar, De|sti|na|tär [lat.] *m.1* Empfänger einer Schiffsfracht; **De|sti|na|ti|on** [-tsjon] *w.10* Bestimmung, Endzweck
de|sti|tu|ie|ren [lat.] *veraltet:* seines Amtes entheben, absetzen; **De|sti|tu|ti|on** [-tsjon] *w.11* Amtsenthebung, Absetzung
de|stru|ie|ren [lat.] zerstören; **De|struk|ti|on** [-tsjon] *w.10* **1** Zerstörung; **2** *Geol.:* Abtragung durch Verwitterung; **de|struk|tiv** zersetzend, zerstörend; *Ggs.:* konstruktiv
de|sul|to|risch [lat.] wankelmütig, unbeständig
de|szen|dent [lat.] nach unten sinkend (Wasser, Ablagerungen); **De|szen|dent** *m.10* **1** Nachkomme, Abkömmling; **2** *Astron.:* Untergangspunkt eines Gestirns; Gestirn im Untergang; *Ggs.:* Aszendent; **De|szen|denz** *w.10* **1** *nur Ez.* Abstammung; **2** Nachkommenschaft; **3** *Astron.:* Untergang (eines Gestirns); *Ggs.:* Aszendenz; **De|szen|denz|theo|rie** *w.11* Abstammungslehre; **de|szen|die|ren** sinken, absteigen; *Ggs.:* aszendieren
De|tache|ment [-taʃmã, frz.] *s.9, schweiz.:* [-mɛnt] *s.1 veraltet:* Truppenabteilung mit bes. Aufgaben; **De|ta|cheur** [-ʃør] *m.1 chem. Reinigung:* Fachmann zum Fleckenentfernen; **2** Müllereimaschine zum Lockern des Mahlgutes; **De|ta|cheu|se** [-ʃø-] *w.11* weibl. Detacheur (**1**); **de|ta|chie|ren** [-ʃi-] **1** (mit bes. Aufgaben) abkommandieren; **2** von Flecken reinigen; **3** auflockern (Mahlgut)
De|tail [frz.: -taj] *s.9* Einzelheit, Einzelteil; **De|tail|han|del** *m. Gen.-s nur Ez.* Einzelhandel; **de|tail|lie|ren** [-taji-] im einzelnen erklären, darlegen; detaillierte Beschreibung; **De|tail|list** [-tajist] *m.10 veraltet:* Einzelhändler
De|tek|tei [lat.] *w.10* Ermittlungs-, Detektivbüro; **De|tek|tiv** *m.1* jmd., der berufsmäßig in privatem Auftrag Ermittlungen anstellt; **De|tek|tor** *m.13* **1** Hochfrequenzgleichrichter, Demodulator; **2** Wünschelrute
Dé|tente [detãt, frz.] *w.11 nur Ez.* (polit.) Entspannung
De|ter|gens [lat.] *s. Gen.- meist Mz.-*gen|tia [-tsja] *oder* -gen|zi|en **1** hautschonender, die Oberflächenspannung des Wassers herabsetzender Stoff (in Waschmitteln); **2** Mittel zur Wundreinigung
De|te|rio|ra|ti|on [-tsjon, lat.] *w.10* Verschlechterung, Wertminderung; **de|te|rio|rie|ren** verschlechtern, mindern
De|ter|mi|nan|te [lat.] *w.11* **1** spezieller Ausdruck der Algebra zur Lösung von Gleichungen; **2** umstrittener (ungeklärter) physiologischer Entwicklungsfaktor; **De|ter|mi|na|ti|on** [-tsjon] *w.10* **1** Begriffsbestimmung durch Einengung; **2** Festlegung der Entwicklungsrichtung eines bestimmten Keimteils; **de|ter|mi|na|tiv** festlegend, bestimmend; **De|ter|mi|na|tiv** *s.1,* **De|ter|mi|na|ti|vum** *s. Gen.-s Mz.-*va **1** Art des Demonstrativpronomens mit heraushebender Funktion, z. B. derjenige; **2** zusammengesetztes Substantiv, dessen erster Teil den zweiten näher bestimmt, z. B. Handtuch, fettarm; **de|ter|mi|nie|ren** festlegen, bestimmen, begrenzen; **De|ter|mi|nis|mus** *m. Gen. - nur Ez.* philosoph. Lehre, daß 1. alle Vorgänge vorbestimmt sind, 2. der menschl. Wille von äußeren Ursachen abhängig und daher nicht frei ist; *Ggs.:* Indeterminismus
de|te|sta|bel [lat.] *veraltet:* verabscheuenswürdig; **de|te|stie|ren** *veraltet:* verabscheuen
De|to|na|ti|on [-tsjon, lat.] *w.10* **1** mit Knall und Gasentwicklung verbundene Zersetzung von explosiven Stoffen mit starker Sprengwirkung; vgl. Deflagration, Explosion; **2** unreines Singen oder Spielen; **De|to|na|tor** *w.13* Zündkörper; **de|to|nie|ren** **1** sich in Form einer Detonation zersetzen; **2** unrein singen oder spielen
De|tri|ment [lat.] *s.1 veraltet:* Schaden, Verlust (bes. durch Abnutzung); **De|tri|tus** *m. Gen. - nur Ez.* **1** *Med.:* breiig zerfallenes Gewebe; **2** zerriebenes Gestein, Gesteinsschutt; **3** unbelebte Schwebe- und Sinkstoffe in Gewässern
det|to *österr., bayr. für* dito
De|tu|mes|zenz [lat.] *w.10 nur Ez.* Abschwellen (einer Schwellung oder entzündl. Geschwulst)
De|us ex ma|chi|na [-xi-, „der Gott aus der Maschine"] *m. Gen. - - - nur Ez.* mittels einer mechan. Vorrichtung auf der Bühne erscheinende und den Konflikt lösende Göttergestalt; *übertr.:* unerwarteter Helfer
Deu|te|ri|um [griech.] *s. Gen.-s nur Ez.* (*Zeichen:* D) Isotop des Wasserstoffs; **Deu|te|ron**

s. Gen.-s *Mz.*-ro|nen Atomkern des Deuteriums; **Deu|te|ro|no|mi|um** *s. Gen.*-s *nur Ez.* das 5. Buch Mose
Deu|to|plas|ma [griech.] *s. Gen.*-s *Mz.*-men im Eiplasma eingelagerte Nährstoffe, Dotter
Deut|zie [-tsjə, nach dem Holländer J. van der Deutz] *w. 11* ein Zierstrauch
Deux-pièces [dø:pjęs, frz.] *s. Gen.* - *Mz.* - zweiteiliges Damenkleid, meist Kleid mit Jacke
De|va|lua|ti|on [-tsjon, lat.], **De|val|va|ti|on** *w. 10* Abwertung einer Währung; **de|val|va|tio|ni|stisch, de|val|va|to|risch** abwertend; devalvatorische Maßnahmen; **de|val|vie|ren** im Wert herabsetzen
De|va|sta|ti|on [-tsjon, lat.] *w. 10* Verwüstung, Verheerung; **de|va|stie|ren** verwüsten
De|ver|ba|tiv [lat.] *s. 1,* **De|ver|ba|ti|vum** *s. Gen.*-s *Mz.*-va von einem Verb abgeleitetes Substantiv oder Adjektiv, z. B. „Bestimmung" von „bestimmten", „fügsam" von „fügen"
de|ve|stie|ren [lat.] jmdn. d.: jmdm. die priesterl., herrscherl. oder militär. Würde entziehen; **De|ve|sti|tur** *w. 10* Entziehung einer Würde
de|vi|ant [lat.] von der Norm abweichend (bes. im sozialen Verhalten); **De|via|ti|on** [-tsjon] *w. 10* Abweichung von der Richtung; **De|via|tio|nist** *m. 10* jmd., der von der Parteilinie abweicht; **de|vi|ie|ren** von einer Richtung abweichen
De|vi|se [-vi-, frz.] *w. 11* **1** Wahlspruch, Motto; **2** *Mz.* Zahlungsmittel in ausländ. Währung
De|vo|lu|ti|on [-tsjon, lat.] *w. 10* Übergang eines Rechtes oder Besitzes auf einen anderen
de|vol|vie|ren [lat.] abwälzen; an eine höhere Instanz weitergeben (Rechtssache)
De|von [nach der engl. Grafschaft Devonshire] *s. Gen.*-s *nur Ez.* Formation des Paläozoikums
de|vot [lat.] übertrieben diensteifrig, allzu ergeben, unterwürfig; **De|vo|ti|on** [-tsjon] *w. 10 nur Ez.* Unterwürfigkeit; **De|vo|tio|na|li|en** *Mz.* Andachtsgegenstände, z. B. Heiligenbild, Rosenkranz
De|wa|na|ga|ri [sanskr.] *w. Gen.* - *nur Ez.* ind. Schrift, in der das Hindi geschrieben wird
De|xio|gra|phie [griech.] *w. 11 nur Ez.* Schreiben von links nach rechts
Dex|trin [Kunstw. zu lat. dexter „rechts"] *s. 1 nur Ez.* ⓦ ein Klebemittel; **dex|tro|gyr** [lat. + griech.] (*Zeichen:* d) *Phys.:* die Ebene des polarisierten Lichts nach rechts drehend; *Ggs.:* lävogyr; **Dex|tro|kar|die** [lat.] *w. 11* angeborene Verlagerung des Herzens nach rechts; **Dex|tro|se** *w. 11 nur Ez.* Traubenzucker
De|zem|vir *m. Gen.*-s *oder*-n *Mz.*-n Angehöriger des Dezemvirats; **De|zem|vi|rat** *s. 1, im alten Rom:* Zehnmännerkollegium; **De|zen|ni|um** *s. Gen.*-s *Mz.*-ni|en Zeitraum von 10 Jahren, Jahrzehnt
de|zent [lat.] **1** anständig, schicklich; **2** unaufdringlich; **3** gedämpft (z. B. Musik, Beleuchtung)
de|zen|tral [lat.] vom Mittelpunkt entfernt; **De|zen|tra|li|sa|ti|on** [-tsjon] *w. 10 nur Ez.* Aufteilung der Verwaltung auf untergeordnete oder provinzielle Behörden; **de|zen|tra|li|sie|ren** auf-, verteilen, aufgliedern
De|zenz [lat.] *w. 10 nur Ez.* Anstand, Schicklichkeit; Unaufdringlichkeit
De|zer|nat [lat.] *s. 1* Aufgaben-, Bearbeitungs-, Geschäfts-, Sachbereich; **De|zer|nent** *m. 10* **1** Leiter eines Dezernats, Sachbearbeiter; **2** Berichterstatter (einer übergeordneten Dienststelle gegenüber)
De|zi... [lat.] (*Abk.:* d) *vor Maßeinheiten:* Zehntel...; **De|zi|ar** *s. Gen.*-s *Mz.* - (*Abk.:* da), *schweiz.:* **De|zi|are** *w. 11* 1/10 Ar; **De|zi|bel** *s. Gen.*-s *Mz.* - (*Abk.:* db) 1/10 Bel
de|zi|die|ren [lat.] *veraltet:* entscheiden; **de|zi|diert** *österr., schweiz.:* entschieden, entschlossen, unwiderruflich; etwas d. anordnen
De|zi|gramm [lat. + griech.] *s. Gen.*-s *Mz.* - (*Abk.:* dg) 1/10 Gramm; **De|zi|li|ter** *m. 5 oder s. 5* (*Abk.:* dl) 1/10 Liter
de|zi|mal [lat.] auf der Zahl 10 beruhend; **De|zi|mal|bruch** *m. 2* durch Komma bezeichneter Bruch, dessen Nenner mit einer Potenz aus 10 gebildet ist; **De|zi|ma|le** *w. 11* rechts vom Komma eines Dezimalbruchs stehende Zahl; **de|zi|ma|li|sie|ren** eine Währung d.: auf das Dezimalsystem umstellen; **De|zi|mal|klas|si|fi|ka|ti|on** [-tsjo:n] *w. 10* (*Abk.:* DK) System für Bibliotheken zur Ordnung des gesamten Wissens in zehn Klassen, die nach dem Dezimalsystem weiter untergliedert werden; **De|zi|mal|sy|stem** *s. 1* auf der Zahl 10 beruhendes Rechensystem, dekadisches System; **De|zi|mal|waa|ge** *w. 11* Waage, bei der das Verhältnis von Last und Gewichtsstück 10 : 1 beträgt; **De|zi|mal|zahl** *w. 10* → Dezimale
De|zi|ma|ti|on [-tsjon, lat.] *w. 10* **1** *veraltet:* Erhebung des Zehnten; **2** *Mil. früher:* Hinrichtung jedes 10. Mannes (als Strafe); **De|zi|me** [auch: -tsi-] *w. 11* **1** 10. Ton der diaton. Tonleiter; **2** Intervall aus 10 Tonstufen; **3** Strophenform aus 10 Zeilen; **De|zi|me|ter** [auch: -me-, lat. + griech.] *m. 5 oder s. 5* (*Abk.:* dm) 1/10 Meter; **de|zi|mie|ren 1** *früher:* durch Hinrichten jedes 10. Mannes bestrafen (Truppen); **2** *heute:* durch Verluste schwächen, stark verringern
De|zi|si|on [lat.] *w. 10* Entscheidung; **de|zi|siv** entscheidend, bestimmt; **De|zi|siv|stim|me** *w. 11, in polit. Körperschaften:* zur Abstimmung berechtigte Stimme; vgl. Deliberativstimme
De|zi|ster [lat. + griech.] *m. Gen.*-s *Mz.* - 1/10 Kubikmeter

dg *Abk. für* Dezigramm
Dg *Abk. für* Dekagramm
D. G. *Abk. für* Dei gratia
Dhạr|ma [sanskr.] *s. 9, Gen. auch:* -, *ind. Relig.:* Gesetz, Lehre, bes. die Lehre Buddhas
Dhau *w. 10* → Dau
Dia *s. 9 Kurzw. für* Diapositiv
Dia|bạs [griech.] *m. 1* ein Ergußgestein, Grünstein
Dia|be|tes [griech.] *m. Gen. - nur Ez.* Harnruhr; Diabetes mellitus: Zuckerharnruhr, Zuckerkrankheit; **Dia|be|ti|ker** *m. 5* jmd., der an Diabetes mellitus leidet, Zuckerkranker
Dia|bo|lie [griech.] *w. 11 nur Ez.*, **Dia|bo|lik** *w. 10 nur Ez.* teuflisches Verhalten, Teufelei; **dia|bo|lisch** teuflisch; **Dia|bo|lus** *m. Gen. - nur Ez.* der Teufel
Dia|dem [griech.] *s. 1* kostbarer Stirnreif, Stirnschmuck
Dia|dọ|che [-xə, griech.] *m. 11 meist Mz.* **1** *urspr.:* einer der Feldherren und Nachfolger Alexanders des Großen; **2** *allg.:* Nachfolger eines Herrschers
Dia|ge|ne|se [griech.] *w. 11* nachträgl. Verfestigung, Verkittung von Sedimentgesteinen
Dia|gly|phe [griech.] *w. 11* vertieft gearbeitete Reliefifigur, z. B. Gemme; **dia|gly|phisch** vertieft geschnitten oder gemeißelt
Dia|gno|se [griech.] *w. 11* Erkennung, Feststellung (einer Krankheit, einer Tier- oder Pflanzenart nach ihren Merkmalen); **Dia|gnọ|stik** *w. 10* Lehre von der Fähigkeit zur Erkennung einer Krankheit; **Dia|gnọ|sti|ker** *m. 5* jmd., der eine Diagnose stellt; **dia|gno|sti|zie|ren** erkennen, feststellen; eine Krankheit (als Masern) d.
dia|go|nal [griech.] zwei nicht benachbarte Ecken eines Vielecks verbindend, schräglaufend; **Dia|go|na|le** *w. 11* diagonal verlaufende Gerade
Dia|grạmm [griech.] *s. 1* zeichner. Darstellung von Zahlenwerten in einem Koordinatensystem, Schaubild; **Dia|graph** *m. 10* Gerät zum Zeichnen von Körperumrissen
Dia|kau|stik [griech.] *w. 10* die beim Durchgang paralleler Strahlen durch eine nicht korrigierte Linse entstehende Brennlinie oder -fläche
Dia|kon [griech.] *m. 1 oder 10* **1** *kath. Kirche:* niederer Geistlicher; **2** *evang. Kirche:* Gemeindehelfer, Krankenpfleger, Helfer in der Inneren Mission; **Dia|ko|nat** *s. 1* Amt, Wohnung eines Diakons; **Dia|ko|nie** *w. 11 nur Ez. evang. Kirche:* Wohlfahrtspflege; **Dia|ko|nis|se** *w. 11*, **Dia|ko|nis|sin** *w. 10 evang. Kirche:* Gemeinde-, Krankenschwester; **Dia|ko|nus** *m. Gen. - Mz.* -ko|nen *evang. Kirche:* Hilfsgeistlicher
Dia|kri|se [griech.] *w. 11*, **Dia|kri|sis** *w. Gen. - Mz.* -sen Trennung, Absonderung, Unterscheidung (bes. von Krankheiten); **dia|kri|tisch** zur Unterscheidung dienend; diakritisches Zeichen: Zeichen über oder unter einem Laut zur Kennzeichnung seiner Aussprache, z. B. Cedille, Akzent
Dia|lẹkt [griech.] *m. 1* Mundart; **Dia|lẹk|tik** *w. 10 nur Ez.* **1** Kunst des Diskutierens; **2** Methode zur Wahrheitsfindung durch Denken in Gegensatzbegriffen, durch Aufdecken und Überwinden von Gegensätzen; **Dia|lẹk|ti|ker** *m. 5* **1** Meister der Dialektik (1); **2** Vertreter der Dialektik (2); **dia|lẹk|tisch** **1** mundartlich; **2** auf Dialektik beruhend; dialektischer Materialismus: marxist. Lehre, daß jede Entwicklung der Natur und Gesellschaft auf den sich ständig durch Gegensätze und Wechselbeziehungen verwandelnden Formen der Materie beruhe; **Dia|lek|to|lo|gie** *w. 11 nur Ez.* Mundartenforschung
Di|al|lag [griech.] *m. 1* ein Mineral
Di|al|le|le [griech.] *w. 11* logisch falscher Schluß, Zirkelschluß, → Circulus vitiosus
Dia|log [griech.] *m. 1* Zwiegespräch, Wechselrede; **dia|lo|gisch** in Form eines Dialogs; **dia|lo|gi|sie|ren** in Dialogform bringen
Dia|ly|sat [griech.] *s. 1* aus frischen Pflanzen durch Dialyse gewonnener Extrakt; **Dia|ly|sa|tor** *m. 13* Gerät für Dialysen; **Dia|ly|se** *w. 11* Trennung von Stoffen nach der Größe ihrer Moleküle mittels einer halbdurchlässigen Scheidewand; **dia|ly|sie|ren** mittels Dialyse trennen; **dia|ly|tisch** **1** mittels Dialyse; **2** zerstörend, auflösend
Dia|mạnt [griech.] **1** *m. 10* ein Edelstein; **2** *w. Gen. - nur Ez.* kleinster Schriftgrad
Dia|mạt *ugs. Kurzw. für* dialektischer Materialismus
Dia|me|ter [griech.] *m. 5* Durchmesser (eines Kreises oder einer Kugel); **dia|me|tral** entgegengesetzt; diametrale Punkte: die Endpunkte eines Durchmessers; **dia|me|trisch** dem Durchmesser entsprechend
Dia|pa|son [griech.] *m. 9 oder s. 9, Mz. auch:* -so|nen **1** altgriech. Oktave; **2** Kammerton, Normalstimmton; **3** Stimmgabel; **4** ein Orgelregister
Dia|pau|se [griech.] *w. 11* → Latenzperiode
dia|phan [griech.] durchscheinend; **Dia|pha|nie** *w. 11* durchscheinendes Bild
Dia|pho|re|se [griech.] *w. 11 nur Ez.*, **Dia|pho|re|sis** *w. Gen. - nur Ez. Med.:* das Schwitzen; **Dia|pho|re|ti|kum** *s. Gen.* -s *Mz.* -ka schweißtreibendes Mittel
Dia|phrag|ma [griech.] *s. Gen.* -s *Mz.* -men **1** Zwerchfell; **2** Scheidewand in Körperhöhlen; **3** durchlässige Scheidewand als Filter bei Trennverfahren; **4** *Optik, früher:* Blende
Dia|po|si|tiv [griech. + lat.] *s. 1* (*Kurzw.:* Dia) durchsichtiges Lichtbild
Di|äre|se [griech.], **Di|äre|sis** *w. Gen. - Mz.* -äre|sen **1** *Sprachw.:* getrennte Aussprache zweier aufeinanderfolgender Vokale, z. B. Aleuten; **2** *Metrik:* Einschnitt durch Zusam-

menfall von Versfuß- und Wortende; **3** *Philos.:* Zerlegung eines Oberbegriffs in die ihm untergeordneten Begriffe
Dia|ri|um [lat.] *s. Gen.*-s *Mz.*-ri|en Notizbuch, Tagebuch; Schreibheft
Di|ar|rhö [griech.] *w. 10,* **Di|ar|rhoe** [-rø] *w. 11* Durchfall
Dia|skop [griech.] *s. 1* Projektionsapparat für Diapositive; **Dia|sko|pie** *w. 11* Durchleuchtung (*auch Med.*)
Dia|spo|ra [griech.] *w. Gen. - nur Ez.* **1** Mitglieder und Gemeinden einer Kirche im Land einer andersgläubigen Bevölkerung; **2** das Gebiet, in dem diese Minderheit lebt
Dia|sta|se [griech.] *w. 11* **1** tier. und pflanzl. Stärke in Maltose umwandelndes Ferment, Amylase; **2** Auseinanderklaffen (von Knochen oder Muskeln)
Dia|sto|le [griech.] *w. 11* **1** *Med.:* die auf die Zusammenziehung (Systole) in regelmäßigem Wechsel folgende Erweiterung des Herzens; **2** *antike Metrik:* Dehnung eines Vokals aus Verszwang; **dia|sto|lisch** auf Diastole beruhend
Di|ät [griech.] *w. 10* eine dem Gesundheitszustand entsprechende Ernährungsweise, Kranken-, Schonkost; Diät halten
di|ä|ta|risch [lat.] gegen Tagegeld
Di|ät|as|si|sten|tin *w. 10* → Diätistin
Di|ä|ten [lat.] *nur Mz.* Tagegelder (für Abgeordnete), Aufwandsentschädigung
Di|ä|te|tik [griech.-lat.] *w. Gen. - nur Ez.* Ernährungslehre; **Di|ä|te|ti|kum** *s. Gen.*-s *Mz.* -ka der Gesundheit dienendes Nahrungsmittel; **di|ä|te|tisch** auf Diät beruhend, mittels einer Diät
Dia|thek [griech.] *w. 10* Sammlung von Diapositiven
dia|ther|man [griech.] durchlässig für Wärmestrahlen; *Ggs.:* atherman; **Dia|ther|ma|ni|tät** *w. 10 nur Ez.,* **Dia|ther|man|sie** *w. 11 nur Ez.* Durchlässigkeit für Wärmestrahlen; **Dia|ther|mie** *w. 11 nur Ez.* Wärmebehandlung mit Kurzwellen für Heilzwecke
Dia|the|se [griech.] *w. 11* Empfänglichkeit für bestimmte Krankheiten
Di|ä|ti|stin [griech.] *w. 10* weibl. Fachkraft, die mit dem Arzt Diätpläne für Patienten aufstellt, Diätassistentin
Dia|to|mee [griech.] *w. 11 meist Mz.* Kieselalge
Dia|to|nik [griech.] *w. 10 nur Ez.* Tonleitersystem mit sieben überwiegend Ganztonstufen, das europ. Dur-Moll-System; *Ggs.:* Chromatik; **dia|to|nisch** in überwiegend Ganztonstufen fortschreitend; *Ggs.:* chromatisch (**1**)
Dia|tri|be [griech.] *w. 11* gelehrte Abhandlung, Streitschrift
Dia|vo|lo [ital.] *m. Gen.*-(s) *Mz.*-li *ital. Form von* Diabolus
Dib|bel|ma|schi|ne [engl.] *w. 11* Sämaschine; **dib|beln** in regelmäßigen Abständen säen
Di|bra|chys [griech.] *m. Gen. - Mz. -* antiker Versfuß mit zwei Kürzen
Di|cho|re|us [-ço- oder -ko-, griech.] *m. Gen. - Mz.*-re|en antiker Versfuß aus zwei Choreen
di|cho|tom [griech.] zweiteilig, gegabelt (von Pflanzensprossen); **Di|cho|to|mie** *w. 11* **1** *Bot.:* gabelartige Verzweigung; **2** *Philos.:* Einteilung nach zwei Gesichtspunkten
Di|chro|is|mus [-kro-, griech.] *m. Gen. - nur Ez.* Eigenschaft vieler Kristalle, bei Lichtdurchgang in zwei verschiedenen Blickrichtungen zwei verschiedene Farben zu zeigen, Doppelbrechung; **di|chro|ma|tisch** zweifarbig; **Di|chro|skop** *s. 1* Lupe zur Untersuchung von Kristallen auf Dichroismus
dic|tan|do [lat.] beim Diktieren, diktierend
Dic|tion|naire [diksjonɛr, frz.] *m. 1 oder s. 1* → Diktionär
Di|dak|tik [griech.] *w. 10* Wissenschaft vom Unterricht; **Di|dak|ti|ker** *m. 5* Unterrichtswissenschaftler; **di|dak|tisch** **1** auf Didaktik beruhend, hinsichtlich der Didaktik; **2** lehrhaft
Di|das|ka|li|en [griech.] *nur Mz.* **1** Regieanweisungen altgriech. Dichter für die Aufführung ihrer Dramen; **2** Verzeichnisse der aufgeführten Dramen im altgriech. Theater
Di|ege|se [griech.] *w. 11* weitläufige Erzählung, Ausführung; **di|ege|tisch** weitläufig
Di|elek|tri|kum [griech.] *s. Gen.*-s *Mz.*-ka elektr. nichtleitendes Material, Nichtleiter, Isolator; **di|elek|trisch** nichtleitend, isolierend; **Di|elek|tri|zi|täts|kon|stan|te** *w. 11* (*Zeichen:* ε) Maß für die Isolierfähigkeit eines Stoffes
Di|es aca|de|mi|cus [lat. „akademischer Tag“] *m. Gen. - - Mz. nicht üblich* vorlesungsfreier Tag an der Universität; **Di|es atr** [„schwarzer Tag“] *m. Gen. - - nur Ez.* Unglückstag
Di|ese *w. 11* → Diesis
Di|es irae [-rɛ:] *m. Gen. - - nur Ez.* Tag des Zorns (Anfang eines lat. Hymnus auf das Weltgericht)
Di|esis [griech.] *w. Gen. - Mz.*-sen *Mus. veraltet:* Zeichen zur Erhöhung eines Tons um einen halben Ton, Kreuz
dif|fa|ma|to|risch [lat.] beschimpfend, verleumderisch; **Dif|fa|mie** *w. 11* verleumderische Behauptung; **dif|fa|mie|ren** verleumden, herabsetzen; **Dif|fa|mie|rung** *w. 10* Verleumdung, Herabsetzung
dif|fe|rent [lat.] unterschiedlich, ungleich; **dif|fe|ren|ti|al** [-tsjal] → differentiell; **Dif|fe|ren|ti|al** *s. 1* **1** *Math.* (*Zeichen:* d): sehr kleine Größe, bezeichnet die Veränderung einer Funktion bei einer kleinen Veränderung einer Variablen; **2** *Kurzw. für* Differentialgetriebe; **Dif|fe|ren|ti|al|dia|gno|se** *w. 11* gegen andere Krankheiten abgrenzende, sehr genaue Diagnose; **Dif|fe|ren|ti|al|ge|trie|be** *s. 5* Ausgleichsgetriebe; **Dif|fe|ren|ti|al|glei|chung** *w. 10* mathemat. Gleichung, in der Differen-

tialquotienten enthalten sind; **Dif|fe|ren|ti|al|quo|ti|ent** *m.10* Quotient zweier Differentiale; **Dif|fe|ren|ti|al|rech|nung** *w.10* Rechnung mit Differentialen, Teilgebiet der höheren Mathematik; **Dif|fe|ren|tia|ti|on** [-tsjatsjon] *w.10* **1** *allg.:* Aus-, Absonderung; **2** *Sprachw.:* Entwicklung mehrerer Sprachen aus einer Sprache, z. B. der roman. Sprachen aus dem Lat.; **3** *Math.:* Anwendung der Differentialrechnung; **4** *Geol.:* Zerfall von Magma in verschiedene Gesteine; **dif|fe|ren|ti|ell** [-tsjel] einen Unterschied darlegend

Dif|fe|renz [lat.] *w.10* **1** Unterschied; **2** *meist Mz.* Meinungsverschiedenheit; **3** *Math.:* Ergebnis einer Subtraktion; **dif|fe|ren|zie|ren** **1** unterscheiden, trennen; **2** *Math.:* mittels Differentialrechnung berechnen; **dif|fe|rie|ren** voneinander abweichen

dif|fi|zil [lat.] schwierig, peinlich, heikel

dif|form [lat.] mißgestaltet; **Dif|for|mi|tät** *w.10* Mißgestaltung

dif|frakt [lat.] zerbrochen; **Dif|frak|ti|on** [-tsjon] *w.10* Strahlen-, Wellenbrechung

dif|fun|die|ren [lat.] **1** ausbreiten, zerstreuen; **2** ineinander eindringen, sich vermischen; **dif|fus** **1** zerstreut (Licht); **2** verschwommen, nicht abgegrenzt; **3** ohne geordneten Verlauf, nach allen Richtungen; **Dif|fu|si|on** *w.10* **1** Zerstreuung (vom Licht); **2** Vermischung, Durchdringung (von Stoffen); **3** *Bergbau:* Wetteraustausch

di|gen [griech.] zweifach entstanden, geschlechtlich gezeugt

di|ge|rie|ren [lat.] **1** *Chem.:* auslaugen; **2** *Med.:* verdauen

Di|gest [daidʒəst, lat.-engl.] *s.9* Auswahl, Zusammenstellung von Artikeln aus Zeitschriften, Auszügen aus Büchern usw.

Di|ge|sti|on [-stjon, lat.] *w.10* **1** *Chem.:* Auslaugung, Auszug; **2** *Med.:* Verdauung; **di|ge|stiv** zur Verdauung gehörig, sie anregend; **Di|ge|sti|vum** *s. Gen.*-s *Mz.*-va die Verdauung anregendes Mittel

Dig|ger [engl.] *m.9* Goldgräber

Di|git [didʒit, engl.] *s. Gen.*-(s) *Mz.*- Anzeigeneinheit bei elektron. Zählern oder Rechenmaschinen; **di|gi|tal** [lat.] **1** *Med.:* mit dem Finger; **2** *bei Rechenmaschinen:* mit Ziffern; **Di|gi|tal|auf|nah|me** *w.11* Schallplattenaufnahme, bei der die Schallwellen nicht als elektrische Signale, sondern in einem Zahlencode gespeichert werden; **Di|gi|ta|lis** *w. Gen.*- *nur Ez.* **1** eine Heilpflanze, Fingerhut; **2** daraus gewonnene Heildroge gegen Herzkrankheiten; **Di|gi|tal|rech|ner** *m.5* eine Rechenmaschine, die durch Aneinanderreihen von Elementarentscheidungen (ja/nein-Entscheidungen) beliebig exakte Ergebnisse liefert; **Di|gi|tal|uhr** *w.10* Uhr, bei der die Zeit nicht durch Zeiger, sondern durch vierstellige Ziffern angezeigt wird, z. B. 17.45

Di|glyph [griech.] *m.1 Archit.:* Platte mit zwei senkrechten Rinnen am Gebälk

Di|gni|tar, Di|gni|tär [lat.] *m.1 kath. Kirche:* Würdenträger; **Di|gni|tät** *w.10 nur Ez. kath. Kirche:* hohes Amt, hohe Würde

Di|gres|si|on [lat.] *w.10* **1** Abweichung; **2** *Astron.:* Winkel zwischen dem Vertikalkreis eines polnahen Gestirns und dem Meridian des Beobachters

di|hy|brid [griech.] sich in zwei Erbmerkmalen unterscheidend; **Di|hy|bri|de** *m.11* Bastard aus dihybrider Kreuzung

Di|jam|bus, Di|jam|bus [griech.] *m. Gen.*- *Mz.*-ben doppelter Jambus

di|ju|di|zie|ren [lat.] urteilen, entscheiden

Di|ka|ste|ri|um [griech.-lat.] *s. Gen.*-s *Mz.*-rien altgriech. Gerichtshof

di|klin [griech.] eingeschlechtig

Di|ko|ty|le|do|ne [griech.] *w.11* zweikeimblättrige Pflanze

Dik|tam *m.9 nur Ez.* → Diptam

dik|tan|do → dictando; **Dik|ta|phon** [lat. + griech.] *s.1* ein Diktiergerät; **Dik|tat** [lat.] *s.1* **1** Ansage zum Nachschreiben; **2** Nachschrift nach Ansage; **3** aufgezwungene Verpflichtung; **Dik|ta|tor** *m.13* unbeschränkter Herrscher, Gewaltherrscher; **dik|ta|to|risch** herrisch, keinen Widerspruch duldend; **Dik|ta|tur** *w.10* unbeschränkte Herrschaft; **dik|tie|ren** **1** ansagen (zum Nachschreiben); **2** auferlegen, aufzwingen; **Dik|ti|on** [-tsjon] *w.10* Ausdrucksweise, Schreibart; **Dik|tio|när** [-tsjo-] *s.1 oder m.1* Wörterbuch; **Dik|tum** *s. Gen.*- *Mz.*-ta Ausspruch

di|la|ta|bel [lat.] dehnbar; **Di|la|ta|bi|lis** *m. Gen.*- *meist Mz.*-les [-le:s] zum Ausfüllen der Zeile in die Breite gezogener Buchstabe; **Di|la|ta|ti|on** [-tsjon] *w.10* Dehnung, Ausdehnung, Erweiterung; **Di|la|ta|tor** *m.13* Instrument zum Dehnen von Körperhöhlen; **di|la|tie|ren** ausdehnen, erweitern; **Di|la|ti|on** [-tsjon] *w.10* Aufschub, Verzögerung; **di|la|to|risch** aufschiebend; *Ggs.:* peremptorisch; dilatorische Einrede (vor Gericht)

Di|lem|ma [griech.] *s.9, Mz. auch:* -malta Zwangslage, Wahl zwischen zwei gleich unangenehmen Dingen

Di|let|tant [ital.] *m.10* Nichtfachmann, jmd., der eine Sache nur aus Liebhaberei, nicht beruflich, betreibt; **di|let|tan|tisch** **1** laienhaft, aus Liebhaberei; **2** unsachgemäß; **Di|let|tan|tis|mus** *m. Gen.*- *nur Ez.* **1** Betätigung aus Liebhaberei; **2** Pfuscherei; **di|let|tie|ren** sich als Dilettant betätigen; im Klavierspiel d.

Di|li|gence [-ʒãs, frz.] *w.11 früher:* Eilpostwagen

di|lu|ie|ren [lat.] *Med.:* verdünnen; **Di|lu|ti|on** [-tsjon] *w.10* Verdünnung

di|lu|vi|al [lat.] zum Diluvium gehörig, aus ihm stammend; **Di|lu|vi|um** *s. Gen.*-s Mz.-vien Eiszeitalter

dim. *Abk. für* diminuendo

Dime [daim, engl.] *m. 9, nach Zahlenangaben Mz.* - nordamerik. Silbermünze, 10 Cent
Di|men|si|on [lat.] *w. 10* **1** Ausmaß, Umfang, Abmessungen (in Breite, Länge, Tiefe, Höhe); **2** Bereich; **di|men|sio|nal** auf eine Dimension bezüglich, bestimmtes Ausmaß besitzend; **di|men|sio|nie|ren** abmessen, nach den Ausmaßen bestimmen
di|mer [griech.] *Med., Chem.:* zweiteilig, zweigliedrig
Di|me|ter [griech.] *m. 5* Versform aus zwei gleichen, doppelten Versfüßen, z. B. ∪-∪-|∪-∪-
di|mi|nu|en|do [ital.] (*Abk.:* dim.) *Mus.:* abnehmend, leiser, schwächer werdend; **di|mi|nu|ie|ren** [lat.] verkleinern, verringern; **Di|mi|nu|ti|on** [-tsjon] *w. 10* Verkleinerung, Verkürzung, Verminderung; **di|mi|nu|tiv** verkleinernd; **Di|mi|nu|tiv** *s. 1,* **Di|mi|nu|ti|vum** *s. Gen.*-s *Mz.*-va Verkleinerungsform, z. B. Kindchen, Männlein
Di|mis|si|on [lat.] *w. 10 veraltet für* Demission; **di|mit|tie|ren** *veraltet:* entlassen, verabschieden
Dim|mer [engl.] *m. 5* Schalter zur stufenlosen Veränderung des elektr. Lichts
di|morph [griech.] zweigestaltig, in zwei Formen auftretend; **Di|mor|phie** *w. 11,* **Di|mor|phis|mus** *m. Gen.* - *Mz.*-men Auftreten oder Nebeneinanderbestehen zweier verschiedengestaltiger Formen, z. B. innerhalb derselben Tier- oder Pflanzenart
Din *Abk. für* Dinar
DIN *Abk. für* Deutsche Industrie-Norm, *auch gedeutet als* Das ist Norm: Name und Kennzeichen für die Arbeitsergebnisse des Deutschen Normenausschusses; *im Zusammenhang mit Zahl (und Buchstaben) Bez. für* eine Norm, z. B. DIN A5
Di|nar (*Abk.:* D, Din) *m. 1, nach Zahlenangaben Mz.* - Währungseinheit in Jugoslawien (100 Para), Irak (1000 Fils) und Iran (1/100 Rial)
Di|ner [dine, frz.] *s. 9* **1** *in Frankreich:* die abends eingenommene Hauptmahlzeit; **2** Festmahl, festliche Mittags- oder Abendmahlzeit
DIN-For|mat *s. 1* nach DIN festgelegtes Papierformat
Din|gi, Ding|hi [Hindi] *s. 9* **1** kleines Beiboot auf Kriegsschiffen; **2** kleines Sportsegelboot
Din|go [austral.] *m. 9* wild lebender austral. Hund
DIN-Grad *m. 1, nach Zahlenangaben Mz.*- Maßeinheit für die Lichtempfindlichkeit von Filmen
di|nie|ren [frz.] **1** die Hauptmahlzeit einnehmen; **2** festlich speisen
Din|ner [engl.] *s. 9 in England:* die abends eingenommene Hauptmahlzeit
Di|no|sau|ri|er [griech.] *m. 5,* **Di|no|sau|rus** *m. Gen.* - *Mz.*-ri|er ausgestorbenes Riesenreptil; **Di|no|the|ri|um** *s. Gen.*-s *Mz.*-ri|en ausgestorbener Riesenelefant
Di|ode [griech.] *w. 11* Elektronenröhre, die eine Anode und eine Kathode enthält, Zweipolröhre, Gleichrichterröhre
Dio|len [Kunstw.] *s. 1 nur Ez.* ® eine Kunstfaser
Dio|ny|si|en *Mz.* altgriech. Fest zu Ehren des Gottes Dionysos; **dio|ny|sisch** **1** in der Art des griech. Weingottes Dionysos; **2** *übertr.:* rauschhaft, wild; *Ggs.:* apollinisch
Di|op|ter [griech.] *s. 5* **1** Zielgerät; **2** *veraltet:* Sucher (an Kameras); **Di|op|trie** *w. 11* (*Abk.* dpt, *früher:* dptr.) Maßeinheit für die Brechkraft von Linsen; **Di|op|trik** *w. 10 nur Ez. veraltet:* Lehre von der Lichtbrechung; **di|op|trisch** auf Strahlenbrechung beruhend, lichtbrechend, durchsichtig; **Di|op|tro|me|ter** *s. 5* Gerät zum Messen der Dioptrien
Di|ora|ma [griech.] *s. Gen.*-s *Mz.*-men Bild auf durchscheinendem Stoff; *auch:* plast. Darstellung mit gemaltem Hintergrund
Dio|rid [Kunstw.] *s. 1 nur Ez.* ® eine Kunstfaser
Dio|ris|mus [griech.] *m. Gen.* - *Mz.*-men Begriffsbestimmung
Dio|rit [griech.] *m. 1* ein Tiefengestein
Di|os|ku|ren [griech.] *Mz.* **1** Zwillingssöhne des Zeus, Kastor und Pollux; **2** *übertr.:* unzertrennliche Freunde
Di|oxid [griech., früher auch: -oxyd] *s. 1* Oxid mit zwei Sauerstoffatomen
di|öze|san [griech.] zu einer Diözese gehörend; **Di|öze|san** *m. 10* Angehöriger einer Diözese; **Di|öze|se** *w. 11* Amtsbereich eines Bischofs, Kirchensprengel
Di|özie [griech.] *w. 11 nur Ez. Bot.:* Zweihäusigkeit, Heterözie; *Ggs.:* Monözie; **di|özisch** zweihäusig, männl. u. weibl. Blüten auf zwei Pflanzen aufweisend; **Di|özis|mus** *m. Gen.* - *nur Ez.* → Diözie
Diph|the|rie [griech.] *w. 11* Infektionskrankheit des Hals- und Rachenraumes, Hals- und Rachenbräune; **diph|the|risch** auf Diphtherie beruhend; **Diph|the|ri|tis** *w. Gen.* - *fälschl. für* Diphtherie; **diph|the|ri|tisch** *fälschl. für* diphtherisch
Di|phthong [griech.] *m. 1* zwei ineinander übergehende, vokalische Laute, Zwielaut, z. B. ei, au, frz. œi, eui [œi], z. B. in œil „Auge“, Fauteuil [fotœi] „Sessel“; vgl. Monophthong, Triphthong; **di|phthon|gie|ren** vom einfachen Vokal zum Diphthong übergehen (lassen), z. B. mhd. lîb zu Leib; *Ggs.:* monophthongieren
Dipl. *Abk. für* Diplom
Di|plo|do|kus [griech.] *m. Gen.* - *Mz.*-ken ausgestorbene Riesenechse
di|plo|id [griech.] mit normalem (doppeltem) Chromosomensatz; *Ggs.:* haploid; **Di|plo|kok|kus** *m. Gen.* - *Mz.*-ken in Paaren auftretendes Kugelbakterium

Di|plom [griech.] *s.1* (*Abk.:* Dipl.) **1** Urkunde; **2** Zeugnis über eine abgelegte Prüfung an einer Hochschule; *auch:* die Prüfung selbst; **Di|plo|mand** *m.10* jmd., der sich auf eine Hochschulprüfung vorbereitet

Di|plo|mat [griech.] *m.10* **1** Beamter im auswärtigen Dienst; **2** *übertr.:* klug und vorsichtig berechnender und verhandelnder Mensch; **Di|plo|ma|tie** *w.11 nur Ez.* **1** Kunst des Verhandelns, kluge Berechnung; **2** Gesamtheit der Diplomaten; **Di|plo|ma|tik** *w.10 nur Ez.* Urkundenlehre; **Di|plo|ma|ti|ker** *m.5* Kenner, Erforscher von Urkunden; **di|plo|ma|tisch** **1** zur Diplomatik gehörend; **2** auf Diplomatie beruhend, zu ihr gehörend; klug berechnend; Diplomatisches Korps (*Abk.:* CD): die bei einem fremden Staat akkreditierten (beglaubigten) diplomat. Vertreter eines Staates

di|plo|mie|ren jmdn. d.: jmdm. ein Diplom verleihen

Di|plo|pie [griech.] *w.11 nur Ez. Med.:* Doppeltsehen

Di|po|die [griech.] *w.11* metr. Einheit aus zwei gleichen Versfüßen; **di|po|disch** in der Art einer Dipodie

Di|pol [griech.] *m.1* Anordnung zweier gleich starker, einander entgegengesetzter elektr. oder magnet. Pole; **Di|pol|an|ten|ne** *w.11* aus zwei gleich langen elektr. Leitern bestehende Antenne

Dip|so|ma|ne [griech.] *m.11* Quartalssäufer; **Dip|so|ma|nie** *w.11* periodisch auftretende Trunksucht

Dip|tam [griech.] *m.9* ein wohlriechendes Rautengewächs

Di|pte|re [griech.] *m.11, meist Mz.* zweiflügeliges Insekt, Zweiflügler

Di|pte|ros [griech.] *m. Gen. - Mz.* -roi altgriech. Tempel mit doppeltem Säulenumgang

Di|pty|chon [-çɔn, griech.] *s. Gen.*-s *Mz.* -chen, *auch:* -cha **1** *im Altertum:* zusammenklappbare Schreibtafel; **2** *im MA:* zweiteiliges Altarbild

Di|py|lon [griech. „Doppeltor"] *s. Gen.*-s *nur Ez.* Eingangstor im NW des alten Athen; **Di|py|lon|kul|tur** [nach dem Fundort vor dem Dipylon] *w.10 nur Ez.* eisenzeitl. Kultur Griechenlands; **Di|py|lon|va|se** *w.11* altgriech. Vase mit geometr. Verzierung

Di|rec|toire [dirɛktwar, frz.] *s. Gen.*-s *nur Ez.* **1** → Direktorium (**2**); **2** Kunststil zur Zeit der Frz. Revolution

di|rekt [lat.-frz.] gerade, unmittelbar; geradezu; direkte Rede: wörtl. Rede; **Di|rek|ti|on** [-tsjon] *w.10* **1** *veraltet:* Richtung; **2** Geschäftsleitung, Verwaltung; **Di|rek|ti|ve** *w.11* Anweisung, Verhaltensmaßregel; **Di|rek|tor** *m.13* Leiter, Vorsteher; **Di|rek|to|rat** *s.1* Amt, Amtszimmer des Direktors; **Di|rek|to|rin** [auch: -rɛk-] *w.10* weibl. Direktor; **Di|rek|to|ri|um** **1** *s. Gen.*-s *Mz.*-ri|en aus mehreren Personen bestehender Vorstand; **2** *1795–1799:* oberste frz. Staatsbehörde; **Di|rek|tri|ce** [-sə] *w.11* leitende Angestellte (bes. in Geschäften für Oberbekleidung); **Di|rek|trix** *w. Gen. - nur Ez. Math.:* Leitlinie, Richtungslinie; **Di|ret|tis|si|ma** [ital.] *w.9 Alpinistik:* direkter, meist bes. schwierig zu kletternder Weg zum Gipfel eines Berges

Dir|ham, Dir|hem *m. Gen.*-s *Mz.*-(s) **1** arab. Währungs- und Gewichtseinheit; **2** älteres türkisches Handelsgewicht

Di|ri|gent [lat.] *m.10* Leiter eines Orchesters oder Chores; **di|ri|gie|ren** **1** den Takt schlagen; **2** musikalisch leiten; **3** *ugs.:* lenken, führen, weisen; **Di|ri|gis|mus** *m. Gen. - nur Ez.* Lenkung der Wirtschaft durch den Staat

Dirt-Track-Ren|nen [dɔttræk-, engl.] *s.7* Rad- oder Motorradrennen auf der Aschenbahn

Di|sac|cha|rid, Di|sa|cha|rid [-saxa-, griech.] *s.1* Zucker, dessen Molekül aus zwei Monosacchariden aufgebaut ist

Dis|agio [-adʒo, ital.] *s.9 nur Ez.* Betrag, um den der Kurs eines Wertpapiers unter dem Nennwert steht; *Ggs.:* Agio

Dis|coun|ter [-kaun-, engl.] *m.5* Inhaber eines Discountgeschäfts; **Dis|count|ge|schäft** [-kaunt-] *s.1* Einzelhandelsgeschäft, das bei Verzicht auf Geschäftsausstattung, Beratung, Kundendienst usw. Waren mit hohen Rabatten an Endverbraucher verkauft

Dis|en|gage|ment [disingeidʒmənt, engl.] *s. Gen.*-(s) *nur Ez.* Auseinanderrücken der Machtblöcke in Europa durch atomwaffenfreie oder militärisch verdünnte Zonen

Di|seur [-sør, frz.] *m.1* Vortragskünstler im Kabarett; **Di|seu|se** [-søzə] *w.11* weibl. Diseur

Dis|har|mo|nie [lat. + griech.] *w.11* **1** Mißklang; **2** Mißstimmung, Uneinigkeit; **dis|har|mo|nie|ren** **1** einen Mißklang bilden; **2** uneinig sein

dis|junkt [lat.] getrennt, gesondert (Begriffe); **Dis|junk|ti|on** [-tsjon] *w.10* **1** Trennung, Sonderung; **2** Gegenüberstellung zweier gegensätzlicher, aber zusammengehöriger Begriffe, z. B. Tag–Nacht; **3** *Logik:* Einheit zweier durch „oder" verbundener Begriffe oder Aussagen; *Ggs.:* Konjunktion (**3**); **dis|junk|tiv** trennend, gegensätzlich und doch zusammengehörig; *Ggs.:* konjunktiv; disjunktive Konjunktion: ausschließendes Bindewort, z. B. „oder"

Dis|kant [lat.] *m.1* **1** höchste Stimmlage, Sopran; **2** höchste Tonlage eines Instruments, z. B. Diskantgambe; **3** Gegenstimme zum → Cantus firmus

Disk|jockey (-jok|key) [-dʒɔki, engl.] *m.9* **1** Conférencier bei Radiosendungen moderner Schallplattenmusik; **2** Angestellter in einer Diskothek (**2**), der die Schallplatten verwaltet und auswählt; **Dis|ko|gra|phie** [engl. + griech.], *häufig:* Dis|ko|gra|fie *w.11* Verzeichnis über Schallplatten eines bestimmten Themenkreises mit techn. Angaben sowie Angaben über Besetzung, Interpretation u. a.; **Dis|ko|lo|gie** *w.11* Lehre von der Interpretation und Aufzeichnung von Musik auf Tonträgern sowie von deren Vertrieb durch Schallplattengesellschaften

Dis|kont [ital.] *m.1* Zinsvergütung bei Zahlung einer noch nicht fälligen Forderung (beim Kauf von Wechseln); **Dis|kont|ge|schäft** *s.1* Wechselgeschäft; **dis|kon|tie|ren** (einen Wechsel) vor Fälligkeit mit Zinsvergütung kaufen

dis|kon|ti|nu|ier|lich [lat.] mit Unterbrechungen, nicht in fortlaufender Folge; *Ggs.:* kontinuierlich; **Dis|kon|ti|nui|tät** *w.10 nur Ez.* das Fehlen von Stetigkeit, unterbrochener Zusammenhang; *Ggs.:* Kontinuität

Dis|kon|to *m.9 oder Mz.* -ti → Diskont; **Dis|kont|satz** *m.2* Zinssatz

Dis|ko|phi|le [griech.] *m.11* Liebhaber und Sammler von Schallplatten

dis|kor|dant [lat.] **1** nicht übereinstimmend, uneinig; *Ggs.:* konkordant; **2** *Mus.:* auf Dissonanz aufgebaut, nicht Dur und nicht Moll; **3** *Geol.:* ungleichförmig gelagert (Gestein); **Dis|kor|danz** *w.10* **1** Mangel an Übereinstimmung; *Ggs.:* Konkordanz; **2** *Mus.:* dissonanter Aufbau (eines Akkords); **3** *Geol.:* ungleichmäßige Lagerung (von Gesteinsschichten)

Dis|ko|thek [engl. + griech.] *w.10* **1** Schallplattensammlung, -archiv; **2** Lokal, bes. für Jugendliche, zum Tanzen nach Schallplatten; **Dis|ko|the|kar** *m.1* Verwalter einer Diskothek (**1**); vgl. Diskjockey

Dis|kre|dit [lat.] *m.1 nur Ez.* Mißkredit, übler Ruf; **dis|kre|di|tie|ren** in Mißkredit, Verruf bringen, verleumden

dis|kre|pant [lat.] widersprüchlich, zwiespältig; **Dis|kre|panz** *w.10* Unstimmigkeit, Widerspruch, Mißverhältnis

dis|kret [lat.] **1** verschwiegen, taktvoll; **2** unaufdringlich, unauffällig; *Ggs.:* indiskret; **Dis|kre|ti|on** [-tsjon] *w.10 nur Ez.* **1** Verschwiegenheit; **2** Unaufdringlichkeit; *Ggs.:* Indiskretion

Dis|kri|mi|nan|te [lat.] *w.11* arithmetischer Ausdruck, der bei Gleichungen Zahl und Art der Wurzel angibt; **Dis|kri|mi|na|ti|on** [-tsjon] *w.10* **1** unterschiedl. Behandlung; **2** Herabsetzung; **dis|kri|mi|na|to|risch** herabsetzend; **dis|kri|mi|nie|ren** **1** unterschiedlich behandeln; **2** herabsetzen, herabwürdigen

dis|kur|rie|ren [lat.] sich eifrig über etwas unterhalten, lebhaft etwas erörtern; **Dis|kurs** *m.1* lebhafte Erörterung, eifrige Unterhaltung; **dis|kur|siv** logisch folgernd

Dis|kus [griech.] *m. Gen. - Mz.*-ken, *auch m.1* **1** *Sport:* Wurfscheibe; **2** *kath. Kirche:* kleiner Teller für das geweihte Brot

Dis|kus|si|on [lat.] *w.10* Erörterung, Meinungsaustausch; **dis|ku|ta|bel** erwägenswert, annehmbar; *Ggs.:* indiskutabel; ein diskutabler Vorschlag; **dis|ku|tie|ren** erörtern, Meinungen austauschen (über etwas)

Dis|lo|ka|ti|on [-tsjon, lat.] **1** Verschiebung, Verlagerung; **2** *Mil.:* Verteilung (von Truppen)

dis|lo|yal [-lwaja:l, lat.] nicht loyal, unloyal

dis|lo|zie|ren [lat.] verschieben, verlagern; (Truppen) verteilen; **Dis|lo|zie|rung** *w.10* → Dislokation

Dis|mem|bra|ti|on [-tsjon, lat.] *w.10* Teilung, Zerstückelung (von Gütern, Ländereien, Staaten); **Dis|mem|bra|tor** *m.13* Mühle mit Schlagstiften zum Zerkleinern mittelharter oder weicher Materialien

Dis|pache [-paʃ, frz.] *w.11* Seeschadensberechnung für die Beteiligten; **Dis|pa|cheur** [-ʃør] *m.1* Sachverständiger für Dispachen; **dis|pa|chie|ren** [-ʃi-] etwas d.: eine Schadensberechnung über etwas aufstellen

dis|pa|rat [lat.] ungleichartig, abweichend, nicht zueinander passend; **Dis|pa|ri|tät** *w.10 nur Ez.* Ungleichartigkeit

Dis|pat|cher [-pætʃər, engl.] *m.5 in Großbetrieben:* leitender Angestellter, der den Produktionsablauf plant, lenkt und überwacht

Dis|pens [lat.] *m.1* Befreiung von einer Verpflichtung oder Vorschrift; Genehmigung einer Ausnahme; **Dis|pen|sa|ri|um** *s. Gen.*-s *Mz.*-ri|en → Dispensatorium; **Dis|pen|sa|ti|on** [-tsjon] *w.10* Befreiung (von einer Verpflichtung); **Dis|pen|sa|to|ri|um** *s. Gen.*-s *Mz.*-ri|en Arzneibuch; **dis|pen|sie|ren** **1** befreien (von einer Verpflichtung oder Vorschrift); **2** zubereiten und abgeben (Arznei)

Di|sper|gens [lat.] *s. Gen. - Mz.*-gen|tia [-tsja] *oder*-gen|zi|en Stoff (Gas oder Flüssigkeit), der einen anderen in feinster Verteilung enthält; **di|sper|gie|ren** fein verteilen

Di|sper|mie [griech.] *w.11* Besamung (einer Eizelle) mit zwei Samenfäden

di|spers [lat.] fein verteilt; **Di|sper|si|on** *w.10* Zerstreuung, Verbreitung; feinste Verteilung eines Stoffes in Gas oder Flüssigkeit; **Di|sper|si|ons|far|ben** *Mz.* wisch- bis scheuerfeste Anstrichfarben, deren feine Farbstoffe mit dem Bindemittel (Emulsion aus Wasser und Kunstharzen) eine Dispersion bilden; **Di|sper|si|tät** *w.10 nur Ez.* Verteilungsgrad, -möglichkeit

Dis|placed per|son [displεist pəsn, engl.] *w. Gen. - - meist Mz.* - -s (*Abk.:* D. P.) jmd., der im 2. Weltkrieg nach Deutschland oder in die von dt. Truppen besetzten Gebiete verschleppt wurde

Dis|play [-plεi, engl.] *s.9* Zurschaustellung (von Waren) im Schaufenster; **Dis|play|er**

[-plɛːər] *m.5* jmd., der Dekorationen und Verpackungen entwirft

Dis|po|nen|den [lat.] *Mz.* vom Sortimenter nicht verkaufte Bücher, die er über den mit dem Verleger vereinbarten Abrechnungstermin hinaus weiter bei sich lagern kann; **Dis|po|nent** *m.10* leitender Angestellter mit bes. Vollmachten; **dis|po|ni|bel** verfügbar; disponible Geldmittel; *Ggs.:* indisponibel; **Dis|po|ni|bi|li|tät** *w.10 nur Ez.* Verfügbarkeit; **dis|po|nie|ren 1** ordnen, einteilen; **2** verfügen; **dis|po|niert** gestimmt, aufgelegt; nicht d. sein: nicht gut bei Stimme sein (Sänger); für eine Krankheit d. sein: empfänglich; **Dis|po|si|ti|on** [-tsjon] *w.10* **1** Ordnung, Gliederung, Einteilung; **2** Empfänglichkeit (für eine Krankheit); zur D. stellen (*Abk.:* z. D.): einstweilen in den Ruhestand versetzen; **dis|po|si|ti|ons|fä|hig** geschäftsfähig; **Dis|po|si|ti|ons|fonds** [-tsjonsfõ] *m. Gen.-* [-fõs] *Mz.-* [-fõs] *in öffentl. Haushalten:* Geldmittel, die der Berechtigte im Rahmen einer weitgefaßten Zweckbestimmung nach freiem Ermessen ausgeben kann; **dis|po|si|tiv** verfügbar, abdingbar; dispositives Recht: Recht, das nach Vereinbarung geändert werden kann

Dis|pro|por|ti|on [-tsjon, lat.] *w.10* Mißverhältnis; **dis|pro|por|tio|niert** ungleich, schlecht proportioniert

Dis|put [lat.] *m.1* Wortwechsel, Erörterung, Streitgespräch; **dis|pu|ta|bel** *veraltet:* strittig; **Dis|pu|tant** *m.10* jmd., der an einem Disput beteiligt ist; **Dis|pu|ta|ti|on** [-tsjon] *w.10* wissenschaftl. Streitgespräch; **dis|pu|tie|ren** etwas wissenschaftlich erörtern, seine Meinung gegenüber anderen vertreten

Dis|qua|li|fi|ka|ti|on [-tsjon, lat.] *w.10* **1** Untauglichkeitserklärung; **2** Ausschluß aus einem sportl. Wettkampf wegen Vergehens gegen die Regeln; **dis|qua|li|fi|zie|ren 1** für untauglich erklären; **2** vom sportl. Wettkampf ausschließen

Dis|se|mi|na|ti|on [-tsjon, lat.] *w.10* Aussaat (von Krankheitserregern im Körper), Ausbreitung (einer Seuche)

Dis|sens [lat.] *m.1* Meinungsverschiedenheit (z. B. bei Vertragsabschlüssen), Abweichung (einer Willenserklärung vom Willen); **Dis|sen|ters** [engl.] *Mz., in England:* die nicht der anglikan. Kirche angehörenden Protestanten, Nonkonformisten; **dis|sen|tie|ren 1** anderer Meinung sein; **2** sich von einer Kirche trennen

Dis|ser|ta|ti|on [-tsjon, lat.] *w.10* wissenschaftl. Arbeit zur Erlangung der Doktorwürde, Doktorarbeit; **dis|ser|tie|ren** die Dissertation schreiben; über ein Thema d.

Dis|si|dent [lat.] *m.10* **1** jmd., der keiner staatl. anerkannten Religionsgemeinschaft angehört; **2** Gegner der herrschenden Ideologie im kommunistischen Machtbereich; **Dis|si|di|en** *s. Mz., Ez.* -di|um *veraltet:* Streitpunkte; **dis|si|die|ren 1** anders denken; **2** aus der Kirche austreten

Dis|si|mi|la|ti|on [-tsjon, lat.] *w.10* **1** *Gramm.:* Unähnlichwerden zweier benachbarter Laute oder Ausfall eines von zwei ähnl. Lauten, z. B. „fünf" aus mhd. „fimf", „Pfennig" aus mhd. „pfenning"; **2** *Biol.:* Abbau von Nährstoffen zur Energiegewinnung (bei Pflanzen); **3** *allg.:* Unähnlichmachen, Veränderung; **dis|si|mi|lie|ren 1** Laute d.: unähnlich machen; **2** organische Verbindungen d.: abbauen

Dis|si|mu|la|ti|on [-tsjon, lat.] *w.10* Verheimlichung von Krankheitssymptomen; *Ggs.:* Simulation; **dis|si|mu|lie|ren** verheimlichen; *Ggs.:* simulieren

Dis|si|pa|ti|on [-tsjon, lat.] *w.10* Übergang irgendeiner Energieform in Wärmeenergie; **dis|si|pie|ren** in Wärmeenergie übergehen

dis|so|lu|bel [lat.] auflösbar, löslich, schmelzbar, zerlegbar; **dis|so|lut** halt-, zügellos; **Dis|so|lu|ti|on** [-tsjon] *w.10* **1** Auflösung; **2** Halt-, Zügellosigkeit; **Dis|sol|vens** *s. Gen.* - *Mz.*-ven|tia [-tsja] *oder* -ven|zi|en Lösungsmittel; **dis|sol|vie|ren** auflösen, zerteilen, schmelzen

dis|so|nant [lat.] mißtönend, nicht zusammenstimmend, auseinanderstrebend; *Ggs.:* konsonant; **Dis|so|nanz** *w.10* Mißklang, nach Auflösung verlangender Akkord; *Ggs.:* Konsonanz; **dis|so|nie|ren** schlecht zusammenklingen, nach Auflösung verlangen

Dis|so|zia|ti|on [-tsjon, lat.] *w.10* Auflösung, Trennung, Zerfall; *Ggs.:* Assoziation; **dis|so|zia|tiv** auflösend, trennend; *Ggs.:* assoziativ; **dis|so|zi|ie|ren** trennen, auflösen; *Ggs.:* assoziieren

di|stal [lat.] vom Körpermittelpunkt, von der Körperachse bzw. vom Herzen entfernt liegend; **Di|stanz** *w.10* **1** Abstand, Entfernung; **2** *Sport:* zurückzulegende Strecke; **3** *Boxen:* Zeit der angesetzten Runden; **Di|stanz|ge|schäft** *s.1* Geschäft zwischen Partnern an verschiedenen Orten; **di|stan|zie|ren 1** sich von etwas oder jmdm. d.: abrücken, nichts mit einer Sache oder Person zu tun haben wollen; distanziert: zurückhaltend, auf Abstand bedacht; **2** sich d.: (beim sportl. Wettkampf) den Gegner hinter sich lassen, überholen; **Di|stanz|wech|sel** *m.5* Wechsel mit unterschiedlichem Ausstellungs- und Zahlungsort

Di|sthen [griech.] *m.1* ein Mineral

di|sti|chisch, di|sti|chi|tisch [griech.] in der Art eines Distichons; **Di|sti|chon** [-çon] *s. Gen.* -s *Mz.*-chen Versform aus Hexameter und Pentameter

di|stin|guiert [-girt, frz.] vornehm; **di|stinkt** *veraltet:* deutlich, verständlich; **Di|stink|ti|on** [-tsjon] *w.10* **1** hoher Rang, Würde; **2** *österr.:* Rangabzeichen; **di|stink|tiv** auszeichnend, unterscheidend

Dis|tor|si|on [lat.] *w.10* **1** *Med.:* Verstauchung; **2** *Optik:* Bildverzerrung, Bildverzeichnung
dis|tra|hie|ren [lat.] auseinanderziehen, trennen; **Dis|trak|ti|on** [-tsjon] *w.10* **1** Auseinanderziehen; **2** Behandlung eines Knochenbruchs mittels Streckverbands
Dis|tri|bu|ent [lat.] *m.10 veraltet:* Verteiler; **dis|tri|bu|ie|ren** verteilen; **Dis|tri|bu|ti|on** [-tsjon] *w.10* Verteilung, Auflösung; **di|stri|bu|tiv** verteilend; **Di|stri|bu|ti|vum** *s. Gen.*-s *Mz.*-va, **Di|stri|bu|tiv|zahl** *w.10* Einteilungszahl, z. B. je zwei
Di|strikt [lat.] *m.1* Verwaltungsbezirk, Bereich
Dis|zes|si|on [lat.] *w.10 veraltet:* Weggang; Übertritt in eine andere Partei
Dis|zi|plin [lat.] *w.10* **1** *nur Ez.* Zucht, straffe Ordnung, Einordnung; **2** Fach-, Wissensgebiet, Fachrichtung; **dis|zi|pli|när** auf Disziplin (**1**) beruhend; **Dis|zi|pli|nar|ge|walt** *w.10* Befugnis, Disziplinarstrafen zu verhängen, Dienststrafgewalt; **dis|zi|pli|na|risch** auf Disziplinargewalt beruhend, mit Hilfe einer Disziplinarstrafe; **Dis|zi|pli|nar|stra|fe** *w.11* Strafe für ein Dienstvergehen, Dienststrafe; **Dis|zi|pli|nar|ver|fah|ren** *s.7* Dienststrafverfahren; **Dis|zi|pli|nar|ver|ge|hen** *s.7* Vergehen gegen die Dienstvorschriften; **dis|zi|pli|nell** → disziplinarisch; **dis|zi|pli|niert** straffe Ordnung haltend, sich gut einordnend
Di|szis|si|on [lat.] *w.10 Med.:* Spaltung
Di|te|tro|de [griech.] *w.11* Elektronenröhre mit zwei Tetroden
Di|thy|ram|be [griech.] *w.11 urspr.:* Chorlied zu Ehren des griech. Gottes Dionysos; *später:* begeistertes Lob-, Festlied; **di|thy|ram|bisch** **1** in der Art einer Dithyrambe; **2** *übertr.:* überschwenglich, trunken; **Di|thy|ram|bus** *m. Gen.* - *Mz.*-ben → Dithyrambe
di|to [ital.], *österr.:* de|to (*Abk.:* do., dto.) ebenso; **Di|to** *s.9* dasselbe, Einerlei
Dit|to|gra|phie [griech.] *w.11* **1** fehlerhafte Doppelschreibung von Buchstaben; *Ggs.:* Haplographie; **2** zweierlei Lesart von Stellen bei antiken Schriftstellern; **Dit|to|lo|gie** *w.11* fehlerhaftes doppeltes Aussprechen von Lauten
Di|ure|se [griech.] *w.11* Harnabsonderung; **Di|ure|ti|kum** *s. Gen.*-s *Mz.*-ka harntreibendes Mittel; **di|ure|tisch** harntreibend
Di|ur|nal [lat.] *s.1,* **Di|ur|na|le** *s. Gen.*-s *Mz.* -lia *kath. Kirche:* Gebetbuch der Geistlichen mit den Stundengebeten
Di|va [ital.] *w. Gen.* - *Mz.*-ven *oder w.9* gefeierte Bühnen- oder Filmkünstlerin
Di|van *m.1* → Diwan
di|ver|gent [lat.] auseinanderstrebend, abweichend, in entgegengesetzter Richtung verlaufend; *Ggs.:* konvergent; **Di|ver|genz** *w.10* Auseinanderstreben, Abweichung, Meinungsverschiedenheit; *Ggs.:* Konvergenz; **di|ver|gie|ren** abweichen, auseinandergehen; *Ggs.:* konvergieren
di|vers [-vers, lat.] verschieden; diverse: mehrere; Diverses: Verschiedenes (was man nicht einordnen kann); **Di|ver|sant** *m.10, im kommunist. Sprachgebrauch:* Saboteur; **Di|ver|si|fi|ka|ti|on** [-tsjon] *w.10* Erweiterung des Tätigkeitsbereiches eines Unternehmens auf neue Produkte, Märkte, Branchen usw.; **Di|ver|si|on** *w.10* **1** Ablenkung, Richtungsänderung; **2** *im kommunist. Sprachgebrauch:* Sabotage; **Di|ver|ti|kel** *s.5* Ausstülpung, sackartiges Anhängsel von Hohlorganen; **Di|ver|ti|men|to** [ital.] *s.9, Mz. auch* -ti, **Di|ver|tis|se|ment** [-tis(ə)mã, frz.] *s.9* unterhaltendes, der Suite ähnl. Musikstück in mehreren Sätzen
Di|vi|de et im|pe|ra! [lat.] Teile und herrsche!, d. h.: Säe Zwietracht unter die, über die du herrschen willst (Grundsatz der altröm. Außenpolitik)
Di|vi|dend [lat.] *m.10* **1** Zahl, die geteilt werden soll; **2** Zähler (eines Bruches); *Ggs.:* Divisor; **Di|vi|den|de** *w.11* auf eine Aktie entfallender Gewinnanteil; **di|vi|die|ren** teilen
Di|vi|di|vi [indian.] *s.9 nur Ez.* gerbstoffreiche Hülsen eines mittelamerik. Strauchs
Di|vi|na|ti|on [-tsjon, lat.] *w.10* Ahnungsvermögen, Sehertum, Wahrsagekunst; **di|vi|na|to|risch** seherisch; **Di|vi|ni|tät** **1** *w.10 nur Ez.* Göttlichkeit; **2** *w.10* göttl. Wesen
Di|vis [lat.] *s.1* Bindestrich, Abteilungszeichen; **di|vi|si|bel** teilbar; **Di|vi|si|on** *w.10* **1** *Math.:* Teilung; **2** *Mil.:* aus allen Truppengattungen bestehende Heeresabteilung; **Di|vi|sio|när** *m.1 bes. schweiz.:* Befehlshaber einer Division; **Di|vi|sor** *m.13* **1** Zahl, durch die eine andere geteilt werden soll; **2** Nenner (eines Bruchs); *Ggs.:* Dividend; **Di|vi|so|ri|um** *s. Gen.*-s *Mz.*-ri|en gabelförmige Klammer am Manuskripthalter des Setzers
Di|vul|si|on *w.10 Med.:* Zerreißung
Di|wan [pers.] *m.1* **1** ehemalige türk. Regierung; **2** Ruhebett ohne Rückenlehne; **3** Gedichtsammlung eines einzelnen islam. Verfassers; Westöstlicher Diwan: Dichtwerk von Goethe
di|xi [lat. „ich habe (es) gesagt"] basta, Punktum
Di|xie|land [-lænd, engl.] **1** *s. Gen.*-(s) *nur Ez., Bez. für* die Südstaaten der USA; **2** *m.9 nur Ez.,* Dixie|land-Jazz [-lænd dʒæz] *m. Gen.* - *nur Ez.* Abart des nordamerik. Jazz
DK *Abk. für* Dezimalklassifikation
dkg *österr. Abk. für* Dekagramm
dkl *Abk. für* Dekaliter
dkm *früher Abk. für* Dekameter
dl *Abk. für* Deziliter
Dl *Abk. für* Dekaliter
dm *Abk. für* Dezimeter
Dm *früher Abk. für* Dekameter
dm^2 *Abk. für* Quadratdezimeter

dm³ *Abk. für* Kubikdezimeter
DNS *Abk. für* Desoxyribonukleinsäure (wesentl. Bestandteil der Chromosomen, in denen die genetischen Informationen verschlüsselt sind)
do. *Abk. für* dito
dọch|misch [griech.] in der Art eines Dochmius; **Dọch|mi|us** *m. Gen.- Mz.*-mi|en fünffüßiger Versfuß aus Jambus und Kretikus
Dọck [engl.] *s. 9* **1** Anlage zum Trockensetzen und Reparieren von Schiffen; **2** durch Tore abgeschlossenes, vom Außenwasserstand unabhängiges Hafenbecken; **dọcken** (dok|ken) **1** ins Dock legen; **2** im Dock liegen; **Dọcker** (Dok|ker) *m. 5* Dockarbeiter; **Dọcking** (Dok|king) *s. 9* Koppelungsmanöver zwischen Raumfahrzeugen
Do|de|ka|dik [griech.] *w. 10 nur Ez.* → Duodezimalsystem; **do|de|ka|disch** → duodezimal; **Do|de|ka|eder** *m. 5 oder s. 5* von zwölf Flächen (i. e. S. von zwölf gleichen Fünfecken) begrenzter Körper, Zwölfflächner; **Do|de|ka|pho|nie** *w. 11 nur Ez.* Zwölftonmusik; **do|de|ka|pho|nisch** auf der Zwölftonreihe beruhend, atonal; **Do|de|ka|pho|nịst** *m. 10* Komponist der Zwölftonmusik
Doe|len|stücke [du-, ndrl. „Schützenhofstükke"] (-stük|ke) *Mz.* Gemälde ndrl. Maler des 16./17. Jh. mit Darstellungen von Schützengilden und -gesellschaften
Doe|skin [do-, engl. dou-, „Rehhaut"] *m. 9 nur Ez.* ⓦ Wollstoff für Herrenmäntel
Do|ga|rẹs|sa [ital.] *w. Gen. - Mz.*-sen Gemahlin des Dogen
Dọg|cart [engl. „Hundewagen"] *m. 9* offener zweirädriger Einspänner
Do|ge [dodʒə, doʒə, ital.] *m. 11 früher:* Oberhaupt der Republiken Venedig und Genua
Dọg|ge [engl.] *w. 11* eine Hunderasse
Dọg|ger [engl.] *m. 5* **1** *nur Ez.* mittlere Abteilung des Juras, brauner Jura; **2** ndrl. Fischerboot
Dọg|ma [griech.] *s. Gen.*-s *Mz.*-men **1** Glaubenssatz, kirchl. Lehrsatz mit dem Anspruch unbedingter Gültigkeit; **2** *übertr.:* starre Lehrmeinung; **Dog|ma|tik** *w. 10* systemat. Darstellung von Dogmen, Glaubenslehre; **Dog|ma|ti|ker** *m. 5* **1** Verfechter eines Dogmas; **2** Lehrer der Dogmatik; **dog|ma|tisch** **1** auf einem Dogma beruhend; **2** *übertr.:* starr an ein Dogma gebunden; **dog|ma|ti|sie|ren** zum Dogma machen; **Dog|ma|tịs|mus** *m. Gen. - nur Ez.* **1** starres Festhalten an einem Dogma; **2** *übertr.:* unkrit., von Lehrmeinungen abhängiges Denken; **dog|ma|tị|stisch** auf Dogmatismus beruhend
Dọg|skin [engl. „Hundehaut"] *s. 9 nur Ez.* Schafleder
Do it your|self [du: it jɔ:sẹlf, engl. „tu es selbst"] *Schlagwort für* handwerkl. Selbsthilfe
Do|ki|ma|sie [griech.] *w. 11* **1** *im alten Griechenland:* Prüfung der Anwärter für den Staatsdienst; **2** *allg.:* Prüfung, Untersuchung; **Do|ki|ma|sio|lo|gie** *w. 11 nur Ez.*, **Do|ki|mạ|stik** *w. 10 nur Ez.* Lehre von der Prüfung von Erzen auf ihren Metallgehalt
Dọk|tor [lat.] *m. 13* (*Abk.:* Dr., *Mz.:* Dres.; *Theol.:* D.) **1** Titel auf Grund einer akadem. Prüfung; **2** *ugs.:* Arzt; die einzelnen Fachtitel s. unter ihren eigenen Abk.; **Dok|to|rạnd** *m. 10* jmd., der sich auf die Doktorprüfung vorbereitet; **Dok|to|rat** *s. 1* Doktorwürde; **dok|to|rie|ren** die Doktorarbeit schreiben; die Doktorwürde erlangen; **Dok|to|rin** [auch: dɔk-] *w. 10* weibl. Doktor; **Dok|trin** *w. 10* **1** Lehrsatz; **2** *übertr.:* starre Lehrmeinung; **dok|tri|när** in der Art einer Doktrin; *übertr.:* starr an einer Doktrin festhaltend, einseitig, engstirnig; **Dok|tri|när** *m. 1* **1** Verfechter einer Doktrin; **2** *übertr.:* jemand, der starr an einer Doktrin festhält; **Dok|tri|na|rịs|mus** *m. Gen. - nur Ez.* starres, einseitiges Festhalten an einer Doktrin
Do|ku|mẹnt [lat.] *s. 1* Urkunde, amtliches Schriftstück, als Beweis dienendes Schriftstück; **Do|ku|men|ta|lịst** *m. 10* jmd., der sich mit Dokumentation beschäftigt; **Do|ku|men|tar|film** *m. 1* Film, der Begebenheiten auf Grund von Dokumenten der Wirklichkeit entsprechend darstellt; **do|ku|men|ta|risch** mit Hilfe von Dokumenten, urkundlich; **Do|ku|men|ta|ti|on** [-tsjon] *w. 10* **1** Beweisführung auf Grund von Dokumenten; **2** Sammlung und Nutzbarmachung von Dokumenten, z. B. Zeitschriftenartikeln, Büchern, Urkunden; **do|ku|men|tie|ren** durch Dokumente belegen, urkundlich beweisen
Do|lan [Kunstw.] *s. 1 nur Ez.* eine Kunstfaser
dọl|ce [-tʃə, ital.] *Mus.:* sanft, süß; **dọl|ce far ni|ẹn|te** (es ist) süß, nichts zu tun; **Dol|ce-far|ni|ẹn|te** *s. Gen. - nur Ez.* süßes Nichtstun; **Dọl|ce vi|ta** [„süßes Leben"] *s. oder w. Gen. - - nur Ez., Bez. für* das moderne ausschweifende Müßiggängertum
Dọl|ci|an [ital.] *s. 1* **1** *im 16./17. Jh. Bez. für* Fagott; **2** eine Orgelstimme
Dọl|drum [engl.] *s. 9* windstille Zone am Äquator, Kalmenzone
do|lẹn|te → doloroso
Do|le|rit [griech.] *m. 1* Abart des Basalts
do|li|cho|ke|phal [-ço-, griech.] langköpfig; **Do|li|cho|ke|pha|lie** *w. 11 nur Ez.* lange Kopfform
Do|li|ne [slaw.] *w. 11* durch unterird. Auflösung von Kalkstein entstandene, trichterförmige Vertiefung im Karst
Dọl|lar [engl.] *m. Gen.*-s *Mz.*-(s) Währungseinheit in den USA, Kanada, Formosa, Liberia, Äthiopien, 100 Cent
dol|lie|ren [lat.] innen abschaben (Fell)
Dọl|ly [engl.] *m. 9* fahrbares Stativ für eine Film- oder Fernsehkamera

Dọl|man [türk.] *m. 1* **1** alttürk. Männerrock; **2** mit Schnüren besetzte Husarenjacke
Dọl|men [kelt.] *m. 7* vorgeschichtl. Steingrab in Tischform
Dọl|metsch [türk.] *m. 1* **1** *österr. für* Dolmetscher; **2** *übertr.:* Fürsprecher; **dọl|met|schen** mündlich übersetzen, als Dolmetscher tätig sein; **Dọl|met|scher** *m. 5* jmd., der (meist beruflich) beim Gespräch zwischen Personen verschiedener Sprachen übersetzt
Do|lo|mit [nach dem frz. Mineralogen Dolomieu] *m. 1* **1** ein Mineral; **2** überwiegend daraus bestehendes Gestein
do|lo|ros, do|lo|rös [lat.] *Med.:* schmerzhaft, schmerzempfindlich; **do|lo|ro|so** [ital.] *Mus.:* klagend, schmerzlich
do|los [lat.] *Rechtsw.:* heimtückisch, vorsätzlich; dolose Täuschung; **Do|lus** *m. Gen. - nur Ez. Rechtsw.:* Heimtücke, böser Vorsatz; D. directus: Vorsatz im vollen Bewußtsein der Folgen; D. eventualis: bedingter Vorsatz, d. h. Vorsatz mit Inkaufnehmen einer eventuellen, wenn auch nicht beabsichtigten Folge
Dom 1 [lat.] *m. 1* Bischofskirche, Hauptkirche (einer Stadt); **2** [griech.-frz.] *m. 1* gewölbte Decke, Kuppel; kuppelartiger Aufsatz (auf Dampfkesseln); **3** [lat.] *m. Gen. - nur Ez., in Verbindung mit dem Vornamen:* Herr (port. Titel); **4** niedere ind. Kaste
Do|mä|ne [lat.-frz.] *w. 11* **1** Landgut im Besitz eines Herrscherhauses oder Staates; **2** Arbeitsgebiet, auf dem man bes. gute Kenntnisse hat; **do|ma|ni|al** zu einer Domäne (**1**) gehörend
Do|me|stik [lat.-frz.] *m. 10, heute meist abwertend:* Dienstbote; **Do|me|sti|ka|ti|on** [-tsjon, lat.] *w. 10* züchter. Umwandlung von Wildtieren zu Haustieren bzw. von Wildpflanzen zu Kulturpflanzen; **do|me|sti|zie|ren** zu Haustieren zähmen, zu Kulturpflanzen züchten, heimisch machen
Do|mi|na [lat.] *w. Gen. - Mz.* -nä **1** Hausherrin; **2** Stiftsvorsteherin
do|mi|nant [lat.] vorherrschend, überlagernd, überdeckend; *Ggs.:* rezessiv; **Do|mi|nant|akkord** *m. 1* → Dominante (**3**); **Do|mi|nan|te** *w. 11* **1** vorherrschendes Merkmal; **2** fünfte Stufe der diaton. Tonleiter; **3** Dreiklang auf diesem Ton; **Do|mi|nant|sept|ak|kord** *m. 1* Dominantakkord mit Septime; **Do|mi|nanz** *w. 10 Vererbungslehre:* Vorherrschen eines bestimmten Merkmals; *Ggs.:* Rezessivität; **do|mi|nie|ren** vorherrschen; herrschen
Do|mi|ni|ka|ner *m. 5* Angehöriger des vom hl. Dominikus gegründeten Bettel- und Predigerordens
Do|mi|ni|on [-minjən, lat.-engl.] *s. 9 früher:* sich selbst regierender Teil des brit. Commonwealth; **Do|mi|ni|um** [lat.] *s. Gen.* -s *Mz.* -ni|en, *im alten Rom:* Domäne, Herrschaftsgebiet
Do|mi|no [lat.] **1** *m. 9* Maskenkostüm: weiter Mantel mit Kapuze; Person in diesem Kostüm; **2** *s. 9* Spiel mit rechteckigen Steinen, die je nach Augenzahl aneinandergelegt werden
Do|mi|nus [lat.] *m. Gen. -Mz.* -ni Herr, Gebieter; D. vobiscum! Der Herr (sei) mit euch! (*kath. Kirche:* Gruß des Priesters an die Gemeinde)
Do|mi|zel|lar [lat.] *m. 1 veraltet:* studierender Kleriker, Domschüler
Do|mi|zil [lat.] *s. 1* **1** Wohnsitz; **2** *bei Wechseln:* Zahlungsort; **do|mi|zi|lie|ren 1** seinen Wohnsitz haben; **2** (Wechsel) an einem anderen Ort als dem Wohnsitz des Bezogenen zur Zahlung anweisen; **Do|mi|zil|wech|sel** *m. 5* Wechsel mit einem anderen Zahlungsort als dem Wohnort des Bezogenen
Dom|ka|pi|tel [lat.] *s. 5* die Geistlichen eines Doms (**1**) als Berater des Bischofs; **Dom|kapi|tu|lar** *m. 1* Mitglied des Domkapitels, Domherr; **Dom|propst** *m. 2* erster Würdenträger des Domkapitels
Domp|teur [-tør, frz.] *m. 1* jmd., der berufsmäßig wilde Tiere dressiert und öffentlich Dressurakte vorführt; **Domp|teu|se** [-tøzə] *w. 11* weibl. Dompteur
Dọm|ra [russ.] *w. 9, Mz. auch:* -ren lautenähnl. russ. Zupfinstrument
Dọn [span.] *in Spanien:* Herr (als Anrede in Verbindung mit dem Namen); *in Italien:* Titel von Geistlichen und Adligen; **Do|ña** [donja] *in Spanien:* Frau (als Anrede in Verbindung mit dem Namen)
Do|na|tar [lat.] *m. 1 Rechtsw., veraltet:* jmd., der eine Schenkung erhält oder erhalten hat; **Do|na|ti|on** [-tsjon] *w. 10 veraltet:* Schenkung; **Do|na|tor** *m. 13* **1** *veraltet:* Geber einer Schenkung, Schenker; **2** *Chemie:* Stoff, der Elektronen an einen anderen, den Akzeptor (Empfänger), abgibt
Dọn|ja [span. „Herrin"] *w. 9 ugs. scherzh.:* Dienstmädchen, *auch:* Geliebte, Freundin
Don|jon [dɔ̃ʒɔ̃, frz. „Bergfried"] *m. 9, in Frankreich:* Hauptturm der mittelalterl. Burg
Don Ju|an [xu-, nach einer Gestalt der span. Literatur] *m. Gen.* --s *Mz.* --s Verführer, Frauenheld
Dọn|ko|sak *m. 10, meist Mz.* Angehöriger eines russ., am Don lebenden Volksstammes
Dọn|na [ital.] *w. 9, Mz. auch:* -nen Herrin; *früher in Italien:* Frau, Fräulein (als Anrede in Verbindung mit dem Namen)
Don|qui|chot|te|rie [-kiʃɔtə-, nach dem Helden eines Romans von Cervantes, Don Quijote] *w. 11* törichte, aus weltfremdem Idealismus unternommene Handlung
Dont|ge|schäft [dɔ̃-, frz.] *s. 1 Börse:* Geschäft, von dem jeder Partner gegen eine Zahlung (Dontprämie) zurücktreten kann
Do|num [lat.] *s. Gen.* -s *Mz.* -na Schenkung, Geschenk

do|pen [engl.] *Sport:* durch verbotene Anregungsmittel zu Höchstleistungen treiben; **Do|ping** *s. Gen.*-s *nur Ez.* unerlaubte Anwendung von Anregungsmitteln, um Höchstleistungen zu erreichen
Dop|pik [Kunstw.] *w. 10 nur Ez.* doppelte Buchführung
Do|rant [lat.] *m. 1* Name für verschiedene Pflanzen, z. B. Löwenmaul, Schafgarbe
Dor|meu|se [-mø-, frz.] *w. 11* bequemer Schlafstuhl; **Dor|mi|to|ri|um** *s. Gen.*-s *Mz.* -ri|en Schlafsaal (im Kloster oder Internat)
dor|sal [lat.] **1** zum Rücken gehörig, am Rücken gelegen; **2** *Sprachw.:* mit dem Zungenrücken gebildet (Laut); **Dor|sal** *m. 1* → Dorsallaut; **Dor|sa|le** *s. 5* Rückwand des Chorgestühls; **Dor|sal|laut** *m. 1* mit dem Zungenrücken gebildeter Laut
dor|so|ven|tral [lat.] vom Rücken zum Bauch hin gelegen
Dos [lat.] *w. Gen.* - *Mz.* Do|ten *Rechtsw.:* Mitgift
dos à dos [dozado, frz.] *Ballett:* Rücken an Rücken
do|sie|ren [griech.] in einer bestimmten Dosis abmessen, zuteilen; **Do|si|me|ter** *s. 5* Gerät zum Messen von Stärke und Dauer von radioaktiven Strahlen, z. B. Röntgenstrahlen; **Do|si|me|trie** *w. 11 nur Ez.* Messung mit dem Dosimeter; **Do|sis** *w. Gen.* - *Mz.*-sen (vom Arzt verordnete) Menge eines Heilmittels
Dos|sier [dɔsje, frz.] *m. 9 oder s. 9* Aktenbündel, alle zu einem Vorgang gehörenden Akten
dos|sie|ren [frz.] abschrägen; **Dos|sie|rung** *w. 10* flache Böschung
Do|ta|ti|on [-tsjon, lat.] *w. 10* Schenkung, Zuwendung, Ausstattung mit Heiratsgut, Belohnung für Verdienste; **do|tie|ren** **1** stiften, schenken; **2** mit Einkünften versehen; **dotiert** mit Bezahlung verbinden; der Preis ist mit 5000 Mark d.; eine hochdotierte Stelle
Dou|ane [duan, frz.] *w. 11, frz. Bez. für* Zoll, Zollamt; **Doua|nier** [duanje] *m. 9, frz. Bez. für* Zollbeamter
dou|beln [du-. frz.] synchronisieren; **2** vertreten (vgl. Double); **Dou|bla|ge** [-ʒə] *w. 11* **1** Synchronisation; **2** synchronisierter Film; **Dou|ble** [dubl] *s. 9* **1** *Film:* Ersatzmann, der für den Schauspieler Rollenpartien spielt, die dieser nicht ausführen kann oder soll (z. B. artist. Übungen); **2** Variation eines Suitensatzes durch Verdoppelung der Notenwerte; **Dou|blé** [duble] *s. 9* → Dublee; **dou|blie|ren** → dublieren; **Dou|blü|re** *w. 11* **1** Unterfutter; **2** Aufschlag an Uniformen; **3** *Buchwesen:* verzierte Innenseite des Buchdeckels
Dou|rine [durin, arab.-frz.] *w. 11* Beschälseuche
do ut des [lat.] ich gebe, damit du gibst
Dow|las [dauləs, engl.] *s. Gen.* - *nur Ez.* dichter Baumwollstoff für Wäsche

down [daun, engl.] *in der Wendung* down sein: niedergeschlagen, erschöpft, erledigt sein
Do|xa|le [griech.] *s. 9* *in Barockkirchen:* **1** Gitter zwischen Hauptschiff und Chor; **2** eine Empore für Orgel und Chor; **Do|xo|lo|gie** *w. 11, im christl. Gottesdienst:* Lobpreisungsformel, z. B. die letzten Worte des Vaterunsers
Doy|en [dwajɛ̃, frz.] *m. 9* Rang- und Dienstältester sowie Wortführer eines diplomat. Korps
Do|zent [lat.] *m. 10* Lehrer an einer Hochschule; **Do|zen|tur** *w. 10* Lehrauftrag (eines Dozenten); **do|zie|ren** **1** Vorlesungen halten; **2** *übertr.:* lehrhaft etwas darlegen
D. P. *Abk. für* Displaced person
dpt *früher:* **dptr.** *Abk. für* Dioptrie
Dr *Abk. für* Drachme
Dr. *Abk. für* doctor, → Doktor
Drach|me [griech.] *w. 11* **1** altes Apothekergewicht; **2** (*Abk.:* Dr) alt- und neugriechisch. Währungseinheit, 100 Lepta
Dra|gée [-ʒe, frz.] *s. 9, auch: w. 11* **1** mit Zucker überzogene Süßigkeit; **2** mit Zuckermasse überzogene Pille; **Dra|geur** [-ʒør] *m. 1* Hersteller von Dragées; **dra|gie|ren** [-ʒi-] mit Zucker oder Zuckermasse überziehen
Dra|go|man [arab.] *m. 1, früher im Vorderen Orient:* Dolmetscher
Dra|gon [arab.] *m. oder s. Gen.*-s *nur Ez.* → Estragon
Dra|go|na|de [frz.] *w. 11* **1** unter Ludwig XIV. zwangsweise Bekehrung von Protestanten zum kath. Glauben durch Einquartierung von Dragonern; **2** *übertr.:* gewaltsame Maßnahme; **Dra|go|ner** *m. 5* **1** *Mil.:* leichter Reiter; **2** *österr.:* Rückenspange an Rock oder Mantel; **3** *übertr.:* derbe, resolute Person, bes. Frau
Dr. agr. *Abk. für* doctor agronomiae: Doktor der Landwirtschaft
Drain [dren, drɛ̃, engl.-frz.] *m. 9 Med.:* Gummiröhrchen mit seitl. Öffnungen; **Drai|na|ge** [drɛnaʒə] *w. 11* Ableitung von Eiter o. ä. mittels Drain oder Gazestreifen; **drai|nie|ren** [drɛ-] mittels Drain oder Gazestreifen ableiten
Drai|si|ne [drai-, ugs. auch: drɛ-, nach dem dt. Forstmeister K. F. Drais] *w. 11* **1** Laufmaschine, Vorläufer des Fahrrades; **2** kleines Schienenfahrzeug zur Eisenbahn-Streckenkontrolle
dra|ko|nisch [nach Drako(n), dem Verfasser eines strengen altgriech. Gesetzbuches] sehr streng; drakonische Maßnahmen
Dra|lon [Kunstw.] *s. Gen.*-s *nur Ez.* ® eine Kunstfaser
Dra|ma [griech.] *s. Gen.*-s *Mz.*-men **1** Schauspiel, Bühnendichtung; **2** *nur Ez.* Gesamtheit der Bühnendichtung eines Landes; **3** *übertr.:* trauriger, schrecklicher Vorgang; **Dra|ma|tik**

w. 10 nur Ez. **1** dramat. Dichtkunst; **2** *übertr.:* mit Spannung geladener, bewegter Ablauf; **dra|ma|tisch 1** in Form eines Dramas; **2** *übertr.:* lebendig bewegt; **dra|ma|ti|sie|ren 1** zu einem Drama umschreiben; **2** *übertr.:* übertrieben spannend od. erregend darstellen; **Dra|ma|tis per|so|nae** [-nɛ:] *Mz.* die in einem Drama oder dramat. Ereignis auftretenden Personen; **Dra|ma|turg** *m. 10* Berater eines Theaterleiters, der Stücke für die Bühne bearbeitet; **Dra|ma|tur|gie** *w. 11* **1** Wissenschaft vom Drama und seiner Bearbeitung für die Bühne; **2** Sammlung von Theaterkritiken

Dram|ma per mu|si|ca [ital., „Drama für Musik"] *s. Gen.* -- *Mz.*-mae -- [-mɛ:] ital. Frühform der Oper

Drän [frz.] *m. 9 oder m. 1* **1** Entwässerungsrohr, -graben; **2** → Drain; **Drä|na|ge** [-ʒə] *w. 11* **1** Entwässerung (des Bodens); **2** → Drainage; **drä|nie|ren 1** entwässern (Boden); **2** → drainieren

Drap [auch: dra, frz.] *m. 9 nur Ez.* tuch- oder lederartiges Gewebe; **Dra|pé** [-pe] *m. 9* feiner Wollstoff für Anzüge; **Dra|peau** [-po] *s. 9 veraltet:* Fahne, Banner; **Dra|pe|rie** *w. 11* Faltenwurf, -anordnung; **dra|pie|ren 1** kunstvoll in Falten anordnen; **2** (mit Stoff, Girlanden u. ä.) behängen

Dra|stik [lat.] *w. 10 nur Ez.* **1** gründl. Wirksamkeit; **2** Derbheit, unverblümte Deutlichkeit; **Dra|sti|kum** *s. Gen.*-s *Mz.*-ka starkes Abführmittel; **dra|stisch 1** stark, schnell wirkend (Heilmittel); **2** sehr wirksam, energisch (Maßnahme); **3** derb, deutlich

Dra|wi|da *m. 9 oder Gen.* - *Mz.* - Angehöriger einer vorderind. Völkergruppe

Dr. disc. pol. *Abk. für* doctor disciplinarum politicarum: Doktor der Sozialwissenschaften

Dread|nought [drɛdnɔ:t, engl. „fürchte nichts"] *m. 9* altes engl. Großkampfschiff

Dredge [drɛdʒ, engl.] *w. 11,* **Dred|sche** *w. 11* Schleppnetz für kleine, am Boden lebende Meerestiere, Dreggnetz

Dregg|an|ker *m. 5* → Dregge; **Dreg|ge** [engl.] *w. 11* **1** kleiner Anker; **2** → Dredsche; **dreg|gen** mit der Dregge fischen; **Dregg|netz** *s. 1* → Dredsche

Dre|pa|no|zy|ten [griech.] *Mz.* sichelförmige rote Blutkörperchen

Dres. *Abk. für* doctores *(Mz.),* vgl. Doktor

Dreß [engl.] *m. 1, österr. Mz.* Dres|sen Sportkleidung

Dres|seur [-sør, frz.] *m. 1* jmd., der Tiere dressiert, Tierlehrer; **dres|sie|ren 1** abrichten, lehren (Tier); **2** hübsch anrichten, garnieren (Speisen); **3** in eine Form pressen (Filzhut); **4** nach dem Warmwalzen strecken (Bleche); **Dres|sing** *s. 9* **1** Salatsoße; **2** Füllung für gebratenes Geflügel

Dress|man [-mən, engl.] *m. Gen.*-s *Mz.*-men [-mən] **1** jmd., der auf Modenschauen Herrenkleidung vorführt; **2** männliches Photomodell

Dres|sur [frz.] *w. 10* Abrichtung, Lehren (von Tieren)

Dr. forest. *Abk. für* doctor scientiae rerum forestalium: Doktor der Forstwissenschaft;

Dr. habil. *in Verbindungen wie* Dr. phil. habil. *Abk. für* doctor (philosophiae) habilitatus: habilitierter Doktor (der Philosophie);

Dr. h. c. *Abk. für* doctor honoris causa: Doktor ehrenhalber (ohne Prüfung als Ehrung verliehener Titel)

drib|beln [engl.] *Fußball:* den Ball in kurzen Stößen vor sich her treiben; **Dribb|ling** *s. 9* Umspielen eines oder mehrerer Gegner durch Dribbeln

Dr.-Ing. *Abk. für* Doktor der Ingenieurwissenschaften

Drink [engl.] *m. 9* alkohol. Getränk, Mixgetränk

Dr. i. u. *Abk. für* doctor iuris utriusque → Dr. j. u.; **Dr. iur.** → Dr. jur.

Drive [draiv, engl. „treiben"] *m. 9* **1** *Jazz:* drängender, treibender Rhythmus; **2** *Golf, Tennis, Polo:* auf große Entfernung berechneter Schlag, Treibschlag; **3** Schwung, starker Antrieb; **Drive-in-Ki|no** [draiv in-] *s. 9* → Autokino; **Drive-in-Re|stau|rant** *s. 9* Restaurant mit Bedienung am Auto; **Dri|ver** [draivər] *m. 5* **1** *Golf:* Schläger zum Treibschlag und Abschlag; **2** Fahrer, Rennfahrer, z. B. beim Trab- und Autorennen

Dr. j. u. *Abk. für* doctor juris utriusque: Doktor beider Rechte; **Dr. jur.** *Abk. für* doctor juris: Doktor der Rechte; **Dr. jur. utr.** → Dr. j. u.; **Dr. med.** *Abk. für* doctor medicinae: Doktor der Medizin; **Dr. med. dent.** *Abk. für* doctor medicinae dentariae: Doktor der Zahnmedizin; **Dr. med. univ.** *österr. Abk. für* doctor medicinae universae: Doktor der gesamten Medizin; **Dr. med. vet.** *Abk. für* doctor medicinae veterinariae: Doktor der Tiermedizin; **Dr. nat. techn.** *österr. Abk. für* doctor rerum naturalium technicarum: Doktor der Bodenkultur; **Dr. oec.** *Abk. für* doctor oeconomiae: Doktor der Wirtschaftswissenschaft; vgl. Dr. rer. oec.; **Dr. oec. publ.** *Abk. für* doctor oeconomiae publicae: Doktor der Staatswissenschaften; vgl. Dr. rer. pol., Dr. sc. pol.; **Dr. oec. troph.** *Abk. für* Doktor der Ökotrophologie

Dro|ge [frz.] *w. 11* **1** zu Arzneien verwendeter pflanzl. oder tier. Stoff; **2** *ugs.:* Rauschgift; **Dro|ge|rie** *w. 11* Geschäft für Drogen, Chemikalien u. a.; **Dro|gist** *m. 10* Inhaber einer Drogerie oder ausgebildeter Angestellter in einer solchen

Drol|le|rie [frz.] *w. 11* **1** Drolligkeit, Schnurrigkeit, Komik; **2** kurze, komische Erzählung, Schnurre; **3** *got. Kunst:* kleine, drollige Darstellung von Menschen, Tieren oder Fabelwesen, bes. am Chorgestühl

Drolmeldar [auch: dro-, auch: -dar, griech.] *s.1* Kamel mit nur einem Höcker
Droplout [drɔp aut, engl.] **1** *m.9* jmd., der außerhalb der etablierten Gesellschaft, deren Normen er nicht anerkennt, lebt, „Aussteiger"; **2** *s.9 EDV:* Signalausfall; **3** *s.9 bei Tonbandgeräten:* kurzes Aussetzen der Tonaufzeichnung
Drops [engl.] *m.Gen.-Mz.-* ungefülltes Fruchtbonbon
Droschlke [russ.] *w.11* Mietfahrzeug
Drolselra [griech.] *w.Gen.-nur Ez.* eine fleischfressende Pflanze, Sonnentau; **Drosolgraph** *m.10* selbstschreibendes Taumeßgerät; **Drolsolmelter** *s.5* Taumesser; **Drolsophila** *w.Gen.-Mz.*-lae [-lɛ:] Gattung der Fliegen, Taufliege
Dr. paed. *Abk. für* doctor paedagogiae: Doktor der Pädagogik; **Dr. pharm.** *Abk. für* doctor pharmaciae: Doktor der Pharmazie; **Dr. phil.** *Abk. für* doctor philosophiae: Doktor der Philosophie; **Dr. phil. nat.** *Abk. für* doctor philosophiae naturalis: Doktor der Naturwissenschaften; vgl. Dr. rer. nat., Dr. sc. nat.; **Dr. rer. camer.** *schweiz. Abk. für* doctor rerum cameralium: Doktor der Staatswirtschaftskunde; **Dr. rer. comm.** *österr. Abk. für* doctor rerum commercialium: Doktor der Handelswissenschaft; **Dr. rer. hort.** *Abk. für* doctor rerum hortensium: Doktor der Gartenbauwissenschaft; **Dr. rer. mont.** *Abk. für* doctor rerum montanarum: Doktor der Bergbauwissenschaften; **Dr. rer. nat.** *Abk. für* doctor rerum naturalium: Doktor der Naturwissenschaften; vgl. Dr. phil. nat., Dr. sc. nat.; **Dr. rer. oec.** *Abk. für* doctor rerum oeconomicarum: Doktor der Wirtschaftswissenschaft; vgl. Dr. oec.; **Dr. rer. pol.** *Abk. für* doctor rerum politicarum: Doktor der Staatswissenschaften; vgl. Dr. oec. publ., Dr. sc. pol.; **Dr. rer. publ.** *Abk. für* doctor rerum publicarum: Doktor der Zeitungswissenschaft; **Dr. rer. soc. oec.** *österr. Abk. für* doctor rerum socialium oeconomicarumque: Doktor der Sozial- und Wirtschaftswissenschaften; **Dr. rer. techn.** *Abk. für* doctor rerum technicarum: Doktor der technischen Wissenschaften; vgl. Dr. techn.; **Dr. sc.** *in der DDR Abk. für* doctor scientiarum: Doktor der Wissenschaften (entspricht dem Dr. habil.); **Dr. sc. agr.** *Abk. für* doctor scientiarum agrariarum: Doktor der Landwirtschaft; vgl. Dr. agr.; **Dr. sc. math.** *Abk. für* doctor scientiarum mathematicarum: Doktor der mathematischen Wissenschaften; **Dr. sc. nat.** *Abk. für* doctor scientiarum naturalium: Doktor der Naturwissenschaften; vgl. Dr. phil. nat., Dr. rer. nat.; **Dr. sc. pol.** *Abk. für* doctor scientiarum politicarum: Doktor der Staatswissenschaften; vgl. Dr. rer. pol., Dr. oec. publ.; **Dr. sc. techn., Dr. techn.** *österr. Abk. für* doctor scientiarum technicarum bzw. rerum technicarum: Doktor der techn. Wissenschaften; vgl. Dr. rer. techn.; **Dr. theol.** *Abk. für* doctor theologiae: Doktor der Theologie; vgl. D., D. theol.
Druglstore [drʌgstɔ:r, engl.] *m.9* **1** *in den USA:* Laden für die verschiedensten Bedarfsartikel, meist mit Imbißraum; **2** Lokal mit Imbiß- und Einkaufsmöglichkeiten in kleinen Fachgeschäften
Druilde [kelt.-lat.] *m.11* kelt. Priester; **Druidenlstein** *m.1* kelt. Opferaltar
Drumllin [selten auch: drʌm-, engl.] *m.9* langgestreckter Hügel aus eiszeitl. Grundmoränenmaterial
Drumlmer [drʌmər, engl.] *m.5 Jazz:* Musiker, der die Drums schlägt; **Drums** [drʌmz] *Mz. Jazz:* Schlagzeug
Drulschilna [russ.] *w.Gen.-nur Ez. 9.–13. Jh. in Rußland:* Gefolgschaft eines Fürsten
Drulse 1 *w.11* Hohlraum im Gestein mit Kristallen an den Innenwänden; **2** *w.11 nur Ez.* Pferdekrankheit mit Entzündung der Nasenschleimhaut; **3** *w.11 meist Mz.* Pilzkörnchen (bei Strahlenpilzerkrankung); **4** *m.11* Angehöriger einer islam. Sekte in Syrien
dry [drai, engl.] trocken, herb, ohne Zuckerzusatz (alkohol. Getränk)
Dryalde [griech.] *w.11 griech. Myth.:* Wald-, Baumnymphe
d. s. *Abk. für* dal segno
Dschailna *m.9* Anhänger des Dschainismus; **Dschailnislmus** *m.Gen.-nur Ez.* streng asket. ind. Religion; **Dschailnist** *m.10* → Dschaina
Dschinn [arab.] *m.9, im islam. Volksglauben:* böser Geist, Dämon
Dschiu-Dschitlsu *s.Gen.-nur Ez., eindeutschende Schreibung von* Jiu-Jitsu
Dschonlke *w.11* → Dschunke
Dschunlgel [Hindi] *m.9, selten auch: w.11 oder s.5,* trop. Urwald, bes. in Indien
Dschunlke [mal.] *w.11* chines. Segelschiff
D. theol. *Abk. für* doctor theologiae: Doktor der Theologie ehrenhalber; vgl. Dr. theol.
dto. *Abk. für* dito
dulal [lat.] in der Zweizahl auftretend, eine Zweiheit bildend; **Dulal** *m.1* grammat. Form für zwei Dinge oder Lebewesen, noch in den balt. und slaw. Sprachen sowie im bayr. „enk" = euch beiden; **Duallis** *m.Gen.-Mz.* -le → Dual; **Duallislmus** *m.Gen.-nur Ez.* **1** Widerstreit zweier rivalisierender Mächte oder entgegengesetzter Kräfte; **2** jede Lehre, nach der es zwei gegensätzl. Grundprinzipien des Seins gibt, z. B. Licht–Finsternis, Geist–Materie; **Duallist** *m.10* Vertreter, Anhänger des Dualismus (2); **Duallliltät** *w.10* Zweiheit, Zweiförmigkeit, Wechselseitigkeit; **Dulallsystem** *s.1 nur Ez.* auf der Zahl 2 aufgebautes Zahlensystem, Dyadik
Dulbaslse [russ.] *w.11, in Polen und der UdSSR:* flacher Ruderkahn

du|bi|os, du|bi|ös [lat.] zweifelhaft, unsicher; **Du|bio|sa, Du|bio|sen** *s. Mz., Ez.:* -sum zweifelhafte Dinge, unsichere Forderungen; **du|bi|ta|tiv** Zweifel ausdrückend; **Du|bi|um** *s. Gen.*-s *Mz.*-bia *oder* -bi|en Zweifelsfall
Du|blee [frz.] *s. 9* **1** Metall mit Edelmetallüberzug; **2** *Billard:* Stoß mit einmaligem Berühren der Bande; **Du|blet|te** *w. 11* **1** zweimal vorhandener Gegenstand, Doppelstück; **2** Doppeltreffer; **3** mit einem imitierten Stück zusammengesetzter Edelstein; **du|blie|ren** **1** mit Edelmetall überziehen; **2** verdoppeln
Du|blo|ne [span.-frz.] *w. 19* alte span. Goldmünze
Du|blü|re *w. 11* → Doublüre
Duc [dyk, frz.] *m. 9, in Frankreich:* Herzog; **Du|ca** [ital.] *m. 9, in Italien:* Herzog
Du|cen|tist [-tʃɛn-, ital.] *m. 10* Künstler des Ducentos; **Du|cen|to** [-tʃɛn-, ital. „zweihundert" (nach 1000)] *s. Gen.*-(s) *nur Ez.* die künstlerische Stilepoche des 13. Jh. in Italien
Du|ces *Mz. von* → Dux
Du|chesse [dyʃɛs, frz.] *w. 11* **1** *in Frankreich:* Herzogin; **2** schweres Seiden- oder Kunstseidengewebe
Duc|tus [lat.] *m. Gen. - Mz. - Med.:* Kanal, Ausführungsgang; vgl. Duktus
Due|cen|to [-tʃɛn-] *s. Gen.*-(s) *nur Ez.* → Ducento
Du|ell [lat.] *s. 1* Zweikampf (meist mit Pistolen oder Säbeln); **Du|el|lant** *m. 10* Teilnehmer an einem Duell; **du|el|lie|ren** sich d.: im Duell miteinander kämpfen
Du|eña [duɛnja, span.], *eindeutschend:* **Du|en|ja, Du|en|na** *w. 9* **1** Herrin, Dame; **2** *veraltet:* Anstandsdame
Du|ett [ital.] *s. 1* Musikstück für zwei Singstimmen oder zwei gleiche Instrumente; vgl. Duo; **Du|et|ti|no** *s. 9, Mz. auch:* -ni kleines Duett
Duffle|coat [dʌfəlkout, engl., nach der belg. Stadt Duffel] *m. 9* dreiviertellanger Herrenmantel mit Schlingen und Knebeln zum Schließen und Kapuze
Du|four|kar|te [dyfur-, nach dem schweizer. General und Landvermesser G.-H. Dufour] *w. 11* topograph. Landeskarte der Schweiz
Du|gong [mal.] *m. 9 oder m. 1* Seekuh
du jour [dy ʒur, frz. „vom Tage"] *veraltet:* vom Dienst; du jour sein: Tagesdienst haben
Du|ka|ten [ital.] *m. 7* alte deutsche, urspr. venezian. Goldmünze
Duke [djuk, engl.] *m. 9, in England:* Herzog
duk|til [lat.] gut formbar, dehnbar; **Duk|ti|li|tät** *w. 10 nur Ez.* Form-, Dehnbarkeit; **Duk|tus** *m. Gen. - nur Ez.* Art des Schreibens, Linienführung der Schrift, einer Zeichnung oder eines Gemäldes
Dul|zi|an *s. 1* → Dolcian
Dul|zi|nea [nach der Geliebten des Don Quijote] *w. 9, Mz. auch:* -ne|en *ugs. abwertend:* Geliebte, Freundin
Du|ma [russ.] *w. 9* **1** *im alten Rußland urspr.:* Vertretung des Hochadels; *seit 1870:* Rat, Magistrat; **2** *1906–1917* Reichsduma: das russ. Parlament
Dum|dum [nach dem ind. Herstellungsort] *s. 9,* **Dum|dum|ge|schoß** *s. 1* (heute verbotenes) schwere Wunden verursachendes Stahlmantelgeschoß mit zum Teil freiliegendem Bleikern
Dum|ka [ukrain.] *w. Gen. - Mz.*-ki, schwermütiges slaw. Volkslied, *auch:* Instrumentalstück
Dum|my [dʌmi, engl.] *m. 9* **1** Schaupackung, Attrappe; **2** *Buchw.:* Blindband, leeres Exemplar eines in Vorbereitung befindl. Buches mit Titel und einigen bedruckten Seiten als Schaustück; **3** *Boxen:* Sandsack in menschl. Form zum Training; **4** lebensgroße Puppe zu Testzwecken, Test-Dummy; **5** *Bridge:* Strohmann
Dum|per [dʌm-, engl.] *m. 5* Kippwagen
Dum|ping [dʌm-, engl.] *s. 9* Verkauf auf ausländ. Märkten zu Preisen, die unter den Inlandspreisen liegen
Duo [ital.] *s. 9* **1** Musikstück für zwei verschiedene Instrumente; **2** die ausführenden Musiker
duo|de|nal [lat.] zum Duodenum gehörig, von ihm ausgehend; **Duo|de|ni|tis** *w. Gen. - Mz.*-ti|den Zwölffingerdarmentzündung; **Duo|de|num** *s. Gen.*-s *Mz.*-na Zwölffingerdarm
Duo|dez [lat.] *s. 1* (*Zeichen:* 12°), **Duo|dez|for|mat** *s. 1* altes Buchformat in der Größe eines Zwölftelbogens; **Duo|dez|fürst** *m. 10* Fürst eines Duodezstaates; **duo|de|zi|mal** auf dem Duodezimalsystem beruhend, dodekadisch; **Duo|de|zi|mal|sy|stem** *s. 1* auf der Zahl 12 beruhendes Zahlensystem, Dodekadik; **Duo|de|zi|me** *w. 11* zwölfter Ton der diaton. Tonleiter; **Duo|dez|staat** *m. 12* sehr kleiner Staat, Zwergstaat
Duo|le [lat.] *w. 11 Mus.:* zwei aufeinanderfolgende gleichwertige Noten, die im Taktwert von drei Noten zu spielen sind
Duo|pol *s. 1* → Dyopol
dü|pie|ren [frz.] täuschen, betrügen, zum besten haben
Du|pla *Mz. von* Duplum
Du|plet [-ple, frz.] *s. 9* aus zwei Linsen zusammengesetzte Lupe; **Du|plex ...** [lat.] *in Zus.:* Doppel...; **du|plie|ren** verdoppeln; **Du|plik** *w. 10* Antwort auf eine → Replik, Gegenantwort; **Du|pli|kat** *s. 1* Doppel (eines Schriftstücks), Abschrift, Durchschlag, Kopie; **Du|pli|ka|ti|on** [-tsjon] *w. 10* Verdoppelung; **Du|pli|ka|tor** *m. 13* Vorrichtung zur Verstärkung der elektrischen Ladung auf einem Konduktor; **Du|pli|ka|tur** *w. 10* Verdoppelung, Doppelbildung; **du|pli|zie|ren** verdop-

peln; **Du|pli|zi|tät** *w. 10* doppeltes Vorkommen oder Auftreten; D. der Fälle: fast gleichzeitiges Auftreten zweier ähnlicher Ereignisse; **Du|plum** *s. Gen.* -s *Mz.* -pla Doppel, Duplikat
Du|pren [auch: dy-, Kunstw.] *s. 1 nur Ez.* ein künstl. Kautschuk
Dur [zu lat. durus „hart"] *s. Gen. - nur Ez.* eins der beiden Tongeschlechter mit großer Terz im Dreiklang der Tonika; *Ggs.:* Moll;
Du|ra [lat.] *w. Gen. - nur Ez.* die harte, äußere Hirnhaut
du|ra|bel [lat.] dauerhaft, beständig; **Du|ra|bi|li|tät** *w. 10 nur Ez.* Dauerhaftigkeit, Beständigkeit
Du|ral [lat.] *s. 1 nur Ez. österr. für* Duralumin;
Dur|alu|min *s. 1* sehr harte Aluminiumlegierung
Du|ra ma|ter [lat. „harte Mutter"] *w. Gen. - - nur Ez.* → Dura
du|ra|tiv [auch: du-, lat.] dauernd; **Du|ra|ti|vum** *s. Gen.* -s *Mz.* -va die Dauer eines Vorgangs ausdrückendes Verb, z. B. schlafen, wohnen, blühen
Du|rax [Kunstw.] *s. 1 nur Ez.* ein härtbares Kunstharz
durch|star|ten *Flugwesen:* nach mißglücktem Landeversuch die Geschwindigkeit wieder beschleunigen und Höhe gewinnen
Du|ri|ne *w. 11* → Dourine
Dur|ra [arab.] *w. Gen. - nur Ez.* Mohrenhirse, Sorgho, eine Getreidepflanze
Dutch|man [dʌtʃmən, engl.] *m. Gen.* -s *Mz.* -men [-mən] **1** *engl. Bez. für* Niederländer; **2** *Schimpfwort englischsprechender Matrosen für* deutscher Matrose
Du|ty-free-Shop [dju:tifriʃɔp, engl.] *m. 9* Laden für zollfreie Waren, z. B. auf Flughäfen, Schiffen usw.
Du|um|vir [lat.] *m. 11* Angehöriger des Duumvirats; **Du|um|vi|rat** *s. 1, im alten Rom:* aus zwei Beamten bestehende Behörde
Duve|tine [dyvtin, frz.] *m. 9* wildlederartiges Gewebe
Dux [lat. „Führer"] *m. Gen. - Mz.* Du|ces **1** *im alten Rom:* Truppenführer; **2** *Mus.:* erstes Thema der Fuge auf der Grundstufe; vgl. Comes
Dy *chem. Zeichen für* Dysprosium
Dya|de [griech.] *w. 11 Vektorrechnung:* zwei zusammengefaßte Einheiten; **Dya|dik** *w. 10 nur Ez.* → Dualsystem; **dya|disch** **1** auf der Dyadik beruhend; **2** zur Dyas gehörig, aus ihr stammend; **Dy|as** *w. Gen. - nur Ez. veraltet für* Perm
Dyn [griech.] *s. Gen.* -s *Mz.* - (*Zeichen:* dyn) Maßeinheit der Kraft, *heute meist:* → Newton; **Dy|na|mik** *w. 10 nur Ez.* **1** *Phys.:* Lehre von der Bewegung von Körpern unter dem Einfluß von Kräften; *Ggs.:* Statik; **2** lebendige Bewegtheit, Schwung; **dy|na|misch** **1** auf Dynamik beruhend, zur Dynamik gehörend; *Ggs.:* statisch; **2** lebendig bewegt, schwungvoll; **3** wach und aufgeschlossen, beweglich und anpassungsfähig; **dy|na|mi|sie|ren** dynamisch gestalten; **Dy|na|mis|mus** *m. Gen. - nur Ez.* **1** Lehre, daß alles Sein auf der Wirkung von Kräften beruht; **2** *bei Naturvölkern:* Glaube, daß manche Menschen übernatürl. Kräfte besitzen; **dy|na|mi|stisch** auf dem Dynamismus beruhend; **Dy|na|mit** *s. 1 nur Ez.* ein Sprengstoff; **Dy|na|mo** *m. 9,* **Dy|na|mo|ma|schi|ne** *w. 11* Maschine zum Erzeugen von Strom; **Dy|na|mo|me|ter** *s. 5* Gerät zum Messen von Kräften und mechan. Leistung
Dy|nast [griech.] *m. 10* **1** regierender Angehöriger einer Dynastie; **2** Herrscher, Fürst;
Dy|na|stie *w. 11* Herrscherhaus, -familie
Dyo|pol [griech.] *s. 1* Marktform, in der zwei etwa gleich starke Unternehmen den Markt des gleichen Wirtschaftsgutes beherrschen
Dys|äs|the|sie [griech.] *w. 11* Unempfindlichkeit, Stumpfheit (der Sinne)
Dys|bak|te|rie [griech.] *w. 11* durch abnorme Bakterienbesiedlung im Darmbereich hervorgerufener Gärungs- und Fäulnisprozeß
Dys|en|te|rie [griech.] *w. 11* Ruhr; **dys|en|te|risch** ruhrartig
Dys|er|gie [griech.] *w. 11* verminderte Widerstandskraft, Krankheitsbereitschaft
Dys|funk|ti|on [-tsjon, griech. + lat.] *w. 11* Funktionsstörung (eines Organs)
Dys|kra|nie [griech.] *w. 11* Mißbildung des Schädels
Dys|kra|sie [griech.] *w. 11* fehlerhafte Zusammensetzung (der Körperflüssigkeiten, bes. des Blutes)
Dys|me|lie [griech.] *w. 11* angeborene Mißbildung (von Gliedmaßen)
Dys|me|nor|rhö [griech.] *w. 10,* **-rhoe** [-rø] *w. 11* gesteigerte Schmerzhaftigkeit der Menstruation
Dys|pep|sie [griech.] *w. 11* Verdauungsstörung; **dys|pep|tisch** **1** auf Dyspepsie beruhend, schwer verdauend; **2** schwer verdaulich
Dys|phre|nie [griech.] *w. 11* seelische Störung
Dys|pla|sie [griech.] *w. 11* körperl. Mißbildung, Fehlentwicklung; **dys|pla|stisch** *in der Wendung* dysplastischer Typ: von der Norm abweichender Körperbautyp
Dys|pnoe [-pnoe:, griech.] *w. Gen. - nur Ez.* Atemstörung, bes. Kurzatmigkeit
Dys|pro|si|um [griech.] *s. Gen.* -s *nur Ez.* (*Zeichen:* Dy) chem. Element, ein Metall
Dys|to|nie [griech.] *w. 11* Störung des normalen Spannungszustandes (von Muskeln, Gefäßen, Nerven)
Dys|tro|phie [griech.] *w. 11* Ernährungsstörung (von Muskeln, Organen u. a.)
Dys|ze|pha|lie [griech.] *w. 11* krankhafte Verformung des Schädels

E

e 1 *Zeichen für* Elektron; **2** *Zeichen für* Elementarladung; **3** *Zeichen für* die Zahl 2,71828... (Basis der natürl. Logarithmen)
ε *Zeichen für* Dielektrizitätskonstante
e⁺ *Zeichen für* Positron
e⁻ *früher Zeichen für* Elektron
E *Meteor.: Abk. für* East (Ost)
Eagle [igl, engl. „Adler"] *m. 9* Goldmünze in den USA mit aufgeprägtem Adler, 10 Dollar
Earl [əl, engl.] *m. 9, engl. Bez. für* Graf
Ear|ly-Bird [əlibəd] *m. 9* Anreiz für den Empfänger einer Werbebotschaft (z. B. Geschenk, zeitlich befristeter Preisnachlaß), seine Bestellung möglichst schnell abzusenden
East [ist, engl.] (*Abk.:* E) *Meteor.:* Ost(en)
Ea|sy Ri|der [izi raidər, engl.] *m. Gen.* --s *Mz.* --s Motorrad mit hoher, in der Mitte geteilter Lenkstange
Eau de Co|lo|gne [o:dəkolɔnjə, frz.] *s. Gen.* --- *nur Ez.* Kölnisch Wasser, ein Duftwasser; **Eau de toi|lette** [o:dətwalɛt] *s. Gen.* --- *nur Ez.* ein Duftwasser; **Eau de vie** [o:dəvi] *s. Gen.* --- *nur Ez., frz. Bez. für* Weinbrand
Ebo|nit [arab.-türk.] *s. 1 nur Ez.* Hartgummi
e. c. *Abk. für* exempli causa
Ecar|té [-te] *s. 9* → Ekarté
Ec|ce [ɛktsə, lat. „siehe da"] *s. Gen. - Mz. - früher:* jährl. Totengedenkfeier; **Ec|ce-Ho|mo** [„Seht, (welch) ein Mensch", Ausspruch des Pilatus, Joh. 19,5] *s. 9 oder Gen. - Mz. -* Darstellung Christi mit der Dornenkrone
Ec|cle|sia [lat.] *w. Gen. - nur Ez.* Kirche; E. militans: die kämpfende Kirche; **Ec|cle|sio|lo|gie** *w. 11* → Ekklesiologie
Echappe|ment [eʃapmã, frz.] *s. 9* **1** *veraltet:* Flucht; **2** Hemmvorrichtung (in der Uhr); Auslösung (einer Mechanik); **echap|pie|ren** *veraltet:* entweichen
echauf|fie|ren [eʃof-, frz.] sich e.: sich erhitzen, sich erregen; **echauf|fiert** erregt und bestürzt
Eche|ve|ria [ɛtʃɛ-, nach dem mexikan. Pflanzenzeichner Echeverria] *w. Gen. - Mz.* -ri|en ein Dickblattgewächs, eine Zimmerpflanze
Echi|nit [griech.] *m. 12 oder 10* versteinerter Seeigel; **Echi|no|der|me** *m. 11* Stachelhäuter; **Echi|no|kak|tus** *m. Gen. - Mz.* -te|en Igelkaktus; **Echi|no|kok|kus** *m. Gen. - Mz.* -ken Blasenwurm (ein Hundebandwurm sowie dessen Finne); **Echi|nus** *m. Gen. - Mz. -* **1** Seeigel; **2** Wulst zwischen Schaft und Deckplatte der dorischen Säule
Echo [griech.] *s. 9* Widerhall; Antwort; **echo|en** widerhallen; *übertr.:* nachsagen, wiederholen; **Echo|lot** *s. 1* Gerät zum Messen von Entfernungen und Tiefen mittels Schallwellen
Eclair [eklɛr, frz.] *s. 9* ein mit Creme gefülltes Gebäck mit Zucker- oder Schokoladenglasur, Liebesknochen
Eclat [ekla] *m. 9* → Eklat
Eco|no|mi|ser [ikɔnomaizər] *m. 5* → Ekonomiser
Ecos|sai|se [ekɔsɛz(ə)] *w. 11* → Ekossaise
Ecra|sé|le|der [-se-, frz.] *s. 5* grobnarbiges Ziegenleder
ecru [ekry] → ekrü
ed. *Abk. für* edidit: herausgegeben, ediert (in Bibliographien)
Ed. *Abk. für* Edition
eda|phisch [griech.] von den Eigenschaften des Bodens abhängig, bodenbedingt; **Edaphon** *s. Gen.* -s *nur Ez.* die Welt der Kleinlebewesen im Erdboden
edd. *Abk. für* ediderunt: herausgegeben, ediert (in Bibliographien bei mehreren Herausgebern)
Ed|da *w. 9, Mz. auch* -den Name zweier Sammlungen altnord. Dichtungen; Ältere E., Jüngere E.; **ed|disch** zur Edda gehörig, aus ihr stammend; die eddischen Lieder
Eden [hebr.] *s. 7 nur Ez., im AT:* Paradies; Garten Eden
Eden|ta|te [lat.] *m. 11 meist Mz.* zahnarmes Säugetier, z. B. Gürtel-, Faultier, Ameisenbär
edie|ren [lat.] herausgeben (Buch); ediert (*Abk.:* ed.)
Edikt [lat.] *s. 1* Erlaß, Verordnung (von Kaisern oder Königen)
Edi|ti|on [-tsjon, lat.] *w. 10* (*Abk.:* Ed.) Ausgabe, Herausgabe (von Büchern und Musikalien); **Edi|tio prin|ceps** [-tsjo-] *w. Gen.* -- *Mz.* -tio|nes -ci|pes Erstausgabe (eines Buches); **Edi|tor** [auch: -di-] *m. 13* Herausgeber; **edi|to|risch** die Herausgabe (eines Buches) betreffend
Edu|ka|ti|on [-tsjon, lat.] *w. 10* Erziehung
Edukt [lat.] *s. 1* Auszug aus Rohstoffen, z. B. Öl, Zucker
EDV *Abk. für* elektronische Datenverarbeitung
EEG *Abk. für* Elektroenzephalogramm
Efen|di [griech.-türk.] *m. 9* **1** *früher:* türk. Titel für ranghohe Personen; **2** *dann (bis 1934):* Herr (als Anrede)
Ef|fekt [lat.] *m. 1* Wirkung, Erfolg, Ergebnis; **Ef|fek|ten** *Mz.* Wertpapiere; **Ef|fekt|ha|sche|rei** *w. 10 nur Ez.* auf Wirkung angelegtes Verhalten; **ef|fek|tiv** tatsächlich, wirklich; **Ef|fek|tiv|be|stand** *m. 2* Ist-Bestand; **Ef|fek|ti|vi-**

tät *w. 10 nur Ez.* Wirksamkeit, Wirkungskraft; **Ef|fek|tiv|lohn** *m. 2* Tariflohn einschließlich aller Zulagen; **ef|fek|tu|ie|ren** **1** ausführen, durchführen (Auftrag), zahlen; **2** sich e.: sich lohnen
Ef|fe|mi|na|ti|on [-tsjon, lat.] *w. 10 nur Ez.* schwerster Grad entgegengesetzter geschlechtl. Empfindung, bei der sich der Mann ganz als Frau fühlt; **ef|fe|mi|nie|ren** weichlich, weibisch werden
Ef|fen|di *m. 9* → Efendi
Ef|fet [ɛfe̱, frz.] *s. 9 oder m. 9* Drehung eines Balles oder einer Billardkugel durch Anschneiden, so daß er bzw. sie beim Aufschlagen oder Anstoßen die Richtung ändert; **ef|fet|tuo|so** [ital.] *Mus.:* wirkungsvoll
Ef|fi|cien|cy [ifiʃnsi, engl.] *w. Gen. - nur Ez. Wirtsch.:* Wirtschaftlichkeit, größtmögliche Wirkung
ef|fi|lie|ren [frz.] Haare e.: beim Schneiden gleichmäßig dünner machen
Ef|fi|zi|enz [lat.] *w. 10* Wirkkraft, Wirksamkeit; **ef|fi|zie|ren** bewirken
Ef|flo|res|zenz [lat.] *w. 10* **1** *Med.:* Hautblüte, z. B. Pusteln; **2** *Geol.:* Salzüberzug auf Böden und Gesteinen; **ef|flo|res|zie|ren** **1** krankhafte Hautveränderungen zeigen; **2** einen Salzüberzug bilden
ef|flu|ie|ren [lat.] *Med.:* ausfließen, ausdünsten; **Ef|flu|vi|um** *s. Gen. -s Mz. -vi|en Med.:* Ausfluß, Ausdünstung
Ef|fu|si|on [lat.] *w. 10* Ausströmen, Erguß (z. B. von Lava); **ef|fu|siv** durch Effusion gebildet; **Ef|fu|siv|ge|stein** *s. 1* Ergußgestein
EFTA *Abk. für* European Free Trade Association: Europäische Freihandelszone
egal [frz.] **1** gleich, gleichmäßig; **2** gleichgültig, einerlei; das ist mir egal; **ega|li|sie|ren** ausgleichen, gleichmäßig machen; **ega|li|tär** (polit., soziale usw.) Gleichheit anstrebend; **Ega|li|ta|ris|mus** *m. Gen. - nur Ez.* Lehre von der größtmöglichen Gleichheit aller Menschen und das Streben nach ihrer Verwirklichung; **Ega|li|tät** *w. 10 nur Ez.* Gleichheit; **Éga|li|té** [-te] *w. 11 nur Ez.* Gleichheit (eins der drei Schlagwörter der Frz. Revolution); vgl. Liberté
Egg|head [-hɛd, engl. „Eierkopf“] *m. 9, amerik. ironische Bez. für* Intellektueller
Ego [lat.] *s. 9 nur Ez.* das Ich; vgl. Alter ego; **Ego|is|mus** *m. Gen. - nur Ez.* Ichsucht, Selbstsucht; *Ggs.:* Altruismus; **Ego|ist** *m. 10* selbstsüchtiger Mensch; *Ggs.:* Altruist; **ego|is|tisch** selbstsüchtig; **Ego|tis|mus** [lat.] *m. Gen. - nur Ez.* Neigung, sich selbst in den Vordergrund zu stellen, Eigenliebe
Egout|teur [egutør, frz.] *m. 1* Walze zum Erzeugen des Wasserzeichens im Papier
Ego|zen|trik [lat.] *w. 10 nur Ez.* egozentrisches Verhalten; **Ego|zen|tri|ker** *m. 5* egozentrischer Mensch; **ego|zen|trisch** alles auf sich selbst beziehend, nur vom eigenen Standpunkt aus denkend und handelnd; **Ego|zen|tri|zi|tät** *w. 10 nur Ez.* → Egozentrik
egre|nie|ren [frz.] von den Samen trennen (Baumwollfasern)
Egyp|ti|enne [eʒipsjɛ̨n, frz. „ägyptisch“] *w. Gen. - nur Ez.* eine Antiqua-Druckschrift
Ei|de|tik [griech.] *w. 10* Fähigkeit, früher Geschehenes als anschauliches Bild wieder vor sich zu sehen; **ei|de|tisch** auf Eidetik beruhend, anschaulich, bildhaft
Ei|do|phor [griech.] *s. 1* Fernsehgerät für Großbilder; **Ei|dos** *s. Gen. - nur Ez.* **1** Gestalt, Form; **2** *bei Plato:* Idee; **3** *Logik:* Art, Spezies
ein|bal|sa|mie|ren mit fäulnishemmenden Stoffen behandeln (Leichen)
ein|flip|pen auf etwas eingeflippt sein *ugs.:* in etwas befangen sein, an etwas gebunden sein; vgl. ausflippen
ein|kal|ku|lie|ren einrechnen, mit berücksichtigen
ein|quar|tie|ren in einem Quartier unterbringen
Eja|cu|la|tio prae|cox [lat.] *w. Gen. - - nur Ez.* vorzeitiger Samenerguß; **Eja|cu|la|tio re|tar|da** *w. Gen. - - nur Ez.* zu spät eintretender Samenerguß; **Eja|ku|lat** *s. 1* ausgespritzte Samenflüssigkeit; **Eja|ku|la|ti|on** [-tsjon] *w. 10* Samenerguß; **eja|ku|lie|ren** eine Ejakulation haben; **Ejek|ti|on** [-tsjon] *w. 10* **1** *veraltet:* Vertreibung (aus dem Besitz); **2** *Geol.:* Auswurf von vulkan. Material; **Ejek|tor** *m. 13* **1** Auswerfvorrichtung am Jagdgewehr; **2** Dampfstrahlpumpe; **eji|zie|ren** *veraltet:* hinauswerfen, vertreiben
Ekart [ekar, frz.] *m. 9 Börse:* Unterschied zwischen zwei Kursen im Terminhandel; **Ekar|té** [-te] *s. 9* **1** ein frz. Kartenspiel; **2** *Ballett:* Abspreizen des gestreckten Beines
Ek|chon|drom [-çɔn-, griech.] *s. 1* Knorpelgeschwulst; **Ek|chon|dro|se** *w. 11* Erkrankung infolge Knorpelwucherung
Ek|chy|mo|se [-çy-, griech.] *w. 11* blutunterlaufene Stelle, flächenhafte Hautblutung
ek|de|misch [griech.] auswärts befindlich, abwesend; *Ggs.:* endemisch (**1**)
EKG, Ekg *Abk. für* Elektrokardiogramm
Ek|kle|sia *w. Gen. - nur Ez.* → Ecclesia; **Ek|kle|si|a|stik** [lat.] *w. 10 nur Ez.*, **Ek|kle|sio|lo|gie** *w. 11 nur Ez.* Lehre von der Kirche
Ek|lamp|sie [griech.] *w. 11* Krampfanfall während der Spätschwangerschaft, der Entbindung oder des Wochenbetts infolge Stoffwechselversagens
Eklat [ekla, frz.] *m. 9* aufsehenerregendes Ereignis, Skandal; **ekla|tant** **1** aufsehenerregend; **2** offenkundig
Ek|lek|ti|ker [griech. „Auswählender“] *m. 5* jmd., der verschiedene Anschauungen oder verschiedene Stile (bes. in der Baukunst) miteinander verbindet, ohne eigene Gedanken oder einen eigenen Stil zu entwickeln;

ek|lek|tisch unschöpferisch, nachahmend; **Ek|lek|ti|zis|mus** *m. Gen. - nur Ez.* Übernahme fremden Gedankenguts oder fremder Stile ohne eigene schöpfer. Leistung

Ek|lip|se [griech.] *w.11* Sonnen- oder Mondfinsternis; **Ek|lip|tik** *w.10 nur Ez.* die Ebene der Erdbahn um die Sonne, die sich am Himmel als scheinbare jährl. Bahn der Sonne unter den Sternen abzeichnet

Ek|lo|ge [griech.] *w.11* altröm. Hirten-, Schäfergedicht

Eko|no|mi|ser [ikɔnomaizər, engl.] *m.5* Vorwärmer für das Wasser von Dampfkesseln

Ekos|sai|se [ekɔsɛz(ə), frz.] *w.11 urspr.:* ein schott. Volkstanz, *danach:* ein Gesellschaftstanz

Ekra|sit [frz.] *s.1 nur Ez.* ein Sprengstoff

ekrü [frz.] *nicht flektierbar* naturfarben; **Ekrü|sei|de** *w.11* Rohseide

Ek|sta|se [griech.] *w.11* **1** rauschhafte Verzückung, Entrückung; **2** übersteigerte Begeisterung; **Ek|sta|tik** *w.10 nur Ez.* ekstat. Verhalten; **Ek|sta|ti|ker** *m.5* rasch in übersteigerte Begeisterung geratender Mensch; **ek|sta|tisch** rauschhaft, verzückt

Ek|ta|se [griech.] *w.11 antike Metrik:* Dehnung (eines Vokals); **Ek|ta|sie** *w.11 Med.:* Ausdehnung, Erweiterung; **Ek|ta|sis** *w. Gen. - Mz.*-sen → Ektase

Ek|to|derm [griech.] *s.1* äußeres Keimblatt des Embryos; **Ek|to|mie** *w.11* operative Entfernung eines Organs; **Ek|to|pa|ra|sit** *m.10* Schmarotzer auf der Körperoberfläche; **Ek|to|pie** *w.11* Verlagerung eines Organs (z. B. bei der Wanderniere); **Ek|to|plas|ma** *s.9 bei Einzellern:* äußere Plasmaschicht

Ek|zem [griech.] *s.1* nicht ansteckende, juckende Hautentzündung; **Ek|ze|ma|ti|ker** *m.5* jmd., der an Ekzemen leidet; **ek|ze|ma|tisch, ek|ze|ma|tös** von einem Ekzem hervorgerufen, in der Art eines Ekzems

Ela|bo|rat [lat.] *s.1* schlechte schriftl. Arbeit, Machwerk

Ela|idin|säu|re [griech.] *w.11 nur Ez.* Umlagerungsform der Elainsäure; **Ela|in** *s.1 nur Ez.* in Ölen und Fetten vorkommende chem. Verbindung der Elainsäure; **Ela|in|säu|re** *w.11 nur Ez.* Ölsäure

Elan [frz.: elã] *m. Gen.*-s *nur Ez.* Schwung, Begeisterung; **Elan vi|tal** [elã-] *m. Gen. - -* Lebensschwung, Lebenskraft

Ela|stik [frz.] *w.10 oder s.9* ein dehnbares Gewebe; **ela|stisch** **1** dehnbar, biegsam; **2** *übertr.:* spannkräftig, beweglich; **Ela|sti|zi|tät** *w.10 nur Ez.* **1** Dehnbarkeit, Biegsamkeit; **2** *übertr.:* Spannkraft, Beweglichkeit; **Ela|sti|zi|täts|mo|dul** *m.14* Widerstandsfähigkeit gegen Formveränderung; **Ela|sto|me|re** *Mz.* gummiartige Kunststoffe

Ela|tiv [lat.] *m.1* absoluter Superlativ, z. B. schönstens oder: aufs schönste = sehr schön, eiligst = sehr eilig

El|do|ra|do, *eigtl.:* **Do|ra|do** [span.] *s.9* Land von großem Reichtum, Paradies

Ele|fan|tia|sis [griech.] *w. Gen. - Mz.*-tia|sen infolge Lymphstauung unförmige Verdikkung des Gewebes an Gliedmaßen, bes. den Beinen

ele|gant [frz.] **1** modisch und geschmackvoll; **2** fein und gewandt, geschickt; elegante Formulierung; **Ele|gant** [-gã] *m.9* stets nach der letzten Mode gekleideter Mann; **Ele|ganz** *w.10 nur Ez.* elegante Beschaffenheit

Ele|gie [griech.] *w.11* **1** *urspr.:* Gedicht in Distichen; **2** *danach:* wehmütiges, klagendes Gedicht oder Musikstück; **Ele|gi|ker** *m.5* Elegiendichter; **ele|gisch** **1** in der Art einer Elegie; **2** *übertr.:* klagend, wehmütig, traurig; **Eleg|jam|bus** *m. Gen. - Mz.*-ben ein antikes jambisches Versmaß

Elei|son [auch: elei-, griech. „erbarme dich"] *s.9* gottesdienstl. Gesang

Elek|ti|on [-tsjon, lat.] *w.10* Auswahl; **elek|tiv** auswählend; **Elek|to|rat** *s.1* Kurfürstenwürde

Elek|tri|fi|ka|ti|on [-tsjon, lat.] *w.10 nur Ez.* das Elektrifizieren; **elek|tri|fi|zie|ren** auf elektr. Betrieb ein-, umstellen; **Elek|trik** *w.10 nur Ez. Kurzw. für* Elektrotechnik, Elektrizitätslehre; **Elek|tri|ker** *m.5 Kurzw. für* Elektrotechniker; **elek|trisch** auf den Kräften von ruhenden oder bewegten, positiv oder negativ geladenen Teilchen beruhend; **Elek|tri|sche** *w.17 oder 18 ugs., veraltet:* Straßenbahn; **elek|tri|sie|ren** etwas e.: **1** elektr. Ladungen in etwas erzeugen, auf etwas übertragen; **2** mit elektr. Strom behandeln; **Elek|tri|zi|tät** *w.10 nur Ez.* elektr. Energie

Elek|tro|aku|stik *w.10 nur Ez.* Technik der Umwandlung akust. in elektr. Signale sowie ihre Übertragung, Speicherung und Rückverwandlung in Schallwellen; **Elek|tro|che|mie** *w.11 nur Ez.* Wiss. von den chem. Wirkungen des elektr. Stroms; **Elek|tro|chir|ur|gie** *w.11 nur Ez.* Chirurgie mit Hilfe elektr. Stroms; **Elek|tro|chord** [-kɔrd] *s.1* elektr. Klavier; **Elek|tro|de** *w.11* Metall- oder Kohlekörper zum Zu- oder Ableiten von elektr. Strom; **Elek|tro|dia|gno|stik** *w.10 nur Ez.* Diagnostik mit Hilfe elektrophysikal. Verfahren (z. B. EKG, EEG); **Elek|tro|dy|na|mik** *w.10 nur Ez.* Lehre von den mechan. Wirkungen des elektr. Stroms; **Elek|tro|dy|na|mo|me|ter** *s.5* Gerät zum Messen der elektrischen Stromstärke und Spannung; **Elek|tro|en|ze|pha|lo|gramm** *s.1* (*Abk.:* EEG) Aufzeichnung der elektr. Aktionsströme des Gehirns zur Erkennung von Gehirnerkrankungen; **Elek|tro|in|ge|nieur** [-ʒənjø:r] *m.1* an einer Techn. Hochschule ausgebildeter Elektrotechniker; **Elek|tro|kar|dio|gramm** *s.1* (*Abk.:* EKG, Ekg) Aufzeichnung der Aktionsströme des Herzmuskels; **Elek|tro-**

kar|dio|graph *m.10* Gerät zur Herstellung von Elektrokardiogrammen; **Elek|tro|kau|stik** *w.10 nur Ez.* operative Entfernung kranken Gewebes mit Hilfe von Hochfrequenzströmen; **Elek|tro|kau|ter** *m.5* elektr. Schneidbrenner zur Elektrokaustik; **Elek|tro|ly|se** *w.11* Zersetzung chem. Verbindungen durch elektr. Strom; **Elek|tro|ly|seur** [-sør] *m.1* Gerät zur Elektrolyse; **Elek|tro|lyt** *m.1 oder 10* Stoff, der in wäßriger Lösung elektr. Strom leitet und durch ihn zersetzt wird; **Elek|tro|ma|gnet** *m.10* durch Induktionswirkung des elektr. Stromes magnetisch gewordenes Metall; **Elek|tro|ma|gne|tis|mus** *m. Gen. - nur Ez.* durch elektr. Strom erzeugter Magnetismus; **Elek|tro|me|tall** *s.1* durch Elektrolyse gewonnenes Metall; **Elek|tro|me|ter** *s.5* Gerät zum Messen elektr. Ladung und Spannung; **Elek|tro|mo|tor** *m.12* mit elektr. Strom betriebener Motor

Elek|tron [griech.] *s.13* (*Zeichen:* e, *früher:* e^-) **1** negativ geladenes Elementarteilchen; **2** in der Natur vorkommende Gold-Silber-Legierung; **3** Ⓦ Magnesiumlegierung (mit je nach Verwendung verschiedenen Zusätzen); **4** antikes Münzmetall; **Elek|tro|nen|blitz|ge|rät** *s.1* photograph. Blitzlichtgerät; **Elek|tro|nen|ge|hirn** *s.1* elektron. Rechenmaschine; **Elek|tro|nen|mi|kro|skop** *s.1* Mikroskop, bei dem nicht Lichtstrahlen, sondern Elektronen verwendet werden; **Elek|tro|nen|or|gel** *w.11* elektronisch betriebenes, orgelähnl. Musikinstrument; **Elek|tro|nen|rech|ner** *m.5* elektronisch arbeitende Rechenmaschine; **Elek|tro|nen|röh|re** *w.11* Gerät zum Erzeugen, Verstärken und Gleichrichten elektr. Schwingungen; **Elek|tro|nen|volt** *s. Gen.*-(s) *Mz.* - *Kernphysik:* Einheit für Arbeit bzw. Energie; **Elek|tro|nik** *w.10 nur Ez.* Lehre von den Elektronen und Elektronenröhren und ihrer techn. Anwendung; **Elek|tro|ni|ker** *m.5* Techniker in der Elektronik; **elek|tro|nisch** auf Elektronik beruhend; elektronische Musik: Musik, die mit elektron. Klangmitteln erzeugt und durch Lautsprecher übertragen wird

Elek|tro|ofen *m.8* mit elektr. Strom betriebener Ofen; **elek|tro|phil** zur Anlagerung von Elektronen neigend; **elek|tro|phob** der Anlagerung von Elektronen abgeneigt; **Elek|tro|pho|re|se** *w.11 nur Ez.* Bewegung elektrisch geladener Teilchen im elektr. Feld; **Elek|tro|schock** *m.9* Schock durch elektr. Strom zu Heilzwecken; **Elek|tro|skop** *s.1* veraltetes Gerät zum Nachweis elektr. Ladungen; **Elek|tro|sta|tik** *w.10 nur Ez.* Lehre von den ruhenden elektr. Ladungen; **Elek|tro|tech|nik** *w.10 nur Ez.* Technik der Erzeugung und Anwendung der Elektrizität und der Herstellung elektr. Geräte und Maschinen; **Elek|tro|tech|ni|ker** *m.5* Handwerker oder Ingenieur in der Elektrotechnik; **Elek|tro|the|ra|pie** *w.11* mit elektr. Strom arbeitende Therapie; **Elek|tro|to|mie** *w.11* Herausschneiden von Gewebswucherungen mittels elektrisch beheizter Schneidschlinge

Ele|ment [lat.] *s.1* **1** Urstoff, Grundstoff; **2** Grundbestandteil, -begriff; **3** Naturgewalt; **4** einzelnes Teil einer Serie; **5** *übertr.:* minderwertiger Mensch; **6** das jmdm. Gemäße, Angemessene; hier ist er in seinem Element; **ele|men|tar** **1** grundlegend; **2** naturhaft; **3** Anfangs..., Grund..., Natur...; elementare Begriffe, Gewalten; **Ele|men|tar|geist** *m.3 im Volksglauben:* Naturgeist; **Ele|men|tar|la|dung** *w.10* kleinste in der Natur vorkommende elektr. Ladung; **Ele|men|tar|quan|tum** *s. Gen.*-s *Mz.*-ten *Quantenphysik:* kleinste Einheit der Energie, des Impulses und anderer physikal. Größen; **Ele|men|tar|schu|le** *w.11* Grund-, Volksschule; **Ele|men|tar|teil|chen** *s.7* kleinstes, nicht weiter teilbares Teilchen; **Ele|men|tar|un|ter|richt** *m.1* **1** Volks-, Grundschulunterricht; **2** Anfangs-, Einführungsunterricht; **Ele|men|tar|werk** *s.1* Lehrbuch der Anfangsgründe (eines Wissensgebietes)

Ele|mi [arab.-span.] *s. Gen.*-s *nur Ez.* Harz verschiedener trop. Bäume

Elen [lat.] *s.7 oder m.7*, **Elen|tier** *s.1* Elch

Eleu|si|ni|en *Mz. im alten Griechenland:* Mysterienspiele der Stadt Eleusis zu Ehren der Göttin Demeter

Ele|va|ti|on [-tsjon, lat.] *w.10* **1** Erhöhung, Empor-, Aufheben; **2** *kath. Kirche:* das Emporheben von Hostie und Kelch während der Messe; **3** *Astron.:* Erhebung eines Gestirns über den Horizont; **Ele|va|tor** *m.13* Hebe-, Becherwerk

Ele|ve [frz.] *m.11* **1** Land- und Forstwirt während der prakt. Ausbildung; **2** Schüler einer Schauspiel- oder Ballettschule; **Ele|vin** *w.10* weibl. Eleve

eli|die|ren [lat.] *Sprachw.:* auslassen, ausstoßen (Laut)

Eli|mi|na|ti|on [-tsjon, lat.] *w.10* Entfernung, Beseitigung; **eli|mi|nie|ren** ausscheiden, entfernen

Eli|si|on [lat.] *w.10* Weglassen, Ausstoßen eines Vokals, z. B. das *hör* ich gern, *Freud* und Leid, Besied(e)lung

eli|tär zu einer Elite gehörend; **Eli|te** [österr.: -lit, frz.] *w.11* Auslese, die Besten

Eli|xier [griech.-arab.] *s.1* Zauber-, Heiltrank

El|lip|se [griech.] *w.11* **1** *Math.:* ein Kegelschnitt; **2** *Sprachw.:* Auslassungssatz, Satz, in dem die zum Verständnis nicht nötigen Teile weggelassen sind, z. B. (was) frisch gewagt (wird), ist (schon) halb gewonnen; **el|lip|so|id** ellipsenähnlich; **El|lip|so|id** *s.1* durch Drehung einer Ellipse um eine ihrer Achsen entstandener Körper; **el|lip|tisch** in der Form, Art einer Ellipse; **El|lip|ti|zi|tät** *w.10 nur Ez.*

Astron.: Abplattung eines Himmelskörpers infolge seiner Rotation
Elo|ah [semit.] *m. Gen.*-(s) *Mz.* Elo|him *im AT Bez. für* Jahwe und die Heidengötter
Elo|ge [-ʒə, frz.] *w. 11* Lob, Lobrede, Schmeichelei; jmdm. Elogen machen
Elon|ga|ti|on [-tsjon, lat.] *w. 10* **1** jeweiliger Abstand eines schwingenden Körpers von der Ruhelage; **2** Winkelabstand zwischen Sonne und Planet oder Planet und Satellit
elo|quent [lat.] beredt; **Elo|quenz** *w. 10 nur Ez.* Beredsamkeit
Elo|xal [Kurzw. aus elektrisch oxydiertes Aluminium] *s. 1 nur Ez.* ⓦ Schutzüberzug aus Aluminiumoxid; **elo|xie|ren** mit Eloxal überziehen
Elu|at [lat.] *s. 1* aus einem Adsorbens herausgelöster Stoff; **elu|ie|ren** (einen adsorbierten Stoff) aus einem festen Adsorbens herauslösen; **Elu|ti|on** [-tsjon] *w. 10* das Eluieren
elu|vi|al [lat.] am Entstehungsort liegengeblieben (Gestein, Metalle usw.); **Elu|vi|um** *s. Gen.*-s *nur Ez.* am Entstehungsort liegengebliebene Rückstände von Abtragungsvorgängen
ely|sä|isch **1** zum Elysium gehörig; **2** paradiesisch, himmlisch, wonnevoll; elysäische Gefilde → Elysium
ely|sie|ren [Kunstw.] elektrolytisch schleifen (Metall)
ely|sisch → elysäisch; **Ely|si|um** *s. Gen.*-s *nur Ez. griech. Myth.:* Aufenthaltsort der Seligen, Paradies
Ely|tron [griech.] *s. Gen.*-s *meist Mz.* Ely|tren Deck-, Schutzflügel (von manchen Insekten)
El|ze|vir [-zəvir, nach der ndrl. Buchdruckerfamilie] *w. Gen.* - *nur Ez.* eine Antiqua-Druckschrift; **El|ze|vi|ria|na** *Mz.* Drucke der Familie Elzevir
Em *chem. Zeichen für* Emanation **(4)**
em. *Abk. für* emeritiert
Email [auch: emaj, frz.] *s. 9,* **Emaille** [emaljə, emaj] *w. 11* Glasfluß, farbiger Schutz- oder Schmucküberzug auf Metallgegenständen; **Email|leur** [emaljør, emajør] *m. 1* Facharbeiter, der Metallgegenstände mit Email überzieht; **email|lie|ren** [emalji-, emaji-] mit Email überziehen
Eman [Kurzw. aus Emanation] *s. Gen.*-s *Mz.*- Maßeinheit für den radioaktiven Gehalt (bes. von Quellwasser); **Ema|na|ti|on** [-tsjon, lat.] *w. 10* **1** Ausströmen, Ausstrahlung; **2** *Philos.:* Entstehung aller Dinge aus dem vollkommenen, unveränderl. Einen (Gott); **3** *Psychol.:* persönl. Ausstrahlung; **4** *Chem.: früher Bez. für* Radon (*Zeichen:* Em); **Ema|na|tis|mus** *m. Gen.* - *nur Ez.* antike Lehre von der Emanation; **ema|nie|ren** ausströmen, ausstrahlen
Eman|zi|pa|ti|on [-tsjon, lat.] *w. 10* Befreiung aus Abhängigkeit; Gleichstellung, Gleichberechtigung; **eman|zi|pa|to|risch** auf Emanzipation zielend; **eman|zi|pie|ren** selbständig machen, aus Abhängigkeit befreien; **eman|zi|piert** betont selbständig und vorurteilslos
Emas|ku|la|ti|on [-tsjon, lat.] *w. 10* Entmannung, Kastration; **Emas|ku|la|tor** *m. 13* Gerät zum Kastrieren von männl. Haustieren
Em|bal|la|ge [ãbalaʒə, frz.] *w. 11* Verpackung (einer Ware); **em|bal|lie|ren** [ã-] verpacken
Em|bar|go [span.] *s. 9* **1** Beschlagnahme (eines Schiffes oder seiner Ladung durch einen Staat); **2** Ausfuhrverbot
Em|blem [auch: ãblem, griech.] *s. 1* Kenn-, Abzeichen, Hoheitszeichen; Sinnbild
Em|bo|lie [griech.] *w. 11* Verstopfung eines Blutgefäßes durch einen Embolus; **Em|bo|lus** *m. Gen.* - *Mz.*-li Blutgerinnsel, Fetttröpfchen o. ä. in der Blutbahn
Em|bon|point [ãbõpoẽ, frz. „in gutem Zustand"] *m. 9 oder s. 9* Wohlbeleibtheit, Körperfülle, Spitzbauch
Em|bryo [griech.] *m. 9, Mz. auch:* -bryo|nen, *österr. auch: s. 9,* ungeborenes bzw. noch nicht geschlüpftes Lebewesen, Keimling, vgl. Fetus; **Em|bryo|lo|gie** *w. 11 nur Ez.* Lehre von der Entwicklung des Embryos; **em|bryo|nal, em|bryo|nisch** zum Embryo gehörig, im Zustand des Embryos, unentwickelt
Emen|da|ti|on [-tsjon, lat.] *w. 10* Verbesserung, Berichtigung (bes. von Texten); **emen|die|ren** berichtigen
Eme|rit [lat.] *m. 10* jmd., der emeritiert ist; **eme|ri|tie|ren** in den Ruhestand versetzen (Geistliche), entpflichten (Universitätsprofessoren); **eme|ri|tiert** (*Abk.:* em.) im Ruhestand; **Eme|ri|tus** *m. Gen.* - *Mz.*-ti → Emerit
emers [lat.] über den Wasserspiegel hinausragend (Wasserpflanzen); *Ggs.:* submers; **Emer|si|on** *w. 10* **1** Heraustreten eines Mondes aus dem Schatten des Planeten, den er umkreist; **2** *Geol.:* Auftauchen von Festland durch Zurückweichen des Meeres
Eme|ti|kum [griech.] *s. Gen.*-s *Mz.*-ka Brechmittel; **eme|tisch** Erbrechen bewirkend
Emi|grant [lat.] *m. 10* Auswanderer; *Ggs.:* Immigrant; **Emi|gra|ti|on** [-tsjon] *w. 10* Auswanderung (bes. aus polit. oder relig. Gründen); *Ggs.:* Immigration; **emi|grie|ren** auswandern; *Ggs.:* immigrieren
emi|nent [lat.] hervorragend, außerordentlich; **Emi|nenz** *w. 10* Titel für Kardinäle und den Großmeister des Malteserordens (auch als Anrede); Euer Eminenz
Emir [auch: -mir, arab.] *m. 1* Titel für arab. Fürsten; **Emi|rat** *s. 1* arab. Fürstentum
Emis|sär [lat.-frz.] *m. 1* Abgesandter mit geheimem Auftrag, Kundschafter; **Emis|si|on** *w. 10* **1** *Phys.:* Aussendung (von Strahlen), Ausstrahlung; **2** *Med.:* Entleerung (z. B. der Harnblase); **3** *Börse:* Ausgabe von neuen Wertpapieren oder Anleihen; **Emis|si|ons|kurs** *m. 1* Ausgabekurs (von Wertpapieren); **Emit|tent** *m. 10* jmd., der Wertpapiere aus-

gibt; **emit|tie|ren** aussenden, in Umlauf bringen
Emo|ti|on [-tsjon, lat.] *w.10* Gefühls-, Gemütsbewegung; **emo|tio|nal** gefühlsmäßig, auf Gefühl beruhend; **Emo|tio|na|li|tät** *w.10 nur Ez.* Gefühlserregbarkeit, gefühlsmäßige Ansprechbarkeit; **emo|tio|nell** → emotional
Em|pa|thie [griech.] *w. Gen. - nur Ez.* **1** *urspr.:* das Verstehen von Kunstwerken; **2** *Psych.:* Fähigkeit, sich in andere Menschen hineinzuversetzen
Em|pha|se [griech.] *w.11* Nachdruck, leidenschaftl. Betonung, schwungvoller Ausdruck; **em|pha|tisch** mit Emphase
Em|phy|sem [griech.] *s.1* Luftansammlung im Gewebe (bes. der Lungen); **em|phy|se-ma|tisch** durch Luft aufgebläht
Em|pire 1 [āpir, frz.] *s. Gen.-(s) nur Ez.* das Kaiserreich Napoleons I. und III.; **2** Kunststil in Frankreich zur Zeit Napoleons I.; **3** [ɛmpaiə, engl.] *s. Gen.-(s) nur Ez.* das britische Weltreich
Em|pi|rem [griech.] *s.1* Erfahrungstatsache
Em|pire|stil [āpir-] *m.1 nur Ez.* → Empire (2)
Em|pi|rie [griech.] *w.11 nur Ez.* Erfahrung, auf Erfahrung beruhende Erkenntnis; **Em-pi|ri|ker** *m.5* jmd., der nur die Erfahrung als Erkenntnisgrundlage gelten läßt; **Em|pi|rio-kri|ti|zis|mus** *m. Gen. - nur Ez.* Richtung der Philosophie, die die Erkenntnis nur auf kritische Erfahrung gründet; **em|pi|risch** auf Erfahrung beruhend; **Em|pi|ris|mus** *m. Gen. - nur Ez.* Lehre, daß alle Erkenntnis nur auf Erfahrung beruhe; **Em|pi|rist** *m.10* Vertreter des Empirismus; **em|pi|ri|stisch** auf dem Empirismus beruhend
Em|py|em [griech.] *s.1* Eiteransammlung in einer natürl. Körperhöhle
em|py|re|isch zum Empyreum gehörend, feurig, hell, strahlend; **Em|py|re|um** *s. Gen.-s nur Ez.* **1** *antike Philos.:* Feuerhimmel, oberste Weltgegend; **2** *scholast. Philos.:* Himmel, Lichtreich; **3** *bei Dante:* Ort der Seligen
Emu [port.] *m.9* ein straußenähnl., flugunfähiger Vogel Australiens
Emul|ga|tor [lat.] *m.13* die Bildung einer Emulsion fördernder Stoff; **emul|gie|ren** einen Stoff e.: mit einem anderen zu einer Emulsion mischen; **Emul|sin** *s.1 nur Ez.* in bitteren Mandeln enthaltenes Ferment; **Emul|si|on** *w.10* **1** feinste Verteilung zweier nicht mischbarer Flüssigkeiten ineinander; **2** *Phot.:* lichtempfindl. Schicht auf photograph. Aufnahmematerialien
En|an|them [griech.] *s.1* Schleimhautausschlag
En|an|tio|tro|pie [griech.] *w.11* wechselseitige Umwandelbarkeit eines Stoffes von einer Zustandsform in eine andere

en bloc [āblɔk, frz.] im ganzen; etwas en bloc verkaufen
en ca|naille [ākanaj, frz.] *in der Wendung* jmdn. en canaille behandeln: verächtlich, geringschätzig behandeln
En|ceinte [āsɛ̄t(ə), frz.] *w.11 veraltet:* Umwandlung, Festungsgürtel
En|chan|te|ment [āʃāt(ə)mā, frz.] *s.9 nur Ez. veraltet:* Bezauberung, Entzücktheit; **en-chan|tiert** [āʃā-] *veraltet:* bezaubert, entzückt
En|chi|ri|di|on [-çi-, griech.] *s. Gen.-s Mz. -di|en veraltet:* Handbuch, kleines Lehrbuch
En|co|ding [-kou-, engl.] *s.9* Verschlüsselung (einer Nachricht); *Ggs.:* Decoding
en|cou|ra|gie|ren [ākuraʒi-, frz.] *veraltet:* anfeuern, ermutigen; *Ggs.:* decouragieren
En|de|mie [griech.] *w.11* nur in einem begrenzten Gebiet auftretende Krankheit; *Ggs.:* Epidemie; **en|de|misch 1** einheimisch; *Ggs.:* ekdemisch; **2** *Bot., Zool.:* auf ein bestimmtes Gebiet beschränkt; **3** *Med.:* nur in einem begrenzten Gebiet auftretend (Krankheit); *Ggs.:* epidemisch; **En|de|mis|mus** *m. Gen.- nur Ez.* Vorkommen von Tieren und Pflanzen nur in einem bestimmten Gebiet; **En|de-mit** *m.10 meist Mz.* nur in einem bestimmten Gebiet vorkommende Pflanze
en|der|mal [griech.] *Med.:* in der Haut, in die Haut hinein
en dé|tail [ādetaj, frz.] im kleinen, in kleinen Mengen, in Einzelstücken; *Ggs.:* en gros; Waren en détail verkaufen; **En|dé|tail|han|del** *m. Gen.-s nur Ez.* Einzelhandel
En|do|der|mis [griech.] *w. Gen. - Mz.-men* innerste Schicht der Pflanzenwurzelrinde
En|do|ga|mie [griech.] *w.11, bei Naturvölkern:* Heirat innerhalb der eigenen sozialen Gruppe, Verwandtenehe; *Ggs.:* Exogamie
en|do|gen [griech.] von innen kommend, im Innern entstanden; *Ggs.:* exogen
En|do|kard [griech.] *s.1* Herzinnenhaut; **En-do|kar|di|tis** *w. Gen. - Mz.-ti|den* Entzündung der Herzinnenhaut
En|do|karp [griech.] *s.1* Innenschicht der Fruchtwand; *Ggs.:* Exokarp
en|do|krin [griech.] nach innen absondernd, mit innerer Sekretion (Drüsen); *Ggs.:* exokrin; **En|do|kri|no|lo|gie** *w.11 nur Ez.* Lehre von der inneren Sekretion
En|do|phyt [griech.] *m.10* in anderen Pflanzen oder Tieren schmarotzende Pflanze
En|do|skop [griech.] *s.1* Instrument mit Spiegel und elektr. Lichtquelle zur Untersuchung von Körperhöhlen; **En|do|sko|pie** *w.11* Untersuchung mit dem Endoskop
En|do|sperm [griech.] *s.1* Nährgewebe im Pflanzensamen
En|do|thel [griech.] *s.1,* **En|do|the|li|um** *s. Gen.-s Mz.-li|en* Blut-, Lymphgefäße und Körperhöhlen auskleidende Zellschicht
en|do|therm [griech.] Wärme aufnehmend, Wärme bindend; *Ggs.:* exotherm

Energetik [griech.] *w. 10 nur Ez.* **1** *Phys.:* Lehre von der Energie und ihrer Umwandlung; **2** *Philos.:* Lehre, daß die Energie die Grundkraft allen Seins und Geschehens sei; **Energie** *w. 11* **1** *Phys.:* Fähigkeit, Arbeit zu leisten; **2** *allg.:* Tatkraft, Nachdruck; **energisch** **1** tatkräftig, willensstark; **2** nachdrücklich

Enervation [tsjon, lat.] *w. 10* Entkräftung, nervl. Erschöpfung; **enervieren** **1** entnerven, entkräften; **2** *Med.:* operativ von einem Nerv befreien

en face [ãfas, frz.] von vorn (gesehen), gegenüber

en famille [ãfamij, frz.] in der Familie, im engsten Kreis

Enfant terrible [ãfã teribl(ə), frz. „schreckliches Kind"] *s. Gen. -- Mz.* -s -s [ãfã teribl(ə)] jmd., der durch allzu große Offenheit andere in Verlegenheit bringt

Enfilade [ã-, frz.] *w. 11* Zimmerflucht, durch deren geöffnete Türen man vom ersten bis zum letzten Zimmer sehen kann; **enfilieren** [ã-] **1** auffädeln, aneinanderreihen; **2** mit Geschützfeuer bestreichen; **3** jmdn. e.: in etwas verwickeln

Enfleurage [ãfløraʒ(ə), frz.] *w. 11 nur Ez.* Gewinnung von Duftstoffen und -ölen aus Blüten

Engagement [ãgaʒmã, frz.] *s. 9* **1** Verpflichtung, innere Bindung, Wille zum Einsatz; **2** *Börse:* Verpflichtung, zu einem bestimmten Zeitpunkt zu bezahlen oder zu liefern; **3** Anstellung (von Künstlern); **engagieren** [ãgaʒi-] **1** anstellen, verpflichten (Künstler); **2** zum Tanz auffordern; **3** sich e.: sich auf etwas einlassen, sich für etwas einsetzen

English spoken [iŋgliʃ spoukən] (hier wird) Englisch gesprochen

Engobe [ãgob(ə), frz.] *w. 11* eine Überzugsmasse für Keramiken; **engobieren** mit Engobe überziehen

Engramm [griech.] *s. 1* bleibender geistiger Eindruck, Erinnerungsbild

en gros [ãgro, frz. „im großen"] in größeren Mengen; *Ggs.:* en détail; **Engroshandel** [ãgro-] *m. Gen.* -s *nur Ez.* Großhandel; **Engrossist** *m. 10 österr. für* Grossist

Enharmonik [griech.] *w. 10 nur Ez.* unterschiedliche Bezeichnung und Notierung desselben Tones, z. B. cis und des; **enharmonisch** auf Enharmonik beruhend; enharmonische Verwechslung: Verwandlung eines Tons oder Akkords durch andere Schreibung und Bezeichnung

Enjambement [ãʒãbmã, frz.] *s. 9* Übergreifen eines Satzes in die nächste Verszeile

enkaustieren [griech.] mit enkaustischen Farben bemalen; **Enkaustik** *w. 10* antike Maltechnik mit enkaustischen Farben; **enkaustische Farben** mit Wachs verschmolzene und dadurch feuchtigkeitsbeständige Farben

Enklave [lat.] *w. 11* fremdes Staatsgebiet, das vom eigenen Staatsgebiet eingeschlossen ist; *Ggs.:* Exklave (**1**)

Enklise [griech.] *w. 11,* **Enklisis** *w. Gen. - Mz.* -sen Verkürzung eines unbetonten Wortes durch Anlehnung an das vorhergehende, betonte Wort, z. B.: gib's mir, statt: gib es mir; *Ggs.:* Proklise; **Enklitikon** *s. Gen.* -s *Mz.* -ka unbetontes, sich an ein betontes Wort anlehnendes Wort

Enkomiastik [griech.] *w. 10* Lobpreisung; **Enkomion, Enkomium** *s. Gen.* -s *Mz.* -mien Lobrede, Lobschrift

en masse [ãmas, frz.] in Masse(n), in großer Zahl

en miniature [ãminjatyr, frz.] im kleinen (Maßstab)

ennuyant [ãnyjã, ãnyijã, frz.] *veraltet:* langweilig, lästig; **ennuyieren** [ãnyji-, ãnyiji-] lästig sein, langweilen

enorm [frz.] ungeheuer, außerordentlich; herrlich, großartig

en passant [ãpasã, frz. „im Vorbeigehen"] nebenbei, beiläufig

en profil [ã-, frz.] im Profil, von der Seite

Enquete [ãkęt, frz.] *w. 11 veraltet, noch Amtsdeutsch:* amtl. Untersuchung, Rundfrage, Umfrage

enragieren [ãraʒi-, frz.] sich e. *veraltet:* sich aufregen; sich leidenschaftlich begeistern

en route [ãrut, frz.] *veraltet:* unterwegs

Ensemble [ãsãbl, frz.] *s. 9* **1** Gesamtheit der Mitwirkenden in einem Theaterstück, einer Tanz- oder Musikaufführung; **2** kleines Orchester; **3** Spiel des ganzen Orchesters, im Unterschied zu dem des Solisten; **Ensemblemusik** *w. 10 nur Ez.* Tanz-, Unterhaltungsmusik; **Ensemblespiel** *s. 1 nur Ez.* Spiel gut zusammenarbeitender Schauspieler

Ensilage [ãsilaʒə, frz.] *w. 11* → Silage

en suite [ãsyit, frz.] **1** nach-, hintereinander, unmittelbar aufeinander folgend; **2** im folgenden

Entase [griech.] *w. 11,* **Entasis** *w. Gen. - Mz.* -sen Anschwellung des Säulenschaftes nach der Mitte zu

Entelechie [griech.] *w. 11 Philos.:* zielstrebige Kraft eines Lebewesens, sich seinen Anlagen gemäß zu entwickeln

Entente [ãtãt, frz.] *w. 11* freundschaftl. Staatenbündnis

enteral [griech.] zum Darm gehörig, von ihm ausgehend; **Enteralgie** *w. 11* Leibschmerz; **Enteritis** *w. Gen. - Mz.* -tiden Dünndarmentzündung, Darmkatarrh; **enterogen** vom Darm ausgehend; **Enteroklyse** *w. 11,* **Enteroklysma** *s. Gen.* -s *Mz.* -men *oder* -malta Darmspülung; **Enteroskop** *s. 1* Gerät mit Spiegel und elektr. Lichtquelle zur Untersuchung des Dickdarms; **Enteroskopie** *w. 11* Untersuchung des Dickdarms mit dem Enteroskop; **Enterostomie** *w. 11* An-

legen eines künstl. Afters; **En|te|ro|to|mie** *w.11* operative Öffnung des Darms; **En|te|ro|zo|en** *Mz., Ez.:* -zo|on Darmschmarotzer
En|ter|tai|ner]-tɛi-, engl.] *m.5* Unterhalter, z. B. Conférencier, Diskjockey
En|thal|pie [griech.] *w.11 nur Ez.* eine Zustandsgröße in der Thermodynamik
Ent|hel|min|then [griech.] *Mz.* Eingeweidewürmer
en|thu|si|as|mie|ren [griech.] in Enthusiasmus versetzen, begeistern; **En|thu|si|as|mus** *m. Gen. - nur Ez.* Begeisterung; **En|thu|si|ast** *m.10* leicht zu begeisternder Mensch, Schwärmer; **en|thu|si|a|stisch** begeistert
En|ti|tät [lat.] *w.10* das Dasein (eines Dinges), im Unterschied zum Wesen
ent|mi|li|ta|ri|sie|ren ein Land e.: Waffen und Streitkräfte aus ihm entfernen
ent|my|tho|lo|gi|sie|ren von mytholog. Vorstellungen befreien
ent|na|tio|na|li|sie|ren [-tsjo-] → reprivatisieren
ent|na|zi|fi|zie|ren jmdn. e.: untersuchen, ob jmd. Nationalsozialist gewesen ist und ihn bestrafen oder als nicht betroffen einstufen; einen Betrieb e.: alle nationalsozialist. Elemente aus ihm entfernen
ent|ni|ko|ti|ni|sie|ren Tabak e.: Nikotin aus ihm entfernen
En|to|blast [griech.], **En|to|derm** *s.1* inneres Keimblatt des Embryos
En|to|mo|lo|gie [griech.] *w.11 nur Ez.* Wissenschaft von den Gliedertieren, bes. den Insekten
En|to|pa|ra|sit [griech.] *m.10* im Innern von Tieren oder Pflanzen lebender Parasit
en|to|pisch [griech.] *veraltet:* einheimisch, örtlich
En|to|plas|ma [griech.] *s.9* innere Schicht des Protoplasmas
En|to|xis|mus [griech.] *m. Gen. - Mz.*-men *Med.:* Vergiftung
En|to|zo|on [griech.] *s. Gen.*-s *Mz.*-zo|en im Innern anderer Lebewesen lebender Schmarotzer
En|tra|da *w. Gen. - Mz.*-den → Intrada
En|tre|akt [ãtrəakt, ãtrakt, frz.] *m.1* Zwischenakt, Zwischenspiel, Zwischenaktsmusik
En|tre|chat [ãtrəʃa, frz.] *m. Gen.*-s[-ʃa] *Mz.* -s [ʃa] *Ballett:* Kreuzsprung, Sprung in die Höhe, wobei die gestreckten Füße mehrmals schnell übereinandergeschlagen werden
En|tre|cote [ãtrəkot, frz.] *s.9* Rippenstück (vom Rind)
En|tree [ãtre, frz.] *s.9* **1** Eingang; **2** Vorzimmer, Diele; **3** *auch w.9* Vorspeise; **4** Vorspiel zum Ballett; **5** selbständiger Auftritt im Zirkus
En|tre|fil|et [ãtrəfile, frz.] *s.9* **1** *urspr.:* eingeschobene, kurze Notiz im Textteil der Zeitung; **2** Leitartikel, Kommentar
En|tre|lacs [ãtrəla, frz.] *s. Gen. - Mz. - Baukunst, Kunstgewerbe:* Zierform aus verschlungenen Linien oder Bändern
En|tre|mets [ãtrəmɛ, frz.] *s. Gen. - Mz. -* **1** *veraltet:* leichtes Zwischengericht; **2** *heute:* Süßspeise
en|tre nous [ãtrə nu, frz.] unter uns, vertraulich
En|tre|pot [ãtrəpo, frz.] *s.9* Speicher, Lagerraum für Waren beim Zoll
En|tre|pre|neur [ãtrəprənœr, frz.] *m.1 veraltet:* Veranstalter (von Konzerten, Theateraufführungen u. a.)
En|tre|prise [ãtrəpriz(ə), frz.] *w.11 veraltet:* Unternehmen, Veranstaltung
En|tre|sol [ãtrəsɔl, frz.] *s.9 veraltet:* Zwischengeschoß
En|tre|vue [ãtrəvy, frz.] *w.11 veraltet:* Zusammenkunft, Besprechung (bes. von Staatsoberhäuptern)
En|tro|pie [griech.] *w.11* in der Wärmelehre Maß für die Unordnung in einem abgeschlossenen System (Gas oder Flüssigkeit)
Enu|me|ra|ti|on [-tsjon, lat.] *w.10 veraltet:* Aufzählung; **enu|me|rie|ren** *veraltet:* aufzählen
En|ure|se [griech.] *w.11* unwillkürl. Harnlassen, Bettnässen
En|vel|op|pe [ãvəlɔp(ə), frz.] *w.11* **1** *veraltet:* Briefumschlag, Hülle; **2** *Math.:* einhüllende Kurve
En|vers [ãvɛr, frz.] *m. Gen. - Mz. - veraltet:* Kehrseite
En|vi|ron|ment [-vairən-, engl. „Umgebung"] *s.9 moderne Kunst:* Arrangement aus Gegenständen der alltägl. Umgebung, oft mit Lichteffekten, Geräuschen u. a., das eine bestimmte Wirkung auf den Betrachter ausüben soll
en vogue [ãvog, frz.] beliebt, im Schwange, in Mode
En|voyé [ãvwaje, frz.] *m.9 frz. Bez. für* Gesandter
En|ze|pha|li|tis [griech.] *w. Gen. - Mz.*-ti|den Gehirnentzündung; **En|ze|pha|lo|gramm** *s.1* Röntgenaufnahme der Gehirnkammern
En|zy|kli|ka [griech.] *w. Gen. - Mz.*-ken päpstl. Rundschreiben; **en|zy|klisch** einen Kreis durchlaufend
En|zy|klo|pä|die [griech.] *w.11* **1** Gesamtheit des Wissens; **2** Nachschlagewerk über alle Wissensgebiete; **En|zy|klo|pä|di|ker** *m.5* Verfasser einer Enzyklopädie; **en|zy|klo|pä|disch** das gesamte Wissen umfassend; **En|zy|klo|pä|dist** *m.10* Mitarbeiter an der „Französ. Enzyklopädie" unter Leitung von Diderot und d'Alembert 1750–1780
En|zym [griech.] *s.1* → Ferment; **en|zy|ma|tisch** durch Enzyme bewirkt; **En|zy|mo|lo|gie** *w.11 nur Ez.* Lehre von den Enzymen
en|zy|stie|ren [griech.] sich in einer Zyste einkapseln (von Kleinstlebewesen)

eo ip|so [lat. „durch sich selbst"] von selbst, gerade dadurch
Eo|li|enne [-ljen, frz.] *w. 11 nur Ez.* ein Seidengewebe, Sizilienne
Eo|lith [griech.] *m. 10* vorgeschichtlicher, von manchen Forschern als Werkzeug betrachteter Feuerstein
Eo|sin [griech.] *s. 1 nur Ez.* ein roter Farbstoff; **eo|si|nie|ren** mit Eosin färben
Eo|zän [griech.] *s. 1 nur Ez.* eine Abteilung des Tertiärs; **Eo|zoi|kum** *s. Gen.* -s *nur Ez.* → Archäozoikum
Ep|ago|ge [griech.] *w. 11* → Induktion (**1**); **ep|ago|gisch** → induktiv
Ep|akris [griech.] *w. Gen.* - *nur Ez.* eine Zierpflanze, Bergheide
Ep|ak|te [griech.] *w. 11* Anzahl der Tage, die seit dem letzten Neumond bis zu einem bestimmten Tag (bes. bis zum 1. Januar) verflossen sind (zur Berechnung des Osterfestes)
Ep|arch [griech.] *m. 10* **1** *griech.-orthodoxe Kirche:* Bischof; **2** *im oström. Reich:* Statthalter; **Ep|ar|chie** *w. 11* **1** Diözese eines Eparchen; **2** oström. Provinz
Epaul|ett [epo-, frz.] *s. 9,* **Epaul|et|te** *w. 11 meist Mz.* Schulterstück, Achselklappe der Offiziersuniform
Ephe|be [griech.] *m. 11, im alten Griechenland:* Jüngling im wehrfähigen Alter (18–20 Jahre)
Ephe|dra [griech.] *w. Gen.* - *Mz.* -drae *oder* -dren eine Gebirgspflanze
Ephe|li|den [griech.] *Mz.* Sommersprossen
ephe|mer [griech.] **1** nur einen Tag lebend oder dauernd; **2** *übertr.:* kurzlebig, vergänglich; **Ephe|me|ri|de** *w. 11* **1** Eintagsfliege; **2** *Astron.:* Buch mit Tabellen über den Stand der Gestirne für einen gewissen Zeitraum; **3** kurzlebige Erscheinung; **4** *veraltet:* period. Veröffentlichung mit den Tagesereignissen
Ephor [griech.] *m. 10, in Sparta:* einer der fünf jährlich gewählten höchsten Beamten; **Epho|rat** *s. 1* Amt eines Ephoren; **Epho|rie** *w. 11* Amtsbezirk eines Ephorus; **Epho|rus** *m. Gen.* - *Mz.* -ren *ev. Kirche:* → Superintendent
Epi|deik|tik [griech.] *w. 10 nur Ez.* schwülstige Redeweise (wie in Lob- und Festreden); **epi|deik|tisch** prunkend, auf Wirkung berechnet
Epi|de|mie [griech.] *w. 11* ansteckende, sich rasch ausbreitende Massenerkrankung, Seuche; *Ggs.:* Endemie; **Epi|de|mio|lo|gie** *w. 11 nur Ez.* Lehre von den Epidemien; **epi|de|misch** in der Art einer Epidemie; *Ggs.:* endemisch (**3**)
epi|der|mal [griech.] zur Epidermis gehörig; **Epi|der|mis** *w. Gen.* - *Mz.* -men oberste Schicht der Haut, Oberhaut; **Epi|der|mo|phyt** *m. 10* in der Haut des Menschen schmarotzender Pilz
Epi|dia|skop [griech.] *s. 1* Bildwerfer für durchsichtige und undurchsichtige Bilder, Verbindung von Diaskop und Episkop
Epi|dot [griech.] *m. 1* ein Mineral, *auch:* Pistazit (wegen der pistaziengrünen Farbe)
Epi|gai|on [griech.] *s. Gen.* -s *nur Ez.* Gesamtheit der auf der Erdbodenoberfläche lebenden Organismen; **epi|gä|isch** oberirdisch
Epi|ge|ne|se [griech.] *w. 11 Biol., Geol.:* Neubildung, (nachträgl.) Umformung
epi|go|nal [griech.] in der Art eines Epigonen, nachgeahmt, nachahmend; **Epi|go|ne** *m. 11* Künstler, der einen Stil unschöpferisch nachahmt
Epi|gramm [griech.] *s. 1* kurzes Sinn- oder Spottgedicht, meist in Distichen; **Epi|gram|ma|ti|ker** *m. 5* Verfasser von Epigrammen; **epi|gram|ma|tisch** in der Art eines Epigramms, kurz und treffend
Epi|graph [griech.] *s. 1* (bes. antike) Inschrift; **Epi|gra|phik** *w. 10 nur Ez.* Inschriftenkunde; **Epi|gra|phi|ker** *m. 5* Inschriftenforscher
Epik [griech.-lat.] *w. 10 nur Ez.* erzählende Dichtkunst in Versen (Versepik) und Prosa; vgl. Epos
Epi|kan|thus [griech.] *m. Gen.* - *nur Ez.* sichelförmige Hautfalte am inneren Augenwinkel, Mongolenfalte
Epi|kard [griech.] *s. 1 nur Ez.* das innere Hautblatt des Herzbeutels
Epi|karp [griech.] *s. 1* äußerste Schicht der Fruchtschale
Epi|ker [zu Epos] *m. 5* Dichter epischer Werke
Epi|kle|se [griech.] *w. 11, griech.-orthodoxe und kath. Kirche:* Anrufung des Hl. Geistes
epi|kon|ti|nen|tal [griech. + lat.] auf dem Rand des Festlands gelegen (von Flachmeeren); **Epi|kon|ti|nen|tal|meer** *s. 1* Flachmeer
Epi|kri|se [griech.] *w. 11* abschließendes Urteil über einen abgelaufenen Krankheitsfall am Ende der Krankengeschichte
Epi|ku|re|er [griech.] *m. 5* **1** Anhänger der Lehre des altgriech. Philosophen Epikur; **2** *übertr. fälschl.:* Genußmensch; **epi|ku|re|isch** *übertr.:* auf Genuß gerichtet; **Epi|ku|re|is|mus** *m. Gen.* - *nur Ez.* **1** Lehre des Epikur; **2** *übertr. fälschl.:* Lebensprinzip, das den Genuß an erste Stelle setzt
Epi|la|ti|on [-tsjon, lat.] *w. 10 nur Ez.* Entfernung von Haaren, Enthaarung
Epi|lep|sie [griech.] *w. 11 nur Ez.* Erkrankung mit anfallsweise auftretenden Krämpfen, Fallsucht; **Epi|lep|ti|ker** *m. 5* jmd., der an Epilepsie leidet; **epi|lep|tisch** auf Epilepsie beruhend, an E. leidend
epi|lie|ren [lat.] enthaaren
Epi|lim|ni|on [griech. + lat.], **Epi|lim|ni|um** *s. Gen.* -s *Mz.* -ni|en Oberflächenschicht eines stehenden Gewässers und die in ihr lebenden Organismen
Epi|log [griech.] *m. 1* Nach-, Schlußwort,

Nachspiel (eines Buches oder Theaterstücks); *Ggs.:* Prolog
Epin|glé [epẽgle, frz.] *m. 9* ungleichmäßig gerippter Baumwoll- oder Halbseidenstoff
Epi|pa|läo|li|thi|kum [griech.] *s. Gen.*-s *nur Ez.* → Mesolithikum
Epi|pha|nia [griech.] *w. Gen.* - *Mz.*-ni|en → Epiphanie; **Epi|pha|ni|as** *s. Gen.* - *Mz.*-ni-en, **Epi|pha|ni|en|fest** *s. 1* **1** Fest der Erscheinung Christi am 6. Januar; **2** *zugleich:* Dreikönigsfest; **Epi|pha|nie** *w. 11* das Erscheinen einer Gottheit, bes. Christi
Epi|pho|ra [griech.] *w. Gen.* - *nur Ez.* **1** *Med.:* Tränenfluß; **2** *Stilkunst:* Wiederholung eines Wortes am Ende mehrerer aufeinanderfolgender Sätze; vgl. Anaphora
Epi|phyl|lum [griech.] *s. Gen.*-s *Mz.*-len Weihnachts-, Blattkaktus
Epi|phy|se [griech.] *w. 11* **1** Zirbeldrüse; **2** Endstück der Röhrenknochen
Epi|phyt [griech.] *m. 10* auf anderen Pflanzen lebende, sich aber selbst ernährende Pflanze
Epi|ro|ge|ne|se [griech.] *w. 11* langsame, lang andauernde, weiträumige Bewegung der Erdkruste
episch [griech.] in der Art eines Epos, erzählend; in epischer Breite *ugs. scherzh.:* sehr ausführlich, bis ins einzelne
Epi|sio|to|mie [griech.] *w. 11 Med.:* Dammschnitt
Epi|sit [griech.] *m. 10* räuberisch lebendes Tier
Epi|skop [griech.] *s. 1* Bildwerfer für undurchsichtige Bilder
epi|sko|pal [griech.-lat.] bischöflich; **Epi|sko-pa|lis|mus** *m. Gen.* - *nur Ez.* kirchl. System, bei dem die Kirche von der Gesamtheit der Bischöfe geleitet wird; *Ggs.:* Papalsystem; **Epi|sko|pal|kir|che** *w. 11* nichtkathol. Kirche mit bischöfl. Leitung; **Epi|sko|pal|sy|stem** *s. 1* → Episkopalismus; **Epi|sko|pat** *m. 1* **1** Gesamtheit der Bischöfe; **2** Amt, Würde eines Bischofs; **Epi|sko|pus** *m. Gen.* - *Mz.*-pi Bischof
Epi|so|de [griech.] *w. 11* **1** eingeschobenes Zwischenstück im Theaterstück oder Roman; **2** Zwischenspiel in der Fuge; **3** nebensächl. Ereignis oder Erlebnis
Epi|stel [griech.-lat.] *w. 11* **1** längerer Brief; **2** Apostelbrief des NT; **3** vorgeschriebene Lesung aus den Apostelbriefen oder der Apostelgeschichte im Gottesdienst; **4** *ugs.:* Strafpredigt
Epi|ste|mo|lo|gie [griech.] *w. 11 nur Ez.* Erkenntnislehre
Epi|sto|lar [griech.-lat.] *s. 1,* **Epi|sto|la|ri|um** *s. Gen.*-s *Mz.*-ri|en Handbuch mit den gottesdienstl. Episteln; **Epi|sto|lo|gra|phie** *w. 11 nur Ez.* Kunst des Briefschreibens
Epi|styl [griech.] *s. 1,* **Epi|sty|li|on** *s. Gen.*-s *Mz.*-li|en → Architrav
Epi|taph [griech.] *s. 1,* **Epi|ta|phi|um** *s. Gen.* -s *Mz.*-phi|en **1** Grabinschrift; **2** Grabmal mit Inschrift; **3** Totengedenktafel
Epi|tha|la|mi|um [griech.] *s. Gen.*-s *Mz.*-li|en *Antike:* Hochzeitslied
Epi|thel [griech.] *s. 1* begrenzende Zellschicht(en) der äußeren und inneren Oberfläche und der Hohlräume des menschl. und tier. Körpers; **Epi|the|li|om** *s. 1* Epithelgeschwulst; **Epi|thel|kör|per|chen** *Mz.* die Nebenschilddrüsen
Epi|the|ton [griech.] *s. Gen.*-s *Mz.*-ta Beiwort, Attribut; **Epi|the|ton or|nans** [griech. + lat.] *s. Gen.* - - *Mz.*-ta -nan|tia [-tsja] schmückendes Beiwort
Epi|to|me [-me:, griech.] *w. Gen.* - *Mz.*-tomen Auszug aus einem Schriftwerk
Epi|zen|trum [griech.-lat.] *s. Gen.*-s *Mz.*-tren senkrecht über einem Erdbebenherd liegender Punkt auf der Erdoberfläche
epi|zo|isch [griech.] durch Tiere verbreitet (von Samen, Bakterien); **Epi|zo|on** *s. Gen.* -s *Mz.*-zo|en auf einem andern Tier oder einer Pflanze lebendes Tier; **Epi|zoo|no|se** [-tso:ɔ-] *w. 11* durch Epizoen hervorgerufene Hautkrankheit; **Epi|zoo|tie** [-tso:ɔ-] *w. 11* in größerem Bereich auftretende Tierseuche
epo|chal [griech.] **1** für einen großen Zeitabschnitt geltend; **2** *übertr.:* aufsehenerregend; **Epo|che** *w. 11* **1** [epɔxə] bedeutungsvoller Zeitabschnitt; E. machen: einen neuen Zeitabschnitt einleiten, in einem Zeitabschnitt großen Einfluß haben; dieses Ereignis, dieses Buch hat E. gemacht; *Astron.:* Zeitpunkt des Standorts eines Gestirns; **2** [-xe] *nur Ez. Philos.:* Enthaltung des Beifalls oder Urteils
Ep|ode [griech.] *w. 11* **1** *im altgriech. Chorlied:* die auf Strophe und Antistrophe folgende dritte Strophe; **2** *in der altgriech. und -röm. Dichtung:* auf einen längeren Vers folgender kurzer Vers; *danach:* aus langen und kurzen Versen bestehende Strophe
Epo|pöe [griech.] *w. 11* **1** *veraltet für* Epos; **2** kurzes, komisches Heldengedicht
Epos [auch: ɛpɔs, griech.] *s. Gen.* - *Mz.* Epen lange erzählende Dichtung in rhythmisch oder metrisch gebundener Sprache
Ep|pich [lat.] *m. 1* volkstüml. Name verschiedener Pflanzen, z. B. Efeu
Eprou|vet|te [epruvɛt(ə), frz.] *w. 11 österr.:* Probierröhrchen (für chem. Versuche)
Eque|strik [lat.] *w. 10 nur Ez.* Reitkunst;
Equi|den *Mz., Sammelbez. für* alle pferdeartigen Tiere
Equi|li|brist *m. 10* → Äquilibrist
Equi|pa|ge [-ʒə, frz.] *w. 11* **1** elegante Kutsche; **2** Mannschaft (eines Schiffes); **3** Ausrüstung (eines Offiziers); **Equipe** [ekip(ə)] *w. 11* **1** Reitermannschaft; **2** *österr.:* für einen Wettkampf ausgewählte Sportmannschaft; **3** *schweiz.:* Sportmannschaft; Künstlergruppe; **equi|pie|ren** *veraltet:* ausrüsten

Equi|se|tum [lat.] *s. Gen.*-s *Mz.*-ten Schachtelhalm
Er *chem. Zeichen für* Erbium
Er|bi|um *s. Gen.*-s *nur Ez.* (*Zeichen:* Er) chemisches Element, Metall der seltenen Erden
Ere|bos, Ere|bus *m. Gen.*- *nur Ez. griech. Myth.:* Unterwelt, Totenreich
erek|til [lat.] anschwellbar, erektionsfähig (bes. vom männl. Glied); **Erek|ti|on** [-tsjon] *w. 10* Anschwellung, Aufrichtung (von Organen bei geschlechtl. Erregung, bes. vom männl. Glied)
Ere|mit [griech.] *m. 10* **1** Einsiedler; **2** Einsiedlerkrebs; **Ere|mi|ta|ge** [-ʒə] *w. 11* **1** Einsiedelei; **2** einer Einsiedelei nachgebildete Grotte o. ä. in Parks; **3** *nur Ez.* Kunstsammlung in Leningrad
ere|thisch [griech.] *Med.:* leicht erregbar, leicht reizbar; **Ere|this|mus** *m. Gen.*- *nur Ez.* krankhaft gesteigerte Reizbarkeit, Erregbarkeit
erg *Zeichen für* Erg; **Erg 1** *s. Gen.*-s *Mz.*- Maßeinheit für Energie; **2** [arab.] *m. 9* afrikan. Sand- oder Staubwüste
er|go [lat.] *immer vorangestellt* folglich, also; ergo bibamus!: also laßt uns trinken! (Trinkspruch, Kehrreim in Trinkliedern)
Er|go|graph [griech.] *m. 10* Gerät, das die Meßergebnisse eines Ergometers aufzeichnet; **Er|go|lo|gie** *w. 11 nur Ez.* Erforschung von volkstüml. Arbeitsgeräten und -gebräuchen; **Er|go|me|ter** *s. 5* Gerät zum Messen des körperl. Leistungsvermögens (beim Menschen), wie Muskelkraft, Ausdauer u. a., Ergometer; **Er|go|me|trie** *w. 11 nur Ez.* Messung der Muskelkraft; **Er|go|no|mie** *w. 11 nur Ez.* Zweig der Arbeitswissenschaft, der sich mit der Anpassung der Technik an den Menschen (zur Erleichterung der Arbeit) befaßt;
Er|go|stat *m. 10* → Ergometer
Er|go|ste|rin [aus frz. ergot „Mutterkorn" + Cholesterin] *s. 1 nur Ez.* ein pflanzl. Sterin, Vorstufe des Vitamins D_2; **Er|got|amin** [aus frz. ergot + Ammonium] *s. 1 nur Ez.* ein Alkaloid des Mutterkorns; **Er|go|tin** *s. 1 nur Ez.* ⓦ ein aus Mutterkorn gewonnenes Heilmittel; **Er|go|tis|mus** *m. Gen.*- *nur Ez.* Mutterkornvergiftung, Kribbelkrankheit; **Er|go|to|xin** *s. 1 nur Ez.* ein Alkaloid des Mutterkorns; **Er|go|tren** *s. 1 nur Ez.* ⓦ ein Heilmittel zur Stillung schwerer Blutungen
eri|gi|bel [lat.] aufrichtbar (von Organen); **eri|gie|ren** sich aufrichten, anschwellen (von Organen, bes. vom männl. Glied)
Eri|ka [griech.-lat.] *w. Gen.*- *Mz.*-ken Heidekraut, Glockenheide; **Eri|ka|zee** *w. 11 meist Mz.* Heidekrautgewächs
Erin|nye *w. 11,* **Erin|nys** *w. Gen.*- *Mz.*-ny|en *griech. Myth.:* Rachegöttin
Eris|ap|fel [nach Eris, der griech. Göttin der Zwietracht] *m. 6* Streitobjekt, Zankapfel;
Eri|stik *w. 10 nur Ez.* Kunst des wissenschaftl. Redestreits
Er|mi|ta|ge *w. 11 nur Ez.* → Eremitage (**3**)
ero|die|ren [lat.] auswaschen, wegschwemmen, abtragen (Land, Ufer)
ero|gen [griech.] geschlechtlich reizbar; erogene Zonen: Körperstellen, deren Berührung geschlechtl. Erregung auslöst
Eros [auch: ẹros, nach dem griech. Gott der Liebe] **1** *m. Gen.*- *nur Ez. Philos.:* schöpferischer Trieb; **2** *m. Gen.*- *nur Ez.* geschlechtl. Liebe; **3** *m. Gen.*- *Mz.* Ero|ten, *meist Mz., bildende Kunst:* geflügelter Liebesgott, meist in Kindergestalt, Amorette; **Eros-Cen|ter** [-sɛn-] *s. 5* größeres Bordell
Ero|si|on [lat.] *w. 10* Auswaschung, Abtragung (von Land durch fließendes Wasser, auch durch Wind); **ero|siv** durch Erosion entstanden
Ero|te|ma [griech.] *s. Gen.*-s *Mz.*-te|ma|ta *veraltet:* Frage, Fragesatz; **Ero|te|ma|tik** *w. 10 nur Ez. veraltet:* Kunst der richtigen Fragestellung (beim Unterrichten)
Ero|ten *Mz. von Eros* (**3**); **Ero|tẹs|se** *w. 11 scherzh.:* Angestellte in einem Eros-Center;
Ero|tik [griech.] *w. 10 nur Ez.* Liebeskunst, vergeistigtes Liebes-, Geschlechtsleben; **Ero|ti|ka** *s. Mz., Ez.:* -kon, Bücher über die Liebe und das Geschlechtsleben; **Ero|ti|ker** *m. 5* **1** Liebeskünstler; **2** Verfasser von Liebesliedern oder Erotika; **ero|tisch** die Erotik betreffend, darauf beruhend; **ero|ti|sie|ren** geschlechtlich reizbar machen; **Ero|to|lo|gie** *w. 11 nur Ez.* Wissenschaft von der Erotik;
Ero|to|ma|ne *m. 11* Mensch mit gesteigertem Geschlechtstrieb; **Ero|to|ma|nie** *w. 11 nur Ez.* krankhaft gesteigerter Geschlechtstrieb, Liebeswahnsinn
ERP *Abk. für* European Recovery Program: Marshallplan
Er|ra|re hu|ma|num ẹst [lat.] Irren ist menschlich; **Er|ra|ta** *s. Mz., Ez.:* -tum, Druckfehler, Irrtümer; **er|ra|tisch** verstreut, verirrt; erratischer Block: von Gletschern mitgeführter und abgelagerter Gesteinsbrokken, Findling
eru|ie|ren [lat.] ergründen, ermitteln, herausbringen
Erup|ti|on [-tsjon, lat.] *w. 10* **1** Ausbruch (eines Vulkans); **2** *Med.:* Auftreten eines Hautausschlags; dieser selbst; **erup|tiv** durch Eruption entstanden; hervorbrechend; **Erup|tiv|ge|stein** *s. 1* Ergußgestein
Ẹr|ve [lat.] *w. 11* **1** Hülsenfrucht; **2** Hülsenfrüchtler
Ery|si|pel [griech.] *s. 1 nur Ez.* Rose, Wundrose (Hautentzündung); **Ery|them** *s. 1* entzündliche Hautrötung
Ery|thrä|mie [griech.] *w. 11* bösartige Erkrankung der roten Blutkörperchen
Ery|thrin [griech.] *s. 1 nur Ez.* **1** ein Mineral, Kobaltblüte; **2** ein roter Farbstoff; **Ery|thris-**

mus *m. Gen. - nur Ez.* **1** Rotfärbung (bei Tieren); **2** Rothaarigkeit (beim Menschen); **Ery|thrit** *s. 1 nur Ez.* vierwertiger Alkohol **Ery|thro|blast** [griech.] *m. 10* Jugendform der roten Blutkörperchen; **Ery|thro|bla|sto|se** *w. 11 nur Ez.* Bluterkrankung bei Säuglingen; **Ery|thro|zyt** *m. 10* rotes Blutkörperchen; **Ery|thro|zy|to|se** *w. 11 nur Ez.* Vermehrung der roten Blutkörperchen

Es *chem. Zeichen für* Einsteinium

Es, Esc *Abk. für* Escudo

Es|cha|to|lo|gie [-ça-, griech.] *w. 11 nur Ez.* Lehre vom Weltende und Anbruch einer neuen Welt, von Tod und Auferstehung

Es|cu|do *m. Gen.* -(s) *Mz.* -(s) (*Abk.:* Es, Esc) port. und chilen. Währungseinheit, 100 Centavos

Es|ka|dron [frz.] *w. 10* kleinste Einheit der Kavallerie, Schwadron

Es|ka|la|de [lat.-frz.] *w. 11 früher:* Ersteigung einer Festungsmauer mit Leitern; **es|ka|la|die|ren 1** *früher:* mit Leitern erstürmen; **2** an der Eskaladierwand turnen; **Es|ka|la|dier|wand** *w. 2* hölzerne Hinderniswand für Kletterübungen; **Es|ka|la|ti|on** [-tsjon] *w. 10* **1** schrittweise Steigerung (bes. militär. und polit. Mittel); **2** Anpassung der Preise an die steigenden Materialkosten; **Es|ka|la|tor** *m. 13* Rolltreppe; **Es|ka|la|tor|klau|sel** *w. 11, in den USA:* Klausel in Verträgen zwischen Unternehmern und Gewerkschaften, die steigende Löhne entsprechend den steigenden Lebenshaltungskosten garantiert; **es|ka|lie|ren** (in einem Wettbewerb o. ä.) stufenweise anwachsen, steigen, sich steigern

Es|ka|mo|ta|ge [-ʒə, frz.] *w. 11* Taschenspielerkunststück; **Es|ka|mo|teur** [-tør] *m. 1* Taschenspieler, Zauberkünstler; **es|ka|mo|tie|ren** wegzaubern

Es|ka|pa|de [frz.] *w. 11* **1** falscher Sprung (eines Schulpferdes); **2** Seitensprung, mutwilliger Streich; **Es|ka|pis|mus** *m. Gen. - nur Ez. Psych.:* Flucht-, Ausweichhaltung, Neigung zur Flucht vor den Anforderungen des Lebens

Es|ka|ri|ol [lat-frz.] *m. Gen.* -s *nur Ez.* Winterendivie

Es|kar|pe [frz.] *w. 11 früher:* innere Grabenböschung (bei Befestigungsanlagen); **es|kar|pie|ren** *früher:* böschen, mit einer Grabenböschung versehen

Es|kar|pins [-pẽs, frz.] *Mz., im 18. Jh.:* leichte, zu Kniehosen getragene Schnallenschuhe; *fälschl. auch:* seidene Kniehosen

Es|ki|mo [indian.] **1** *m. 9 oder Gen. - Mz.* - Ureinwohner von Grönland und des nördl. Nordamerika; **2** *m. 9* ein schwerer Mantelstoff

Es|kor|te [lat.-frz.] *w. 11* Begleitmannschaft, Geleit, Bedeckung; **es|kor|tie|ren** schützend begleiten

Es|ku|do *m. Gen.* -(s) *Mz.* -(s) → Escudo

Es|me|ral|da [span.] *w. Gen. - nur Ez.* ein span. Tanz

Eso|te|rik [griech.] *w. 10* Geheimlehre; Geheimwissenschaft; **Eso|te|ri|ker** *m. 5* in eine Geheimlehre Eingeweihter; *Ggs.:* Exoteriker; **eso|te|risch** nur für Eingeweihte bestimmt oder zugänglich, geheim; *Ggs.:* exoterisch

Es|pa|da [span.] *m. 9* den Degen führender span. Stierkämpfer

Es|pa|gno|le [-njɔlə, frz.] *w. 11* ein span. Tanz; **Es|pa|gno|let|te** *w. 11,* **Es|pa|gno|let|te-ver|schluß** *m. 2* Drehstangenverschluß (für Fenster)

Es|par|set|te [frz.] *w. 11* eine Futterpflanze

Es|par|to [griech.-span.] *m. 9 nur Ez.,* **Es|par|to|gras** *s. 4 nur Ez.* in den Mittelmeerländern wachsendes Gras, das zur Papierherstellung verwendet wird, Alfa-, Halfagras, Spart(gras)

Es|pe|ran|tist *m. 10* Kenner, Anhänger des Esperanto; **Es|pe|ran|to** [nach dem Pseudonym des poln. Erfinders, des Arztes L. Zamenhof] *s. Gen.* -(s) *nur Ez.* eine künstl. Welthilfssprache

es|pi|ran|do [ital.] *Mus.:* verhauchend, ersterbend

Es|pla|na|de [frz.] *w. 11* **1** *in Festungen:* freier Raum zwischen Zitadelle und innerer Mauer; **2** großer, freier Platz

es|pres|si|vo [ital.] *Mus.:* ausdrucksvoll; **Es|pres|so** *m. 9, Mz. auch:* -si in der Kaffeemaschine zubereiteter, sehr starker Kaffee nach ital. Art

Es|prit [-pri, frz.] *m. 9 nur Ez.* Geist und Witz

Esq. *Abk. für* Esquire; **Es|quire** [ɛskwaiə, engl.] Wohlgeboren (*früher* engl. Adelstitel, *heute* Höflichkeitstitel in Anschriften, hinter dem Namen)

Es|say [ɛse, frz.] *m. 9 oder s. 9* literar. Abhandlung in allgemeinverständl., geistvoller Form; **Es|say|ist** *m. 10* Verfasser von Essays; **Es|say|istik** *w. 10 nur Ez.* Kunstform des Essays

Es|sen|tia [-tsja, lat.] *w. Gen. - nur Ez. Philos.:* Wesen einer Sache; *Ggs.:* Existentia; **es|sen|ti|al** [-tsjal] wesenhaft, wesentlich, zum Wesen (einer Sache) gehörig; *auch:* lebensnotwendig; **Es|sen|tia|li|en** [-tsja-] *Mz.* Hauptpunkte (bei Rechtsgeschäften); *Ggs.:* Akzidentalien; **es|sen|ti|ell** [-tsjɛl] → essential; **Es|senz** *w. 10* **1** *nur Ez. Philos.:* Wesen, Hauptbegriff, Geist (einer Sache); **2** Flüssigkeit, Paste, Pulver aus Duft- oder Geschmacksstoffen in konzentrierter Form; **3** Auszug aus pflanzl. oder tier. Stoffen

Est [frz.] (*Abk.:* E) Ost(en)

Esta|blish|ment [istæbliʃmənt, engl.] *s. 9* Gesamtheit der in einer Gesellschaft herrschenden, die Erhaltung der bestehenden Ordnung anstrebenden Gruppen

Esta|min *s. 1 nur Ez.* → Etamin

Estampe [ɛstãp, frz.] *w. 11* Abdruck eines

Kupfer-, Stahl- oder Holzstichs bzw. Holzschnitts
Estanzia [span.] *w. 9* südamerik. Landgut mit Viehzucht
Ester [Kunstw. aus Essig und Äther] *m. 5* organisch-chem. Verbindung von Säure und Alkohol unter Wasseraustritt; **Esterase** *w. 11* Ester ab- oder aufbauendes Enzym
estimieren → ästimieren
estinto [ital. „ausgelöscht"] *Mus.:* äußerst leise
Estomihi [lat. „sei mir (ein starker Fels)"] Name des Sonntags vor Aschermittwoch (nach dem Psalm 31,3, den Eingangsworten der Messe dieses Tages)
Estrade [frz.] *w. 11* erhöhter Platz in Innenräumen für Sitzplatz, Thron, Altar u. ä.
Estragon [arab.-frz.] *m. Gen.-s nur Ez.* eine Gewürzpflanze
Estremadura [nach der span. Landschaft E.] *s. Gen.-(s) nur Ez.*, **Estremaduragarn** *s. 1* ein glattes Baumwollgarn
et [lat.] (*Zeichen:* &) und (in Firmennamen)
etablieren [frz.] **1** gründen, begründen, errichten; **2** sich e.: sich selbständig machen, sich niederlassen; **Etablissement** [-mã] *s. 9, schweiz.:* [-mɛnt] *s. 1* **1** Niederlassung, Geschäft, Unternehmen; **2** Vergnügungslokal, Bordell
Etage [-ʒə, frz.] *w. 11* Stockwerk, Obergeschoß; **Etagere** [-ʒe-] *w. 11* **1** *veraltet:* Stufengestell, Bücherbrett, Wandbrett; **2** Tischaufsatz (für Gebäck o. ä.); **3** aufhängbare Tasche mit Fächern für Kosmetika u. a.
Etalage [-ʒə, frz.] *w. 11 veraltet:* Schaufensterauslage, Schau-, Ausstellung; **etalieren** ausstellen, zur Schau stellen
Etalon [-lɔ̃, frz.] *m. 9* Eichmaß, Normalmaßstab
Etamin [frz.] *s. 1 nur Ez.*, **Etamine** *w. 11 nur Ez.* gazeartiger Seiden-, Kunstseiden- oder Baumwollstoff für Vorhänge
Etappe [frz.] *w. 11* **1** Teilstrecke, Abschnitt; **2** *Mil.:* Gebiet hinter der Front als Nachschub- und Versorgungsgebiet; **Etappenflug** *m. 2* Flug mit Zwischenlandungen
Etat [eta, frz.] *m. 9* **1** Haushaltsplan; **2** Geldmittel dafür; **3** *schweiz.:* Mitgliederverzeichnis (eines Verbandes); **etatisieren** in den Etat aufnehmen
Etazismus [griech.] *m. Gen. - nur Ez.* Aussprache des griech. Buchstabens Eta als langes e; *Ggs.:* Itazismus
etc. *Abk. für* et cetera; **et cetera** [lat. „und das übrige"] und so weiter; **et cetera pp.** [pp.: lat. perge, perge „fahre fort"] (*Abk.:* etc. pp.) und so weiter
etepetete [Herkunft unsicher] übertrieben empfindsam, zimperlich, übertrieben auf Formen haltend
eternisieren [lat.] *veraltet:* verewigen, in die Länge ziehen; **Eternit** *m. 1 oder s. 1 nur Ez.* Ⓦ feuerfester Kunststein aus Asbest, Zement und Schiefer
Etesien [griech.] *Mz.* regelmäßig auftretende trockene Winde von April bis Oktober im östl. Mittelmeer; **Etesienklima** *s. Gen. -s Mz.-mata* Klima mit trockenen Sommern und feuchten Wintern
Ethik [griech.] *w. 10* Lehre vom sittl. Verhalten, Sittenlehre; **Ethiker** *m. 5* Vertreter der Ethik, Schöpfer einer Ethik; **ethisch** sittlich
ethnisch [griech.] zu einem bestimmten Volk und Volkstum gehörig, volkseigentümlich; **Ethnographie** *w. 11* beschreibende Völkerkunde; **Ethnologie** *w. 11 nur Ez.* vergleichende Völkerkunde
Ethologie [griech.] *w. 11 nur Ez.* **1** Wiss. von den Sitten und Gebräuchen eines Volkes; **2** Wiss. von den Verhaltensweisen der Tiere;
Ethos *s. Gen. - nur Ez.* sittl. Gesinnung
Etienne [etjɛn, nach einem frz. Drucker] *w. 11 nur Ez.* eine Antiqua-Druckschrift
Etikett [frz.] *s. 1 oder 9* Aufklebschildchen (mit Preis-, Firmen- u. a. Angaben); **Etikette** *w. 11* **1** *veraltet, noch schweiz., österr. für* Etikett; **2** herkömmliche feine Umgangsformen; **etikettieren** mit einem Etikett versehen, bezeichnen
Etiolement [-mã, frz.] *s. 9 nur Ez.* anomales Wachstum von Pflanzen mit Bleichwerden bei Lichtmangel; **etiolieren** im Dunkeln bleichen und treiben (z. B. Spargel)
Etrusker *m. 5* Einwohner der antiken Landschaft Etrurien
Etüde [frz.] *w. 11* **1** Musikstück zum Üben der Fingerfertigkeit; **2** virtuoses Musikstück
Etui [etyi, frz.] *s. 9* **1** Behälter, Futteral (für Brille, Schmuck, Zigaretten); **2** ärztl. Besteck mit Hülle
Etymologie [griech.] *w. 11* die Herkunft der Wörter sowie die Wissenschaft davon; **Etymon** *s. Gen.-s Mz.-ma* Stammwort, Wurzelwort
Eu *chem. Zeichen für* Europium
Eubiotik [griech.] *w. 10 nur Ez.* Lehre vom gesunden Leben
Eubulie [griech.] *w. 11 nur Ez. veraltet:* Vernunft, Einsicht
Eucharistie [-ça-, griech.] *w. 11 kath. Kirche:* **1** Dankgebet vor dem Abendmahl; **2** Abendmahl; **3** Altarsakrament; **eucharistisch** zur Eucharistie gehörig; Eucharistischer Kongreß: internationaler kath. Kongreß zur Erneuerung und Verehrung des Altarsakraments
Eudämonie [griech.] *w. 11 nur Ez. Philos.:* Glückseligkeit; **Eudämonismus** *m. Gen. - nur Ez.* Lehre, daß das Ziel alles Handelns die Glückseligkeit und diese nur durch sittl. Verhalten zu verwirklichen sei
Eudiometer [griech.] *s. 5* **1** Glasröhrchen zum Auffangen und Messen von Gasen; **2** Gerät zum Messen der Luftqualität; **Eu-**

dio|me|trie *w. 11* Messung des Sauerstoffgehalts der Luft
Eu|do|xie [griech.] *w. 11 veraltet:* **1** sicheres Urteil; **2** guter Ruf
Eu|ge|ne|tik, Eu|ge|nik [griech.] *w. 10 nur Ez.* Lehre von der Erbgesundheit; Förderung des menschl. Erbguts
Eu|ka|lyp|tus [griech.] *m. Gen. - Mz.*-ten ein Laubbaum
Eu|ko|lie [griech.] *w. 11 nur Ez.* heitere, unbeschwerte Zufriedenheit
Eu|kra|sie [griech.] *w. 11 nur Ez. eigtl.:* gute Mischung aller Körpersäfte; *übertr.:* glückliche Veranlagung
Eu|me|ni|de [griech. „die Wohlgesinnte"] *w. 11 meist Mz., verhüllende Bez. für* Erinnye
Eu|nuch [griech. „Betthüter"] *m. 10* kastrierter Mann, bes. als Haremswächter
eu|pe|la|gisch [griech.] zum offenen Meer gehörig, dort lebend (Tier, Pflanze)
Eu|phe|mis|mus [griech.] *m. Gen. - Mz.*-men verhüllende, beschönigende Bezeichnung, z. B. „heimgehen" statt „sterben"; **eu|phe|mi|stisch** verhüllend
Eu|pho|nie [griech.] *w. 11* Wohlklang; *Ggs.:* Kakophonie; **eu|pho|nisch** wohlklingend; **Eu|pho|ni|um** *s. Gen.*-s *Mz.*-ni|en **1** Kornett in Baritonlage, Baritonhorn; **2** ein Orgelregister
Eu|phor|bia *w. Gen. - Mz.*-bi|en, **Eu|phor|bie** [-biə] *w. 11* die Gattung Wolfsmilch aus der Familie Wolfsmilchgewächse
Eu|pho|rie [griech.] *w. 11* Zustand subjektiven Wohlbefindens (nach dem Genuß von Rauschmitteln oder bei Schwerkranken kurz vor dem Tode); **Eu|pho|ri|kum** *s. Gen.*-s *Mz.*-ka Anregungs- oder Rauschmittel; **eu|pho|risch** auf Euphorie beruhend; *allg.:* in Hochstimmung
eu|pho|tisch [griech.] lichtreich (von Schichten des Wassers)
eu|ra|si|a|tisch zu Europa und Asien zusammen gehörig, dort lebend (von Tieren und Pflanzen); **Eu|ra|si|er** *m. 5* **1** Angehöriger eines Volkes im mongol.-europ. Grenzraum; **2** Mischling aus einem europ. und einem ind. Elternteil
Eu|rhyth|mie [griech.] *w. 11 nur Ez.* **1** Gleich-, Ebenmaß von Bewegung und Ausdruck; **2** *Med.:* Regelmäßigkeit von Herz- und Pulsschlag; **3** *fachsprachl. Schreibung:* Eurythmie, *Anthroposophie:* Vereinigung von tänzerischer Bewegung und Sprache, wobei den Bewegungen eine bestimmte Bedeutung gegeben wird; **Eu|rhyth|mik** *w. 10 nur Ez.* → Eurhythmie (**1**)
eu|ro|cheque [-ʃɛk, frz.] *m. 9* Barscheck, der in Verbindung mit einer Scheckkarte von den meisten europ. und nordamerik. Kreditinstituten bis zu einem bestimmten Betrag eingelöst wird
Eu|ro|con|trol *w. Gen. - nur Ez. Kurzw. für* die 1960 gegründete europ. Organisation zur Sicherung der Luftfahrt
eu|ro|pä|id den Europäern ähnlich; **eu|ro|päi|sie|ren** nach europ. Vorbild gestalten, der europ. Lebensart angleichen; **eu|ro|pid** zu den Europiden gehörig; **Eu|ro|pi|de** *Mz. Sammelbez. für* die weißen, in Europa, Nordafrika und Teilen Asiens lebenden Menschenrassen; **Eu|ro|pi|um** *s. Gen.*-s *nur Ez.* (*Zeichen:* Eu) chem. Element, Metall der seltenen Erden; **eu|ro|po|id** den europ. Rassen nahestehend; **Eu|ro|vi|si|on** *w. 10 nur Ez.* Organisation europ. Rundfunk- und Fernsehanstalten zum Programmaustausch
Eu|ry|öki|e [griech.] *w. 11 nur Ez.* Anpassungsfähigkeit an größere Schwankungen der Umweltbedingungen (von Tieren und Pflanzen); **eu|ry|phag** nicht auf bestimmte Nahrung angewiesen (von Tieren und Pflanzen); **eu|ry|therm** widerstandsfähig gegen größere Temperaturschwankungen (von Tieren und Pflanzen); *Ggs.:* stenotherm; **eu|ry|top** weit verbreitet (von Tieren und Pflanzen); *Ggs.:* stenotop
Eu|se|bie [griech.] *w. 11 nur Ez.* Frömmigkeit; *Ggs.:* Asebie
Eu|sta|sie [griech.] *w. 11* Schwankung der Meeresspiegelhöhe
Eu|tha|na|sie [griech.] *w. 11 nur Ez.* Erleichterung des Todeskampfes durch Narkotika
Eu|thy|mie [griech.] *w. 11 nur Ez. veraltet:* innere Heiterkeit, Seelenfrieden
eu|troph [griech.] nährstoffreich; **Eu|tro|phie** *w. 11 nur Ez.* **1** Nährstoffreichtum; **2** guter Ernährungszustand
eV *Abk. für* Elektronenvolt
Eva|kua|ti|on [eva- -tsjon, lat.-frz.] *w. 10* Entleerung von Luft; **eva|ku|ie|ren** **1** luftleer machen; **2** von Bewohnern räumen (Gebiet); **3** aussiedeln (Bewohner); **Eva|ku|ie|rung** *w. 10* das Evakuieren (**2, 3**)
Eva|lu|ie|rung [lat.] *w. 10* Bewertung
Eva|lva|ti|on [-tsjon, lat.] *w. 10 veraltet:* Schätzung, Wertbestimmung; **eva|lvie|ren** *veraltet:* schätzen, bewerten
Evan|ge|li|ar [evaŋ-, lat.] *s. 1, Mz. auch:* -ri|en, **Evan|ge|lia|ri|um** *s. Gen.*-s *Mz.*-ri|en Buch mit den 4 Evangelien; **Evan|ge|li|en|har|mo|nie** *w. 11* Darstellung des Lebens Jesu aus den 4 Evangelien; **Evan|ge|li|sa|ti|on** [-tsjon] *w. 10* Bekehrung zum Evangelium; **evan|ge|lisch** (*Abk.:* ev.) **1** auf dem Evangelium beruhend; **2** → protestantisch; **evan|ge|li|sie|ren** zum Evangelium bekehren; **Evan|ge|list** *m. 10* **1** Verfasser eines der 4 Evangelien; **2** Wanderprediger; **Evan|ge|li|star** *s. 1, Mz. auch:* -ri|en Buch mit Abschnitten aus den Evangelien für Lesungen während der Messe; **Evan|ge|li|um** *s. Gen.*-s *Mz.*-li|en **1** die Botschaft Christi; **2** jede der 4 Schriften des NT über das Leben und den Tod Jesu sowie ihre Gesamtheit; **3** Lesung aus

den Evangelien im Gottesdienst; **4** *ugs.*: etwas, woran man blindlings glaubt, Wort oder Werk, das einem heilig ist
Eva|po|ra|ti|on [eva- -tsjon, lat.] *w.10* Verdampfung, Verdunstung; **Eva|po|ra|tor** *m.13* Verdampfer; **eva|po|rie|ren** verdampfen, eindampfen, von Wasser befreien; **Eva|po|ri|me|ter** *s.5* Verdunstungsmesser
Eva|si|on [eva-, lat.] *w.10* **1** Flucht; *Ggs.:* Invasion; **2** *veraltet:* Ausflucht; **eva|siv, eva|so|risch** *veraltet:* ausweichend, Ausflüchte benutzend
even|tu|al [lat.] *selten für* eventuell; **Even|tu|al|fall** *m.2* möglicherweise eintretender Fall; **Even|tua|li|tät** *w.10* möglicher Fall, Möglichkeit; **even|tu|ell** (*Abk.*: evtl.) möglicherweise, vielleicht, unter Umständen
Ever|green [ɛvərgri:n, engl.] *m.9 oder s.9* Schlager, der lange beliebt bleibt
Ever|te|brat [evɛr-, lat.] *m.10* wirbelloses Tier, Invertebrat
evi|dent [evi-, lat.] offenkundig, völlig klar, augenscheinlich, einleuchtend; **Evi|denz** *w.10 nur Ez.* Augenschein, einleuchtende Klarheit, Offenkundigkeit; etwas in E. halten *österr.:* etwas im Auge behalten, vormerken
Evik|ti|on [eviktsjon, lat.] *w.10 Rechtsw.*: Besitzentziehung (auf dem Rechtswege); **evin|zie|ren** jmdn. e.: jmdm. (auf dem Rechtswege) Besitz entziehen
Evo|ka|ti|on [-tsjon, lat.] *w.10* **1** *früher:* Recht des Königs, einen Prozeß vor sein Hofgericht zu ziehen; **2** *veraltet:* Vorladung (eines Beklagten); **3** Hervortreten von Vorstellungen oder Erlebnissen beim Betrachten eines Kunstwerkes; **evo|ka|to|risch** eine Evokation (3) bewirkend
Evo|lu|te [evo-, lat.] *w.11 Math.:* geometr. Ort der Krümmungsmittelpunkte einer ebenen Kurve; **Evo|lu|ti|on** [-tsjon] *w.10* allmähl. Entwicklung (bes. die der Lebewesen zu höheren Formen); **evo|lu|tio|när** sich allmählich entwickelnd; **Evo|lu|tio|nis|mus** *m. Gen. - nur Ez.* völkerkundl. Forschungsrichtung im 19. Jh., die den Evolutionsgedanken auf die Kulturentwicklung anwandte; **Evo|lu|ti|ons|theo|rie** *w.11* **1** Abstammungslehre; **2** kosmolog. Theorie, nach der das Weltall sich ständig ausdehnt; **Evol|ven|te** [evɔlvɛn-] *w.11 Math.:* ebene Kurve, die ein Punkt auf einer Geraden beschreibt, die auf einer anderen Kurve abrollt; **evol|vie|ren** [evɔlvi-] entwickeln, entfalten
Evo|ny|mus [evo-, griech.] *m. Gen. - nur Ez.* ein Zierstrauch, Pfaffenhütchen
evo|zie|ren [evo-, zu: Evokation] vorladen
EVR *Abk. für* Electronic Video Recording and Reproduction (ein Wiedergabeverfahren für Fernsehaufzeichnungen)
ev.-ref. *Abk. für* evangelisch-reformiert
evtl. *Abk. für* eventuell
ev|vi|va! [eviva, ital.] er, sie lebe (hoch)!
Ev|zo|ne [griech.] *m.11, im 19. Jh.:* Jäger der griech. Armee; *heute:* Angehöriger der Nationalgarde in Athen
Ew. *Abk. für* Euer, Eure (Majestät o. ä.)
Ewe **1** *m.9 oder Gen. - Mz. -* Angehöriger einer Stammesgruppe der Sudaniden; **2** *s. Gen. - nur Ez.* deren Sprache
Ewe|n|ke *m.11* Angehöriger eines tungus. Volkes
ex [lat.] aus; ex trinken *Studentenspr.:* das Glas (auf einen Zug) leeren
ex ab|rup|to [lat.] jählings, unversehens
ex ae|quo [lat.] *veraltet:* in derselben Weise, genauso, auf gleicher Stufe
Ex|ag|ge|ra|ti|on [-tsjon, lat.] *w.10 Med.:* übertreibende Darstellung (von Krankheitserscheinungen); **ex|ag|ge|rie|ren** übertreiben
ex|akt [lat.] genau, sorgfältig; die exakten Wissenschaften: die Naturwissenschaften und Mathematik
Ex|al|ta|ti|on [-tsjon, lat.] *w.10 nur Ez.* hyster. Erregtheit, übertriebene Aufregung; **ex|al|tie|ren** sich e.: sich übermäßig erregen
Ex|amen [lat.] *s.7, Mz. auch:* -ami|na Prüfung; **Ex|ami|nand** *m.10* jmd., der ein Examen ablegt, Prüfling; **Ex|ami|na|tor** *m.13* Prüfer; **Ex|ami|na|to|ri|um** *s. Gen.* -s *Mz.* -ri|en *veraltet:* **1** Prüfungskommission; **2** Prüfungsvorbereitung; **ex|ami|nie|ren** jmdn. e.: prüfen
Ex|an|them [griech.] *s.1* entzündl. Hautausschlag
Ex|an|thro|pie [griech.] *w.11 nur Ez.* Menschenscheu
Ex|ara|ti|on [-tsjon, lat.] *w.10* Abschürfung des Untergrunds durch Bewegung eines Gletschers
Ex|arch [griech.] *m.10* **1** byzantin. Statthalter in Italien und Afrika; **2** *Ostkirche:* kirchl. Würdenträger, Leiter eines Kirchengebietes in der Diaspora; **Ex|ar|chat** [-çat] *s.1* Amt und Verwaltungsbezirk eines Exarchen
Ex|ar|ti|ku|la|ti|on [-tsjon, lat.] *w.10 Med.:* Abtrennung eines Gliedes im Gelenk
Ex|au|di [lat., nach Psalm 27,7: (Herr,) höre (meine Stimme)] Name des 6. Sonntags nach Ostern
exc. *Abk. für* excudit
ex ca|the|dra [lat., „vom Lehrstuhl aus"] **1** *in Wendungen wie* ex c. gesprochen: vom Papst als (unfehlbarem) Kirchenlehrer verkündet; **2** *übertr.:* maßgeblich, verbindlich, unanfechtbar; etwas ex c. erklären
Ex|cep|tio [-tsɛptsjo, lat.] *w. Gen. - Mz.* -tio|nes [-tsjone:s] *Rechtsw.*: Einrede
Ex|change [ikstʃɛindʒ, engl.] *w.11* **1** *Börse:* Tausch, Kurs; **2** Geldwechsel, Wechselstube
ex|cu|dit [lat. „hat (es) gedruckt"] (*Abk.*: exc., excud.) Vermerk hinter dem Namen des Druckers auf Kupferstichen
Exe|cu|tive [-kjutiv, engl.] *m.9* Führungskraft, z. B. Einkaufs-, Finanz-, Personalleiter

Ex|edra [griech.] *w. Gen. - Mz.* -edren **1** *im griech.-röm. Haus:* Wohnraum; **2** halbrunder oder eckiger Raum mit Bank als Abschluß eines Säulengangs; **3** *in mittelalterl. Kirchen* → Apsis

Ex|ege|se [griech.] *w. 11* Ausdeutung, Erklärung (bes. von Rechtsquellen sowie der Bibel); **Ex|eget** *m. 10* Ausdeuter, Erklärer; **Ex|ege|tik** *w. 10 nur Ez.* Wissenschaft von der Exegese

exe|ku|tie|ren [lat.] **1** vollziehen, vollstrecken (Urteil); **2** hinrichten (Person); **3** *österr.:* pfänden; **Exe|ku|ti|on** [-tsjon] *w. 10* **1** Vollstreckung, Vollzug; **2** Hinrichtung; **exe|ku|tiv** ausführend, vollziehend, vollstreckend; exekutive Gewalt → Exekutive; **Exe|ku|ti|ve** [-və] *w. 18* die vollziehende, ausführende Gewalt (im Staat), z. B. die Polizei; **Exe|ku|tiv|ko|mi|tee** *s. 9, in der UdSSR:* vollziehendes Organ eines Sowjets oder einer Organisation; **Exe|ku|tor** *m. 13* Vollstrecker; *österr.:* Gerichtsvollzieher

Ex|em|pel [lat.] *s. 5* **1** Aufgabe, bes. Rechenaufgabe; **2** Beispiel; ein E. statuieren: ein warnendes, abschreckendes Beispiel geben; **Ex|em|plar** *s. 1 (Abk.:* Expl.) Einzelstück; **ex|em|pla|risch** **1** musterhaft, beispielgebend; **2** warnend, abschreckend; jmdn. e. bestrafen; **Ex|em|pla|ris|mus** *m. Gen. - nur Ez.* philosoph. Lehre, daß alle Geschöpfe nach dem göttl. Urbild geschaffen seien; **ex|em|pli cau|sa** [„wegen eines Beispiels"] (*Abk.:* e. c.) beispielsweise, zum Beispiel; **Ex|em|pli|fi|ka|ti|on** [-tsjon] *w. 10* Erläuterung durch Beispiele; **ex|em|pli|fi|zie|ren** durch ein Beispiel erläutern

ex|emt [lat.] von bestimmten gesetzl. Pflichten befreit; **Ex|em|ti|on** [-tsjon] *w. 10* Befreiung von bestimmten gesetzl. Lasten und Pflichten

Exe|qua|tur [lat.] *s. Gen.* -s *Mz.* -tu|ren **1** Bestätigung, Zulassung (eines ausländ. Konsuls); **2** staatl. Erlaubnis, kirchl. Akte zu verkünden; **3** Vollstreckungswirkung eines im Ausland ergangenen Gerichtsurteils im Inland

Exe|qui|en [lat.] *Mz. kath. Kirche:* Begräbnisfeier, Totenmesse; **exe|quie|ren** *veraltet:* eintreiben (Schulden)

Ex|er|ci|ti|um *s. Gen.* -s *Mz.* -ti|en → Exerzitium; **ex|er|zie|ren** üben, ausbilden (bes. Truppen); **Ex|er|zi|ti|en** [-tsjən], *österr. auch:* Ex|er|zi|zi|en *Mz. kath. Kirche:* relig. Übungen; **Ex|er|zi|ti|um** [-tsjum] *s. Gen.* -s *Mz.* -ti|en [-tsjən] schriftl. Hausarbeit

exe|unt [lat. „sie gehen"] *Theater, als Regieanweisung:* sie gehen ab, treten ab, gehen hinaus

Ex|ha|la|ti|on [-tsjon, lat.] *w. 10* **1** Ausatmung, Ausdünstung; **2** Ausströmen (von vulkan. Gasen und Dämpfen); **ex|ha|lie|ren** ausatmen, ausströmen

Ex|hau|stor [lat.] *m. 13* Gebläse zum Absaugen von Gas, Dampf, Staub u. a., Entlüfter

ex|hi|bie|ren [lat.] **1** vorzeigen, zur Schau stellen; **2** aushändigen (Papiere); **Ex|hi|bit** *s. 1* Eingabe; **Ex|hi|bi|ti|on** [-tsjon] *w. 10 Med.:* Zurschaustellung; **Ex|hi|bi|tio|nis|mus** [-tsjo-] *m. Gen. - nur Ez.* **1** krankhafte Neigung zum öffentl. Entblößen der Geschlechtsteile; **2** *allg.:* auffallendes Verhalten, um die Aufmerksamkeit auf sich zu lenken; **Ex|hi|bi|tio|nist** *m. 10* jmd., der an Exhibitionismus leidet; **Ex|hi|bi|tum** *s. Gen.* -s *Mz.* -ten *oder* -ta → Exhibit

Ex|hu|ma|ti|on [-tsjon] *w. 10* Wiederausgrabung (einer Leiche); **ex|hu|mie|ren** eine Leiche e.: wieder ausgraben (für gerichtliche Untersuchungen)

Ex|igenz [lat.] *w. 10 veraltet:* Erfordernis, Bedarf; **ex|igie|ren** fordern, eintreiben (Schuld); **Ex|igui|tät** *w. 10* Geringfügigkeit

Exil [lat.] *s. 1* **1** Verbannung; **2** Verbannungs-, Zufluchtsort; **exi|lie|ren** ins Exil schicken; **Exil|li|te|ra|tur** *w. 10* die von deutschen Schriftstellern während des Nationalsozialismus im Ausland geschriebenen literar. Werke; **Exil|re|gie|rung** *w. 10* Regierung eines Staates, die sich im Ausland gebildet hat oder ihren Sitz ins Ausland verlegen mußte

ex|imie|ren [lat., zu: Exemtion] von einer gesetzl. Pflicht befreien

exi|stent [lat.] existierend, vorhanden; **Exi|sten|tia** [-tsja] *w. Gen. - nur Ez. Philos.:* Dasein, Vorhandensein (einer Sache); *Ggs.:* Essentia; **exi|sten|ti|al** [-tsjal] → existentiell; **Exi|sten|tia|lis|mus** *m. Gen. - nur Ez.* → Existenzphilosophie; **Exi|sten|tia|list** *m. 10* Vertreter, Anhänger der Existenzphilosophie, vor allem Sartres; **Exi|sten|ti|al|phi|lo|so|phie** *w. 11 nur Ez.* → Existenzphilosophie; **exi|sten|ti|ell** [-tsjel] die Existenz, das Dasein betreffend, darauf beruhend; **Exi|stenz** *w. 10* **1** Leben, Dasein, Vorhandensein; **2** Lebensunterhalt; **3** *Philos.:* (bloßes) Dasein (im Ggs. zum Wesen); die bewußte Seinsweise des Menschen; **4** *ugs.:* Mensch, Person; **Exi|stenz|mi|ni|mum** *s. Gen.* -s *Mz.* -ma Mindestmaß dessen, was man für den Lebensunterhalt braucht; **Exi|stenz|phi|lo|so|phie** *w. 11 nur Ez. Sammelbez. für* Richtungen der modernen Philosophie, die den Menschen im Hinblick auf seine Existenz (3) betrachten; **exi|stie|ren** **1** vorhanden sein, dasein; **2** seinen Lebensunterhalt bestreiten, auskommen

exit [lat. „er, sie geht"] *Theater, als Regieanweisung:* geht ab, tritt ab, geht hinaus; **Exit** *m. 9* Ausgang (in Gebäuden); **Ex|itus** *m. Gen. - Mz. - oder* -tus|se *Med.:* Tod, Todesfall

Ex|kar|di|na|ti|on [-tsjon, lat.] *w. 10 kath. Kirche:* Entlassung eines Geistlichen aus einem Diözesanverband (mit nachfolgender

Aufnahme in eine andere Diözese oder in ein Kloster)
Ex|ka|va|ti|on [-tsjon, lat.] *w.10* **1** Aushöhlung, Ausbaggerung, Ausgrabung; **2** *Zahnmed.:* Ausbohrung; **Ex|ka|va|tor** *m.13* Maschine, Instrument zur Exkavation; **ex|ka|vie|ren** aushöhlen, ausgraben
exkl. *Abk. für* exklusive
Ex|kla|ma|ti|on [-tsjon, lat.] *w.10 veraltet:* Ausruf; **ex|kla|mie|ren** *veraltet:* ausrufen
Ex|kla|ve [lat.] *w.11* **1** von fremdem Staatsgebiet umgebener Teil des eigenen Staates; *Ggs.:* Enklave; **2** Vorkommen einer Pflanzen- oder Tierart außerhalb ihres eigentlichen Verbreitungsgebietes
ex|klu|die|ren [lat.] *veraltet:* ausschließen; **Ex|klu|si|on** *w.10* Ausschließung; **ex|klu|siv** **1** ausschließend, nicht allen zugänglich; **2** gesellschaftlich abgesondert, Außenstehende fernhaltend; **3** vornehm und außergewöhnlich; **ex|klu|si|ve** (*Abk.:* exkl.) mit Ausschluß von …, ausgenommen; *Ggs.:* inklusive; **Ex|klu|si|vi|tät** *w.10 nur Ez.* **1** Ausschließlichkeit; **2** gesellschaftliche Abgeschlossenheit; **3** Vornehmheit und Ungewöhnlichkeit
Ex|kom|mu|ni|ka|ti|on [-tsjon, lat.] *w.10 kath. Kirche:* Ausschluß aus der Kirchengemeinschaft; **ex|kom|mu|ni|zie|ren** aus der Kirchengemeinschaft ausschließen
Ex|ko|ria|ti|on [-tsjon, lat.] *w.10* Hautabschürfung
Ex|kre|ment [lat.] *s.1* Körperausscheidung, Kot bzw. Harn; **Ex|kret** *s.1* vom Körper nicht weiter verwendbares und daher ausgeschiedenes Stoffwechselprodukt, z. B. Kot, Harn, Schweiß; **Ex|kre|ti|on** [-tsjon] *w.10* Ausscheidung (von Exkreten); **ex|kre|to|risch** ausscheidend
Ex|kul|pa|ti|on [-tsjon, lat.] *w.10 Rechtsw.:* Rechtfertigung, Befreiung von Schuld; **ex|kul|pie|ren** von Schuld freisprechen
Ex|kurs [lat.] *m.1* **1** Abschweifung; **2** kurze Ausarbeitung; **3** Anhang; **Ex|kur|si|on** *w.10* Ausflug (unter wissenschaftl. Leitung), Lehrfahrt, Lehrausflug
ex|lex [lat.] *früher:* gesetzlos, außerhalb des Gesetzes stehend, geächtet, vogelfrei
Ex|li|bris [lat. „aus den Büchern"] *s. Gen.- Mz.-* meist künstlerisch gestalteter, in ein Buch eingeklebter Zettel mit Namen und Zeichen des Eigentümers
Ex|ma|tri|kel [lat.] *w.11* Bescheinigung über den Abgang von einer Hochschule; **Ex|ma|tri|ku|la|ti|on** [-tsjon] *w.10* Streichung aus der Matrikel beim Abgang von einer Hochschule; *Ggs.:* Immatrikulation; **ex|ma|tri|ku|lie|ren** aus der Matrikel streichen; *Ggs.:* immatrikulieren
Ex|mis|si|on [lat.] *w.10* **1** gerichtl. Ausweisung; **2** Zwangsräumung (einer Wohnung); **ex|mit|tie|ren** gerichtlich ausweisen
ex nunc [lat.] von jetzt an
Exo|bio|lo|gie [griech.] *w.11 nur Ez.* Weltraumbiologie
Exo|der|mis [lat.] *w. Gen.- nur Ez.* äußeres, verkorktes Gewebe der Pflanzenwurzel
Ex|odus [griech.] *m. Gen.- nur Ez.* Auszug (der Juden aus Ägypten), Titel des 2. Buches Mosis
ex of|fi|cio [lat.] *Rechtsw.:* von Amts wegen, amtlich
Exo|ga|mie [griech.] *w.11, bei Naturvölkern:* Heirat außerhalb der eigenen sozialen Gruppe; *Ggs.:* Endogamie
exo|gen [griech.] **1** von außen stammend, einwirkend (von Kräften); **2** von außen eingeführt (in den Körper); **3** außen entstehend (Knospe, Blatt); *Ggs.:* endogen
Exo|karp [griech.] *s.1* äußerste Schicht der Fruchtwand; *Ggs.:* Endokarp
exo|krin [griech.] **1** nach außen absondernd (Drüsen); *Ggs.:* endokrin; **2** nach außen abgesondert (Drüsenprodukt)
Ex|one|ra|ti|on [-tsjon, lat.] *w.10 veraltet:* Entlastung, Erleichterung; **ex|one|rie|ren** *veraltet:* entlasten
ex|or|bi|tant [lat.] **1** übertrieben, übermäßig; **2** gewaltig, außerordentlich
Ex|or|di|um [lat.] *s. Gen.-s Mz.-dia* Einleitung (einer Rede)
ex ori|en|te lux [lat.] aus dem Osten (kommt) das Licht (ursprüngl. vom Sonnenaufgang gesagt, dann von Christentum und Kultur)
ex|or|zie|ren, ex|or|zi|sie|ren [griech.] austreiben, beschwören (böse Geister); **Ex|or|zis|mus** *m. Gen.- nur Ez.* Geisterbeschwörung, -austreibung; **Ex|or|zist** *m.10* **1** Geisterbeschwörer; **2** *kath. Kirche:* Träger des dritten Grades der vier niederen Weihen
Exo|sphä|re [griech.] *w.11* oberste Schicht der Atmosphäre
Exot [griech.] *m.10,* **Exo|te** *m.11* jmd., der aus einem fernen Land stammt (auch von Tieren, Pflanzen, Wertpapieren); **Exo|te|ri|ker** *m.5* Nichteingeweihter, Außenstehender; *Ggs.:* Esoteriker; **exo|te|risch** für die Öffentlichkeit, die Allgemeinheit, nicht nur für Eingeweihte bestimmt; *Ggs.:* esoterisch
exo|therm [griech.] Wärme abgebend; *Ggs.:* endotherm
Exo|tik [griech.] *w.10 nur Ez.* das Fremdländische (eines Lebewesens, einer Sache); **Exo|ti|ka** *Mz., Ez.-kum* fremdländ. Kunstwerke; **exo|tisch** aus fernen Ländern stammend
ex ovo → ab ovo
Ex|pan|der [lat.] *m.5* Gerät zum Kräftigen der Muskeln, wobei zwei Stahlfedern auseinandergezogen werden müssen; **ex|pan|die|ren** ausdehnen, auseinanderziehen; **ex|pan|si|bel** ausdehnbar; **Ex|pan|si|on** *w.10* Ausdehnung, Ausbreitung; **ex|pan|siv** sich ausbreitend, sich ausdehnend
Ex|pa|tria|ti|on [-tsjon, lat.] *w.10* Ausbürge-

rung; **ex|pa|tri|ie|ren** ausbürgern, die Staatsbürgerschaft entziehen
Ex|pe|di|ẹnt [lat.] *m.10* Angestellter, der Waren zum Versand fertigmacht; **ex|pe|die|ren** zum Versand fertigmachen und verschikken; **Ex|pe|dit** *s.1 österr.:* Versandabteilung (einer Firma); **Ex|pe|di|teur** [-tør] *m.1 österr.:* Spediteur; **Ex|pe|di|ti|on** [-tsjon] *w.10* **1** das Verschicken, Absendung; **2** Versandabteilung (einer Firma); **3** Entdeckungsreise in unerforschtes Gebiet; **4** die eine solche Reise unternehmenden Personen; **Ex|pe|di|tor** *m.13* → Expedient
Ex|pẹk|to|rans, Ex|pek|to|rạn|ti|um [-tsjum, lat.] *s. Gen.- bzw.*-s *Mz.*-rạn|tia [-tsja] *oder* -ran|zi|en schleimlösendes Mittel, Hustenmittel; **Ex|pek|to|ra|ti|on** [-tsjon] *w.10* **1** Aushusten (von Schleim); **2** Auswurf; **ex|pek|to|rie|ren** aushusten
Ex|pel|lạn|ti|um [-tsjum, lat.] *s. Gen.*-s *Mz.* -tia [-tsja] *oder* -zi|en aus-, abtreibendes Mittel; **ex|pel|lie|ren** *veraltet:* vertreiben, austreiben
Ex|pen|sa|ri|um [lat.] *s. Gen.*-s *Mz.*-ri|en Kostenaufstellung; **Ex|pẹn|sen** *Mz.* Kosten, bes. Gerichtskosten; **ex|pen|siv** teuer, kostspielig
Ex|pe|ri|mẹnt [lat.] *s.1* **1** (bes. wissenschaftl.) Versuch; **2** (gewagtes) Unternehmen; **ex|pe|ri|men|tal** → experimentell; **Ex|pe|ri|men|ta|tor** *m.13* jmd., der Experimente vorführt; **ex|pe|ri|men|tẹll** mit Hilfe von Experimenten; **ex|pe|ri|men|tie|ren** Experimente durchführen, Versuche machen
ex|pẹrt [lat.] sachverständig, sachkundig, fachmännisch; **Ex|pẹr|te** *m.11* Sachverständiger, erfahrener Fachmann; **Ex|per|ti|se** *w.11* Gutachten durch einen Experten; **ex|per|ti|sie|ren** *selten:* sachverständig, fachmännisch prüfen
Expl. *Abk. für* Exemplar
Ex|pla|na|ti|on [-tsjon, lat.] *w.10* Erklärung (von literar. Texten); **ex|pla|na|tiv** erläuternd; **ex|pla|nie|ren** erklären
Ex|plan|ta|ti|on [-tsjon, lat.] *w.10* Züchtung von Zellen oder Gewebe auf künstl. Nährboden
ẹx|pli|cit [lat.] es ist zu Ende (Vermerk am Schluß von Frühdrucken und Handschriften); *Ggs.:* incipit; **Ex|pli|ka|ti|on** [-tsjon] *w.10* Erklärung, Erläuterung; **ex|pli|zie|ren** erklären; **ex|pli|zit** erläutert, erklärt, ausführlich (dargestellt); *Ggs.:* implizit; **ex|pli|zi|te** [-te:] ausdrücklich, deutlich
ex|plo|die|ren [lat.] zerplatzen, knallend bersten
Ex|ploi|ta|ti|on [-tsjon, frz.] *w.10* Ausbeutung, Ausnutzung; **ex|ploi|tie|ren** ausbeuten, nutzbar machen
Ex|plo|ra|ti|on [-tsjon, lat.] *w.10* **1** Erforschung; **2** ärztl. Untersuchung und Befragung; **3** Informationsgespräch mit gezielter Befragung; **Ex|plo|rer** *m.5* Erforscher (Name der ersten US-amerik. Erdsatelliten); **ex|plo|rie|ren** **1** erforschen; **2** ärztl. untersuchen und befragen
ex|plo|si|bel [lat.] → explosiv; **Ex|plo|si|on** *w.10* **1** sehr schnelles Abbrennen eines Sprengstoffes; **2** knallendes Bersten, Zerplatzen eines Hohlkörpers durch Druck von innen; *Ggs.:* Implosion; **3** *übertr.:* Zornausbruch;**4** *übertr.:* sehr rasches Wachstum (einer Menge); **Ex|plo|si|ons|mo|tor** *m.12* Verbrennungsmotor; **ex|plo|siv** **1** leicht explodierend; **2** *übertr. ugs.:* leicht erregbar, zu Wutausbrüchen neigend; **Ex|plo|siv|laut** *m.1* Verschlußlaut: b, d, g, p, t, k; **Ex|plo|siv|stoff** *m.1* Sprengstoff
Ex|po|nat [lat.] *s.1* Ausstellungsstück; **Ex|po|nẹnt** *m.10* **1** Hochzahl einer Potenz; **2** in der Öffentlichkeit bekannter Vertreter (einer Strömung, Partei o. ä.); **Ex|po|nen|ti|al|funk|ti|on** [-tsjal--tsjo:n] *w.10* mathemat. Funktion, bei der die Veränderliche als Potenz auftritt; **Ex|po|nen|ti|al|glei|chung** *w.10* Gleichung, bei der die Unbekannte im Exponenten einer Potenz auftritt; **Ex|po|nen|ti|al|röh|re** *w.11 Rundfunk:* den Schwund ausgleichende Elektronenröhre, Regelröhre; **ex|po|nie|ren** **1** (einer Gefahr) aussetzen; **2** dem Licht aussetzen (Film), belichten; **3** sich e.: sich Angriffen aussetzen
Ex|pọrt [lat.] *m.1* Ausfuhr (von Waren); *Ggs.:* Import; **Ex|pọr|ten** *Mz.* Ausfuhrwaren; **Ex|por|teur** [-tør] *m.1* Kaufmann, *auch:* Firma im Exporthandel; *Ggs.:* Importeur; **Ex|pọrt|han|del** *m. Gen.*-s *nur Ez.* Verkauf von Waren ins Ausland; **ex|por|tie|ren** ins Ausland verkaufen, ausführen; *Ggs.:* importieren
Ex|po|sé [frz.] *s.9* **1** Bericht, Darlegung; **2** ausgearbeiteter Entwurf, Handlungsskizze zu einem literar. Werk oder Film; **Ex|po|si|ti|on** [-tsjon, lat.] *w.10* **1** Ausstellung; **2** Darlegung; **3** Einführung (im 1. Akt eines Dramas) in die vor Beginn des Stückes abgelaufene Handlung; **4** *Mus.:* erster Teil des Sonatensatzes; **Ex|po|si|tur** *w.10* **1** Seelsorgebezirk, Nebenkirche ohne eigenen Pfarrer; **2** *österr.:* auswärtiges Zweiggeschäft; **3** *österr.:* in einem anderen Gebäude untergebrachter Teil einer Schule; **Ex|po|si|tus** *m. Gen.- Mz.*-ti Pfarrer auf einer Nebenstelle
ex|prẹß [lat.] eilig, mit Eilpost; **Ex|prẹß** *m.1* Fernschnellzug, *nur noch in Zus. wie* Orientexpreß; **Ex|prẹß|brief** *m.1 veraltet, noch österr.:* Eilbrief
Ex|pres|si|on [lat.] *w.10* **1** *veraltet:* Ausdruck; **2** *Med.:* Herauspressen (z. B. der Nachgeburt); **Ex|pres|sio|nis|mus** *m. Gen.- nur Ez.* Ausdruckskunst, Kunstrichtung Anfang des 20. Jh.; **ex|prẹs|sis vẹr|bis** mit ausdrücklichen Worten, ausdrücklich; **ex|pres|siv** ausdrucksvoll, mit betontem Ausdruck; **Ex|pres|si|vi|tät**

w.10 nur Ez. **1** Ausdruckskraft; **2** Ausgeprägtheit (einer Erbanlage)
ex pro|fes|so [lat.] **1** von Berufs wegen, von Amts wegen; **2** absichtlich
Ex|pro|mis|si|on [lat.] *w.10* Übernahme einer Schuld durch einen Dritten
Ex|pro|pria|ti|on [-tsjon, lat.] *w.10 Marxismus:* Enteignung; **ex|pro|pri|ie|ren** enteignen
Ex|pul|si|on [lat.] *w.10* Aus-, Vertreibung; **ex|pul|siv** *Med.:* abführend, austreibend
ex|qui|sit [lat.] erlesen, ausgezeichnet, vorzüglich
Ex|se|kra|ti|on [-tsjon, lat.] *w.10* Verwünschung, Verfluchung; **ex|se|krie|ren** verfluchen
Ex|sik|kans [lat.] *s. Gen.* - *Mz.*-kan|tia [-tsja] *oder* -kan|zi|en *Chem.:* austrocknendes Mittel; **Ex|sik|ka|ti|on** [-tsjon] *w.10 nur Ez.* Austrocknung; **ex|sik|ka|tiv** austrocknend; **Ex|sik|ka|tor** *m.13* Gefäß zum Austrocknen wasserhaltiger und zum Aufbewahren trokkener Chemikalien
Ex|spek|tant [lat.] *m.10 veraltet:* Anwärter (auf eine Stelle im Staats- oder Kirchendienst); **Ex|spek|tanz** *w.10 veraltet:* Anwartschaft; **Ex|spek|ta|ti|on** [-tsjon] *w.10 nur Ez. Med.:* abwartende Behandlung; **ex|spek|ta|tiv** **1** eine Anwartschaft gewährend, in Aussicht stellend; **2** *Med.:* abwartend
Ex|spi|ra|ti|on [-tsjon, lat.] *w.10* Ausatmung; *Ggs.:* Inspiration (2); **ex|spi|ra|to|risch** **1** auf Ausatmung beruhend, mit Ausatmung einhergehend; **2** mit starker Betonung; **ex|spi|rie|ren** ausatmen
Ex|stir|pa|ti|on [-tsjon, lat.] *w.10* vollständige operative Entfernung eines erkrankten Organs; **ex|stir|pie|ren** völlig entfernen (Organ)
Ex|su|dat [lat.] *s.1* **1** *Med.:* infolge Entzündung abgesonderte Flüssigkeit; **2** *Zool.:* Drüsenabsonderung (bei Insekten); **Ex|su|da|ti|on** [-tsjon] *w.10* Ausschwitzung einer Flüssigkeit; **ex|su|da|tiv** mit entzündl. Absonderung einhergehend
Ex|tem|po|ra|le [lat.] *s.5, Mz. auch:* -li|en *veraltet:* unvorbereitete schriftl. Klassenarbeit; **ex tem|po|re** [-re:] aus dem Stegreif, unvorbereitet; **Ex|tem|po|re** *s.9* Zusatz aus dem Stegreif; **ex|tem|po|rie|ren** aus dem Stegreif sprechen oder spielen
ex|ten|die|ren [lat.] ausdehnen, erweitern; **ex|ten|si|bel** ausdehnbar; **Ex|ten|si|bi|li|tät** *w.10 nur Ez.* Ausdehnbarkeit; **Ex|ten|si|on** *w.10* **1** Ausdehnung; **2** Streckung (eines Gliedes bei Verrenkung oder Knochenbruch); **Ex|ten|si|tät** *w.10 nur Ez.* Ausdehnung, Umfang; **ex|ten|siv** **1** der Ausdehnung nach, räumlich; extensive Wirtschaft: auf großer Fläche betriebene, vor allem den Boden ausnutzende Wirtschaft; **2** umfassend; **3** *Rechtsw.:* ausdehnend, erweiternd (beim Auslegen eines Gesetzes); *Ggs.:* restriktiv; **ex|ten|si|vie|ren** in die Breite wirken lassen; **Ex|ten|si|vi|tät** *w.10 nur Ez.* → Extensität; **Ex|ten|sor** *m.13* Streckmuskel; *Ggs.:* Flexor
Ex|te|ri|eur [-riør, frz.] *s.9* Äußeres, äußere Erscheinung, Außenseite; **Ex|te|rio|ri|tät** *w.10 veraltet:* Äußeres, Außenseite
Ex|ter|mi|na|ti|on [-tsjon, lat.] *w.10 nur Ez.* **1** Ausweisung (aus einem Land), Vertreibung; **2** Ausrottung; **ex|ter|mi|nie|ren** **1** des Landes verweisen; **2** ausrotten
ex|tern [lat.] **1** draußen befindlich, auswärtig; **2** außerhalb des Internats wohnend; *Ggs.:* intern; **Ex|ter|nat** *s.1* Schule, deren Schüler nicht im Schulgebäude wohnen; *Ggs.:* Internat; **Ex|ter|ne(r)** *m.18* (*17*) *bzw. w.17 oder 18* **1** Schüler(in), der (die) nicht im Internat wohnt; **2** Schüler(in), der (die) die Abschlußprüfung an einer Schule ablegt, sich aber privat darauf vorbereitet hat; **Ex|ter|nist** *m.10, österreich. für* Externer; **Ex|ter|num** *s. Gen.*-s *Mz.*-na äußerlich anzuwendendes Heilmittel
ex|ter|ri|to|ri|al [lat.] der Staatsgewalt des Gastlandes nicht unterstellt; **ex|ter|ri|to|ria|li|sie|ren** jmdn. e.: jmdm. Exterritorialität gewähren; **Ex|ter|ri|to|ria|li|tät** *w.10 nur Ez.* Unabhängigkeit von der Staatsgewalt des Gastlandes (bes. bei Botschaftern)
Ex|tink|ti|on [-tsjon, lat.] *w.10* **1** *veraltet:* Tilgung, Auslöschung; **2** Abschwächung einer Strahlung beim Durchgang durch einen trüben Stoff, z. B. des Sonnen- und Sternenlichtes durch die Erdatmosphäre
ex|tor|quie|ren [lat.] *veraltet:* erpressen, erzwingen; **Ex|tor|si|on** *w.10 veraltet:* Erpressung
ex|tra [lat.] *unflektierbar* **1** zusätzlich, über das Vereinbarte, Übliche hinaus; ein extra Trinkgeld; **2** besonders, für sich; das wird extra berechnet; **3** außergewöhnlich; extra fein; etwas extra Feines; **Ex|tra** *s.9 meist Mz.* **1** Sonderzubehör, das für sich zu bezahlen ist; **2** Sonderleistung, die nicht im Pauschalpreis inbegriffen ist (z. B. Getränke); **Ex|tra|aus|ga|be** *w.11,* **Ex|tra|blatt** *s.4* Sondernummer (einer Zeitung); **ex|tra dry** [-drai, engl.] *bei alkohol. Getränken:* besonders trocken, herb; **ex|tra|ga|lak|tisch** außerhalb der Milchstraße
Ex|tra|hent [lat.] *m.10* **1** jmd., der einen Auszug aus einem Buch macht oder gemacht hat; **2** *veraltet:* jmd., auf dessen Antrag eine Verfügung erlassen wird; **ex|tra|hie|ren** **1** herausschreiben, ausziehen (aus einem Schriftwerk); **2** herausziehen (Zahn); **3** mit Lösungsmittel herauslösen (Bestandteile aus einem Stoff); **4** *veraltet:* durch Antrag erwirken (Verfügung); **Ex|trakt** *m.1* **1** Auszug (aus einem Buch, aus einem pflanzl. oder tier. Stoff); **2** Hauptinhalt, kurzgefaßte Inhaltsangabe; **Ex|trak|teur** [-tør] *m.1* Gerät zum Extrahieren (aus Stoffen); **Ex|trak|ti|on** [-tsjon] *w.10* das Herausziehen, Herauslö-

sen; **ex|trak|tiv** 1 mittels Extraktion; 2 auslaugend, herauslösend; **Ex|trak|tiv|stoff** *m. 1* durch Extraktion gewonnener oder zu gewinnender Stoff

ex|tra|mun|dan [lat.] *Philos.:* außerweltlich; *Ggs.:* intramundan

ex|tra|mu|ral, ex|tra mu|ros [-ro:s, lat.] außerhalb der Stadtmauern (gelegen)

ex|tran [lat.] *veraltet:* ausländisch, fremd; **Ex|tra|ne|er, Ex|tra|ner** *m. 5,* **Ex|tra|ne|us** *m. Gen. - Mz.* -nei [-ne:i] → Externer

ex|tra|or|di|när [frz.] außergewöhnlich; **Ex|tra|or|di|na|ri|at** [lat.] *s. 1* Amt eines Extraordinarius; **Ex|tra|or|di|na|ri|um** *s. Gen.* -s *Mz.* -ri|en außerordentlicher (d. h. einmalige Einnahmen und Ausgaben umfassender) Staatshaushaltsplan; **Ex|tra|or|di|na|ri|us** *m. Gen. - Mz.* -ri|en außerordentl. Professor

Ex|tra|po|la|ti|on [-tsjon, lat.] *w. 10* Schluß von Funktionswerten innerhalb eines mathemat. Bereichs auf solche außerhalb dieses Bereichs; *Ggs.:* Interpolation; **ex|tra|po|lie|ren** durch Extrapolation berechnen

Ex|tra|post *w. 10 früher:* Postwagen außerhalb des üblichen Linienverkehrs, eigens gemieteter Postwagen

Ex|tra|sy|sto|le [auch: ęks-, griech.] *w. 11* vorzeitige Zusammenziehung des Herzens

ex|tra|ter|re|strisch [lat.] außerhalb der Erde und Erdatmosphäre befindlich

Ex|tra|tour [-tu:r] *w. 10* eigenwilliges Verhalten oder Handeln innerhalb einer Gemeinschaft; Extratouren machen

ex|tra|ute|rin [lat.] außerhalb der Gebärmutter (des Uterus) liegend

ex|tra|va|gant [auch: ęks-, frz.] ausgefallen, ungewöhnlich, aus dem Rahmen fallend; **Ex|tra|va|ganz** [auch: ęks-] *w. 10* extravagantes Benehmen oder Aussehen

Ex|tra|ver|si|on [lat.] *w. 10 nur Ez.* extravertiertes Verhalten oder Wesen; *Ggs.:* Introversion; **ex|tra|ver|tiert** [auch: ęks-] der Außenwelt zugewandt, an äußeren Objekten interessiert; *Ggs.:* introvertiert

ex|tra|zel|lu|lär [lat.] außerhalb der Zelle befindlich

ex|trem [lat.] 1 äußerst, höchst bzw. niedrigst; extreme Werte: Maximum und Minimum; 2 übertrieben (Ansichten); 3 radikal; die extreme Linke; **Ex|trem** *s. 1* äußerste Grenze, höchster Grad oder Wert, äußerster möglicher Standpunkt, äußerster Gegensatz; **Ex|tre|mis|mus** *m. Gen. - nur Ez.* übersteigert radikale Einstellung; **Ex|tre|mi|tät** *w. 10* 1 äußerstes Ende; 2 *meist Mz.* Gliedmaße, Arm, Bein; die oberen, unteren Extremitäten; **Ex|tre|mum** *s. Gen.* -s *Mz.* -ma, **Ex|trem|wert** *m. 1* äußerster Wert, Maximum bzw. Minimum

ex|trors [lat.] *bei Blütenpflanzen:* nach außen gewendet (Staubbeutel); *Ggs.:* intrors

ex|tro|ver|tiert → extravertiert

Ex|tru|si|on [lat.] *w. 10* Vulkanausbruch; **ex|tru|siv** aus einer Extrusion herrührend; **Ex|tru|siv|ge|stein** *s. 1* Ergußgestein

ex|ube|rans [lat.] *Med.:* stark wuchernd; **ex|ube|rant** *veraltet:* 1 üppig; 2 überschwenglich; **Ex|ube|ranz** *w. 10* 1 Üppigkeit; 2 Überschwenglichkeit, Schwulst

Ex|ul|lant [lat.] *m. 10 veraltet:* Verbannter, Vertriebener (bes. um seines Glaubens willen); **ex|ul|ie|ren** *veraltet:* verbannen, vertreiben

Ex|ul|ze|ra|ti|on [-tsjon, lat.] *w. 10* Geschwürbildung; **ex|ul|ze|rie|ren** ein Geschwür bilden, schwären

ex usu [lat.] durch Gebrauch, durch Übung

Ex|uvi|en [lat.] *Mz.* 1 abgestreifte Tierhaut, z. B. Schlangenhaut; 2 *veraltet:* Siegesbeute; 3 als Reliquien aufbewahrte Gewänder oder Teile davon

ex voto [lat.] auf Grund eines Gelübdes (Inschrift auf Votivgaben); **Ex|vo|to** *s. 9, Mz. auch:* -ten Weihgeschenk, Votivgabe

Exz. *Abk. für* Exzellenz; **ex|zel|lent** [lat.] ausgezeichnet, vortrefflich; **Ex|zel|lenz** *w. 10* (*Abk.:* Exz.) früher Titel von hohen Beamten, heute noch von Botschaftern und Gesandten; Euer Exzellenz (als Anrede); **ex|zel|lie|ren** hervorragen, glänzen

Ex|zen|ter [lat.] *m. 5,* **Ex|zen|ter|schei|be** *w. 11* Steuerungsscheibe, deren Drehpunkt nicht in ihrem Mittelpunkt liegt; **Ex|zen|trik** *w. 10 nur Ez.* 1 Form der Artistik, die mit grotesker Komik dargeboten wird; 2 überspanntes, verschrobenes Benehmen; **Ex|zen|tri|ker** *m. 5* 1 Artist der Exzentrik (1); 2 jmd., der sich exzentrisch benimmt; **ex|zen|trisch** 1 außerhalb des Mittelpunktes liegend; exzentrische Kreise: Kreise, die keinen gemeinsamen Mittelpunkt haben; *Ggs.:* konzentrische Kreise; 2 überspannt, verschroben; **Ex|zen|tri|zi|tät** *w. 10 nur Ez.* 1 Abweichung, Abstand vom Mittelpunkt; 2 Überspanntheit

Ex|zep|ti|on [-tsjon, lat.] *w. 10 veraltet:* Ausnahme; Einrede; vgl. Exceptio; **Ex|zep|tio|na|lis|mus** *m. Gen. - nur Ez.* veraltete Lehre, daß in der Frühzeit der Erdgeschichte andere Kräfte wirksam gewesen seien als heute; **ex|zep|tio|nell** ausnahmsweise (eintretend), außergewöhnlich; **ex|zep|tiv** *veraltet:* ausschließend

ex|zer|pie|ren [lat.] herausschreiben (aus Büchern); **Ex|zerpt** *s. 1* Auszug (aus einem Buch)

Ex|zeß [lat.] *m. 1* Ausschreitung, Überschreitung gesellschaftl. Grenzen, Ausschweifung; **ex|zes|siv** das normale Maß überschreitend, maßlos, ausschweifend; exzessives Klima: Kontinentalklima mit großen Temperaturschwankungen

ex|zi|die|ren [lat., zu: Exzision] *Med.:* herausschneiden

ex|zi|pie|ren [lat.] *veraltet:* als Ausnahme darstellen, ausnehmen
Ex|zi|si|on [lat., zu: exzidieren] *w. 10 Med.:* das Herausschneiden
ex|zi|ta|bel [lat.] reizbar, erregbar; **Ex|zi|ta|bi|li|tät** *w. 10 nur Ez.* Reiz-, Erregbarkeit; **Ex|zi|tans** *s. Gen. - Mz.* -tan|tia [-tsja] *oder* -tan|zi|en anregendes Heilmittel; **Ex|zi|ta|ti|on** [-tsjon] *w. 10, Med.:* Erregung, Anregung, Aufmunterung; **ex|zi|ta|tiv** *Med.:* anregend, erregend, aufmunternd; **ex|zi|tie|ren** anregen, aufmuntern
Eye|cat|cher [aikætʃər, engl.] *m. 9 Werbung:* Blickfang; **Eye|li|ner** [ailainər] *m. 5* Stift oder Pinsel sowie Farbe zum Betonen der Augenlidränder
Ey|rir *m. oder s. Gen. - Mz.* Aurar isländ. Währungseinheit, 1/100 Krona

F

f 1 *Abk. für* forte; 2 *Abk. für* Femto-
F 1 *Abk. für* Fahrenheit, Farad, Fermi; 2 *chem. Zeichen für* Fluor
Fa. *Abk. für* Firma
Fa|bel [lat.] *w.11* 1 lehrhafte, meist satir. Tiergeschichte; 2 erdichtete Geschichte; 3 das Wesentliche einer Dichtung
Fa|bia|nis|mus *m. Gen. - nur Ez.* die Lehre der → Fabier; **Fa|bi|er** [nach dem altröm. Feldherrn Fabius Cunctator] *m.5* Angehöriger der Fabian Society, einer 1883 gegründeten engl. sozialist. Vereinigung
Fa|brik [lat.] *w.10* Unternehmen zur maschinellen Herstellung von Waren; **Fa|bri|kant** *m.10* Inhaber einer Fabrik; **Fa|bri|kat** *s.1* in einer Fabrik hergestellte Ware; **Fa|bri|ka|ti|on** [-tsjon] *w.10* Herstellung in einer Fabrik; **fa|bri|zie|ren** 1 in einer Fabrik herstellen; 2 *ugs. scherzh.:* laienhaft herstellen, zusammenbasteln
fa|bu|la do|cet [lat. „die Fabel lehrt"] die Moral von der Geschichte ist …; **Fa|bu|lant** *m.10* jmd., der fabuliert; Schwätzer; **fa|bu|lie|ren** phantasievoll erzählen; Geschichten erfinden; **Fa|bu|list** *m.10 veraltet:* Fabeldichter; **fa|bu|lös** *ugs. scherzh.:* märchenhaft, unglaubhaft
Face [fas, frz.] *w.11 veraltet:* Vorderansicht;
Fa|cet|te [-sɛtə] *w.11* 1 kleine geschliffene Fläche (an Edelsteinen und Glasgegenständen); 2 schräge Kante an Klischees zum Befestigen an der Druckunterlage; **Fa|cet|ten|au|ge** [-sɛt-] *s.14* Netzauge (mancher Insekten); **fa|cet|tie|ren** [-sɛt-] mit Facetten versehen
Fa|çon [fasɔ̃, frz.] *w.9* → Fasson; Façon de parler [fasɔ̃ də parle] 1 die Art zu reden, Sprechweise; 2 leere Redensart
Fac|to|ring [fæktə-, engl.] *s.9 nur Ez.* eine Form der Absatzfinanzierung und Sicherung des Kreditrisikos
Fa|cul|tas do|cen|di [lat.] *w. Gen. -- Mz. --* Lehrbefähigung (für eine Hochschule)
Fa|ding [fɛi-, engl.] *s.9 nur Ez.* 1 Nachlassen der Bremskraft von Fahrzeugen durch Erhitzung bei längerem Bremsen; 2 Schwanken der Empfangsstärke bei Radiosendungen, Schwund
Fa|gott [ital.] *s.1* ein Holzblasinstrument; **Fa|got|tist** *m.10* Fagottspieler
Faible [fɛbl, frz.] *s.9* Vorliebe, Neigung, Schwäche; ein F. für etwas haben
fair [fɛr, engl.] ehrlich, anständig (bes. bei Wettkämpfen); *Ggs.:* unfair; **Fair|neß** [fɛr-] *w. Gen. - nur Ez.* faires Verhalten; **Fair play** [fɛ:r plɛi] *s. Gen. -- nur Ez.* faires Spiel
Fai|seur [fɛzœr, frz.] *m.1 veraltet:* Anstifter, jmd., der eine üble Sache ins Werk setzt
Fait ac|com|pli [fɛ:takɔ̃pli, frz.] *s. Gen. -- Mz.* -s -s [-fɛ:zakɔ̃pli] vollendete Tatsache
fä|kal [lat.] aus Fäkalien bestehend, kotig;
Fä|ka|li|en *Mz.* Ausscheidungen, Kot, Harn
Fa|kir [österr.: -kir, arab.] *m.1* ind. Büßer, Asket
Fak|si|mi|le [lat. „mach (es) ähnlich"] *s.9* originalgetreue Nachbildung (eines Druckes, einer Handschrift); **fak|si|mi|lie|ren** originalgetreu nachahmen; **Fakt** [lat.] *m.12* → Faktum; **Fak|ten** *Mz. von* Faktum
Fak|ti|on [-tsjon, lat.] *w.10* parteiähnliche, politisch bes. aktive oder radikale Gruppe; **fak|ti|ös** [-tsjøs] Partei ergreifend, aufrührerisch
fak|tisch [lat.] tatsächlich, in Wirklichkeit; **fak|ti|tiv** bewirkend; **Fak|ti|tiv** *s.1,* **Fak|ti|ti|vum** *s. Gen.* -s *Mz.* -va → Kausativum; **Fak|ti|zi|tät** *w.10 nur Ez.* Tatsächlichkeit, Gegebenheit; *Ggs.:* Logizität; **Fak|tor** *m.13* 1 Leiter einer Faktorei; 2 Werkmeister in einer Druckerei; 3 Zahl, die mit einer anderen multipliziert wird, Multiplikand, Multiplikator; 4 mitwirkender Umstand, bestimmendes Element; **Fak|to|rei** *w.10* überseeische Handelsniederlassung; **Fak|to|tum** *s. Gen.* -s *Mz.* -ta jmd., der die verschiedensten Arbeiten verrichtet, „Mädchen für alles"; **Fak|tum** *s. Gen.* -s *Mz.* -ten, *auch:* -ta Tatsache, Ereignis, Vorgang; **Fak|tur** *w.10* 1 Rechnung (für eine Ware); 2 Lieferschein; **Fak|tu|ra** *w. Gen. - Mz.* -ren *veraltet für* Faktur; **fak|tu|rie|ren** 1 Rechnungen schreiben; 2 berechnen (Waren); **Fak|tu|rist** *m.10* jmd., der Fakturen schreibt
Fa|kul|tas [lat.] *w. Gen. - Mz.* -täten Lehrbefähigung; vgl. facultas docendi; **Fa|kul|tät** *w.10* 1 Gesamtheit der Lehrenden (und der Studenten) einer Fächergruppe an einer Hochschule; 2 fachlich begrenzte Abteilung einer Hochschule; 3 Gebäude einer Hochschulabteilung; 4 *Math.:* Produkt der Glieder der natürl. Zahlenreihe bis zu einer bestimmten Zahl (*Zeichen:* !), z. B. 9! (*gesprochen:* neun Fakultät); **fa|kul|ta|tiv** wahlfrei (Lehrfach); *Ggs.:* obligatorisch
Fa|lan|ge [-laŋgə, auch: -lanxə, span.] *w.11 nur Ez.* faschist. span. Partei; **Fa|lan|gist** *m.10* Angehöriger der Falange
Fal|ko|nett [ital.] *s.1, 16./17. Jh.:* leichtes Geschütz, Feldschlange
fal|li|bel [lat.] trügerisch, fehlbar; **fal|lie|ren** zahlungsunfähig werden, in Konkurs gehen; **Fal|li|ment** *s.1,* **Fal|lis|se|ment** [-mã]

s. 9 Konkurs, Zahlungsunfähigkeit; **falllit** *veraltet:* zahlungsunfähig; **Falllit** *m. 10 veraltet:* jmd., der zahlungsunfähig ist
Falllott [frz.] *m. 10 österr.:* Betrüger
Falllout [fɔ:laut, engl.] *m. 9* radioaktiver Niederschlag nach Kernwaffenexplosionen
Fallott *m. 10* → Fallott
Fallsa *Mz. von* Falsum
Fallsett [ital.] *s. 1* durch Brustresonanz verstärkte Kopfstimme des Mannes; **fallsetltieren** mit Falsettstimme singen; **Fallsetltist** *m. 10* Sänger für Sopran- und Altpartien; **Fallsettlstimlme** *w. 11* → Falsett
Fallsilfilkat [lat.] *s. 1* Fälschung, gefälschter Gegenstand; **Fallsilfilkaltilon** [-tsjon] *w. 10 veraltet:* Fälschung; **fallsilfilzielren** *veraltet:* fälschen; **Fallsum** *s. Gen.* -s *Mz.* -sa etwas Falsches, Fälschung
Falma [lat.] *w. Gen. - nur Ez.* Gerücht
falmillilär [lat.] **1** die Familie betreffend; **2** vertraut, ungezwungen; **Falmillialre** *m. 11* **1** Angehöriger des Gesindes eines Klosters; **2** Angehöriger eines kirchenfürstl. Hofstaates; **Falmillialriltät** *w. 10 nur Ez.* familiäres Verhalten, Vertrautheit, Ungezwungenheit; **Falmillislmus** *m. Gen. - nur Ez.* Überbetonung der Familie als Quelle für Sozialkontakte (in niederen sozialen Schichten)
falmos [lat.] *ugs.:* großartig, prächtig
Falmulla [lat.] *w. Gen. - Mz.* -lä weibl. Famulus; **Falmullaltur** *w. 10* Praktikum im Krankenhaus während des Medizinstudiums; **falmullielren** die Famulatur ableisten; **Falmullus** *m. Gen. - Mz.* -li **1** Medizinstudent, der sein Praktikum im Krankenhaus ableistet; **2** *veraltet:* Assistent, Gehilfe eines Wissenschaftlers
Fan [fæn, engl., Kurzw. aus: fanatic] *m. 9* begeisterter Liebhaber, Anhänger (von etwas), z. B. Filmfan, Fußballfan
Falnal [griech.] *s. 1* Feuerzeichen, Zeichen (für den Beginn einer Wende o. ä.)
Falnaltilker [lat.] *m. 5* jmd., der leidenschaftlich und unduldsam etwas vertritt, Eiferer; **falnaltisch** unduldsam eifernd; **falnaltilsielren** zum Fanatismus anstacheln, aufhetzen; **Falnaltislmus** *m. Gen. - nur Ez.* leidenschaftlicher, blinder, unduldsamer Eifer und Einsatz (für eine Sache oder Überzeugung)
Fanlcy [fænsi, engl.] **1** *m. 9 oder s. 9 nur Ez.* beidseitig aufgerauhter Flanell; **2** *w. Gen. - Mz.* -cies, engl. Form der Fantasie (**1**)
Fanldanlgo [span.] *m. 9* ursprünglich gesungener, feuriger span. Tanz
Fanldalrolle [provenzal.] *w. 11* schneller provenzal. Paartanz
Fanlfalre [frz.] *w. 11* **1** Dreiklangtrompete ohne Ventile; **2** Trompetensignal in gebrochenem Dreiklang; **3** kurzer, signalähnl. Satz der Suite
Fanlgo [ital.] *m. 9 nur Ez.* Mineralschlamm zu Heilzwecken
Fanltalsia [ital.] *w. 9* **1** nordafrik. Reiterkampfspiel; **2** *ital. Bez. für* Fantasie; **Fanltasie** *w. 11* **1** Musikstück in ungebundener Form; **2** *eindeutschende Schreibung von* Phantasie
Falrad [nach dem engl. Physiker M. Faraday] *s. Gen.* -s *Mz.* - (*Abk.:* F) Maßeinheit für elektr. Kapazität; **Falraldaylkälfig** *m. 1* käfigartige, geerdete Vorrichtung aus Drahtgeflecht zum Abschirmen gegen elektr. Felder oder Ströme (bei Meßinstrumenten und beim Blitzschutz); **Falraldilsaltilon** [-tsjon] *w. 10* Heilbehandlung mit faradischem Strom; **falraldisch** *in der Fügung* faradischer Strom: häufig unterbrochener Gleichstrom; **falraldilsielren** mit faradischem Strom behandeln
Falranldolle *w. 11* → Fandarole
Farlce [-sə, frz.] *w. 11* **1** *14./16. Jh.:* derbkomisches, kurzes Theaterstück, Posse; **2** lächerliche, aber als wichtig dargestellte Angelegenheit; **3** Verhöhnung; **4** Füllung aus gehacktem Fleisch u. a. für Geflügel und Pasteten; **Farlceur** [-sør] *m. 1 veraltet:* Possenreißer; **farlcielren** [-si-] mit Farce (**4**) füllen
Falrin [lat.] *m. 1 nur Ez.* nicht völlig gereinigter, gelblicher Zucker; **Falrilnalde** *w. 11* Puderzucker
Farm [engl.] *w. 10* **1** Bauerngut; **2** Landgut mit Tierzucht; **Farlmer** *m. 5* Inhaber oder Leiter einer Farm
fas, f. a. s. *Abk. für* free alongside ship
Falsan [griech.-frz.] *m. 12* ein Hühnervogel; **Falsalnelrie** *w. 11* Gehege, in dem Fasanen gehalten werden
Faslces [-tse:s] *Mz.* → Faszes
Falsche [ital.] *w. 11 österr.:* Wickelbinde; **faschen** *österr.:* umwickeln, bandagieren
falschielren [zu: Farce **4**] durch die Faschiermaschine drehen; **Falschierlmalschilne** *w. 11* Fleischwolf
Falschilne [lat.-ital.] *w. 11* Reisigbündel (für Uferbefestigungen)
Falschislmus [ital.] *m. Gen. - nur Ez.* **1** die von Mussolini begründete nationalist. Bewegung in Italien (bis 1945); **2** *danach allg. Bez. für* nationalist. totalitäres Herrschaftssystem; **Falschist** *m. 10* Anhänger, Vertreter des Faschismus; **falschilstolid** dem Faschismus ähnlich
False [frz.] *w. 11* abgeschrägte Kante an Werkzeugen und Werkstücken
Falshion [fæʃən, engl.] *w. Gen. - nur Ez.* **1** Mode; **2** feiner Lebensstil, feine Sitte; **falshiolnalbel** [fɛʃə-], **falshiolnable** [fæʃənəbl] **1** modisch, modern; **2** fein
Faslsalde [frz.] *w. 11* **1** Vorderseite (von Gebäuden); **2** *übertr.:* Außenseite
Faslson [-sɔ̃, frz.] *w. 9, österr,. schweiz. auch:* [-son] *w. 10* **1** Zuschnitt (eines Kleidungsstücks); **2** Art und Weise; **3** *s. 9* → Revers (**1**); **faslsolnielren** in eine Fasson brin-

gen; **Fas|son|schnitt** [-sõ-] *m.1* Haarschnitt in bestimmter Form
Fa|sta|ge [-ʒə] *w.11* → Fustage
fa|sti|di|ös [lat.-frz.] *veraltet:* widerwärtig, ekelhaft
Fas|zes [-tse:s, lat.] *Mz.* Rutenbündel mit einem zweischneidigen Beil (Amtszeichen der altrömischen Liktoren); **fas|zi|al** bündelweise; **Fas|zia|ti|on** [-tsjon] *w.10* **1** *Bot.:* Verbänderung, Bildung von bandähnl. Querschnittsformen; **2** *Med.:* Einbinden, Umwikkelung; **Fas|zie** [-tsiə] *w.11 Med.:* **1** bindegewebige Hülle um Muskeln; **2** Bindenverband; **Fas|zi|kel** *m.5* **1** Aktenbündel; **2** Heft, Band eines in Fortsetzungen erscheinenden Werkes; **fas|zi|ku|lie|ren** bündeln, heften
Fas|zi|na|ti|on [-tsjon, lat.] *w.10* Bezauberung; **fas|zi|nie|ren** fesseln, bezaubern, blenden
Fa|ta *Mz. von* Fatum
fa|tal [lat.] **1** unangenehm, peinlich; **2** verhängnisvoll; **Fa|ta|lis|mus** *m. Gen. - nur Ez.* Glaube an ein vorherbestimmtes Schicksal, das man hinzunehmen hat; **Fa|ta|list** *m.10* jmd., der sein Schicksal als unabänderlich hinnimmt; **fa|ta|li|stisch** in der Art eines Fatalisten; **Fa|ta|li|tät** *w.10 nur Ez.* **1** Verhängnis, Mißgeschick; **2** Peinlichkeit
Fa|ta Mor|ga|na [ital.] *w. Gen. - - Mz.* --nen *oder* --s **1** durch starken Temperaturunterschied in bodennahen Luftschichten hervorgerufene Spiegelung weit entfernter Gegenstände und Landschaften in der Luft, bes. über Wüsten; **2** Sinnestäuschung, Wahngebilde
fa|tie|ren [lat.] **1** *veraltet:* bekennen, angeben; **2** *österr.:* dem Finanzamt bekanntgeben (Einkommen)
fa|ti|gant [frz.] *veraltet:* ermüdend, lästig
Fa|tum [lat.] *s. Gen.*-s *Mz.*-ta Schicksal
Faun [lat.] *m.1* **1** *röm. Myth.:* halbtier. Waldgeist mit Gehörn und Bocksfüßen; **2** *übertr.:* lüsterner Mensch; **Fau|na** *w. Gen. - Mz.*-nen Tierwelt (eines bestimmten Gebietes); vgl. Flora; **fau|nisch** in der Art eines Fauns; **Fau|ni|stik** *w.10 nur Ez.* Lehre von der Tierwelt eines bestimmten Gebietes
Fausse [fos, frz.] *w.11* → Foße
faute de mieux [fo:t də mjø, frz.] in Ermangelung eines Besseren
Fau|teuil [fotœj, frz.] *m.9 veraltet:* Lehn-, Armsessel
Faut|fracht [frz.] *w.10* Entschädigungssumme, die dem Reeder zusteht, wenn der Befrachter vom Frachtvertrag zurücktritt
Fau|vis|mus [fovis-, frz.] *m. Gen. - nur Ez.* als Absage an den Impressionismus entstandene, von einer Künstlergruppe mit dem Spottnamen les fauves [le: fov] „die Wilden" vertretene Richtung der Malerei Anfang des 20. Jh.
Faux|pas [fo:pa, frz. „Fehltritt"] *m. Gen. - Mz. -* [fo:pas] Verstoß gegen die gesellschaftl. Formen, Taktlosigkeit
Fa|ve|la [port.: -vε-] *w.9, in brasilian. Städten:* Elendsviertel
fa|vo|ra|bel [lat.] günstig, vorteilhaft; **fa|vo|ri|sie|ren** **1** begünstigen, bevorzugen; **2** *Sport:* als Favoriten nennen, in den Vordergrund rücken; **Fa|vo|rit** *m.10* **1** Günstling, Liebling; **2** *Sport:* voraussichtl. Sieger
Fa|vus [lat.] **1** *m. Gen. - nur Ez.* Erbgrind, ansteckende Hautkrankheit, bes. an behaarten Körperstellen; **2** *m. Gen. - Mz.*-ven *oder* -vi Wachsscheibe im Bienenstock
Fa|yence [fajãs, frz., nach der ital. Stadt Faenza] *w.11* Feinkeramik mit Zinnglasur
Fa|zen|da [-sen-, port.] *w.9* Landgut, Pflanzung in Brasilien
Fä|zes [lat.] *Mz. Med.:* Ausscheidungen, Kot
Fa|ze|tie [-tsjə, lat.] *w.11* **1** kurze, witzige, oft satir. oder erot. Erzählung, Schnurre, Schwank; **2** witziger Einfall, Spaß
fa|zi|al [lat.] zum Gesicht gehörig; **Fa|zia|lis** *m. Gen. - nur Ez.* Gesichtsnerv
fa|zi|ell [lat.] die Fazies betreffend, zu ihr gehörig; **Fa|zi|es** *w. Gen. - Mz. -* Gesamtheit der Merkmale einer Ablagerung bezüglich der Gesteinsart und des Fossiliengehalts
Fa|zi|li|tät [lat.] *w.10 nur Ez. veraltet:* **1** Leichtigkeit, Gewandtheit; **2** Umgänglichkeit, Willfährigkeit
Fa|zit [lat.] *s.9* Endsumme, Ergebnis, Schlußfolgerung; das F. (aus einem Vorfall usw.) ziehen
Fe *chem. Zeichen für* Eisen (Ferrum)
Fea|ture [fitʃər, engl.] *s.9* dramaturgisch gestalteter Dokumentarbericht für Funk und Fernsehen
fe|bril [lat.] *Med.:* fieberhaft
fec. *Abk. für* fecit; **fe|cit** [lat.] (*Abk.:* fec.) „hat (es) gemacht" (Vermerk auf Kunstwerken, bes. Kupferstichen, hinter dem Namen des Künstlers)
Fe|da|jin [arab. „Selbstopferer"] *m. Gen.*-(s) *Mz.*-(s) arab. Guerilla
Fee [frz.] *w.11* zarte, schöne weibl. Märchengestalt; gute, böse Fee
Feed|back [fi:dbæk, engl.] *s.9* **1** Rückkopplung, Rückmeldung, Rückbeeinflussung, zurückkehrende Reaktion, z. B. in Steuerungssystemen; **2** *Psych.:* Echo im Verhalten der anderen auf das eigene Verhalten; **Fee|der** [fi-] *m.5* Leitung zum Speisen von Antennen mit Energie
Fee|rie [frz.] *w.11* Theaterstück um eine Fee mit großer Ausstattung
Feet [fit] *Mz. von* Foot
Fehn *s.1* → Fenn
fe|kund [lat.] fruchtbar; **Fe|kun|da|ti|on** [-tsjon] *w.10* Befruchtung; **Fe|kun|di|tät** *w.10* Fruchtbarkeit
Fe|bel [port.] *m.5* Seidenplüsch (für Zylinderhüte)

Fe|li|den [lat.] *Mz., Sammelbez. für* Katzen und katzenartige Raubtiere
Fel|lach [arab.] *m. 10,* **Fel|la|che** *m. 11* ägypt. Bauer
Fel|la|tio [-tsjo, lat.] *w. 9* Reizung des männl. Geschlechtsteiles mit Lippen und Zunge
Fel|low [-lou, engl. „Bursche"] *m. 9, in England:* Mitglied einer gelehrten Körperschaft oder eines Colleges; **Fel|low-Tra|vel|ler** [fẹlou trævələr, engl. „Mitreisender"] *m. 9* jmd., der mit einer Partei, bes. einer kommunistischen, sympathisiert, ohne ihr anzugehören
Fe|lo|nie [frz.] *w. 11* Treubruch gegenüber dem Lehnsherrn
Fe|lu|ke [arab.] *w. 11* zweimastiges Küstenfahrzeug der Mittelmeerländer
Fe|me [ndrl.] *w. 11* **1** *urspr.:* Blutgericht; **2** *14./16. Jh.:* heiml. Gericht; **3** Notgericht, Gericht zur Selbsthilfe
fe|mi|nie|ren [lat.] durch Eingriff in den Hormonhaushalt oder durch Einpflanzen eines Eierstocks (in ein kastriertes männl. Tier) verweiblichen; **fe|mi|nin** weiblich, weibisch; **Fe|mi|ni|num** *s. Gen.*-s *Mz.*-na weibl. Geschlecht, weibl. Substantiv; **fe|mi|ni|sie|ren** → feminieren; **Fe|mi|nis|mus** *m. Gen. - Mz.* -men weibische, weibl. Art (bei Männern), Verweiblichung
Fe|mi|ni|stin *w. 10* Frau, die sich für die Gleichstellung der Frau in der Gesellschaft gegenüber dem Mann einsetzt
Femme fa|tale [fam fatạl, frz.] *w. Gen. - - Mz.*-s -s [fam fatạl] verführerische Frau
Fem|to- [griech.] (*Abk.:* f) *bei physikal. Einheiten:* das 10^{-15}fache (der 10^{15}te Teil) einer Grundeinheit, z. B. 1 fm = 10^{-15} m
Fench [lat.] *m. 1 volkstümlich für* verschiedene Hirsearten
Fen|chel [lat.] *m. 5* eine Gemüse-, Gewürz- und Heilpflanze
Fen|der [engl.] *m. 5* Stoßdämpfer aus Tauen, Holz, Gummi o. ä. an Schiffen
Fenn [ndrl.] *s. 1* Sumpf-, Moorland
Fen|nek [arab.] *m. 9* hundeartiges afrik. Raubtier, Wüstenfuchs
Fen|nich *m. 1* → Fench
Fe|ra|li|en [lat.] *Mz., im alten Rom:* jährliches Totenfest
Fe|ri|al|tag [lat.] *m. 1 österr.:* arbeitsfreier Tag
ferm *österr. für* firm
Fer|man [pers.] *m. 1, in islam. Ländern:* Erlaß des Herrschers
Fer|ma|te [ital.] *w. 11* (*Zeichen:* 𝄐) *Mus.:* Zeichen zum Aushalten des Tons oder zur Verlängerung der Pause
Fer|me [frz.] *w. 11, in Frankreich und Belgien:* Landgut, Pachthof
Fer|ment [lat.] *s. 1* in der Zelle gebildeter, zum Stoffwechsel notwendiger Stoff, Enzym; **Fer|men|ta|ti|on** [-tsjon] *w. 10* Gärung durch Fermente, bes. zur Veredlung von Genußmitteln wie Tee, Tabak; **fer|men|ta|tiv** durch Fermente bewirkt; **fer|men|tie|ren** durch Fermentation veredeln
Fer|mi [nach dem ital. Physiker E. Fermi] *s. Gen.*-(s) *Mz.* - (*Abk.:* f) *Kernphysik:* Maßeinheit der Länge, 1 f = 10^{-13} cm; **Fer|mi|on** *s. 13* Elementarteilchen mit halbzahligem Spin; **Fer|mi|um** *s. Gen.*-s *nur Ez.* (*chem. Zeichen:* Fm) *früher:* Zenturium, künstlich hergestelltes chem. Element, ein Transuran
Fer|nam|buk|holz *s. 4 nur Ez.* → Pernambukholz
Fer|ra|go|sto [ital.] *m. Gen. - nur Ez. in Italien:* **1** der 15. August, Mariä Himmelfahrt; **2** Sommerferien Mitte August
Fer|rit [lat.] *m. 1 nur Ez.* reines, kristallisiertes Eisen in Eisenlegierungen, auch in Meteoren und Ergußgesteinen
Fer|ro|graph [lat. + griech.] *m. 10* Gerät zum Messen der magnet. Eigenschaften eines Stoffes; **fer|ro|ma|gne|tisch** magnetisch wie Eisen; **Fer|ro|ma|gne|tis|mus** *m. Gen. - nur Ez.* Eigenschaft von Eisen u. a. Stoffen, dauernd magnetisch zu sein; **Fer|ro|skop** *s. 1* Gerät, mit dem von Tieren verschluckte Eisengegenstände nachgewiesen werden können;
Fer|rum [lat.] *s. Gen.*-s *nur Ez.* (*Zeichen:* Fe) chem. Element, Eisen
fer|til [lat.] fruchtbar; **Fer|ti|li|tät** *w. 10 nur Ez.* Fruchtbarkeit
Fes [nach der marokkan. Stadt Fes], Fez [fẹs] *m. 1, im Vorderen Orient:* rote, kegelstumpfförmige Kopfbedeckung mit Quaste
fesch [engl.] schick, flott
Fe|sti|val [auch: -val, engl.] *s. 9* große festl. Veranstaltung
Fe|ston [-stõ, frz.] *s. 9* Girlande aus Blumen, Blättern und Früchten (meist als Schmuckform in der Baukunst, Buchillustration und Stickerei); **fe|sto|nie|ren 1** mit einem Feston versehen; **2** mit Festonstich umranden; **Fe|ston|stich** [-stõ-] *m. 1* Knopflochstich
Fet *m. 1* → Fetus; **fe|tal** zum Fetus gehörig
Fe|te [fɛ-, frz.] *w. 11 ugs. scherzh.:* Fest
Fe|tisch [port.-frz.] *m. 1, bei Naturvölkern:* Gegenstand, dem magische Kraft zugeschrieben wird, religiös verehrter Gegenstand; **Fe|ti|schis|mus** *m. Gen. - nur Ez.* **1** relig. Verehrung von Fetischen, Glaube an Fetische; **2** geschlechtl. Befriedigung oder Erregung durch einen zum anderen Geschlecht gehörigen Gegenstand, z. B. Kleidungsstück; **Fe|ti|schist** *m. 10* **1** Anhänger des Fetischismus (**1**); **2** jmd., der Fetischismus (**2**) ausübt
Fe|tus [lat.] *m. Gen. - Mz.*-ten *oder m. 1* Leibesfrucht vom 3. Monat an
feu|dal [mlat.] **1** zum Lehnswesen gehörend, Lehns...; **2** vornehm, prunkvoll; **Feu|da|lis|mus** *m. Gen. - nur Ez.* Gesellschaftsform auf agrarwirtschaftl. Grundlage, bei der Pflichten und Leistungen urspr. auf einem Treueverhältnis zwischen Lehnsherrn und Lehnsmann

beruhten und die sehr bald zur Abhängigkeit des Bauern vom Grundherrn führte; **Feu|da|li|tät** *w.10 nur Ez.* **1** Lehnsverhältnis; **2** Vornehmheit, Prunk; **Feu|dal|sy|stem** *s.1* → Feudalismus

Feuil|la|ge [fœjaʒə, frz.] *w.11 nur Ez.* Laubwerk (als Ornament in Baukunst, Plastik und Malerei); **Feuil|le|ton** [fœjətɔ̃] *s.9* **1** der kulturelle Teil der Zeitung; **2** allgemeinverständlich und ansprechend geschriebener Beitrag (Geschichte, Betrachtung, Kritik u. ä.) für die Zeitung; **Feuil|le|to|nis|mus** *m. Gen. - nur Ez.* die Kunstform des Feuilletons (**2**); **Feuil|le|to|nist** *m.10* Mitarbeiter beim Feuilleton (**1**); **feuil|le|to|ni|stisch** **1** in der Art von Feuilletons (**2**); **2** *abwertend:* ansprechend, aber oberflächlich

Fez [fe̜s] *m.1* → Fes

ff *Abk. für* fortissimo

FF *Abk. für* französischer Franc

fff *Abk. für* fortefortissimo, fortississimo

Fia|ker [frz.] *m.5* **1** Mietkutsche; Pferdedroschke; **2** Pferdedroschkenkutscher

Fia|le [griech.] *w.11 got. Baukunst:* schlankes, spitzes Türmchen über Strebepfeilern

fi|an|chet|tie|ren [-kɛt-, ital.] *Schach:* das Spiel mit einem Fianchetto eröffnen; **Fi|an|chet|to** [-ke̜t-] *s.9, Mz. auch:* -ti *Schach:* Vorbereitung eines Seitenangriffs durch die Läufer

Fi|as|ko [ital.] *s.9* Mißerfolg

Fi|at [lat. „es sei"] *s.9 veraltet:* Zustimmung

Fi|bel [lat.] *w.11* german. Gewandnadel

Fi|ber [lat.] *w.11* Faser (von Muskeln, Pflanzen); **fi|bril|lär** aus Fibern bestehend, faserig; **Fi|bril|le** *w.11* Ausläufer der Muskel-, Nerven-, Pflanzenfaser; **fi|bril|lie|ren** zerfasern

Fi|brin [lat.] *s.1 nur Ez.* bei der Blutgerinnung entstehender faseriger Eiweißstoff; **Fi|bri|no|gen** *s.1 nur Ez.* lösl. Vorstufe des Fibrins; **fi|bri|nös** fibrinhaltig, faserig gerinnend; **Fi|bro|in** *s.1 nur Ez.* ein Eiweißkörper, Bestandteil der Naturseide; **Fi|brom** *s.1* Faser-, Bindegewebsgeschwulst; **fi|brös** aus grobem Bindegewebe bestehend, faserig

Fi|bu|la [lat.] *w. Gen. - Mz.*-lä **1** Wadenbein; **2** Schloß (an Büchern); **3** → Fibel

Fi|chu [-ʃy, frz.] *s.9, Ende des 18. Jh.:* dreieckiges, auf der Brust gekreuztes und auf dem Rücken zusammengebundenes Schultertuch

Fi|dei|kom|miß [-deli-, lat.] *s.1 früher:* unverkäufl., unbelastbares und nur im Ganzen vererbl. Landgut; **Fi|de|is|mus** *m. Gen. - nur Ez.* **1** Lehre, daß die relig. Wahrheiten nur mit dem Glauben, nicht mit der Vernunft faßbar seien; **2** ev.-ref. Lehre, daß das Wichtigste der Glaube, nicht der Glaubensinhalt sei

fi|del [lat.] lustig, vergnügt

Fi|de|lis|mo [nach dem kuban. Politiker Fidel Castro] *m. Gen.*-s *nur Ez.* auf dem Castrismus beruhende polit. Bewegung auf Kuba und in Südamerika

Fi|de|li|tas [lat.] *w. Gen. - nur Ez.,* **Fi|de|li|tät** *w.10 nur Ez.* Lustigkeit, Munterkeit

Fi|di|bus [lat.?] *m.1* Span oder mehrmals gefalteter Papierstreifen zum Anzünden der Pfeife oder des Brennmaterials

Fi|du|li|tät [lat.] *w.10* inoffizieller (fideler) Teil eines student. Kommerses

Fi|duz [lat.] *s. Gen.*-es *nur Ez., Stud. und ugs.:* Vertrauen, Zutrauen; kein F. zu etwas haben; **Fi|du|zi|ant** *m.10* Treugeber (bei einem fiduziar. Geschäft); **Fi|du|zi|ar** *m.1* Treuhänder; **fi|du|zia|risch** zu treuen Händen (übergeben); fiduziarisches Geschäft: Treuhandgeschäft; **fi|du|zit!** *Stud.:* vertraue darauf! (Zuruf beim Trinken, Antwort auf: schmollis!)

Field-Re|search [-risə:tʃ, engl. „Feldforschung"] *s. Gen. - nur Ez. Markt-, Meinungsforschung:* Befragung durch persönl. Gespräch oder Fragebogen; **Field|work** [-wə:k] *s. Gen.*-s *nur Ez. Markt-, Meinungsforschung:* persönliche Befragung (nicht durch Fragebogen); **Field|wor|ker** [-wə:kər] *m.5* jmd., der persönliche Befragungen durchführt

Fie|rant [fiə-, ital.] *m.10 süddt., österr.:* umherziehender Händler, Markthändler

FIFA, Fifa *w. Gen. - nur Ez. Kurzw. für* Fédération Internationale de Football Association (internationaler Fußballverband)

fif|ty-fif|ty [engl. „fünfzig-fünfzig"] halbpart, zu gleichen Teilen

Fi|ga|ro [ital.] *m.6, scherzh.:* Frisör

Fight [fait, engl.] *m.9 Boxen:* rascher, harter Schlagabtausch; *auch:* der Kampf selbst; **figh|ten** [fai-] *Boxen:* hart kämpfen; **Figh|ter** [fai-] *m.5* hart und rasch schlagender Boxer; **Figh|ting** [fai-] *s.9 nur Ez. Boxen:* Kampfweise mit hartem, raschem Schlagabtausch

Fi|gur [lat.] *w.10* **1** Gesamtform des menschl. Körpers, Wuchs; **2** *abwertend:* Mensch, Person; **3** künstler. Nachbildung eines menschl. oder tier. Körpers; **4** Person in einem literar. Werk; **5** aus Holz o. ä. geformter Gegenstand als zu bewegendes Element in Brettspielen; **6** (*Abk.:* Fig.) gezeichnete erläuternde Abbildung; **7** geometr. Zeichnung; **8** in sich geschlossener Ablauf von Bewegungen beim Tanz, Eiskunstlauf u. ä.; **9** melodisch oder rhythmisch zusammengehörende Gruppe von Tönen; **10** gut geformter sprachl. Ausdruck, Stilfigur, z. B. Anapher; **Fi|gu|ra** *w. Gen. - nur Ez., nur in der Wendung* wie F. zeigt: wie das Beispiel, wie der Vorfall zeigt; **fi|gu|ral** mit Figuren versehen, verziert; **Fi|gu|ral|mu|sik** *w.10 nur Ez.* die kunstvoll verzierte mehrstimmige Musik des MA, im Unterschied zum einstimmigen Choral; **Fi|gu|rant** *m.10* **1** Gruppentänzer, im Unterschied zum Solotänzer; **2** *Theater, Film:*

Darsteller ohne Sprechrolle; **Fi|gu|ra|ti|on** [-tsjon] *w.10* das Umspielen, Verzieren einer Melodie; **fi|gu|ra|tiv** **1** figürlich; **2** darstellend, als Beispiel dienend; **fi|gu|rie|ren** **1** erscheinen, auftreten, eine Rolle spielen; sie figuriert als Gesellschafterin; **2** umspielen, verzieren (Melodie); **Fi|gu|ri|ne** *w.11* **1** kleine (bes. antike) Statue; **2** kleine Gestalt im Hintergrund von Landschaftsbildern; **3** *Theater:* gezeichnete kleine Figur als Kostümentwurf; **fi|gür|lich** **1** im Hinblick auf die Figur (**1**); **2** bildlich; im übertragenen Sinne

Fik|ti|on [-tsjon, lat.] *w.10* **1** Erdichtung, etwas Ausgedachtes, Erfindung; **2** *Philos.:* Unterstellung, bewußt falsche Annahme, um daraus Erkenntnisse zu gewinnen; **3** *Rechtsw.:* rechtlich zulässige Anwendung eines Rechtssatzes auf einen Sachverhalt, auf den er eigentlich nicht anzuwenden ist (z. B. kann jmd. zu einem bestimmten Zeitpunkt als schon geboren gelten, obwohl er nur gezeugt ist); **Fik|tio|na|lis|mus** [-tsjo-] *m. Gen. - nur Ez.* auf Fiktionen aufgebaute Philosophie, Als-ob-Philosophie; **fik|tiv** auf Fiktion beruhend, nur angenommen, erdichtet

Fi|la|ment [lat.] *s.1* **1** *Bot.:* Staubfaden; **2** *Astron.:* schmales, langgestrecktes Gebilde auf der Sonnenoberfläche

Fi|lan|da [ital.] *w. Gen. - Mz.* -den Anlage zum Abhaspeln von Seidenkokons

Fi|let [-le, frz.] *s.9* **1** durchbrochene, netzartige Wirkware; **2** Lendenstück (vom Schlachttier und Wild); **3** entgrätetes Rückenstück (vom Fisch); **Fi|le|te** *w.11* Stempel zum Aufprägen von Goldverzierungen auf Bucheinbände

Fi|lia ho|spi|ta|lis [lat.] *w. Gen. - - Mz.* -liae -les *Stud. veraltet:* Tochter der Wirtsleute; **Fi|lia|le** *w.11* Zweigniederlassung, Zweiggeschäft; **Fi|li|al|ge|ne|ra|ti|on** [-tsjo:n] *w.10 Biol.:* Nachkommen-, Tochtergeneration; **Fi|li|al|kir|che** *w.11* Tochter-, Nebenkirche ohne eigenen Pfarrer; **Fi|lia|ti|on** [-tsjon] *w.10* **1** Einrichtung einer Filialkirche; **2** Kindschaft, rechtmäßige Abstammung von einer Person sowie der Nachweis darüber; **3** Abhängigkeit und Gehorsamspflicht von Ordensmitgliedern

Fi|li|bu|ster [engl.] **1** *m.5* → Flibustier; **2** [auch: -bastər] *s.5* Verschleppungs-, Verzögerungstaktik; **fi|li|bu|stern** [auch: -ba-] durch endlose Reden die Verabschiedung eines Gesetzes verzögern

fi|lie|ren [frz.] **1** eine Filetarbeit anfertigen; **2** beim Spiel Karten unterschlagen; **3** in Filetstücke schneiden

Fi|li|gran [lat.-ital.] *s.1* Geflecht aus feinem Edelmetalldraht (Gold-, Silberfiligran)

Fi|li|us [lat.] *m. Gen. - Mz.* -lii, *ugs. auch:* -us|se *scherzh.:* Sohn

Fil|lér [ung.] *m. Gen.* -(s) *Mz.* - ung. Währungseinheit, 1/100 Forint

Film [engl.] *m.1* **1** dünne Schicht, z. B. Öl-, Staubfilm; **2** mit einer lichtempfindl. Schicht überzogener, durchsichtiger Kunststoffstreifen; **3** auf einen solchen Streifen photographisch aufgenommene, künstlerisch gestaltete, in sich geschlossene Folge von Szenen, z. B. Spielfilm; **Fil|mo|thek** *w.10* **1** Sammlung von Filmen (**3**); **2** Raum oder Gebäude dafür; **Film|thea|ter** *s.5* Gebäude zum Vorführen von Filmen (**3**), Lichtspieltheater

Fi|lou [-lu, engl.-frz.] *m.9* Spitzbube, Schlaukopf, gerissener Bursche

Fils [arab.] *m. Gen. - Mz.* - irak. und jordan. Währungseinheit, 1/100 Dinar

Fil|ter [mlat.] *m.5 oder s.5* **1** Gerät zum Trennen fester Stoffe von Flüssigkeiten; **2** gefärbte Glasscheibe, durch die bei photograph. Aufnahmen bestimmte Farben zurückgehalten werden; **3** Gerät, das nur Wechselstrom bestimmter Frequenzen durchläßt; **fil|tern** durch einen Filter gehen lassen; **Fil|trat** *s.1* gefilterte Flüssigkeit; **Fil|tra|ti|on** [-tsjon] *w.10* das Filtern; **fil|trie|ren** → filtern

Fil|ü|re [frz.] *w.11* Gewebe, Gespinst

fi|nal [lat.] **1** eine Absicht, einen Zweck bestimmend; **2** beendend, abschließend; **Fi|na|le** *s.5* **1** *Mus.:* Schlußsatz; **2** *Sport:* Endrunde, Endspiel; **Fi|na|lis|mus** *m. Gen. - nur Ez.* Lehre, daß alles Geschehen in der Natur zweckbestimmt und zielstrebig sei; **Fi|na|list** *m.10* **1** Anhänger des Finalismus; **2** *Sport:* Teilnehmer am Finale; **Fi|na|li|tät** *w.10 nur Ez.* Zweckbestimmtheit; **Fi|nal|satz** *m.2 Gramm.:* Nebensatz, der einen Zweck, eine Absicht ausdrückt, Absichtssatz

Fi|nan|cier [-näsje, frz.] *m.9* → Finanzier; **Fi|nanz** *w.10 nur Ez.* **1** Geldwesen; **2** Gesamtheit der Finanzleute; **Fi|nan|zen** *Mz.* **1** Geld, Geldmittel; **2** Staatshaushalt; **Fi|nan|zer** *m.5 österr.:* Zollbeamter; **fi|nan|zi|ell** die Geldmittel betreffend, im Hinblick auf die Geldmittel, geldlich; **Fi|nan|zi|er** [-tsje] *m.5* **1** jmd., der große Geldmittel besitzt; **2** Geldgeber; **fi|nan|zie|ren** mit Geld ermöglichen

Fin de siècle [fɛ̃ də sjɛkl, frz.] *s. Gen. - - - nur Ez.* das Ende des 19. Jh.; *bildl. Bez. für* die Verfeinerung und die Verfallserscheinungen dieser Zeit

Fines herbes [fi:nzɛrb, frz.] *Mz.* feingehackte, in Fett gedünstete Kräuter und Pilze

Fi|nes|se [frz.] *w.11* **1** Feinheit; **2** Kniff, Trick, Kunstgriff

fin|gie|ren [lat.] vortäuschen, erdichten; fingierter Brief

Fi|nis [lat.] *s. Gen. - nur Ez.* Ende (veralteter Vermerk am Schluß eines Buches); **Fi|nish** [-niʃ, engl.] *s.9* **1** letzter Schliff, Vollendung; **2** *Sport:* Schlußkampf, Endspurt; **fi|ni|shen** beim Pferderennen am Schluß das Äußerste aus dem Pferd herausholen; **Fi|ni|sher** *m.5* Pferd, das im Finish bes. gut ist

fi|nit [lat.] *Gramm.:* bestimmt; *Ggs.:* infinit; finite Verbform: durch Person und Zahl bestimmte Form des Verbs, z. B. (du) gehst; **Fi|ni|tis|mus** *m. Gen. - nur Ez.* philosoph. Lehre von der Endlichkeit der Welt
Finn-Din|gi [schwed.] *s. 9* Segelboottyp sowie olymp. Segelklasse
Finn|mark *w. Gen. - Mz. -* (*Abk.:* Fmk) finn. Währungseinheit, 100 Penniä
Fin|te [ital.] *w. 11* **1** Scheinangriff; **2** Täuschung, Vorwand; **fin|tie|ren** eine Finte (1) ausführen
Fio|ret|te [ital. „Blümchen"] *w. 11*, **Fio|ri|tur** *w. 10* Verzierung beim Kunstgesang, Triller, Koloratur u. ä.
firm [lat.] bewandert, kenntnisreich (in einem Fachgebiet)
Fir|ma [ital.] *w. Gen. - Mz.* -men **1** Name eines Geschäfts oder Unternehmens; **2** (*Abk.:* Fa.) Geschäft, Betrieb, Unternehmen
Fir|ma|ment [lat.] *s. 1* Himmelsgewölbe
fir|men [lat.] jmdn. f.: jmdm. die Firmung erteilen
fir|mie|ren [zu: Firma] einen bestimmten Geschäftsnamen führen; mit diesem unterzeichnen
Fir|mung [lat.] *w. 10* ein kath. Sakrament zur Stärkung im Glauben
Fir|nis [frz.] *m. 1* **1** rasch trocknende Flüssigkeit; **2** Schutzanstrich damit; **fir|nis|sen** mit Firnis überziehen
First La|dy [fə:st leidi] *w. Gen. - - Mz.* - -dies, *engl. Bez. für* Ehefrau eines Staatsoberhauptes
Fi|sett|holz [Herkunft unsicher] *s. 4 nur Ez.* Gelbholz, Holz des Perückenstrauches
Fi|si|ma|ten|ten [lat.] *Mz. ugs.:* **1** Ausflüchte; **2** Faxen
Fis|kal [lat.] *m. 1 veraltet:* Beamter der Staatskasse; **fis|ka|lisch** zum Fiskus gehörig, den Fiskus betreffend; **Fis|kal|jahr** *s. 1* Zeitraum, über den der Staatshaushalt läuft; **Fis|kus** *m. Gen. - nur Ez.* **1** Staatskasse, Staatsvermögen; **2** der Staat als Vermögensträger
Fi|so|le [ital.] *w. 11 österr.:* Gartenbohne
fis|sil [lat.] spaltbar; **Fis|si|li|tät** *w. 10 nur Ez.* Spaltbarkeit; **Fis|si|on** *w. 10* **1** Teilung einzelliger Organismen; **2** Atomkernspaltung; **Fis|sur** *w. 10* **1** Spalte, Furche, Einschnitt; **2** Haut-, Knochenriß
Fi|stel [lat.] *w. 11* abnormer, röhrenförmiger Kanal zwischen zwei Körperhöhlen oder zwischen Körperinnerem und -oberfläche; **fi|steln** mit Fistelstimme singen; **Fi|stel|stim|me** *w. 11* die nicht durch Brustresonanz verstärkte Kopfstimme des Mannes; **Fi|stu|la** *w. Gen. - Mz.* -lä **1** Hirtenflöte, Panflöte; **2** ein Orgelregister; **3** → Fistel; **fi|stu|lie|ren** → fisteln
fit [engl.] **1** *Sport:* leistungsfähig, gut trainiert; **2** *auch ugs.:* gesund, sich wohl fühlend; **Fit|neß** *w. Gen. - nur Ez. Sport:* das Fitsein, Leistungsfähigkeit
Fit|ting [engl.] *s. 9* Verbindungsstück (Gelenk u. ä.) bei Rohrleitungen
Fitz... [zu lat. filius „Sohn"] *vor irischen Namen:* Sohn des, z. B. Fitzgerald
Fiu|ma|ra [ital.], **Fiu|ma|re** *w. Gen. - Mz.* -ren Fluß, der nicht immer Wasser führt
Five o'clock [faiv ɔklɔk, engl.] *m. Gen. - - Mz.* - -s, **Five o'clock tea** [faiv ɔklɔk ti:] *m. Gen. - - - Mz.* - - -s *engl. Bez. für* Fünfuhrtee
fix [lat.] **1** fest, feststehend; fixe Kosten: immer gleiche Kosten; fixe Idee: Wahnvorstellung, unvernünftige Einbildung; **2** gewandt, flink, aufgeweckt
Fi|xa|teur [-tør, frz.] *m. 1* Gerät zum Mischen von Stoffen mit Fixativ bzw. zum Auftragen von Fixativ; **Fi|xa|ti|on** [-tsjon] *w. 10* **1** Haltbarmachung von biolog. Material, bes. zum Mikroskopieren; **2** Ruhigstellung eines verletzten Gliedes; **3** Scharfeinstellung des Auges auf einen Gegenstand; **Fi|xa|tiv** *s. 1* Mittel zum Härten, Festigen; **Fi|xa|tor** *m. 13* Mittel zum Beständigmachen des Duftes von Parfümen; **fi|xen** [engl.] **1** Wertpapiere in Erwartung einer Baisse auf Zeit verkaufen; **2** Rauschgift einspritzen; **Fi|xer** *m. 5* **1** Börsenspekulant, der fixt (1); **2** jmd., der sich fixt (2)
Fix|ge|schäft *s. 1* an einen bestimmten Termin gebundenes Geschäft; **fi|xie|ren** [frz.] **1** härten, festigen, haltbar machen; **2** jmdn. f.: starr ansehen; **3** auf etwas fixiert sein: starr auf etwas gerichtet sein, eine einzige Sache verfolgen, etwas unbedingt erstreben; **Fix|punkt** *m. 1* **1** nach Lage oder Höhe festgelegter Punkt, Festpunkt; **2** fester Bezugspunkt, z. B. Siede-, Gefrierpunkt; **Fix|stern** *m. 1* scheinbar feststehender Stern; **Fi|xum** [lat.] *s. Gen.* -s *Mz.* -xa festes Einkommen, Gehalt
Fizz [fis, engl.] *m. Gen. - Mz.* -es alkohol. Mischgetränk
Fjäll, Fjell [schwed.] *m. 1, in Skandinavien:* von Gletschern glattgeschliffene, vegetationsarme Hochfläche
Fjord [skand.] *m. 1, in Skandinavien:* schmaler, langer Meeresarm
fl., Fl. *Abk. für* Florin (Gulden)
Fla|con [-kõ] *s. 9* → Flakon
Fla|gel|lant [lat.] *m. 10* Angehöriger einer Bruderschaft im späten MA, die sich zur Buße selbst geißelte, Geißler, Geißelbruder; **Fla|gel|lan|tis|mus** *m. Gen. - nur Ez.* geschlechtl. Erregung oder Befriedigung durch Peitschenhiebe oder Schläge; **Fla|gel|lat** *m. 10*, **Fla|gel|la|te** *w. 11* Geißeltierchen; **Fla|gel|la|ti|on** [-tsjon] *w. 10* Peitschen oder Gepeitschtwerden zur geschlechtl. Erregung oder Befriedigung; **Fla|gel|le** *w. 11* → Flagellum; **Fla|gel|lo|ma|nie** *w. 11 nur Ez.* → Flagellantismus; **Fla|gel|lum** *s. Gen.* -s *Mz.* -len Geißel des Flagellanten sowie Fortbewegungsorgan vieler Einzeller

Fla|geo|lett [-ʒɔ-, frz.] *s.1* **1** kleine Flöte; **2** Flötenregister der Orgel; **Fla|geo|letton** (-lett|ton) *m.2, bei Streichinstrumenten und Harfe:* hoher, feiner, pfeifender Ton
Flag|ge [engl.] *w.11* Fahne, als Hoheitszeichen, zur Kennzeichnung der Zugehörigkeit zu einem Staat oder zum Signalisieren; **flaggen** die Flagge aufziehen; **Flag|gen|al|pha|bet** *s.1* die durch Winkzeichen mit Flaggen dargestellten Buchstaben des Alphabets; **Flagg-of|fi|zier** *m.1* Admiral, der eine seinen Rang bezeichnende Flagge auf seinem Schiff führt; **Flagg|schiff** *s.1* Kriegsschiff mit der Flagge des Befehlshabers (Flaggoffiziers)
fla|grant [lat.] offenkundig, ins Auge springend, brennend; vgl. in flagranti
Flair [flɛr, frz.] *s.9 nur Ez.* **1** Spürsinn, Instinkt, Ahnungsvermögen; **2** persönl. Note, Ausstrahlung, Hauch
Fla|kon [-kɔ̃, frz.] *s.9 oder m.9* Fläschchen (für Parfüm)
Flam|beau [flãbo, frz.] *m.9* **1** *urspr.:* Fackel; **2** *heute:* vielarmiger Leuchter; **Flam|berg** *m.1 MA:* mit zwei Händen zu führendes Schwert mit geflammter Klinge; **flam|bie|ren** **1** *veraltet:* absengen; **2** *heute:* mit Spirituosen übergießen und brennend servieren; **Flam-boy|ant** [flãbwajã] *s.9* **1** frz. spätgot. Stil mit flammenartigem Maßwerk; **2** eine Zierpflanze der Tropen und Mittelmeerländer, Flammenbaum
Fla|men|co [span.] *m.9* ein andalus. Tanz
Fla|min|go [lat.-port.] *m.9* trop. und subtrop. Wasserwatvogel
Fla|mi|sol *m.9 nur Ez.* kreppartiges Kunstseidengewebe
Flam|me|ri [engl.] *s.9* einfache kalte Süßspeise
Fla|nell [kelt.] *m.1* weicher, ein- oder beidseitig gerauhter Baumwollstoff
Fla|neur [-nør, frz.] *m.1* jmd., der flaniert; **fla|nie|ren** müßig schlendern
Flan|ke [frz.] *w.11* **1** Seite; **2** *Sport:* Schwung über ein Turngerät von der Seite; **flan|ken** *Sport:* **1** seitlich abspringen; **2** den Ball von der Seite zur Mitte spielen; **flan|kie|ren** jmdn. f.: an jmds. Seite gehen, jmdn. von der Seite decken oder fassen
Flap|per [flæp-, engl.] *m.5* betont selbständig auftretendes, burschikoses junges Mädchen
Flash [flæʃ, engl. „Blitz"] *m.9* **1** *Film:* kurze Einblendung in eine Bildfolge; **2** Eintreten des Rauschzustandes mit Aufhören der Entzugsschmerzen; **Flash|back** [flæʃbæk] *m.9* plötzlich wiederkehrender Rauschzustand einige Wochen nach dem eigentl. Rausch durch verzögerte Reaktion des Gehirns auf ein Rauschmittel
flat [flæt, engl.] *Mus.: engl. Bez. für* die Erniedrigung eines Tons um einen halben Ton, z.B. E flat = Es; *Ggs.:* sharp
Flat|te|rie [frz.] *w.11 veraltet:* Schmeichelei; **Flat|teur** [-tør] *m.1* Schmeichler; **flat|tie|ren** jmdm. eine Schmeichelei sagen
Fla|tu|lenz [lat.] *w.10* Entstehung und Abgang von Darmgasen, Blähsucht
Flau|to [ital.] *m. Gen.-*(s) *Mz.-*ti, *ital. Bez. für* Flöte; F. traverso: Querflöte; F. dolce: Blockflöte
Fled|de|rer [rotwelsch] *m.5* → Leichenfledderer; **fled|dern** berauben (bes. Tote)
Flei|er [engl.] *m.5* Vorspinnmaschine
flek|tie|ren [lat.] beugen, *Oberbegriff für* deklinieren und konjugieren
Fle|sche [frz.] *w.11, im Festungsbau:* pfeilförmige Schanze
flet|schern [nach dem Amerikaner H. Fletcher] lange und sorgfältig kauen
Fleu|rette [flørɛt, frz.] *w.11 nur Ez.* chiffonartiges, bedrucktes Kunstseidengewebe
Fleu|rist [flø-, frz.] *m.10* Blumenkenner, -gärtner, -händler; **Fleu|ron** [flørɔ̃] *m.9 Baukunst, Buchw.:* Blumenornament; **Fleu|rop** [flø-, Kurzw. aus: Flores Europae „Blumen Europas"] *ohne Artikel* Vereinigung von Blumenhändlern zur Vermittlung von Blumengeschenken
fle|xi|bel [lat.] **1** biegsam, nachgebend, elastisch (Bucheinband); **2** *Gramm.:* beugbar; **3** *übertr.:* beweglich, nicht starr (in seinen Plänen); **Fle|xi|bi|li|tät** *w.10 nur Ez.* flexible Beschaffenheit; **Fle|xi|on** *w.10* Beugung, *Oberbegriff für* Deklination und Konjugation; **fle-xi|visch** Flexion besitzend; **Fle|xo|druck** *m.1* Druckverfahren mit Druckformen aus Gummi; **Fle|xor** *m.13* Beugemuskel; *Ggs.:* Extensor; **Fle|xur** *w.10* Biegung, Krümmung
Fli|bu|sti|er [-stjər, ndrl.] *m.5 17. Jh.:* Seeräuber, Freibeuter
Flie|boot [engl.] *s.1* kleines, schnelles Fischerboot, *auch:* Beiboot
Flint [engl.] *m.1* Feuerstein
Flip [engl.] *m.9* Mischgetränk mit Zucker und Ei, z. B. Milchflip
Flip|per [engl.] *m.5* Markierung am Ende der Bahn im Flipperspiel; **Flip|per|spiel** *s.1* elektr. Spielautomat, bei dem eine Kugel eine bestimmte Bahn rollen muß
Flirt [flət, engl.] *m.9* Liebelei; **flir|ten** [flə-] durch Blicke und Worte spielerisch jmdm. zu verstehen geben, daß man mit ihm eine Liebelei beginnen möchte; mit jmdm. f.
floa|ten [flou-, engl.] schwanken (Währungskurs); **Floa|ting** [flou-] *s.9 nur Ez.* freies Schwanken des Wechselkurses einer Währung nach Angebot und Nachfrage
Flo|bert|ge|wehr [-bɛr-, nach dem frz. Waffenschmied Flobert] *s.1* Kleinkalibergewehr
Flo|con|né [frz.] *m.9 nur Ez.* weicher Mantelstoff mit flockiger Oberseite, Flockenstoff
Flop [engl.] *m.9* Tun oder Verhalten, das sich nachteilig für den Betreffenden auswirkt, Mißerfolg, Fehlschlag
Flor [lat.] *m.1* **1** alle Blüten einer Pflanze;

2 große Menge von Blumen; 3 Wohlstand, Gedeihen; 4 [lat.-ndrl.] dünner Seidenstoff; 5 haarige Oberseite von Teppichen, Samt und Plüsch
Flo|ra [lat.] *w. Gen. - Mz.*-ren 1 die Pflanzenwelt eines bestimmten Gebietes; vgl. Fauna; 2 Gesamtheit der Bakterien im Körper, z. B. Darmflora
Flo|res|zenz [ital.] *w.10* 1 Blütenstand; 2 Gesamtheit der Blüten einer Pflanze; 3 Blütezeit
Flo|rett [ital.] *s.1* eine leichte Stichwaffe, Stoßdegen
Flo|rett|sei|de *w.11* Abfallseide
flo|rid [lat.] rasch fortschreitend (Krankheit)
flo|rie|ren [lat.] blühen, gedeihen; gut vorangehen (Geschäft); **Flo|ri|le|gi|um** *s. Gen.*-s *Mz.*-gi|en *eigtl.:* Blütenlese, → Anthologie
Flo|rin [lat.] *m.1 oder 9, nach Zahlenangaben Mz.* - (*Abk.:* fl., Fl.) Gulden, *in Großbritannien früher:* 2 Shilling, *in den Niederlanden:* 100 Cent
Flo|rist [lat.] *m.10* Blumenkenner, Erforscher einer Flora (**1**); *auch:* Blumenbinder; **Flo|ri|stik** *w.10 nur Ez.* Wissenschaft von den Floren (vgl. Flora **1**) der Erde, Zweig der Pflanzengeographie
Flos|kel [lat. „Blümchen"] *w.11* bloße Redensart, Formel, z. B. Höflichkeitsfloskel
Flo|ta|ti|on [-tsjon, frz.] *w.10* Verfahren zum Aufbereiten von Erzen; **flo|ta|tiv** mittels Flotation; **flo|tie|ren** mittels Flotation aufbereiten
flot|tie|ren [frz.] schwimmen, schweben; flottierende Schuld: schwebende, nicht fundierte Schuld
Flot|til|le [auch: -tiljə, span.] *w.11* 1 *veraltet:* Verband kleiner Kriegsschiffe; 2 *heute:* Gesamtheit aller Schiffe eines Typs
Flu|at [Kurzw. aus Fluorsilikat] *s.1* ein Härtemittel für Baumaterialien
flu|id [lat.] flüssig; **Flu|id** *s. Gen.*-s *Mz.*-ida Flüssigkeit; **flui|dal** den Zustand des Fließens noch erkennen lassend; **Flui|dum** *s. Gen.*-s *Mz.*-da die von einer Person oder Sache ausgehende, eigentüml. Wirkung
Fluk|tua|ti|on [-tsjon, lat.] *w.10* Schwankung, Wechsel; **fluk|tu|ie|ren** schwanken, wechseln
Flu|or [lat.] *s. Gen.*-s *nur Ez.* (*Zeichen:* F) chem. Element; **Flu|or al|bus** *m. Gen. - - nur Ez.* weißl. Ausfluß aus Scheide und Gebärmutter; **Fluo|res|ce|in** *s.1 nur Ez.* gelbroter Teerfarbstoff, dessen Lösung hellgrün fluoresziert; **Fluo|res|zenz** *w.10 nur Ez.* farbiges Aufleuchten nach Einwirkung andersfarbiger Bestrahlung; **fluo|res|zie|ren** bei Bestrahlung aufleuchten; **Fluo|res|zin** *s.1 nur Ez.* → Fluorescein; **Fluo|rid** *s.1* Salz der Flußsäure; **Fluo|rit** *m.1* Flußspat; **fluo|ro|gen** [lat. + griech.] zur Fluoreszenz fähig; **Fluo|ro|me|ter** *s.5* Gerät zum Messen der Fluoreszenz; **Fluo|ro|me|trie** *w.11 nur Ez.* Fluoreszenzmessung; **fluo|ro|phor** → fluorogen; **Fluo|ro|phor** *m.1* Fluoreszenzträger; **Flu|or|si|li|kat** *s.1* → Fluat
flu|vi|al, flu|via|til [lat.] 1 durch einen Fluß bewirkt, zum Fluß gehörig; 2 von einem Fluß abgetragen und abgesetzt; **Flu|vio|graph** [lat. + griech.] *m.10* selbsttätig registrierender Pegel
Flu|xi|on [lat.] *w.10* Wallung, Blutandrang; **Flu|xus** *m. Gen. - nur Ez. Med.:* starke Absonderung (Blut, Eiter)
Fly|er [flaiər, engl.] *m.5* → Fleier; **Fly|ing Dutch|man** [flaiiŋ dʌtʃmən, „Fliegender Holländer"] *m. Gen. - - Mz. -* Dutch|men ein Segelboottyp sowie eine olympische Segelklasse
Fm *chem. Zeichen für* Fermium
FM *Abk. für* Frequenzmodulation
Fmk *Abk. für* Finnmark
fob *Abk. für* free on board
fö|de|ral [lat.] → föderativ; **fö|de|ra|li|sie|ren** zu einer Föderation vereinigen; **Fö|de|ra|lis|mus** *m. Gen. - nur Ez.* Streben nach einem Bundesstaat mit weitgehender Selbständigkeit der Einzelstaaten; *Ggs.:* Unitarismus; **Fö|de|ra|ti|on** [-tsjon] *w.10* Bündnis, Staatenbund, Bundesstaat; **fö|de|ra|tiv** auf Föderation beruhend; **fö|de|rie|ren** sich f.: sich verbünden
Fog [engl.] *m. Gen.*-s *nur Ez., engl. Bez. für* dichter Nebel; **Fog|horn** *s.4* Nebelhorn
fo|kal [lat.] 1 vom Fokus ausgehend; 2 von einem infektiösen Krankheitsherd ausgehend; **Fo|kal|di|stanz** *w.10* Brennweite; **Fo|kal|in|fek|ti|on** [-tsjo:n] *w.10* von einem streuenden Krankheitsherd im Körper ausgehende chronische Infektion; **Fo|kus** *m. Gen. - Mz. -* 1 Brennpunkt; 2 ständig Bakterien aussendender Krankheitsherd im Körper, Streuherd; **fo|kus|sie|ren** 1 in einem Brennpunkt vereinigen (Lichtstrahlen); 2 ausrichten (Linsen)
fol. *Abk. für* folio; **Fol.** *Abk. für* Folio; **Fo|li|ant** [lat.] *m.10* 1 Buch in Folioformat; 2 großes, schweres (altes) Buch; **Fo|lie** [-ljə] *w.11* 1 dünnes Blatt, z. B. Gold-, Plastikfolie; 2 aufgeprägte Farbschicht (auf einem Bucheinband); 3 *übertr.:* Hintergrund (vor dem etwas hervortritt); **fo|lie|ren** 1 mit einer Folie (1) unterlegen; 2 *veraltet:* beziffern (Druckbogenseiten)
Fo|lin|säu|re *w.11 nur Ez.* → Folsäure
fo|lio [lat.] (*Abk.:* fol.) Verweis in alten Handschriften, z. B. fol. 5c: auf dem Blatt 5c; **Fo|lio** *s.9* (*Abk.:* Fol., *Zeichen:* 2°) 1 altes Papier- und Buchformat in der Größe eines halben Druckbogens (ca. 21 × 33 cm); 2 Doppelseite (im Geschäftsbuch); **Fo|lio|for|mat** *s.1* → Folio (1); **Fo|li|um** *s. Gen.* -s *Mz.*-lia *oder* -li|en Pflanzenblatt
Fol|ke|ting [dän.: -gətəŋ] *s.1 nur Ez.* das dän. Parlament

Folkevise [dän.] *w. Gen. - Mz.*-ser *12./14. Jh.:* dän. Tanzlied
Folklore [engl.] *w.11 nur Ez., i. w. S.:* Gesamtheit der Überlieferungen eines Volkes (Musik, Tracht, Bräuche, Dichtung usw.); *i. e. S.:* Volksmusik (Volkslieder und -tänze);
Folklorist *m.10* Erforscher, Kenner der Folklore; **Folkloristik** *w.10 nur Ez.* Wissenschaft von der Folklore
Follikel [lat.] *m.5* **1** Säckchen, Knötchen, Bläschen; **2** Hülle des ausgereiften Eies im Eierstock; **Follikelhormon** *s.1* weibl. Geschlechtshormon; **follikular, follikulär** zum Follikel gehörig, in der Art eines Follikels; **Follikulitis** *w. Gen. - Mz.*-tiden Haarbalg-, Talgdrüsenentzündung
Folsäure [Kunstw.] *w.11 nur Ez.* zur Vitamin-B-Gruppe gehörendes Vitamin
Foment [lat.] *s.1,* **Fomentation** [-tsjon] *w.10* warmer Umschlag
Fond [fɔ̃, frz.] *m.9* **1** Hintergrund; **2** Rücksitz (im Auto); **3** beim Braten an der Pfanne sich ansetzender Fleischsaft; daraus hergestellte Brühe
Fondant [fɔ̃dã, frz.] *m.9, österr.: s.9* **1** gekochte Zuckermasse zum Überziehen oder Füllen von Pralinen; **2** Zuckerpraline
Fonds [fɔ̃, frz.] *m. Gen. - Mz.* - [fɔ̃s] Geldvorrat (für bestimmte Zwecke)
Fondue [fɔ̃dy, frz.] *s.9* Käse oder Fleischstückchen auf einem Spirituskocher geschmolzen und gewürzt bzw. in Fett gegart
Fontäne [frz.] *w.11* Springbrunnen
Fontanelle [ital.] *w.11* Knochenlücke auf dem Schädel Neugeborener
Foot [fut, engl.] *m. Gen. - Mz.* Feet [fit] (*Abk.:* ft) engl. Längenmaß, Fuß, 0,3 m;
Football [futbɔ:l] *m. Gen.*-s *nur Ez.* amerik., dem Rugby ähnliches Ballspiel
fop *Abk. für* free on plane
Fora *Mz. von* Forum
Foraminifere [lat.] *w.11* einzelliges Wassertier, meist mit Kalkschale, Wurzelfüßer, Thalamophor
Force [fɔrs, frz.] *w.11 veraltet:* Kraft, Stärke, Gewalt; Force majeure [-maʒœr] höhere Gewalt; **forcieren** [-si-] heftig oder mit Gewalt vorantreiben, beschleunigen
Före [skand.] *w.11* **1** *nur Ez.* gute Eignung des Schnees zum Schilaufen, Geführigkeit; **2** Schneebahn, Schlittenbahn
Forehand [fɔrhænd, engl.] *w.9 Tennis u. ä.:* Vorhand(schlag); *Ggs.:* Backhand
Foreign Office [fɔrin ɔfis, engl.] *s. Gen. - - nur Ez.* das brit. Auswärtige Amt
Foren *Mz. von* Forum
forensisch [lat.] *eigtl.:* zum Forum gehörig; gerichtlich; forensische Medizin: gerichtl. Medizin
Forint [ung.] *m.9, nach Zahlenangaben Mz. -, österr. auch: m.1* ung. Währungseinheit, 100 Fillér
Forlana [slowen.] *w. Gen. - Mz.*-nen rascher ital. Volkstanz slaw. Ursprungs
formal [lat.] der Form nach, hinsichtlich der Form
Formaldehyd [aus lat. acidum formicum „Ameisensäure" + Aldehyd] *m.1 nur Ez.* ein farbloses, stechend riechendes, zur Desinfektion verwendetes Gas
Formalien [lat.] *Mz.* Formalitäten, Formvorschriften
Formalin *s.1 nur Ez.* Lösung von Formaldehyd in Wasser, ein Desinfektionsmittel
formalisieren [lat.] in strenge Form bringen, einer Formvorschrift unterwerfen; **Formalismus** *m. Gen. - nur Ez.* übertriebene Betonung der Form, des Formalen, der Äußerlichkeiten; **Formalität** *w.10* Formsache, Formvorschrift; die Formalitäten erledigen; **formaliter** förmlich; **Formans** [lat.] *s. Gen. - Mz.*-mantia [-tsja] *oder* -manzien Ableitungssilbe, Präfix, Infix, Suffix
Format [lat.] *s.1* **1** Maß, Ausmaß, Größe (Höhe und Breite); **2** *übertr.:* Bedeutung, feste Haltung, Charakterstärke, Überlegenheit; **Formateur** [-tør] *m.1, urspr. in den Niederlanden und Belgien:* dem Staatsoberhaupt allein verantwortliche Person, die in Krisenzeiten ernannt wird, um ein scheinbar auswegloses Problem zu lösen; **Formation** [-tsjon] *w.10* **1** Bildung, Gestaltung; **2** *Mil.:* Verband, Gliederung, Aufstellung; **3** *Geol.:* durch bestimmte Schichten der Erdkruste gekennzeichneter Abschnitt der Erdgeschichte; **4** *Bot.:* Pflanzengesellschaft mit gleicher Wuchsform, z. B. Steppe, Laubwald; **formativ** auf Gestaltung beruhend, gestaltend; **Formel** *w.10* feststehender Ausdruck, kurze, treffende Zusammenfassung oder Bestimmung; **formell** **1** förmlich, die äußeren Formen beachtend; **2** (nur) zum Schein
Formiat [lat. formica „Ameise"] *s.1* Salz der Ameisensäure
formidabel [frz.] *veraltet:* **1** furchtbar, schrecklich, riesig; **2** ungewöhnlich, erstaunlich
formieren [lat.] **1** formen, bilden; **2** in bestimmter Reihenfolge aufstellen; **3** sich f.: sich in bestimmter Weise ordnen
Formol *s.1 nur Ez.* → Formalin
Formular [lat.] *s.1* gedruckter Fragebogen; Vordruck; **formulieren** in eine sprachl. Form bringen, in Worte fassen; **Formulierung** *w.10* **1** das Formulieren; **2** sprachliche Form, sprachlicher Ausdruck
Formyl [lat. + griech.] *s.1 nur Ez.* Säurerest der Ameisensäure
Forsythia [-tsja, nach dem engl. Botaniker W. A. Forsyth] *w. Gen. - Mz.*-thien [-tsjən],
Forsythie [-tsjə] *w.11* ein gelbblühender Zierstrauch
Fort [for, lat.-frz.] *s.9* kleine Befestigungsanlage

for|te [ital.] (*Abk.:* f) *Mus.:* laut, stark; **For|te** *s. 9, Mz. auch:* -ti lautes Spiel, lautes Singen; **for|te|for|tis|si|mo** (*Abk.:* fff) *Mus.:* ganz bes. laut; **For|te|pia|no** *s. 9, Mz. auch:* -ni *veraltet für* Pianoforte

For|ti|fi|ka|ti|on [-tsjon, lat.] *w. 10 veraltet:* **1** Befestigung; **2** Befestigungsanlage; **for|ti|fi|zie|ren** *veraltet:* befestigen

for|tis|si|mo [ital.] (*Abk.:* ff) *Mus.:* sehr laut, sehr stark; **For|tis|si|mo** *s. 9, Mz. auch:* -mi sehr lautes Spiel oder Singen; **for|tis|sis|si|mo** (*Abk.:* fff) *Mus.:* ganz bes. laut

Fo|rum [lat.] *s. Gen.*-s *Mz.*-ra *oder* -ren **1** *im alten Rom:* Markt- und Gerichtsplatz; **2** *übertr.:* Gericht, Richterstuhl; das F. der Öffentlichkeit; **3** *übertr.:* Gruppe von Personen, bei denen eine sachgemäße Diskussion gewährleistet ist; eine Frage vor ein F. von Juristen, Fachleuten usw. bringen

For|ward [fɔwəd, engl.] *m. 9 engl., schweiz. Bez. für* Stürmer

for|zan|do *Mus.* → sforzando; **for|za|to** *Mus.* → sforzato

Fo|ße [frz.] *w. 11 Kartenspiel:* **1** leere Karte; **2** Fehlfarbe

fos|sil [lat.] urzeitlich, urweltlich, als Versteinerung erhalten; *Ggs.:* rezent (**1**); **Fos|sil** *s. Gen.*-s *Mz.*-li|en versteinerter Rest eines Tiers oder einer Pflanze aus der erdgeschichtl. Urzeit; **Fos|si|li|sa|ti|on** [-tsjon] *w. 10* Vorgang der Versteinerung; **fos|si|li|sie|ren** versteinern

fot *Abk. für* free on truck

Föt *m. 12* → Fetus; **fö|tal** → fetal; **fö|tid** *Med.:* übelriechend

fo|to…, Fo|to… *eindeutschende Schreibung von* photo…, Photo…

Fo|to|set|ter *m. 5* → Intertype-Fotosetter

Fö|tus *m. Gen.*- *Mz.*-ten *oder m. 1* → Fetus

foul [faul, engl.] *unflektierbar, Sport:* regelwidrig; **Foul** *s. 9 Sport:* Verstoß gegen die Spielregeln

Foul|ard [fular, frz.] *m. 9* beidseitig bedruckter, leichter Seiden- oder Kunstseidenstoff; **Fou|lar|di|ne** [fu-] *w. 11 nur Ez.* bedruckter Baumwollstoff; **Foulé** [-le] *m. 9* weicher, gerauhter Wollstoff

foul|en [fau-, engl.] *Sport:* **1** regelwidrig spielen; **2** den Gegner f.: regelwidrig angreifen

Fou|ra|ge [furaʒə] *w. 11 nur Ez.* → Furage

Four|gon [furgõ, frz.] *m. 9 veraltet, noch schweiz.:* Militärlastwagen

Fou|rier [fu-] *m. 1* → Furier

fow *Abk. für* free on waggon

Fox [engl.] *m. 1 Kurzw. für* **1** Foxterrier, **2** Foxtrott; **Fox|ter|ri|er** *m. 5* eine Hunderasse; **Fox|trott** *m. 1 oder 9* ein Gesellschaftstanz

Foy|er [foaje, frz.] *s. 9* Wandelgang, Wandelhalle (im Theater)

fr *Abk. für* Franc

Fr *chem. Zeichen für* Francium

Fr. *Abk. für* Frater

Fra [ital.] *Abk. für* frate „Bruder“, *nur vor Eigennamen:* Kloster-, Ordensbruder, z. B. Fra Angelico

Frack [engl.] *m. 2, ugs. auch: m. 9* festl. Herrenrock, vorn in der Taille abgeschnitten, hinten knielang

fra|gil [lat.] zart, zerbrechlich

Frag|ment [lat.] *s. 1* Bruchstück, unvollendetes Werk, übriggebliebener Rest eines Werkes; **frag|men|ta|risch** in der Art eines Fragments, bruchstückhaft; **Frag|men|ta|ti|on** [-tsjon] *w. 10* **1** direkte Kernteilung, Durchschnürung des Zellkerns in zwei oder mehr ungleiche Teile; **2** Teilung einer Mutterpflanze; **frag|men|tie|ren** in Bruchstücke zerlegen

frais, fraise [frɛz, frz.] *unflektierbar:* erdbeerfarben

Frak|ti|on [-tsjon, lat.] *w. 10* **1** Vertretung einer Partei im Parlament; **2** ein durch Verdampfung aus einem Gemisch isolierter Stoff; **frak|tio|nie|ren** *Chem.:* in Fraktionen trennen; **Frak|ti|ons|zwang** *m. 2 nur Ez.* Verpflichtung, sich bei Abstimmungen der Mehrheit innerhalb der Fraktion anzuschließen

Frak|tur [lat.] *w. 10* **1** eine Druckschrift mit „gebrochenen“ Linien; **2** *Med.:* Knochenbruch; mit jmdm. Fraktur reden *übertr.:* ihm energisch die Meinung sagen

Fram|bö|sie [frz.] *w. 11* eine trop., der Syphilis ähnliche Hautkrankheit, Himbeerpocken

Frame [frɛim, engl.] *m. 11* Rahmen, Träger der Eisenbahnfahrzeuge

Franc [frã, frz.] *m. 9, nach Zahlenangaben Mz.*- (*Abk.:* fr) Währungseinheit in Frankreich, Belgien, Luxemburg; 100 Centime; frz. Franc (*Abk.:* ffr *oder* FF); belg. Franc (*Abk.:* bfr); luxemburg. Franc (*Abk.:* lfr)

Fran|çaise [frãsɛz, frz.] *w. 11* französischer Kontertanz

Fran|chise [frãʃiz, frz.] *w. 11* **1** Abgaben-, Zollfreiheit; **2** *Transport- und Güterversicherung:* ein Prozentsatz des Wertes des Versicherungsgutes, der nicht versichert wird

Fran|ci|um [neulat.] *s. Gen.*-s *nur Ez.* (*Zeichen:* Fr) ein chem. Element, radioaktives Alkalimetall

fran|co → franko; **Fran|ka|tur** [ital.] *w. 10* **1** das Freimachen von Postsendungen; **2** *veraltet:* Bezahlung der Transportkosten vor der Beförderung; **fran|kie|ren** mit Briefmarke(n) versehen oder mit der Frankiermaschine stempeln, freimachen

fran|ko [ital.] *unflektierbar:* porto-, kostenfrei

Fran|ko|ma|nie [ital. + griech.] *w. 11 nur Ez.* übertriebene Vorliebe für alles Französische, Gallomanie; **fran|ko|phil** franzosenfreundlich; **Fran|ko|phi|lie** *w. 11 nur Ez.* Vorliebe für alles Französische, Gallophilie; **fran|ko|phob** franzosenfeindlich; **Fran|ko|pho|bie** *w. 11 nur Ez.* Abneigung gegen alles Französische, Gallophobie

Fran|ko|stem|pel *m. 5* Portostempel mittels Frankiermaschine

Frank|ti|reur [-rør, frz.] *m. 1 früher:* frz. Freischärler

Fran|zi|um *s. Gen.*-s *nur Ez.* → Francium

fran|zö|sie|ren, fran|zö|si|sie|ren nach frz. Art gestalten, französisch machen

frap|pant [frz.] auffallend, überraschend, ins Auge springend; **Frap|pé** [-pe] *m. 9* **1** Stoff mit eingepreßtem Muster; **2** mit Eisstücken gekühltes (alkohol.) Getränk; **frap|pie|ren** **1** überraschen, verblüffen; **2** in Eis kühlen (Wein, Sekt)

Fra|te [lat.-ital.] *m. Gen.* - *Mz.*-ti *Bez. und Anrede für* ital. Klosterbruder; **Fra|ter** [lat.] *m. Gen.*-s *Mz.* Fra|tres [-tre:s] (*Abk.*: Fr.) Ordens-, Klosterbruder vor der Priesterweihe; **Fra|ter|ni|sa|ti|on** [-tsjon] *w. 10* Verbrüderung; **fra|ter|ni|sie|ren** sich verbrüdern; **Fra|ter|ni|tät** *w. 10* **1** *nur Ez.* Brüderlichkeit; **2** Bruderschaft; **Fra|ter|ni|té** [-te] *w. Gen.* - *nur Ez.* Brüderlichkeit (eins der drei Schlagwörter der Frz. Revolution); vgl. Liberté; **Fra|tres** [-tre:s] *Mz. von* Frater; Fratres minores: Franziskaner, Minoriten, Minderbrüder

Freak [frik, engl. „Einfall", „Laune"] *m. 9* jmd., der die Normen der Gesellschaft nicht akzeptiert und nur seinen eigenen, häufig extremen Neigungen lebt

free along|side ship [fri əlɔŋsaid ʃip, engl. „frei (bis) längsseits Schiff"] (*Abk.*: fas) Kosten und Risiko des Transports der Ware bis zum Schiff werden vom Verkäufer getragen; **free on board** [fri ɔn bɔrd, „frei an Bord"] (*Abk.*: fob) Kosten und Risiko des Transports der Ware bis aufs Schiff werden vom Verkäufer getragen; **free on plane** [fri ɔn plɛin, „frei an Bord (des Flugzeugs)"] (*Abk.*: fop) Kosten und Risiko des Transports der Ware bis ins Flugzeug werden vom Verkäufer getragen; **free on truck** [fri ɔn trʌk, „frei auf den Lastwagen"] (*Abk.*: fot) vgl. free on board; **free on wag|gon** [fri ɔn wægən, „frei auf den Eisenbahnwagen"] (*Abk.*: fow) vgl. free on board

Fre|gat|te [frz.] *w. 11* **1** *früher:* schnelles, dreimastiges Segelschiff; **2** *heute:* ein Kriegsschiff

Fre|li|mo **1** *w. oder m. Gen.* - *nur Ez. Kurzw. für* Frente de Libertaçao de Mozambique (die Befreiungsbewegung in Moçambique); **2** *m. 9* Angehöriger von **1**

fre|ne|tisch [frz.] stürmisch, rasend; frenetischer Applaus; *vgl. aber:* phrenetisch

fre|quent [lat.] **1** *veraltet:* häufig, zahlreich; **2** *Med.*: beschleunigt (Puls); **Fre|quen|tant** *m. 10 veraltet:* häufiger Besucher; **Fre|quen|ta|ti|on** [-tsjon] *w. 10* häufiges Besuchen; **Fre|quen|ta|tiv** *s. 1,* **Fre|quen|ta|ti|vum** *s. Gen.* -s *Mz.* -va → Iterativum; **fre|quen|tie|ren** häufig besuchen, benutzen; **Fre|quenz** *w. 10* **1** Häufigkeit; **2** Besucherzahl; **3** Verkehr, Verkehrsdichte; **4** Schwingungszahl pro Sekunde; **Fre|quenz|be|reich** *m. 1* Gruppe von elektromagnet. Schwingungen; **Fre|quenz|mo|du|la|ti|on** [-tsjo:n] *w. 10* (*Abk.*: FM) Änderung der Frequenz der Trägerwelle

Fres|ke [ital. „frisch"] *w. 11* → Fresko (**1**); **Fres|ko** *s. Gen.*-s *Mz.*-ken **1** auf die frisch verputzte, feuchte Wand gemaltes Bild; **2** *nur Ez.* poröser, harter Wollstoff in Leinenbindung

Frett [lat.] *s. 1,* **Frett|chen** *s. 7* eine Iltisart, kann zum Kaninchenfang abgerichtet werden; **frett|tie|ren** mit dem Frettchen jagen

Fri|dat|te *w. 11* → Frittate

fri|gid [lat.] kühl, geschlechtlich schwer oder nicht erregbar (von Frauen); **Fri|gi|daire** [friʒidɛr, frz.] *m. 9* ⓦ Kühlschrank(marke); **Fri|gi|da|ri|um** *s. Gen.* -s *Mz.* -ri|en **1** *im alten Rom:* kaltes Bad; **2** kaltes Gewächshaus; **fri|gi|de** → frigid; **Fri|gi|di|tät** *w. 10 nur Ez.* Kühle, Unfähigkeit zur geschlechtl. Erregung

Fri|ka|del|le [frz.] *w. 11* gebratenes Fleischklößchen; **Fri|kan|deau** [frikãdo] *s. 9* zarter, innerer Teil der Kalbskeule, Kalbsnuß; **Fri|kan|del|le** [-kã-] *w. 11* **1** Scheibe aus gedämpftem Fleisch; **2** *meist auch* → Frikadelle; **Fri|kas|see** *s. 9* kleingeschnittenes, helles Fleisch in heller Soße (Hühner-, Kalbsfrikassee); **fri|kas|sie|ren** als Frikassee zubereiten

fri|ka|tiv [lat.] auf Reibung beruhend (von Lauten); **Fri|ka|ti|va** *w. Gen.* - *Mz.*-vä *oder* -ven, **Fri|ka|tiv|laut** *m. 1* Reibelaut, Spirans, z. B. f, v, s; **Frik|ti|on** [-tsjon] *w. 10* **1** Reibung; **2** *übertr.*: Zwist, Reiberei; **3** *Med.*: Einreibung (von Salben), Reibmassage

Fris|bee [-bi:, engl.] *s. 9* Wurfscheibe (aus Plastik)

Fri|seur [-zør, frz.] *m. 1* jmd., der gewerbsmäßig anderen Haar und Bart schneidet und pflegt; **Fri|seu|se** [-zø-] *w. 11* weibl. Friseur; **fri|sie|ren** **1** jmdn. oder sich f.: jmdm. oder sich das Haar kämmen und hübsch zurechtmachen; **2** etwas f. *ugs.*: beschönigen, zum Positiven verändern; frisierter Bericht, frisierte Nachrichten; **Fri|sier|sa|lon** [-lɔ̃] *m. 9* Geschäft eines Friseurs; **Fri|sier|toi|let|te** [-twa-] *w. 11* kleine Kommode mit ein- oder mehrteiligem Spiegel; **Fri|sör** *m. 1 eindeutschend für* Friseur; **Fri|sur** *w. 10* Haartracht

Fri|teu|se [-tø-, frz.] *w. 11* elektr. Gerät zum Fritieren; **fri|tie|ren** in Fett backen, braten; **Frit|ta|te** [ital.] *w. 11* **1** Omelette, Eierkuchen, Pfannkuchen; **2** *österr.*: in Streifen geschnittene Pfannkuchen, Suppeneinlage; **Frit|te** [frz.] *w. 11* Schmelzmasse zur Herstellung von Glasuren; **frit|ten** **1** schmelzen und zusammenbacken (Sand, Glasmasse); **2** *ugs. für* fritieren; **Frit|ter** [engl.] *m. 5* → Kohärer;

Fri|tü|re [frz.] *w.11* **1** heißes Fett zum Backen, Braten; **2** das im Fett Gebackene
fri|vol [frz.] schlüpfrig, zweideutig, frech; **Fri|vo|li|tät** *w.10* **1** Schlüpfrigkeit, Zweideutigkeit; **2** *nur Mz.* mit Schiffchen hergestellte Handarbeit, Okkispitze
Fro|mage de Brie [-maʒ də -, nach der frz. Landschaft Brie] *m. Gen.--- nur Ez.* ein frz. Weichkäse
Fron|de [frɔ̃də, frz.] *w.11* **1** *nur Ez.* polit. Bewegung in Frankreich gegen den Absolutismus; **2** regierungsfeindl. Partei; **Fron|deur** [frɔ̃dœr] *m.1* Anhänger der Fronde; **fron|die|ren** [frɔ̃-] Widerspruch gegen die Regierung erheben, Opposition treiben
Front [frz.] *w.10* **1** Vorderseite (eines Hauses, einer Truppe in geordneter Aufstellung); gegen etwas F. machen: sich einer Sache widersetzen; **2** Kampfgebiet, Linie, an der zwei kämpfende feindl. Truppen einander berühren; **3** geschlossene Gruppe von Personen mit gleichem Ziel; **4** *Meteor.:* Grenzfläche einer Luftmasse (Kalt-, Warmfront); **fron|tal** vorn befindlich, von vorn; **Fron|tis|piz** *s.1* **1** dem Titelblatt gegenüberstehendes Bild; **2** Vordergiebel
Frot|té [-te, frz.] *m.9 oder s.9 schweiz. für* Frottee; **Frot|tee** *m.9 oder s.9* Baumwollgewebe aus Kräuselzwirn; **frot|tie|ren** mit einem rauhen Tuch abreiben
Frot|to|la [ital.] *w.9, Mz. auch:* -tollen, *15./16. Jh.:* heiteres nordital. Lied
Frou|frou [frufru, frz.] *s. oder m. Gen.- nur Ez., um 1900:* das Rascheln und Knistern seidener Unterröcke
Fruc|to|se [lat.] *w.11 nur Ez.* Fruchtzucker
fru|gal [lat.] mäßig, einfach, bescheiden (Mahlzeit); *Ggs.:* opulent
Fruk|ti|fi|ka|ti|on [-tsjon, lat.] *w.10* **1** *Bot.:* Fruchtbildung; **2** *veraltet:* Nutzbarmachung; **fruk|ti|fi|zie|ren** **1** Früchte bilden, Frucht ansetzen; **2** *veraltet:* nutzbar machen; **Fruk|to|se** *w.11 nur Ez.* → Fructose
Frust *m. Gen.*-s *nur Ez., ugs. kurz für* Frustration; **Fru|stra|ti|on** [-tsjon, lat.] *w.10* Enttäuschung durch erzwungenen Verzicht; **fru|strie|ren** enttäuschen, zum Verzicht zwingen; frustriert sein: in seinen Erwartungen enttäuscht sein
Fru|ti di Ma|re [ital. „Früchte des Meeres"] *Mz.* kleine Meerestiere (z.B. Muscheln, Krabben), die roh oder gekocht gegessen werden
ft *Abk. für* Foot
Ft *Abk. für* Forint
fud. *Abk. für* fudit; **fu|dit** [lat.] „hat (es) gegossen" (Vermerk auf Glocken usw. hinter dem Namen des Gießers)
fu|gal [lat.] in der Art einer Fuge; **fu|gal|to** [ital.] *unflektierbar:* in der Art einer Fuge komponiert; **Fu|gal|to** *s.9, Mz. auch:* -ti fugenartiges Musikstück; **Fu|ge** [lat.] *w.11* streng aufgebautes Musikstück, dessen erstes Thema durch alle Stimmen führt; **Fu|get|te** *w.11,* **Fu|ghet|ta** [ital.] *w. Gen.- Mz.*-ten kleine Fuge; **fu|gie|ren** [lat.] in der Art einer Fuge durchführen, abwandeln
Ful|gu|rit [lat.] *m.1* **1** durch Blitzschlag röhrenartig zusammengeschmolzener Sand, Blitzröhre; **2** ein Sprengstoff; **3** Ⓦ ein Baustoff aus Asbestzement
Full|dreß [engl. „voller Anzug"] *m. Gen.- nur Ez.* Gesellschaftsanzug, Abendkleid
Full-time-Job [fultaimdʒɔb, engl.] *m.9 engl. Bez. für* Ganztagsarbeit
ful|ly fa|shioned [-fæʃnd, engl.] nach Fasson gestrickt
ful|mi|nant [lat.] großartig, prächtig, glänzend
Fu|ma|rol|le [ital.] *w.11* vulkan. Ausströmung von Gas und Wasserdampf
Fu|mé [fyme, frz.] *m.9* **1** *Stempelschneiderei:* Rußabdruck; **2** Probeabdruck (mit Rußfarbe) eines Holzschnitts
Fun|da|ment [lat.] *s.1* **1** Grundmauer (eines Baues); **2** Grundlage (für eine Entwicklung); **fun|da|men|tal** grundlegend; **Fun|da|men|ta|lis|mus** *m. Gen.- nur Ez., in den USA:* strenggläubige Richtung der evang. Kirche, die Bibelkritik und moderne Naturwissenschaft ablehnt; **Fun|da|men|tal|ka|ta|log** *m.1 Astron.:* Katalog der Örter von Fixsternen; **Fun|da|men|tal|theo|lo|gie** *w.11 nur Ez.* → Apologetik; **fun|da|men|tie|ren** mit einem Fundament versehen; **Fun|da|ti|on** [-tsjon] *w.10 nur Ez.* **1** *schweiz.:* das Fundamentieren; **2** Stiftung; **fun|die|ren** **1** begründen, untermauern; **2** mit den nötigen Mitteln ausstatten, sichern; fundierte Schuld: langfristige Schuld; **Fun|dus** *m. Gen.- Mz.-* **1** Grundlage, Grundstock; **2** Bestand, Vorrat
fu|ne|bre [fynebrə, frz.] *Mus.:* traurig, düster;
Fu|ne|ra|li|en *Mz., veraltet:* Leichenbegängnis
fun|gi|bel [lat.] vertretbar; fungible Sache *Rechtsw.:* bewegl. Sache, die im Verkehr nach Maß, Zahl oder Gewicht bestimmt wird und daher auswechselbar ist; **Fun|gi|bi|li|en** *s. Mz., Ez.:* -li|um *Rechtsw.:* fungible Sachen; **fun|gie|ren** tätig, wirksam sein, ein Amt verrichten; er fungiert als mein Vertreter
fun|gi|zid [lat.] *Med.:* pilztötend; **Fun|gi|zid** *s.1* Mittel gegen pflanzenschädigende Pilze; **fun|gös** *Med.:* schwammig; **Fun|go|si|tät** *w.10 nur Ez.* Schwammigkeit (von tuberkulösem Gewebe); **Fun|gus** *m. Gen.- Mz.*-gi **1** *lat. Bez. für* Pilz; **2** schwammige, tuberkulöse Geschwulst
Funk|ti|on [-tsjon, lat.] *w.10* **1** Amt, Aufgabe; **2** Tätigkeit, Wirksamkeit; **3** *Math.:* von einer veränderlichen Größe gesetzmäßig abhängige Größe; **funk|tio|nal** [-tsjo-] → funktionell; **Funk|tio|na|lis|mus** *m. Gen.- nur Ez.* **1** Auffassung, nach der bei der Gestaltung eines Gebäudes nur dessen Zweck maßgebend ist; **2** *Philos.:* Lehre, nach der die Welt

nur eine Funktion des Ich ist; **Funk|tio|när** *m. 1* Beauftragter (eines Vereins, einer Partei); **funk|tio|nell** auf einer Funktion oder auf der Störung einer Funktion beruhend; funktionelle Krankheit: auf der Störung der Funktion eines Organs beruhende K.; **funk|tio|nie|ren** **1** ordnungsgemäß, richtig ablaufen; **2** *ugs.:* Anweisungen richtig ausführen; **Funk|ti|ons|verb** *s. 12* Verb, das in Verbindung mit einem Substantiv einen Vollzug ausdrückt, ohne selbst etwas auszusagen, z. B. (zur Anwendung) bringen, (zur Darstellung) kommen

Fu|ra|ge [-ʒə, frz.] *w. 11 nur Ez. Mil.:* Lebensmittel, Futter, Proviant; **fu|ra|gie|ren** [-ʒi-] *Mil.:* Furage empfangen oder beschaffen

Fu|ri|ant [lat.] *m. 9* schneller böhm. Tanz

Fu|rie [-riə, lat.] *w. 11* **1** *röm. Myth.:* Rachegöttin, Erinnye; **2** *übertr.:* böses, wütendes Weib

Fu|rier [frz.] *m. 1* der für die Furage verantwortliche Unteroffizier

fu|ri|os [lat.] wütend, hitzig, leidenschaftlich; **fu|rio|so** [ital.] *Mus.:* leidenschaftlich

Fur|nier [frz.] *s. 1* dünnes Blatt aus Holz, als schmückendes Deckblatt auf einfachem Holz oder zur Stabilisierung; **fur|nie|ren** mit Furnier versehen

Fu|ror [lat.] *m. Gen.* -s *nur Ez.* Wut, Raserei; **Fu|ro|re** *w. 9 oder s. 9 nur Ez.* rasender Beifall, *fast nur noch in der Wendung* Furore machen: Aufsehen erregen, großen Erfolg haben

Fu|run|kel [lat.] *m. 5* eitrige Entzündung eines Haarbalgs und seiner Talgdrüse; **Fu|run|ku|lo|se** *w. 11* ausgedehntes Auftreten von Furunkeln

Fü|si|lier [frz.] *m. 1 veraltet:* Infanterist; **fü|si|lie|ren** standrechtlich erschießen; **Fü|sil|la|de** *w. 11* massenweise standrechtliche Erschießung

Fu|si|on [lat.] *w. 10* Vereinigung, Verschmelzung; **fu|sio|nie|ren** verschmelzen (Kapitalgesellschaften)

Fu|sta|ge [-ʒə, frz.] *w. 11* **1** Leergut (leere Fässer, Kisten usw.); **2** Preis dafür

Fu|sta|nel|la [ital.] *w. Gen.* - *Mz.* -len weißer, knielanger Männerrock der Südalbaner und Neugriechen

Fu|sti [ital.] *Mz.* Preisnachlaß für Unreinheiten einer Ware

Fu|stik|holz [lat.] *s. 4* trop., zur Farbstoffgewinnung geeignetes Holz

Fu|thark [-θark, nach den ersten 6 von 24 Zeichen: f, u, d (th), a, r, k] *s. 1 nur Ez.* das älteste (gemeingermanische) Runenalphabet

Fut|te|ral [mlat.] *s. 1* formgerechter Behälter (aus Leder oder Kunststoff)

Fu|tur [lat.] *s. 1* Zukunftsform des Verbums; vgl. Futurum

Fu|tu|ra *w. Gen.* - *nur Ez.* eine Druckschrift; **fu|tu|risch** im Futur auftretend; **Fu|tu|ris|mus** *m. Gen.* - *nur Ez.* von Italien ausgehende Kunstrichtung vor dem 1. Weltkrieg, die die Darstellung des räumlich und zeitlich Getrennten nebeneinander erstrebte und die moderne Technik in ihrer Dynamik verherrlichte; **Fu|tu|rist** *m. 10* Anhänger des Futurismus; **Fu|tu|ro|lo|ge** *m. 11* Vertreter der Futurologie; **Fu|tu|ro|lo|gie** *w. 11 nur Ez.* Zukunftsforschung, Zukunftsdeutung; **Fu|tu|rum** *s. Gen.*-s *Mz.*-ra Zukunftsform des Verbums; Futurum exactum: zweites Futur, vollendete Zukunft, z. B. „Ich werde geschlafen haben"

G

g 1 *Abk. für* Gramm; **2** *(hochgestellt) Zeichen für* Gon (Neugrad)
G 1 *Abk. für* Gourde; **2** *Abk. für* Giga
Ga *chem. Zeichen für* Gallium
Gạ|bar|di|ne [-di:n(ə), frz.] *m. Gen.*-s *nur Ez.* schräg gerippter Mantel- und Anzugstoff
Gạb|bro [ital.] *m. 9 nur Ez.* ein Tiefengestein
Ga|do|li|nit [nach dem finn. Chemiker J. Gadolin] *m. 1 nur Ez.* ein Mineral; **Ga|do|li|ni|um** *s. Gen.*-s *nur Ez.* (*Zeichen:* Gd) chem. Element
Gag [gæg, engl.] *m. 9 Theater, Film, Fernsehen:* überraschender, wirkungsvoller, witziger, dramaturgisch nicht notwendiger Einfall
Ga|gat [griech.] *m. 1* Pechkohle, Jett
Ga|ge [-ʒə, frz.] *w. 11 bei Künstlern:* Gehalt
Gag|ger [gægər, engl.] *m. 5 Film, Fernsehen:* jmd., der Gags erfindet und wirkungsvoll einsetzt, Gagman
Ga|gli|ar|de [galjạrdə, ital.] *w. 11* → Gaillarde
Gag|man [gægmən, engl.] *m. Gen.*-s *Mz.* -men [-mən] → Gagger
Gail|lar|de [gajạrdə, frz.] *w. 11* **1** altital. Springtanz; **2** Satz der Suite
gal *Abk. für* Gallone
Gal [nach dem ital. Naturforscher G. Galilei] *s. Gen.* - *Mz.* - Maßeinheit für die Beschleunigung
Ga|la [arab.-span.] *w. Gen.* - *nur Ez.* Festkleidung; in G. erscheinen; **Ga|la...** *in Zus.:* Fest..., festlich, z. B. Galavorstellung
ga|lạk|tisch zur Galaxis gehörend; **Ga|lak|to|me|ter** [griech.] *s. 5* Gerät zum Messen des Fettgehalts der Milch; **Ga|lak|tor|rhö** *w. 10,* **Ga|lak|tor|rhoe** [-rø] *w. 11* Milchabsonderung nach dem Stillen; **Ga|lak|to|se** *w. 11* einfacher Zucker, Bestandteil des Milchzuckers
Ga|la|lith *m. 1 nur Ez.* ® ein Kunststoff, Kunsthorn
Ga|lan [span.] *m. 1* (vornehmer) Liebhaber; **ga|lạnt** liebenswürdig-höflich (vom Mann einer Frau gegenüber), ritterlich; **Ga|lan|te|rie** *w. 11* liebenwürdige Höflichkeit; **Ga|lan|te|rie|wa|ren** *w. 11 Mz.* modisches Zubehör zur Kleidung (Gürtel, Modeschmuck usw.); **Ga|lant|homme** [galãtɔm, frz.] *m. 9* Mann von feiner Lebensart, Weltmann
Ga|la|ter *m. 5* Angehöriger eines kelt. Volksstammes in Kleinasien
Ga|la|uni|form *w. 10* festl. Uniform
Ga|la|xie, Ga|lạ|xis [griech.] **1** *w. Gen.* - *nur Ez.* die Milchstraße; **2** *w. Gen.* - *Mz.*-xi|en Sternsystem außerhalb des Milchstraßensystems
Gạl|ban [hebr.-lat.], **Gal|ba|num** *s. Gen.*-s *nur Ez.*, **Gạl|ben|saft** *m. 2 nur Ez.* Gummiharz aus den Stengeln eines pers. Doldenblütlers, ein Heilmittel
Gä|le *m. 11* Angehöriger eines kelt. Volksstammes in Irland und Schottland
Ga|le|as|se [frz.] *w. 11* kleines Küstensegelschiff der Ostsee mit Groß- und Besanmast
Ga|lee|re [ital.] *w. 11 MA:* Ruderkriegsschiff, auch mit Segeln
Ga|le|ni|kum [nach dem altröm. Arzt Galen] *s. Gen.*-s *Mz.*-ka aus Drogen vom Apotheker selbst zubereitetes Arzneimittel, im Unterschied zu den fertigen Fabrikerzeugnissen
Ga|le|nit [lat.] *m. 1* Bleiglanz, ein Bleierz
Ga|leo|ne [ital.] *w. 11 MA:* Kriegs- und Handelsschiff mit mehreren Masten und Decks
Ga|le|ot [ital.] *m. 10* Galeerensklave; **Ga|leo|te** *w. 11* kleines, einmastiges Küstensegelschiff
Ga|le|rie [frz.] *w. 11* **1** im oberen Teil eines großen Raumes an der Wand entlangführender, an einer Seite offener Gang; **2** *Theater:* oberster Rang; **3** mit Schießscharten versehener Gang in der Mauer einer Befestigung; **4** balkonartiger Aufbau auf dem Heck von älteren Kriegsschiffen; **5** *österr.:* an einer Seite offener Tunnel; **6** Saal oder Gebäude mit Gemäldesammlung; *auch:* Gemäldehandlung; **7** *nur Ez., österr.:* Verbrecher-, Dirnenwelt; **8** *scherzh.:* Reihe, größere Anzahl; eine G. schöner Mädchen; **Ga|le|rịst** *m. 10* Inhaber einer Galerie (**6**)
Gal|gạnt [mlat.] *m. 1 nur Ez.*, **Gal|gạnt|wur|zel** *w. 11* heilkräftige Wurzel eines südostasiat. Ingwergewächses
Ga|li|ma|thi|as [lat. + griech.] *m. Gen.* - *nur Ez.* verworrenes Zeug, unverständliches Gerede
Ga|li|on [span.] *s. 9 bei alten Schiffen:* Vorbau am Bug; **Ga|lio|ne** *w. 11* → Galeone; **Ga|lio|te** *w. 11* → Galeote
Ga|li|pot [-po, frz.] *m. 9 nur Ez.* Harz der Nadelbäume
Gal|jaß *w. Gen.* - *Mz.*-jas|sen → Galeasse; **Gal|jon** *s. 9* → Galion; **Gal|jot** *w. 10* → Galeote
Gạl|lert [lat.] *s. 1,* **Gal|lẹr|te** *w. 11* trübe, zähe Masse aus eingedickter Knochen- oder Fleischbrühe oder Pflanzensaft; **gal|lẹr|tig** [auch: gạl-] wie Gallert
gal|li|ka|nisch [nach dem lat. Namen „Gallia" für Frankreich] zum Gallikanismus gehörig; gallikanische Kirche: die kath. Kirche in Frankreich vor der Frz. Revolution; gallikanische Liturgie: Form des Gregorian. Cho-

rals im merowing. Frankreich; **Gal|li|ka|nis|mus** *m. Gen. - nur Ez.* das Streben nach Selbständigkeit der frz. kath. Kirche vor 1789
Gal|li|ma|thi|as → Galimathias
Gal|li|on *s. 9* → Galion; **Gal|lio|ne** *w. 11* → Galeone
Gal|li|pot [-po] *m. 9 nur Ez.* → Galipot
Gal|li|um *s. Gen.* -s *nur Ez.* (*Zeichen:* Ga) chem. Element, ein Metall; **Gal|li|zis|mus** *m. Gen. - Mz.* -men in eine andere Sprache übernommene frz. Spracheigentümlichkeit
Gal|lo|ma|nie *w. 11 nur Ez.* → Frankomanie
Gal|lo|ne [engl.] *w. 11* (*Abk.:* gal) altes engl. und amerik. Hohlmaß, 3,78–4,55 Liter
Gal|lo|phi|lie *w. 11 nur Ez.* → Frankophilie; **Gal|lo|pho|bie** *w. 11 nur Ez.* → Frankophobie
Gal|mei [auch: gal-, griech.] *m. 1* Zinkspat
Ga|lon [-lɔ̃, frz.] *m. 9,* **Ga|lo|ne** *w. 11* Borte, Tresse; **ga|lo|nie|ren** mit einem Galon besetzen
Ga|lopp [frz.] *m. 1 oder m. 9* **1** schnellste Gangart des Pferdes, Lauf in Sprüngen; **2** ein Springtanz im 2/4-Takt; **3** *übertr.:* Schnelligkeit, große Geschwindigkeit; **ga|lop|pie|ren** im Galopp laufen; galoppierende Schwindsucht *volkstüml.:* letztes Stadium der Lungentuberkulose
Ga|lo|sche [frz.] *w. 11 veraltend:* Gummiüberschuh
Gal|va|ni|sa|ti|on [-tsjon, nach dem ital. Naturforscher L. Galvani] *w. 10* **1** das Überziehen von Werkstücken mit Metall durch Elektrolyse; **2** Anwendung von Gleichstrom zu Heilzwecken; **gal|va|nisch** auf Galvanisation beruhend, mit ihrer Hilfe; galvanisches Bad: Bad zum Galvanisieren; galvanisches Element: elektr. Stromquelle, in der elektr. Energie aus chem. Energie entsteht; galvanische Elektrizität, galvanischer Strom: aus galvan. Elementen gewonnene Elektrizität; **Gal|va|ni|seur** [-zør] *m. 1* Facharbeiter in der Galvanotechnik; **gal|va|ni|sie|ren** durch Elektrolyse mit Metall überziehen; **Gal|va|nis|mus** *m. Gen. - nur Ez.* Lehre vom galvanischen Strom; **Gal|va|no** *s. 9* im galvan. Bad hergestellter Druckstock; **Gal|va|no|kau|stik** *w. 10* Durchtrennung oder Zerstörung von erkranktem Gewebe mit dem Galvanokauter; **Gal|va|no|kau|ter** *m. 5* chirurgisches Instrument, das mit Gleichstrom zum Glühen gebracht wird; **Gal|va|no|me|ter** *s. 5* Gerät zum Messen der Stromstärke; **Gal|va|no|pla|stik** *w. 10* plastische Nachformung von Gegenständen durch Galvanisieren; **Gal|va|no|punk|tur** *w. 10* Entfernung z. B. von Haaren mit einer durch galvan. Strom erhitzten Nadel; **Gal|va|no|skop** *s. 1* → Galvanometer; **Gal|va|no|tech|nik** *w. 10* Technik des Galvanisierens; **Gal|va|no|the|ra|pie** *w. 11 nur Ez.* → Galvanisation (**2**); **Gal|va|no|ty|pie** *w. 11, ältere Bez. für* Galvanoplastik

Ga|man|der [griech.] *m. 5* eine Pflanzengattung (Lippenblütler)
Ga|ma|sche [arab.-frz.] *w. 11* über Schuh und Strumpf getragene Beinbekleidung vom Fuß bis zur Wade oder zum Knie
Gam|be [ital., eigtl. Viola da gamba „Kniegeige"] *w. 11* Streichinstrument des 16./18. Jh., Vorläufer des Violoncellos; **Gam|bist** *m. 10* Gambenspieler
Gam|bit [ital.-span.] *s. 9 Schach:* Eröffnung des Spiels, bei der eine oder mehrere Figuren geopfert werden, um den Angriff rasch vorzutragen
Ga|me|lan [mal.], **Ga|me|lang** *s. 9* Orchester aus Schlag-, Blas- und Streichinstrumenten auf Java und Bali
Ga|mel|le [frz.] *w. 11 schweiz.:* Kochgeschirr des Soldaten
Ga|met [griech.] *m. 10* männl. bzw. weibl. Fortpflanzungszelle; **Ga|me|to|phyt** *m. 10* Gameten erzeugende Generation bei Pflanzen mit Generationswechsel
Gam|ma *s. 9* dritter Buchstabe des griech. Alphabets (*Zeichen:* Γ, γ); **Gam|ma|me|tall** *s. 1* Legierung aus Kupfer und Zinn, für Münzen; **Gam|ma|strah|len, γ-Strah|len** *m. 12 Mz.* radioaktive Strahlen
ga|mo|trop [griech.] die Geschlechtsorgane der Blüte schützend; gamotrope Bewegungen
Ga|na|sche [ital.-frz.] *w. 11* beim Pferd oberer, muskulöser Seitenteil des Unterkiefers, mit dem es sich gegen das Zaumzeug stemmen kann
Gan|dha|ra|kunst *w. 2 nur Ez.* hellenist.-buddhist. Kunst der altind. Landschaft Gandhara
Ga|nef(f) [jidd.] *m. 1* → Ganove
Gang [gæŋ, engl.] *w. 9* organisierte Verbrecherbande
Gan|gli|en|sy|stem [griech.] *s. 1* Zentralnervensystem; **Gan|gli|en|zel|le** *w. 11* Nervenzelle; **Gan|gli|on** *s. Gen.* -s *Mz.* -li|en **1** knotenartige Anhäufung von Nervenzellen, Nervenknoten; **2** Überbein; **Gan|glio|ni|tis, Gan|gli|tis** *w. Gen. - Mz.* -ti|den Entzündung eines Ganglions, Nervenknotenentzündung
Gan|grän [griech.] *s. 1 oder w. 10,* **Gan|grä|ne** *w. 11* Brand, Gewebstod, z. B. Knochenbrand; **gan|grä|nes|zie|ren** brandig werden; **gan|grä|nös** von Gangrän befallen, brandig
Gang|spill [ndrl.] *s. 1* Ankerwinde
Gang|ster [gæŋ-, engl.] *m. 5* Mitglied einer Gang, Verbrecher
Gang|way [gæŋwɛi, engl.] *w. 9* Laufsteg aufs Schiff oder ins Flugzeug
Ga|noi|de [griech.] *m. 11 meist Mz.* eine Knochenfischart, Schmelzschupper
Ga|no|ve [jidd.] *m. 11* Gauner, Verbrecher
Gant [ital.] *w. 10 bayr.-österr. veraltet, noch schweiz.:* Versteigerung; auf die G. kommen; **gan|ten** *veraltet, noch schweiz.:* versteigern

Ga|ra|ge [-ʒə, frz.] *w.11* Raum zum Unterstellen von Kraftwagen; **ga|ra|gie|ren** [-ʒi-] in der Garage unterbringen; **Ga|ra|gist** [-ʒist] *m.10 schweiz.:* Inhaber einer Autoreparaturwerkstatt

Ga|ra|mond [-mɔ̃, nach dem frz. Schriftgießer C. Garamond] *w.9 nur Ez.* eine Antiquadruckschrift

Ga|rant [frz.] *m.10* Bürge, Gewährsmann; **Ga|ran|tie** *w.11* Bürgschaft, Sicherheit; **ga|ran|tie|ren** etwas g.: für etwas bürgen, etwas gewährleisten; **Ga|ran|tie|schein** *m.1* einem Gerät beim Verkauf beigegebener Schein, gegen dessen Vorlage innerhalb eines Jahres Reparaturen kostenlos vom Hersteller erledigt werden

Gar|çon [-sɔ̃, frz.] *m.9* **1** junger Mann, Knabe; **2** Kellner; **3** *auch:* Junggeselle; **Gar|çon|ni|ere** [-sɔnjɛrə] *w.11* Junggesellenwohnung

Gar|de [frz.] *w.11* **1** Leibwache; **2** Elitetruppe; **3** alte G.: Gruppe von bewährten, langjährigen Mitgliedern, Freunden, Arbeitskräften; **Gar|de|du|korps** [-dykor] *s. Gen. - Mz. -* [-dykors] **1** *früher:* preuß. Gardekavallerieregiment; **2** Leibwache; **Gar|de|korps** *s. Gen. - Mz. -* [-ko:rs] Gesamtheit mehrerer Garden (1); **Garde|man|ger** [gardmãʒe] *m.9, in großen Restaurants:* für die kalten Speisen zuständiger Koch

Gar|de|nie [-njə, nach dem schott. Naturforscher A. Garden] *w.11,* Gar|de|nia *w. Gen. - Mz.* -ni|en trop. Zierstrauch

Gar|de|ro|be [frz.] *w.11* **1** Kleidung; **2** Gestell sowie Raum zum Ablegen und Aufhängen von Kleidung; **Gar|de|ro|bier** [-bje] *m.9 Theater:* Verwalter der Garderobe, Gewandmeister; **Gar|de|ro|bi|ere** [-bjɛrə] *w.11* **1** *Theater:* weibl. Garderobier; **2** Frau, die bei Veranstaltungen die abgegebenen Mäntel usw. der Teilnehmer verwahrt

gar|dez! [-de, frz. „schützen Sie (Ihre Dame)!"] *Schach:* Warnung für den Gegner, daß seine Dame in Gefahr ist

Gar|di|ne [lat.-ndrl.] *w.11* Vorhang; **Gar|di|nen|pre|digt** *w.10 ugs.:* Strafpredigt

Gar|dist *m.10* Soldat der Garde

Gar|mond [-mɔ̃, zu Garamond] *w.9 nur Ez.* ein Schriftgrad

Gar|ne|le [mlat.] *w.11* ein Krebstier, Krabbe, Krevette

gar|nie|ren [frz.] mit Zubehör versehen, verzieren (bes. Speisen)

Gar|ni|son [frz.] *w.10* **1** Standort einer Truppe; **2** *auch:* die Truppe selbst, Besatzung; **gar|ni|so|nie|ren** in Garnison liegen

Gar|ni|tur [frz.] *w.10* **1** Besatz, Verzierung; **2** mehrere zusammengehörige Gegenstände, z. B. Möbel-, Wäschegarnitur; **3** militär. Ausrüstung; **4** erste, zweite G. *übertr. scherzh.:* die Besten, die weniger Guten oder Beliebten

Gar|rot|te [frz.] *w.11* Würgeschraube (zur Hinrichtung durch Erdrosseln); **gar|rot|tie|ren** mit der Garrotte erdrosseln

Gas [griech.] *s.1* Stoff in luftförmigem Aggregatzustand; **2** luftförmiger Brennstoff; **3** Flamme davon; die Milch aufs Gas setzen, vom Gas nehmen

Ga|sel [arab.] *s.1,* **Ga|se|le** *w.11* oriental. Gedicht aus beliebig vielen Verspaaren, bei dem der Reim des ersten Paares in allen geraden Zeilen wiederkehrt, während die ungeraden reimlos bleiben

ga|si|fi|zie|ren auf Gasbetrieb umstellen

Gas|ko|na|de [nach der frz. Landschaft Gascogne] *w.11 veraltet:* Prahlerei, Aufschneiderei

Ga|so|me|ter *m.5, fälschl. Bez. für* Gasbehälter

Ga|strä|a [griech.] *w. Gen. - nur Ez.* von E. Haeckel angenommene Stammform aller mehrzelligen Tiere, Urdarmtier; **ga|stral** zum Magen und Darm gehörig, von ihnen ausgehend; **Ga|stral|gie** *w.11* Magenkrampf; **Ga|strek|to|mie** *w.11* operative Entfernung des Magens; **ga|strisch** zum Magen gehörend, von ihm ausgehend; **Ga|stri|tis** *w. Gen. - Mz.* -ti|den Magenschleimhautentzündung; **ga|stro|duo|de|nal** zum Magen und Zwölffingerdarm gehörend, von ihnen ausgehend; **Ga|stro|duo|de|ni|tis** *w. Gen. - Mz.* -ti|den Schleimhautentzündung von Magen und Zwölffingerdarm; **ga|stro|en|te|risch** Magen und Darm betreffend; **Ga|stro|en|te|ri|tis** *w. Gen. - Mz.* -ti|den Magen-Darm-Entzündung; **ga|stro|gen** vom Magen ausgehend; **Ga|stro|lo|gie** *w.11 nur Ez.* Lehre vom Magen und seinen Erkrankungen; **Ga|stro|nom** *m.10* **1** Gastwirt, der sich auf feine Küche versteht; **2** Fachmann der feinen Küche, Kochkünstler; **Ga|stro|no|mie** *w.11 nur Ez.* **1** Gaststättengewerbe; **2** Kochkunst; **Ga|stro|po|de** *m.11* Schnecke; **Ga|stro|skop** *s.1* Magenspiegel; **Ga|stro|sko|pie** *w.11* Untersuchung des Magens mit dem Gastroskop; **Ga|stro|sto|mie** *w.11* Anlegen einer Magenfistel zum Einbringen von Nahrung direkt in den Magen; **Ga|stro|to|mie** *w.11* operative Öffnung des Magens, Magenschnitt; **Ga|stru|la** *w. Gen. - nur Ez.* Entwicklungsstadium des Embryos, in dem der Urmund entsteht, Becherkeim; **Ga|stru|la|ti|on** [-tsjon] *w.10 nur Ez.* Entstehung der Gastrula durch Einstülpung der Blastula

GATT *Kurzw. für* General Agreement on Tariffs and Trade (allgemeines Zoll- u. Handelsabkommen)

Gau|cho [-tʃo, indian.-span.] *m.9* südamerik. berittener Viehhirt

Gau|de|amus igi|tur [lat., Anfang eines student. Trinkliedes] Drum laßt uns fröhlich sein

Gau|di [lat.] *w. oder s. Gen. - nur Ez. süddt.:*

Spaß, Vergnügen; **gau|die|ren** belustigen, erheitern; **Gau|di|um** *s. Gen.* -s *nur Ez.* Belustigung, Erheiterung
Gau|fra|ge [gofraʒə, frz.] *w. 11* geprägte Musterung (auf Papier und Gewebe); **Gau|fré** [gofre] *s. 9* Gewebe mit eingeprägtem Muster; **gau|frie|ren** [go-] mit dem Gaufrierkalander mustern; **Gau|frier|ka|lan|der** *m. 5* Walze zum Aufprägen von Mustern auf Papier und Gewebe
Gauge [geidʒ, engl.] *s. Gen.* - *nur Ez.* (*Abk.:* gg) *Strumpfwirkerei:* Maß zur Angabe der Maschenzahl auf 1,5 engl. Zoll (= 38,1 mm) und damit der Feinheit
Gaul|lis|mus [go:l-] *m. Gen.* - *nur Ez.* von dem frz. Staatspräsidenten Charles de Gaulle geschaffene Bewegung, die Frankreichs Vorrangstellung anstrebt; **Gaul|list** *m. 10* Anhänger de Gaulles, des Gaullismus
Gaur [ind.] *m. 5 oder 9* vorderind. Wildrind
Ga|vot|te [-vɔt(ə), frz.] *w. 11* **1** heiterer Tanz; **2** Satz der Suite
Ga|ze [-zə, arab.-frz.] *w. 11 nur Ez.* durchsichtiger, sehr lockerer Stoff, Verbandmull
Ga|zel|le [arab.-span.] *w. 11* Angehörige einer Antilopengattung
Ga|zet|te [-zɛt(ə), frz.] *w. 11 veraltet:* Zeitung
Gd *chem. Zeichen für* Gadolinium
Ge *chem. Zeichen für* Germanium
Gecko (Gek|ko) [ndrl.] *m. 9* eine trop. Eidechse
ge|han|di|kapt [-hændikæpt, engl.] benachteiligt, behindert; vgl. handikapen
Ge|hen|na [hebr.-lat.] *w. Gen.* - *nur Ez., jüd. Bez. für* Hölle
Gei|sa *Mz. von* Geison
Gei|ser *m. 5, eindeutschende Schreibung von* Geysir
Gei|sha [geʃa, japan.] *w. 9* Tänzerin, Sängerin und Unterhalterin in japan. Teehäusern
Gei|son [griech.] *m. 9, Mz. auch:* -sa Kranzgesims an griech. Tempeln
Gel [Kurzw. aus Gelatine] *s. 1* System aus einem kolloiden Stoff und einem Dispersionsmittel, in dem das Kolloid in nichtgelöster Form vorliegt
Ge|la|ti|ne [ʒe-, neulat.] *w. 11 nur Ez.* quellbarer Leim aus frischen Knochen (für Speisen u. a.); **ge|la|ti|nie|ren** (sich) in Gelatine verwandeln; **ge|la|ti|nös** wie Gelatine
Ge|lee [ʒə-, frz.] *s. 9, auch: m. 9* mit Zucker eingekochter Fruchtsaft; *auch:* eingedickte Fleischbrühe; **ge|lie|ren** [ʒə-] sich in Gelee verwandeln, dick, steif werden
Ge|mel|lus [lat.] *m. Gen.* - *Mz.* -li, *Med.:* Zwilling
Ge|mi|na|te [lat.] *w. 11* Doppelkonsonant; **Ge|mi|na|ti|on** [-tsjon] *w. 10* Konsonantenverdoppelung; **ge|mi|nie|ren** verdoppeln
Ge|mi|nus [lat.] *m. Gen.* - *Mz.* -ni, *Med.:* Zwilling
Gem|me [lat.] *w. 11* Edel- oder (meist) Halbedelstein mit vertieft eingeschnittener Verzierung, Intaglio; *Ggs.:* Kamee; **Gem|mo|glyp|tik** *w. 10 nur Ez.* Steinschneidekunst; **Gem|mu|la** [lat. „Knöspchen"] *w. Gen.* - *Mz.* -lae [-lɛ:] Fortpflanzungsorgan der Süßwasserschwämme
Gen [griech.] *s. 1* Erbfaktor, in den Chromosomen lokalisierte Erbeinheit
ge|nant [ʒə-, frz.] **1** peinlich; so, daß man sich genieren muß; **2** sich leicht genierend, übertrieben schamhaft
Gen|darm [ʒã-, ʒan-, frz.] *m. 10* Polizist; **Gen|dar|me|rie** *w. 11* Landpolizei
Gene [ʒɛn, frz.] *w. Gen.* - *nur Ez.* Schamhaftigkeit, Schüchternheit
Ge|nea|lo|gie [griech.] *w. 11* Geschlechterkunde, Familien-, Ahnenforschung
Ge|ne|ra *Mz. von* Genus
Ge|ne|ral [lat.] *m. 1 oder m. 2* **1** höchster Rang der Offiziere; **2** Offizier in diesem Rang; **3** Leiter eines kath. Ordens oder einer Kongregation; **Ge|ne|ral...** *in Zus.:* Haupt..., Allgemein..., Ober...; **Ge|ne|ra|lat** *s. 1* **1** Rang, Würde eines Generals; **2** Amtsbereich, Amtssitz eines Ordensgenerals; **Ge|ne|ral|baß** *m. 2* → Basso continuo; **Ge|ne|ral|di|rek|tor** *m. 13* Leiter eines großen Unternehmens; **Ge|ne|ra|le** *s. Gen.* -s *Mz.* -li|en *oder* -lia *meist Mz.* allgemeine Angelegenheit; **Ge|ne|ral|gou|ver|ne|ment** [-guvɛrnəmã] *s. 9* großes Gouvernement; **Ge|ne|ral|gou|ver|neur** [-guvɛrnø:r] *m. 1* **1** Statthalter; **2** Leiter eines Generalgouvernements; **Ge|ne|ra|lia** *Mz. von* Generale; **Ge|ne|ral|in|spek|teur** [-tør] *m. 1* höchster Rang in der Bundeswehr; **Ge|ne|ral|in|ten|dant** *m. 10* Leiter eines großen oder mehrerer Theater; **Ge|ne|ra|li|sa|ti|on** [-tsjon] *w. 10* Verallgemeinerung; **ge|ne|ra|li|sie|ren** verallgemeinern; **Ge|ne|ra|lis|si|mus** *m. Gen.* - *Mz.* -mi *oder* -mus|se oberster Befehlshaber; **Ge|ne|ra|li|tät** *w. 10* Gesamtheit der Generäle; **ge|ne|ra|li|ter** im allgemeinen; **Ge|ne|ral|ka|pi|tel** *s. 5* Gesamtheit der Oberen eines kath. Ordens; **Ge|ne|ral|klau|sel** *w. 11* eine nur allgemeine Rechtsgrundsätze enthaltende Gesetzesbestimmung, die im Einzelfall ausfüllungsbedürftig ist; **Ge|ne|ral|kom|man|do** *s. 9* Stab eines kommandierenden Generals; **Ge|ne|ral|kon|sul** *m. 14* ranghöchster Konsul (**2**); **Ge|ne|ral|li|nie** [-njə] *w. 11* allgemeine Richtlinie
Ge|ne|ral|mu|sik|di|rek|tor *m. 13* (*Abk.:* GMD) Leiter eines Opernorchesters oder Konzerthauses; **Ge|ne|ral|pau|se** *w. 11* Pause für alle Orchesterinstrumente (und Singstimmen) zugleich; **Ge|ne|ral|pro|be** *w. 11* letzte Probe vor der ersten Aufführung, Hauptprobe; **Ge|ne|ral|re|si|dent** *m. 10 früher:* frz. Statthalter in Marokko und Tunesien; **Ge|ne|ral|se|kre|tär** *m. 1* Hauptgeschäftsführer (eines Verbandes, einer Partei, einer internationalen Organisation); **Ge|ne|ral|staa|ten**

m. 12 Mz. früher: die Vertreter der 7 ndrl. Provinzialstaaten; *heute:* das ndrl. Parlament; **Ge|ne|ral|stab** *m. 2* Gruppe von Offizieren zur Unterstützung höherer militär. Führer; **Ge|ne|ral|stän|de** *m. 2 Mz., früher in Frankreich:* die drei Reichsstände (Adel, Geistlichkeit, Bürgertum); **Ge|ne|ral|streik** *m. 9* Streik in allen Zweigen einer Volkswirtschaft; **Ge|ne|ral|stu|di|um** *s. Gen.* -s *nur Ez.* → Studium generale; **Ge|ne|ral|su|per|in|ten|dent** *m. 10 früher:* Leiter einer evang. Landeskirche, *heute meist:* Bischof; **ge|ne|ral|über|ho|len** *nur im Infinitiv und Partizip Perfekt:* gründlich überholen; einen Wagen g. lassen; der Wagen wurde erst kürzlich generalüberholt; **Ge|ne|ral|vi|kar** *m. 1 kath. Kirche:* Vertreter des Bischofs in der Verwaltung; **Ge|ne|ral|vi|ka|ri|at** *s. 1* **1** Amt des Generalvikars; **2** Verwaltungsbehörde einer kath. Diözese

Ge|ne|ra|tio ae|qui|vo|ca [-tsjo, lat.] *w. Gen. - - nur Ez.* Urzeugung; **Ge|ne|ra|ti|on** [-tsjon] *w. 10* **1** Menschenalter, Zeitraum von etwa 30 Jahren; **2** Stufe der Geschlechterfolge; **3** die zu dieser Stufe gehörigen Lebewesen; **4** *Sammelbegriff für* Geräte, die sich in ihren Konstruktionsmerkmalen deutlich von früheren oder weiterentwickelten Geräten für denselben Zweck unterscheiden; **Ge|ne|ra|ti|ons|wech|sel** *m. 5* Wechsel zwischen geschlechtlicher und ungeschlechtlicher Fortpflanzung; **ge|ne|ra|tiv** auf geschlechtlicher Fortpflanzung beruhend

Ge|ne|ra|tor [lat.] *m. 13* **1** Maschine zur Umwandlung von mechan. in elektrische Energie; **2** Schachtofen zum Erzeugen von Gas aus festen Brennstoffen

ge|ne|rell [lat.] allgemein, im allgemeinen

ge|ne|risch [lat.] das Geschlecht betreffend

ge|ne|rös [frz.] freigebig, großzügig; **Ge|ne|ro|si|tät** *w. 10 nur Ez.* Freigebigkeit, Großzügigkeit

Ge|ne|se [griech.] *w. 11* Entstehung, Entwicklung; **Ge|ne|sis** *w. Gen. - nur Ez.* **1** Schöpfungsgeschichte; **2** das erste Buch Mosis; **Ge|ne|tik** *w. 10 nur Ez.* Vererbungslehre; **ge|ne|tisch** **1** entstehungsgeschichtlich; **2** auf Vererbung beruhend, sie betreffend

Ge|ne|tiv *m. 1* → Genitiv

Ge|net|te [ʒə-, arab.-frz.] *w. 11* Ginsterkatze, eine Gattung der Schleichkatzen

Ge|ne|ver [auch: ʒə-, frz.] *m. 5* Wacholderbranntwein

ge|ni|al **1** hochbegabt und schöpferisch; **2** hervorragend, bahnbrechend; **ge|ni|a|lisch** **1** in der Art eines Genies; **2** überschwenglich; **Ge|ni|a|li|tät** *w. 10 nur Ez.* schöpfer. Begabung; **Ge|nie** [ʒə-, frz.] **1** *s. 9 nur Ez.* schöpferische Begabung; **2** *s. 9* hochbegabter und schöpferischer Mensch; **3** *s. 9 nur Ez. schweiz.:* militär. Ingenieurwesen; **Ge|nie|korps** [ʒəniko:r] *s. Gen. - Mz. -* [-ko:rs] *schweiz.:* Pioniertruppe; **Ge|nie|of|fi|zier** *m. 1* Offizier des Geniekorps

ge|nie|ren [ʒə-, frz.] **1** stören, belästigen; **2** sich g.: sich gehemmt fühlen, sich schämen; **ge|nier|lich** [ʒə-] *ugs. für* genant

Ge|nie|trup|pe *w. 11 schweiz.:* → Geniekorps; **Ge|nie|zeit** *w. 10 nur Ez.* Sturm-und-Drang-Zeit in der dt. Literaturgeschichte

ge|ni|tal [lat.] zu den Geschlechtsteilen gehörig; **Ge|ni|tal, Ge|ni|ta|le** *s. Gen.* -s *Mz.* -li|en Geschlechtsteil, Geschlechtsorgan

Ge|ni|tiv [griech.] *m. 1* zweiter Fall der Deklination, Wesfall

Ge|ni|us [lat.] **1** *m. Gen. - nur Ez.* Schöpferkraft, schöpferischer Geist; **2** *m. Gen. - Mz.* -ni|en Schutzgeist; *in der bildenden Kunst:* geflügelte, niedere Gottheit; G. loci: Schutzgeist, *übertr.:* Atmosphäre eines Ortes

Ge|nom [griech.] *s. 1* Gesamtheit aller in einer Zelle vorhandenen Erbanlagen, i. e. S. nur die des Zellkerns

Ge|no|typ [griech.] *m. 12* Gesamtheit der Erbmöglichkeiten; vgl. Idiotyp, Phänotyp; **Ge|no|ty|pus** *m. Gen. - Mz.* -pen **1** → Genotyp; **2** *Biol.:* die eine Gattung bestimmende Art; **Ge|no|zid** [lat.] *m. Gen.* -s *Mz.* -e *oder* -di|en Mord oder Schädigung von nationalen, rass. oder religiösen Gruppen, Völkermord, Gruppenmord

Gen|re [ʒãrə, frz.] *s. 9* Gattung, Art, Wesen; **Gen|re|bild** *s. 3 Kunst:* Darstellung, Schilderung des Alltagslebens

Gens [lat.] *w. Gen. - Mz.* Gen|tes [-te:s] **1** Stamm, Sippe; **2** *im alten Rom:* Verband von Familien gleicher Abstammung und gleichen Namens

Gent [dʒent, engl.] *m. 9* **1** *engl. Kurzw. für* Gentleman; **2** Stutzer, Geck

gen|til [ʒen- oder ʒã-, frz.] *veraltet:* fein, gut erzogen; **Gen|til|homme** [ʒãtijɔm] *m. 9* Mann mit vornehmer Lebensart, Edelmann

Gentle|man [dʒentlmən, engl.] *m. Gen.* -s *Mz.* -men [-mən] **1** *engl. Bez. für* Herr; **2** Mann von vornehmer Gesinnung; **gentle|man|like** [dʒentlmənlaik] in der Art eines Gentlemans, vornehm, anständig, ritterlich; **Gentle|men's Agree|ment** [dʒentlmənz əgri:mənt] *s. Gen. - - Mz.* - -s Vereinbarung ohne Vertrag, auf Treu und Glauben; **Gen|try** [dʒentri, engl.] *w. Gen. - nur Ez. in England:* niederer Adel

ge|nu|in [lat.] **1** angeboren; **2** echt, unverfälscht

Ge|nus [lat.] *s. Gen. - Mz.* -ne|ra Geschlecht der Substantive und Pronomen; Genus verbi: Aktionsart, Handlungsrichtung des Verbums (Aktiv, Passiv); **Ge|nus|kauf** *m. 2 Rechtsw.:* Kauf, bei dem die zu liefernde Sache nur der Art nach festgelegt ist

Geo|bio|lo|gie [griech.] *w. 11 nur Ez.* Wiss. von der Verbreitung der Tiere und Pflanzen auf der Erde; **Geo|bi|on|ten** *m. Mz.* die im

Erdboden lebenden Organismen; **Geo|bo|ta|nik** *w.10 nur Ez.* Wiss. von der Verbreitung der Pflanzen auf der Erde; **Geo|che|mie** *w.11 nur Ez.* Wiss. von der chem. Zusammensetzung der Erde; **Geo|chro|no|lo|gie** *w.11 nur Ez.* Wiss. von der geolog. Zeitrechnung; **Geo|dä|sie** *w.11 nur Ez.* Land-, Erdvermessung; **Geo|dät** *m.10* Landvermesser; **Geo|ge|ne|se, Geo|ge|nie, Geo|go|nie** *w.11 nur Ez.* Teilgebiet der Geologie, Lehre von der Entstehung und Entwicklung der Erde; **Geo|gra|phie** *w.11 nur Ez.* Erdkunde; **Geo|id** *s.1* Figur der Erdkugel in ihrer tatsächlichen, durch Vermessung bestimmten Form; **geo|karp** unter der Erde reifend (Früchte); **Geo|lo|gie** *w.11 nur Ez.* Wiss. vom Aufbau und der Geschichte der Erde; **Geo|man|tie** *w.11 nur Ez.*, **Geo|man|tik** *w.10 nur Ez., bes. in China und Arabien:* Kunst, aus Figuren im Sand wahrzusagen; **Geo|me|ter** *m.5 veraltet für* Geodät; **Geo|me|trie** *w.11* Teilgebiet der Mathematik, Lehre von den ebenen und räumlichen Gebilden; **Geo|mor|pho|lo|gie** *w.11 nur Ez.* Teilgebiet der Geographie, Lehre von den Oberflächenformen der Erde und ihrer Entstehung; **Geo|pha|gie** *w.11 nur Ez., bei Naturvölkern:* Sitte, Erde zu essen; **Geo|phy|sik** *w.10 nur Ez.* Wiss. von den physikalischen Erscheinungen auf und in der Erde; **Geo|phyt** *m.10* Pflanze, deren Zwiebeln, Knollen usw. im Erdboden überwintern; **Geo|po|li|tik** *w.10 nur Ez.* Lehre von der Einwirkung geographischer Gegebenheiten auf die Politik; **Geo|psy|cho|lo|gie** *w.11 nur Ez.* Lehre vom Einfluß geographischer Gegebenheiten (z. B. Klima, Wetter, Landschaft) auf die Psyche

Geor|gette [ʒɔrʒɛt, frz.] *w. Gen. - nur Ez.* schleierartiges Seiden-, Woll- oder Baumwollgewebe

geo|ther|misch [griech.] auf Erdwärme beruhend; **Geo|ther|mo|me|ter** *s.5* Gerät zum Messen der Temperatur im Erdinnern; **geo|trop, geo|tro|pisch** von der Schwerkraft der Erde beeinflußbar; **Geo|tro|pis|mus** *m. Gen. - nur Ez.* Fähigkeit von Pflanzen, sich im Wachstum nach der Schwerkraft der Erde zu orientieren; **geo|zen|trisch 1** die Erde als Mittelpunkt der Welt annehmend; **2** auf den Erdmittelpunkt bezogen; geozentrischer Ort (eines Himmelskörpers); **geo|zy|klisch** den Umlauf der Erde um die Sonne, *auch:* die Erdumdrehung betreffend

Ge|pard [frz.] *m.1* Raubtier der Katzenfamilie

Ge|ra|nie [-njə, griech.] *w.11*, **Ge|ra|ni|um** *s. Gen.*-s *Mz.*-ni|en **1** eine Pflanzengattung, Storchschnabel; **2** *fälschl. für* Pelargonie

Ge|rant [frz.] *m.10 veraltet, noch schweiz.:* Geschäftsführer

Ge|ria|trie [griech.] *w.11 nur Ez.* Altersheilkunde

Ger|ma|ne [lat.] *m.11* Angehöriger einer indogermanischen Völkergruppe; **Ger|ma|nin** *s.1 nur Ez.* ⓦ Mittel gegen Schlafkrankheit; **ger|ma|ni|sie|ren** eindeutschen; **Ger|ma|nis|mus** *m. Gen. - Mz.*-men in eine andere Sprache übernommene dt. Spracheigentümlichkeit; **Ger|ma|ni|stik** *w.10 nur Ez.* Wiss. von den germanischen Sprachen und Literaturen, *i. e. S.* von der dt. Sprache und Literatur; **Ger|ma|ni|um** *s. Gen.*-s *nur Ez.* (*Zeichen:* Ge) chem. Element, ein Metall; **ger|ma|no|phil** [lat. + griech.] deutschfreundlich; **Ger|ma|no|phi|lie** *w.11 nur Ez.* Vorliebe für alles Deutsche; **Ger|ma|no|pho|bie** *w.11 nur Ez.* Abneigung gegen alles Deutsche

ger|mi|nal [lat.] zum Keim gehörig; **Ger|mi|nal|drü|se** *w.11*, **Ger|mi|na|lie** [-ljə] *w.11* Keimdrüse; **Ger|mi|na|ti|on** [-tsjon] *w.10 nur Ez.* Keimungsperiode; **ger|mi|na|tiv** zur Keimung gehörig

Ge|ront [griech.] *m.10* Mitglied der → Gerusia; **Ge|ron|to|lo|gie** *w.11 nur Ez.* Lehre von den Vorgängen des Alterns

Ge|run|di|um [lat.] *s. Gen.*-s *nur Ez.* deklinierte Form des Infinitivs, z. B. die Kunst des Tanzens; **Ge|run|div** *s.1*, **Ge|run|di|vum** *s. Gen.*-s *Mz.*-va Partizip der Zukunft des Passivs, bes. im Lateinischen, z. B. Examinand: einer, der geprüft werden soll, ein zu Prüfender

Ge|ru|sia [griech.] *w. Gen. - nur Ez.*, **Ge|ru|sie** *w.11 nur Ez., im alten Sparta:* Rat der Ältesten

Ger|vais [ʒɛrvɛ, auch: ʒɛrvɛː, nach dem frz. Hersteller Ch. Gervais] *m. Gen. -* [-vɛs, auch: ʒɛrvɛs] *Mz. -* [-vɛs, auch: ʒɛrvɛs] ein frz. Weichkäse

Ge|sei|re [jidd.] *s. Gen.*-s *nur Ez.* unnützes, klagendes Gerede, Gejammer

Ge|sta|gen [lat. + griech.] *s.1* ein weibl. Geschlechtshormon

Ge|sta Ro|ma|no|rum [lat.] *Mz.* „Taten der Römer", mittelalterl. Sammlung von Erzählungen und Schwänken mit moral. Erläuterungen

Ge|ste [auch: ge-, lat.] *w.11* Gebärde, sprechende Bewegung

Ge|stik [auch: ge-, lat.] *w.10 nur Ez.* Gesamtheit der Gesten, Gebärdensprache; **Ge|sti|ku|la|ti|on** [-tsjon] *w.10 nur Ez.* das Gestikulieren; **ge|sti|ku|lie|ren** sich durch Gesten verständlich machen, mit Gesten etwas ausdrücken

Ge|sti|on [lat.] *w.10 nur Ez. veraltet:* Verwaltung, Geschäftsführung

Get|to [ital.] *s.9* abgetrenntes Wohnviertel für Juden, auch für andere religiöse oder rassische Minderheiten

Geu|se [frz.-ndrl. „Bettler"] *m.11* Angehöriger eines ndrl. Bundes von Freiheitskämpfern gegen die span. Herrschaft

Gey|sir [isländ.] *m.1* in regel- oder unregel-

mäßigen Zeitabständen springende heiße Quelle
gg *Abk. für* Gauge
Gha|sel *s.1* → Gasel
Ghet|to *s.9* → Getto
Ghi|bel|li|ne *m.11* Anhänger der Hohenstaufen und Gegner der Guelfen
Ghi|bli *m.9* → Gibli
Ghost|wri|ter [goustraitər, engl. „Geisterschreiber"] *m.5* jmd., der Reden, Bücher u. ä. für einen andern (Mummy) schreibt und selbst als Autor nicht in Erscheinung tritt
G.I., GI [dʒi:ai] *m.9 oder Gen.- Mz.-; urspr. Abk. für* Government Issue: die vom Staat gelieferte Kleidung und Ausrüstung des US-amerik. Soldaten; *übertr.:* US-amerik. Soldat
Gi|aur [türk. „Ungläubiger"] *m.9, Schimpfwort des Mohammedaners für* Nichtmohammedaner
Gib|bon [frz.] *m.9* südostasiat. Menschenaffe mit sehr langen Armen
Gi|bel|li|ne *m.11, eindeutschende Schreibung für* Ghibelline
Gi|bli [arab.] *m.9* heißer Sandsturm, bes. in Libyen
Gig [engl.] *s. oder w.9* **1** zweirädriger, offener, einspänniger Wagen; **2** leichtes Ruderboot, Beiboot
Gi|ga... [griech.] (*Abk.:* G) *in Zus.:* das Milliardenfache (der betr. Einheit), z. B. Gigawattstunde; **Gi|ga|me|ter** *s.5* (*Abk.:* Gm) 1 Milliarde Meter
Gi|gant [griech.] *m.10* Riese; **gi|gan|tisch** riesenhaft; **Gi|gan|tis|mus** *m. Gen.- nur Ez. Med.:* Riesenwuchs; **Gi|gan|to|ma|chie** [-xi] *w.11 griech. Myth.:* Kampf der Giganten gegen Zeus; **Gi|gan|to|ma|nie** *w.11 nur Ez., bes. in der Baukunst:* Vorliebe für riesige Ausmaße; **Gi|gan|to|pi|the|cus** *m. Gen.- nur Ez.* ein fossiler Menschenaffe
Gi|ga|watt|stun|de *w.11* (*Abk.* GWh) 1 Milliarde Wattstunden
gi|gi [ʒiʒi] *schweiz.:* unecht, übertrieben
Gi|gol|lo [ʒi-, frz.] *m.9* **1** Eintänzer; **2** *auch:* Geck, Fant
Gigue [ʒig, frz.] *w.11* **1** Hüpftanz; **2** Satz der Suite, *auch:* der Sonate
Gi|let [ʒile, frz.] *s.9 österr., schweiz.:* Weste
Gim|pe [engl.] *w.11* Schnur (als Kleiderbesatz), umsponnener Faden (zum Sticken oder für Spitzen)
Gin [dʒin, engl.] *m.9* engl. Wacholderbranntwein; **Gin-Fizz** [dʒinfiz] *m. Gen.- Mz.-* ein Mixgetränk
Gin|gan, Gin|gang [mal.] *m.9* gestreiftes oder kariertes Baumwollgewebe
Gin|gi|vi|tis [lat.] *w. Gen.- Mz.*-ti|den Zahnfleischentzündung
Gink|go [giŋko, jap.], **Gink|jo** *m.9* ein ostasiat. Zierbaum
Gin|seng [chin.] *m.9* eine ostasiat. Heilpflanze
gio|co|so [dʒɔ-, ital.] *Mus.:* spielerisch, lustig, scherzend
Gips [griech.] *m.1* ein Mineral, schwefelsaurer Kalk
Gi|pü|re [frz.] *w.11* Geflecht, Spitze aus Gimpen
Gi|raf|fe [arab.] *w.11* **1** ein Huftier mit sehr langem Hals; **2** *Film:* Gerät mit langem, schwenkbarem Arm, an dem die Kamera angebracht ist, Galgen
Gi|ran|do|la [dʒi-, ital.] *w. Gen.- Mz.*-dollen, **Gi|ran|do|le** [ʒirã-, frz.] *w.11* **1** ein Feuerwerkskörper, Feuerrad; **2** Armleuchter; **3** mit Diamanten besetzter Ohrschmuck
Gi|rant [ʒi-, frz.] *m.10* jmd., der einen Wechsel oder Scheck durch Übertragungsvermerk (Indossament) weitergibt, Indossant; **Gi|rat** *m.10*, **Gi|ra|tar** *m.1* jmd., auf den ein Wechsel oder Scheck übertragen ist; **gi|rie|ren** [ʒi-] übertragen (Wechsel, Scheck)
Girl [gəl, engl.] *s.9* **1** *engl. Bez. für* Mädchen; **2** Mitglied einer Mädchen-Tanzgruppe
Gir|lan|de [frz.] *w.11* langes Blumen- oder Blättergewinde, bunte Papierkette
Gi|ro [ʒi-, ital.] *s.9, österr. Mz. auch:* -ri **1** Überweisung im bargeldlosen Zahlungsverkehr; **2** Übertragungsvermerk auf Wechsel oder Scheck; **Gi|ro d'Ita|lia** [ʒi-] *m. Gen.- -* Straßen-Radrennen von Berufsradfahrern in Italien; **Gi|ro|kon|to** [ʒi-] *s.9, Mz. auch:* -ten Bankkonto, das in erster Linie dem bargeldlosen Zahlungsverkehr dient
Gi|ronde [ʒirɔ̃d, nach dem frz. Departement Gironde] *w.11 nur Ez.* gemäßigter Flügel der Republikaner während der Frz. Revolution; **Gi|ron|dist** *m.10* Mitglied, Anhänger der Gironde
Gi|ro|ver|kehr [ʒi-, ital.] *m. Gen.*-s *nur Ez.* bargeldloser Zahlungsverkehr
Gi|ta|no *m.9* seßhaft gewordener Zigeuner in Spanien
Gi|tar|re [griech.-span.] *w.11* ein Zupfinstrument; **Gi|tar|rist** *m.10* Gitarrenspieler
Glace [glas, frz.] *w. Gen.- Mz.*-s [glas] **1** Zuckerglasur; **2** Gallert; **3** *w.11 schweiz.:* Speiseeis; **Gla|cé** [-se] *s. Gen.*-(s) *Mz.*-s **1** → Glacéleder; **2** Hochglanzgewebe; **Gla|cé|le|der** [-se-] *s.5* weiches Ziegen- oder Lammleder; **gla|cie|ren** [-si-] mit Glasur überziehen; **Gla|cis** [-si] *s. Gen.-* [-sis] *Mz.-* [-sis] Vorfeld einer Befestigungsanlage
Gla|dia|tor [lat.] *m.13, im alten Rom:* Schwertkämpfer bei den Zirkusspielen
Gla|dio|le [lat.] *w.11* ein Schwertliliengewächs, Siegwurz
gla|go|li|ti|sche Schrift *w.10 nur Ez.*, **Gla|go|li|za** *w. Gen.- nur Ez.* aus der griech. Minuskel entstandene, älteste slaw. Schrift
Gla|mour|girl [glæməgə:l, engl.] *s.9* strahlend schöne Frau, Reklameschönheit
Glan|del [lat.] *w.11*, **Glan|du|la** *w. Gen.-*

Mz.-lae [-lɛː] Drüse; **glan|du|lär** zu einer Drüse gehörig, von ihr ausgehend

Glau|ko|chro|it [-kro-, griech.] *m.1* ein Mineral; **Glau|ko|dot** *s.1* ein Mineral; **Glau|kom** *s.1* eine Augenkrankheit, grüner Star; **Glau|ko|nit** *m.1* ein Mineral; **Glau|ko|phan** *m.1* blaugraues bis schwarzblaues Mineral der Hornblendegruppe

gla|zi|al [lat.] zu einem Gletscher, zur Eiszeit gehörig, von einem Gletscher, aus der Eiszeit stammend, eiszeitlich; **Gla|zi|al** *s.1* Eiszeit; **Gla|zi|al|ero|si|on** *w.10* die abtragende Tätigkeit eines Gletschers; **Gla|zi|al|fau|na** *w. Gen.- nur Ez.* die Tierwelt der Eiszeit; **Gla|zi|al|flo|ra** *w. Gen.- nur Ez.* die Pflanzenwelt der Eiszeit; **Gla|zi|al|zeit** *w.10* Eiszeit; **gla|zi|är, gla|zi|gen** durch Gletscher, durch Eiswirkung entstanden; **Gla|zio|lo|gie** [lat. + griech.] *w.11 nur Ez.* Lehre von den Gletschern, der Eiszeit, den Vereisungsvorgängen auf der Erde

Glen|check [-tʃɛk, engl.] *m.9* Gewebe mit Muster aus feinen Karos

Glio|bla|stom [griech.] *s.1* bösartiges Gliom; **Gli|om** *s.1* Geschwulst im Stützgewebe des Zentralnervensystems

Glis|sa|de [frz.] *w.11 Tanz:* Schleif-, Gleitschritt; **glis|san|do** [ital.] *Mus.:* (über mehrere Töne hinweg) gleitend; **Glis|san|do** *s.9, Mz. auch:* -di *Mus.:* gleitende Verbindung

glo|bal [lat.] die gesamte Erdoberfläche umfassend, weltweit, Erd...; **Glo|bal|strah|lung** *w.10* die direkte Sonnen- und die diffuse Himmelsstrahlung zusammen; **Glo|ben** *Mz. von* Globus; **Glo|be|trot|ter** *m.5* Weltbummler; **Glo|bi|ge|ri|ne** *w.11* eine Foraminifere, Schalentierchen; **Glo|bin** *s.1 nur Ez.* Eiweißbestandteil des Hämoglobins; **Glo|bo|id** *s.1* **1** kleinstes Teilchen im pflanzl. Reserveeiweiß; **2** *Math.:* durch einen um eine beliebige Achse rotierenden Kreis erzeugte Fläche; **Glo|bu|la|rie** [-riə] *w.11* Kugelblume, eine Alpenpflanze; **Glo|bu|le** *w.11* kleines, dunkles, kugeliges Nebelgebilde (als Vorstadium der Sternentstehung); **Glo|bu|lin** *s.1* in Blut, Milch, Eiern vorkommender Eiweißkörper; **Glo|bus** *m. Gen.- Mz.*-ben, *eindeutschend auch m.1* Nachbildung der Erd- oder Himmelskugel, *auch:* die Erdkugel

Glo|ria [lat.] **1** *s.9 nur Ez.* Ehre, Ruhm; **2** *s.9* Lobgesang in der kath. Messe (nach dem Anfangswort); **Glo|ria in ex|cel|sis Deo** [-tsɛl-] Ehre sei Gott in der Höhe; **Glo|rie** [-riə] *w.11* **1** *nur Ez.* Ruhm, Glanz, himmlische Herrlichkeit; **2** durch Beugungserscheinungen von Sonnen- oder Mondlicht an Wassertröpfchen entstehende farbige bis weiße Ringe um Sonne oder Mond; **Glo|ri|en|schein** *m.1* **1** Heiligenschein; **2** *allg.:* Strahlenkranz

Glo|ri|fi|ka|ti|on [-tsjon] *w.10* Verherrlichung; **glo|ri|fi|zie|ren** verherrlichen; **Glo|rio|le** *w.11* Heiligenschein; **glo|ri|os, glor|reich** ruhmreich

Glos|sar [griech.] *s.1* **1** Sammlung von Glossen (**1**); **2** Wörterverzeichnis; **Glos|sa|ri|um** *s. Gen.*-s *Mz.*-ri|en *ältere Form von* Glossar; **Glos|sa|tor** *m.13* Verfasser von Glossen (**2, 3**); **Glos|se** *w.11* **1** *urspr.:* schwieriges Wort, das erklärt werden muß; **2** *MA:* Erklärung, Übersetzung eines schwierigen Wortes (zwischen den Zeilen oder am Rand des Textes); **3** *im Röm. Recht des MA:* Kommentar zu einem Rechtssatz; **4** spött. Bemerkung; seine Glossen über etwas machen; **5** kurzer, spöttischer Artikel (in der Zeitung); **glos|sie|ren** **1** mit Glossen (**2**) versehen (Text); **2** mit spöttischen Bemerkungen bedenken (Ereignis); **Glos|so|gra|phie** *w.11* Erläuterung von Glossen (**1**); **Glos|so|la|lie** [„Zungenreden"] *w.11* Reden in ungewöhnl. Sprachform im Zustand religiöser Ekstase; **glot|tal** [griech.] im Kehlkopf erzeugt (von Lauten); **Glot|tal** *m.1* Kehlkopflaut; **Glot|tis** *w. Gen.- Mz.*-tes [-teːs] Stimmritze im Kehlkopf; **Glot|to|la|lie** *w.11* → Glossolalie

Glu|co|se [griech.] *w.11 nur Ez.* Traubenzucker; **Glu|co|si|de** *s.1 Mz.* von Glucose abgeleitete Glykoside; **Glu|cos|urie** *w.11* Ausscheidung von Zucker im Urin; **Glu|ko|se** *w.11 nur Ez.* → Glucose

Glut|amin [lat.] *s.1* Amid der Glutaminsäure; **Glut|amin|säu|re** *w.11* in vielen Eiweißkörpern vorkommende organ. Säure; **Glu|ten** *s.1 nur Ez.* in Getreidekörnern enthaltenes Eiweiß, Kleber; **Glu|tin** *s.1 nur Ez.* ein Eiweißstoff, Hauptbestandteil von Gelatine und Leim

Gly|ce|rin [griech.] *s.1 nur Ez.* dreiwertiger aliphatischer Alkohol; **Gly|cin** *s.1 nur Ez.* → Glykokoll; **Glyk|ämie** *w.11 nur Ez.* normaler Zuckergehalt des Blutes; **Gly|ko|gen** *s.1 nur Ez.* Speicherform des Traubenzuckers in Leber und Muskeln, Leberstärke, tierische Stärke; **Gly|ko|koll** *s.1 nur Ez.* einfachste Aminosäure, Bestandteil aller Eiweißstoffe; **Gly|kol** *s.1 nur Ez.* zweiwertiger aliphatischer Alkohol, Frostschutzmittel; **Gly|ko|ly|se** *w.11* Abbau der Glucose (im Stoffwechsel) zu Milchsäure; **Gly|ko|se** *w.11 nur Ez., ältere, nicht fachsprachl. Schreibung von* Glucose; **Gly|ko|si|de** *s.1 Mz.* Verbindungen von Zucker mit anderen Bestandteilen, bes. Alkoholen

Gly|phe [griech.] *w.11* in Stein eingeritztes Zeichen; **Glyp|te** *w.11* geschnittener Stein; **Glyp|tik** *w.10 nur Ez.* **1** Steinschneidekunst, Gemmenkunde; **2** Bildhauerei; **Glyp|to|thek** *w.10* **1** Sammlung von geschnittenen Steinen oder von antiken Bildhauerarbeiten; **2** das Gebäude dafür

Gly|san|tin *s.1 nur Ez.* Ⓦ ein Frostschutzmittel

Gly|ze|rin *s.1 nur Ez.* → Glycerin; **Gly|zin**

s. 1 nur Ez. → Glykokoll; **Gly|zi|ne, Gly|zi|nie** [-niə] *w. 11* ein Zierstrauch
Gm *Abk. für* Gigameter
GMD *Abk. für* Generalmusikdirektor
Gnom [griech.?] *m. 10* Zwerg, Kobold
Gno|me [griech.] *w. 11 antike Literatur:* Sinn-, Denkspruch; **Gno|mi|ker** *m. 5* Verfasser von Gnomen; **gno|misch** in der Art einer Gnome
Gno|mon [griech.] *m. Gen.* -s *Mz.* -mo|ne antike Sonnenuhr
Gno|sis [griech. „Erkenntnis"] *w. Gen. - nur Ez.* philosoph. Strömung innerhalb des frühen Christentums mit dem Ziel der Erkenntnis Gottes durch innere Schau; **Gno|stik** *w. 10 nur Ez.* die Lehre der Gnosis; **Gno|sti|ker** *m. 5* Anhänger der Gnosis; **Gno|sti|zis|mus** *m. Gen. - nur Ez.* religionsphilosoph. Richtung, die nach Erkenntnis Gottes strebt und dadurch Erlösung sucht
Gnu [hottentott.] *s. 9* afrik. Kuhantilope
Go [jap.] *s. 9* japan. Brettspiel
Goal [goul, engl.] *s. 9 Sport, bes. schweiz.:* Tor, Treffer; **Goal|kee|per** [goulki:pər] *m. 5* → Keeper
Go|be|lin [-lɛ̃, nach einer frz. Färberfamilie] *m. 9* gewirkter Wandbildteppich
Go-Cart *m. 9* → Go-Kart
Go-Go-Boy [gougoubɔi, engl.] *m. 9,* **Go-Go-Girl** [-gə:l] *s. 9 bei Beat-Veranstaltungen und in Nachtlokalen:* Tänzer(in), der (die) die Gäste durch Tanzen unterhalten und zum Tanzen animieren soll
Goi [hebr.] *m. Gen.* -(s) *Mz.* Go|jim *oder* Go|jim *Bez. der Juden für* Nichtjude
Go-in [engl. „geh hinein"] *s. 9 oder Gen. - Mz. -* Eindringen in eine offizielle Veranstaltung, wodurch eine Diskussion über ein bestimmtes Ereignis erzwungen werden soll
Go-Kart [engl.] *m. 9* kleines Rennfahrzeug mit Zweitaktmotor
Go|lat|sche *w. 11* → Kolatsche
Go|lem [hebr.] *m. 9 jüd. Volksglaube:* zeitweilig lebendige, Unheil stiftende Tonfigur in Menschengestalt
Golf 1 [griech.-ital.] *m. 1* Meeresbucht; **2** [engl.] *s. Gen.* -s *nur Ez.* ein Rasenspiel; **Gol|fer** *m. 5* **1** Golfspieler; **2** Golfjacke
Gol|ga|tha [hebr. „Schädelstätte"] Hügel bei Jerusalem, Stätte der Kreuzigung Christi; *übertr.:* Ort der Schmerzen
Go|li|ath [nach dem Riesen G. im AT] *m. 9* sehr großer Mensch
Gon *s. 1* (*Zeichen:* ᵍ) *Geodäsie:* Maßeinheit für den ebenen Winkel, Neugrad
Go|na|de [griech.] *w. 11* Keimdrüse
Go|n|agra [griech.] *s. Gen.* -s *nur Ez.* Gicht im Kniegelenk; **Gon|ar|thri|tis** *w. Gen. - Mz.* -ti|den Kniegelenkentzündung
Gon|del [ital.] *w. 11* **1** schmales venezian. Ruderboot; **2** Korb am Luftballon; **3** Raum für Motoren und Fahrgäste am Luftschiff; **4** Kabine einer Seilbahn; **5** Korb an Riesenrad oder Karussell; **gon|deln** *ugs.:* geruhsam fahren; **Gon|do|lie|re** [-ljɛ-] *m. Gen. - Mz.* -ri Ruderer der Gondel (**1**)
Gon|fa|lo|nie|re [-njɛ-, ital. „Bannerträger"] *m. Gen. - Mz.* -ri *in ital. Städten bis 1859:* hoher Beamter
Gong [mal.] *m. 9* mal. Musikinstrument aus einer Bronzescheibe mit umgebogenem Rand; **gon|gen** den Gong schlagen; es gongt: der Gong ertönt
Go|nia|tit [griech.] *m. 10* fossiler Kopffüßer, ein Ammonit
Go|nio|me|ter [griech.] *s. 5* Winkelmesser; **Go|nio|me|trie** *w. 11 nur Ez.* Winkelmessung
Go|no|kok|kus [griech.] *m. Gen. - Mz.* -ken eine Bakterienart; **Go|nor|rhö** *w. 10,* **Go|nor|rhoe** [-rø] *w. 11* durch Gonokokken hervorgerufene Geschlechtskrankheit, Tripper
good-bye [gudbai, engl.] *engl. Bez. für* leb(t) wohl, leben Sie wohl, auf Wiedersehen
Good|will [gudwil, engl.] *m. Gen.* -s *nur Ez.* **1** Geschäfts-, Firmenwert; **2** Ruf, Ansehen; **Good|will|tour** [-tu:r] *w. 10* Reise, die dem Erwerb oder der Erhaltung von Goodwill (**2**) und öffentl. Vertrauen dient
gor|disch [nach dem phryg. König Gordios] ein gordischer Knoten: eine unlösbare Schwierigkeit; den gordischen Knoten durchhauen: eine schwierige Aufgabe energisch lösen
Gor|go [griech.] *w. Gen. - Mz.* -go|nen *griech. Myth.:* weibl., schlangenhaariges Ungeheuer, dessen Blick jeden, der es ansah, zu Stein verwandelte; **Gor|go|nen|haupt** *s. 4 Zool.:* ein Schlangenstern
Gor|gon|zo|la [nach dem oberital. Ort G.] *m. Gen.* -(s) *nur Ez.* ein ital. Edelpilzkäse
Go|ril|la [Herkunft nicht bekannt] *m. 9* ein afrik. Menschenaffe
Gos|pel|song [engl.] *m. 9* moderne Form des Negro Spirituals
Gos|po|dar *m. 1 oder m. 10* → Hospodar
Gou|ache [guaʃ, frz.] *w. 11* **1** *nur Ez.* Malerei mit deckenden Wasserfarben, die mit harzigen Bindemitteln versetzt sind; **2** Gemälde in Gouache
Gou|da [gau-, ndrl. xau-, nach dem südholl. Ort G.] *m. 9* ein holländ. Schnittkäse
Gou|dron [gudrɔ̃, frz.] *m. 9 nur Ez.* aus Bitumen hergestelltes Klebe- und Abdichtungsmittel
Gourde [gurd] *m. 9, nach Zahlenangaben Mz. -* (*Abk.:* G) haitische Währungseinheit, 100 Centime
Gour|mand [gurmã, frz.] *m. 9* Vielesser, Schlemmer, *fälschl. für* Gourmet; **Gour|man|dise** [gurmãdiz] *w. 11* Schlemmerei; **Gour|met** [gurmɛ] *m. 9* Feinschmecker, Weinkenner
gou|tie|ren [gu-, frz.] gutheißen, billigen, Gefallen finden an

Gou|ver|nan|te [guvɛr-, frz.] *w. 11* Erzieherin, Hauslehrerin

Gou|ver|ne|ment [guvɛrnəmã, frz.] *s. 9* **1** Regierung, Verwaltung; **2** Regierungs-, Verwaltungsbezirk; **Gou|ver|neur** [guvɛrnør] *m. 1* Statthalter, Leiter eines Gouvernements; *in den USA:* oberster Beamter eines Bundesstaates

GPU *bis 1934: Abk. für* Staatliche politische Verwaltung (die sowjetrussische Geheimpolizei)

Gracht [ndrl.] *w. 10, in ndrl. Städten:* schiffbarer Kanal

grad *Abk. für* Gradient; **Grad** [lat.] *m. 1 nach Zahlenangaben Mz.-* **1** (*Zeichen:* °) Maßeinheit für Temperatur; 5 Grad Celsius, 5 °C; **2** *auch:* Altgrad (*Zeichen:* °) Maßeinheit für Winkel; 30 Grad, *oder:* 30° nördlicher Breite; der 30. Grad (*nicht:* der 30. °); **3** Maß, Stärke, Abstufung, Rang; in hohem Grad(e), bis zu einem gewissen Grad(e); **Gra|da|ti|on** [-tsjon] *w. 10* **1** Steigerung, Abstufung, stufenweise Erhöhung; **2** *Phot.:* Kontrastwiedergabevermögen eines photograph. Materials; **Gra|di|ent** *m. 10* (*Abk.:* grad) Maß für Steigung oder Gefälle; **Gra|di|en|te** *w. 11* Neigungslinie; **gra|die|ren** verstärken, steigern, verbessern; **Gra|dier|haus** *s. 4* → Gradierwerk; **Gra|die|rung** *w. 10 nur Ez.* Steigerung, Verstärkung, Verbesserung; **Gra|dier|werk** *s. 1* Anlage zur Gewinnung von Salz aus Salzsole durch Verdunsten; **gra|du|al** den Grad betreffend; **Gra|dua|le** *s. 5 kath. Messe:* kurzer Zwischengesang zwischen Epistel und Evangelium; **Gra|du|al|lied** *s. 3* evangelisches, dem Graduale ähnliches Kirchenlied; **Gra|dua|ti|on** [-tsjon] *w. 11* Einteilung in Grade; **gra|du|ell** grad-, stufenweise, allmählich; **gra|du|ie|ren** **1** in Grade einteilen; **2** mit einem Grad, Rang, einer Würde versehen; **Gra|du|ier|te(r)** *m. 18 (17) bzw. w. 17 oder 18* jmd., der einen akadem. Rang erreicht hat, einen akadem. Titel trägt

Grae|cum [lat.] *s. 9* Prüfung im Griechischen

Graf|fi|a|to [griech.-ital.] *m. Gen.-s nur Ez.* Verzierung von Tonwaren durch Einritzen von Ornamenten in die aufgegossene Farbschicht; **Graf|fi|to** *s. oder m. Gen.-s Mz.-ti* in Stein eingeritzte Inschrift oder figürl. Darstellung

Gra|fik *w. 10, eindeutschende Schreibung von* Graphik

Grain [grɛin, lat.-engl.] *m. 9, nach Zahlenangaben Mz.-* altes Gewichtsmaß der Goldschmiede, ¼ Karat; vgl. Gran; **grai|nie|ren** [grɛi-] mit einseitiger Narbung versehen (Papier, Karton)

Grä|ko|ma|nie [griech.] *w. 11 nur Ez.* übersteigerte Vorliebe für alles Griechische; **Grä|kum** *s. 9* → Graecum

Gral [frz.] *m. 1 nur Ez., mittelalterl. Sage und Dichtung:* Gegenstand (Schale, Kelch oder Stein) mit Wunderkraft, in dem Christi Blut aufgefangen worden sein soll

Gram|fär|bung, Gram-Fär|bung [nach dem dän. Arzt H. C. J. Gram] *w. 10* Methode zum Färben und Unterscheiden ähnlicher Bakterien; vgl. gramnegativ, grampositiv

Gra|mi|neen [lat.] *Mz., Sammelbez. für* Gräser

Gramm [griech.] *s. Gen.-s Mz.- (Abk.:* g) Maßeinheit der Masse, *ugs.:* des Gewichts;

Gramm|äqui|va|lent *s. 1* (*Abk.:* Val) *Chem.:* Maßeinheit für die Stoffmenge

Gram|ma|tik [griech.] *w. 10* **1** Sprachlehre; Gesamtheit der Regeln einer Sprache; **2** Lehrbuch der Sprachlehre; **gram|ma|ti|ka|lisch** bezüglich der Grammatik, zur Grammatik gehörend; **Gram|ma|ti|ker** *m. 5* Kenner der Grammatik; **gram|ma|tisch** → grammatikalisch; grammatisches Geschlecht: Genus

Gramm|atom *s. 1* so viele Gramm eines Stoffes, wie sein Atomgewicht beträgt

Gramm|ka|lo|rie *w. 11* → Kalorie; **Grammo|le|kül** (Gramm|mo-) *s. 1* so viele Gramm eines Stoffes, wie sein Molekulargewicht beträgt, Mol

Gram|mo|phon [griech.] *s. 1* Ⓦ *veraltet:* Plattenspieler

gram|ne|ga|tiv *Gram-Färbung:* sich rot färbend; **gram|po|si|tiv** *Gram-Färbung:* sich blau färbend

Gran, Grän [lat. „Korn"] *s. 1, nach Zahlenangaben Mz.-* alte Gewichtseinheit für Arzneien; vgl. Grain

Gra|na|dil|le *w. 11* → Grenadille

Gra|nat [lat.] *m. 1, österr. m. 10* ein Halbedelstein; **Gra|nat|ap|fel** *m. 6* Frucht des Granatapfelbaums, eines ostasiat. Zierstrauchs oder -baums

Gra|na|te [lat.] *w. 11* ein Sprenggeschoß

Grand [grã, frz.] *m. 9 Skat:* höchstes Spiel;

Gran|de [span.] *m. 11* Angehöriger des span. Hochadels

Gran|dez|za [span.-ital.] *w. Gen.- nur Ez.* würdevoll-anmutiges Benehmen

Grand|ho|tel [grã-, frz.] *s. 9* luxuriöses Hotel

gran|di|os [ital.] großartig

Grand mal [grã mal, frz.] *m. Gen.-- nur Ez.* → Haut mal

Grand ou|vert [grã uvɛr, frz.] *m. Gen.-- Mz.--s* [-vɛrz] *Skat:* höchstes Spiel mit Aufdecken der Karten

Grand Prix [grã pri, frz.] *m. Gen.-- nur Ez. in Frankreich:* Großer Preis, Hauptpreis

Grand|sei|gneur [grãsenjœr, frz.] *m. 9 oder m. 1* weltgewandter, vornehmer Herr

gra|nie|ren [lat.] **1** aufrauhen (die Platte für den Kupferstich); **2** zu Körnern zermahlen;

Gra|nier|stahl *m. 2* Gerät zum Granieren (**1**)

Gra|nit [auch: -nit, lat.] *m. 1* ein Tiefengestein

gra|nu|lär [lat.] → granulös; **Gra|nu|lat** *s. 1* körnige Substanz; **Gra|nu|la|ti|on** [-tsjon] *w.10* **1** Körnchenbildung; **2** Verzierung von Schmuckgegenständen durch Auflöten von Gold- oder Silberkörnchen; **3** Bildung von körnchenartigem Gewebe bei der Wundheilung; **gra|nu|lie|ren 1** zu Körnern zermahlen; **2** mit Gold- oder Silberkörnchen verzieren; **3** körnchenartiges Gewebe bilden; **Gra|nu|lit** *m.1* ein Gestein; **Gra|nu|lom** *s.1* Granulationsgeschwulst; **gra|nu|lös** körnig; **Gra|nu|lo|se** *w.11* Bildung von Granulomen; **Gra|nu|lum** *s. Gen.*-s *Mz.*-la **1** Körnchen; **2** feinkörniges Arzneimittel

Grape|fruit [greipfru:t, engl.] *w.9* kleine Form der Pampelmuse

Graph [griech.] *m.10* **1** *Math.:* zeichnerische Darstellung von Beziehungen zwischen verschiedenen Größen; **2** *Sprachw.:* kleinstes, nicht bedeutungsunterscheidendes, geschriebenes Zeichen, z. B. diakritisches Zeichen, Satzzeichen; **Gra|phem** *s.1, Sprachw.:* kleinste bedeutungsunterscheidende, geschriebene Einheit, Buchstabe oder Buchstabengruppe; vgl. Phonem; **Gra|pheo|lo|gie** *w.11 nur Ez.* Wiss. von der schriftl. Aufzeichnung von Sprache und den Schriftsystemen; **Gra|phik** *eindeutschend:* Gra|fik **1** *w.10 nur Ez., Sammelbez. für* die künstler. Techniken der Zeichnung, des Stichs, der Radierung, Lithographie, Serigraphie u. a.; **2** *w.10* in begrenzter Anzahl hergestellter Abzug eines Werks einer dieser Techniken; **Gra|phi|ker,** *eindeutschend:* Gra|fi|ker *m.5* Künstler auf dem Gebiet der Graphik; **gra|phisch,** *eindeutschend:* gra|fisch auf Graphik beruhend, mit ihrer Hilfe; graph. Darstellung: zeichnerische schemat. Darstellung; **Gra|phit** [auch: -fit] *m.1* reiner Kohlenstoff

Gra|pho|lo|gie [griech.] *w.11 nur Ez.* Lehre von den Handschriften und der Deutung des Charakters aus der Handschrift; **Gra|pho|spas|mus** *m. Gen.- Mz.*-men Schreibkrampf; **Gra|pho|sta|tik** *w.10 nur Ez.* zeichner. Verfahren zur Lösung von Aufgaben in der Statik

Grap|pa [ital.] *w.9, ugs. auch m.9* ital. Weinbrand aus den Rückständen von gekelterten Trauben

Grap|to|lith [griech.] *m.10* ausgestorbene Tiergruppe aus dem Silur

gras|sie|ren [lat.] umgehen, um sich greifen, gehäuft auftreten (Krankheit)

Gra|ti|al [-tsjal, lat.] *s.1, Mz. auch:* -li|en, **Gra|tial|le** [-tsja-] *s. Gen.*-s *Mz.*-li|en *veraltet:* **1** Dankgebet; **2** Trinkgeld; **Gra|ti|fi|ka|ti|on** [-tsjon] *w.10* freiwillige Sonderzuwendung, z. B. Weihnachtsgratifikation; **gra|ti|fi|zie|ren** *veraltet:* vergüten

gra|ti|nie|ren [frz.] überbacken, so daß eine Kruste entsteht

gra|tis [lat.] umsonst, kostenlos, unentgeltlich; g. und franko: kostenlos und portofrei

Gra|tu|lant [lat.] *m.10* jmd., der einen Glückwunsch darbringt; **Gra|tu|la|ti|on** [-tsjon] *w.10* Glückwunsch; **Gra|tu|la|ti|ons|cour** [-tsjonsku:r] *w.10* offizielle, feierliche Beglückwünschung einer hochgestellten Persönlichkeit; **gra|tu|lie|ren** Glück wünschen

Gra|va|men [lat.] *s. Gen.*-s *Mz.*-mi|na Beschwerde, Vorwurf; **Gra|va|ti|on** [-tsjon] *w.10 veraltet:* Beschwerung, Belastung;

gra|ve [ital.] *Mus.:* schwer, trauernd, ernst

Gra|veur [-vør, frz.] *m.1* jmd., der graviert (1), Metall-, Steinschneider

gra|vid [-vid, lat.] schwanger; **Gra|vi|di|tät** *w.10* Schwangerschaft

gra|vie|ren [-vi-] **1** [frz.] einritzen, einschneiden (Schrift, Zeichnung); mit Ritzzeichnung verzieren (Metall, Glas u. a.); **2** [lat.] *veraltet:* belasten, beschweren; **gra|vie|rend** erschwerend, belastend; gravierender Irrtum; der Fehler ist nicht g.; **Gra|vie|rung** *w.10* Verzierung durch Einritzen

Gra|vi|me|ter [lat. + griech.] *s.5* Gerät zum Messen der Schwerkraft; **Gra|vi|me|trie** *w.11 nur Ez.* **1** Messung der Schwerkraft; **2** *Chem.:* Bestimmung des Gewichts von Grundstoffen in Stoffgemischen

Gra|vis [lat.] *m. Gen.- Mz.-* (*Zeichen:* `) Zeichen über einem Vokal, im Ital. Betonungszeichen, im Frz. zur Bez. der offenen Aussprache, z. B. mère [mɛ:r]; vgl. Accent grave

Gra|vi|tät [lat.] *w.10 nur Ez. veraltet:* Würde, Gemessenheit; **Gra|vi|ta|ti|on** [-tsjon] *w.10 nur Ez.* Schwerkraft; **Gra|vi|ta|ti|ons|kol|laps** [-tsjons-] *m.1* durch Gravitation bewirkter Zusammenfall der Materie; **gra|vi|tä|tisch** würdevoll, gemessen; **gra|vi|tie|ren** infolge der Schwerkraft (zu einem Punkt) hinstreben

Gra|vur [frz.] *w.10* gravierte Verzierung oder Inschrift; **Gra|vü|re** *w.11* Kupfer- oder Stahlstich, Steinschnitt

Gra|zie [-tsjə, lat.] **1** *w.11 nur Ez.* Anmut; **2** *w.11 meist Mz., röm. Myth.:* jede der drei Göttinnen der Anmut

gra|zil [lat.] schlank und zierlich, schmächtig; **Gra|zi|li|tät** *w.10 nur Ez.* graziler Körperbau

gra|zi|ös [frz.] anmutig, zierlich, gewandt;

gra|zio|so [ital.] *Mus.:* anmutig

grä|zi|sie|ren [lat.] nach griech. Vorbild gestalten, der griech. Form angleichen; **Grä|zis|mus** *m. Gen.- Mz.*-men in eine andere Sprache übernommene altgriech. Spracheigentümlichkeit; **Grä|zist** *m.10* Wissenschaftler auf dem Gebiet der altgriech. Sprache und Kultur; **Grä|zi|tät** *w.10 nur Ez.* altgriech. Wesensart

Green|horn [grin-, engl.] *s.9* Neuling, Anfänger

Grège [grɛʒ, frz.] *w.11 nur Ez.* Faden aus Naturseide

Gre|go|ria|nik [nach Papst Gregor I.] *w.10 nur Ez.* Formen und Lehre des Gregorianischen Chorals; **gre|go|ria|nisch;** der Gregorianische Choral: *im kath. Gottesdienst* der

einstimmige, unbegleitete Gesang; Gregorianischer Kalender: der von Papst Gregor XIII. 1582 eingeführte, noch heute gültige Kalender (mit Schaltjahren)
Gre|mi|um [lat.] *s. Gen.*-s *Mz.*-mi|en **1** (beratende) Gemeinschaft, Körperschaft; **2** *österr.:* Berufsvereinigung
Gre|na|dier [frz.] *m. 1 urspr.:* mit Handgranaten bewaffneter Soldat; *heute:* Infanterist
Gre|na|dil|le [span.] *w. 11* Frucht der Passionsblume
Gre|na|di|ne *w. 11 nur Ez.* **1** [nach der span. Stadt Granada] durchbrochenes Seidengewebe; **2** [frz.] Saft aus Granatäpfeln
Grey|hound [greihaund, engl.] *m. 9* **1** engl. Windhund; **2** *in den USA:* Überlandautobus
Grif|fon [-fõ, frz.] *m. 9* ein rauhhaariger Vorstehhund
Grill [lat.-frz.] *m. 9* Bratrost; **Gril|la|de** *w. 11* gegrilltes Fleischstück; **gril|len** auf dem Grill braten; **gril|lie|ren** [auch: griji-, frz.] → grillen; **Grill|room** [-ru:m, engl.] *m. 9* Gaststätte, in der das Fleisch (oft vor den Gästen) auf dem Grill gebraten wird
Gri|mas|se [frz.] *w. 11* verzerrtes Gesicht, Fratze; **gri|mas|sie|ren** Grimassen schneiden
Grin|go [span.] *m. 9, im span. Lateinamerika verächtl. Bez. für* Nichtromane, bes. Angelsachse
grip|pal [frz.] grippeartig; grippaler Infekt; **Grip|pe** *w. 11* eine Infektionskrankheit; **grippös** → grippal
Gri|saille [-zai, frz.] *w. 11* **1** *nur Ez.* einfarbige Malerei, überwiegend grau in grau; **2** *nur Ez.* schwarz-weiß gemusterter Seidenstoff; **3** Gemälde in Grisaille
Gri|set|te [-zęt(ə), frz.] *w. 11* **1** *frz. Bez. für* junge Putzmacherin; **2** leichtfertiges Mädchen
Gris|ly|bär [engl.], **Grizz|ly|bär** [griz-] *m. 10* nordamerik. Bär
Grog [nach dem Spitznamen des engl. Admirals Vernon, Old Grog] *m. 9* Getränk aus Rum, heißem Wasser und Zucker
grog|gy [engl.] **1** *Boxen:* schwer angeschlagen; **2** *ugs.:* erschöpft
Groom [grum, engl.] *m. 9* **1** Reitknecht; **2** Diener
Gros **1** [gro, frz.] *s. Gen.* - *Mz.* - [gro] *oder* [gros] Hauptmasse, der größte Teil (einer Personengruppe); **2** [grɔs, frz.] *s. Gen.* - *Mz.* - zwölf Dutzend, 144 Stück
Gros|sist [frz.] *m. 10* Großhändler
Grosz [grɔʃ] *m. Gen.* - *Mz.* Groszy [grɔʃy] poln. Währungseinheit, 1/100 Zloty
gro|tęsk [frz.] komisch-verzerrt, lächerlich; **Gro|tesk** *w. Gen.* - *nur Ez.* eine Gattung von Druckschriften; **Gro|tęs|ke** *w. 11* **1** derbkomische Dichtung in Prosa oder Versen; **2** Ornament aus Rankenwerk mit figürl. Motiven; **3** komischer, karikierender Tanz; **Gro|tęsk|tanz** *m. 2* → Groteske (3); **Gro|tęsk|tänzer** *m. Gen.*-s *Mz.* - Ballettänzer für komische, karikierende Rollen
Grọt|te [griech.-ital.] *w. 11* Felsenhöhle; **Grọt|ten|werk** *s. 1 nur Ez.* Auskleidung der Wände von künstl. Grotten mit Steinen, Muscheln u. a.
Grou|pie [grupi, engl.] *s. 9* weibl. Fan, der Kontakt mit seinem Idol sucht oder pflegt
grụb|ben [engl.] → grubbern; **Grụb|ber** *m. 5* Gerät zum Lockern des Bodens, Kultivator; **grụb|bern** mit dem Grubber hacken
Grụpp [ital.] *m. 9* Paket aus Geldrollen
Grup|pen|dy|na|mik *w. 10 nur Ez. Psych.:* Lehre von den Wechselbeziehungen zwischen den Mitgliedern einer sozialen Gruppe, ihren Verhaltensweisen usw.
Gru|si|cal [-kəl, Nachbildung zu Musical] *s. 9* Gruselfilm
Gruy|ère [gryɛr, nach der schweiz. Stadt G.] *m. 9* ein Hartkäse
Gua|jąk|baum [indian.] *m. 2* ein mittelamerik. Baum; **Gua|ja|kol** *s. 1 nur Ez.* ein aromatischer Alkohol, Heilmittel gegen Lungenkrankheiten
Gua|ja|ve [indian.] *w. 11* eine trop. Frucht
Gua|na|ko [indian.] *m. 9* südamerik., wildlebendes Lama
Gua|ni|din [indian.] *s. 1 nur Ez.* eine Stickstoffverbindung; **Gua|nin** *s. 1 nur Ez.* Bestandteil der Nukleinsäuren; **Gua|no** *m. 9 nur Ez.* Kot von Seevögeln in Peru und Chile, Düngemittel
Gua|ra|ní *m. 9, nach Zahlenangaben Mz.* - Währungseinheit in Paraguay, 100 Centimo; **Gua|ra|ni** **1** *m. 9 oder Gen.* - *Mz.* - Angehöriger eines südamerikan. Indianervolkes; **2** *s. Gen.* - *nur Ez.* dessen Sprache
Gu|ar|di|an [mlat.] *m. 1, bei den Franziskanern und Kapuzinern:* Klostervorsteher
Gu|ar|ne|ri *w. 9* aus der Werkstatt der ital. Geigenbauerfamilie G. (17./18.Jh.) stammende Geige
Gu|asch *w. 10* → Gouache
Guęl|fe [ital.] *m. 11 MA:* Anhänger des Papstes und Gegner der Ghibellinen
Gue|ril|la [gerilja, span.] *m. 9 meist Mz.* Angehöriger einer bewaffneten Widerstandsgruppe, Freischärler, Partisan; **Gue|ril|la|krieg** *m. 1* Kleinkrieg, Banden-, Partisanenkrieg; **Gue|ril|le|ro** [geriljero] *m. 9, span. und port. Bez. für* Partisan
Guide [engl.: gaid, frz.: gid] *m. 9* Reiseführer
Guil|loche [gijɔʃ, giljɔʃ, frz.] *w. 11* **1** Muster aus verschlungenen Linien (auf Geldscheinen und Wertpapieren, um Fälschungen zu verhindern); **2** Gerät zum Guillochieren; **Guil|lo|cheur** [gijɔʃœr] *m. 1* Facharbeiter, der Wertpapiere, Geldscheine guillochiert; **guil|lo|chie|ren** [gijɔʃi-] mit einer Guilloche versehen
Guil|lo|ti|ne [giljɔ-, gijɔ-, nach dem frz. Arzt J.-I. Guillotin] *w. 11* Gerät zum Hinrichten

mit Fallbeil; **guil|lo|ti|nie|ren** auf der Guillotine hinrichten
Gui|nea [gini] *w. 9* **Gui|nee** [gine(ə)] *w. 11 bis 1816:* engl. Goldmünze
Gui|pure [gipyr] *w. 11* → Gipüre
GULag [russ.] *m. oder s. Gen.* -(s) *nur Ez. Kurzw. für* die Verwaltung der Straflager in der UdSSR
Gu|lasch [ung.] *s. 9 oder s. 1* Gericht aus in Würfel geschnittenem, scharf gewürztem Rindfleisch
Gul|ly [engl.] *m. 9 oder s. 9* verdeckter, zum Abwasserkanal führender Schacht (auf der Straße), Abflußloch im Rinnstein
Gum|ma [zu Gummi] *w. Gen. - Mz.* -ma|ta *oder* -men gummiartige Geschwulst bei Syphilis; **Gum|mi** [ägypt.-lat.] *m. 9* **1** aus Kautschuk gewonnenes Produkt; **2** in Pflanzenausscheidungen enthaltener Stoff, als Klebemittel; **3** *kurz für* Radiergummi; **Gum|mi-ara|bi|kum** [neulat.] *s. Gen.* -s *nur Ez.* ein Klebstoff und Bindemittel; **gum|mie|ren** mit Klebschicht aus Gummi bestreichen; **Gum-mi|gutt** *s. 1 nur Ez.* giftiges indisches Gummiharz, als Abführmittel, Farbe und Firnis; **Gum|mi|pa|ra|graph** *m. 10* nicht eindeutig formulierter, sehr unterschiedlich auslegbarer Paragraph, Kautschukparagraph; **gum|mös** gummiartig, von Gummen (vgl. Gumma) befallen; **Gum|mo|se** *w. 11* eine Krankheit der Steinobstgewächse mit Ausscheidung von Gummiharz
Gun|man [gʌnmən, engl.] *m. Gen.* -s *Mz.* -men [-mən] *amerik. Bez. für* bewaffneter Gangster
Gup|py [nach dem brit. Naturforscher R. J. L. Guppy] *m. 9* zu den Zahnkarpfen gehörender, südamerik. Aquarienfisch
Gur|kha *m. 9* **1** Angehöriger eines hinduistischen Volkes in Nepal; **2** *Bez. für* Soldat der brit.-ind. Armee
Gu|ru [Hindi] *m. 9 im Hinduismus:* geistlicher Lehrer
Gus|la [serb.] *w. 9, Mz. auch:* -len einsaitiges Streichinstrument der Balkanvölker; **Gus|lar** *m. 10* Guslaspieler
Gus|li [russ.] *w. 9* russ. zitherähnliches Zupfinstrument
gu|stie|ren [lat.] → goutieren; **gu|sti|ös** *österr.:* appetitlich, appetitanregend, lecker; **Gu|sto** *m. 9 nur Ez., veraltet, noch bayr., österr.:* Appetit, Geschmack; einen G. auf etwas haben; das ist nicht nach meinem Gusto
Gut|ta|per|cha [mal.] *w. Gen. - oder s. Gen.* -(s) *nur Ez.* gummiähnlicher Stoff aus dem Milchsaft südasiat. Bäume, als Isoliermaterial verwendet
Gut|ta|ti|on [-tsjon, lat.] *w. 10* aktive Wasserausscheidung von Pflanzen bei großer Luftfeuchtigkeit
gut|tu|ral [lat.] in der Kehle gebildet, kehlig; **Gut|tu|ral** *m. 1,* **Gut|tu|ral|laut** *m. 1* in der Kehle oder am Gaumen gebildeter Laut, Kehl-, Gaumenlaut
GWh *Abk. für* Gigawattstunde
Gym|kha|na [auch: dʒim-, griech. + pers.] *s. 9* mit Geschicklichkeitsaufgaben verbundenes Wettrennen oder -fahren
Gym|nae|stra|da [griech. + span.] *w. 9* internationales, alle vier Jahre stattfindendes gymnast. Turnfest
gym|na|si|al [griech.] zu einem Gymnasium gehörig, durch ein Gymnasium vermittelt; **Gym|na|si|ast** *m. 10* Schüler eines Gymnasiums; **Gym|na|si|um** *s. Gen.* -s *Mz.* -si|en **1** *im Altertum:* Anlage für Leibesübungen, später auch Pflegestätte geistiger Bildung; **2** *19./20. Jh.:* höhere Schule mit Latein und Griechisch; **3** *heute BRD:* jede höhere Schule mit der Reifeprüfung als Abschluß; **Gym|nast** *m. 10 im Altertum:* Lehrer im Gymnasium; **Gym|na|stik** *w. 10 nur Ez.* Körperübung durch rhythmische Bewegungen; **Gym|na|sti-ker** *m. 5* jmd., der Gymnastik betreibt; **Gym-na|stin** *w. 10* Lehrerin für Gymnastik
Gym|no|sper|men [griech.] *Mz.* nacktsamige Blütenpflanzen; *Ggs.:* Angiospermen
Gy|nä|ko|lo|gie [griech.] *w. 11 nur Ez.* Lehre von den Frauenkrankheiten, Frauenheilkunde; *Ggs.:* Andrologie; **Gy|nä|ko|pho|bie** *w. 11 nur Ez.* Abneigung gegen, Scheu vor Frauen
Gyn|an|der [griech.] *m. 5* Tier, das die Merkmale der Gynandrie (**2**) aufweist; **Gyn|an-drie** *w. 11 nur Ez.* **1** Vorhandensein weibl. Geschlechtsmerkmale beim Mann; *Ggs.:* Androgynie; **2** Auftreten von männl. und weibl. Merkmalen beim selben Tier, Scheinzwittrigkeit; **gyn|an|drisch** scheinzwittrig (von Tieren); **Gyn|an|dris|mus, Gyn|an|dro|mor-phis|mus** *m. Gen. - nur Ez.* → Gynandrie; **Gyn|an|thro|pos** *m. Gen. - Mz.* -poi *oder* -thro|pen *veraltet:* Zwitter; **Gy|nä|ze|um** *s. Gen.* -s *Mz.* -ze|en Gesamtheit der weibl. Blütenteile
Gy|ro|man|tie [griech.] *w. 11 nur Ez.* Wahrsagen aus magischen Kreisen; **Gy|ro|me|ter** *s. 5* Gerät zum Messen der Drehgeschwindigkeit; **Gy|ro|skop** *s. 1* Gerät zum Nachweis der Drehung der Erde um ihre Achse; **Gy|rus** *m. Gen. - Mz.* -ri *Med.:* Gehirnwindung

H

h (hochgestellt) *Zeichen für* hora (Stunde); 10^h = 10 Uhr
H 1 *chem. Zeichen für* Hydrogenium (Wasserstoff); **2** *Abk. für* Henry
ha *Abk. für* Hektar
h. a. *Abk. für* hoc anno, huius anni
Ha|ba|ne|ra [nach der kuban. Hst. Habana (Havanna)] ruhiger kubanisch-span. Tanz
Ha|be|as-Cor|pus-Ak|te [lat. „du habest den Körper"], **Ha|be|as|kor|pus|ak|te** *w. 11 nur Ez.* engl. Staatsgrundgesetz von 1679, nach dem niemand ohne behördlichen Haftbefehl und nicht länger als zwei Tage ohne Verhör inhaftiert werden darf
ha|bil [lat.] *veraltet:* geschickt, gewandt, fähig; **ha|bil.** vgl. Dr. habil.; **Ha|bi|li|tand** *m. 10* jmd., der zur Habilitation zugelassen wird; **Ha|bi|li|ta|ti|on** [-tsjon] *w. 10* Erwerb der Lehrbefugnis an einer Hochschule; **ha|bi|li|tie|ren** sich h.: die Lehrbefugnis erwerben
Ha|bit [frz.] *s. 1 oder m. 1* **1** Amtstracht; **2** wunderliche, *auch:* bequeme, saloppe Kleidung; **3** [hæbit, engl.] *s. 9 oder m. 9 Psych.:* **1** Fähigkeit, auf Grund von Signalen aus der Umwelt bestimmte Handlungen auszuführen; **2** Gelerntes, Gewohnheit; **Ha|bi|tat** [lat.] *s. oder m. 1* **1** Wohnstätte; **2** regelmäßig aufgesuchter Standort einer Tierart; **3** Unterwasserstation; **Ha|bi|tua|li|sie|rung** *w. 10* Ausbildung von Gewohnheiten; **Ha|bi|tué** [(h)abitye frz.] *m. 9 veraltet:* ständiger Besucher, Stammgast; **ha|bi|tu|ell** **1** auf dem Habitus beruhend; **2** gewohnheitsmäßig, häufig wiederkehrend; **Ha|bi|tus** [lat.] *m. Gen.- nur Ez.* **1** äußere Erscheinung, Gestalt, Aussehen; **2** Haltung, Benehmen; **3** Gesamtheit der für ein Tier oder eine Tiergruppe charakterist. Merkmale; **4** Besonderheiten an einem Menschen, die auf die Neigung zu bestimmten Krankheiten hindeuten
Háček [hatʃɛk, tschech. „Häkchen"] *s. 9* (*Zeichen:* ˇ) *in slaw. Sprachen:* Zeichen über dem c bzw. z zur Aussprache wie [tʃ] bzw. [ʒ] oder über dem r wie [rʒ] oder [rʃ]
Ha|ché [haʃe] *s. 9* → Haschee
Ha|ci|en|da *w. 9* → Hazienda
Haddsch *m. Gen.- nur Ez.* →Hadsch
Ha|des [nach dem griech. Gott der Unterwelt] *m. Gen.- nur Ez.* Unterwelt
Hadsch [arab.] *m. Gen.- nur Ez.* Pilgerfahrt (des Mohammedaners) nach Mekka; **Hadschi** *m. 9* Mekkapilger
Haf|ni|um [nach Hafnia, dem lat. Namen von Kopenhagen] *s. Gen.-s nur Ez.* (*Zeichen:* Hf) chem. Element, ein Metall
Hag|ga|da(h) [hebr.] *w. Gen.- Mz.* -doth erbaulich-belehrende Erläuterung von Bibelstellen im Talmud
Ha|gio|gra|phie [griech.] *w. 11* Lebensbeschreibung eines Heiligen; **Ha|gio|la|trie** *w. 11 nur Ez.* Verehrung von Heiligen; **Ha|gio|lo|gie** *w. 11 nur Ez.* Lehre von den Heiligen; **Ha|gio|lo|gi|um,** Ha|gio|lo|gi|on *s. Gen.-s Mz.-*gi|en Buch mit Lebensbeschreibungen von Heiligen
Hai|ku [jap.] *s. 9 oder Gen.- Mz.-* dreizeiliges japan. Gedicht aus 17 Silben
Hai|mons|kin|der [nach den Kindern des Grafen Haimon in der karoling. Sage] *s. 3 Mz.* treue Geschwister oder Freunde
Ha|kim [auch: -kim, arab.] *m. 9* Gelehrter, Arzt, Richter (im Nahen Osten)
Ha|la|li [auch: -la-, arab. oder hebr.-frz.] *s. 9* Jagdsignal; H. blasen
Ha|léř [halɛ:rʃ, tschech.] *m. Gen.- Mz.*-řů tschechoslowak. Währungseinheit, 1/100 Krone, Heller
Half|a|gras *s. 4 nur Ez.* → Esparto
Half-Back [hafbæk, engl.] *m. 9 Fußball, schweiz.:* Läufer; **Half|court** [hafkɔ:t] *m. 9 Tennis:* der dem Netz am nächsten gelegene Teil des Spielfeldes; **Half-Time** [haftaim] *w. 9 Fußball, schweiz.:* Halbzeit
Ha|lid [griech.] *s. 1* → Halogenid; **Ha|lit** *m. 1 Sammelbez. für* Salzgestein, *i. e. S.:* Steinsalz
Ha|li|tus [lat.] *m. Gen.- nur Ez. Med.:* Atem, Hauch
hal|kyo|nisch → alkyonisch
hal|le|lu|ja(h)! [hebr.] lobt Gott! **Hal|le|lu|ja(h)** *s. 9* liturgischer Lob-, Freudengesang; ein H. anstimmen
Hal|lu|zi|nant [lat.] *m. 10* jmd., der an Halluzinationen leidet; **Hal|lu|zi|na|ti|on** [-tsjon] *w. 10* Sinnestäuschung ohne Reiz von außen, Wahnvorstellung; **hal|lu|zi|na|tiv, hal|lu|zi|na|to|risch** in der Art einer Halluzination, darauf beruhend; **hal|lu|zi|nie|ren** eine Halluzination haben; **Hal|lu|zi|no|gen** *s. 1* Droge, die Halluzinationen hervorruft
Hal|ma [griech.] *s. Gen.-s nur Ez.* ein Brettspiel
Ha|lo [griech.] *m. Gen.-s Mz.* Ha|lo|nen **1** *Astron.:* diffuse, ringförmige Lichterscheinung („Hof") infolge Lichtbrechung um Sonne, Mond oder einen Kometen; kugelförmiges System aus Sternhaufen und Einzelsternen um die Milchstraße und andere Sternsysteme; **2** *Med.:* Augenring
ha|lo|bi|ont [griech.] *Biol.:* salzreiche Umgebung bevorzugend, halophil; **Ha|lo|bi|ont** *m. 10* bes. in salzreicher Umgebung lebender Organismus; **ha|lo|gen** salzbildend; **Ha|lo|gen**

s. 1 jedes chem. Element, das ohne Hilfe von Sauerstoff mit Metallen Salze bildet; **Hallo|ge|nid** *s. 1* chem. Verbindung aus einem Halogen und einem anderen Element, Halid, Haloid; **hallo|ge|nie|ren** Salz bilden; **Hallo|gen|schein|wer|fer** *m. 5* mit einem Halogen gefüllter, lichtstarker Autoscheinwerfer; **Ha|lo|id** *s. 1* → Halogenid; **Hallo|me|ter** *s. 5* Gerät zum Bestimmen der Konzentration von Salzlösungen; **Hallo|nen** *Mz. von* Halo; **hallo|niert** umrändert (Augen); **Hallo|pe|ge** *w. 11* kalte Salzquelle; *Ggs.:* Halotherme; **hallo|phil** → halobiont; **Hallo|phyt** *m. 10* auf salzreichem Boden wachsende Pflanze; **Hallo|ther|me** *w. 11* warze Salzquelle; *Ggs.:* Halopege; **Hallo|tri|chit** *s. 1* ein Mineral; **hallo|xen** salzreiche Umgebung duldend (von Organismen)

Hal|te|ren [griech.] *w. 11 Mz.* **1** *im alten Griechenland:* zwei Gewichte, die der Weitspringer zum Verstärken des Schwungs in den Händen hielt; **2** verkümmerte Hinterflügel (Schwingkölbchen) der Zweiflügler

Hallun|ke [tschech.] *m. 11* Schuft, Gauner, Betrüger

Häm [griech. „Blut"] *s. Gen. -s nur Ez.* Farbstoffanteil des Hämoglobins

Ha|ma|dan [nach der pers. Stadt H.] *m. 9* ein handgeknüpfter Teppich

Ha|ma|me|lis [griech.] *w. Gen. - nur Ez.* ein Zierstrauch, auch Heilpflanze

Ham and Eggs [hæm ənd ɛgz, engl.] *Mz., engl. Bez. für* gebratenen Schinken und Spiegeleier

Häm|an|gi|om [griech.] *s. 1* eine gutartige Blutgefäßgeschwulst; **Häm|ar|thro|se** *w. 11* Bluterguß in ein Gelenk; **Hä|ma|tin** *s. 1 nur Ez.* eisenhaltiger Bestandteil des roten Blutfarbstoffs; **Hä|ma|ti|non** *s. Gen. -s nur Ez.* durch mehrmaliges Erwärmen und Abkühlen rotgefärbtes Glas; **Hä|ma|tit** *m. 1* ein eisenreiches Mineral, Blutstein; **Hä|ma|to|bla|sten** *Mz.* → Hämoblasten; **hä|ma|to|gen** aus dem Blut stammend, blutbildend; **Hä|ma|to|gramm** *s. 1* Blutbild; **Hä|ma|to|lo|gie** *w. 11 nur Ez.* Lehre vom Blut; **Hä|ma|tom** *s. 1* Bluterguß; **Hä|ma|to|pha|ge** *m. 11* blutsaugender Schmarotzer; **Hä|ma|tor|rhö** *w. 10,* **Hä|ma|tor|rhoe** [-rø] *w. 11* starke Blutung, Blutsturz; **Hä|ma|to|sko|pie** *w. 11* Blutuntersuchung; **Hä|ma|to|xy|lin** *s. 1 nur Ez.* aus dem südamerik. Blauholz gewonnene, mit Sauerstoff roten Farbstoff bildende chem. Verbindung; **Hä|ma|to|zo|on** *s. Gen. -s Mz. -zo|en* im Blut von Mensch oder Tier lebender, tierischer Schmarotzer; **Hä|mat|urie** *w. 11* Ausscheidung von Blut im Harn

Hä|min *s. 1 nur Ez.* Salz des Hämatins

Ha|mit [nach Ham, einem Sohn Noahs] *m. 10,* **Ha|mi|te** *m. 11* Angehöriger einer afrikan. Völkergruppe

Ham|ma|da [arab.] *w. 9* afrikan. Gesteins- oder Felswüste

Ham|mond|or|gel [hæmənd-, nach dem amerik. Erfinder J. H. Hammond] *w. 11* elektroakust. Musikinstrument, Kinoorgel

hä|mo..., **Hä|mo...** [griech.] *in Zus.:* blut..., Blut...; **Hä|mo|bla|sten** *Mz.* Zellen des Knochenmarks, die Blutkörperchen bilden; **Hä|mo|chro|ma|to|se** *w. 11* Braunfärbung der Haut durch eisenhaltigen Farbstoff infolge Zerfalls roter Blutkörperchen; **Hä|mo|dy|na|mo|me|ter** *s. 5* Gerät zum Messen des Blutdrucks; **Hä|mo|glo|bin** *s. 1 nur Ez.* (*Abk.:* Hb) roter Blutfarbstoff; **Hä|mo|glo|bi|no|me|ter** *s. 5* → Hämometer; **Hä|mo|glo|bin|urie** *w. 11* Ausscheidung von rotem Blutfarbstoff im Harn; **Hä|mo|ly|se** *w. 11* Auflösung der roten Blutkörperchen (z. B. durch Giftstoffe); **Hä|mo|me|ter** *s. 5* Gerät zum Bestimmen des Hämoglobingehaltes des Blutes, Hämoglobinometer; **Hä|mo|pa|thie** *w. 11* Blutkrankheit; **Hä|mo|phi|lie** *w. 11* Bluterkrankheit; **Hä|mor|rha|gie** *w. 11* Blutung; **hä|mor|rhoi|dal** [-ro:i-] auf Hämorrhoiden beruhend; **Hä|mor|rhoi|dal|kno|ten** *m. 7* einzelne Hämorrhoide; **Hä|mor|rhoi|den** *w. 11 Mz.* knotenartige Erweiterung der Mastdarmvenen; **Hä|mo|sit** *m. 10* Schmarotzer im Blut; **Hä|mo|sta|ti|kum** *s. Gen. -s Mz. -ka* blutstillendes Mittel; **Hä|mo|the|ra|pie** *w. 11 nur Ez.* Einspritzung von venösem Eigenblut; **Hä|mo|to|xin** *s. 1* durch Bakterien erzeugter Giftstoff im Blut; **Hä|mo|zyt** *m. 10* Blutkörperchen

Han|di|kap [hændikæp, engl.] *s. 9* **1** Behinderung, Benachteiligung; **2** *Sport:* Ausgleich (gegenüber benachteiligten Wettkampfteilnehmern); **han|di|ka|pen** [hændikæpən] **1** benachteiligen, behindern, hemmen; gehandikapt sein; **2** *Sport:* ausgleichen; **Han|di|kap|per** [hændikæpər] *m. 5 Sport:* Unparteiischer, Kampfrichter, der Handikaps festlegt

Han|gar [haŋga:r, auch: -gar, frz.] *m. 9* Flugzeughalle

Han|som [hænsəm, nach dem engl. Erfinder J. A. Hansom], **Han|som|cab** [-kæb] *m. 9 früher:* gedeckte, zweirädrige, einspännige Mietkutsche mit erhöhtem Kutschbock hinter den Sitzen

Ha|pax|le|go|me|non [griech.] *s. Gen. -s Mz. -na* in antiken Schriften nur einmal belegtes Wort

Ha|plo|gra|phie [griech.] *w. 11* fehlerhafte Einfachschreibung von doppelt erforderl. Buchstaben oder Silben; *Ggs.:* Dittographie; **ha|plo|id** nur einen einfachen (halben) Chromosomensatz enthaltend (von Zellen); *Ggs.:* diploid; **Ha|plo|lo|gie** *w. 11* Verschmelzung zweier aufeinanderfolgender gleicher oder ähnlicher Silben, z. B. Zauberin statt eigtl.: Zaubererin; Konservatismus statt Konservativismus; **Ha|plont** *m. 10* Organismus, dessen Zellen nur einen einfachen (halben) Chromosomensatz aufweisen

Hap|pe|ning [hæp-, engl.] *s. 9* moderne

Kunstform, bei der ein meist irrationales oder surreales Geschehen mit theatral., musikal., maler. und bildhauer. Mitteln, oft unter Einbeziehung der Zuschauer, vorgetragen wird
Hap|py-End [hæpi-, engl.], *österr.:* **Hap|py|end** *s. 9* glückliches Ende, guter Ausgang (einer Liebesgeschichte, eines Schauspiels, Films usw.)
Hap|te|re [griech.] *w. 11* Haftorgan (bei Pflanzen); **Hap|tik** *w. 10 nur Ez.* Tastsinn; **hap|tisch** auf dem Tastsinn beruhend, im Unterschied zu optisch oder akustisch
Ha|ra|ki|ri [jap.] *s. Gen.* -(s) *Mz.* -(s), *früher:* japan. Art des Selbstmords durch Bauchaufschlitzen, Seppuku
ha|ran|gie|ren [frz.] *veraltet:* eine langweilige, feierliche Ansprache (an jmdn.) halten, überflüssigerweise reden; jmdn. h.
Ha|raß [frz.] *m. 1* Lattenkiste zum Verpakken von Glas und Porzellan
Har|dan|ger|ar|beit [nach der norw. Landschaft] *w. 10* Durchbruchsarbeit in grobem Gewebe mit quadratischem Muster
Hard|co|ver [hardkavər, engl.] *s. 9* Buch mit festem Einband; *Ggs.:* Paperback; **Hard Drink** *m. Gen.* --s *Mz.* --s stark alkohol. Getränk; **Hard|sel|ling** *s. Gen.* -(s) *nur Ez.* Anwendung rücksichtsloser Verkaufsmethoden; **Hard Stuff** [stʌf] *m. Gen.* --s *Mz.* --s starkes Rauschgift; **Hard|top** *s. 9 oder m. 9* abnehmbares, nicht faltbares Verdeck von Kraft-, bes. Sportwagen; **Hard|ware** [hardwɛə, engl.] *w. Gen.* - *nur Ez.* die techn. Einrichtungen von EDV-Anlagen; vgl. Software
Ha|rem [arab.] *m. 9* **1** die nur von Frauen und Kindern bewohnten und streng abgeschlossenen Räume des mohammedan. Hauses; **2** die Gesamtheit der darin wohnenden Frauen; **3** die Ehefrauen eines Moslems
Hä|re|sie [griech.] *w. 11* von der kirchlichen Lehrmeinung abweichende Meinung, Ketzerei; **Hä|re|ti|ker** *m. 5* Vertreter einer Häresie, Ketzer
Har|le|kin [frz.] *m. 1* Abart des Hanswursts; **Har|le|ki|na|de** *w. 11* Spiel des Harlekins, Narrenspiel
Har|mo|nie [griech.] *w. 11* **1** wohltönender Zusammenklang; **2** angenehme Übereinstimmung (von Formen, Farben usw.); **3** friedl. Zusammenleben, Eintracht; **Har|mo|nie|leh|re** *w. 11 nur Ez. Mus.:* Lehre von der Verbindung der Töne und vom Aufbau der Akkorde; **har|mo|nie|ren** **1** gut zusammenklingen; **2** friedlich zusammenleben, sich gut verstehen; **Har|mo|nik** *w. 10* Kunst der harmonischen Klanggestaltung; **Har|mo|ni|ka** *w. Gen.* - *Mz.* -ken *Bez. für* verschiedene Musikinstrumente, bei denen Metallzungen durch einen Luftstrom in Schwingungen versetzt werden (Mund-, Ziehharmonika); **Har|mo|ni|ker** *m. 5* nach den Gesetzen der Harmonik gestaltender Komponist; **har|mo|nisch** **1** den Gesetzen der Harmonielehre entsprechend; **2** gut zusammenpassend; **3** friedlich, einträchtig; **har|mo|ni|sie|ren** **1** in Übereinstimmung, Einklang bringen; **2** mit Begleitakkorden versehen (Melodie); **Har|mo|ni|um** *s. Gen.* -s *Mz.* -ni|en ein orgelartiges Musikinstrument
Harp|si|chord [-kɔrd, engl.] *s. 1 engl. Bez. für* Cembalo
Har|pu|ne [frz.-altnord.] *w. 11* speerartiges Wurfgeschoß mit Widerhaken an der Spitze; **Har|pu|nier** *m. 1* Harpunenwerfer; **har|pu|nie|ren** mit der Harpune treffen, erlegen
Har|pyie [-pyjə, griech.] *w. 11 griech. Myth.:* weibl. Sturmdämon mit Flügeln und Vogelkrallen; **2** ein süd- und mittelamerik. Raubvogel; **3** *übertr.:* unersättlich raubgieriges Wesen
Har|te|beest [Afrikaans] *s. 1 oder s. 3* südafrik. Kuhantilope
Hart|schier [ital.] *m. 1* **1** *urspr.:* berittener Bogenschütze; **2** *später:* Leibgardist des bayer. Königshauses
Ha|ru|spex [lat.] *m. 1 oder Gen.* - *Mz.* -spi|zes [-tse:s] *bei den alten Römern und Etruskern:* Priester, der aus den Eingeweiden von Opfertieren wahrsagte; **Ha|ru|spi|zi|um** *s. Gen.* -s *Mz.* -zi|en Wahrsagung des Haruspex
Ha|sard [frz.] *s. 1 Kurzform von* Hasardspiel; **Ha|sar|deur** [-dør] *m. 1* **1** Glücksspieler; **2** waghalsiger, leichtsinniger Mensch; **ha|sar|die|ren** **1** im Glücksspiel spielen; **2** alles aufs Spiel setzen, etwas wagen; **Ha|sard|spiel** *s. 1* Glücksspiel
Hasch *s. Gen.* -(s) *nur Ez. ugs. Kurzform für* Haschisch
Ha|schee [frz.] *s. 9* Gericht aus feingeschnittenem Fleisch, z. B. Lungenhaschee
ha|schen *ugs.:* Haschisch rauchen; **Ha|scher** *m. 5 ugs.:* jmd., der (gewohnheitsmäßig) Haschisch raucht
ha|schie|ren zu Haschee verarbeiten
Ha|schisch [arab.] *s. Gen.* - *nur Ez.* aus einer Hanfart gewonnenes Rauschgift
Ha|se|lant [frz.] *m. 10 veraltet:* Spaßmacher, Possenreißer; **ha|se|lie|ren** Possen reißen, Spaß machen
Ha|tschek *s. 9 eindeutschende Schreibung für* Háček
Hat|schier *m. 1* → Hartschier
Hat-Trick [hæt-, engl.], **Hat|trick** *m. 9* **1** *Fußball:* dreimaliger Torschuß durch denselben Spieler; **2** *übertr.:* dreifacher Erfolg
Hau|bit|ze [tschech.] *w. 11* **1** *urspr.:* Steinschleuder; **2** *dann:* für Flach- und Steilfeuer verwendbares Geschütz
Haus|sa **1** *m. 9 oder Gen.* - *Mz.* - Angehöriger eines afrik. mohammedan. Negermischvolkes; **2** *s. Gen.* - *nur Ez.* dessen Sprache
Hausse [os, frz.] *w. 11* hoher Stand (von Aktien, Preisen); *Ggs.:* Baisse; **Haus|sier** [o:sje,

frz.] *m. 9* jmd., der an der Börse auf Hausse spekuliert; *Ggs.:* Baissier

Haute Coulture [o:t kutyr, frz.] *w. Gen. - - nur Ez.* das schöpferische Modeschaffen, bes. in Paris; **Haute Coultulrilier** [o:t kutyrie] *m. Gen. - -s Mz. - -s* Modeschöpfer; **Hautelfinance** [o:tfinãs] *w. Gen. - nur Ez.* auf Grund ihres Reichtums polit. u. wirtschaftl. Macht besitzende Gesellschaftsschicht, Hochfinanz; **Hautellisse** [o:tlis] *w. 11* Webart mit senkrechter Kette; *Ggs.:* Basselisse

Hautelvollee [o:tvɔle, frz.] *w. 11 nur Ez.* die vornehme Gesellschaft

Hautlgout [o:gu, frz.] *m. 9 nur Ez.* **1** intensiver Geschmack gut abgehangenen Wildbrets; **2** *übertr.:* Anrüchigkeit

Haut mal [o:mal, frz.] *s. Gen. - - nur Ez.* großer Anfall bei Epilepsie, Grand mal

Hautlrellilief [orəljɛf, auch: -ljɛf, frz.] *s. 9 oder s. 1* erhaben herausgearbeitetes Relief, Hochrelief; *Ggs.:* Basrelief

Haut-Saulternes [o:sotɛrn, nach der frz. Stadt Sauternes] *m. Gen. - nur Ez.* Weinsorte, ein weißer Bordeaux

Halvanlna [nach der Hauptstadt von Kuba] *w. 9* Zigarre aus Havannatabak; **Halvanlnaltalbak** *m. 1* eine feine kuban. Tabaksorte

Halvalrie [-va-, arab.-ital.] *w. 11* Unfall, Bruch (eines Schiffes oder seiner Ladung, eines Flugzeugs, *österr. auch:* eines Kraftfahrzeugs); H. erleiden; **halvalriert** beschädigt; **Halvalrist** *m. 10* Eigentümer eines havarierten Schiffes

Halvellock [-və-, nach dem engl. General Sir H. Havelock] *m. 9* Herrenmantel mit bis zum Ellenbogen reichendem Schulterkragen

Halvelrei [-və-] *w. 10* Unfallschäden und -kosten (eines Schiffes oder Flugzeugs)

Halzilenlda [span.] *w. 9* Farm, Landgut in Mittel- und Südamerika

Hb *Abk. für* Hämoglobin

HB *Abk. für* Brinellhärte

h. c. *Abk. für* honoris causa

He *chem. Zeichen für* Helium

h. e. *Abk. für* hoc est = das ist

Headlline [hɛdlain, engl.] *w. 9 engl. Bez. für* Schlagzeile

Healring [hi-, engl.] *s. 9* öffentliches Anhören von Sachverständigen, Anhörung

Healvilsidelschicht [hɛvisaid-, nach dem engl. Physiker O. Heaviside] *w. 10 nur Ez.* elektr. leitende Schicht der Atmosphäre

Helbelphrelnie [griech.] *w. 11* Jugendirresein, Vorform der Schizophrenie

Helbrailka *Mz.* Bücher, Bilder, Dokumente über die hebräische Geschichte und Kultur; **Helbrailkum** *s. Gen. -s nur Ez.* Prüfung im Hebräischen; **Helbralislmus** *m. Gen. - Mz. -men* in die hellenist. Literatur übernommene hebräische Spracheigentümlichkeit; **Helbraistik** *w. 10 nur Ez.* Wissenschaft von der hebräischen Sprache und Kultur

Heldolnik [griech.] *w. 10 nur Ez.*, **Heldolnismus** *m. Gen. - nur Ez.* altgriech. Lehre, nach der der Genuß Sinn und Ziel des menschlichen Handelns ist

Heldschra [arab. „Aufbruch"] *w. Gen. - nur Ez.* Übersiedlung Mohammeds von Mekka nach Medina im Jahr 622, Beginn der islam. Zeitrechnung

helgelmolnilal auf Hegemonie beruhend; **Helgelmolnie** [griech.] *w. 11* Vorherrschaft, Vormachtstellung; **helgelmolnisch** die Hegemonie besitzend

Heilduck [auch: hai-, ung.] *m. 10* **1** *urspr.:* ungar. Hirt; **2** *dann:* ungar. Söldner; **3** *im 18. Jh.:* Gerichtsdiener sowie Diener eines ungar. Fürsten

Helkaltomlbe [griech.] *w. 11* **1** *urspr.:* Opfer von 100 Stieren; **2** *übertr.:* riesige Menge

Hektlar [meist: hɛkt-, griech.] *s. 1, nach Zahlenangaben Mz. -* (*Abk.:* ha) Flächenmaß, 100 Ar; **Hektlare** *w. 11, schweiz. für* Hektar

Heklik [griech.] *w. 10 nur Ez.* **1** chronisches Fieber und Abmagerung (bes. bei Lungen-Tbc); **2** aufgeregte Betriebsamkeit und Eile; **heklitisch** **1** an Lungen-Tbc erkrankt, auf ihr beruhend; hektisches Fieber, hektische Röte; **2** fieberhaft aufgeregt, übersteigert betriebsam

Heklolgramm [griech.] *s. Gen. -s Mz. -* (*Abk.:* hg) 100 Gramm; **Heklolgraph** *m. 10* ein Vervielfältigungsapparat; **Heklolgralphie** *w. 11* ein Vervielfältigungsverfahren; **hekltolgralphielren** vervielfältigen; **Hekltollilter** *s. 5, ugs.: m. 5* (*Abk.:* hl) 100 Liter; **Hekltomelter** *s. 5* (*Abk.* hm) 100 Meter; **Hekltoster** *m. 5* (*Abk.:* hs) *veraltet:* 100 Ster, 100 m^3; **Hekltolwatt** *s. Gen. -s Mz. -* (*Abk.:* hw) 100 Watt

Hellanlca *s. Gen. - nur Ez.* Ⓦ ein elastisches, aus Nylon hergestelltes Garn

Hellilanlthelmum [griech.] *s. Gen. -s Mz. -themen* Sonnenröschen, ein Zierstrauch; **Helilanlthus** *m. Gen. - Mz. -then* Sonnenblume

Helllilkon [griech.] **1** *s. 9* ein Blechblasinstrument, Baßtuba; **2** *s. 9* altgriech. Saiteninstrument

Hellilkoplter [griech.] *m. 5* Hubschrauber

hellio..., **Hellio...** [griech.] *in Zus.:* sonnen..., Sonnen...; **Helliolfdor** *m. 1* ein Edelstein; **Helliolgraph** *m. 10* **1** astronom. Fernrohr mit Kamera für photograph. Aufnahmen der Sonne; **2** Gerät zur Nachrichtenübermittlung durch Blinkzeichen mittels Sonnenlicht; **Helliolgralphie** *w. 11* **1** Signale mit dem Heliographen; **2** ein Tiefdruckverfahren auf photomechan. Wege; **Helliolgralvülre** *w. 11* **1** ein Tiefdruckverfahren ohne Raster; **2** damit hergestellter Druck; **helliolphil** die Sonne liebend (von Tieren); **helliolphob** die Sonne meidend (von Tieren); **Helliolsis** *w. Gen. - nur Ez.* Sonnenstich; **Helliolskop** *s. 1* lichtabsorbierendes Gerät zur direkten Beobachtung der Sonne mit dem Fernrohr; **He|lio|stat** *m.10* Gerät mit Spiegeln, die durch ein Uhrwerk so bewegt werden, daß sie dem Sonnenlicht für Beobachtungen im Fernrohr stets die gleiche Richtung geben; **He|lio|the|ra|pie** *w.11* Heilbehandlung mit Sonnenlicht; **he|lio|trop** blaßlila; **He|lio|trop** *s.1* **1** Sonnenwende, eine Zimmerpflanze mit lila, nach Vanille duftenden Blüten; **2** ein blauvioletter Farbstoff; **3** *Geodäsie:* Sonnenspiegel zur Beobachtung entfernter Punkte; **4** *m.1* ein Mineral, Blutjaspis; **he|lio|tro|pisch** in der Wuchsrichtung sich nach dem Licht wendend; **He|lio|tro|pis|mus** *m. Gen. - nur Ez.* → Phototropismus; **he|lio|zen|trisch** auf die Sonne als Mittelpunkt bezogen; heliozentr. Weltsystem (des Kopernikus); **He|lio|zo|on** *s. Gen.* -s *Mz.* -zo|en Einzeller mit strahlenförmigen Fortsätzen, Sonnentierchen; **He|li|um** *s. Gen.* -s *nur Ez.* (*Zeichen:* He) ein chem. Element, ein Edelgas

He|lix [griech.] **1** *w. Gen.- Mz.* -li|ces [-tse:s], *Anat.:* umgebogener Rand der Ohrmuschel, Ohrleiste; **2** *nur Ez. Biol.:* die Wendelstruktur der Erbmoleküle

Hel|ko|lo|gie [griech.] *w.11 nur Ez.* Lehre von den Geschwüren; **Hel|ko|ma** *s. Gen.* -s *Mz.* -ma|ta Geschwür; **Hel|ko|se** *w.11* Geschwürbildung

Hel|le|bo|rus [griech.] *m. Gen. - nur Ez.* Nieswurz

Hel|le|ne *m.11 urspr.:* Einwohner der griech. Landschaft Hellas, *dann allg.:* Grieche; **hel|le|ni|sie|ren** nach griech. Vorbild gestalten; **Hel|le|nis|mus** *m. Gen. - nur Ez.* die Kulturepoche von Alexander dem Großen bis Augustus (325 v. Chr. bis 30 n. Chr.), gekennzeichnet durch die Verschmelzung griech., kleinasiat. und ägypt. Kulturelemente; **Hel|le|ni|stik** *w.10 nur Ez.* Wissenschaft vom Hellenismus

Hel|min|the [griech.] *w.11* Eingeweidewurm; **Hel|min|thia|sis** *w. Gen. - nur Ez.* Wurmkrankheit; **Hel|min|tho|lo|gie** *w.11 nur Ez.* Lehre von den Eingeweidewürmern; **Hel|min|tho|se** *w.11* → Helminthiasis

He|lo|phyt [griech.] *m.10,* Sumpfpflanze

He|lot [griech.] *m.10,* **He|lo|te** *m.11* **1** *im alten Sparta:* Staatssklave; **2** *übertr.:* Unterdrückter

Hel|ve|ti|ka [lat.] *Mz.* Bücher, Bilder, Dokumente über die Schweiz; **Hel|ve|tis|mus** *m. Gen. - Mz.* -men nur im dt. Sprachraum der Schweiz übl. Ausdruck; in eine andere Sprache übernommene schweizer. Spracheigentümlichkeit

He|mi|al|gie [griech.], **He|mi|kra|nie** *w.11* halbseitiger Kopfschmerz, Migräne

He|mi|ple|gie [griech.] *w.11* einseitige Körperlähmung; **He|mi|pte|re** *m.11 meist Mz.* Halbflügler, z. B. Wanze; **He|mi|sphä|re** *w.11* **1** eine Hälfte der Erd- oder Himmelskugel; nördliche, südliche Hemisphäre; **2** Hälfte des Groß- bzw. Kleinhirns

Hem|lock|tan|ne [engl.] *w.11* Schierlingstanne, ein Zierbaum

Hen|de|ka|gon [griech.] *s.1* Elfeck

Hen|dia|dy|oin [griech.] *s.1, auch:* **Hen|dia|dys** *s.1* Stilfigur, bei der statt eines Substantivs mit adjektivischem Attribut zwei durch „und" verbundene Substantive verwendet werden, z. B. „aus Bechern und Gold" statt „aus goldenen Bechern"

Hen|na [arab.] *w. Gen. - nur Ez.* **1** alter oriental. Kulturstrauch; **2** rotgelber Farbstoff aus **1** und Öl zum Einbalsamieren bzw. für Parfüm

Hen|nin [ɛnɛ̃, frz.] *s.9, 14./15. Jh. in Frankreich und den Niederlanden:* hohe, kegelförmige Kopfbedeckung für Frauen mit von der Spitze hinten herabhängendem Schleier

He|no|the|is|mus [griech.] *m. Gen. - nur Ez.* Verehrung eines bevorzugten Gottes, ohne das Dasein anderer Götter zu leugnen oder ihre Verehrung zu verbieten

Hen|ri-deux-Stil [ãridø-] *m.1 nur Ez.* Stilperiode während der frz. Renaissance zur Zeit Heinrichs II.; **Hen|ri|qua|tre** [ãrikatr(ə)] *m.9* Spitzbart mit aufwärts gedrehtem Schnurrbart zur Zeit Heinrichs IV. von Frankreich

Hen|ry [nach dem US-amerik. Physiker J. Henry] *s. Gen. - Mz. -* (*Abk.:* H) Einheit der Induktivität

He|or|to|lo|gie [griech.] *w.11 nur Ez.* Lehre von den kirchl. Festen und Feiertagen

He|pa|ti|ka [griech.] *w. Gen. - Mz.* -ken Leberblümchen; **he|pa|tisch** zur Leber gehörend, von ihr ausgehend; **He|pa|ti|tis** *w. Gen. - Mz.* -ti|ti|den Leberentzündung; **he|pa|to|gen** von der Leber ausgehend; **He|pa|to|gra|phie** *w.11* Röntgenaufnahme der Leber; **He|pa|to|pa|thie** *w.11* Leberleiden

Hep|ta|chord [-kɔrd, griech.] *m.1 oder s.1 Mus.:* Intervall von sieben diatonischen Stufen, große Septime; **Hep|ta|gon** *s.1* Siebeneck; **Hept|ame|ron** *s. Gen.* -s *nur Ez.* **1** die Schöpfungswoche; **2** dem Decamerone nachgestaltete Sammlung von an 7 Tagen erzählten Novellen von Margarete von Navarra; **Hep|ta|me|ter** *m.5* siebenfüßiger Vers; **Hep|tan** *s.1 nur Ez.* Kohlenwasserstoff mit sieben Kohlenstoffatomen; **Hep|ta|teuch** *m.1 nur Ez.* die ersten sieben Bücher des AT; **Hept|ode** *w.11* Elektronenröhre mit sieben Elektroden

He|ral|dik [frz.] *w.10 nur Ez.* Wappenkunde

her|aus|kri|stal|li|sie|ren sich h. *übertr.:* sich allmählich zeigen, deutlich werden, sich (aus etwas) bilden

her|aus|staf|fie|ren festlich ankleiden, herausputzen

Her|ba|ri|um [lat.] *s. Gen.* -s *Mz.* -ri|en Sammlung von getrockneten Pflanzen

Her|bi|vo|re [-vo-, lat.] *m.11* pflanzenfres-

sendes Tier; **Her|bi|zid** *s. 1* Unkrautvernichtungsmittel
he|re|di|tär [frz.] erblich; **He|re|di|tät** *w. 10* **1** Erblichkeit, Vererbung; **2** Erbfolge
He|re|ro 1 *m. 9 oder Gen. - Mz. -* Angehöriger eines südwestafrikan. Bantuvolkes; **2** *s. Gen.* -(s) *nur Ez.* dessen Sprache
Her|ku|les [nach dem griech. Halbgott und Sagenheld] sehr starker, großer Mensch; **her|ku|lisch 1** sehr stark; **2** schwer zu vollbringen (Arbeit)
Her Ma|je|sty [hə: mædʒisti, engl.] (*Abk.:* H. M.) *engl. Bez. für* Ihre Majestät (die englische Königin); **Her Ma|je|sty's ship** [hə: mædʒistiz ʃip] (*Abk.:* H. M. S.) Ihrer Majestät Schiff (Bez. für die britischen Kriegsschiffe); vgl. His Majesty
Herm|aphro|dis|mus *m. Gen. - nur Ez.* → Hermaphroditismus; **Herm|aphro|dit** [nach dem Sohn des griech. Gottes Hermes und der Aphrodite] *m. 10* Zwitter; **herm|aphro|di|tisch** zweigeschlechtlich, zwittrig; **Herm|aphro|di|tis|mus** *m. Gen. - nur Ez.* Zweigeschlechtlichkeit, Zwittrigkeit
Her|me [nach dem griech. Gott Hermes] *w. 11* Bildsäule mit viereckigem Schaft und ausgearbeitetem Kopf
Her|me|neu|tik [griech.] *w. 10 nur Ez.* Kunst der Deutung, Auslegung (von Kunstwerken, Texten, Musikstücken)
Her|me|ti|ker [griech.] *m. 5* **1** *urspr.:* Anhänger des ägypt.-griech. Gottes Hermes Trismegistos; **2** *dann auch:* Anhänger einer Geheimlehre, z. B. Alchimist, Magier; **her|me|tisch 1** wasser-, luftdicht (verschlossen); **2** geheimnisvoll, dunkel
Her|mi|ta|ge [ɛrmitaʒə, nach der frz. Weinbaugemarkung in der Dauphiné] eine rote Rebsorte
Her|nie [-njə, lat.] *w. 11* **1** Eingeweidebruch; **2** eine durch einen Pilz hervorgerufene Pflanzenkrankheit; **Her|nio|to|mie** [lat. + griech.] *w. 11* Operation einer Hernie **(1)**
He|roe [griech.] *m. 11* → Heros; **He|ro|en|kult** *m. 1* Heldenverehrung; **He|ro|ik** *w. 10 nur Ez.* Heldenhaftigkeit; **He|ro|in** *w. 10* Heldin; **He|ro|in** *s. 1 nur Ez.* ein Rauschgift; **He|roi|ne** *w. 11 Theater:* Darstellerin einer Heldinnenrolle; **He|roi|nis|mus** *m. Gen. - nur Ez.* Süchtigkeit nach Heroin; **he|ro|isch** heldenhaft, heldenmütig; heroische Landschaft *Malerei:* Landschaft mit myth. Figuren; heroischer Vers: epischer Vers, z. B. Hexameter, Blankvers; **he|roi|sie|ren** zum Helden erheben, verherrlichen; **He|ro|is|mus** *m. Gen. - nur Ez.* Heldenmut, Heldenhaftigkeit, Heldentum
He|rons|ball [nach dem altgriech. Mathematiker Heron] *m. 2* Gefäß, in dem durch Einblasen von Luft Wasser in die Höhe gedrückt wird
He|ro|on [griech.] *s. Gen.* -s *Mz.* -roa Tempel, Grabmal eines Heros, Kultstätte; **He|ros** *m. Gen. - Mz.* -ro|en Held, Halbgott
He|ro|strat [nach dem Griechen Herostratos, der in Ephesos den Artemistempel in Brand steckte, um berühmt zu werden] *m. 10* Verbrecher aus Ruhmsucht
Her|pes [griech.] *m. oder w. Gen. - nur Ez.* Bläschenausschlag; **Her|pes zo|ster** *m. oder w. Gen. - - nur Ez.* Gürtelrose
Her|pe|to|lo|gie [griech.] *w. 11 nur Ez.* Lehre von den Amphibien und Kriechtieren
He|spe|ri|den *Mz. griech. Myth.:* Nymphen, die die goldenen Äpfel des Lebens bewachen; **he|spe|ri|disch** westlich
Hes|si|an [-jən, engl.] *m. Gen.* -s *nur Ez.* grobes, naturfarbenes Juteleinen
He|tä|re [griech. „Freundin"] *w. 11, im alten Griechenland:* Freudenmädchen, (oft sehr gebildete) Geliebte bedeutender Männer; **He|tä|rie** *w. 11 im alten Griechenland:* (oft geheimer) polit. Verband
he|te|ro..., **He|te|ro...** [griech.] *in Zus.:* anders, fremd, ungleich; **He|te|ro|chro|mie** *w. 11* verschiedene Färbung, z. B. der Iris beider Augen; **He|te|ro|chro|mo|som** *s. 1* geschlechtsbestimmendes Chromosom; **he|te|ro|cy|clisch 1** *Chem.:* im Kohlenstoffring auch andere Atome enthaltend; **2** *Bot.:* verschiedenquirlig, verschiedenartige Blattkreise aufweisend; **he|te|ro|dox** andersgläubig, von der kirchlichen Lehrmeinung abweichend; **He|te|ro|do|xie** *w. 11* Irrglaube, Irrlehre; **he|te|ro|gen** andersartig, ungleich, nicht zusammenpassend; *Ggs.:* homogen; **He|te|ro|ge|ni|tät** *w. 10 nur Ez.* Anders-, Ungleichartigkeit; *Ggs.:* Homogenität; **He|te|ro|go|nie** *w. 11 nur Ez.* **1** Entstehung einer nicht beabsichtigten Wirkung; **2** *Biol.:* Wechsel zwischen einer sich geschlechtlich fortpflanzenden Generation und einer Generation aus unbefruchteten Keimzellen; *Ggs.:* Homogonie; **He|te|ro|kar|pie** *w. 11 nur Ez.* Vorkommen verschiedengestaltiger Früchte auf einer Pflanze; **he|te|ro|log** *Med.:* abnorm; **He|te|ro|lo|gie** *w. 11* Abweichung von der Norm; **he|te|ro|mer** aus verschiedenen Bestandteilen zusammengesetzt; **he|te|ro|morph** verschiedengestaltig; **He|te|ro|mor|phie** *w. 11 nur Ez.*, **He|te|ro|mor|phis|mus** *m. Gen. - nur Ez.* Ausbildung verschiedenartiger Formen; **He|te|ro|mor|pho|se** *w. 11, bei Pflanzen und Tieren:* Ersatz eines verlorengegangenen Organs durch ein anders aufgebautes; **he|te|ro|nom** von anderen, fremden Gesetzen abhängig; *Ggs.:* autonom; **He|te|ro|no|mie** *w. 11 nur Ez.* Abhängigkeit von fremden Gesetzen; *Ggs.:* Autonomie; **he|te|ro|phon** *Mus.:* im wesentlichen einstimmig, doch die Melodie leicht umspielend; **He|te|ro|pho|nie** *w. 11 nur Ez.* gleichzeitiges Erklingen einer Melodie durch verschiedene Stimmen oder Instrumente, wobei die Hauptstimme von den übrigen Stim-

men leicht umspielt wird, bes. in der südostasiat. Musik; vgl. Homophonie, Polyphonie; **He|te|ro|phyl|lie** *w. 11 nur Ez.* Vorkommen verschiedengestaltiger Blätter auf einer Pflanze; **He|te|ro|pla|stik** *w. 10* Verpflanzung von artfremdem (tierischem) Gewebe auf den Menschen; *Ggs.:* Homöoplastik; **he|te|ro|po|lar** entgegengesetzt elektrisch geladen; **He|te|ro|se|xua|li|tät** *w. 10 nur Ez.* sich auf das andere Geschlecht richtendes Geschlechtsempfinden; *Ggs.:* Homosexualität; **he|te|ro|se|xu|ell** auf das andere Geschlecht gerichtet, zum anderen Geschlecht hingezogen; *Ggs.:* homosexuell; **He|te|ro|sis** *w. Gen.- nur Ez.* üppigeres Wachstum der Tochtergeneration; **he|te|ro|trop** verschiedenartig beschaffen, verschiedengestaltig; **he|te|ro|troph** sich von organischen, von anderen Lebewesen stammenden Stoffen ernährend; *Ggs.:* autotroph; **He|te|ro|tro|phie** *w. 11 nur Ez.* Ernährung durch organische Stoffe anderer Lebewesen; *Ggs.:* Autotrophie; **He|ter|özie** *w. 11* → Diözie; **he|te|ro|zy|got** gemischterbig, mit ungleichen Erbanlagen; *Ggs.:* homozygot; **he|te|ro|zy|klisch** → heterocyclisch

He|thi|ter *m. 5* Angehöriger eines indogerman. Volkes in Kleinasien; **He|thi|to|lo|gie** *w. 11 nur Ez.* Wiss. von der Sprache und Kultur der Hethiter

Het|man [ukrain., poln.] *m. 1 oder m. 9* **1** Oberhaupt der Kosaken; **2** *im Königreich Polen:* Oberbefehlshaber

Het|ti|ter *m. 5* → Hethiter

heu|re|ka! [griech., angebl. Ausruf des Archimedes, als er das Gesetz des Auftriebs entdeckte] „ich hab's gefunden!"; **Heu|ri|stik** *w. 10 nur Ez.* Lehre von den Methoden zum Finden neuer Erkenntnisse

hex..., Hex..., he|xa..., He|xa... [griech.] *in Zus.:* sechs..., Sechs...; **He|xa|chord** [-kɔrd] *s. 1 oder m. 1* sechsstufige diatonische Tonleiter des Guido von Arezzo, Grundlage der Solmisation; **he|xa|disch** auf der Zahl 6 als Grundlage beruhend; **He|xa|eder** *m. 5 oder s. 5* regelmäßiger Körper mit sechs Flächen, Würfel; **he|xa|edrisch** sechsflächig; **He|xa|eme|ron** *s. Gen. -s nur Ez.* die sechs Tage der Schöpfung; **He|xa|gon** *s. 1* Sechseck; **he|xa|go|nal** sechseckig; **He|xa|gramm** *s. 1* sechsstrahliger Stern aus zwei gleichseitigen Dreiecken, Davidsstern; **Hex|ame|ron** *s. 9* dem Decamerone nachgebildeter Titel einer Sammlung von an sechs Tagen erzählten Novellen; **He|xa|me|ter** *m. 5* sechsfüßiger epischer Vers (meist sechs Daktylen); **He|xa|min** *s. 1 nur Ez.* ein Sprengstoff; **He|xan** *s. 1* aliphatischer Kohlenwasserstoff mit sechs Kohlenstoffatomen, Bestandteil des Erdöls; **hex|an|gu|lär** sechswinklig; **he|xa|plo|id** einen sechsfachen Chromosomensatz enthaltend; **He|xa|po|de** *m. 11* Sechsfüßer, Insekt; **He|xa|teuch** *m. 1 nur Ez.* die ersten sechs Bücher des AT; **he|xa|to|nisch** sechs Töne umfassend; **Hex|ite** *s. 1 Mz. Chem.:* sechswertige Alkohole; **Hex|ode** *w. 11* Elektronenröhre mit sechs Elektroden; **Hex|ose** *w. 11* einfacher Zucker mit sechs Sauerstoffatomen im Molekül

Hf *chem. Zeichen für* Hafnium

HF *Abk. für* Hochfrequenz

hg *Abk. für* Hektogramm

Hg 1 *chem. Zeichen für* Quecksilber (Hydrargyrum); **2** *Phys.: Zeichen für* Quecksilbersäule

Hia|tus [lat.] *m. Gen. - Mz. -* **1** *Med.:* Spalt, Öffnung; **2** *Sprachw.:* Zusammentreffen zweier Vokale am Ende des einen und am Anfang des folgenden Wortes (galt in der antiken Metrik als Mißklang) oder am Ende der einen und am Anfang der folgenden Silbe, z. B. mein*e* *E*ltern, Th*ea*ter; **3** *Geol.:* Sedimentlücke

Hi|ber|na|kel [lat.] *s. 14, bei vielen Wasserpflanzen:* Überwinterungsknospe; **hi|ber|nal** *veraltet:* winterlich; **Hi|ber|na|ti|on** [-tsjon] *w. 10* Überwinterung, Winterschlaf; *auch:* Heilschlaf

Hi|bis|kus [kelt.-lat.] *m. Gen.- Mz. -ken* ein Zierstrauch, Eibisch

hic et nunc [lat.] hier und jetzt

Hicko|ry (Hik|ko-) [indian.-engl.] *m. 9* nordamerik. Walnußbaum, dessen Holz bes. für Schier verwendet wird

Hic Rho|dus, hic sal|ta! [lat., „hier (ist) Rhodus, hier springe!", nach einer Fabel von Äsop] Hier zeige, was du kannst!, Jetzt gilt es!

Hi|dal|go [span.] *m. 9 früher:* Angehöriger des niederen span. und portugies. Adels

Hi|droa [griech.] *Mz.* Schwitzbläschen; **Hi|dro|ti|kum** *s. Gen. -s Mz. -ka* schweißtreibendes Mittel; **hi|dro|tisch** schweißtreibend

Hier|ar|chie [griech.] *w. 11* (bes. priesterliche) Rangordnung, *auch:* die in dieser Ordnung stehenden Personen; **hier|ar|chisch** in Stufen gegliedert; **hie|ra|tisch** priesterlich; hieratische Schrift: altägyptische, von den Priestern aus den Hieroglyphen entwickelte, vereinfachte Gebrauchsschrift; **Hie|ro|du|le** *m. 11 oder w. 11* altgriechische(r) Tempeldiener(in); **Hie|ro|gly|phe** *w. 11 meist Mz.* **1** Zeichen einer Bilderschrift, bes. der ägyptischen; **2** *ugs. scherzh.:* schwer lesbare Schrift; **hie|ro|gly|phisch 1** in Hieroglyphen (geschrieben); **2** *übertr.:* rätselhaft, nicht entzifferbar; **Hie|ro|kra|tie** *w. 11* Priesterherrschaft; **Hie|ro|man|tie** *w. 11 nur Ez.* Weissagung aus Tieropfern; **Hie|ro|phant** *m. 10* Oberpriester, der bei den Eleusinischen Mysterien die heiligen Bräuche erläuterte

Hi-Fi [haifai] *Abk. für* High Fidelity; **Hi-Fi-An|la|ge** *w. 11* aus Stereo-Plattenspieler (oft auch -Radio), Verstärker und zwei Stereo-Lautsprechern kombinierte Anlage

high [hai, engl. „hoch"] erhoben, im Rauschzustand (nach dem Genuß von Rauschgift); high sein; **High Church** [hai tʃə:tʃ] *w. Gen. - nur Ez.* (die englische) Hochkirche; **High Fi|de|li|ty** [hai faideliti, engl. „hohe Treue"] *w. Gen. - nur Ez. bei Schallplatten:* wirklichkeitsgetreue Wiedergabe durch Stereoton; **High|life** [hailaif] *s. Gen. -(s) nur Ez.* Leben der vornehmen Kreise, *auch:* Lebewelt; **High|light** [hailait] *s. 9* **1** Höhepunkt (eines Ereignisses); **2** Glanzlicht (auf Gemälden und Fotografien); **High School** [hai sku:l] *w. 9 in den USA:* höhere Schule; **High So|cie|ty** [hai səsaiəti] *w. Gen. - nur Ez.* die sog. gute (eigtl.: hohe) Gesellschaft; **High Sno|bie|ty** [hai snɔbaiəti] *w. Gen. - nur Ez. scherzh.:* der sich snobistisch aufführende Teil der High Society; **High Tea** [hai ti:] *m. Gen. -(s) nur Ez., in England:* leichter Imbiß am frühen Abend mit Tee und Kuchen; **High|way** [haiwei] *m. 9, engl. Bez. für* Landstraße, *in den USA für* Autobahn

Hi|jacker (-jak|ker) [haidʒækər, engl.] *m. 5* Flugzeugentführer; **Hi|jacking** (-jak|king) *s. Gen. -(s) nur Ez.* Flugzeugentführung

Hi|la *Mz. von* Hilum

Hi|la|ri|tät [lat.] *w. 10 nur Ez. veraltet:* Heiterkeit

Hill|bil|ly [amerik. „Hinterwäldler"] *m. 9* ländl. Bewohner der Südstaaten der USA; **Hill|bil|ly|mu|sic** [-mju:zik] *w. 10 nur Ez.* **1** ländl. Musik der nordamerik. Südstaaten; **2** auf die Musik der Cowboys zurückgehende, kommerzialisierte Musik

Hi|lum [lat.] *s. Gen. -s Mz. -la* Stelle, an der der Samen einer Pflanze am Samenträger befestigt ist, Pflanzennabel

Hi|lus [lat.] *m. Gen. - Mz. -li* Vertiefung an Organen, wo Nerven, Gefäße o. ä. ein- oder austreten; **Hi|lus|drü|se** *w. 11* Drüse am Hilus der Lunge

Hi|ma|ti|on [-tsjɔn, griech.] *s. Gen. -s Mz. -ti|en* [-tsjən] altgriech. Obergewand

Hi|na|ja|na, Hi|na|ya|na [sanskrit. „kleines Fahrzeug"] *s. Gen. -(s) nur Ez.* die ältere, südliche, strengere, mönchische Richtung des Buddhismus; vgl. Mahajana

Hin|di *s. Gen. - nur Ez.* neuindische Sprache, Amtssprache in Indien; **Hin|du** *m. 9* Angehöriger des Hinduismus; **Hin|du|is|mus** *m. Gen. - nur Ez.* aus dem Brahmanismus und Wedismus entwickelte indische Religion

Hin|du|sta|ni *s. Gen. - nur Ez.* neuindische Sprache mit zwei Formen, dem persisch beeinflußten Urdu und dem rein indischen Hindi

Hink|jam|bus *m. Gen. - Mz. -ben* → Choliambus

Hi|obs|bot|schaft [nach der Gestalt des Hiob im AT] *w. 10,* **Hi|obs|post** *w. Gen. - nur Ez.* Unglücks-, Schreckensnachricht

Hipp|ari|on [griech.] *s. Gen. -s Mz. -ri|en* fossiles Urpferd; **Hipp|ia|trik** *w. 10 nur Ez.* Pferdeheilkunde

Hip|pie [engl.] *m. 9* Angehöriger einer Bewegung von jungen Leuten, die durch Beseitigung bürgerlicher Tabus, gewaltlosen Widerstand und häufig Verwendung von Rauschdrogen gegen die bürgerliche Gesellschaft und deren Staat protestieren

Hip|po|drom [griech.] *s. 1* Reitbahn; **Hip|po|gryph** *m. 12 oder m. 10, bei den ital. Renaissancedichtern:* geflügeltes Roß mit Vogelkopf, entsprechend dem Pegasus

Hip|po|kra|ti|ker *m. 5* Anhänger des altgriech. Arztes Hippokrates und seiner Lehre; **hip|po|kra|tisch** von Hippokrates stammend; hippokratischer Eid: *urspr.* Eid auf die Gesetze der Ärztezunft; *danach allg.* Grundlage der ärztlichen Ethik; hippokratisches Gesicht: eingefallenes Gesicht Sterbender

Hip|po|lo|gie [griech.] *w. 11 nur Ez.* Wissenschaft vom Pferd; **Hip|po|po|ta|mus** *m. Gen. - Mz. -* Flußpferd; **Hipp|urit** *m. 10* fossile Muschel der Kreidezeit

Hip|ster [engl.] *m. 5* **1** Jazzfan; **2** jmd., der über alles Bescheid weiß, was neu und „in" ist

Hi|ra|ga|na [japan.] *w. Gen. - nur Ez. oder s. Gen. -(s) nur Ez.* aus den chinesischen Schriftzeichen entwickelte japanische Silbenschrift

His Ma|je|sty [hiz mædʒisti, engl.] (*Abk.:* H. M.) *engl. Bez. für* Seine Majestät (der englische König); **His Ma|je|sty's ship** [hiz mædʒistiz ʃip] (*Abk.:* H. M. S.) Seiner Majestät Schiff (Bez. für die britischen Kriegsschiffe); vgl. Her Majesty

Hi|spa|nic [-spænik] *m. 6* Einwanderer aus Lateinamerika in die USA, Latino

hi|spa|ni|sie|ren [lat.] nach spanischem Vorbild gestalten; **Hi|spa|nis|mus** *m. Gen. - Mz. -men* in eine andere Sprache übernommene spanische Spracheigentümlichkeit; **Hi|spa|nist** *m. 10* Wissenschaftler auf dem Gebiet der spanischen Sprache und Kultur

Hist|amin [zu Histidin und Amin] *s. 1* ein Gewebshormon; **Hi|sti|din** [griech.] *s. 1 nur Ez.* eine Aminosäure; **hi|stio|id** gewebeartig; **Hi|stio|zyt** *m. 10* wandernde Bindegewebszelle; **Hi|sto|ge|ne|se** *w. 11 nur Ez.,* **Hi|sto|ge|nie** *w. 11 nur Ez.* Entstehung und Entwicklung der Gewebe; **Hi|sto|lo|gie** *w. 11 nur Ez.* Wissenschaft von den Geweben, Gewebelehre; **Hi|sto|ly|se** *w. 11* Einschmelzung von Gewebe (bei Eiterungen); **Hi|sto|pa|tho|lo|gie** *w. 11 nur Ez.* Lehre vom kranken Gewebe

Hi|stör|chen [griech.] *s. 7* Klatschgeschichte; **Hi|sto|rie** [-riə] *w. 11* **1** *früher:* Erzählung, Bericht; **2** *heute:* Geschichte, Geschichtswissenschaft; **Hi|sto|ri|en|ma|le|rei** *w. 10* Malerei, die Motive aus der Geschichte oder aus Sagen darstellt; **Hi|sto|rik** *w. 10 nur Ez.* Wissenschaft von der Geschichtsforschung; **Hi|sto|ri|ker** *m. 5* Geschichtswissenschaftler; **Hi|sto|rio|graph** *m. 10* Geschichtsschreiber; **Hi|sto|rio|gra|phie** *w. 11 nur Ez.* Geschichtsschreibung; **hi|sto|risch** geschichtlich, überliefert; historisches Drama: historische Ereignisse darstellendes Drama; **hi|sto|ri|sie|ren** das Geschichtliche (einer Sache, eines Vorgangs) betonen; **Hi|sto|ris|mus** *m. Gen. - nur Ez.* Verstehen histor. Erscheinungen in ihrer Einmaligkeit und ihrem geschichtl. Zusammenhang; *auch:* Überbetonung des Geschichtlichen; **hi|sto|ri|stisch** auf Historismus beruhend; **Hi|sto|ri|zis|mus** *m. Gen. - nur Ez.* → Historismus

Hi|strio|ne [lat.] *m. 11* **1** *im alten Rom:* Schauspieler; **2** *im MA:* Gaukler

Hit [engl.] *m. 9* **1** erfolgreiches Musikstück, Schlager; **2** bes. erfolgreiche, allg. beliebte Sache; **3** Dosis Rauschgift

hitch|hi|ken [hịtʃhaikən, engl.] per Anhalter fahren, trampen

hl *Abk. für* Hektoliter

h. l. *Abk. für* hoc loco

hm *Abk. für* Hektometer

h. m. *Abk. für* huius mensis

H. M. *Abk. für* Her bzw. His Majesty

H. M. S. *Abk. für* Her bzw. His Majesty's ship

Ho *chem. Zeichen für* Holmium

Hob. *Abk. für* Hobokenverzeichnis

Hob|bock [engl.] *m. 9* großer Behälter aus Blech zum Versand von Fetten usw.

Hob|by [engl.] *s. 9* Steckenpferd, Liebhaberei; **Hob|by|raum** *m. 2* Bastelraum

Ho|boe *w. 11* → Oboe

Ho|bo|ken|ver|zeich|nis [nach dem ndrl. Musikforscher A. van Hoboken] *s. 1* (*Abk.:* Hob.) Verzeichnis der Werke J. Haydns mit Angabe der ersten Takte

hoc an|no [lat.] (*Abk.:* h. a.) *veraltet:* in diesem Jahr

hoc est [lat.] (*Abk.:* h. e.) *veraltet:* das ist

Hockey (Hok|key) [-ke, engl.] *s. Gen.* -(s) *nur Ez.* ein Rasen-Ballspiel zwischen zwei Mannschaften

hoc lo|co [lat.] (*Abk.:* h. l.) *veraltet:* an diesem Ort

Ho|do|me|ter [griech.] *s. 5* Schrittzähler, Wegmesser

Ho|dscha [pers.] *m. 9* mohammedan. Geistlicher

Ho|kus|po|kus [wohl aus verstümmelten lat. Formen] *m. Gen. - nur Ez.* **1** Zauberformel; **2** Täuschung, Blendwerk

Hol|ding|ge|sell|schaft [engl. holding company] *w. 10* Dach-, Kontrollgesellschaft, Gesellschaft, die Anteile anderer Unternehmen besitzt und diese dadurch beeinflussen kann; **Hol|ding|ge|setz** *s. 1 Bergbau, Eisen- und Stahlindustrie:* Gesetz über die Mitbestimmung der Arbeitnehmer

Ho|lis|mus [griech.] *m. Gen. - nur Ez.* eine biologisch-philosoph. Ganzheitslehre

Holk [engl.] *m. 1 oder m. 12 oder w. 1 oder w. 10, MA:* dreimastiges Segelschiff, *oft fälschlich für* Kogge

Hol|le|rith|ma|schi|ne [nach dem dt.-amerik. Erfinder] *w. 11* eine Lochkartenmaschine

Hol|mi|um [nach Stockholm] *s. Gen.* -s *nur Ez.* (*Zeichen:* Ho) chem. Element, seltenes Erdmetall

Ho|lo|caust [griech.] *m. 1, engl. Bez. für* Brandopfer, Zerstörung oder Massenmord durch Verbrennen

Ho|lo|eder [griech.] *m. 5* Kristall mit vollständig ausgebildeten Flächen; **Ho|lo|edrie** *w. 11 nur Ez., bei Kristallen:* volle Ausbildung aller Flächen

Ho|lo|gramm [griech.] *s. 1* → Holographie (**2**); **Ho|lo|gra|phie** *w. 11 nur Ez.* **1** photograph. Verfahren für räumliche Bilder; **2** mit diesem Verfahren hergestelltes Bild; **ho|lo|gra|phie|ren** *veraltet:* eigenhändig schreiben; **Ho|lo|gra|phon, Ho|lo|gra|phum** *s. Gen.* -s *Mz.* -pha *veraltet:* eigenhändig geschriebene Urkunde

ho|lo|kri|stal|lin [griech.] ganz kristallin (von Gesteinen)

Ho|lo|me|ta|bo|len [griech.] *Mz.* Insekten mit vollständiger Verwandlung; **Ho|lo|me|ta|bo|lie** *w. 11 nur Ez., bei Insekten:* vollständige Verwandlung einschließlich eines Puppenstadiums

Ho|lo|pha|ne|glas [griech.] *s. 4* Ⓦ Riffelglas

Ho|lo|si|de|rit [griech.] *m. 1* Meteorstein, der ganz aus Eisen- und Nickellegierungen besteht

Ho|lo|thu|rie [-rjə, griech.] *w. 11* Seewalze, ein Stachelhäuter

Ho|lo|zän [griech.] *s. 1 nur Ez.* obere Abteilung des Quartärs, Eiszeit bis Gegenwart, *frühere Bez.:* Alluvium

Home|land [houmlənd] *s. 9, in der Republik Südafrika:* negriden Stämmen eingeräumtes Gebiet mit innerer Autonomie

Ho|me|ri|de *m. 11* **1** *urspr.:* Angehöriger eines altgriech. Sängergeschlechts; **2** *dann:* Sänger der Gedichte Homers; **ho|me|risch** von Homer stammend, in der Art Homers; homerisches Gelächter *übertr.:* lautes, anhaltendes Gelächter

Home|rule [houmru:l, engl.] *w. Gen. - nur Ez.* Schlagwort für die Forderung nach Selbstregierung (bes. in Irland bis zum 1. Weltkrieg); **Home|spun** [houmspʌn, engl.] *s. 9* (urspr. in Heimindustrie hergestellter) grober Wollstoff; **Home|trai|ner** [houmtrɛi-] *m. 5* Sportgerät für häusl. Training

Ho|mi|let [griech.] *m. 10* **1** Kenner der Homiletik; **2** Kanzelredner, Prediger; **Ho|mi|le|tik** *w. 10 nur Ez.* Lehre von der Predigt und ihrer Geschichte; **Ho|mi|li|ar, Ho|mi|li|a|ri|um** *s. Gen.* -s *Mz.* -ri|en *MA:* Predigtsammlung;

Ho|mi|lie *w.11* erbauliche Auslegung eines Bibeltextes
Ho|mi|ni|de [lat. + griech.] *m.11 meist Mz.* Menschenartiger, Vertreter jeder ausgestorbenen oder heute noch lebenden Menschenrasse; **Ho|mi|ni|sa|ti|on** [-tsjon] *w.10 nur Ez.* die stammesgeschichtliche Entwicklung zum Menschen; **Ho|mi|nis|mus** *m. Gen. - nur Ez.* Lehre, daß alle Erkenntnis nur im Hinblick auf den Menschen Gültigkeit habe
Hom|mage [ɔmaʒ(ə), frz.] *w.11* Huldigung
Ho|mo [lat.] **1** *m. Gen. -s oder* Ho|mi|nis, *Mz.* Ho|mi|nes Mensch; Homo faber: technisch begabter Mensch; Homo sapiens: vernunftbegabter Mensch, *wissenschaftl. Bez. für:* der heutige Mensch; **2** [auch: hɔ-] *m.9 ugs. Kurzw. für* Homosexueller; **Ho|mo|ero|tik** *w.10 nur Ez.* → Homosexualität; **ho|mo|ero|tisch** → homosexuell; **ho|mo|gen** [griech.] gleichartig, übereinstimmend, in Einklang stehend, einheitlich; *Ggs.:* heterogen; **ho|mo|ge|ni|sie|ren** gleich machen, gut vermischen, gleichmäßig verteilen; **Ho|mo|ge|ni|tät** *w.10* Gleichartigkeit, Einheitlichkeit; *Ggs.:* Heterogenität; **Ho|mo|go|nie** *w.11 nur Ez.* Entstehung aus Gleichartigem; *Ggs.:* Heterogonie; **Ho|mo|gramm** *s.1,* **Ho|mo|graph** *s.1* Wort von gleicher Schreibung, aber verschiedener Aussprache und Bedeutung, z. B. Tenor und Tenor; **ho|mo|log** gleichliegend, gleichlautend, übereinstimmend, entsprechend; homologe Organe: Organe mit gleicher Entwicklungsgeschichte, z. B. Arm und Vogelflügel, Schwimmblase und Lunge; homologe Reihe: Gruppe chem. Verbindungen, bei denen sich jede von der vorangehenden um eine zusätzliche CH_2-Gruppe unterscheidet; **Ho|mo|log** *s.1* chem. Verbindung einer homologen Reihe; **Ho|mo|lo|gie** *w.11* Übereinstimmung, Entsprechung, Gleichartigkeit; **Ho|mo|lo|gu|me|non** *s. Gen. -s Mz. -na* als zum NT gehörend anerkannte Schrift; **hom|onym** gleich lautend, aber etwas anderes bedeutend, mehrdeutig; **Hom|onym** *s.1* Wort von gleicher Lautung, aber verschiedener Herkunft und Bedeutung, z. B. der Heide, die Heide
Ho|mö|onym [griech.] *s.1* ähnlich lautendes Wort, z. B. heimelig und heimlich; **Ho|möo|path** *m.10* nach den Regeln der Homöopathie behandelnder Arzt; *Ggs.:* Allopath; **Ho|möo|pa|thie** *w.11 nur Ez.* Heilverfahren, bei dem in kleinsten Dosen ein Mittel angewendet wird, das beim Gesunden die gleichen Krankheitserscheinungen hervorrufen würde, wie sie beim Kranken schon bestehen; *Ggs.:* Allopathie; **Ho|möo|pla|stik** *w.10* Ersatz verletzten oder verlorengegangenen Gewebes durch artgleiches; *Ggs.:* Heteroplastik; **ho|möo|therm** warmblütig, gleichbleibend warm; *Ggs.:* poikilotherm; **Ho|möo|ther|me** *Mz.* Tiere, deren Körpertemperatur auch bei Schwankungen der Umwelttemperatur gleich bleibt, Warmblüter; *Ggs.:* Poikilotherme
ho|mo|phil [griech.] → homosexuell; **Ho|mo|phi|lie** *w.11 nur Ez.* → Homosexualität; **ho|mo|phon** gleichstimmig, die Melodie betonend; **Ho|mo|phon** *s.1* Wort, das wie ein anderes gesprochen wird, aber eine andere Schreibung und Bedeutung hat, z. B. Leere und Lehre, Rain und rein; **Ho|mo|pho|nie** *w.11 nur Ez.* Kompositionsart, bei der die Melodiestimme im Vordergrund steht und die übrigen Stimmen sie nur unterstützen, Monodie; vgl. Heterophonie, Polyphonie; **Ho|mo|pla|stik** *w.10* → Homöoplastik; **Ho|mo|sei|ste** *w.11 Kartographie:* Linie, die Orte gleicher Erschütterung bei Erdbeben verbindet; **Ho|mo|se|xua|li|tät** *w.10 nur Ez.* auf Partner des gleichen Geschlechts gerichtete geschlechtliche Liebe; *Ggs.:* Heterosexualität; vgl. Bisexualität (**2**); **ho|mo|se|xu|ell** gleichgeschlechtlich, zu Partnern des gleichen Geschlechts hinneigend; *Ggs.:* heterosexuell; vgl. bisexuell; **ho|mo|zen|trisch** den gleichen Mittelpunkt habend; **ho|mo|zy|got** reinerbig, mit gleichen Erbanlagen; *Ggs.:* heterozygot
Ho|mun|ku|lus [lat. „Menschlein"] *m. Gen. - Mz. -li, in Goethes „Faust":* künstlich erzeugter, sehr kleiner Mensch
Ho|nan|sei|de [nach der chines. Provinz Honan] *w.11* handgewebter chines. Seidenstoff
ho|nen [engl.] feinschleifen
ho|nett [frz.] anständig, ehrenhaft
Ho|ni soit qui mal y pense [ɔni soa ki mal y pãs, frz.] Ein Schuft sei, wer etwas Schlechtes davon denkt (Inschrift des engl. Hosenbandordens)
Hon|neurs [ɔnœrs, frz.] *nur Mz.* **1** Ehrenbezeigung; die H. machen: Gäste begrüßen und vorstellen; **2** *Lomber und Whist:* die 4 bzw. 5 höchsten Karten
Hon|ni soit ... → Honi soit
ho|no|ra|bel [frz.] *veraltend:* ehrbar, ehrenwert, ehrenvoll; **Ho|no|rant** [lat.] *m.10* jmd., der anstelle des Bezogenen einen Wechsel annimmt oder honoriert; **Ho|no|rar** *s.1, bes. in freien Berufen:* Vergütung, Entgelt, Bezahlung; **Ho|no|rar|pro|fes|sor** *m.13* (*Abk.:* Hon.-Prof.) nicht im Beamtenverhältnis stehender Hochschulprofessor, der auf Grund bes. Leistungen einen Lehrauftrag bekommen hat; **Ho|no|rat** *m.10* jmd., für den ein anderer einen Wechsel honoriert; **Ho|no|ra|tio|ren** [-tsjo-] *nur Mz., bes. in kleinen Städten:* die angesehensten Bürger; **ho|no|rie|ren** bezahlen (Wechsel; *bei freien Berufen* Arbeit); *allg.:* entgelten, vergüten; *auch:* anerkennen (Bemühung); **ho|no|rig** *Stud.:* ehrenhaft, freigebig; **ho|no|ris cau|sa** ehrenhalber; vgl. Dr. h. c.
Hon|véd [hɔnve:d, ung.] **1** *m.9 seit 1868* ung. freiwilliger Landwehrsoldat; **2** *w.9 nur Ez.*

seit 1868 die ung. Landwehr; **3** *w. 9 nur Ez. seit 1918* das ung. Heer

Hook [huk, engl.] *m. 9 Boxen, engl. Bez. für* Haken; **hooked** [hukt] von einer harten Droge abhängig

Hoo|li|gan [huligən, engl. „Lümmel"] *m. 9* **1** Vertreter einer philosoph. oder relig. Richtung, der bestrebt ist, die Rechte anderer einzuschränken; **2** roher, gewalttätiger Mensch, Rowdy; **Hoo|li|ga|nis|mus** *m. Gen. - nur Ez.* Rowdytum, ungesetzliches Verhalten

Ho|ra [griech.] Stunde; *im Dt. nur als Zeichen* h *oder* ^{h}, *z. B.* kWh: Kilowattstunde, 5^{h}: fünf Uhr; **Ho|ra, Ho|re** *w. Gen. - Mz.* -ren *kath. Kirche:* Zeit des Stundengebets sowie dieses selbst; **Ho|ren** **1** *Mz. von* Hora; **2** *nur Mz. griech. Myth.:* die Göttinnen der Jahreszeiten

Ho|ri|zont [griech.] *m. 1* **1** scheinbare Linie, die den Himmel von der Meeres- oder Landoberfläche trennt, Gesichtskreis; **2** *Geol.:* eine durch bestimmte Versteinerungen gekennzeichnete Schicht; diese Schicht umfassender Zeitabschnitt; **3** *übertr.:* Umfang der geistigen Interessen und Bildung; einen engen oder weiten H. haben; **ho|ri|zon|tal** waagerecht; *Ggs.:* vertikal; **Ho|ri|zon|ta|le** *w. 11* waagerechte Gerade oder Lage, Waagerechte; *Ggs.:* Vertikale; **ho|ri|zon|tie|ren** *Geol.:* zeitlich in Beziehung zueinander bringen

Hor|mon [griech.] *s. 1* von den Drüsen mit innerer Sekretion gebildeter, bestimmte körperl. Funktionen regelnder Wirkstoff; **hor|mo|nal, hor|mo|nell** auf Hormonen beruhend

Horn|pipe [hornpaip, engl.] *w. 9* **1** altes, aus einem Tierhorn hergestelltes Blasinstrument; **2** *bis 18. Jh.:* engl. Volkstanz

Ho|ro|log [griech.] *s. 1,* **Ho|ro|lo|gi|um** *s. Gen. -s Mz. -gi|en veraltet:* Stundenanzeiger, Uhr

Ho|ro|skop [griech.] *s. 1* Aufzeichnung der Stellung der Gestirne bei der Geburt eines Menschen zur Charakterdeutung und Zukunftsvorhersage

hor|rend [lat.] **1** schrecklich; **2** ungeheuer, übermäßig; horrende Forderungen, Preise; **hor|ri|bel** *veraltet:* schrecklich, grauenhaft; horribile dictu: schrecklich zu sagen (als Einleitung zu einer Schilderung); **Hor|ror** **1** *m. Gen. -s nur Ez.* Abscheu, Grauen; einen H. vor etwas haben; Horror vacui: Scheu vor dem Leeren; **2** → Horror-Trip; **Hor|ror-Trip** [lat.-engl.] *m. 9* Rauschzustand nach Drogengenuß mit Schreckensvorstellungen

hors con|cours [ɔr kõkur, frz.] außer Wettbewerb; bei einem Rennen h. c. laufen

Hors|d'œuvre [ɔ:rdœvrə, frz.] *s. 9* Vorspeise

Horse [hors, engl. „Pferd"] *s. Gen. - nur Ez. ugs. für* Heroin (als Rauschgift)

ho|san|na!, ho|si|an|na! Freudenruf, urspr. beim Einzug Jesu in Jerusalem; **Ho|si|an|na** *s. 9* Bittruf in der christlichen Liturgie

Hos|pi|tal [lat.] *s. 4 oder s. 1, veraltet, noch schweiz.:* Krankenhaus, Altenpflegeheim; **Hos|pi|ta|lis|mus** *m. Gen. - nur Ez.* **1** körperliche, geistige und seelische Schäden durch andauernden Krankenhaus- oder (bei Kindern) Heimaufenthalt; **2** zusätzl. Erkrankung eines Patienten im Krankenhaus durch Infektion; **Hos|pi|ta|lit** *m. 10 veraltet:* Insasse eines Hospitals; **Hos|pi|ta|li|tät** *w. 10 nur Ez. veraltet:* Gastfreundschaft; **Hos|pi|tant** *m. 10* **1** Gasthörer (an einer Hochschule oder in der Fraktionssitzung einer anderen Partei); **2** Studienreferendar als Zuhörer bei einer Unterrichtsstunde; **hos|pi|tie|ren** als Gast zuhören; **Hospiz** *s. 1* (urspr. von Mönchen errichtetes) Übernachtungsheim, christl. Gasthaus

Hos|po|dar *m. 1 oder m. 10 früher:* Titel slawischer Fürsten in der Moldau und Walachei

Ho|steß [auch: hɔ-, engl.] *w. 10* **1** Fremdenführerin, Betreuerin von Gästen (bei großen Veranstaltungen, in Ausstellungen usw.); **2** städt. Angestellte, die Fremden Auskünfte erteilt; **3** *in den USA:* Bardame

Ho|stie [-stjə, lat. „Opfer(tier)"] *w. 11* geweihtes, ungesäuertes Abendmahlsbrot in Form einer kleinen Oblate

ho|stil [lat.] feindlich, feindselig; **Ho|sti|li|tät** *w. 10 nur Ez.* Feindseligkeit

Hot [Kurzw. aus Hot Jazz] *m. 9* Improvisation und scharfe Synkopierung einer Melodie

Hot Dog [hɔt dɔg, engl. „heißer Hund"] *m. Gen. - -s Mz. - -s* in eine Semmel gestecktes, mit Ketchup gewürztes heißes Würstchen

Ho|tel [frz.] *s. 9* Betrieb, in dem gegen Entgelt Übernachtung u. Verpflegung für gehobene Ansprüche geboten werden; **Ho|tel gar|ni** *s. Gen. - - Mz. -s -s* [-tɛl -ni] Hotel, in dem man nur übernachten und frühstücken kann; **Ho|te|lier** [-lje] *m. 9* Besitzer oder Leiter eines Hotels; **Ho|tel|le|rie** *w. 11 nur Ez.* Hotel-, Gaststättengewerbe

Hot Jazz [hɔt dʒæs] *m. Gen. - - nur Ez.* der scharf akzentuierende Improvisationsstil des Jazz in seiner Blütezeit zwischen 1920 und 1930; **Hot Mo|ney** [hɔt mʌni] *s. Gen. - -(s) nur Ez.* fluktuierende Gelder, die je nach Wechselkurs zur stabileren Währung wandern; **Hot Pants** [hɔt pænts, engl. „heiße Höschen"] *Mz.* sehr kurze Damenshorts

hot|ten Hot tanzen

Hot|ten|tot|te [kapholländ.] *m. 11* Angehöriger eines süd- und südwestafrik. Negervolkes

House of Com|mons [haus ɔv kɔmənz] *s. Gen. - - - nur Ez.* das Unterhaus im englischen Parlament; **House of Lords** [haus ɔv lɔrdz] *s. Gen. - - - nur Ez.* das Oberhaus im englischen Parlament

Ho|ver|craft [-kra:ft, engl.] *s. 9, Gen. auch -* Fahrzeug, das unmittelbar über dem Wasser wie auf einem Luftkissen schwebt

HP *Abk. für* horse-power (Pferdestärke, PS)

hs *Abk. für* Hektoster
Hu|er|ta [wẹrta, span.] *w. 9, in Süd- und Ostspanien:* künstlich bewässertes Ackerland
Hu|ge|not|te [frz.] *m. 11, im alten Frankreich:* Protestant
hu|ius an|ni [lat.] *auch:* hu|jus an|ni (*Abk.:* h. a.) dieses Jahres; **hu|ius men|sis,** *auch:* hu|jus men|sis (*Abk.:* h. m.) dieses Monats
Hu|ka [arab.] *w. 9* indische Wasserpfeife
Huk|boot [engl.] *s. 1,* **Hu|ker** *m. 5* größeres Fischerboot der Hochseefischerei mit umlegbarem Mast
Hu|la [hawaiisch] *w. oder m. 9 urspr.* kultischer Tanz der Eingeborenen von Hawaii
Hulk → Holk
hu|man [lat.] menschlich, menschenfreundlich, menschenwürdig; *Ggs.:* inhuman; **Hu|man|bio|lo|gie** *w. 11 nur Ez.* Bereich der Biologie, der sich mit dem Menschen befaßt; **Human En|gi|nee|ring** [jumən ẹndʒini:riŋ, engl.] *s. Gen. - - nur Ez.* Untersuchung und Berücksichtigung der psycholog. Voraussetzungen des Menschen bei der Gestaltung von Arbeitsplätzen und Arbeitsabläufen; **Hu|man|ge|ne|tik** *w. 10 nur Ez.* Wiss. von der Vererbung beim Menschen; **Hu|ma|nio|ra** *Mz. veraltet* **1** klassische Bildung, Studium des klassischen Altertums; **2** Schrifttum des klassischen Altertums, die klassischen Fächer, *auch:* Prüfung darin; **hu|ma|ni|sie|ren** human, menschlich machen; **Hu|ma|nis|mus** *m. Gen. - nur Ez.* **1** Menschlichkeit, Achtung vor der Menschenwürde; **2** im 13.–16. Jh. europäische geistige Strömung, die nach Wiederbelebung der Kulturwerte des griech.-röm. Altertums strebte, im 18. Jh. neue Blüte dieser Strömung: Neuhumanismus; **Hu|ma|nist** *m. 10* **1** Vertreter des Humanismus; **2** Kenner des griech.-röm. Altertums, bes. seiner Sprachen; **3** jmd., der ein humanist. Gymnasium besucht hat; **hu|ma|ni|stisch** auf dem Humanismus (**2**) beruhend, von ihm ausgehend; humanistisches Gymnasium: Gymnasium mit Griechisch und Latein; **hu|ma|ni|tär** menschenfreundlich, wohltätig; **Hu|ma|ni|tät** *w. 10 nur Ez.* edle Menschlichkeit, Gesinnung und Verhaltensweise, die sich der Würde des Menschen verpflichtet fühlt; *Ggs.:* Inhumanität; **Hu|man|me|di|zin** *w. 10 nur Ez.* Bereich der Medizin, der sich mit dem Menschen befaßt, im Unterschied zur Tiermedizin; **Hu|man Re|la|tions** [jumən rileiʃnz, engl.] *Mz.* die Beziehungen der Menschen zueinander, bes. als Forschungsgegenstand der Soziologie
Hum|bug [engl.] *m. Gen. -s nur Ez.* Täuschung, Blendwerk, Aufschneiderei
Hu|me|ra|le [lat.] *s. Gen. -s Mz. -lia oder -li|en* Schultertuch des kath. Priesters
hu|mid [lat.], **hu|mi|de** feucht, niederschlagsreich (Klima, Gebiet)
Hu|mi|fi|ka|ti|on [-tsjon, lat.] *w. 10 nur Ez.* Vermoderung, Humusbildung; **hu|mi|fi|zie|ren** vermodern lassen, zu Humus werden lassen
hu|mil [lat.] *veraltet* **1** niedrig; **2** demütig; **hu|mi|li|ant** *veraltet:* demütigend; **Hu|mi|lia|ti|on** [-tsjon] *w. 10 veraltet:* Demütigung; **Hu|mi|li|tät** *w. 10 nur Ez. veraltet:* Demut
Hu|min|säu|re [lat.] *w. 11 nur Ez.* aus Resten abgestorbener Lebewesen im Boden sich bildende Säure; **Hu|mit** *m. 1,* **Hu|mo|lith** [lat. + griech.] *m. 1 oder m. 10* Humusgestein, Humuskohle
Hu|mor [lat.] *m. Gen. -s nur Ez.* geistig überlegene Heiterkeit, heitere seelische Gelassenheit; **Hu|mor** *m. Gen. -s Mz. -mo|res* [-re:s] *Med.:* Körperflüssigkeit, Körpersaft; **hu|mo|ral** auf den Körpersäften beruhend, durch sie bewirkt; **Hu|mo|ral|pa|tho|lo|gie** *w. 11 nur Ez.* antike Lehre, daß alle Krankheiten durch fehlerhafte Zusammensetzung der Körpersäfte verursacht würden; **Hu|mo|res|ke** *w. 11* kurze, humorvolle Erzählung, kurzes, heiteres Musikstück; **hu|mo|rig** humorvoll, launig; **Hu|mo|rist** *m. 10* Verfasser oder Rezitator humorvoller Erzählungen oder Verse; **Hu|mo|ri|sti|kum** *s. Gen. -s Mz. -ka* etwas Humorvolles; **hu|mo|ri|stisch** mit Humor, voller Humor
hu|mos [lat.] humusreich; **Hu|mus** *m. Gen. - nur Ez.* die oberste, fruchtbare Schicht des Erdbodens
Hun|dred|weight [hʌndrədweit] *s. Gen. - Mz. -(s)* → Centweight
Hun|ga|ri|ka *Mz.* Bücher, Bilder usw. über Ungarn
Hun|ter [hʌn-, engl.] *m. 5* engl. Jagdpferd, engl. Jagdhund
Hu|ri [arab.] *w. 9 im Islam:* schöne Paradiesjungfrau
Hu|ro|ne *m. 11* Angehöriger eines nordamerik. Indianerstammes
Hur|ri|kan [engl.: hʌrikən, indian.] *m. 1* Wirbelsturm in Mittelamerika
Hu|sar [ung.] *m. 10* **1** *urspr.:* berittener ung. Soldat; **2** *dann allg.:* Angehöriger der leichten Kavallerie; **Hu|sa|ren|streich** *m. 1,* **Hu|sa|ren|stück** *s. 1* tollkühne Tat
Hus|ky [hʌs-, engl.] *m. 9* Polarhund
Hus|sit *m. 10* Anhänger des Hussitismus; **Hus|si|tis|mus** *m. Gen. - nur Ez.* Lehre und Bewegung des tschech. Reformators J. Hus
HV *Abk. für* Vickershärte
Hya|den *Mz. griech. Myth.:* Wassernymphen
hya|lin [griech.] glasartig, glasig durchsichtig; **Hya|lin** *s. 1* **1** glasige Eiweißmasse; **2** glasiges Vulkangestein; **Hya|lit** *m. 1* ein Mineral, Glasopal; **Hya|lo|gra|phie** *w. 11* Glasradierung; **hya|lo|id** glasartig; **Hya|lo|phan** *s. 1* ein Mineral, Kalifeldspat
Hyä|ne [griech.] *w. 11* ein Raubtier
Hya|zinth [griech.] *m. 1* ein Edelstein; **Hya|zin|the** *w. 11* eine Zierpflanze
hy|brid [lat.] **1** von zweierlei Abkunft,

zwitterartig; **2** *übertr.:* hochmütig, überheblich; **Hy|bri|de** *m.11 oder w.11* aus einer Kreuzung hervorgegangener Bastard; **Hy|bri|di|sa|ti|on** [-tsjon] *w.10* Kreuzung, Bastardisierung; **hy|bri|di|sie|ren** kreuzen; **Hy|brid|rechner** *m.5* Kombination aus Analog- und Digitalrechner

Hy|bris [griech.] *w. Gen. - nur Ez. in der Antike:* frevelhafte Selbstüberhebung, bes. den Göttern gegenüber

Hyd|ar|thro|se *w.11* → Hydrarthrose; **hy|da|to|gen** *Geol.:* aus wäßriger Lösung oder unter Mitwirkung von Wasser entstanden (Mineral, Ablagerung)

hydr…, Hydr… → hydro…, Hydro…

Hy|dra [griech.] *w. Gen. - Mz. -dren* ein Süßwasserpolyp; **hydr|ago|gisch** *Med.:* Wasser abführend; **Hydr|ago|gum** *s. Gen. -s Mz. -ga Med.:* die Wasserausscheidung anregendes Mittel; **Hydr|ämie** *w.11* erhöhter Wassergehalt des Blutes; **Hy|drant** *m.10* Wasserzapfstelle auf der Straße; **Hydr|ar|gy|rum** *s. Gen. -s nur Ez.* (*chem. Zeichen:* Hg) Quecksilber; **Hydr|ar|thro|se** *w.11* Gelenkwassersucht; **Hy|drat** *s.1* Wasser enthaltende organische oder anorganische Verbindung; **Hy|dra|ta|ti|on, Hy|dra|ti|on** [-tsjon] *w.10* Bildung von Hydraten; **hy|dra|ti|sie|ren** in Hydrat verwandeln

Hy|drau|lik [griech.] *w.10 nur Ez.* Lehre von der Bewegung von Flüssigkeiten, von der Wasserkraft; **hy|drau|lisch** auf Flüssigkeitsdruck beruhend, dadurch betrieben, mit Wasserantrieb; **Hy|dra|zin** *s.1* chem. Verbindung aus Stickstoff und Wasserstoff; **Hy|dria** *w. Gen. - Mz. -dri|en* altgriech. Wasserkrug mit zwei waagerechten und einem senkrechten Henkel; **Hy|drid** *s.1* chem. Verbindung aus Wasserstoff und einem anderen Element; **hy|drie|ren** Wasserstoff unter Mitwirkung von Katalysatoren (an eine chem. Verbindung) anlagern

hy|dro…, Hy|dro… [griech.] *in Zus.:* wasser…, Wasser…; **Hy|dro|bio|lo|gie** *w.11 nur Ez.* Lehre von den im Wasser lebenden Lebewesen; **Hy|dro|dy|na|mik** *w.10 nur Ez.* Lehre von den strömenden Flüssigkeiten; **hy|dro|elek|trisch** Elektrizität durch Wasserkraft erzeugend; **hy|dro|en|er|ge|tisch** durch Wasserkraft Energie erzeugend; **hy|dro|gam** im Wasser befruchtend; **hy|dro|gen** aus Wasser abgeschieden; **Hy|dro|gen** *s.1 nur Ez.*, **Hy|dro|ge|ni|um** *s. Gen. -s nur Ez.* (*chem. Zeichen:* H) Wasserstoff; **Hy|dro|geo|lo|gie** *w.11 nur Ez.* Bereich der Geologie, der sich mit dem Wasserhaushalt des Bodens befaßt, Grundwassergeologie; **Hy|dro|gra|phie** *w.11 i. w. S.:* Lehre vom Kreislauf des Wassers; *i. e. S.:* Gewässerkunde des Festlandes; **Hy|dro|kar|bo|nat** *s.1* doppeltkohlensaures Salz; **Hy|dro|ke|pha|le** *m.11* → Hydrozephale; **Hy|dro|kul|tur** *w.10* → Hydroponik; **Hy|dro|la|se** *w.11 meist Mz.* Enzym, das unter Wasseraufnahme chem. Verbindungen spaltet; **Hy|dro|lo|gie** *w.11 nur Ez.* Lehre vom Wasser auf und unter der Erde; **Hy|dro|lo|gi|um** *s. Gen. -s Mz. -gi|en, früher:* Wasseruhr, Gerät, das sich in einer bestimmten Zeit mit Wasser füllt oder von Wasser leert; **Hy|dro|ly|se** *w.11* Spaltung chem. Verbindungen unter Mitwirkung von Wasser; **hy|dro|ly|tisch** durch Hydrolyse bewirkt, auf ihr beruhend; **Hy|dro|me|cha|nik** *w.10 nur Ez.* Lehre und techn. Anwendung von den strömenden und ruhenden Flüssigkeiten; **Hy|dro|me|teo|re** *m.1 Mz.* Niederschlag aus der Atmosphäre, z. B. Regen; **Hy|dro|me|ter** *s.5* Gerät zum Messen der Geschwindigkeit strömenden Wassers, Wassermesser; **Hy|dro|me|trie** *w.11 nur Ez.* alle Meßarbeiten an Wasser; **Hy|dro|na|li|um** *s. Gen. -s nur Ez.* Ⓦz seewasserbeständige Aluminium-Magnesium-Legierung; **Hy|dro|ne|phro|se** *w.11* Erweiterung der Niere durch Harnstauung, Stauungsniere, Sackniere; **Hy|dro|pa|thie** *w.11 nur Ez.* Anwendung von Wasser zu Heilzwecken, Wasserheilkunde; **hy|dro|phil** **1** *Chem.:* wasseraufnehmend, wasseranziehend; **2** wasserliebend (von Tieren und Pflanzen); **Hy|dro|phi|lie** *w.11 nur Ez.* **1** Bestreben, Wasser aufzunehmen; **2** Vorliebe für Wasser; **hy|dro|phob** **1** *Chem.:* Wasser abstoßend, nicht in Wasser löslich; **2** Wasser meidend, wasserscheu (von Menschen, Tieren und Pflanzen); **Hy|dro|pho|bie** *w.11 nur Ez.* Wasserscheu; **hy|dro|pho|bie|ren** wasserabstoßend machen (Textilien); **Hy|dro|phor** *m.1* Ⓦz Feuerlöschgerät, das Wasser ansaugt und der Feuerspritze zuführt; **Hy|dro|pho|re** *w.11, altgriech. Kunst:* Wasserträgerin; **Hy|droph|thal|mus** *m. Gen. - nur Ez.* Augenwassersucht; **Hy|dro|phyt** *m.10* Wasserpflanze; **hy|dro|pisch** an Hydropsie leidend, wassersüchtig; **Hy|dro|plan** *m.1* **1** Wasserflugzeug; **2** Gleitboot; **hy|dro|pneu|ma|tisch** durch Wasser und Luft angetrieben; **Hy|dro|po|nik** *w.10 nur Ez.* Pflanzenaufzucht ohne Erde in Nährlösung, Wasserkultur, Hydrokultur; **Hy|drop|sie** *w.11* Wassersucht; **Hy|dro|sphä|re** *w.11 nur Ez.* Wasserhülle der Erde; **Hy|dro|sta|tik** *w.10 nur Ez.* Lehre von den ruhenden Flüssigkeiten und ihren im Gleichgewicht befindlichen Kräften; **hy|dro|sta|tisch** auf Hydrostatik beruhend; hydrostatischer Druck: Druck einer unbewegten Flüssigkeit auf eine Fläche; **Hy|dro|tech|nik** *w.10 nur Ez.* Wasserbautechnik; **Hy|dro|the|ra|pie** *w.11* Behandlung mit Wasser zu Heilzwecken, Wasserheilverfahren; **Hy|dro|tho|rax** *m. Gen. - nur Ez.* Wasseransammlung im Brustfellraum, Brustwassersucht; **Hy|dro|xid** *s.1* chem. Verbindung, die eine oder mehrere Hydroxylgruppen enthält; **Hy|dro|xyl|grup|pe** *w.11* Wasserstoff-Sauerstoff-Gruppe; **Hy|dro|ze|le** *w.11* entzündliche Flüssigkeitsansammlung, bes. an den Hoden; **Hy|dro|ze|pha|le** *m.11,* **Hy|dro|ze|pha|lus** *m. Gen.- Mz.* -pha|len Wasserkopf; **Hy|dro|zo|on** *s. Gen.* -s *Mz.*-zo|en Hohltier; **Hy|dru|rie** *w.11* erhöhter Wassergehalt des Harns

Hye|to|graph [griech.] *m.10 veraltet* Regenmesser; **Hye|to|gra|phie** *w.11 nur Ez.* Messung und Beschreibung der Menge und Verteilung von Niederschlägen; **Hye|to|me|ter** *s.5* Regenmesser

Hy|gie|ne [griech.] *w.11 nur Ez.* **1** Lehre von der Gesundheit; **2** Pflege der Gesundheit, Sauberkeit; **Hy|gie|ni|ker** *m.5* **1** Wissenschaftler der Hygiene; **2** Fachmann in der öffentlichen Gesundheitsfürsorge; **hy|gie|nisch** auf Hygiene beruhend, sie fördernd

Hy|gro|gramm [griech.] *s.1* Aufzeichnung eines Hygrometers; **Hy|gro|graph** *m.10*→ Hygrometer; **Hy|grom** *s.1* Wasser- oder Schleimgeschwulst bei Schleimbeutelentzündung; **Hy|gro|me|ter** *s.5* Gerät zum Messen der Luftfeuchtigkeit, Hygrograph; **hy|gro|phil** Feuchtigkeit liebend (von Pflanzen); *Ggs.:* xerophil; **Hy|gro|phi|lie** *w.11 nur Ez.* Vorliebe für Feuchtigkeit; *Ggs.:* Xerophilie; **Hy|gro|phyt** *m.10* Feuchtigkeit liebende Pflanze; *Ggs.:* Xerophyt; **Hy|gro|skop** *s.1* Gerät zum Schätzen der Luftfeuchtigkeit nach dem Augenschein; **hy|gro|sko|pisch** *Chem.:* Wasser anziehend; **Hy|gro|sko|pi|zi|tät** *w.10 nur Ez. Chem.:* Fähigkeit, Wasser anzuziehen und aufzunehmen; **Hy|gro|stat** *m.10 oder m.12* Gerät zum Aufrechterhalten einer bestimmten Luftfeuchtigkeit

Hy|läa [griech.] *w. Gen. - nur Ez.* trop. Regenwald (bes. am Amazonas)

Hy|le [griech. „Holz, Wald"] *w.11 nur Ez. altgriech. Naturphilosophie:* Stoff, Materie, Substanz, Urstoff; **hy|lisch** stofflich, materiell, körperlich; **Hy|lis|mus** *m. Gen. - nur Ez.* Lehre, daß der Stoff die alleinige Grundlage der Wirklichkeit sei; **hy|lo|trop** bei gleicher chem. Zusammensetzung in eine andere Form umwandelbar; **Hy|lo|tro|pie** *w.11 nur Ez.* Fähigkeit eines Stoffes, ohne Änderung der chem. Zusammensetzung in eine andere Form überzugehen, z. B. von Wasser in Wasserdampf oder Eis

Hy|men [griech.] **1** *s.7* ringförmiges Häutchen am Scheideneingang, Jungfernhäutchen; **2** *m. 7* altgriech. Hochzeitslied; **Hy|me|no|pte|re** *m. 11 meist Mz.* Hautflügler

Hym|nar [griech.] *s.1, Mz. auch* -ri|en, **Hym|na|ri|um** *s. Gen.* -s *Mz.* -ri|en nach den kirchlichen Feiertagen geordnete liturg. Hymnensammlung; **Hym|ne** *w.11* **1** geistlicher Lobgesang; **2** preisendes weltl. Gedicht; **Hym|nik** *w.10 nur Ez.* hymnische Art, Kunstform der Hymne; **Hym|ni|ker** *m.5* Hymnendichter; **hym|nisch** **1** in der Art einer Hymne; **2** *übertr.:* überschwenglich, übertrieben lobend; **Hym|no|de** *m.11* altgriech. Hymnendichter; **Hym|no|lo|gie** *w.11 nur Ez.* Wissenschaft von den (bes. christlichen) Hymnen; **Hym|nos** *m. Gen. - Mz.* -nen *griech. Form von* Hymnus, Hymne; **Hym|nus** *m. Gen. - Mz.* -nen *lat. Form von* Hymne

Hy|os|cya|min [griech.], **Hy|os|zya|min** *s.1* Alkaloid mancher Nachtschattengewächse, Heilmittel gegen Augenkrankheiten

hyp..., **Hyp...** *vor Vokalen* → hypo ..., Hypo...

Hyp|al|ge|sie [griech.] *w.11* herabgesetzte Schmerzempfindlichkeit; *Ggs.:* Hyperalgesie; **Hyp|äs|the|sie** *w.11 nur Ez.* herabgesetzte Berührungsempfindlichkeit; *Ggs.:* Hyperästhesie

hy|per..., **Hy|per...** [griech.] *in Zus.:* über..., übermäßig, Über...; *Ggs.:* hypo..., Hypo...

Hy|per|al|ge|sie [griech.] *w.11 nur Ez.* gesteigerte Schmerzempfindlichkeit; *Ggs.:* Hypalgesie; **Hy|per|ämie** *w.11* gesteigerte Durchblutung eines Körperbezirks; **Hy|per|äs|the|sie** *w.11 nur Ez.* gesteigerte Berührungsempfindlichkeit; *Ggs.:* Hypästhesie; **hy|per|äs|the|tisch** überempfindlich (bei Berührungen)

Hy|per|bel [griech.] *w.11* **1** *Math.:* ein Kegelschnitt; **2** *Rhetorik:* Übertreibung; **hy|per|bo|lisch** in der Art einer Hyperbel, übertreibend; **Hy|per|bo|lo|id** *m.1* Fläche, die durch Drehung einer Hyperbel um ihre Achse entsteht

Hy|per|bo|re|er *m.5 bei den alten Griechen:* Angehöriger eines im hohen Norden vermuteten Volkes

Hy|per|chro|ma|to|se [griech.] *w.11* gesteigerte Pigmentbildung; **Hy|per|chro|mie** *nur Ez.* erhöhter Farbstoffgehalt der roten Blutkörperchen; *Ggs.:* Hypochromie; **Hy|per|dak|ty|lie** *w.11* Bildung von überzähligen Fingern oder Zehen; *Ggs.:* Hypodaktylie; **Hy|per|funk|ti|on** *w.10* Überfunktion (eines Organs); *Ggs.:* Hypofunktion; **Hy|per|glyk|ämie** *w.11 nur Ez.* erhöhter Blutzuckergehalt; *Ggs.:* Hypoglykämie; **Hy|per|hi|dro|se, Hyper|hi|dro|sis** *w. Gen. - nur Ez.* krankhaft gesteigerte Schweißabsonderung; **hy|per|kor|rekt** überkorrekt, z. B. die für korrekt gehaltene, übertriebene Aussprache von Wörtern von jmdm., der normalerweise Dialekt spricht, z. B. „tichten" statt „dichten" oder die Aussprache des h in „ich se-he es"; **hy|per|kri|tisch** übertrieben kritisch; **Hy|per|kul|tur** *w.10 nur Ez.* übermäßige Verfeinerung, Überfeinerung; **hy|per|man|gan|sau|er** übermangansauer; **Hy|per|me|tro|pie** *w.11 nur Ez.* Weitsichtigkeit; **hy|per|mo|dern** übertrieben modern; **Hy|per|on** *s.13* Elementarteilchen aus der Gruppe der Baryonen; **Hy|per|pla|sie** *w.11 nur Ez.* gesteigertes Wachstum von Gewebe oder Organen; *Ggs.:* Hypoplasie; **Hy|per|so|mie** *w.11* übermäßiges Wachstum, Riesenwuchs; *Ggs.:* Hyposomie;

Hy|per|sten *m.1* ein Mineral; **Hy|per|ten|si|on** *w.10 nur Ez.* → Hypertonie; **Hy|per|thy|mie** übermäßig gehobene Stimmung; **Hy|per|to|nie** *w.11 nur Ez.* **1** gesteigerte Muskelspannung; **2** erhöhter Blutdruck; *Ggs.:* Hypotonie; **Hy|per|to|ni|ker** *m.5* jmd., der an Hypertonie leidet; **hy|per|troph** **1** übermäßig vergrößert (Organ, Körpergewebe); **2** *übertr.:* überheblich, übermäßig selbstbewußt; **Hy|per|tro|phie** *w.11* übermäßige Vergrößerung, gesteigertes Wachstum (von Geweben, Organen); *Ggs.:* Hypotrophie; **Hy|per|vit|ami|no|se** *w.11* Erkrankung infolge übermäßiger Vitaminzufuhr; *Ggs.:* Hypovitaminose

Hy|phe [griech.] *w.11 Bot.:* Pilzfaden; vgl. Myzel; **Hy|phen** *s.7 antike Gramm.* **1** Zusammenfügung zweier Wörter zu einem Kompositum; **2** der dazu verwendete Bindestrich

Hyp|no|pä|die [griech.] *w.11 nur Ez.* Schlaflernmethode; **Hyp|no|se** *w.11* durch Suggestion herbeigeführter, schlafähnl. Zustand, wobei eine starke seel. Abhängigkeit vom Hypnotiseur besteht; **Hyp|no|sie** *w.11* Schlafkrankheit; **Hyp|no|the|ra|pie** *w.11 nur Ez.* Psychotherapie mittels Hypnose; **Hyp|no|ti|kum** *s. Gen.* -s *Mz.* -ka Schlafmittel; **hyp|no|tisch** auf Hypnose beruhend, durch sie bewirkt; **Hyp|no|ti|seur** [-sør] *m.1* jmd., der einen anderen in Hypnose versetzt; **hyp|no|ti|sie|ren** in Hypnose versetzen; **Hyp|no|tis|mus** *m. Gen. - nur Ez.* **1** Lehre von der Hypnose; **2** Beeinflussung

hy|po..., **Hy|po...** [griech.] *in Zus.:* unter..., Unter...; *Ggs.:* hyper..., Hyper...

Hy|po|chon|der [-xɔn-, griech.] *m.5* mißmutiger, schwermütiger, oft an eingebildeten Krankheiten leidender Mensch; **Hy|po|chon|drie** *w.11 nur Ez.* Schwermut, Mißmut, die Einbildung, krank zu sein; **Hy|po|chro|mie** *w.11 nur Ez.* verminderter Farbstoffgehalt des Blutes; *Ggs.:* Hyperchromie; **Hy|po|dak|ty|lie** *w.11* angeborenes Fehlen von Fingern oder Zehen; *Ggs.:* Hyperdaktylie; **Hy|po|derm** *s.1* unter der Oberhaut liegende Zellschicht, Unterhaut; **hy|po|der|ma|tisch** unter der Haut (liegend); **Hy|po|funk|ti|on** *w.10* Unterfunktion (eines Organs); *Ggs.:* Hyperfunktion; **Hy|po|ga|stri|um** *s. Gen.* -s *Mz.* -stri|en Unterleib; **Hy|po|gä|um** *s. Gen.* -s *Mz.* -gä|en unterirdischer Kultraum; **Hy|po|gly|kä|mie** *w.11 nur Ez.* verminderter Blutzuckergehalt; *Ggs.:* Hyperglykämie; **hy|po|gyn** *Bot.:* unterständig (von Blüten mit oberständigem Fruchtknoten); **hy|po|kau|stisch** durch Hypokaustum (beheizt); **Hy|po|kau|stum** *s. Gen.* -s *Mz.* -sten *im Altertum und MA:* Heizanlage unter dem Fußboden; **Hy|po|ko|tyl** *s.11* Keimstengel; **Hy|po|kri|sie** *w.11 nur Ez.* Heuchelei, Scheinheiligkeit; **Hy|po|krit** *m.10* Heuchler; **Hy|po|phy|se** *w.11* **1** Hirnanhangsdrüse; **2** *bei Blütenpflanzen:* Zelle, die im Samen den Keimling mit dem Keimträger verbindet; **Hy|po|pla|sie** *w.11 nur Ez.* vermindertes Wachstum von Gewebe oder Organen; *Ggs.:* Hyperplasie; **hy|po|som** von zu kleinem Wuchs; **Hy|po|so|mie** *w.11 nur Ez.* zu geringes Wachstum, Kleinwuchs; *Ggs.:* Hypersomie; **Hy|po|sta|se** *w.11* **1** Grundlage, Substanz; **2** Stoff, Gegenstand (einer Abhandlung); **3** Personifizierung einer göttlichen Eigenschaft (z. B. Gerechtigkeit) und ihre Verwandlung in ein göttliches oder halbgöttliches Wesen; **4** Übergang eines unflektierbaren Wortes oder eines Wortkomplexes in ein flektierbares Wort, z. B. barfuß – barfüßig, über Nacht – übernachten, weh – ein weher Finger; **hy|po|sta|sie|ren** vergegenständlichen, verselbständigen, personifizieren; **hy|po|sta|tisch** auf Hypostase beruhend, in der Art einer Hypostase; **Hy|po|sty|lon** *s. Gen.* -s *Mz.* -la, **Hy|po|sty|los** *m. Gen. - Mz.* -loi überdeckter Säulengang, Säulenhalle; **hy|po|tak|tisch** in der Art einer Hypotaxe, unterordnend; *Ggs.:* parataktisch; **Hy|po|ta|xe** *w.11* **1** mittlerer Grad der Hypnose; **2** Unterordnung eines Satzes oder Satzteils unter einen anderen, Satzgefüge; *Ggs.:* Parataxe; **Hy|po|ten|si|on** *w.10* → Hypotonie; **Hy|po|te|nu|se** *w.11, im rechtwinkligen Dreieck:* die dem rechten Winkel gegenüberliegende Seite; **Hy|po|thek** *w.10* durch eine Zahlung erworbenes Recht an einem Grundstück; **Hy|po|the|kar** *m.1* Hypothekengläubiger; **hy|po|the|ka|risch** auf einer Hypothek beruhend; **Hy|po|the|ken|brief** *m.1* Urkunde über eine Hypothek; **Hy|po|the|se** *w.11* unbewiesene (wissenschaftliche) Voraussetzung, Annahme; **hy|po|the|tisch** auf bloßer Annahme beruhend, bedingt; *Ggs.:* kategorisch; **Hy|po|to|nie** *w.11 nur Ez.* **1** verminderte Muskelspannung; **2** verminderter Blutdruck; *Ggs.:* Hypertonie; **Hy|po|tra|che|li|on** [-xe-] *s. Gen.* -s *Mz.* -li|en Teil der Säule unter dem Kapitell, Säulenhals; **Hy|po|tro|phie** *w.11* mangelhafte Ernährung, mangelhafte Entwicklung (von Geweben oder Organen); *Ggs.:* Hypertrophie; **Hy|po|vit|ami|no|se** *w.11* Vitaminmangelkrankheit; *Ggs.:* Hypervitaminose; **Hy|po|zen|trum** *s. Gen.*-s *Mz.* -tren Stelle unter der Erdoberfläche, von der ein Erdbeben ausgeht, Erdbebenherd

Hyp|so|me|ter [griech.] *s.5* Gerät, das auf Grund des mit zunehmender Höhe sinkenden Siedepunktes des Wassers die Höhe eines Ortes mißt, Siedethermometer; **Hyp|so|me|trie** *w.11 nur Ez.* Höhenmessung mit dem Hypsometer

Hy|ster|ek|to|mie [griech.] *w.11* operative Entfernung der Gebärmutter

Hy|ste|re|se [griech.] *w.11*, **Hy|ste|re|sis** *w. Gen. - nur Ez.* Zurückbleiben der Magnetisierung eines ferromagnet. Materials gegenüber dem die Magnetisierung verursachenden äußeren Feld

Hy|ste|rie [griech.] *w.11* eine Gruppe seelischer und/oder seelisch-körperlicher Störungen; **Hy|ste|ri|ker** *m.5* jmd., der an Hysterie leidet; **hy|ste|risch** **1** auf Hysterie beruhend; **2** übertrieben leicht erregbar, übertrieben erregt; **hy|ste|ro|id** hysterieähnlich (z. B. von Anfällen)

Hy|ste|ron-Pro|te|ron [griech. „das Spätere (ist) das Frühere"] *s. Gen.* -s *Mz.* Hystera-Protera **1** Scheinbeweis, Beweis aus einem Satz, der selbst erst noch bewiesen werden muß; **2** Redefigur, bei der ein zeitlich späterer Gedanke an erster Stelle steht

Hy|ste|ro|pto|se [griech.] *w.11* Gebärmuttervorfall; **Hy|ste|ro|sko|pie** *w.11* Untersuchung der Gebärmutter mit einem Gebärmutterspiegel; **Hy|ste|ro|to|mie** *w.11* operative Öffnung der Gebärmutter, Gebärmutterschnitt

I

i *Math.: Zeichen für die* Einheit der imaginären Zahlen (= Quadratwurzel aus minus eins)
I *röm. Zahlzeichen für* eins
Iam|bus *m. Gen. - Mz.* -ben → Jambus
Ia|trik [griech.] *w. Gen. - nur Ez.* Heilkunst, Heilkunde; **Ia|tro|che|mie** *w. 11 nur Ez.* die von Paracelsus begründete medizinische Lehre, daß alle Lebens- und durch Medikamente bewirkten Heilungsvorgänge auf chem. Prozessen beruhen; **ia|tro|gen** durch ärztliche Behandlung bewirkt; **Ia|tro|mu|sik** *w. 10 nur Ez. 17./18. Jh.:* Heilmusik
ib., ibd. *Abk. für* ibidem
Ibe|rer 1 [nach Iberus, dem lat. Namen für Ebro] *m. 5* Angehöriger eines vorindogerman. Volkes auf der Pyrenäenhalbinsel; **2** Angehöriger eines ausgestorbenen Volkes südlich des Kaukasus
Ibe|ris [griech.] *w. Gen. - Mz.* -ren Schleifenblume
ibe|ro|ame|ri|ka|nisch [lat.] lateinamerikanisch; **ibe|ro-ame|ri|ka|nisch** Lateinamerika einerseits und Spanien und Portugal andererseits betreffend
ibid. *Abk. für* ibidem; **ibi|dem** [lat.] (*Abk.:* ib., ibd., ibid.) am angeführten Ort, ebenda
Ibis [ägypt.] *m. 1* ein Schreitvogel mit sichelförmig nach unten gebogenem Schnabel
Ibn [arab.] *vor arab. Personennamen:* Sohn des . . ., z. B. Ibn Saud
IC *Abk. für* Intercity-Zug
Ich|neu|mon [griech.] *s. 9 oder s. 1 oder m. 9 oder m. 1* eine nordafrik.-kleinasiat. Schleichkatze, Manguste; **Ich|neu|mo|ni|den** *Mz.* Schlupfwespen
Ich|no|gramm [griech.] *s. 1 Med.:* Aufzeichnung der Fuß-, Gangspur
Ichor [içor, griech.] *s. Gen. -s nur Ez.* **1** *bei Homer:* Lebenssaft der Götter (statt des Blutes); **2** aus Geschwüren sich absondernde Flüssigkeit; **3** grobkörnige magmatische Schmelze
Ich|thyo|dont [griech.] *m. 10* versteinerter Fischzahn; **Ich|thy|ol** *s. 1 nur Ez.* aus bituminösem Schiefer gewonnene, ölige Flüssigkeit zur Behandlung von Hauterkrankungen, Furunkeln usw.; **Ich|thyo|lith** *m. 10* versteinerter Fischrest; **Ich|thyo|lo|gie** *w. 11 nur Ez.* Fischkunde; **Ich|thyo|pha|ge** *m. 11* Fischesser, Angehöriger eines Volkes, das sich überwiegend von Fisch ernährt; **Ich|thyo|sau|ri|er** *m. 5,* **Ich|thyo|sau|rus** *m. Gen. - Mz.* -ri|er Fischechse, Meeresreptil des Erdmittelalters; **Ich|thyo|se** *w. 11,* **Ich|thyo|sis** *w. Gen. - Mz.* -sen ein Hautleiden, Fischschuppenkrankheit

Id [griech.] *s. 1* Erbeinheit, das lebendige Ganze des Idioplasmas
ide|al [griech.] **1** nur in der Vorstellung existierend, nur gedacht; **2** mustergültig, vollkommen; **Ide|al** *s. 1* vollkommenes Vorbild, Richtschnur, Leitgedanke; **idea|lisch** *veraltet* → ideal; **idea|li|sie|ren** einem Ideal angleichen, verklären, verschönern; **Idea|lis|mus** *m. Gen. - nur Ez.* **1** Glauben an, Streben nach Idealen; von Idealen bestimmte Weltanschauung und Lebensführung; **2** philosoph. Anschauung, daß es die Wirklichkeit nur im Geistigen gebe und alles Materielle nur ihre äußere Erscheinungsform sei; **Idea|list** *m. 10* **1** jmd., der nach Idealen strebt; **2** Anhänger des philosoph. Idealismus; **idea|li|stisch** auf dem Idealismus beruhend; in der Art eines Idealisten, an Ideale glaubend und etwas wirklichkeitsfern; **Idea|li|tät** *w. 10 nur Ez.* **1** ideale Beschaffenheit; **2** das Sein nur als Idee, als Vorstellung; **Ide|al|kon|kur|renz** *w. 10* Tateinheit, Verletzung mehrerer Strafgesetze zugleich; **Idea|ti|on** [-tsjon] *w. 10* Bildung einer Idee, einer Vorstellung, eines Begriffs; **Idee** *w. 11* **1** Urform, Urbild; **2** Begriff; **3** geistiger Gehalt, einem Kunstwerk oder Plan o. ä. zugrunde liegender Gedanke; **4** Einfall, Gedanke; **5** *ugs.:* sehr kleine Menge; **ide|ell** nur gedacht, geistig; **Ide|en|as|so|zia|ti|on** [-tsjo:n] *w. 10* Verbindung, Verknüpfung von Vorstellungen
idem [lat.] (*Abk.:* id.) der-, dasselbe
Iden [lat.] *m. Mz., Ez.:* Idus, *im altröm. Kalender:* die Mitte des Monats, 13. oder 15. Tag des Monats
Iden|ti|fi|ka|ti|on [-tsjon, lat.] *w. 10* **1** Feststellung der Identität; **2** Gleichsetzung; **iden|ti|fi|zie|ren** jmdn. i.: feststellen, wer jmd. ist, jmdn. wiedererkennen; etwas als Tatwaffe, als Werk Mozarts i.: erkennen; sich mit etwas i.: vom Wert oder von der Richtigkeit von etwas überzeugt sein (und sich deshalb dafür einsetzen); **iden|tisch** ein und dasselbe, ein und dieselbe Person; A. ist mit B. identisch; **Iden|ti|tät** *w. 10 nur Ez.* **1** völlige Gleichheit, Übereinstimmung, Wesenseinheit; jmds. I. feststellen: feststellen, wer jmd. ist bzw. ob er wirklich derjenige ist, als der er sich ausgibt oder für den man ihn hält; **2** die als leiblich-seelisch-geistige Einheit erlebte eigene, ihrer selbst bewußte Persönlichkeit; **Iden|ti|täts|aus|weis** *m. 1,* **Iden|ti|täts|kar|te** *w. 11 österr.:* Personalausweis
Ideo|gramm [griech.] *s. 1* Schriftzeichen, das einen ganzen Begriff ausdrückt, z. B. die Zeichen der chines. Schrift, die Hierogly-

phen; **Ideo|gra|phie** *w.11* Begriffsschrift; **Ideo|lo|ge** *m.11* Vertreter einer Ideologie; **Ideo|lo|gie** *w.11* Gesamtheit der Auffassungen und Denkvorstellungen einer Gesellschaftsgruppe oder -schicht; **Ideo|mo|to|rik** *w.10 nur Ez.* Bewegungen, die durch Vorstellungen bewirkt, aber unbewußt ausgeführt werden

id est [lat.] (*Abk.:* i. e.) das ist, das heißt

Idio|blast [griech.] *m.10 Bot.:* abweichende Zelle in einem Gewebeverband; **idio|chro-ma|tisch** eigenfarbig, nicht gefärbt, farblich der Substanz entsprechend; *Ggs.:* allochromatisch; **Idio|gramm** *s.1* **1** eigenhändige Unterschrift; **2** *Biol.:* schemat. Darstellung eines Chromosomensatzes; **idio|gra|phisch 1** eigenhändig; **2** das Einmalige, Besondere beschreibend (von Wissenschaften); **Idio|kra|sie** *w.11* → Idiosynkrasie; **Idio|la|trie** *w.11 nur Ez.* Selbstvergötterung, Selbstanbetung; **Idio|lekt** *m.1* besondere Ausdrucksweise, Spracheigentümlichkeit eines einzelnen; **Idiom** *s.1* einer bestimmten Sprache oder Mundart eigentümliche Redewendung oder Ausdrucksweise, Spracheigentümlichkeit (*auch:* eines Menschen); **Idio|ma|tik** *w.10* **1** Zweig der Sprachwissenschaft, der sich mit den Idiomen befaßt; **2** Gesamtheit der Idiome (einer Sprache oder Mundart); **idio-ma|tisch** nur in einer bestimmten Sprache oder Mundart vorkommend; **idio|morph** in einer eigenen, für Minerale typischen Form ausgebildet (von Kristallen), automorph; **idio|pa|thisch** von selbst entstanden (Krankheit); *Ggs.:* traumatisch; **Idio|phon** *s.1* Musikinstrument, das nach Schlagen, Zupfen oder Streichen selbst weiterklingt, z. B. Gong, Maultrommel, Glasharmonika; **Idio-plas|ma** *s. Gen.* -s *nur Ez.* Keimplasma; **Idio-som** *s.12* → Chromosom; **Idio|syn|kra|sie** *w.11* **1** Überempfindlichkeit gegen bestimmte Stoffe; **2** Abneigung, Widerwille (bes. gegen bestimmte Nahrungsmittel); **idio|syn|kra-tisch 1** überempfindlich; **2** von Widerwillen erfüllt

Idi|ot [griech.] *m.10* **1** schwachsinniger Mensch; **2** *ugs.:* Dummkopf, Trottel; **Idio|tie** *w.11 nur Ez.* **1** Schwachsinn, völlige Bildungsunfähigkeit; **2** *ugs.:* Unsinn, Unsinnigkeit; **Idio|ti|kon** *s. Gen.* -s *Mz.* -ka *oder* -ken Mundartenwörterbuch; **idio|tisch 1** schwachsinnig; **2** *ugs.:* unsinnig, blödsinnig; **Idio|tis-mus 1** *m. Gen. - nur Ez.* → Idiotie; **2** *m. Gen. - Mz.* -men Äußerung der Idiotie; **3** *m. Gen. - Mz.* -men → Idiom; **Idio|typ** *m.12* Gesamtheit der Erbanlagen, Erbgut; vgl. Genotyp, Phänotyp; **idio|ty|pisch** erblich, von den Erbanlagen bedingt

Ido|kras [griech.] *m.1* ein Mineral

Idol [griech.] *s.1* **1** Götzenbild; **2** *übertr.:* Abgott, verehrter, vergötterter Mensch; **Ido-la|trie, Ido|lo|la|trie** *w.11 nur Ez.* Verehrung von Götterbildern, Götzendienst, Ikonodulie, Ikonolatrie

Idyll [griech.] *s.1* **1** Bild oder Zustand friedlich-beschaul. Lebens (meist in ländl. Umgebung); **2** *übertr. scherzh.:* komisch-beschauliches Bild; **Idyl|le** *w.11* Schilderung eines Idylls (**1**), Hirten-, Schäferdichtung

i. e. *Abk. für* id est

i. f. *Abk. für* ipse fecit

Ig|lu, Ig|lo *m.9 oder s.9* runde Schneehütte der Eskimos

Igno|ra|mus et igno|ra|bi|mus [lat.] Wir wissen (es) nicht, und wir werden (es auch) nicht wissen (sprichwörtlich gewordener Ausdruck für die Unlösbarkeit der Welträtsel nach dem Ausspruch des dt. Naturwissenschaftlers Du Bois-Reymond)

Igno|rant [lat.] *m.10* Unwissender, jmd., der sich nicht um Wissen und Erkenntnis bemüht; **Igno|ranz** Unwissenheit aus mangelndem Erkenntnisdrang; **igno|rie|ren** nicht wissen wollen, absichtlich nicht beachten

Igu|an|odon [span. + griech.] *s.9* halbaufrechtes Landreptil der europ. Kreidezeit

IHS *in Handschriften und auf frühchristlichen Bildern: latinisierte Abk. der griech. Form des Namens* „Jesus", *auch gedeutet als:* in hoc salus; **I. H. S.** *Abk. für* in hoc salus *oder:* in hoc signo

Ike|ba|na [jap.] *s. Gen. - nur Ez.* die japan. Kunst des symbolhaften Blumenordnens

Iko|ne [griech.] *w.11* Heiligenbild (auf Holz) der Ostkirche; **Iko|no|du|lie** *w.11 nur Ez.* → Idolatrie; **Iko|no|gra|phie** *w.11 nur Ez.* **1** Wissenschaft der Beschreibung und Bestimmung von antiken Bildnissen; **2** Lehre von den Darstellungsinhalten und der Bedeutung von alten, bes. christl. Bildern und ihrer Figuren, Ikonologie; **Iko|no|klas|mus** *m. Gen. - nur Ez.* Zerstörung von Heiligenbildern, bes. im 8. Jh. und in der Reformation, Bildersturm; **Iko|no|klast** *m.10* Anhänger des Ikonoklasmus, Bilderstürmer; **Iko|no|la|trie** *w.11 nur Ez.* → Idolatrie; **Iko|no|lo|gie** *w.11 nur Ez.* → Ikonographie (**2**); **Iko|no-me|ter** *s.5* Rahmensucher (an der Kamera); **Iko|no|skop** *s.1* Fernsehaufnahmeröhre; **Iko|no|stas** *m.1,* **Iko|no|sta|se** *w.11,* **Iko|no-sta|sis** *w. Gen. - Mz.* -sen, *in griech.-orthodoxen Kirchen:* den Altarraum vom Gemeinderaum trennende, dreitürige, mit Ikonen bedeckte Wand

Iko|sa|eder [griech.] *m.5* von 20 gleichseitigen Dreiecken begrenzter Körper

ik|te|risch [griech.] an Ikterus leidend; **Ik|te-rus** *m. Gen. - nur Ez.* Gelbsucht

Ik|tus [lat.] *m. Gen. - Mz. - oder* -ten **1** starke Betonung einer Hebung im Vers; **2** plötzlich auftretendes, schweres Krankheitsbild

Il *chem. Zeichen für* Illinium

Ile|itis [lat.] *w. Gen. - Mz.* -ti|den Entzündung des Ileums; **Ile|um** [-le:um] *s. Gen.* -s *nur Ez.*

unterer Teil des Dünndarms, Krummdarm;
Ile|us [-le:us] *m. Gen. - Mz.* Ilelen Darmverschluß
Ilex [lat.] *w. Gen. - nur Ez.* Stechpalme
ill. *Abk. für* illustriert
Il|la|tum [lat.] *s. Gen.* -s *Mz.* -ta *oder* -ten *veraltet:* von der Frau in die Ehe eingebrachtes Vermögen
il|le|gal [lat.] nicht legal, ungesetzlich, gesetzwidrig, ohne rechtl. Grundlage; **Il|le|ga|li|tät** *w. Gen.- nur Ez.* Ungesetzlichkeit; **il|le|gi|tim** **1** ungesetzlich; **2** unehelich
il|li|be|ral [lat.] nicht liberal, engherzig, kleinlich
il|li|mi|tiert [lat.] *Börse:* unbeschränkt, unbegrenzt
Il|li|ni|um [nach dem US-amerik. Staat Illinois] *s. Gen.* -s *nur Ez. ältere Bez. für* Promethium
il|li|quid [lat.] zahlungsunfähig; *Ggs.:* liquid
Il|li|te|rat [lat.] *m. 10* nicht wissenschaftlich gebildeter Mensch
il|loy|al [-loaja:l] nicht loyal, untreu, treulos, unredlich
Il|lu|mi|nat [lat.] *m. 10, 16./19. Jh.:* Angehöriger eines Geheimbundes, bes. des Illuminatenordens; **Il|lu|mi|na|ten|or|den** *m. 7 nur Ez., Ende des 18. Jh.:* aufklärerisch-freimaurer. Geheimbund; **Il|lu|mi|na|ti|on** [-tsjon] *w. 10* **1** Festbeleuchtung (mit vielen kleinen Lämpchen); **2** *Buchmalerei:* Ausmalung, Verzierung alter Handschriften; **3** *Relig.:* Erleuchtung, Erkenntnis ewiger Wahrheiten; **Il|lu|mi|na|tor** *m. 13* **1** Künstler der Buchmalerei, Buchmaler; **2** Beleuchtungsvorrichtung an optischen Geräten; **il|lu|mi|nie|ren** **1** festlich erleuchten; **2** deutlich, einsichtig, erkennbar machen; **3** *Buchmalerei:* ausmalen, farbig verzieren; **Il|lu|mi|nist** *m. 10* → Illuminator (1)
Il|lu|si|on [lat.] *w. 10* **1** Selbsttäuschung, trüger. Hoffnung oder Vorstellung; **2** trüger. Wahrnehmung; **3** Vortäuschung eines Wirklichkeitseindrucks, z. B. Raumillusion; **il|lu|sio|när** auf einer Illusion beruhend; **il|lu|sio|nie|ren** jmdn. i.: jmdm. etwas vortäuschen, in jmdm. eine Illusion wecken; **Il|lu|sio|nis|mus** *m. Gen. - nur Ez.* **1** philosoph. Auffassung, daß Wahrheit, Sittlichkeit, Schönheit Illusionen seien; **2** einen Raumeindruck vortäuschende Wirkung (eines Bildes); **Il|lu|sio|nist** *m. 10* **1** Anhänger des Illusionismus; **2** jmd., der Illusionen hat, Schwärmer; **3** Zauberkünstler; **il|lu|sio|ni|stisch** **1** → illusionär; **2** auf dem Illusionismus beruhend; **il|lu|so|risch** **1** nur als Illusion existierend, eingebildet; **2** sich erübrigend, überflüssig
il|lu|ster [lat.] **1** glänzend, vortrefflich; **2** vornehm, berühmt; illustre Gäste
Il|lu|stra|ti|on [-tsjon, lat.] *w. 10* **1** Erläuterung; **2** Abbildung (zu einem Text), Bebilderung (eines Buches); **il|lu|stra|tiv** durch Illustration(en) erläuternd, veranschaulichend; **Il|lu|stra|tor** *m. 13* Maler, Zeichner, der ein Buch illustriert (hat); **il|lu|strie|ren** **1** (durch Beispiele, Bilder) erläutern; **2** mit Abbildungen ausschmücken; **Il|lu|strier|te** *w. 17 oder 18* illustrierte Zeitschrift
il|lu|vi|al [lat.] im Boden angereichert, eingeschwemmt; **Il|lu|vi|al|ho|ri|zont** *m. 1* Bodenschicht, in der sich durch Einschwemmen aus der darüberliegenden Schicht Stoffe angereichert haben
Il|me|nit [nach dem Ilmengebirge in der UdSSR] *m. 1* ein Titaneisenerz
i. m. *Abk. für* intramuskulär
Image [imidʒ, engl.] *s. 9* Vorstellung, die die Öffentlichkeit von einer Persönlichkeit, Firma usw. hat, Charakterbild
ima|gi|na|bel [lat.] vorstellbar, denkbar; **ima|gi|nal** [lat.] das voll ausgebildete Insekt betreffend; **Ima|gi|nal|sta|di|um** *s. Gen.* -s *Mz.* -di|en *bei Insekten:* Stadium nach vollendeter Entwicklung; **ima|gi|när** nur in der Einbildung, der Vorstellung vorhanden, eingebildet; imaginäre Einheit *Math.:* die Größe $i = \sqrt{-1}$; imaginäre Zahl: Zahl, die ein Vielfaches von i beträgt; **Ima|gi|na|ti|on** [-tsjon] *w. 11* Einbildung, Einbildungskraft, anschauliches Denken; **ima|gi|na|tiv** nur in der Einbildung vorhanden; **ima|gi|nie|ren** sich einbilden, sich vorstellen, ausdenken, ersinnen;
Ima|go *w. Gen. - Mz.* -gi|nes [-ne:s] **1** das vollentwickelte, geschlechtsreife Insekt; **2** *Psych.:* aus dem idealisierten Bild einer in der Kindheit bes. geliebten Person entstandenes Leitbild
Imam [arab.] *m. 9 oder m. 1* **1** Vorbeter (in einer Moschee) **2** relig. Oberhaupt der Schiiten, als Nachkomme Mohammeds verstanden; **3** Ehrentitel für mohammedan. Gelehrte; **4** Titel der Herrscher von Jemen
im|be|zil, im|be|zill [lat.] leicht schwachsinnig; **Im|be|zil|li|tät** *w. 10 nur Ez.* leichter Schwachsinn
Im|bro|glio [-brɔljo, ital.] *s. 9 Mz. auch* -gli [-lji] *Mus.:* rhythmische Verwirrung durch Vermischung oder Überlagerung verschiedener Taktarten
Imi|ta|tio Chri|sti [-tsjo, lat. „Nachahmung Christi"] *w. Gen. - - nur Ez.* Nachfolge Christi, wahrhaft christl. Leben; **Imi|ta|ti|on** [-tsjon] *w. 10* **1** (naturgetreue) Nachahmung; **2** Nachbildung von wertvollem Schmuck aus geringwertigem Material; **3** *Mus.:* Wiederholung eines Themas, z. B. im Kanon oder in der Fuge; **imi|ta|tiv** nachahmend; **Imi|ta|tor** *m. 13* Nachahmer, z. B. Tierstimmenimitator; **imi|ta|to|risch** in der Art einer Imitation; **imi|tie|ren** nachahmen, nachbilden
Im|ma|cu|la|ta [lat.] *w. Gen. - nur Ez.* die Unbefleckte (d. h. die unbefleckt Empfangene; Beiname Marias in der kath. Kirche); Immaculata conceptio *kath. Lehre:* unbefleckte

Empfängnis (Marias durch ihre Mutter Anna)
im|ma|nent [lat.] innewohnend, (darin) enthalten; **Im|ma|nenz** *w. 10 nur Ez.* das Innewohnen, Enthaltensein; **im|ma|nie|ren** enthalten sein, innewohnen
Im|ma|te|ria|lis|mus [lat.] *m. Gen. - nur Ez.* philosoph. Lehre, daß nur das Geistige wirklich und die Materie keine selbständige Substanz sei; *Ggs.:* Materialismus; **Im|ma|te|ria|li|tät** *w. 10 nur Ez.* unkörperl., rein geistige Beschaffenheit; **im|ma|te|ri|ell** unkörperlich, rein geistig
Im|ma|tri|ku|la|ti|on [-tsjon, lat.] *w. 10* Einschreibung in die → Matrikel einer Hochschule; *Ggs.:* Exmatrikulation; **im|ma|tri|ku|lie|ren** in die → Matrikel einschreiben; *schweiz. auch:* anmelden (Kraftfahrzeug); *Ggs.:* exmatrikulieren
im|me|di|at [lat.] ohne Vermittlung, unmittelbar (dem Landesherrn oder der obersten Behörde unterstellt); **Im|me|di|at|ge|such** *s. 1* Gesuch unmittelbar an die höchste Instanz; **im|me|dia|ti|sie|ren** *früher:* reichsunmittelbar machen, dem König unmittelbar unterstellen (z. B. Städte)
im|mens [lat.] unermeßlich (groß); immenser Reichtum; **im|men|su|ra|bel** unmeßbar; **Im|men|su|ra|bi|li|tät** *w. 10 nur Ez.* Unmeßbarkeit
Im|mer|si|on [lat.] *w. 10* **1** Ein-, Untertauchen; **2** *Geol.:* Überflutung von Festland durch das Meer; **3** *Astron.:* Eintauchen eines Himmelskörpers, bes. des Mondes, in den Schatten eines anderen; **4** *Med.:* Dauerbad; **5** *Phys., bei mikroskop. Untersuchungen:* Einbettung eines Objekts in eine Flüssigkeit mit bes. opt. Eigenschaften
Im|mi|grant [lat.] *m. 10* Einwanderer; *Ggs.:* Emigrant; **Im|mi|gra|ti|on** [-tsjon] *w. 10* Einwanderung; *Ggs.:* Emigration; **im|mi|grie|ren** einwandern; *Ggs.:* emigrieren
im|mi|nent [lat.] drohend, nahe bevorstehend
Im|mis|si|on [lat.] *w. 10* **1** Amtseinweisung, -einsetzung; **2** Einwirkung (auf ein benachbartes Grundstück durch Gase, Dämpfe, Staub o. ä.)
im|mo|bil [lat.] **1** unbeweglich; *Ggs.:* mobil; **2** nicht für den Krieg bereit oder ausgerüstet (Truppen); **Im|mo|bi|li|en** *nur Mz.* Grundstücke, Häuser; **Im|mo|bi|li|sa|ti|on** [-tsjon] *w. 10* das Immobilisieren; **im|mo|bi|li|sie|ren** ruhigstellen, unbeweglich machen (Körperglied, durch Verband); **Im|mo|bi|li|tät** *w. 10 nur Ez.* **1** Unbeweglichkeit; **2** fehlende Ausrüstung oder Vorbereitung für den Krieg (von Truppen)
im|mo|ra|lisch [lat.] unmoralisch, unsittlich, gegen die Moralgesetze verstoßend; vgl. amoralisch; **Im|mo|ra|lis|mus** *m. Gen. - nur Ez.* Ablehnung der geltenden Moralgesetze; vgl. Amoralismus; **Im|mo|ra|list** *m. 10* jmd., der die herrschenden Moralgesetze ablehnt; **Im|mo|ra|li|tät** *w. 10 nur Ez.* Unsittlichkeit; vgl. Amoralität
Im|mor|ta|li|tät [lat.] *w. 10 nur Ez.* Unsterblichkeit; *Ggs.:* Mortalität; **Im|mor|tel|le** *w. 11* Strohblume
im|mun [lat.] **1** unempfindlich (gegen bestimmte Krankheiten); dagegen bin ich immun *übertr.:* das beeindruckt, beeinflußt mich nicht; **2** rechtlich unantastbar (Parlamentsmitglieder); **im|mu|ni|sie|ren** (durch Impfung) immun (1) machen; **Im|mu|ni|tät** *w. 10 nur Ez.* **1** Unempfindlichkeit; **2** Schutz vor strafrechtl. Verfolgung (bei Parlamentsmitgliedern); **Im|mun|kör|per** *m. 5* → Antikörper; **Im|mu|no|lo|gie** *w. 11 nur Ez.* Lehre von der Immunität (1)
imp. *Abk. für* imprimatur
Imp. *Abk. für* Imperator
Im|pact [-pækt, engl.] *m. 9 Werbung:* Eindrucksstärke
Im|pa|ri|tät [lat.] *w. 10 nur Ez.* Ungleichheit; *Ggs.:* Parität (1)
Im|pa|sto [ital.] *s. 9, Mz. auch* -sti *Malerei:* dicker, ungleicher Farbauftrag
Im|peach|ment [-pitʃ-, engl.] *s. 9 in den USA:* Anklage vor dem Senat gegen einen hohen Staatsbeamten oder den Präsidenten
Im|pe|danz [lat.] *w. 10 beim Wechselstrom:* Scheinwiderstand
Im|pe|di|ment [lat.] *s. 1 veraltet:* (rechtliches) Hindernis
im|pe|ne|tra|bel [lat.] *veraltet:* undurchdringbar
im|pe|ra|tiv [lat.] befehlend, zwingend, bindend; **Im|pe|ra|tiv** *m. 1* **1** *Gramm.:* Befehlsform; **2** Pflichtgebot; **im|pe|ra|ti|visch** [auch: -ti-] in der Form des Imperativs; **Im|pe|ra|tor** *m. 13* (*Abk.:* Imp.) *im alten Rom* **1** *urspr.:* Oberbefehlshaber; **2** *dann:* Kaiser; **im|pe|ra|to|risch** **1** wie ein Imperator; **2** *übertr.:* gebieterisch; **Im|pe|ra|tor Rex** (*Abk.:* I. R.) Kaiser (und) König
Im|per|fekt [auch: -fekt, lat.] *s. 1* Vergangenheitsform des Verbums, unvollendete Vergangenheit, Präteritum, z. B. ich ging; **im|per|fek|tiv** im Imperfekt stehend
Im|per|fo|ra|ti|on [-tsjon] *w. 10* angeborene Verwachsung einer Körperöffnung
im|pe|ri|al [lat.] zum Imperium, zum Imperator gehörig, auf ihnen beruhend, von ihnen ausgehend, kaiserlich; **Im|pe|ri|al** *s. 1* **1** veraltetes Papierformat, 57 × 78 cm; **2** veralteter Schriftgrad, 9 Cicero; **3** alte russische Goldmünze, 15 Rubel; **Im|pe|ria|lis|mus** *m. Gen. - nur Ez.* Streben (eines Staates) nach Vergrößerung seiner Macht und seines Besitzes; **Im|pe|ria|list** *m. 10* Vertreter des Imperialismus; **Im|pe|ri|um** *s. Gen.* -s *Mz.* -ri|en Weltreich, bes. das römische
im|per|mea|bel [lat.] undurchlässig; **Im|per|mea|bi|li|tät** *w. 10 nur Ez.* Undurchlässigkeit

Im|per|so|na|le [lat.] *s. Gen.* -s *Mz.* -li|en *oder* -lia Verb, von dem nur unpersönliche Formen gebildet werden können, z. B. regnen: es regnet
im|per|ti|nent [lat.] unverschämt, frech; **Im|per|ti|nenz** *w. 10 nur Ez.* Unverschämtheit
im|per|zep|ti|bel [lat.] *Philos.:* nicht wahrnehmbar
im|pe|ti|gi|nös [lat.] eitrig, grindig; **Im|pe|ti|go** *w. Gen. - nur Ez.* eine Hautkrankheit, Eiterflechte
im|pe|tuo|so [ital.] *Mus.:* stürmisch, ungestüm; **Im|pe|tus** [lat.] *m. Gen. - nur Ez.* **1** Ungestüm; **2** Antrieb, Drang
Im|plan|tat [lat.] *s. 1* implantiertes Gewebsstück; **Im|plan|ta|ti|on** [-tsjon] *w. 10* **1** Einpflanzung eines körperfremden Gewebsstücks oder Stoffes in den Körper; **2** Einnistung eines befruchteten Eies in die Gebärmutterschleimhaut; **im|plan|tie|ren** einpflanzen
Im|pli|ka|ti|on [-tsjon, lat.] *w. 10* Einbeziehung einer Sache in eine andere, „wenn ... so"-Beziehung; **im|pli|zie|ren** einbeziehen; **im|pli|zit** inbegriffen, mit einbezogen; *Ggs.:* explizit; **im|pli|zi|te** [-te:] einschließlich
Im|plo|si|on [lat.] *w. 10* Zertrümmerung eines Gefäßes durch (stärkeren) Luftdruck von außen; *Ggs.:* Explosion
Im|plu|vi|um [lat.] *s. Gen.* -s *Mz.* -vi|en *oder* -via *im altröm. Haus:* Becken im Atrium zum Auffangen des Regenwassers
im|pon|de|ra|bel [lat.] unberechenbar; **Im|pon|de|ra|bi|li|en** *nur Mz.* unberechenbare Einflüsse, z. B. Gefühle, Stimmungen, Reaktionen anderer; **Im|pon|de|ra|bi|li|tät** *w. 10 nur Ez.* Unberechenbarkeit
im|po|nie|ren [lat.] jmdm. i.: großen Eindruck auf jmdn. machen
Im|port [lat.] *m. 1* Einfuhr aus dem Ausland (von Waren); *Ggs.:* Export; **Im|por|te** *w. 11* **1** *meist Mz.:* Einfuhrware; **2** importierte Zigarre; **Im|por|teur** [-tør] *m. 1* Kaufmann oder Firma, der bzw. die aus dem Ausland Waren einführt; *Ggs.:* Exporteur; **im|por|tie|ren** aus dem Ausland einführen (Waren); *Ggs.:* exportieren
im|por|tun [lat.] *veraltet:* ungelegen, unpassend; *Ggs.:* opportun
im|po|sant [lat.] großartig, eindrucksvoll, stattlich
im|po|tent [lat.] unfähig zum Geschlechtsverkehr (vom Mann), zeugungsunfähig; **Im|po|tenz** *w. 10 nur Ez.* Unfähigkeit zum Geschlechtsverkehr
impr. *Abk. für* imprimatur
Im|prä|gna|ti|on [-tsjon, lat.] *w. 10* **1** das Eindringen von mineralhaltigen Lösungen in Gestein; **2** das Eindringen der Samenzelle in das Ei, Befruchtung; **im|prä|gnie|ren** mit einem Schutzmittel (gegen Feuchtigkeit o. ä.) tränken
im|prak|ti|ka|bel undurchführbar, nicht anwendbar
Im|pre|sa|rio [ital.] *m. 9, Mz. auch:* -rii jmd., der für einen Künstler Gastspiele arrangiert
Im|pres|si|on [lat.] *w. 10* Eindruck, Sinneswahrnehmung; **im|pres|sio|na|bel** eindrucksfähig, beeindruckbar; **Im|pres|sio|nis|mus** *m. Gen. - nur Ez.* Richtung in Malerei, Literatur und Musik Ende des 19. Jh., die den subjektiven Eindruck des Künstlers von der Wirklichkeit wiedergeben will; **Im|pres|sum** *s. Gen.* -s *Mz.* -sen *in Zeitungen, Zeitschriften und Büchern:* Vermerk (meist auf der zweiten Seite) über Copyright, Verlagsort und -jahr, Druckerei u. a.; **im|pri|ma|tur** (*Abk.:* imp., impr.) „es werde gedruckt" (Vermerk des Autors oder Verlages auf den letzten Korrekturbogen); **Im|pri|ma|tur** *s. Gen.* -s *nur Ez.* Druckerlaubnis; das I. erteilen; **Im|pri|mé** [ɛ̃prime, frz.] *m. 9* bedruckter Seidenstoff; **im|pri|mie|ren** einen Text, Druckbogen i.: für einen Text, Druckbogen das Imprimatur erteilen
Im|promp|tu [ɛ̃prɔ̃ty, frz.] *s. 9* **1** *urspr.:* frz. Stegreifgedicht; **2** *dann:* frei gestaltetes Musikstück, bes. für Klavier
Im|pro|vi|sa|ti|on [-tsjon, lat.] *w. 10* Handlung oder Vortrag unvorbereitet aus einem augenblicklichen Einfall heraus; **Im|pro|vi|sa|tor** *m. 13* jmd., der improvisieren kann; **im|pro|vi|sa|to|risch** in der Art einer Improvisation; **im|pro|vi|sie|ren** unvorbereitet, aus dem Augenblick heraus tun; einen Ausflug, eine Feier i.; einen Text i.: aus dem Stegreif sprechen, so wie er nicht in der Rolle steht
Im|puls [lat.] *m. 1* **1** Antrieb, Anregung, Anreiz; **2** *Phys.:* Produkt aus Kraft und einwirkender Zeit eines Stoßes; Produkt aus Masse und Geschwindigkeit eines Körpers; **im|pul|siv** **1** durch einen Impuls bewirkt; **2** rasch, lebhaft, aus plötzlichen Einfällen heraus handelnd; **Im|pul|si|vi|tät** *w. 10 nur Ez.* impulsives Wesen oder Handeln
Im|pu|ta|ti|on [-tsjon, lat.] *w. 10 veraltet:* ungerechtfertigte Beschuldigung; **im|pu|tie|ren** *veraltet:* ungerechtfertigt beschuldigen
in [engl.] in sein *ugs.:* modern sein, über alles Aktuelle, Modische (innerhalb einer bestimmten Gesellschaftsgruppe) Bescheid wissen, tonangebend, in Mode sein; *Ggs.:* out
In *chem. Zeichen für* Indium
in. *Abk. für* Inch
in ab|sen|tia [-tsja, lat.] in Abwesenheit; einen Angeklagten in a. verurteilen
in ab|strac|to [lat.] im allgemeinen, ohne Berücksichtigung des Besonderen, der Wirklichkeit; *Ggs.:* in concreto
in|ad|äquat [lat.] nicht passend, ungleichwertig, unangemessen
in ae|ter|num [-ɛtɛr-, lat.] auf, für ewig
in|ak|ku|rat [lat.] nicht gleichmäßig, ungenau, nachlässig

in|ak|tiv [lat.] **1** untätig; **2** im Ruhestand, beurlaubt; **3** nicht zur Teilnahme an Versammlungen verpflichtet (bei Mitgliedern von Vereinen oder Studentenverbindungen); **4** unter bestimmten Bedingungen keine Reaktion zeigend; **in|ak|ti|vie|ren** **1** unwirksam machen; **2** in den Ruhestand versetzen; **In|ak|ti|vi|tät** [auch: -tɛt] *w. 10 nur Ez.* **1** Unwirksamkeit, Untätigkeit; **2** Ruhestand
in|ak|tu|ell [lat.] nicht aktuell
in|ak|zep|ta|bel [auch: -ta-, lat.] nicht akzeptabel, unannehmbar
in|alie|na|bel [-li|e-, auch: -na-, lat.] unveräußerlich
inan [lat.] nichtig, leer
in|ap|pel|la|bel [lat.] *Rechtsw.:* nicht durch Berufung anfechtbar; inappellables Urteil
in|ar|ti|ku|liert [lat.] nicht artikuliert, undeutlich (ausgesprochen)
In|au|gu|ral|dis|ser|ta|ti|on [-tsjo:n, lat.] *w. 10* wissenschaftl. Arbeit, um die Doktorwürde zu erlangen, Doktorarbeit; **In|au|gu|ra|ti|on** [-tsjon] *w. 10* feierliche Einsetzung in ein Amt oder eine Würde; **in|au|gu|rie|ren** **1** einsetzen, einweihen; **2** beginnen, einleiten
in brevi [lat.] *veraltet:* in kurzem, binnen kurzem, bald
inc. *Abk. für* incidit
Inc. *Abk. für* incorporated: eingetragen (bei Vereinen, Gesellschaften)
I. N. C. *Abk. für* in nomine Christi
Inch [intʃ, engl.] *m. oder s. Gen. - Mz.* -es, *nach Zahlenangaben Mz. -* (*Abk.:* in., *Zeichen:* ") engl. Längenmaß, Zoll, 2,54 cm
In|choa|tiv [-koa-, lat.] *s. 1,* **In|choa|ti|vum** *s. Gen.* -s *Mz.* -va **1** Aktionsart des Verbs, die den Beginn einer Handlung ausdrückt; **2** Verb, das diese Aktionsart ausdrückt, z. B. erblühen, erwachen, erkennen
in|chro|mie|ren [lat.] mit Chrom überziehen zum Schutz gegen Korrosion
in|ci|dit [lat.] (*Abk.:* inc.) „hat (es) geschnitten" (Vermerk auf Kupferstichen vor dem Namen des Künstlers)
in|ci|pit [lat.] „es beginnt" (Vermerk am Anfang alter Handschriften oder Drucke); *Ggs.:* explicit; **In|ci|pit** *s. 9* die Anfangswörter einer alten Handschrift oder eines Frühdruckes
incl. *Abk. für* inclusive, vgl. inklusive
in con|cre|to [lat.] in Wirklichkeit, konkret gesprochen; *Ggs.:* in abstracto
in con|tu|ma|ci|am [lat.] *in der Wendung:* in c. verurteilen: in Abwesenheit verurteilen
in cor|po|re [lat.] insgesamt, alle
In|cu|bus *m. Gen. - Mz.* -cu|ben → Inkubus
I. N. D. *Abk. für* in nomine Dei, in nomine Domini
Ind|an|thren [Kunstw. aus Indigo und Anthrazen] *s. 1* ⓦ *Sammelbez. für* licht- und waschechte Farbstoffe
in|de|fi|ni|bel [lat.] nicht definierbar, nicht begrifflich abzugrenzen; **in|de|fi|nit** unbestimmt; indefinites Pronomen → Indefinitum; **In|de|fi|nit|pro|no|men** *s. 7, Mz. auch:* -mi|na, **In|de|fi|ni|tum** *s. Gen.* -s *Mz.* -ta unbestimmtes Fürwort, z. B. jeder, einige
in|de|kli|na|bel [lat.] *Gramm.:* nicht deklinierbar, nicht beugbar; indeklinables Wort; **In|de|kli|na|bi|le** *s. Gen. - Mz.* -bi|lia undeklinierbares Wort, z. B. lila, sehr
in|de|li|kat [lat.] unfein, unzart; *Ggs.:* delikat
In|dem|ni|sa|ti|on [-tsjon, lat.] *w. 10* Entschädigung, Vergütung; **in|dem|ni|sie|ren** vergüten, entschädigen; **In|dem|ni|tät** *w. 10 nur Ez.* **1** nachträgl. Zustimmung (des Parlaments) zu einer anfangs nicht gebilligten Maßnahme (der Regierung); **2** Straflosigkeit (von Parlamentsmitgliedern für Äußerungen im Parlament)
in|de|mon|stra|bel [lat.] nicht beweisbar
In|de|pen|den|ten [lat.] *nur Mz., in England im 17. Jh.:* die Angehörigen einer puritan. Strömung, die die Unabhängigkeit der Einzelgemeinden erstrebte, Kongregationalisten; **In|de|pen|denz** *w. 10 nur Ez.* Unabhängigkeit
in|de|ter|mi|na|bel [lat.] unbestimmbar; indeterminabler Begriff; **In|de|ter|mi|na|ti|on** [-tsjon] *w. 10 nur Ez.* Unbestimmtheit; **in|de|ter|mi|niert** unbestimmt; **In|de|ter|mi|nis|mus** *m. Gen. - nur Ez.* Lehre, daß der Mensch in seinen Handlungen nicht zwingend von Ursache und Wirkung abhänge, sondern ein gewisses Maß an Willensfreiheit besitze; *Ggs.:* Determinismus
In|dex [lat.] *m. 1 oder Gen. - Mz.* -di|zes [-tse:s] **1** Verzeichnis (von Namen, Begriffen, Stichwörtern o. ä., auch von [verbotenen] Büchern); Index librorum prohibitorum: Verzeichnis der von der kath. Kirche verbotenen Bücher; **2** *Math.* (tiefgestellt nach dem Buchstaben): Kenn-, Unterscheidungsziffer, z. B. a_1, a_n, F_2; **3** *Anthropologie:* Prozentzahl, die das Verhältnis zweier Maße zueinander ausdrückt, beim Schädelindex z. B. das von Länge und Breite; **4** *Statistik:* Meßzahl, mit deren Hilfe Preis- und Mengenänderungen unabhängig voneinander dargestellt werden können; **In|dex|wäh|rung** *w. 10* Währung, der bestimmte Indexziffern (meist der Lebenshaltungskosten) zugrunde liegen; **In|dex|zif|fer** *w. 11* Verhältniszahl
in|de|zent [lat.] unanständig, unschicklich
In|di|an *m. 1 österr.:* Truthahn; **In|dia|ner** *m. 5* Ureinwohner von Amerika; **In|dia|ni|stik** *w. 10 nur Ez.* Wissenschaft von den Indianersprachen und -kulturen
in|dif|fe|rent [lat.] **1** unbestimmt; **2** gleichgültig; **In|dif|fe|ren|tis|mus** *m. Gen. - nur Ez.* gleichgültiges, teilnahmsloses Verhalten, Mangel an eigener Meinung; **In|dif|fe|renz** *w. 10 nur Ez.* **1** Unbestimmtheit; **2** Gleichgültigkeit
In|di|ge|sti|on [lat.] *w. 10* Verdauungsstörung
In|di|gna|ti|on [-tsjon, lat.] *w. 10 nur Ez.* Un-

wille, Entrüstung; **in|di|gniert** unwillig, peinlich berührt; **In|di|gni|tät** *w.10 nur Ez.* **1** *veraltet:* Unwürdigkeit; **2** *Rechtsw.:* Erbunwürdigkeit

In|di|go [griech.-span.] *m.9 oder s.9* ältester pflanzlicher, blauer Farbstoff (heute synthetisch hergestellt); **In|di|go|lith** *m.1 oder m.10* ein Mineral, blauer Turmalin; **In|di|go|tin** *s.1 nur Ez.* aus Indigo gewonnener blauer Farbstoff

In|di|ka|ti|on [-tsjon, lat.] *w.10* **1** Merkmal; **2** Heilanzeige, Veranlassung, ein bestimmtes Heilmittel oder -verfahren anzuwenden; **In|di|ka|tiv** *m.1* Wirklichkeitsform des Verbs, z. B. ich laufe, ich habe geschrieben; **In|di|ka|tor** *m.13* **1** *Chem.:* Stoff, der durch Veränderung seiner Farbe anzeigt, wie die auf ihn einwirkende Lösung reagiert; **2** *Tech.:* Gerät zur Aufzeichnung der Arbeitsleistung einer Maschine; **In|di|ka|trix** *w. Gen. - nur Ez. Kartographie:* Maß zur Feststellung der Verzerrung bei der Abbildung einer gekrümmten Fläche

In|dik|ti|on [-tsjon, lat.] *w.10* **1** Ankündigung; **2** kirchl. Aufgebot; **3** *im alten Rom:* Zeitraum von 15 Jahren (zur Berechnung von Steuern), Römerzinszahl

In|dio *m.9 span. Bez. für* Indianer Süd- und Mittelamerikas

in|di|rekt [lat.] mittelbar, auf Umwegen, nicht direkt; indirekte Rede: nichtwörtl. Rede, z. B. er sagte, er habe angerufen; indirekte Beleuchtung: B. durch unsichtbare Lichtquellen; indirekte Steuern: Steuern durch Aufschlag auf bestimmte Waren; indirekte Wahl: Wahl von Abgeordneten durch Wahlmänner, die von den Urwählern gewählt wurden

in|dis|kret [lat.] nicht verschwiegen, taktlos-neugierig; *Ggs.:* diskret; **In|dis|kre|ti|on** [-tsjon] *w.10* Mangel an Verschwiegenheit; *Ggs.:* Diskretion (**1**)

in|dis|ku|ta|bel [auch: -ta-, lat.] nicht der Erörterung wert; indiskutabler Vorschlag

in|dis|pen|sa|bel [auch: -sa-, lat.] unerläßlich, unumgänglich; indispensable Entscheidung

in|dis|po|ni|bel [auch: -ni-, lat.] nicht verfügbar, festgelegt; indisponible Gelder; **in|dis|po|niert** in schlechter Verfassung, unpäßlich; **In|dis|po|si|ti|on** [-tsjon] *w.10 nur Ez.* Unpäßlichkeit

in|dis|pu|ta|bel [auch: -ta-, lat.] *veraltet:* unbestreitbar, unstreitig

In|dis|zi|plin [lat.] *w. Gen. - nur Ez.* Mangel an Disziplin

In|di|um (*Zeichen:* In) chem. Element, Metall

In|di|vi|dua|li|sa|ti|on [-tsjon, lat.] *w.10* Vereinzelung, Betrachtung, Hervorhebung des Einzelnen, Besonderen; **in|di|vi|dua|li|sie|ren** in Einzelnes sondern, das Besondere, Einzelne (von etwas) hervorheben; **In|di|vi|dua|lis|mus** *m. Gen. - nur Ez.* **1** das Einzelwesen, den Einzelmenschen hervorhebende Auffassung, Überordnung des Einzelmenschen über die Gemeinschaft; **2** Vertretung der eigenen Interessen, Zurückhaltung gegenüber der Gemeinschaft; **In|di|vi|dua|list** *m.10* jmd., der im Sinne des Individualismus denkt und handelt, Einzelgänger; **In|di|vi|dua|li|tät** *w.10* **1** Einzigartigkeit; **2** Gesamtheit der Eigenarten eines Einzelwesens; **3** das Einzelwesen in seiner Eigenart; **In|di|vi|du|al|recht** *s.1* Recht des Einzelmenschen, Menschenrecht; **In|di|vi|dua|ti|on** [-tsjon] *w.10* Entwicklung der Einzelpersönlichkeit, Herausbildung der Besonderheiten, Eigenarten des Einzelmenschen; **in|di|vi|du|ell** den Einzelmenschen betreffend, zu ihm gehörig, ihm eigentümlich; je nach Art des einzelnen; **In|di|vi|du|um** *s. Gen.* -s *Mz.* -du|en **1** Einzelwesen; **2** *ugs. abfällig:* Kerl, unbekannte Person

in|di|vi|si|bel [lat.] unteilbar

In|diz [lat.] *s. Gen.* -es *Mz.* -di|zi|en verdächtiger Umstand, Tatsache, die auf einen bestimmten Sachverhalt schließen läßt; **In|di|zes** [-tse:s] *Mz. von* Index; **In|di|zi|en|be|weis** *m.1* Beweis auf Grund von Tatsachen, die auf einen Tatbestand schließen lassen; **in|di|zie|ren** **1** hinweisen auf, anzeigen, ratsam erscheinen lassen; **in|di|ziert** ratsam

In|do|ari|er *m.5* Angehöriger eines der um 1500 v. Chr. in Indien eingewanderten arischen Völker; **in|do|ger|ma|nisch** von Indien über Westasien bis Europa verbreitet; **In|do|ger|ma|ni|stik** *w.10 nur Ez.* die vergleichende Wissenschaft von den indogerman. Sprachen

In|dok|tri|na|ti|on [-tsjon, lat.] *w.10* ideolog. Beeinflussung, Durchdringung; **in|dok|tri|nie|ren** mit einer Ideologie durchdringen

in|do|lent [auch: in-, lat.] **1** gleichgültig, unempfindlich für Eindrücke; **2** unempfindlich gegenüber Schmerzen; **In|do|lenz** *w.10 nur Ez.* **1** Gleichgültigkeit, Unempfänglichkeit; **2** Unempfindlichkeit

In|do|lo|gie [lat. + griech.] *w.11 nur Ez.* Wissenschaft von den indischen Sprachen und Kulturen

in|dos|sa|bel [lat.] durch Indossament übertragbar; **In|dos|sa|ment** *s.1* Übertragung des Rechtes (an einem Wechsel) an einen andern, Wechselübertragung; **In|dos|sant** *m.10* → Girant; **In|dos|sat** *m.10,* **In|dos|sa|tar** *m.1* jmd., auf den durch Indossament ein Wechsel übertragen wird; **In|dos|sent** *m.10* → Girant; **in|dos|sie|ren** (durch Indossament) übertragen; **In|dos|so** *s.9, Mz. auch:* -si → Indossament

in du|bio [lat.] im Zweifelsfall; in dubio pro reo: im Zweifelsfall (soll) für den Angeklagten (entschieden werden) (Rechtsgrundsatz)

In|duk|tanz [lat.] *w.10 nur Ez. bei Wechselstrom:* induktiver Widerstand; **In|duk|ti|on** [-tsjon] *w.10* **1** *Philos.:* Schlußfolgerung vom

Besonderen auf das Allgemeine; *Ggs.:* Deduktion; **2** *Phys.:* Erzeugung einer elektr. Spannung in einem Leiter durch Änderung des ihn umgebenden Magnetfeldes; **In|duk|ti|ons|ap|pa|rat** *m.1* Hochspannungstransformator, der mit pulsierendem Gleichstrom betrieben wird; **In|duk|ti|ons|krank|heit** *w.10* seelisch übertragene, krankhafte Störung (bei Menschen, die ständig Kontakt mit geistig oder psychisch Kranken haben); **in|duk|tiv** auf Induktion beruhend; **In|duk|ti|vi|tät** *w.10 Phys.: Maßbez. für* die Größe einer Induktion; **In|duk|tor** *m.13* → Induktionsapparat

in dul|ci ju|bi|lo [lat. „in süßem Jubel"] Anfang eines alten Weihnachtsliedes mit abwechselnd dt. und lat. Text

in|dul|gent [lat.] nachsichtig, milde; **In|dul|genz** *w.10 nur Ez.* **1** Nachsicht, Milde; **2** Straferlaß; **3** Ablaß

In|dult [lat.] *m.1 oder s.1* **1** Nachsicht; **2** Vergünstigung (bei Verbindlichkeiten); **3** Frist, Stundung

in du|plo [lat.] *veraltet:* in zweifacher Ausfertigung

In|du|ra|ti|on [-tsjon, lat.] *w.10 Med.:* Verhärtung (von Gewebe oder Organen); **in|du|rie|ren** verhärten

In|du|si|um [lat.] *s. Gen.*-s *Mz.*-si|en Hüllorgan, das bei vielen Farnen die Sporangien bedeckt

in|du|stria|li|sie|ren [lat.] ein Land i.: in einem Land eine Industrie aufbauen; **In|du|stria|lis|mus** *m. Gen. - nur Ez.* Vorherrschen der Industrie (in einem Land); **In|du|strie** *w.11* **1** Massenherstellung von Waren auf mechanischem Wege; **2** Gesamtheit der Industriebetriebe; **In|du|strie|be|trieb** *m.1* Betrieb zur Massenherstellung von Waren; **In|du|strie|ka|pi|tän** *m.1 ugs.:* führende Persönlichkeit in der Industrie; **in|du|stri|ell** auf der Industrie (1) beruhend, zu ihr gehörig, mit Hilfe der Industrie; **In|du|stri|el|le(r)** *m.18 (17)* Inhaber oder Leiter eines Industriebetriebes, Unternehmer; **In|du|strie|ma|gnat** *m.10* Inhaber von in der Industrie investierten Vermögenswerten; **In|du|strie|pflan|ze** *w.11* in großen Mengen angebaute, in der Industrie (1) verwendete Pflanze, z. B. Zuckerrübe

in|du|zie|ren [lat.] **1** vom Einzelnen auf das Allgemeine schließen; **2** durch Induktion erzeugen (Strom); **3** induziertes Irresein → Induktionskrankheit; **4** induzierte Reaktion: chem. Reaktion zwischen zwei Stoffen, die nur bei Anwesenheit eines dritten Stoffes (z. B. Katalysators) ausgelöst wird

in|ef|fek|tiv [lat.] unwirksam

in ef|fi|gie [-gie:, lat. „im Abbild"] bildlich; jmdn. in e. hängen oder verbrennen *früher:* das Bild des entflohenen Verbrechers statt seiner selbst hängen oder verbrennen

In|ef|fi|zi|enz [lat.] *w.10* **1** Unwirksamkeit; **2** Unwirtschaftlichkeit

in|egal [lat.] ungleich

in|ert [lat.] untätig, träge; inerte Stoffe: reaktionsträge oder -unfähige Stoffe

in|es|sen|ti|ell [-tsjɛl, lat.] unwesentlich, nicht wesensgemäß

in|ex|akt [lat.] ungenau

in|exi|stent [lat.] nicht existierend, nicht vorhanden; **In|exi|stenz** *w.10 nur Ez.* **1** Nichtvorhandensein; **2** *Philos.:* Vorhandensein in etwas anderem

in|ex|plo|si|bel [lat.] nicht explodieren könnend, nicht zur Explosion fähig

in ex|ten|so [lat.] ausführlich, vollständig

in ex|tre|mis [lat.] *Med.:* in den letzten Zügen (liegend)

Inf. *Abk. für* Infanterie

in fac|to [lat.] in Wirklichkeit, wirklich

in|fal|li|bel [lat.] unfehlbar, unwiderruflich; infallible Entscheidung; **In|fal|li|bi|li|tät** *w.10 nur Ez.* Unfehlbarkeit (des Papstes)

in|fam [lat.] **1** niederträchtig, gemein; **2** *ugs.:* kaum erträglich, z. B. infame Schmerzen; **In|fa|mie** *w.11* Niederträchtigkeit, Gemeinheit

In|fant [lat.] *m.10 früher in Spanien und Portugal* Titel für königliche Prinzen; **In|fan|te|rie** [auch: in-, lat.] *w.11* (*Abk.:* Inf.) Fußtruppe; **In|fan|te|rist** [auch: in-] *m.10* Soldat der Infanterie; **in|fan|til** kindisch, zurückgeblieben; **In|fan|ti|lis|mus** *m. Gen. - nur Ez.* Zurückgebliebensein auf kindlicher Entwicklungsstufe; **In|fan|ti|li|tät** *w.10 nur Ez.* kindisches Wesen, Unreife; **In|fan|tin** *w.10 früher in Spanien und Portugal* Titel für königliche Prinzessinnen; **In|fan|ti|zid** *m.1* Kindesmord

In|farkt [lat.] *m.1* Absterben eines Organs oder Organteils infolge Verschlusses einer Arterie; **in|far|zie|ren** ein Organ(teil) i.: zum Absterben bringen, einen Infarkt darin herbeiführen

In|fekt [lat.] *m.1 oder s.1* ansteckende Krankheit; **In|fek|ti|on** [-tsjon] *w.10* Ansteckung, Übertragung von Krankheitserregern; **In|fek|ti|ons|krank|heit** *w.10* ansteckende Krankheit; **in|fek|ti|ös** [-tsjøs] ansteckend, mit Krankheitserregern verseucht; **In|fek|tio|si|tät** [-tsjo-] *w.10 nur Ez.* Ansteckungsfähigkeit (eines Erregers)

In|fel *w.11* → Inful

in|fe|ri|or [lat.] untergeordnet, minderwertig; **In|fe|rio|ri|tät** *w.10 nur Ez.* untergeordnete Stellung, Minderwertigkeit

in|fer|na|lisch [lat.] **1** höllisch, teuflisch; infernalisches Gelächter; **2** *übertr.:* unerträglich; infernalischer Gestank; **In|fer|no** *s.9 nur Ez.* Hölle, Unterwelt

in|fer|til [lat.] unfruchtbar; **In|fer|ti|li|tät** *w.10 nur Ez.* Unfruchtbarkeit

In|fight [infait, engl.] *m.9,* **In|figh|ting** *s.9 Boxen:* Nahkampf

In|fil|trat [lat.] *s.1* **1** von fremden Zellen oder

fremder Flüssigkeit durchsetztes Gewebe; **2** in ein Gewebe eingedrungene Substanz; **In|fil|tra|ti|on** [-tsjon] *w.10* **1** das Eindringen von Zellen oder Flüssigkeit in Gewebe; **2** *übertr.:* Eindringen fremden Gedankengutes in eine Gemeinschaft, ideologische Unterwanderung; **in|fil|trie|ren** eindringen, einflößen, durchtränken
in|fi|nit [auch: -nit, lat.] *Gramm.:* unbestimmt; *Ggs.:* finit; infinite Verbform *Gramm.:* nicht durch Person und Zahl bestimmte, nicht konjugierte Form des Verbs, z. B. Infinitiv, Partizip; **in|fi|ni|te|si|mal** ins unendlich Kleine gehend; **In|fi|ni|te|si|mal-rech|nung** *w.10 nur Ez., Sammelbezeichnung für* Differential- und Integralrechnung; **In|fi-ni|tiv** *m.1* Ausgangsform des Verbs, aus der alle andern Formen abgeleitet werden, Grundform, Nennform, z. B. laufen, lachen
In|fir|mi|tät [lat.] *w.10 nur Ez. Med.:* Gebrechlichkeit
In|fix [auch: in-, lat.] *s.1* in den Wortstamm oder bei zusammengesetzten Wörtern zwischen die beiden Wortteile eingefügtes Bildungselement, z. B. das n in ital. prendo „ich nehme" gegenüber presi, preso „ich nahm, habe genommen" oder das s in „Rindsleder"
in|fi|zie|ren [lat.] anstecken, mit Krankheitserregern verseuchen
in fla|gran|ti [lat., „brennend"] auf frischer Tat; jmdn. in f. ertappen
in|flam|ma|bel [lat.] entzündbar; inflammabler Stoff; **in|flam|mie|ren** entflammen *(auch übertr.)*
in|fla|tie|ren [lat.] zur Inflation treiben; **In-fla|ti|on** [-tsjon] *w.10* Geldentwertung; *Ggs.:* Deflation; **in|fla|tio|när** → inflationistisch; **in-fla|tio|nie|ren** → inflatieren; **In|fla|tio|nis|mus** *m. Gen. - nur Ez.* Beeinflussung der Wirtschaft durch Erhöhung des Geldumlaufs; **in-fla|tio|ni|stisch, in|fla|to|risch** auf Inflation beruhend, durch sie bewirkt oder sie bewirkend
in|fle|xi|bel [lat.] **1** nicht biegbar, starr; **2** *Gramm.:* nicht flektierbar, nicht beugbar
In|flo|res|zenz [lat.] *w.10* Blütenstand; **in flo-ri|bus** in Blüte, im Wohlstand
In|flu|enz [lat.] *w.10* **1** Einfluß, Einwirkung; **2** *Phys.:* Trennung elektr. Ladungen auf der Oberfläche eines Körpers durch den Einfluß eines äußeren elektr. Feldes; **In|flu|en|za** *w. Gen. - nur Ez. veraltend:* Grippe; **In|flu-enz|ma|schi|ne** *w.11* Maschine zum Erzeugen hoher Spannungen, Elektrisiermaschine
In|for|mand [lat.] *m.10* jmd., der informiert wird oder der sich informiert; **In|for|mant** *m.10* jmd., der jmdn. informiert; **In|for|ma-tik** *w.10 nur Ez.* Wissenschaft von den Grundlagen der elektron. Datenverarbeitung und ihrer Anwendung; **In|for|ma|ti|on** [-tsjon] *w.10* **1** Nachricht, Mitteilung, Aufklärung; **2** *Kybernetik:* Folge, Anordnung von physikal. Signalen; **in|for|ma|tiv** Auskunft gebend, Einblick verschaffend; **In|for|ma|tor** *m.13* → Informant; **in|for|ma|to|risch** einen ersten, vorläufigen Überblick verschaffend; **in|for|mell** **1** nicht formell, ohne Formalitäten; **2** [-mel] → informatorisch; **3** informelle Kunst: Richtung der modernen Malerei, die frei von geometr. Regeln und Kompositionsprinzipien arbeitet; **in|for|mie|ren** **1** jmdn. i.: jmdm. Nachricht geben, jmdn. in Kenntnis setzen; **2** sich i.: sich Einblick, Kenntnis verschaffen
In|fra|grill *m.9* ® durch Infrarot heizbarer Grill
in|fra|kru|stal [lat.] unterhalb der Erdkruste (gelegen, gebildet)
In|frak|ti|on [-tsjon, lat.] *w.10* Bruch, bei dem der Knochen nur angebrochen ist
in|fra|rot zum Bereich des Infrarots gehörend, ultrarot; **In|fra|rot** *s. Gen.-(s) nur Ez.* die nicht sichtbaren Wärmestrahlen, die im Spektrum jenseits der roten Seite des in Spektralfarben zerlegten Lichtes liegen, Ultrarot; **In|fra|schall** *m. Gen.-(e)s nur Ez.* die nicht hörbaren Schallwellen unter 20 Hz; vgl. Ultraschall; **In|fra|struk|tur** *w.10* alle institutionellen und materiellen Einrichtungen für Daseinsfürsorge und ökonom. Entwicklung (z. B. Krankenhäuser, Energieversorgung, Verkehrsanlagen)
In|ful [lat.] *w.11* **1** *im alten Rom:* weiße Stirnbinde; **2** *kath. Kirche:* die Mitra mit den herabhängenden Bändern; **in|fu|lie|ren** zum Tragen der Inful (**2**) berechtigen
in|fun|die|ren [lat.] (durch Hohlnadeln in den Körper) einbringen, einfließen lassen; **In|fus** *s.1* Aufguß; **In|fu|si|on** *w.10* Eingießen, Einfließenlassen größerer Flüssigkeitsmengen in den Körper; **In|fu|si|ons|tier|chen** *s.7,* **In|fu-so|ri|um** *s. Gen.-s Mz.-ri|en* Einzeller im Heuaufguß, Aufgußtierchen; **In|fu|sum** *s. Gen.-s Mz.-sa* → Infus
Ing. *Abk. für* Ingenieur
in ge|ne|re [lat.] im allgemeinen; **in|ge|ne|riert** angeboren
In|ge|ni|eur [inʒənjør, lat.-frz.] *m.1* (*Abk.:* Ing.) an einer Hochschule (Diplom-I.) oder Fachschule ausgebildeter Techniker; **in|ge|ni-ös** [-gε-] **1** sinnreich; kunstvoll; **2** erfinderisch, scharfsinnig; **In|ge|nio|si|tät** *w.10 nur Ez.* Erfindergabe, Scharfsinn; **In|ge|ni|um** [lat.] *s. Gen.-s Mz.-ni|en* Erfindungskraft, Geistesbegabung, schöpfer. Geisteskraft; **In-ge|nui|tät** *w.10 nur Ez.* Freimut, Offenheit, Natürlichkeit (des Benehmens)
In|ge|sti|on [lat.] *w.10 nur Ez.* Nahrungsaufnahme; **In|ge|sti|ons|al|ler|gie** *w.11* Allergie gegen mit der Nahrung aufgenommene Stoffe
Ing. (grad.) *Abk. für* graduierter Ingenieur (Ingenieur mit staatlicher Prüfung an einer Ingenieurschule)

In|got [ɪŋgɔt, engl.] *m. 9* Metallbarren oder -block

In|grain|fär|bung [-grɛin-, engl.] *w. 10* Färbung in der Wollflocke; **In|grain|pa|pier** *s. 1* mit Wollfasern durchsetztes, rauhes Zeichenpapier

In|gre|di|ens [lat.] *s. Gen. - Mz.* -di|en|zi|en, **In|gre|di|enz** *w. 10 meist Mz.* **1** Bestandteil (einer Mischung); **2** Zutat

In|greß [lat.] *m. 1 veraltet:* **1** Eingang, Zugang; **2** Zutritt; **In|gres|si|on** *w. 10* langsames Eindringen des Meeres in ein durch Senkung entstandenes Festlandsbecken, z. B. Bodden, Haff, Ästuar; **In|gres|si|ons|meer** *s. 1* Nebenmeer

in|gui|nal [lat.] zur Leistengegend gehörig

Ing|wer [ind.] *m. 5 nur Ez.* eine Gewürzpflanze

In|ha|la|ti|on [-tsjon, lat.] *w. 10* Einatmen von heilenden Dämpfen; **In|ha|la|to|ri|um** *s. Gen.* -s *Mz.* -ri|en Raum mit Inhalationsapparaten; **in|ha|lie|ren** **1** Heilmittel in Form von Dämpfen einatmen; **2** in Lungenzügen rauchen

in|hä|rent [lat.] (einer Sache) anhaftend, innewohnend; **In|hä|renz** *w. 10 nur Ez.* das Innewohnen; *Philos.:* das Verknüpfen der Eigenschaften mit ihrem Träger; **in|hä|rie|ren** anhaften, innewohnen

in|hi|bie|ren [lat.] *veraltet:* verbieten, verhindern; **In|hi|bi|ti|on** [-tsjon] *w. 10* Verbot; **In|hi|bi|tor** *m. 13* Stoff, der chem. Vorgänge hemmt oder verhindert, Hemmstoff; **in|hi|bi|to|risch** hemmend, hindernd

in hoc sa|lus [lat.] (*Abk.:* I. H. S.) in diesem (ist) Heil (eine Deutung des Monogramms Jesu); **in hoc si|gno (vin|ces)** (*Abk.:* I. H. S.) in diesem Zeichen (wirst du siegen) (Inschrift eines Kreuzes, das Kaiser Konstantin im Traum am Himmel erschienen sein soll)

in|ho|mo|gen [griech.] nicht homogen, ungleichartig, heterogen; **In|ho|mo|ge|ni|tät** [auch: ɪn-] *w. 10 nur Ez.* Ungleichartigkeit

in ho|no|rem [lat.] zu Ehren (des ..., der ...)

in|hu|man [lat.] nicht human, unmenschlich; **In|hu|ma|ni|tät** [auch: ɪn-] *w. 10 nur Ez.* Unmenschlichkeit

in in|fi|ni|tum → ad infinitum

in in|te|grum [lat.] *in der Wendung:* in i. restituieren: in den früheren Rechtsstand wiedereinsetzen

in|iti|al [-tsjal, lat.] beginnend, erst..., Erst..., Anfangs...; **In|iti|al** *s. 1,* **In|itia|le** *w. 11* großer, meist verzierter Anfangsbuchstabe (in Büchern); **In|iti|al|spreng|stoff** *m. 1* Sprengstoff, der durch seine Zündung die übrige Ladung zum Explodieren bringt; **In|iti|al|zün|dung** *w. 10* Zündung mittels Initialsprengstoffs; *auch übertr.:* erster Anstoß (zu einer neuen Entwicklung); **In|iti|and** [-tsjand] *m. 10* jmd., der eingeweiht, aufgenommen werden soll, Anwärter auf eine Initiation; **In|iti|ant** *m. 10* jmd., der die Initiative ergreift; **In|itia|ti|on** [-itsjatsjon] *w. 10* Aufnahme in einen Geheimbund oder (*bei Naturvölkern*) in die Gemeinschaft der Erwachsenen; **in|itia|tiv** [-itsja-] eine Anregung, den Anstoß gebend, Initiative besitzend; **In|itia|ti|ve** *w. 11* **1** *nur Ez.* Entschlußkraft, Fähigkeit, etwas zu beginnen oder anzuregen; **2** der erste Anstoß zu einer Handlung; die I. ergreifen; **3** *schweiz. auch:* Volksbegehren; **4** Gruppe von Personen, die sich zusammenschließen, um Forderungen vorzubringen und durchzusetzen, z. B. Bürger-, Elterninitiative; **In|itia|tor** [-itsja-] *m. 13* jmd., der den ersten Anstoß zu etwas gibt, Anreger; **In|iti|en** [-itsjən] *Mz.* Anfänge, Anfangsgründe; **in|iti|ie|ren** [-itsii-] etwas i.: für etwas den Anstoß geben

In|jek|ti|on [-tsjon, lat.] *w. 10* **1** Einspritzung (von Heilmitteln in den Körper oder von Zement in Risse von Gebäuden bzw. in den Boden zum Verfestigen des Bauuntergrundes); **2** Eindringen (von Magma in die Spalten der Erdkruste); **In|jek|tor** *m. 13* Pumpe, die Wasser in Dampfkessel oder Preßluft in Saugpumpen einführt; **in|ji|zie|ren** einspritzen

in|jun|gie|ren [lat.] *veraltet:* zur Pflicht machen, auferlegen; **In|junk|ti|on** [-tsjon] *w. 10 veraltet:* Vorschrift

In|ju|ri|ant [lat.] *m. 10 veraltet:* Beleidiger; **In|ju|rie** [-riə] *w. 11* Beleidigung; **in|ju|ri|ös** beleidigend

In|ka [indian. „Herr"] *m. 9 oder Gen. - Mz. -* **1** *urspr.:* Angehöriger eines alten peruan. Volksstammes; **2** *dann:* Angehöriger der altperuan. Adelsschicht; **3** Herrscher des Inkareiches

in|kal|ku|la|bel [auch: ɪn-, lat.] unberechenbar, unmeßbar

In|kar|di|na|ti|on [-tsjon, lat.] *w. 10 kath. Kirche:* Übergabe einer Diözese an einen Geistlichen

in|kar|nat [lat.] fleischfarben; **In|kar|nat** *s. 1 nur Ez.* Fleischfarbe, Fleischton (auf Gemälden); **In|kar|na|ti|on** [-tsjon] *w. 10* **1** Fleisch-, Menschwerdung (eines göttlichen Wesens); **2** Verkörperung (von etwas Geistigem); **In|kar|nat|rot** *s. Gen. - nur Ez.* → Inkarnat; **in|kar|niert** **1** fleisch-, menschgeworden; **2** verkörpert

In|kar|ze|ra|ti|on [-tsjon, lat.] *w. 10* Einklemmung (z. B. von Eingeweidebrüchen); **in|kar|ze|rie|ren** einklemmen

In|kas|sant [lat.] *m. 10 österr.:* Kassierer; **In|kas|so** *s. 9, Mz. auch:* -si das Einkassieren, Einziehen (von Geldforderungen)

inkl. *Abk. für* inklusive

In|kli|na|ti|on [-tsjon, lat.] *w. 10* **1** Neigung, Vorliebe, Hang; **2** Neigung einer frei hängenden Magnetnadel zur Waagerechten; **3** Neigung der Ebene einer Planetenbahn zur

Ebene der Erdbahn; **in|kli|nie|ren** neigen (zu etwas), eine Vorliebe haben (für etwas)
in|klu|si|ve [auch: in-] (*Abk.:* inkl., *auch:* incl.) einschließlich, inbegriffen; i. Trinkgeld, i. des Trinkgeldes; *Ggs.:* exklusive
in|ko|gni|to [lat.] unerkannt, unter anderem Namen; i. leben, reisen; **In|ko|gni|to** *s. 9* Geheimhaltung des wahren Namens; das I. lüften, wahren
in|ko|hä|rent [lat.] unzusammenhängend, zusammenhanglos
in|kom|men|su|ra|bel [auch: in-, lat.] nicht vergleichbar; inkommensurable Begriffe, Größen; **In|kom|men|su|ra|bi|li|tät** *w. 10 nur Ez.* Unvergleichbarkeit
in|kom|mo|die|ren [lat.] *veraltet:* belästigen, Unbequemlichkeit bereiten; bitte i. Sie sich nicht!: bitte machen Sie sich keine Mühe!; **In|kom|mo|di|tät** *w. 10 veraltet:* Unbequemlichkeit
in|kom|pa|ra|bel [auch: in-, lat.] **1** nicht vergleichbar; **2** *Gramm.:* nicht steigerungsfähig
In|kom|pa|ra|bi|le *s. Gen.* -s *Mz.* -bi|li|en *oder* -bi|lia nicht steigerungsfähiges Adjektiv, z. B. leer
in|kom|pa|ti|bel [auch: in-, lat.] unvereinbar, nicht zusammenpassend, unverträglich; inkompatible Vorschläge, Medikamente; **In|kom|pa|ti|bi|li|tät** *w. 10 nur Ez.* Unvereinbarkeit
in|kom|pe|tent [lat.] **1** nicht zuständig, nicht befugt (Auskünfte zu geben, Angelegenheiten zu behandeln); **2** *ugs.:* nicht fachmännisch, nicht genau Bescheid wissend; **In|kom|pe|tenz** *w. 10* Unzuständigkeit
in|kom|pres|si|bel [auch: in-, lat.] *Phys.:* nicht zusammenpreßbar
in|kon|gru|ent [auch: -ent, lat.] nicht übereinstimmend, sich nicht deckend (Dreiecke)
in|kon|se|quent [auch: -kvent, lat.] **1** nicht folgerichtig; **2** unbeständig, wankelmütig; **In|kon|se|quenz** [auch: -kvents] *w. 10* Mangel an Folgerichtigkeit, an folgerichtigem Verhalten
in|kon|si|stent [auch: -stent, lat.] nicht dauernd, nicht haltbar, unbeständig; **In|kon|si|stenz** [auch: -stents] *w. 10 nur Ez.* inkonsistente Beschaffenheit
in|kon|stant [lat.] nicht gleichbleibend, veränderlich
In|kon|ti|nenz [lat.] *w. 10 nur Ez.* Unfähigkeit (Harn oder Stuhl zurückzuhalten)
in|kon|ve|ni|ent [auch: -ent, lat.] *veraltet:* unpassend, unschicklich; **In|kon|ve|ni|enz** [auch: -ents] *w. 10 veraltet:* Unschicklichkeit
in|kon|ver|ti|bel [lat.] **1** nicht bekehrbar, unwandelbar; **2** nicht austauschbar (von Währungen)
in|kon|zi|li|ant [auch: -ant, lat.] nicht verbindlich, nicht entgegenkommend; **In|kon|zi|li|anz** [auch: -ants] *w. 10 nur Ez.* inkonziliantes Verhalten
In|ko|or|di|na|ti|on [-tsjon, lat.] *w. 10* Fehlen des harmonischen Zusammenwirkens der Muskeln bei Bewegungen; **in|ko|or|di|niert** nicht zusammenwirkend, nicht gleichgeordnet
in|kor|po|ral [lat.] im Körper befindlich; **In|kor|po|ra|ti|on** [-tsjon] *w. 10* **1** Aufnahme in eine Gemeinschaft, Körperschaft; **2** Angliederung (eines Gebietsteils), Eingemeindung; **in|kor|po|rie|ren** aufnehmen, angliedern, eingemeinden; inkorporierende Sprachen → polysynthetische Sprachen
in|kor|rekt [lat.] **1** ungenau; **2** nicht richtig, nicht einwandfrei (Benehmen)
In|kre|ment [lat.] *s. 1* Zunahme, Zuwachs (einer Größe)
In|kret [lat.] *s. 1* von den Drüsen mit innerer Sekretion ins Blut abgegebener Stoff, Hormon; *Ggs.:* Sekret; **In|kre|ti|on** [-tsjon] *w. 10* Absonderung ins Innere des Körpers; vgl. Sekretion; **in|kre|to|risch** ins Körperinnere absondernd, mit innerer Sekretion verbunden; *Ggs.:* sekretorisch
in|kri|mi|nie|ren [lat.] beschuldigen
In|kru|sta|ti|on [-tsjon, lat.] *w. 10* **1** Verzierung (von Bauwerken) durch andersfarbigen Stein; **2** Überzug (eines Fossils) durch eine Kruste aus mineral. Stoffen; **in|kru|stie|ren** **1** durch andersfarbige Einlagen verzieren; **2** mit einer Kruste überziehen
In|ku|ba|ti|on [-tsjon, lat.] *w. 10* **1** *Antike:* Schlaf an heiligen Stätten (um göttliche Offenbarungen oder Heilung von Krankheiten zu erlangen), Tempelschlaf; **2** *Med.:* das Sichfestsetzen (von Krankheitserregern im Körper); **3** *Biol.:* Bebrütung; **In|ku|ba|ti|ons|zeit** *w. 10* Zeitraum von der Ansteckung bis zum Ausbruch der Krankheit; **In|ku|ba|tor** *m. 13* Brutkasten; **In|ku|bus** *m. Gen.* - *Mz.* -ku|ben **1** *bei den alten Römern:* Alpdruck, Alptraumdämon; **2** *im Volksglauben des MA:* mit einer Frau buhlender Teufel, Buhlteufel; *Ggs.:* Sukkubus
in|kul|lant [lat.] ungefällig (im Geschäftsverkehr)
In|ku|na|bel [lat. „Wiege"] *w. 11* Buch aus der Zeit vor 1500, Frühdruck, Wiegendruck
in|ku|ra|bel [auch: in-, lat.] unheilbar
In|kur|va|ti|on [-tsjon, lat.] *w. 10* Krümmung, Biegung
In|laid [auch: -leid, engl.] *m. 1 schweiz.:* farbig gemustertes Linoleum
in maio|rem Dei glo|ri|am → ad maiorem Dei gloriam
in me|di|as res [lat. „mitten in die Dinge (hinein)"] unmittelbar zur Sache, ohne Einleitung zum Thema
in me|mo|ri|am [lat.] zum Gedächtnis, zum Andenken
in na|tu|ra [lat. „in natürlicher Gestalt"] leibhaftig, wirklich; in Naturalien, in Waren
In|ner|va|ti|on [-tsjon, lat.] *w. 10 nur Ez.* **1** Ausstattung (eines Körperteils) mit Ner-

ven; 2 Leitung von Reizen über die Nerven zu einem Organ; **in|ner|vie|ren** 1 mit Nerven ausstatten; 2 mit Nervenreizen versorgen
in no|mi|ne Dei [lat.] (*Abk.:* I. N. D.) im Namen Gottes; **in no|mi|ne Do|mi|ni** (*Abk.:* I. N. D.) im Namen des Herrn
In|no|va|ti|on [-tsjon, lat.] *w.10* Erneuerung, Verbesserung an techn. Produkten oder Verfahren; **in|no|va|tiv** erneuernd, verbessernd
in nu|ce [lat. „in der Nuß"] 1 im Kern; 2 in Kürze, kurz gesagt
in|of|fen|siv [auch: -sif] nicht angreiferisch, nicht angriffslustig
in|of|fi|zi|ell [lat.] nicht öffentlich, nicht amtlich, vertraulich; **in|of|fi|zi|ös** nicht offiziös
In|oku|la|ti|on [-tsjon, lat.] *w.10* 1 Impfung; 2 *Bot.:* Aufpfropfung; **in|oku|lie|ren** 1 einimpfen; 2 aufpfropfen
in|ope|ra|bel [auch: in-, lat.] nicht zu operieren, durch Operation nicht heilbar
in|op|por|tun [lat.] (augenblicklich) nicht günstig, nicht angebracht
Ino|sit [griech.] *m.1 nur Ez.* zuckerartige Verbindung bes. in Muskeln, Muskelzucker
in|oxy|die|ren [griech.] mit einer Rostschutzschicht aus Eisenoxiden überziehen
in per|pe|tu|um [lat.] für immer
in per|so|na [lat.] in Person, persönlich, selbst
in pet|to [ital. „in der Brust"] bereit, in Bereitschaft; eine Neuigkeit in p. haben
in ple|no [lat. „in voller (Zahl)"] vollzählig
in pon|ti|fi|ca|li|bus [lat. „in priesterlichen Gewändern"] im Ornat
in pra|xi [griech.-lat.] in der Praxis, in Wirklichkeit
in punc|to [lat. „im Punkt"] hinsichtlich, was ... betrifft; in puncto puncti [„im Punkt der Punkte"]: hinsichtlich des wichtigsten Punktes (nämlich der Keuschheit)
In|put [engl.] *m.9 nur Ez.* 1 die in einen Computer eingegebenen Daten; 2 *Wirtsch.:* Einsatzfaktor; *Ggs.:* Output; **In|put-Out|put-Ana|ly|se** [-aut-] *w.11* Analyse der Verflechtung aller Teilbereiche der Wirtschaft
In|qui|lin [lat.] *m.10* Insekt, das seine Eier in Nester oder Gallen anderer Insekten legt
In|qui|rent [lat.] *m.10 veraltet:* jmd., der ein Verhör anstellt; **in|qui|rie|ren** *veraltet:* untersuchen, verhören; **In|qui|si|ti|on** [-tsjon] *w.10* 1 *i. w. S.* strenges, grausames Verhör; 2 *i. e. S. 12./18. Jh.:* Gericht der kath. Kirche gegen Ketzer, bes. in Spanien; **In|qui|si|tor** *m.13* 1 strenger Untersuchungsrichter; 2 Richter der Inquisition (2); **in|qui|si|to|risch** 1 zur Inquisition gehörig; 2 unerbittlich
I. N. R. I. *Abk. für* Jesus Nazarenus Rex Judaeorum: Jesus von Nazareth, König der Juden (Inschrift auf dem Kreuz Christi)
in sal|do [ital.] im Rückstand, schuldig; in s. sein, bleiben
in|san [lat.] geistig krank; **In|sa|nia** *w. Gen. - nur Ez.* Wahnsinn
In|sekt [lat.] *s.12* geflügelter Gliederfüßer, Kerbtier, Kerf; **In|sek|ta|ri|um** *s. Gen.* -s *Mz.* -ri|en Anlage zur Aufzucht von Insekten; **In|sek|ti|vo|re** *w.11, meist Mz.* insektenfressendes Tier, insektenfangende Pflanze; **In|sek|ti|zid** *s.1* insektenvernichtendes Mittel; **In|sek|to|lo|gie** *w.11 nur Ez.* Wissenschaft von den Insekten
In|se|mi|na|ti|on [-tsjon, lat.] *w.10* 1 Eindringen des Samens in das Ei; 2 künstl. Befruchtung
in|sen|si|bel [lat.] nicht empfindlich, nicht empfindsam; **In|sen|si|bi|li|tät** *w.10 nur Ez.* Unempfindlichkeit
In|se|pa|ra|bles [ẽseparabl(ə), frz.] *Mz.* 1 *veraltet:* unzertrennliche, enge Freunde oder Freundinnen; 2 eine Papageienart
In|se|rat [lat.] *s.1* Zeitungsanzeige; **In|se|rent** *m.10* jmd., der ein Inserat aufgegeben hat, der inseriert; **in|se|rie|ren** ein Inserat aufgeben, durch Inserat bekanntgeben; **In|sert** [engl.: -sərt] *s.9, Fernsehen:* in eine laufende Sendung eingeschaltete, kurze andere Sendung, z. B. Werbung; **In|ser|ti|on** [-tsjon] *w.10* 1 Aufgeben eines Inserats; 2 Ansatz, Befestigungsart, z. B. der Sehnen am Knochen, des Blattes am Stengel
In|side [-said, engl.] *m.9 schweiz., Fußball:* Innenstürmer; **In|si|der** [-saidər] *m.5 bes. Wirtsch.:* jmd., der aus interner Sicht Einblick in etwas hat, Eingeweihter; **In|side|sto|ry** *w.9* Bericht, der hinter die Kulissen einer Sache leuchtet
In|si|di|en [lat.] *nur Mz. veraltet:* Nachstellungen; **in|si|di|ös** schleichend, heimtückisch (Krankheit)
In|si|gni|en [lat.] *Mz.* Kennzeichen herrscherlicher Macht oder ständischer Würde, z. B. Krone, Zepter, Mitra
In|si|mu|la|ti|on [-tsjon, lat.] *w.10 veraltet:* (grundlose) Verdächtigung, Beschuldigung
In|si|nu|ant [lat.] *m.10 veraltet:* Zu-, Zwischenträger; **In|si|nua|ti|on** [-tsjon] *w.10 veraltet:* 1 Zu-, Zwischenträgerei, Einflüsterung; 2 Eingabe an ein Gericht; **in|si|nu|ie|ren** *veraltet* 1 jmdm. etwas i.: zutragen, vorlegen; 2 sich i.: sich einschmeicheln
in|si|pid, in|si|pi|de [lat.] *veraltet:* albern, töricht, abgeschmackt
in|si|stent [lat.] auf etwas bestehend, hartnäkkig, beharrlich; **in|si|stie|ren** auf etwas bestehen, beharren
in si|tu [lat.] an der richtigen, ursprünglichen Stelle; an der Fundstelle
in|skri|bie|ren [lat.] sich einschreiben, eintragen (in die Hörerliste einer Hochschule); **In|skrip|ti|on** [-tsjon] *w.10* Eintragung, Einschreibung
In|so|la|ti|on [-tsjon, lat.] *w.10 nur Ez.* 1 Sonneneinstrahlung (auf die Erde); 2 Sonnenstich
in|so|lent [auch: in-, lat.] anmaßend, unver-

schämt, patzig; **In|so|lenz** [auch: in-] *w. 10 nur Ez.* Anmaßung, Unverschämtheit
in|so|lu|bel [lat.] *Chem.:* unlöslich; **in|sol|vent** [auch. in-] zahlungsunfähig; **In|sol|venz** [auch: in-] *w. 10 nur Ez.* Zahlungsunfähigkeit
in spe [lat. „in der Hoffnung"] zukünftig; mein Schwiegersohn in spe
In|spek|teur [-tør, frz.] *m. 1* **1** Leiter einer Inspektion; **2** *Bundeswehr: Bez. für die* Dienststellung des ranghöchsten Offiziers einer Teilstreitkraft bzw. des Sanitäts- und Gesundheitswesens; **In|spek|ti|on** [-tsjon, lat.] *w. 10* **1** Prüfung, Kontrolle, prüfende Besichtigung; **2** aufsichtführende Behörde; **In|spek|tor** *m. 13* aufsichtführender Beamter, Verwaltungsbeamter
In|spi|ra|ti|on [-tsjon, lat.] *w. 10* **1** Eingebung, Erleuchtung, schöpferischer Einfall; **2** Einatmung; *Ggs.:* Exspiration; **In|spi|ra|tor** *m. 13* Anreger; **in|spi|ra|to|risch** anregend, erleuchtend; **in|spi|rie|ren** erleuchten, anregen
In|spi|zi|ent [lat.] *m. 10* **1** Aufsichtsbeamter (bei Behörden); **2** *Theater, Film, Fernsehen, Funk:* Mitarbeiter, der für den ordnungsgemäßen Ablauf der Aufführungen zu sorgen hat; **in|spi|zie|ren** prüfen, beaufsichtigen
in|sta|bil [auch: -bil, lat.] nicht fest, unsicher, schwankend; instabiles Atom: Atom, das durch radioaktiven Prozeß zerfällt
In|sta|bi|li|tät [auch: in-] *w. 10 nur Ez.* instabile Beschaffenheit
In|stal|la|teur [-tør] *m. 1* Handwerker für Installationen; **In|stal|la|ti|on** [-tsjon, frz.] *w. 10* **1** Einbau von technischen Anlagen: Gas und Wasserleitungen, Heizung usw.; **2** Einweisung in ein geistliches Amt; **in|stal|lie|ren** **1** einbauen, einrichten (techn. Anlagen); **2** einweisen (in ein geistliches Amt); **3** *ugs.* sich installieren: sich häuslich, bequem einrichten
in|stant [lat.-engl.] *unflektierbar:* sofort gebrauchsfertig; **In|stant|ge|tränk** *s. 1* Getränk aus pulveriger Substanz, das schnell zubereitet werden kann
In|stanz [lat.] *w. 10* zuständige Behörde, zuständiges Gericht
in sta|tu nas|cen|di [lat.] im Zustand des Entstehens; **in sta|tu quo** [„im Zustand, in dem (sich eine Sache befindet)"] im gegenwärtigen Zustand; vgl. Status quo; **in sta|tu quo an|te** [„im Zustand, in dem vorher ..."] im früheren Zustand; vgl. Status quo ante
In|stil|la|ti|on [-tsjon, lat.] *w. 10 Med.:* Einträufelung; **in|stil|lie|ren** *Med.:* einträufeln
In|stinkt [lat.] *m. 1* **1** angeborener Trieb zu bestimmten Verhaltensweisen (bes. bei Tieren); **2** *übertr.:* sicheres Gefühl (für etwas); **in|stink|tiv** auf einem Instinkt beruhend, unbewußt, trieb-, gefühlsmäßig
in|sti|tu|ie|ren [lat.] ein-, errichten, einsetzen; **In|sti|tut** *s. 1* Anstalt zur Ausbildung, Erziehung, Forschung u. a. wissenschaftl. Arbeit; **In|sti|tu|ti|on** [-tsjon] **1** *w. 10 nur Ez.* Einsetzung, Einweisung (in ein Amt); **2** *w. 10* (meist staatl.) Einrichtung, Anstalt, z. B. Genossenschaft, Behörde, Stiftung; **in|sti|tu|tio|na|li|sie|ren** zu einer Institution machen; **In|sti|tu|tio|na|lis|mus** *m. Gen. - nur Ez.* Richtung der Wirtschaftswissenschaft in den USA, die sich zur Erklärung wirtschaftlicher Erscheinungen auch auf Analysen der wirtschaftlichen Einrichtungen und Organisationsformen stützt; **in|sti|tu|tio|nell** auf einer Institution beruhend, in der Art einer I.
in|stru|ie|ren [lat.] unterrichten, in Kenntnis setzen, mit Anweisungen versehen; **In|struk|teur** [-tør, frz.] *m. 1* jmd., der anleitet, schult; **In|struk|ti|on** [-tsjon] *w. 10* Anleitung, Anweisung, Verhaltensmaßregel, Vorschrift; **in|struk|tiv** einprägsam, lehrreich; **In|struk|tor** *m. 13 veraltet:* Lehrer, Erzieher, bes. Prinzenerzieher
In|stru|ment [lat.] *s. 1* **1** Gerät, feines Werkzeug (bes. für wissenschaftl. Zwecke); **2** Musikgerät; **in|stru|men|tal** **1** mit Hilfe eines Instruments; **2** *Gramm.:* das Mittel bezeichnend; **In|stru|men|tal** *m. 1 Gramm.:* das Mittel, Werkzeug bezeichnender Kasus, in slaw. Sprachen noch erhalten, im Dt. durch Präpositionen ausgedrückt; **In|stru|men|ta|lis** *m. Gen. - Mz.* -les [-le:s] → Instrumental; **In|stru|men|ta|list** *m. 10* Spieler eines Instruments; **In|stru|men|tar** *s. 1,* **In|stru|men|ta|ri|um** *s. Gen.* -s *Mz.* -ri|en **1** alle für eine bestimmte Tätigkeit notwendigen Instrumente; **2** alle in einer bestimmten Epoche oder einem Bereich verwendeten Musikinstrumente; **In|stru|men|ta|ti|on** [-tsjon] *w. 10 nur Ez.* das Einrichten (eines Musikstücks) für Instrumente; **In|stru|men|ta|tor** *m. 13* Musiker, der etwas instrumentiert hat; **in|stru|men|tie|ren** **1** für Orchestermusik einrichten, orchestrieren; ein Musikstück i.; **2** einem Arzt bei der Operation oder Behandlung die Instrumente zureichen
In|sub|or|di|na|ti|on [-tsjon, lat.] *w. 10 bes. Mil.:* Gehorsamsverweigerung gegenüber Vorgesetzten
in|suf|fi|zi|ent [auch: in-, lat.] ungenügend, mangelhaft, nicht leistungsfähig; **In|suf|fi|zi|enz** [auch: in-] *w. 10* **1** *Med.:* mangelhafte Leistungsfähigkeit (eines Organs); **2** *Rechtsw.:* Unfähigkeit, eine Geldforderung voll zu erfüllen
In|su|la|ner *m. 5* Inselbewohner; **in|su|lar** wie eine Insel, als Insel; **In|su|la|ri|tät** *w. 10 nur Ez.* Abgeschlossenheit einer oder wie auf einer Insel; **In|su|lin** [nach den Langerhansschen Inseln] *s. 1 nur Ez.* in der Bauchspeicheldrüse gebildetes Hormon
In|sult [lat.] *m. 1* **1** Beleidigung, Beschimpfung; **2** *Med.:* Anfall; **In|sul|ta|ti|on** [-tsjon] *w. 10* → Insult (**1**); **in|sul|tie|ren** beleidigen, beschimpfen

in sum|ma [lat.] insgesamt, im ganzen
In|sur|gent [lat.] *m.10* Aufrührer, Empörer; **in|sur|gie|ren** zum Aufstand reizen, aufwiegeln; **In|sur|rek|ti|on** [-tsjon] *w.10* Aufstand, Aufruhr
in sus|pen|so [lat.] *veraltet:* in der Schwebe, unentschieden
in|sze|na|to|risch [lat.] die Inszenierung betreffend; **in|sze|nie|ren 1** für die Aufführung auf der Bühne gestalten; **2** *übertr.:* hervorrufen; absichtlich entstehen lassen; **In|sze|nie|rung** *w.10* technische und künstlerische Gestaltung und Aufführung (eines Bühnenwerkes)
In|ta|bu|la|ti|on [-tsjon, lat.] *w.10 veraltet:* Einschreibung (in Tabelle oder Grundbuch)
In|ta|glio [-taljo, ital.] *s. Gen.*-s *Mz.*-gli|en [-jən] Gemme
in|takt [lat.] unbeschädigt, ganz, heil
In|tar|seur [-sør, frz.] *m.1* Kunsttischler, der Intarsien herstellt; **In|tar|sia** [arab.-ital.], **In|tar|sie** [-sjə] *w. Gen.- Mz.*-si|en Einlegearbeit in Holz mit andersfarbigem Material, bes. Holz, Elfenbein oder Perlmutt, Marketerie; **in|tar|sie|ren** mit Intarsien verzieren
in|te|ger [lat.] ohne Makel, sauber, redlich, rechtschaffen; integrer Charakter
in|te|gral [lat.] ein Ganzes bildend, vollständig; **In|te|gral** *s.1* (*Zeichen:* ∫) Summe unendlich kleiner Größen; **In|te|gral|rech|nung** *w.10 nur Ez.* Rechnungsart der höheren Mathematik; **In|te|gra|ti|on** [-tsjon] *w.10* **1** Zusammenschluß, Vereinigung; **2** Berechnung eines Integrals; **In|te|gra|tor** *m.13* eine Rechenmaschine; **In|te|grier|an|la|ge** *w.11* elektronische Addiermaschine; **in|te|grie|ren 1** das Integral berechnen; **2** zusammenschließen, vereinigen; **in|te|grie|rend** zum Ganzen notwendig, unerläßlich
In|te|gri|tät [lat.] *w.10 nur Ez.* Makellosigkeit, Sauberkeit, Redlichkeit, Rechtschaffenheit
In|te|gu|ment [lat.] *s.1* **1** *bei Mensch und Tier:* die äußere Körperbedeckung (Haut, Haare, Federn u. ä.); **2** *bei Blütenpflanzen:* Hülle der Samenanlage
In|tel|lekt [lat.] *m.1* Verstand, Denk-, Erkenntnisfähigkeit; **In|tel|lek|tua|lis|mus** *m. Gen.- nur Ez.* **1** rein verstandesmäßiges Denken; **2** philosoph. Anschauung, die den Intellekt gegenüber den Willens- und Gefühlskräften betont; **in|tel|lek|tu|ell 1** auf dem Intellekt beruhend; **2** betont verstandesmäßig, betont geistig; **In|tel|lek|tu|el|le(r)** *m.18 (17) oder w.17 bzw. 18* Verstandesmensch, Geistesarbeiter, Wissenschaftler
In|tel|li|gence Ser|vice [-dʒəns səvis, engl.] *m. Gen.-- nur Ez.* der britische Geheimdienst; **in|tel|li|gent** [lat.] klug, einsichtig, rasch auffassend, geistig begabt; **In|tel|li|gen|tsia** *w. Gen.- nur Ez., russ. Bez. für* Intelligenz (**2**); **In|tel|li|genz** *w.10 nur Ez.* **1** Klugheit, Einsichtigkeit, geistige Begabung; **2** die Gesamtheit der Geistesschaffenden; **In|tel|li|genz|be|stie** *w.11 ugs. scherzh.:* jmd., dessen Intelligenz auf Kosten anderer Qualitäten bes. stark entwickelt ist; **In|tel|li|genz|ler** *m.5 abfällige Bez. für* Angehörigen der Intelligenz (**2**); **In|tel|li|genz|quo|ti|ent** [-tsjɛnt] *m.10* (*Abk.:* IQ) Zahl, die das Verhältnis zwischen Intelligenzgrad und Lebensalter ausdrückt; **in|tel|li|gi|bel** nur gedanklich, geistig erfaßbar, nicht sinnlich wahrnehmbar
In|ten|dant [lat.] *m.10* **1** *im absolutist. Frankreich:* hoher Beamter; **2** *bis 1945:* militär. Verwaltungsbeamter; **3** künstler. und kaufmänn. Leiter eines Theaters, einer Rundfunk- oder Fernsehanstalt; **In|ten|dan|tur** *w.10* **1** *bis 1945:* militär. Verwaltungsbehörde; **2** *Theater, Funk, Fernsehen:* Amt eines Intendanten (**3**); **In|ten|danz** *w.10* Amt und Verwaltungsräume eines Intendanten, Leitung eines Theaters, Rundfunk- oder Fernsehsenders
in|ten|die|ren [lat.] beabsichtigen, planen; **In|ten|si|me|ter** *s.5* Gerät zum Messen der Stärke von Strahlen (bes. Röntgenstrahlen); **In|ten|si|on** *w.10* Anspannung (der inneren Kräfte); **In|ten|si|tät** *w.10 nur Ez.* **1** Anspannung, gespannte Kraft; **2** Eindringlichkeit, große Wirksamkeit; **3** Stärke, Größe, Grad einer Wirkkraft; **4** Tiefe, Leuchtkraft, Sattheit (von Farben); **in|ten|siv 1** angespannt, angestrengt; **2** stark, eindringlich; **3** tief, satt, leuchtkräftig; **in|ten|si|vie|ren** steigern, verstärken, erhöhen; **In|ten|si|vi|tät** *w.10 nur Ez.* → Intensität; **In|ten|siv|sta|ti|on** [-tsjo:n] *w.10* Abteilung eines Krankenhauses, in der lebensgefährlich Erkrankte durch umfassende instrumentelle Therapie behandelt und ständig ärztlich überwacht werden, wobei lebensnotwendige Funktionen durch elektr. Geräte übernommen werden können; **In|ten|si|vum** *s. Gen.*-s *Mz.*-va die Verstärkung einer Tätigkeit ausdrückendes Verb, z. B. „schnitzen" zu „schneiden", „nicken" zu „neigen"; **In|ten|ti|on** [-tsjon] *w.10* Absicht, Plan, Bestrebung; **in|ten|tio|nal** [-tsjo-] zweckbestimmt, zielgerichtet; **In|ten|tio|na|lis|mus** *m. Gen.- nur Ez.* philosoph. Anschauung, daß jede Handlung nur nach ihrer Absicht, nicht nach ihrer Wirkung zu beurteilen sei; **In|ten|tio|na|li|tät** *w.10 nur Ez.* Zielstrebigkeit, Zielgerichtetheit; **in|ten|tio|nell** → intentional; **in|ten|tio|nie|ren** → intendieren
In|ter|ak|ti|on [-tsjon, lat.] *w.10* wechselweise Handlung, wechselweises Vorgehen (von miteinander in Beziehung stehenden Personen)
in|ter|al|li|iert [lat.] mehrere Verbündete betreffend, mehreren Verbündeten gehörig, aus mehreren Verbündeten bestehend
In|ter|ci|ty-Zug [-si-, engl.] *m.2* (*Abk.:* IC)

D-Zug im Schnellverkehr zwischen größeren Städten

In|ter|den|tal [lat.] *m.1*, **In|ter|den|tal|laut** *m.1* zwischen den Schneidezähnen gebildeter Laut, z. B. engl. th

in|ter|de|pen|dent [lat.] voneinander abhängig; **In|ter|de|pen|denz** *w.10 nur Ez.* Abhängigkeit voneinander

In|ter|dikt [lat.] *s.1* Kirchenstrafe, Verbot gottesdienstlicher Handlungen; **In|ter|dik|ti|on** [-tsjon] *w.10* **1** Verbot; **2** Entmündigung

in|ter|dis|zi|pli|när [lat.] mehrere Disziplinen (**2**) umfassend oder betreffend

in|ter|di|zie|ren [lat.] verbieten, untersagen

in|ter|es|sant [lat.] **1** Aufmerksamkeit erregend, fesselnd, anziehend; **2** lehrreich, aufschlußreich; **3** eigenartig, ungewöhnlich; **4** vorteilhaft, gewinnbringend; **In|ter|es|se** *s.14* **1** Aufmerksamkeit, Beachtung; **2** Neigung, Vorliebe, Hang; **3** Vorteil, Nutzen; seine Interessen wahren; **4** Wichtigkeit; das ist für mich nicht von I.; das ist für mich von großem I.; **In|ter|es|sent** *m.10* jmd., der sich für etwas interessiert, Bewerber, Kauflustiger; **in|ter|es|sie|ren** **1** jmdn. für etwas i.: jmds. Interesse für etwas wecken; **2** sich für etwas i.: für etwas Interesse haben; **in|ter|es|siert** aufmerksam, wißbegierig; an etwas i. sein: für etwas Interesse haben

In|ter|fe|renz [lat.] *w.10* **1** *Phys.:* Überlagerung zusammentreffender Schwingungen aus derselben Quelle, wobei sich Schwingungsbäuche (Verstärkungen) und -täler (Abschwächungen) ergeben; **2** *Biol.:* Beeinflussung eines biolog. Vorgangs durch einen anderen; **in|ter|fe|rie|ren** einander überlagern, aufeinander einwirken; **In|ter|fe|ro|me|ter** *s.5* Gerät zum Messen von Wellenlängen, von sehr kleinen Winkelabständen (Astron.), zur Prüfung von Endmaßen u. a. mittels Interferenz; **In|ter|fe|ro|me|trie** *w.11 nur Ez.* Messung mit Hilfe der Interferenz; **In|ter|fe|ron** *s.1 nur Ez.* zur Abwehr des Virenbefalls gebildetes Zelleiweiß

in|ter|fo|li|ie|ren [lat.] ein Buch i.: vor dem Binden zwischen die Seiten eines Buches leere Blätter einfügen (für Korrekturen)

in|ter|frak|tio|nell [lat.] mehrere (Partei-) Fraktionen betreffend, ihnen gemeinsam

in|ter|ga|lak|tisch [lat. + griech.] zwischen mehreren Galaxien befindlich

in|ter|gla|zi|al [lat.] zwischeneiszeitlich; **In|ter|gla|zi|al** *s.1*, **In|ter|gla|zi|al|zeit** *w.10* Zwischeneiszeit, Warmzeit

In|te|ri|eur [ẽteriœr, frz.] *s.9 oder s.1* **1** Inneres, Innenraum; **2** Ausstattung eines Innenraumes; **3** *Malerei:* Darstellung eines Innenraumes

In|te|rim [lat.] *s.9* Zwischenzeit, vorläufiger Zustand, Zwischenlösung; **in|te|ri|mi|stisch** einstweilig, vorläufig; **In|te|rims|lö|sung** *w.10* vorläufige Lösung

In|ter|jek|ti|on [-tsjon, lat.] *w.10* Empfindungswort, z. B. ach!, au!

in|ter|ka|lar [lat.] eingeschoben (von Schaltjahren); **In|ter|ka|la|ri|en** *nur Mz.* Ertrag einer unbesetzten kath. Kirchenpfründe

in|ter|kan|to|nal mehrere Kantone betreffend, mehreren Kantonen gemeinsam

In|ter|ko|lum|nie [-niə, lat.] *w.11*, **In|ter|ko|lum|ni|um** *s. Gen.*-s *Mz.*-ni|en *Baukunst:* Abstand zwischen zwei Säulen

in|ter|kom|mu|nal [lat.] mehrere Städte betreffend, mehreren Städten gemeinsam

In|ter|kon|fes|sio|na|lis|mus [lat.] *m. Gen.- nur Ez.* Bestreben, die Gegensätze zwischen den Konfessionen zu überbrücken; **in|ter|kon|fes|sio|nell** mehrere Konfessionen betreffend, ihnen gemeinsam

in|ter|kon|ti|nen|tal [lat.] mehrere Kontinente betreffend, sie verbindend, zwischen ihnen bestehend

in|ter|ko|stal [lat.] zwischen den Rippen liegend; **In|ter|ko|stal|neur|al|gie** *w.11* Neuralgie der Zwischenrippennerven

in|ter|kru|stal [lat.] in der Erdkruste liegend oder gebildet

in|ter|kur|rent [lat.] hinzutretend (z. B. eine Krankheit zu einer bereits vorhandenen)

in|ter|li|ne|ar [lat.] zwischen den Zeilen, zwischen die Zeilen (eines fremdsprachigen Textes geschrieben); **In|ter|li|ne|ar|glos|se** *w.11 in alten Handschriften:* zwischen die Zeilen geschriebene Erklärung; **In|ter|li|ne|ar|ver|si|on** *w.11* wörtliche Übersetzung (die in alten Handschriften zwischen die Zeilen des Textes geschrieben wurde)

In|ter|lin|gu|istik [lat.] *w.10 nur Ez.* Wissenschaft von den Welthilfssprachen

In|ter|lock|wa|re [engl.] *w.11* feine, rundgestrickte Wirkware für Unterwäsche

In|ter|lu|di|um [lat.] *s. Gen.*-s *Mz.*-di|en Zwischenspiel (in der Fuge, im Ballett, zwischen zwei Choralstrophen u. a.)

In|ter|lu|ni|um [lat.] *s. Gen.*-s *Mz.*-ni|en Zeit des Neumondes

In|ter|ma|xil|lar|kno|chen [lat.] *m.7* Zwischenkieferknochen

in|ter|me|di|är [lat.] zwischen zwei Dingen befindlich, Zwischen...; **In|ter|me|dio, In|ter|me|di|um** *s. Gen.*-s *Mz.*-di|en *16. Jh. in Italien:* kleines musikal.-dramat. Zwischenspiel (bei Hoffesten); **In|ter|mez|zo** *s.9, Mz. auch:* -zi **1** *17./18. Jh.:* heiteres Zwischenspiel (in Drama und Oper); **2** kurzes, heiteres Musikstück; **3** *übertr.:* erheiternder Zwischenfall

In|ter|mis|si|on [lat.] *w.10* zeitweiliges Verschwinden von Krankheitserscheinungen; **in|ter|mit|tie|rend** zeitweilig aussetzend und wiederkehrend, mit Unterbrechungen

in|ter|mo|le|ku|lar [lat.] zwischen den Molekülen liegend oder stattfindend

in|tern [lat.] **1** im Innern befindlich, innerlich; **2** innerhalb einer Gemeinschaft bestehend, stattfindend, nicht für Außenstehende bestimmt; **3** in einem Internat wohnend; *Ggs.:* extern; **In|ter|na** *Mz. von* Internum; **in|ter|na|li|sie|ren** *Psych.:* in sich aufnehmen, für sich selbst als gültig annehmen, sich zu eigen machen; **In|ter|nat** *s. 1* Lehranstalt, in der die Schüler(innen) auch wohnen und verköstigt werden

in|ter|na|tio|nal [lat.] mehrere oder alle Staaten bzw. Völker betreffend, zwischen ihnen bestehend, überstaatlich, nicht national begrenzt; **In|ter|na|tio|na|le** *w. 18* **1** *Kurzw. für* Internationale Arbeiterassoziation: internationale Vereinigung sozialist. Parteien; **2** internationales Kampflied der sozialist. Arbeiterbewegung; **in|ter|na|tio|na|li|sie|ren** den Angehörigen aller Staaten zugänglich machen (Verkehrswege u. a.); **In|ter|na|tio|na|lis|mus** *m. Gen. - nur Ez.* **1** Streben nach internationalem Zusammenschluß; **2** *Gramm.:* in allen Sprachen gebräuchl. und verständl. Wort, z. B. Radio, stop; **In|ter|na|tio|na|li|tät** *w. 10 nur Ez.* Überstaatlichkeit

In|ter|ne(r) [lat.] *m. 18 (17) oder w. 17 bzw. 18* in einem Internat wohnende(r) Schüler(in); **in|ter|nie|ren** **1** in staatlichen Gewahrsam nehmen, in der Freiheit beschränken (während des Krieges Zivilpersonen eines feindlichen Staates); **2** *auch:* isolieren (Kranke); **In|ter|nist** *m. 10* Facharzt für innere Krankheiten

In|ter|no|di|um [lat.] *s. Gen.*-s *Mz.*-di|en Abschnitt des Stengels zwischen zwei Blattansatzstellen (Knoten)

In|ter|num [lat.] *s. Gen.*-s *Mz.*-na nur eine Gemeinschaft angehende, nicht für Außenstehende bestimmte Angelegenheit

In|ter|nun|ti|us [-tsjus, lat.] *m. Gen. - Mz.* -ti|en [-tsjən] päpstl. Nuntius im Rang eines Gesandten

in|ter|ozea|nisch mehrere Ozeane betreffend, sie verbindend

in|ter|par|la|men|ta|risch die Parlamente mehrerer Staaten betreffend, sie umfassend

In|ter|pel|lant [lat.] *m. 10* jmd., der eine Interpellation (1) einbringt; **In|ter|pel|la|ti|on** [-tsjo:n] *w. 10* **1** Anfrage (im Parlament an die Regierung); **2** *veraltet:* Einspruch, Mahnung (eines Gläubigers); **3** *veraltet:* Unterbrechung, Zwischenrede; **in|ter|pel|lie|ren** **1** eine Interpellation (**1**) einbringen, anfragen; **2** *veraltet:* unterbrechen, dazwischenreden

in|ter|pla|ne|tar, in|ter|pla|ne|ta|risch zwischen den Planeten befindlich

In|ter|pol *w. Gen. - nur Ez. Kurzw. für* Internationale kriminalpolizeiliche Kommission (eine von den nationalen Polizeibehörden eingerichtete internationale Organisation zur Verfolgung aller Verbrechen, die den nationalen Rahmen übersteigen)

In|ter|po|la|ti|on [-tsjo:n, lat.] *w. 10 Math.:* Schluß von zwei bekannten Funktionswerten auf Zwischenwerte; *Ggs.:* Extrapolation; **in|ter|po|lie|ren** einen Zwischenwert feststellen

In|ter|pret [lat.] *m. 10* **1** Erklärer, Ausleger, Deuter (von Texten); **2** Künstler, der durch Wiedergabe eines Musikwerkes dieses zugleich ausdeutet; **In|ter|pre|ta|ti|on** [-tsjo:n] *w. 10* Erklärung, Ausdeutung; **in|ter|pre|ta|tiv, in|ter|pre|ta|to|risch** erklärend, deutend; **in|ter|pre|tie|ren** sprachlich, sachlich, künstlerisch erklären, deuten

in|ter|pun|gie|ren [lat.], **in|ter|punk|tie|ren** mit Satzzeichen versehen; **In|ter|punk|ti|on** [-tsjo:n] *w. 10* Anwendung von Satzzeichen, Zeichensetzung; **In|ter|punk|ti|ons|zei|chen** *s. 7* Satzzeichen

In|ter|reg|num [lat.] *s. Gen.*-s *Mz.*-gnen oder -gna **1** vorläufige Regierung, Zwischenregierung; **2** Zeitabschnitt ohne rechtmäßige oder mit einer vorübergehend eingesetzten Regierung

In|ter|ro|ga|tiv [lat.] *s. 1* → Interrogativpronomen; **In|ter|ro|ga|tiv|ad|verb** *s. Gen.*-s *Mz.* -bi|en fragendes Umstandswort, z. B. wie lange, warum, wohin; **In|ter|ro|ga|tiv|pro|no|men** *s. 7, Mz. auch:* -mi|na fragendes Fürwort, z. B. wer, welcher; **In|ter|ro|ga|ti|vum** *s. Gen.*-s *Mz.*-va → Interrogativpronomen

In|ter|rup|tio [-tsjo, lat.] *w. Gen. - Mz.*-tio|nes [-tsjo:ne:s] Schwangerschaftsabbruch; **In|ter|rup|ti|on** [-tsjo:n] *w. 10* Unterbrechung

in|ter|sek|to|ral [lat.] zwischen den Sektoren befindlich, sie verbindend, ihnen gemeinsam

In|ter|sex [lat.] *s. 1 Biol.:* geschlechtl. Zwischenform mit männl. und weibl. Merkmalen; **In|ter|se|xua|li|tät** *w. 10 nur Ez.* Auftreten von Geschlechtsmerkmalen an einem Lebewesen, die eigentlich dem anderen Geschlecht zukommen; **in|ter|se|xu|ell** eine geschlechtl. Zwischenform bildend, zwischengeschlechtlich

In|ter|shop [-ʃɔp, engl.] *m. 9, in der DDR:* Geschäft, in dem Waren gegen harte Währung verkauft werden

in|ter|sta|di|al [lat.] zwischen zwei Stadien stehend; **In|ter|sta|di|al** *s. 1,* **In|ter|sta|di|al|zeit** *w. 10* Stadium zwischen zwei Eiszeiten

in|ter|stel|lar [lat.] zwischen den Fixsternen (befindlich)

in|ter|sti|ti|ell [-tsjɛl, lat.] in Zwischenräumen befindlich (z. B. Gewebe, Gewebsflüssigkeit); **In|ter|sti|ti|um** [-tsjum] *s. Gen.*-s *Mz.* -ti|en [-tsjən] **1** Zwischenraum (zwischen Organen); **2** *kath. Kirche:* vorgeschriebene Zeit zwischen dem Empfang zweier geistlicher Weihen

in|ter|sub|jek|tiv [lat.] zwei oder mehreren Einzelwesen gemeinsam, sie umfassend

in|ter|ter|ri|to|ri|al [lat.] zwischen zwei oder mehreren Staaten bestehend, zwischenstaatlich (Abkommen u. ä.)

In|ter|tri|go [lat.] *w. Gen. - Mz.*-gi|nes [-ne:s]

Wundsein der Haut infolge Reibung von Hautstellen aneinander, „Wolf"
in|ter|ur|ban [lat.] *veraltet:* zwischen mehreren Städten befindlich, ihnen gemeinsam, Überland ...
In|ter|vall [lat.] *s. 1* **1** Zwischenzeit, Pause, Lücke; **2** *Math.:* Strecke zwischen zwei Punkten einer Skala; **3** *Mus.:* Abstand zwischen zwei Tönen; **4** *Med.:* symptom- oder schmerzfreie Zeit im Verlauf einer Krankheit, *auch:* Zeit zwischen zwei Menstruationen; **In|ter|vall|trai|ning** *s. 9* Form des Trainings, bei der zwischen Belastung und Entspannung gewechselt wird
in|ter|va|lu|ta|risch [lat.] den Währungsaustausch betreffend; intervalutarischer Kurs: Wechsel-, Devisenkurs
In|ter|ve|ni|ent [lat.] *m. 10* jmd., der interveniert (bes. bei Rechtsstreitigkeiten); **in|ter|ve|nie|ren** dazwischentreten, (vermittelnd) eingreifen, sich einmischen; **In|ter|vent** *m. 10 russ. Bez. für* kriegerischer Intervenient; **In|ter|ven|ti|on** [-tsjon] *w. 10* Dazwischentreten, (vermittelndes) Eingreifen, Einmischung; **In|ter|ven|tio|nis|mus** *m. Gen. - nur Ez.* wirtschaftspolit. System, das staatl. Eingriffe in die Marktwirtschaft vorsieht, um die Produktivität zu steigern; **In|ter|ven|ti|ons|kla|ge** *w. 11* Widerspruchsklage (gegen Zahlungsbefehle u. ä.); **in|ter|ven|tiv** eingreifend, vermittelnd
In|ter|ver|si|on [lat.] *w. 10* → Interlinearversion
In|ter|view [-vju, engl.] *s. 9* Befragung bekannter Persönlichkeiten durch Reporter über berufliche, politische u. ä. Angelegenheiten; **in|ter|view|en** [-vjuən] befragen; **In|ter|view|er** [-vjuər] *m. 5* jmd., der einen anderen interviewt
In|ter|vi|si|on [lat.] *w. 10 nur Ez.* Organisation osteuropäischer Staaten zum Austausch und zur gemeinsamen Übertragung von Fernsehprogrammen
in|ter|ze|die|ren [lat.] **1** (für einen Schuldner) einspringen, eintreten, eine Schuld übernehmen, sich verbürgen; **2** vermitteln
in|ter|zel|lu|lar [lat.], **in|ter|zel|lu|lär** zwischen den Zellen (gelegen)
In|ter|zes|si|on [lat.] *w. 10* Übernahme einer Schuld
in|ter|zo|nal [lat. + griech.] zwischen den Zonen, mehrere Zonen betreffend
in|te|sta|bel [auch: -sta-, lat.] rechtlich unfähig, ein Testament zu machen oder als Zeuge vor Gericht aufzutreten; **In|te|stat|er|be** *m. 11* gesetzl. Erbe eines Erblassers, der kein Testament hinterlassen hat
in|te|sti|nal [lat.] zum Darm gehörend; **In|te|sti|num** *s. Gen.* -s *Mz.* -nen *oder* -na Darm, Eingeweide
In|thro|ni|sa|ti|on [-tsjon, lat. + griech.] *w. 10* Erhebung auf den Thron, feierliche Einsetzung in ein Amt; **in|thro|ni|sie|ren** feierlich einsetzen (Fürsten, Papst)
in|tim [lat.] **1** vertraut, innig, eng (Freund); **2** den sexuellen Bereich betreffend; intime Beziehungen: Geschlechtsverkehr; **3** ganz persönlich, nicht für andere bestimmt; **4** gemütlich, heimelig (Raum); **In|ti|ma** *w. Gen. - nur Ez.* **1** *Biol.:* innerste Haut der Gefäße; **2** enge, vertraute Freundin; **In|ti|ma|ti|on** [-tsjon] *w. 10 veraltet:* gerichtliche Ankündigung, Vorladung; **In|ti|mi|tät** *w. 10* **1** *nur Ez.* Vertrautheit, Gemütlichkeit; **2** Vertrautheit, vertraul. Beziehung; **In|tim|sphä|re** *w. 11* Bereich des persönl. Lebens, bes. des Geschlechtslebens; **In|tim|spray** [-sprεi] *s. 9* geruchsbindendes Spray für die äußeren Geschlechtsteile; **In|ti|mus** *m. Gen. - Mz.* -mi enger, vertrauter Freund
in|to|le|ra|bel [lat.] unerträglich, unduldbar; **in|to|le|rant** nicht tolerant, unduldsam (gegenüber anderen Meinungen oder Verhaltensweisen); **In|to|le|ranz** *w. 10 nur Ez.* Unduldsamkeit
In|to|na|ti|on [-tsjon, lat.] *w. 10* **1** *Sprachw.:* Tonansatz beim Sprechen von Vokalen; Tongebung, Veränderung der Tonhöhe und -stärke beim Sprechen, Satzmelodie; **2** *Mus.:* Tonansatz, Treffen der Tonhöhe beim Singen oder Spielen eines Instruments; **3** *Gregorianik:* die ersten, vom Priester gesungenen Worte im liturg. Gesang; **4** Ein- oder Nachstimmen der Orgelpfeifen; **5** präludierende Einleitung (eines Musikstücks); kurzes Orgelvorspiel; **in|to|na|to|risch** die Intonation betreffend, auf ihr beruhend; **in|to|nie|ren** **1** *Sprachw.:* den Ton ansetzen; Tonhöhe und -stärke verändern; **2** *Mus.:* anstimmen (Lied); treffen (Ton); stimmen, nachstimmen (Instrument); präludierend einleiten (Musikstück)
in to|to [lat.] im ganzen; etwas in t. ablehnen, annehmen
In|tou|rist [-tu-, russ.] staatl. Reisebüro der Sowjetunion
In|to|xi|ka|ti|on [-tsjon, lat.] *w. 10* Vergiftung
In|tra|bi|li|tät [lat.] *w. 10 nur Ez.* Eintritt von Stoffen in das Zellplasma
In|tra|da [lat.] *w. Gen. - Mz.* -den, **In|tra|de** *w. 11 bes. in der Suite:* feierl. Einleitungs-, Eröffnungsstück
in|tra|kar|di|al [lat.] innerhalb des Herzens (gelegen)
in|tra|ku|tan [lat.] in der Haut (gelegen)
in|tra|mo|le|ku|lar [lat.] innerhalb eines Moleküls (stattfindend)
in|tra|mon|tan [lat.] zwischen Gebirgen (gelegen)
in|tra|mun|dan [lat.] innerhalb dieser Welt; *Ggs.:* extramundan
in|tra mu|ros [-ro:s, lat. „innerhalb der Mauern"] nicht öffentlich
in|tra|mus|ku|lär [lat.] (*Abk.:* i. m.) innerhalb

eines Muskels (gelegen), in einen Muskel hinein
in|tran|si|gent [lat.] unversöhnlich, unnachgiebig, starr, Verhandlungen unzugänglich; **In|tran|si|gent** *m.10* intransigenter Parteimann; **In|tran|si|genz** *w.10 nur Ez.* Unversöhnlichkeit, Unnachgiebigkeit
in|tran|si|tiv [auch: -tif, lat.] intransitives Verb: Verb, das kein Akkusativobjekt bei sich haben und von dem man kein persönliches Passiv bilden kann, z. B. schlafen; **In|tran|si|tiv** [auch: -tif] *s.1,* **In|tran|si|ti|vum** [auch: -ti-] *s. Gen.*-s *Mz.*-va intransitives Verb
in|tra|oku|lar [lat.] im Innern des Auges (liegend)
in|tra|oral [lat.] innerhalb der Mundhöhle
in|tra|tel|lu|risch [lat.] **1** *Astron.:* innerhalb der von der Erde beschriebenen Bahn befindlich; **2** das Innere der Erde betreffend, dort entstanden
in|tra|ute|rin [lat.] innerhalb der Gebärmutter (des Uterus) liegend
in|tra|va|gi|nal [lat.] innerhalb der Scheide (Vagina) liegend
in|tra|ve|nös [lat.] innerhalb einer Vene (liegend), in eine Vene hinein
in|tra|zel|lu|lar [lat.], **in|tra|zel|lu|lär** innerhalb der Zelle (liegend, stattfindend)
in|tri|gant [frz.] gern Intrigen spinnend, ränkesüchtig, hinterlistig; **In|tri|gant** *m.10* jmd., der gern Intrigen spinnt; **In|tri|ganz** *w.10 nur Ez.* intrigantes Verhalten, Hinterlist, Arglist; **In|tri|ge** *w.11* hinterlistige Handlung, arglistige Verwicklung; Intrigen: Ränke; **in|tri|gie|ren** Ränke spinnen, die eine Person gegen die andere ausspielen; hinterlistig vorgehen; **in|tri|kat** *veraltet* **1** verwickelt, verworren; **2** heikel, verfänglich
In|tro|duk|ti|on [-tsjon, lat.] *w.10 Mus.:* Einleitung, Einleitungssatz, Vorspiel; **in|tro|du|zie|ren** einleiten, hineinführen; **In|tro|du|zio|ne** *w.11 ital. Form von* Introduktion; **In|troi|tus** *m. Gen.- Mz.-* **1** *kath. Kirche:* Chorgesang beim Einzug des Priesters; **2** *evang. Kirche:* Eingangslied, Einleitungsworte (zum Gottesdienst); **3** *Mus.:* Einleitungssatz eines Orgelstückes; **4** *Anat.:* Eingang (bes. der Scheide)
in|trors [lat.] nach innen gewendet (von den Staubbeuteln bezüglich der Blütenachse); *Ggs.:* extrors
In|tro|spek|ti|on [-tsjon, lat.] *w.10* **1** Selbstbeobachtung; **2** *Med.:* Einsicht in das Körperinnere; **in|tro|spek|tiv** auf Introspektion beruhend
In|tro|ver|si|on [lat.] *w.10 nur Ez.* introvertiertes Wesen oder Verhalten; *Ggs.:* Extraversion; **in|tro|ver|tiert** nach innen gewendet, auf das eigene Seelenleben gerichtet; *Ggs.:* extravertiert
In|tru|der [engl.] *m.5* Aufklärungsflugzeug zur Unterstützung von Flugzeugträgern; **in|tru|die|ren** (in die Erdkruste) eindringen; **In|tru|si|on** *w.10* Eindringen von Magma in die Erdkruste; **in|tru|siv** durch Intrusion entstanden
In|tu|ba|ti|on [-tsjon, lat.] *w.10* **1** Einführung eines Rohrs in die Luftröhre; **2** Einblasen (von Heilmitteln)
In|tui|ti|on [-tsjon, lat.] *w.10* unmittelbares Erkennen, Erfassen von Vorgängen, Zusammenhängen ohne wissenschaftl. Erkenntnis, übersinnl. Schau, Eingebung; **in|tui|tiv** auf Intuition beruhend
In|tu|mes|zenz [lat.], **In|tur|ges|zenz** *w.10* Anschwellung (bes. der Geschlechtsorgane bei Erregung)
in|tus [lat.] innen, inwendig; etwas i. haben *ugs.:* etwas gegessen, getrunken haben, *oder:* etwas begriffen und sich gemerkt haben
in ty|ran|nos! [-no:s, lat.] gegen die Tyrannen!
Inu|la [griech.] *w. Gen.- nur Ez. Sammelbez. für* mehrere Arten von Gewürz- und Heilkräutern; **Inu|lin** *s.1 nur Ez.* aus Fruchtzukker aufgebautes Reservekohlenhydrat
In|un|da|ti|on [-tsjon, lat.] *w.10* völlige Überflutung von Land durch Meer oder Fluß
In|unk|ti|on [-tsjon, lat.] *w.10 Med.:* Einreibung
in usum Del|phi|ni → ad usum Delphini
In|va|gi|na|ti|on [-tsjon, lat.] *w.10* Einstülpung eines Teils des Darms in den nächsten
in|va|lid [lat.], **in|va|li|de** dauernd arbeitsunfähig; **in|va|li|di|sie|ren** invalid schreiben, zum Invaliden erklären und mit Invalidenrente versehen; **In|va|li|di|tät** *w.10 nur Ez.* dauernde Arbeitsunfähigkeit
in|va|ria|bel [auch: -ria-, lat.] unveränderlich; **in|va|ri|ant** [auch: -ant] bei bestimmten Vorgängen unverändert bleibend; **In|va|ri|an|te** [auch: -an-] *w.17 oder 18* bei bestimmten Vorgängen unveränderliche Größe; **In|va|ri|anz** [auch: -ants] *w.10 nur Ez.* Unveränderlichkeit
In|va|si|on [lat.] *w.10* **1** Einfall feindlicher Truppen; *Ggs.:* Evasion (**1**); **2** Eindringen von Krankheitserregern in den Körper; **In|va|sor** *m.13 meist Mz.* einfallender Feind
In|vek|ti|ve [lat.] *w.11* beleidigende, aggressive Äußerung
In|ven|tar [lat.] *s.1* Bestand, *auch:* Bestandsverzeichnis der zu einem Raum, Haus oder Betrieb gehörigen Gegenstände, Tiere, Vermögenswerte und Schulden; **In|ven|ta|ri|sa|ti|on** [-tsjon] *w.10* Bestandsaufnahme; **in|ven|ta|ri|sie|ren** den Bestand (von etwas) aufnehmen
in|ven|tie|ren [lat.] erfinden, erdenken; **In|ven|ti|on** [-tsjon] *w.10* **1** Erfindung; **2** *Mus.:* kleines Instrumentalstück ohne bestimmte Form
In|ven|tur [lat.] *w.10* Bestandsaufnahme; **In-**

In|ven|tur|aus|ver|kauf *m. 1* Verkauf sämtlicher Waren zu herabgesetzten Preisen nach einer Inventur, Räumungsverkauf
in|vers [lat.] umgekehrt; **In|ver|si|on** *w. 10* Umkehrung, Gegenbewegung; *Gramm.:* Umstellung der normalen Wortfolge, z. B. schön wär's
In|ver|te|brat *m. 10* → Evertebrat
in|ver|tie|ren [lat.] umkehren; **in|ver|tiert** **1** umgekehrt; **2** auf das eigene Geschlecht gerichtet; **In|vert|zucker** (-zuk|ker) *m. Gen.*-s *nur Ez.* Mischung von Frucht- und Traubenzucker
in|ve|stie|ren [lat.] **1** in ein Amt einweisen; **2** langfristig anlegen (Kapital); **3** aufwenden, anwenden; Mühe, Arbeit i.; **In|ve|sti|ti|on** [-tsjon] *w. 10* langfristige Kapitalsanlage; **In|ve|sti|ti|ons|gü|ter** *s. 4 Mz.* Güter, die als Investition der Produktion dienen, also nicht für den Verbrauch bestimmt sind; **In|ve|sti|tur** *w. 10* Einweisung, Einsetzung in ein Amt; **In|ve|stiv|lohn** *m. 2* als Sparanlage verwendeter, zwangsgebundener Teil des Arbeitslohns; **In|vest|ment** *s. 9 engl. Bez. für* Investition; **In|vest|ment|fonds** [-fõ] *m. Gen.*- [-fõs] *Mz.*- [-fõs] Bestand an Wertpapieren (von Kapitalgesellschaften); **In|vest|ment-Trust** [-trʌst] *m. 9* Gesellschaft zur gewinnbringenden Anlage von Kapitalien, die sie sich durch Ausgabe eigener Effekten beschafft; **In|ve|stor** *m. 13* jmd., der langfristig Kapital anlegt
in vi|no ve|ri|tas [lat.] im Wein (ist) Wahrheit
in|vi|si|bel [lat.] unsichtbar
in vi|tro [lat. „im Glas"] im Reagenzglas, im Laboratorium durchgeführt (Versuch); **in vi|vo** [„im lebendigen"] am lebenden Organismus beobachtet, durchgeführt
In|vo|ca|bit → Invokavit; **In|vo|ka|ti|on** [-tsjon, lat.] *w. 10* Anrufung (Gottes und der Heiligen); **In|vo|ka|vit** *m. Gen.* - *nur Ez.* erster Passionssonntag, sechster Sonntag vor Ostern
In|vo|lu|ti|on [-tsjon, lat.] *w. 10* **1** *Biol.:* normale Rückbildung (eines Organs, z. B. im Alter); **2** *Math.:* besondere Form der projektiven Abbildung; **in|vol|vie|ren** enthalten, einbegreifen, in sich schließen, nach sich ziehen; in eine Sache verwickelt werden
In|zens [lat.] *m. 1* → Inzensation; **In|zen|sa|ri|um** *s. Gen.*-s *Mz.*-ri|en → Inzensorium; **In|zen|sa|ti|on** [-tsjon] *w. 10 kath. Kirche:* das Verbrennen von Weihrauch;. **in|zen|sie|ren** mit Weihrauch beräuchern; **In|zen|so|ri|um** *s. Gen.*-s *Mz.*-ri|en Weihrauchgefäß
In|zest [lat.] *m. 1* **1** engste Inzucht; **2** Geschlechtsverkehr zwischen Blutsverwandten, Blutschande; **in|ze|stu|ös** in der Art eines Inzests, auf Inzest beruhend
in|zi|dent [lat.] *veraltet:* im Verlauf (einer Sache) nebenbei vorkommend, entstehend, beiläufig; **In|zi|dent** *m. 1 veraltet:* **1** Nebenpunkt; **2** (nebenbei zu erledigender) Zwischenfall; **In|zi|denz** *w. 10, Mz. auch:* -zi|en *veraltet* **1** Einfall; **2** Vorfall; **in|zi|die|ren** einschneiden; **In|zi|si|on** *w. 10* das Einschneiden (in Gewebe), Einschnitt; **In|zi|siv** *m. 12*, **In|zi|si|vus** *m. Gen.* - *Mz.*-vi, **In|zi|siv|zahn** *m. 2* Schneidezahn; **In|zi|sur** *w. 10* Einschnitt, Einbuchtung (an Knochen oder Organen)
Io *chem. Zeichen für* Ionium
IOC [ai ou si] *Abk. für* International Olympic Committee
IOK *Abk. für* Internationales Olympisches Komitee, *eindeutschend für* IOC
Ion [griech.] *s. 12* elektrisch geladenes Teilchen (Atom, Atomgruppe oder Molekül)
Io|ni|sa|ti|on [-tsjon, griech.] *w. 10 nur Ez.* Übergang von Atomen oder Molekülen in elektrisch geladenen Zustand; **Io|ni|sa|tor** *m. 13* Gerät zur Beseitigung elektrostat. Ladungen; **io|ni|sie|ren** elektrisch aufladen; **Io|ni|um** *s. Gen.*-s *nur Ez.* (*Zeichen:* Io) radioaktives Zerfallsprodukt des Urans; **Io|no|meter** *s. 5* Gerät zum Messen der Ionisation; **Io|no|sphä|re** *w. 11 nur Ez.* die ionisierte äußerste Schicht der Erdatmosphäre
Io|ta *s. 9* → Jota
Ipe|ca|cu|an|ha [-anja, port.] *w. 10 nur Ez.* Brechwurz, Wurzel einer brasilian. Pflanze, *auch:* diese selbst
Ip|sa|ti|on [-tsjon, lat.] *w. 10 nur Ez., veraltet für* Masturbation; **ip|se fe|cit** [lat.] hat (es) selbst gemacht (Vermerk vor oder hinter dem Namen des Künstlers auf Bildern, Stichen u. a.); **Ip|sis|mus** *m. Gen.*- *nur Ez., veraltet für* Masturbation; **ip|sis|si|ma ver|ba** genau diese, seine eigenen Worte; **ip|so fac|to** durch die Tat selbst, d. h. die Rechtsfolgen einer Tat treten von selbst ein; **ip|so iu|re** durch das Recht selbst, ohne weiteres
IQ *Abk. für* Intelligenzquotient
Ir *chem. Zeichen für* Iridium
IR *Abk. für* Infanterieregiment
IRA *Abk. für* Irish Republican Army (Irische Republikan. Armee)
Ira|ni|stik *w. 10 nur Ez.* Wissenschaft von der Sprache, Geschichte und Kultur Irans
Ir|bis [mongol.-russ.] *m. 1* Schneeleopard
Ire|nik [griech.] *w. 10 nur Ez.* theolog. Friedenslehre, die den ausschließl. Wahrheitsanspruch der kath. Kirche nicht akzeptiert; Streben nach Verständigung der Konfessionen; friedliche Haltung; **ire|nisch** auf Irenik beruhend, friedlich, friedfertig; **Ire|nis|mus** *m. Gen.* - *nur Ez.* → Irenik
Irid|ek|to|mie [griech.] *w. 11* operative Entfernung der Regenbogenhaut oder eines Teiles davon; **Iri|di|um** *s. Gen.*-s *nur Ez.* (*Zeichen:* Ir) chem. Element, ein Edelmetall; **Iri|do|lo|gie** *w. 11 nur Ez.* Augendiagnose; **Iri|do|to|mie** *w. 11* → Iridektomie
Iris [griech.] *w. Gen.* - *Mz.* - **1** Regenbogen; **2** Regenbogenhaut (des Auges); **3** Schwertlilie; **Iris|blen|de** *w. 11* Vorrichtung an Kame-

ras zum Verstellen der Öffnung des Objektivs

Irish Coffee [airiʃ kɔfi, engl.] *m. Gen.*--s *Mz.*--s Kaffee mit Whisky, Zucker und Schlagsahne; **Irish Stew** [airiʃ stju, engl.] *s. Gen.*--(s) *nur Ez.* gekochtes Hammelfleisch mit Weißkraut und Kartoffeln

irisieren in Regenbogenfarben schimmern; **Iritis** *w. Gen.* - *Mz.*-tiden Entzündung der Regenbogenhaut

Irokese *m.11* Angehöriger eines nordamerik. Indianerstammes

Ironie [griech.] *w.11 nur Ez.* verhüllter Spott, bei dem das Gegenteil von dem gesagt wird, was gemeint ist; **Ironiker** *m.5* ironischer Mensch; **ironisch** verhüllt spöttelnd; **ironisieren** ironisch darstellen

Irradiation [-tsjon, lat.] *w.10* **1** Schmerzausstrahlung über die betroffene Körperstelle hinaus; **2** *Phot.:* Überstrahlung, Lichthofbildung; **3** *Psych.:* Ausstrahlung von Gefühlen auf andere Bereiche; **irradiieren** ausstrahlen

irrational [auch: -nal, lat.] mit dem Verstand, der Vernunft nicht faßbar, nicht logisch erklärbar; irrationale Zahl: Zahl, die nicht als gemeiner Bruch dargestellt werden kann, Dezimalbruch mit unendlich vielen, nicht period. Stellen; **Irrationalismus** *m. Gen.* - *nur Ez.* **1** philosoph. Lehre, nach der Wesen und Ursprung der Welt mit dem Verstand nicht faßbar sind; **2** Anschauung, die dem Gefühl den Vorrang gegenüber dem Verstand gibt; **Irrationalität** *w.10 nur Ez.* irrationale Beschaffenheit

irreal [lat.] nicht real, nicht der Wirklichkeit entsprechend; **Irreal** *m.1*, **Irrealis** *m. Gen.* - *Mz.*-les [-le:s] *Gramm.:* Modus der Unwirklichkeit, im Dt. durch den Konjunktiv Imperfekt oder Plusquamperfekt ausgedrückt, z. B. wenn er doch hier wäre, gekommen wäre; **Irrealität** [auch: ir-] *w.10 nur Ez.* Unwirklichkeit

Irredenta *w. Gen.* - *nur Ez.* **1** *eigtl.* Italia Irredenta [„unerlöstes Italien"] *bis 1918 Bez. für* die in österr. Besitz befindlichen (italienischsprachigen) Gebiete Südtirol sowie Trient und Triest; **2** bis 1918 italien., dann allg. jede polit. Bewegung, die den Wiederanschluß eines abgetrennten Gebietes an den nach Sprache und Kultur als Mutterland betrachteten Staat erstrebt; **Irredentismus** *m. Gen.* - *nur Ez.* geistige Einstellung im Sinne der Irredenta (**2**)

irreduzibel [lat.] nicht zurückführbar, nicht wiederherstellbar

irregulär [auch: -lɛr, lat.] nicht regulär, ungesetzmäßig; **Irregularität** *w.10 nur Ez.* Regelwidrigkeit, Ungesetzmäßigkeit

irrelevant [auch: -vant, lat.] unerheblich, nicht wichtig, unbedeutend; *Ggs.:* relevant

irreligiös [auch: -øs, lat.] nicht religiös, religionslos; **Irreligiosität** [auch: ir-] *w.10 nur Ez.* Religionslosigkeit

irreparabel [auch: ir-, lat.] nicht zu reparieren, nicht wiederherstellbar, nicht heilbar

irreponibel [auch: ir-, lat.] nicht wiederherstellbar, nicht wieder einrenkbar

irresponsabel [auch: ir-, lat.] nicht verantwortbar

irreversibel [auch: ir-, lat.] nicht umkehrbar; irreversibler Vorgang

irrevisibel [auch: ir-, lat.] nicht anfechtbar

Irrigation [-tsjon, lat.] *w.10* Ausspülung (von Darm oder Scheide), Einlauf; **Irrigator** *m.13* Gerät zur Irrigation

irritabel [lat.] reizbar, erregbar; **Irritation** [-tsjon] *w.10* Reizung, Erregung; **irritieren** **1** reizen, erregen, stören; **2** *ugs.:* unsicher machen, verwirren, ablenken

Isagoge [-ge:, griech.] *w.11* Einführung, Einleitung (in eine Wissenschaft); **Isagogik** *w. Gen.* - *nur Ez.* Einführungskunst, -wissenschaft

Isatin [griech.] *s.1 nur Ez.* eine organisch-chem. Verbindung, Grundlage für indigoartige Farbstoffe; **Isatis** *w. Gen.* - *nur Ez.* ein Kreuzblütler, Waid, z. B. Färberwaid

Ischämie [-çɛ-, griech.] *w.11* Blutleere in einzelnen Organen oder Körperteilen; **ischämisch** blutleer

Ischariot vgl. Judas

Ischiadikus [-isçia-, griech.] *m. Gen.* - *nur Ez. Kurzform für* Nervus ischiadicus: Ischiasnerv, Hüftnerv; **ischiadisch** zum Ischiadikus gehörend, von ihm ausgehend; **Ischialgie** *w.11*, **Ischias** [isçias, iʃias] *w., ugs. s. oder m. Gen.* - *nur Ez.* Entzündung des Ischiadikus, Hüftweh

Ischurie [isç-, griech.] *w.11* Harnverhaltung, krankhafte Unfähigkeit, Harn zu lassen

Isfahan *m.9* → Ispahan

Islam [auch: is-, arab.] *m. Gen.*-s *nur Ez.* von Mohammed begründete monotheist. Religion; **islamisch** auf dem Islam beruhend; mohammedanisch; **Islamit** *m.10* → Moslem; **islamitisch** *selten für* islamisch

Ismaelit *m.10* Angehöriger einer islam. Sekte

Ismus [nach der häufig verwendeten Endung -ismus] *m. Gen.* - *Mz.*-men *spött. Bez. für* (bloße) Theorie

ISO *seit 1946 Abk. für* International Organization for Standardization: Internationaler Normenausschuß

isobar [griech.] die gleiche Anzahl Neutronen bei ungleicher Anzahl Protonen aufweisend; **Isobar** *s.1* Atomkern, der im Vergleich zu andern isobare Eigenschaften aufweist; **Isobare** *w.11* Verbindungslinie zwischen Orten gleichen Luftdrucks

Isobronthe [griech.] *w.11* **1** Verbindungslinie zwischen Orten, in denen bei Gewittern zur gleichen Zeit Donner wahrgenommen

wird; 2 Verbindungslinie zwischen Orten gleicher Gewitterhäufigkeit
Iso|bu|tan *s. 1 nur Ez.* ein gesättigter Kohlenwasserstoff
iso|chor [-kor, griech.] gleiches Volumen aufweisend; isochorer Vorgang: Vorgang ohne Volumenänderung
iso|chrom [-krom, griech.] → isochromatisch; **Iso|chro|ma|sie** *w. 11 nur Ez. bei photograph. Schichten:* gleiche Empfindlichkeit gegenüber verschiedenen Wellenlängen des Lichts, Farbtonrichtigkeit; **iso|chro|ma|tisch** gleich empfindlich gegenüber verschiedenen Lichtwellen, farbtonrichtig
iso|chron [-kron, griech.] gleich lang dauernd; **Iso|chro|ne** *w. 11* **1** Verbindungslinie zwischen Orten, an denen ein Naturereignis, z. B. Erdbeben, zur gleichen Zeit auftrat; **2** *auf Verkehrskarten:* Verbindungslinie zwischen Orten, die man von einem Punkt aus in der gleichen Zeit erreichen kann
iso|dy|nam [griech.] gleichen Kaloriengehalt aufweisend; **Iso|dy|na|mie** *w. 11* gleicher Kaloriengehalt bei ungleicher Menge (von Nährstoffen)
Iso|ga|me|ten [griech.] *m. 10 Mz.* männl. und weibl. Geschlechtszellen von gleicher Gestalt; **Iso|ga|mie** *w. 11 nur Ez.* Vereinigung von Isogameten
iso|gen [griech.] gleichen Ursprung und gleiche Erbanlagen ausweisend
Iso|glos|se [griech.] *w. 11 auf Sprach- oder Mundartenkarten:* Linie, die das Verbreitungsgebiet eines Wortes oder einer sprachl. Erscheinung begrenzt
Iso|gon [griech.] *s. 1* regelmäßiges Vieleck; **iso|go|nal** gleichwinklig, winkelgetreu
Iso|hyp|se [griech.] *w. 11* Verbindungslinie zwischen Orten gleicher Höhe über dem Meeresspiegel
Iso|ke|pha|lie [griech. „Gleichköpfigkeit"] *w. 11 nur Ez., Malerei:* gleiche Kopfhöhe (mehrerer Personen nebeneinander)
Iso|la|ti|on [-tsjon, lat.] *w. 10* **1** Vereinzelung, Vereinsamung, Absonderung; **2** Getrennthaltung (von Infektions- oder Geisteskranken, Häftlingen); **3** Abdichtung mittels nichtleitender Stoffe gegen Strom, Gas, Wärme, Licht, Schall usw.; **Iso|la|tio|nis|mus** [-tsjo-] *m. Gen. - nur Ez.* Bestreben, sich von polit. Auseinandersetzungen fernzuhalten, keine Bündnisse abzuschließen usw.; **Iso|la|tor** *m. 13* Stoff, der Strom, Schall, Wärme usw. schlecht oder nicht leitet; **iso|lie|ren** **1** gegen Strom, Wärme, Schall, Feuchtigkeit usw. abdichten; **2** absondern, trennen, getrennthalten (Kranke, Häftlinge); isolierende Sprachen: Sprachen, die keine Flexionsendungen bilden und die Beziehungen der Wörter untereinander nur durch die Wortstellung ausdrücken, z. B. das Chinesische
Iso|li|ni|en *w. 11 Mz.* alle Verbindungslinien zwischen Orten gleicher und gleichzeitiger metereolog., physikal. oder anderer Werte oder in denen die gleichen Erscheinungen gleichzeitig auftreten
iso|mer [griech.] von gleicher Zusammensetzung (hinsichtlich Art und Menge der einzelnen Elemente); **Iso|me|re** *s. 1 Mz.*, **Iso|me|ren** *s. 18 Mz.* chem. Verbindungen, die bei gleicher Anzahl gleichartiger Atome verschiedene Struktur besitzen; **Iso|me|rie** *w. 11 nur Ez.* unterschiedl. chem. und physikal. Verhalten trotz gleicher Anzahl gleichartiger Atome; **iso|me|risch** im gleichen Medium gebildet (Gestein); vgl. isotopisch
Iso|me|trie [griech.] *w. 11 nur Ez.* Maßgleichheit, Längentreue, Gleichheit der Streckenverhältnisse (bei Landkarten, Abbildungen); **iso|me|trisch** maßstabgerecht, längengetreu; isometr. Training: Muskeltraining durch Anspannung ohne Bewegung
iso|morph [griech.] von gleicher Gestalt, von gleicher Kristallform
Iso|po|de [griech.] *m. 11 meist Mz.* Assel
Iso|pren [Kunstw.] *s. 1 nur Ez.* ein ungesättigter Kohlenwasserstoff
Iso|pte|ra [griech.] *Mz.* Termiten
Iso|skop [griech.] *s. 1 Fernsehen:* Bildabtaströhre
is|os|mo|tisch [griech.] den gleichen osmotischen Druck aufweisend, isotonisch
Iso|spin [griech.-engl.] *m. 9* bei starker Wechselwirkung auftretende Eigenschaft (Drehimpuls von Elementarteilchen)
iso|therm [griech.] von gleicher Temperatur; isothermer Vorgang: Vorgang ohne Temperaturveränderung; **Iso|ther|mie** *w. 11 nur Ez.* **1** *Meteor.:* gleichbleibende Temperaturverteilung, **2** *Med.:* gleichbleibende (normale) Körpertemperatur
Iso|to|mie [griech.] *w. 11 nur Ez. Bot.:* gleichmäßige Weiterverzweigung nach beiden Seiten
Iso|ton [griech.] *s. 1* Atomkern, der im Vergleich zu andern die gleiche Anzahl von Neutronen, aber eine abweichende Anzahl von Protonen enthält; **iso|to|nisch** → isosmotisch
iso|top [griech.] bei gleicher Kernladungszahl unterschiedliche Atommasse aufweisend; **Iso|top** *s. 1* Atomkern, der im Vergleich zu andern die gleiche Ladung, aber unterschiedliche Masse aufweist; **Iso|to|pie** *w. 11 nur Ez.* isotope Beschaffenheit; **iso|to|pisch** im gleichen Raum gebildet (Gestein); vgl. isomerisch
Iso|tron [griech.] *s. 13 oder s. 9* Gerät zum Trennen von Isotopen
iso|trop [griech.] nach allen Richtungen des Raumes hin die gleichen physikal. Eigenschaften aufweisend; *Ggs.:* anisotrop (**2**)
iso|zy|klisch [griech.] *Chem., in der Fügung* isozyklische Verbindung: ringförmige organ.-

chem. Verbindung, deren Ring nur Kohlenstoffatome aufweist
Is|pa|han [nach dem früheren Namen der iran. Stadt Isfahan] *m.9* handgeknüpfter Teppich mit Blüten- oder Rankenmuster
Is|rae|li *m.9 oder Gen.- Mz.-* Angehöriger des Staates Israel; **Is|rae|lit** *m.10* Jude
isth|misch [griech.] zum Isthmus (bes. zum Isthmus von Korinth) gehörig, von ihm stammend; **Isth|mos, Isth|mus** *m. Gen.- Mz.*-men Landenge, bes. der I. von Korinth
it. *Abk. für* item
Ita|la *w. Gen.- nur Ez.* in Italien entstandene, älteste lat. Bibelübersetzung; **Ita|ler** *m.5 im Altertum:* idg. Einwohner der Apennin-Halbinsel; **ita|lia|ni|sie|ren, ita|lie|ni|sie|ren** [-lje-] nach italien. Vorbild gestalten; **Ita|li|enne** [-ljęn] *w. Gen.- nur Ez.* eine Druckschriftart; **Ita|li|ker** *m.5* → Italer; **ita|lisch** zum antiken Italien gehörig, von ihm stammend
Ita|zis|mus [griech.] *m. Gen.- nur Ez.* Aussprache des griech. Buchstaben Eta als i, Jotazismus; *Ggs.:* Etazismus
item [lat.] (*Abk.:* it.) *veraltet:* **1** desgleichen, ebenso; **2** ferner; **3** kurzum; **Item** *s.9 veraltet:* zu erörternde Sache, das Weitere, ein fraglicher Punkt
Ite|ra|ti|on [-tsjon, lat.] *w.10* **1** Verdoppelung, Wiederholung eines Wortes oder einer Silbe, z. B. jaja; **2** Lösungsverfahren für komplizierte mathemat. Gleichungen, bei dem man sich durch schrittweises Ändern einer Variablen der exakten Lösung nähert (Rechenweise moderner Computer); **ite|ra|tiv** wiederholend, verdoppelnd; **Ite|ra|tiv** [auch: ite-] *s.1,* **Ite|ra|ti|vum** *s. Gen.*-s *Mz.*-va Verb, das die Wiederholung eines Vorgangs ausdrückt, Frequentativ(um), z. B. hüsteln: oft ein wenig husten, es kriselt: es droht immer wieder eine Krise
Iti|ne|rar [lat.] *s.1,* **Iti|ne|ra|ri|um** *s. Gen.*-s *Mz.*-ri|en **1** altröm. Straßenverzeichnis; **2** Karte mit den Routen der zurückgelegten Reisen, Kriegszüge u. ä.; **3** Wegeaufnahme in unerforschtem Gebiet
Iwan *m.9, Spitzname für* Russe, Sowjetsoldat; Gesamtheit der sowjet. Soldaten
Iw|rith *s. Gen.*-(s) *nur Ez.* Neuhebräisch, Amtssprache in Israel

J

J 1 *chem. Zeichen für* Jod; **2** *Abk. für* Joule
Jab [dʒæb, engl.] *m. 9 Boxen:* hakenartiger Schlag aus kürzester Distanz
Ja|bot [ʒabo, frz.] *s. 9 18. Jh.:* Spitzenrüsche an Männerhemden, im Halsausschnitt von Männerwesten oder Frauenkleidern
Jacket|kro|ne (Jak|ket-) [dʒękit-, engl.] *w. 11* Zahnkrone aus Porzellan; **Jackett** (Jak|kett) [ʒakęt, frz.] *s. 9* Jacke (des Herrenanzugs)
Jack|stag [dʒæk-, engl.] *s. 1 oder s. 9 oder s. 12* Gleitschiene zum Befestigen des Segels
Ja|co|net, Ja|co|nett, Ja|con|net [dʒækənit, engl.] *m. 9* weicher, feinfädiger, glänzender Baumwollstoff für Futter
Jac|quard [ʒakar, nach dem frz. Erfinder J.-M. Jacquard] *m. 9* **1** kompliziertes Webmuster; **2** Stoff mit diesem Muster
Ja|de [span.] *m. Gen. - nur Ez., Sammelbez. für* Jadeit und Nephrit; **ja|de|grün** blaßgrün; **Ja|de|it** *m. 1 nur Ez.* ein Mineral
Ja|gu|ar [indian.] *m. 1* ein amerik. Raubtier
Jah|we *im AT Bez. für* Gott; **Jah|wist** *m. 10 nur Ez. Bez. für den* unbekannten Verfasser des erzählenden Quellenwerks im Pentateuch
Jai|na [dʒai-] *m. 9* → Dschaina; **Jai|nis|mus** *m. Gen. - nur Ez.* → Dschainismus
Jak [tibet.] *m. 9* zentralasiat. Rind, Grunzochse
Ja|ka|ran|da|holz [indian.] *s. 4* brasilian. Palisander
Ja|ko [frz.] *m. 9* eine Papageienart, Graupapagei
Ja|ko|bi|ner *m. 5* Mitglied des Jakobinerklubs; **Ja|ko|bi|ner|klub** [nach seinem Tagungsort, dem Kloster St. Jakob in Paris] *m. 9 nur Ez.* der radikalste und entscheidende polit. Klub während der Frz. Revolution; **Ja|ko|bi|ner|müt|ze** *w. 11* als Symbol der Freiheit getragene, kegelförmige, rote Wollmütze der Jakobiner; **Ja|ko|bi|ten** *m. 10 Mz.* **1** die Anhänger des nach der Revolution von 1688 vertriebenen engl. Königs Jakob II. und seiner Nachkommen; **2** Angehöriger einer syrischen christl. Sekte; **Ja|kobs|lei|ter** *w. 11* Strickleiter mit Holzsprossen; **Ja|kobs|stab** *m. 2* altes Meßinstrument zum Bestimmen der Höhe von Gestirnen und der Winkel zwischen ihnen, Kreuzstab
Ja|ko|nett *m. 9* → Jaconet
Jak|ta|ti|on [-tsjon, lat.] *w. 10 nur Ez.* Unruhe, bes. von Kranken im Bett
Ja|ku|te *m. 11* Angehöriger eines sibir. Turkvolkes
Ja|la|pe [span.] *w. 11* trop. Winde, aus deren Wurzel ein Abführmittel gewonnen wird
Ja|lon [ʒalõ, frz.] *m. 9 Vermessungswesen:* Absteckpfahl, Richtfähnchen
Ja|lou|sette [ʒaluzęt, französisierende Verkleinerungsform zu Jalousie] *w. 11* Jalousie aus Leichtmetall- oder Kunststofflamellen;
Ja|lou|sie [frz.] *w. 11* äußerer Fenstervorhang aus dachziegelartig übereinanderliegenden Brettchen
Jam|ben *Mz. von* Jambus; **jam|bisch** in Jamben abgefaßt
Jam|bo|ree [dʒæmbəri, engl.] *s. 9* **1** internationales Pfadfindertreffen; **2** geselliges Zusammensein mit unterhaltendem Programm
Jam|bus [griech.] *m. Gen. - Mz. -ben* Versfuß aus einer unbetonten und einer betonten Silbe (∪ –)
Jams [westafrik.] *s. Gen. - Mz. -* eine trop. Kletterpflanze, deren Wurzel als Nahrungsmittel dient
Jam-Ses|sion [dʒæm seʃn, engl.] *w. 9* Zusammenkunft von Jazzmusikern zum Musizieren
Ja|ni|tschar [türk.] *m. 10 1329 bis 1826* Angehöriger der ehemaligen türk., aus christl. Kriegsgefangenen und ihren Nachkommen gebildeten Kerntruppe; **Ja|ni|tscha|ren|mu|sik** *w. 10* türk. Militärmusik mit Trommel, Triangel, Becken, Schellenbaum
Jan|se|nis|mus [nach C. Jansen, latinisiert: Jansenius] *m. Gen. - nur Ez., 17./18. Jh. in der kath. Kirche Frankreichs:* eine hinsichtlich der Prädestination von der Lehre der Jesuiten abweichende Richtung
Ja|nus|kopf [nach dem röm. Gott des Ein- und Ausgangs] *m. 2* Männerkopf mit Doppelgesicht
Ja|pa|no|lo|gie *w. 11 nur Ez.* Wissenschaft von der japan. Sprache und Kultur
Ja|pon [ʒapõ, frz.] *m. 9* frz. Rohseide
Jar|di|ni|ere [ʒardinjęrə, frz.] *w. 11* Schale oder Korb für Blumen oder Blattpflanzen mit Wurzeln; vgl. à la jardinière
Jar|gon [ʒargõ, frz.] *s. 9* (meist derbe) Ausdrucksweise einer sozialen oder berufl. Gruppe, z. B. Schülerjargon
Jarl [altnord.] *m. 1, im MA in Skandinavien:* vom König eingesetzter Statthalter
Ja|ro|wi|sa|ti|on [-tsjon, russ.] *w. 10* Kältebehandlung von keimenden Samen zur Beschleunigung des Wachstums, Vernalisation; **ja|ro|wi|sie|ren** der Jarowisation unterwerfen
Jas|min [pers.-span.] *m. 1* ein Zierstrauch mit stark duftenden Blüten
Jas|pis [hebr.-griech.] *m. Gen. - Mz. - oder -pis|se* ein Quarz (Halbedelstein)
Ja|stik [türk.] *m. 9* kleinste Form der oriental. Teppiche

Ja|ta|gan [auch: -gan, türk.] *m.1* oriental. Krummsäbel

Jazz [dʒæz, engl.] *m. Gen. - nur Ez.* um 1900 aus religiösen, Tanz- und Arbeitsliedern der nordamerik. Neger hervorgegangener, durch Improvisation und Synkopierung gekennzeichneter Musizierstil; **Jazz|band** [dʒæzbænd] *w.9* Jazzkapelle; **Jaz|zer** [dʒæzər, auch: jatsər] *m.5* Jazzmusiker, Jazzkomponist; **Jazz|fan** [dʒæzfæn] *m.9* begeisterter Anhänger des Jazz

Jeans [dʒinz] *nur Mz., kurz für* → Blue Jeans

Jeep [dʒip, engl.] *m.9* ⓦ kleiner, geländegängiger amerik. Kraftwagen mit Vierradantrieb

je|mi|ne! [aus lat. „Jesus domine"! o Herr Jesus!]; o jemine!, herrjemine! (Ausruf des Bedauerns oder Schreckens)

Jen *s.9, nach Zahlenangaben Mz.* - → Yen

je|nisch [zigeuner.] zum fahrenden Volk gehörig, von ihm stammend (mit Ausnahme der Zigeuner); jenische Sprache: Sprache der Landstreicher, Gaunersprache, Rotwelsch

Je|re|mia|de [nach dem bibl. Propheten Jeremias] *w.11* Klagelied

Je|rez [xereθ, nach der span. Stadt Jerez de la Frontera] *m. Gen. - nur Ez.* ein span. Dessertwein

Jer|sey [dʒəsi, nach der brit. Insel J.] *m.9* **1** weicher, gewirkter Wollstoff; **2** farbiges Hemd aus diesem Stoff

Je|su|it *m.10* Mitglied des von Ignatius von Loyola gegründeten Ordens zur Ausbreitung der kath. Lehre

Je|sus Na|za|re|nus Rex Ju|daeo|rum (*Abk.:* I. N. R. I.): Jesus von Nazareth, König der Juden (Inschrift am Kreuz Christi)

Je|sus People [dʒizəs pipl, engl.] *Mz.* eine von den USA ausgehende relig. Bewegung unter der Jugend seit 1971

Jet [dʒet, engl.] *m.9* Düsenflugzeug

Je|ton [ʒetɔ̃, frz.] *m.9* Spielpfennig, Spielmarke; Automatenmarke

Jet-Set *m.9 oder s.9* wohlhabende internationale Gesellschaftsschicht, die in Jets zu den Mittelpunkten des gesellschaftl. Lebens reist

Jett [engl.] *m.9 nur Ez.* zu Schmuck verarbeitete, harte Braunkohle, Pechkohle (Gagat)

Jeu [ʒø, frz.] *s.9* Glücksspiel, *auch:* Kartenspiel

Jeu|nesse do|rée [ʒœnɛs dore, frz.] *w. Gen. - - nur Ez.* wohlhabende, elegante, leichtlebige Großstadtjugend

Jg. *Abk. für* Jahrgang; **Jgg.** *Abk. für* Jahrgänge

Jh. *Abk. für* Jahrhundert

jid|disch jiddische Sprache: Judendeutsch, Sprache der Juden in Deutschland und Osteuropa; **Jid|di|stik** *w.10 nur Ez.* Wissenschaft von der jidd. Sprache und Literatur

Jig|ger [dʒigər, engl.] *m.5* **1** eine Färbemaschine; **2** *bei Viermastern:* kleines Segel am hintersten Mast; **3** Fischerboot mit solchem Segel; **4** *früher:* Kohlenwippe (auf Schiffen); **5** Golfschläger für bestimmte Schläge; **6** Flüssigkeitsmaß beim Mixen von Cocktails, 28–43 g

Ji|mé|nes [ximeneθ, span.] *m. Gen. - nur Ez.* ein span. Süßwein

Jin|go [dʒingo, engl.] *m.9, engl. spött. Bez. für* Hurrapatriot, Chauvinist; **Jin|go|is|mus** *m. Gen. - nur Ez.* Hurrapatriotismus, Chauvinismus

Ji|nis|mus [dʒi-] *m. Gen. - nur Ez.* → Dschainismus

Jin|rik|scha *w.9* → Rikscha

Jin und Jang *s. Gen. - - - nur Ez. altchin. Naturphilos.:* die beiden Weltprinzipien, das helle, schöpferische männliche und das dunkle, empfangende weibliche

Jit|ter|bug [dʒitərbʌg, engl.] *m. Gen. -(s) nur Ez.* amerik. Jazztanz

Jiu-Jit|su [dʒiudʒitsu, jap.] *s. Gen. - nur Ez.* altjapan. Ringsport, waffen- und gewaltlose Selbstverteidigung

Jive [dʒaiv, engl.] *m. Gen. -(s) nur Ez.* **1** Fachsprache im Jazz; **2** schneller, effektvoller Swing

Job [dʒɔb, engl.] *m.9* (bes. vorübergehende) Beschäftigung, Stelle; **job|ben** [dʒɔbən] *ugs.:* einem Job nachgehen; **Job|ber** [dʒɔb-] *m.5* **1** *Londoner Börse:* Händler, der nur für eigene Rechnung Geschäfte abschließen darf, *auch:* Dealer; **2** *i. e. S.:* Börsenspekulant; *i. w. S.:* Händler, Manager, Spekulant; **3** Gelegenheitsarbeiter; **Job-Sha|ring** [dʒɔbʃɛːriŋ] *s. Gen. -s nur Ez.* Verteilung eines Arbeitsplatzes auf zwei Arbeitskräfte

Jockei, Jockey (Jok|kei) [dʒɔke, engl. dʒɔki] *m.9* berufsmäßiger Rennreiter

Jod [griech.] *s. Gen. -(s) nur Ez.* (*Zeichen:* J) chem. Element; **Jo|dat** *s.1* Salz der Jodsäure; **Jo|did** *s.1* Salz der Jodwasserstoffsäure; **Jo|dis|mus** *m. Gen. - nur Ez.* Jodvergiftung; **Jo|dit** *s.1* ein Mineral, Jodsilber; **Jo|do|form** *s.1 nur Ez.* Mittel zum Desinfizieren, bes. von Wunden; **Jo|do|me|trie** *w.11 nur Ez., in der chem. Maßanalyse:* Bestimmung von Stoffen mit Hilfe von Jod

Jo|ga [sanskr.] *m. Gen. -(s) nur Ez.* **1** altind. philosoph. System zur Selbsterlösung durch Askese und Meditation; **2** daraus entwickeltes Verfahren zur Konzentration und Körperbeherrschung

Jo|ghurt [türk.] *m.1, auch: s.1* unter Einwirkung von Bakterien hergestellte, eingedickte Sauermilch

Jo|gi [sanskr.] *m.9* Anhänger des Joga (**1**), Asket

John Bull [dʒɔn bul, engl.] *scherzh. Bez. für* England, Engländer

Joint [dʒɔint, engl.] *m. 9, Gen. auch:* - mit Rauschgift versetzte Zigarette; **Joint-Venture** [-vẹntʃə] *s. 9* gemeinsames Unternehmen, bei dem ein Partner Kapital und techn. Wissen einbringt, der andere Arbeitsräume, -kräfte usw. stellt

Jo|ker [auch: dʒo-, engl.] *m. 5, in manchen Kartenspielen:* Karte mit Narrenbild, die für jede Karte gelten kann; **jo|kos** *veraltet:* spaßig, scherzhaft; **Jo|ku|la|tor** *m. 13, Spätantike und MA:* umherziehender Spaßmacher, Sänger und Musiker; **Jo|kus** *m. Gen. - nur Ez. ugs.:* Spaß, Scherz, Ulk

Jom Kip|pur [hebr. „Tag der Buße"] *m. Gen. -- nur Ez.* hoher jüd. Feiertag, Versöhnungsfest

Jo|mud *m. Gen.* -(s) *Mz.* -s turkmen. Teppich mit Rhombenmuster

Jon|gleur [ʒɔ̃glør, frz.] *m. 1* **1** *frz. Bez. für* Jokulator; **2** Geschicklichkeitskünstler, der Spiele mit mehreren Bällen, Tellern u. a. vorführt; **jon|glie|ren** mit mehreren Bällen, Tellern u. a. zugleich spielen

Jo|ru|ri [dʒo-, jap.] *s. Gen.* -(s) *Mz.* -(s) japan. Puppenspiel mit Musik

Jo|se|phi|nis|mus *m. Gen. - nur Ez.* **1** *i. e. S.* die Kirchenpolitik Josephs II.; **2** *i. w. S.* der durch Reformen gekennzeichnete, aufgeklärte Absolutismus Josephs II.

Jo|ta *s. 9* **1** griech. Buchstabe; **2** Kleinigkeit; kein Jota davon abweichen: nicht das geringste; um kein Jota besser: um nichts besser;

Jo|ta|zis|mus *m. Gen. - nur Ez.* → Itazismus

Joule [dʒul, nach dem engl. Physiker J. P. Joule] *s. Gen.* -(s) *Mz.* - (*Abk.:* J) Maßeinheit der Energie, 1 J = 1 Wattsekunde

Jour [ʒur, frz.] *m. 9 früher:* Dienst-, Empfangstag; Jour haben; Jour fixe [ʒur fiks] festgesetzter Tag, an dem man sich regelmäßig trifft; vgl. à jour; **Jour|naille** [ʒurnaljə] *w. 11 nur Ez.* verantwortungslose, hetzerische Tagespresse; **Jour|nal** *s. 1* **1** Rechnungsbuch, buchhalterisches Tagebuch; **2** Zeitschrift; **Jour|na|lis|mus** *m. Gen. - nur Ez.* **1** Zeitungswesen; **2** schriftstellerische Tätigkeit für Zeitungen; **Jour|na|list** *m. 10* **1** für die Zeitung tätiger Schriftsteller; **2** Wissenschaftler der Journalistik; **Jour|na|li|stik** *w. 10 nur Ez.* Zeitungswissenschaft

jo|vi|al [lat.] leutselig, wohlwollend-herablassend; **Jo|via|li|tät** *w. 10 nur Ez.* joviales Verhalten

jr. *Abk. für* junior

Jü|an *m. 9 oder Gen. - Mz. -* → Yüan

Ju|bel|jahr [hebr.-lat.] *s. 1* Jubiläumsjahr, *bei den Juden:* Halljahr, jedes 50. Jahr, *kath. Kirche:* Erlaßjahr, jedes 25. Jahr; alle Jubeljahre *ugs.:* sehr selten; **Ju|bi|lar** *m. 1* jmd., zu dessen Ehren ein Jubiläum gefeiert wird; **Ju|bi|lä|um** *s. Gen.* -s *Mz.* -lä|en Jahrestag, Gedenktag, bes. nach einer runden Zahl von Jahren; 25., 50., 100. Jubiläum; **Ju|bi|lee** [dʒubili:, lat.-engl.] *s. 9* aus dem engl. Choralgesang entstandenes relig. Lied der nordamerik. Neger; **ju|bi|lie|ren** **1** jubeln; **2** singen (Vögel)

Juch|ten [pers.-russ.] *s. Gen.* -s *nur Ez.* **1** → Juchtenleder; **2** Parfüm mit Juchtenlederduft; **Juch|ten|le|der** *s. 5 nur Ez.* feines Kalbsleder (das früher mit Weiden- und Birkenrindenstoffen gegerbt wurde und daher seinen besonderen Duft erhielt)

Ju|dai|ka *Mz.* Bücher, Bilder usw. über das Judentum; **Ju|da|is|mus** *m. Gen. - nur Ez.* **1** die jüdische Religion; **2** eine Richtung im Urchristentum, die am mosaischen Gesetz und an der Beschneidung festhielt und beides als heilsnotwendig betrachtete; **Ju|das** [nach dem Jünger Jesu, der ihn verriet] *m. Gen. - Mz.* -das|se *übertr.:* heimtückischer Mensch, bezahlter Verräter; **Ju|das|kuß** *m. 2* Freundlichkeit aus Heimtücke; **Ju|das|lohn** *m. 2* Bezahlung für Verrat; **Ju|de** *m. 11* Angehöriger eines über die Welt verstreuten semit. Volkes; **Ju|den|christ** *m. 10* **1** zum Christentum bekehrter Jude; **2** Christ jüdischer Abstammung, der noch an jüd. Gesetzen und Bräuchen festhielt, sie aber nicht als heilsnotwendig betrachtete

Ju|di|ka zweiter Sonntag vor Ostern; **Ju|di|kat** [lat.] *s. 1 veraltet:* Urteil; **Ju|di|ka|ti|on** [-tsjon] *w. 10 veraltet:* Be-, Ver-, Aburteilung; **Ju|di|ka|ti|ve** *w. 11* richterliche Gewalt; **ju|di|ka|to|risch** *veraltet:* richterlich; **Ju|di|ka|tur** *w. 10 nur Ez.* Rechtsprechung, richterliche Praxis; **ju|di|zie|ren** [lat.] *veraltet:* Recht sprechen, richten; **Ju|di|zi|um** *s. Gen.* -s *Mz.* -zi|en **1** Urteilsfähigkeit, Rechtsfindungsvermögen; **2** Urteil

Ju|do [jap.] *s. Gen.* -(s) *nur Ez.* sportlich betriebenes Jiu-Jitsu; **Ju|do|ka** *m. 9* Judosportler

ju|gu|lar [lat.] zur Kehle, Drossel gehörig; **Ju|gu|lum** *s. Gen.* -s *Mz.* -la Drosselgrube, Grube an der Vorderseite des Halses zwischen den Schlüsselbeinen

Juice [dʒus, engl.] *s. Gen. - Mz.* -s [-siz] Saft aus frischem Obst oder Gemüse

Ju|ju|be [frz.] *w. 11* **1** ein Strauch, Judendorn; **2** eine Beere, Brustbeere, Heilmittel gegen katarrhalische Beschwerden der Atemwege

Jul|fest [schwed.] *s. 1 in Skandinavien:* Weihnachtsfest, Wintersonnwendfest

Ju|li|enne [ʒyljẹn, frz.] *w. Gen. - nur Ez.* in Streifen geschnittenes Gemüse als Suppeneinlage

Jul|klapp [schwed.] *m. Gen.* -s *nur Ez.* **1** skandinav. Sitte, am Julfest unerkannt ein Geschenk ins Zimmer zu werfen; **2** das Geschenk selbst

Jum|bo *m. 9 Kurzw. für* Jumbo-Jet; **Jum|bo-Jet** [dʒumbo dʒɛt, engl.] *m. 9* strahlgetriebenes Großraumflugzeug

Jum|per [dʒʌm-, engl.] *m. 5 veraltet:* Strickbluse, Pullover für Damen
jun. *Abk. für* junior
jun|gie|ren [lat.] *veraltet:* verbinden, zusammenlegen; vgl. Junktim
ju|ni|or [lat.] (*Abk.:* jun., jr.) *nach Personennamen:* der Jüngere; Hans Meyer jun.; *Ggs.:* senior; **Ju|ni|or** *m. 13* **1** der Jüngere, der Sohn; **2** *Sport:* Jugendlicher; *Ggs.:* Senior; **Ju|nio|rat** *s. 1* → Minorat; *Ggs.:* Seniorat; **Ju|ni|or|chef** [-ʃɛf] *m. 9* der jüngere von zwei Chefs (eines Betriebes); *Ggs.:* Seniorchef
Ju|ni|pe|rus [lat.] *m. Gen. - Mz. -* Wacholder
Jun|kie [dʒaŋki, engl.] *m. 9* Rauschgiftsüchtiger
Junk|tim [lat.] *s. 9* Verbindung von Gesetzesvorlagen oder polit. bzw. wirtschaftl. Maßnahmen, die nur insgesamt behandelt werden können; **Junk|tur** *w. 10* **1** *veraltet:* Verbindung, Fuge; **2** *Med.:* Gelenk
ju|no|nisch [nach Juno, der röm. Göttin der Ehe] stolz und stattlich, üppig
Jun|ta [span.: xun-] *w. Gen. - Mz. -ten in Spanien und bes. Lateinamerika:* Regierungsausschuß, vor allem durch Staatsstreich an die Macht gekommene Offiziersgruppe
Ju|pe [frz.] *w. 11 schweiz.:* Damenrock
Ju|pi|ter|lam|pe *w. 11* sehr helle elektr. Lampe (bes. für Filmaufnahmen)
Ju|pon [ʒypɔ̃, frz.] *m. 9* eleganter, langer Unterrock; *schweiz.:* Unterrock
Ju|ra 1 *Mz.* von Jus, die Rechte, Rechtswissenschaft; **2** [lat.] *m. Gen.* -(s) *nur Ez.* mittlere Formation des Mesozoikums; **3** *m. 9 Bez. für* Gebirge; **ju|ras|sisch** zur Formation des Jura (**2**) gehörend, aus ihm stammend
ju|ri|disch [lat.] *veraltet, noch österr.:* rechtlich, zum Recht, zur Rechtswissenschaft gehörig, darauf beruhend; vgl. juristisch; **ju|rie|ren** (als Preisgericht, als Jury) beurteilen; **Ju|ris|dik|ti|on** [-tsjon] *w. 10* Rechtsprechung, Gerichtsbarkeit; **Ju|ris|pru|denz** *w. 10 nur Ez.* Rechtswissenschaft; **Ju|rist** *m. 10* jmd., der ein rechtswissenschaftl. Studium durchlaufen hat; **ju|ri|stisch** zum Recht, zur Rechtswissenschaft gehörig, auf ihm beruhend; juristische Person: Vereinigung von mehreren Personen (Verein, Körperschaft), Institutionen (Anstalt) oder Vermögensmassen (Betrieb, Stiftung), die wie eine einzige natürliche Person vom Staat als rechtsfähig anerkannt werden; **Ju|ror** *m. 13* Mitglied einer Jury
Jur|te [russ.] *w. 11* rundes Filzzelt mittelasiat. Nomaden
Ju|ry [frz. ʒyri, auch: ʒyri, engl. dʒuri, dt. juri] *w. 9* **1** *im angloamerik. Recht:* Schwurgericht; **2** Preisrichterkollegium (bei Kunstausstellungen, sportl. Veranstaltungen); **ju|ry|frei** nicht von Fachleuten zusammengestellt; **Jus** *s. Gen. - Mz.* Ju|ra Recht; Jus ad rem „Recht an der Sache": Eigentums-, Nutzungsrecht; Jus divinum: göttl. Recht; Jus gentium: Völkerrecht; Jus naturale: Naturrecht; Jus primae noctis *in der Feudalzeit:* Recht der ersten Nacht, Recht des Gutsherrn auf die Brautnacht einer Leibeigenen; Jus privatum: Privatrecht; Jus publicum: öffentl. Recht
Jus [ʒy, frz.] *w., süddt., schweiz. auch: s. Gen. - nur Ez.* **1** starke Fleischbrühe; **2** mit Fleischbrühe von der Pfanne gelöster Bratensatz; **3** *schweiz. auch:* Gemüse-, Obstsaft, z. B. Tomatenjus
just [lat.] *veraltet, noch poet.:* eben, gerade; just, als er hereinkam; ich war just am Gehen, als …; das ist just das Rechte; **ju|sta|ment** *veraltet:* **1** gerade, genau; das ist j. dasselbe; **2** erst recht, nun gerade
ju|stie|ren genau einstellen, auf das genaue Maß bringen, eichen; **Ju|sti|fi|ka|ti|on** [-tsjon] *w. 10* Genehmigung, Anerkennung als richtig; **Ju|sti|fi|ka|tur** *w. 10* Rechnungsprüfung und -genehmigung; **ju|sti|fi|zie|ren** als richtig anerkennen
Ju|sti|ti|ar [-tsjar, lat.] *m. 1,* **Ju|sti|tia|ri|us** *m. Gen. - Mz. -ri|en veraltet:* Rechtsbeistand (eines Betriebes oder einer Behörde), Syndikus; **Ju|sti|ti|um** [-tsjum] *s. Gen. -s Mz. -ti|en* [tsjən] vorübergehender Stillstand der Rechtspflege (infolge schwerwiegender Ereignisse); **Ju|stiz** *w. 10 nur Ez.* Rechtspflege, Rechtswesen; **Ju|stiz|irr|tum** *m. 4* falsche Entscheidung des Gerichts; **Ju|stiz|mord** *m. 1* Verurteilung eines Unschuldigen zum Tode
Ju|te [sanskrit.-engl.] *w. 11* **1** ind. Bastfaserpflanze; **2** *auch:* ähnliche Faser anderer Pflanzen
ju|ve|na|lisch [nach dem altröm. Satirendichter Juvenal] satirisch, spöttisch
ju|ve|nil [lat.] jugendlich; *Ggs.:* senil; juveniles Wasser: aus dem Erdinnern kommendes, erstmals am atmosphärischen Kreislauf teilnehmendes Wasser; *Ggs.:* vadoses Wasser; **Ju|ve|ni|lis|mus** *m. Gen. - nur Ez.* leichte Form des → Infantilismus; **Ju|ve|ni|li|tät** *w. 10 nur Ez.* Jugendlichkeit
Ju|wel [lat.-ndrl.] *s. 12* **1** geschliffener Edelstein; **2** Kleinod, etwas Kostbares; **3** *ugs. scherzh.:* sehr tüchtiger Mensch, der alles bestens erledigt; **Ju|we|lier** *m. 1* Goldschmied, Schmuckhändler
Jux [lat.] *m. 1* Scherz, Spaß, Ulk: **ju|xen** scherzen, Spaß machen
Jux|ta [lat.] *w. Gen. - Mz. -ten* Streifen am Rand von kleinen Wertpapieren (z. B. Losen), der zur Kontrolle abgetrennt werden kann; **Jux|ta|po|si|ti|on** [-tsjo:n] *w. 10* **1** Nebeneinanderstellung; **2** *bei Kristallen:* Wachstum durch Anlagerung kleiner Teilchen; **Jux|te** *w. 11* → Juxta

K

Unter K nicht aufgeführte Stichwörter schlage man unter C bzw. Z nach

k 1 *Abk. für* Kilo...; **2** *Abk. für* Karat
K 1 *chem. Zeichen für* Kalium; **2** *Abk. für* Kelvin; ° **K** *Abk. für* Grad Kelvin, auf den absoluten Nullpunkt bezogene Temperatur; 0° K = −273,16° C
Kaa|ba [arab.] *w. Gen. - nur Ez.* Hauptheiligtum des Islams in Mekka
Ka|ba *w. Gen. - nur Ez.* ⓦ Getränk aus Kakao und Zucker
Ka|ba|le [neuhebr.-frz.] *w. 11 veraltet:* Ränke, Intrige; **ka|ba|lie|ren** *veraltet:* Ränke schmieden
Ka|ba|rett [frz.] *s. 1 oder s. 9* **1** Bühne für kurze, satir., zeitkrit. Darstellungen; **Ka|ba|ret|tier** [-tje] *m. 9* Besitzer, Leiter eines Kabaretts; **Ka|ba|ret|tist** *m. 10* Künstler in einem Kabarett; **ka|ba|ret|ti|stisch** in der Art der Darstellungen im Kabarett
Kab|ba|la [neuhebr.] *w. Gen. - nur Ez.* mittelalterl., mit Buchstaben- und Zahlensymbolik sowie allegor. Deutung der Bibel verbundene jüd. Geheimlehre; **Kab|ba|list** *m. 10* Kenner der Kabbala; **Kab|ba|li|stik** *w. 10 nur Ez. allg.:* Geheimlehre; **kab|ba|li|stisch 1** zur Kabbala gehörend, auf ihr beruhend; **2** geheimwissenschaftlich
Ka|bel [frz.] *s. 5* **1** starkes Tau; **2** isolierte elektr. Leitung; **3** Überseetelegramm; **Ka|bel|gramm** *s. 1* → Kabel (**3**); **ka|beln** durch Kabel (**3**) mitteilen
Ka|bi|ne [engl.] *w. 11* **1** *auf Schiffen:* Schlaf-Wohn-Raum für Passagiere; **2** *in Bädern u. a.:* kleiner Umkleideraum; **Ka|bi|nett** *s. 1* **1** kleines Zimmer, Nebenraum; **2** *österr.:* kleines, einfenstriges Zimmer; **3** Raum mit Kunstsammlung, z. B. Kupferstichkabinett; **4** *früher auch:* in Fächer geteilter Schrank mit Kunstgegenständen; **5** *übertr.:* die Berater eines Staatsoberhauptes; **6** Gesamtheit der Minister einer Regierung; **Ka|bi|nett|for|mat** *s. 1* photograph. Bildformat von 10×14 cm; **Ka|bi|netts|ju|stiz** *w. Gen. - nur Ez.* verfassungswidrige Einmischung der Regierung in die Rechtsprechung; **Ka|bi|netts|or|der** *w. 11* Anordnung des Herrschers in einer Angelegenheit, die er allein zu entscheiden hat; **Ka|bi|nett|stück** *s. 1* **1** bes. wertvoller Kunstgegenstand (der nicht in einer allg. Sammlung, sondern im Kabinett aufbewahrt wird); **2** *übertr.:* Meisterstück, bes. geschicktes Vorgehen
Ka|bo|ta|ge [-ʒə, frz.] *w. 11* Küstenschiffahrt zwischen Häfen des gleichen Landes; **ka|bo|tie|ren** Kabotage treiben
Ka|brio|lett [frz.] *s. 1* **1** *früher:* leichter, zweirädriger Einspänner; **2** Personenkraftwagen mit zurückklappbarem Verdeck; *Ggs.:* Limousine; **Ka|brio|li|mou|si|ne** [-mu-] *w. 11* Limousine mit Schiebedach
Ka|bu|ki [jap.] *s. Gen.* -(s) *Mz.* -(s) jap. Schauspiel mit Musik und Tanz
Ka|by|le *m. 11* Angehöriger eines Berberstammes
Kach|ek|ti|ker [griech.] *m. 5* von Kachexie befallener Mensch; **Kach|exie** *w. 11* völliger Kräfteverfall
Ka|da|ver [lat.] *m. 5* Tierleiche, Aas; **Ka|da|ver|ge|hor|sam** *m. Gen.* -s *nur Ez.* Gehorsam unter Ausschaltung des eigenen Willens und Urteils
Ka|denz [ital.] *w. 10* **1** abschließende Akkordfolge; **2** *im Instrumentalkonzert:* unbegleitete, verzierende, meist virtuose Wiederholung der Hauptthemen durch den Solisten; **3** *Metrik:* die Art des Versschlusses, z. B. Reim; **ka|den|zie|ren** eine Kadenz spielen
Ka|der [frz.] *m. 5* **1** erfahrene Kerngruppe (eines Heeres, einer Sportmannschaft); **2** *DDR:* systemat. herangebildete Gruppe von Nachwuchskräften in Partei, Staat, Wirtschaft usw.
Ka|dett [frz.] *m. 10* **1** Zögling einer militär. Erziehungsanstalt für Offiziersanwärter; **2** *Mz. Kurzw. für* konstitutionelle Demokraten, *im zarist. Rußland:* eine liberal-monarchist. russische Partei
Ka|di [arab.] *m. 9 in islam. Ländern:* Richter; zum Kadi laufen *ugs.:* vor Gericht gehen, einen Prozeß anfangen
kad|mie|ren [griech.] mit einer Kadmiumschicht überziehen, verkadmen; **Kad|mi|um** *s. Gen.* -s *nur Ez.* → Cadmium
ka|duk [lat.] **1** hinfällig, gebrechlich, altersschwach; **2** ungültig; **ka|du|zie|ren** für ungültig, verfallen erklären
Kaf|fee [auch: kaf-, arab.-frz.] **1** *m. 9 nur Ez.* Samen des Kaffeebaumes; **2** *m. 9, nach Zahlen Mz. auch* - Getränk daraus; **3** *s. 9 eindeutschend für* → Café
Kaf|fer [jidd.] *m. 5* dummer Kerl
Ka|fir [arab.] *m. 14* „Ungläubiger", Nichtmohammedaner
Kaf|tan [pers.-türk.] *m. 1* aus dem Orient stammendes, langes Obergewand der orthodoxen Juden
Kai [ndrl.] *m. 9 oder m. 1* **1** befestigte Anlegestelle für Schiffe, Quai; **2** Uferstraße
Kai|man [karib.] *m. 1* ein Krokodil des trop. Südamerikas; **Kai|man|fisch** *m. 1* ein Raubfisch
Kai|nit [griech.] *m. 1* ein Mineral, ein Kalidüngemittel

Ka|jak [eskimoisch] *m.9, auch: m.1, österr. auch: s.1* **1** einsitziges, bis auf den Rudersitz geschlossenes Paddelboot der Eskimos; **2** Sportpaddelboot, Grönländer

Ka|je [ndrl.] *w.11 nddt.:* Kai, Deich

Ka|je|put|baum [mal.] *m.2* ein austral. und hinterind. Myrtengewächs, Myrtenheide

ka|jo|lie|ren [-ʒo-, frz.] *veraltet:* jmdn. k.: jmdm. schmeicheln, jmdn. liebkosen

Ka|jü|te [frz.] *w.11 auf Schiffen:* Wohn-Schlaf-Raum

Ka|ka|du [österr.: -du, mal.-ndrl.] *m.9* ein Papagei

Ka|kao [auch: -kau, aztek.-span.] **1** *m.9 nur Ez.* Samen des Kakaobaumes; **2** *m.9* Getränk daraus

Ka|ke|mo|no [jap.] *s.9* jap. hochformatiges Rollbild aus Seide oder Papier; vgl. Makimono

Ka|ker|lak [span.] *m.12 oder m.10* **1** ein Insekt, Küchenschabe; **2** *auch:* Albino

Ka|ki *s. Gen.*-(s) *nur Ez.* → Khaki; **Ka|ki-pflau|me** *w.11* die Frucht eines in China und Japan kultivierten Ebenholzgewächses, des Kakibaumes

Ka|ko|dyl|ver|bin|dung [griech.] *w.10* übelriechende Arsenverbindung

Ka|ko|pho|nie [griech.] *w.11* **1** *Mus.:* Mißklang. Dissonanz; **2** schlecht klingende Laut- oder Wortfolge; *Ggs.:* Euphonie

Kak|ta|zeen [griech.-lat.] *Mz.* Kaktusgewächse; **Kak|tee** *w.11,* **Kak|tus** *m. Gen.* - *Mz.* -teen, *österr. auch m.1* eine amerik. Wüstenpflanze, auch Zierpflanze

Ka|ku|mi|nal *m.1* → Zerebral

Ka|la-Azar [ind. „schwarze Krankheit"] *w. Gen.* - *nur Ez.* eine trop. Infektionskrankheit, die die inneren Organe und das Knochenmark befällt

Ka|la|bas|se *w.11* → Kalebasse

Ka|la|bre|ser [nach der ital. Landschaft Kalabrien] *m.5* breitrandiger Filzhut

Ka|la|mai|ka *w. Gen.* - *Mz.*-ken mit Gesang begleiteter, leidenschaftlich bewegter ukrain. Tanz

Ka|la|ma|ri|en *Mz.* → Kalamiten

Ka|la|mi|tät [lat.] *w.10* **1** Übelstand, Notlage; **2** Massenerkrankung von Waldbäumen mit wirtschaftl. Folgen

Ka|la|mi|ten [griech.] *Mz.* fossile, baumhohe Schachtelhalme des Karbons

Ka|lan|der [ndrl.-frz.] *m.5* Preßmaschine zum Glätten und Glänzendmachen von Papier, Textilien und Kunststoffen; **ka|lan|dern** mit dem Kalander bearbeiten

Ka|la|thos [griech.] *m. Gen.* - *Mz.*-thoi **1** altgriech., kelchförmiger Arbeitskorb der Frau; **2** ebensolches Tongefäß

Ka|lau|er [frz. calembour „Wortspiel", in Dtschl. auf die Stadt Kalau bezogen] *m.5* einfaches Wortspiel, Witzelei; **ka|lau|ern** Kalauer machen

Kal|da|ri|um [lat.] *s. Gen.*-s *Mz.*-ri|en **1** *im altröm. Bad:* Warmwasser-Baderaum; **2** *veraltet:* warmes Gewächshaus

Kal|dau|nen [lat.] *w.11 Mz.* eßbares Eingeweide vom Rind, Kutteln, Kuttelflecke

Ka|le|bas|se [span.-frz.] *w.11* aus einem Flaschenkürbis hergestelltes Trinkgefäß

Ka|le|do|ni|den [nach Kaledonien, dem alten Namen für Schottland] *Mz.* im älteren Paläozoikum entstandene Gebirge; **ka|le|do-nisch** zu den Kaledoniden gehörig, aus ihrer Entstehungszeit stammend

Ka|lei|do|skop [griech.] *s.1* **1** Guckkasten mit Winkelspiegeln und bunten Steinchen, die sich beim Drehen zu immer neuen Mustern ordnen; **2** *übertr.:* bunte, wechselnde Bilderfolge

Ka|len|da|ri|um [lat.] *s. Gen.*-s *Mz.*-ri|en **1** *im alten Rom:* Verzeichnis von Zinsen, die am Monatsersten fällig waren; **2** Verzeichnis der kirchl. Fest- und Gedenktage; **3** Terminkalender; **Ka|len|den** *Mz. im alten Rom:* der erste Tag im Monat; etwas bis zu den griech. K. aufschieben: etwas aufschieben, um es nie zu tun (da es bei den Griechen keine Kalenden gab); **Ka|len|der** *m.5* **1** Verzeichnis der Tage, Wochen und Monate des Jahres in zeitl. Folge; **2** Zeitrechnung; Gregorianischer, Julianischer, Hundertjähriger Kalender

Ka|le|sche [poln.] *w.11* leichte, vierrädrige Kutsche

Kal|fak|ter [lat.] *m.5,* **Kal|fak|tor** *m.13* **1** Strafgefangener als Helfer des Gefangenenwärters; **2** jmd., der alle möglichen Dienste verrichtet; **3** Zwischenträger, Schmeichler

kal|fa|tern [griech.-ital.] (die Fugen der Schiffswände) abdichten

Ka|li [arab.] *s.9* **1** *Sammelbez. für* Kaliumsalze; **2** *auch:* Kaliumhydroxid

Ka|li|an [pers.] *m.1 oder s.1* pers. Wasserpfeife

Ka|li|ber [griech.-frz.] *s.5* **1** lichte Weite (von Rohren und Bohrschächten); **2** Durchmesser (von Geschossen); **3** Abstand der Walzen im Walzwerk; **4** *übertr.:* Art, Sorte, Größe; **Ka-li|bra|ti|on** [-tsjon] *w.10* **1** Messen des Kalibers; **2** Eichen von Meßinstrumenten; **Ka|li-breur** [-brør] *m.1* jmd., der kalibriert; **ka|li-brie|ren** auf das richtige Maß bringen

Ka|lif [arab.] *m.10* **1** *früher:* Titel des Oberhauptes der Sunniten als Nachfolger Mohammeds; **2** *dann:* türk. Sultan; **Ka|li|fat** *s.1* Amt, Würde, Reich des Kalifen

Ka|li|ko [nach der ind. Stadt Kalikut] *m.9* feines, sehr dichtes Baumwollgewebe (für Bucheinbände)

Ka|li|sal|pe|ter *m.5 nur Ez.* Kaliumnitrat, ein Mineral, Düngemittel

Ka|li|um [arab.-lat.] *s. Gen.*-s *nur Ez.* (*Zeichen:* K) chem. Element; **Ka|li|um|bro|mid**

s. 1 Bromkali, als Beruhigungsmittel sowie Verzögerer bei der photograph. Entwicklung verwendete chem. Verbindung; **Ka|li|um|per|man|ga|nat** *s. 1 nur Ez.* übermangansaures Kali, ein Oxydationsmittel

Ka|li|un *m. 1 oder s. 1* → Kalian

Ka|lix|ti|ner [lat. calix „Kelch"] *m. 5* Angehöriger der gemäßigten Richtung der Hussiten, die den Laienkelch beim Abendmahl forderte, Utraquist

Kal|kant [lat.] *m. 10 früher:* Blasebalgtreter (an der Orgel)

Kal|kül [frz.] *m. 1 oder s. 1* **1** Rechnung, Berechnung, Überschlag, Überlegung; **2** *Math.:* System von Regeln und Zeichen für Berechnungen und Ableitungen; **Kal|ku|la|ti|on** [-tsjon, lat.] *w. 10* Berechnung der Kosten, Kostenvoranschlag; **Kal|ku|la|tor** *m. 13* Sachbearbeiter im betrieblichen Rechnungswesen, Rechnungsprüfer; **kal|ku|la|to|risch** mit Hilfe einer Kalkulation; **kal|ku|lie|ren** **1** berechnen, veranschlagen; **2** *auch:* überlegen, erwägen, abschätzen

Kal|la [lat.] *w. 9* eine Zierpflanze

Kal|li|graph [griech.] *m. 10* Schönschreiber, Schreibkünstler; **Kal|li|gra|phie** *w. 11 nur Ez.* Schönschreibkunst

kal|lös [lat.] durch einen Kallus **(2)** entstanden, schwielig; **Kal|lus** *m. Gen. - Mz.* -lus|se **1** *Bot.:* an Wundrändern von Pflanzen neu gebildetes Gewebe, Wundholz; **2** *Med.:* Schwiele an heilenden Knochenbrüchen

Kal|mar [lat.] *m. 1* ein Kopffüßer, ein Tintenfisch

Kal|mäu|ser [jidd.] *m. 5* **1** Stubenhocker, Schulfuchs; **2** Grübler, Kopfhänger

Kal|me [frz.] *w. 11* Windstille; **Kal|men|gür|tel** *m. 5,* **Kal|men|zo|ne** *w. 11* → Doldrum; **kal|mie|ren** *veraltet:* besänftigen, beruhigen

Kal|muck [nach den Kalmücken] *m. 1* ein beidseitig gerauhtes Baumwoll- oder Wollgewebe; **Kal|mück** *m. 10,* **Kal|mücke** (-mük|ke) *m. 11* Angehöriger eines westmongol. Volkes

Kal|mus [lat.] *m. Gen. - Mz.* -mus|se eine Heilpflanze

Ka|lo [ital.] *m. 9* Gewichtsverlust, Schwund (von Waren, durch Eintrocknen oder Auslaufen)

Ka|lo|mel [griech.] *s. 9 nur Ez. veraltete Bez. für* Quecksilber-I-Chlorid, ein Abführmittel

Ka|lo|rie [lat.] *w. 11* (*Zeichen:* cal) **1** die Wärmemenge, die nötig ist, um 1 g Wasser von 14,5 auf 15,5° C zu erwärmen; **2** Maßeinheit für den Energieumsatz des Körpers bzw. den Energiewert der Nahrungsmittel; große K. *veraltet:* Kilokalorie; kleine K. *veraltet:* Kalorie; **Ka|lo|ri|fer** *m. 9 oder m. 12* Heißluftofen, Thermophor; **Ka|lo|rik** *w. 10 nur Ez.* Wärmelehre; **Ka|lo|ri|me|ter** [lat. + griech.] *s. 5* Gerät zum Messen von Kalorien; **Ka|lo|ri|me|trie** *w. 11 nur Ez.* das Messen von Kalorien; **ka|lo|risch** auf Wärme beruhend; **ka|lo|ri|sie|ren** mit einer Schutzschicht gegen Rost und Korrosion aus Aluminiumpulver überziehen

Ka|lot|te [frz.] *w. 11* **1** Oberfläche eines Kugelabschnitts, Kugelhaube; **2** Scheitelkäppchen (der kath. Geistlichen); **3** Schädeldach; **4** wattierte Kappe unter dem Helm

Kal|pak [türk.] *m. 9* **1** hohe tatar. Lammfellmütze; **2** armen. Filzmütze; **3** Husarenmütze; **4** von dieser herabhängender Tuchzipfel

Ka|lum|bin [Bantuspr.] *s. 1 nur Ez.* Bitterstoff der Kolombowurzel

Ka|lu|met *s. 9* → Calumet

Ka|lup|pe [tschech.] *w. 11 österr.:* baufälliges, verwahrlostes Haus

Kal|va|ri|en|berg [lat.] *m. 1* **1** *urspr.:* Schädelstätte, Golgatha; **2** *dann:* Berg mit Wallfahrtskirche und den 14 Stationen der Leidensgeschichte Christi

Kal|vill [frz.] *m. 12,* **Kal|vil|le** *w. 11* ein Edelapfel

Ka|ly|kan|thus [griech.] *m. Gen. - nur Ez.* ein Gartenzierstrauch, Gewürzstrauch

Ka|lyp|tra [griech.] *w. Gen. - Mz.* -tren **1** Schutzhülle um die Wurzelspitze; **2** Hülle der Sporenkapsel vieler Laubmoose

Kal|zeo|la|rie [-riə, lat.] *w. 11* eine Zierpflanze, Pantoffelblume

Kal|zi|na|ti|on [tsjon, lat.] *w. 10* **1** Entfernung von Wasser und Kohlendioxid aus Kristallen; **2** Zersetzung einer chem. Verbindung durch Erhitzen; **kal|zi|nie|ren** der Kalzination unterwerfen; **Kal|zi|no|se** *w. 11 nur Ez. Med.:* Ablagerung von Kalk im Gewebe; **kal|zi|phil** kalkreichen Boden liebend; **Kal|zi|um** *s. Gen.* -s *nur Ez.* → Calcium

Ka|ma|res|va|se [nach dem Fundort, der Kamaresgrotte auf Kreta] *w. 11* Typ kretischer Tonvasen mit farbigen Ornamenten auf schwarzem Grund

Ka|ma|ril|la [span.] *w. Gen. - nur Ez.* Günstlingspartei in der unmittelbaren Umgebung eines Herrschers mit unkontrollierbarem Einfluß

kam|bi|al [ital.] *veraltet:* den Kambio betreffend, auf ihm beruhend; **kam|bie|ren** *veraltet:* Wechselgeschäfte betreiben; **Kam|bio** *m. Gen.* -s *Mz.* -bi *veraltet:* Wechsel

Kam|bi|um [neulat.] *s. Gen.* -s *Mz.* -bi|en das Dickenwachstum der Pflanzen bewirkendes Gewebe

Kam|brik [engl.] *m. Gen.* -s *nur Ez.,* **Kam|brik|ba|tist** *m. 1 nur Ez.* ein Baumwollgewebe

kam|brisch [neulat.] zum Kambrium gehörend, aus ihm stammend; **Kam|bri|um** *s. Gen.* -s *nur Ez.* unterste Formation des Paläozoikums

Ka|mee [lat.-frz.] *w. 11* Edel- oder (meist) Halbedelstein mit erhaben herausgearbeiteter figürl. Darstellung; *Ggs.:* Gemme

Ka|mel [semit.-lat.] *s. 1* ein Huftier der Wüstengebiete

Ka|me|lie [-ljə, nach dem Jesuitenpater Kamel (Camelli)] *w.11* eine Zierpflanze
Ka|me|lo|pard [griech.] *m.1 oder m.12* Giraffe
Ka|mel|ott [frz.] **1** *m.1* Angorawollgewebe, *auch:* Mischgewebe aus Wolle u. a. Garnen; **2** *in Frankreich:* Straßenhändler, Zeitungsverkäufer
Ka|me|ra [lat.] *w.9* Apparat für photograph. Aufnahmen; vgl. Camera obscura
Ka|me|ra|de|rie [frz.] *w.11 nur Ez.* überbetonte Kameradschaft
Ka|me|ra|lia [lat.], **Ka|me|ra|li|en** *Mz.* → Kameralwissenschaft; **Ka|me|ra|list** *m.10* **1** *früher:* Beamter einer fürstl. Kammer; **2** Wissenschaftler der Kameralistik (**1**); **Ka|me|ra|li|stik** *w.10 nur Ez. veraltet* **1** Staats-, Finanzwissenschaft; **2** System des staatswirtschaftl. Rechnungswesens; **Ka|me|ral|wis|sen|schaft** *w.10 veraltet:* Staatsverwaltungswissenschaft, Volkswirtschaftslehre
ka|mie|ren [ital.] *Fechten:* die gegnerische Klinge umgehen
Ka|mi|ka|ze [jap.] *m. Gen. - Mz. - im 2. Weltkrieg:* Pilot, der sich mit Flugzeug und Bombenladung auf das anzugreifende Objekt stürzte und dabei sich selbst opferte
Ka|min [griech.] *m.1* **1** Schornstein, Esse; **2** offene Feuerstelle mit Rauchabzug im Raum; **3** schmaler, senkrechter Felsspalt; **ka|mi|nie|ren** **1** → kamieren; **2** *Bergsport:* im Kamin emporklettern
Ka|mi|sol [frz.] *s.1 früher:* Unterjacke, kurzes Wams
Kamp [lat.-ndrl.] *m.2* **1** eingefriedigtes Stück Land; **2** Grasplatz am Bauernhaus; **3** Pflanzgarten, Baumschule
Kam|pa|gne [-panjə, frz.] *w.11* **1** Feldzug; **2** jährliche Hauptbetriebszeit in bestimmten Bereichen der Wirtschaft, z. B. in Zuckerfabriken (Zuckerkampagne); **3** größere polit. Aktion, z. B. Wahlkampagne
Kam|pa|nu|la [lat.] *w.9* Glockenblume
Kam|pe|sche|holz [nach dem mexikan. Staat Campeche] *s.4 nur Ez.* ein Farbholz, Blauholz
Käm|pe|vi|se [dän.] *w. Gen. - Mz.*-ser skandinav., zum Tanz gesungene Heldenballade
Kamp|fer [sanskr.] *m.5* aus dem Holz des ostasiat. Kampferbaums gewonnene, harzartige organ. Verbindung, Heil- und Desinfektionsmittel
kam|pie|ren [frz.] **1** im Freien übernachten; **2** auf einem provisor. Lager übernachten
Kam|pong [mal.] *s.9* malaiisches Dorf
Kam|sin [arab.] *m.1* heißer Staubsturm in Ägypten und Arabien
Ka|na|da|bal|sam [nach dem nordamerik. Staat Kanada] *m. Gen.*-s *nur Ez.* Harz verschiedener Nadelbäume zum Kitten von Linsensystemen; **Ka|na|da|tee** *m.9 nur Ez.* Aufguß aus den Blättern der nordamerik. Teeheide, harntreibendes Mittel; **Ka|na|di|er** *m.5* **1** Kanu der kanad. Indianer; **2** mit einem Paddel fortbewegtes Sportboot
Ka|nail|le [-naljə, frz.] *w.11* **1** Schurke, Schuft; **2** Gesindel, Pack, Pöbel
Ka|nal [lat.] *m.2* **1** künstl. Wasserlauf; **2** schmaler Meeresstreifen zwischen zwei Kontinenten oder Ländern; **3** unterird. Graben; **4** schlauchförmiger Durchgang, z. B. Verdauungskanal; **5** Frequenzbereich eines Senders; **Ka|na|li|sa|ti|on** [-tsjon] *w.10* **1** das Anlegen von Kanälen (**3**); **2** System von unterird. Kanälen zum Ableiten der Abwässer; **ka|na|li|sie|ren** **1** eine Stadt k.: mit Kanalisation (**2**) versehen; **2** einen Fluß k.: schiffbar machen
Ka|na|pee [österr.: -pe, frz.] *s.9* **1** *veraltet:* Sofa; **2** geröstete, pikant belegte Weißbrotscheibe
Ka|na|ri|en|vo|gel *m.6* urspr. auf den Kanar. Inseln gezüchtete Finkenform
Kan|da|har [nach dem Gründer, dem Earl of K.] *s.9,* **Kan|da|har-Ren|nen** *s.7* aus Tor- und Abfahrtslauf bestehendes Schirennen
Kan|da|re [ung.] *w.11* Art des Pferdezaums; jmdn. an die K. nehmen: ihn strenger behandeln als bisher
Kan|de|la|ber [lat.-frz.] *m.5* mehrarmiger Kerzenleuchter
Kan|di|dat [lat.] *m.10* **1** jmd., der sich um ein Amt bewirbt, Anwärter; **2** jmd., der zur Wahl aufgestellt wird; **3** (*Abk.:* cand.) jmd., der sich einer Prüfung, bes. an einer Hochschule, unterzieht; K. der Philosophie (*Abk.:* cand. phil.); K. der Medizin (*Abk.:* cand. med.); K. des (luther.) Predigtamtes (*Abk.:* cand. rev. min. *oder* c. r. m.); **Kan|di|da|tur** *w.10* Bewerbung (um ein Amt); **kan|di|die|ren** sich (um ein Amt) bewerben; für ein Amt k.
kan|die|ren [ital.] **1** mit Zucker überziehen und damit haltbar machen (Früchte); **2** erhitzen und dadurch bräunen (Zucker)
Kan|dis [sanskrit.] *m. Gen. - nur Ez.,* **Kan|dis|zucker** (-zuk|ker) *m.5 nur Ez.* aus Rohrzuckerlösung gebildete Zuckerkristalle; **Kan|di|ten** *Mz. österr.:* Zuckerwaren
Ka|neel [lat.-frz.] *m. 1 nur Ez.* weißer Zimt, die nach Zimt und Muskat riechende Rinde des mittelamerik. Weißen Kaneelbaumes; **Ka|neel|stein** *m.1* ein Mineral, ein Granat; **Ka|nell** *m.1 nur Ez.* → Kaneel
Ka|ne|pho|re [griech.] *w.11 im Altertum:* Jungfrau, die bei Festen Opfergeräte in einem Korb auf dem Kopf herbeitrug, Korbträgerin, in der Baukunst oft als Karyatide
Ka|ne|vas [mlat.-frz.] *m. Gen. - Mz. - oder m.1* Gittergewebe, Stramin
Kän|gu|ruh [austral. Eingeborenensprache] *s.9* ein Springbeuteltier
Ka|ni|den [lat.] *Mz. Sammelbez. für* Hunde und hundeartige Tiere

Ka|nin [lat.] *s. 1 nur Ez.* Fell vom Kaninchen
Ka|ni|ster [griech.] *m. 5* tragbarer Behälter für Flüssigkeiten
Kan|kro|id [griech.] *s. 1 veraltet:* Hautkrebs; **kan|krös** krebsartig
Kan|na [lat.] *w. 9* eine Zierpflanze, Blumenrohr
kan|ne|lie|ren [frz.] rinnenartig aushöhlen, auskehlen
Kan|nel|koh|le *w. 11* eine Steinkohlenart
Kan|ne|lü|re [frz.] *w. 11* Hohlkehle, senkrechte Rille an Säulen
kan|nen|sisch [nach dem altröm. Ort Cannae] *in der Fügung* kannensische Niederlage: völlige, vernichtende Niederlage
Kan|ni|ba|le [span., nach dem Indianerstamm der Karaiben] *m. 11* **1** Angehöriger eines Naturvolkes, das Kannibalismus betreibt; *ugs.:* Menschenfresser; **2** *übertr.:* roher, ungesitteter Mensch; **kan|ni|ba|lisch** *übertr.:* **1** grausam, roh; **2** *ugs. scherzh.:* ungeheuer, sehr; sich k. wohlfühlen; **Kan|ni|ba|lis|mus** *m. Gen. - nur Ez.* **1** *bei manchen Naturvölkern:* Sitte, Teile des getöteten Feindes rituell zu verzehren, um sich bestimmte Eigenschaften von ihm zu eigen zu machen; *ugs.:* Menschenfresserei; **2** *bei Tieren:* das Fressen von Artgenossen
Ka|non [griech.] *m. 9* **1** Regel, Richtschnur; **2** Gesamtheit der für ein Gebiet, z. B. die Logik, die bildende Kunst, geltenden Regeln und Grundsätze; **3** *Altertum:* Verzeichnis der als vorbildlich geltenden Schriftsteller; **4** mehrstimmiges Tonstück, bes. für Singstimmen, bei dem die Stimmen nacheinander mit der gleichen Melodie einsetzen; **5** *nur Ez.* die als echt anerkannten Schriften einer Kirche, bes. die Bücher der Bibel, im Unterschied zu den Apokryphen; **6** Teil der kath. Messe, stilles Gebet während der Wandlung von Brot und Wein; **7** *Astron.:* Zeittafel, z. B. der Osterfeste, der Sonnen- und Mondfinsternisse; **8** altgriech. Zupfinstrument, Meßgerät zum Bestimmen der Intervalle, Monochord; **9** *nur Ez.* Verzeichnis aller kath. Heiligen; **10** *Mz.*-no|nes einzelne Rechtsbestimmung, bes. der kath. Kirche
Ka|no|na|de [frz.] *w. 11* anhaltendes Geschützfeuer; **Ka|no|ne** *w. 11* **1** ein schweres Geschütz; **2** *übertr. ugs.:* bedeutender Könner (auf einem Gebiet); **3** das ist unter aller K. *ugs.:* sehr schlecht [zu Kanon „Richtschnur, Regel"]; **Ka|no|nen|boot** *s. 1* kleines Kriegsschiff; **Ka|no|nen|fut|ter** *s. Gen.*-s *nur Ez. übertr.:* Soldaten, die sinnlos geopfert werden sollen; **Ka|no|nen|ofen** *m. 8* kleiner, eiserner Kohlenofen; **Ka|no|nier** *m. 1* **1** Soldat, der eine Kanone bedient; **2** unterster Dienstgrad bei der Artillerie; **ka|no|nie|ren** **1** *veraltet:* mit Kanonen beschießen; **2** *Sport:* einen scharfen Schuß aufs Tor abgeben
Ka|no|nik [griech.] *w. 10 nur Ez.* **1** *bei Epikur:* die Logik; **2** *Mus.:* Lehre von den Tonverhältnissen; **Ka|no|ni|kat** *s. 1* Amt, Würde eines Kanonikers; **Ka|no|ni|ker** *m. 5,* **Ka|no|ni|kus** *m. Gen. - Mz.*-ker Mitglied eines nach einem Kanon (**1**) lebenden geistl. Kapitels, Chorherr; **Ka|no|ni|sa|ti|on** [-tsjon] *w. 10* Heiligsprechung; **ka|no|nisch** dem Kanon entsprechend, auf ihm beruhend; kanonisches Alter: das zur Übernahme eines kath. kirchl. Amtes vorgeschriebene Alter; kanonisches Recht: kath. Kirchenrecht; **ka|no|ni|sie|ren** in den Kanon (**9**) aufnehmen, heiligsprechen; **Ka|no|nis|se** *w. 11,* **Ka|no|nis|sin** *w. 10* Angehörige eines nach einem Kanon (**1**) lebenden Stifts, Stiftsdame, Chorfrau; **Ka|no|nist** *m. 10* Kenner, Lehrer des kanonischen Rechts
Ka|no|pe [nach der ägypt. Stadt Kanopos] *w. 11* ägypt. Krug mit Deckel in Form eines Menschen- oder Tierkopfes zur Bestattung der Eingeweide eines mumifizierten Toten
Kä|no|zoi|kum [griech.] *s. Gen.*-s *nur Ez.* Neuzeit der Erdgeschichte, Tertiär und Quartär, Neozoikum
kan|ta|bel [ital.] sanglich, gut singbar; **kan|ta|bi|le** *Mus.:* getragen, ernst
Kan|tar [arab.-ital.] *m. 1 oder s. 1 nach Zahlenangaben Mz. - früher:* Gewichtseinheit in Italien und den östl. Mittelmeerländern, schwankte zwischen 45 und 100 kg
Kan|ta|te [lat. „singet!"] **1** vierter Sonntag nach Ostern; **2** *w. 11* mehrteiliges Musikstück für Singstimme(n) und Chor mit Instrumentalbegleitung
Kan|tel|e [finn.] *w. 11* ein finn. zitherähnl. Zupfinstrument
Kan|ter **1** [engl.: kæn-] *m. 5* leichter, kurzer Galopp; **2** [frz.] *m. 5* Verschlag, Kellerlager; Gestell (für Fässer); **kan|tern** in kurzem Galopp reiten
Kan|tha|ri|den [griech.] *w. 11 Mz.* Käfer mit weichen Flügeldecken, Weichkäfer; **Kan|tha|ri|din** *s. 1 nur Ez.* aus einer Drüsenabsonderung von Kanthariden gewonnenes, hautreizendes Heilmittel
Kan|tha|ros [griech.] *m. Gen. - Mz.*-roi altgriech. bauchiges Trinkgefäß mit zwei Henkeln
Kan|ti|le|ne [ital.] *w. 11* getragene, gebunden zu singende oder zu spielende Melodie
Kan|til|le [-tilje, frz.] *w. 11* Schnur aus vergoldeten oder versilberten, spiralig zusammengedrehten Metallfäden (für Borten und Tressen)
Kan|ti|ne [ital.] *w. 11 in Fabriken, Kasernen, Betrieben:* Speiseraum mit Küchenbetrieb, in dem oft auch Lebensmittel verkauft werden
Kan|ton [frz.] *m. 1* **1** *früher in Preußen:* Wehrverwaltungsbezirk; **2** *in der Schweiz:* Bundesland; **3** *in Frankreich und Belgien:* Verwaltungsbezirk; **kan|to|nal** zu einem

Kanton gehörig, aus ihm stammend; **Kan|to|nie|re** [-njɛ-] *w. 11 in den ital. Alpen:* Straßenwärterhaus; **kan|to|nie|ren** in Quartiere legen (Truppen); **Kan|to|nist** *m. 10 früher:* ausgehobener Rekrut; ein unsicherer K. *ugs. übertr.:* ein unzuverlässiger Mensch; **Kan|to|ne|ment** [-mã] *s. 9, schweiz.:* [-mɛnt] *s. 1 veraltet:* Bezirk, in dem Truppen kantoniert werden

Kan|tor [lat.] *m. 13 urspr.:* Vorsänger im kath. Gottesdienst; *heute:* Leiter des Kirchenchors und Organist; **Kan|to|rat** *s. 1* Amt des Kantors; **Kan|to|rei** *w. 10* **1** Wohnung des Kantors; **2** Kirchenchor

Kan|tschu [türk.] *m. 9* Peitsche aus geflochtenen Lederriemen

Kan|tus [lat.] *m. Gen. - Mz.* -tusse *Stud.:* Gesang; vgl. Cantus firmus

Ka|nu [karib.-engl.] *s. 9* **1** *bei Naturvölkern:* aus einem ausgehöhlten Baumstamm bestehendes Boot; **2** *Sport:* Paddelboot, Kajak, Kanadier

Ka|nü|le [lat.] *w. 11* **1** Röhrchen zum Zu- oder/und Ableiten von Luft oder Flüssigkeit; **2** Hohlnadel der Injektionsspritze

Ka|nut [lat.] *m. 1* ein Regenpfeifervogel

Ka|nu|te *m. 11* Kanufahrer

Kan|zel|le [lat.] *w. 11* **1** *in der altchristl. Basilika:* Chorschranke; **2** *bei der Orgel und Harmonika:* Windkanal

kan|ze|ro|gen [lat.] krebserzeugend

Kanz|lei [lat.] *w. 10* **1** Büro, Dienststelle, Amtsräume; **2** dem Staatsoberhaupt oder Regierungschef unmittelbar unterstehende Verwaltungsbehörde, z. B. Bundeskanzlei; **Kanz|lei|for|mat** *s. 1* veraltetes Papierformat, 33×42 cm; **Kanz|lei|spra|che** *w. 11,* **Kanz|lei|stil** *m. 1* **1** *seit dem 15. Jh.:* Sprache, Stil der dt. Kanzleien; **2** *heute:* geschraubter Stil, unlebendige Sprache; **Kanz|list** *m. 10* Angestellter einer Kanzlei

Kan|zo|ne [ital.] *w. 11* **1** frz. und ital. strophische Gedichtform; **2** *16./17. Jh.:* heiteres, einfaches Lied; *in Frankreich:* A-cappella-Chorgesang; **3** *17. Jh.:* sangl. Instrumentalstück; **4** *seit dem 18. Jh.:* volkstüml. Lied mit Instrumentalbegleitung; **Kan|zo|net|ta, Kan|zo|net|te** *w. Gen. - Mz.* -ten **1** kleine Kanzone; **2** ital. Chorlied

Kao|lin [nach dem Fundort, dem Berg Kaoling in China] *s. 1, fachsprachl. m. 1 nur Ez.* weißes, weiches Tongestein für Porzellan und Steingut, Porzellanerde; **kao|li|ni|sie|ren** Kaolin bilden; **Kao|li|nit** *m. 1* ein Mineral, Hauptbestandteil des Kaolins

Kap [lat.-ndrl.] *s. 9* vorspringender Teil einer Felsenküste, Vorgebirge

Kap. *Abk. für* Kapitel

ka|pa|bel [lat.] *veraltet:* fähig, geschickt

Ka|paun [lat.-frz.] *m. 1* kastrierter, gemästeter Hahn; **ka|pau|nen, ka|pau|ni|sie|ren** kastrieren (Hahn)

Ka|pa|zi|tät [lat.] *w. 10* **1** *nur Ez.* Fassungskraft, Aufnahmevermögen; **2** Ausmaß, Umfang (einer Produktion); **3** bedeutender Fachmann; **ka|pa|zi|ta|tiv** die Kapazität (eines Kondensators) betreffend

Ka|pee [zu kapieren] *s. ugs. in der Wendung:* schwer von K. sein: begriffsstutzig sein

Ka|pe|lan [frz.] *m. 1* ein Lachsfisch

Ka|pel|le [lat.] *w. 11* **1** kleines Gotteshaus, kleiner gottesdienstl. Raum; **2** *urspr.:* Kirchenchor; *heute:* kleines Orchester (für Unterhaltungs-, Militärmusik); **3** Raum mit Abzug zur Untersuchung gesundheitsschädlicher Stoffe; **4** *auch:* Kupelle *w. 11* Schmelztiegel zum Trennen von edlen und unedlen Metallen; **ka|pel|lie|ren** in der Kapelle **(4)** trennen

Ka|per 1 [griech.] *w. 11* in Essig eingelegte Blütenknospe des Kapernstrauchs; **2** [lat.] *m. 5 früher:* privates bewaffnetes Schiff, das auf Grund des Kaperbriefes am Handelskrieg teilnehmen konnte; **Ka|per|brief** *m. 1* staatl. Ermächtigung zur Teilnahme am Handelskrieg; **Ka|pe|rei** *w. 10 nur Ez.* Erbeuten von Handelsschiffen im Handelskrieg auf Grund des Kaperbriefes einer kriegführenden Macht; **ka|pern 1** als Kaper erbeuten; **2** sich etwas k. *übertr. ugs.:* sich etwas aneignen; **3** jmdn. k.: jmdn. für etwas gewinnen, jmdn. bewegen, etwas zu tun

Ka|pe|tin|ger *m. 5* Angehöriger eines frz. Königsgeschlechts

ka|pie|ren [lat.-ital.] verstehen, begreifen

ka|pil|lar [lat.] **1** haarfein; **2** zu den Kapillaren gehörend, von ihnen ausgehend; **Ka|pil|la|re** *w. 11* **1** kleinstes Blutgefäß, Haargefäß; **2** feines Röhrchen; **Ka|pil|la|ri|tät** *w. 10 nur Ez.* Verhalten von Flüssigkeiten in sehr engen Röhren; **Ka|pil|li|ti|um** [-tsjum] *s. Gen.* -s *Mz.* -ti|en [-tsjən] röhren- oder fadenförmiges, sporenbildendes Gewebe der Schleimpilze

ka|pi|tal [lat.] **1** hauptsächlich, besonders, haupt...; **2** stark, mit schönem Geweih (Hirsch, Rehbock); **Ka|pi|tal** *s. Gen.* -s *Mz.* -li|en, *auch: s. 1* **1** Vermögen an Bargeld und Aktien; **2** Geld (für Investitionen); **Ka|pi|tal...** *in Zus.:* groß, schwer(wiegend), z. B. Kapitalverbrechen; **Ka|pi|täl** *s. 1* → Kapitell; **Ka|pi|tal|band** *s. 4* buntes Zierband am oberen und unteren Ende des Buchrückens; **Ka|pi|tal|buch|sta|be** *m. 15* Großbuchstabe; **Ka|pi|täl|chen** *s. 7* Großbuchstabe in der Größe der Kleinbuchstaben: KAPITÄLCHEN; **Ka|pi|ta|le** *w. 11* **1** *veraltet:* Hauptstadt; **2** → Kapitalis; **ka|pi|tal|in|ten|siv** einen wesentlich höheren Einsatz an Kapital als an Arbeit erfordernd; **Ka|pi|ta|lis** *w. Gen. - nur Ez.* altröm. Schriftart in Kapitalbuchstaben; **Ka|pi|ta|li|sa|ti|on** [-tsjon] *w. 10* Umrechnung von Sachwerten, einer Rente o. ä. in Geldwert; **ka|pi|ta|li|sie|ren** in Geld umrechnen, zu Geld

machen; **Ka|pi|ta|lis|mus** *m. Gen. - nur Ez.* Wirtschafts- und Gesellschaftsordnung mit Privateigentum an Produktionsmitteln und Unternehmerprofit; **Ka|pi|ta|list** *m.10* **1** Anhänger, Vertreter des Kapitalismus; **2** Kapitalbesitzer
Ka|pi|tal|schrift *w.10* → Kapitalis
Ka|pi|tän [lat.-frz.] *m.1* **1** Kommandant eines Schiffes oder Flugzeugs; **2** *Sport:* Anführer einer Mannschaft
Ka|pi|tel [lat.] *s.5* **1** (*Abk.:* Kap.) größerer Abschnitt eines Schriftwerkes; **2** Körperschaft der Geistlichen einer Dom- oder Stiftskirche; **3** deren Versammlung; **4** Versammlung eines geistlichen Ordens; **ka|pi|tel-fest** fest, sicher im Wissen, *auch:* bibelfest
Ka|pi|tell [lat.] *s.1* oberer, unterschiedlich gestalteter Teil einer Säule oder eines Pfeilers, z. B. Würfel-, Knospenkapitell
Ka|pi|tol [lat.] *s.1* **1** *im alten Rom:* Stadtburg und Sitz des Senats; **2** *in den USA:* Parlamentsgebäude in Washington
Ka|pi|tu|lant [lat.] *m.10 früher:* Soldat, der sich durch Vertrag (Kapitulation) zu einer längeren als der gesetzlichen Dienstzeit verpflichtete; **Ka|pi|tu|lar** **1** *m.1* Mitglied eines Kapitels (**2**); **2** *s. Gen.*-s *Mz.*-ri|en *meist Mz.* die Gesetze und Verordnungen der karoling. Könige; **Ka|pi|tu|la|ti|on** [-tsjon] *w.10* **1** *früher:* Vertrag, durch den sich ein Soldat zu einer längeren als der gesetzlichen Dienstzeit verpflichtete; **2** Vertrag, in dem sich eine besiegte Truppe, Stadt oder Festung dem Feind ergibt; **3** die Ergebung, Unterwerfung selbst; **ka|pi|tu|lie|ren** **1** *früher:* eine Kapitulation abschließen; **2** sich ergeben, sich geschlagen geben, den Kampf, die Diskussion aufgeben
Kap|la|ken [ndrl.] *s.7 Seew.:* Sondervergütung für den Kapitän
Ka|plan [lat.] *m.2 kath. Kirche* **1** Hilfsgeistlicher; **2** Geistlicher mit bes. Aufgaben, z. B. im Heer; **3** Hausgeistlicher (eines Fürsten)
Ka|po [ital.] *m.9* **1** *Soldatenspr.:* Unteroffizier; **2** Häftling im Konzentrationslager, der ein Arbeitskommando leitete
Ka|po|da|ster [ital.] *m.5* **1** *bei Saiteninstrumenten:* oberes Ende des Griffbretts; **2** *bei der Gitarre:* Klammer zum Verkürzen der Saiten
Ka|pok [javan.] *m.9 nur Ez.* Fasern aus dem Fruchthaar des Kapokbaums, für Polster- und Kissenfüllungen; **Ka|pok|baum** *m.2* ein trop. Baum, Baumwollbaum
ka|po|res [jidd.] *ugs.:* kaputt
Ka|pot|te [frz.] *w.11,* **Ka|pott|hut** *m.2, 19. Jh.:* kleiner, unter dem Kinn gebundener Damenhut
Ka|pri|ce [-prisə, frz.] *österr.:* Ka|pri|ze *w.11* Laune, Grille, schnurriger Einfall
Ka|pri|fo|li|a|zeen *Mz.* Geißblattgewächse, z. B. Schneeball, Holunder
Ka|prio|le [lat.-ital.] *w.11* **1** *eigtl.:* Luftsprung, *dann:* verrückter Streich; **2** *Hohe Schule* → Capriole; **ka|prio|len** Kapriolen machen; **Ka|pri|ze** *w.11, österr. für* Kaprice; **ka|pri|zie|ren** sich auf etwas k.: auf etwas bestehen, beharren, (eigensinnig) bei etwas bleiben; **ka|pri|zi|ös** launenhaft, eigenwillig
Ka|pro|lak|tam [lat.] *s.1 nur Ez.* aus Kapronsäure gewonnener Ausgangsstoff für Kunstfasern, bes. Perlon; **Ka|pron|säu|re** *w.11* eine Fettsäure
Kap|sel [lat.] *w.11* runder oder ovaler Behälter, bes. aus Metall
Kap|si|kum [lat.] *s. Gen.*-s *nur Ez.* aus Mittelamerika stammendes, scharfes Gewürz, span. Pfeffer, auch hautreizendes Arzneimittel
Kap|tal *s.1,* **Kap|tal|band** *s.4* → Kapitalband
Kap|ta|ti|on [-tsjon, lat.] *w.10 veraltet:* Erschleichung, Erbschleicherei; **Kap|ti|on** [-tsjon] *w.10 veraltet:* **1** verfängl. Frage; **2** Trugschluß; **kap|ti|vie|ren** *veraltet:* gefangennehmen, für sich gewinnen; **Kap|tur** *w.10 veraltet:* Beschlagnahme (eines feindl. Schiffes)
Ka|put [mlat.] *m.1 schweiz.:* Soldatenmantel
ka|putt [lat.-frz.] **1** entzwei, zerbrochen, zerrissen; **2** *ugs.:* müde, erschöpft; *auch:* verkommen, heruntergekommen
Ka|pu|ze [lat.] *w.11* (meist an Mantel oder Jacke befestigte) Kopf und Hals einhüllende Mütze
Ka|ra|bi|ner [frz.] *m.5* kurzes Gewehr mit geringer Schußweite; **Ka|ra|bi|ner|ha|ken** *m.5* Haken mit federndem Verschluß; **Ka|ra|bi-nier** [-nje] *m.9 urspr.:* mit Karabiner bewaffneter Reiter; *später:* Jäger zu Fuß; **Ka|ra|bi-nie|re** [-njɛ-, ital.] *m. Gen.*-(s) *Mz.*-ri → Carabiniere
Ka|ra|cho [span.] *s. Gen.*-s *nur Ez. ugs., fast nur in der Fügung* mit K.: mit großer Geschwindigkeit, mit voller Wucht
Ka|raf|fe [arab.-frz.] *w.11* geschliffene Glasflasche mit Stöpsel; **Ka|raf|fi|ne** *w.11 veraltet:* kleine Karaffe
Ka|ra|gös, Ka|ra|göz [türk.] *m. Gen. - nur Ez.* Hanswurst, Kasperle des türk. Schattenspiels
Ka|rai|be *m.11* → Karibe
Ka|ra|kal [türk.] *m.9* Wüstenluchs
Ka|ra|kul|schaf [nach dem See Karakul in Pamir] *s.1* Fettschwanzschaf, dessen Lämmer den Persianerpelz liefern
Ka|ram|bo|la|ge [-ʒə, frz.] *w.11* **1** *Billard:* Treffer, Anstoßen des Spielballes an die beiden andern Bälle; **2** *übertr.:* Zusammenstoß; **Ka|ram|bo|le** *w.11 Billard:* Spielball, roter Ball; **ka|ram|bo|lie|ren** **1** *Billard:* eine Karambolage machen; **2** zusammenstoßen
Ka|ra|mel [frz.] *m.9 nur Ez., schweiz. auch s.9 nur Ez.* erhitzter, gebräunter Zucker; **ka-ra|me|lie|ren** beim Erhitzen braun werden; **ka|ra|me|li|sie|ren** durch Erhitzen braun machen; **Ka|ra|mel|le** *w.11* Bonbon aus Milch und karameliertem Zucker

Ka|rat [griech.-frz.] *s. 1, nach Zahlenangaben Mz.- (Abk.:* k) **1** getrockneter Samen des Johannisbrotbaumes (der früher zum Wiegen von Gold und Edelsteinen benutzt wurde); **2** Gewichtsmaß für Edelsteine, 1 k = 0,2 g; **3** Maß für den Feingehalt von Gold, 24 k = 100% Gold

Ka|ra|te [jap.] *s. Gen.*-(s) *nur Ez.* eine Art der jap. waffenlosen Selbstverteidigung

Ka|ra|vel|le [lat.-frz.] *w. 11 14./16. Jh.:* dreimastiges Segelschiff mit hohem Heckaufbau

Ka|ra|wa|ne [pers.-ital.] *w. 11* Reisegesellschaft von Kaufleuten, bes. mit Kamelen, im Orient; **Ka|ra|wan|se|rei** *w. 10* Unterkunft für Karawanen

Kar|bat|sche [türk.-tschech.] *w. 11* Riemenpeitsche; **kar|bat|schen 1** mit der Karbatsche schlagen; **2** mit der Peitsche knallen; **3** *übertr.:* mit Worten peitschen

Kar|bid [lat.] *s. 1 nur Ez., ugs. Bez. für* Verbindung von Kohlenstoff mit Calcium, gehört zur Gruppe der →Carbide; **Kar|bin** *s. 1* eine Modifikation des Kohlenstoffs, festestes aller bekannten Materialien; **Kar|bi|nol** *s. 1 früher Bez. für* Methylalkohol; **Kar|bol** *s. 1 nur Ez.* ein Desinfektionsmittel; **Kar|bo|li|ne|um** *s. Gen.*-s *nur Ez.* ein Mittel zur Imprägnierung und Schädlingsbekämpfung; **Kar|bol|säu|re** *w. 11* → Karbol; **Kar|bon** *s. Gen.*-s *nur Ez.* eine Formation des Paläozoikums, zwischen Devon und Perm, Steinkohlenzeit; **Kar|bo|na|de** *w. 11* gebratenes Rippenstück (vom Rind, Hammel oder Schwein); **Kar|bo|na|do** *m. 9* schwarzer Diamant (Schleif- und Bohrmittel); **Kar|bo|na|ro** *m. Gen.*-s *Mz.*-ri *1807–1848:* Angehöriger eines ital. Geheimbundes für nationale Einheit und Unabhängigkeit; **Kar|bo|nat 1** *m. 1* → Karbonado; **2** *s. 1 Chem.* → Carbonat; **Kar|bo|ni|sa|ti|on** [-tsjon] *w. 10* Verkohlung; **kar|bo|nisch** zum Karbon gehörend, aus ihm stammend; **kar|bo|ni|sie|ren 1** verkohlen lassen; **2** durch Schwefelsäure zerstören (Zellulosereste in Wolle); **3** mit Kohlendioxid versetzen (Getränke); **Kar|bon|pa|pier** *s. 1* Kohlepapier; **Kar|bo|rund** *s. 1 nur Ez.* Siliciumcarbid, als Schleifmittel, für feuerfeste Steine und Heizwiderstände; **kar|bo|zy|klisch** → carbocyclisch; **Kar|bun|kel** *m. 5* mehrere, einen gemeinsamen Entzündungsherd bildende Furunkel; **Kar|bu|ra|tor** *m. 13* Vorrichtung zum Karburieren, Vergaser; **kar|bu|rie|ren 1** mit Kohlenstoff sättigen; **2** durch Beimischen von hellbrennenden Stoffen die Leuchtkraft erhöhen (von Gas)

Kar|da|mom [sanskr.-lat.] *m. oder s. 1, auch m. oder s. 12* Frucht eines ind. Ingwergewächses, deren Samen als scharfes Gewürz verwendet werden

Kar|dan|ge|lenk [nach dem ital. Mathematiker und Arzt Geronimo Cardano] *s. 1* Kreuzgelenk, Verbindung zweier Wellen zur Kraftübertragung unter einem Winkel; **kar|da|nisch** [nach dem ital. Mathematiker und Arzt Geronimo Cardano] kardanische Aufhängung: Vorrichtung zur allseitig drehbaren Aufhängung in zwei senkrecht zueinander stehenden Achsen (für Kompasse, Meßinstrumente); **Kar|dan|wel|le** *w. 11* mit einem Kardangelenk versehene Antriebswelle (für Kraftfahrzeuge)

Kar|dät|sche [ital.] *w. 11* **1** grobe Bürste zum Striegeln von Pferden u. a.; **2** Bürste zum Aufrauhen von Geweben; **3** Brett mit Handgriff zum Auftragen von Putz; vgl. Kartätsche; **kar|dät|schen** bürsten, striegeln, rauh machen

Kar|de [lat.] *w. 11* **1** ein distelähnliches Kraut; **2** *Spinnerei:* Gerät zum Auflösen von Faserbüscheln und Entfernen von kurzen Fasern

Kar|deel [ndrl.] *w. 1 Seew.:* Einzelseil der Trosse

kar|den mit der Karde **(2)** bearbeiten

Kar|dia|kum [lat.] *s. Gen.*-s *Mz.*-ka herzstärkendes Arzneimittel; **kar|di|al** das Herz betreffend, zu ihm gehörig, von ihm ausgehend; **Kar|di|al|gie** *w. 11* **1** Herzschmerz; **2** Magenkrampf

kar|die|ren → karden

kar|di|nal [lat.] hauptsächlich, Haupt…, wichtigst; **Kar|di|nal** *m. 2* **1** *kath. Kirche:* höchster Würdenträger nach dem Papst mit dem Recht, den Papst zu wählen; **2** eine amerik. Finkenart; **3** bowlenartiges Getränk mit Pomeranzen

kar|di|nal…, Kar|di|nal… *in Zus.:* Haupt…, Grund…, wichtigst, z. B. Kardinalfehler

Kar|di|nal|bi|schof *m. 2* Bischof im Rang eines Kardinals; **Kar|di|na|le** *w. 11* → Kardinalzahl; **Kar|di|nal|tu|gend** *w. 10 bei Sokrates, Plato und den Stoikern:* eine der vier Haupttugenden: Weisheit, Gerechtigkeit, Mäßigkeit, Tapferkeit; **Kar|di|nal|vi|kar** *m. 1* Stellvertreter des Papstes für das Bistum Rom; **Kar|di|nal|zahl** *w. 10* Grundzahl, ganze Zahl, z. B. zwei

Kar|dio|gramm [griech.] *s. 1* graph. Darstellung der Herzbewegungen; **Kar|dio|graph** *m. 10* Gerät zum Aufzeichnen von Kardiogrammen; **Kar|dio|lo|gie** *w. 11* Lehre vom Herzen und seinen Krankheiten; **Kar|dio|spas|mus** *m. Gen.- Mz.*-men Mageneingangskrampf; **kar|dio|vas|ku|lär** Herz und Gefäße betreffend, zu ihnen gehörig; **Kar|di|tis** *w. Gen.- Mz.*-tiden Herzentzündung

Ka|renz [lat.] *w. 10* **1** Wartezeit, Sperrfrist; **2** *Med.:* Aussetzen, Verzicht, Enthaltsamkeit; **Ka|renz|frist** *w. 10* → Karenz **(1)**

ka|res|sie|ren [frz.] *veraltet:* schmeicheln, liebkosen

Ka|ret|te [frz.] *w. 11,* **Ka|rett|schild|krö|te** *w. 11* Meeresschildkröte, deren Rücken- und Bauchpanzer das Schildpatt liefert

Kar|fi|ol [ital.] *m.1 nur Ez. süddt., österr.:* Blumenkohl

Kar|fun|kel [lat.] *m.5* **1** → Karbunkel; **2** ein Edelstein, roter Granat; *allg. auch:* feurig rot leuchtender Edelstein

Kar|ga|deur [-dør, span.-frz.] *m.1,* **Kar|ga|dor** [span.] *m.1* jmd., der eine Schiffsladung (Kargo) zu begleiten und ihren Transport bis zur Übergabe zu überwachen hat; **Kar|go** [span.] *m.9* Schiffsladung, Schiffsfracht

Ka|ri|be *m.11* Angehöriger eines Indianervolkes in Mittel- und im nördl. Südamerika

Ka|ri|bu [indian.] *m.9* nordamerik. Ren

ka|rie|ren [frz.] mit Karos, Quadraten, Rhomben mustern

Ka|ri|es [-e:s, lat.] *w. Gen. - nur Ez.* **1** Knochenerkrankung, wobei die feste Knochensubstanz zerstört wird; **2** Zahnkaries, Zerstörung der harten Zahnsubstanz, Zahnfäule

Ka|ri|ka|tur [ital.] *w.10* stark übertreibende, verzerrende und dadurch lächerlich machende Darstellung, Spottbild; **Ka|ri|ka|tu|rist** *m.10* Karikaturenzeichner; **ka|ri|kie|ren** in der Art einer Karikatur darstellen, lächerlich machen

ka|rio|gen [lat. + griech.] Karies hervorrufend; **ka|ri|ös** [lat.] von Karies befallen

Ka|ri|tas [lat.] *w. Gen. - nur Ez.* **1** *Kurzw. für* Dt. Caritasverband; **2** Wohltätigkeit, Nächstenliebe; **ka|ri|ta|tiv** mild-, wohltätig

Kar|kas|se [frz.] *w.11* **1** *16./19. Jh.:* Brandkugel mit eisernem Gerippe; **2** *früher:* Drahtgestell für Frauenhüte; **3** Gerippe (vom Geflügel); **4** Unterbau (eines Gummireifens)

Kar|ma [sanskr.], **Kar|man** *s. Gen.*-s *nur Ez. Buddhismus:* das Handeln des Menschen, von dem sein Schicksal im Lauf seiner Wiedergeburten abhängt

Kar|me|lit [nach dem Berg Karmel in Palästina] *m.10,* **Kar|me|li|ter** *m.5* Angehöriger des Karmeliterordens, eines Bettelordens; **Kar|me|li|ter|geist** *m. Gen.*-(e)s *nur Ez.* Lösung aus Heilkräutern zum Einreiben

Kar|men [lat.] *s. Gen.*-s *Mz.*-mi|na Fest-, Gelegenheitsgedicht

Kar|me|sin [arab.-ital.], **Kar|min** *s. Gen.*-s *nur Ez.* aus der Koschenilleschildlaus gewonnener roter Farbstoff

Kar|mi|na|ti|vum [lat.] *s. Gen.*-s *Mz.*-va Blähungen treibendes Arzneimittel

kar|mo|sie|ren einen Edelstein k.: mit kleineren Edelsteinen einfassen

Kar|na|ti|on [tsjon] *w.10 nur Ez.* → Inkarnat

Kar|nau|ba|wachs [indian.-port.] *s.1 nur Ez.* ein Pflanzenwachs (für Bohnerwachs u. a.)

Kar|ne|ol [lat.] *m.1* ein Mineral, Halbedelstein, Abart des Quarzes

Kar|ner [lat.] *m.5* **1** Räucherkammer; **2** Beinhaus (meist in Friedhofskapelle), in dem nach Anlegen neuer Gräber die alten Gebeine aufbewahrt werden

Kar|ne|val [lat.-ital.] *m.1 oder m.9* Fastnachtszeit, -fest; **Kar|ne|va|list** *m.10* Teilnehmer am Karneval

Kar|nies [griech.-frz.] *s.1* Glockenleiste, Bauglied am Gesims mit s-förmigem Profil; **Kar|nie|se, Kar|ni|sche** *w.11 österr.:* Vorhangstange

Kar|ni|vo|re [lat.] **1** *m.11* Tier, das sich bes. von Fleisch ernährt; **2** *w.11* fleischfressende Pflanze

Ka|ro [frz.] *s.9* **1** Rhombus oder auf der Spitze stehendes Quadrat; **2** Spielkartenfarbe

Ka|ros|se [frz.] *w.11* Pracht-, Staatskutsche; **Ka|ros|se|rie** *w.11* Oberteil des Kraftwagens (über dem Fahrgestell); **ka|ros|sie|ren** mit Karosserie versehen

Ka|ro|tin [griech.] *s.1 nur Ez.* gelber, meist pflanzl. Farbstoff, Vorstufe des Vitamins A

Ka|ro|tis [griech.] *w. Gen. - Mz.*-ti|den *w.11* Halsschlagader

Ka|rot|te [griech.] *w.11* **1** *i. w. S.:* Gemeine Möhre, gelbe Rübe; **2** *i. e. S.:* kurze, rundliche, zarte Möhre

Kar|pell [griech.] *s.1,* **Kar|pel|lum** *s. Gen.*-s *Mz.*-la Fruchtblatt, die Samenanlage tragendes weibl. Geschlechtsorgan der Blüte

Kar|pen|ter|brem|se [nach dem amerik. Ingenieur J. F. Carpenter] *w.11* Druckluftbremse für Eisenbahnzüge

Kar|po|lith [griech.] *m.1* Versteinerung einer Frucht oder eines Samens; **Kar|po|lo|gie** *w.11 nur Ez.* Lehre von den Pflanzenfrüchten

Kar|ra|geen, Kar|ra|gheen [nach dem ir. Ort Carraghen] *s.1 nur Ez.* Irländisches Moos

Kar|ree [frz.] *s.9* **1** Viereck, Quadrat, Rhombus; **2** *bayr., österr.:* Rippenstück, z. B. Schweinskarree

Kar|rie|re [frz.] **1** *w.11 nur Ez.* schnellste Gangart des Pferdes; **2** *w.11* (glänzende) Laufbahn, (rascher) Aufstieg im Beruf; **Kar|rie|ris|mus** [-ri|e-] *m. Gen. - nur Ez.* rücksichtsloses Streben, Karriere zu machen

Kar|ri|ol [frz.] *s.9,* **Kar|rio|le** *w.11* **1** leichter, zweirädriger Kastenwagen; **2** *veraltet:* Postwagen; **kar|rio|len** *ugs.:* unsinnig fahren

kart. *Abk. für* kartoniert

Kar|tät|sche [lat.-ital.] *w.11 früher:* mit Bleikugeln gefülltes Geschoß für kurze Entfernungen; vgl. Kardätsche; **kar|tät|schen** mit Kartätschen schießen

Kar|tau|ne [ital.] *w.11 15. Jh.:* schweres Geschütz

Kar|tau|se [lat.] *w.11* Kloster der Kartäuser, Einsiedelei

Kar|täu|ser *m.5* **1** Angehöriger des Kartäuserordens, eines Einsiedlerordens; **2** Chartreuse, ein Kräuterlikör

Kar|tell [frz.] *s.1* **1** Schutzbündnis; **2** Zusammenschluß von gleichartigen Betrieben, die jedoch rechtlich und wirtschaftlich selbständig und unter ihrem Namen bestehen bleiben; **kar|tel|lie|ren** zu einem Kartell zusammenfassen

Kar|tha|min [arab.] *s.1 nur Ez.* roter Farbstoff aus den Blüten der Färberdistel

kar|tie|ren vermessen und auf einer Landkarte darstellen (Gelände)

Kar|ting *s. Gen.*-s *nur Ez.* Sport mittels Go-Kart

Kar|to|gramm [ital. + griech.] *s.1* graph. Darstellung statist. Materialien auf Landkarten; **Kar|to|graph** *m.10* Zeichner, wissenschaftl. Bearbeiter von Landkarten; **Kar|to|gra|phie** *w.11 nur Ez.* **1** Anfertigung von Landkarten; **2** Lehre, Geschichte davon; **Kar|to|man|tie** *w.11* Wahrsagen aus Spielkarten; **Kar|to|me|ter** *s.5* Kurvenmesser; **Kar|to|me|trie** *w.11 nur Ez.* Messen von Kurven, Längen, Flächen auf Landkarten

Kar|ton [-tõ, ugs.: -tɔŋ, lat.-frz.] *m.9* **1** dünne Pappe, dickes, steifes Papier; **2** Schachtel aus solchem Material; **3** Entwurf für ein Wandgemälde; **4** Ersatzblatt für ein fehlerhaftes Blatt in einem Buch; **Kar|to|na|ge** [-ʒə] *w.11* **1** Umhüllung aus Karton; **2** Bucheinband aus Pappe; **kar|to|nie|ren** **1** in Kartons (**1**) verpacken; **2** in Karton (**1**) einbinden (Buch)

Kar|to|thek [ital. + griech.] *w.10* Kartei

Kar|tu|sche [frz.] *w.11* **1** *im Artilleriegeschoß:* Metallhülse, in der sich die Pulverladung befindet; **2** *Baukunst, bes. im Barock:* Ornament aus halb aufgerollten Blättern; rechteckige Fläche (für Inschriften u. ä.) mit Rahmen aus solchen Ornamenten

Ka|ru|be [arab.-lat.] *w.11* Hülse des Johannisbrotes

Ka|run|kel [lat.] *w.11* kleine Fleischwarze

Ka|rus|sell [frz.] *s.9 oder s.1* sich drehende Rundfläche mit Sitzen (auf Jahrmärkten), Ringelspiel; mit jmdm. K. fahren *ugs.:* ihn energisch behandeln, *auch:* ihn schikanieren

Ka|rya|ti|de [griech.] *w.11 Baukunst:* Gebälkträgerin, weibl. Statue anstelle einer Säule

Ka|ryo|ga|mie [griech.] *w.11* Verschmelzung von Ei- und Samenkern; **Ka|ryo|lo|gie** *w.11 nur Ez.* Lehre vom Zellkern; **Ka|ryo|lym|phe** *w.11 nur Ez.* Flüssigkeit im Zellkern; **Ka|ryo|plas|ma** *s.9 nur Ez.* Kernplasma; **Ka|ry|op|se** *w.11* Schalfrucht, Schließfrucht, Fruchtform der Gräser

Kar|zer [lat.] *m.5 früher in Schulen und Hochschulen:* Raum für Arreststrafen

kar|zi|no|gen [griech.] krebserzeugend; **Kar|zi|no|id** *s.1* (meist gutartige) Schleimhautgeschwulst; **Kar|zi|no|lo|gie** *w.11 nur Ez.* Lehre von den Krebserkrankungen; **Kar|zi|nom** *s.1* (*Abk.:* Ca.) Krebsgeschwulst; **kar|zi|no|ma|tös** von Krebs befallen; krebsartig; **Kar|zi|no|se** *w.11* ausgebreitete Krebserkrankung

Ka|sa|che *m.11* Angehöriger eines mongol. Turkvolkes; **Ka|sack** [ital.-frz.] *m.9* über dem Rock getragene Schlupfbluse für Frauen; **Ka|sak** *m.9* kaukas. Teppich mit meist geometr. Muster

Ka|sa|tschok [russ.] *m.9* ein Tanz

Käsch [ind.] *s.9, nach Zahlenangaben Mz.-* **1** chin. Münzgewicht; **2** durchlochte chin. Kupfermünze (zum Auffädeln)

Kasch *m.9 nur Ez.*, **Ka|scha** [russ.] *w.9 nur Ez.* russ. Buchweizengrütze

Ka|schel|lott [span.-frz.] *m.1* Pottwal

Ka|schem|me [Zigeunerspr.] *w.11* schlechte, *auch:* verrufene Kneipe

Ka|scheur [-ʃøːr, frz.] *m.1* Handwerker, der Bühnenbildteile kaschiert (**3**); **ka|schie|ren** **1** verbergen, verdecken, bemänteln; **2** mit Papier, Folie u. ä. beschichten; **3** mit Kaschiermasse überziehen; **Ka|schier|mas|se** *w.11 nur Ez.* Masse aus Sägespänen, Gips, Leim zum Herstellen von Bühnenbildteilen

Kasch|mir [nach dem ehemaligen Fürstentum im Himalaja] *m.1* (urspr. aus dem Haar der Kaschmirziege hergestellter) Wollfaden oder Kammgarnstoff; **Kasch|mir|zie|ge** *w.11* Ziegenart mit weichem, seidigem Haar

Ka|scho|long [kalmück.-frz.] *m.9* ein Mineral, Abart des Opals

Ka|schu|be *m.11* Angehöriger eines westslaw., heute in Nordostpommern und Pommerellen lebenden Volksstammes

Ka|schur|pa|pier *s.1* Schmuckpapier zum Bekleben von Karton

Ka|se|in [lat.] *s.1 nur Ez.* Käsestoff, Milcheiweiß, Rohstoff für Kunststoffe, Bindemittel für Malerfarben

Ka|sel [vulgärlat.] *w.11 kath. Kirche:* Meßgewand

Ka|se|mat|te [griech.-frz.] *w.11* **1** *früher in Festungen:* ummauerter, kugelsicherer Raum; **2** *heute auf Kriegsschiffen:* gepanzerter Geschützraum; **ka|se|mat|tie|ren** *veraltet:* mit Kasematten versehen

Ka|ser|ne [lat.-frz.] *w.11* Gebäude zum dauernden Aufenthalt von Truppen; **ka|ser|nie|ren** in Kasernen unterbringen

Ka|si|no [ital.] *s.9* **1** Haus für gesellige Zusammenkünfte; **2** Speiseraum für Offiziere; **3** Unternehmen für Glücksspiele

Kas|ka|de [frz.] *w.11* **1** natürl. oder künstlich angelegter, stufenförmiger Wasserfall; **2** wasserfallähnlich sprühender Feuerwerkskörper; **3** *Artistik:* waghalsiger Sprung; **Kas|ka|den|schal|tung** *w.10 Tech.:* Reihenanordnung gleichartiger Schaltungseinheiten; **Kas|ka|deur** [-døːr] *m.1* Artist, der Kaskaden (**3**) ausführt

Kas|kett [ital.] *s.1* **1** *früher:* leichter Visierhelm; **2** Lederhelm

Kas|ko [span.] *m.9* **1** Schiffsrumpf, im Unterschied zur Ladung; **2** Spielart des Lombers; **Kas|ko|ver|si|che|rung** *w.10* Versicherung gegen Schäden an Schiffen, Fahr- und Flugzeugen

Kas|sa [ital.] *w. Gen. - Mz.*-sen *österr. neben:* Kasse; etwas gegen K. kaufen: bar kaufen; **Kas|sa|ge|schäft** *s. 1* (bes. Börsen-) Geschäft, bei dem Lieferung und Zahlung sofort erfolgen
Kas|san|dra|ruf [nach der Tochter des trojan. Königs Priamus, die den Untergang ihrer Vaterstadt prophezeite] *m. 1* Warnung vor Unheil
Kas|sa|ti|on [-tsjon, lat.] *w. 10* **1** Ungültigkeitserklärung (von Urkunden); **2** Aufhebung eines Gerichtsurteils durch die nächsthöhere Instanz; **3** strafweise Entlassung aus dem Militärdienst; **4** mehrsätziges Musikstück, z. B. Serenade; **Kas|sa|ti|ons|hof** *m. 2* **1** Berufungsgericht; **2** *in manchen roman. Ländern:* oberstes Gericht; **kas|sa|to|risch** auf Kassation (**1**) beruhend, durch sie bewirkt; kassatorische Klausel: Verfalls-, Verwirkungsklausel
Kas|sa|ve [indian.] *w. 11,* **Kas|sa|wa** *w. 9* → Maniok
Kas|se [ital.] *w. 11* **1** Geldkasten; **2** Geldvorrat; **3** Schalter oder Raum für Ein- und Auszahlungen, für Verkauf von Fahr-, Eintrittskarten; **4** *Kurzw. für* Spar-, Krankenkasse
Kas|se|rol|le [frz.] *w. 11* runder oder ovaler Brattopf
Kas|set|te [frz.] *w. 11* **1** Kästchen aus Metall, auch Holz; **2** lichtdichter Behälter für photograph. Platten oder Filme; **3** mehrere Bücher oder Schallplatten in einem Schmuckkarton; **4** viereckiges, vertieftes Feld in der Decke eines Raumes; **Kas|set|ten|decke** (-dek|ke) *w. 11* in Kassetten (**4**) aufgeteilte Decke eines Raumes; **Kas|set|ten|fern|se|hen** *s. Gen.*-s *nur Ez.* Art des Fernsehens, bei dem ein von einem →Video-Recorder oder ähnlichen Gerät hergestelltes Magnetband mit Bild und Ton abläuft und beliebig oft wiederholt werden kann; **Kas|set|ten|re|cor|der** [frz.-engl.] *m. 5* kleines Tonbandgerät für Tonbänder in Kassetten; **kas|set|tie|ren** in Kassetten (**4**) unterteilen
Kas|sia [hebr.-lat.] *w. Gen. – Mz.*-si|en trop. krautige bis baumartige Pflanze, von der einige Arten die als Abführmittel verwendeten Sennesblätter liefern; **Kas|sia|öl** *s. 1 nur Ez.* chin. Zimtöl; **Kas|sia|rin|de** *w. 11* Rinde des chin. Zimtbaumes, ein Gewürz
Kas|si|ber [rotw.] *s. 5* aus dem Gefängnis an einen Außenstehenden (oder umgekehrt) oder von einem Gefangenen zum andern geschmuggelte schriftl. Mitteilung
Kas|sie [-sjə] *w. 11* → Kassia
Kas|sier *m. 5 österr., auch süddt. für* Kassierer; **kas|sie|ren** **1** einnehmen, einziehen und verbuchen (Geld); **2** für ungültig erklären, aufheben; **3** entlassen; **4** *ugs.:* verhaften; **Kas|sie|rer** *m. 5* Angestellter, der Geld einnimmt und auszahlt, die Kasse verwaltet usw.
Kas|si|te|rit [griech.] *m. 1* Zinnstein, ein Zinnerz
Ka|sta|gnet|te [-njɛtə, span.] *w. 11* Handklapper, bes. in der span. Musik übl. Instrument aus zwei beweglich miteinander verbundenen Holzschalen, die mit den Fingern gegeneinandergeschlagen werden
Ka|sta|nie [-njə, griech.] *w. 11* Laubbaum mit eßbaren (Edelkastanie) bzw. für Viehfutter verwendeten Früchten (Roßkastanie)
Ka|ste [lat.] *w. 11* streng abgeschlossener gesellschaftl. Stand mit bestimmten Normen, bes. im Hinduismus
ka|stei|en [lat.] sich k.: sich Entbehrungen oder Bußübungen auferlegen, enthaltsam leben
Ka|stell [lat.] *s. 1* **1** *im alten Rom:* befestigtes Truppenlager; **2** Burg, Festung; **3** *früher:* Aufbau auf dem Vorder- oder Hinterdeck eines Schiffes; **Ka|stel|lan** *m. 1* Pförtner, Hausmeister (an Schulen, Universitäten); Schloßvogt; **Ka|stel|la|nei** *w. 10* Schloßverwaltung
Ka|sti|ga|ti|on [-tsjon, lat.] *w. 10 veraltet:* Züchtigung; **ka|sti|gie|ren** *veraltet:* züchtigen
Ka|strat [lat.] *m. 10* **1** kastrierter Mann, Entmannter; **2** *17./18. Jh.:* in der Jugend entmannter Bühnensänger mit Knabenstimme, aber großem Stimmumfang; **Ka|stra|ti|on** [-tsjon] *w. 10* Verschneidung, Entmannung; **ka|strie|ren** durch Entfernung der Keimdrüsen zeugungsunfähig machen, verschneiden, entmannen
ka|su|al [lat.] *veraltet:* zufällig; **Ka|sua|li|en** *Mz.* **1** zufällige, nicht voraussehbare Ereignisse; **2** (kirchl.) Amtshandlungen aus bes. Anlaß, wie Taufen, Beerdigungen, sowie die Vergütung dafür; **Ka|sua|lis|mus** *m. Gen. - nur Ez.* philosoph. Lehre, daß alles Geschehen vom Zufall abhängig sei
Ka|su|ar [mal.] *m. 1* straußenähnl. Laufvogel; **Ka|sua|ri|ne** *w. 11* austral. Baum mit rutenförmigen Zweigen
ka|su|ell [lat.] bezüglich des Kasus, als Kasus; **Ka|su|ist** *m. 10* **1** Vertreter der Kasuistik; **2** *übertr.:* Haarspalter, Wortklauber; **Ka|sui|stik** *w. 10 nur Ez.* **1** Teil der Morallehre, Lehre für das richtige Verhalten in bestimmten Fällen; **2** *Med., Rechtsw.:* Betrachtung der Einzelfälle und ihre Beurteilung nach den bes. für sie zutreffenden Tatbeständen; **3** *übertr.:* Spitzfindigkeit, Haarspalterei, Wortklauberei; **ka|sui|stisch** **1** zur Kasuistik gehörend, auf ihr beruhend; **2** *übertr.:* haarspalterisch
Ka|sus *m. Gen. - Mz. -* **1** Fall, Begebenheit, Vorkommnis; vgl. Casus; **2** *Gramm.:* Beugungsfall der Deklination
ka|ta|ba|tisch [griech.] *Meteor.:* fallend; katabatischer Wind: Fallwind
ka|ta|bol [griech.] auf dem Abbaustoffwechsel beruhend; **Ka|ta|bo|lis|mus** *m. Gen. - nur*

Ez. Abbau der Stoffe im Körper durch Stoffwechsel
Ka|ta|chre|se [-çre-, griech.] *w.11,* **Ka|ta|chre|sis** *w. Gen. - Mz.*-sen Bildbruch, Verbindung von nicht zusammenpassenden bildl. Ausdrücken, Stilblüte, z. B.: der Zahn der Zeit wird auch über diese Wunde Gras wachsen lassen
Ka|ta|falk [griech.] *m.1 bei Bestattungsfeiern:* schwarzverhängtes Gerüst für den Sarg
Ka|ta|ka|na [jap.] *w. Gen. - oder s. Gen.*-(s) *nur Ez.* vereinfachte Form der → Hiragana
Ka|ta|kau|stik [griech.] *w.10 nur Ez. Optik:* Hüllkurve gespiegelter Strahlen in opt. Systemen
Ka|ta|kla|se [griech.] *w.11* Zerreiben oder Zerbrechen der in einem Gestein enthaltenen Mineralien durch tekton. Kräfte; vgl. Protoklase
Ka|ta|kom|be [griech.] *w.11* frühchristl. unterird. Begräbnisstätte
Ka|ta|la|se [griech.] *w.11* ein Enzym, das das Zellgift Wasserstoffsuperoxid abbaut
Ka|ta|lek|ten [griech.] *Mz.* Bruchstücke, Fragmente (alter Werke); **ka|ta|lek|tisch** unvollständig; katalektischer Vers: mit einem unvollständigen Versfuß endender Vers, z. B. der Hexameter
Ka|ta|lep|sie [griech.] *w.11 nur Ez.* krankhafter Spannungszustand von Muskeln, Starrsucht; **ka|ta|lep|tisch** von Katalepsie befallen; **Ka|ta|le|xe** [griech.] *w.11,* **Ka|ta|le|xis** *w. Gen.- Mz.*-xen → katalektischer Vers
Ka|ta|log [griech.] *m.1* Verzeichnis, Aufstellung (von Büchern, Bildern, Waren); **ka|ta|lo|gi|sie|ren** in einen Katalog aufnehmen, in einem Katalog zusammenfassen
Ka|tal|pa [indian.], **Ka|tal|pe** *w. Gen. - Mz.* -pen Trompetenbaum, ein Zierstrauch mit großen, herzförmigen Blättern
Ka|ta|ly|sa|tor [griech.] *m.13* Stoff, der durch seine Anwesenheit eine chem. Reaktion herbeiführt oder deren Verlauf bestimmt; **Ka|ta|ly|se** *w.11* Herbeiführung, Beschleunigung oder Verzögerung einer chem. Reaktion durch einen Katalysator; **ka|ta|ly|sie|ren** eine Katalyse bewirken in; **ka|ta|ly|tisch** mit Hilfe einer Katalyse
Ka|ta|ma|ran [drawid.] *s.1* Segelboot mit Doppelrumpf
Ka|ta|mne|se [griech.] *w.11* abschließender Bericht über das Befinden des Kranken nach der Behandlung; vgl. Anamnese
Ka|ta|pho|re|se [griech.] *w.11* Wanderung kleinster Teilchen in einer elektrisch nicht leitenden Flüssigkeit unter Einwirkung elektr. Spannung
Ka|ta|pla|sie [griech.] *w.11 Med.:* Rückbildung von Gewebe
Ka|ta|plas|ma [griech.] *s. Gen.*-s *Mz.*-men heißer Breiumschlag zur Schmerzlinderung
ka|ta|plek|tisch [griech.] vor Schreck gelähmt, schreckensstarr; **Ka|ta|ple|xie** *w.11* Schreckstarre, Lähmung vor Schreck
Ka|ta|pult [griech.] *s.1 oder m.1* **1** *im Altertum:* Wurf-, Schleudermaschine; **2** *heute:* kleine Steinschleuder; Schleuder zum Starten von Flugzeugen; **ka|ta|pul|tie|ren** mit einem Katapult wegschleudern, starten
Ka|ta|rakt [griech.] *m.1* **1** niedriger Wasserfall, Stromschnelle; **2** *Med.:* grauer Star
Ka|tarrh [griech.] *m.1* Schleimhautentzündung mit vermehrter Absonderung; **ka|tar|rha|lisch** mit einem Katarrh einhergehend
Ka|ta|ster [griech.-ital.] *m.5 oder s.5* **1** amtl. Verzeichnis der Grundstücke eines Bezirks, Grundbuch; **2** Personenverzeichnis für die Steuererhebung, Steuerregister; **Ka|ta|stral|joch** *s.1* ein österr. Feldmaß; **ka|ta|strie|ren** in den Kataster eintragen
ka|ta|stro|phal [griech.] in der Art einer Katastrophe, verhängnisvoll, fürchterlich; **Ka|ta|stro|phe** *w.11* **1** *im (bes. antiken) Drama:* entscheidende Wende, die zur Lösung des Konflikts und zum Untergang des Helden führt; **2** *allg.:* Verhängnis, Unheil, Zusammenbruch
Ka|ta|to|nie [griech.] *w.11* mit Muskelspannungen einhergehende Geistesstörung, Spannungsirresein
Ka|te|che|se [-çe-, griech.] *w.11* Religionsunterricht; **Ka|te|chet** *m.10* Religionslehrer (außerhalb der Schule); **Ka|te|che|tik** *w.10 nur Ez.* Lehre von der Katechese; **Ka|te|chis|mus** *m. Gen. - Mz.*-men kleines Lehrbuch (oft in Frage und Antwort) für den Religionsunterricht; **Ka|te|chist** *m.10* eingeborener Laienhelfer in der Mission
Ka|te|chu [-çu, auch: ka-, mal.] *s.9* eingedickter Saft aus dem Holz einer hinterind. Akazie, als Gerbstoff und zusammenziehendes Heilmittel
Ka|te|chu|me|nat [-çu-, griech.] *s.1* Vorbereitungsunterricht für die Erwachsenentaufe (bes. in der Mission); **Ka|te|chu|me|ne** *m.11* erwachsener Anwärter für die Taufe während der Zeit des Taufunterrichts
ka|te|go|ri|al [griech.] in, nach Kategorien; **Ka|te|go|rie** *w.11* **1** *griech. Philos.:* Aussage (über einen realen Gegenstand); **2** *Logik:* Grundbegriff, von dem andere abgeleitet werden können; **3** *allg.:* Begriffsgruppe, Klasse, in die etwas eingeordnet werden kann; **ka|te|go|risch** **1** in der Art einer Kategorie (**1**), aussagend, behauptend, nicht an Bedingungen geknüpft; **2** unbedingt gültig; *Ggs.:* hypothetisch; kategorischer Imperativ: ethisches Pflichtgebot; **3** mit Nachdruck, keinen Widerspruch duldend; **ka|te|go|ri|sie|ren** in Kategorien (**3**) einordnen
kat|exo|chen [-çen, griech.] im eigentlichen Sinne, schlechthin
Kat|gut [auch: kætgʌt, engl.] *s.9 nur Ez.* Faden (urspr. aus Katzen-, Schafs- oder Zie-

gendarm) zum Vernähen von Operationswunden
kath. *Abk. für* katholisch
Ka|tha|rer [griech.] *m.5* **1** Angehöriger einer asket. süd- und westeurop. christl. Sekte; **2** *in Frankreich:* Albigenser
Ka|thar|sis [auch: -tar-, griech.] *w. Gen. - nur Ez.* geistig-seel. Reinigung, Läuterung; **ka|thar|tisch** auf Katharsis beruhend
Ka|the|der [griech.] *s.5* erhöhtes Pult, Kanzel; **Ka|the|der|so|zia|lis|mus** *m. Gen. - nur Ez., Ende des 19. Jh.:* Richtung der dt. Volkswirtschaftslehre, die soziale Reformen durch den Staat forderte, um die Klassengegensätze zu mildern
Ka|the|dra|le [griech.] *w.11, in England, Frankreich, Spanien:* bischöfl. oder erzbischöfl. Kirche, *in Dtschl.:* Dom, Münster; **Ka|the|dra|ent|schei|dung** *w.10* unwiderrufl. Entscheidung des Papstes →ex cathedra; **Ka|the|dra|glas** *s.4* starkes, undurchsichtiges, oft farbiges Glas für Kirchenfenster
Ka|the|te [griech.] *w.11, im rechtwinkligen Dreieck:* jede der beiden die Schenkel des rechten Winkels bildenden Seiten; **Ka|the|ter** [griech.] *s.5* Röhrchen zum Einführen in Körperhöhlen, bes. in die Harnblase; **ka|the|te|ri|sie|ren, ka|the|tern** ein Katheter (in etwas) einführen
Ka|tho|de [griech.] *w.11* negative Elektrode (bes. in Elektronenröhren und bei der Elektrolyse); *Ggs.:* Anode; **ka|tho|disch** an einer Kathode erfolgend
Ka|tho|lik [auch: -lik, griech.] *m.10* Angehöriger der röm.-kath. Kirche; **Ka|tho|li|kos** *m. Gen. - nur Ez.* Titel des Oberhauptes der von Rom getrennten armen. Kirche und anderer Ostkirchen; **ka|tho|lisch** **1** allgemein, die Erde umfassend; **2** (*Abk.:* kath.) zur kathol. Kirche gehörend; katholische Kirche: die dem Papst unterstehende christl. Kirche; **ka|tho|li|sie|ren** zum kath. Glauben bekehren, katholisch machen; **Ka|tho|li|zis|mus** *m. Gen. - nur Ez.* Lehre der kath. Kirche; **Ka|tho|li|zi|tät** *w.10 nur Ez.* das Katholischsein, Anschauung, Glaube im Sinne der kath. Lehre
Kat|ion [griech.] *s.12* positives Ion, bei der Elektrolyse zur Kathode wanderndes Ion; *Ggs.:* Anion
ka|to|gen [griech.] von oben her entstanden (Ablagerung, Gestein)
Kat|op|trik [griech.] *w.10 nur Ez.* Lehre von der Reflexion des Lichtes an Spiegeln
Kat|tun [arab.-ndrl.] *m.1* (bedruckter) Baumwollstoff in Leinwandbindung
kau|di|nisch [nach dem Ort Caudium bei Capua, wo die Römer eine Niederlage gegen die Samniten erlitten]; kaudinisches Joch: Zwangslage, aus der man sich nur durch eine Demütigung befreien kann
Kau|ka|si|stik *w.10 nur Ez.* Wissenschaft von den kaukasischen Sprachen und Literaturen
kau|li|flor [lat.] am Stamm oder Ast ansetzend (Blüten); **Kau|li|flo|rie** *w.11 nur Ez.* das Hervorkommen der Blüten am Stamm oder Ast, nicht an besonderen Trieben
Kau|ma|zit [griech.] *m.1 nur Ez.* Braunkohlenkoks
Kau|ri [Hindi] *w.9* → Kaurischnecke; **Kau|ri|fich|te** *w.11* ein neuseeländ. Nadelbaum; **Kau|ri|mu|schel** *w.11* Gehäuse der Kaurischnecke, als „Muschelgeld" bei Naturvölkern in Afrika und Ostasien üblich; **Kau|ri|schnecke** (-schnek|ke) *w.11* eine Schneckenart des Indischen Ozeans, Porzellanschnekke
kau|sal [lat.] ursächlich zusammenhängend, auf Ursache und Wirkung beruhend; begründend; **Kaus|al|gie** [lat. + griech.] *w.11* durch Nervenverletzung hervorgerufener, heftiger Schmerz; **Kau|sa|li|tät** *w.10* Zusammenhang von Ursache und Wirkung, Ursächlichkeit; **kau|sa|tiv** verursachend, bewirkend, begründend; **Kau|sa|tiv** *s.1,* **Kau|sa|ti|vum** *s. Gen.*-s *Mz.*-va Verbum, das das Bewirken eines Vorganges ausdrückt, z. B. tränken = trinken machen, Faktitivum
kau|sti|fi|zie|ren [griech. + lat.] (milde Alkalien) durch gelöschten Kalk in ätzende Alkalien umsetzen; **Kau|stik** *w.10* **1** *Optik:* Brennfläche anstelle des Brennpunktes (bei nicht korrigierten Linsen); **2** *Med.:* Gewebszerstörung durch Hitze, elektr. Strom oder chem. Mittel; **Kau|sti|kum** *s. Gen.*-s *Mz.*-ka Ätzmittel; **kau|stisch** **1** auf Kaustik beruhend, mit ihrer Hilfe; **2** beißend, ätzend, scharf
Kau|tel [lat.] *w.10* Vorbehalt, Vorsichtsmaßregel, Vorkehrung
Kau|ter [griech.] *m.5* chirurg. Brenneisen; **Kau|te|ri|sa|ti|on** [-tsjon] *w.10* → Kaustik; **kau|te|ri|sie|ren** mit dem Kauter oder durch chem. Mittel zerstören; **Kau|te|ri|um** *s. Gen.*-s *Mz.*-ri|en **1** → Kauter; **2** Ätzmittel
Kau|ti|on [-tsjon, lat.] *w.10* Bürgschaft, Sicherheit, Sicherheitsleistung, Hinterlegungssumme
Kautsch *w.9 eindeutschende Schreibung von* Couch
kau|tschie|ren → kautschutieren; **Kau|tschuk** [indian.] *m.1* geronnener Milchsaft einiger trop. Pflanzen, Rohstoff für Gummi; **Kau|tschuk|pa|ra|graph** *m.10* → Gummiparagraph; **kau|tschu|tie|ren** mit Kautschuk überziehen, aus Kautschuk herstellen
Ka|va|lier [frz.] *m.1* **1** *früher:* Reiter, Ritter; **2** Begleiter einer Dame; **3** *übertr.:* höflicher, ritterlicher Mann; **Ka|va|liers|de|likt** *s.1* Vergehen, das nicht als ehrenrührig angesehen wird; **Ka|val|ka|de** *w.11* Reiterzug; **Ka|val|le|rie** [auch: -ri] *w.11* Reitertruppe; **Ka|val|le|rist** *m.10* Soldat der Kavallerie
Ka|va|ti|ne [ital.] *w.11* Opernarie, Gesangs-

oder Instrumentalstück in der Art eines Liedes
Ka|vel|ling [ndrl.] *w.10 bei Versteigerungen:* kleinste zusammengefaßte Warenmenge, z. B. Ballen, Dutzend
Ka|ver|ne [lat.] *w.11* durch Gewebszerstörung entstandener Hohlraum, bes. in der Lunge bei Lungen-Tbc; **Ka|ver|nom** *s.1* Geschwulst aus Blutgefäßen, Blutschwamm; **ka|ver|nös** in der Art einer Kaverne, mit einer oder mehreren Kavernen behaftet, schwammig
Ka|vi|ar [türk.] *m.1* konservierter Rogen von einigen russ. Störarten
Ka|vi|ta|ti|on [-tsjon, lat.] *w.10* Hohlraumbildung in schnellströmenden Flüssigkeiten
Ka|wa [maorisch] *w. Gen. - nur Ez.* berauschendes Getränk der Polynesier aus den Wurzeln des Kawastrauches
Ka|waß [arab.] *m. Gen.* -wa|ssen, *Mz.* -wassen *früher im Vorderen Orient:* **1** Polizist; **2** Ehrenwache (für Diplomaten)
Ka|wi [sanskr.] *s. Gen.*-(s) *nur Ez.* alte javan., vom Sanskrit beeinflußte Schriftsprache
Ka|zi|ke *m.11* süd-, mittelamerik. Indianerhäuptling
kcal *Abk. für* Kilokalorie
Kee|per [ki-, engl.] *m.5 Fußball, Eishockey u. a.:* Torwart
Keep Smi|ling [ki:psmailiŋ, engl. „hör nicht auf zu lächeln"] *s. Gen.*-(s) *nur Ez.* auch unter widrigen Umständen optimist. Lebenshaltung
Ke|fir [türk.] *m.1 nur Ez.* durch Zusatz von Hefe und Bakterien alkoholisch vergorene, säuerliche Milch
Keks [engl.] *m.1 oder s.1, auch: Gen. - Mz. -* kleines, trockenes Gebäck
Ke|lim [türk.] *m.9* oriental., gewebter (nicht geknüpfter) Wandteppich mit beiderseitig gleichem Aussehen
Kel|li|on [lat.-neugriech.] *s. Gen.*-s *Mz.*-li|en *orthodoxe Kirche:* kleines Kloster
Kelt [lat.] *m.1* ein vorgeschichtl. Beil; **Kel|te** *m.11* Angehöriger einer idg. Völkergruppe; **Kel|ti|stik, Kel|to|lo|gie** *w. Gen. - nur Ez.* Lehre von den keltischen Sprachen und Literaturen
Kel|vin [nach dem engl. Physiker W. Thompson, Lord Kelvin] *s. Gen.*-s *Mz. - (Zeichen:* K) Einheit der absoluten Temperaturskala; **Kel|vin|ska|la** *w. Gen. - nur Ez.* Skala, deren Nullpunkt der absolute Nullpunkt (−273,16° C) ist
Ke|naf [pers.] *s. Gen.*-s *nur Ez.* eine juteähnliche Faser
Ken|do [jap.] *s. Gen.*-(s) *nur Ez. urspr.:* jap. Schwertfechten; *heute:* sportl. Fechten mit Bambusschwertern
Ken|nel [lat.-engl.] *m.5* Hundezwinger
Ke|no|taph [griech.] *m.1* → Zenotaph
Ken|taur *m.10* → Zentaur
Ken|tum|spra|chen *w.11 Mz. früher Bez. für* die idg. Sprachen, die das Wort „hundert" nach lat. „centum" bilden; vgl. Satemsprachen
Ke|phal|lo|gramm [griech.] *s.1* Aufzeichnung der Schädelform; **Ke|phal|lo|me|trie** *w.11* Schädelmessung; **Ke|phal|lo|po|de** *m.11 Zool.:* Kopffüßer
Ke|ra|mik [griech.] *w.10* **1** *nur Ez.* Technik zur Herstellung von gebrannten Tonwaren; Tonwarenindustrie; alle Erzeugnisse aus Ton; **2** einzelner Gegenstand aus gebranntem Ton; **Ke|ra|mi|ker** *m.5* Hersteller von gebrannten Tonwaren; **ke|ra|misch** zur Keramik gehörig, aus Keramik
Ke|ra|tin [griech.] *s.1 nur Ez.* Eiweißkörper in Haar, Haut und Nägeln, Hornstoff; **Ke|ra|ti|tis** *w. Gen. - Mz.*-ti|ti|den Hornhautentzündung; **Ke|ra|tom** *s.1* Hornhautgeschwulst der Haut; **Ke|ra|to|pla|stik** *w.10* Hornhautübertragung; **Ke|ra|to|se** *w.11* krankhafte Hornhautbildung, Verhornung
Ke|ren *w.10 Mz. griech. Myth.:* Schicksals-, Unheils-, Todesdämonen
Ker|man [nach der iran. Stadt Kerman] *m.9* ein pers. Teppich mit Rauten- und Rankenmuster
Ker|mes [arab.] *m. Gen. - Mz. -* die mit rotem Saft gefüllten Eier und Bälge der auf der Kermeseiche lebenden Kermesschildlaus, früher zum Färben von Wolle verwendet
Ke|ro|pla|stik *w.10* → Zeroplastik
Ke|ro|sin [griech.] *s.1 nur Ez.* Petroleum
Kerr|ef|fekt [nach dem engl. Physiker J. Kerr] *m.1* bei Einwirkung elektr. Felder auftretende Doppelbrechung in normalerweise nichtdoppelbrechenden Medien
Ke|ryg|ma [griech.] *s. Gen.*-s *nur Ez.* Verkündigung, bes. der christl. Botschaft; **ke|ryg|ma|tisch** verkündigend, predigend
Ke|schan [nach der iran. Stadt Keschan] *m.9* ein pers. Teppich
keß [jidd.] *ugs.* **1** hübsch und etwas dreist; ein kesses Mädchen; **2** modisch und flott; eine kesse Mütze
Ketch|up [kɛtʃʌp, mal.-engl.] *m.9 oder s.9* pikante, dicke Würzsoße
Ke|to|ne *s.1 Mz.* Gruppe organ. Verbindungen (einfachster Vertreter: Aceton)
Ketsch [engl.] *w.10* ein zweimastiges Segelschiff
Ke|tschua 1 *m.9 oder Gen. - Mz. -* Angehöriger eines südamerik. Indianervolkes; **2** *s. Gen.*-(s) *nur Ez.* dessen Sprache
kg *Abk. für* Kilogramm
KG *Abk. für* Kommanditgesellschaft; **KGaA** *Abk. für* Kommanditgesellschaft auf Aktien
Kha|ki [pers.-engl.] **1** *s.9 nur Ez.* erdbraune Farbe; **2** *m.9* gelbbrauner Stoff (für Tropenuniformen)
Khan [Turkspr. oder mongol.] *m.1 mongol.-türk. Titel für* Fürsten oder hohen Beamten;

Kha|nat *s. 1* Herrschaftsbereich, Amt eines Khans
Khart|we|li *m. 9 oder Gen. - Mz. - Selbstbez. der* Grusinier bzw. Georgier
Kha|si 1 *m. 9 oder Gen. - Mz. -* Angehöriger eines Volksstammes in Assam; **2** *s. Gen.* -(s) *nur Ez.* dessen Sprache
Khe|di|ve [pers.] *m. 11 oder m. 14 früher Titel für den* Vizekönig von Ägypten
Khmer 1 *m. 9 oder Gen. - Mz. -* Angehöriger eines Volksstammes in Kambodscha; **2** *s. Gen.* -(s) *nur Ez.* dessen Sprache
Khoin|spra|chen, Khoi|san|spra|chen *w. 11 Mz.* die Sprachen der Buschmänner und Hottentotten
kHz *Abk. für* Kilohertz
Kib|buz [hebr.] *m. Gen. - Mz.* -zim *oder* -ze landwirtschaftl. Kollektiv in Israel
Ki|bit|ka [russ.] *w. 9,* **Ki|bit|ke** *w. 11* **1** Filzzelt asiat. Nomaden; **2** leichter, ungefederter, überdachter russ. Wagen, *auch:* Schlitten
Kick [engl.] *m. 9* **1** *Fußball:* Stoß, Tritt; **2** Wirkung (eines Rauschgifts); **kicken** (kikken) *Fußball:* mit dem Fuß stoßen (den Ball); *auch allg.:* jmdn. k.; **Kick-off** *m. 9 schweiz., Fußball:* Anstoß; **Kicks** *m. 1 Fußball, Billard:* Fehlstoß; **Kick|star|ter** *m. 5 beim Motorrad:* Anlaßhebel
Kick|xia [kiksja, nach dem belg. Botaniker J. Kickx] *w. Gen. - Mz.* -xi|en eine Kautschuk liefernde, baumartige Pflanze
Kid [engl.] *s. 9* Leder aus dem Fell von Kalb, Lamm und junger Ziege (für Handschuhe)
kid|nap|pen [-næpən, engl.] entführen, rauben; **Kid|nap|per** [-næpər] *m. 5* Menschenentführer; **Kid|nap|ping** *s. 9 nur Ez.* Menschenraub, um Lösegeld oder die Erfüllung von Forderungen zu erpressen
Kif [arab.] *m. 9 nur Ez., ugs. für* Haschisch; **kif|fen** *ugs.:* Haschisch rauchen; **Kif|fer** *m. 5* jmd., der kifft
Ki|lim *m. 9* → Kelim
kil|len [engl.] **1** *ugs.:* ermorden, umbringen; **2** *Seew.:* flattern, schlagen (Segel); **Kil|ler** *m. 5* (bezahlter) Mörder
Kiln [engl.] *m. 1* schachtförmiger Ofen zur Metallgewinnung und Holzverkohlung
ki|lo… [griech.], **Ki|lo…** *in Zus.:* tausend…, Tausend…; **Ki|lo** *s. Gen.* -(s) *Mz. - Kurzform von* Kilogramm; **Ki|lo|gramm** *s. Gen.* -s *Mz. -* (*Abk.* kg) 1000 Gramm, Maßeinheit der Masse, *ugs., aber unkorrekt:* des Gewichts; vgl. Kilopond; **Ki|lo|hertz** *s. Gen. - Mz. -* (*Abk.* kHz) 1000 Hertz, Maßeinheit der Frequenz; **Ki|lo|ka|lo|rie** *w. 11* (*Abk.:* kcal) 1000 Kalorien; **Ki|lo|li|ter** *s. 5* (*Abk.:* kl) 1000 Liter; **Ki|lo|me|ter** *s. 5, ugs.: m. 5* (*Abk.:* km) 1000 Meter; **ki|lo|me|trie|ren** mit Kilometersteinen versehen (Straßen, Flüsse); **Ki|lo|pond** *s. Gen.* -(s) *Mz. -* (*Abk.:* kp) 1000 Pond; **Ki|lo|pond|me|ter** *s. Gen.* -s *Mz. -* (*Abk.:* kpm) Maßeinheit der Arbeit und Energie, die Arbeit, die nötig ist, um 1 kp 1 m hoch zu heben; **Ki|lo|ton|ne** *w. 11* (*Abk.:* kt) Maßeinheit für die Sprengkraft von Kernwaffen; **Ki|lo|volt** *s. Gen.* -(s) *Mz. -* (*Abk.:* kV) 1000 Volt; **Ki|lo|volt|am|pere** *s. Gen.* -(s) *Mz. -* (*Abk.:* kVA) 1000 Voltampere; **Ki|lo|watt** *s. Gen.* -(s) *Mz. -* (*Abk.:* kW) 1000 Watt; **Ki|lo|watt|stun|de** *w. 11* (*Abk.:* kWh) 1000 Wattstunden
Kilt [engl.] *m. 9* karierter, kurzer Rock der Schotten
Kim|ber|lit [nach der südafrik. Stadt Kimberley] *m. 1* diamanthaltiges südafrik. Eruptivgestein
Kim|me|rer, Kim|me|ri|er *m. 5* Angehöriger eines idg. Volksstammes am Nordufer des Schwarzen Meeres, bei Homer eines sagenhaften Volkes, das im hohen Norden in ewiger Finsternis lebt
Ki|mo|no [jap.] *m. 9* langes, mantelartiges jap. Gewand mit weiten, angeschnittenen Ärmeln
Ki|nä|de [griech.] *m. 11* **1** Päderast; **2** weichlicher, lüsterner Mensch
Kin|äs|the|sie [griech.] *w. 11 nur Ez.* Bewegungs-, Muskelgefühl, Empfindung für Muskeln und Gelenke; **Kin|äs|the|tik** *w. 10 nur Ez.* Lehre von den Bewegungsempfindungen
Ki|ne|ma|thek [griech.] *w. 10* → Filmothek; **Ki|ne|ma|tik** *w. 10 nur Ez. Phys.:* Lehre von den Bewegungen; **Ki|ne|ma|to|graph** *m. 10* der erste Apparat zur Aufnahme und Wiedergabe bewegter Bilder; **Ki|ne|ma|to|gra|phie** *w. 11 nur Ez.* Filmtechnik, Filmwesen (in der Anfangszeit des Films); **Ki|ne|tik** *w. 10 nur Ez.* Lehre von der Bewegung durch Kräfte; **ki|ne|tisch** auf Kinetik beruhend; kinetische Energie: Bewegungsenergie; **Ki|ne|to|se** *w. 11* durch Reizung des Gleichgewichtsorgans hervorgerufene Krankheit, z. B. See-, Luftkrankheit; **Ki|no** *s. 9* Lichtspieltheater
Ki|osk [türk.] *m. 1* **1** oriental. Gartenhäuschen; **2** Erker an oriental. Palästen; **3** Verkaufshäuschen oder -stand, z. B. Zeitungskiosk
Kips [engl.] *s. 1* getrocknete Haut des ind. Buckelrindes
Kis|met [arab.-türk.] *s. Gen.* -s *nur Ez. im Islam:* das von Allah bestimmte, unabwendbare Schicksal
Ki|sua|he|li *s. Gen.* -(s) *nur Ez.* → Suaheli (**2**)
Ki|tha|ra [griech.] *w. 9 Mz. auch* -tha|ren altgriech. Zupfinstrument mit 7–18 Saiten; **Ki|thar|ö|de** *m. 11* altgriech. Sänger und Kitharaspieler
Kitsch [engl.?] *m. Gen.* -(e)s *nur Ez.* **1** geschmacklose, süßlich-sentimentale Scheinkunst; **2** Gegenstände in dieser Art
Ki|wi 1 [maorisch] *m. 9* ein neuseeländ. Schnepfenvogel; **2** [chin.] *w. 9* ovale, 7–10 cm lange subtrop. Frucht, „chines. Stachelbeere"

Kjök|ken|mød|din|ger *Mz.* → Kökkenmöddinger
kl *Abk. für* Kiloliter
Kl. *Abk. für* Klasse
kla|ba̱|stern [lat.-ital.] polternd, trampelnd gehen
Kla|bau|ter|mann [zu: kalfatern] *m. 4 nur Ez.* Schiffskobold, dessen Erscheinen (oder Verschwinden) dem Schiff Unheil anzeigt
Kla|do̱|nie [-njə, griech.] *w. 11* Rentierflechte
Kla|do|ze̱|re [griech.] *w. 11* Wasserfloh
Kla|mo̱t|te [rotwelsch] *w. 11* **1** Stein-, Ziegelbrocken; **2** wertloser, alter Gegenstand, *bes.:* Hausgerät, Kleidungsstück; **3** *ugs.:* minderwertiges Theaterstück
Kla̱n *m. 9 eindeutschende Schreibung von* Clan
klan|de|sti̱n [lat.] *veraltet:* heimlich; klandestine Ehe: nicht kirchlich geschlossene und daher früher nicht gültige Ehe
Kla|re̱tt [engl.] *m. 9 oder m. 1* **1** gewürzter, gesüßter Rotwein; **2** *auch:* junger, hellroter frz. Wein, Clairet
kla|rie̱|ren [lat.] ein Schiff k.: vor dem Ein- bzw. Auslaufen seine Ladung verzollen
Kla|ri|ne̱t|te [ital.] *w. 11* ein Holzblasinstrument; **Kla|ri|net|ti̱st** *m. 10* Klarinettenspieler
Kla|ri̱s|se [nach der hl. Clara] *w. 11,* **Kla|ri̱s|sin** *w. 10* Angehörige des von Franz von Assisi gegründeten Klarissenordens
Kla̱s|se [lat.] *w. 11* (*Abk.:* Kl.) **1** Gruppe von Lebewesen, Dingen oder Begriffen mit gleichen Merkmalen; **2** Rang, Stufe (einer Wertskala); **Klas|se|ment** [-mã̱, frz.] *s. 9, schweiz.:* [-me̱nt] *s. 1* Einreihung, Einteilung, Ordnung; **Klas|si|fi|ka|ti|o̱n** [-tsjo̱n] *w. 10* Einteilung in Klassen; **klas|si|fi|zie̱|ren** in Klassen einteilen, nach Klassen ordnen
Kla̱s|sik [lat.] *w. 10 nur Ez.* Epoche kultureller Höchstleistungen, die auch in späteren Zeiten als mustergültig anerkannt bleiben, bes. die Blütezeit des griech. und röm. Altertums, die dt. Literatur 1786 bis 1805 und die österr. Musik 1770–1825 (Wiener Klassik); **Kla̱s|si|ker** *m. 5* Vertreter der Klassik; **kla̱s|sisch** zur Klassik gehörend, aus ihr stammend, musterhaft, vorbildlich, allgemeingültig; **Klas|si|zi̱s|mus** *m. Gen. - nur Ez.* die griech.-röm. Klassik nachahmender Kunststil, bes. in der europ. Baukunst im 16./17. Jh. und in der europ. Baukunst, Plastik, Malerei 1770–1830; **Klas|si|zi|tä̱t** *w. 10 nur Ez.* Mustergültigkeit, Vorbildlichkeit
kla̱|stisch [griech.] durch Zertrümmerung anderer Gesteine entstanden (Sediment)
Klau̱|se [lat.] *w. 11* **1** kleines Zimmer, in dem man ungestört ist; **2** Zelle, Einsiedelei; **3** Talenge, Engpaß; **4** Teilfrucht (von Rauhblattgewächsen, Lippenblütlern)
Klau̱|sel [lat.] *w. 11* einschränkende, vorbehaltende Nebenbestimmung (in Verträgen)
Klau|si̱|lie [-ljə, lat.] *w. 11* eine Schneckenart; **Klau̱s|ner** *m. 5* Bewohner einer Klause, Einsiedler; **Klau|stro|phi|li̱e** [lat. + griech.] *w. 11 nur Ez.* Neigung oder krankhaftes Bedürfnis, sich abzusondern und einzuschließen; **Klau|stro|pho|bi̱e** *w. 11 nur Ez.* krankhafte Furcht vor dem Aufenthalt in geschlossenen Räumen
klau|su|lie̱|ren *veraltet:* durch eine Klausel einschränken, in einer Klausel formulieren
Klau|su̱r [lat.] *w. 10* **1** *nur Ez.* Einsamkeit, Abgeschlossenheit; in K. leben; **2** Räume, deren Betreten Außenstehenden verboten ist; **3** Prüfungsarbeit in einem Raum allein oder zu mehreren unter Aufsicht
Kla|via|tu̱r [lat.] *w. 10 bei Tasteninstrumenten:* Gesamtheit der Tasten; **Kla|vi|chord** [-ko̱rd] *s. 1* kleines Tasteninstrument, bei dem die Saiten durch Metallplättchen angeschlagen werden; **Kla|vi̱er** *s. 1* Tasteninstrument, bei dem die Saiten durch Filzhämmer angeschlagen werden; **kla|vie|ri̱|stisch** die Spieltechnik des Klaviers betreffend, pianistisch; **Kla|vi̱er|quar|tett** *s. 1* **1** Musikstück für Klavier und drei Streichinstrumente, meist Violine, Viola und Violoncello; **2** dessen Spieler; **Kla|vi̱er|quin|tett** *s. 1* **1** Musikstück für Klavier und vier Streichinstrumente, meist 2 Violinen, Viola und Violoncello; **2** dessen Spieler; **Kla|vi̱er|trio** *s. 9* **1** Musikstück für Klavier und zwei Streichinstrumente, meist Violine und Violoncello; **2** dessen Spieler
Kla|vi̱|ku|la *w. Gen. - Mz.* -lä → Clavicula
Kla|vi|zi̱m|bel *s. 5* → Cembalo
Kleck|so|gra|phi̱e [dt. + griech.] *w. 11, bei psycholog. Tests:* ungegenständl., klecksiges Bild, aus dem Bilder zu deuten sind
klei|sto|ga̱m [griech.] sich selbst befruchtend; **Klei|sto|ga|mi̱e** *w. 11 nur Ez.* Selbstbefruchtung mancher zweigeschlechtiger Pflanzen bei noch geschlossener Blüte
Kle̱|ma|tis [auch: -ma̱-, griech.] *w. Gen. - Mz. -* Waldrebe, eine Kletterpflanze
Kle|men|ti̱|ne *w. 11* eine kernlose Mandarinensorte
Kle̱ph|te [griech.] *m. 11* griech. Freischärler gegen die türk. Herrschaft
Kle̱p|sy|dra [griech.] *w. Gen. - Mz.* -dren *früher:* Wasseruhr
Klep|to|ma̱|ne [griech.] *m. 11* jmd., der an Kleptomanie leidet; **Klep|to|ma|ni̱e** *w. 11 nur Ez.* krankhafter Trieb zum Stehlen
kle|ri|ka̱l [lat.] die (kath.) Kirche betreffend, zu ihr gehörig, kirchlich; **Kle|ri|ka|li̱s|mus** *m. Gen. - nur Ez.* Bestreben der kath. Kirche, ihren Einfluß auf Staat und Gesellschaft zu stärken; **Kle̱|ri|ker** *m. 5* kath. Geistlicher; **Kle|ri|se̱i** *w. 10 nur Ez. veraltet, auch abfällig für* Klerus; **Kle̱|rus** *m. Gen. - nur Ez.* Gesamtheit der kath. Geistlichen, Priesterschaft
Kli̱|cke (Klik|ke) *w. 11 eindeutschende Schreibung von* Clique

Kli|ent [lat.] *m.10* Kunde (eines Rechtsanwalts); **Kli|en|tel** *w.10* Kundenkreis (eines Rechtsanwalts)
Kli|ma [griech.] *s. Gen.*-s *Mz.*-ma|ta oder -ma|te, *auch: s.9* der durchschnittliche Ablauf der Witterung in einem Gebiet
kli|mak|te|risch [griech.] zum Klimakterium gehörend; **Kli|mak|te|ri|um** *s. Gen.*-s *Mz.* -ri|en Wechseljahre, Zeit (bei der Frau), in der die Tätigkeit der Eierstöcke und die Menstruation aufhören
kli|ma|tisch [griech.] das Klima betreffend, zu ihm gehörend; **kli|ma|ti|sie|ren** einen Raum k.: durch Klimaanlage eine annähernd gleichbleibende Temperatur in ihm erzeugen; **Kli|ma|to|gra|phie** *w.11* Beschreibung der verschiedenen Klimata der Erde; **Kli|ma|to|lo|gie** *w.11* Lehre vom Klima
Kli|max [griech.] *w.1* **1** Höhepunkt, höchste Steigerung; *Ggs.:* Antiklimax; **2** *auch* → Klimakterium; **3** Endzustand der Entwicklung einer Pflanzengesellschaft an ihrem Standort
Kli|nik [griech.] *w.10* **1** Krankenhaus; **2** Unterricht (der Medizinstudenten) am Krankenbett; **Kli|ni|ker** *m.5* **1** in einer Klinik tätiger Arzt; **2** Student in der klinischen Ausbildung; **Kli|ni|kum** *s. Gen.*-s *Mz.*-ken *oder* -ka **1** Hauptteil der ärztlichen Ausbildung im Krankenhaus; **2** Großkrankenhaus, Komplex von mehreren Kliniken; **kli|nisch** zur Klinik gehörend, in der Klinik (stattfindend)
Klin|ker [ndrl.] *m.5* sehr harter Ziegelstein; **Klin|ker|boot** *s.1* Boot mit dachziegelartig übereinandergreifenden Planken
Kli|no|chlor [-klor, griech.] *s.1* ein Mineral; **Kli|no|graph** *m.10* Gerät zum Bestimmen der Neigungsvorgänge der Erdoberfläche, Neigungsschreiber; **Kli|no|me|ter** *s.5* **1** Gerät zum Messen der Neigung gegen den Horizont (für Schiffe und Flugzeuge); **2** magnet. Gerät zum Feststellen von Gesteinsschichtungen; **Kli|no|mo|bil** [griech. + lat.] *s.1* Auto mit klinischer Ausrüstung (auch für Operationen); **Kli|no|stat** [griech.] *m.12 oder m.10* Gerät zum Untersuchen des Geotropismus von Pflanzen
Klipp [engl.] *m.9* **1** Klemme, z. B. am Füllfederhalter; **2** anklemmbarer Ohrschmuck, Ohrklipp
Klip|per [engl.] *m.5* **1** schnelles Segelboot; **2** Langstrecken-Verkehrsflugzeug
Klips [engl.] *m.1* breite Federklemme zum Festhalten des Haars beim Frisieren oder Trocknen
Kli|schee [frz.] *s.9* **1** Druckstock, Druckplatte; **2** *übertr.:* Abklatsch, unschöpferische Nachahmung; zu oft gebrauchtes, abgegriffenes Wort; **kli|schie|ren** auf die Druckplatte übertragen (Bild)
Kli|stier [griech.-lat.] *s.1* Darmeinlauf, Darmspülung; **kli|stie|ren** jmdn. k.: jmdm. ein Klistier geben
Kli|to|ris [griech.] *w. Gen.* - *Mz.* - *oder* -to|ri|des [-de:s] schwellfähiger Teil des weibl. Geschlechtsorgans am oberen Ende der kleinen Schamlippen
Klit|sche [poln.] *w.11* kleines, ärmliches Landgut
Kli|vie [-vjə] *w.11* *eindeutschende Schreibung von* Clivia
Kloa|ke [lat.] *w.11* **1** unterirdischer Abwasserkanal; **2** *bei manchen Tieren:* gemeinsamer Ausgang von Darm, Harnblase und Geschlechtsorgan; **Kloa|ken|tie|re** *s.1 Mz.* eierlegende Säugetiere mit Kloake, heute nur noch Schnabeltier und Ameisenigel
Klon [griech.] *m.1* durch ungeschlechtl. Fortpflanzung gezogene Nachkommenschaft eines Individuums; **klo|nen** sich ungeschlechtlich (durch Senker, Stecklinge) fortpflanzen
klo|nisch [griech.] krampfhaft zuckend; **Klo|nus** *m. Gen.* - *Mz.*-nus|se rasche, krampfhafte Zuckungen
Klo|sett [engl.] *s.9* Abort (mit Wasserspülung)
Klo|ster [lat.] *s.6* von der Welt abgeschlossene Wohnstätte von Mönchen oder Nonnen
Klub [engl.] *m.9* **1** Vereinigung von Personen zur Pflege bestimmter Interessen, z. B. Sportklub, Kegelklub; **2** deren Räume; **Klub|gar|ni|tur** *w.10* zusammenpassende Gruppe von Polstermöbeln: Couch und mehrere Sessel
Kluft [hebr.] *w.10* Uniform, Kleidung
Klu|ni|azen|ser [kly-] *m.5* → Clunyazenser
Klus [mlat.] *m.10*, **Klu|se** *w.11 schweiz.:* Engpaß, enges Quertal; **Klü|se** *w.11 Seew.:* Loch in der Schiffswand für Ketten (Ankerklüse) oder Taue
Klü|ver [ndrl.] *m.5* dreieckiges Segel am Bugspriet
Klys|ma [griech.] *s. Gen.*-s *Mz.*-men Darmeinlauf, Klistier
Kly|stron [griech.] *s. Gen.*-s *Mz.*-stro|ne spezielle Form der Elektronenröhre zur Erzeugung und Verstärkung elektromagnet. Mikrowellen
km *Abk. für* Kilometer
km² *Abk. für* Quadratkilometer; **km³** *Abk. für* Kubikkilometer
km/h, km/st *Abk. für* Kilometer je Stunde, Stundenkilometer
Knast [jidd.] *m. Gen.*-(e)s *nur Ez.* Gefängnis; Gefängnisstrafe; Knast schieben
Kna|ster [griech.-span.] *m.5* (schlechter) Tabak
Knes|set(h) [hebr.] *w. Gen.* - *nur Ez. in Israel:* Parlament
Knicker|bocker (Knik|ker|bok|ker) [nikər-, nach dem Spitznamen der holländ. Siedler in New York und der Romangestalt von W. Irving] **1** *Mz., auch:* Knickerbockers: knielange Überfallhose; **2** *m.5* ein alkohol. Getränk

knock|down [nɔkdaun, engl.] *Boxen:* zu Boden geschlagen; **Knock|down** *s. Gen.*-(s) *Mz.*-s *Boxen:* Schlag, der den Getroffenen zu Boden zwingt; **knock|out** [nɔkaut] (*Abk.:* k. o.) *Boxen:* kampfunfähig; jmdn. k. schlagen; **Knock|out** (*Abk.:* K. o.) *s. Gen.*-(s) *Mz.*-s *Boxen:* völlige Niederlage, Kampfunfähigkeit
Know-how [nouhau, engl.] *s. Gen.*-(s) *nur Ez.* „Gewußt wie", das Wissen, wie man eine Sache verwirklichen kann
Knute [russ.] *w. 11* **1** Lederpeitsche; **2** Gewaltherrschaft, strenge Herrschaft; **knu|ten** knechten
k. o. *Abk. für* knockout; **K. o.** *Abk. für* Knockout
Ko|ad|ju|tor [lat.] *m. 13* Gehilfe eines kath. Geistlichen
Ko|agu|lans [lat.] *s. Gen.* - *Mz.*-la|n|tia [-tsja] *oder* -la|n|zi|en die Blutgerinnung förderndes Mittel; **Ko|agu|lat** *s. 1* Stoff, der bei der Koagulation einer fein verteilten Lösung ausgeflockt wird; **Ko|agu|la|ti|on** [-tsjon] *w. 10* Gerinnung, Ausflockung; **ko|agu|lie|ren** gerinnen, ausflocken
Koa|la [austral.] *m. 9* kleiner Beutelbär Australiens
ko|alie|ren [lat.], **ko|ali|sie|ren** eine Koalition bilden, sich verbünden; **Ko|ali|ti|on** [-tsjon] *w. 10* Bündnis (von Staaten oder Parteien zu einem bestimmten Zweck); **Ko|ali|ti|ons|re|gie|rung** *w. 10* aus Vertretern mehrerer Parteien gebildete Regierung
Ko|au|tor *m. 13* Mitverfasser
ko|axi|al [lat.] eine gemeinsame Achse besitzend; **Ko|axi|al|ka|bel** *s. 5* gegen Störfelder unempfindl. Kabel, bei dem ein Mittelleiter von einem hohlen Außenleiter umschlossen ist
Ko|bra [port.] *m. 9* eine Giftschlange
Ko|da [lat.] *w. 9* kurzer Schlußteil (eines Musikstückes, bes. des 1. Sonatensatzes); *in der ital. Dichtung:* zusätzl. Vers zum Sonett
Kode [kod, lat.] *m. 9* Schlüssel (zum Entziffern von verschlüsselten Mitteilungen, z. B. einer Geheimschrift, bzw. zum Verschlüsseln von normaler Schrift); Telegraphenschlüssel
Ko|de|in [griech.] *s. 1 nur Ez.* ein Beruhigungsmittel, bes. hustenstillend
Ko|dex [lat.] *m. 1 Mz. auch:* -di|zes [-tse:s] **1** zwischen Holzdeckel gebundene, mit Wachs überzogene hölzerne Schreibtafeln bzw. (später) Pergament- oder Papyrusblätter (Vorläufer des Buches); **2** Sammlung alter Handschriften; vgl. Codex; **3** Gesetzessammlung; vgl. Code; **4** Gesamtheit aller in einer Gesellschaft oder Gesellschaftsschicht maßgebenden Vorschriften; **ko|die|ren** nach einem Kode umsetzen, verschlüsseln; **Ko|di|fi|ka|ti|on** [-tsjon] *w. 10* Zusammenfassung in einem Kodex; **Ko|di|fi|ka|tor** *m. 13* jmd., der etwas kodifiziert; **ko|di|fi|zie|ren** in einem Gesetzbuch zusammenfassen; **Ko|di|zill** *s. 1 früher:* letztwillige Verfügung
Ko|edu|ka|ti|on [-tsjon, lat.] *w. 10 nur Ez.* Erziehung von Jungen und Mädchen gemeinsam (in Schulen und Internaten)
Ko|ef|fi|zi|ent [lat.] *m. 10* **1** *Math.:* Vorzahl, Beizahl vor veränderlichen Größen einer Funktion; **2** *Phys.:* Zahl, die eine bestimmte physikal. oder technische Verhaltensweise angibt, z. B. Reibungs-, Ausdehnungskoeffizient
Ko|en|zym [lat. + griech.] *s. 1* Teil eines Enzyms, das mit anderen zusammen die Wirkung des ganzen Enzyms ermöglicht, Koferment
ko|er|zi|bel [lat.] **1** verdichtbar, verflüssigbar; **2** fähig, eine Koerzitivkraft auszuüben; **Ko|er|zi|tiv|kraft** *w. 2* Fähigkeit eines Stoffes, einen in ihm erregten Magnetismus beizubehalten oder der Magnetisierung zu widerstehen
Ko|exi|stenz [lat.] *w. 10 nur Ez.* **1** gleichzeitiges Vorhandensein (mehrerer Dinge); **2** friedliches Nebeneinanderbestehen (von Staaten mit verschiedenen Gesellschafts-, Regierungs- oder Wirtschaftsformen); **ko|exi|stie|ren** nebeneinander bestehen
Ko|fer|ment [lat.] *s. 1* → Koenzym
Kof|fe|in [engl.] *s. 1 nur Ez.* in Kaffee, Tee, der Kolanuß u. a. enthaltenes, anregendes Alkaloid; **Kof|fe|inis|mus** *m. Gen.* - *nur Ez.* Koffeinsucht, -vergiftung
Ko|gnak [kɔnjak, frz.] *m. 9* in der frz. Stadt Cognac hergestellter Weinbrand
Ko|gnat [lat.] *m. 10 im alten Rom:* Blutsverwandter, der nicht → Agnat ist; **Ko|gna|ti|on** [-tsjon] *w. 10 nur Ez.* Blutsverwandtschaft, die nicht → Agnation ist
Ko|gni|ti|on [-tsjon, lat.] *w. 10 veraltet:* (richterl.) Erkenntnis, Untersuchung; **ko|gni|tiv** auf Erkenntnis beruhend
Kog|no|men [lat.] *s. Gen.*-s *Mz.* - *oder* -mi|na *im alten Rom:* dem Vor- und Geschlechtsnamen beigegebener Name, Beiname
Ko|ha|bi|ta|ti|on [-tsjon, lat.] *w. 10* Beischlaf; **ko|ha|bi|tie|ren** den Beischlaf ausüben
ko|hä|rent [lat.] zusammenhängend; **Ko|hä|renz** *w. 10 nur Ez.* Zusammenhang; **Ko|hä|rer** *m. 5* (heute kaum noch benutztes) Gerät zum Nachweis elektr. Wellen, Fritter; **ko|hä|rie|ren** zusammenhängen, der Kohäsion unterliegen; **Ko|hä|si|on** *w. 10 nur Ez.* durch Anziehung bewirkter Zusammenhang der Moleküle; **ko|hä|siv** zusammenhaltend
ko|hi|bie|ren [lat.] *veraltet:* mäßigen, zurückhalten
Ko|hor|te [lat.] *w. 11* altröm. Truppeneinheit, 10. Teil einer Legion
Koi|ne [kɔi-, griech.] *w. Gen.* - *nur Ez.* aus den altgriech. Dialekten entstandene griech. Umgangssprache, Vorstufe des Neugriechischen

ko|in|zi|dent [lat.] zusammentreffend, einander deckend; **Ko|in|zi|denz** *w.10 nur Ez.* Zusammentreffen (zweier Ereignisse oder Vorgänge); **ko|in|zi|die|ren** zusammentreffen
ko|itie|ren [lat.] den Beischlaf ausüben, Geschlechtsverkehr haben; **Ko|itus** *m. Gen. - Mz. -* Beischlaf, Geschlechtsverkehr
Ko|je [lat.-ndrl.] *w.11* **1** *auf Schiffen:* Bett; **2** Ausstellungsstand
Ko|jo|te [aztek.] *m.11* nordamerikanischer Präriewolf
Ko|ka [span.] *w. Gen. - Mz. -* in Bolivien und Peru heimische Pflanze, aus deren Blättern Kokain gewonnen wird; **Ko|ka|in** *s.1 nur Ez.* aus der Koka gewonnenes, anregendes Alkaloid; **Ko|ka|inis|mus** *m. Gen. - nur Ez.* Kokainsucht; **Ko|ka|inist** *m.10* Kokainsüchtiger
Ko|kar|de [frz.] *w.11 an Uniformmützen:* nationales Abzeichen; Hoheitszeichen
ko|ken [engl.] Koks herstellen; **Ko|ker** *m.5* **1** Arbeiter in der Kokerei; **2** *Seew.:* Öffnung am Schiffsheck für das Ruder, Hennegatt; **Ko|ke|rei** *w.10* **1** *nur Ez.* Herstellung von Koks; **2** die Anlage dafür
ko|kett [frz.] gefallsüchtig; **Ko|ket|te** *w.11* kokette Frau; **Ko|ket|te|rie** *w.11 nur Ez.* Gefallsüchtigkeit; **ko|ket|tie|ren** Gefallen zu erregen suchen, seine Reize spielen lassen; mit jmdm. k.: jmdn. erotisch zu reizen versuchen
Ko|kil|le [frz.] *w.11* metallene, mehrmals verwendbare Gießform
Kok|ke *w.11* → Kokkus
Kok|kels|kör|ner [mlat.] *s.4 Mz.* zum Fischfang verwendete, ein Betäubungsmittel enthaltende Körner
Kök|ken|mød|din|ger [dän.] *Mz.* an der dän. Ostküste gefundene, von Menschen der Mittel- und Jungsteinzeit stammende Abfallhaufen aus Muschelschalen, Kohlenresten usw.
Kok|ko|lith [griech.] *m.10* aus Kalkalgen entstandenes Tiefseegestein
Kok|kus [griech.] *m. Gen. - Mz.* -ken kugelförmiges Bakterium
Ko|kon [-kɔ̃, österr.: -kon, frz.] *m.9* bei der Verpuppung gesponnene Hülle mancher Insektenlarven, bes. der Seidenraupe
Ko|kos [span.] *w. Gen. - Mz. -* → Kokospalme; **Ko|kos|fa|ser** *w.11* Faser der Kokosnuß; **Ko|kos|nuß** *w.2* Frucht der Kokospalme; **Ko|kos|pal|me** *w.11* Palme der trop. Küstengebiete
Ko|kot|te [frz.] *w.11* Halbweltdame
Koks [engl.] *m.1* **1** durch Verschwelen von Stein- und Braunkohle gewonnener Brennstoff; **2** *ugs.:* → Kokain; **kok|sen** *ugs.* **1** schlafen; **2** Kokain nehmen; **Kok|ser** *m.5 ugs.:* Kokainsüchtiger
Kok|zi|die [-djə, griech.-lat.] *w.11* krankheitserregendes Sporentierchen; **Kok|zi|dio|se** *w.11* durch Kokzidien hervorgerufene Erkrankung, z. B. Leberkokzidiose
Ko|la [afrikan. Negerspr.] *w. Gen. - nur Ez.*, **Ko|la|nuß** *w.2* koffeinhaltiger Samen des westafrik. Kolabaumes
Ko|lat|sche [tschech.] *w.11 österr.:* kleiner, mit Rosinen oder Marmelade gefüllter Hefekuchen
Ko|la|tur [lat.] *w.10* durch ein Tuch geseihte Flüssigkeit
Kol|chos [russ.] *m. Gen. - Mz.* -cho|se, **Kol|cho|se** *w.11 in der UdSSR:* landwirtschaftl. Produktionsgenossenschaft
Ko|leo|pte|re [griech.] *w.11 Sammelbez. für* Käfer; **Ko|leo|pte|ro|lo|gie** *w.11 nur Ez.* Wissenschaft von den Käfern
Ko|li|bak|te|ri|en [griech.] *Mz.* Dickdarmbakterien
Ko|li|bri [südamerik. Eingeborenenspr.] *m.9* ein Vogel
ko|lie|ren [lat.] durch ein Tuch seihen
Ko|lik [griech.] *w.10* krampfartiger Schmerz in den inneren Organen, z. B. Nierenkolik; **Ko|li|tis** *w. Gen. - Mz.* -ti|den infektiöse Dickdarmentzündung
Kol|ko|thar [griech.-arab.] *m.1* rotes Eisenoxid, Malerfarbe
kol|la|bes|zie|ren [lat.] hinfällig werden, verfallen; **kol|la|bie|ren** einen Kollaps erleiden, zusammenbrechen
Kol|la|bo|ra|teur [-tør, frz.] *m.1* jmd., der mit dem Feind oder der Besatzungsmacht zusammenarbeitet; **Kol|la|bo|ra|ti|on** [-tsjon] *w.10* Zusammenarbeit mit dem Feind oder der Besatzungsmacht; **Kol|la|bo|ra|tor** *m.13 veraltet:* Hilfslehrer oder -geistlicher; **Kol|la|bo|ra|tur** *w.10 veraltet:* Amt eines Kollaborators; **kol|la|bo|rie|ren** mit dem Feind oder der Besatzungsmacht zusammenarbeiten
Kol|la|gen [griech.] *s.1* leimartiger Eiweißstoff in Knochen, Knorpel und Bindegewebe
Kol|laps [auch: -laps, lat.] *m.1* Zusammenbruch infolge plötzlichen Versagens des Blutkreislaufs, Schwächeanfall
kol|la|te|ral [lat.] auf der gleichen Körperseite, seitlich nebenherlaufend; **Kol|la|te|ral|ver|wand|te(r)** *m.18(17) bzw. w.17 oder 18* Verwandte(r) einer Nebenlinie, entfernte(r) Verwandte(r)
Kol|la|ti|on [-tsjon, lat.] *w.10* **1** Vergleich zwischen Urschrift und Abschrift; **2** Zusammentragen der Bogen eines Buches und Prüfung auf ihre Vollzähligkeit; **3** *auch:* Übertragen von Korrekturen aus mehreren Fahnen in ein Exemplar; **4** Ausgleich zwischen Erben, wenn einer schon vor dem Tode des Erblassers Zuwendungen erhalten hat; **5** *kath. Kirche:* kleine Erfrischung an Fasttagen; **kol|la|tio|nie|ren** zusammentragen, ausgleichen; **Kol|la|tur** *w.10* Recht zur Besetzung eines geistl. Amtes
Kol|lau|da|ti|on [-tsjon, lat.], **Kol|lau|die|rung** *w.10 österr., schweiz.:* amtl. Prüfung und abschließende Genehmigung eines Baues
Kol|leg [lat.] *s.9* **1** Vorlesung an einer Hoch-

schule, Unterricht(sstunde) im Fernunterricht, z. B. im Fernsehen (Telekolleg); **2** kath. Studienanstalt, z. B. Jesuitenkolleg; **Kol|le|ge** *m.11* Amtsbruder, Berufsgenosse, Mitarbeiter; **kol|le|gi|al** wie ein Kollege, wie unter Kollegen, kameradschaftlich, freundlich-vertraut; **Kol|le|gi|al|ge|richt** *s.1* Gericht, bei dem mehrere Richter gemeinsam das Urteil fällen, im Unterschied zum Einzelrichter; **Kol|le|gia|li|tät** *w.10 nur Ez.* Verbundenheit der Kollegen untereinander, Berufskameradschaft, kollegiales Verhältnis oder Verhalten; **Kol|le|gi|at** *m.10* Stiftsgenosse; **Kol|le|gi|um** *s. Gen.*-s *Mz.*-gi|en **1** Gemeinschaft von Personen des gleichen Berufs, z. B. Lehrer-, Ärztekollegium; **2** Ausschuß, Körperschaft

Kol|lek|ta|nea [lat.] **Kol|lek|ta|neen** *Mz.* gesammelte Auszüge aus literar. oder wissenschaftl. Werken, Lesefrüchte, Sammelhefte; **Kol|lek|te** *w.11* kirchliche Geld-, Spendensammlung; **Kol|lek|teur** [-tør, frz.] *m.1 veraltet* **1** Lotterieeinnehmer; **2** Geldsammler für wohltätige Zwecke; **Kol|lek|ti|on** [-tsjon, lat.] *w.10* **1** Sammlung (von Gegenständen); **2** Mustersammlung (von Waren), Auswahl; **kol|lek|tiv** **1** gemeinsam, gemeinschaftlich (erarbeitet); **2** umfassend; **Kol|lek|tiv** *s.1* **1** Arbeitsgemeinschaft; **2** *in sozialist. Ländern auch:* Produktionsgemeinschaft; **kol|lek|ti|vie|ren** **1** in Kollektive zusammenfassen; **2** *in sozialist. Ländern:* in Kollektiveigentum überführen; **Kol|lek|ti|vis|mus** *m. Gen.- nur Ez.* Auffassung, daß die Gemeinschaft den Vorrang vor dem einzelnen und dieser kein Eigenrecht habe; **Kol|lek|tiv|suf|fix** *s.1* für ein Kollektivum charakterist. Suffix, z. B. -schaft; **Kol|lek|ti|vum** *s. Gen.*-s *Mz.*-va Sammelbegriff, Sammelname, eine Gruppe gleichartiger Wesen oder Dinge zusammenfassender Begriff, z. B. Vieh, Gemeinde, Lehrerschaft; vgl. Appellativum; **Kol|lek|tor** *m.13* **1** *Phys.:* Sammler (von Licht, Energie, Schall usw.); **2** *bei elektr. Maschinen:* als Stromwender wirkender Schleifkontakt, Kommutator

Kol|len|chym [-çym, griech.] *s.1* dehnungsfähiges Festigungsgewebe wachsender Pflanzen

Kol|lett [lat.-frz.] *s.1 veraltet:* **1** Reitjacke, Wams; **2** breiter Umhängekragen

Kol|li **1** *Mz. von* Kollo; **2** *s. Gen.*-s *Mz.- österr.:* Fracht-, Gepäckstück

kol|li|die|ren [lat.] **1** sich überschneiden, (zeitlich) zusammenfallen; **2** zusammenstoßen (Fahrzeuge); **3** in Streit geraten, aneinandergeraten

Kol|lier [-lje, frz.] *s.9* **1** (wertvoller) Halsschmuck; **2** um Hals und Schultern zu tragender, schmaler Pelz

Kol|li|ma|ti|on [-tsjon, lat.] *w.10* das Zusammenfallen zweier Linien, z. B. beim Einstellen eines Fernrohrs; Übereinstimmung eines Winkels mit dem darauf eingestellten Meßgerät; **Kol|li|ma|tor** *m.13* Anordnung, die die Strahlen einer Lichtquelle parallel richtet

kol|li|ne|ar [lat.] *bei der projektiven Abbildung:* einander entsprechend (Punkte und Geraden); **Kol|li|nea|ti|on** [-tsjon] *w.10* bes. Form der projektiven Abbildung eines Raumes

Kol|li|si|on [lat.] *w.10* **1** Überschneidung, (zeitl.) Zusammenfallen; **2** Zusammenstoß; **3** Streit; **4** Widerstreit, Gegensatz; mit dem Gesetz in K. kommen oder geraten

Kol|lo [ital.] *s.9, Mz. auch:* -li Frachtstück, Warenballen

Kol|lo|din [griech.] *s.1* verdünnter Pflanzenleim, als Klebemittel und zum Appretieren; **Kol|lo|di|um** *s. Gen.*-s *nur Ez.* Lösung aus Kollodiumwolle und einem Alkohol-Äther-Gemisch, zum Verschließen von Wunden, auch in der Technik verwendet; **Kol|lo|di|um|wol|le** *w.11 nur Ez.* nitrierte Zellulose

kol|lo|id [griech.] fein verteilt; **Kol|lo|id** *s.1* in einem Lösungsmittel sehr fein verteilter, aber nicht gelöster Stoff; **kol|loi|dal** → kolloid

Kol|lo|ka|ti|on [-tsjon, lat.] *w.10 veraltet:* Ordnung nach bestimmter Reihenfolge

Kol|lo|qui|um [auch: -lɔ-, lat.] *s. Gen.*-s *Mz.* -qui|en wissenschaftl. Gespräch (zu Lehrzwecken oder Klärung von Problemen)

kol|lu|die|ren [lat.] sich zu jmds. Nachteil mit einem Dritten verständigen; **Kol|lu|si|on** *w.10* geheime, betrügerische Verabredung zu jmds. Nachteil, Verdunkelung, Verschleierung

Kol|ma|ta|ge [-ʒə, frz.] *w.11* → Kolmation; **kol|ma|tie|ren** eine Kolmation bilden; **Kol|ma|ti|on** [-tsjon] *w.10* Erhöhung tiefliegenden Landes, Auflandung (mit Hilfe sinkstoffreichen Wassers)

Ko|lom|bi|ne [ital. „Täubchen"] *w.11* Gestalt der Commedia dell'arte, Geliebte des Arlecchino

Ko|lom|bo|wur|zel [nach der Stadt Colombo auf Ceylon] *w.11* Wurzel einer ostafrik. Schlingpflanze, gegen Verdauungsstörungen verwendet

Ko|lon [griech.] *s.9, Mz. auch:* Kola **1** Grimm-, Dickdarm; **2** Doppelpunkt; **3** *Metrik:* als Einheit aufzufassende Wortgruppe

Ko|lo|nat [lat.] **1** *in der röm. Kaiserzeit:* Grundhörigkeit (des Bauern); **2** *später:* Erbpachtgut; **3** Ansiedlung Kriegsgefangener, vor allem von Germanen; **Ko|lo|ne** *m.11* **1** *röm. Kaiserzeit:* persönlich freier, aber an seinen Landbesitz gebundener Bauer; **2** *später:* Erbzinsbauer

Ko|lo|nel [frz.] *w. Gen.- nur Ez.* ein Schriftgrad (7 Punkt)

ko|lo|ni|al [lat.] die Kolonien betreffend, zu ihnen gehörig, aus ihnen stammend; *Biol.:* in einer Kolonie (4) lebend, eine Kolonie bildend; **Ko|lo|nia|lis|mus** *m. Gen. - nur Ez.* auf Erwerb und Nutzung von Kolonien gerichtete Politik; **Ko|lo|nia|list** *m. 10* Anhänger des Kolonialismus; **Ko|lo|nie** *w. 11* **1** Siedlung von Menschen außerhalb ihres Mutterlandes; **2** ausländischer, meist überseeischer Besitz (eines Staates); **3** Lager, z. B. Ferienkolonie; **4** Gruppe gleichartiger, gesellig lebender Tiere, Tierverband; **5** Verband von niederen Lebewesen, Zellverband; **Ko|lo|ni|sa|ti|on** [-tsjon] *w. 10 nur Ez.* **1** Urbarmachung und Besiedlung von Land (im In- oder Ausland); **2** Erwerb, Eroberung von Kolonien; **Ko|lo|ni|sa|tor** *m. 13* jmd., der eine Kolonie (**2**) erobert oder erwirbt; **ko|lo|ni|sie|ren** **1** urbar machen und besiedeln; **2** als Kolonie erwerben oder erobern; **Ko|lo|nist** *m. 10* Siedler in einer Kolonie (**1**)

Ko|lon|na|de [frz.] *w. 11* Säulengang; **Ko|lon|ne** *w. 11* **1** geordnete Schar, Zug; **2** Transport- oder Arbeitstrupp; **3** Reihe, z. B. von Zahlen; **4** Trennungssäule (beim Destillieren)

Ko|lo|phon [griech.] *m. 1, in alten Handschriften u. Frühdrucken:* Schlußvermerk über Verfasser, Schreiber, Ort, Jahr

Ko|lo|pho|ni|um [nach der altgriech. Stadt Kolophon in Kleinasien] *s. Gen. -s nur Ez.* ein Harzprodukt, für Lacke, Kitte, Leime und zum Bestreichen des Geigenbogens

Ko|lo|quin|te [griech.-ital.] *w. 11* eine Kürbispflanze, Abführmittel

Ko|lo|ra|do|kä|fer [nach dem US-amerik. Staat Colorado] *m. 5* Kartoffelkäfer

Ko|lo|ra|tur [lat.] *w. 10* virtuose Verzierung des Gesangs in hoher Lage; **ko|lo|rie|ren** färben, farbig ausmalen; **Ko|lo|ri|me|ter** *s. 5* Gerät zum Bestimmen der Farbintensität von Lösungen; **Ko|lo|ris|mus** *m. Gen. - nur Ez. Malerei:* Hervorhebung der Farbe; **Ko|lo|rist** *m. 10* **1** Anhänger des Kolorismus; **2** jmd., der Stiche usw. koloriert; **ko|lo|ri|stisch** die Farbgebung betreffend; **Ko|lo|rit** [auch: -rit] *s. 1* **1** Farbgebung, Farbwirkung, farbl. Gestaltung; **2** Klangfarbe, Klangwirkung; **3** *in der Literatur:* Stimmung, Detailzeichnung einer Darstellung, z. B. Lokalkolorit

Ko|loß [griech.] *m. 1* **1** riesiges Standbild; **2** riesiges Gebilde, massiger, riesiger Gegenstand; **3** sehr großer, dicker, schwerfälliger Mensch; **ko|los|sal** **1** riesig und massig; **2** *ugs.:* sehr, ungeheuer

Ko|lo|stral|milch *w. 10 nur Ez.*, **Ko|lo|strum** [lat.] *s. Gen. -s nur Ez.* in den ersten Tagen nach der Entbindung von den Brustdrüsen abgesonderte, milchartige Flüssigkeit

Ko|lo|to|mie [griech.] *w. 11* operative Öffnung des Dickdarms (z. B. zum Anlegen eines künstl. Afters)

Kol|pak *m. 9* → Kalpak

Kol|pi|tis [griech.] *w. Gen. - Mz. -ti|den* Scheidenentzündung

Kol|por|ta|ge [-ʒə, frz.] *w. 11* **1** *früher:* Hausierhandel mit billigen Büchern; **2** Verbreitung von Gerüchten; **Kol|por|ta|ge|ro|man** *m. 1* billiger, wertloser Roman, Hintertreppenroman; **Kol|por|teur** [-tør] *m. 1* **1** *früher:* Hausierer, der Bücher verkauft; **2** jmd., der Gerüchte verbreitet; **kol|por|tie|ren** etwas k.: **-1** mit etwas hausieren, etwas feilbieten; **2** verbreiten, weitererzählen (Gerücht, Nachrichten)

Kol|po|skop [griech.] *s. 1* Gerät mit Spiegel zur Untersuchung der Scheide; **Kol|po|sko|pie** *w. 11* Untersuchung mit dem Kolposkop

Kol|ter [altfrz.] *m. 5* **1** Messer an der Pflugschar; **2** *südd.:* Steppdecke, Wolldecke

Ko|lum|ba|ri|um [lat.] *s. Gen. -s Mz. -ri|en im alten Rom:* Grabkammer mit Wandnischen für die Urnen; *heute:* Urnenhalle (im Krematorium)

Ko|lum|bi|ne *w. 11* → Kolombine

Ko|lum|bit [nach dem US-amerik. Staat Columbia] *s. 1 nur Ez.* ein Mineral

Ko|lum|ne [lat.] *w. 11* **1** senkrechte Reihe (von Zahlen u. a.); **2** Spalte (einer Zeitungs- oder Buchseite); **3** Druckseite; **Ko|lum|nen|ti|tel** *m. 5* Überschrift einer Buchseite; **Ko|lum|nist** *m. 10* Journalist, der regelmäßig für eine bestimmte Spalte oder Seite einer Zeitung oder Zeitschrift Artikel schreibt

Ko|ma [griech.] **1** *w. 9 Astron.:* durch die Sonne zum Leuchten gebrachte Nebelhülle um den Kopf eines Kometen; **2** *Optik:* Linsenfehler, durch den auf dem Bild ein kometenschweifähnl. Gebilde statt eines Punktes entsteht; **3** *s. 9 Med.:* tiefe Bewußtlosigkeit; **ko|ma|tös** auf einem Koma (**3**) beruhend, in der Art eines Komas

Kom|bat|tant [frz.] *m. 10* kriegsrechtlich anerkannter Angehöriger einer Kampftruppe

Kom|bi *m. 9, Kurzw. aus* kombinierter Liefer- und Personenwagen; **Kom|bi|nat** [lat.] *s. 1 in Planwirtschaften sowjet. Typs:* Vereinigung verschiedener Industriebetriebe, z. B. Eisenhüttenkombinat; **Kom|bi|na|ti|on** [-tsjon] *w. 10* **1** Verbindung, Verknüpfung, gedankl. Herstellen von Zusammenhängen; **2** Verbindung mehrer sportl. Disziplinen, z. B. alpine K.; **3** mehrere zusammengehörige, farblich und stofflich verschiedene Kleidungsstücke (Jacke und Hose u. ä.); **4** Arbeits-, Fliegeranzug aus einem Stück, Overall; **Kom|bi|na|to|rik** *w. 10 nur Ez.* **1** *Logik:* Kunst, Begriffe in ein System zu bringen; **2** *Math.:* Lehre von den verschiedenen möglichen Anordnungen von Elementen; **kom|bi|na|to|risch** auf Kombinatorik beruhend, verknüpfend, verbindend; **kom|bi|nie|ren** (gedanklich) verbinden, verknüpfen; **Kom|bi|wa|gen** *m. 7* → Kombi

Kom|bu|sti|bi|li|en [frz.] *Mz. veraltet:* Brennstoffe

Ko|me|do [lat.] *m. Gen. -s Mz. -do|nen* Mitesser (in der Haut); **Ko|me|sti|bi|li|en** *Mz. veraltet:* Eßwaren

Ko|met [griech.] *m.10* kleiner Himmelskörper mit Schweif, Schweifstern, der sich in einer exzentr. ellipt. Bahn um die Sonne bewegt

Kom|fort [-for, engl.] *m. Gen.*-s *nur Ez.* Bequemlichkeit, Annehmlichkeit, bequeme, praktische Einrichtung (von Räumen); **komfor|ta|bel** mit Komfort

Ko|mi *m.9 oder Gen.- Mz.-* Selbstbez. der Syrjänen

Ko|mik [griech.] *w.10 nur Ez.* **1** komische Beschaffenheit, komische Wirkung; **2** Kunst, etwas komisch darzustellen; **Ko|mi|ker** *m.5* Darsteller komischer Rollen, Vortragskünstler, der komische Darbietungen vorführt

Kom|in|form *s. Gen.*-s *nur Ez. Kurzwort für* Kommunist. Informationsbüro (1947 gegründete Organisation mehrerer europ. kommunist. Parteien); **Kom|in|tern** *w. Gen.- nur Ez. Kurzwort für* Kommunist. Internationale (1919–1943 Vereinigung der kommunist. Parteien der Welt, 1947 durch das Kominform ersetzt)

ko|misch **1** erheiternd, Lachen erregend, drollig, spaßig, putzig; **2** *ugs.:* sonderbar, merkwürdig

Ko|mi|ta|dschi [türk.] *m. Gen.*-s *Mz.*- bulgar. Freiheitskämpfer

Ko|mi|tat [lat.] *s.1 oder m.1 früher* **1** feierliches Geleit; **2** ungar. Verwaltungsbezirk

Ko|mi|tee [frz.] *s.9* Ausschuß, z. B. Festkomitee

Ko|mi|ti|en [-tsjən, lat.] *Mz. im alten Rom:* Volksversammlungen

Kom|ma [griech.] *s.9, Mz. auch:* -malta **1** *Gramm.:* Beistrich, ein Satzzeichen; **2** *Math.:* Trennungszeichen zwischen den ganzen und den Bruchzahlen (bei Dezimalbrüchen); **3** *Mus.:* kleinstes Intervall; Absetz-, Atemzeichen, kleiner senkrechter Strich über der obersten Notenlinie; **Komma|ba|zil|lus** *m. Gen.- Mz.*-len Erreger der Cholera

Kom|man|dant [lat.] *m.10* Befehlshaber (einer Festung, Stadt, eines Flugplatzes oder Schiffes); **Kom|man|dan|tur** *w.10* Dienstgebäude eines Stadtkommandanten; **Komman|deur** [-dør] *m.1* Befehlshaber (einer Truppeneinheit); **kom|man|die|ren** **1** den Befehl haben über, befehligen; **2** bestimmen, im Befehlston sprechen; **Kom|man|die|rung** *w.10* Versetzung; K. zu einer anderen Truppeneinheit

Kom|man|di|tär [frz.] *m.1, schweiz. für* Kommanditist; **Kom|man|di|te** *w.11* **1** Handelsgesellschaft mit stillen Teilhabern; **2** Zweiggeschäft, Zweigniederlassung; **Kom|man|dit|gesell|schaft** *w.10* Handelsgesellschaft, bei der ein oder mehrere Teilhaber persönlich, einer oder mehrere nur mit ihrer Einlage haften; **Kom|man|di|tist** *m.10* nur mit seiner Einlage haftender Teilhaber einer Kommanditgesellschaft; vgl. Komplementär

Kom|man|do [lat.-ital.] *s.9, österr. Mz. auch:* -den **1** Befehl, Befehlswort(e), Befehlsgewalt; **2** kleine Truppenabteilung mit bestimmter Aufgabe, z. B. Wachkommando

Kom|mas|sa|ti|on [-tsjon, lat.] *w.10* Zusammenlegung (von Grundstücken), Flurbereinigung; **kom|mas|sie|ren** zusammenlegen

Kom|me|mo|ra|ti|on [-tsjon, lat.] *w.10 veraltet* **1** Erinnerung, Andenken; **2** kirchl. Gedächtnisfeier; **kom|me|mo|rie|ren** *veraltet;* jmdn. k.: sich an jmdn. erinnern, jmds. gedenken

Kom|men|de [lat.] *w.11* **1** kirchl. Pfründe ohne amtl. Pflichten; **2** → Komturei

Kom|men|sa|le [lat.] *m.11 Biol.:* Nahrungsnutznießer, der von seinem Wirt lebt, ohne ihm zu schaden; **Kom|men|sa|lis|mus** *m. Gen.- nur Ez.* Ernährungsgemeinschaft (von Tieren oder Pflanzen), Nahrungsnutznießertum

kom|men|su|ra|bel [lat.] mit dem gleichen Maß meßbar, vergleichbar; **Kom|men|su|rabi|li|tät** *w.10 nur Ez.* Vergleichbarkeit, Meßbarkeit mit gleichem Maß

Kom|ment [-mã, frz.] *m.9* Brauch, Regel (des Lebens in einer Studentenverbindung)

Kom|men|tar [lat.] *m.1* **1** Erklärung, Erläuterung; **2** *ugs.:* (überflüssige) Bemerkung; **Kom|men|ta|ti|on** [-tsjon] *w.10* **1** erläuternde Abhandlung; **2** *veraltet:* Sammlung wissenschaftl., meist kritischer Schriften; **Kommen|ta|tor** *m.13* jmd., der einen Kommentar zu etwas gibt, Erläuterer; **kom|men|tie|ren** erläutern, (wissenschaftlich) erklären

Kom|mers [lat.-frz.] *m.1 Stud.:* feierl. Kneipabend; **Kom|mers|buch** *s.4* Buch mit Studentenliedern

Kom|merz [lat.-frz.] *m.1 nur Ez. veraltet:* Handel und Verkehr; **kom|mer|zia|li|sie|ren** **1** (öffentl. Schulden) in privatwirtschaftl. Schulden umwandeln; **2** dem Geschäft, dem Handel, der Geschäftemacherei preisgeben; **Kom|mer|zi|al|rat** *m.2, österr. für* Kommerzienrat; **kom|mer|zi|ell** auf Handel und Gewerbe beruhend, dazu gehörig; **Kom|merzi|en|rat** *m.2 bis 1919:* Titel für verdienten Großkaufmann oder Industriellen

Kom|mi|li|to|ne [lat.] *m.11* Mitstudent, Studiengenosse

Kom|mis [-mi, frz.] *m. Gen.- Mz.-* [-mis] *veraltet:* kaufmänn. Angestellter; **Kom|miß** *m. Gen.*-mis|ses *nur Ez. ugs.:* Militär, Militärdienst; **Kom|mis|sar** *m.1* **1** jmd., der im Auftrag des Staates handelt und mit Vollmachten ausgerüstet ist; **2** *Dienstbez. für* einen Beamten, z. B. Polizei-, Kriminalkommissar; **Kom|mis|sär** *m.1, österr., schweiz. für* Kommissar; **Kom|mis|sa|ri|at** *s.1* Amt, Amtsräume eines Kommissars; **kom|mis|sa|risch** einstweilig, einstweilen beauftragt; **Kom|mis|si|on**

w.10 **1** Ausschuß (von Beauftragten); **2** Auftrag zum Verkauf einer Ware; etwas in K. geben, nehmen; **Kom|mis|sio|när** *m.1* jmd., der unter eigenem Namen, aber im Auftrag und auf Rechnung eines anderen Geschäfte ausführt; **kom|mis|sio|nell** auf Kommission beruhend; **kom|mis|so|risch** als Kommissorium (**1**); **Kom|mis|so|ri|um** *s. Gen.*-s *Mz.*-ri|en *veraltet* **1** Sonderauftrag; **2** Vollmacht für einen Kommissar (**1**); **Kom|mit|tent** *m.10* Auftraggeber eines Kommissionärs; **kom|mit|tie|ren** (einen Kommissionär) beauftragen; **Kom|mit|tiv** *s.1 veraltet:* schriftl. Vollmacht

kom|mod [frz.] *veraltet, noch österr.:* bequem, angenehm; **Kom|mo|de** *w.11* Möbelstück in Kastenform mit Schubfächern

Kom|mo|do|re [engl.] *m.9 oder m.14* **1** Kapitän im Admiralsrang; **2** Geschwaderführer; **3** *Titel für* verdienten Kapitän oder den ältesten Kapitän einer Handelsreederei

kom|mun [lat.] gemeinschaftlich, gemeinsam; **kom|mu|nal** eine Gemeinde betreffend, zu ihr gehörig; **kom|mu|na|li|sie|ren** der Gemeindeverwaltung übergeben; **Kom|mu|nard** [kɔmynar] *m.9,* **Kom|mu|nar|de** *m.11* Angehöriger der Pariser Kommune, *auch:* einer Kommune (**4**); **Kom|mu|ne** *w.11* **1** *MA:* Stadtstaat mit republikan. Verfassung; **2** *allg.:* Gemeinde; **3** Pariser K. [kɔmyn] *in der Frz. Revolution:* revolutionäre Regierung 1792–94; *März bis Mai 1871:* revolutionärer Stadtrat; **4** Wohngemeinschaft, bes. von Studenten oder Studentenfamilien mit gegenseitigen Hilfeleistungen; **Kom|mu|ni|kant** *m.10 kath. Kirche:* Teilnehmer an der hl. Kommunion; **Kom|mu|ni|ka|ti|on** [-tsjon] *w.10* **1** Verbindung, Zusammenhang; **2** Verkehr, Verständigung (zwischen Menschen); **Kom|mu|ni|on** *w.10 kath. Kirche:* Abendmahl; **Kom|mu|ni|qué** [kɔmynike, frz.] *s.9* amtl. Mitteilung, Bekanntmachung (bes. von Regierungen), autorisierter Bericht; **Kom|mu|nis|mus** *m. Gen.- nur Ez., nach marxist. Auffassung:* die dem Sozialismus folgende Gesellschafts- und Wirtschaftsordnung, in der das Privateigentum beseitigt und die Klassengegensätze aufgehoben sein sollen; **Kom|mu|ni|tät** *w.10* **1** Gemeinschaft, Gemeinsamkeit; **2** *veraltet:* Gemeingut; **kom|mu|ni|zie|ren** **1** zusammenhängen, in Verbindung stehen; kommunizierende Röhren: zwei unten miteinander verbundene Röhren, in denen eine Flüssigkeit gleich hoch steht; **2** *kath. Kirche:* das Abendmahl empfangen; **3** miteinander sprechen, Verbindung haben

kom|mu|ta|bel [lat.] vertauschbar, veränderbar; **Kom|mu|ta|ti|on** [-tsjon] *w.10* **1** Vertauschbarkeit; **2** der Winkel zwischen zwei Geraden von der Erde zur Sonne und zu einem Planeten; **kom|mu|ta|tiv** **1** vertauschbar; **2** auf Kommutation beruhend; **Kom|mu|ta|tor** *m.13* → Kollektor (**2**); **kom|mu|tie|ren** verändern, vertauschen

Ko|mö|di|ant [griech.] *m.10* **1** *auch abfällig:* Schauspieler; **2** *übertr.:* jmd., der etwas vortäuscht, Heuchler; **Ko|mö|die** [-djə] *w.11* **1** heiteres Schauspiel; **2** Theater, in dem diese aufgeführt werden; **3** *übertr.:* erheiternder Vorfall, lustiges Ereignis

Komp. *Abk. für* Kompanie; **Kom|pa|gnie** [-ni, frz.] *w.11, veraltet, noch schweiz. für* Kompanie; **Kom|pa|gnon** [-njɔ̃, auch: kɔm-] *m.9* Teilhaber, Mitinhaber

kom|pakt [frz.] **1** dicht, massiv, fest (Masse); **2** gedrungen, stämmig

Kom|pa|nie [lat.-frz.] *w.11* **1** (*Abk.:* Komp.) Truppeneinheit der Infanterie, 100–250 Mann; **2** (*Abk.:* Komp., Co., Cie.) Handelsgesellschaft

kom|pa|ra|bel [lat.] **1** vergleichbar; **2** *Gramm.:* steigerungsfähig; **Kom|pa|ra|ti|on** [-tsjon] *w.10 Gramm.:* Steigerung; **kom|pa|ra|tiv** **1** auf Vergleich beruhend, vergleichend; **2** *Gramm.:* steigernd; **Kom|pa|ra|tiv** *m.1 Gramm.:* zweite Steigerungsstufe, Vergleichsstufe, z. B. mehr, größer, besser; vgl. Positiv, Superlativ; **Kom|pa|ra|tor** *m.13* **1** Gerät zum Bestimmen von Stellungs- und Helligkeitsveränderungen von Himmelskörpern; **2** Gerät zum Vergleichen von Längenmaßen

Kom|pa|rent *m.10 veraltet:* jmd., der vor einer Behörde, bes. vor Gericht, erscheint; **Kom|pa|renz** *w.10 nur Ez. veraltet:* Erscheinen (vor einer Behörde)

kom|pa|rie|ren **1** vergleichen; **2** *Gramm.:* steigern

Kom|par|se [lat.-ital.] *m.11* Darsteller einer sehr kleinen oder stummen Rolle; **Kom|par|se|rie** *w.11 nur Ez.* Gesamtheit der Komparsen

Kom|par|ti|ment [lat.-frz.] *s.1 veraltet:* abgeteiltes Feld, Abteil, Fach

Kom|paß [ital.] *m.1* Gerät zum Bestimmen der Himmelsrichtung mittels Magnetnadel

kom|pa|ti|bel [frz.] vereinbar, zusammenpassend, verträglich; **Kom|pa|ti|bi|li|tät** *w.10 nur Ez.* **1** Vereinbarkeit, Verträglichkeit **2** *Fernsehtechnik:* die Eigenschaft, sowohl Schwarzweiß- als auch Farbbilder empfangen zu können

Kom|pa|tri|ot [lat.-frz.] *m.10 veraltet:* Landsmann

kom|pen|di|ös [lat.] in der Art eines Kompendiums, zusammengedrängt, kurzgefaßt; **Kom|pen|di|um** *s. Gen.*-s *Mz.*-di|en **1** kurzgefaßtes Lehrbuch, Handbuch; **2** *Phot.:* ausziehbare Sonnenblende

Kom|pen|sa|ti|on [-tsjon, lat.] *w.10* **1** Ausgleich, Aufwiegung; **2** Erstattung, Vergütung, Verrechnung; **Kom|pen|sa|ti|ons|geschäft** *s.1* Geschäft, bei dem Ware gegen Ware gehandelt wird; **Kom|pen|sa|tor** *m.13* **1** Gerät zum Messen elektr. Spannungen;

2 Zwischenglied von Rohrleitungen zum Ausgleich der Längenänderung bei Temperaturschwankungen; **kom|pen|sa|to|risch** ausgleichend; kompensatorische Erziehung: vorschulische Förderung von Kindern, die sprachliche, soziale oder ähnl. Entwicklungsrückstände aufweisen; **kom|pen|sie|ren** 1 ausgleichen, aufwiegen; 2 verrechnen, vergüten, erstatten
kom|pe|tent [lat.] zuständig, maßgebend, urteilsfähig; **Kom|pe|tenz** *w.10* 1 Zuständigkeit; 2 *Sprachw.:* Fähigkeit, in der Muttersprache richtige Sätze zu formulieren und zu verstehen und richtige von falschen zu unterscheiden; **Kom|pe|tenz|kom|pe|tenz** *w.10* 1 Befugnis zur Beurteilung der Kompetenz (eines Dritten); 2 Recht zur Erweiterung der Zuständigkeit; **kom|pe|tie|ren** *veraltet* 1 sich um etwas bewerben; 2 zustehen, gebühren
Kom|pi|la|ti|on [-tsjon, lat.] *w.10* 1 Sammlung, Zusammentragen; 2 aus anderen Schriften zusammengetragenes, „zusammengestoppeltes" Werk; **Kom|pi|la|tor** *m.13* jmd., der etwas kompiliert; **kom|pi|lie|ren** zusammentragen, sammeln
Kom|ple|ment [lat.] *s.1* Ergänzung, Ergänzungsstück; **kom|ple|men|tär** ergänzend; **Kom|ple|men|tär** *m.1* persönlich haftender Teilhaber einer Kommanditgesellschaft; vgl. Kommanditist; **Kom|ple|men|tär|far|ben** *w.11 Mz.* Farben, die miteinander gemischt Weiß ergeben; **kom|ple|men|tie|ren** ergänzen, vervollständigen; **Kom|ple|ment|win|kel** *m.5* Winkel, der einen anderen zu 90° ergänzt; vgl. Supplementwinkel
Kom|plet 1 [lat.] *w.1 kath. Kirche:* Schlußgebet (des Stundengebets); 2 [kõple, frz.] *s.9* Kleid mit etwas kürzerem Mantel aus dem gleichen Stoff; **kom|ple|tiv** ergänzend; **Kom|ple|to|ri|um** *s. Gen.*-s *Mz.*-ri|en 1 → Komplet (1); 2 *veraltet:* Ergänzungsvorschrift; **komplett** vollständig, abgeschlossen; **kom|plet|tie|ren** vervollständigen
kom|plex [lat.] 1 umfassend, aus vielem zusammengesetzt und doch eine Einheit bildend; 2 komplexe Zahl: aus einem reellen und einem imaginären Teil bestehende Zahl; **Kom|plex** *m.1* 1 Gesamtheit, Zusammengefaßtes; 2 zusammenhängende Gruppe, z. B. Gebäudekomplex; 3 *Chemie:* aus mehreren Atomen aufgebaute Gruppe, die als Ganzes an chem. Reaktionen teilnimmt; 4 *Psych.:* Gruppe von Vorstellungen oder Erlebnissen, die ins Unterbewußtsein verdrängt worden ist, ständige Beunruhigung verursacht und das Verhalten beeinflußt; **Kom|ple|xi|on** *w.10* 1 Zusammenfassung (verschiedener Dinge); 2 Aussehen, Haut-, Haar- und Augenfarbe; **Kom|ple|xi|tät** *w.10 nur Ez.* das Zusammengesetztsein, komplexer Zustand
Kom|pli|ce [-tsə, -sə, frz.] *m.11, veraltende Schreibung von* Komplize
Kom|pli|ka|ti|on [-tsjon, lat.] *w.10* 1 Schwierigkeit, Verwicklung, Erschwerung; 2 Hinzutreten einer Erkrankung zu einer schon bestehenden oder Auftreten eines die Erkrankung ungünstig beeinflussenden Umstandes
Kom|pli|ment [lat.-frz.] *s.1* Höflichkeitsbezeigung, schmeichelhafte, galante Bemerkung; jmdm. Komplimente, ein K. machen; **kom|pli|men|tie|ren** *veraltet;* jmdn. k.: jmdm. Komplimente machen
Kom|pli|ze *m.11* Mittäter, Mitschuldiger
kom|pli|zie|ren [lat.] erschweren, schwierig(er) machen; **kom|pli|ziert** schwierig, verwickelt
Kom|plott [frz.] *s.1* Verschwörung, Verabredung zu einer Straftat oder Intrige; **kom|plot|tie|ren** ein Komplott schmieden, sich verschwören
Kom|po|nen|te [lat.] *w.11* Bestandteil (eines Ganzen), Teilkraft; **kom|po|nie|ren** 1 zusammensetzen, kunstvoll anordnen; 2 nach bestimmten Formgesetzen aufbauen (Bild); 3 in Töne setzen, vertonen; **Kom|po|nist** *m.10* Schöpfer eines Musikstücks, Tonsetzer; **Kom|po|si|te** *w.11 meist Mz.* Korbblütler; **Kom|po|si|teur** [-tør, frz.] *m.1, veraltet für* Komponist; **Kom|po|si|ti|on** [-tsjon, lat.] *w.10* 1 Zusammensetzung, Anordnung; 2 Aufbau (eines Bildes, eines literar. Werkes); 3 Musikstück; **kom|po|si|tio|nell** [-tsjo-] → kompositorisch; **Kom|po|sit|ka|pi|tell** *s.1* aus den Voluten des ionischen und den Akanthusornamenten des korinth. Kapitells zusammengesetztes Kapitell; **kom|po|si|to|risch** eine Komposition betreffend; **Kom|po|si|tum** *s. Gen.*-s *Mz.*-ta zusammengesetztes Wort, z. B. Schulkind; *Ggs.:* Simplex; **kom|pos|si|bel** zusammensetzbar, vereinbar
Kom|post [lat.] *m.1* Dünger aus Pflanzenresten, Erde (und Jauche); **kom|po|stie|ren** zu Kompost werden lassen
Kom|pott [lat.-frz.] *s.1* mit Zucker gekochtes Obst
kom|pre|hen|si|bel [lat.] begreifbar, begreiflich; **Kom|pre|hen|si|on** *w.10* das Begreifen von Mannigfaltigem als Ganzes
kom|preß [lat.] 1 dicht, gedrängt; 2 *Buchw.:* ohne Durchschuß (Schriftsatz); **Kom|pres|se** *w.11* feuchter Umschlag; **kom|pres|si|bel** zusammendrückbar; **Kom|pres|si|on** *w.10 nur Ez.* Zusammenpressung; **Kom|pres|sor** *m.13 Tech.:* Verdichter; **Kom|pres|so|ri|um** *s. Gen.*-s *Mz.*-ri|en Gerät zum Zusammenpressen von Blutgefäßen (zur Blutstillung); **kom|pri|mie|ren** zusammendrücken, verdichten, zusammendrängen
Kom|pro|miß [lat.] *m.1, auch: s.1* Ausgleich, Verständigung, Übereinkunft
kom|pro|mit|tie|ren [lat.] bloßstellen, in eine peinliche Lage bringen
Komp|ta|bi|li|tät [lat.] *w.10 nur Ez.* Pflicht zur Rechenschaftslegung, Verantwortlichkeit

Kom|pul|si|on [lat.] *w.10 veraltet:* Nötigung, Zwang; **kom|pul|siv** *veraltet:* nötigend
Kom|so|mol *m. Gen. - nur Ez. Kurzw. für den* kommunist. Jugendverband der UdSSR; **Kom|so|mọl|ze** *m.11* Angehöriger des Komsomol
Kom|tẹß [frz.] *w. Gen. - Mz.* -tẹs|sen, **Kom|tẹs|se** *w.11* Tochter eines Grafen
Kom|tur [lat.] *m.1* **1** Ordensritter und Inhaber einer Komturei; **2** Inhaber eines Ordens höherer Klasse; **Kom|tu|rei** *w.10* einem Komtur zur Verwaltung übertragenes Gebiet
Ko|nạk [türk.] *m.1 in der Türkei:* Amtsgebäude, Palast
Kọn|cha [griech.-lat.] *w.9, Mz. auch* -chen, **Kọn|che** *w.11* **1** die Halbkuppel der Apsis; **2** *auch* → Apsis; **3** Muschelschale; **4** muschelförmiger Organteil; **5** Maschine zur Veredelung von Schokolade
Kon|chi|fe|re [lat.] *w.11* Weichtier mit Schale; **kon|chi|fọrm** muschelförmig; **Kon|cho|ide** *w.11* Muschellinie, aus zwei Zweigen bestehende mathemat. Kurve; **Kon|cho|skop** [lat. + griech.] *s.1* Gerät mit Spiegel zur Untersuchung des Naseninnern; **Kon|chy|lie** [-ljə, griech.] *w.11* Schale der Weichtiere; **Kon|chy|lio|lo|gie** *w.11 nur Ez.* Weichtierkunde
Kon|dem|na|ti|on [-tsjon, lat.] *w.10* **1** *veraltet:* Verurteilung, Verdammung; **2** vom Ortsgericht festgestellte Notwendigkeit, ein auf Fahrt befindl. Schiff zu verkaufen, da es seeuntüchtig oder reparaturbedürftig ist; **kon|dem|nie|ren** **1** *veraltet:* verdammen, verurteilen; **2** der Kondemnation unterwerfen
Kon|den|sat [lat.] *s.1* aus dem Dampfzustand in flüssigen Zustand übergehender und sich so niederschlagender Stoff; **Kon|den|sa|ti|on** [-tsjon] *w.10* **1** *Phys.:* Übergang vom gas- oder dampfförmigen in flüssigen Zustand, Verdichtung; **2** *Chem.:* Zusammentritt mehrerer Moleküle zu einem einzigen unter Abspaltung kleinerer Moleküle; **Kon|den|sa|ti|ons|kern** *m.1* kleinstes Teilchen in der Atmosphäre, an dem sich bei Verdichtung von Wasserdampf zu Nebel und Wolken die Feuchtigkeit niederzuschlagen beginnt; **Kon|den|sa|ti|ons|punkt** *m.1* Punkt, an dem ein Stoff vom gas- oder dampfförmigen in den flüssigen Zustand übergeht; **Kon|den|sa|tor** *m.13* **1** Gerät zum Verflüssigen von Dampf; **2** Gerät zum Speichern kleiner Elektrizitätsmengen; **kon|den|sie|ren** **1** verflüssigen, verdichten; **2** flüssig werden; **Kon|dẹns|milch** *w. Gen. - nur Ez.* kondensierte Milch, eingedickte und sterilisierte Milch; **Kon|dẹn|sor** *m.13* **1** Sammellinse; **2** Verdichter, Verstärker; **Kon|dẹns|strei|fen** *m.7* durch Abgase eines Flugzeugs entstehende Streifen kondensierten Wasserdampfes am Himmel; **Kon|dẹns|was|ser** *s. Gen.* -s *nur Ez.* bei Kondensation entstehendes Wasser

Kon|di|ti|on [-tsjon, lat.] *w.10* **1** Bedingung; **2** Beschaffenheit, Zustand, körperl. Zustand (eines Sportlers); in guter, schlechter K. sein; **kon|di|tio|nal** [-tsjo-] bedingend, bedingungsweise (geltend); **Kon|di|tio|nal** *m.1,* **Kon|di|tio|na|lis** *m. Gen. - Mz.*-les [-le:s] Bedingungsform des Verbums (im Dt. durch den Konjunktiv ersetzt); **Kon|di|tio|na|lịs|mus** *m. Gen. - nur Ez.* philosoph. Lehre, die an die Stelle der Ursache die Bedingung setzt; **kon|di|tio|nie|ren** **1** den Feuchtigkeitsgehalt ermitteln (von Textilien) bzw. verringern (von Getreide); **2** *Psych.:* bedingte Reflexe hervorrufen; konditionierter Reflex: bedingter Reflex; **3** *veraltet:* in Diensten stehen; **Kon|di|tio|nie|rung** *w.10 nur Ez.* das Konditionieren; *Psych.:* Ausbildung bedingter Reflexe; **Kon|di|tio|nịs|mus** *m. Gen. - nur Ez.* → Konditionalismus; **Kon|di|ti|ons|trai|ning** [-trɛ:-] *s.9* allgemeines Training zur Erhaltung und Steigerung der körperl. Leistungsfähigkeit
Kon|di|tor [lat.] *m.13* Feinbäcker, Zuckerbäcker; **Kon|di|to|rei** *w.10* Feinbäckerei, meist zugleich Café
Kon|do|lẹnz [lat.] *w.10 nur Ez.* Beileid, Beileidsbezeigung; **kon|do|lie|ren** sein Beileid aussprechen
Kon|dom [frz.] *s.1* Empfängnis, Ansteckung verhütende Gummihülle für das männl. Glied
Kon|do|mi|nat [lat.] *s.1,* **Kon|do|mi|ni|um** *s. Gen.*-s *Mz.*-ni|en **1** Herrschaft mehrerer Staaten über dasselbe Gebiet; **2** dieses selbst
Kọn|dor [peruan.] *m.1* riesiger Geier Südamerikas
Kon|dot|tie|re [-tjɛrə, ital.] *m. Gen.*-s *Mz.*-ri, *14./15. Jh.:* ital. Söldnerführer
Kon|duite [-dyit, frz.] *w.11 nur Ez. veraltet:* Betragen, Führung
Kon|dụkt [lat.] *s.1* feierliches Geleit, Gefolge (bes. bei Leichenzügen); **Kon|duk|tạnz** *w.10 nur Ez. Elektr.:* Wirkleitwert; **Kon|duk|teur** [-tør, frz.] *m.1 veraltet, noch schweiz.:* Schaffner; **Kon|duk|to|me|trie** *w.11 nur Ez.* Verfahren der elektrochem. Analyse, das auf der Änderung der elektr. Leitfähigkeit einer Lösung beim Ablauf bestimmter chem. Reaktionen beruht; **Kon|dụk|tor** *m.13* **1** Hauptleiter der Elektrisiermaschine; **2** Überträger einer Erbkrankheit, der selbst gesund ist
Kon|du|rạn|go [indian.] *w.9* Rinde eines südamerik. Kletterstrauchs, liefert ein Magenheilmittel
Kon|dy|lom [griech.] *s.1* Wucherung besonders an feuchten Hautstellen, z. B. an After und Geschlechtsteilen, Feigwarze
Kon|fẹkt [lat.] *s.1 nur Ez.* Süßigkeiten, Pralinen; **Kon|fek|ti|on** [-tsjon] *w.10* **1** industrielle Herstellung von Oberbekleidung und Wäsche; **2** Bekleidungsindustrie; **Kon|fek|tio|när** *m.1* Leiter oder leitender Angestellter eines Konfektionsbetriebes; **Kon|fek|tio|neu|se**

[-nø-] *w. 11* weibl. Konfektionär; **kon|fek|tio|nie|ren** fabrikmäßig herstellen

Kon|fe|renz [lat.] *w. 10* Beratung, Besprechung, Sitzung; **Kon|fe|renz|schal|tung** *w. 10* telefon. Einrichtung für den Kontakt mehrerer Fernsprechteilnehmer zugleich; **kon|fe|rie|ren** sich beraten, eine Konferenz abhalten; über etwas k.: etwas beraten, besprechen

Kon|fes|si|on [lat.] *w. 10* **1** Glaubensbekenntnis; **2** Bekenntnisschrift; **3** Glaubensgemeinschaft mit eigenem Glaubensbekenntnis; **Kon|fes|sio|na|li|sie|rung** *w. 10 nur Ez.* Durchsetzung einer bestimmten Konfession; **Kon|fes|sio|na|lis|mus** *m. Gen. - nur Ez.* **1** Festhalten an, Beharren auf einem Glaubensbekenntnis; **2** theolog. Richtung, die dies für unerläßlich hält; **kon|fes|sio|nell** eine Konfession betreffend, zu ihr gehörig; **Kon|fes|si|ons|schu|le** *w. 11* Schule, in der Schüler und Lehrer der gleichen Konfession angehören, Bekenntnisschule

Kon|fet|ti [lat.] *s. 9 nur Ez.* **1** bunte Papierblättchen, die an Fasching und Silvester geworfen werden; **2** *österr. auch:* Zuckerwaren

Kon|fi|dent [lat.] *m. 10 veraltet:* Vertrauter, enger Freund; **kon|fi|den|ti|ell** [-tsjel] *veraltet:* vertraulich; **Kon|fi|denz** *w. 10 nur Ez. veraltet* **1** Vertrauen, Zutrauen, Zuversicht; **2** Vertraulichkeit, Vertrautheit

Kon|fi|gu|ra|ti|on [-tsjon, lat.] *w. 10* **1** *veraltet:* Gestaltung; **2** Stellung (von Gestirnen); **3** Gruppierung (von Atomen im Molekül); **4** Verformung des kindl. Schädels bei der Geburt; **kon|fi|gu|rie|ren** **1** gestalten; **2** verformen

Kon|fi|na|ti|on [-tsjon, lat.] *w. 10* Aufenthaltsbeschränkung, Zuweisung eines bestimmten Ortes als Aufenthalt für eine Person, den sie nicht verlassen darf; **kon|fi|nie|ren** **1** beschränken, begrenzen; **2** jmdn. k.: jmds. Aufenthaltsort begrenzen; **Kon|fi|ni|tät** *w. 10 nur Ez. veraltet:* das Angrenzen, Grenznachbarschaft; **Kon|fi|ni|um** *s. Gen.* -s *Mz.* -ni|en *veraltet:* Grenze, Grenzland

Kon|fir|mand [lat.] *m. 10 ev. Kirche:* Jugendlicher, der konfirmiert werden soll; **Kon|fir|ma|ti|on** [-tsjon] *w. 10 ev. Kirche:* Aufnahme des Jugendlichen in die Gemeinschaft der Erwachsenen, verbunden mit der Zulassung zum Empfang des Abendmahls und Berechtigung, Patenschaften zu übernehmen; **kon|fir|mie|ren** einsegnen, die Konfirmation erteilen

Kon|fi|se|rie [frz.] *w. 11 schweiz.* **1** Konditorei; **2** feines Backwerk; **Kon|fi|seur** [-sør] *m. 1 schweiz.:* Konditor

Kon|fis|ka|ti|on [-tsjon, lat.] *w. 10* Beschlagnahme, entschädigungslose Enteignung (durch Staat oder Behörde); **kon|fis|zie|ren** beschlagnahmen

Kon|fi|tent [lat.] *m. 10 veraltet:* Beichtkind, Beichtender; **Kon|fi|te|or** *s. Gen.* -s *nur Ez.* Sündenbekenntnis (Teil des kath. Meßgebets)

Kon|fi|tü|re [lat.-frz.] *w. 11* Fruchtmus mit Fruchtstücken

kon|fli|gie|ren [lat.] *veraltet:* in Konflikt geraten; **Kon|flikt** *m. 1* Streit, Auseinandersetzung, Zwiespalt

Kon|flu|enz [lat.] *w. 10* Zusammenfluß (zweier gleichrangiger Ströme); **kon|flu|ie|ren** zusammenfließen; **Kon|flux** *m. 1* → Konfluenz

Kon|fö|de|ra|ti|on [-tsjon, lat.] *w. 10* Bündnis, Staatenbund; **kon|fö|de|rie|ren** sich zusammenschließen, sich verbünden

kon|fo|kal [lat.] den gleichen Brennpunkt besitzend, mit gleichem Brennpunkt

kon|form [lat.] übereinstimmend, einig, gleichgesinnt; k. gehen *ugs.:* sich einig sein, übereinstimmen; **kon|for|mie|ren** konform machen, in Übereinstimmung bringen; **Kon|for|mis|mus** *m. Gen. - nur Ez.* Streben nach Gleichförmigkeit, Streben, sich stets an die gegebenen Verhältnisse anzupassen; **Kon|for|mist** *m. 10* jmd., der seine Meinung jeweils den gegebenen Verhältnissen anpaßt; **Kon|for|mi|tät** *w. 10 nur Ez.* **1** Gleichförmigkeit, Übereinstimmung; **2** Winkel- und Maßstabtreue

Kon|fra|ter [lat.] *m. Gen.* -s *Mz.* -tres Amtsbruder, Mitbruder

Kon|fron|ta|ti|on [-tsjon, lat.] *w. 10* Gegenüberstellung (von Personen, deren Behauptungen oder Meinungen einander widersprechen); **kon|fron|tie|ren** jmdn. mit jmdm. k.: jmdn. einem andern gegenüberstellen

kon|fun|die|ren [lat.] verwirren, verwechseln; **kon|fus** verwirrt (Person), verworren, unklar (Sache, Gerede); **Kon|fu|si|on** *w. 10* Verwirrung, Durcheinander

Kon|fu|zia|ner *m. 5* Anhänger der Lehre des Konfuzius; **Kon|fu|zia|nis|mus** *m. Gen. - nur Ez.* die Sozial- und Morallehre des altchines. Philosophen Konfuzius

kon|ge|ni|al [lat.] geistesverwandt, geistig ebenbürtig

Kon|ge|sti|on [lat.] *w. 10* Blutandrang; **kon|ge|stiv** auf Kongestion beruhend, damit verbunden

Kon|glo|me|rat [lat.] *s. 1* **1** Gemenge, Zusammengewürfeltes, unsystematisch Zusammengetragenes; **2** aus Geröllen, die durch ein Bindemittel miteinander verschmolzen sind, bestehendes Sedimentgestein; *Ggs.:* Agglomerat; **Kon|glu|ti|nat** *s. 1* → Konglomerat (**2**); **Kon|glu|ti|na|ti|on** [-tsjon] *w. 10* Zusammenballung (von Bakterienhaufen)

Kon|gre|ga|ti|on [-tsjon, lat.] *w. 10* **1** *allg.:* Vereinigung; **2** *kath. Kirche:* Vereinigung mit einfacher oder keiner Mönchsregel; Verband mehrerer Klöster innerhalb eines Ordens; **Kon|gre|ga|tio|na|list** *m. 10* → Indepen-

dent; **Kon|gre|ga|tio|nist** *m.10* Angehöriger einer Kongregation
Kon|greß [lat.] *m.1* **1** polit. oder fachl. Versammlung, Tagung; **2** *in den USA:* Volksvertretung im Parlament
kon|gru|ent [lat.] **1** übereinstimmend (Ansichten); **2** *Math.:* deckungsgleich (bes. Dreiecke); **3** *Math.:* bei Teilung durch dieselbe Zahl den gleichen Rest ergebend (von Zahlen); **Kon|gru|enz** *w.10 nur Ez.* **1** Übereinstimmung; **2** *Math.:* Deckungsgleichheit; **3** *Gramm.:* Übereinstimmung zusammengehöriger Satzteile in Numerus, Genus oder Kasus; **kon|gru|ie|ren** **1** übereinstimmen; **2** *Math.:* sich decken
Ko|ni|die [-djə, griech.] *w.11* Spore, Fortpflanzungszelle vieler Pilze
Ko|ni|fe|re [lat.] *w.11 meist Mz.* Nadelbaum
Ko|ni|in [griech.] *s.1 nur Ez.* ein giftiges Alkaloid aus dem Schierling
Ko|nio|me|ter [griech.] *s.5* Gerät zum Bestimmen der Größe u. Dichte der Staubteilchen in der Luft; **Ko|nio|se** *w.11* → Pneumokoniose
ko|nisch [lat.] kegelförmig; **Ko|ni|zi|tät** *w.10 nur Ez.* Kegelform
Konj. *Abk. für* Konjunktiv
Kon|jek|ta|ne|en [auch: -ta-, lat.] *Mz.* Sammlung von Bemerkungen, Einfällen; **Kon|jek|tur** *w.10* **1** *veraltet:* Mutmaßung, Vermutung; **2** vermutlich richtige Lesart oder Verbesserung (eines unvollständig überlieferten Textes); **kon|jek|tu|ral** auf Konjektur beruhend; **kon|ji|zie|ren** **1** *veraltet:* vermuten; **2** mit Konjekturen versehen
kon|ju|gal [lat.] *veraltet:* ehelich; **Kon|ju|ga|ten** *Mz.* Jochalgen, Grünalgen; **Kon|ju|ga|ti|on** [-tsjon] *w.10* **1** Beugung, Abwandlung (der Verben); **2** vorübergehende Vereinigung zweier Einzeller zwecks Kernaustausch (Fortpflanzung); **kon|ju|gie|ren** **1** *veraltet:* verbinden; **2** *Gramm.:* beugen, abwandeln (Verb); **kon|jun|gie|ren** *veraltet:* verbinden, vereinigen; **Kon|junk|ti|on** [-tsjon] *w.10* **1** Bindewort, z. B. und, weil; **2** Stellung zweier Planeten oder eines Planeten und Sonne im gleichen Längengrad; **3** Einheit zweier durch „und“ verbundener Begriffe; *Ggs.:* Disjunktion (3); **kon|junk|tio|nal** durch eine Konjunktion (1) ausgedrückt; **kon|junk|tiv** [auch: -tif] verbindend; *Ggs.:* disjunktiv; **Kon|junk|tiv** *m.1* Möglichkeitsform des Verbs, z. B. ich liefe, ich sei, ich wäre gelaufen, ich hätte geschlafen; **Kon|junk|ti|va** *w. Gen. - nur Ez.* Bindehaut (des Auges); **kon|junk|ti|visch** im Konjunktiv (gebraucht); **Kon|junk|ti|vi|tis** *w. Gen. - Mz.* -ti|den Bindehautentzündung; **Kon|junk|tur** *w.10* Wirtschaftslage mit bestimmter Tendenz, z. B. steigende, fallende K., Hochkonjunktur; **kon|junk|tu|rell** die Konjunktur betreffend, auf ihr beruhend; **Kon|junk|tur|rit|ter** *m.5* jmd., der sich dem jeweils Mächtigsten anschließt
Kon|ju|rant [lat.] *m.10 veraltet:* Verschwörer; **Kon|ju|ra|ti|on** [-tsjon] *w.10 veraltet:* Verschwörung
kon|kav [lat.] nach innen gewölbt (Linse); *Ggs.:* konvex; **Kon|ka|vi|tät** *w.10 nur Ez.* konkave Beschaffenheit, Krümmung nach innen
Kon|kla|ve [lat.] *w.11* **1** von der Außenwelt streng abgeschlossener Versammlungsraum der Kardinäle zur Papstwahl; **2** die Versammlung selbst
kon|klu|dent [lat.] eine bestimmte Schlußfolgerung zulassend, schlüssig; **kon|klu|die|ren** schließen, folgern; **Kon|klu|si|on** *w.10* Schlußfolgerung; **kon|klu|siv** auf einer Konklusion beruhend, folgernd, schließend
kon|kor|dant [lat.] **1** übereinstimmend; *Ggs.:* diskordant; **2** *Geol.:* gleichgelagert; **Kon|kor|danz** *w.10* **1** Übereinstimmung; *Ggs.:* Diskordanz; **2** alphabet. Zusammenstellung der in einem Buch vorkommenden Wörter (mit Belegstellen, Verbalkonkordanz) oder der inhaltlich übereinstimmenden Stellen (Realkonkordanz), z. B. Bibelkonkordanz; **3** übereinstimmendes Merkmal; **4** Lagerung von Gesteinsschichten ohne Störungen oder Verwerfungen; **5** *Buchw.:* Maßeinheit von 4 Cicero = 48 Punkt; **Kon|kor|dat** *s.1* **1** Übereinkunft; **2** Abkommen zwischen einem Staat und dem Papst; **3** *schweiz.:* Abkommen zwischen Kantonen; **Kon|kor|di|en|buch** *s.4* Sammlung der Bekenntnisschriften der luther. Kirche; **Kon|kor|di|en|for|mel** *w.11* letzte Bekenntnisschrift der luther. Kirche 1577
Kon|kre|ment [lat.] *s.1* körnige, sich aus Körperflüssigkeit abscheidende Substanz in Hohlorganen, z. B. Nierenstein
Kon|kres|zenz [lat.] *w.10 nur Ez. veraltet:* das Zusammenwachsen
kon|kret [lat.] wirklich, gegenständlich, anschaulich, sinnlich wahrnehmbar; *Ggs.:* abstrakt; **Kon|kre|ti|on** [-tsjon] *w.10* **1** Verdichtung, Vergegenständlichung; **2** *Med.:* Verwachsung; Steinbildung; **3** kugelige Zusammenballung mineralischer Substanzen im Gestein; **kon|kre|ti|sie|ren** anschaulich, gegenständlich machen; **Kon|kre|tum** *s. Gen.* -s *Mz.* -ta Substantiv, das etwas sinnlich Wahrnehmbares bezeichnet; *Ggs.:* Abstraktum
Kon|ku|bi|nat [lat.] *s.1* eheähnliches Zusammenleben ohne gesetzliche Eheschließung, wilde Ehe; **Kon|ku|bi|ne** *w.11* Geliebte, Mätresse, Nebenfrau
Kon|ku|pis|zenz [lat.] *w.10* Verlangen, Begierde, Begehrlichkeit
Kon|kur|rent [lat.] *m.10* Mitbewerber, jmd., der mit jmdm. in Wettbewerb steht; **Kon|kur|renz** *w.10* **1** Wettstreit, (bes. wirt-

schaftl.) Wettbewerb; **2** Zusammentreffen zweier strafbarer Handlungen; **kon|kur|ren|zie|ren** *schweiz. neben:* konkurrieren; **kon|kur|rie|ren** **1** mit jmdm. k.: jmdm. Konkurrenz machen, mit jmdm. im Wettbewerb stehen; **2** mit etwas k.: mit etwas zusammentreffen (Straftaten)

Kon|kurs [lat.] *m.1* **1** Einstellung der Zahlungen; Zahlungsunfähigkeit; in K. gehen; K. anmelden; **2** Konkursverfahren; den K. eröffnen; **Kon|kur|sit** *m.10 schweiz.:* jmd., der in Konkurs gegangen ist; **Kon|kurs|mas|se** *w.11* das Vermögen der zahlungsunfähigen Firma

Kon|ne|ta|bel [lat.-frz.] *m.9 in Frankreich* **1** *urspr.:* Stallmeister, Befehlshaber der Reiterei; **2** *bis Anfang des 17. Jh.:* Oberbefehlshaber des Heeres unter dem König

Kon|nex [lat.] *m.1* **1** Verbindung, Zusammenhang; **2** *ugs.:* Kontakt (mit Personen); ich habe wenig, keinen K. mit ihnen; **Kon|ne|xi|on** *w.10* einflußreiche Bekanntschaft, förderliche Verbindung

kon|ni|vent [lat.] nachsichtig, duldsam (bes. gegenüber strafbaren Handlungen von Untergebenen); **Kon|ni|venz** *w.10 nur Ez.* Nachsicht, Duldsamkeit; **kon|ni|vie|ren** dulden, übersehen

Kon|nos|se|ment [frz.] *s.1 Seew.:* Frachtbrief, Ladeschein

kon|nu|bi|al [lat.] die Ehe betreffend, auf ihr beruhend; **Kon|nu|bi|um** *s. Gen.*-s *Mz.*-bi|en Ehe, Ehegemeinschaft

Ko|no|id [lat.] *m.1* kegelähnlicher Körper

Kon|qui|sta|dor [span.] *m.12* span. Eroberer Mittel- und Südamerikas im 16. Jh.

Kon|rek|tor [lat.] *m.13* Vertreter des Rektors

Kon|san|gui|ni|tät [lat.] *w.10 veraltet:* Blutsverwandtschaft

Kon|seil [kõsɛi, frz.] *m.9* **1** Rat, Ratsversammlung, Staats-, Ministerrat; **2** Beratung

Kon|se|kra|ti|on [-tsjon, lat.] *w.10 kath. Kirche* **1** Weihe (von Personen oder Sachen); **2** Wandlung (von Brot und Wein beim Meßopfer); **kon|se|krie|ren** weihen

kon|se|ku|tiv [lat.] folgend, Folge ...

Kon|sens [lat.] *m.1* Genehmigung, Bewilligung, Einwilligung, Zustimmung; **kon|sen|su|ell** übereinstimmend; **kon|sen|tie|ren** etwas k.: in etwas einwilligen

kon|se|quent [lat.] **1** folgerichtig, grundsatztreu; **2** beständig, beharrlich; **Kon|se|quenz** *w.10* **1** Folge; seine Konsequenzen aus etwas ziehen; die Konsequenzen von etwas tragen; **2** *nur Ez.* Folgerichtigkeit; Beharrlichkeit

Kon|ser|va|ti|on [-tsjon] *w.10* Pflege und Instandhaltung (von Kunstwerken); **Kon|ser|va|tis|mus** *m. Gen. - nur Ez.* Einstellung, Haltung, die am Bestehenden, am Hergebrachten festhält; **kon|ser|va|tiv** **1** am Bestehenden, Hergebrachten festhaltend, es bejahend; **2** *Med.:* schonend, auf Erhaltung bedacht; **Kon|ser|va|ti|vis|mus** *m. Gen. - nur Ez.* → Konservatismus; **Kon|ser|va|tor** *m.13 in Museen und Denkmalspflege:* Beamter, der für die Instandhaltung von Kunstwerken und Ausstellungsstücken zu sorgen hat; **kon|ser|va|to|risch** **1** pfleglich; **2** durch einen Konservator; **Kon|ser|va|to|rist** *m.10* Schüler an einem Konservatorium; **kon|ser|va|to|ri|stisch** (auf dem Studium) an einem Konservatorium (beruhend); konservatoristisch ausgebildet, konservatoristische Ausbildung; **Kon|ser|va|to|ri|um** *s. Gen.*-s *Mz.*-ri|en hochschulartige Musikschule (heute oft einer Musikhochschule angegliedert); **Kon|ser|ve** *w.11* etwas durch Sterilisation haltbar Gemachtes (bes. Obst, Gemüse, Fleisch usw. in Glas oder Blechdose); **kon|ser|vie|ren** **1** mit chem. oder techn. Mitteln haltbar machen, aufbewahren (Organteile, Körpergewebe, *auch:* Musikstücke); **2** pflegen, instandhalten (Kunstwerke)

Kon|si|gnant [lat.] *m.10 bes. im Überseehandel:* jmd., der eine Ware in Kommission gibt; **Kon|si|gna|tar, Kon|si|gna|tär** *m.1 bes. im Überseehandel:* jmd., der eine Ware zum Weiterverkauf in Kommission nimmt; **Kon|si|gna|ti|on** [-tsjon] *w.10* **1** Anweisung zu einem bestimmten Zweck, Bestimmung; **2** *bes. im Überseehandel:* Kommissionsgeschäft, Übergabe einer Ware zum Weiterverkauf; **kon|si|gnie|ren** **1** schriftlich beglaubigen, schriftlich niederlegen; **2** *bes. im Überseehandel:* zum Weiterverkauf übergeben; **3** mit bes. Auftrag absenden (Truppen, Schiff)

Kon|si|li|ar|arzt *m.2,* **Kon|si|lia|ri|us** [lat.] *m. Gen. - Mz.*-rii zur Beratung zugezogener Arzt; **Kon|si|li|um** *s. Gen.*-s *Mz.*-li|en Beratung (bes. mehrerer Ärzte über einen Krankheitsfall)

kon|si|stent [lat.] **1** dicht, zusammenhängend, fest, dickflüssig; **2** haltbar, dauerhaft; widerspruchsfrei; **Kon|si|stenz** *w.10 nur Ez.* **1** Beschaffenheit (eines Stoffes) hinsichtlich der Struktur; **2** Verhalten (eines Stoffes) gegenüber Formveränderungen, Beständigkeit; **3** Dichte, Dickflüssigkeit, Zähigkeit; **4** widerspruchsfreie Beschaffenheit

Kon|si|sto|ri|al|rat [lat.] *m. Titel für* Mitglied eines Konsistoriums; **Kon|si|sto|ri|al|ver|fas|sung** *w.10 ev. Kirche früher:* Verfassung, nach der die Verwaltung beim Konsistorium liegt; vgl. Synodalverfassung; **Kon|si|sto|ri|um** *s. Gen.*-s *Mz.*-ri|en **1** *ev. Kirche:* Verwaltungsbehörde (mit Ausschluß der Laien); **2** *kath. Kirche:* vom Papst geleitete Versammlung der Kardinäle

kon|skri|bie|ren [lat.] *früher:* zum Heeresdienst ausheben, einschreiben; **Kon|skrip|ti|on** [-tsjon] *w.10 früher:* Aushebung zum Heeresdienst (mit der Möglichkeit des Loskaufs)

Kon|sol [lat.-engl.] *m.9* Anteilschein an einer Staatsanleihe; **Kon|so|la|ti|on** [-tsjon, lat.] *w.10 veraltet:* Trost, Beruhigung; **Kon|so|le** [lat.] *w.11* **1** Mauervorsprung als Stütze für Bogen, Statuen u. a.; **2** Wandbrett; **Kon|so|li|da|ti|on** [-tsjon] *w.10* **1** Sicherung, Festigung; **2** Umwandlung von kurzfristigen Staatsschulden in langfristige; **3** Zusammenlegung mehrerer Staatsanleihen; **4** Zusammenlegung von Grundstücken; **5** Verfestigung der Erdkruste durch Zusammenpressen und Faltung sowie Eindringen von Magma; **kon|so|li|die|ren** **1** verfestigen, sichern; **2** zusammenlegen

Kon|som|mee [kõ-, frz.] *w.9 oder s.9* Fleisch-, Kraftbrühe

kon|so|nant [lat.] zusammenstimmend, gut zusammenklingend; *Ggs.:* dissonant; **Kon|so|nant** *m.10* Mitlaut, Laut, der nicht selbst klingt, sondern nur mit Hilfe eines anderen ausgesprochen werden kann, z. B. b(e), (e)f; vgl. Vokal; **Kon|so|nan|tis|mus** *m. Gen. - nur Ez.* **1** Bestand an Konsonanten (einer Sprache); **2** Bildung und histor. Entwicklung der Konsonanten; **Kon|so|nanz** *w.10* **1** Häufung von Konsonanten; **2** harmonisches Zusammenklingen; *Ggs.:* Dissonanz

Kon|sor|te [lat.] *m.11* **1** Mitglied eines Konsortiums; **2** *Mz. abfällig:* Mitbeteiligte, Mitschuldige; **Kon|sor|ti|um** [-tsjum] *s. Gen.*-s *Mz.*-ti|en [-tsjən] vorübergehender Zusammenschluß von Unternehmen zur Finanzierung größerer Geschäfte

Kon|spekt [lat.] *m.1 veraltet* **1** Übersicht, Überblick; **2** Aufzeichnung über etwas Gelesenes oder Gehörtes

Kon|spi|kui|tät [lat.] *w.10 nur Ez. veraltet:* Anschaulichkeit, Klarheit

Kon|spi|rant [lat.] *m.10* Verschwörer; **Kon|spi|ra|ti|on** [-tsjon] *w.10* Verschwörung; **kon|spi|rie|ren** sich verschwören

Kon|sta|bler [engl.] *m.5* **1** *früher:* Geschützmeister im Rang eines Unteroffiziers; **2** *noch in England und den USA:* Polizist

kon|stant [lat.] gleichbleibend, beständig, unveränderlich, unverändert; **Kon|stan|te** *w.11* unveränderliche Größe, feststehender Wert

Kon|stanz [lat.] *w.10 nur Ez.* Unveränderlichkeit, Beständigkeit

kon|sta|tie|ren [lat.] feststellen

Kon|stel|la|ti|on [tsjon, lat.] *w.10* **1** Zusammentreffen (von Umständen), bestimmte Lage, Situation; **2** Gruppierung von Gestirnen, ihre Stellung zueinander, zur Erde und zur Sonne

Kon|ster|na|ti|on [-tsjon, lat.] *w.10 nur Ez.* Bestürzung, Betroffenheit; **kon|ster|nie|ren** bestürzen, betroffen machen; **kon|ster|niert** betroffen, bestürzt

Kon|sti|pa|ti|on [-tsjon, lat.] *w.10* Darmverstopfung

kon|sti|tu|ie|ren [lat.] bilden, gründen, einsetzen, festsetzen; konstituierende Versammlung: verfassunggebende V.; sich k.: zusammentreten; **Kon|sti|tut** *s.1* fortgesetzter, wiederholter Vertrag; **Kon|sti|tu|ti|on** [-tsjon] *w.10* **1** Anordnung, Zusammensetzung; **2** Körperverfassung, Körperbeschaffenheit; kräftige, zarte, schwache K.; **3** Anordnung der Atome im Molekül; **4** Rechtsbestimmung, Verordnung, Satzung; **5** Verfassung (eines Staates), Staatsgrundgesetz; **6** Konzilsbeschluß; **7** Erlaß (des Papstes); **Kon|sti|tu|tio|na|lis|mus** *m. Gen. - nur Ez.* Regierungsform, in der die Rechte und Pflichten des Staatsoberhauptes und der Bürger durch eine Konstitution festgelegt sind; **kon|sti|tu|tio|nell** **1** auf einer Konstitution beruhend, die Konstitution betreffend; konstitutionelle Krankheit; **2** durch eine Konstitution beschränkt; konstitutionelle Monarchie; **Kon|sti|tu|ti|ons|typ** *m.12* Grundform des menschlichen Körperbaus; leptosomer, pyknischer, athlet. K. (nach E. Kretzschmar); **kon|sti|tu|tiv** grundlegend, bestimmend, zum Wesen (einer Sache) gehörend, rechtsbegründend, ein Recht entstehen lassend

Kon|strik|ti|on [-tsjon, lat.] *w.10* Abschnürung (von Blutgefäßen), Zusammenpressen, Zusammenziehung; **Kon|strik|tor** *m.13* Schließmuskel; **kon|strin|gie|ren** **1** zusammenpressen, abschnüren; **2** sich zusammenziehen

kon|stru|ie|ren [lat.] **1** entwerfen; **2** bauen, zusammensetzen; **3** nach gegebenen Größen zeichner. darstellen; **4** schematisch darstellen, erfinden (um etwas deutlich zu machen; ein Beispiel, einen Sachverhalt k.; **Kon|struk|teur** [-tør] *m.1* Erbauer, Gestalter; technischer Zeichner; **Kon|struk|ti|on** [-tsjon] *w.10* **1** Bauart, Gefüge, Aufbau; **2** Entwurf, Gestaltung; **3** *Geometrie:* zeichnerische Darstellung einer Figur mit gegebenen Größen; **4** *Philos.:* Aufbau eines Begriffssystems, Gedankengebäude; **5** schemat., erfundene Darstellung (um etwas zu verdeutlichen); **Kon|struk|ti|ons|bü|ro** *s.9* Büro, in dem techn. Entwürfe angefertigt werden; **kon|struk|tiv** (richtig) aufbauend, zusammensetzend, (folgerichtig) entwickelnd; *Ggs.:* destruktiv; **Kon|struk|ti|vis|mus** *m. Gen. - nur Ez.* **1** *Malerei und Plastik:* die Konstruktionselemente (von Körpern) betonende Richtung; **2** *Musik:* den formalen Aufbau der Komposition betonende Richtung; **Kon|struk|ti|vist** *m.10* Anhänger des Konstruktivismus

Kon|sul [lat.] *m.14 Röm. Reich und napoleon. Frankreich:* höchster Staatsbeamter; **2** *heute:* ständiger Vertreter eines Staates in einem anderen Staat; **Kon|su|lar|agent** *m.10* Beauftragter eines Konsuls; **Kon|su|lat** *s.1* Amt und Amtsgebäude eines Konsuls; **Kon|su|lent** *m.10 veraltet, noch schweiz.:* Rechtsberater; **Kon|sult** *s.1 veraltet:* Beschluß;

Kon|sul|tant *m.10* **1** fachmänn. Berater, Anleiter; **Kon|sul|ta|ti|on** [-tsjon] *w.10* **1** Beratung (durch einen Wissenschaftler); **2** gemeinsame Beratung (der Partner von Bündnissen); **kon|sul|ta|tiv** beratend; **kon|sul|tie|ren** jmdn. k.: jmds. fachmänn. Rat einholen; **Kon|sul|tor** *m.13* Geistlicher als Berater eines Bischofs

Kon|sum [lat.] *m.1 nur Ez.* **1** Verbrauch (von Bedarfsgütern, z. B. Lebensmitteln); **2** [meist: kon-] Konsumgenossenschaft sowie deren Verkaufsstelle; **Kon|su|ma|ti|on** [-tsjon] *w.10 schweiz.:* Verzehr, Zeche; **Kon|su|ment** *m.10* Verbraucher; **Kon|sum|ge|nos|sen|schaft** *w.10* Verbrauchergenossenschaft; genossenschaftl. Vereinigung, die den Ein- und Verkauf von Bedarfsgütern mit gewissen Vergünstigungen für ihre Mitglieder betreibt; **Kon|sum|ge|sell|schaft** *w.10* Gesellschaftsform, deren Wirtschaft auf Konsum (1) aufgebaut ist; **kon|su|mie|ren** verbrauchen; **Kon|sump|ti|bi|li|en** *Mz.* Verbrauchsgüter; **Kon|sump|ti|on** [-tsjon] *w.10* → Konsumtion; **Kon|sum|ter|ror** *m. Gen.*-s *nur Ez. ugs.:* von der Konsumgesellschaft dem einzelnen gegenüber ausgeübter Zwang zu möglichst großem Konsum (1); **Kon|sum|ti|on** [-tsjon] *w.10* **1** Konsum, Verbrauch; **2** *Med.:* Auszehrung; **3** Aufgehen einer Straftat in einer umfassenderen, z. B. Diebstahl in Raub; **Kon|sum|ver|ein** *m.1* → Konsumgenossenschaft

Kon|szi|en|tia|lis|mus [-tsja-, lat.] *m. Gen.* - *nur Ez.* Lehre, daß die Wirklichkeit nur im Bewußtsein vorhanden sei

Kon|ta|gi|on [lat.] *w.10* Ansteckung; **kon|ta|gi|ös** ansteckend; **Kon|ta|gio|si|tät** *w.10 nur Ez.* Ansteckungsmöglichkeit; **Kon|ta|gi|um** *s. Gen.*-s *Mz.*-gi|en *veraltet:* Ansteckungsstoff

Kon|takt [lat.] *m.1* Berührung, Verbindung, Beziehung; **kon|tak|ten** Kontakte aufnehmen, neue Geschäftsverbindungen anknüpfen, als Kontakter tätig sein; **Kon|tak|ter** *m.5* Werbefachmann in einem Betrieb oder einer Werbeagentur; **Kon|takt|glas** *s.4* → Kontaktlinse; **kon|tak|tie|ren** → kontakten; **Kon|takt|in|fek|ti|on** [-tsjo:n] *w.10* Infektion durch Berührung; **Kon|takt|lin|se** *w.11* unmittelbar auf dem Augapfel getragenes Brillenglas, Kontaktglas, Kontaktschale, Haftglas; **Kon|takt|mann** *m.4* Verbindungsmann, der Erkundigungen einzieht und neue Kontakte knüpft; **Kon|takt|me|ta|mor|pho|se** *w.11* Umwandlung des Nachbargesteins durch eindringendes geschmolzenes Tiefengestein; **Kon|takt|mi|ne|ral** *s.1, Mz. auch:* -li|en, durch Kontaktmetamorphose entstandenes Mineral; **Kon|takt|per|son** *w.10* jmd., der mit einer an einer Infektionskrankheit leidenden Person in Berührung gekommen ist und daher ansteckungsverdächtig ist

Kon|ta|mi|na|ti|on [-tsjon, lat.] *w.10* **1** Verschmelzung zweier Wörter oder Wortteile zu einem neuen Wort, z. B. „abnorm" und „anomal" zu „anormal", „Laterne" und „Leuchte" zu „Latüchte"; **2** *Kerntechnik:* Verunreinigung durch radioaktive Stoffe; **3** Kontakt mit schädigenden Stoffen der Umwelt oder mit Krankheitserregern; **4** *Geol.:* Aufnahme von Fremdgestein durch Magma; **kon|ta|mi|nie|ren** sich vermischen

kon|tant [ital.] bar, gegen Barzahlung; per k.: in bar; **Kon|tan|ten** *w.11 Mz.* **1** bares Geld; **2** Geldsorten; **3** Münzen, die nicht als Zahlungsmittel dienen

Kon|tem|pla|ti|on [-tsjon, lat.] *w.10* **1** *Mystik:* Versenkung in das Wort und Werk Gottes, betrachtendes Erkennen; **2** *allg.:* reine Anschauung, beschauliche Betrachtung, Beschaulichkeit; **kon|tem|pla|tiv** betrachtend, anschauend, beschaulich

kon|tem|po|rär [lat.] gleichzeitig, zeitgenössisch

Kon|ten *Mz. von* Konto

Kon|te|nance [kõtənãs, frz.] *w.11 nur Ez.* Haltung, Fassung, Gelassenheit; die K. bewahren, verlieren

Kon|ten|plan *m.2* systemat. Ordnung der Konten eines Betriebes in mehreren Klassen; **Kon|ten|rah|men** *m.7* Schema zur systemat. Ordnung der Konten in verschiedenen Klassen

Kon|ten|ten [lat.] *Mz. Seew.:* Ladeverzeichnisse (von Schiffen); **kon|ten|tie|ren** [lat.] zufriedenstellen, befriedigen (Ansprüche), bezahlen; **Kon|ten|tiv|ver|band** *m.2* ruhigstellender Verband (bei Knochenbrüchen u. ä.)

Kon|ter [lat.-engl.] *m.5 Boxen u. a.:* aus der Verteidigung geführter Gegenschlag

Kon|ter|ad|mi|ral [frz.] *m.1 oder m.2* Seeoffizier im Rang eines Generalmajors; **Kon|ter|ban|de** *w.11 nur Ez.* Schmuggelware; **Kon|ter|fei** *s.1 oder s.9 nur noch scherzh.:* Bild, Photographie, Abbild, Porträt; **kon|ter|fei|en** jmdn. k.: ein Bild von jmdm. machen; **Kon|ter|ge|wicht** *s.1* Gegengewicht; **Kon|ter|mar|ke** *w.11* Gegenstempel; **Kon|ter|mi|ne** *w.11* **1** *Festungswesen:* Gegenmine; **1** *Börse:* mit Fallen der Kurse rechnende Spekulation; Maßnahme einer Börsenpartei gegen eine andere; **kon|ter|mi|nie|ren** **1** mit einer Gegenmine versehen; **2** *Börse:* auf Baisse spekulieren; **3** jmdn. k.: *Börse:* Maßnahmen gegen jmdn. ergreifen; **kon|tern** **1** einen Angriff k. *Sport:* nach geglückter Abwehr dem Gegner einen Gegenschlag versetzen; **2** umdrehen, richtigstellen (seitenverkehrtes Bild); **3** (im Gespräch) zurückschlagen, den Spieß umdrehen; **Kon|ter|re|vo|lu|ti|on** [-tsjo:n] *w.10* Gegenrevolution; **Kon|ter|re|vo|lu|tio|när** *m.1* Gegenrevolutionär; **Kon|ter|tanz** *m.2, 18. Jh.:* Tanz zu je zwei oder vier einander gegenüberstehenden Paaren

kon|te|sta|bel [lat.] *veraltet:* strittig, umstritten, anfechtbar; **kon|te|stie|ren** *veraltet:* anfechten, bestreiten
Kon|text [lat.] *m.1* der ein Wort umgebende Text, durch den oft die Bedeutung erst klar wird, Zusammenhang; **kon|tex|tu|ell** den Kontext betreffend; **Kon|tex|tur** *w.10 veraltet:* Zusammenhang, Verbindung
Kon|ti *Mz. von* Konto; **kon|tie|ren** in ein Konto eintragen, verbuchen
Kon|ti|gui|tät [lat.] *w.10* Berührung, (zeitl.) Zusammentreffen (von Erlebnissen)
Kon|ti|nent [lat.] *m.1* **1** Festland; **2** Erdteil; **kon|ti|nen|tal** zu einem Kontinent gehörig, auf ihm vorkommend; **Kon|ti|nen|ta|li|tät** *w.10 nur Ez.* Einfluß des Festlandes auf das Klima (je nach Entfernung von der Küste); **Kon|ti|nen|tal|kli|ma** *s. Gen.*-s *nur Ez.* Land-, Festlandsklima, Binnenklima
Kon|ti|nenz [lat.] *w.10 nur Ez.* die Fähigkeit, Stuhlgang und Harn zurückzuhalten
Kon|tin|gent [lat.] *s.1* **1** festgelegte, begrenzte, zugeteilte Warenmenge; **2** Pflichtanteil, -beitrag (zu bestimmten Aufträgen); **3** Truppenstärke (eines Staates innerhalb einer Verteidigungsgemeinschaft) als Anteil am Gesamtheer; **kon|tin|gen|tie|ren** eine Ware k.: das Kontingent für eine Ware festsetzen; **Kon|tin|genz** *w.10 nur Ez.* **1** *Philos.:* Möglichkeit (der Dinge, auch anders sein zu können), Zufälligkeit; **2** *Statistik:* Häufigkeit des gemeinsamen Auftretens zweier Merkmale oder Sachverhalte
Kon|ti|nua|ti|on [-tsjon, lat.] *w.10 veraltet:* Fortsetzung; **kon|ti|nu|ie|ren** *veraltet:* fortsetzen; **kon|ti|nu|ier|lich** stetig, ununterbrochen, fortdauernd; *Ggs.:* diskontinuierlich; **Kon|ti|nui|tät** *w.10 nur Ez.* Stetigkeit, Fortdauer; *Ggs.:* Diskontinuität; **Kon|ti|nu|um** *s. Gen.*-s *Mz.*-nua *oder* -nuen etwas lückenlos Zusammenhängendes, z. B. Linie
Kon|to [ital.] *s. Gen.*-s *Mz.*-ten *oder* -ti Gegenüberstellung von Einnahmen und Ausgaben, Forderungen und Schulden; ein Konto bei einem Geldinstitut eröffnen, haben, löschen; **Kon|to|aus|zug** *m.2* Mitteilung des Geldinstituts über den Stand des Kontos an dessen Inhaber; **Kon|to|kor|rent** *s.1* Verbindung zweier Geschäftspartner, bei der die beiderseitigen Leistungen und Forderungen in Form eines Kontos einander gegenübergestellt und regelmäßig abgerechnet werden
Kon|tor [frz.] *s.1 veraltet:* **1** Geschäftszimmer (eines Kaufmanns), Büro; **2** Niederlassung im Ausland, Handelskontor; **Kon|to|rist** *m.10* Angestellter eines kaufmänn. Betriebes, der Büroarbeiten erledigt
Kon|tor|si|on [lat.] *w.10* Verrenkung, gewaltsame Verdrehung (eines Gliedes); **Kon|tor|sio|nist** *m.10* Schlangenmensch (Artist)
kon|tra [lat.] gegen; **Kon|tra** *s.9* **1** Entgegengesetztes; *Ggs.:* Pro; das Pro und das K.: das Für und das Wider; jmdm. K. geben: ihm energisch widersprechen; **2** *Kartenspiel:* Gegenansage; K. ansagen
Kon|tra|baß *m.2* Baßgeige
Kon|tra|dik|ti|on [-tsjon, lat.] *w.10* **1** Widerspruch; **2** *Logik:* Gegensatz zweier Begriffe oder Urteile; **kon|tra|dik|to|risch** gegensätzlich, widersprüchlich; kontradiktorische Urteile: Urteile, von denen jedes das andere verneint
Kon|tra|ha|ge [-ʒə, frz.] *w.11* Forderung zum Duell
Kon|tra|hent [lat.] *m.10* **1** Vertragspartner; **2** Gegner (beim Duell); **kon|tra|hie|ren** **1** zusammenziehen; **2** zum Duell fordern; **3** vereinbaren
Kon|tra|in|di|ka|ti|on [-tsjo:n, lat.] *w.10 Med.:* Gegenanzeige, Umstand, der eine an sich richtige Behandlung als nicht zweckmäßig erscheinen läßt; **kon|tra|in|di|ziert** *Med.:* nicht anwendbar, nicht zweckmäßig
kon|trakt [lat.] zusammengezogen, verkrümmt, gelähmt; **Kon|trakt** *m.1* Vertrag, Abkommen; **kon|trak|til** zusammenziehbar; **Kon|trak|ti|li|tät** *w.10 nur Ez.* Fähigkeit (eines Muskels), sich zusammenzuziehen; **Kon|trak|ti|on** [-tsjon] *w.10* **1** Zusammenziehung von Muskeln, Schrumpfung; **2** Zusammenziehung zweier Laute zu einem neuen Laut, z. B. „Dritteil" zu „Drittel"; **Kon|trak|tur** *w.10* (dauernde) Verkürzung (eines Muskels), Verkrümmung
Kon|tra|post [lat.] *m.1 bildende Kunst:* die unterschiedliche Gestaltung der beiden Körperhälften in Ruhe und Bewegung, bes. ausgedrückt im Ausgleich von Standbein und Spielbein
Kon|tra|punkt [lat.] *m.1* das Nebeneinanderherführen mehrerer selbständiger Melodielinien; **Kon|tra|punk|tik** *w.10 nur Ez.* Lehre vom Kontrapunkt; **Kon|tra|punk|ti|ker** *m.5* Vertreter der auf dem Kontrapunkt beruhenden Kompositionsweise
kon|trär [lat.] gegensätzlich; **Kon|tra|rie|tät** [-rile-] *w.10 nur Ez. veraltet* **1** Gegensätzlichkeit; **2** Hindernis
Kon|tra|se|lek|ti|on [-tsjo:n, lat.] *w.10* Gegenauslese
Kon|tra|si|gna|tur [lat.] *w.10* Gegenzeichnung, Mitunterschrift; **kon|tra|si|gnie|ren** gegenzeichnen
Kon|trast [ital.] *m.1* Gegensatz, starker Unterschied, z. B. Farbkontrast; **Kon|trast|fil|ter** *m.5* photograph. Filter zum Verstärken von Farbkontrasten; **kon|tra|stie|ren** mit etwas k.: in Gegensatz zu etwas stehen, sich stark von etwas abheben; **Kon|trast|mit|tel** *s.5* diagnostisches Hilfsmittel aus für Röntgenstrahlen undurchlässigem Stoff, das vor der Durchleuchtung eingenommen oder eingespritzt wird
Kon|tra|ve|ni|ent [lat.] *m.10 veraltet:* (einer

Vorschrift oder Vereinbarung) Zuwiderhandelnder; **kon|tra|ve|nie|ren** *veraltet:* zuwiderhandeln; **Kon|tra|ven|ti|on** [-tsjon] *w. 10* Zuwiderhandlung, Vertragsbruch
Kon|tra|zep|ti|on [-tsjon, lat.] *w. 10* Empfängnisverhütung; **kon|tra|zep|tiv** empfängnisverhütend; **Kon|tra|zep|ti|vum** *s. Gen.* -s *Mz.* -va empfängnisverhütendes Mittel
Kon|tre [kɔ̃trə, frz.] *m. 9* → Kontertanz
Kon|tri|bu|ent [lat.] *m. 10 veraltet:* Steuerpflichtiger; **kon|tri|bu|ie|ren** *veraltet:* beitragen, beisteuern; **Kon|tri|bu|ti|on** [-tsjon] *w. 10* Beitrag (bes. zum Unterhalt von Besatzungstruppen)
kon|trie|ren [lat.] *Kartenspiel:* Kontra ansagen
Kon|tri|ti|on [-tsjon, lat.] *w. 10 kath. Kirche:* vollkommene Reue (auf Grund deren die Absolution erteilt wird); *Ggs.:* Attrition
Kon|trol|le *w. 11* **1** Überwachung, Aufsicht; **2** Prüfung, Probe, z. B. Fahrscheinkontrolle; **3** Beherrschung; die K. über etwas verlieren; **Kon|trol|ler** *m. 5 bei Elektromotoren:* Anlasser; **Kon|trol|leur** [-lør, frz.] *m. 1* jmd., der eine Kontrolle durchführt, Aufsichtsbeamter; **kon|trol|lie|ren** überwachen, nachprüfen; **Kon|troll|rat** *m. 2 nur Ez.* Alliierter K. *1945–1948:* oberstes Besatzungsorgan in Dtschl.
kon|tro|vers [lat.] **1** gegeneinander gerichtet; **2** strittig, bestreitbar; **Kon|tro|ver|se** *w. 11* **1** wissenschaftl. Auseinandersetzung; **2** Streit, Meinungsverschiedenheit
Kon|tu|maz [lat.] *w. Gen. - nur Ez.* **1** *veraltet:* Nichterscheinen vor Gericht; **2** *österr.:* Verkehrssperre (um die Ausbreitung von Seuchen zu verhindern); **Kon|tu|maz|ur|teil** *s. 1* Urteil in Abwesenheit des Angeklagten
kon|tun|die|ren [lat.] *Med.:* quetschen
Kon|tur [frz.] *w. 10, in der Kunst auch: m. 12* Umriß, Umrißlinie; **kon|tu|rie|ren** **1** mit Konturen umgeben (Figuren einer Zeichnung); **2** in Umrissen zeichnen, mit Umrissen andeuten
Kon|tu|si|on [lat.] *w. 10* Quetschung
Ko|nus [lat.] *m. Gen. - Mz.* -nus|se *oder* -nen **1** Kegel, Kegelstumpf; **2** kegelförmiger Körper, Zapfen; **3** der leicht konisch verlaufende, obere Teil der Druckletter, der das Schriftbild trägt
Kon|va|les|zenz [lat.] *w. 10 nur Ez.* **1** Genesung, Gesundung, Rekonvaleszenz; **2** Gültigwerden (eines Rechtsgeschäfts)
Kon|vek|ti|on [-tsjon, lat.] *w. 10* **1** *Meteor.:* auf- oder abwärts gerichtete Luftströmung; *Ggs.:* Advektion; **2** *Phys.:* Transport von Energie oder elektr. Ladung durch bewegte kleinste Teilchen; **3** Austausch von verschieden temperierten Luftmassen **kon|vek|tiv** auf Konvektion beruhend; **Kon|vek|tor** *m. 13* Heizkörper, der die Luft überwiegend durch Konvektion (**3**) erwärmt; *Ggs.:* Radiator

kon|ve|na|bel [lat.] *veraltet* **1** schicklich, passend, wie es sich gehört; **2** annehmbar, bequem; **Kon|ve|ni|enz** *w. 10 nur Ez.* **1** Schicklichkeit; **2** Bequemlichkeit; **kon|ve|nie|ren** **1** sich schicken, passen, so sein, wie es sich gehört; **2** bequem sein, zusagen; **Kon|vent** *m. 1* **1** Versammlung, Zusammenkunft (bes. von den Mitgliedern eines Klosters oder einer Studentenverbindung); **2** Kloster, Stift; **Kon|ven|ti|kel** *s. 5* **1** geheime Zusammenkunft; **2** außerkirchl. religiöse Versammlung; **Kon|ven|ti|on** [-tsjon] *w. 10* **1** Vereinbarung, Übereinkunft; **2** völkerrechtl. Vertrag; **3** Herkommen, Brauch; **kon|ven|tio|nal** [-tsjo-] auf einer Konvention (**1**) beruhend; **Kon|ven|tio|nal|stra|fe** *w. 11* Strafe wegen Nichteinhaltung eines Vertrages; **kon|ven|tio|nell** **1** herkömmlich, üblich, gebräuchlich; konventionelle Waffen: alle Waffen außer Kern-, biolog. und chem. Waffen; **2** gesellschaftlich-förmlich; **Kon|ven|tua|le** *m. 11* stimmberechtigtes Mitglied einer Klostergemeinschaft
kon|ver|gent [lat.] **1** aufeinander zustrebend, zulaufend (Linien); **2** übereinstimmend; *Ggs.:* divergent; **Kon|ver|genz** *w. 10* **1** Annäherung; **2** Übereinstimmung; *Ggs.:* Divergenz; **3** *bei mathemat. Folgen und Reihen:* das Zulaufen auf einen Grenzwert; **kon|ver|gie|ren** **1** aufeinander zustreben, sich annähern; **2** übereinstimmen; *Ggs.:* divergieren
Kon|ver|sa|ti|on [-tsjon, lat.] *w. 10* gewandte, gepflegte, etwas förmliche Unterhaltung, geselliges Gespräch; **Kon|ver|sa|ti|ons|le|xi|kon** *s. Gen.* -s *Mz.* -ka umfangreiches, alphabet. geordnetes Nachschlagewerk über alle Wissensgebiete; **Kon|ver|sa|ti|ons|stück** *s. 1* unterhaltendes Theaterstück mit geistreich-witzigen Dialogen, meist mit Themen aus der höheren Gesellschaft; **kon|ver|sie|ren** Konversation machen, sich gewandt unterhalten; **Kon|ver|si|on** *w. 10* **1** Umwandlung (z. B. eines Schuldverhältnisses in ein anderes); **2** Glaubenswechsel, Übertritt zu einer anderen Konfession (bes. zur katholischen); **3** grundlegende Meinungsänderung; **4** Umwandlung verdrängter Triebe oder Erlebnisse in körperl. Symptome; **5** Wechsel der Wortart, z. B. „Kraft" zu „kraft"; **Kon|ver|ter** *m. 5* **1** um die senkrechte Achse drehbarer Industrieofen zur Gewinnung von Stahl; **2** *Elektrotechnik:* Gerät zum Umwandeln von Gleichspannungen; **3** Reaktortyp, der bestimmte Kernreaktionen erzeugt und dadurch nichtspaltbares Material in spaltbares für normale Reaktoren umwandelt; **kon|ver|ti|bel** umwandelbar, umwechselbar, umtauschbar; **Kon|ver|ti|bi|li|tät** *w. 10 nur Ez.* Möglichkeit, Geld der einen Währung in solches einer anderen umzutauschen; **kon|ver|tier|bar** → konvertibel; **kon|ver|tie|ren** **1** austauschen, umtauschen (z. B. eine Währung

in eine andere), umwandeln, umgestalten; **2** zu einer anderen Konfession (bes. zur kath.) übertreten; **Kon|ver|tit** *m. 10* jmd., der zu einer anderen Konfession übergetreten ist
kon|vex [lat.] erhaben, nach außen gekrümmt; *Ggs.:* konkav
Kon|vikt [lat.] *s. 1* **1** Wohnheim für kath. Schüler und Studenten, bes. Theologiestudenten; **2** *österr.:* Schülerinternat; **Kon|vik|ti|on** [-tsjon] *w. 10 veraltet:* Überführung (eines Verbrechers); **Kon|vik|tua|le** *m. 11* Bewohner eines Konvikts; **kon|vin|zie|ren** *veraltet:* (eines Verbrechens) überführen
Kon|vi|vi|um [lat.] *s. Gen.*-s *Mz.*-vi|en *veraltet:* Gastmahl, Fest, Festgelage
Kon|voi [lat.-frz.] *m. 9* **1** Geleitzug, mehrere, unter dem Schutz von Fahrzeugen bzw. See- oder Luftstreitkräften fahrende Fahrzeuge bzw. Schiffe; **2** die beigegebenen Streitkräfte selbst; im oder unter K. fahren
Kon|vo|ka|ti|on [-tsjon, lat.] *w. 10* **1** Einberufung, Zusammenrufung (von Körperschaften); **2** *an engl. und US-amerik. Universitäten:* Gremium, das über die Verleihung der Ehrendoktorwürde entscheidet
Kon|vo|lut [lat.] *s. 1* **1** Bündel (von Schriftstücken); Sammelmappe; **2** *Med.:* Knäuel (z. B. von Darmschlingen); **Kon|vo|lu|te** *w. 11* → Volute
Kon|voy *m. 9* → Konvoi
Kon|vul|si|on [lat.] *w. 10* Schüttel-, Zukkungskrampf; **kon|vul|si|visch** krampfhaft zuckend
kon|ze|die|ren [lat.] zugestehen, einräumen, erlauben
Kon|zen|trat [lat.] *s. 1* **1** hochprozentige Lösung, Mischung, in der ein Stoff angereichert enthalten ist; **2** *übertr.:* Zusammenfassung; **Kon|zen|tra|ti|on** [-tsjon] *w. 10* **1** Zusammendrängung (um einen Mittelpunkt), Zusammenballung (von wirtschaftl. o. a. Kräften); *Ggs.:* Dekonzentration; **2** Sammlung, Anspannung (der geistigen Kräfte), gespannte Aufmerksamkeit; **3** Gehalt einer Lösung an gelöstem, angereichertem Stoff; **Kon|zen|tra|ti|ons|la|ger** *s. 5* (*Abk.:* KL, KZ) Arbeits- und Vernichtungslager in totalitären Staaten, bes. unter dem Nationalsozialismus, für polit. Gegner und mißliebige Minderheiten (Juden, Zigeuner); **kon|zen|trie|ren** **1** zusammenballen, zusammendrängen, -ziehen; **2** anreichern, sättigen, verdichten (Lösung); **3** sich k.: sich sammeln, seine Aufmerksamkeit anspannen; **kon|zen|trisch** **1** einen gemeinsamen Mittelpunkt habend; konzentrische Kreise; *Ggs.:* exzentrisch; **2** einem Punkt zustrebend, auf einen Punkt gerichtet; **Kon|zen|tri|zi|tät** *w. 10 nur Ez.* konzentrische Beschaffenheit
Kon|zept [lat.] *s. 1* **1** Entwurf, erste, unausgefeilte Niederschrift; jmdn. aus dem K. bringen: in Verwirrung bringen; aus dem K. geraten, kommen: verwirrt werden; **2** Plan, Vorstellung; **Kon|zep|ti|on** [-tsjon] *w. 10* **1** Empfängnis; **2** schöpferischer Einfall; **3** Entwurf, Plan (eines Werkes); **kon|zep|tio|nell** [-tsjo-] auf Konzeption beruhend
Kon|zern [lat.] *m. 1* Zusammenschluß gleichartiger Unternehmen, die wirtschaftlich eine Einheit bilden, aber rechtlich selbständig sind; **kon|zer|nie|ren** einen Konzern bilden
Kon|zert [lat.-ital.] *s. 1* **1** (meist öffentliche) Aufführung von Musikwerken; **2** Musikstück für ein oder mehrere Soloinstrumente und Orchester; **kon|zer|tant** in der Art eines Konzerts; **Kon|zert|di|rek|ti|on** [-tsjo:n] *w. 10* Unternehmen, das öffentliche Konzerte veranstaltet; **kon|zer|tie|ren** ein Konzert geben, aufführen; konzertierte Aktion *übertr., BRD:* zwischen den →Sozialpartnern und der Regierung abgestimmtes wirtschaftl. Verhalten; **Kon|zer|ti|na** *w. 9* sechseckige Handharmonika; **Kon|zert|mei|ster** *m. 5* führender erster Geiger eines Orchesters
Kon|zes|si|on [lat.] *w. 10* **1** Zugeständnis; Konzessionen machen; **2** Erlaubnis, behördliche Genehmigung (z. B. ein Gewerbe auszuüben); **3** staatl. bewilligtes Recht, ein Gebiet in gewissem Umfang in Besitz zu nehmen; **Kon|zes|sio|när** *m. 1* Inhaber einer Konzession; **kon|zes|sio|nie|ren** eine Konzession (für etwas) erteilen, genehmigen; **kon|zes|siv** einräumend
Kon|zil [lat.] *s. 1, Mz. auch:* -li|en, *kath. Kirche:* Versammlung hoher Würdenträger zur Beratung kirchl. Fragen; **kon|zi|li|ant** umgänglich, verbindlich, versöhnlich; **Kon|zi|li|anz** *w. 10 nur Ez.* konziliantes Wesen oder Verhalten; **kon|zi|li|ar** auf dem Konzil beruhend, dazu gehörend; **Kon|zi|lia|ris|mus** *m. Gen.- nur Ez.* kirchenrechtl. Theorie, nach der das Konzil dem Papst übergeordnet sein sollte; **Kon|zi|lia|ti|on** [-tsjon] *w. 10 veraltet:* Versöhnung
kon|zinn [lat.] *veraltet:* harmonisch zusammengefügt, ebenmäßig, abgerundet
Kon|zi|pi|ent [lat.] *m. 10* **1** *veraltet:* Verfasser eines Konzepts; **2** *österr.:* Anwaltsassessor; **kon|zi|pie|ren** **1** entwerfen, ins Konzept schreiben; **2** *Med.:* empfangen; **Kon|zi|pist** *m. 10* → Konzipient
kon|zis [lat.] bündig, kurz, kurzgefaßt (Ausdrucksweise)
Ko|ope|ra|ti|on [-tsjon, lat.] *w. 10* Zusammenarbeit; **ko|ope|ra|tiv** zusammenwirkend, durch Kooperation; **Ko|ope|ra|tor** *m. 13* kath. Hilfsgeistlicher; **ko|ope|rie|ren** zusammenarbeiten
Ko|op|ta|ti|on [-tsjon, lat.] *w. 10* Ergänzungswahl, Wahl neuer Mitglieder (durch die alten); **ko|op|tie|ren** hinzuwählen
Ko|or|di|na|te [lat.] *w. 11* **1** die Lage eines Punktes auf einer Fläche oder im Raum bestimmende Zahl; **2** *Mz. zusammenfassende Bez. für* Abszisse und Ordinate; **Ko|or|di|na-**

ten|sy|stem *s.1* System zum Bestimmen der Lage eines Punktes mit Hilfe von Koordinaten; **Ko|or|di|na|ti|on** [-tsjon] *w.10 nur Ez.* **1** Abstimmen von Vorgängen aufeinander zwecks reibungslosen Ablaufs; **2** Zusammenspiel (der Muskeln zu geordneten Bewegungen); **3** Neben-, Beiordnen (von Satzteilen); **Ko|or|di|na|ti|ons|leh|re** *w.11 nur Ez.* Lehre vom Aufbau chem. Verbindungen, die durch Ionenbindung gebildet wurden; **Ko|or|di|na|tor** *m.13 Rundfunk, Fernsehen:* Mitarbeiter, der die verschiedenen Programme aufeinander abstimmt; **ko|or|di|nie|ren 1** aufeinander abstimmen; **2** neben-, beiordnen; koordinierende Konjunktion: K., die zwei Hauptsätze miteinander verbindet, z. B. „und"

Ko|pai|va|bal|sam [brasilian. Eingeborenenspr.] *m. Gen.*-s *nur Ez.* Harz des südamerik. Kopaivabaumes, für Lacke und als Heilmittel

Ko|pal [mexikan. Eingeborenenspr.] *m.1* Harz verschiedener trop. Bäume

Ko|pe|ke [russ.] *w.11* kleine russ. Münze, 1/100 Rubel

Ko|pe|po|de [griech.] *m.11* Ruderfüßer, ein Krebstier

Kö|per [ndrl.] *m.5* Gewebe in Köperbindung; **Kö|per|bin|dung** *w.10* Bindungsart von Geweben mit schräg verlaufender Fadenführung; **kö|pern** in Köperbindung weben

Koph|ta [arab.] *m.9* sagenhafter ägypt. Weiser

Ko|pi|al|buch [zu: kopieren] *s.4* Buch mit Abschriften von Urkunden; **Ko|pia|tur** *w.10 veraltet:* Abschreiben; **Ko|pie,** *österr.:* [-kopjə] *w.11* **1** Abschrift; **2** *Phot.:* Abzug; **3** Nachbildung (eines Kunstwerks durch einen andern Künstler); vgl. Replik (2); **ko|pie|ren 1** abschreiben; **2** *Phot.:* abziehen; **3** nachbilden; **4** nachahmen (Person); **Ko|pier|stift** *m.1* Tintenstift

Ko|pi|lot *m.10* zweiter Flugzeugführer, zweiter Fahrer (beim Autorennen)

ko|pi|ös [lat.-frz.] *Med.:* reichlich (z. B. vom Stuhl)

Ko|pist [lat.] *m.10* jmd., der etwas kopiert, Abschreiber, Nachbilder

Ko|pra [hind.] *w.9 nur Ez.* getrocknete, zerkleinerte Kokosnußkerne

Ko|pro|duk|ti|on [-tsjo:n] *w.10* Gemeinschaftsproduktion (bes. von Filmen)

ko|pro|gen [griech.] vom Kot stammend; **Ko|pro|lith** *m.10 oder m.12* versteinerter Kot (urweltl. Tiere); **Ko|prom** *s.1* Kotgeschwulst; **Ko|pro|pha|ge** *m.11* sich von Mist ernährendes Tier, Kotfresser; **Ko|pro|pha|gie** *w.11 nur Ez.* krankhaftes Kotessen (bei Geisteskrankheiten), Skatophagie; **Ko|pro|sta|se** *w.11* Verstopfung

Kops [engl.] *m.1* aufgewickeltes Garn, Garnkörper

Kop|te [arab.] *m.11* christl. Nachkomme der alten Ägypter mit arab. Sprache und eigener Kirche

Ko|pu|la [lat.] *w.9 Mz. auch* -lae **1** *Gramm.:* Satzband, Teil des zusammengesetzten Prädikats, mit den Verben sein, scheinen, bleiben oder werden gebildet; **2** *Biol.:* Begattung (der Tiere); **Ko|pu|la|ti|on** [-tsjon] *w.10* **1** Befruchtung, Begattung; **2** Veredelung von Pflanzen; **ko|pu|la|tiv** *Gramm.:* anreihend, verbindend; **ko|pu|lie|ren 1** verbinden; veredeln (Pflanzen); **2** den Geschlechtsakt ausführen

Ko|rach, Ko|rah [nach einer Gestalt des AT] *in der Wendung* eine Rotte K.: eine wilde Bande

Ko|ral|le [griech.] *w.11* **1** ein Hohltier, Meerestier; **2** Schmuckstück aus dessen Skelett; **Ko|ral|lin** *s.1 nur Ez.* roter Farbstoff für Lacke

ko|ram [lat.] vor aller Augen, öffentlich; jmdn. k. nehmen: jmdn. zur Rede stellen, zurechtweisen

Ko|ran [auch: ko-, arab.] *m. Gen.*-s *nur Ez.* heilige Schrift des Islams mit den Offenbarungen Mohammeds

Kord [engl.] *m.1* geripptes Baumwollgewebe; **Kor|de** *w.11,* **Kor|del** [frz.] *w.11* Schnur aus zusammengedrehten Seiden- oder Kunstseidenfäden

kor|di|al [lat.] herzlich, umgänglich, vertraut

kor|die|ren [frz.] **1** Griffe an Werkzeugen k.: aufrauhen; **2** Gold- oder Silberdraht k.: schnurartige Linien einritzen

Kor|die|rit [-dje-, nach dem frz. Geologen L. A. Cordier] *m.1 nur Ez.* ein Mineral

Kor|dit [frz.] *m.1 nur Ez.* ein fadenförmiges, rauchschwaches Schießpulver

Kor|don [-dõ, frz.] *m.9, österr.:* [-don] *m.1* **1** Band, Schnur; **2** kleiner Obstbaum, bei dem einige Äste an Schnüren gezogen werden, Schnurbaum; **3** Postenkette, Absperrung; **Kor|do|nett|sei|de** *w.11* aus mehreren Fäden gedrehtes Seidengarn, Schnurseide; **Kor|do|nett|stich, Kor|do|nier|stich** *m.1* einen Faden umschnürender Stich

Kord|samt *m.1* gerippter Samt

Kor|du|an [nach der span. Stadt Cordoba] *s. Gen.*-s *nur Ez.,* **Kor|du|an|le|der** *s.5 nur Ez.* weiches Ziegen- oder Schafsleder

Ko|re [griech.] *w.11* weibl. Statue, freistehend oder gebälktragend anstelle einer Säule

Ko|ri|an|der [lat.] *m.5* eine Gewürzpflanze; **Ko|ri|an|dol|i** *s. Gen.*-(s) *Mz.*-, *österr. für* Konfetti

Ko|rin|the [nach der griech. Stadt Korinth] *w.11* kleine, schwarze, getrocknete Weinbeere

Kork [ndrl.] *m.1* **1** *allg.:* Teil der Borke, *bes.:* Rinde der Korkeiche; **2** → Korken; **Kor|ken** *m.7* Pfropfen aus Kork als Flaschenverschluß, Stöpsel

Kor|mo|phyt [griech.] *m.10* aus Wurzel,

Stengel und Blättern bestehende Pflanze, Sproßpflanze; *Ggs.:* Thallophyt
Kọr|mo|ran [lat.-frz.] *m.1* pelikanähnlicher, fischfressender Vogel
Kọr|mus [griech.] *m. Gen. - nur Ez.* in Wurzel und Sproß samt Blättern gegliederter Pflanzenkörper
Kọr|nak [sanskr.] *m.9* Elefantenführer
Kọr|nea [lat.] *w. Gen. - nur Ez.* Hornhaut (des Auges)
Kọr|nel|kir|sche [lat.] *w.11* ein Zierstrauch
Kọr|ner [engl.] *m.5 Börse:* Vereinigung von Kaufleuten zu Aufkäufen zwecks Preissteigerung
Kor|nẹtt [lat.-frz.] **1** *m.9 oder m.1 früher:* Fähnrich einer Reiterabteilung; **2** *s.1* aus dem Posthorn entwickeltes, kleinstes Blechblasinstrument; **3** ein Orgelregister
Ko|rọl|la [lat.] *w. Gen. - Mz.*-len **1** Blumenkrone; **2** alle Blütenblätter einer Blüte; **Ko|rol|lar** *s.1,* **Ko|rol|la|ri|um** *s. Gen.*-s *Mz.*-ri|en **1** Zusatz, Zugabe, Ergänzung; **2** aus einem Satz gefolgerter Satz; **Ko|rọl|le** *w.11* → Korolla
Ko|ro|mạn|del|holz [nach der Koromandelküste in Vorderindien] *s.4* ebenholzartiges Holz der Dattelpflaume
Ko|ro|na [lat.] *w. Gen. - Mz.*-nen **1** Strahlenkranz (der Sonne); **2** Sprühentladung an Hochspannungsleitungen, auch hohen Spitzen; **3** Heiligenschein; **4** *ugs.:* fröhliche Runde; **Ko|ro|nar|ge|fä|ße** *s.1 Mz.* Herzkranzgefäße; **Ko|ro|nar|in|suf|fi|zi|enz** *w.10* ungenügende Blutversorgung des Herzmuskels durch die Herzkranzgefäße; **Ko|ro|nar|skle|ro|se** *w.11* Verkalkung der Herzkranzgefäße; **Ko|ro|nis** *w. Gen. - Mz.*-ni|des [-de:s] (*Zeichen:* ') Häkchen, Zeichen für die → Krasis
Kọr|po|ra *Mz. von* Korpus
Kor|po|ral [lat.-ital.] *m.2 oder m.1, früher:* Unteroffizier; **Kor|po|ra|le** *s.5* Leinentuch als Unterlage für Hostie und Kelch; **Kor|po|ral|schaft** *w.10* einem Korporal unterstellte Truppeneinheit, kleinste Abteilung der Kompanie; **Kor|po|ra|ti|on** [-tsjo̱n] *w.10* **1** Körperschaft; **2** Studentenverbindung; **kor|po|ra|tiv** zu einer Korporation gehörend, körperschaftlich; **kor|po|riert** einer Korporation (2) angehörend
Korps [ko̱r, lat.-frz.] *s. Gen.* - [ko̱rs] *Mz.* - [ko̱rs] **1** Truppenverband aus mehreren Waffengattungen, Armeekorps; **2** Studentenverbindung; **3** Gemeinschaft von Personen gleichen Standes, z. B. Offizierskorps; diplomatisches Korps: Gesamtheit der Diplomaten eines Staates
kor|pu|lẹnt [lat.] beleibt; **Kor|pu|lẹnz** *w.10 nur Ez.* Körperfülle, Beleibtheit; **Kọr|pus** **1** *m. Gen. - Mz.*-pus|se *ugs. scherzh.:* Körper; **2** *s. Gen. - Mz.*-po|ra Sammelwerk (bes. in der Antike und im MA); vgl. Corpus; **3** *m. Gen. - nur Ez.* Schallkörper (von Musikinstrumenten, bes. von Saiteninstrumenten); **4** *w. Gen. - nur Ez.* ein Schriftgrad (10 Punkt);
Kor|pụs|kel *s.14 oder w.11* kleinstes Teilchen der Materie, Elementarteilchen; **kor|pus|ku|lar** aus Korpuskeln bestehend, die Korpuskeln betreffend; **Kor|pus|ku|lar|strah|len** *m.12 Mz.* aus Korpuskeln bestehende Strahlung
Kor|ral [span.] *m.1* Gehege, Pferch für wilde Tiere, die gezähmt werden sollen, bes. für Elefanten
Kor|ra|si|on [lat.] *w.10* Abschleifung von Gestein durch Flugsand
Kọr|re|fe|rat [lat.] *s.1* zweites Referat über dasselbe Thema; **Kọr|re|fe|rent** *m.10* jmd., der das Korreferat hält, zweiter Referent; **kor|re|fe|rie|ren** das Korreferat halten
kor|rẹkt [lat.] richtig, fehlerfrei; **Kor|rek|ti|on** [-tsjo̱n] *w.10 veraltet:* Verbesserung; **Kor|rek|ti|ons|an|stalt** *w.10 schweiz.:* Besserungsanstalt; **kor|rek|tiv** verbessernd, ausgleichend; **Kor|rek|tiv** *s.1* Mittel zum Ausgleich;
Kor|rẹk|tor *m.13 in Verlag oder Druckerei:* Angestellter, der Schriftsätze auf ihre formale Richtigkeit prüft; **Kor|rek|to|rat** *s.1 in Verlag oder Druckerei:* Abteilung der Korrektoren; **Kor|rek|tur** *w.10* **1** Verbesserung, Berichtigung; **2** Prüfung von Schriftsatz auf Richtigkeit; K. lesen
kor|re|lat [lat.] wechselseitig, einander wechselseitig bedingend; **Kor|re|lat** *s.1* **1** Ergänzung, ergänzender Begriff; **2** Wort, das mit einem andern in wechselseitiger Beziehung steht; **Kor|re|la|ti|on** [-tsjo̱n] *w.10* Wechselbeziehung, Aufeinanderbezogensein; **kor|re|la|tiv** → korrelat; **kor|re|lie|ren** in Wechselwirkung stehen
kor|re|pe|tie|ren [lat.] mit jmdm. einüben; eine Gesangsrolle mit jmdm. k.: sie am Klavier begleitend mit jmdm. einüben; **Kor|re|pe|ti|tor** *m.13* jmd., der am Klavier mit Opernsängern die Gesangspartie einstudiert
kor|re|spek|tiv [lat.] gemeinschaftlich, wechselseitig bedingt
Kor|re|spon|dẹnt [lat.] *m.10* **1** auswärtiger Berichterstatter (einer Zeitung); **2** Angestellter in einem kaufmänn. Betrieb, der (bes. ausländ.) Korrespondenz führt; **Kor|re|spon|dẹnz** *w.10* **1** Briefwechsel, Briefverkehr; **2** Übereinstimmung; **Kor|re|spon|dẹnz|kar|te** *w.11 österr.:* Postkarte; **kor|re|spon|die|ren** **1** übereinstimmen; **2** in Briefverkehr stehen, Briefe wechseln
Kọr|ri|dor [lat.-ital.] *m.1* **1** Flur, Gang (einer Wohnung); **2** schmaler, durch fremdes Hoheitsgebiet führender Landstreifen
Kor|ri|gẹn|da [lat.] *s. Mz., Ez.:* -dum zu Verbesserndes, Druckfehler; **Kor|ri|gens** *s. Gen. - Mz.*-gẹn|tia [-tsja] *oder* -gẹn|zi|en geschmacksverbessernder Zusatz zu einer Arznei; **kor|ri|gie|ren** verbessern, berichtigen

kor|ro|die|ren [lat.] **1** zerstören, angreifen; **2** der Korrosion unterliegen, zerstört werden; **Kor|ro|si|on** *w.10* **1** Zerstörung oder Veränderung (von Metallflächen) durch Wasser, Chemikalien oder Ätzmittel; **2** Zerstörung (von Körpergewebe) durch Entzündung; **kor|ro|siv** Korrosion bewirkend, ätzend, zerfressend

kor|rum|pie|ren [lat.] bestechen, moralisch verderben; **kor|rupt** bestechlich, moralisch verdorben; **Kor|rup|ti|on** [-tsjon] *w.10 nur Ez.* Bestechlichkeit, moral. Verfall

Kor|sa|ge [-ʒə, frz.] *w.11* versteiftes, trägerloses, auf Figur gearbeitetes Oberteil eines Kleides; *auch:* Mieder und Korsett in einem Stück

Kor|sak [russ.] *m.9* zentralasiat. Steppenfuchs

Kor|sar [ital.] *m.10* **1** Seeräuberschiff; **2** Seeräuber, Freibeuter

Kor|se|lett [frz.] *s.9* leichtes, kleines Korsett; **Kor|sett** *s.9* die Figur formender Hüftgürtel mit Stäbchen und/oder Gummizug

Kor|so [ital.] *m.9* **1** *früher:* Wettrennen reiterloser Pferde; **2** *heute:* festl. Aufzug geschmückter Wagen, Schaufahrt; **3** breite, baumbestandene Straße, Prachtstraße

Kor|te|ge [-tɛʒə, frz.] *w.11 veraltet:* Ehrengeleit, Gefolge

Kor|tex [lat.] *m.1* Rinde; **kor|ti|kal** zur Rinde (von Gehirn oder Organen) gehörig; **Kor|ti|ne** *s.1 Mz. Sammelbez. für* die in der Nebennierenrinde gebildeten Hormone; **Kor|ti|son** *s.1 nur Ez.* Hormon der Nebennierenrinde

Ko|rund [sanskr.] *m.1* ein Mineral, ein Edelstein

Kor|vet|te [frz.] *w.11* **1** kleines Kriegsschiff; **2** *Turnen:* Sprung in den Handstand; **Kor|vet|ten|ka|pi|tän** *m.1* Seeoffizier im Majorsrang

Ko|ry|bant [griech.] *m.10* Priester der kleinasiat. Göttin Kybele; **ko|ry|ban|tisch** ausgelassen, lärmend

Ko|ry|phäe [griech.] **1** *m.11 im altgriech. Drama:* Chorführer; **2** *w.11* hervorragender Fachmann, Kenner

Ko|sak [russ.] *m.10* **1** Angehöriger einer der Leibeigenschaft entflohenen, im südlichen und südöstlichen Rußland angesiedelten, militärisch organisierten russischen Bevölkerungsgruppe; **2** *früher in Rußland:* leichter Reiter

Ko|sche|nil|le [-niljə, frz.] *w.11 nur Ez.* aus der Koschenilleschildlaus gewonnener roter Farbstoff

ko|scher [hebr.] **1** (nach den jüd. Speisevorschriften) rein; *Ggs.:* treife; **2** *übertr.:* sauber, unbedenklich; die Sache ist nicht ganz koscher

Ko|se|kans [lat.] *m. Gen. - Mz. -* (*Abk.:* cosec) eine Winkelfunktion im rechtwinkligen Dreieck, Verhältnis der Hypotenuse zur Gegenkathete; **Ko|se|kan|te** *w.11, veraltet für* Kosekans

Ko|si|nus [lat.] *m. Gen. - Mz. -* (*Abk.:* cos) eine Winkelfunktion im rechtwinkligen Dreieck, Verhältnis der Ankathete zur Hypotenuse

Kos|me|tik [griech.-frz.] *w.10* Schönheitspflege; **Kos|me|ti|ke|rin** *w.10* auf dem Gebiet der Kosmetik beruflich tätige weibl. Person; **Kos|me|ti|kum** *s. Gen.*-s *Mz.*-ka Mittel zur Kosmetik; **kos|me|tisch** zur Kosmetik gehörend, mit ihrer Hilfe; **Kos|me|to|lo|ge** *m.11* Fachmann auf dem Gebiet der Kosmetik

kos|misch [griech.] den Kosmos betreffend, zum Kosmos gehörend; **Kos|mo|bio|lo|gie** *w.11 nur Ez.* Wissenschaft vom Einfluß des Kosmos auf die Lebewesen der Erde und von der Existenz lebender Organismen auf anderen Sternen; **Kos|mo|go|nie** *w.11* Lehre von der Entstehung des Kosmos; **Kos|mo|gra|phie** *w.11* **1** *früher:* Beschreibung der Entstehung und Entwicklung des Kosmos, Weltbeschreibung; **2** *im MA* → Geographie; **Kos|mo|lo|gie** *w.11* Wissenschaft vom Kosmos; **Kos|mo|naut** *m.10, sowjet. Bez. für* Astronaut; **Kos|mo|po|lit** *m.10* **1** Weltbürger, jmd., der sich mehr den Völkern der ganzen Erde als seinem eigenen Volk verpflichtet fühlt; **2** über die ganze Erde verbreitete Pflanzen- oder Tierart; **Kos|mo|po|li|tis|mus** *m. Gen. - nur Ez.* Weltbürgertum, Einstellung, Haltung eines Kosmopoliten; **Kos|mos** *m. Gen. - nur Ez.* Weltall; **Kos|mo|so|phie** *w.11 nur Ez.* Weltweisheit, Streben, mit Hilfe myst. Spekulation Wesen und Sinn der Welt zu erkennen; **Kos|mo|the|is|mus** *m. Gen. - nur Ez.* Lehre von der Einheit von Gott und Welt

ko|stal [lat.] zu den Rippen gehörend, von ihnen ausgehend

Ko|stüm [frz.] *s.1* **1** für eine bestimmte Epoche charakterist. Kleidung; **2** für ein bestimmtes Theaterstück oder einen Film nötige Kleidung der Schauspieler **3** Rock und Jacke aus dem gleichen Stoff für Damen; **4** Faschings-, Maskenanzug; **Ko|stü|mier** [-mje] *m.9 Theater, Film:* Gewandmeister, Aufseher über die gesamten Kostüme (**2**); **ko|stü|mie|ren** jmdn. oder sich k.: verkleiden, ein Kostüm anziehen

K.-o.-Sy|stem *s.1 nur Ez.* Austragungsmodus bei Spielen (der Unterlegene scheidet aus)

Ko|tan|gens [lat.] *m. Gen. - Mz. -* (*Abk.:* cot, cotg., ctg.) eine Winkelfunktion im rechtwinkligen Dreieck, Verhältnis der Ankathete zur Gegenkathete; **Ko|tan|gen|te** *w.11 veraltet* → Kotangens

Ko|tau [chin.] *m.9* tiefe Verbeugung (der Chinesen), Kniefall, wobei die Stirn die Erde berührt; vor jmdm. K. machen *übertr.:* sich vor jmdm. demütigen

Ko|te 1 [frz.] *w.11* durch Höhenangabe auf

der Karte festgelegter Geländepunkt; **2** [schwed.] *w.11* Zelt der Lappen
Ko|te|lett [frz.] *s.9* gebratenes Rippenstück mit Knochen (vom Kalb, Schwein oder Hammel); **Ko|te|let|ten** *Mz.* sehr kleiner, kurzer Backenbart
Ko|te|rie [frz.] *w.11* Sippschaft, Klüngel
Ko|thurn [griech.] *m.1 in der altgriech. Tragödie:* Schuh mit sehr dicker Sohle (Teil des Kostüms der Schauspieler); auf Kothurnen schreiten *übertr.:* erhaben tun, pathetisch sein
ko|tie|ren [frz.] **1** zum Handel an der Börse zulassen (Wertpapier); **2** einen Punkt im Gelände k.: seine Höhe bestimmen
Ko|til|lon [-tiljõ *oder* -tijõ, frz.] *m.9* Tanzspiel, bei dem Geschenke verlost werden
Ko|to [jap.] *s.9 oder w.9* ein jap. Saiteninstrument
Ko|ton [-tõ, arab.-frz.] *m.9* Baumwolle; **ko|to|ni|sie|ren** Flachs-, Hanfabfälle k.: zu baumwollähnl., verspinnbaren Fasern, sog. Flachsbaumwolle, verarbeiten
Ko|ty|le|do|ne [griech.] *w.11* **1** *bei Samenpflanzen:* Keimblatt; **2** *bei Säugetieren:* Zotte der Embryohülle
Kox|i|tis [lat.] *w. Gen. - Mz.*-iti|den Hüftgelenkentzündung
kp *Abk. für* Kilopond
kpm *Abk. für* Kilopondmeter
Kr *chem. Zeichen für* Krypton
kracken (krak|ken) [engl.] Moleküle schwersiedender Kohlenwasserstoffe k.: durch Hitze in solche leichtsiedender Kohlenwasserstoffe spalten
Kra|ke [norw.] *m.11* **1** Kopffüßer; **2** *nord. Myth.:* ein Meeresungeheuer
Kra|keel [ndrl.] *m.1* lauter Streit, Lärm, Unruhe
Kra|ke|lee *m.9 oder s.9 eindeutschende Schreibung von* Craquelé; **Kra|ke|lü|re** [frz.] *w.11* Sprung oder Riß im Firnis oder in den Farben alter Gemälde
Kra|ko|wi|ak [nach der Stadt Krakau] *m.9* poln. Nationaltanz
Kral [port.-ndrl.] *m.1* afrikanisches Runddorf
kra|ni|al [lat.] zum Schädel gehörig, zum Schädel zu (gelegen)
Kra|nio|klast [lat. + griech.] *m.10* zangenartiges Instrument zum Umfassen (und Zerbrechen) des Kopfes des Kindes bei Geburtshindernis; **Kra|nio|lo|gie** *w.11 nur Ez.* Beschreibung des menschl. Schädels, Schädellehre, Phrenologie; **Kra|nio|me|ter** *s.5* Gerät zur Schädelmessung; **Kra|nio|me|trie** *w.11 nur Ez.* Schädelmessung; **Kra|nio|te** *m.11* Wirbeltier mit Schädel; **Kra|nio|to|mie** *w.11* Schädelöffnung, Schädelschnitt (bei Geburtshindernis am toten Kind)
Kra|sis [griech.] *w. Gen. - Mz.*-sen *altgriech. Gramm.:* Zusammenziehung des auslautenden Vokals eines Wortes mit dem anlautenden Vokal des nächsten
kraß [lat.] sehr stark, sehr groß, ungewöhnlich; krasser Gegensatz; ich würde das nicht so kraß ausdrücken
Kras|su|la|zeen [lat.] *Mz.* Dickblattgewächse
Kra|ter [griech.] **1** *m.5* Öffnung eines Vulkans; **2** [-ter] *m.1* altgriech. Gefäß mit Fuß und zwei Henkeln
kra|ti|ku|lie|ren [lat.] mit Hilfe eines aufgelegten Gitters maßstabgetreu vergrößernd oder verkleinernd zeichnen
kra|to|gen [griech.] *Geol.:* starr, verfestigt, nicht mehr zur Faltung fähig; **Kra|to|gen, Kra|ton** *s. Gen.*-s *nur Ez.* starrer Teil der Erdkruste, der nicht mehr durch Faltung, sondern nur durch Bruch- oder Bruchfaltentektonik verformt werden kann
Kraul [engl.] *s. Gen.*-s *nur Ez.* ein Schwimmstil; **kraul|len** im Kraulstil schwimmen; **Krau|ler** *m.5* jmd., der im Kraulstil schwimmt;
Kraul|stil *m.1 nur Ez.* schnellste Art des Schwimmens
Krau|rit [griech.] *m.1 nur Ez.* Grüneisenerz, ein Mineral
Kra|wat|te [frz., urspr. möglicherweise dt. Krawat „Kroat"] *w.11* **1** unter dem Hemdkragen befestigte, bunte Binde, Schlips; **2** ein Griff beim Ringen
Kra|weel [zu: Karavelle] *w.10 veraltet:* Lastschiff; **Kra|weel|bau** *m. Gen.*-(e)s *nur Ez.* Art des Bootsbaus, wobei die Planken aneinanderstoßen und meist in zwei Schichten diagonal übereinanderliegen
kraw|len [krau-, engl.] *veraltete Schreibung von* kraulen
Kra|yon [krɛjõ, frz.] *m.9 veraltet* **1** Bleistift, Drehbleistift; **2** Kreidestift; **Kra|yon|ma|nier** *w.10 nur Ez.* Radierung, bei der die Linien aus feinen Punkten bestehen, so daß das Bild wie eine Kreidezeichnung wirkt
Kre|as [span.] *s. Gen. - nur Ez.* ungebleichtes Leinen
Krea|tia|nis|mus [-tsja-, lat.] *m. Gen. - nur Ez.* relig. Lehre, daß aus der Zeugung nur der Leib hervorgehe und die Seele jeweils unmittelbar von Gott geschaffen werde
Krea|tin [griech.] *s.1 nur Ez.* ein Stoffwechselprodukt in der Muskulatur
Krea|ti|on [-tsjon, lat.] *w.10* **1** Schöpfung, Schaffung; **2** Modeschöpfung, Modell; **krea|tiv** schöpferisch; **Krea|ti|vi|tät** *w.10 nur Ez.* schöpferische Kraft; **Krea|tor** *m.13 veraltet:* Schöpfer; **Krea|tur** *w.10* **1** Geschöpf, Lebewesen; **2** willenloser Mensch als Werkzeug in der Hand eines anderen; **3** verachtenswerter Mensch, Schuft; **krea|tür|lich** geschöpflich, einer Kreatur (**1**) eigen
Kre|denz [ital.] *w.10* halbhoher Schrank für Geschirr u. zum Bereitstellen von Speisen und Getränken, Anrichte; **kre|den|zen** *poet.:* darreichen, feierlich anbieten

Kre|dit [auch: -dit, lat.] **1** *m.1* befristete Überlassung von Naturalien oder Geld gegen Zins, Darlehen; einen K. aufnehmen; **2** Vertrauen in die Fähigkeit und Bereitschaft eines anderen, seine Verbindlichkeiten vereinbarungsgemäß zu erfüllen; bei jmdm. (unbeschränkten) K. haben; **3** [kre-] *Buchführung:* Habenseite (des Kontos); *Ggs.:* Debet; **Kre|dit|an|stalt** *w.10,* **Kre|dit|bank** *w.10* Bank, die langfristige Kredite gibt; **kre|di|tie|ren** eine Summe k.: jmdm. eine Summe als Darlehen vorschießen; **Kre|di|tor** *m.13* Gläubiger; *Ggs.:* Debitor; **Kre|do** [lat.] *s.9* **1** das Apostolische Glaubensbekenntnis; **2** Teil der kath. Messe; **3** *allg.:* Glaubensbekenntnis; **Kre|du|li|tät** *w.10 nur Ez. veraltet:* Leichtgläubigkeit

kre|ie|ren [lat.-frz.] schaffen, gestalten; eine Rolle (auf der Bühne) kreieren

Krem [frz.] *w.9, ugs. auch: m.9, eindeutschende Schreibung von* Creme

Kre|ma|ti|on [-tsjon, lat.] *w.10* Verbrennung, Einäscherung (von Leichen); **Kre|ma|to|ri|um** *s. Gen.-*s *Mz.-*ri|en Verbrennungsanlage (für Leichen); **kre|mie|ren** einäschern

Kreml [russ.] *m.9 oder m.5* **1** *i. w. S.:* Burg, Zitadelle; **2** *i. e. S.:* Stadtburg von Moskau und sowjet. Regierungssitz; *auch:* die sowjet. Regierung

Kren [tschech.] *m. Gen.-*(s) *nur Ez. süddt., bes. österr.:* Meerrettich

kre|nel|lie|ren [frz.] *früher:* mit Zinnen versehen

Kreo|le [port.-frz.] *m.11* **1** Nachkomme europ. (roman.) Einwanderer in Mittel- und Südamerika; **2** *früher auch in Brasilien:* im Inland geborener Neger

Kreo|pha|ge [griech.] *m.11* fleischfressendes Tier, Karnivore

Kreo|sot [griech.] *s.1 nur Ez.* Bestandteil des Teers mit keimtötender Wirkung

Kre|pe|li|ne [krɛplin(ə), frz.] *w.9* leichtes Kreppgewebe

kre|pie|ren [lat.] **1** bersten, platzen (Sprengkörper); **2** verenden, sterben (Tier)

Kre|pi|ta|ti|on [-tsjon, lat.] *w.10* Geräusch beim Aneinanderreiben rauher Flächen, z. B. bei gebrochenen Knochen, Atemgeräusch, z. B. bei Lungenentzündung

Kre|pon [-põ, frz.] *m.9* ein Kreppgewebe mit rauher Oberfläche; **Krepp** *m.9 oder m.1* Gewebe mit gekräuselter Oberfläche

kre|scen|do [-ʃɛn-] *eindeutschende Schreibung von* crescendo

Kre|sol [griech.] *s.1 nur Ez.* ein aromat. Kohlenwasserstoff, zum Imprägnieren und Desinfizieren

Kres|zenz [lat.] *w.10 nur Ez.* Wachstum, Herkunft (bes. vom Wein)

kre|ta|ze|isch [lat.], **kre|ta|zisch** zur Kreideformation gehörig, aus ihr stammend

Kre|thi und Ple|thi [wahrscheinl. nach den Kretern und Philistern in König Davids Leibwache] *abfällig:* alle möglichen Leute; dort trifft sich K. und P.

Kre|ti|kus [griech.] *m. Gen.- Mz.-*zi drei- oder fünffüßiger antiker Versfuß (–∪–), dessen Längen in Kürzen aufgelöst werden können (∪∪ ∪ ∪∪)

Kre|tin [-tɛ̃, frz.] *m.9,* **Kre|ti|ne** *m.11* schwachsinniger und mißgestalteter Mensch; **Kre|ti|nis|mus** *m. Gen.- nur Ez.* auf Unterfunktion der Schilddrüse beruhender, angeborener Schwachsinn mit körperlicher Mißbildung

Kre|ton [frz.] *m.1, österr. für* Cretonne

Kre|vet|te [frz.] *w.11* → Garnele

Kricket [Krik|ket) [engl.] *s. Gen.-*s *nur Ez.* Schlagballspiel zwischen zwei Mannschaften

Kri|da [mlat.] *w. Gen.- nur Ez. österr.:* betrügerischer Konkurs; **Kri|dar, Kri|da|tar** *m.1 österr.:* Konkursschuldner

Kriek [engl.] *m.1* **1** kleiner Wasserlauf; **2** kleiner Hafen

Kri|ko|to|mie [griech.] *w.11* Luftröhrenschnitt

Kri|mi *m.9 Kurzw. für* Kriminalroman, -stück, -film, -hörspiel; **kri|mi|nal** [lat.] zum Strafrecht, -verfahren, Verbrechen usw. gehörend; **kri|mi|na|li|sie|ren** kriminell machen, zum Verbrecher machen; **Kri|mi|na|list** *m.10* **1** Kriminalbeamter; **2** Kriminalwissenschaftler; **Kri|mi|na|li|stik** *w.10 nur Ez.* Kriminalwissenschaft, Lehre von den Verbrechen, ihrer Aufdeckung, Verhütung und Ursachen, Erforschung des Lebens der Verbrecher; **Kri|mi|na|li|tät** *w.10 nur Ez.* Straffälligkeit, Ausmaß, in dem Angehörige eines Standes, Volkes oder einer Gruppe straffällig werden; **Kri|mi|nal|po|li|zei** *w.10 nur Ez.* (*Kurzw.:* Kripo) Polizei, die sich mit der Aufdeckung u. Verhinderung von Straftaten befaßt; **Kri|mi|nal|pro|zeß** *m.1 veraltet:* Strafprozeß; **kri|mi|nell** **1** verbrecherisch (Handlung); **2** straffällig (Person); *ugs.:* (über die Grenze des Zulässigen hinaus) unverschämt; **Kri|mi|no|lo|gie** *w.11 nur Ez.* Wissenschaft vom Verbrechen, seinen Ursachen, Opfern usw.

Krim|mer [nach der Halbinsel Krim] *m.5* **1** ein Lammfell; **2** ein Wollgewebe, Imitation dieses Fells

Kri|no|iden [lat. + griech.] *m.11 Mz. Sammelbez. für* Stachelhäuter (Haarsterne und Seelilien)

Kri|no|li|ne [frz.] *w.11* Reifrock als Unterrock

Kri|po *w. Gen.- nur Ez. ugs. Kurzw. für* Kriminalpolizei

Kris [mal.] *m.1* malaiischer Dolch mit (meist gewundener doppelschneidiger Klinge

Kri|se [griech.] *w.11* **1** schwierige Zeit, Störung; **2** *Med.:* Höhepunkt (einer Krankheit); **Kri|sis** *w. Gen.- Mz.-*sen, *Med. für* Krise (**2**)

Kri|stall [griech.] **1** *m.1* fester, von geometrisch gesetzmäßig angeordneten Flächen begrenzter Körper; **2** *s.1* Bleiglas, Kristallglas; **3** *s.1* Kristallwaren; **kri|stal|lin, kri|stal|li|nisch** aus Kristallen bestehend; **Kri|stal|li|sa|ti|on** [-tsjon] *w.10 nur Ez.* Kristallbildung; **kri|stal|li|sie|ren** **1** Kristalle bilden; **2** sich k.: sich zu Kristallen umformen; **Kri|stal|lit** *m.10* winziger Kristall ohne deutlich ausgeprägte Oberflächenform, Anfangsstadium der Kristallisation; **Kri|stal|lo|gra|phie** *w.11 nur Ez.* Lehre von den Kristallen; **Kri|stal|lo|id** *s.1* kristallähnlicher Körper

Kri|te|ri|um [griech.] *s. Gen.*-s *Mz.*-ri|en **1** Kennzeichen, unterscheidendes Merkmal; **2** Rundenrennen im Radsport

Kri|tik [auch: -tik, griech.] *w.10* **1** *nur Ez.* Urteilsfähigkeit, Unterscheidungsvermögen; **2** Beurteilung, Wertung; Besprechung (von Büchern, Theaterstücken, Konzerten, Filmen u. a.); Tadel, Beanstandung; **3** *nur Ez.* Gesamtheit der Kritiker; **Kri|ti|ka|ster** *m.5* kleinlicher Tadler, Nörgler; **Kri|ti|ker** *m.5* **1** jmd., der beruflich Bücher, Theaterstücke, Filme usw. kritisiert; **2** *allg.:* jmd., der Kritik übt; **kri|tisch** **1** beurteilend, unterscheidend, prüfend; kritische Ausgabe: Ausgabe eines Literaturwerkes mit Angabe der Lesarten; kritischer Apparat: Gesamtheit der Anmerkungen zu einem Literaturwerk bezüglich der Lesarten, Textgeschichte usw.; **2** gefährlich, bedenklich, eine Wende ankündigend; **kri|ti|sie|ren** **1** beurteilen, werten, besprechen; **2** beanstanden, tadeln; **Kri|ti|zis|mus** *m. Gen.* - *nur Ez.* von Kant eingeführtes Verfahren, vor der Aufstellung eines philosoph. Systems die Möglichkeiten und Grenzen der menschl. Erkenntnis festzustellen

Krocket (Krok|ket) [auch: krɔkɛt, engl.] *s.9 nur Ez.* ein Rasenkugelspiel zwischen zwei Mannschaften; **krockieren** (krok|kie-) (die gegnerische Kugel) wegschlagen

Kro|kant [frz.] *m.1 nur Ez.* mit karamellisiertem Zucker vermischte Mandel- oder Nußstückchen

Kro|ket|te [frz.] *w.11* in Fett gebackenes Klößchen aus Kartoffeln, Fleisch u. a.

Kro|ki [frz.] *s.9* einfache Geländezeichnung, Kartenskizze; **kro|kie|ren** skizzieren (Gelände)

Kro|ko|dil [griech.] *s.1* ein wasserbewohnendes Reptil, Raubtier

Kro|kus [griech.] *m. Gen.* - *Mz.* - *oder* -kus|se eine Gartenblume

Krom|lech [kelt.] *m.1 oder m.9* Grab- und Kultstätte der Jungsteinzeit aus hochaufgerichteten, kreisförmig aufgestellten Steinen

Krö|sus [nach dem letzten König von Lydien] *m. Gen.* - *Mz.*-sus|se sehr reicher Mann

Kro|ta|lin [griech.] *s.1 nur Ez.* Gift der Klapperschlange

Kro|ton [griech.] *m.1* eine Gattung der Wolfsmilchgewächse, Heilpflanzen; **Kro|ton|öl** *s.1 nur Ez.* ein Abführmittel

Kro|ze|tin [griech.] *s.1 nur Ez.* ein roter Farbstoff; **Kro|zin** *s.1 nur Ez.* aus Safran gewonnener gelber Farbstoff

krud [lat.] **1** unverdaulich (von Nahrungsmitteln), roh; **2** grausam, roh; **Kru|de|li|tät** *w.10 nur Ez. veraltet:* Grausamkeit, Roheit; **Kru|di|tät** *w.10 nur Ez.* **1** Unverdaulichkeit; **2** Roheit, Grausamkeit

Krupp [engl.] *m. Gen.*-s *nur Ez.* **1** Entzündung und Schwellung der Kehlkopfschleimhaut mit Atemnot, z. B. bei Diphtherie, Grippe, Masern; **2** *auch:* Krup, fieberhafte, meist tödl. Erkrankung der Rinder mit Belägen auf den Schleimhäuten

Krup|pa|de [frz.] *w.11 Hohe Schule:* Sprung, bei dem das Pferd beide Hinterbeine an den Bauch zieht

krup|pös kruppartig, mit Krupp einhergehend

kru|ral [lat.] zum Schenkel gehörend, schenkel...

Kru|sta|de [frz.] *w.11* Pastete aus knusprig gebackenem Teig, die erst nach dem Backen gefüllt wird, Hohlpastete

Kru|sta|zee [lat.] *w.11* Krebstier

Krux *w. Gen.* - *nur Ez.* → Crux

Kru|zi|fe|re [lat.] *w.11* Kreuzblütler; **Kru|zi|fix** [auch: -fiks] *w.1* plast. oder gemalte Darstellung Christi am Kreuz; **Kru|zi|fi|xus** *m. Gen.* - *nur Ez.* der gekreuzigte Christus

Kryo|lith [griech.] *m.1* ein Mineral; **Kryo|me|ter** *s.5* Thermometer für sehr tiefe Temperaturen; **Kryo|sko|pie** *w.11 nur Ez.* Bestimmung des Molekulargewichts durch Messung der Gefrierpunkterniedrigung

Kryp|ta [griech.] *w. Gen.* - *Mz.* -ten **1** *urspr.:* Grabkammer von Märtyrern in Katakomben; **2** unterird. Raum unter dem Chor bes. romanischer Kirchen, meist mit Grabkammern oder zum Aufbewahren von Särgen; **3** verborgene Einbuchtung in den Rachenmandeln

Kryp|to|ga|me [griech.] *w.11* blütenlose Pflanze, Sporenpflanze; *Ggs.:* Phanerogame; **kryp|to|gen, kryp|to|ge|ne|tisch** *Med.:* von unbekannter Entstehung; **Kryp|to|gramm** *s.1* **1** Verse (eines Gedichts oder Liedes), deren Anfangsbuchstaben oder -wörter ein Wort oder einen Satz ergeben; **2** *veraltet:* Geheimtext, Text mit geheimer Nebenbedeutung; **Kryp|to|graph** *m.10 veraltet:* Geheimschriftmaschine; **Kryp|to|gra|phie** *w.11* **1** *veraltet:* Geheimschrift; **2** *Psych.:* absichtslos (z. B. beim Telefonieren oder Zuhören) entstandene Kritzelei oder Musterzeichnung; **kryp|to|kri|stal|lin, kryp|to|kri|stal|li|nisch** erst bei Vergrößerung als kristallinisch erkennbar; **kryp|to|mer** ohne Mikroskop nicht erkennbar (bes. von Gesteinsbestandteilen); **Kryp|to|me|rie** *w.11* das Verborgenbleiben einer Erbanlage; **Kryp|to|me|rie** [-riə] *w. 11* japan. Zeder; **Kryp|ton** *s. Gen.*-s *nur Ez.* (*Zeichen:* Kr) ein chem. Element, ein Edelgas; **Krypt|or|chis|mus** *m. Gen.* - *nur Ez.* Zurückbleiben eines oder beider Hoden in der Bauchhöhle oder im Leistenkanal (anstelle der normalen Verlagerung in den Hodensack während der Embryonalentwicklung); **Kryp|to|skop** *s. 1* mit Krypton gefülltes Gerät zum Nachweis von Röntgenstrahlen bei Tages- oder Kunstlicht

kt *Abk. für* Kilotonne

Kte|ni|di|um [griech.] *s. Gen.*-s *Mz.*-di|en Kammkieme, Kieme der Schnecken u. a. Weichtiere; **kte|no|id** kammartig gezähnt; **Kte|no|id|schup|pe** *w. 11* kammartig gezähnte Schuppe vieler Fische; **Kte|no|pho|re** *w. 11* Hohltier mit erhabenen Längsrippen, Rippenqualle

Ku|ba|tur [lat.] *w. 10 Math.:* **1** Erhebung in die dritte Potenz; **2** Berechnung des Rauminhalts

Kub|ba [arab.] *w. Gen.* - *Mz.*-ben *islam. Baukunst* **1** Kuppel; **2** Grabbau mit Kuppel, Gewölbe

Ku|be|be [arab.-span.] *w. 11* Frucht eines indones. Pfeffergewächses

Ku|ben *Mz. von* Kubus; **ku|bie|ren** [lat.] **1** in die dritte Potenz erheben; **2** einen Baumstamm k.: die Festmeter eines B. aus Länge und mittlerem Durchmesser errechnen; **kubik...**, **Ku|bik...** *in Zus.:* in die dritte Potenz erhoben, Raum ...; **Ku|bik|de|zi|me|ter** *s. 5, ugs.: m. 5* (*Abk.:* dm^3) Raumdezimeter; **Ku|bik|hek|to|me|ter** *s. 5, ugs.: m. 5* (*Abk.:* hm^3) Raumhektometer; **Ku|bik|in|halt** *m. 1* Rauminhalt; **Ku|bik|ki|lo|me|ter** *s. 5, ugs.: m. 5* (*Abk.:* km^3) Raumkilometer; **Ku|bik|maß** *s. 1* Raumkörpermaß nach Länge, Breite und Höhe; **Ku|bik|me|ter** *s. 5, ugs.: m. 5* (*Abk.:* m^3) Raummeter; *als Holzmaß:* Festmeter; **Ku|bik|mil|li|me|ter** *s. 5, ugs.: m. 5* (*Abk.:* mm^3) Raummillimeter; **Ku|bik|wur|zel** *w. 11* dritte Wurzel (aus einer Zahl); **Ku|bik|zahl** *w. 10* dritte Potenz einer Zahl; **Ku|bik|zen|ti|me|ter** *s. 5, ugs.: m. 5* (*Abk.:* cm^3) Raumzentimeter; **ku|bisch 1** würfelförmig, **2** in die dritte Potenz erhoben; **Ku|bis|mus** *m. Gen.* - *nur Ez.* Richtung der Malerei, in der die stereometr. Grundformen der Natur (Kugel, Würfel, Zylinder, Kegel) bes. betont werden; **Ku|bist** *m. 10* Vertreter des Kubismus; **ku|bi|tal** zum Ellbogen gehörend; **Ku|bus** *m. Gen.* - *Mz.*-ben **1** Würfel; **2** dritte Potenz

Ku|du [afrik.] *m. 9* eine afrik. Antilope

Ku|gu|ar [südamerik. Indianerspr.] *m. 1* Puma

Ku|jon [frz.] *m. 1 veraltet:* Quäler, jmd., der andere kujoniert; **ku|jo|nie|ren** *veraltet:* quälen, peinigen, schinden

Ku-Klux-Klan [engl. Ausspr. selten: kju:klʌksklæn] *m. Gen.*-(s) *nur Ez. in den USA:* gegen die Gleichberechtigung der Farbigen gerichteter, terrorist. Geheimbund

Ku|kum|ber [lat.], **Ku|ku|mer** *w. 11 südwestdt.:* Gurke

Ku|ku|ruz [rumän.] *m. Gen.*-es *nur Ez. österr.:* Mais

Ku|lak [russ.] *m. 10 im zarist. Rußland:* Großbauer

ku|lant [frz.] großzügig, entgegenkommend; **Ku|lanz** *w. 10 nur Ez.* Großzügigkeit, Entgegenkommen

Ku|li [ind.] *m. 9* **1** ostasiat. Tagelöhner, Lastträger, Plantagenarbeiter; **2** *abwertend:* billige Arbeitskraft

Ku|lier|wa|re [frz.] *w. 11* Wirkware, gewirkter Stoff, Maschenware

ku|li|na|risch [lat.] auf feiner Kochkunst beruhend, fein, erlesen

Ku|lis|se [frz.] *w. 11* **1** *Theater:* bemalte, verschiebbare Wand oder Dekorationsteil als seitl. oder hinterer Abschluß der Bühne; *übertr.:* Hintergrund; **2** *Börse:* freier Markt, Gesamtheit der Personen, die auf eigene Rechnung an der Börse spekulieren; **3** Hebel mit verschiebbarem Drehpunkt

Kulm [lat.] *m. 1* **1** runder Berggipfel; **2** Stufe des unteren Karbons

Kul|mi|na|ti|on [-tsjon, lat.] *w. 10* **1** Durchgang eines Gestirns durch den höchsten bzw. niedrigsten Punkt seiner Bahn am Himmelsgewölbe; **2** *übertr.:* Erreichen der größten Höhe, des Höhepunktes; **Kul|mi|na|ti|ons|punkt** *m. 1* Höhe-, Gipfelpunkt; **kul|mi|nie|ren** den Höhepunkt erreichen

kul|misch zum Kulm (**2**) gehörend, aus ihm stammend

Ku|lör *w. 10 oder w. 9 eindeutschende Schreibung von* Couleur

Kult [lat.] *m. 1* **1** äußere Form des Gottesdienstes; **2** *übertr.:* übertriebene Verehrung oder Pflege; einen Kult mit etwas (oder jmdm.) treiben; **kul|tisch** zu einem Kult gehörend, auf ihm beruhend, in der Art eines Kultes; **Kul|ti|va|tor** [lat.] *m. 13* → Grubber; **kul|ti|vie|ren 1** urbar; anbaufähig machen (Land, Boden); **2** verfeinern, veredeln; **3** sorgfältig pflegen; **kul|ti|viert** verfeinert, gebildet, sehr gepflegt; **Kult|mi|ni|ste|ri|um** *s. Gen.*-s *Mz.*-ri|en *in Württemberg* → Kultusministerium

Kul|tur [lat.] *w. 10* **1** Gesamtheit der geistigen und künstlerischen Errungenschaften einer Gesellschaft; **2** Anbau und Aufzucht von Pflanzen; **3** Züchtung von Bakterien auf künstl. Nährböden; **4** Bebauung des Bodens; **5** *nur Ez.* geistige und seelische Bildung, verfeinerte Lebensweise, Lebensart; **kul|tu|rell** die Kultur (**1**, **5**) betreffend, dazu gehörend, darauf beruhend; **Kul|tus** *m. Gen.* - *Mz.*-te → Kult (**1**); **Kul|tus|mi|ni|ste|ri|um** *s. Gen.*-s *Mz.*-ri|en Ministerium für die Angelegenheiten der Kultur (**1**)

Ku|ma|rin [frz.] *m. 1 nur Ez.* ein in Waldmeister u. a. Pflanzen vorkommender Duftstoff; **Ku|ma|ron** *s. 1 nur Ez.* ein im Steinkohlenteer enthaltenes Schweröl

Kum|pan [lat.] *m. 1* Genosse, Kamerad, Geselle, z. B. Zechkumpan; **Kum|pa|nei** *w. 10* Gesellschaft lustiger Kumpane

Kum|quat [chin.] *w. 9* kleine ostasiat. Orange

Ku|mu|la|ti|on [-tsjon, lat.] *w. 10* **1** Häufung, Anhäufung, **2** sich steigernde, vergiftende Wirkung von kleinen, ständig gegebenen Dosen von Arzneien; **ku|mu|la|tiv** sich anhäufend; **ku|mu|lie|ren** **1** anhäufen, häufeln; ich kumuliere Stimmen: ich gebe einem Wahlkandidaten mehrere Stimmen; **2** sich anhäufen; kumulierende Bibliographie: regelmäßig erscheinende B., die außer den neuen Titeln auch die alten immer wieder mit aufführt; **Ku|mu|lo|nim|bus** *m. Gen. - Mz.* -bus|se (*Abk.:* Cb) dunkle Haufenwolke, Gewitterwolke; **Ku|mu|lus** *m. Gen. - Mz.* -li (*Abk.:* Cu), **Ku|mu|lus|wol|ke** *w. 11* Haufenwolke

Ku|mys [russ.], **Ku|myß** *m. Gen. - nur Ez. in Innerasien:* alkohol. Getränk aus gegorener Stutenmilch

ku|nei|form [-ne|i-, lat.] keilförmig

Kü|net|te [lat.-frz.] *w. 11* Abflußgraben

Kuo|min|tang [chin. „Staatsvolkspartei"] *w. Gen. - nur Ez.* demokrat.-nationale Partei Chinas, seit 1949 Regierungspartei Nationalchinas auf Formosa

Ku|pee *s. 9 eindeutschende Schreibung von* Coupé

Ku|pel|le [mlat.] *w. 11* → Kapelle (**4**); **ku|pel|lie|ren** von unedlen Metallen trennen (Edelmetall)

ku|pie|ren [frz.] **1** abschneiden, stutzen (Ohren und Schwanz beim Hund, Flugfedern); **2** lochen, knipsen; **3** aufhalten, mildern (Krankheit) **4** verschneiden (Wein)

Ku|pol|ofen [lat.] *m. 8* Schachtofen zum Schmelzen von Roheisen und Schrott

Ku|pon [-põ, frz.] *m. 9* **1** Abschnitt; **2** Zinsabschnitt (an Wertpapieren)

Kup|pel [lat.-ital.] *w. 11* halbkugelförmige Überwölbung (eines Raumes); **Kup|pel|ofen** *m. 8* → Kupolofen

Ku|pris|mus [lat.] *m. Gen. - nur Ez.* Kupfervergiftung

Kur [lat.] *w. 10* **1** Heilverfahren; **2** Aufenthalt in einem Kurort zu Heilzwecken; **ku|ra|bel** heilbar

Ku|rand [lat.] *m. 10* jmd., der unter Vormundschaft steht, Mündel

ku|rant [frz.] (*Abk.:* crt.) *veraltet:* gängig, umlaufend; zwei Mark crt.; **Ku|rant** [lat.] **1** *m. 10 schweiz.:* jmd., der eine Kur macht; **2** *s. 1 veraltet:* Münze, deren Wert dem ihres Materials entspricht

ku|ran|zen [mlat.] *veraltet* → kujonieren

Ku|ra|re [südamerik. Indianerspr.] *s. Gen.* -s *nur Ez.* indian. Pfeilgift, führt zu Lähmungen, medizin. als Narkosemittel verwendet

Kü|raß [frz.] *m. 1* Brust- und Rückenharnisch; **Kü|ras|sier** *m. 1 urspr.:* Reiter mit Küraß; *später:* schwerer Reiter

Ku|rat [lat.] *m. 10 i. w. S.:* Geistlicher als Seelsorger; *i. e. S.:* Hilfsgeistlicher mit eigenem Seelsorgebezirk; **Ku|ra|tel** [auch: -tel] *w. 10* Vormundschaft; unter K. stehen; jmdn. unter K. stellen; **Ku|ra|tie** *w. 11* Amt und Amtsbereich eines Kuraten; **ku|ra|tiv** heilend; **Ku|ra|tor** *m. 13* **1** Vormund, Pfleger; **2** Verwalter einer Stiftung; **3** Vertreter des Staates in der Universitätsverwaltung; **Ku|ra|to|ri|um** *s. Gen.* -s *Mz.* -ri|en Aufsichtsgremium

Kur|bet|te *w. 11 Hohe Schule* → Courbette

Kü|ret|ta|ge [-ʒə, frz.] *w. 11* Ausschabung (der Gebärmutter); **Kü|ret|te** *w. 11* Löffel zum Ausschaben der Gebärmutter; **kü|ret|tie|ren** ausschaben

ku|ri|al [lat.] die Kurie, die fürstl. Kanzlei, das Rathaus betreffend, dazu gehörig, davon ausgehend, dort üblich; **Ku|ria|len** *Mz.* die geistl. und weltl. Beamten der päpstl. Kurie; **Ku|ria|li|en** *Mz.* die früher in den Kanzleien üblichen Förmlichkeiten (im Briefverkehr usw.); **Ku|ri|al|stil** *m. 1 veraltet:* Kanzleistil; **Ku|ri|at|stim|me** *w. 11* Gesamtstimme mehrerer Stimmberechtigter; *Ggs.:* Virilstimme; **Ku|rie** [-riə] *w. 11* **1** *im alten Rom: urspr.* Einheit von Familienverbänden der patriz. Geschlechter mit eigenem Versammlungsort; *dann:* Versammlungsort des Senats; **2** *heute:* die päpstl. Behörden sowie deren Sitz

Ku|rier [frz.] *m. 1* Bote, Eilbote, Überbringer wichtiger Meldungen

ku|rie|ren [lat.] heilen, gesund machen

ku|ri|os [lat.] **1** merkwürdig, sonderbar, wunderlich; **2** spaßig, komisch; **Ku|rio|si|tät** *w. 10* **1** *nur Ez.* Sonderbarkeit, Merkwürdigkeit; **2** merkwürdiger Gegenstand, kuriose Sehenswürdigkeit; **Ku|rio|sum** *s. Gen.* -s *Mz.* -sa etwas Kurioses, Merkwürdiges

Kur|ku|ma [arab.] *w. Gen. - Mz.* -men Gelbwurz, ein südasiat. Ingwergewächs; **Kur|ku|min** *s. 1 nur Ez.* aus der Kurkuma gewonnener gelber Farbstoff

Kur|ren|da|ner [lat.] *m. 5* Kurrendesänger; **Kur|ren|de** *w. 11* **1** *früher:* Schülerchor, der gegen kleine Gaben vor den Häusern geistl. Lieder sang; *heute:* evang. kirchl. Jugendchor; **2** *veraltet:* Umlaufschreiben; **Kur|rent|schrift** *w. 10* Schreibschrift, im Unterschied zur Druckschrift

Kur|ri|ku|lum *s. Gen.* -s *Mz.* -la → Curriculum

Kurs [lat.] *m. 1* **1** Fahrt-, Flugrichtung; *übertr.:* Richtung der Politik; **2** Lehrgang, z. B. Fahrkurs; **3** Preis von Wertpapieren und Währungen; **kur|sie|ren** in Umlauf sein, umlaufen (z. B. Gerücht); **kur|siv** schräg (Druckschrift); **Kur|siv|schrift** *w. 10* schräge

Druckschrift; **kur|so|risch** 1 fortlaufend, nicht unterbrochen; 2 rasch, flüchtig; etwas k. durchsehen; **Kur|sus** *m. Gen. - Mz.* Kur|se 1 Lehrgang; 2 *auch:* Gesamtheit der Teilnehmer an einem Lehrgang; **Kurs|wa|gen** *m. 7* Eisenbahnwagen, der vom Ausgangs- bis zum Bestimmungsbahnhof von verschiedenen Zügen befördert wird, so daß kein Umsteigen nötig ist
Kur|ta|ge [-ʒə] *w. 11* → Courtage
Kur|ta|xe *w. 11* Steuer für Kurgäste
Kur|ti|san [frz.] *m. 1 veraltet:* Höfling, Günstling; **Kur|ti|sa|ne** *w. 11 urspr.:* Geliebte (eines Fürsten); *dann:* vornehme Dirne
Kur|tscha|to|vi|um [nach dem sowjet. Physiker Kurtschatow] *s. Gen.*-s *nur Ez.* (*Zeichen:* Ku) ein künstl. chem. Element aus der Reihe der Transurane
ku|ru|lisch [lat.] *in den Fügungen* kurulischer Beamter: *im alten Rom* höchster Beamter; kurulischer Stuhl: Amtssessel der höchsten altröm. Beamten
Kur|va|tur [lat.] *w. 10* Krümmung, Wölbung;
Kur|ve *w. 11* 1 gekrümmte Linie, Krümmung, Biegung; 2 *Math.:* (auch gerade) Linie; **Kur|vi|me|ter** *s. 5* Kurvenmesser; **Kur|vi|me|trie** *w. 11 nur Ez.* Kurvenmessung (auf Landkarten)
Ku|si|ne [frz.] *w. 11* Tochter des Onkels oder der Tante, Base
Kus|kus *m. Gen. - nur Ez.* nordafrikan. Speise aus kleingeschnittenem, gewürztem Hammelfleisch, Gemüse und Grieß in Brühe
Ku|sto|de [lat.] 1 *w. 11 früher:* Kennzeichen für die einzelne Lage einer Handschrift; Zahl oder Wort am Ende bzw. Anfang einer Buchseite als Hinweis auf die folgende bzw. vorhergehende Seite; 2 *m. 11* → Kustos; **Kustos** *m. Gen. - Mz.* -sto|den 1 wissenschaftl. Betreuer (einer Sammlung, eines Museums) 2 *veraltet:* Küster; 3 → Kustode (1)
ku|tan [lat.] zur Haut gehörig, die Haut betreffend; **Ku|ti|ku|la** *w. 9, Mz. auch:* -lä *oder* -len *bei manchen Pflanzen und Tieren:* zellfreie Hautschicht aus organ. Stoff (Wachs, Chitin), die für Wasser und Gase fast undurchlässig ist, z. B. der Panzer von Krebstieren; **Ku|tis** *w. Gen. - nur Ez.* 1 Lederhaut (der Wirbeltiere); 2 verkorkte, abschließende Zellschicht (an Wurzeln)
Kut|ter [engl.] *m. 5* 1 ein einmastiges Segelschiff; 2 Fischereischiff mit Motorantrieb; 3 *auch:* Beiboot auf Kriegsschiffen
Kü|ve|la|ge [ʒə, frz.] *w. 11* Ausbau (eines Schachtes) mit eisernen Ringen; **kü|ve|lie|ren** mit Küvelage versehen
Ku|vert [-vɛrt, -vɛr, frz.] *s. 9* 1 Briefumschlag; 2 Gedeck (bei Tisch) für eine Person; **ku|ver|tie|ren** in ein Kuvert (1) stecken; **Ku|ver|tü|re** *w. 11* Überzugsmasse aus Kakao, Kakaobutter und Zucker
Kü|vet|te [frz.] *w. 11* 1 flache Glasschale; 2 *früher, bei Taschenuhren:* Innen-, Staubdeckel; 3 Abzugsgraben für Regenwasser in Festungsgräben
ku|vrie|ren [frz.] *veraltet:* bedecken, verbergen
Kux [tschech.] *m. 1* 1 Anteil am Gesamtvermögen einer bergrechtl. Gewerkschaft; 2 der Anteilschein dafür
kV *Abk. für* Kilovolt
kVA *Abk. für* Kilovoltampere
kW *Abk. für* Kilowatt
Kwan|non [jap.] *w. Gen. - nur Ez.* buddhist. Gottheit der Barmherzigkeit
Kwaß [russ.] *m. Gen. - nur Ez.* russ. alkohol., bierähnl. Getränk aus gegorenem Mehl, Malz und Brot
kWh *Abk. für* Kilowattstunde
Kya|ni|sa|ti|on [-tsjon, nach dem engl. Erfinder J. H. Kyan] *w. 10 nur Ez.* Imprägnierung von Holz mit Quecksilberchloridlösung
Ky|ber|ne|tik [griech.] *w. 10 nur Ez.* Wissenschaftszweig, der die Gesetzmäßigkeiten von techn. und biolog. Regelungs- und Steuerungsvorgängen erforscht und anwendet
Ky|kli|ker *m. 5* → Zykliker
Ky|klo|ide *w. 11* → Zykloide
Ky|klon *m. 1* → Zyklon
Ky|klop *m. 10* → Zyklop
Ky|ma [griech.] *s. 9,* **Ky|ma|ti|on** [-tsjɔn] *s. Gen.*-s *Mz.*-ti|en [-tsjən] *bes. an griech. Tempeln:* Zierleiste aus stilisierten Blattformen; **Ky|mo|gramm** *s. 1* Röntgenbild eines sich bewegenden Organs; **Ky|mo|gra|phie** *w. 11 nur Ez.* Röntgenverfahren zur Darstellung sich bewegender Organe; **Ky|mo|gra|phi|on** *s. Gen.*-s *Mz.*-phi|en Gerät zur Aufzeichnung regelmäßiger Bewegungen, z. B. des Pulsschlags; **Ky|mo|skop** *s. 1* Gerät zum Betrachten von Kymogrammen
Kym|re [walis.] *m. 11* kelt. Bewohner von Wales
Ky|ne|ge|tik *w. 10 nur Ez.* → Zynegetik
Ky|ni|ker [griech.] *m. 5* Angehöriger einer altgriech. Philosophenschule, die den Verzicht auf alle Kulturgüter und völlige Bedürfnislosigkeit erstrebte; vgl. Zyniker; **Ky|nis|mus** *m. Gen. - nur Ez.* Lehre der Kyniker
Ky|no|lo|gie [griech.] *w. 11 nur Ez.* Lehre vom Hund, seiner Züchtung und Dressur
Ky|pho|se [griech.] *w. 11* Wirbelsäulenverkrümmung nach hinten, Buckel
Ky|rie [-ri|e:, griech.] *s. Gen. - nur Ez. kurz für* Kyrie eleison; das K. singen; **Ky|rie elei|son** Herr, erbarme dich (Bittruf am Anfang der kath. Messe bzw. evang. Liturgie)
ky|ril|lisch *in den Fügungen:* kyrillische Buchstaben, kyrillische Schrift: nach dem Slawenapostel Kyrillos benannte, aus der griech. Majuskel entwickelte Schrift der griechisch-orthodoxen Slawen; **Ky|ril|li|za** *w. Gen. - nur Ez.* kyrillische Schrift
KZ *Abk. für* Konzentrationslager

L

l 1 *Abk. für* Liter; **2** *Abk. für* lävogyr
L 1 *Abk. für* Leu, Lira; **2** *röm. Zahlzeichen für* 50
£ *Zeichen für* Pfund (Livre) Sterling
La *chem. Zeichen für* Lanthan
La|ba|rum [lat.] *s. Gen.* -s *nur Ez.* die von Konstantin dem Großen eingeführte kaiserl. Heeresfahne mit dem Christusmonogramm
La|ber|dan [ndrl.] *m. 1* gepökelter Kabeljau
La|bia *Mz. von* Labium; **la|bi|al** [lat.] zu den Lippen gehörend, mit den Lippen gebildet; **La|bi|al** *m. 1,* **La|bi|al|laut** *m. 1* mit einer oder mit beiden Lippen gebildeter Laut, Lippenlaut: f, v, b, m, p; **La|bi|ate** *w. 11 meist Mz.* Lippenblütler; **La|bi|en** *Mz. von* Labium
la|bil [lat.] **1** schwankend, anfällig (Gesundheit); **2** nicht fest, unsicher, leicht störbar (Gleichgewicht); **3** nicht zuverlässig, veränderlich (Charakter); **La|bi|li|tät** *w. 10 nur Ez.* labile Beschaffenheit
La|bio|den|tal [lat.] *m. 1,* **La|bio|den|tal|laut** *m. 1* mit Unterlippe u. Oberzähnen gebildeter Laut, Lippenzahnlaut: f, v, w; **La|bio|velar** *m. 1,* **La|bio|ve|lar|laut** *m. 1* mit Lippen und Gaumen gebildeter Laut, Lippengaumenlaut, z. B. in afrik. Sprachen; **La|bi|um** *s. Gen.* -s *Mz.* -bia *oder* -bi|en **1** Lippe, Schamlippe; **2** Unterlippe der Insekten; **3** Kante, Schneide am Aufschnitt (schräge Kerbe an der Vorderseite) der Blockflöte und Labialpfeife der Orgel
La|bor [österr. auch: labor, lat.] *s. 9 oder s. 1 Kurzwort für* Laboratorium; **La|bo|rant** *m. 10* medizin.-techn. oder chem.-techn. Hilfskraft im Labor; **La|bo|ra|to|ri|um** *s. Gen.* -s *Mz.* -ri|en Arbeits- und Forschungsstätte für biolog., bakteriolog., chem. und physikal. Zwecke; **la|bo|rie|ren** an etwas l.: sich mit etwas herumplagen, abmühen; an einer Krankheit laborieren: sie lange nicht loswerden
La|bra|dor [nach der nordamerik. Halbinsel am Atlantik] *s. 1,* **La|bra|do|rit** *m. 1* Art des Feldspats
La|brum [lat.] *s. Gen.* -s *Mz.* -bren Oberlippe der Insekten
Labs|kaus [norw.] *s. 1 nur Ez.* (urspr. seemänn.) Gericht aus Fleisch oder Fisch, Kartoffelbrei und sauren Gurken
La|by|rinth [griech.] *s. 1* **1** Irrgarten; **2** *übertr.:* Wirrnis, Durcheinander; **3** innerer Teil des Ohres; **La|by|rin|tho|don** *s. Gen.* -s *Mz.* -don|ten ausgestorbenes Kriechtier, wahrscheinlich Vorfahr der Reptilien
la|cie|ren [-si-, frz.] mit Zierband durchflechten
Lack [sanskr.-ital.] *m. 1* Lösung aus Harzen und Farbstoffen (heute synthet.) als Veredelungs- oder Schutzschicht für Oberflächen; **lackie|ren** [lak|kie-) mit Lack oder Lackfarbe bestreichen; dann bist du der Lackierte *ugs.:* dann bist du der Hereingefallene
Lack|mus [ndrl.] *s. Gen.* - *nur Ez.* aus einer Flechte gewonnener blauer Farbstoff, als chem. Reagens verwendet, färbt sich in Säuren rot, in Basen blau
La|cri|mae Chri|sti [lat. „Tränen Christi"] *Mz.* Wein vom Vesuv und dessen Umgebung; **la|cri|mo|so** → lagrimoso
La|crosse [-krọs, frz.] *s. Gen.* - *nur Ez.* kanad. Ballspiel zwischen zwei Mannschaften
Lact|al|bu|min [lat.] *s. 1* Milcheiweiß; **Lac|tam** [lat.] *s. Gen.* -s *Mz.* ta|me inneres Anhydrid einer Aminosäure; **Lac|ta|se** *w. 11* im Darmsaft enthaltenes Enzym; **Lac|to|se** *w. 11 nur Ez.* Milchzucker
La|da|num [hebr.-griech.] *s. Gen.* -s *nur Ez.* wohlriechendes Harz aus verschiedenen Mittelmeerpflanzen für Räucherpulver
lä|die|ren [lat.] verletzen, beschädigen; vgl. Läsion
La|di|ner *m. 5* Angehöriger eines rätoroman. Volksstammes
La|di|no 1 *m. 9 in Mexiko und Mittelamerika:* Mischling aus einem weißen und einem indian. Elternteil; **2** *nur Ez. im Mittelmeerraum:* jüd.-span. Dialekt
La|dy [leidi, engl.] *w. 9, Mz. auch:* -dies **1** *in England Titel für* adlige Frau; **2** *allg.:* Dame; **la|dy|like** [leidilaik] wie eine Dame, damenhaft
La|fe|tte [frz.] *w. 11* (fahrbares) Gestell eines Geschützes; **la|fet|tie|ren** auf die Lafette bringen (Geschütz)
la|gri|mo|so [ital.] *Mus.:* klagend, traurig
La|gu|ne [ital.] *w. 11* vom offenen Meer durch einen Landstreifen oder Riffe getrennter, flacher Meeresteil, Strandsee
Lai [lẹ, frz.] *s. Gen.* -(s) [lẹ] *Mz.* -s [lẹ] **1** *urspr.:* zu Saiteninstrumenten gesungenes breton. Lied; **2** *dann:* altfrz. und provenzal. Verserzählung
Laie [griech.] *m. 11* **1** Nichtgeistlicher; **2** Nichtfachmann, jmd., der von einem bestimmten Wissensgebiet nichts versteht; **Lai|en|bru|der** *m. 6* dienender Mönch im Kloster, der nicht die Weihen empfangen, sondern nur die einfachen Gelübde abgelegt hat; **Lai|en|kelch** *m. 1* Abendmahl für Laien in Gestalt von Wein; **Lai|en|prie|ster** *m. 5* kath. Priester, der nicht zu einem Orden gehört, Weltpriester; **Lai|en|rich|ter** *m. 5* (juristisch nicht ausgebildeter) Schöffe,

Geschworener; **Lai|en|schwester** *w.11* dem Laienbruder entsprechende dienende Nonne im Kloster; **Lai|en|spiel** *s.1* Theateraufführung von nicht ausgebildeten Schauspielern

Lais [frz.] *s. Gen. - Mz. -* → Lai

lai|sie|ren [la:i-] in den Laienstand zurückführen (Geistlichen)

Lais|sez-faire [lɛse:fɛr, frz. „lassen Sie machen", *eigtl.:* Laissez faire, laissez aller *oder* passer [lɛse: fɛr, lɛse: ale oder pase, „lassen Sie machen, lassen Sie gehen"] *s. Gen. - nur Ez. urspr. Schlagwort der Wirtschaftspolitik des 19. Jh. für* die Nichteinmischung des Staates in die Wirtschaft; *allg.:* Gewährenlassen, Dahintreibenlassen

Lai|zis|mus [la:i-] *m. Gen. - nur Ez.* polit. Richtung (bes. in Frankreich), die die Freiheit von relig. Bindungen im öffentl. Leben sowie die Trennung von Kirche und Staat fordert

La|kai [türk.-frz.] *m.10* **1** *früher:* herrschaftl. oder fürstl. Diener in Livree; **2** *übertr.:* willfähriger, unterwürfiger Mensch

Lak|ko|lith [griech.] *m.10 oder m.1* Tiefengesteinskörper, der durch unterird. vulkan. Tätigkeit unter pilzförmiger Aufwölbung darüber liegender Schichten in diese eingedrungen ist

la|ko|nisch [nach der altgriech. Landschaft Lakonien] kurz und bündig; **La|ko|nis|mus** *m. Gen. - nur Ez.* kurze, bündige Ausdrucksweise

La|kritze [griech.] *w.11* schwarze Masse aus eingedicktem Süßholzsaft (in Rollen- oder Stangenform)

Lakt|al|bu|min *s.1* → Lactalbumin; **Lak|tam** *s. Gen.-s Mz.-ta|me* → Lactam; **Lak|ta|se** *w.11* → Lactase

Lak|ta|ti|on [tsjon] *w.10* **1** Milchabsonderung der Brustdrüsen; **2** Zeit des Stillens; **3** das Stillen selbst; **lak|tie|ren** **1** Milch absondern; **2** stillen; **Lak|to|den|si|me|ter, Lak|to|me|ter** [lat. + griech.] *s.5* Gerät zur Bestimmung des spezif. Gewichts der Milch; **Lak|to|se** [lat.] *w.11 nur Ez.* → Lactose; **Lak|to|skop** [lat. + griech.] *s.1* Gerät zur Prüfung der Durchsichtigkeit der Milch; **Lak|tos|urie** *w.11 nur Ez.* Vorkommen von Milchzucker im Harn; **lak|to|trop** Milchabsonderung bewirkend (Hormon)

la|ku|när [lat.] **1** hohlraumartig; **2** aushöhlend, Lücken bildend, schwammartig; **La|kune** *w.11* **1** Hohlraum, Spalte (in Körpergeweben); **2** Lücke (im Text)

la|ku|strisch [lat.] in Seen vorkommend (Gesteine, Lebewesen)

La|lem [griech.] *s.1* durch die Artikulation bestimmte Sprecheinheit, unter dem Gesichtspunkt der Artikulation betrachteter Laut, z. B. Verschluß-, Nasallaut; **La|le|tik** *w.10 nur Ez.* Lehre von den Lalemen, Sprechkunde

L. A. M. *Abk. für* Liberalium Artium Magister

La|ma **1** [indian.] *s.9* eine südamerik. Kamelart; flanellartiges Wollgewebe; **2** [tibet.] *m.9* tibet. buddhist. Priester; **La|ma|is|mus** *m. Gen. - nur Ez.* Form des tibet. Buddhismus

La|man|tin [karib.] *m.1* amerik. Seekuh

La|mar|ckis|mus *m. Gen. - nur Ez.* Lehre des frz. Naturforschers J.-B. Lamarck über die Abstammung und Verwandtschaft der Lebewesen

Lamb|da|naht [nach der Form des griech. Buchstabens lambda: λ] *w.2* Naht zwischen den Scheitelbeinen und dem Hinterhauptsbein des menschl. Schädels; **Lamb|da|zismus** *m. Gen. - nur Ez.* **1** Aussprache des R als L in griech. Wörtern; **2** *Med.:* Unfähigkeit, den Buchstaben L auszusprechen (z. B. infolge Gaumenspalte)

Lam|beth-Walk [læmbəθwɔ:k, engl.] *m.9* engl. Gesellschaftstanz der dreißiger Jahre

Lam|bi|ta|ti|on [-tsjon, lat.] *w.10 nur Ez.*, **Lam|bi|tus** *m. Gen. - nur Ez.* Lecken und Küssen der Geschlechtsteile beim Geschlechtsverkehr

Lam|bre|quin [läbrəkɛ̃, frz.] *m.9* **1** Querbehang mit Fransen an Fenstern und Türen; **2** diesem ähnl. Ornament aus Stein oder Stuck

Lam|bris [läbri, frz.] *m. Gen. -* [-bris] *Mz. -* [-bris], *österr.: w. Gen. - Mz.-bri|en* Wandtäfelung

Lamb|skin [læm-, engl.] *s.9* Lammfellimitation aus Plüsch; **Lambs|wool** [læmzwu:l, engl.] *s. Gen.-s nur Ez.* Lammwolle

la|mé [frz.] *unflektierbar:* aus Lamé; **La|mé** *s.9 nur Ez.* mit Metallfäden durchwirktes Seidengewebe

la|mel|lar [lat.] wie Lamellen, streifig, geschichtet; **La|mel|le** *w.11* **1** Blättchen, dünne Scheibe aus Papier, Metall, Kunststoff; **2** Sporenträger unter dem Hut der Blätterpilze; **la|mel|lös** *Biol.:* aus Lamellen

La|men|ta|ti|on [-tsjon, lat.] *w.10* Klagelied, Wehklagen; **la|men|tie|ren** jammern, klagen; **La|men|to** [ital.] *s.9* **1** Klage, Gejammer; **2** *Mus.:* Klagelied

La|met|ta [ital.] *s. Gen.-s nur Ez.* **1** lange, schmale Streifen aus gold- oder silberfarbenem Zinn oder Aluminium (als Christbaumschmuck); **2** *ugs. spött.:* Ordensschmuck

La|mia [griech.] *w. Gen. - Mz.-mi|en*, **La|mie** [-mjə] *w.11 griech. Myth.:* weibl. Spukgeist

La|mi|na [lat.] *w. Gen. - Mz.-nae* [-nɛ:] **1** dünne Gewebeschicht, blattförmiges Organteil; **2** dünnes Metallplättchen; **3** Fläche des Laubblattes, Blattspreite; **4** innere und äußere Platte des Schädeldaches; **la|mi|nar** langsam fließend und daher wirbelfrei, parallel fließend; **La|mi|na|ria** *w. Gen. - Mz.-ri|en* eine Braunalgengattung; **la|mi|nie|ren**

1 (Spinnmaterial) strecken, damit sich die Fasern längs richten; **2** mit Glanzfolie überziehen (Buchdeckel); **3** durch Mischen und Zusammenschmelzen verschiedenfarbiger Gläser färben (Glas)
Lam|pa|da|ri|us [lat.] **1** *m. Gen. - Mz.* -ri|en altröm. Fackelhalter, Lampengestell; **2** *m. Gen. - Mz.* -rii altröm. Sklave, der seinem Herrn die Fackel vorantrug
Lam|pas [frz.] *m. Gen. - Mz.* - schweres Damastgewebe (als Möbelbezug); **Lam|pas|sen** *Mz.* breite Streifen an Uniformhosen
Lam|pi|on [lãpjõ, *österr.:* lampjon, frz.] *m. 9, auch: s. 9* Laterne aus buntem Papier
Lan|ça|de [lãsad(ə), frz.] *w. 11 Hohe Schule:* Bogensprung
Lan|cier [lãsje, frz.] *m. 9* **1** *früher:* Reiter mit Lanze, Ulan; **2** dem Kontertanz ähnlicher Tanz; **lan|cie|ren** [lãsi-] **1** in Gang bringen; **2** geschickt an einen günstigen Platz, in eine vorteilhafte Position bringen; **Lan|cier|rohr** [lãsir-] *s. 1* Ausstoßrohr für das Torpedo
Lands|mål [-mo:l, norw.] *s. Gen. - nur Ez.* die norw. Landessprache auf westnorw. Grundlage; vgl. Bokmål
Lan|get|te [frz.] *w. 11,* **Lan|get|ten|stich** *m. 1* Schlingenstich zum Befestigen von Stoffrändern; **lan|get|tie|ren** mit Langetten einfassen
Lan|gu|ste [frz.] *w. 11* ein scherenloser Speisekrebs
La|ni|tal|fa|ser [ital.] *w. 11* aus Kasein hergestellter, wollähnlicher Faserstoff; **La|no|lin** *s. 1 nur Ez.* Mischung aus Wollfett, Paraffin und Wasser, Ausgangsstoff für Salben
Lan|than [griech.] *s. 1 nur Ez.* (*Zeichen:* La) chem. Element, seltenes Erdmetall; **Lan|tha|nit** *s. 1* ein Mineral
La|nu|go [lat.] *w. Gen. - Mz.* -gi|nes [-ne:s] Wollhaar, Flaum, Haarkleid des Embryos
Lan|zet|te [frz.] *w. 11* kleines, zweischneidiges Operationsmesser; **lan|zi|nie|ren** blitzartig schmerzen
La|pa|ro|skop [griech.] *s. 1* Instrument zur Untersuchung der Bauchhöhle; **La|pa|ro|sko|pie** *w. 11* Untersuchung der Bauchhöhle mit dem Laparoskop; **La|pa|ro|to|mie** *w. 11* operative Öffnung der Bauchhöhle
la|pi|dar [lat.] **1** kraftvoll, wuchtig; **2** kurz, einfach, bündig und treffend; **La|pi|där** *m. 1* Schleif- und Poliergerät der Uhrmacher; **La|pi|da|ri|um** *s. Gen.* -s *Mz.* -ri|en **1** Sammlung von Steindenkmälern und -inschriften; **2** Steinsammlung; **La|pi|dar|schrift** *w. 10* Schrift in Großbuchstaben ohne Verzierung, bes. für Steininschriften; **La|pi|des** *Mz. von* Lapis; **La|pil|li** [ital.] *Mz.* kleine, bei Vulkanausbrüchen ausgeworfene Lavastückchen; **La|pis** [lat.] *m. Gen. - Mz.* -pi|des [-de:s] Stein; Lapis infernalis: Höllenstein; Lapis philosophorum: Stein der Weisen; **La|pis|la|zu|li** *m. Gen. - Mz.* - blauer Halbedelstein, Lasurstein
Lap|pa|lie [-ljə, latinisierende Bildung zu Lappen] *w. 11* Kleinigkeit, Nichtigkeit
Lap|sus [lat.] *m. Gen. - Mz.* - (geringfügiger) Fehler, kleiner Verstoß, Versehen; L. calami: Schreibfehler; L. linguae: Sprechfehler, Sichversprechen; L. memoriae: Gedächtnisfehler
La|ren [lat.] *Mz. röm. Myth.:* Schutzgeister des Hauses und der Familie
lar|ghet|to [ital.] *Mus.:* etwas getragen, etwas breit; **Lar|ghet|to** *s. 9, Mz. auch:* -ti Musikstück in etwas getragenem Tempo; **lar|go** *Mus.:* getragen, langsam und singend; **Lar|go** *s. 9 Mz. auch:* -ghi langsames, getragenes und sangliches Musikstück
la|ri|fa|ri! [Bildung aus den ital. Solmisationssilben la, re, fa, re] nichts da!, Unsinn!; **La|ri|fa|ri** *s. Gen.* -(s) *nur Ez.* Geschwätz, Unsinn
lar|moy|ant [larmoajant, frz.] rührselig, weinerlich; **Lar|moy|anz** *w. 10 nur Ez.* Rührseligkeit
L'art pour l'art [lar pur lar, frz., „die Kunst für die Kunst"] *s. Gen. - - - nur Ez.* Schlagwort für die Auffassung, daß die Kunst nur nach rein künstler. Maßstäben zu beurteilen sei und unabhängig von allen ethischen, religiösen u. ä. Bindungen sein müsse
lar|val [lat.] zur Larve gehörig; **Lar|ve** *w. 11* **1** Jugendform mancher Tiere; **2** Gesichtsmaske; **lar|vie|ren** verbergen, verstecken; **larviert** *Med.:* verborgen, ohne typ. Merkmale
La|ryn|gal [griech.] *m. 1,* **La|ryn|ga|lis** *w. Gen. - Mz.* -les [-le:s] Kehlkopflaut; **la|ryn|ge|al** zum Kehlkopf gehörig, von ihm ausgehend; **La|ryn|gi|tis** *w. Gen. - Mz.* -ti|den Kehlkopfentzündung; **La|ryn|go|fis|sur** *w. 10* Kehlkopfschnitt; **La|ryn|go|lo|gie** *w. 11 nur Ez.* Lehre vom Kehlkopf und seinen Erkrankungen; **La|ryn|go|skop** *s. 1* Kehlkopfspiegel; **La|ryn|go|sko|pie** *w. 11* Untersuchung des Kehlkopfes mit dem Laryngoskop; **La|ryn|go|to|mie** *w. 11* Kehlkopfschnitt; **La|rynx** *m. Gen. - Mz.* -ryn|gen Kehlkopf
La|ser [lɛizər, Kurzw. aus light amplification by stimulated emission of radiation „Lichtverstärkung durch angeregte Aussendung von Strahlung"] *m. 5* Gerät zum Erzeugen stark gebündelter Lichtstrahlen
la|sie|ren mit Lasur oder Lasurfarbe bestreichen oder übermalen
Lä|si|on [lat.] *w. 10* Verletzung
Las|kar [pers.] *m. 12 früher:* ind. Matrose
Las|so [span.] *s. 9* Wurfschlinge zum Einfangen von Tieren
La|sta|die [-djə, ndrl.] *w. 11,* **La|sta|die** *w. 11 früher:* Schiffsladeplatz
La|stex [aus elastisch + Latex] *s. Gen. - nur Ez.* Gewebe aus mit Kunstseide umsponnenen Gummifäden
La|sting [engl.] *m. 9* ein Kammgarngewebe
last, not least [last nɔt list, engl.] der letzte, (aber) nicht der geringste, an letzter Stelle

genannt, aber nicht im Wert, in der Bedeutung am geringsten

La|sur [pers.] *w.10* durchsichtige Lack- oder Farbschicht; **La|sur|far|be** *w.11* durchsichtige Farbe; **La|sur|stein** *m.1* → Lapislazuli

las|ziv [lat.] zweideutig, schlüpfrig; **Las|zi|vi|tät** *w.10* **1** *nur Ez.* laszive Beschaffenheit; **2** laszive Bemerkung

Lä|ta|re [lat. „freue dich"] dritter Sonntag vor Ostern

La-Tène-Kul|tur [laten-, nach dem Fundort La Tène in der Schweiz] *w.10 nur Ez.* kelt. Kultur der La-Tène-Zeit; **La-Tène-Zeit** *w.10 nur Ez.* zweite Stufe der mitteleurop. Eisenzeit

la|tent [lat.] vorhanden, aber nicht in Erscheinung tretend, verborgen; **La|tenz|pe|ri|ode** *w.11* **1** Entwicklungsperiode, während derer kein Stoffwechsel stattfindet, z. B. bei Gliedertieren, Diapause; **2** relativ ruhige, stetige Entwicklung des Kindes etwa vom 6. bis 10. Lebensjahr; **La|tenz|zeit** *w.10* **1** Inkubationszeit; **2** Zeitraum zwischen Reiz (eines Nervs) und Reaktion (des Muskels)

la|te|ral [lat.] **1** seitlich, von der Seite; **2** von der Mittellinie eines Organs abgewandt

La|te|ran [nach der Familie Laterani, der früheren Eigentümerin des Palastes] *m. Gen.*-s *nur Ez.* der päpstl. Palast in Rom außerhalb der Vatikanstadt

La|te|rit [lat.] *m.1 in den Tropen und Subtropen:* roter Verwitterungsboden

La|ter|na ma|gi|ca [lat.] *w. Gen.* - - *Mz.*-nae -cae [-nɛ: -kɛ:] erster Projektionsapparat für Glasdiapositive; **La|ter|ne** *w.11* **1** durch Gehäuse aus Glas oder Papier geschützte Lichtquelle; **2** *Baukunst:* Türmchen mit Fenstern auf der Scheitelöffnung einer Kuppel oder als Zwischenglied unter einem Zwiebelturm; **La|ter|nen|fisch** *m.1* ein Tiefseefisch mit Leuchtorganen

La|tex [lat.] *m. Gen.* - *nur Ez.* Milchsaft mancher trop. Pflanzen, aus dem Kautschuk hergestellt wird

La|ti|fun|di|um [lat.] *s. Gen.*-s *Mz.*-di|en *meist Mz.* **1** *im alten Rom:* großes, von Sklaven bewirtschaftetes Landgut; **2** *später:* von Pächtern bewirtschafteter Land- oder Waldbesitz

La|ti|ner *m.5* Angehöriger eines idg. Volksstammes in der ital. Landschaft Latium; **la|ti|ni|sie|ren** den latein. Sprachformen angleichen; **La|ti|nis|mus** *m. Gen.* - *Mz.* -men in eine andere Sprache übernommene lat. Spracheigentümlichkeit; **La|ti|ni|stik** *w. Gen.* - *nur Ez.* Wissenschaft von der lat. Sprache und Literatur; **La|ti|ni|tät** *w.10 nur Ez.* **1** mustergültige lat. Ausdrucksweise; **2** auf latein. (= röm.) Herkunft beruhende Eigenart; **La|ti|no** *m.6* → Hispanic; **La|ti|num** *s. Gen.*-s *nur Ez.* Prüfung im Lateinischen

La|ti|tü|de [lat.] *w.11* **1** geograph. Breite; **2** *veraltet:* Weite, Spielraum; **la|ti|tu|di|nal** die Latitüde betreffend

La|trie [griech.] *w.11* Verehrung, Anbetung

La|tri|ne [lat.] *w.11* **1** Abort, Senkgrube; **2** *Soldatenspr.:* Gerücht; **La|tri|nen|pa|ro|le** *w.11 Soldatenspr.:* Gerücht

La|tus [lat.] *m. Gen.* - *Mz.* - *veraltet:* innerhalb größerer Rechnungen der Gesamtbetrag einer Seite, der auf die nächste übertragen wird, Seitensumme

Lat|wer|ge [griech.] *w.11* **1** in Breiform, mit Sirup oder Mus verrührt einzunehmende Arznei; **2** *auch:* Fruchtmus

Lau|da [lat.] *w. Gen.* - *Mz.*-de *13.–19. Jh.:* volkstüml. geistl. ital. (selten auch lat.) Lobgesang; **lau|da|bel** *veraltet:* lobenswert, löblich

Lau|da|num [griech.-lat.] *s. Gen.*-s *nur Ez.* schmerzstillendes Mittel, z. B. Opium

Lau|da|tio [-tsjo, lat.] *w. Gen.* - *Mz.*-tio|nes, **Lau|da|ti|on** [-tsjon] *w.10*- Lobrede (auf Preisträger oder Tote); **Lau|da|tor** *m.13 veraltet:* Lobredner; **Lau|de** *Mz. von* Lauda; **Lau|de|mi|um** *s. Gen.*-s *Mz.*-mi|en *früher:* Abgabe an den Lehnsherrn, Lehnsgeld; **Laudes** *Mz.* Lobpreisung innerhalb der kath. Stundengebete; **lau|die|ren** *veraltet:* loben; **Lau|dist** *m.10 13.–17. Jh.:* Verfasser von Laudes

Lau|re|at [lat.] *m.10 früher:* mit dem Lorbeerkranz gekrönter Dichter; vgl. Poeta laureatus

lau|re|ta|nisch zu dem ital. Wallfahrtsort Loreto gehörig, von dort ausgehend; Lauretanische Litanei: Marienlitanei

Lau|rus [lat.] *m. Gen.* - *Mz.* - Lorbeerbaum

La|va [ital.] *w. Gen.* - *Mz.*-ven von Vulkanen ausgeworfene, glühende Schmelzmasse sowie das daraus entstandene Gestein

La|va|bel [-va-, frz.] *m.5* waschbares, gekrepptes Seiden- oder Kunstseidengewebe

La|va|bo [-va-, lat.] *s.9* **1** Handwaschung des Priesters während der Messe; **2** die dafür verwendeten Gefäße: Becken und Kanne

La|ven|del [-vɛn-, ital.] *m.5* eine Heil- und Gewürzpflanze, aus deren Blüten auch ein äther. Öl gewonnen wird

la|vie|ren **1** [ndrl.] gegen den Wind kreuzen; *übertr.:* geschickt vorgehen, Schwierigkeiten geschickt umgehen; **2** [lat.] Farben ineinander übergehen lassen, sie verwischen; lavierte Zeichnung

lä|vo|gyr [lat. + griech.] (*Abk.:* l) *Phys.:* die Ebene des polarisierten Lichts nach links drehend; *Ggs.:* dextrogyr

La|voir [-voar, frz.], **La|vor** *s.9 veraltet, noch österr.:* Waschbecken

Lä|vu|lo|se [lat.] *w.11 nur Ez.* Fruchtzucker

La|wi|ne [lat.] *w.11* **1** herabstürzende Schnee- oder Steinmasse im Gebirge; **2** *übertr.:* rasch aufeinanderfolgende Menge von Ereignissen, Vorgängen, Dingen

Lawn-Ten|nis [lɔn-, engl.] *s. Gen. - nur Ez. in England:* Rasentennis
Law|ren|ci|um [lɔ:-, nach dem US-amerik. Physiker E. O. Lawrence] *s. Gen.* -s *nur Ez.* (*Zeichen:* Lw) ein künstlich hergestelltes chem. Element
lax [lat.] schlaff, locker, lässig (Benehmen, Disziplin); **La|xans** *s. Gen. - Mz.* -xan|tia [-tsja] *oder* -xan|zi|en, **La|xa|tiv** *s. 1,* **La|xa|ti|vum** *s. Gen.* -s *Mz.* -va Abführmittel; **la|xie|ren** abführen
Lay|out [lεiaut, engl.] *s. 9* Skizze, Entwurf für Text- und Bildgestaltung (eines Buches, einer Zeitschrift); **Lay|ou|ter** [lεiautər] *m. 5* Graphiker, der Layouts herstellt
La|za|rett [ital.] *s. 1* Militärkrankenhaus; **La|za|rist** *m. 10* Angehöriger einer kath. Kongregation von Priestern der äußeren und inneren Mission; **La|za|rus** [nach der Gestalt des NT] *m. Gen. - Mz.* -rus|se *ugs.:* kranker, leidender, geplagter Mensch
La|ze|ra|ti|on [-tsjon, lat.] *w. 10 Med.:* Einriß, Zerreißung; **la|ze|rie|ren** ein-, zerreißen
La|zer|te [lat.] *w. 11* Eidechse
La|zu|lith [pers. + griech.] *m. 1* ein Mineral
lb., lbs. *Abk. für* Pound (lat. libra), Pounds
l. c. *Abk. für* loco citato
ld *Abk. für* dyadischer → Logarithmus
ld., Ld. *Abk. für* limited
Lead [lid, engl.] *s. 9 nur Ez. Jazz:* Führungsstimme in einer Band; **Lea|der** [lidər] *m. 5* Sportler, der während des Wettkampfes vor seinen Konkurrenten führt
Lea|sing [li-, engl.] *s. Gen.* -s *nur Ez.* mietweises Überlassen von Investitionsgütern (z. B. Industrieanlagen), Kraftfahrzeugen u. a.
leg. *Abk. für* legato
le|gal [lat.] gesetzlich; *Ggs.:* illegal; **Le|ga|li|sa|ti|on** [-tsjon] *w. 10* Beglaubigung, amtl. Bestätigung; **le|ga|li|sie|ren** amtlich bestätigen, legal machen; **Le|ga|lis|mus** *m. Gen. - nur Ez.* starres Festhalten an Gesetzen, an Paragraphen; **Le|ga|li|tät** *w. 10 nur Ez.* Gesetzlichkeit, Bindung an staatl. Recht und Gesetz
leg|asthen an Legasthenie leidend; **Leg|asthe|nie** [griech.] *w. 11 nur Ez. Med.:* Schwäche beim Erlernen des Lesens und Rechtschreibens bei sonst ausreichender Intelligenz; **Leg|asthe|ni|ker** *m. 5* jmd., der an Legasthenie leidet
Le|gat [lat.] **1** *s. 1* Vermächtnis, Zuwendung durch Testament; **2** *m. 10* altröm. Gesandter; päpstl. Gesandter für bes. Anlässe, *auch:* → Nuntius; **Le|ga|tar** *m. 1* jmd., der ein Legat erhält; **Le|ga|ti|on** [-tsjon] *w. 10* Gesandtschaft; **Le|ga|ti|ons|rat** *m. 2* Rat im auswärtigen Dienst
le|ga|tis|si|mo [ital.] *Mus.:* sehr legato: **le|ga|to** *Mus.:* gebunden; **Le|ga|to** *s. 9* **1** legato zu spielender Teil eines Musikstücks; **2** gebundenes Spiel
Le|gen|da au|rea *w. Gen. - - nur Ez.* lat. Sammlung von Heiligenlegenden des Jacobus de Voragine um 1270; **Le|gen|dar** [lat.] *s. 1* Sammlung von Heiligenlegenden; **le|gen|där** **1** legenden-, sagenhaft; **2** *übertr.:* unwahrscheinlich; **le|gen|da|risch** → legendär; **Le|gen|da|ri|um** *s. Gen.* -s *Mz.* -ri|en → Legendar; **Le|gen|de** *w. 11* **1** Heiligenerzählung; **2** weit zurückliegendes, nicht mehr nachweisbares histor. Ereignis; **3** erläuternder Text zu Abbildungen, Landkarten; **4** Inschrift auf Münzen, Siegeln
le|ger [-ʒεr, frz.] ungezwungen, lässig, bequem
Le|ges [-ge:s] *Mz. von* Lex
Leg|horn [nach der engl. Bez. für die ital. Stadt Livorno] *s. 9, auch s. 4* eine Hühnerrasse mit hoher Legeleistung
le|gie|ren [lat.] **1** schmelzen und mischen (Metalle); **2** mit Mehl und Ei binden, geschmeidig und dick machen (Suppe, Soße);
Le|gie|rung *w. 10* **1** durch Schmelzen und Mischen mehrerer Metalle entstandenes Mischmetall; **2** der Prozeß des Legierens
Le|gi|on [lat.] *w. 10* **1** altröm. Truppeneinheit; **2** *heute:* Freiwilligen-, Söldnertruppe; **3** *übertr.:* sehr große Menge, riesige Anzahl;
Le|gio|nar *m. 1* Soldat einer altröm. Legion;
Le|gio|när *m. 1* Soldat einer Legion (**2**)
Le|gis|la|ti|on [-tsjon, lat.] *w. 10* → Legislatur (**2**); **le|gis|la|tiv** gesetzgebend; **Le|gis|la|ti|ve** *w. 11* gesetzgebende Gewalt, gesetzgebende Versammlung; **le|gis|la|to|risch** gesetzgeberisch; **Le|gis|la|tur** *w. 10* **1** *früher:* gesetzgebende Versammlung; **2** Gesetzgebung; **Le|gis|la|tur|pe|ri|ode** *w. 11* Amtszeit einer gesetzgebenden Volksvertretung; **Le|gis|mus** *m. Gen. - nur Ez.* starres Festhalten am Gesetz, am Wortlaut der Gesetze; **le|gi|tim** gesetzlich (anerkannt), rechtmäßig; *Ggs.:* illegitim; **Le|gi|ti|ma|ti|on** [-tsjon] *w. 10* **1** Beglaubigung, Echtheitserklärung; **2** Befugnis, Berechtigung; **3** Ausweis, Berechtigungsnachweis; **4** Ehelichkeitserklärung (eines vor- oder unehelichen Kindes); **5** *österr.:* Personalausweis; **le|gi|ti|mie|ren** **1** beglaubigen, berechtigen; **2** als ehelich erklären; **3** sich l.: sich ausweisen; **Le|gi|ti|mis|mus** *m. Gen. - nur Ez.* Lehre von der Rechtmäßigkeit eines Herrschers; **Le|gi|ti|mi|tät** *w. 10 nur Ez.* Rechtmäßigkeit, Gesetzlichkeit
Le|gu|an [hait.-span.] *m. 1* trop. Baumeidechse mit gezacktem Rückenkamm, Kammeidechse
Le|gu|men [lat.] *s. 7* Hülsenfrucht; **Le|gu|min** *s. 1* Eiweiß der Hülsenfrüchte; **Le|gu|mi|no|se** *w. 11 meist Mz.* Hülsenfrüchtler
Lei|chen|fled|de|rer *m. 5* jmd., der Tote oder Bewußtlose bestiehlt
Leicht|ath|le|tik *w. 10 nur Ez. Sammelbez. für* sportl. Laufen, Springen, Werfen, Gehen und verwandte Übungen

Leik *s. 12* → Liek
Leis [nach dem griech. Gebetsruf „Kyrie eleison": „Herr, erbarme dich"] *s. 1 oder s. 12 MA:* geistl. Volkslied
Lek *m. Gen. - Mz.* - alban. Währungseinheit, 100 Quintar
Lek|ti|on [-tsjon, lat.] *w. 10* **1** Abschnitt im Lehrbuch, Aufgabe; **2** Lehrstunde; jmdm. eine L. erteilen *übertr.:* jmdn. scharf rügen, zurechtweisen; **3** Lesung aus der Bibel (im Gottesdienst); **Lek|tio|nar** *s. 1,* **Lek|tio|na|ri|um** *s. Gen.* -s *Mz.* -ri|en Sammlung von Bibelstellen für den Gottesdienst; **Lek|tor** *m. 13* **1** Hochschullehrer für Einführungskurse, Seminare u. ä.; **2** Verlagsangestellter, der eingegangene Manuskripte prüft (und bearbeitet); **Lek|to|rat** *s. 1* **1** Amt, Stelle eines Lektors; **2** Verlagsabteilung der Lektoren; **lek|to|rie|ren** als Lektor prüfen (Manuskript); **Lek|to|rin** *w. 10* weibl. Lektor; **Lek|tü|re** *w. 11* **1** das Lesen; **2** Lesestoff
Le|ky|thos [griech.] *m. Gen. - Mz.* -ky|then altgriech. Salben- und Ölgefäß mit Fuß, Ausguß und Henkel
Lem|ma [griech.] *s. Gen. - Mz.* -ma|ta **1** *veraltet:* als Überschrift oder Motto ausgedrückter Inhalt eines Werkes; **2** Hilfssatz, Annahme, Vordersatz eines Schlusses; **3** Stichwort
Lem|ming [dän.] *m. 1* skandinav. Wühlmaus
Lem|nis|ka|te [griech.] *w. 11* math. Kurve in Form einer liegenden Acht
Le|mur [lat.] *m. 10,* **Le|mu|re** *m. 11* **1** *röm. Myth.:* Geist eines Verstorbenen, Gespenst; **2** ein Halbaffe, Maki
Le|nä|en [nach Lenäus, dem Beinamen des Dionysos] *Mz.* altröm. Fest des Bacchus oder (griech.) Dionysos, Kelterfest
Le|ni|nis|mus *m. Gen. - nur Ez.* der von W. I. Lenin weiterentwickelte Marxismus
len|ta|men|te [ital.] *Mus.:* langsam; **len|tan|do** *Mus.:* langsamer werdend
len|ti|ku|lar [lat.] linsenförmig; **Len|ti|zel|le** *w. 11* porige Rindenöffnung (bei Pflanzen)
len|to [ital.] *Mus.:* langsam
Leo|ni|den *Mz.* im November auftretender, scheinbar aus dem Sternbild des Löwen kommender Sternschnuppenschwarm
leo|ni|nisch **1** [nach einem mittelalterl. Dichter Leo oder nach Papst Leo II.] leoninische Verse: mittelalterl. Verse aus Hexametern oder Pentametern, die in der Mitte und am Schluß reimen; **2** [nach dem Löwen in einer Fabel des Äsop] leoninischer Vertrag: Vertrag, bei dem ein Partner den Löwenanteil erhält; **leo|nisch** [nach der span. Stadt León] leonische Waren: Gespinste, Gewebe aus Seidenfäden, die mit Gold- oder Silber- oder anderen Metallfäden umsponnen sind
Leo|pard [lat.] *m. 10* ein Raubtier Asiens und Afrikas, Panther, Pardel, Parder
Le|pi|do|pte|ren [griech.] *w. 11 Mz. Sammelbez. für* Schmetterlinge
Le|po|rel|lo|buch [nach dem Diener des Don Giovanni in Mozarts Oper] *s. 4* Buch mit ungebundenen, harmonikaartig gefalteten Seiten
Le|pra [griech.] *w. Gen. - nur Ez.* eine Infektionskrankheit, Aussatz; **Le|prom** *s. 1* Leprakoten; **le|pros, le|prös** lepraartig, aussätzig
Lep|ta *Mz. von* Lepton (**1**, **2**)
Lep|to|kar|di|er [griech.] *m. 5* Lanzettfischchen
lep|to|ke|phal → leptozephal
Lep|ton *s. Gen.* -s *Mz.* -ta **1** altgriech. Gewicht, 10 mg; **2** neugriech. Währungseinheit, 1/100 Drachme; **Lep|ton** *s. 13* Elementarteilchen, das leichter ist als ein Proton
lep|to|som [griech.] schmalwüchsig, schlank; **Lep|to|spi|ren** *Mz.* Schraubenbakterien; **Lep|to|spi|ro|se** *w. 11* meist mit Gelbsucht einhergehende Infektionskrankheit, z. B. Feldfieber, Siebentagefieber; **lep|to|ze|phal** schmalköpfig; **Lep|to|ze|pha|lie** *w. 11 nur Ez.* schmale Kopfform
Les|bie|rin [-bjə-, nach der griech. Insel Lesbos] *w. 10* homosexuelle Frau; **les|bisch** homosexuell (Frau); lesbische Liebe: Homosexualität zwischen Frauen
le|tal [lat.] zum Tode führend, tödlich; **Le|ta|li|tät** *w. 10 nur Ez.* Sterblichkeit im Verhältnis zur Zahl der Erkrankten
L'état c'est moi [leta sε: moa, frz. „der Staat bin ich"] Schlagwort des Absolutismus nach einem angebl. Ausspruch Ludwigs XIV.
Le|thar|gie [griech.] *w. 11 nur Ez.* **1** Schlafsucht; **2** *übertr.:* Teilnahmslosigkeit, Trägheit; **le|thar|gisch** schläfrig, teilnahmslos, träge; **Le|the** [nach dem Strom der Unterwelt der griech. Sage, aus dem die Toten Vergessenheit trinken] Vergessenheit; Lethe trinken
Let|ter [frz.] *w. 11* gegossener Druckbuchstabe, Type
Leu *m. Gen. - Mz.* Lei rumän. Währungseinheit, 100 Bani
Leuk|ämie [griech.] *w. 11* krankhafte Vermehrung der weißen Blutkörperchen, Weißblütigkeit; **leuk|ämisch** an Leukämie leidend; **Leu|ko|bla|sten** *Mz.* weiße Blutkörperchen bildende Zellen; **leu|ko|derm** weißhäutig; **Leu|ko|der|ma** *s. Gen.* -s *Mz.* -men, **Leu|ko|der|mie** *w. 11* Weißfleckigkeit der Haut infolge Verlusts von Pigment; **Leu|ko|ly|se** *w. 11* Zerfall der weißen Blutkörperchen; **Leu|kom** *s. 1* weißer Fleck auf der Hornhaut des Auges (Narbe eines Hornhautgeschwürs); **Leu|ko|pa|thie** *w. 11* Bildung weißer Flecken auf der Haut; **Leu|ko|pe|nie** *w. 11* abnorme Verminderung der weißen Blutkörperchen; **Leu|ko|plast** **1** *m. 10* (meist Stärke bildendes) farbloses Körperchen der Pflanzenzelle; **2** *s. 1* ® ein Heftpflaster; **Leu|kor|rhö** *w. 10,* **Leu|kor|rhoe** [-rø] *w. 11* Weißfluß, weißl. Ausfluß bei Gebärmutterentzündung; **Leu|ko|to|mie** *w. 11*

chirurg. Eingriff in die weiße Gehirnsubstanz bei gewissen chron. Geisteskrankheiten, Lobotomie; **Leu|ko|zy|ten** *Mz.* weiße Blutkörperchen; **Leu|ko|zy|to|se** *w. 11* Vermehrung der weißen Blutkörperchen als Abwehrreaktion gegen entzündl. und infektiöse Vorgänge im Körper

Leut|nant [frz.] *m. 9, auch: m. 1* **1** *nur Ez.* unterster Offiziersrang; **2** Offizier in diesem Rang

Leu|zit [griech.] *m. 1* ein Mineral, ein Feldspat

Le|va|de [-va-, frz.] *w. 11, Hohe Schule:* Aufrichten des Pferdes auf der Hinterhand, Pesade

Le|van|te [-van-, ital.] *w. Gen. - nur Ez.* die Länder um das östl. Mittelmeer; **Le|van|ti|ne** *w. 11 nur Ez.* ein Seiden-, Halbseiden- oder Kunstfasergewebe; **Le|van|ti|ner** *m. 5* **1** Einwohner eines der Länder der Levante; **2** Abkömmling eines europ. Vaters und einer oriental. Mutter

Le|vée [frz.] *w. 9 früher:* Aushebung (von Rekruten)

Le|vel [engl.] *m. 9* Stufe, Ebene, Niveau; **Le|vel|lers** *m. 9 Mz.* radikale demokrat. Gruppe zur Zeit Cromwells

Le|ver [ləve] *s. 9* Morgenempfang bei einem Fürsten

Le|via|than [hebr.] *m. Gen.* -s *nur Ez.* **1** *im AT:* Meerungeheuer, Drache; **2** *allg.:* Ungeheuer, Riesenschlange; **3** Maschine zum Waschen von Rohwolle

Le|vi|rat [lat.] *s. 1,* **Le|vi|rats|ehe** *w. 11 bei den Israeliten und bei Naturvölkern:* Ehe mit der Frau des kinderlos gestorbenen Bruders

Le|vit [hebr.] *m. 10,* **Le|vi|te** *m. 11* **1** Angehöriger eines israelit. Stammes; **2** jüd. Tempeldiener; **3** Diakon bzw. Subdiakon als Helfer des Priesters beim Hochamt; **Le|vi|ten** *Mz.* [nach dem Levitikus, dem 3. Buch Mose] *in der Wendung* jmdm. die L. lesen: ihn energisch zurechtweisen

Lev|ko|je [griech.] *w. 11* eine Zierpflanze, Kreuzblütler

Lew [lɛf] *m. Gen.* -s *Mz.* Le|wa (*Abk.:* Lw) bulgar. Währungseinheit, 100 Stotinki

Lex [lat.] *w. Gen. - Mz.* Le|ges [-ge:s] Gesetz, Gesetzesantrag

Le|xem [griech.] *s. 1* lexikal. Einheit, Wortschatzeinheit; **Le|xe|ma|tik** *w. 10 nur Ez.* Lehre von den Lexemen; **le|xi|gra|phisch** → lexikographisch; **Le|xik** *w. 10* Wortschatz (einer Sprache oder Fachsprache); **Le|xi|ka** *Mz. von* Lexikon; **le|xi|ka|lisch** in der Art eines Lexikons; **Le|xi|ko|gra|phie** *w. 11* Lehre von den Lexika, Erarbeitung von Lexika; **le|xi|ko|gra|phisch** die Lexikographie betreffend, auf ihr beruhend; **Le|xi|ko|lo|gie** *w. 11 nur Ez.* **1** Lehre von der Erarbeitung von Lexika, Lexikonkunde; **2** *auch:* Wortlehre, *zusammenfassende Bez. für* Etymologie, Semantik und Wortbildungslehre; **Le|xi|kon** *s. Gen.* -s *Mz.* -ka *oder* -ken **1** alphabetisch geordnetes Nachschlagewerk; **2** *früher auch:* Wörterbuch; **Le|xi|ko|thek** *w. 10* Sammlung, Reihe von Lexika verschiedener Wissensgebiete; **le|xisch** zur Lexik gehörend, sie betreffend

Le|zi|thin [griech.] *s. 1* in pflanzl. und tier. Zellen enthaltene, phosphorreiche Verbindung, Nervenstärkungsmittel

lfr *Abk. für* luxemburg. Franc

lg *Abk. für* Logarithmus

L'hom|bre [lɔ̃br(ə)] *s. Gen.* -s *nur Ez. frz. Schreibung von* Lomber

Li *chem. Zeichen für* Lithium

Li *s. Gen. - Mz. -* altes chines. Längenmaß, 644,4 m

Liai|son [liɛzɔ̃, frz.] *w. 9* **1** Bindung, Liebesverhältnis; **2** Aussprache eines sonst stummen Auslautes bei enger Verbindung zum folgenden Wort, z. B. des n in un homme [ɶ̃nɔm]

Lia|ne [frz.] *w. 11* eine Schlingpflanze

Li|as [frz.] *m. oder w. Gen. - nur Ez.* untere Abteilung des Juras, schwarzer Jura; **li|as|sisch** zum Lias gehörend, aus ihm stammend

Li|ba|ti|on [-tsjon, lat.] *w. 10* altröm. Trankopfer für Götter oder Verstorbene

Li|bell [lat. „Büchlein"] *s. 1* **1** *im alten Rom:* Klageschrift; **2** Schmähschrift

Li|bel|le [lat.] *w. 11* **1** ein Insekt, Wasserjungfer; **2** Glasröhrchen der Wasserwaage; **3** eine gebogene Haarspange

Li|bel|list [lat.] *m. 10* Verfasser eines Libells

Li|ber *s. 5 schweiz.:* Fünffrankenstück

li|be|ral [lat.] freiheitlich gesinnt, vorurteilsfrei, nach freier Gestaltung des Lebens strebend; **li|be|ra|li|sie|ren** freiheitlich, großzügig gestalten (bes. wirtschaftlich); **Li|be|ra|lis|mus** *m. Gen. - nur Ez.* Welt-, Staats- und Wirtschaftsanschauung, die die freie Entfaltung der Persönlichkeit, das freie Spiel der Kräfte und die Lösung des einzelnen aus relig., polit. u. a. Bindungen erstrebt; **Li|be|ra|li|tät** *w. 10 nur Ez.* Freiheitlichkeit, Vorurteilslosigkeit

Li|be|ra|li|um Ar|ti|um Ma|gi|ster *m. Gen. - - - nur Ez. MA:* Magister der freien Künste (akadem. Titel)

Li|be|ra|ti|on [-tsjon] *w. 10 veraltet:* Befreiung, Entlastung

Li|be|ro [ital.] *m. 9 Fußball:* freier Verteidiger

Li|ber|tät [lat.] *w. 10 nur Ez.* Freiheit, *früher bes.:* ständische Freiheit; **Li|ber|té, Ega|li|té, Fra|ter|ni|té** [-te] Freiheit, Gleichheit, Brüderlichkeit (Schlagwort der Frz. Revolution); **Li|ber|tin** [-tɛ̃, frz.] *m. 9 veraltet* **1** Freigeist; **2** ausschweifender, zügelloser Mensch; **Li|ber|ti|na|ge** [-ʒə] *w. 11 nur Ez.* Leichtfertigkeit, Zügellosigkeit; **Li|ber|ti|ner** *m. 5* **1** *im 1. Jh.:* Angehöriger einer aus röm. Freigelassenen bestehenden Synagogengemeinde in Jerusalem; 2 *Reformationszeit:* Anhänger einer freien Geistesrichtung, Freigeist; 3 *auch* → Libertin; **Li|ber|ti|nis|mus** *m. Gen. - nur Ez.* Zügellosigkeit, Liederlichkeit

Li|be|rum ar|bi|tri|um [lat.] *s. Gen. - - nur Ez.* freies Ermessen, freier Entschluß, Willensfreiheit

Li|bi|di|nist [lat.] *m.10* sexuell triebhafter Mensch; **li|bi|di|nös** triebhaft, auf Libido beruhend; **Li|bi|do** [auch: -bi] *w. Gen. - nur Ez.* Geschlechtstrieb, Geschlechtsbegierde

Li|bra [lat.] 1 altröm. Gewicht; 2 *früher in spanisch sprechenden Ländern:* Gewichtseinheit, Pfund, 460 g; **Li|bra|ti|on** [-tsjon] *w.10* scheinbare Schwankung der von der Erde aus sichtbaren Oberfläche des Mondes

Li|bret|tist [ital.] *m.10* Verfasser eines Librettos; **Li|bret|to** *s.9* Text zu einer Oper oder Operette

Lic. *Abk. für* Licentiat, vgl. Lizentiat

li|cet [lat.] es ist erlaubt, es steht frei

Li|chen [griech.] *m.7* 1 stark juckende Hautkrankheit, Knötchenflechte; 2 *Bot.:* Flechte; **li|che|no|id** *Med.:* flechtenartig; **Li|che|no|lo|gie** *w.11 nur Ez. Bot.:* Flechtenkunde

Lic. theol. *Abk. für* Licentiatus theologiae, vgl. Lizentiat (1)

Li|do [lat.-ital.] *m.9* Nehrung (bes. bei Venedig)

Liek [engl.] *s.12* Tauwerk, mit dem die Segel eingefaßt werden, um sie zu versteifen

Li|en [lat.] *m. Gen.* -s *Mz.* Lienes Milz; **lie|nal** [-li|e-] zur Milz gehörend, die Milz betreffend; **Lie|ni|tis** *w. Gen. - Mz.* -tiden Milzentzündung

Lieue [liø, frz.] *w.9* altes frz. Längenmaß, Meile

Lift [engl.] 1 *m.1 oder m.9* Fahrstuhl; 2 *m.9 oder s.9* kosmet. Operation zur Straffung der Gesichtshaut oder Hebung des Busens; 3 *m.9 oder s.9* Mitfahrgelegenheit beim Trampen; **Lift|boy** *m.9* Jugendlicher, der einen Lift (1) bedient; **lif|ten** *Kosmetik:* straffen, heben; **Lif|ting** *s.9* → Lift (2)

Li|ga [span.] *w. Gen. - Mz.* -gen 1 Bund, Bündnis; 2 eine Wettkampfklasse, Sonderklasse; **Li|ga|ment** [lat.] *s.1*, **Li|ga|men|tum** *s. Gen.* -s *Mz.* -ta Strang aus Bindegewebe; **Li|ga|tur** *w.10* 1 *Buchw.:* Verbindung zweier Buchstaben zu einer Letter; 2 *Mus.:* Verbindung zweier gleicher Noten durch einen Bogen zu einem Ton; 3 *Med.:* Unterbindung eines Blutgefäßes; **li|gie|ren** *Fechten:* die Klinge des Gegners binden (zur Seite drükken); **Li|gist** *m.10* Angehöriger einer Liga (2)

Li|gnin *s.1* Holzstoff, ein Hauptbestandteil des Holzes; **Li|gnit** *m.1* Braunkohle mit noch sichtbarer holziger Struktur; **Li|gno|se** *w.11* 1 Zellulose; 2 *früher:* ein Sprengstoff; **Li|gno|stone** [-stoun, engl.] *s. Gen.* -s *nur Ez.* mit Phenolharz getränktes, sehr hartes Preßholz

Li|gro|in [Kunstw.] *s.1 nur Ez.* Leichtöl, Bestandteil des Erdöls

Ligue [lig] *w. Gen. - Mz.* -s [lig] *frz. Schreibung von* Liga

Li|gu|la [lat.] *w. Gen. - Mz.* -lae [-lɛ:] 1 zartes Blatthäutchen (bei Gräsern); 2 Riemenwurm, ein Fischbandwurm

Li|gu|ster [lat.] *m.5* eine Heckenpflanze, Rainweide

li|ie|ren [frz.] eng verbinden; sich mit jmdm. l.: eine Liaison mit jmdm. beginnen

Li|kör [frz.] *m.1* süßer Branntwein

Lik|tor [lat.] *m.13 im alten Rom:* Diener höherer Beamter; **Lik|to|ren|bün|del** *s.5* → Faszes

li|la [sanskr.] *unflektierbar* 1 fliederfarben; ein lila Kleid; 2 mir geht es so lila *ugs.:* mittelmäßig

Li|lak [arab.] *m.9* span. Flieder

Li|lia|zeen [lat.] *Mz. Sammelbez. für* Liliengewächse; **Li|lie** [-ljə] *w.11* eine Zierpflanze

Li|li|put... [nach dem Märchenland mit winzigen Menschen in J. Swifts Roman „Gullivers Reisen"] *in Zus.:* sehr klein, z. B. Liliputeisenbahn, Liliputformat; **Li|li|pu|ta|ner** *m.5* zwerghaft kleiner Mensch

lim *Abk. für* Limes (Math.)

lim. *Abk. für* limited

Li|ma|ko|lo|gie [griech.] *w.11 nur Ez.* Schneckenkunde

Lim|ba *s. Gen.* -s *nur Ez.* ein trop. Furnierholz

Lim|bi *Mz. von* Limbus

Lim|bus [lat.] 1 *m. Gen. - nur Ez., im kath. Glauben:* Vorhölle, Aufenthaltsort der rechtschaffenen Heiden und ungetauft gestorbenen Kinder; 2 *m. Gen. - Mz.* -bi *an Winkelmeßgeräten:* Ring mit Gradeinteilung, auf dem die Größe des Winkels abgelesen wird

Li|me|rick [nach der irischen Stadt] *m.9* fünfzeiliges komisch-iron. Gedicht mit einem grotesken Schlußgedanken

Li|mes [lat.] *m. Gen. - nur Ez.* 1 altröm. Grenzwall; 2 (*Abk.:* lim) *Math.:* Grenzwert

Li|met|ta [pers.-frz.] *w. Gen. - Mz.* -ten eine dünnschalige Zitronenart

Li|mit [lat.-engl.] *s.9* Grenze, äußerster Preis, äußerster Umfang; **Li|mi|ta|ti|on** [-tsjon, lat.] *w.10* Begrenzung, Beschränkung; **li|mi|ta|tiv** begrenzend, beschränkend; **li|mi|ted** [-tid] (*Abk.:* lim., ld., Ld., ltd., Ltd.) *hinter engl. und amerik. Firmennamen:* mit beschränkter Haftung; **li|mi|tie|ren** begrenzen, beschränken

Lim|ni|graph [griech.] *m.10*, **Lim|ni|me|ter** *s.5* Pegel zum Messen und selbsttätigen Aufzeichnen des Wasserstandes von Seen; **limnisch** im Süßwasser lebend, im Süßwasser abgelagert; **Lim|no|graph** *m.10* → Limnigraph; **Lim|no|lo|gie** *w.11 nur Ez.* Süßwasser-, Seenkunde; **Lim|no|plank|ton** *s. Gen.*-s *nur Ez.* das → Plankton des Süßwassers

Li|mo|na|de [ital.] *w.11* ein Erfrischungsgetränk mit Obstsaft oder Essenz; **Li|mo|ne** *w.11* eine dickschalige Zitronenart; **Li|mo|nen** *s.1* ein nach Zitrone riechender Kohlenwasserstoff

Li|mo|nit [frz.] *m.1* ein Mineral, Brauneisenstein; **li|mos, li|mös** schlammig, sumpfig

Li|mou|si|ne [-mu-, frz.] *w.11* Personenkraftwagen mit festem, nicht aufklappbarem Verdeck; *Ggs.:* Kabriolett

Li|ne|al [lat.] *s.1* Zeichengerät zum Ziehen von Linien; **Li|nea|ment** *s.1* Linie (in der Hand, im Gesicht); **li|ne|ar** linienförmig, von Linien gebildet, zeichnerisch; lineare Gleichung: Gleichung ersten Grades; linearer Kontrapunkt, linearer Satz: streng kontrapunktische Kompositionsweise; **Li|nea|ri|tät** *w.10 nur Ez.* **1** lineare Beschaffenheit; **2** → linearer Kontrapunkt; **Li|nea|tur** *w.10* → Liniatur

Li|nette [-nɛt, frz.] *w.11 nur Ez.* ein Gewebe, eine Art → Linon

Lin|ga, Lin|gam [sanskr.] *s.9* Phallus (ind. Sinnbild der Zeugungskraft)

Linge [lɛ̃ʒ, frz.] *w. Gen. - nur Ez. im schweiz. Hotelgewerbe:* Wäsche; **Lin|ge|rie** [lɛ̃ʒəri] *w.11 schweiz.:* Wäschekammer; betriebseigene Wäscherei

Lin|gua fran|ca [ital.] *w. Gen. -- Mz. nicht übl.* überregionale Verkehrssprache, z. B. Pidgin-English; **lin|gu|al** [lat.] zur Zunge gehörig, mit der Zunge gebildet; **Lin|gui|stik** *w.10 nur Ez.* Sprachwissenschaft

Li|nia|tur [lat.] *w.10* Linierung, Liniensystem; **Li|nie** [-njə] *w.11* **1** Strich, Gerade, Zeile, Reihe; die Buchstaben halten nicht Linie *Buchw.:* stehen nicht auf gleicher Höhe; auf der ganzen L. *ugs.:* überall, völlig; **2** Strecke, die von einem Massenverkehrsmittel befahren wird, z. B. Straßenbahnlinie; das Verkehrsmittel selbst; **3** Folge von Abkömmlingen; **4** *ugs.:* Figur; auf die (schlanke) L. achten; **li|nie|ren** mit geraden Linien versehen; liniertes Papier; **li|ni|ie|ren** *veraltet für* linieren

Li|ni|ment [lat.] *s.1* ein hautreizendes Einreibemittel aus Seife, Fett, Öl oder Alkohol

Li|no|le|um [lat.] *s. Gen.*-s *nur Ez.* ein Fußbodenbelag; **Li|nol|schnitt** *m.1* **1** *nur Ez.* eine dem Holzschnitt ähnliche Kunst, wobei statt der Holz- eine Linoleumplatte verwendet wird; **2** nach diesem Verfahren hergestellter Abzug

Li|non [-nɔ̃, frz.] *m.9* feines Leinen- oder Baumwollgewebe in Leinwandbindung

Lip|ämie [griech.] *w.11* erhöhter Fettgehalt des Blutes; **lip|ämisch** an Lipämie leidend

Li|pa|rit [nach den Lipar. Inseln] *m.1* ein Ergußgestein

Li|pa|sen *w.11 Mz.* Gruppe fettspaltender Enzyme; **Li|pi|de** *s.11 Mz. Sammelbez. für* Fette und fettähnl. Stoffe; **Li|pi|do|se** *w.11* Störung des Fettstoffwechsels

Li|piz|za|ner [nach dem Ort Lipizza bei Triest] *m.5* eine Pferderasse, Schimmel

li|po|id [griech.] fettartig; **Li|po|id** *s.1* fettähnl. Substanz; **Li|po|ly|se** *w.11* Fettverdauung, Fettspaltung; **Li|pom** *s.1,* **Li|po|ma** *s. Gen.*-s *Mz.*-po|malta Fettgeschwulst; **Li|po|ma|to|se** *w.11* umschriebene Fettanhäufung; **li|po|phil** fettliebend, sich mit Fett mischend, fettlöslich; **Li|po|phi|lie** *w.11* Neigung zum Fettansatz (bei bestimmten Erkrankungen); **Lip|urie** *w.11* Auftreten von Fett im Urin

Liq. *Abk. für* Liquor

Li|que|fak|ti|on [-tsjon, lat.] *w.10* Verflüssigung; **li|ques|zie|ren** flüssig werden, schmelzen; **li|quid** **1** flüssig; **2** *übertr.:* zahlungsfähig; **Li|qui|da** *w. Gen. - Mz.*-dä *oder* -qui|den Fließlaut, Schmelz-, Schwinglaut (l, r); **Li|qui|da|ti|on** [-tsjon] *w.10* **1** Abwicklung der Geschäfte eines aufgelösten Unternehmens; **2** Auflösung (eines Geschäftes, Vereins); **3** Rechnung, Honorarforderung; **Li|qui|da|tor** *m.13* jmd., der eine Liquidation (**1**, **2**) durchführt, Vermittler bei Geschäftsauflösungen; **li|qui|de** → liquid; **Li|qui|den** *Mz. von* Liquida; **li|qui|die|ren** **1** auflösen (Geschäft, Handelsgesellschaft, Verein) **2** abwickeln (Geschäfte); **3** in Rechnung stellen, fordern (Kosten für Leistungen); **4** *übertr.:* beseitigen, umbringen, töten; **Li|qui|di|tät** *w.10* Zahlungsfähigkeit

Li|quor *m. Gen.*-s *nur Ez.* (*Abk.:* Liq.) Flüssigkeit, flüssiges Arzneimittel

Li|ra **1** [griech.] *w. Gen. - Mz.*-ren mittelalterl. einsaitige Geige; **2** [ital.] *w. Gen. - Mz.*-re ital. Währungseinheit

Li|se|ne [frz.] *w.11* flacher, erhabener, senkrechter Mauerstreifen (zur Gliederung einer Wandfläche)

Lis|seu|se [-sø-, frz.] *w.11* Maschine zum Waschen, Trocknen und Strecken von gekämmter Wolle

Lit *Abk. für* ital. Lire

Lit. **1** *Abk. für* Litera (Buchstabe), z. B. Absatz 2, Lit. 5; **2** Bez. für den Kennbuchstaben auf Banknoten und Wertpapieren, z. B. Lit. A, Lit. B

Li|ta|nei [griech.] *w.10* **1** Wechselgebet zwischen Geistlichem und Gemeinde; **2** *übertr.:* langweiliges Gerede, lange, eintönige Aufzählung

Li|ter [griech.] *s.5 oder m.5* ein Hohlmaß, 1 dm^3, 1 kg

Li|te|rar|hi|sto|ri|ker [lat.] *m.5* Wissenschaftler der Literaturgeschichte; **li|te|rar|hi|sto|risch** die Literaturgeschichte betreffend, zu ihr gehörig; **li|te|ra|risch** **1** zur (schönen) Literatur gehörend; **2** schriftstellerisch; **Li|te|rat** *m.10* **1** Schriftsteller; **2** *auch abfällig:* gewandt, aber oberflächlich schreibender

Schriftsteller; **Li|te|ra|tur** *w. 10* **1** Gesamtheit der Dichtungen eines Volkes oder einer Epoche, z. B. klassische L.; **2** Gesamtheit der in einem Wissensgebiet veröffentlichten schriftl. Werke, z. B. medizinische L.; **Li|te|ra|tur|hi|sto|ri|ker** *m. 5* → Literarhistoriker
Li|tew|ka [poln.] *w. Gen. - Mz.* -ken *früher:* bequemer Uniformrock
Lith|ago|gum [griech.] *s. Gen.* -s *Mz.* -ga *Med.:* steinabführendes Mittel; **Li|thia|sis** *w. Gen. - Mz.* -thiasen Steinbildung in inneren Organen, Steinleiden; **Li|thi|kum** *s. Gen.* -s *Mz.* -ka → Lithagogum; **Li|thi|um** *s. Gen.* -s *nur Ez.* (*Zeichen:* Li) chem. Element, Metall; **Li|tho** *s. 9 Kurzbez. für* Lithographie (3); **li|tho|gen** aus Gesteinen entstanden; **Li|tho|gra|phie** *w. 11* **1** Steinzeichnung; **2** Steindruckverfahren; **3** Steindruck; **li|tho|gra|phie|ren** **1** auf Stein zeichnen; **2** mittels Steindruck herstellen; **Li|tho|klast** *m. 10* Sonde zum Zertrümmern von Blasensteinen; **Li|tho|lo|gie** *w. 11 nur Ez.* Lehre von den Gesteinen, Gesteinskunde; **Li|tho|ly|se** *w. 11* Auflösung von Steinen in inneren Organen durch Medikamente; **li|tho|phag** sich in Gesteine einbohrend, Gestein auflösend (Tier, z. B. Bohrmuschel); **li|tho|phil** Gestein als Untergrund benötigend (bestimmte Tiere); **Li|tho|pon** *s. 1,* **Li|tho|po|ne** *w. 11* gut dekkende, weiße Anstrichfarbe; **Li|tho|sphä|re** *w. 11 nur Ez.* Gesteinshülle der Erde, Erdkruste; **Li|tho|to|mie** *w. 11* operative Entfernung von Steinen aus inneren Organen; **Li|tho|trip|sie** *w. 11* Zertrümmerung von Blasensteinen mit einer Sonde; **Li|tho|trip|ter** *m. 5* → Lithoklast; **Lith|ur|gik** *w. 10 nur Ez.* Lehre von der Verwendung und Bearbeitung der Gesteine und Mineralien
Li|ti|gant [lat.] *m. 10 veraltet:* jmd., der einen Rechtsstreit führt; **Li|ti|ga|ti|on** [-tsjon] *w. 10 veraltet:* Rechtsstreit; **li|ti|gie|ren** einen Rechtsstreit führen
li|to|ral [lat.] zur Küste, zum Ufer, zum Strand gehörend, dort vorkommend, küsten-, ufernah; **Li|to|ra|le** *s. 9* Küstenland; **Li|to|ral|fau|na** *w. Gen. - nur Ez.* Tierwelt der Küstengewässer; **Li|to|ral|flo|ra** *w. Gen. - nur Ez.* Pflanzenwelt der Küstengewässer; **Li|to|ri|na** *w. Gen. - Mz.* -nen eine Strandschnecke; **Li|to|ri|nel|len|kalk** *m. 1 nur Ez.* Kalkstein mit versteinerten Wasserschnecken
Li|to|tes [-te:s, griech.] *w. Gen. - nur Ez.* Stilfigur: Verneinung des Gegenteils und dadurch vorsichtige Hervorhebung des Gemeinten, z. B. „nicht übel" statt „recht gut"
Li|tschi|pflau|me [chin.] *w. 11* pflaumenartige chin. Frucht
Li|turg [griech.] *m. 10* Geistlicher, der die Liturgie (2) ausführt, im Unterschied zum Prediger; **Li|tur|gie** *w. 11* **1** *im alten Athen:* Abgabe der Bürger an den Staat, eine Stiftung; **2** gottesdienstliche Handlung, Altargottesdienst, im Unterschied zur Predigt; **3** *evang. Kirche:* Wechselgesang des Geistlichen mit der Gemeinde; **Li|tur|gik** *w. 10 nur Ez.* Lehre von der christl. Liturgie; **li|tur|gisch** zur Liturgie (2, 3) gehörig
live [laiv, engl. alive „lebendig"] *Funk, Fernsehen* live senden: direkt übertragen
Li|vre [frz. „Pfund"] *m. oder s. Gen.* -s *Mz.* - **1** alte frz. Münze; **2** alte frz. Gewichtseinheit, rund 500 g
Li|vree [frz.] *w. 11* uniformartige Kleidung für Dienstpersonal; **li|vriert** in Livree (gekleidet)
Li|zen|ti|at [-tsjat, lat.] *m. 10* (*Abk.:* Lic.) **1** *veraltet, noch österr.:* Hochschulgrad der evang. Theologie und einiger kath. theolog. Fakultäten; *heute ersetzt durch* Dr. theol.; **2** *schweiz.:* Hochschulgrad auch außerhalb der theolog. Fakultät; **Li|zenz** *w. 10* Erlaubnis, Genehmigung zur Ausübung eines Gewerbes, zur Benutzung eines Patents, zum Druck eines in einem anderen Verlag erschienenen Buches u. a.; **li|zen|zie|ren** etwas l.: für etwas die Lizenz erteilen
Li|zi|tant [lat.] *m. 10 auf Versteigerungen:* Bieter; **Li|zi|ta|ti|on** [-tsjon] *w. 10* Versteigerung; **li|zi|tie|ren** versteigern
Lla|no [lja-, span.] *m. 9 in den südl. USA und in Südamerika:* baumarme Steppe
lm *Abk. für* Lumen
lmh *Abk. für* Lumenstunde
ln *Abk. für* Logarithmus naturalis = natürlicher → Logarithmus
Lob [engl.] *m. 9,* **Lob|ball** *m. 2 Tennis:* über den vorgelaufenen Gegner hinweggeschlagener Ball; **lob|ben** einen Lobball schlagen
Lob|by [engl.] **1** *w. oder m. 9 in England und den USA:* Vorhalle im Parlament; **2** *w. 9* Gesamtheit der Angehörigen von Interessengruppen, die (dort) die Abgeordneten zu beeinflussen suchen; **Lob|by|is|mus** *m. Gen. - nur Ez.* Beeinflussung von Parlamentsmitgliedern; **Lob|by|ist** *m. 10* Angehöriger der Lobby (2)
Lo|be|lie [-ljə, nach dem Botaniker M. Lobelius] *w. 11* eine Zierpflanze; **Lo|be|lin** *s. 1 nur Ez.* ein aus manchen Lobelienarten gewonnenes Alkaloid, ein Heilmittel
Lo|bo|to|mie [griech.] *w. 11* → Leukotomie
Lo|bus [lat.] *m. Gen. - Mz.* -bi Lappen (eines Organs)
Loch [lɔx, schott.] *m. Gen.* -(s) *Mz.* -s See
Lo|chi|en [-xiən, griech.] *Mz.* Ausfluß aus der Scheide nach der Entbindung, Wochenfluß
Lock|out [-aut, engl.] *s. Gen.* -(s) *Mz.* -s Aussperrung (von Arbeitern)
lo|co [lat.] *Kaufmannsspr.:* am Ort, hier, greifbar, vorrätig; loco Berlin: in Berlin zu liefern; **lo|co ci|ta|to** (*Abk.:* l. c.) *bei Zitaten:* am angeführten Ort, aus derselben Quelle, z. B. S. 205 l. c.

Loft [engl.] *m. 9 Golf* **1** Schlag für Hochbälle; **2** Neigungsgrad des Golfschlägers
log *Abk. für* Logarithmus
Log [engl.] *s. 1* Gerät zum Messen der Fahrgeschwindigkeit (eines Schiffes)
log|arith|mie|ren den Logarithmus feststellen; **Log|arith|mus** [griech.] *m. Gen. - Mz.* -men (*Abk.:* log), Exponent x, mit dem eine bestimmte Basiszahl multipliziert werden muß, um einen bestimmten Zahlenwert zu erhalten; dekadischer L.: L. mit der Basiszahl 10; dyadischer L. (*Abk.:* ld): auf dem Dualsystem aufbauender L.; natürlicher L. (*Abk.:* ln): L. mit der Basiszahl e (Eulersche Zahl)
Log|buch [zu: Log] *s. 4* Schiffstagebuch
Lo|ge [-ʒə, frz.] *w. 11* **1** kleiner Seitenraum, z. B. Pförtnerloge; **2** kleiner, abgeteilter Raum mit wenigen Sitzplätzen im Zuschauerraum eines Theaters; **3** Vereinigung von Freimaurern
Log|ge *w. 11* → Log; **log|gen** mit dem Log messen; **Log|ger** [engl.] *m. 5* kleines Fischereifahrzeug mit Motor und Hilfssegel
Log|gia [lɔdʒa, ital.] *w. Gen. - Mz.* -gi|en [lɔdʒən] **1** offene Bogenhalle, Säulenhalle; **2** eingezogener (nicht vorspringender) Balkon
Log|glas *s. 4* Sanduhr zum Loggen
lo|gie|ren [-ʒi-, frz.] **1** *veraltet, noch schweiz.:* beherbergen; **2** vorübergehend wohnen
Lo|gik [griech.] *w. 10* **1** Lehre vom richtigen Denken und Folgern; **2** folgerichtiges Denken, Folgerichtigkeit; **Lo|gi|ker** *m. 5* **1** Lehrer der Logik; **2** jmd., der logisch zu denken versteht
Lo|gis [-ʒi, frz.] *s. Gen. - Mz.* - [-ʒis] **1** Wohnung, Unterkunft; **2** *auf Schiffen:* Mannschaftsraum
lo|gisch folgerichtig, denkrichtig, den Gesetzen der Logik entsprechend; **Lo|gis|mus** **1** *m. Gen. - nur Ez.* Auffassung, daß die Welt logisch aufgebaut sei; **2** *m. Gen. - Mz.* -men Vernunftschluß; **Lo|gi|stik** *w. 10 nur Ez.* **1** *Mil.:* Gesamtheit der Maßnahmen für Nachschub und Infrastruktur; **2** mathemat. Logik; **Lo|gi|sti|ker** *m. 5* Anhänger der Logistik (**2**); **lo|gi|stisch** auf Logistik (**2**) beruhend; **Lo|gi|zis|mus** *m. Gen. - nur Ez.* **1** Lehre, die die gesamte Mathematik auf Logik zurückführt; **2** formales log. Schließen ohne Rücksicht auf den Denkinhalt; **Lo|gi|zi|tät** *w. 10 nur Ez.* logische Beschaffenheit; *Ggs.:* Faktizität
Log|lei|ne *w. 11* Meßschnur zum Loggen
Lo|go|griph [griech.] *m. 12 oder m. 10* Buchstabenrätsel; **Lo|goi** *Mz. von* Logos; **Lo|go|pä|die** *w. 11 nur Ez.* **1** Sprachheilkunde; **2** Spracherziehung von Sprach- und Stimmgestörten; **Lo|go|pa|thie** *w. 11* Sprachstörung; **Lo|gos** *m. Gen. - Mz.* -goi **1** *urspr.:* Wort, Rede, Kunde, Lehre; **2** Begriff, Sinn, logisches Urteil; **3** Vernunft, Weltvernunft, göttl. Vernunft; **4** *Christentum:* menschgewordenes Wort Gottes
Loi|pe [lɔipə, skand.] *w. 11 Schisport:* Langlaufpiste
Lok *w. 9 Kurzw. für* Lokomotive
lo|kal [lat.] örtlich, örtlich begrenzt; **Lo|kal** *s. 1* **1** Ort, Raum, z. B. Wahllokal; **2** Gastwirtschaft, Restaurant; **Lo|kal|an|äs|the|sie** *w. 11* örtl. Betäubung; **Lo|kal|bahn** *w. 10* Kleinbahn; **Lo|kal|be|richt** *m. 1* Zeitungsbericht über örtl. Ereignisse; **Lo|ka|li|sa|ti|on** [-tsjon] *w. 10* das Lokalisieren; **lo|ka|li|sie|ren** **1** auf einen Ort beschränken; eine Krankheit auf ihren Herd l.; **2** örtlich festlegen, den Standort bestimmen; **Lo|ka|li|tät** *w. 10* **1** Raum, Örtlichkeit; **2** *Mz. ugs.:* Toilette, Waschraum; **Lo|kal|ko|lo|rit** *s. 1 nur Ez., in literar. Werken:* anschaul. Schilderung der Landschaft, des Milieus, der Sitten und Gebräuche eines Schauplatzes; **Lo|kal|pa|trio|tis|mus** *m. Gen. - nur Ez.* betonte Liebe zur engeren Heimat; **Lo|kal|pos|se** *w. 11* volkstüml., humorvolles, an eine bestimmte Landschaft oder Stadt gebundenes, häufig in Mundart geschriebenes Theaterstück; **Lo|kal|teil** *m. 1* Teil der Zeitung, der Nachrichten aus dem örtl. Bereich bringt; **Lo|kal|ter|min** *m. 1* gerichtl. Termin am Tatort des Rechtsfalles; **Lo|kal|ver|kehr** *m. Gen. -s nur Ez.* Vorortverkehr
Lo|ka|tar [lat.] *m. 1 veraltet:* Pächter; **Lo|ka|ti|on** [-tsjon] *w. 10* **1** *veraltet:* Platz-, Rangbestimmung, Einordnung; **2** *veraltet:* Anweisung eines Platzes oder Ranges; **3** *Erdölförderung:* Bohrstelle; **Lo|ka|tiv** *m. 1* den Ort bestimmender Kasus, z. B. im Latein. und Griech.; **Lo|ka|tor** *m. 13* **1** *MA:* Ritter, der im Auftrag des Landesherrn Kolonialland verteidigte; **2** *veraltet:* Verpächter; **Lo|ko|geschäft** *s. 1* Geschäft über sofort verfügbare Ware; *Ggs.:* Termingeschäft; **Lo|ko|mo|bi|le** *w. 11* fahrbare Dampf-, Kraftmaschine; **Lo|ko|mo|ti|on** [-tsjon] *w. 10 Biol., Med.:* Ortsveränderung; **Lo|ko|mo|ti|ve** *w. 11* (*Kurzw.:* Lok) auf Schienen fahrende Zugmaschine; **lo|ko|mo|to|risch** auf Fortbewegung, Gang, Lauf beruhend, sie bewirkend; **Lo|ko|wa|re** *w. 11* sofort verfügbare, am Ort befindl. Ware; **Lo|kus** *m. Gen. - Mz.* -kus|se *ugs.:* Toilette, Abort
Lo|ku|ti|on [-tsjon, lat.] *w. 10 veraltet:* Rede-, Ausdrucksweise
Lol|lar|de [ndrl.] *m. 11* **1** → Alexianer; **2** Anhänger des engl. Reformators John Wiclif
Lom|bard [nach der Lombardei] *m. oder s. 1* Kredit gegen Pfand; **lom|bar|die|ren** beleihen, verpfänden
Lom|ber, *frz.:* **Lom|bre** [lɔ̃brə] *s. Gen. -(s) nur Ez.* ein frz. Kartenspiel
Long|drink [engl.] *m. 9* mit Sodawasser o. ä. verdünntes, alkohol. Getränk; *Ggs.:* Shortdrink

Lon|ge [lõʒə, frz.] *w.11* **1** Laufleine für Pferde bei der Dressur; **2** Hilfsleine für Schwimmschüler; **lon|gie|ren** [-ʒi-] an der Longe laufen lassen (Pferd)
Lon|gi|me|trie [lat. + griech.] *w.11 nur Ez.* Längenmessung; **lon|gi|tu|di|nal** **1** in der Längsrichtung, in der Längserstreckung; **2** der geograph. Länge nach, den Längengrad betreffend; **Lon|gi|tu|di|nal|wel|le** *w.11* Längswelle-, in Ausbreitungsrichtung schwingende Welle
Long|sel|ler [engl.] *m.5* Buch (auch Schallplatte o. ä.), das sich lange Zeit gut verkauft
Look [luk, engl.] *m.9* Aussehen, Äußeres, *meist in Zus. wie* Partnerlook, Babylook
Loo|ping [lu-, engl.] *s. oder m.9* Überschlag mit dem Flugzeug, senkrechter Schleifenflug
Lord [engl.] *m.9* engl. Adelstitel; **Lord|kanz|ler** *m.5* höchster engl. Staatsbeamter; **Lord-May|or** [lɔdmɛə] *m.9 in London und einigen anderen engl. Großstädten:* Erster Bürgermeister
Lor|do|se [griech.] *w.11,* **Lor|do|sis** *w. Gen. - Mz.*-sen Wirbelsäulenverkrümmung nach vorn
Lord-Pro|tek|tor *m.13 mehrmals in England:* Titel des Regenten, bes. Cromwells
Lo|re [engl.] *w.11* **1** offener Eisenbahngüterwagen; **2** kleiner, auf Schienen laufender Lastwagen mit dreieckigem Längsschnitt, Kipplore
Lor|gnet|te [lɔrnjętə, frz.] *w.11 früher:* Stielbrille; **Lor|gnon** [lɔrnjõ] *s.9* Einglas mit Stiel, *auch:* Stielbrille
Lo|ri **1** *s.9* → Lore (**2**); **2** [fläm.] *m.9* ein Halbaffe; **3** *m.9* ein Papagei
Lo|ro|kon|to [ital.] *s. Gen.*-s *Mz.*-ten bei einer Bank für eine andere Bank geführtes Konto; vgl. Nostrokonto
LOS *Abk. für* Loss of Signal (Verlieren des Signals): die Zeitspanne, in der sich ein Raumschiff hinter dem Mond befindet und daher keine Signale geben und empfangen kann
Lost [Kunstw.] *m. Gen.*-(e)s *nur Ez.* ein chem. Kampfstoff, Senfgas, Gelbkreuz
Lost ge|ne|ra|tion [-dʒenəreiʃn, engl. „verlorene Generation"] *w. Gen. - - nur Ez.* **1** die Generation US-amerik. Schriftsteller, die den 1. Weltkrieg miterlebt hat und durch skept., desillusionierte Weltanschauung gekennzeichnet ist; **2** *später auch:* die erste Generation nach dem 1. Weltkrieg
Lo|tion [louʃn, engl.] *w.9* kosmet. Mittel zur Gesichtsreinigung
Lo|to|pha|ge [griech.] *m.11 bei Homer:* Angehöriger eines Volkes an der libyschen Küste, das sich von Lotos ernährte, nach dessen Genuß die Gefährten des Odysseus die Heimkehr vergaßen, Lotosesser; **Lo|tos** *m. Gen. - Mz. -* Lotosblume, ein Seerosengewächs, im alten Orient Sinnbild der Reinheit und Schönheit, *auch:* der Religion; vgl. Lotus
Löt|rohr *s.1* in der chem. Analyse verwendetes Gerät zur Reduktion der Analysensubstanz
Lot|se [engl.] *m.11* **1** bes. ausgebildeter Seemann, der Schiffe durch schwieriges Gewässer leitet, bes. in den Hafen; **2** *übertr.:* Führer durch schwieriges oder gefährliches Gelände, z. B. Schülerlotse im Verkehr; **lot|sen** als Lotse führen
Lot|te|rie [ndrl.] *w.11* staatl. oder staatlich konzessionierte Verlosung von numerierten Losen
Lot|to [ital.] *s.9* **1** Glücksspiel, eine Art Lotterie, bei der auf Zahlen gesetzt wird; **2** ein Kindergesellschaftsspiel
Lo|tus [griech.] *m. Gen. - Mz. -* Hornklee, ein Schmetterlingsblütler; vgl. Lotos
Louis [lui:, frz.] *m. Gen. - Mz. -* [lui:s] Zuhälter
Louis|dor [luidor] *m.9, bei Zahlenangaben Mz. -* alte frz. Goldmünze, 20 Franc; **Louis-qua|torze** [luikatɔrz] *s. Gen. - nur Ez.* unter Ludwig XIV. von Frankreich beliebter (barocker) Kunst-, bes. Möbelstil; **Louis-quinze** [luikẽz] *s. Gen. - nur Ez.* unter Ludwig XV. von Frankreich beliebter Kunst-, bes. Möbelstil, Rokokostil; **Louis-seize** [luisẹz] *s. Gen. - nur Ez.* unter Ludwig XVI. von Frankreich beliebter Kunst-, bes. Möbelstil, Übergang zum Klassizismus
Love-in [lʌv-in, engl. nach Go-in, Sit-in gebildet] *s. Gen. - nur Ez.* Liebe in der Öffentlichkeit als Protest gegen die herrschende Sexualmoral
lo|xo|drom [griech.] die Längenkreise der Erde im gleichen Winkel schneidend; **Lo|xo|dro|me** *w.11* Verbindungslinie zwischen zwei Punkten der Erdoberfläche, die alle Längenkreise im gleichen Winkel schneidet; **lo|xo|go|nal** schiefwinklig
loy|al [frz.: loajal] **1** regierungstreu, treu dem Vorgesetzten gegenüber; **2** *allg.:* redlich, anständig; *Ggs.:* illoyal; **Loya|li|tät** *w.10 nur Ez.* loyales Verhalten, loyale Einstellung *Ggs.:* Illoyalität
LSD *Abk. für* Lysergsäure-Diäthylamid, ein Rauschgift
ltd., Ltd. *Abk. für* limited
Lu *chem. Zeichen für* Lutetium
Lud|di|ten [nach dem Engländer Ned Lud] *Mz. Anfang des 19. Jh. in England:* Maschinenstürmer, Arbeiter, die aus Furcht vor Arbeitslosigkeit Maschinen zerstörten
Lu|dus [lat.] *m. Gen. - Mz.*-di **1** *im alten Rom:* Schauspiel, Festspiel; **2** *MA:* geistl. Drama
Lu|es [lat. „Seuche"] *w. Gen. - nur Ez.* → Syphilis; **lu|e|tisch** an Lues erkrankt, syphilitisch
Luf|fa [arab.-engl.] *w.9* ein trop. Kürbisgewächs, aus dessen Fruchtfasern Schwämme

zum Frottieren, Einlagen für Tropenhelme u. ä. hergestellt werden
Lü|gen|de|tek|tor *m. 13 fälschl. Bez. für* Polygraph
Lu|i|ker *m. 5* jmd., der an Lues erkrankt ist; **lu|isch** auf Lues beruhend, an Lues erkrankt
lu|kra|tiv [lat.] gewinnbringend, einträglich
lu|kul|lisch [nach dem röm. Feldherrn Lucullus] üppig, schwelgerisch, schlemmerhaft
Lum|ba|go [lat.] *w. Gen. - nur Ez.* **1** Schmerz in der Lendengegend, Hexenschuß; **2** eine Pferdekrankheit, Schwarze Harnwinde; **lum|bal** zu den Lenden gehörend, von ihnen ausgehend, auf sie einwirkend; **Lum|bal|an|äs|the|sie** *w. 11* örtl. Betäubung durch Einspritzung in den Lendenwirbelkanal; **Lum|bal|punk|ti|on** [-tsjo:n] *w. 10* Punktion des Lendenwirbelkanals, Lendenstich
Lum|ber|jack [lʌmbərdʒæk, engl.] *s. 9* Tuch- oder Lederjacke mit gestrickten Bünden
Lu|men [lat.] *s. Gen.*-s *Mz.* - *oder* -mi|na **1** Hohlraum (von Orangen); **2** (*Abk.:* lm) Maßeinheit für den Lichtstrom; **3** *übertr. veraltet:* Leuchte, Licht, Könner; er ist kein großes L.; **Lu|men|stun|de** *w. 11* (*Abk.:* lmh) Maßeinheit für die Lichtmenge
Lu|mie [-mjə, ital.] *w. 11* kleine, süße Zitronenart
Lu|mi|nes|zenz [lat.] *w. 10* Lichterscheinung, die nicht durch erhöhte Temperatur bewirkt wird; **lu|mi|nes|zie|ren** kalt leuchten; **Lu|mi|no|gra|phie** [lat. + griech.] *w. 11 nur Ez.* Verfahren zur Herstellung von photograph. Kopien mittels Leuchtstoffplatten als Lichtquelle; **Lu|mi|no|phor** *m. 1* Stoff, der nach Bestrahlen mit Licht noch längere Zeit im Dunkeln leuchtet, Leuchtstoff; **lu|mi|nös, lu|mi|nos** [lat.] **1** leuchtend, lichtvoll; **2** *übertr.:* vortrefflich
Lum|me [skand.] *w. 11* ein arktischer Seevogel
Lum|pen|pro|le|ta|ri|at *s. 1 nur Ez.* Proletariat ohne Klassenbewußtsein
Lump|sum [lʌmpsʌm, engl. „runde Summe"] *w. 9* Pauschale, Pauschalsumme
Lu|na [lat.] *w. Gen. - nur Ez. poet.:* der Mond; **lu|nar** zum Mond gehörig, Mond ...; **Lu|na|ri|um** *s. Gen.*-s *Mz.*-ri|en Gerät zum Veranschaulichen der Mondbewegung; **Lu|na|ti|ker** *m. 5* Mondsüchtiger; **Lu|na|ti|on** [-tsjon] *w. 10* Mondumlauf; **lu|na|tisch** mondsüchtig; **Lu|na|tis|mus** *m. Gen. - nur Ez.* Mondsüchtigkeit
Lunch [lʌntʃ, engl.] *m. 9 in England:* kleine Mittagsmahlzeit; **lun|chen** [lʌntʃən] den Lunch einnehmen, zu Mittag essen; **Luncheon** [lʌntʃən] *s. 9* Imbiß
Lü|net|te [frz.] *w. 11* **1** *früher:* kleines, vorspringendes Festungswerk; **2** *Baukunst:* halbkreisförmiges, oft mit Malerei oder Reliefs verziertes Feld über Fenstern, Türen oder Rechtecken; **3** *an Drehbänken:* Vorrichtung zum Unterstützen von langen Werkstücken
Lu|nik [lat.] *m. 9* Bez. für die ersten sowjet. Mondsonden
Lu|nu|la [lat.] *w. Gen.* - *Mz.*-lä *oder* -nu|len **1** *Bronzezeit:* halbmondförmiger Halsschmuck; **2** *kath. Kirche:* halbmondförmiger Halter für die geweihte Hostie in der Monstranz; **3** halbmondförmiger weißer Fleck am Fuß- und Fingernagel; **lu|nu|lar** halbmondförmig
Lu|pe [frz.] *w. 11* Vergrößerungsglas; **lu|pen|rein** **1** auch bei Betrachtung durch die Lupe keinen Fehler aufweisend (Edelstein); **2** *übertr.:* von höchster Reinheit
Lu|per|ka|li|en [lat.] *Mz.* „Wolfsfest", altröm. Fest zu Ehren des Wölfe abwehrenden Hirtengottes Faunus
Lu|pi|ne [lat.] *w. 11* eine Futterpflanze, Schmetterlingsblütler; **Lu|pi|no|se** *w. 11* Vergiftung von Wiederkäuern infolge Fütterung mit bitteren Lupinen
lu|pös [lat.] an Lupus erkrankt, von Lupus befallen
Lup|pe [frz.] *w. 11* roher, schlackehaltiger Eisenklumpen, Rohmaterial zur Stahlerzeugung
Lu|pu|lin [lat.] *s. 1 nur Ez.* Bitterstoff des Hopfens, Bierwürze und Beruhigungsmittel;
Lu|pus *m. Gen.* - *Mz.* - *oder* -pus|se fressende Hautflechte, „Wolf"; lupus in fabula: der Wolf in der Fabel, d. h. jmd., der gerade dazukommt, wenn man von ihm spricht
Lu|re [altnord.] *w. 11* **1** bronzezeitliches nordisches Blasinstrument, s-förmig mit verzierter Scheibe am Ende, bis zu 3 m lang; **2** Elfe
lu|sin|gan|do [ital.] *Mus.:* gefällig, schmeichelnd, spielerisch
Lu|ster *m. 5, österr. für* Lüster; **Lü|ster** [frz.] *m. 5* **1** Kronleuchter; **2** glänzendes Halbwollgewebe; **3** glänzender Überzug auf Keramiken
Lu|stra *Mz. von* Lustrum; **Lu|stra|ti|on** [-tsjon, lat.] *w. 10* feierliche kultische Reinigung (durch Sühneopfer); **lu|stra|tiv** (kultisch) reinigend; **Lu|stren** *Mz. von* Lustrum; **lu|strie|ren** (kultisch) reinigen
lü|strie|ren fest und glänzend machen (Gewebe)
Lu|strum [lat.] *s. Gen.*-s *Mz.*-stra *oder* -stren **1** altröm., alle fünf Jahre stattfindendes Reinigungs- und Sühneopfer; **2** Zeitraum von fünf Jahren, Jahrfünft
Lu|te|in [lat.] *s. 1 nur Ez.* gelber Farbstoff (in Pflanzenblättern und im Eidotter); **Lu|teo|lin** *s. 1 nur Ez.* gelber Farbstoff (im Fingerhut und Gelbkraut)
Lu|te|ti|um [-tsjum, nach Lutetia, dem lat. Namen von Paris] *s. Gen.*-s *nur Ez.* (*Zeichen:* Lu) chem. Element, Metall der seltenen Erden

Lux [lat.] *s. Gen.* - *Mz.* - (*Abk.:* lx) Maßeinheit für die Beleuchtungsstärke
Lu|xa|ti|on [-tsjon, lat.] *w. 10* Verrenkung; **lu|xie|ren** verrenken
lu|xu|rie|ren [lat.] **1** *Bot.:* üppig wachsen, sich steigern; **2** übermäßig großes Geweih oder Gebiß ausbilden; **3** *veraltet:* schwelgen; **lu|xu|ri|ös** üppig, verschwenderisch ausgestattet, prunkvoll; **Lu|xus** *m. Gen.* - *nur Ez.* üppiger Aufwand, reiche, wertvolle Ausstattung, Prunk, Verschwendung
Lu|zer|ne [lat.-frz.] *w. 11* eine Futterpflanze, Schmetterlingsblütler
lu|zid [lat.] hell, durchsichtig; **Lu|zi|di|tät** *w. 10 nur Ez.* **1** Helligkeit, Glanz, Durchsichtigkeit; **2** Hellsehen; **Lu|zi|me|ter** [lat. + griech.] *s. 5* Gerät zum Messen der auf eine Kugel auftreffenden Sonnenstrahlen
Lw **1** *Abk. für* Lew; **2** *chem. Zeichen für* Lawrencium
lx *Abk. für* Lux
Ly|co|po|di|um [griech.] *s. Gen.*-s *Mz.*-di|en **1** Bärlapp; **2** dessen Sporen
Lyd|dit [nach der engl. Stadt Lydd] *m. 1 nur Ez.* ein Sprengstoff
Lymph|ade|ni|tis [lat. + griech.] *w. Gen.* - *Mz.*-ti|den Lymphknotenentzündung; **Lymph|ade|nom** *s. 1* Lymphknotengeschwulst; **Lymph|an|gi|om** *s. 1* gutartige Lymphgefäßgeschwulst; **Lymph|an|gi|tis** *w. Gen.* - *Mz.*-tiden Lymphgefäßentzündung; **lym|pha|tisch** zur Lymphe, zu den Lymphknoten gehörig, von ihnen ausgehend; **Lymph|drü|se** *w. 11, veraltet für* Lymphknoten; **Lym|phe** *w. 11* **1** dem Stofftransport dienende Gewebsflüssigkeit; **2** Impfstoff zur Pockenimpfung; **Lymph|kno|ten** *m. 7* kleines Organ innerhalb des Lymphgefäßsystems, produziert die Lymphozyten; **Lym|pho|gra|nu|lo|ma|to|se** *w. 11* bösartige Erkrankung des lymphat. Gewebes mit Geschwulstbildung; **Lym|phom** *s. 1*, **Lym|pho|ma** *s. Gen.*-s *Mz.*-malta → Lymphadenom; **Lym|pho|zyt** *m. 10 meist Mz.* im Lymphgewebe entstehende Zelle, die ins Blut wandert; **Lym|pho|zy|to|se** *w. 11* krankhafte Vermehrung der Lymphozyten
lyn|chen [Herkunft umstritten] ungesetzlich verurteilen und töten; **Lynch|ju|stiz** *w. Gen.* - *nur Ez.* ungesetzl. Volksjustiz
Ly|ra [griech.] *w. Gen.* - *Mz.*-ren **1** altgriech. Zupfinstrument, Leier; **2** Handglockenspiel der Militärmusik; **3** *15./16. Jh.:* aus der Fidel entwickeltes Streichinstrument, Lira da braccio; **4** *auch:* Drehleier
Ly|ri|den *Mz.* im April auftretender, scheinbar aus dem Sternbild Leier kommender Sternschnuppenschwarm
Ly|rik [griech.] *w. 10 nur Ez.* Dichtungsart in Reimen und/oder Rhythmus, häufig strophisch gegliedert, die Stimmungen, Gedanken, Erlebnisse ausdrückt; **Ly|ri|ker** *m. 5* Dichter, der Lyrik schreibt; **ly|risch** **1** in der Art der Lyrik; **2** stimmungsvoll, gefühlvoll, gefühlsbetont; **Ly|ris|mus** **1** *m. Gen.* - *nur Ez.* Gefühlsbetontheit; **2** *m. Gen.* - *Mz.*-men gefühlsbetonte Darstellung; **Ly|ri|zi|tät** *w. 10 nur Ez.* lyrische Beschaffenheit
Ly|sen *Mz. von* Lysis; **ly|si|gen** [griech.] durch Auflösung entstanden (Gewebslücke); **Ly|sin** *s. 1* Stoff, der Bakterien auflösen kann; **Ly|sis** *w. Gen.* - *Mz.*-sen **1** allmähl. Fieberrückgang; **2** Auflösung von vireninfizierten Bakterien; **3** *Psych.:* Persönlichkeitszerfall; **Ly|so|form** *s. 1 nur Ez.* ⓦ ein Desinfektionsmittel
Lys|sa [griech.] *w. Gen.* - *nur Ez.* Tollwut
ly|tisch [zu: Lysis] allmählich zurückgehend (Fieber)
Ly|ze|um [griech.] *s. Gen.*-s *Mz.*-ze|en **1** höhere Mädchenschule; **2** *früher:* theolog.-philosoph. Hochschule

M

m 1 *Abk. für* Meter; **2** *Abk. für* Milli …; **3** *Astron.: Abk. für* Minute (*hochgestellt*)
µ *Zeichen für* Mikron, Mikro …, My
M 1 *röm. Zahlzeichen für* 1000 (Mille); **2** *Abk. für* Mega …
M. *Abk. für* Monsieur
M' *Abk. für* Mac
m² *Abk. für* Quadratmeter
m³ *Abk. für* Kubikmeter
Ma *chem. Zeichen für* Masurium (*heute:* Technetium)
mA *Abk. für* Milliampere
M. A. *Abk. für* **1** Magister Artium, **2** Master of Arts
Mä|an|der [nach dem vielfach gewundenen griech. Fluß Maiandros (heute Menderes) in Kleinasien] *m.5* **1** regelmäßige Flußwindungen; **2** Ornament in wellenförmigen oder rechtwinklig gebrochenen Linien; **mä|andern, mä|an|drie|ren 1** mit Mäandern verzieren; **2** sich wellenförmig schlängeln
Mac (*Abk.:* M', Mc) *vor schott. Familiennamen:* Sohn des …, z. B. McCormick, Mackenzie
Mac|chia [makja, ital.], **Mac|chie** [makjə] *w. Gen. - Mz.*-chi|en **1** ein mittelmeer. immergrüner Strauch; **2** danach benannt: Mittelmeer-Buschwald aus Hartlaubgewächsen
Ma|chia|vel|lis|mus [nach dem ital. Politiker und Schriftsteller N. Macchiavelli] *m. Gen. - nur Ez.* polit. Einstellung, die Zweckmäßigkeit und Macht über die Moral stellt
Ma|chi|na|ti|on [maxinatsjon, lat.] *w.10* heimtück. Anschlag, Machenschaft, Winkelzug; **ma|chi|nie|ren** [-xi-] *veraltet:* Ränke schmieden
Ma|chor|ka [-xor-, russ.] *m.9 oder w.9* russ. Tabak
Ma|dam 1 [frz.] *w.9 oder w.10 ugs.:* Hausherrin; *übertr.:* dicke, behäbige Frau; **2** [mædəm, engl.] *w.9 engl. Anrede (ohne Namen):* gnädige Frau, meine Dame; **Madame** [-dam, frz.] *w. Gen. - Mz.* Mes|dames [medam] (*Abk.:* Mme., *Mz.* Mmes., *schweiz. ohne Punkte*) *frz. Anrede* (*alleinstehend oder vor dem Namen*): gnädige Frau, meine Dame, Frau …
Ma|da|pol|lam [nach der ind. Stadt] *m. Gen.*-(s) *Mz.*-s weicher, feiner Baumwollstoff für Wäsche und Hemden, Renforcé
made in … [mεid in, engl.] hergestellt in … (Aufdruck auf Waren), z. B. made in Germany
Ma|dei|ra [-de-] *m.9* Süßwein von der port. Insel Madeira
Made|moi|selle [madmoazεl, frz.] *w. Gen. - Mz.* Mesde|moi|selles [medmoazεl] (*Abk.:* Mlle., *Mz.* Mlles., *schweiz. ohne Punkte*) *frz. Anrede* (*alleinstehend oder vor dem Namen*): (mein, gnädiges) Fräulein
ma|des|zent [lat.] *Med.:* nässend
Ma|di|son [mædisn, engl.] *m.9* ein Modetanz
Ma|djar *m.10* Ungar; **ma|dja|ri|sie|ren** ungarisch machen, nach ungar. Muster gestalten
Ma|don|na [lat.] **1** *w. Gen. - nur Ez.* die Jungfrau Maria, die Gottesmutter; **2** *w. Gen. - Mz.*-nen Muttergottesdarstellung
Ma|dras [nach der ind. Stadt] *s. Gen. - Mz. -* gitterartiger Gardinenstoff mit eingewebten bunten Mustern
Ma|dre|po|re [lat. + griech.] *w.11* Steinkoralle, Löcherkoralle
Ma|dri|gal [ital.] *s.1* **1** *urspr.:* Hirtenlied; **2** *bes. im 14. und 16. Jh.:* zwei- bis fünfstimmiges ital. Kunstlied; **3** lyr. Gedichtform; **Ma|dri|ga|list** *m.10* Komponist von Madrigalen
Mae|stà [maεsta, ital.] *w. Gen. - nur Ez.* Darstellung der thronenden Madonna; **mae|stoso** [maε-] *Mus.:* majestätisch, würdevoll
Mae|stra|le [maε-] *m. Gen.*-(s) *nur Ez. ital. Bez. für* Mistral
Mae|stro [ital.] *m. Gen.*-(s) *Mz.*-stri **1** Meister, Künstler, *bes.:* Komponist; **2** *ital. Bez. für* Dirigent, Musiklehrer
Mä|eu|tik [griech. „Hebammenkunst"] *w. Gen. - nur Ez.* die Methode des Sokrates, durch geschicktes Fragen den Schüler zur Erkenntnis und zum richtigen Antworten zu führen
Maf|fia, Ma|fia *w. Gen. - nur Ez.* terrorist. ital. Geheimbund, bes. auf Sizilien; **Ma|fio|so** *m. Gen. - Mz.*-si, **Ma|fio|te** *m.11* Angehöriger der Mafia
Ma|ga|zin [arab.-ital.] *s.1* **1** Vorratsraum, Lagerhaus; **2** *in Bibliotheken:* Aufbewahrungsraum für Bücher; **3** *in automat. Handfeuerwaffen:* Patronenkammer; **4** unterhaltende Zeitschrift (meist auf niedrigem Niveau); **5** *Rundfunk, Fernsehen:* über Tagesereignisse informierende, oft musikalisch aufgelokkerte Sendung; **Ma|ga|zi|ner** *m.5 schweiz.:* Arbeiter in einem Magazin (**1**); **Ma|ga|zi|neur** [-nør] *m.1 österr.:* Lagerverwalter; **ma|ga|zi|nie|ren** im Magazin (**1**, **2**) unterbringen, aufbewahren
Mag|da|lé|ni|en [-njε̃, nach dem Fundort, der Höhle La Madeleine im frz. Departement Dordogne] *s. Gen.*-(s) *nur Ez.* eine Stufe der Altsteinzeit
mag|gio|re [madʒorə] *ital. Bez. für* Dur; *Ggs.:* minore

Ma|gie [griech.] *w.11* Zauber, Zauberkunst, Beschwörung übersinnlicher Kräfte; schwarze Magie: Beschwörung böser Kräfte; weiße Magie: Beschwörung guter Kräfte; **Ma|gi|er** *m.5* jmd., der sich auf Magie versteht, Zauberer; **ma|gisch** auf Magie beruhend, mit ihrer Hilfe; magisches Auge: Abstimmanzeiger am Radioapparat; magisches Quadrat: schachbrettartig in Felder unterteiltes Quadrat, die Zahlen, mit denen die Felder bezeichnet sind, ergeben waagerecht, senkrecht und diagonal die gleiche Summe

Ma|gi|ster [lat.] *m.5* **1** *urspr.:* höchster akadem. Grad, Hochschullehrer; **2** *dann: Berufsbez. für* Lehrer; **3** *in England und den USA:* akadem. Grad nach dem Bakkalaureus, vgl. Master of Arts; **4** *heute:* ein akadem. Grad; **5** *österr. auch* Titel für Apotheker, Magister pharmaciae (*Abk.:* Mag. pharm.); Magister Artium (*Abk.:* M. A.) *im MA:* Magister der freien Künste, *heute* → Magister (4); **Ma|gi|strat** *m.1* **1** *im alten Rom:* hoher Beamter, z. B. Konsul; **2** *heute:* Stadtverwaltungsbehörde; **3** *schweiz.:* Regierungsmitglied; **Ma|gi|stra|tur** *w.10 veraltet:* behördl. Amt, behördl. Würde

Mag|ma [griech.] *s. Gen.*-s *Mz.*-men geschmolzenes Gestein im Erdinnern; **mag|matisch** wie Magma, aus Magma; **Mag|ma|tit** *m.1* Erstarrungsgestein

Ma|gna Char|ta [- kar-, engl.: mægnə katə, „große Urkunde"] *w. Gen. - - nur Ez.* das engl. Grundgesetz von 1215, mit dem sich der Adel gewisse Vorrechte erzwang und die Macht des Königs einschränkte

ma|gna cum lau|de [lat.] mit großem Lob; vgl. summa cum laude

Ma|gnat [auch: maŋnat, lat.] *m.10* **1** *früher in Polen und Ungarn:* hoher Adliger; **2** Großgrundbesitzer; **3** Großindustrieller, z. B. Industrie-, Stahlmagnat

Ma|gne|sia [maŋne-, nach der altgriech. Landschaft] *w. Gen. - nur Ez.* Magnesiumoxid, ein Neutralisationsmittel bei Säurevergiftungen; **Ma|gne|sit** *m.1* ein Mineral; **Magne|si|um** *s. Gen.*-s *nur Ez.* (*Zeichen:* Mg) chem. Element, Metall; **Ma|gne|si|um|sul|fat** *s.1* Bittersalz, ein Abführmittel

Ma|gnet [maŋnet, griech.] *m.1* eisenanziehender Körper; **ma|gne|tisch 1** eisenanziehend; **2** wie ein Magnet; **Ma|gne|ti|seur** [maŋnetizør] *m.1* Heilkundiger, der mit Magnetismus behandelt; **ma|gne|ti|sie|ren 1** magnetisch machen; **2** mit Magnetismus behandeln; **Ma|gne|tis|mus** *m. Gen. - nur Ez.* **1** Gesamtheit aller magnet. Erscheinungen; **2** Fähigkeit, Heilkräfte auszustrahlen und auf andere Menschen wirken zu lassen; **3** auf diesen Kräften beruhendes Heilverfahren, Mesmerismus; **Ma|gne|tit** *m.1 nur Ez.* ein Mineral, ein Eisenerz; **Ma|gnet|na|del** *w.11* Kompaßnadel; **Ma|gne|to|graph** *m.10* Gerät zum selbsttätigen Aufzeichnen erdmagnet. Schwankungen; **Ma|gne|to|hy|dro|dy|na|mik** *w.10 nur Ez.* (*Abk.:* MHD) Lehre von den Wechselwirkungen zwischen elektrisch leitenden Flüssigkeiten und auf sie einwirkenden Magnetfeldern; **Ma|gne|to|me|ter** *s.5* Gerät zum Messen magnet. Feldstärke und des Erdmagnetismus; **Ma|gne|ton** *s. Gen. - Mz. -* Einheit der magnet. Stärke eines Elementarteilchens; **Ma|gne|to|path** *m.10* → Magnetiseur; **Ma|gne|to|pa|thie** *w.11 nur Ez.* Heilwirkung durch Magnetismus; **Magne|to|phon** *s.1* Ⓦ ein Tonbandgerät; **Magnet|pol** *m.1 nur Ez.* der nicht mit dem geograph. Pol übereinstimmende magnet. Pol der Erde; **Ma|gne|tron** *s. Gen.*-s *Mz.*-s *oder* -tro|ne spezielle Elektronenröhre für Erzeugung und Verstärkung von Mikrowellen; **Ma|gnet|ton|ge|rät** *s.1* Tonbandgerät

ma|gni|fik [manji-, lat.-frz.] *veraltet:* prächtig, großartig; **Ma|gni|fi|kat** *s.1* Lobgesang Marias, Teil der kath. Vesper; **Ma|gni|fi|kus** *m. Gen. - Mz.*-fi|zi *veraltet:* Rektor einer Hochschule; **Ma|gni|fi|zenz** *w.10 Titel und Anrede für den* Rektor einer Hochschule

Ma|gno|lie [auch: maŋnoljə, nach dem frz. Botaniker P. Magnol] *w.11* ein Zierbaum

Mag. pharm. *österr.: Abk. für* Magister pharmaciae (österr. akadem. Titel für Apotheker)

Ma|gus *m. Gen. - Mz. nicht üblich* → Magier

Ma|gyar [madjar] *m.10* → Madjar

Ma|ha|go|ni [Eingeborenenspr. von Jamaika] *s. Gen.*-s *nur Ez.* rötl. Holz des Mahagonibaums sowie anderer ähnl. Baumarten

Ma|ha|ja|na, Ma|ha|ya|na [sanskr. „großes Fahrzeug"] *s. Gen.*-(s) *nur Ez.* die jüngere, nördliche, freiere Richtung des Buddhismus; vgl. Hinajana

Ma|ha|ra|dscha [sanskr.] *m.9* ind. Großfürst; **Ma|ha|ra|ni** *w.9* Frau eines Maharadschas

Ma|hat|ma *m.9 ind. Ehrentitel für* geistig hochstehenden Menschen

Ma|haut [sanskr.] *m.9* ind. Elefantenführer

Mah|di [arab.] *m.9* der von den Mohammedanern erwartete, von Allah gesandte Welterneuerer, der das Werk Mohammeds vollenden wird; **Mah|dis|mus** *m. Gen. - nur Ez. im 19. Jh.:* Bewegung des Mohammed Achmed, der sich für den Mahdi ausgab und die ägypt. Regierung bekämpfte; **Mah|dist** *m.10* Anhänger des Mahdismus

Mah-Jongg [-dʒɔŋ, chin.] *s. Gen.*-(s) *nur Ez.* ein chin. Gesellschaftsspiel mit gemusterten Steinen, aus denen Bilder zusammengesetzt werden müssen

Ma|ho|nie [-njə, nach dem amerik. Botaniker B. MacMahon] *w.11* ein Zierstrauch

Mai|den [mɛidən, engl.] *s.7* junges, bei Rennen noch nicht erprobtes oder noch nicht erfolgreiches Pferd

Mai|eu|tik *w. Gen. - nur Ez.* → Mäeutik

Mail-Or|der [mɛil-, engl.] *w. Gen. - nur Ez.* Verkauf von Waren, die nach Prospekt bestellt worden sind
Main|li|ner [mɛinlainər, engl. main line „Vene"] *m. 5* Süchtiger, der sich Rauschgift in die Vene spritzt
Maire [mɛr, frz.] *m. 9 frz. Bez. für* Bürgermeister; **Mai|rie** [mɛ-] *w. 11 frz. Bez. für* Bürgermeisterei
Mais [Indianerspr.] *m. 1* eine Getreidepflanze, Türkischer Weizen, Welschkorn
Mai|so|net|te [mɛzɔnɛt(ə), frz.] *w. 11 oder w. 9* zweistöckige Wohnung innerhalb eines größeren Hauses
Maître de plai|sir [mɛtrə də plɛzir, frz.] *m. Gen. - - - Mz.* -s - - [mɛtrə - -] *veraltet, noch scherzh.:* jmd., der ein Festprogramm leitet
Ma|je|stas Do|mi|ni [lat. „Erhabenheit des Herrn"] *w. Gen. - - nur Ez.* Darstellung des thronenden Christus; **Ma|je|stät 1** *w. 10 nur Ez.* Hoheit, Erhabenheit; *Titel und Anrede für* Kaiser, König; Euer, Eure M. (*Abk.:* Ew. M.); Ihre M. (*Abk.:* I. M.); Seine M. (*Abk.:* S(e). M.); **2** *w. 10* Kaiser, König; die Majestäten: Kaiser und Kaiserin bzw. König und Königin; **ma|je|stä|tisch** hoheits-, würdevoll, erhaben; **Ma|je|stäts|ver|bre|chen** *s. 7* **1** *in Monarchien:* Hoch-, Landesverrat; **2** *übertr.:* schweres Verbrechen
ma|jeur [maʒœr, frz.] *frz. Bez. für* Dur; *Ggs.:* mineur
Ma|jo|li|ka [nach der Insel Mallorca] *w. Gen. - Mz.* -ken *Bez. für* Fayence (und deren Nachahmungen)
Ma-Jongg [-dʒɔŋ] *s. Gen.* -(s) *nur Ez.* → Mah-Jongg
ma|jor [mɛidʒə, engl.] *engl. Bez. für* Dur; *Ggs.:* minor
Ma|jor [lat.] *m. 1* **1** Offiziersrang zwischen Hauptmann und Oberstleutnant; **2** Offizier in diesem Rang
Ma|jo|ran [auch: -ran, griech.] *m. 1 nur Ez.* eine Gewürzpflanze
Ma|jo|rat [lat.] *s. 1* **1** Recht des ältesten Sohnes auf das Erbgut; **2** das Erbgut selbst; *auch:* Seniorat; *Ggs.:* Minorat; **Ma|jor|do|mus** *m. Gen. - Mz. - im Frankenreich* **1** Hausmeier; **2** *auch:* Befehlshaber des Heeres; **ma|jo|renn** *veraltet:* groß-, volljährig, mündig; *Ggs.:* minorenn; **Ma|jo|ren|ni|tät** *w. 10 nur Ez.* Volljährigkeit, Mündigkeit; **ma|jo|ri|sie|ren** überstimmen, durch Stimmenmehrheit besiegen; **Ma|jo|ri|tät** *w. 10 nur Ez.* Stimmenmehrheit; *Ggs.:* Minorität
Ma|jus|kel [lat.] *w. 11* Großbuchstabe; *Ggs.:* Minuskel
ma|ka|ber [frz.] grausig-düster, mit dem (Gedanken an den) Tod spielend
Ma|ka|dam [nach dem schott. Straßenbauer J. L. MacAdam] *m. 1 oder s. 1* ein Straßenbelag aus Schotter, Splitt und Sand; **ma|ka|da|mi|sie|ren** mit Makadam belegen
Ma|kak [port.] *m. 12 oder m. 10* meerkatzenartiger Affe
Ma|kao 1 [Hindi] *m. 9* eine Papageienart; **2** [nach der port. Kolonie Macao] *s. Gen.* -s *nur Ez.* ein Glücksspiel
Ma|ka|ris|mus [griech.] *m. Gen. - Mz.* -men Seligpreisung, bes. in der Bergpredigt
Ma|kart|bu|kett [nach dem österr. Maler H. Makart] *s. 1* Strauß aus getrockneten Blumen und Gräsern
Make-up [mɛikʌp, engl.] *s. 9* **1** Verschönerung, Verjüngung des Gesichts mit kosmet. Mitteln; **2** Creme zum Glätten oder Bräunen der Gesichtshaut
Ma|ki [port.] *m. 9* ein Halbaffe, Lemure
Ma|ki|mo|no [jap.] *s. 9* jap. querformatiges Rollbild aus Seide oder Papier; vgl. Kakemono
Mak|ka|ro|ni [griech.-ital.] *w. Gen. - Mz.* - lange, röhrenförmige Nudel; **mak|ka|ro|nisch** in schlechtem Latein abgefaßt; makkaronische Dichtung: Scherzgedichte aus lateinischen und latinisierten, aus anderen Sprachen stammenden Wörtern; *auch:* Gedichte aus Wörtern zweierlei Sprachen
Ma|ko [nach Mako Bey, der den Baumwollanbau in Ägypten bes. förderte] *m., w. oder s. 9,* **Ma|ko|baum|wol|le** *w. 11* ägypt. Baumwolle
Ma|ko|ré [frz.] *s. 9 nur Ez.* ein Hartholz, Afrik. Birnbaum
Ma|kra|mee [arab.-türk.] *s. 9* Knüpfarbeit, geknüpfte Franse
Ma|kre|le [mlat.] *w. 11* ein Meeresfisch, Speisefisch
Ma|kro|bio|se [griech.] *w. 11 nur Ez. Med.:* Langlebigkeit; **Ma|kro|bio|tik** *w. 10 nur Ez.* **1** die Kunst, das Leben zu verlängern; **2** natürliche Lebensweise mit Ernährung hauptsächlich von Körnern und Gemüse; **ma|kro|ke|phal** → makrozephal; **Ma|kro|kli|ma** *s. Gen.* -s *nur Ez.* Großklima; *Ggs.:* Mikroklima; **Ma|kro|kos|mos** *m. Gen. - nur Ez.* Weltall; *Ggs.:* Mikrokosmos; **Ma|kro|me|lie** *w. 11 nur Ez.* Riesenwuchs; **Ma|kro|mo|le|kül** *s. 1* Riesenmolekül aus Tausenden oder Millionen von Atomen
Ma|kro|ne [frz.] *w. 11* kleines, rundes Gebäck aus Mandeln, Eiern, Zucker, Mehl u. a.
Ma|kro|po|de [griech.] *m. 11 meist Mz.* eine Gattung der Labyrinthfische (für Aquarien), z. B. der Paradiesfisch; **ma|kro|sko|pisch** mit bloßem Auge wahrnehmbar; **Ma|kro|so|mie** *w. 11 nur Ez.* Riesenwuchs; **Ma|kro|theo|rie** *w. 11 nur Ez.* Teil der Wirtschaftswissenschaft, die sich mit der gesamten Volkswirtschaft befaßt; **ma|kro|ze|phal** mit abnorm großem Kopf versehen; *Ggs.:* mikrozephal; **Ma|kro|ze|pha|lie** *w. 11 nur Ez.* abnorm große Kopfform; **Ma|kro|zyt** *m. 10 meist Mz.* große (jugendl.) Form der roten Blutkörperchen
Ma|ku|la|tur [lat.] *w. 10 nur Ez.* **1** schadhafte

oder fehlerhafte, nicht verwendete Druckbogen, Altpapier; **2** Abfall in der Papierindustrie; **3** M. reden *übertr.:* Unsinn reden; **ma|ku|lie|ren** zu Makulatur machen, einstampfen
Ma|la|chit [-xit, -xit, griech.] *m.1* smaragdgrünes Mineral
ma|la|de [frz.] *ugs.:* krank, erschöpft, müde
ma|la fi|de [lat.] *Rechtsw.:* im bösen Glauben, wissentlich unberechtigt
Ma|la|ga *m.9* Süßwein aus der span. Provinz Malaga
Ma|laie *m.11* Angehöriger einer Völkergruppe in Süd- und Hinterindien und Westindonesien
Ma|lai|se [-lɛz(ə), frz.] *w.11, österr.: s.14, schweiz.: s.5* **1** Übelkeit; **2** Mißstimmung, moral. oder polit. Unbehagen
Ma|la|ko|lo|gie [griech.] *w.11 nur Ez.* Lehre von den Weichtieren; **Ma|la|ko|zo|on** *s. Gen.* -s *Mz.*-zo|en *veraltet:* Weichtier
Ma|lam|bo [karib.] *m.9* Nationaltanz der argentin. Gauchos
Ma|la|ria [ital.] *w. Gen.- nur Ez.* Sumpf-, Wechselfieber
Ma|la|zie [griech.] *w.11 Med.:* Erweichung
Ma|le|dik|ti|on [-tsjon, lat.] *w.10 veraltet:* Verwünschung; **ma|le|di|zie|ren** *veraltet:* verwünschen; **Ma|le|fi|kant** *m.10,* **Ma|le|fi|kus** *m. Gen.- Mz.*-zi *veraltet:* Übeltäter; **Ma|le|fiz** *s.1 veraltet:* Übeltat; **Ma|le|fiz|kerl** *m.1* Draufgänger, Teufelskerl; **Ma|le|par|tus** *m. Gen.- nur Ez., in der Tierfabel:* Wohnung des Fuchses
Ma|le|sche [frz.] *w.11, meist Mz., ugs.:* Unannehmlichkeit, Schererei
Mal|heur [malør, frz.] *s.9* kleines Unglück, Mißgeschick
Ma|li|ce [-lis(ə), frz.] *w.11* Bosheit, boshafte Bemerkung
ma|li|gne [lat.] *Med.:* bösartig (von Geschwülsten); *Ggs.:* benigne; **Ma|li|gni|tät** *w.10 nur Ez. Med.:* Bösartigkeit; *Ggs.:* Benignität
ma|li|zi|ös [frz.] boshaft, hämisch
Malm [engl.] *m. Gen.*-(e)s *nur Ez.* obere Abteilung des Juras
Mal|oc|chio [malɔkjo, ital.] *m. Gen.*-s *Mz.*-s *oder* -oc|chi [-ɔki] böser Blick
ma|lo|chen [jidd.] *ugs.:* schwer arbeiten
Mal|strom [nach dem Meeresstrom zwischen den Lofoten mit starker Wirbelbildung] *m.2* Strudel, Sog
Mal|ta|fie|ber *s. Gen.*-s *nur Ez.* eine Infektionskrankheit
Mal|ta|se [frz.] *w.11 nur Ez.* Malzzucker spaltendes Ferment
Mal|thu|sia|nis|mus *m. Gen.- nur Ez.* Lehre von Th. R. Malthus, nach der die Menschheit an Hunger infolge Übervölkerung zugrunde gehen werde
Mal|to|se [frz.] *w.11 nur Ez.* Malzzucker
mal|trä|tie|ren [frz.] mißhandeln, quälen
Ma|lus [lat.] *m.1 oder Gen.- Mz.-* **1** Prämienzuschlag bei Versicherungen; **2** verschlechternder Abschlag auf Zeugnisnoten u. ä.; *Ggs.:* Bonus (**2**)
Mal|va|sier [-va-, nach dem ital. Namen „Malvasía" für die griech. Stadt Monemvasia] *m.1 nur Ez.* ein Süßwein
Mal|ve [-və, lat.] *w.11* eine Zier- und Heilpflanze
Mam|ba [afrik. Eingeborenenspr.] *w.9* eine afrik. Giftschlange
Mam|bo *m.9* ein kuban. Tanz
Ma|me|luck [arab.], **Ma|me|luk** *m.10* **1** *urpsr.:* türk. Sklave, Leibwächter am pers. und ägypt. Hof; **2** *1250–1517:* Angehöriger eines ägypt. Herrschergeschlechts
Ma|mil|la [lat.] *w. Gen.- Mz.*-len Brustwarze; **Ma|mil|la|ria** *w. Gen.- Mz.*-ri|en mexikan. Kakteengattung, Warzenkaktus
Mam|ma [lat.] *w. Gen.- Mz.*-mae [-mɛː] **1** Brustdrüse; **2** *bei Säugetieren:* Zitze; **Mam|ma|lia** *Mz. Sammelbez. für* Säugetiere; **Mam|mil|la|ria** *w. Gen.- Mz.*-ri|en → Mamillaria; **Mam|mo|gra|phie** [lat. + griech.] *w.11* Röntgenuntersuchung der weibl. Brust
Mam|mon [aram.] *m. Gen.*-s *nur Ez. abwertend:* Geld, Reichtum; der schnöde M.; **Mam|mo|nis|mus** *m. Gen.- nur Ez.* **1** Geldgier; **2** Geldherrschaft
Mam|mut [jakut.-frz.] *s.1 oder s.9* ausgestorbene Elefantenart, Wollhaarelefant; **Mammut...** *in Zus.:* riesig, Riesen..., z. B. Mammutunternehmen
Mam|sell [frz.] *w.10 oder w.9* **1** *veraltet, noch scherzh.:* Fräulein; **2** für die Küche verantwortl. Angestellte in Gaststätten, auf Gütern u. a.; kalte M. *ugs.:* Angestellte in Restaurants, die kalte Speisen anrichtet
Man [pers.] *s. Gen.- Mz.-* altes pers. Gewicht, 2 kg und mehr
Ma|na [melanes.-polynes.] *s. Gen.*-(s) *nur Ez., im mag. Denken:* eine Menschen, Tieren oder Dingen innewohnende übernatürl. Kraft
Mä|na|de [griech.] *w.11* **1** verzückte, rasende Begleiterin des griech. Weingottes Dionysos; **2** *allg.:* rasendes Weib
Ma|na|ge|ment [mænidʒmənt, engl.] *s.9* **1** Leitung (eines Betriebes) auf betriebswirtschaftl. Grundlage, Führungstechnik; **2** Gesamtheit der leitenden Angestellten; **ma|na|gen** [mænidʒen] *ugs.:* zuwege bringen, bewerkstelligen; jmdn. m.: betreuen, um ihn in den Vordergrund zu rücken; **Ma|na|ger** [mænidʒər] *m.5* **1** Leiter (eines Unternehmens); **2** Betreuer (eines Berufssportlers oder Künstlers); **Ma|na|ger|krank|heit** *w.10 nur Ez.* nervöse Erkrankung mit Kreislaufstörungen und Erschöpfung infolge übermäßiger berufl. Beanspruchung in verantwortl. Positionen
Man|che|ster [mæntʃistər, nach der engl. Stadt] *m. Gen.*-(s) *Mz.-* kräftiger, gerippter

Samt; **Man|che|ster|schu|le** *w.11 nur Ez.*, **Man|che|ster|tum** *s. Gen.*-s *nur Ez.* extreme Form des Wirtschaftsliberalismus, die jede Einmischung des Staates in die Wirtschaft ablehnt

Man|dä|er *m.5* Angehöriger einer heidnisch-gnostischen Sekte in Irak und Iran mit Erwachsenentaufe

Man|da|la [sanskr.] *s. Gen.*-(s) *Mz.*-s *Buddhismus:* magische Kreis- oder Vieleckfigur als Meditationsmittel

Man|dant [lat.] *m.10* Auftrag-, Vollmachtgeber (bes. eines Rechtsanwalts)

Man|da|rin [sanskr.] *m.1* **1** *urspr.: port. Bez. für* einheim. Würdenträger in Hinterindien; **2** *dann: europ. Bez. für* hohen chines. Beamten; **Man|da|ri|ne** *w.11* kleine apfelsinenähnliche Frucht; **Man|da|rin|en|te** *w.11* kleine ostasiat. Ente

Man|dat [lat.] *s.1* **1** Auftrag, Vollmacht; **2** Auftrag (der Wähler) für einen Abgeordneten, *auch:* das Amt des Abgeordneten; **3** von einem Staat in Treuhand verwaltetes Gebiet; **Man|da|tar** *m.1* **1** jmd., der im Auftrag eines anderen handelt; **2** *österr.:* gewählter Volksvertreter; **Man|da|tar|staat** *m.12* Staat, der ein Mandat (**3**) verwaltet

Man|di|bel [lat.] *w.11* **1** *bei Wirbeltieren und Menschen:* Unterkieferknochen; **2** *bei Insekten und Krebsen:* Teil der Mundwerkzeuge; **man|di|bu|lar** zu den Mandibeln gehörig

Man|dio|ka [indian.-span.] *w. Gen. - nur Ez.* → Maniok

Man|do|la [griech.] *w. Gen. - Mz.*-len ein Zupfinstrument, eine Oktave tiefer als die Mandoline; **Man|do|li|ne** *w.11* ein Zupfinstrument; **Man|do|ra** *w. Gen. - Mz.*-ren → Mandola

Man|dor|la [ugs.: -dor-, ital.] *w. Gen. - Mz.* -len, *bildende Kunst:* mandelförmiger Heiligenschein um die ganze Gestalt

Man|dra|go|ra [pers.], **Man|dra|go|re** *w. Gen. - Mz.*-ren ein Nachtschattengewächs mit menschenähnlicher, als „Alraun(e)" bezeichneter, angeblich zauberkräftiger Wurzel

Man|drill [afrik.] *m.1* eine Affenart, Hundskopfaffe

Man|dschu *m.9 oder Gen. - Mz. -* **1** Angehöriger eines tungus. Volksstammes; **2** *s. Gen. - nur Ez.* dessen Sprache

Ma|ne|ge [-ʒə, frz.] *w.11* **1** kreisförmiger Platz für die Vorführungen im Zirkus; **2** Reitbahn

Ma|nen [lat.] *Mz. röm. Myth.:* die guten Geister der Verstorbenen

Man|ga|be [afrik.] *w.11* Angehörige einer afrik. Affengattung, Meerkatze

Man|gan [griech.] *s.1 nur Ez.* (*Zeichen:* Mn) chem. Element, ein Metall; **Man|ga|nat** *s.1* Salz der Mangansäure; **Man|ga|nin** *s.1 nur Ez.* Legierung aus Mangan, Kupfer und Nikkel; **Man|ga|nit** *m.1 nur Ez.* ein Mineral; **Man|gan|säu|re** *w.11 nur Ez.* hypothet. Säure mit sechswertigem Mangan

Man|go [mal.] *w. Gen. - Mz.*-go|nen Frucht des Mangobaums; **Man|go|baum** *m.2* ein trop. Sumachgewächs

Man|gro|ve [span. + engl.] *w.11* an Flußmündungen und in Meeresbuchten tropischer Gebiete wachsende Pflanze mit Stelz- und Atemwurzeln

Man|gu|ste [drawid.] *w.11* → Ichneumon

Ma|ni|chä|is|mus *m. Gen. - nur Ez.* von dem Perser Mani gestiftete, aus altpers. und christl. Elementen gemischte Religion

Ma|ni|chi|no [-ki-, ital.] *m.9* Gliederpuppe (für Kleiderstudien)

Ma|nie [griech.] *w.11* **1** krankhafte Gemütsveränderung mit gesteigertem Selbstgefühl, Erregungszuständen u. a.; **2** leidenschaftl. Liebhaberei, Besessenheit, Sucht

Ma|nier [frz.] *w.10* **1** *nur Ez.* Art, Eigenart, Stil; **2** *Mz.* Umgangsformen, (gutes) Benehmen; **ma|nie|riert** übertrieben, gekünstelt, unnatürlich; **Ma|nie|ris|mus** *m. Gen. - nur Ez.* **1** Stilrichtung der Malerei zwischen Renaissance und Barock mit langgestreckten Formen und unruhigen Farben; **2** *allg.:* übertreibender, gekünstelter Stil; **ma|nier|lich** wohlerzogen, mit guten Manieren

ma|ni|fest [lat.] handgreiflich, deutlich, offenkundig; **Ma|ni|fest** *s.1* **1** öffentl. Erklärung; Darlegung eines Programms; **2** das Programm selbst; **3** *Seew.:* Verzeichnis der Schiffsladung; **Ma|ni|fe|sta|ti|on** [-tsjon] *w.10* **1** Offenbarwerden, Erkennbarwerden; **2** öffentl. Erklärung; **3** *schweiz.:* Demonstration; **ma|ni|fe|stie|ren** **1** öffentlich erklären, kundgeben; **2** sich m.: sichtbar, erkennbar werden

Ma|ni|hot [indian.] *m.9* → Maniok

ma|ni|ka|lisch → manisch

Ma|ni|kü|re [frz.] *w.11* **1** Pflege der Hände und bes. der Fingernägel; vgl. Pediküre; **2** Angestellte in Frisiersalons u. a., die Maniküre betreibt; **ma|ni|kü|ren** jmdn. m.: jmdm. die Hände und Fingernägel pflegen; vgl. pediküren

Ma|nil|le [-niljə, span.] *w.11* **1** hufeisenförmiger Armring; **2** *Lomber:* Trumpfkarte

Ma|ni|ok [indian.] *m.9* eine trop. Nutzpflanze mit eßbaren Knollen, Kassave

Ma|ni|pel **1** [lat.] *m.5 im alten Rom:* Unterabteilung einer Kohorte; **2** [ital.] *w.11 kath. Kirche:* am linken Unterarm des Meßgewandes getragenes, farbiges Band

Ma|ni|pu|lant [lat.] *m.10* Sortierer, Zurichter von Fellen; **Ma|ni|pu|la|ti|on** [-tsjon] *w.10* **1** Zurichtung von Fellen; **2** (geschickter) Handgriff, Kunstgriff; **3** gezielte Beeinflussung anderer; **4** *Mz.* Machenschaften; **Ma|ni|pu|la|tor** *m.13* Gerät, das die Bewegungen von Hand und Fingern auf entfernte Gegenstände überträgt (zum Hantieren mit radioaktiven Substanzen hinter Strahlenschutzwänden); **ma|ni|pu|lie|ren** **1** (geschickte) Handgriffe, Kunstgriffe anwenden; **2** zurichten (Felle); **3** beeinflussen, steuern

ma|nisch an Manie leidend, zur Manie (**1**) gehörend; **ma|nisch-de|pres|siv** abwechselnd manisch und depressiv; manisch-depressives Irresein: erbl. Gemütskrankheit, durch abwechselnd gehobene, erregte und niedergeschlagene Stimmung gekennzeichnet

Ma|nis|mus [lat.] *m. Gen. - nur Ez.* Ahnen-, Totenverehrung

Ma|ni|tu [indian.] *bei den nordamerik. Indianern:* „großer Geist“, übersinnl., gottähnl. Macht

man|kie|ren [lat.] *veraltet:* fehlen, mangeln; **Man|ko** *s. 9* **1** Mangel, Fehler; **2** Fehlbetrag, Ausfall

Man|na [hebr.] *s. Gen.*-s *oder w. Gen. - nur Ez.* **1** *im AT:* Himmelsbrot, Wundernahrung, mit der Gott die Juden in der Wüste speiste; **2** aus der Rinde mancher Bäume austretender, süßer Saft; **3** Ausscheidungen der Mannaschildlaus; **Man|na|flech|te** *w. 11* eßbare, vorder- und zentralasiat. Flechte; **Man|na-schild|laus** *w. 2* Zuckersaft ausscheidende Schildlaus der Mittelmeergebiete; **Man|na-zucker** *m. Gen.*-s *nur Ez.* → Mannit

Man|ne|quin [-kɛ̃, frz.] *s. 9* **1** *früher:* Gliederpuppe (für Maler und Bildhauer), Schaufensterpuppe; **2** *heute:* Vorführdame für Kleidung auf Modenschauen

Man|nit [zu: Manna] *m. 1* ein fester, kristallinischer, süßlich schmeckender Alkohol, in Manna, Algen, Sellerie u. a., Mannazucker

ma|no de|stra [ital.] (*Abk.:* m. d.) *Mus.:* mit der rechten Hand (zu spielen)

Ma|no|me|ter [griech.] *s. 5* Druckmesser (für Gase und Flüssigkeiten)

ma non tan|to [ital.] *Mus.:* aber nicht so sehr, z. B. allegro ma non tanto; **ma non trop|po** *Mus.:* aber nicht zu sehr

ma|no si|ni|stra [ital.] (*Abk.:* m. s.) *Mus.:* mit der linken Hand (zu spielen)

Ma|nö|ver [lat.] *s. 5* **1** Truppen-, Flottenübung; **2** Drehung, Schwenkung (des Schiffes); **3** *übertr.:* Scheinmaßnahme, Kunstgriff; **ma|nö|vrie|ren** **1** ein Manöver durchführen; **2** *übertr.:* geschickt vorgehen

Man|sar|de [nach dem frz. Architekten F. Mansard] *w. 11* Dachzimmer, ausgebauter Dachstuhl

Man|schet|te [frz.] *w. 11* **1** Ärmelaufschlag; **2** Zierhülle aus Kreppapier um Blumentöpfe; **3** *Ringen:* verbotener Würgegriff; **4** *Mz. Gaunerspr.:* Handschellen; **5** Dichtungsring für Kolben; **6** Manschetten haben *ugs.:* Angst haben

Man|se *m. 11* Angehöriger eines Volkes am nördl. Ural

Man|tik [griech.] *w. 10 nur Ez.* Seher-, Wahrsagekunst

Man|til|le [-ˈtiljə, span.] *w. 11 früher* **1** Schulterumhang für Frauen; **2** Spitzenschleier für Kopf und Schultern

Man|tis|se [lat.] *w. 11 bei Logarithmen:* die hinter dem Komma stehende Zahl

Ma|nu|al [lat.] *s. 1* **1** *veraltet:* Tagebuch, Notizbuch für tägl. Eintragungen; **2** mit den Händen zu spielende Tastenreihe (bei Orgel, Harmonium, Cembalo); *Ggs.:* Pedal

ma|nu|ell [lat.] mit der Hand, Hand…, z. B. manuelle Tätigkeit; **Ma|nu|fakt** *s. 1* Erzeugnis der Handarbeit; **Ma|nu|fak|tur** *w. 10* **1** Herstellung mit der Hand; **2** mit der Hand hergestelltes Erzeugnis der Industrie; **3** Betrieb, in dem Waren mit der Hand hergestellt werden; **ma|nu|fak|tu|rie|ren** mit der Hand herstellen; **Ma|nu|fak|tu|rist** *m. 10* **1** Leiter einer Manufaktur (**3**); **2** Händler mit Manufakturwaren; **Ma|nu|fak|tur|wa|re** *w. 11* **1** mit der Hand hergestellte Industrieware; **2** Textilware, die nach Wunsch des Käufers abgemessen und -geschnitten wird, Meterware

ma|nu pro|pria [lat.] (*Abk.:* m. p., m. pp., m. pr.) *veraltet:* eigenhändig; **Ma|nu|skript** *s. 1* (*Abk.:* Ms., *Mz.* Mss., *oder* [*Ez. und Mz.*] Mskr.) urspr. handgeschriebenes, heute meist maschinengeschriebenes Schriftwerk als Vorlage für den Druck; vgl. Pediskript

Man|za|nil|la [manθanilja, span.] *m. Gen.* -(s) *nur Ez.* ein Süßwein; **Man|za|nil|lo|baum** [manθaniljo-], **Man|zi|nel|la|baum** *m. 2* ein mittelamerik. Wolfsmilchgewächs, aus dessen Früchten Pfeilgift gewonnen wurde

Mao|is|mus *m. Gen. - nur Ez.* von Mao Zedong geprägte Form des Kommunismus

Mao|ri **1** *m. 9 oder Gen. - Mz. -* Eingeborener Neuseelands; **2** *s. Gen.*-(s) *nur Ez.* dessen Sprache

Ma|pai *w. Gen. -* sozialdemokrat. Partei Israels; **Ma|pam** *w. Gen. -* linkssozialist. Partei Israels

Ma|quet|te [-kɛt(ə), frz.] *w. 11* Entwurf, Skizze

Ma|quis [-ki, frz.] *m. Gen. - nur Ez.* **1** *eigtl.:* Buschwald, Unterholz; **2** *frz. Bez. für* Macchia; **3** *im 2. Weltkrieg* Name der frz. Widerstandsbewegung; **Ma|qui|sard** [makizar] *m. 9* Angehöriger des Maquis (**3**)

Ma|ra|bu [arab.] *m. 9* afrik. Storchvogel mit Kropfsack; **Ma|ra|but** *m. Gen.*-(s) *Mz. -* mohammedan. Einsiedler, Heiliger

Ma|ra|ne *m. 11* → Marrane

Ma|rä|ne [slaw.] *w. 11* ein Lachsfisch

ma|ran|tisch [griech.; zu: Marasmus] abgezehrt, verfallen, schwach

Ma|ras|chi|no [-ki-, lat.] *m. 9* aus dalmatin. Sauerkirschen hergestellter Likör

Ma|ras|mus [griech.] *m. Gen. - nur Ez.* geistig-körperl. Kräfteverfall; **ma|ra|stisch** → marantisch

Ma|ra|thon|lauf [nach dem Lauf des Boten, der die Nachricht vom Sieg der Griechen über die Perser bei Marathon nach Athen

brachte] *m.2* Langstreckenlauf über 42,2 km, der bes. bei den Olymp. Spielen ausgetragen wird
mar|ca|to [ital.] *Mus.:* markant, deutlich hervorgehoben
Mar|che|sa [-ke-, ital.] *w. Gen. - Mz.* -sen weibl. Marchese; **Mar|che|se** [-ke-] *m.11* ital. Adelstitel zwischen Graf und Herzog
Mar|cia [-tʃa, ital.] *w. Gen. - Mz.* -s *oder* -ce [-tʃe] *ital. Bez. für* Marsch; Marcia funebre: Trauermarsch
Ma|re [lat. „Meer"] *s. Gen. - Mz. - oder* -ria *meist Mz.* große, dunkle Ebene auf der Oberfläche von Mond und Mars
Ma|rel|le *w.11* → Marille
Ma|ren|da [ital.], **Ma|ren|de** *w. Gen. - Mz.* -den *österr., schweiz.:* Nachmittagsmahlzeit, Vesper, Jause
ma|ren|go [nach der ital. Stadt Marengo] *unflektierbar:* grau oder braun mit weißen Punkten; **Ma|ren|go** *m.9* schwarzweiß- oder graumelierter Kammgarnstoff für Mäntel und Kostüme
Ma|reo|graph [lat. + griech.] *m.10* selbstschreibender Flutmesser
Mar|ga|rin [griech.] *w.10 österr.*, **Mar|ga|ri|ne** *w.11* aus pflanzl. (oder tier. und pflanzl.) Fett hergestelltes, butterähnliches Speisefett
Mar|ge [marʒə, frz.] *w.11* **1** Abstand, Spielraum; **2** Preis-, Verdienstspanne
mar|gi|nal [lat.] **1** auf dem Rand stehend; **2** nebensächlich; **3** *Bot.:* randständig (Samenanlage); **Mar|gi|na|lie** [-ljə] *w.11* **1** (geschriebene oder gedruckte) Randbemerkung (in Handschriften und Büchern); **2** Glosse, Kurzkommentar
Ma|ria|ge [-ʒə, frz.] **1** *w.11 veraltet:* Heirat, Ehe; **2** *Kartenspiel:* Zusammentreffen von König und Dame
ma|ria|nisch zur Jungfrau Maria gehörend; Marianische Kongregationen: kath. Vereinigungen zur Verehrung der Jungfrau Maria, oft getrennt nach Geschlecht, Alter und Berufsart
Ma|ri|hua|na [span.] *s. Gen.* -(s) *nur Ez.* ein Rauschgift
Ma|ril|le [ital.], Ma|rel|le *w.11, bes. österr.:* Aprikose
ma|rin [lat.-frz.] zum Meer gehörend
Ma|ri|na|de [frz.] *w.11* **1** saure Würztunke zum Einlegen von Fisch und Fleisch; **2** das darin Eingelegte selbst; **Ma|ri|ne** [lat.] *w.11 nur Ez.* Gesamtheit der Seeschiffe eines Staates und ihrer Besatzungen, Flotte; **Ma|ri|ner** *m.5 ugs. scherzh.:* Marinesoldat, Matrose; **ma|ri|nie|ren** in Marinade einlegen; **Ma|ri|nis|mus** *m. Gen. - nur Ez.* **1** Streben, eine starke Marinemacht aufzubauen; **2** [nach dem ital. Dichter G. Marini] ital. Form des überladenen literar. Barockstils; **Ma|ri|nist** *m.10* Vertreter des Marinismus (**2**)
Ma|rio|la|trie [griech.] *w.11 nur Ez.* Marienverehrung; **Ma|rio|lo|gie** *w.11 nur Ez.* Lehre von der Gottesmutter
Ma|rio|net|te [ital. „Mariechen"] *w.11* **1** an Fäden bewegliche Gliederpuppe; **2** *übertr.:* willensschwacher Mensch, der andern als Werkzeug dient; **Ma|rio|net|ten|re|gie|rung** *w.10* unselbständige, von einem anderen Staat bevormundete Regierung
Ma|rist *m.10* Angehöriger der kath. Gesellschaft Marias
ma|ri|tim [lat.] zum Meer, zum Seewesen gehörig, Meeres..., See..., z. B. maritimes Klima
mar|kant [frz.] deutlich ausgeprägt, auffallend, hervorstechend
Mar|ka|sit [arab.] *m.1* ein Mineral
Mar|ke|ten|der [ital.] *m.5 früher:* eine Truppe im Feld oder beim Manöver begleitender Händler
Mar|ke|te|rie [frz.] *w.11* → Intarsia
Mar|ke|ting [engl.] *s. Gen.* -s *nur Ez. Bez. für* markt- oder verbraucherbezogene Unternehmenspolitik, Maßnahmen zur Absatzförderung
mar|kie|ren [frz.] **1** be-, kennzeichnen; **2** *österr.:* lochen (Fahrkarte); **3** vortäuschen
Mar|ki|se [frz.] *w.11* **1** leinenes Sonnendach, Sonnenvorhang; **2** ein Edelsteinschliff; **Mar|ki|set|te** [-zɛt(ə)] *m.9 oder w.9* ein gazeartiges Gewebe für Gardinen
Mark|ka *w. Gen. - Mz.* - (*Abk.:* mk) finn. Währungseinheit, Finnmark, 100 Penni
Mar|kör [frz.] *m.1* **1** *Billard:* Schiedsrichter, Punktezähler; **2** *Landw.:* Gerät zum Kennzeichnen der Reihen, in denen gesät oder gepflanzt werden soll, Furchenzieher
Mar|mel|la|de [griech.-span.] *w.11* mit Zukker eingekochter Fruchtbrei (neuerdings nur noch aus Zitrusfrüchten)
Mar|mor [griech.] *m.1* ein Kalkstein; **marmo|rie|ren** mit einem feinen, äderigen Muster versehen, ädern
Ma|ro|cain [-kɛ̃, frz.] *m.9* kreppartiges Gewebe
ma|rod [frz.] *österr.:* ein wenig krank; **ma|rode** **1** *urspr.:* marschunfähig; **2** *ugs.:* erschöpft, müde; **Ma|ro|deur** [-dør] *m.1* plündernder Nachzügler (einer Truppe); **ma|rodie|ren** (im Krieg) plündern
Ma|ro|ne [griech.] *w.11* **1** eßbare Frucht der Edelkastanie; **2** ein Speisepilz; **Ma|ro|ni** *m. Mz. ital., schweiz., österr.:* Maronen
Ma|ro|nit [nach dem Mönch J. Maro] *m.10* Angehöriger der syrisch-christl. Kirche im Libanon
Ma|ro|quin [-kɛ̃, frz.] *s. Gen.* -s *nur Ez.* weiches marokkan. Schafs- oder Ziegenleder
Ma|rot|te [frz.] *w.11* Schrulle, Laune, wunderliche Vorliebe
Mar|queß [markwis, engl.] *m. Gen. - Mz.* - engl. Adelsrang zwischen Graf und Herzog
Mar|quis [-ki, frz.] *m. Gen. - Mz.* - frz. Adels-

rang zwischen Graf und Herzog, Markgraf; **Mar|qui|sat** [-ki-] *s. 1* Würde, Herrschaftsgebiet eines Marquis; **Mar|qui|se** [-ki-] *w. 11* Gemahlin oder Tochter eines Marquis

Mar|ra|ne [span.] *m. 11* span. oder port. Jude, der sich unter dem Zwang der Inquisition taufen ließ

Mar|sa|la [nach der sizilian. Stadt] *m. 9* ein Süßwein

Mar|seil|lai|se [marsɛjɛzə, frz.] *w. 11 nur Ez.* **1** *urspr.:* Revolutionslied; **2** *dann:* frz. Nationalhymne

Mar|su|pia|li|er [lat.] *m. 5 Mz. Sammelbez. für* Beuteltiere

mar|tia|lisch [-tsja-, nach dem röm. Kriegsgott Mars] kriegerisch, wild, grimmig, verwegen

Mär|ty|rer [griech.] *m. 5* **1** *auch:* Mar|ty|rer, Christ, der für seinen Glauben gestorben ist; **2** *allg.:* jmd., der für seine Überzeugung verfolgt wird oder gestorben ist, Blutzeuge; **Mar|ty|ri|um** *s. Gen.* -s *Mz.* -ri|en **1** Opfertod; **2** schweres Leiden, insbes. um des Glaubens oder der Überzeugung willen

Mar|xis|mus *m. Gen. - nur Ez.* die von K. Marx und F. Engels begründete sozialist. Staats-, Gesellschafts- und Wirtschaftstheorie

Mar|zi|pan [auch: -pan, arab.] *s. 1, österr. m. 1* eine Süßware aus Mandeln und Zucker

Ma|schi|ne [griech.-frz.] *w. 11* **1** Gerät, das Arbeitsgänge selbsttätig verrichtet; **2** Flugzeug, Motorrad; **3** *übertr. scherzh.:* beleibte, robuste Frau; **ma|schi|nell** mit Hilfe einer Maschine; **Ma|schi|ne|rie** *w. 11* **1** Gesamtheit zusammengehöriger Maschinen; **2** *übertr.:* Gefüge von ablaufenden Arbeitsgängen, die kaum aufzuhalten sind; **Ma|schi|nist** *m. 10* Facharbeiter, der Maschinen bedient und überwacht

Ma|ser [mɛizər, engl.] *m. 5* Verstärker für Mikrowellen, der elektromagnet. Wellen gleicher Frequenz und Phasenlage aussendet

Mas|ka|rill [span.] *m. 1* komische Figur des klass. Lustspiels

Mas|ka|ron [-rɔ̃, frz.] *m. 9, auch* [-ron] *m. 1 Baukunst:* fratzenhafte Maske

Mas|ke [arab.-frz.] *w. 11* **1** hohle Gesichtsform; **2** Haube zum Schutz des Gesichts, z. B. Fecht-, Gasmaske; **3** Mund und Nase des Kranken bedeckende Gazeplatte zum Aufträufeln des Narkotikums vor Operationen; **4** Verkleidung; **5** verkleidete Person; **6** *übertr.:* trügerischer Schein, Deckmantel; **Mas|ke|ra|de** *w. 11* **1** Verkleidung; **2** Maskenfest, Mummenschanz; **mas|kie|ren** **1** mit einer Maske bedecken, verkleiden; **2** *übertr.:* verdecken, verbergen

Mas|kott|chen [provenzal.] *s. 7,* **Mas|kot|te** *w. 11* kleine Figur als glückbringender Talisman

mas|ku|lin [auch: mas-, lat.] männlich; **Mas|ku|li|num** [auch: mas-] *s. Gen.* -s *Mz.* -na *Gramm.:* männl. Substantiv, männl. Geschlecht

Ma|so|chis|mus [-xis-, nach dem österr. Schriftsteller L. von Sacher-Masoch] *m. Gen. - nur Ez.* Streben nach Steigerung der geschlechtl. Erregung durch Erdulden körperl. od. seel. Mißhandlungen; vgl. Sadismus

Ma|so|ra *w. Gen. - nur Ez.* → Massora

Mas|sa|ge [-ʒə, frz.] *w. 11* Heil- oder Lockerungsbehandlung des Körpers durch Kneten, Klopfen, Streichen

Mas|sai *m. 9 oder Gen. - Mz. -* Angehöriger eines ostafrikan. Volksstammes

Mas|sa|ker [frz.] *s. 5* Gemetzel, Blutbad; **mas|sa|krie|ren** niedermetzeln

Mas|sel [hebr.] *m. Gen.* -s *nur Ez. bayr., österr.:* Glück; da hast du aber M. gehabt

Mas|sen|me|di|um *s. Gen.* -s *Mz.* -di|en eine große Zahl von Zuschauern, Hörern, Lesern erreichender Vermittler von Informationen, Unterhaltung usw., z. B. Zeitung, Rundfunk, Fernsehen

Mas|seur [-sør, frz.] *m. 1* jmd., der berufsmäßig andere mit Massage behandelt; **Mas|seu|se** [-sø-] *w. 11* weibl. Masseur; **mas|sie|ren** **1** mit Massage behandeln; **2** an einer Stelle zusammenziehen (Truppen); massierter Angriff: A. unter Zusammenfassung aller Kräfte

mas|siv [frz.] fest, dicht, geschlossen, voll (nicht hohl), dauerhaft; massiv werden *ugs.:* sehr energisch, grob werden; **Mas|siv** *s. 1* **1** Grundgebirge, durch Abtragung freigelegte alte Gesteine; **2** Gebirgsstock, Bergkette; **Mas|siv|bau|wei|se** *w. 11* Bauweise aus Stein oder Beton

Mas|so|ra [hebr.] *w. Gen. - nur Ez.* seit dem 6. Jh. von jüd. Schriftgelehrten aufgezeichnete textkrit. Anmerkungen zum AT; **Mas|so|ret** *m. 10* mit der Massora beschäftigter jüd. Schriftgelehrter

Ma|sta|ba [arab.] *w. 9* altägypt. rechteckiger Grabbau

Ma|ster [engl.] *m. 9* **1** *in England und den USA:* akadem. Grad, Magister, z. B. M. of Arts; **2** *in England:* Anrede für Knaben und junge Männer; **3** Leiter einer Parforcejagd; **4** *allg.:* Leiter (in Zus. wie Quizmaster, Showmaster)

Ma|stiff [engl.] *m. 9* engl. Dogge

Ma|stik [griech.-frz.] *m. Gen.* -s *nur Ez.* eine Art Kitt; **Ma|sti|ka|tor** *m. 13* Knetmaschine

Ma|sti|tis [griech.] *w. Gen. - Mz.* -sti|ti|den Brustdrüsenentzündung

Ma|stix [griech.] *m. Gen.* -(es) *nur Ez.* aus dem Mastixstrauch gewonnenes Harz für Lack, Kitt, Pflaster u. a.

Mast|odon [griech.] *s. Gen.* -s *Mz.* -s *oder* -don|ten ausgestorbenes Rüsseltier, vielleicht Vorläufer des Elefanten

Ma|stur|ba|ti|on [-tsjon, lat.] *w. 10 nur Ez.* geschlechtl. Selbstbefriedigung, Onanie; **ma|stur|bie|ren** sich geschlechtlich selbst befriedigen
Ma|su|ri|um *s. Gen.* -s *nur Ez.* (*Zeichen:* Ma) *früher Bez. für* Technetium
Ma|su|rka *w. Gen.* - *Mz.* -s *oder* -ken → Mazurka
Ma|sut [russ.] *s. 1 nur Ez.* dunkler, zähflüssiger Rückstand bei der Destillation russ. Erdöls
Ma|ta|dor [span.] *m. 1* **1** Hauptkämpfer im Stierkampf, der dem Stier den Todesstoß gibt; **2** *übertr.:* hervorragender Mann, Sieger
Match [mætʃ, engl.] *s. 9, auch m. 1* Wettkampf, Wettspiel; **Match|ball** *m. 2 Tennis:* das Spiel entscheidender Ball
Ma|te [indian.] *m. Gen.* - *nur Ez.* ein aus den Blättern des Matestrauches gewonnenes, leicht koffeinhaltiges Getränk
Ma|ter [lat.] *w. 11* **1** Papptafel mit der negativ eingeprägten Form des zu druckenden Bildes oder Schriftsatzes; **2** Schraubenmutter; **Ma|ter do|lo|ro|sa** *w. Gen.* - - *nur Ez.* schmerzensreiche Mutter, Darstellung der trauernden Gottesmutter
ma|te|ri|al [lat.] stofflich, körperlich, wirklich vorhanden; **Ma|te|ri|al** *s. Gen.* -s *Mz.* -li|en **1** Rohstoff, Baustoff; **2** Zutaten; **3** Hilfsmittel; **4** Unterlagen, Belege, Sammlungen; **Ma|te|ria|li|sa|ti|on** [-tsjon] *w. 10* **1** Verkörperung, Verstofflichung; **2** *Okkultismus:* angebl. Sichtbarmachen von Körpern, Geistererscheinung; **ma|te|ria|li|sie|ren** gegenständlich machen; **Ma|te|ria|lis|mus** *m. Gen.* - *nur Ez.* philosoph. Lehre, daß das rein Stoffliche, die Materie, das allein Wirkliche sei und Geist, Bewußtsein, Seele nur dessen Wirkung und Eigenschaft; *Ggs.:* Immaterialismus; **Ma|te|ria|list** *m. 10* **1** Anhänger des Materialismus; **2** jmd., der überwiegend auf Besitz und Geld Wert legt; **Ma|te|ria|li|tät** *w. 10 nur Ez.* Stofflichkeit, Stofflichsein; **Ma|te|rie** [-riə] *w. 11 nur Ez.* **1** Urstoff, Ungeformtes, Stoff; **2** *Philos.:* die außerhalb des Bewußtseins bestehende Wirklichkeit; **3** Gegenstand, Thema (einer Untersuchung); sich mit der Materie vertraut machen; **ma|te|ri|ell** **1** zur Materie gehörend, stofflich; **2** *übertr.:* auf Besitz, Gewinn, Genuß bedacht; **3** finanziell, geldlich
ma|tern [lat.] einen Schriftsatz, ein Klischee m.: eine Mater davon herstellen
ma|tern [lat.] die Mutter, Mutterschaft betreffend, mütterlich; **Ma|ter|ni|tät** *w. 10 nur Ez.* Mutterschaft
Ma|te|tee *m. 9 nur Ez.* → Mate
Ma|the|ma|tik [auch: -tik, auch, bes. österr.: -ma|tik, griech.] *w. 10 nur Ez.* Wiss. von den Zahlen, ebenen und räuml. Figuren; **Ma|the|ma|ti|ker** *m. 5* Könner, Wissenschaftler auf dem Gebiet der Mathematik

Ma|ti|nee [frz.] *w. 11* künstlerische Veranstaltung am Vormittag
Mat|jes|he|ring [ndrl.] *m. 1* junger, gesalzener Hering
Ma|trat|ze [arab.-ital.] *w. 11* **1** Teil des Bettes, mit Stahlfedern bespannter Rahmen; **2** langes, rechteckiges Polster zum Liegen
Mä|tres|se [frz.] *w. 11* vom Mann unterhaltene Geliebte (bes. eines Fürsten)
ma|tri|ar|cha|lisch [lat. + griech.] auf dem Matriarchat beruhend; **Ma|tri|ar|chat** *s. 1* Mutterrecht, Mutterherrschaft; *Ggs.:* Patriarchat
Ma|tri|kel [lat.] *w. 11* Verzeichnis (z. B. der Studenten einer Universität, der Gemeindemitglieder eines Pfarrbezirks)
Ma|trix [lat.] *w. Gen.* - *Mz.* -tri|zen **1** Mutterboden; **2** *bei Wirbeltieren:* Nagel- bzw. Krallenbett; **3** Hülle der Chromosomen; **4** Grundsubstanz, in die ein anderer Stoff (z. B. Mineral) eingebettet ist; **5** Zahlen, Rechengrößen, die zu einer rechteckigen Anordnung in Spalten und Zeilen zusammengestellt sind; **Ma|tri|ze** *w. 11* Metall-, Papp- oder Wachsform mit eingeprägtem Bild oder Schriftzeichen; *Ggs.:* Patrize
Ma|tro|ne [lat.] *w. 11* ältere, ehrwürdige Frau
Ma|tro|se [ndrl.] *m. 11* Seemann, Marinesoldat
Ma|tur [lat.] *s. 1 nur Ez.*, **Ma|tu|ra** *w. Gen.* - *nur Ez., veraltet, noch österr. und schweiz.:* Reifeprüfung, Abitur; **Ma|tu|rand, Ma|tu|rant** *m. 10 veraltet:* jmd., der die Reifeprüfung ablegen will, Abiturient; **ma|tu|rie|ren** *veraltet:* die Reifeprüfung ablegen; **Ma|tu|ri|tas prae|cox** *w. Gen.* - - *nur Ez.* (sexuelle) Frühreife; **Ma|tu|ri|tät** *w. 10 nur Ez. veraltet:* Reife; *schweiz.:* Hochschulreife; **Ma|tu|ri|täts|ex|amen** *s. 7, Mz. auch* -mi|na Reifeprüfung
Ma|tu|tin [lat.] *w. 1 oder w. 10* nächtl. Stundengebet
Mat|ze [hebr.] *w. 11,* **Mat|zen** *m. 7* ungesäuertes Osterbrot der Juden
Mau-Mau *Mz.* Geheimbund, Terrororganisation in Kenia zur Vertreibung der Europäer und Erringung der staatlichen Unabhängigkeit
Mau|re *m. 11* **1** *in der Antike Bez. für* Berber; **2** *MA:* Berber-Araber; **3** *heute:* Einwohner von Mauretanien; **Mau|res|ke** [frz.] *w. 11* Ornament aus stilisierten, verschlungenen Blättern und Ranken
Mau|schel [jidd. Form von „Moses"] *m. 5 Spottname für* Jude; **mau|scheln** **1** jiddisch reden; **2** unverständlich reden; **3** Mauscheln spielen; **Mau|scheln** *s. Gen.* -s *nur Ez.* ein Kartenspiel
Mau|so|le|um [nach dem Grabmal des Königs Mausolos in Halikarnaß] *s. Gen.* -s *Mz.* -le|en monumentales Grabmal
mauve [mov, frz.] malvenfarben; **Mau|ve|in** [move-] *s. Gen.* -s *nur Ez.* ein violetter Anilinfarbstoff, erster synthet. Farbstoff

Ma|xi [verkürzt aus Maximum] *Bez. für* knöchellange Rock- und Mantelmode
Ma|xil|la [lat.] *w. Gen. - Mz.* -lae [-lɛ:] *oder* -lä **1** *bei Gliedertieren:* Teil der Mundwerkzeuge; **2** *bei Wirbeltieren und beim Menschen:* Oberkieferknochen; **ma|xil|lar** zur Maxilla gehörend
Ma|xi|ma *Mz. von* Maximum; **ma|xi|mal** [lat.] größt..., höchst...; **Ma|xi|mal...** *in Zus.:* Höchst..., z. B. Maximalgeschwindigkeit, Maximaldosis; **Ma|xi|me** *w. 11* Grundsatz, Lebensregel; **ma|xi|mie|ren** etwas m.: das Maximum von etwas (z. B. Gewinn) anstreben, auf den höchstmöglichen Stand bringen; **Ma|xi|mum** [lat.] *s. Gen.* -s *Mz.* -ma das Höchste, Höchstwert; **Ma|xi|mum-Mi|ni|mum-Ther|mo|me|ter** *s. 5* Thermometer, das die an einem Tag gemessene höchste und niedrigste Temperatur anzeigt
Ma|ya *m. 9 oder Gen. - Mz. -* **1** Angehöriger eines vorkolumbian. Indianervolkes in Mittelamerika mit hoher Kultur; **2** *s. Gen. - nur Ez.* dessen Sprache
May|day [mɛidɛi, anglisiert aus frz. m'aidez „helft mir"] *s. Gen. - nur Ez. neu für* SOS
Ma|yon|nai|se [-nɛzə, nach der Stadt Mahon auf Menorca (Balearen)] *w. 11* kalte, gewürzte Tunke aus Eidotter und Öl
May|or [mɛə, engl.] *m. 9 in England und den USA:* Bürgermeister
Mä|zen [nach dem Römer Maecenas] *m. 1* reicher Förderer von Künstlern, Gönner
Ma|ze|ra|ti|on [-tsjon, lat.] *w. 10* Verfahren zur Auflösung von organ. Gewebe (für Extrakte, Fasergewinnung, mikroskop. Präparate); **ma|ze|rie|ren** der Mazeration unterwerfen
Ma|zis [frz.] *m. Gen. - nur Ez.,* **Ma|zis|blü|te** *w. 11* getrocknete Samenhülle der Muskatnuß, Gewürz und Heilmittel
Ma|zur|ka [-sur-, poln.] *w. Gen. - Mz.* -s *oder* -ken poln. Nationaltanz
mb *Abk. für* Millibar
µb *veraltet,* **µbar** *Abk. für* Mikrobar
Mc *Abk. für* Mac
m. c. *Abk. für* mensis currentis
McCar|thy|is|mus [məka:θi-, nach dem US-amerik. Politiker J. McCarthy] *m. Gen. - nur Ez.* antikommunist. Bewegung
Md *chem. Zeichen für* Mendelevium
MD *Abk. für* Maximaldosis
Md. *Abk. für* Milliarde(n)
m. d. *Abk. für* mano destra
mea cul|pa [lat.] (es ist) meine Schuld
Me|cha|nik [lat.] *w. 10* **1** Wiss. vom Gleichgewicht und den Bewegungen der Körper unter dem Einfluß von Kräften; **2** Getriebe, Triebwerk; **Me|cha|ni|ker** *m. 5* **1** Fachmann, der Maschinen zusammenbaut, repariert und bedient; **2** Metallfacharbeiter, Feinschlosser; **me|cha|nisch** **1** von einer Maschine angetrieben; **2** *übertr.:* ohne nachzudenken, unwillkürlich, gewohnheitsmäßig; **me|cha|ni|sie|ren** auf Maschinenbetrieb umstellen; **Me|cha|nis|mus** *m. Gen. - Mz.* -men **1** Getriebe, Triebwerk; **2** gewohnheitsmäßiger Ablauf (z. B. von Vorgängen in Behörden und Verwaltungen); **me|cha|ni|stisch** nur mechan. Ursachen anerkennend; mechanist. Naturauffassung: Auffassung, daß alles Naturgeschehen nur auf mechan. Vorgängen von Masse und Bewegung beruhe
Me|dail|le [-daljə, frz.] *w. 11* **1** Gedenk-, Schaumünze ohne Geldwert; **2** Ehrenzeichen, z. B. Rettungsmedaille; die Kehrseite der M.: die unangenehme Seite der Sache; **Me|dail|leur** [-daljør] *m. 1* Künstler, der Stempel zum Prägen von Medaillen herstellt; **me|dail|lie|ren** [-dalji:-] *selten:* mit einer Medaille auszeichnen; **Me|dail|lon** [-daljɔ̃] *s. 9* **1** rundes oder ovales, gerahmtes Bildchen; **2** runde oder ovale Kapsel für Bild oder Andenken (als Anhänger); **3** rundes oder ovales Ornament; **4** runde Fleischschnitte (meist Filetstück)
Me|dia [lat.] *w. Gen. - Mz.* -diä *oder* -di|en **1** stimmhafter Verschlußlaut, b, d, g; **2** mittlere Schicht der Gefäßwand (von Blut- und Lymphgefäßen); **3** *Mz. von* Medium, *Werbung:* Werbeträger, z. B. Zeitungen, Rundfunk; **me|di|al** **1** zur Mitte hin, in der Mitte; **2** *Okkultismus:* die Eigenschaften eines Mediums besitzend; **Me|dia-Mann** *m. 4 Werbung:* Fachmann für Auswahl und Ausnutzung von Media (3); **me|di|an** nach der Mittellinie des Körpers zu gelegen; **Me|dia|ne, Me|di|an|ebe|ne** *w. 11* Symmetrieebene (eines Körpers); **Me|di|an|te** *w. 11* **1** dritte Stufe, Mittelton der Tonleiter; **2** der darauf errichtete Dreiklang; **Me|di|an|wert** *m. 1* Mittelwert; **me|di|at** **1** mittelbar; **2** *im alten Dt. Reich:* einem Reichsstand (nicht dem Reich direkt) unterstehend; **Me|dia|ti|on** [-tsjon] *w. 10* Vermittlung, vermittelndes Dazwischentreten; **me|dia|ti|sie|ren** aus der reichsunmittelbaren Stellung entfernen und der Landeshoheit unterwerfen (z. B. die Reichsstädte); **Me|dia|tor** *m. 13 veraltet:* Vermittler; **me|dia|to|risch** *veraltet:* vermittelnd; **me|di|ä|val** mittelalterlich; **Me|di|ä|val** [fachsprachl.: -diɛvəl] *w. Gen. - nur Ez.* eine Antiqua-Druckschrift; **Me|di|ä|vi|stik** *w. 10 nur Ez.* Erforschung des Mittelalters; **Me|di|en** *Mz. von* Media (1, 2) und von Medium; **Me|di|en|verbund** *m. 1 nur Ez.* Verbindung verschiedener Kommunikationsmittel
Me|di|ka|ment [lat.] *s. 1* Arznei-, Heilmittel; **me|di|ka|men|tös** mit Hilfe von Medikamenten; **Me|di|ka|ster** *m. 5* Quacksalber, Kurpfuscher; **Me|di|ka|ti|on** [-tsjon] *w. 10* Verabreichung von Medikamenten; **Me|di|kus** *m. Gen. - Mz.* -zi *scherzh.:* Arzt
me|dio, Me|dio [lat.] *Kaufmannsspr.:* Mitte, 15. (bzw. 14.) eines Monats, z. B. medio

Mai, Medio Mai; **me|dio|ker** mittelmäßig; **Me|dio|kri|tät** *w.10 nur Ez.* Mittelmäßigkeit; **Me|dio|wech|sel** *m.5* Mitte eines Monats fälliger Wechsel

Me|di|sance [-sãs, frz.] *w.11 veraltet:* Verleumdung, üble Nachrede; **me|di|sant** *veraltet:* schmäh-, klatschsüchtig

Me|di|ta|ti|on [-tsjon, lat.] *w.10* relig. Versenkung, tiefes Nachsinnen, sinnende Betrachtung; **me|di|ta|tiv** mittels Meditation, auf Meditation beruhend

me|di|ter|ran [lat.] zum Mittelmeer und den angrenzenden Ländern gehörend, mittelmeerisch; **Me|di|ter|ran|flo|ra** *w. Gen. - nur Ez.* die Pflanzenwelt der Mittelmeerländer

me|di|tie|ren [lat.] sich der Meditation hingeben; über etwas meditieren

Me|di|um [lat.] *s. Gen.* -s *Mz.* -di|en **1** *allg.:* Mittel, Mittelglied; **2** Vermittler von Informationen, Werbeträger, Lehr-, Lernmittel, z. B. Zeitung, Schaufenster, Buch, Tonband; **3** *Phys.:* Stoff, in dem sich ein physikal. Vorgang abspielt; **4** *Gramm.:* Handlungsrichtung des Verbs, bei der sich das Geschehen auf das Subjekt bezieht, z. B. im Griech., etwa der reflexiven Form entsprechend; **5** *Pharmazie:* Lösungsmittel; **6** *Okkultismus:* Person, die angeblich zur Vermittlung von Geistererscheinungen veranlagt ist

Me|di|zi *Mz. von* Medikus; **Me|di|zin** *w.10* **1** *nur Ez.* Wiss. vom kranken und gesunden Menschen, von den Krankheiten und ihrer Heilung, Heilkunde; **2** Heilmittel, Arznei; **Me|di|zi|nal|rat** *m.2 Titel für* Arzt im öffentl. Gesundheitsdienst; **Me|di|zin|ball** *m.2* großer, 2–5 kg schwerer Lederball; **Me|di|zi|ner** *m.5* Arzt, Medizinstudent; **me|di|zi|nisch** auf der Medizin (**1**) beruhend, zu ihr gehörend; **Me|di|zin|mann** *m.4 bei Naturvölkern:* Priester, Zauberer, Heilkundiger

Med|ley [mędli, engl.] *s.9* Melodienfolge, Potpourri

Mé|doc *m.9* Rotwein aus der südwestfrz. Landschaft Médoc

Me|dre|se [arab.], **Me|dres|se** *w.11* **1** islam. Hochschule für Theologen und Juristen; **2** Koranschule einer Moschee

Me|du|sa [griech.], Me|du|se *w. Gen. - nur Ez. griech. Myth.:* weibl. Ungeheuer mit versteinerndem Blick, eine der Gorgonen; **Me|du|se** *w.11* eine Qualle

Mee|ting [mi-, engl.] *s.9* Zusammenkunft, Treffen, *bes.:* polit., wissenschaftl. oder sportl. Veranstaltung

me|fi|tisch [nach der altital. Göttin Mephitis] zu Schwefelquellen gehörend, daraus stammend, übelriechend, stinkend

Me|ga|hertz *s. Gen. - Mz. -* (*Abk.:* MHz) eine Million Hertz

Me|ga|lith [griech.] *m.10* großer, unbehauener vorgeschichtl. Steinblock als Denkmal; **Me|ga|lith|grab** *s.4* Großsteingrab, Hünengrab; **Me|ga|li|thi|ker** *m.5* Träger der Megalithkultur; **Me|ga|lith|kul|tur** *w.10 nur Ez.* durch Megalithgräber gekennzeichnete Kultur der Jungsteinzeit

me|ga|lo|man [griech.] größenwahnsinnig; **Me|ga|lo|ma|nie** *w.11 nur Ez.* Größenwahn

Me|ga|ohm *s. Gen.* -s *Mz. -* (*Abk.:* MΩ) eine Million Ohm

Me|ga|phon [griech.] *s.1* Sprachrohr, Schalltrichter (heute oft mit Mikrophon)

Me|gä|re [griech.] **1** *w.11 nur Ez. griech. Myth.:* eine der Erinnyen; **2** *w.11 übertr.:* böses Weib

Me|ga|ron [griech.] *s. Gen.* -s *Mz.* -ra **1** *urspr.:* einräumiges, ältestes griech. Haus; **2** *dann:* Hauptraum griechischer Wohnhäuser oder Tempel

Me|ga|the|ri|um [griech.] *s. Gen.* -s *Mz.* -ri|en ausgestorbenes Riesenfaultier

Me|ga|ton|ne *w.11* (*Abk.* Mt) eine Million Tonnen

Me|ga|watt *s. Gen.* -s *Mz. -* (*Abk.:* MW) eine Million Watt

Meg|ohm *s. Gen.* -s *Mz. -* → Megaohm

Mei|o|se [griech.] *w.11* atypische, indirekte Teilung des Zellkerns mit Halbierung der Chromosomenzahl, Reifungsteilung, Reduktionsteilung

Me|la|min [griech.] *s.1 nur Ez.*, **Me|la|min|harz** *s.1 nur Ez.* ein Kunstharz

Me|lan|cho|lie [-ko-, griech.] *w.11 nur Ez.* Trübsinn, Schwermut; **Me|lan|cho|li|ker** [-ko-] *m.5* schwermütiger Mensch; **me|lan|cho|lisch** [-ko-] schwermütig, trübsinnig

Me|lan|ge [-lãʒ(ə), frz.] *w.11* **1** Mischung, Gemisch; **2** aus verschiedenfarbigen Fasern hergestelltes Woll- oder Baumwollgarn; **3** *österr. auch:* Milchkaffee

Me|la|nin [griech.] *s.1* roter bis schwarzer, bei Menschen und Tieren vorkommender Farbstoff, der die schwarze oder braune Färbung von Haut und Haaren bewirkt; **Me|la|nin|harz** *s.1* ein Kunstharz; **Me|la|nis|mus** *m. Gen. - nur Ez.* krankhafte Dunkelfärbung der Haut durch vermehrte Ablagerung von Melanin; **Me|la|nit** *s.1* ein Mineral; **Me|la|no|der|mie** *w.11* Dunkelfärbung der Haut; **Me|la|nom** *s.1* bösartige melaninhaltige Geschwulst; **Me|la|no|se** *w.11 nur Ez.* → Melanismus; **Me|lan|urie** *w.11* Auftreten von Melanin im Urin, Schwarzwasserfieber; **Me|la|phyr** *m.1* ein Ergußgestein, schwarzes Porphyrgestein

Me|las|se [griech.] *w.11* Rückstand bei der Zuckergewinnung, Futtermittel

me|lie|ren [frz.] mischen, sprenkeln

Me|lik [griech.] *w.10 nur Ez.* gesungene Lyrik, Lieddichtung

Me|lio|ra|ti|on [-tsjon, lat.] *w.10* Verbesserung, bes. des Bodens (z. B. durch Be- oder Entwässerung); **me|lio|rie|ren** verbessern

me|lisch [griech.] liedhaft; **Me|lis|ma** *s. Gen.* -

Mz. -men Verzierung des Gesangs durch Aufteilung einer Silbe auf mehrere Noten; **Me|lis|ma|tik** *w. 10 nur Ez.* melod. Verzierungskunst; **me|lis|ma|tisch** verziert; melismatischer Gesang: G., bei dem auf mehrere Noten nur eine Silbe gesungen wird
Me|lis|se [griech.] *w. 11* eine Pflanzengattung mit nach Zitrone duftenden Blüten, Zitronenkraut; **Me|lis|sen|geist** *m. 3 nur Ez.* → Karmelitergeist
Me|lo|die [griech.] *w. 11* **1** sangbare, in sich geschlossene Folge von Tönen; **2** *übertr.:* Wohlklang; **Me|lo|dik** *w. 10 nur Ez.* **1** Lehre von der Gestaltung einer Melodie; **2** melodische Eigenart, melod. Charakter (eines Musikstücks, Themas usw.); **me|lo|di|ös** melodisch schön, harmonisch; **me|lo|disch** **1** die Melodie betreffend; **2** melodiös; **Me|lo|dram, Me|lo|dra|ma** *s. Gen.* -s *Mz.* -men gesprochene Dichtung oder Schauspiel mit Musikbegleitung; **me|lo|dra|ma|tisch** **1** wie ein Melodram, auf einem Melodram beruhend; **2** *übertr.:* theatralisch, leidenschaftlich-rührselig
Me|lo|ne [griech.] *w. 11* **1** ein Kürbisgewächs; **2** *übertr. ugs.:* runder, steifer (meist schwarzer) Hut
Me|los [griech.] *s. Gen. - nur Ez.* Melodielinie, melodischer Gehalt
Mem|bra *Mz. von* Membrum
Mem|bran [lat.] *w. 10* **Mem|bra|ne** *w. 11* **1** dünnes, schwingungsfähiges Blättchen aus Metall, Kunststoff o. ä.; **2** *Biol.:* dünne Haut oder Grenzschicht von bestimmter Durchlässigkeit
Mem|brum [lat.] *s. Gen.* -s *Mz.* -bra *Med.:* Glied, Gliedmaße
Me|men|to [lat.] *s. 9* Erinnerung, Mahnung, Mahnruf; **Me|men|to mo|ri!** Gedenke des Todes!, Denke daran, daß du sterben mußt!; **Me|mo** [Kurzw. von Memorandum] *s. 9* Merkzettel; **Me|moire** [mɛmoar, frz.] *s. 9 frz. Bez. für* Memorandum; **Me|moi|ren** *nur Mz.* (denkwürdige, zeitgeschichtlich interessante) Lebenserinnerungen; **me|mo|ra|bel** *veraltet:* denkwürdig; **Me|mo|ra|bi|li|en** *Mz.* Denkwürdigkeiten; **Me|mo|ran|dum** *s. Gen.* -s *Mz.* -den *oder* -da **1** Denkschrift; **2** *veraltet:* Tagebuch, Merkbuch; **Me|mo|ri|al** *s. 1, Mz. auch* -li|en **1** Merk-, Tagebuch; **2** Bittschrift, Eingabe; **3** Festveranstaltung zu Ehren eines Verstorbenen; **4** [mimɔriəl] *s. 9 Sport:* Gedächtnis-, Gedenkveranstaltung; **Me|mo|ria|le** *s. 5, Mz. auch* -li|en → Memorial; **me|mo|rie|ren** auswendig lernen; aus dem Gedächtnis hersagen
Me|na|ge [-ʒə, frz.] *w. 11* **1** kleines Gestell mit Gefäßen für Essig und Öl bzw. Salz und Pfeffer; **2** Traggestell zum Essenholen; **3** *veraltet:* Haushalt, (sparsame) Wirtschaft; **4** *österr.:* (militär.) Verpflegung; **Me|na|ge|rie** [-ʒə-] *w. 11* Tierpark, Tiergarten, Tierschau; **me|na|gie|ren** [-ʒi-] *veraltet* **1** sich (sparsam) verköstigen; **2** *österr.:* Essen holen
Men|de|le|vi|um [nach dem russ. Chemiker D. Mendelejew] *s. Gen.* -s *nur Ez.* (*Zeichen:* Md) chem. Element
Men|di|kant [lat.] *m. 10* Bettelmönch
Me|ne|te|kel [aram., nach der im AT überlieferten Geisterschrift, die dem babylon. König Belsazar seinen Untergang voraussagte: mene tekel upharsin „gezählt, gewogen, geteilt"] *s. 5* geheimnisvolles Warnungszeichen
Men|hir [kelt.] *m. 1* unbehauene Steinsäule der Jungsteinzeit
Me|nin|gi|tis [griech.] *w. Gen. - Mz.* -ti|den Hirnhautentzündung
Me|nis|ken|glas *s. 4* sichelförmig geschliffenes Brillenglas; **Me|nis|kus** [griech. „Möndchen"] *m. Gen. - Mz.* -ken **1** Zwischenknorpel, bes. im Kniegelenk; **2** gewölbte Oberfläche einer in engem Rohr stehenden Flüssigkeit; **3** stark gekrümmte, sichelförmige Linse
Men|jou|bart [mẹnʒu-; frz., nach dem amerik. Filmschauspieler A. Menjou] *m. 2* gestutzter Schnurrbart
Men|ni|ge [lat.] *w. Gen. - nur Ez.* rote Anstrichfarbe als Rostschutz
Men|no|nit [nach dem Gründer, Menno Simons] *m. 10* Angehöriger einer im 16. Jh. gegründeten christl. Sekte, die u. a. Kindertaufe, Kriegsdienst, Eid ablehnt
Me|no|pau|se [griech.] *w. 11* Aufhören der Menstruation in den Wechseljahren; **Me|nor|rha|gie** *w. 11* zu starke Menstruation; **Me|nor|rhö** *w. 10,* **Me|nor|rhoe** [-rø] *w. 11* → Menstruation; **Me|no|sta|se** *w. 11* Aussetzen der Menstruation
Men|sa [lat. „Tisch"] *w. Gen. - Mz.* -s *oder* -sen **1** Deckplatte des Altartischs; **2** *kurz für* Mensa academica; **Men|sa aca|de|mi|ca** *w. Gen. -- Mz.* -sae [-sɛ:] -cae [-kɛ:] *an Hochschulen:* Speisehaus für Studenten mit verbilligtem Mittagessen
Men|sche|wik [russ.] *m. 10, Mz. auch:* -ki Anhänger des Menschewismus; **Men|sche|wis|mus** *m. Gen. - nur Ez.* die gemäßigte Richtung der russ. sozialdemokrat. Partei; vgl. Bolschewismus
Men|sel [lat.], Men|sul *w. 11 Geographie:* Meßtisch
Men|sis [lat.] *w. Gen. - Mz.* -ses Monatsblutung; **men|sis cur|ren|tis** (*Abk.:* m. c.) *veraltet:* (des) laufenden Monats
Mens sa|na in cor|po|re sa|no [lat.] In einem gesunden Körper (möge auch) ein gesunder Geist (wohnen) (Wort aus den Satiren des altröm. Dichters Juvenal)
men|stru|al [lat.] monatlich (wiederkehrend), zur Menstruation gehörend; **Men|strua|ti|on** [-tsjon] *w. 10* Monatsblutung (der Frau), Regel, Periode, Unwohlsein, Menorrhö; **men|stru|ie|ren** die Menstruation haben; **men|su|al** *veraltet:* monatlich

Me|n|sul *w.11* → Mensel
Men|sur [lat.] *w.10* **1** *allg.:* Maß, Maßverhältnis; **2** *Mus.:* Verhältnis der Maße von Musikinstrumenten (Durchmesser, Länge, Saiten, Resonanzkörper, Grifflöcher usw.); Verhältnis der Notenwerte zueinander (seit dem 13. Jh. festgelegt); **3** *Sport:* Abstand zweier Fechter voneinander; student. Zweikampf (Fechten); **4** *Chem.:* mit Maßeinteilung versehenes Meßglas; **men|su|ra|bel** meßbar; **Men|su|ra|bi|li|tät** *w.10 nur Ez.* Meßbarkeit; **men|su|ral** zum Messen dienend; **Men|su|ral|mu|sik** *w.10 nur Ez. 13./16. Jh.:* in der Mensuralnotation aufgezeichnete, mehrstimmige Musik; **Men|su|ral|no|ta|ti|on** [-tsjo:n] *w.10 nur Ez.* die Notenschrift des 13./16. Jh., in der die Dauer der Töne festgelegt ist; vgl. Choralnotation, Modalnotation; **men|su|riert** bestimmte Maßverhältnisse besitzend (Musikinstrumente)
men|tal [lat.] zum Geist gehörend, den Geist betreffend, geistig, (nur) in Gedanken; **Men|ta|li|tät** *w.10* Geistigkeit, Geistesart, Denk-, Anschauungsweise; **Men|tal|re|ser|va|ti|on** [-tsjo:n] *w.10* stiller Vorbehalt; **men|te cap|tus** unzurechnungsfähig, des Verstandes beraubt
Men|thol [lat.] *s.1 nur Ez.* Bestandteil des Pfefferminzöls
Men|tor [nach dem Namen des Erziehers des Telemach bei Homer] *m.13* Erzieher, Berater, väterl. Freund und Ratgeber
Me|nü [frz.], *schweiz.:* Me|nu [-ny] *s.9* Speisenfolge, aus mehreren Gängen bestehende Mahlzeit
Me|nu|ett [frz.] *s.1* **1** altfrz. Volkstanz; **2** höf. Gesellschaftstanz; **3** Satz der Suite, Sonate, Sinfonie und Kammermusik
Me|phi|sto, Me|phi|sto|phe|les Name des Teufels in mittelalterl. Volksbüchern und in Goethes „Faust"; **me|phi|sto|phe|lisch** teuflisch
Mer|ca|tor|pro|jek|ti|on [-tsjo:n, nach dem dt. Geographen Mercator] *w.10* eine winkeltreue zylindr. Kartenprojektion
Mer|ce|rie [-sə-, frz.] *w.11 schweiz.:* Kurzwarenhandlung
Mer|ce|ri|sa|ti|on [-tsjon] *w.10* → Merzerisation
Mer|chan|di|ser [mətʃəndaizər, engl.] *m.5* im Auftrag der Herstellerfirma arbeitender Fachmann für Warengestaltung im Einzelhandel; **Mer|chan|di|sing** [mətʃəndaiziŋ] *s. Gen.* -s *nur Ez.* Verkaufspolitik, Warengestaltung zur Absatzsteigerung.
Me|ren|ke *w.11* → Meringe
Me|ri|di|an [lat.] *m.1* **1** Längenkreis auf der Erdkugel, der durch beide Pole geht; **2** größter Kreis der Himmelskugel, der durch Zenit und Nadir geht; **Me|ri|di|an|kreis** *m.1* ein astronom. Meßinstrument zur Bestimmung von Sternörtern; **me|ri|dio|nal** den Meridian betreffend, in der Richtung des Meridians, nordsüdlich
Me|rin|ge [frz.] *w.11,* **Me|rin|gel** *s.5* Kleingebäck aus Eischnee und Zucker, Baiser
Me|ri|no [span.] *m.9* aus Spanien stammendes weißes Schaf mit feiner Wolle
Me|ri|stem [griech.] *s.1* (noch) undifferenziertes pflanzl. Gewebe; **me|ri|ste|ma|tisch** teilungsfähig
Me|ri|ten [lat.] *Mz. von* Meritum: Verdienste; er hat gewiß seine M.; **me|ri|to|risch** *veraltet:* verdienstlich, verdienstvoll; **Me|ri|tum** *s. Gen.* -s *Mz.* -ri|ten Verdienst, bes. vor Gott durch gute Werke; vgl. Meriten
mer|kan|til [lat.-ital.] zum Handel gehörend, auf Handel beruhend, Handels ...; **Mer|kan|ti|lis|mus** *m. Gen. - nur Ez.* Wirtschaftssystem des Absolutismus (16./18. Jh.) mit dem Ziel, den Außenhandel und damit die Industrie zu fördern
Mer|ku|ria|lis|mus *m. Gen. - nur Ez.* Quecksilbervergiftung
Mer|lan [frz.] *m.1* eine Schellfischart
Mer|ze|ri|sa|ti|on [-tsjon, nach dem Engländer J. Mercer] *w.10 nur Ez.* Verfahren zum Veredeln von Baumwolle; **mer|ze|ri|sie|ren** durch Merzerisation veredeln
Mes|al|liance [mezaljãs, frz.] *w.11* **1** nicht standesgemäße Ehe, Mißheirat; **2** *übertr.:* unebenbürtige Liebschaft
me|schant [frz.] boshaft, niederträchtig, ungezogen
me|schug|ge [jidd.] *mitteldt., berlin.:* verrückt
Mes|dames [medam] *Mz. von* Madame *(als Anrede):* **Mes|de|moi|selles** [medmwazel] *Mz. von* Mademoiselle *(als Anrede)*
Mes|en|chym [griech.] *s.1 nur Ez.* lockeres embryonales Bindegewebe
Mes|ka|lin [indian.] *s.1 nur Ez.* ein Rauschgift
Mes|me|ris|mus *m. Gen. - nur Ez.* von dem Arzt F. A. Mesmer begründetes Heilverfahren durch biolog. (sog. animal.) Magnetismus, z. B. durch Handauflegen
Me|so|blast [griech.], **Me|so|derm** *s.1* mittleres Keimblatt des sich entwickelnden Embryos; **me|so|der|mal** sich aus dem Mesoderm entwickelnd
Me|so|karp [griech.] *s.1,* **Me|so|kar|pi|um** *s. Gen.* -s *Mz.* -pi|en mittlere Schicht der Fruchtwand
me|so|ke|phal → mesozephal
Me|so|li|thi|kum [griech.] *s. Gen.* -s *nur Ez.* Mittelsteinzeit, Epipaläolithikum
Me|son [griech.] *s.13* sehr kurzlebiges Elementarteilchen, Mesotron
Me|so|phyt [griech.] *m.10* Pflanze, die an Böden mit mittlerem Feuchtigkeitsgrad angepaßt ist
Me|so|tho|ri|um [griech. + altnord.] *s. Gen.* -s *nur Ez. veraltete Bez. für* ein radioaktives Zerfallsprodukt der Thoriumreihe

Me|so|tron *s. 13* → Meson
me|so|ze|phal [griech.] mit mittellangem Kopf; **Me|so|ze|pha|lie** *w. 11 nur Ez.* mittellange Kopfform
Me|so|zoi|kum [griech.] *s. Gen. -s nur Ez.* Mittelalter der Erdgeschichte
Mes|sa|li|na [nach der Gemahlin des röm. Kaisers Claudius] *w. Gen. - Mz.* -li|nen geschlechtlich unersättliche, sittenlose Frau
Mes|sa|li|ne [frz.] *w. 11 nur Ez.* weicher, glänzender Seiden- oder Kunstseidenstoff
Mes|sa vo|ce [-tʃə, ital.], Mes|sa di vo|ce *s. Gen. - - bzw. - - - nur Ez.* das An- und Abschwellen des Tons beim Gesang
Mes|se [lat.] *w. 11* **1** *kath. Kirche:* Hauptgottesdienst; **2** Musikwerk für Gesangsstimmen und Orchester für die Messe (**1**); **3** Ausstellung von Industriewaren, Markt; *auch:* Jahrmarkt; **4** [engl.] *auf Schiffen:* Aufenthalts- und Speiseraum für Offiziere; *auch:* die Tischgesellschaft selbst
Mes|sen|ger Boy [mɛsindʒər bɔi, engl.] *m. Gen. - -s Mz. - -s veraltet:* Eilbote
Mes|sia|de *w. 11* Dichtung, deren Held der Messias (Jesus Christus) ist; **mes|sia|nisch** zum Messias gehörig, von ihm ausgehend; **Mes|sia|nis|mus** *m. Gen. - nur Ez.* Lehre von der Erlösung durch den verheißenen Messias; **Mes|si|as** [hebr. „Gesalbter"] *m. Gen. - nur Ez.* Erlöser, *bes.:* Jesus Christus
Mes|sieurs [mɛsjø] *Mz. von* Monsieur *(als Anrede)*
Me|sti|ze [span.] *m. 11* Mischling aus einem weißen und einem indian. Elternteil
Me|ta|ba|sis [griech.] *w. Gen. - Mz.* -ba|sen Gedankensprung, Abschweifung
Me|ta|bo|lie [griech.] *w. 11 Biol.:* Gestalt-, Formveränderung; **me|ta|bo|lisch** verändernd, veränderlich; **Me|ta|bo|lis|mus** *m. Gen. - nur Ez.* Stoffwechsel
Me|ta|chro|nis|mus [-kro-, griech.] *m. Gen. - nur Ez.* falsche Einordnung in eine spätere Zeit
Me|ta|ga|la|xis [griech.] *w. Gen. - Mz.* -xi|en Gesamtheit vieler (oder aller) Sternsysteme (Galaxien)
me|ta|gam [griech.] nach der Befruchtung
Me|ta|ge|ne|se [griech.] *w. 11* Wechsel zwischen einer geschlechtl. und einer ungeschlechtl. Generation, Generationswechsel
Me|ta|ge|schäft [ital.] *s. 1* Vereinbarung zweier Partner, Gewinn und Verlust aller von ihnen unternommenen Geschäfte zu teilen
Me|ta|kri|tik [griech.] *w. 10* Kritik einer Kritik
Me|tall [griech.] *s. 1* chem. Element, gekennzeichnet durch Glanz, gute Leitfähigkeit für Wärme und Elektrizität sowie die Fähigkeit, beim Vermischen mit anderen Metallen Legierungen zu bilden; **Me|tal|li|sa|ti|on** [-tsjon] *w. 10* Überziehen mit einer Metallschicht; **Me|tal|li|sa|tor** *m. 13* Spritzpistole zur Metallisation; **me|tal|li|sie|ren** mit einer Metallschicht überziehen; **Me|tal|lis|mus** *m. Gen. - nur Ez.* Anschauung, daß der Wert des Geldes von seinem Metallwert abhängen müsse; **Me|tal|lo|chro|mie** *w. 11* Färben von Metalloberflächen mittels Elektrolyse; **Me|tal|lo|gie** *w. 11 nur Ez.* Metallkunde; **Me|tal|lo|gra|phie** *w. 11 nur Ez.* Untersuchung der Strukturen von Metallen und ihren Legierungen; **Me|tal|lo|id** *s. 1 veraltet:* nichtmetallischer chem. Grundstoff, Nichtmetall; **Me|tall|ur|gie** *w. 11 nur Ez.* Wiss. von der Gewinnung und Verarbeitung von Metallen, Hüttenkunde
me|ta|morph [griech.] den Zustand, die Gestalt verändernd; metamorphe Gesteine; **Me|ta|mor|phis|mus** *m. Gen. - nur Ez.* Bewegung der Erdkruste, bei der Metamorphosen auftreten; **Me|ta|mor|pho|se** *w. 11* Umwandlung in eine andere Gestalt, z. B. Blattanlage zum Dorn, Ei zu Kaulquappe und Frosch
Me|ta|pher [griech.] *w. 11* bildl. Ausdruck, z. B. Stimmungsbarometer, Schaukelpolitik, „aus der Taufe heben" statt „gründen"; **Me|ta|pho|rik** *w. 10 nur Ez.* (kunstvoller) Gebrauch von Metaphern; **me|ta|pho|risch** bildlich, in übertragenem Sinne
Me|ta|phra|se [griech.] *w. 11* wörtl. Übersetzung, Übertragung (eines Gedichts in Prosa)
Me|ta|phy|sik [griech.] *w. 10 nur Ez.* Lehre von den letzten, nicht erkennbaren Zusammenhängen des Seins, vom Übersinnlichen; **me|ta|phy|sisch** zur Metaphysik gehörig, auf ihr beruhend, übersinnlich
Me|ta|pla|sie [griech.] *w. 11* eine Form der Gewebsumwandlung; **Me|ta|plas|mus** *m. Gen. - Mz.* -men (sprachl.) Doppelform, z. B. begänne und begönne
Me|ta|sta|se [griech.] *w. 11* Tochtergeschwulst; **me|ta|sta|sie|ren** Metastasen bilden
Me|ta|the|se [griech.] *w. 11,* **Me|ta|the|sis** *w. Gen. - Mz.* -the|sen Umstellung von Lauten, z. B. „Roß" und engl. „horse", „Erle" und mundartl. „Eller"
me|ta|zen|trisch [griech. + lat.] das Metazentrum betreffend; **Me|ta|zen|trum** *s. Gen. -s Mz.* -tren Schnittpunkt von Schiffsachse und Auftriebsrichtung, Schwankpunkt
Me|ta|zo|on [griech.] *s. Gen. -s Mz.* -zo|en vielzelliges Tier, Vielzeller
Met|em|psy|cho|se [griech.] *w. 11* Seelenwanderung
Me|te|or [griech.] *m. 1* Gesteinsbrocken aus dem Weltraum, der beim Eindringen in die Erdatmosphäre aufglüht und verdampft, Feuerkugel, Sternschnuppe; **Me|teo|ris|mus** *m. Gen. - nur Ez.* Neigung zu Blähungen, Blähsucht; **Me|teo|rit** *m. 10* nicht verdampftes Bruchstück eines Meteors, Meteorstein; **Me|teo|ro|graph** *m. 10* Gerät, das Luftdruck, -temperatur und -feuchtigkeit gleichzeitig mißt und selbsttätig aufzeichnet; **Me|teo|ro-**

lolgie *w.11 nur Ez.* Wissenschaft vom Klima und Wetter; **melteolroltrop** wetter-, klimabedingt

Melter [griech.] *s.5, ugs.: m.5* (*Abk.:* m) Längenmaß; **...melter** *in Zus.* **1** *s.5, ugs.: m.5* Längenmaßbezeichnung, z. B. Kilometer; **2** *s.5* Meßgerät, z. B. Barometer; **3** *m.5* jmd., der Messungen ausführt, z. B. Geometer; **4** *m.5* Versfußbezeichnung, z. B. Hexameter

Melterlkillolpond *s. Gen.* -s *Mz.* - → Kilopondmeter; **Melterlselkunlde** *w.11* (*Abk.:* m/s *oder* m/sec) Geschwindigkeit, in der eine Last einen Meter pro Sekunde vorwärtsbewegt wird; 2 m/s: zwei Meter pro Sekunde; **Melterlzentlner** *m.5* (*Abk.:* q [Quintal]) *veraltet:* Doppelzentner, 100 kg

Melthan [griech.] *s.1 nur Ez.*, **Melthanlgas** *s.1 nur Ez.* einfachster gesättigter Kohlenwasserstoff, brennbares Gas, Gruben-, Sumpfgas; **Melthalnol** *s.1 nur Ez.* → Methylalkohol

Meltholde [griech.] *w.11* **1** Verfahren, Art und Weise, wie etwas getan wird, z. B. Unterrichts-, Färbemethode; **2** planmäßiges Vorgehen, Planmäßigkeit; **Meltholdik** *w.10 nur Ez.* Lehre von den Methoden, bes. vom richtigen, geschickten Unterrichten, Verfahrensweise; **Meltholdilker** *m.5* jmd., der nach einer Methode arbeitet oder vorgeht; **meltholdisch** hinsichtlich der Methode, auf einer Methode beruhend; **Meltholdislmus** *m. Gen. - nur Ez.* im 18. Jh. aus der anglikan. Kirche hervorgegangene Erweckungsbewegung; **Meltholdist** *m.10* Anhänger des Methodismus; **meltholdilstisch** zum Methodismus gehörig; **Meltholdollolgie** *w.11 nur Ez.* Lehre von den wissenschaftl. Methoden

Melthulsallem [nach dem Großvater Noahs, der 969 Jahre alt geworden sein soll] *m.9* **1** *ugs.:* sehr alter Mann; **2** übergroße Wein- oder Sektflasche mit etwa 6 Liter Inhalt

Melthyl [griech.] *s.1 nur Ez.* einwertiger Rest des Methans, Grundkörper zahlreicher organ. Verbindungen; **Melthyllalkolhol** *m.1 nur Ez.* einfachster aliphat., sehr giftiger Alkohol, Methanol; **Melthyllamin** *s.1 nur Ez.* chem. Verbindung aus Methan und Ammoniak, Lösungsmittel; **Melthyllen** *s.1 nur Ez.* zweiwertiger Rest des Methans, Grundkörper der homologen Reihen

Meltier [-tje, frz.] *s.9 ugs.:* Beruf, Handwerk, Geschäft

Meltist [ital.] *m.10* Partner in einem Metageschäft

Metlöke [griech.] *m.11 in altgriech. Städten:* zugewanderter Einwohner ohne polit. Rechte, jedoch freier Bürger

Metlonylmie [griech.] *w.11* Vertauschung bedeutungsverwandter Begriffe, z. B. „Brot“ für „Nahrung“

Metlope [griech.] *w.11, an dor. Tempeln:* Feld über dem Architrav zwischen den Triglyphen, meist mit Reliefs verziert

Meltra, Meltren *Mz. von* Metrum; **Meltrik** [griech.] *w.10* **1** Lehre vom Vers und Versmaß, kunstgerechter Gebrauch der Versmaße; **2** *Mus.:* Lehre vom Takt; **Meltrilker** *m.5* Kenner, Erforscher der Metrik; **meltrisch** **1** zur Metrik gehörend, auf ihr beruhend; **2** auf dem Meter (als Längenmaß) beruhend, z. B. metrisches System

Meltro [Kurzw. aus métropolitain „hauptstädtisch“] *w.9* Untergrundbahn (urspr. nur die Pariser, später allg.)

Meltrollolgie [griech.] *w.11 nur Ez.* Maß- und Gewichtskunde; **Meltrolnom** *s.1 Mus.:* durch Ticken den Takt angebendes , je nach dem gewünschten Tempo verstellbares Gerät, Taktmesser

Meltrolnylmikon [griech.] *s. Gen.* -s *Mz.* -ka vom Namen der Mutter abgeleiteter Name, z. B. „der Niobide“: Sohn der Niobe

Meltrolpolle [griech.] *w.11* Hauptstadt, Mittelpunkt, Knotenpunkt; **Meltrolpollis** *w. Gen. - Mz.* -pollen *ältere Form von* Metropole; **Meltrolpollit** *m.10* Erzbischof; **metrolpolliltan** zum Metropoliten gehörig

Meltrum [griech.-lat.] *s. Gen.* -s *Mz.* -tren, *früher auch:* -tra **1** Versmaß; **2** *Mus.:* Taktmaß

Metltalge [-ʒə, frz.] *w.11* **1** Zusammenstellung (Umbruch) einer Zeitungs- oder Buchseite; **2** Arbeitsplatz des Metteurs

Metlte [lat.] *w.11* **1** Nacht- oder Frühgottesdienst; **2** nächtl. Gebet des Breviers

Metlteur [-tør, frz.] *m.1* Schriftsetzer, der den Schriftsatz zu Seiten zusammenstellt

Meulblelment [møbəlmã, frz.] *s.9 veraltet:* Wohnungseinrichtung, Gesamtheit der Möbel

MeV *Abk. für* Megaelektronenvolt, 1 Million Elektronenvolt

Mezlzalmaljollilka [ital.] *w. Gen. - Mz.* -s *oder* -ken mit weißer Erde bemalte und mit Bleiglasur überzogene Keramik, Halbfayence

Mezlzalnin [ital.] *s.1 bes. in Renaissance- und Barockbauten, heute noch österr.:* Zwischengeschoß über dem Erdgeschoß

mezlza volce [votʃə, ital.] (*Abk.:* m. v.) mit halber Stimme, halblaut (zu singen, zu spielen); **mezlzolforlte** (*Abk.:* mf) *Mus.:* mittelstark; **mezlzolpialno** (*Abk.:* mp) *Mus.:* halbleise; **Mezlzolsolpran** *m.1* **1** dunkler, tiefer Sopran; **2** Sängerin mit dieser Stimmlage; **Mezlzolsolpralnilstin** *w.10* Sängerin mit Mezzosopranstimme; **Mezlzoltinlto** *s. Gen.* -s *Mz.* -s *oder* -ti **1** Art des Kupferstichs, bei der die Zeichnung mit dem Schabeisen aus der Platte herausgeschabt wird, Schabkunst; **2** Erzeugnis dieser Kunst, Schabkunstblatt; **3** Übergangsfarbton, Mischfarbe

mf *Abk. für* mezzoforte

µF *Abk. für* Mikrofarad
mg *Abk. für* Milligramm
Mg *chem. Zeichen für* Magnesium
MGH *Abk. für* Monumenta Germaniae historica, vgl. Monument
Mgr. *Abk. für* Monseigneur, Monsignore
MHD *Abk. für* Magnetohydrodynamik
MHz *Abk. für* Megahertz
Mi|as|ma [griech.] *s. Gen.* -s *Mz.* -men Ausdünstung des Bodens, von der man früher annahm, sie verursache Seuchen; **mi|as|ma|tisch** ansteckend, giftig
Micky|maus (Mik|ky-) *w. 2* von Walt Disney geschaffene, groteske Trickfilmfigur
Mi|di [frz.] *Bez. für* mittellange Rock- und Mantelmode zwischen Mini und Maxi
Mi|di|net|te [-nẹt(ə), frz.] *w. 11* (leichtlebige) Pariser Modistin oder Näherin
Mid|life-Cri|sis [mịdlaif kraisiz, engl.] *w. 10* Furcht von Menschen, die die Mitte des Lebens überschritten haben, nicht mehr das erwünschte Ziel, die erstrebte Stellung zu erreichen, Torschlußpanik
Mid|ship|man [-ʃipmən, engl.] *m. Gen.* -s *Mz.* -men [-mən] *in England und den USA:* Seeoffiziersanwärter
Mi|gnon [minjɔ̃, auch: mịnjɔ̃, frz.] *m. 9* **1** *veraltet:* Günstling (eines Fürsten); **2** ein frz. Schriftgrad (Kolonel); **Mi|gno|net|te** [minjɔnẹt(ə)] *w. 9* **1** kleingemusterter Kattun; **2** schmale Zwirnspitze; **Mi|gnon|fas|sung** [mịnjɔ̃-] *w. 10* Fassung für kleine Glühlampen; **Mi|gnonne** [minjɔn] *w. 11 nur Ez., veraltet:* Liebchen, Schätzchen
Mi|grä|ne [griech.] *w. 11* anfallsweise auftretender, oft mit Erbrechen einhergehender, heftiger halbseitiger Kopfschmerz
Mi|gra|ti|on [-tsjon, lat.] *w. 10* Wanderung (z. B. von Zugvögeln u. a. Tieren, auch von Erdgas oder Erdöl); **mi|gra|to|risch** wandernd, umherziehend; **mi|grie|ren** wandern
Mi|hrab [-xrab, arab.] *m. Gen.* -(s) *Mz.* -s die nach Mekka ausgerichtete Gebetsnische im islam. Tempel
Mijn|heer [məner, ndrl.] *m. 9* **1** mein Herr *(ndrl. Anrede mit oder ohne Namen);* **2** *ugs. scherzh.:* Holländer
Mi|ka [lat.] *w. oder m. Gen.* - *nur Ez.* Glimmer
Mi|ka|do [jap.] **1** *m. 9 früher literar. Bez. für den* jap. Kaiser; **2** *s. 9* Geschicklichkeitsspiel mit dünnen Holz- oder Elfenbeinstäbchen; **3** *m. 9* Hauptstäbchen in diesem Spiel
Mi|krat [griech.] *s. 1* **1** Verkleinerungsverhältnis von 200:1; **2** im Verhältnis 200:1 verkleinerte Photomikroskopie
Mi|kro|ana|ly|se *w. 11* Analyse geringster Stoffmengen; **Mi|kro|bar** *s. Gen.* - *Mz.* - (*Abk.:* µbar) 1 Millionstel Bar (**1**); **Mi|kro|be** *w. 11* mikroskopisch kleines, meist einzelliges Lebewesen; **Mi|kro|bio|lo|gie** *w. 11 nur Ez.* Wiss. von den Kleinlebewesen; **Mi|kro|che|mie** *w. 11 nur Ez.* mit kleinsten Stoffmengen arbeitende Chemie; **Mi|kro|fa|rad** *s. Gen.* - *Mz.* - (*Zeichen:* µF) 1 Millionstel Farad; **Mi|kro|fau|na** *w. Gen.* - *Mz.* -nen Kleintierwelt; **Mi|kro|fiche** [-fiʃ, griech. + frz.] *m. 9* Mikrofilm in Postkartenformat; **Mi|kro|film** *m. 1* Film, auf dem stark verkleinert Druckschriften aufgenommen sind; **Mi|kro|form** *w. 10* photograph. Verkleinerung eines Schriftstücks; **Mi|kro|gramm** *s. Gen.* -s *Mz.* - (*Abk.:* µg) 1 Millionstel Gramm; **mi|kro|ke|phal** → mikrozephal; **Mi|kro|kli|ma** *s. Gen.* -s *nur Ez.* Klima der bodennahen Luftschichten, Kleinklima; *Ggs.:* Makroklima; **Mi|kro|ko|pie** *w. 11 Kurzw. für* Mikrophotokopie; **Mi|kro|kos|mos** *m. Gen.* - *nur Ez.* **1** Welt der Kleinlebewesen; **2** der Mensch und seine Umwelt; *Ggs.:* Makrokosmos; **Mi|kro|me|ter** *s. 5* **1** Feinmeßgerät; **2** (*Abk.:* µm) 1 Millionstel Meter, 1 Mikron; **Mi|kron** *s. Gen.* - *Mz.* - (*Abk.:* µ) My, Mikrometer, 1 Millionstel Meter; **Mi|kro|or|ga|nis|mus** *m. Gen.* - *Mz.* -men Kleinstlebewesen, Mikrobe; **Mi|kro|phon** *s. 1* Gerät zur Umwandlung von Schallschwingungen in elektr. Schwingungen; **Mi|kro|pho|to|gra|phie** *w. 11* Photographie kleinster, nur mit dem Mikroskop wahrnehmbarer Gegenstände; **Mi|kro|pho|to|ko|pie** *w. 11* stark verkleinerte photograph. Wiedergabe von Druckschriften; **Mi|kro|phy|sik** *w. 10 nur Ez.* Physik der Moleküle und Atome; **Mi|kro|phy|ten** *m. 10 Mz.* pflanzl. Mikroorganismen; **Mi|kro|seis|mik** *w. 10 nur Ez.* Lehre von den feinsten Schwingungen der Erdkruste; **Mi|kro|skop** *s. 1* optisches Vergrößerungsgerät; **Mi|kro|sko|pie** *w. 11 nur Ez.* Untersuchung mit dem Mikroskop; **mi|kro|sko|pie|ren** mit dem Mikroskop untersuchen; **mi|kro|sko|pisch** mit Hilfe des Mikroskops, nur mit dem Mikroskop erkennbar; **Mi|kro|thek** *w. 10* **1** Behälter zur Sammlung von Mikrokopien; **2** die Sammlung selbst; **Mi|kro|tom** *s. 1* Gerät zur Herstellung feinster Schnitte für mikroskop. Untersuchungen; **Mi|kro|wel|le** *w. 11* (*Abk.:* µW) elektromagnet. Welle mit Wellenlänge unter 10 cm; **mi|kro|ze|phal** mit abnorm kleinem Kopf versehen; *Ggs.:* makrozephal; **Mi|kro|ze|pha|lie** *w. 11 nur Ez.* abnorm kleine Kopfform
Mi|lan [auch: mi-, frz.] *m. 1* ein Greifvogel
mi|li|ar [lat.] hirsekorngroß; **Mi|li|a|ria** *w. Gen.* - *nur Ez.* Bläschenausschlag; **Mi|li|ar|tu|ber|ku|lo|se** *w. 11* bes. schwere Form der Lungen- und Allgemeintuberkulose; **Mi|li|en** *Mz.* Hautgrieß
Mi|lieu [-ljø, frz.] *s. 9* **1** Lebensverhältnisse, Umwelt, Umgebung; **2** *österr.:* Tischdeckchen; **3** *schweiz. auch:* Dirnenwelt
mi|li|tant [lat.] streitbar, angriffslustig; **Mi|li|tär 1** *s. 9 nur Ez.* Heer(wesen), Wehrmacht; **2** *m. 9* höherer Offizier; **Mi|li|ta|ria** *Mz.* **1** Bücher, Bilder usw. über das Militärwesen;

2 *veraltet:* alle das Militär betreffenden Angelegenheiten; **mi|li|tä|risch** das Militär betreffend, zu ihm gehörig, auf ihm beruhend, soldatisch; **mi|li|ta|ri|sie|ren** ein Land m.: mit Militär und militär. Einrichtungen versehen; *auch:* das Heerwesen eines Landes organisieren; **Mi|li|ta|ris|mus** *m. Gen. - nur Ez.* Vorherrschaft der Macht des Militärs, starker Einfluß des Militärs auf die Politik, Überbetonung alles Militärischen; **Mi|li|ta|rist** *m. 10* Vertreter, Anhänger des Militarismus; **mi|li|ta|ri|stisch** auf dem Militarismus beruhend; **Mi|li|ta|ry** [militəri, engl.] *w. 9 Reitsport:* Vielseitigkeitsprüfung; **Mi|liz** *w. 10* **1** nur kurz ausgebildete Truppe, im Unterschied zum stehenden Heer; **2** *in kommunist. Ländern:* Polizeiorganisationen mit halbmilitär. Charakter; **Mi|li|zio|när** *m. 1* Angehöriger der Miliz

Mill. *Abk. für* Million *oder Mz.* Millionen; **Mil|le** [lat.] *s. Gen. - Mz. -* (*röm. Zahlzeichen:* M) Tausend; **Mil|le|fio|ri|glas** [ital.] *s. 4* aus Scheiben gebündelter, farbiger Glasstäbe hergestelltes Glas; **Mille-fleurs** [milflœr, frz.] *Mz.* Stoff mit Streublumenmuster; **Mil|le Mi|glia** [- -lja, ital. „tausend Meilen"] *Mz., in Italien:* größtes Langstreckenrennen für Sportwagen; **mil|len|nar** tausendfach; **Mil|len|ni|um** [lat.] *s. Gen. -s Mz. -ni|en* Zeitraum von 1000 Jahren, Jahrtausend

Mil|li|am|pere [-ãpɛr] *s. Gen. - Mz. -* (*Abk.:* mA) Maßeinheit für Stromstärke, 1/1000 Ampere; **Mil|li|am|pere|me|ter** *s. 5* Meßgerät für kleine elektr. Stromstärken; **Mil|li|ar|där** *m. 1* Besitzer von Werten über eine Milliarde Mark; **Mil|li|ar|de** [lat.] *w. 11* (*Abk.:* Md. *oder* Mrd.) 1000 Millionen; **Mil|li|bar** *s. Gen. -s Mz. -* (*Abk.:* mbar, *in der Meteor.:* mb) Maßeinheit für den Luftdruck; **Mil|li|gramm** [auch: mil-] *s. Gen. -s Mz. -* (*Abk.:* mg) ein Tausendstel Gramm; **Mil|li|li|ter** *s. oder m. 5* (*Abk.:* ml) ein Tausendstel Liter; **Mil|li|me|ter** *s. 5 ugs.: m. 5* (*Abk.:* mm) ein Tausendstel Meter; **Mil|li|me|ter|pa|pier** *s. 1* Papier mit rechtwinklig im Abstand von 1 mm sich kreuzenden Linien für graph. Darstellungen; **Mil|li|mi|kron** *s. Gen. -s Mz. -* (*Abk.:* mμ) ein Tausendstel Mikron

Mil|li|on [ital.] *w. 10* (*Abk.:* Mill. *oder* Mio.) 1000 mal 1000; **Mil|lio|när** *m. 1* Besitzer von Werten über eine Million Mark

Mil|li|pond *s. Gen. -s Mz. -* (*Abk.:* mp) 1 Tausendstel Pond

Mil|reis [-reis, port.] *s. Gen. - Mz. - früher:* Währungseinheit in Portugal und Brasilien, 1000 Reis

Mi|me [griech.] *m. 11 veraltet, noch scherzh.:* Schauspieler; **mi|men** **1** *veraltet:* (als Mime) darstellen, verkörpern; **2** *übertr.:* vorgeben, vortäuschen, so tun, als ob; er mimt den Kranken; **Mi|men** *Mz. von* Mime, Mimus; **Mi|me|se, Mi|me|sie** *w. 11* schützende Ähnlichkeit mancher Tiere in Form oder/und Farbe mit Gegenständen ihrer Umgebung; **Mi|me|sis** *w. Gen. - Mz. -me|sen* **1** Nachahmung der Wirklichkeit (als künstler. Prinzip); **2** Nachahmung (von Gebärden), spottende Wiederholung (von Worten oder Sätzen eines anderen); **Mi|mik** *w. 10 nur Ez.* (ausdrucksvolles) Mienenspiel; **Mi|mi|kry** *w. Gen. - nur Ez.* **1** schützende Ähnlichkeit wehrloser Tiere mit Gegenständen oder wehrhaften Tieren ihrer Umgebung; **2** *übertr.:* Schutzfarbe, Schutztracht, Anpassung an die Umgebung; **mi|misch** auf Mimik beruhend, hinsichtlich der Mimik

Mi|mo|se [lat.] *w. 11* **1** eine Pflanzengattung, deren bekannteste Vertreterin, die Sinnpflanze, ihre gefiederten Blätter bei Berührung zusammenlegt; **2** *übertr.:* übertrieben empfindsamer Mensch

Mi|mus [lat.] *m. Gen. - Mz. -men* **1** *Antike:* Schauspieler; **2** *später:* Form der sizilian. Komödie, in der in kurzen, lebendigen Szenen Ereignisse des Alltagslebens dargestellt wurden; **3** *danach:* derb-komisches Bühnenstück, Posse; **4** darin auftretender Schauspieler, Possenreißer

min *Astron.: Abk. für* Minute

Min. *Abk. für* Minute

Mi|na|rett [arab.] *s. 1* Turm der Moschee, von dem aus die Gebetsstunden ausgerufen werden

Mi|ne [frz.] *w. 11* **1** unterird. Gang, Stollen; **2** Metallvorkommen, Erzlagerstätte; **3** Bergwerk; **4** Sprengkörper; **5** Einlage, Füllung (von Bleistiften, Kugelschreibern); **6** [griech.] altgriech. Gewichtseinheit und Münze

Mi|ne|ral [lat.-frz.] *s. Gen. -s Mz. -li|en* anorgan. Stoff, Bestandteil der Erdkruste oder eines anderen Himmelskörpers; **Mi|ne|ra|li|sa|ti|on** [-tsjon] *w. 10* Mineralbildung; **mi|ne|ra|lisch** aus Mineralien entstanden, Mineralien enthaltend; **mi|ne|ra|li|sie|ren** Mineral bilden; **Mi|ne|ra|lo|gie** *w. 11 nur Ez.* Wiss. von den Mineralien; **mi|ne|ra|lo|gisch** zur Mineralogie gehörend; **Mi|ne|ral|öl** *s. 1* durch Destillation aus Erdöl gewonnenes Öl; **Mi|ne|ral|quel|le** *w. 11* Heilquelle; **Mi|ne|ral|salz** *s. 1* anorgan. Salz; **Mi|ne|ral|säu|re** *w. 11 Sammelbez. für* Salz-, Salpeter-, Schwefelsäure; **Mi|ne|ral|was|ser** *s. 6* Wasser einer Heilquelle

Mi|ne|stra [ital.] *w. Gen. - Mz. -stren,* **Mi|ne|stro|ne** *w. Gen. - Mz. -ni* ital. Gemüsesuppe

Mi|net|te [kelt.-frz.] *w. 11* **1** ein Ergußgestein; **2** ein erbsenförmig strukturiertes Eisenerz in Lothringen und Luxemburg

mi|neur [-nœr, frz.] *frz. Bez. für* Moll; *Ggs.:* majeur

Mi|neur [-nør, frz.] *m. 1* **1** Arbeiter im Minenstollen; **2** *früher:* für den Minenkrieg bes. ausgebildeter Soldat; **3** *Börse:* jmd., der auf Hausse spekuliert

Mi|ni [verkürzt aus Minimum] *Bez. für* sehr kurze Rock- und Mantelmode
Mi|nia|tor [lat.] *m.13* Maler von Miniaturen, Buchmaler; **Mi|nia|tur** *w.10* **1** Malerei oder Zeichnung in alten Hand- oder Druckschriften; **2** sehr kleines Bild; **Mi|nia|tur...** *in Zus.:* Klein...; **Mi|nia|tur|aus|ga|be** *w.11* sehr kleine (Buch-) Ausgabe; **Mi|nia|tu|rist** *m.10,* **Mi|nia|tur|ma|ler** *m.5* Maler von Miniaturen, Buchmaler
mi|nie|ren [lat.-frz.] **1** mit Minen (**4**) versehen, verminen; **2** unterhöhlen, untergraben
Mi|ni|golf *s. Gen.-s nur Ez.* Kleingolf, golfähnl. Geschicklichkeitsspiel auf kleiner Spielfläche
Mi|ni|ma *Mz. von* Minimum; **mi|ni|mal** [lat.] sehr klein, sehr gering; **Mi|ni|mal-Art** [-məl-, engl.] *w. Gen. - nur Ez.* Kunstrichtung des 20. Jh., die mit geometr. Grundformen arbeitet; **Mi|ni|max** *m.1* Ⓦ ein Feuerlöschgerät; **Mi|ni|mum** *s. Gen.-s Mz.-ma* kleinster Wert, kleinste Menge, kleinste Größe; ein M. an Aufwand, Arbeit, Kosten; die Ausgaben auf ein M. beschränken; **Mi|ni|spi|on** *m.1* sehr kleines Abhörgerät
Mi|ni|ster [lat.] *m.5* Leiter eines Ministeriums; **Mi|ni|ste|ri|al...** zu einem Ministerium gehörig; **Mi|ni|ste|ri|al|di|rek|tor** *m.13* Abteilungsleiter in einem Ministerium; **Mi|ni|ste|ri|al|di|ri|gent** *m.10* Beamter zwischen Ministerialrat und Ministerialdirektor; **Mi|ni|ste|ria|le** *m.11* **1** *MA:* unfreier Dienstmann bei Hofe, der auch zum Kriegsdienst herangezogen wurde; **2** *14./15. Jh.:* Angehöriger des niederen Adels; **Mi|ni|ste|ri|al|rat** *m.2* Unterabteilungsleiter in einem Ministerium; **mi|ni|ste|ri|ell** von einem Minister oder Ministerium ausgehend; **Mi|ni|ste|ri|um** *s. Gen.-s Mz.-ri|en* eine oberste Verwaltungsbehörde eines Staates; **Mi|ni|ster|prä|si|dent** *m.10* **1** *in der BRD:* Leiter der Landesregierung; **2** *in anderen Ländern:* Chef der Regierung; **3** *in der DDR:* Vorsitzender des Ministerrats; **Mi|ni|strant** *m.10* Gehilfe (meist Knabe) des Priesters bei der Messe, Meßdiener; **mi|ni|strie|ren** bei der Messe dienen
Mi|ni|um [lat.] *s. Gen.-s nur Ez.* Mennige, rotes Bleioxid
Mink [engl.] *m.1* amerik. Nerz
mi|nor [mainə, engl.] *engl. Bez. für* Moll; *Ggs.:* major
Mino|rat [lat.] *s.1* **1** Recht des jüngsten Sohnes auf das Erbgut; **2** das Erbgut selbst, Juniorat; *Ggs.:* Majorat; **mi|no|re** *italien. Bez. für* Moll; *Ggs.:* maggiore; **mi|no|renn** [lat.] *veraltet:* minderjährig; *Ggs.:* majorenn; **Mi|no|ren|ni|tät** *w.10 nur Ez. veraltet:* Minderjährigkeit; **Mi|no|rist** *m.10* kath. Geistlicher, der eine niedere Weihe empfangen hat; **Mi|no|rit** *m.10* Minderbruder, Franziskaner; **Mi|no|ri|tät** *w.10* Minderheit, Minderzahl; *Ggs.:* Majorität

Mi|no|taur [griech.], **Mi|no|tau|rus** *m. Gen.-s bzw. - nur Ez. griech. Myth.:* menschenfressendes Ungeheuer mit Menschenleib und Stierkopf in Knossos auf Kreta
Min|strel [altfrz.-engl.] *m.9* **1** *in England im MA:* Spielmann im Dienst eines Fürsten; **2** *in den USA:* fahrender Spielmann oder Schauspieler
Mi|nu|end [lat.] *m.10* Zahl, von der eine andere abgezogen werden soll; *Ggs.:* Subtrahend; **mi|nus** (*Zeichen:* −) weniger, abzüglich; *Ggs.:* plus; 10 minus 3 ist, macht 7; 5 Grad minus, minus 5 Grad: 5 Grad unter Null; **Mi|nus** *s. Gen.- nur Ez.* **1** Fehlbetrag, Verlust, Defizit; **2** *übertr.:* Nachteil; *Ggs.:* Plus; **Mi|nus|kel** *w.11* Kleinbuchstabe; *Ggs.:* Majuskel; **Mi|nus|pol** *m.1* negativer Pol; *Ggs.:* Pluspol; **Mi|nus|punkt** *m.1* Fehler, Mangel; Einheit zur Bewertung von Fehlern (z. B. im Spiel); *Ggs.:* Pluspunkt; **Mi|nus|zei|chen** *s.7* (*Zeichen:* –) Subtraktionszeichen, Vorzeichen einer negativen Zahl; *Ggs.:* Pluszeichen
Mi|nu|te [lat.] *w.11* **1** (*Abk.:* Min., min, m, *Astron.:* ^{m}) 60. Teil einer Stunde; **2** *Math.* (*Zeichen:* ') 60. Teil eines Altgrades, 100. Teil eines Neugrades
mi|nu|ti|ös [-tsjøs] *ältere Schreibung von* → minuziös; **Mi|nu|zi|en** [lat.] *Mz., veraltet:* Kleinigkeiten, Nichtigkeiten; **mi|nu|zi|ös** ganz genau, peinlich genau, bis ins kleinste Detail
Mio. *Abk. für* Million(en)
Mio|zän [griech.] *s.1 nur Ez.* eine Abteilung des Tertiärs
Mir 1 [russ.] *m.1 nur Ez., im zarist. Rußland:* Dorfgemeinschaft mit gemeinsamem Besitz, der regelmäßig zur Einzelnutzung verteilt wurde; **2** [pers.] *m.9* kostbarer westpers. Teppich
Mi|ra|bel|le [lat.] *w.11* kleine, gelbe, runde Pflaume
mi|ra|bi|le dic|tu [lat. „wunderbar, zu sagen"] kaum zu glauben, man höre und staune
Mi|ra|bi|li|en [lat.] *Mz. veraltet:* Wunderdinge, Merkwürdigkeiten
Mi|ra|ge [-ʒə, frz.] *w.11* **1** Luftspiegelung; **2** *veraltet:* Selbstbetrug, Selbsttäuschung; **3** frz. Überschall-Jagdbomber
Mi|ra|kel [lat.] *s.5* **1** Wunder, Wunderwerk, Wundertat; **2** → Mirakelspiel; **Mi|ra|kel|spiel** *s.1* mittelalterl. Legendenspiel mit Darstellung der Wundertaten von Heiligen und der Muttergottes; **mi|ra|ku|lös** *veraltet:* wunderbar
Mi|re [frz.] *w.11* Meridianmarke zum Einstellen des astronom. Fernrohrs in Meridianrichtung
Mir|za [arab.] *m.9 in Persien* **1** *vor dem Namen:* Herr (*eigtl.:* Gebildeter, Gelehrter, Angesehener); **2** *nach dem Namen:* Prinz; **3** *ohne Namen:* Schreiber
Mis|an|drie [griech.] *w.11 nur Ez.* Männer-

scheu, Männerhaß; **Mis|an|throp** *m. 10* Menschenfeind; *Ggs.:* Philanthrop; **Mis|an|thro-pie** *w. 11 nur Ez.* Menschenhaß; *Ggs.:* Philanthropie
Mis|cel|la|nea *Mz.* → Miszellaneen
Misch|na [hebr.] *w. Gen. - nur Ez.* erster und grundlegender Teil des Talmuds, Sammlung von Lehrsätzen vom Ende des 2. Jh. auf Grund der bis dahin entwickelten Gesetzesüberlieferungen
Misch|po|che, Misch|po|ke [jidd.] *w. 11 nur Ez. abfällig:* Verwandtschaft, Gesellschaft
Mi|se [frz.] *w. 11* **1** *beim Spiel:* Einlage, Einsatz; **2** *Lebensversicherung:* Zahlung der Versicherungsprämie auf einmal, Einmalprämie
mi|se|ra|bel [frz.] sehr schlecht, erbärmlich; **Mi|se|re** *w. 11* Not, Elend; **Mi|se|re|or** [lat.] *s. Gen.* -s *nur Ez.* kath. Hilfswerk für die Entwicklungsländer; **Mi|se|re|re** [„erbarme dich“, Anfangswort des 51. Psalms] *s. Gen.* -s *nur Ez.* **1** *kath. Kirche:* Bußpsalm und Gebet bei Begräbnissen; **2** *Med.:* Kotbrechen (bei Darmverschluß); **Mi|se|ri|cor|di|as Do|mi|ni** [„die Barmherzigkeit des Herrn“, Anfangsworte von Psalm 89,2] Name des 2. Sonntags nach Ostern; **Mi|se|ri|kor|die** [-djə] *w. 11* kleiner Vorsprung an der Unterseite der Klappsitze im Chorgestühl (als Stütze beim Stehen); **Mi|se|ri|kor|di|en|bild** *s. 3* Bild Christi als Schmerzensmann, Erbärmdebild
Mi|so|gam [griech.] *m. 12 oder m. 10* Eheverächter, Hagestolz; **Mi|so|ga|mie** *w. 11 nur Ez.* Ehescheu; **Mi|so|gyn** *m. 12 oder m. 10* Frauenfeind; **Mi|so|gy|nie** *w. 11 nur Ez.* Frauenhaß
Mis|pel [lat.] *w. 11* ein Kernobstbaum mit birnenförmigen Früchten
Miß [engl.] *w. Gen. - Mz.* Mis|ses [mịsiz] **1** *engl. Schreibung:* Miss, *in englischsprechenden Ländern:* Fräulein *(als Anrede vor dem Namen);* **2** *in Verbindung mit einem Ländernamen:* Schönheitskönigin, z. B. Miß Germany
Mis|sa [lat.] *w. Gen. - nur Ez., lat. Bez. für* Messe, Hochamt; Missa solemnis: feierl. Hochamt
Mis|sal [lat.] *s. 1,* **Mis|sa|le** *s. 5* Buch mit den für die kath. Messe vorgeschriebenen Lesungen, Meßbuch
Mis|sing link [engl.] *s. Gen.* - -s *Mz.* - -s fehlendes Glied (in der Entwicklung vom Affen zum Menschen)
Mis|sio ca|no|ni|ca [lat.] *w. Gen. - - nur Ez. kath. Kirche:* Erteilung einer Rechts- oder Lehrbefugnis; **Mis|si|on** *w. 10* **1** ernster Auftrag, Sendung; **2** mit besonderen Aufgaben ins Ausland entsandte Gruppe von Bevollmächtigten einer Regierung; **3** Heidenbekehrung, Verbreitung des christl. Glaubens, Äußere Mission; *auch allg.:* Verbreitung einer relig. Lehre; Innere M.: Organisation der evang. Kirche zugunsten Bedürftiger und zur Festigung der Gemeinden; **Mis|sio|nar,** *österr.:* **Mis|sio|när** *m. 1* in der Mission (**3**) tätiger Geistlicher; **mis|sio|nie|ren 1** Mission treiben; **2** zum Christentum bekehren
Mist [engl.] *m. 1 nur Ez. Seew.:* leichter Nebel; **mi|sten** *Seew.:* leicht neblig sein
Mi|ster [engl.] *m. 5* (*Abk.:* Mr.) *in englischsprechenden Ländern:* Herr *(vor dem Namen)*
Mi|stral [frz.] *m. 1* kalter Nord- oder Nordwestwind in Südfrankreich, bes. im Rhônetal
Mi|stress [-stris, engl.] *w. Gen. - Mz.* -es [-strisiz] *in englischsprechenden Ländern* **1** Hausfrau, Herrin; Mätresse; **2** [mịsiz] (*Abk.:* Mrs.) Frau *(als Anrede vor dem Namen)*
Mis|zel|la|ne|en [lat.], **Mis|zel|len** *Mz.* kleine Aufsätze, Artikel verschiedenen Inhalts (bes. in wissenschaftl. Zeitschriften)
Mi|to|se [griech.] *w. 11* Äquationsteilung, indirekte Teilung des Zellkerns unter Wahrung der Chromosomenzahlen; *Ggs.:* Amitose; **mi|to|tisch** auf Mitose beruhend
Mi|tra [lat.] *w. Gen. - Mz.* -tren **1** altgriech. Stirnbinde; **2** Kopfbedeckung altoriental. Herrscher; **3** *kath. Kirche:* Bischofsmütze
Mi|trail|leu|se [mitrajøzə, frz.] *w. 11* frz. Salvengeschütz, Vorläufer des Maschinengewehrs
Mix|be|cher *m. 5* Becher mit Deckel zum Mischen von Flüssigkeiten, bes. Getränken; **Mixed** [mịkst, engl.] *s. 9 oder Gen. - Mz. - Sport:* gemischtes Doppel; **Mixed Pickles** [mịkst pịklz, engl.] *nur Mz.* in Essig eingelegtes, pikant gewürztes kleines Gemüse; **mi-xen** mischen; **Mi|xer** *m. 5* **1** jmd., der Getränke mischt, z. B. Barmixer; **2** elektr. Küchengerät, das zerkleinert und zugleich mischt; **3** *Film, Funk, Fernsehen:* Tonmeister, der die Tonspuren von gesprochenem Text, Musik und Geräuschen auf einem Tonband vereinigt; **Mix|ge|tränk** *s. 1* Mischgetränk; **Mix-pickles** [-piklz] *Mz.* → Mixed Pickles; **Mix|tum com|po|si|tum** [lat.] *s. Gen. - - Mz.* Mịx|ta -si|ta Durcheinander, Gemisch; **Mix-tur** *w. 10* **1** Gemisch, *bes.:* Arzneimischung; **2** ein Orgelregister, das einen Ton durch Oktave, Quinte, Terz, auch Septime verstärkt
Mi|zell [lat.] *s. 1,* **Mi|zel|le** *w. 11* dichte Molekülgruppe als kleinster Baustein pflanzl. Strukturen (bes. von Zellwänden)
mk *Abk. für* Markka (Finnmark)
mkg *Abk. für* Meterkilogramm
mkp *Abk. für* Meterkilopond
MKS-Sy|stem *s. 1 nur Ez. Abk. für* Meter-Kilogramm-Sekunden-System (internationales Maßsystem, das auf diesen Einheiten aufgebaut ist); vgl. CGS-System
ml *Abk. für* Milliliter
Mlle. *Abk. für* Mademoiselle; **Mlles.** *Abk. für* Mesdemoiselles

mm *Abk. für* Millimeter
mm² *Abk. für* Quadratmillimeter
mm³ *Abk. für* Kubikmillimeter
µm *Abk. für* Mikrometer
MM. *Abk. für* Messieurs
m. m. *Abk. für* mutatis mutandis
Mme. *Abk. für* Madame; **Mmes.** *Abk. für* Mesdames
Mn *chem. Zeichen für* Mangan
Mne|me [griech.] *w.11 nur Ez.* Erinnerung, Gedächtnis; **Mne|mo|nik, Mne|mo|tech|nik** *w.10 nur Ez.* Kunst, das Gedächtnis durch Lern- oder Gedächtnishilfen zu stärken, Gedächtniskunst; **Mne|mo|tech|ni|ker, Mne|mo|ti|ker** *m.5* jmd., der die Mnemotechnik beherrscht
Mo *chem. Zeichen für* Molybdän
MΩ *Abk. für* Megaohm
Mob [engl.] *m.9 nur Ez.* Pöbel, Gesindel
Mö|bel [lat.-frz.] *s.5* **1** Einrichtungsgegenstand; **2** *scherzh.:* großer, unhandl. Gegenstand
mo|bil [lat.] **1** beweglich; *Ggs.:* immobil; **2** *ugs.:* gesund und munter, behende; **3** einsatz-, kriegsbereit; **Mo|bi|le** [frz.] *s.9* Gebilde aus an Fäden freischwebend aufgehängten, bei Luftzug in leichte Bewegung geratenden, zarten kunstgewerblichen Gegenständen; **Mo|bi|li|ar** [lat.] *s.1 nur Ez.* Möbel, Hausrat; **Mo|bi|li|en** *Mz.* bewegl. Güter, bewegl. Besitz; **Mo|bi|li|sa|ti|on** [-tsjon] *w.10 nur Ez.* **1** Mobilmachung; **2** Beweglichmachen (von Gelenken); **mo|bi|li|sie|ren** **1** in Bewegung setzen, beweglich machen; **2** kriegs-, einsatzbereit machen (Truppen, Kräfte); **3** flüssig, zu Bargeld machen; **Mo|bi|li|tät** *w.10 nur Ez.* **1** Beweglichkeit; **2** *Bevölkerungsstatistik:* Häufigkeit des Wohnsitzwechsels
mö|blie|ren [frz.] mit Möbeln ausstatten, einrichten
Moc|ca *m.9* → Mokka; Mocca double: doppelter (= extra starker) Mokka
Mo|cha [nach der arab. Hafenstadt am Roten Meer, *heute:* Mokka] *m. Gen. - nur Ez.* ein Mineral, Moosachat
Mock|turt|le|sup|pe [-tə:tl-, engl.] *w.11* nachgeahmte Schildkrötensuppe aus Kalbskopf
mod. *Abk. für* moderato
mo|dal [lat.] **1** *Gramm.:* die Art und Weise bezeichnend; **2** *allg.:* durch die Verhältnisse bedingt; **Mo|da|lis|mus** *m. Gen. - nur Ez.* frühchristl. Lehre, daß Christus nur eine Erscheinungsform Gottes sei; **Mo|da|li|tät** *w.10 nur Ez.* Art und Weise (eines Geschehens), Seinsweise, Wahrheitswert; **Mo|dal|no|ta|ti|on** [-tsjo:n] *w.10* Notenschrift des 13. Jh. mit Festlegung des Rhythmus; vgl. Choralnotation, Mensuralnotation; **Mo|dal|verb** *s.12* Verb, das ein durch ein anderes Verb ausgedrücktes Geschehen näher bestimmt, z. B. können, dürfen, wollen, sollen, müssen
Mo|de [frz.] *w.11* **1** Sitte, Brauch, Geschmack (einer Epoche); **2** moderne, elegante Kleidung; **3** die Art, sich zu kleiden
Mo|del [lat.] *m.14* **1** antike Maßeinheit zur Berechnung architekton. Verhältnisse: unterer Halbmesser einer Säule; **2** geschnitzte Hohlform für Gebäck, Knetwaren u. a.; **3** geschnitzte, erhabene Form für Tapeten-, Textildruck u. a.; **Mo|dell** [ital.] *s.1* **1** Vorbild, Muster, Urform; **2** Entwurf oder verkleinerte Nachbildung (eines Bauwerks, einer Plastik u. a.); **3** Form aus Holz, Gips oder Metall zur Herstellung der Gußform; **4** vereinfachende, nur die wesentl. Züge enthaltende Vorstellung, z. B. Denkmodell, Atommodell; **5** nur einmal hergestelltes Kleidungsstück, z. B. Modellkleid; **6** Person oder Gegenstand als Vorbild für Maler, Bildhauer oder Photographen; **7** Mannequin, Vorführdame für Moden; **Mo|del|leur** [-lør, frz.] *m.1* Fachmann, der Modelle entwirft, Musterformer; **mo|del|lie|ren** in Ton oder Wachs formen, bilden
Mo|de|ra|ti|on [-tsjon] *w.10* Tätigkeit des Moderators (**3**); **mo|de|ra|to** [ital.] (*Abk.:* mod.) *Mus.:* mäßig bewegt; **Mo|de|ra|tor** [lat.] *m.13* **1** Stoff zum Bremsen der Geschwindigkeit von atomspaltenden Neutronen im Kernreaktor; **2** Diskussionsleiter, z. B. im Fernsehen; durch eine Rundfunksendung führender Sprecher; **3** Leiter einer kirchl. Behörde oder eines beratenden Gremiums; **mo|de|rie|ren** **1** mäßigen; **2** als Moderator tätig sein
mo|dern [frz.] der Mode, dem Zeitgeschmack, dem Zeitgeist entsprechend; **Mo|der|ne** *w.11 nur Ez.* **1** *urspr. Bez. für den* Naturalismus; **2** *allg.:* die heutige Zeit; *i. e. S.:* Kunst der Gegenwart; **mo|der|ni|sie|ren** der Mode, dem Zeitgeschmack entsprechend ändern; **Mo|der|nis|mus** *m. Gen. - nur Ez.* **1** Streben nach dem Modernen, Bejahung des Modernen; **2** liberale, wissenschaftl.-krit., von Papst Pius X. verurteilte Richtung innerhalb der kath. Kirche; **Mo|der|ni|tät** *w.10 nur Ez.* moderne Beschaffenheit
mo|dest [lat.] *veraltet:* bescheiden, maßvoll
Mo|di *Mz. von* Modus
Mo|di|fi|ka|ti|on [-tsjon, lat.] *w.10* **1** Veränderung, Umgestaltung; **2** *Biol.:* durch äußere Einflüsse hervorgerufene, nicht erbliche Veränderung von Lebewesen; **3** *Mz. Chem.:* Erscheinungsformen eines Stoffes mit gleichen chem., aber unterschiedl. physikal. Eigenschaften; **Mo|di|fi|ka|tor** *m.13* etwas, das etwas anderes modifiziert; **mo|di|fi|zie|ren** verändern, abwandeln
Mo|dist *m.10 veraltet:* Modewarenhändler; **Mo|di|stin** *w.10* Putzmacherin
Mo|dul [lat.] *m.14* **1** → Model (**1**); **2** *Bez. für* eine Materialkonstante; **3** Absolutbetrag einer komplexen Zahl; **4** *bei Zahnrädern:* Divisor aus Durchmesser und Zähnezahl;

5 *Elektrotechnik:* leicht austauschbare, aus vielen kleinen elektron. Bauteilen zusammengesetzte Einheit; **Mo|du|la|ti|on** [-tsjon] *w. 10* **1** *Mus.:* Übergang in eine andere Tonart; Abstufung des Tons und der Klangfarbe; **2** *Phys.:* Veränderung der Merkmale (Phase, Frequenz) einer hochfrequenten Trägerschwingung durch eine niederfrequente Schwingung, in der Nachrichtentechnik zur Übertragung elektromagnet. Wellen angewandt; **mo|du|lie|ren 1** von einer Tonart in die andere überleiten; **2** abwandeln, wechseln; **3** einer Modulation (**2**) unterwerfen

Mo|dus [lat.] *m. Gen. - Mz.* -di **1** Art und Weise, Form (eines Geschehens); **2** Aussageweise des Verbs (Indikativ, Konjunktiv, Imperativ); **3** Weise, Melodie, nach der verschiedene Lieder gesungen werden können; **4** Kirchentonart; **Mo|dus pro|ce|den|di** *m. Gen. -- Mz.* -di -di Verfahrensweise; **Mo|dus vi|ven|di** *m. Gen. -- Mz.* -di -di erträgl. Form des Zusammenlebens

Mo|fet|te [ital.] *w. 11* Ausströmungsstelle von Kohlendioxid in vulkan. Gebiet

Mo|gul [auch: -gul, pers.] *m. 14* Angehöriger eines mohammedan. Herrscherhauses in Indien

Mo|hair [-hɛr, arab.-engl.] *s. 9* **1** Haar der Angoraziege; **2** daraus hergestellter, haariger Wollstoff

Mo|ham|me|da|ner *m. 5* Angehöriger der Lehre Mohammeds, Moslem; **Mo|ham|me|da|nis|mus** *m. Gen. - nur Ez.* → Islam

Mo|här *s. 9 eindeutschende Schreibung von* Mohair

Mo|hi|ka|ner *m. 5* Angehöriger eines ausgestorbenen nordamerik. Indianerstammes; der letzte der M., der letzte M. *ugs. scherzh.:* der letzte

Moi|ra [moi-] *w. Gen. - Mz.* -ren **1** *griech. Myth.:* Schicksalsgöttin; **2** Schicksal

Moi|ré [moare, frz.] **1** *m. 9 oder s. 9* Seiden- oder Kunstseidengewebe mit wellenförmiger Musterung; **2** *m. 9 oder s. 9* wellenförmiges Muster auf Pelzen; **3** *s. 9* störende Musterung auf reproduzierten Bildern; **4** *s. 9 Fernsehen:* flimmernde Bildmusterung auf dem Bildschirm; **moi|rie|ren** [moa-] mit Moiré (**1, 2**) versehen

mo|kant [frz.] spöttisch

Mo|kas|sin [indian.] *m. 9* **1** *urspr.:* weicher, bestickter Wildlederschuh der nordamerik. Indianer; **2** weicher, ungefütterter Lederschuh

mo|kie|ren [frz.] sich über etwas oder jmdn. m.: sich lustig machen

Mok|ka [nach der Stadt Mokka im Jemen] *m. 9* **1** eine Kaffeesorte; **2** sehr starker Kaffee

Mol *s. 1* → Grammolekül; **mo|lar** auf 1 Mol bezogen; molare Lösung: Lösung, die 1 Mol eines Stoffes in 1 Liter enthält

Mo|lar [lat.] *m. 12* Mahlzahn

Mo|la|ri|tät *w. 10 nur Ez.* Gehalt (einer Lösung) an chem. wirksamer Substanz von 1 Mol je Liter

Mo|lar|zahn *m. 2* → Molar

Mo|las|se [frz.] *w. 11 nur Ez.* tertiäre Ablagerungen im nördl. Alpenvorland

Mo|le 1 [ital.] *w. 11* Hafendamm; **2** [lat.] entartete, abgestorbene Leibesfrucht, Windei

Mo|lek|tro|nik *w. 10 nur Ez.* Entwicklung und Verwendung kleinster elektron. Schaltelemente molekularer Größenordnung; **Mo|le|kül** [frz.] *s. 1* kleinste, aus zwei oder mehr Atomen bestehende Einheit einer chem. Verbindung; **mo|le|ku|lar** die Moleküle betreffend

Mole|skin [moul-, engl. „Maulwurfsfell"] *m. 9 oder s. 9* dichtes, aufgerauhtes Baumwollgewebe, Englischleder

Mo|le|sten [lat.] *nur Mz. veraltet:* Beschwerden, Unannehmlichkeiten; **mo|le|stie|ren** *veraltet:* belästigen, Beschwerden bereiten

Mo|let|te [frz.] *w. 11* **1** Prägewalze; **2** Stößel (des Mörsers); **3** gezähntes Rädchen zum Eindrücken von Punkten in Metall

Moll [zu lat. mollis „weich"] **1** *s. Gen.* -s *nur Ez. Mus.:* eins der beiden Tongeschlechter mit kleiner Terz im Dreiklang der Tonika; *Ggs.:* Dur; **2** *m. 9* → Molton

Mol|la [arab.] *m. 9* → Mulla

Mol|lus|ke [lat.] *w. 11* Weichtier

Mo|lo *m. 9, österr. Nebenform von* Mole

Mo|loch [auch: mɔ-, nach einem durch Menschenopfer verehrten altsemit. Gott] *m. 1* **1** Macht, die alles verschlingt, unersättl. Macht; **2** Dornteufel, eine austral. Echse

Mo|lo|tow-Cock|tail [-teil] *m. 9 urspr.:* mit Benzin und Phosphor gefüllte Flasche zur Bekämpfung von Panzern; *heute:* selbstgebastelte Handgranate, Bombe

mol|to [ital.] *Mus.:* sehr, z. B. m. vivace: sehr lebhaft

Mol|ton [frz.] *m. 9* ein weiches, beidseitig angerauhtes Baumwollgewebe

Mo|lyb|dän [griech.] *s. Gen.* -s *nur Ez.* (*Zeichen:* Mo) chem. Element, ein Metall

Mo|ment [lat.] **1** *m. 1* Augenblick, Zeitpunkt, sehr kurze Zeitspanne; **2** *s. 1 Bez. für* die Wirkung einer Kraft; **3** *s. 1* Umstand, Gesichtspunkt, Merkmal; **mo|men|tan** augenblicklich; **Mo|ment mu|si|cal** [mɔmã myzikal, frz.] *s. Gen. -- Mz.* -s -caux [mɔmã myziko] kurzes, stimmungsvolles Klavierstück

Mo|na|de [griech.] *w. 11 Philos.* **1** in sich geschlossene, unteilbare, vollendete Einheit; **2** *bei Leibniz:* Ureinheit der Weltsubstanz; **Mo|na|do|lo|gie** *w. 11 nur Ez.* Monadenlehre

Mon|arch [griech.] (Allein-)Herrscher (Kaiser, König oder Fürst); **Mon|ar|chie** *w. 11* Staatsform mit einem Monarchen an der Spitze; **mon|ar|chisch** zur Monarchie oder zum Monarchen gehörend; **Mon|ar|chis|mus**

m. Gen. - nur Ez. Streben, die Monarchie zu erhalten oder durchzusetzen; **Mon|ar|chist** *m.10* Anhänger des Monarchismus; **mon|ar-chi|stisch** zum Monarchismus gehörend, auf ihm beruhend
Mo|na|ste|ri|um [lat.] *s. Gen.* -s *Mz.* -ri|en Kloster; **mo|na|stisch** mönchisch
mon|au|ral [griech. + lat.] einkanalig; *Ggs.:* stereophon
Mon|azit [griech.] *m.1* ein Mineral
mon|dän [frz.] im Stil der großen Welt, auffällig elegant
mon|di|al [neulat.] weltweit
mo|ne|tär [lat.] geldlich; **Mo|ne|ten** *nur Mz.* **1** *urspr.:* Bargeld, Münzen; **2** *ugs.:* Geld; **mo|ne|ti|sie|ren** in Geld verwandeln; **Mo|ney-ma|ker** [mɔnimɛikər, engl. „Geldmacher"] *m.5 ugs.:* Geschäftsmann, der aus allem Geld herauszuschlagen sucht
Mon|go|le *m.11* Angehöriger der mongolischen Rasse; **Mon|go|len|fal|te** *w.11* → Epikanthus; **mon|go|lid** zur mongol. Rasse gehörend; **Mon|go|lis|mus** *m. Gen. - nur Ez.* Form des angeborenen Schwachsinns mit mongol. Gesichtsbildung; **Mon|go|list** *m.10* Wissenschaftler der Mongolistik; **Mon|go|li-stik** *w.10 nur Ez.* Wissenschaft von den mongol. Sprachen und Kulturen; **mon|go-lo|id** **1** Merkmale der mongol. Rasse aufweisend, doch nicht rein mongolisch; **2** an Mongolismus leidend
Mo|nier|ei|sen [-nje-, nach dem frz. Gärtner J. Monier] *s.7* Stab oder Draht aus Stahl zur Verstärkung des Betons
mo|nie|ren [lat.] beanstanden, bemängeln
Mo|ni|lia [lat.] *w. Gen. - nur Ez.* ein Schlauchpilz, Erreger mancher Pflanzenkrankheiten
Mo|nis|mus [griech.] *m. Gen. - nur Ez.* Lehre, daß allem Sein ein einheitl. Grundprinzip zugrunde liege, im Unterschied zum Dualismus oder Pluralismus
Mo|ni|tor [lat.] *m.13* **1** *veraltet:* Aufseher; **2** *veraltet:* kleines Kriegsschiff für Fluß- und Küstenschiffahrt; **3** *Fernsehen:* Kontrollgerät, auf dem das gesendete Bild zu sehen ist; **4** *Kerntechnik:* Kontrollgerät für Strahlung und Temperatur; **Mo|ni|to|ri|um** *s. Gen.* -s *Mz.* -ri|en *veraltet:* Mahnschreiben; **Mo|ni-tum** *s. Gen.* -s *Mz.* -ta Beanstandung, Tadel
Mo|no|chord [-kɔrd, griech.] *s.1 Mus.:* Gerät zum Bestimmen der Tonhöhe und Intervalle
mo|no|chrom [-krom, griech.] einfarbig; **Mo-no|chro|ma|sie** *w.11* völlige Farbenblindheit; **mo|no|chro|ma|tisch** einfarbig, spektralrein; **Mo|no|chro|mie** *w.11 nur Ez.* Einfarbigkeit
Mon|odie [griech.] *w.11* **1** *urspr.:* einstimmiger, unbegleiteter Gesang; **2** *nach 1600:* einstimmiger Gesang mit Akkordbegleitung; **3** → Homophonie; **Mon|odik** *w.10 nur Ez.* Kunst der Monodie; **mon|odisch** in der Art der Monodie

Mo|no|dram [griech.], **Mo|no|dra|ma** *s. Gen.* -s *Mz.* -men Drama mit nur einer handelnden Person
mo|no|gam [griech.] auf Monogamie beruhend; *Ggs.:* polygam (**1**); **Mo|no|ga|mie** *w.11* Ehe mit nur einem Partner, Einehe (auch bei Tieren); *Ggs.:* Polygamie
Mo|no|ge|ne|se [griech.], **Mo|no|ge|ne|sis** *w. Gen. - nur Ez.* ungeschlechtl. Fortpflanzung; *Ggs.:* Amphigonie; **Mo|no|ge|nis|mus** *m. Gen. - nur Ez.* Ableitung einer Gruppe von Organismen, z. B. der Menschenrassen, aus einer einzigen Stammform, Monophyletismus; *Ggs.:* Polygenismus; **Mo|no|go|nie** *w.11 nur Ez.* → Monogenese
Mo|no|gramm [griech.] *s.1* die (oft ineinander verschlungenen) Anfangsbuchstaben des Namens, Namenszeichen; **Mo|no|gram|mi-sten** *m.10 Mz.* Gruppe früher Graphiker, von denen nicht der volle Name, sondern nur das Monogramm bekannt ist; **Mo|no|gra-phie** *w.11* Abhandlung über einen einzelnen Gegenstand oder Menschen, Einzeldarstellung, z. B. Künstlermonographie
mo|no|hy|brid [griech.] sich in nur einem Merkmal unterscheidend; **Mo|no|hy|bri|de** *m.11* aus einer monohybriden Kreuzung hervorgegangener Bastard
Mon|okel [griech. + lat.] *s.5* Brille für nur ein Auge, Einglas
mo|no|klin [griech.] **1** zwei sich schiefwinklig kreuzende Achsen und eine rechtwinklig darauf stehende Achse aufweisend (Kristallsystem); **2** *Bot.:* zwittrig, zweigeschlechtig (Blüte)
Mo|no|ko|ty|le|do|ne [griech.] *w.11* einkeimblättrige Pflanze
mon|oku|lar [griech. + lat.] für nur ein Auge, mit nur einem Auge
Mo|no|kul|tur [griech. + lat.] *w.10* Anbau nur einer Pflanzenart auf einer Fläche
mo|no|la|te|ral [griech. + lat.] einseitig
Mo|no|la|trie [griech.] *w.11* Verehrung nur eines Gottes (ohne andere zu leugnen)
Mo|no|lith [griech.] *m.10* **1** Steinblock; **2** aus einem einzigen Stein gehauenes Bildwerk
Mo|no|log [griech.] *m.1* Selbstgespräch; **mo-no|lo|gi|sie|ren** einen Monolog führen
Mo|nom [griech.] *s.1 Math.:* aus nur einem Glied bestehende Größe
mo|no|man [griech.] von einer fixen Idee besessen, von einem einzigen Trieb beherrscht; **Mo|no|ma|ne** *m.11* jmd., der an Monomanie leidet; **Mo|no|ma|nie** *w.11 nur Ez.* Besessenheit von einer fixen Idee, von einem einzigen Trieb
mo|no|mer [griech.] in einzelnen kleinen Molekülen vorliegend; *Ggs.:* polymer; **Mo|no-mer** *s.1* kleinste Einheit eines Polymers
Mo|no|me|tal|lis|mus *m. Gen. - nur Ez.* auf nur einem Währungsmetall beruhende Währung; *Ggs.:* Bimetallismus

mo|no|misch [griech.] *Math.:* aus einem einzigen Glied bestehend, eingliedrig; **Mo|no|nom** *s. 1* → Monom

Mo|no|pha|ge [griech.] *m. 11* Tier, das auf eine bestimmte Nahrung angewiesen ist; **Mo|no|pha|gie** *w. 11 nur Ez.* auf eine bestimmte Nahrung eingestellte Ernährungsweise; vgl. Polyphagie, Pantophagie

Mo|no|pho|bie [griech.] *w. 11* krankhafte Angst vor dem Alleinsein

mo|no|phon [griech.] einkanalig; *Ggs.:* stereophon

Mo|no|phthong [griech.] *m. 1* einfacher Vokal; vgl. Diphthong, Triphthong; **mo|no|phthon|gie|ren** vom Diphthong zum Monophthong übergehen (lassen), z. B. ei zu e in Dritteil und Drittel; *Ggs.:* diphthongieren

Mo|no|phy|le|tis|mus *m. Gen. - nur Ez.*, **Mo|no|phy|lie** *w. 11 nur Ez.* → Monogenismus

Mo|no|ple|gie [griech.] *w. 11* Lähmung nur eines Gliedes oder Gliedteiles

Mo|no|po|die [griech.] *w. 11* Einheit aus nur einem Versfuß, im Unterschied zur Di- und Tripodie; **Mo|no|po|di|um** *s. Gen. -s Mz.* -di|en *Bot.:* eine Verzweigungsform der Sproßachse (mit durchgehender Hauptachse)

Mo|no|pol [griech.] *s. 1* alleiniger Anspruch, alleiniges Vorrecht (z. B. eine Ware zu produzieren oder zu verkaufen); **mo|no|po|li|sie|ren** etwas m.: das Monopol über etwas gewinnen; den Salzhandel m.; **Mo|no|po|lis|mus** *m. Gen. - nur Ez.* auf Beherrschung des Marktes durch Monopole gerichtetes Streben; **Mo|no|po|list** *m. 10* **1** Inhaber eines Monopols; **2** Vertreter des Monopolismus; **Mo|no|pol|ka|pi|tal** *s. Gen. -s nur Ez. im marxist. Sprachgebrauch* **1** das in Monopolen wirkende Kapital; **2** Gesamtheit monopolist. Unternehmen; **Mo|no|pol|ka|pi|ta|lis|mus** *m. Gen. - nur Ez., nach Lenin:* höchste Stufe des Kapitalismus, gekennzeichnet durch starke Konzentration wirtschaftlicher, auf Monopolen beruhender Macht

Mo|no|pte|ros [griech.] *m. Gen. - Mz.* -ren *oder* -pte|ren *oder* -roi **1** kleiner antiker Säulenrundbau; **2** *heute:* ähnlich gebauter Pavillon in Parks

Mo|no|sac|cha|rid *s. 1* einfacher Zucker

mo|no|syl|la|bisch [griech.] nur aus einer Silbe bestehend, einsilbig; **Mo|no|syl|la|bum** *s. Gen. -s Mz. -ba* einsilbiges Wort

Mo|no|the|is|mus [griech.] *m. Gen. - nur Ez.* Glaube an einen einzigen Gott; *Ggs.:* Polytheismus

mo|no|ton [griech.] eintönig, einförmig; **Mo|no|to|nie** *w. 11 nur Ez.* Eintönigkeit, Einförmigkeit

Mo|no|tre|men [griech.] *Mz.* Kloakentiere

mo|no|trop [griech.] beschränkt anpassungsfähig; **Mo|no|tro|pie** *w. 11 nur Ez.* nur in einer Richtung mögliche Umwandelbarkeit eines Stoffes

Mo|no|type [-taip, griech. + engl.] *w. 9* ⓦ eine Setz- und Gießmaschine für Einzelbuchstaben

Mon|oxid *s. 1* Verbindung eines chem. Elements mit Sauerstoff, bei der je Molekül nur ein Sauerstoffatom gebunden wird

Mon|özie [griech.] *w. 11 nur Ez. Bot.:* Einhäusigkeit; *Ggs.:* Diözie; **mon|özisch** *Bot.:* einhäusig

mo|no|zy|klisch nur einen Ring enthaltend (chem. Verbindung)

Mo|no|zy|ten [griech.] *Mz.* größte weiße Blutkörperchen

Mon|roe|dok|trin [-rou-] *w. 10 nur Ez.* von dem US-amerik. Präsidenten J. Monroe 1823 aufgestellter Grundsatz der gegenseitigen Nichteinmischung („Amerika den Amerikanern, Europa den Europäern")

Mon|sei|gneur [mõsɛnjœr, frz.] *m. 1 oder m. 9* (*Abk.:* Mgr.) *in Frankreich Titel urspr. für* Ritter, *dann für* Prinzen und hohe Geistliche; **Mon|sieur** [məsjø] *m. Gen. -s Mz.* Messieurs [mɛsjø] (*Abk.:* M., *Mz.:* MM.) *in Frankreich:* Herr *(als Anrede, alleinstehend oder vor dem Namen);* **Mon|si|gno|re** [mənsinjorə, ital.] *m. Gen. -s Mz. -ri* (*Abk.:* Mgr. *oder* Msgr.) *Titel für* hohen geistl. Würdenträger

Mon|ster... [lat., zu: Monstrum] *in Zus.:* riesig, Riesen ...

Mon|ste|ra [Herkunft unsicher] *w. Gen. - Mz. -rae* [-rɛ:] Angehörige der Familie der Aronstabgewächse, eine Kletterpflanze

Mon|ster|film *m. 1* ein Film mit Überlänge und riesigem Aufgebot an Menschen und Ausstattung; **Mon|stra** *Mz. von* Monstrum

Mon|stranz [lat.] *w. 10* Gefäß zum Tragen und Zeigen der geweihten Hostie

Mon|stre... vgl. Monster...; **mon|strös** **1** unförmig, mißgestaltet, vom normalen Bau abweichend (z. B. Geweih); **2** *übertr.:* ungeheuerlich; **Mon|stro|si|tät** *w. 10 nur Ez.* monströse Beschaffenheit, Mißbildung; **Mon|strum** *s. Gen. -s Mz. -stren oder -stra* mißgebildetes Wesen, Ungeheuer

Mon|sun [arab.] *m. 1 in Asien, bes. Indien:* halbjährlich wechselnder Wind (Sommer-, Wintermonsun)

Mon|ta|ge [-ʒə, frz.] *w. 11* **1** Aufstellen und Zusammenbauen (von Maschinen, techn. Anlagen); **2** Kunstwerk, das aus urspr. nicht dazu geschaffenen Einzelteilen zusammengesetzt ist; **3** künstler. Gestaltung (eines Films) durch Schnitt, Auswahl und Zusammenstellen der einzelnen Handlungseinheiten; **Mon|ta|ge|bau** *m. 1 nur Ez.* Bauweise mit größeren Fertigteilen

Mon|ta|gnard [mõtanjar, frz.] *m. 9 während der Frz. Revolution:* Angehöriger der „Bergpartei" (der äußersten Linken, nach ihren hochgelegenen Sitzen in der verfassunggebenden Versammlung)

mon|tan [lat.] zum Bergbau und Hüttenwesen gehörig
Mon|ta|nis|mus [nach dem Begründer, dem in Kleinasien geborenen Propheten Montanus] *m. Gen. - nur Ez.* Lehre der Sekte der Montanisten (2./3. Jh.) von dem baldigen Ende der Welt; **Mon|ta|nist** *m. 10* **1** Anhänger des Montanismus; **2** Fachmann in Bergbau und Hüttenwesen
Mon|tan|uni|on *w. 10 nur Ez.* Europ. Gemeinschaft für Kohle und Stahl; **Mon|tanwachs** *s. 1 nur Ez.* ein aus Braunkohle gewonnenes Wachs
Mont|bre|tie [mɔ̃bretsjə, nach dem frz. Naturforscher C. de Montbret] *w. 11* eine südafrik. Gattung der Schwertliliengewächse
Mon|teur [mɔntø̱r, frz.] *m. 1* Facharbeiter für die Montage von Maschinen und techn. Anlagen
Mont|gol|fie|re [mɔ̃gɔlfjɛ̱rə, nach den frz. Erfindern, den Brüdern Montgolfier] *w. 11* mit Warmluft gefüllter Ballon
mon|tie|ren [frz.] aufstellen, auf-, zusammenbauen (Maschine, techn. Anlage)
Mon|tur *w. 10* **1** *veraltet:* Uniform; **2** *noch ugs. scherzh.:* Anzug, Arbeitsanzug
Mo|nu|ment [lat.] *s. 1* (großes) Denkmal; Monumenta Germaniae historica: Historische Denkmäler Deutschlands (wichtigste Sammlung mittelalterl. Quellen zur dt. Geschichte; *Abk.:* MGH); **mo|nu|men|tal** in der Art eines Monuments, denkmalartig, gewaltig, riesig groß
Mop [engl.] *m. 9* Staubbesen mit Fransen statt der Borsten
Mo|ped [Kurzw. aus Motor und Veloziped oder Pedal] *s. 9* leichtes Motorrad
mop|pen mit dem Mop fegen
Mo|ra 1 [lat.] *w. Gen. - Mz.* -ren kleinste Zeiteinheit im Vers, Dauer einer kurzen Silbe; *veraltet:* Verzug, Verzögerung (einer Zahlung); **2** [ital.] *w. Gen. - Mz. -* ein ital. Fingerspiel
Mo|ral [lat.] *w. Gen. - nur Ez.* **1** Sittlichkeit; **2** sittl. Verhalten, innerer Halt; **3** Sittenlehre; **4** sittl. Nutzanwendung; **Mo|ra|lin** *s. Gen. -s nur Ez.* moral. Heuchelei; **Mo|ral in|sa|ni|ty** [mɔrəl insæ̱niti, engl.] *w. Gen. - - nur Ez.* Mangel an sittl. Gefühl bei normaler Intelligenz; **mo|ra|lisch** auf Moral beruhend, der Moral entsprechend, sittlich, sittenstreng; **mo|ra|li|sie|ren** Moral predigen, moral. Betrachtungen anstellen; **Mo|ra|lis|mus** *m. Gen. - nur Ez.* **1** Anerkennung verbindl. Moralgesetze; vgl. Amoralismus, Immoralismus; **2** Überbetonung der Moral; **Mo|ra|list** *m. 10* **1** moral. Mensch; **2** *bes. in Frankreich im 16./18. Jh.:* moralisierender Schriftsteller; **3** Sittenlehrer; **4** Sittenprediger; **Mo|ra|li|tät** *w. 10* **1** *nur Ez.* Sittlichkeit, sittl. Bewußtsein; vgl. Amoralität, Immoralität; **2** *Ende des MA:* lehrhaftes moral. Schauspiel
Mo|rä|ne [frz.] *w. 11* von Gletschern mitgeführter und abgelagerter Gesteinsschutt
Mo|ra|to|ri|um [lat.] *s. Gen. -s Mz.* -ri|en Zahlungsaufschub
mor|bid [lat.] **1** kränklich, angekränkelt; **2** *übertr.:* morsch, brüchig; **Mor|bus** *m. Gen. - Mz.* -bi Krankheit
Mor|dent [ital.] *m. 1* (*Zeichen:* ~) *Mus.:* Pralltriller, einmaliger, nach unten ausgeführter Wechselschlag
Mo|re *w. 11* → Mora (1)
Mo|rel|le [ital.] *w. 11* eine Sauerkirschenart
mo|ren|do [ital.] *Mus.:* immer leiser werdend, ersterbend, verhauchend
Mo|res [lat.] *Mz.* Anstand, gute Sitten; *nur in der Wendung:* jmdn. M. lehren, ich will dich M. lehren
Mo|res|ca [ital.] *w. Gen. - nur Ez.* europ. pantomim. Tanz; **Mo|res|ke** *w. 11* → Maureske
mor|ga|na|tisch [mlat.] ungesetzlich; *nur in der Fügung* morganatische Ehe: Ehe zur linken Hand
Mo|ria [griech.] *w. Gen. - nur Ez.* leichte Geistesstörung mit übertriebener Heiterkeit
mo|ri|bund [lat.] dem Tod geweiht; *Med.:* im Sterben liegend
Mo|ri|nell [span.] *m. 1* ein Regenpfeifervogel
Mo|ris|ca *w. Gen. - nur Ez.*, **Mo|ris|ke** *w. 11* → Moresca; **Mo|ris|ken** *m. 11 Mz.* die in Spanien nach Ende der Maurenherrschaft zurückgebliebenen Mauren
Mo|ri|tat [lat.] *w. 10* **1** Mordtat, schrecklicher Unglücksfall; **2** einen solchen Fall schilderndes Bänkelsängerlied, Schauerballade
Mor|mo|ne [nach dem Buch „Mormon" des Begründers J. Smith] *m. 11* Angehöriger einer nordamerik. christl. Sekte
Mor|nel|le *w. 11* → Morinell
mo|ros [lat.] *veraltet:* mürrisch, verdrießlich
Mor|phe [griech.] *w. Gen. - nur Ez.* Gestalt, Form, Aussehen; **Mor|phem** *s. 1 Phonologie:* kleinster bedeutungshaltiger Teil eines Wortes, z. B. Bau(er), lieb(te); **Mor|phe|ma|tik** *w. 10 nur Ez.* Lehre von den Morphemen
Mor|phin [griech.] *s. Gen. -s nur Ez.* aus Opium gewonnenes, schmerzlinderndes Alkaloid, ein Rauschgift; **Mor|phi|nis|mus** *m. Gen. - nur Ez.* Morphiumsucht; **Mor|phi|um** *s. Gen. -s nur Ez.* → Morphin
Mor|pho|ge|ne|se [griech.] *w. 11*, **Mor|pho|gene|sis** *w. Gen. - Mz.* -ne|sen Entwicklung von Gestalt und Form eines Lebewesens; **morpho|ge|ne|tisch** gestaltbildend; **Mor|pho|genie** *w. 11* → Morphogenese; **Mor|pho|lo|gie** *w. 11 nur Ez.* Lehre von der Gestalt- und Formbildung (der Lebewesen sowie der Wörter), Formenlehre; **Mor|pho|me|trie** *w. 11 nur Ez.* Vermessung von Geländeformen
Mor|se|al|pha|bet [nach dem nordamerik. Erfinder S. Morse] *s. 1 nur Ez.* aus Punkten und Strichen bestehendes Alphabet zur Nach-

richtenübermittlung durch Ton- oder Lichtsignale bzw. Stromimpulse; **mor|sen** in Zeichen des Morsealphabets übermitteln
Mor|ta|del|la [ital.] *w. Gen. - nur Ez.* eine Wurstsorte
Mor|ta|li|tät [lat.] *w. 10 nur Ez.* Sterblichkeit; *Ggs.:* Natalität, Immortalität
Mor|ti|fi|ka|ti|on [-tsjon] *w. 10 nur Ez.* **1** Kasteiung, Abtötung (von Begierden in der Askese); **2** Absterben von Gewebe, Gewebstod; **3** *auch:* Ungültigkeitserklärung; **mor|ti|fi|zie|ren 1** abtöten; **2** absterben lassen; **3** für ungültig erklären; **4** *veraltet:* beleidigen, kränken
Mo|ru|la [lat.] *w. Gen. - nur Ez.* erstes Entwicklungsstadium des Keims von vielzelligen Tieren und des Menschen, Maulbeerkeim
Mo|sa|ik [lat.] *s. 12* **1** Einlegearbeit aus farbigen Steinchen, Stiften oder Glasstückchen in Mauern oder Fußböden; **2** *übertr.:* sich aus vielen Einzelteilen allmählich zusammensetzende Vorstellung
Mo|sa|is|mus *m. Gen. - nur Ez.* *veraltet:* Judentum
Mo|sa|ist, Mo|sai|zist *m. 10* Künstler, der Mosaiken herstellt
Mo|schee [arab.-frz.] *w. 11* mohammedan. Kirche
Mo|schus [sanskr.] *m. Gen. - nur Ez.* aus der Drüsenabsonderung des Moschustiers gewonnener Riechstoff; **Mo|schus|bock** *m. 2* ein Bockkäfer, riecht nach Moschus; **Mo|schus|och|se** *m. 11* ein arktischer rindähnlicher Hornträger, dessen Fleisch nach Moschus riecht, Bisamochse; **Mo|schus|tier** *s. 1* eine kleine zentralasiat. geweihlose Hirschart, aus deren Geschlechtsdrüsenabsonderung Moschus gewonnen wird
Mos|ki|to [span.] *m. 9* Angehöriger einer Gruppe von tropischen Stechmückenfamilien
Mos|lem [arab.] *m. 9* Angehöriger des Islams, Mohammedaner; **mos|le|mi|nisch, mos|le|misch** zu den Moslems gehörig, mohammedanisch; **Mos|li|me** *w. 11* weibl. Moslem
mos|so [ital.] *Mus.:* bewegt, lebhaft
Mo|tel [Kurzw. aus engl. motorist's hotel „Hotel für Reisende mit Motorfahrzeug"] *s. 9* Hotel mit Appartements und Garagen an Autostraßen
Mo|tet|te [ital.] *w. 11* mehrstimmiges, meist unbegleitetes (heute nur noch geistl.) Chorgesangsstück
Mo|ti|li|tät [lat.] *w. 10 nur Ez.* Bewegungsvermögen, Beweglichkeit (bes. von Muskeln); **Mo|ti|on** [-tsjon] *w. 10* **1** Bewegung; **2** *schweiz.:* schriftl. Antrag (im Parlament); **3** Bildung der Genusformen beim Adjektiv; **Mo|tio|när** *m. 1 schweiz.:* jmd., der eine Motion (**2**) einreicht
Mo|tiv [mlat.-frz.] *s. 1* **1** Leitgedanke; **2** Beweggrund, Antrieb (für eine Handlung); **3** kennzeichnender inhaltl. Bestandteil einer Dichtung, z. B. Märchenmotiv (M. der feindl. Brüder); **4** kleinste charakterist. Tonfigur einer Melodie oder eines musikal. Themas; **5** *bildende Kunst und Malerei:* Gegenstand der Darstellung, z. B. Rankenmotiv; **Mo|ti|va|ti|on** [-tsjon] *w. 10* Gestimmtsein, innere Bereitschaft für ein Motiv (**2**); **mo|ti|vie|ren** eine Handlung m.: aus den Motiven, die zu ihr führten, begründen; jmdn. m.: jmdm. ein Motiv geben, etwas zu tun, jmdn. zu etwas anregen; **Mo|ti|vik** *w. 10 nur Ez. Mus.:* Kunst der Verarbeitung von Motiven; **mo|ti|visch** auf ein Motiv bezüglich,ein Motiv, die Motive betreffend
Mo|to-Cross [engl.] *s. Gen. - nur Ez. Motorradsport:* Geschicklichkeitswettbewerb beim Geländefahren; **Mo|to|drom** [lat.-griech.] *s. 1* Rennbahn für Motorfahrzeuge; **Mo|tor** [auch: -tor, lat.] *m. 13 bzw. 12* **1** Maschine zum Erzeugen von mechan. Arbeitskraft; **2** *übertr.:* Triebkraft; **Mo|to|rik** *w. 10 nur Ez.* **1** die willkürl. Bewegungsabläufe des Körpers; **2** *auch übertr.:* gleichmäßig wiederholter Bewegungsablauf; **3** Bewegungsart; **mo|to|ri|sie|ren** mit Kraftmaschinen oder -fahrzeugen ausstatten; motorisiert sein *ugs. scherzh.:* ein Auto haben
Mot|to [ital.] *s. 9* Leit-, Wahlspruch
Mo|tu|pro|prio [lat. „aus eigenem Antrieb"] *s. 9* nicht auf Eingaben beruhender Erlaß des Papstes
mouil|lie|ren [muji-, frz.] einen Konsonanten m.: erweichen, ein j sprechen oder nachklingen lassen, palatalisieren, z. B. brillant [briljant], Señor [sɛnjor], *frz.* fille [fijə]
Mou|la|ge [mulaʒə, frz.] *w. 11* **1** Abdruck, Abguß; **2** farbiges Wachsmodell (des Körpers oder von Körperteilen)
Mou|li|né [mu-, frz.] *m. 9* **1** Zwirn aus zwei verschiedenfarbigen Garnen; **2** Gewebe daraus; **mou|li|nie|ren** [mu-] zwirnen (Seide)
Mound [maund, engl.] *m. 9 im vorkolumb. Amerika:* Grabhügel, Tempelhügel
Mousse [mus, frz.] *w. 9* mit Eischnee gemischte Speise
mous|sie|ren [mu-, frz.] schäumen, prickeln
Mou|sté|ri|en [musteriɛ̃, nach dem frz. Fundort Le Moustier] *s. Gen. -s nur Ez.* Stufe der jüngeren Altsteinzeit
Mo|vens [lat.] *s. Gen. - nur Ez.* treibende Kraft, Beweggrund; **mo|vie|ren** ein Adjektiv m.: seine Genusformen bilden
Moz|ara|ber [arab.] *m. 5* Christ in Spanien während der arab. Herrschaft, der die arab. Sprache und Kultur angenommen hatte
mp *Abk. für* mezzopiano
MP 1 *Abk. für* Megapond; **2** *Abk. für* Maschinenpistole
Mp. *Abk. für* Maschinenpistole
m. p. *Abk. für* manu propria
M. P. *Abk. für* Member of Parliament (Mitglied des brit. Parlaments)

m. pp., m. pr. *Abk. für* manu propria
Mr. *Abk. für* Mister
Mrd. *Abk. für* Milliarde(n)
Mrs. *Abk. für* Mistress
Ms. *Abk. für* Manuskript
m. s. *Abk. für* mano sinistra
m/s, m/sec *Abk. für* Meter pro Sekunde, Metersekunde
Msgr. *Abk. für* Monsignore
Mskr. *Abk. für* Manuskript(e)
Mss. *Abk. für* Manuskripte
MsTh *Abk. für* Mesothorium
Mt *Abk. für* Megatonne
MTA *Abk. für* medizinisch-technische Assistentin
MTS *DDR: Abk. für* Maschinen-Traktoren-Station
Muchltar [türk.] *m. 9 in der Türkei:* Gemeindevorsteher
Mulcor [lat.] *m. Gen.* -s *nur Ez.* der häufigste Schimmelpilz (z. B. auf Brot)
Muldeljar-Stil [-xar-, nach den Mudejaren, den „zum Bleiben (in Spanien) ermächtigten" mohammedan. Arabern] *m. 1 nur Ez.* span. Kunststil bes. im 14. Jh. mit maurischen Elementen
Muldir [arab.-türk.] *m. 1* **1** Vorsteher einer ägypt. Provinz; **2** *Titel für* türk. Beamten
Mulezlzin [arab.-türk.] *m. 9 im Islam:* Gebetsrufer
Muff 1 [ndrl.] *m. 1 nur Ez. nddt.:* Schimmel(pilz), Moder, fauliger Geruch; **2** [frz.] *m. 1* Handwärmer (für beide Hände) aus Pelz
Mufflon [frz.] *s. 9* Wildschaf
Mufti [arab.] *m. 9* mohammedan. Rechtsgelehrter, der Gutachten nach relig. Recht abgibt
Mulkoilde [lat.] *s. 1 Mz.* (meist schleimige) Eiweißstoffe; **mulkös** schleimig
Mullatlte [span.] *m. 11* Mischling aus einem europiden und einem negriden Elternteil
Mulli [lat.] *s. 9, südd., österr. für* Mulus (1)
Mullinee *m. 9 eindeutschende Schreibung von* Mouliné; **mullinielren** → moulinieren
Mull [engl.] *m. 1 nur Ez.* feines, lockeres Baumwollgewebe, Verbandmull
Mulla, Molla [arab. „Herr"] *m. 9, Titel für:* mohammedan. Geistlicher oder Gelehrter
mulltildilmenlsiolnal *Psych.:* vielschichtig; **mulltillaltelral** [lat.] mehr-, vielseitig, mehrere Personen oder Staaten umfassend; **mulltilliloelar** verzweigt, in vielen Richtungen verlaufend; **Multi-Meldia** *nur Mz.* → Medienverbund; **mulltimeldilal** aus mehren Medien bestehend, für viele Medien bestimmt; **Multilmillliolnär** *m. 1* mehr-, vielfacher Millionär; **Mulltilpalra** *w. Gen.- Mz.* -palren Frau, die mehrmals geboren hat; vgl. Nullipara, Primipara; **mulltilpel** vielfach; multiple Sklerose: Erkrankung des Zentralnervensystems mit vielen Verhärtungsherden und fortschreitenden Lähmungen; **Mulltiple Choice** [mʌltipl tʃɔis, engl.] *w. Gen.--Mz.*--s [tʃɔisiz] Test, in dem mehrere Lösungsmöglichkeiten vorgegeben sind, aus denen die richtige ausgewählt werden muß, Auswahltest; **mulltiplex** vielfältig; **Mulltilplilier** [-plaiər] *m. 5* Elektronenvervielfacher; **Mulltilplilkand** *m. 10* Zahl, die multipliziert werden soll, z. B. die 5 in 4 × 5; vgl. Multiplikator; **Mulltilplilkaltilon** [-tsjon] *w. 10* Vervielfachung, das Malnehmen; **mulltiplikaltiv** auf Multiplikation beruhend; **Mulltiplilkaltivlzahl** *w. 10* Vervielfältigungszahl, z. B. zweimal, dreifach; **Mulltilplilkaltor** *m. 13* multiplizierende Zahl, z. B. die 4 in 4 × 5; vgl. Multiplikand; **mulltilplilzielren** malnehmen, vervielfachen; **Mulltilplum** *s. Gen.*-s *Mz.*-pla *veraltet:* Vielfaches; **Mulltis** *nur Mz. Kurzw. für* multinationale Gesellschaften (schwer kontrollierbare Wirtschaftsunternehmen, die in mehreren Staaten tätig sind); **mulltilvallent** mehr-, vielwertig, mehrere Lösungen zulassend; **Mulltilvilbraltor** *m. 13* elektr. Schaltung mit zwei steuerbaren Elementen; **multum, non multa** viel, nicht vielerlei, d. h. ein Ganzes, nicht viele Einzelheiten, *übertr.:* Tiefe, Gründlichkeit (nicht Breite und Oberflächlichkeit)
Mulus [lat.] *m. Gen.- Mz.*-li **1** Maulesel; **2** *ugs. scherzh.:* Abiturient zwischen Abitur und Studium
Mulmie [-mjə, pers.] *w. 11* durch Einbalsamieren oder natürliche Austrocknung vor Verwesung geschützte Leiche; **Mulmilfilkaltilon** [-tsjon, pers. + lat.] *w. 10* das Mumifizieren; **mulmilfilzielren 1** eintrocknen lassen (Gewebe); **2** einbalsamieren
Mumlmy [mʌmi, engl.] *m. 9* Auftraggeber eines Ghostwriters
Mumps [engl.] *m. 1 nur Ez.* Infektionskrankheit mit Entzündung und Anschwellen der Ohrspeicheldrüsen, Ziegenpeter
munldan [lat.] *veraltet:* weltlich
Munldilum [lat.] *s. Gen.*-s *Mz.* -dilen, *im alten dt. Recht:* Schutzpflicht
Munldus [lat.] *m. Gen.- nur Ez.* Welt, Weltordnung; **Munldus vult delcilpi** Die Welt will betrogen sein
Munlgo [ind.] *m. 9* **1** eine ind. Schleichkatze, Art der Mangusten; **2** Wolle aus Tuchlumpen
Mulniltilon [-tsjon, lat.] *w. 10 nur Ez.* Vorrat an Geschossen für Feuerwaffen
mulnilzilpal [lat.] *veraltet:* städtisch, zur Gemeinde gehörend; **mulnilzilpallilsielren** in Gemeindeeigentum überführen; **Mulnilzilpalliltät** *w. 10 nur Ez. veraltet:* Gesamtheit der städt. Beamten, Stadtobrigkeit; **Mulnilzilpilum** *s. Gen.*-s *Mz.*-pilen **1** altröm. Landstadt; **2** *veraltet:* Stadtgemeinde, Stadtverwaltung
Mulrälne [lat.] *w. 11* ein aalähnl. Speisefisch
mulrialtisch [lat.] kochsalzhaltig (Heilquelle)
Mulring [engl.] *w. 1* Vorrichtung zum Auswerfen von zwei Ankern
Mulsalget [nach Musagetes, dem Beinamen

Apollons] *m. 10 veraltet:* Musenfreund, Gönner, Förderer der Künste
Mụ|schik [russ. -ʃịk] *m. 9, früher:* russischer Bauer
Mu|schir [arab.] *m. 1, früher in der Türkei:* Feldmarschall
Musch|ko|te [zu: Musketier] *m. 11, früher abfällig:* Fußsoldat
Mu|se [griech.] *w. 11 griech. Myth.:* jede der neun Göttinnen der Künste und Wissenschaften
mu|se|al zum Museum gehörend
Mu|sel|man [arab.] *m. 10* → Moslem; **Mu|sel|ma|nin** *w. 10* → Moslime; **Mu|sel|mann** *m. 4 fälschl. für* → Muselman
Mu|sen|sohn *m. 2 veraltet poet.:* Dichter; **Mu|sen|tem|pel** *m. 5 veraltet poet.:* Theater
Mu|sette [myzẹt, frz.] *w. 9 oder w. 11* **1** frz. Form des Dudelsacks; **2** langsamer ländlicher Tanz im Dreivierteltakt mit dudelsackähnlichem Baß; **3** *im 18. Jh.:* Satz der Suite
Mu|se|um [griech.] *s. Gen.* -s *Mz.* -se|en **1** öffentl. Sammlung von Gegenständen aus Kunst und Wissenschaft; **2** Räume oder Gebäude dafür
Mu|si|ca *lat. Bez. für* Musik; M. antiqua: alte Musik; M. nova: neue Musik; M. sacra: Kirchenmusik; M. viva: moderne (lebende) Musik; **Mu|si|cal** [mjuzikəl, engl.] *s. 9* heiteres Singspiel, moderne Form der Operette
mu|siert → musivisch
Mu|sik [auch: -sịk, griech.-lat.] *w. 10* **1** die Kunst, Töne nach bestimmten Regeln zu einem Kunstwerk zusammenzustellen, Tonkunst; **2** das Kunstwerk selbst; **3** Gesamtheit dieser Kunstwerke eines Volkes, einer Epoche oder eines Komponisten; **Mu|si|ka|li|en** *Mz.* Notenbücher und -hefte; **mu|si|ka|lisch** **1** zur Musik (**1**) gehörend, auf ihr beruhend; **2** für Musik (**1**) begabt, musikliebend; **3** klangvoll wie Musik (**2**); **Mu|si|ka|li|tät** *w. 10 nur Ez.* Musikbegabung, -empfinden, musikal. Wirkung, musikal. Beschaffenheit; **Mu|si|kant** *m. 10* **1** Spielmann, Unterhaltungsmusiker *(auch abfällig);* **2** bes. musikal., musikbesessener Musiker; **mu|si|kan|tisch** musikbesessen, musizierfreudig; **Mu|sik|box** *w. 10* Musikautomat, der nach Münzeinwurf Schallplatten spielt, bes. in Gaststätten; **Mu|sik|di|rek|tor** *m. 13* (*Abk.:* MD) staatl. oder städt. angestellter Leiter eines Orchesters oder Chores; **Mu|sik|dra|ma** *s. Gen.* -s *Mz.* -men **1** *i. w. S.:* Oper; **2** *i. e. S.:* durchkomponierte Oper mit dramat. Charakter im Sinne R. Wagners; **Mu|si|ker** *m. 5* jmd., der beruflich Musik (**1**) ausübt oder ein Musikinstrument spielt; **Mu|sik|kon|ser|ve** *w. 11* Schallplatte, bespieltes Tonband; **Mu|sik|korps** [-ko:r] *s. Gen.* - [-ko:rs] *Mz.* - [-ko:rs] Militärmusikkapelle; **Mu|si|ko|lo|ge** *m. 11* Musikwissenschaftler; **Mu|sik|the|ra|pie** *w. 11* Heilmethode für psychisch Kranke mit Hilfe der Musik; **Mu|si|kus** *m. 1 veraltet, noch scherzh.:* Musiker
Mu|sique con|crète [myzịk kɔ̃krɛ̣t, frz. „konkrete Musik"] *w. Gen. - - nur Ez.* Musik, die mit Klängen aus allen Bereichen des Hörbaren arbeitet, z. B. mit Naturlauten oder mit exotischer Musik
mu|sisch **1** zu den Musen gehörend, von ihnen stammend; **2** aufgeschlossen, empfänglich für die Kunst, kunstliebend; kunstbegabt; musisches Gymnasium: Gymnasium, das die musische Erziehung besonders betont
mu|siv [lat.] → musivisch; **Mu|siv|ar|beit** *w. 10* eingelegte Arbeit, Mosaik; **Mu|siv|gold** *s. Gen.* -(e)s *nur Ez.* goldfarbiges Zinndisulfid, unechtes Gold; **mu|si|visch** eingelegt, mosaikartig; **Mu|siv|sil|ber** *s. 5 nur Ez.* Zinn-Wismut-Quecksilber-Legierung, unechtes Silber
mu|si|zie|ren Musik machen
Mus|ka|rin [lat.] *s. 1 nur Ez.* Gift des Fliegenpilzes, auch als Rauschgift verwendet
Mus|kat [mlat.] *m. 1* ein Gewürz; **Mus|ka|tel|ler** *m. 5* **1** eine Rebensorte mit muskatartigem Geschmack; **2** der daraus gewonnene Wein
Mus|kel [lat.] *m. 14* der Bewegung dienendes Organ des menschl. und tier. Körpers; **Mus|kel|atro|phie** *w. 11* Muskelschwund infolge Untätigkeit
Mus|ke|te [frz.] *w. 11 früher:* großkalibriges Gewehr; **Mus|ke|tier** *m. 1 früher:* Soldat mit Muskete
Mus|ko|vit [-vịt, nach dem lat. Namen Muscovia für Moskau], **Mus|ko|wit** *m. 1* ein Mineral, heller Kaliglimmer
mus|ku|lär zu den Muskeln gehörig, von ihnen ausgehend; **Mus|ku|la|tur** *w. 10 nur Ez.* Gesamtheit der Muskeln; **mus|ku|lös** mit vielen oder starken Muskeln versehen
Mus|lim *m. 1* → Moslem; **Mus|li|me** *w. 11* → Moslime; **mus|li|misch** → moslemisch
Mus|se|lin [nach der Stadt Mosul] *m. 1* leichtes, feines Woll- oder Baumwollgewebe
Mus|se|ron [-rɔ̃, lat.-frz.] *m. 9* ein nach Knoblauch riechender Würzpilz
Mu|stang [span.] *m. 9* Wildpferd oder verwildertes Hauspferd der Prärie
Mu|ta [lat.] *w. Gen.* - *Mz.* -tä Explosivlaut, Verschlußlaut
mu|ta|bel [lat.] veränderlich, wandelbar; **Mu|ta|bi|li|tät** *w. 10 nur Ez.* Wandelbarkeit; **mu|ta|gen** erbl. Veränderungen erzeugend; **Mu|ta|gen** *m. 1* Faktor, der erbl. Veränderungen auslöst; **Mu|tant** *m. 10* Individuum mit veränderten Erbeigenschaften; **Mu|ta|ti|on** [-tsjo̱n] *w. 10* **1** plötzlich auftretende Veränderung des Erbgutes; **2** Stimmwechsel, Stimmbruch; **mu|ta|tis mu|tan|dis** (*Abk.:* m. m.) mit den nötigen Abänderungen (bei Vergleichen); **mu|ta|tiv** sich plötzlich ändernd

mu|tie|ren [lat.] **1** sich plötzlich erblich verändern; **2** im Stimmbruch sein
Mu|ti|la|ti|on [-tsjon, lat.] *w.10* Verstümmelung; **mu|ti|lie|ren** verstümmeln
Mu|tis|mus [lat.] *m. Gen. - nur Ez.* seelisch bedingte Stummheit, krankhaftes Schweigen
mu|tu|al [lat.] wechsel-, gegenseitig; **Mu|tua|lis|mus** *m. Gen. - nur Ez.* **1** gegenseitige Anerkennung, Duldung, einräumende Gegenseitigkeit; **2** *Biol.:* fördernde, aber nicht lebensnotwendige Wechselbeziehung zwischen zwei verschiedenen Lebewesen; **Mu|tua|li|tät** *w.10 nur Ez.* Wechsel-, Gegenseitigkeit; **mu|tu|ell** → mutual
Mu|zin [lat.] *s.1 nur Ez.* abgesonderter Schleimstoff, bes. des Speichels
m. v. *Abk. für* mezza voce
MW *Abk. für* Megawatt
My *s. Gen. - Mz. -* **1** griech. Buchstabe (*Zeichen:* µ, M); **2** *Kurzw. für* Mikron
My|al|gie [griech.] *w.11* Muskelschmerz
Mye|li|tis [griech.] *w. Gen. - Mz. -ti|den* Rückenmarkentzündung
My|ko|lo|gie [griech.] *w.11 nur Ez.* Lehre von den Pilzen; **My|kor|rhi|za** *w. Gen. - Mz. -zen* Lebensgemeinschaft zwischen Pilzen und den Wurzeln höherer Pflanzen; **My|ko|se** *w.11* durch Pilze hervorgerufene Erkrankung
My|la|dy [milɛidi, engl.] *engl. Anrede für eine Lady:* meine Dame, gnädige Frau
My|lo|nit [griech.] *m.1* durch gebirgsbildende Vorgänge zerriebenes und wieder fest gewordenes Gestein
My|lord [milɔd, engl.] *engl. Anrede für einen Lord:* mein Herr, gnädiger Herr
Myn|heer [mənər, ndrl.] *m.9* → Mijnheer
Myo|kard [griech.] *s.9* Herzmuskel; **Myo|kar|die** *w.11* Kreislaufstörung mit Beteiligung des Herzmuskels; **Myo|kard|in|farkt** *m.1* Herzinfarkt; **Myo|kar|di|tis** *w. Gen. - Mz. -ti|den* Herzmuskelentzündung; **Myo|kar|do|se** *w.11* → Myokardie; **Myo|lo|gie** *w.11 nur Ez.* Lehre von den Muskeln; **My|om** *s.1* gutartige Muskelgeschwulst
My|opie [griech.] *w.11* Kurzsichtigkeit
Myo|sin [griech.] *s.1 nur Ez.* Muskeleiweiß; **Myo|spas|mus** *m. Gen. - Mz. -men* Muskelkrampf; **Myo|to|mie** *w.11* operative Durchtrennung von Muskeln; **Myo|to|nie** *w.11* → Myospasmus
My|ria|de [griech.] *w.11* **1** Anzahl von 10000; **2** *übertr.:* große Menge, Unzahl; **My|ria|gramm** *s. Gen. - Mz. -* 10000 g; **My|ria|me|ter** *s.5* 10000 m; **My|ria|po|de** *m.11* → Myriopode; **My|rio|phyl|lum** *s. Gen. -s Mz. -len* Tausendblatt, eine Wasserpflanze, Aquarienpflanze; **My|rio|po|de** *m.11* Tausendfüßer
Myr|me|ko|lo|gie [griech.] *w.11 nur Ez.* Lehre von den Ameisen
Myr|rhe [griech.] *w.11* wohlriechendes, aus einem ostafrik. Baum gewonnenes Gummiharz, als Räuchermittel sowie zusammenziehendes Arzneimittel verwendet
Myr|te [altsemit.-griech.] *w.11* ein immergrüner Strauch der Mittelmeerländer
Myst|ago|ge [griech.] *m.11 Antike:* in die Mysterien eingeweihter und einführender Priester; **My|ste|ri|en|spiel** *s.1 MA:* Drama mit bibl. Stoffen, geistl. Drama; **my|ste|ri|ös** geheimnisvoll, rätselhaft; **My|ste|ri|um** *s. Gen. -s Mz. -ri|en urspr.:* Geheimkult, Geheimlehre, *bes.:* griech.-röm. Götterkult, an dem nur Eingeweihte teilnehmen durften; *allg.:* Geheimnis; **My|sti|fi|ka|ti|on** [-tsjon] *w.10* **1** das Mystifizieren; **2** Vorspiegelung, Täuschung; **my|sti|fi|zie|ren** **1** geheimnisvoll machen, mit einem myst. Gepräge versehen; **2** vorspiegeln; **My|stik** *w.10 nur Ez.* Form des relig. Erlebens, bei der durch Versenkung schon im jetzigen Dasein die Vereinigung mit dem Göttlichen gesucht wird; **My|sti|ker** *m.5* Vertreter der Mystik; **my|stisch** zur Mystik gehörend, geheimnisvoll, dunkel; **My|sti|zis|mus** *m. Gen. - nur Ez.* **1** schwärmerisches relig. Denken, Wunderglaube; **2** *auch:* schwärmerisches, unklares, unreales Denken
My|the [griech.] *w.11* → Mythos; **my|thisch** zum Mythos, zu den Mythen gehörig, daraus stammend, von ihnen überliefert, sagenhaft; **My|tho|lo|gie** *w.11* **1** Lehre von den Mythen; **2** Gesamtheit der Mythen (eines Volkes); **my|tho|lo|gisch** zur Mythologie gehörig, auf ihr beruhend; **my|tho|lo|gi|sie|ren** als Mythos, in myth. Form darstellen; **My|thos,** *lat. Form:* **My|thus** *m. Gen. - Mz. -then* **1** Überlieferung aus vorgeschichtl. Zeit, Sage (von Göttern, Helden, Dämonen, Weltentstehung usw.); **2** Legende über eine geschichtlich bedeutende Person oder Begebenheit
My|ti|lus [griech.-lat.] *w. Gen. - Mz. - oder -li|den* eine eßbare Meeresmuschel, Miesmuschel
Myx|ödem [griech.] *s.1* körperl. und geistige Erkrankung mit Hautschwellungen u. a. infolge Unterfunktion der Schilddrüse; **My|xom** *s.1* gutartige Geschwulst aus Schleimgewebe; **My|xo|my|zet** *m.10* Schleimpilz; **My|xo|sar|kom** *s.1* bösartige Geschwulst aus Schleimgewebe
My|zel [griech.], **My|ze|li|um** *s. Gen. -s Mz. -li|en* der in oder auf dem Nährboden wachsende, aus einzelnen Fäden (Hyphen) bestehende Teil höherer Pilze, Gesamtheit der Pilzfäden, Pilzgeflecht; **My|zet** *m.10 selten:* Pilz; **My|ze|tis|mus** *m. Gen. - Mz. -men* Pilzvergiftung; **My|ze|to|lo|gie** *w.11 nur Ez. veraltet für* Mykologie

N

n 1 *Abk. für* Nano...; **2** *Abk. für* Neutron
N 1 *Abk. für* Neper, Newton; **2** *chem. Zeichen für* Stickstoff (Nitrogen)
Na *chem. Zeichen für* Natrium
Na|bob [arab.] *m. 9* **1** *urspr.:* mohammedan. Provinzstatthalter in Indien; **2** *später:* in Indien reichgewordener Engländer oder Holländer; **3** *übertr.:* sehr reicher Mann
Na|dir [auch: na-, arab.] *m. 1 nur Ez.* der dem Zenit gegenüberliegende Punkt auf der Himmelskugel, Fußpunkt
Na|gai|ka [russ.] *w. 9* Peitsche aus geflochtenen Lederriemen
na|iv [frz.] kindlich, einfältig, treuherzig; **Nai|ve** *w. 18, in der Fügung* jugendliche N. *Theater:* Rollenfach der jugendl. Liebhaberin; **Nai|vi|tät** *w. 10 nur Ez.* naives Denken oder Verhalten; **Na|iv|ling** *m. 1 ugs.:* törichter, allzu vertrauensseliger Mensch
Na|ja|de [griech.] *w. 11* **1** *griech. Myth.:* Quell-, Flußnymphe; **2** eine Süßwassermuschel
Nan|du [brasil. Indianerspr.] *m. 9* ein südamerik. Laufvogel
Nä|nie [-njə lat.] *w. 11* altröm. Totenklage
Na|nis|mus [lat.] *m. Gen. - nur Ez.* Zwergwuchs
Nan|king [nach der Stadt in China] *m. 9 oder m. 1* ein gelbl. Baumwollgewebe
Na|no|fa|rad *s. Gen. - Mz. -* (*Abk.:* nF) ein Milliardstel Farad; **Na|no|me|ter** *s. 5* (*Abk.:* nm) ein Milliardstel Meter; **Na|no|se|kun|de** *w. 11* (*Abk.:* ns) ein Milliardstel Sekunde; **Na|no|so|mie** [lat. + griech.] *w. 11 nur Ez.* → Nanismus
Na|palm [Kunstw. aus Naphthen + Palmitinsäure] *s. 1 nur Ez.* schwer löschbarer Füllstoff für Brandbomben
Naph|tha [pers.-griech.] *s. Gen. -s oder w. Gen. - nur Ez. veraltet:* Roherdöl; **Naph|tha|lin** *s. 1 nur Ez.* ein aromat. Kohlenwasserstoff, dient zur Herstellung von Farbstoffen, keimtötenden Mitteln, Mottenpulver u. a.; **Naph|then** *s. 1* → Cyclohexan; **Naph|tho|le** *s. 1 Mz.* Hydroxylabkömmlinge des Naphthalins, für künstl. Farbstoffe
Na|po|le|on|dor *m. Gen. -s Mz. - oder -e* frz. Goldmünze zur Zeit Napoleons I. und III.; **Na|po|leo|ni|de** *m. 11* Abkömmling der Familie Napoleons
Na|po|li|taine [-tɛn, nach der ital. Stadt Neapel] *w. Gen. - nur Ez.* ein weiches, flanellähnl. Wollgewebe
Nap|pa [nach der kaliforn. Stadt Napa] *s. Gen. -s nur Ez.,* **Nap|pa|le|der** *s. 5 nur Ez.* ein abwaschbares Glacéleder
Nar|de [griech.] *w. 11 Sammelbez. für* verschiedene wohlriechende Pflanzen, die für Salben, Salböl u. ä. verwendet werden
Nar|gi|leh [türk.] *w. 9 oder s. 9* oriental. Wasserpfeife
Nar|ko|ana|ly|se [griech.] *w. 11 Psychoanalyse:* unter Narkose oder deren Nachwirkung durchgeführte Befragung des Patienten; **Nar|ko|lep|sie** *w. 11* mehrmals tägl. auftretende kurze Anfälle von Schlafsucht; **Nar|ko|lo|gie** *w. 11 nur Ez.* Lehre von der Schmerzbetäubung; **Nar|ko|ma|nie** *w. 11* Sucht nach Schlaf- und Betäubungsmitteln; **Nar|ko|se** *w. 11* Betäubung, künstlich herbeigeführter Schlafzustand mit Schmerzunempfindlichkeit; **Nar|ko|ti|kum** *s. Gen. -s Mz. -ka* Betäubungsmittel, Rauschgift; **nar|ko|tisch** auf Narkose beruhend, sie herbeiführend; **Nar|ko|ti|seur** [-zør] *m. 1* Fachmann für Narkose; **nar|ko|ti|sie|ren** in Narkose versetzen, betäuben; **Nar|ko|tis|mus** *m. Gen. - nur Ez.* Sucht nach Narkotika
Na|rod|ni|ki [russ.] *Mz.* Vertreter einer revolutionären Bewegung in Rußland 1865–1895, die eine Agrarreform zugunsten der Dorfgemeinschaft als Grundeigentümer erstrebte
Nar|thex [griech.] *m. Gen. - Mz. -thi|zes* **1** Vorhalle der frühchristl. und byzantin. Basilika; **2** eine mittelmeer. Doldenpflanze
Nar|wal [dän.] *m. 1* zu den Delphinen gehörender Zahnwal, Einhornwal
Nar|ziß [nach dem schönen Jüngling der griech. Sage, Narkissos, der in sein eigenes Spiegelbild verliebt war] *m. 1, Gen. auch -,* bes. eitler, sich selbst bewundernder Mensch; **Nar|zis|se** *w. 11* ein stark duftendes Amaryllisgewächs; **Nar|ziß|mus** *m. Gen. - nur Ez.* krankhafte Verliebtheit in sich selbst, erot. Hinwendung zum eigenen Körper; **Nar|zißt** *m. 10* jmd., der an Narzißmus leidet
NASA *Kurzw. für* National Aeronautics and Space Administration (US-amerik. Weltraumbehörde)
na|sal [lat.] **1** zur Nase gehörend, von ihr ausgehend; **2** durch die Nase gesprochen; **Na|sal** *m. 1* durch die Nase gesprochener Laut (m, n, ng); vgl. Nasalvokal; **na|sa|lie|ren** durch die Nase sprechen, nasal klingen lassen; **Na|sal|vo|kal** *m. 1* durch die Nase gesprochener Vokal, z. B. ã, ɛ̃, ɔ̃
Na|stie [griech.] *w. 11* durch Reiz ausgelöste Bewegung von Organen festgewachsener Pflanzen, wobei die Richtung des Reizes nicht ausschlaggebend ist
nas|zie|rend [lat.] entstehend, werdend

Na|ta|li|tät [lat.] *w.10 nur Ez.* Geburtenhäufigkeit; *Ggs.:* Mortalität

Na|ti|on [-tsjon, lat.] *w.10* durch gemeinsame Herkunft, Sprache, Kultur und polit. Entwicklung gekennzeichnete Menschengemeinschaft, Staatsvolk; **na|tio|nal** [-tsjo-] zu einer Nation gehörig, ihr eigentümlich, für eine Nation charakteristisch; die Selbständigkeit, die Eigeninteressen einer Nation betonend; **Na|tio|nal|be|wußt|sein** *s. Gen.* -s *nur Ez.* meist mit Stolz verbundenes Bewußtsein, zu einer bestimmten Nation zu gehören; **Na|tio|na|le** *s.5 österr.:* Personalangaben, Name, Geburtsdatum, Wohnort usw.; das N. einer Person aufnehmen; **Na|tio|nal|ein|kom|men** *s.7* → Sozialprodukt; **Na|tio|nal|elf** *w.10* Fußball-, Handball- oder Hockeymannschaft eines Landes für internationale Wettkämpfe; **Na|tio|nal|epos** *s. Gen.* - *Mz.* -epen für ein Volk bes. charakterist. Epos; **Na|tio|nal|hym|ne** *w.11* bei feierl. Anlässen gespieltes oder/und gesungenes Lied einer Nation; **na|tio|na|li|sie|ren 1** verstaatlichen; **2** jmdn. n.: jmdm. die Staatsbürgerschaft verleihen; **Na|tio|na|lis|mus** *m. Gen.* - *nur Ez.* übersteigertes Nationalbewußtsein; **na|tio|na|li|stisch** die eigene Nation einseitig in den Vordergrund stellend; **Na|tio|na|li|tät** *w.10* **1** Staatsangehörigkeit; **2** völk. Minderheit (in einem Staat); **Na|tio|na|li|tä|ten|staat** *m.12* Staat, der mehrere, weitgehend eigenständige Nationalitäten umfaßt; *Ggs.:* Nationalstaat; **Na|tio|nal|kon|vent** *m.1* **1** *1792–1795:* die frz. Nationalversammlung; **2** *USA:* Versammlung von Delegierten einer Partei, die den Präsidentschaftskandidaten nominieren; **Na|tio|nal|li|te|ra|tur** *w.10* die gesamte Literatur eines Volkes; **Na|tio|nal|mann|schaft** *w.10* Auswahlmannschaft eines Landes für internationale Wettkämpfe; **Na|tio|nal|öko|no|mie** *w.11 nur Ez.* Volkswirtschaftslehre; **Na|tio|nal|park** *m.9* vom Staat eingerichtetes Naturschutzgebiet; **Na|tio|nal|rat** *m.2 Österreich u. Schweiz* **1** die gewählte Volksvertretung; **2** deren Mitglied; **Na|tio|nal|so|zia|lis|mus** *m. Gen.* - *nur Ez.* radikale nationalist. Partei in Dtschl., die von 1933 bis 1945 eine totalitäre Diktatur ausübte; **Na|tio|nal|staat** *m.12* hauptsächl. von einer einzigen Nation gebildeter Staat; *Ggs.:* Nationalitätenstaat; **Na|tio|nal|thea|ter** *s.5* **1** Theater, in dem vor allem die Schauspiele der betr. Nation aufgeführt werden; **2** *auch:* repräsentatives Theater eines Landes oder einer Stadt; **Na|tio|nal|ver|samm|lung** *w.10* zu einem bes. Zweck (meist dem Ausarbeiten einer Verfassung) einberufene, gewählte Volksvertretung

na|tiv [lat.] angeboren, natürlich; **Na|ti|vis|mus** *m. Gen.* - *nur Ez.* **1** Lehre, daß bestimmte Denk- und Verhaltensweisen dem Menschen angeboren sind; **2** *Politik:* Bevorzugung der Angehörigen des eigenen Staates gegenüber Einwanderern; **Na|ti|vi|tät** *w.10* **1** *veraltet:* Geburt, Geburtsstunde; **2** *Astrologie:* Stand der Gestirne bei der Geburt

NA|TO, Na|to *w. Gen.* - *nur Ez. Kurzw. für* North Atlantic Treaty Organization (Nordatlantikpakt)

Na|tri|um [neulat.] *s. Gen.* -s *nur Ez.* (*Zeichen:* Na) chem. Element, ein Metall; **Na|tri|um|car|bo|nat** *s.1 nur Ez.* kohlensaures Natrium, Soda; **Na|tri|um|chlo|rat** *s.1 nur Ez.* chlorsaures Natrium; **Na|tri|um|chlo|rid** *s.1 nur Ez.* Kochsalz; **Na|tri|um|sul|fat** *s.1 nur Ez.* schwefelsaures Natrium, Glaubersalz; **Na|tron** *s. Gen.* -s *nur Ez.* doppeltkohlensaures Natrium

Nat|té [-te, frz.] *m.9* Gewebe in sog. Würfelbindung, bei der Kett- und Schußfäden Gruppen bilden

Na|tur [lat.] *w.10* **1** die den Menschen umgebende, nicht von ihm geschaffene Welt; **2** unberührte Landschaft; **3** Ursprüngliches, von selbst Gewachsenes; **4** angeborene Wesensart, Veranlagung; **5** Person in ihrer Eigenart; eine glückliche, sonnige N.; **Na|tu|ral...** *in Zus.* **1** auf die Natur bezüglich; **2** Sach..., in Sachwerten, z. B. Naturallohn; **Na|tu|ra|li|en** *Mz.* **1** Naturprodukte, Lebensmittel; **2** Gegenstände einer naturkundlichen Sammlung; **Na|tu|ra|li|sa|ti|on** [-tsjon] *w.10* **1** Einbürgerung, Verleihung der Staatsbürgerschaft; *Ggs.:* Denaturalisation; **2** Anpassung von Tieren und Pflanzen (auch Menschen) an einen neuen Lebensraum; **3** Ausstopfen von Tierbälgen; **na|tu|ra|li|sie|ren 1** jmdn. n.: jmdm. die Staatsbürgerschaft verleihen; **2** sich n.: sich an einen neuen Lebensraum anpassen (Tier, Pflanze); **3** Tierbälge n.: ausstopfen; **Na|tu|ra|lis|mus** *m. Gen.* - *nur Ez.* **1** Wirklichkeitstreue; **2** Kunstrichtung (bes. Ende des 19. Jh.), die eine genaue, nicht beschönigende Darstellung der Wirklichkeit anstrebt; **3** *Mz.* -men naturalist. Zug (eines Kunstwerks); **na|tu|ra|li|stisch** auf dem Naturalismus beruhend, wirklichkeitsgetreu; **Na|tu|ral|ob|li|ga|ti|on** [-tsjo:n] *w.10* nicht einklagbare Schuld, z. B. Spielschuld; **Na|tu|ral|re|sti|tu|ti|on** [-tsjo:n] *w.10* Schadenersatz in natura (anstatt in Geld); **Na|tu|ral|wirt|schaft** *w.10* **1** Wirtschaftsform, in der die Produkte getauscht und nicht in Geld bezahlt werden, Tauschwirtschaft; **2** Produktion nur für den eigenen Bedarf; **Na|tu|ra na|tu|rans** *w. Gen.* - - *nur Ez.* die schaffende Natur, Gott; **Na|tu|ra na|tu|ra|ta** *w. Gen.* - - die geschaffene Natur, die Welt; **na|tu|rell** [frz.] natürlich, ohne Zusatz, z. B. Zitronenwasser naturell; **Na|tu|rell** *s.1* Naturanlage, Wesensart; fröhliches, sonniges N.; **Na|ture morte** [naty:r mɔrt, frz.] *w. Gen.* - - *nur Ez., frz. Bez. für* Stilleben; **Na|tu|ris|mus** *m. Gen.* - *nur Ez.* Freikörper-, Nacktkultur; **Na|tu|rist** *m. 10* Anhänger des Naturismus

Nau|arch [griech.] *m. 10 im alten Griechenland:* Befehlshaber eines Schiffes oder einer Flotte

Nau|pli|us [griech.] *m. Gen. - Mz.* -pli|en Larvenform verschiedener niederer Krebstiere

Nau|sea [griech.] *w. Gen. - nur Ez.* Übelkeit

Nau|tik [griech.] *w. 10 nur Ez.* Lehre von der Führung eines Schiffes, von der Schiffsstandortbestimmung sowie den Wind-, Wasser- und Wetterverhältnissen usw., Schiffahrtskunde; **Nau|ti|lus** *m. Gen. - Mz. - oder* -lus|se Gattung der Kopffüßer, Schiffsboot, Perlboot; **nau|tisch** zur Nautik gehörend, auf ihr beruhend

Na|vel|orange [nɛivəl, engl.] *w. 11* eine kernlose Orangensorte

Na|vi|cert [nɛivisə:t, engl.] *s. 9 Kurzw. für* Navigation Certificate (von den brit. Behörden in Kriegen ausgestellte Bescheinigung für neutrale Schiffe)

Na|vi|cu|la [lat. „Schiffchen"] *s. Gen.* -s *Mz.* -lae [-lɛ:] **1** *kath. Kirche:* Gefäß zum Aufbewahren von Weihrauch; **2** Angehöriger einer Algengattung

Na|vi|ga|ti|on [-tsjon, lat.] *w. 10 nur Ez.* Orts- und Kursbestimmung (von Schiffen, Raumschiffen und Flugzeugen); **na|vi|ga|to|risch** die Navigation betreffend, auf ihr beruhend; **na|vi|gie|ren** den Standort und Kurs eines Schiffes, Raumschiffes oder Flugzeugs bestimmen

Na|za|rä|er *m. 5* **1** *nur Ez. Bez. für* Jesus Christus; **2** Angehöriger der ersten Christengemeinden, Urchrist; **Na|za|re|ner** *m. 5* **1** *nur Ez. Bez. für* Jesus Christus; **2** Einwohner von Nazareth; **3** Angehöriger einer Malergruppe der Romantik, die eine Erneuerung der Kunst auf relig. Grundlage erstrebte

Na|zi *m. 9 abfälliges Kurzw. für* Nationalsozialist; **Na|zis|mus** *m. Gen. - nur Ez. abfälliges Kurzw. für* Nationalsozialismus

Nb *chem. Zeichen für* Niob

NB *Abk. für* notabene

Nd *chem. Zeichen für* Neodym

Ne *chem. Zeichen für* Neon

ne|ark|tisch, *in der Fügung* nearktische Region: tier- und pflanzengeograph. Bereich von Nordamerika (bis Nordmexiko), Nearktis; vgl. paläarktisch

Ne|ar|thro|se [griech.] *w. 11* **1** krankhafte Bildung eines Gelenks; **2** operative Neubildung eines verlorenen Gelenks

ne|bich! [jidd.] leider!, schade!; wenn schon!; **Ne|bich** *m. 1 ugs.:* unbedeutender Mensch, *auch:* Nichtsnutz

Ne bis in idem [lat. „nicht zweimal gegen dasselbe"] Niemand darf wegen derselben Sache zweimal angeklagt werden

Ne|ces|saire [nɛsesɛr, frz. „Notwendiges"] *s. 9* Behältnis für Utensilien, z. B. Toilettengegenstände (Reisenecessaire) oder Nähzeug

Neck [schwed.] *m. 10 dt. Myth.:* Wassergeist

Necking [engl.] (Neck|king) *s. 9* Schmuserei (unter Jugendlichen)

Ne|ga|ti|on [-tsjon, lat.] *w. 10* **1** Verneinung; *Ggs.:* Position (**5**); **2** Verneinungswort; **ne|ga|tiv** [auch: ne-] **1** verneinend; *Ggs.:* positiv; negative Antwort; **2** ergebnislos; die Sache ist n. verlaufen; **3** *Math.:* kleiner als Null; negative Zahl; **4** *Elektr. in der Fügung* negative Ladung: den Elektronen eigene Ladung, im Unterschied zur positiven Ladung der Protonen; negativer Pol: Minuspol; **5** *Phot.:* in den Hell-Dunkel-Werten bzw. Farben vertauscht; **6** *Med.:* vermutete Krankheitserreger o. ä. nicht aufweisend; negativer Befund; **Ne|ga|tiv** [auch: ne-] *s. 1* photograph. Bild nach dem Entwickeln, das gegenüber dem Original vertauschte Hell-Dunkel-Werte bzw. die Komplementärfarben aufweist; *Ggs.:* Positiv (**3**); **Ne|ga|ti|vis|mus** *m. Gen. - nur Ez.* verneinende, ablehnende Haltung; *bei Geisteskranken:* Widerstand gegen Beeinflussung; **Ne|ga|ti|vi|tät** *w. 10 nur Ez.* negatives Wesen oder Verhalten

Ne|ger [lat.-frz.] *m. 5* Ureinwohner des größten Teils von Afrika und Ozeanien mit dunkler Hautfarbe und krausem Haar

ne|gie|ren [lat.] verneinen, ablehnen

Ne|gli|gé [-ʒe, frz.], *schweiz.:* **Né|gli|gé** *s. 9* bequeme Morgenkleidung; **ne|gli|gie|ren** [-ʒi-] *veraltet:* vernachlässigen

ne|go|zia|bel [lat.] *veraltet:* handelsfähig (Ware, Wertpapier); **ne|go|zi|ie|ren** *veraltet:* Handel treiben

ne|grid zu den Negriden gehörend; Rassenmerkmale der Negriden aufweisend; **Ne|gri|de** *Mz. Sammelbez. für* alle dunkelhäutigen und kraushaarigen Menschen Afrikas und Ozeaniens; **Ne|gri|to** *m. 9* Angehöriger einer kleinwüchsigen negriden Rasse auf den Philippinen, Andamanen und auf Malakka; **Né|gri|tude** [-tyd, frz.] *w. 11 nur Ez.* Gesamtheit der kulturellen Werte der Neger; **ne|gro|id** den Negriden ähnlich; **Ne|gro|ide** *Sammelbez. für* die Angehörigen einer den Negriden ähnl. Rasse; **Ne|gro Spi|ri|tu|al** [nigrou spiritjuəl, engl.] *m. oder s. Gen.* --s *Mz.* --s geistl. Volkslied der Neger in den südl. USA

Ne|gus *m. Gen. - Mz. - oder* -gus|se *Titel für den* Kaiser von Äthiopien

Ne|kro|bio|se [griech.] *w. 11* langsames Absterben einzelner Zellen im Gewebsverband; **Ne|kro|log** *m. 1* **1** Nachruf auf einen Verstorbenen; **2** → Nekrologium; **Ne|kro|lo|gi|um** *s. Gen.* -s *Mz.* -gi|en, *in mittelalterl. Klöstern, Orden, Stiften:* Verzeichnis von Toten, derer man durch Fürbitten gedachte; **Ne|kro|man|tie** *w. 11* Weissagung mit Hilfe der Totenbeschwörung; **Ne|kro|pha|ge** *m. 11* Tier, das sich nur von toten Organismen ernährt; **Ne|kro|phi|lie** *w. 11 nur Ez.* Drang zur sexuellen Befriedigung an Toten; **Ne|kro|po|le** *w.11,* **Ne|kro|po|lis** *w. Gen. - Mz.* -po|len weiträumige vorgeschichtl. oder antike Begräbnisstätte, Totenstadt; **Ne|krop|sie** *w.11* Leichenöffnung; **Ne|kro|se** *w.11* Absterben von Organen, Organteilen oder Geweben, Gewebstod; **Ne|kro|sper|mie** *w.11 nur Ez.* Zeugungsunfähigkeit infolge Absterbens der Samenzellen; **ne|kro|tisch** auf Nekrose beruhend, abgestorben

Nek|tar [griech.] *m. Gen.* -s *nur Ez.* **1** *griech. Myth.:* Unsterblichkeit verleihender Trank der Götter; vgl. Ambrosia; **2** zuckerhaltige, duftstoffreiche Absonderung der Blüten; **3** Getränk aus Apfelscheiben, Weißwein und Sekt; **Nek|ta|ri|ne** *w.11* eine Pfirsichart mit glatter Haut; **Nek|ta|ri|ni|en, Nek|ta|ri|ni|iden** *Mz. Sammelbez. für* kolibriähnl. Singvögel Afrikas und Asiens, deren Zunge zum Saugorgan umgewandelt ist, Honigsauger; **Nek|ta|ri|um** *s. Gen.* -s *Mz.* -ri|en Nektar absondernde Drüse der Blüten

Nek|ton [griech.] *s. Gen.* -s *nur Ez. Sammelbez. für* alle sich im Wasser aktiv fortbewegenden Tiere; *Ggs.:* Plankton

Nel|son [-sən, engl.] *m.9 od. Gen. - Mz.* - Griff beim Ringen, Nackenhebel

Ne|ma|to|de [griech.] *m.11* Fadenwurm

Ne|me|sis [nach der griech. Göttin der Rache und Vergeltung] *w. Gen. - nur Ez.* strafende Gerechtigkeit

neo..., Neo... [griech.] *in Zus.:* neu..., Neu...

Neo|dym [griech.] *s. Gen.* -s *nur Ez.* (*Zeichen:* Nd) chem. Element, Metall der seltenen Erden; **Neo|fa|schis|mus** *m. Gen. - nur Ez.* faschist. Strömungen nach dem Zweiten Weltkrieg; **Neo|gen** *s. Gen.* -s *nur Ez.* Jungtertiär (Miozän und Pliozän); **Neo|im|pres|sio|nis|mus** *m. Gen. - nur Ez.* → Pointillismus; **Neo|li|thi|kum** *s. Gen.* -s *nur Ez.* Jungsteinzeit; **Neo|lo|ge** *m.11 veraltet:* Verkünder einer neuen Lehre, *bes.:* Spracherneuerer; **Neo|lo|gie** *w.11 veraltet:* Neuerung, Erneuerung, Neubildung; **Neo|lo|gis|mus** *m. Gen. - Mz.* -men neue (häufig künstl.) sprachl. Bildung; **Ne|on** *s. Gen.* -s *nur Ez.* (*Zeichen:* Ne) chem. Element, ein Edelgas; **Neo|phyt** *m.10* **1** *im Urchristentum:* Neugetaufter; **2** *in Geheimbünden:* Neuaufgenommener; **Neo|plas|ma** *s. Gen.* -s *Mz.* -men abnorme Gewebsneubildung, Geschwulst, Tumor; **Neo|pren** *s.1 nur Ez.* künstl. Kautschuk; **neo|tro|pisch** zu den Tropen der Neuen Welt gehörend; **Neo|ve|ris|mus** *m. Gen. - nur Ez.* Erneuerung des Verismus nach dem Zweiten Weltkrieg; **Neo|zoi|kum** *s. Gen.* -s *nur Ez.* → Känozoikum

Ne|per [nach dem schott. Mathematiker J. Napier] *s. Gen.* -s *Mz.* - (*Abk.:* N) Maßeinheit für die Dämpfung oder Verstärkung elektr. oder akust. Schwingungen

Ne|phe|lin [griech.] *m.1* ein Mineral; **Ne|phe|lo|me|ter** *s.5* Gerät zum Messen der Trübung von Flüssigkeiten und Gasen, Trübungsmesser; **ne|phisch** zu den Wolken gehörend, von ihnen ausgehend; **Ne|pho|me|ter** *s.5* Gerät zum Messen der Wolkendichte; **Ne|pho|skop** *s.1* Gerät zum Bestimmen der Zugrichtung und -geschwindigkeit der Wolken

Ne|phrek|to|mie [griech.] *w.11* operative Entfernung einer Niere; **Ne|phrit** *m.1* ein Mineral, Jade; **Ne|phri|tis** *w. Gen. - Mz.* -ti|den Nierenentzündung; **Ne|phrom** *s.1* bösartige Nierengeschwulst; **Ne|phro|pye|li|tis** *w. Gen. - Mz.* -ti|den Nierenbeckenentzündung; **Ne|phro|se** *w.11* nichtentzündl. Nierenerkrankung mit Entartung des Gewebes; **Ne|phro|skle|ro|se** *w.11* Schrumpfniere

Ne|po|tis|mus [lat.] *m. Gen. - nur Ez.* Vetternwirtschaft, Begünstigung von Verwandten (beim Verleihen von Ämtern)

Nepp [rotwelsch] *m. Gen.* -s *nur Ez.* zu hohe Preisforderung, Übervorteilung, Gaunerei; **nep|pen** preislich überfordern, übervorteilen

Nep|tu|nis|mus [nach Neptun, dem röm. Gott des Meeres] *m. Gen. - nur Ez.* überholte Lehre, daß alle Gesteine (mit Ausnahme der vulkan. Gesteine) aus dem Wasser entstanden seien; *Ggs.:* Vulkanismus; **Nep|tu|ni|um** *s. Gen.* -s *nur Ez.* (*Zeichen:* Np) ein radioaktives chem. Element

Ne|re|ide *w.11* **1** *griech. Myth.:* Meerjungfrau, eine der Töchter des Meergottes Nereus; **2** *Biol.:* Angehörige einer Familie der Borstenwürmer; **ne|ri|tisch** zur Flachsee, zum Küstenmeer, zu Flachmeerablagerungen gehörig

Ne|ro|li|öl *s.1 nur Ez.* aus den Blüten der Nerolipomeranze gewonnenes, für Parfüm verwendetes äther. Öl

Nerv [lat.] *m.12, med. Fachspr.: m.10* **1** faser- oder faserbündelartiges Gebilde zur Weiterleitung von Reizen im Körper; **2** Ader, Rippe des Blattes; **3** Ader im Flügel der Insekten; **4** *übertr. ugs.:* Verständnis, Sinn; dafür habe ich keinen N.; **5** *übertr.:* kritische, empfindl. Stelle, wunder Punkt; den N. von etwas *oder:* bei jmdm. einen Nerv treffen; **ner|val** die Nerven betreffend; **Ner|va|tur** *w.10* Gesamtheit der Nerven des Blattes; **ner|ven** *ugs.* jmdn. n.: jmdm. auf die Nerven gehen, lästig fallen; **ner|vös 1** auf den Nerven beruhend, zum Nervensystem gehörend; **2** unruhig, erregt, leicht reizbar, sehr empfindlich; jmdn. n. machen: reizen; **Ner|vo|si|tät** *w.10 nur Ez.* leichte Reizbarkeit, Überempfindlichkeit; **Ner|vus pro|ban|di** *m. Gen. - - nur Ez.* der eigentl., entscheidende Beweisgrund; **Ner|vus re|rum** *m. Gen. - - nur Ez.* **1** Triebkraft, Triebfeder, Hauptsache; **2** *übertr. scherzh.:* das Geld

Nerz [ukrain.] *m.1* **1** ein Pelztier, Sumpfotter; **2** dessen Pelz

Nes|sus|ge|wand [nach dem durch das Blut des Zentauren Nessus vergifteten Gewand des Herakles in der griech. Sage] *s.4,* **Nes|sus|hemd** *s.12 beides nur Ez.* verderbenbringendes Geschenk
Ne|stor [nach dem alten König von Pylos im Trojan. Krieg] *m. Gen.* -s *Mz.* -sto|ren Ältester in einer Gemeinschaft (bes. in einer Wissenschaft), alter, weiser Berater
Ne|sto|ria|nis|mus [nach dem Patriarchen Nestorius von Konstantinopel] *m. Gen. - nur Ez.* Lehre, daß in Christus das Menschliche und Göttliche getrennt sei
net|to [ital.] rein, nach Abzug der Unkosten, Verpackung oder Abgaben; *Ggs.:* brutto; **Net|to|re|gi|ster|ton|ne** *w.11* (*Abk.:* NRT) Maßeinheit für den Nettoraumgehalt eines Schiffes
Neu|me [griech.] *w.11 MA:* Notenzeichen, das nur die ungefähre Tonhöhe angibt; **neu|miert** in Neumen geschrieben (Melodie), mit Neumen versehen (Text)
neu|ral [griech.] die Nerven betreffend, von einem Nerv ausgehend; **Neur|al|gie** *w.11* anfallsweise auftretender Nervenschmerz; **Neur|al|gi|ker** *m.5* jmd., der an einer Neuralgie leidet; **neur|al|gisch 1** auf Neuralgie beruhend; **2** *übertr.:* Spannungen hervorrufend; neuralgischer Punkt: heikler, schwieriger Punkt; **Neur|asthe|nie** *w.11* Nervenschwäche; **Neur|asthe|ni|ker** *m.5* jmd., der an Neurasthenie leidet; **Neur|ek|to|mie** *w.11* operative Entfernung eines Nervenstücks, Nervenschnitt; **Neu|rin** *s.1 nur Ez.* bei der Fleischfäulnis entstehende, sehr giftige organ. Verbindung; **Neu|ri|tis** *w. Gen. - Mz.* -ti|den Nervenentzündung; **Neu|ro|blast** *m.10 meist Mz.* junge Nervenzelle; **Neu|ro|chir|ur|gie** *w.11 nur Ez.* Nervenchirurgie, Chirurgie der Nerven-, Gehirn- und Rückenmarkserkrankungen; **Neu|ro|der|ma|to|se** *w.11* nervöse Hautkrankheit; **Neu|ro|der|mi|tis** *w. Gen. - Mz.* -ti|den Juckflechte; **neu|ro|gen** von den Nerven ausgehend; **Neu|ro|glia** *w. Gen. - nur Ez.* bindegewebige Stützsubstanz des Zentralnervensystems, Gliazelle; **Neu|ro|lo|gie** *w.11 nur Ez.* Lehre von den Nerven und ihren Krankheiten; **Neu|rom** *s.1* Geschwulst aus Nervenfasern, Nervenzellen und Bindegewebe; **Neu|ron** *s. Gen.* -s *Mz.* -ren *oder* -ro|nen Einheit des Nervensystems, Nervenzelle mit Fortsätzen; **Neu|ro|pa|thie** *w.11* **1** angeborene Neigung zu Erkrankungen bes. des vegetativen Nervensystems; **2** Nervenkrankheit; **Neu|ro|pa|tho|lo|gie** *w.11 nur Ez.* Lehre von den Nervenkrankheiten; **Neu|ro|pte|ren** *m.11 oder w.11 Mz., Sammelbez. für* Netzflügler; **Neu|ro|se** *w.11* meist auf verdrängten seel. Konflikten mit der Umwelt beruhende psych. Störung, auch mit körperl. Symptomen; **Neu|ro|ti|ker** *m.5* jmd., der an einer Neurose leidet; **neu|ro|tisch** auf einer Neurose beruhend; an einer Neurose leidend; **Neu|ro|to|mie** *w.11* operative Durchtrennung von Nerven (bei Neuralgie); **Neu|ro|to|xin** *s.1* die Nerven schädigendes Gift; **neu|ro|trop** das Nervensystem beeinflussend
Neu|tra [österr. auch: ne|utra, lat.] *Mz. von* Neutrum; **neu|tral 1** unbeteiligt, ohne Stellungnahme, unparteiisch; **2** nicht an einem bestehenden Krieg beteiligt; **3** keinem Staatenbündnis angehörend; **4** weder sauer noch basisch, weder positiv noch negativ reagierend; **5** *Gramm.:* sächlich; **Neu|tra|li|sa|ti|on** [-tsjon] *w.10* das Neutralisieren; **neu|tra|li|sie|ren 1** unwirksam machen, ausschalten; **2** *Chem.:* eine Lösung n.: die saure bzw. basische Reaktion einer Lösung durch Zugabe einer Base bzw. Säure verhindern; **3** *Sport:* die Wertung (bei gleichzeitiger Fortführung des Wettkampfes) zeitweilig unterbrechen; **4** ein Gebiet n.: Truppen daraus abziehen und Befestigungen abbauen; **Neu|tra|lis|mus** *m. Gen. - nur Ez.* Grundsatz der Nichteinmischung (bes. in polit. Angelegenheiten); **Neu|tra|li|tät** *w.10 nur Ez.* Unbeteiligtsein, Nichteinmischung, neutrales Verhalten; **Neu|tren** *Mz. von* Neutrum; **Neu|tri|no** *s.9* elektr. neutrales, im Ruhezustand masseloses Elementarteilchen, das nur geringe Wechselwirkung mit anderen Elementarteilchen zeigt; **Neu|tron** *s.13* (*Abk.:* n) elektr. neutrales Elementarteilchen, Baustein des Atomkerns; **Neu|trum** *s. Gen.* -s *Mz.* -tra *oder* -tren sächl. Geschlecht, sächl. Substantiv
New|co|mer [njukʌmər, engl.] *m.5* Neuling, Neuankömmling
New Look [nju:luk, engl.] *m. Gen.* - -(s) *Mz.* - -s neuer Stil, neue Linie (bes. in der Mode); **New-Or|leans-Jazz** [nju: ɔrlinz dʒæs] *m. Gen. - nur Ez.* erste Stilform des Jazz
New|ton [njutn, nach dem engl. Physiker und Mathematiker I. Newton] *s. Gen. - Mz. -* (*Abk.:* N) Maßeinheit der Kraft, *neuere Bez. für* Dyn
Ne|xus [lat.] *m. Gen. - Mz. -* Zusammenhang, Verbindung
nF *Abk. für* Nanofarad
Ni|co|tin *s.1 nur Ez., fachsprachl. Schreibung von* Nikotin
Ni|da|ti|on [-tsjon, lat.] *w.10* Einnistung der befruchteten Eizelle in die Gebärmutterschleimhaut
ni|el|lie|ren [ital.] mit Niello verzieren (Edelmetall); **Ni|el|lo** *s.9, Mz. auch:* -li *oder* -len in Gold oder Silber eingeritzte, mit schwarzer Schmelzmasse ausgefüllte Zeichnung
Ni|fe [-fe:, Kurzw. aus Nickel und Ferrum = Eisen] *s. Gen. - nur Ez.* der wahrscheinlich überwiegend aus Nickel und Eisen bestehende Erdkern
Ni|ger [engl.] *m.5 abfällig:* Neger
Ni|gro|sin [lat.] *s.1* schwarzer Teerfarbstoff

Ni|hi|lis|mus [lat.] *m. Gen. - nur Ez.* Verneinung aller Werte, Auffassung, daß alles Sein sinnlos und nichtig sei

Ni|ko|laus [nach dem Heiligen N.] *m. 1, ugs. scherzh. auch: m. 2* als hl. Nikolaus verkleidete Person, die am Nikolaustag (6. Dez.) den Kindern Geschenke bringt oder sie auch straft

Ni|ko|tin [nach dem frz. Gesandten J. Nicot, der den Tabak in Frankreich einführte] *s. 1 nur Ez.* giftiges Alkaloid im Tabak; **Ni|ko|ti|nis|mus** *m. Gen. - nur Ez.* Nikotinvergiftung

Nim|bo|stra|tus [lat.] *m. Gen. - Mz. -* tief herabhängende Regenwolke; **Nim|bus** *m. Gen. - Mz.* -bus|se **1** Heiligenschein; **2** Ansehen, Ruhmesglanz (einer Person oder Sache)

Nim|rod [nach dem sagenhaften Gründer von Babylon] *m. 9* großer Jäger

Ni|no|flex *s. oder m. Gen. - nur Ez.* ® ein wasserdichtes, luftdurchlässiges Gewebe

Ni|ob [nach der griech. Sagengestalt Niobe], **Nio|bi|um** *s. Gen.* -s *nur Ez.* (*Zeichen:* Nb) chem. Element, ein Metall

Nip|pes [frz.], **Nipp|sa|chen** *nur Mz.* kleine Ziergegenstände aus Porzellan oder Glas

Ni|ro|sta ® *Kurzw. aus* nichtrostender Stahl

Nir|wa|na [sanskr.] *s. Gen. - oder* -s *nur Ez. Buddhismus, Dschainismus:* Erlöschen aller Lebenstriebe, selige Ruhe nach dem Tode (von den Heiligen schon im Diesseits erreicht)

Ni|trat [griech.] *s. 1* Salz der Salpetersäure; **Ni|trid** *s. 1* Verbindung von Stickstoff mit einem anderen Element (meist Metall); **ni|trie|ren** mit Nitriersäure behandeln; **Ni|trier|säu|re** *w. 11* Gemisch aus Salpetersäure, Schwefelsäure und Wasser; **Ni|tri|fi|ka|ti|on** [-tsjon] *w. 10* Oxydation von Ammoniak durch Bodenbakterien; **ni|tri|fi|zie|ren** *in der Fügung* nitrifizierende Bakterien: Nitrate bildende B.; **Ni|trit** *s. 1* **1** Salz der salpetrigen Säure; **2** organ.-chem. Cyanverbindung; **Ni|tro|ge|la|ti|ne** [-ʒe-] *w. 11 nur Ez.* ein Sprengstoff; **Ni|tro|gen, Ni|tro|ge|ni|um** *s. Gen.* -s *nur Ez.* (*Zeichen:* N) chem. Element, Stickstoff; **Ni|tro|gly|ce|rin** *s. 1 nur Ez.* ein hochexplosiver Sprengstoff; **ni|tro|phil** nitratreichen Boden liebend (Pflanze); **Ni|tro|phos|phat** *s. 1* ein Düngemittel; **ni|tros** mit Stickstoffoxiden gemischt; **Ni|tro|se** *w. 11* nitrose Säure, Zwischenglied bei der Schwefelsäureherstellung; **Ni|tro|zel|lu|lo|se** *w. 11 nur Ez.* Schießbaumwolle, ein Explosivstoff

ni|tsche|wo! [russ.: -vọ] macht nichts!

ni|val [-val, lat.] schneeig, Schnee ...; **Ni|val|or|ga|nis|mus** *m. Gen. - Mz.* -men im Bereich des ewigen Schnees lebender Organismus

Ni|veau [-vo, frz.] *s. 9* **1** waagerechte Fläche; **2** Höhe, Höhenlage, Höhenstufe; **3** Rang, Stufe, (Bildungs-) Stand; kein N. haben: auf niedriger geistiger Höhe stehen, geistig anspruchslos sein; **ni|veau|frei** auf ungleichen Ebenen; niveaufreie Kreuzung; **Ni|veau|li|nie** [-njə] *w. 11* Höhenlinie

Ni|vel|le|ment [-vɛl(ə)mã, frz.] *s. 9* das Nivellieren; **ni|vel|lie|ren** **1** gleichmachen, einebnen, auf gleiche Höhe bringen; **2** *Vermessungswesen:* die Höhenunterschiede (von etwas) messen

NKWD *1934–1946: Abk. für* das sowjet. Volkskommissariat für innere Angelegenheiten; *auch Bez. für* die diesem unterstellte polit. Polizei

nm *Abk. für* Nanometer

NN, N. N. *Abk. für* Normalnull

N. N. [Abk. für lat. nomen nescio „den Namen weiß ich nicht"] *Abk. für* Name unbekannt

No **1** *chem. Zeichen für* Nobelium; **2** *s. Gen.*-(s) *Mz.*-(s) → No-Spiel

No., № *veraltet, Abk. für* Numero

no|bel [frz.] edel, vornehm, großzügig

No|bel|li|um *s. Gen.* -s *nur Ez.* (*Zeichen:* No) chem. Element; **No|bel|preis** *m. 1* von dem schwed. Chemiker und Industriellen A. Nobel gestifteter Preis für bedeutende wissenschaftl. und literar. Leistungen

No|bi|li|tät [lat.] *w. 10 nur Ez.* **1** Adel; **2** Berühmtheit; **No|bi|li|ta|ti|on** [-tsjon] *w. 10 früher:* Erhebung in den Adelsstand; **no|bi|li|tie|ren** *früher:* adeln; **No|bles|se** [-blẹs(ə)] **1** *w. 11 veraltet:* Adel; **2** Vornehmheit, vornehmes Verhalten; Noblesse oblige [noblẹs ɔbliʒ]: Adel verpflichtet (edel zu handeln)

Nöck *m. 10* → Neck

Noc|turne [-tyrn, frz. „Nachtstück"] *s. 9 oder w. 9* schwermütiges Musikstück, Notturno

no|dös [lat.] *Med.:* knotig, mit Knötchenbildung; **No|dus** *m. Gen. - Mz.*-di **1** *Med.:* Knoten, z. B. Gichtknoten; **2** *Bot.:* Ansatzstelle des Blattes; **3** Verdickung (am Stiel eines Trinkglases, an Leuchtern)

Noe|ma [griech.] *s. Gen.* -s *Mz.*-malta geistig Wahrgenommenes, Denkinhalt, Gedanke; **Noe|ma|tik** *w. 10 nur Ez.* Lehre von den Denkinhalten (eines Werkes); **Noe|sis** *w. Gen. - nur Ez.* Denkvorgang, Denken; **Noe|tik** *w. 10 nur Ez.* Denklehre, Erkenntnislehre

no iron [nou aiən, engl.] bügelfrei

NOK *Abk. für* Nationales Olympisches Komitee

Nokt|am|bu|lis|mus [lat.] *m. Gen. - nur Ez.* Mondsüchtigkeit, Nacht-, Schlafwandeln

Nok|turne [-tyrn] *s. 9 oder w. 9, eindeutschende Schreibung von* Nocturne

nol|lens vo|lens [lat. „nicht wollend wollend"] halb wider Willen, wohl oder übel

Nol|li|me|tan|ge|re [lat. „rühr mich nicht an"] *s. Gen. - Mz. -* **1** Springkraut; **2** Darstellung des auferstandenen Christus, wie er Maria Magdalena erscheint

Nom. *Abk. für* Nominativ
No|ma|de [griech.] *m.11* Angehöriger eines nichtseßhaften Volkes; **no|ma|di|sie|ren** wie, als Nomaden leben, wandern, umherziehen
No|men [lat.] *s. Gen.*-s *Mz.*-mi|na **1** Name; Nomen est omen „der Name ist (zugleich) Zeichen": der Name hat zugleich eine Vorbedeutung, der Name sagt alles; Nomen proprium: Eigenname; **2** *Gramm.:* deklinierbares Wort; **no|men|kla|to|risch** in der Art einer Nomenklatur; **No|men|kla|tur** *w.10* **1** Gesamtheit der Fachausdrücke eines Wissensgebietes; **2** Verzeichnis darüber; **No|mi|na** *Mz. von* Nomen; **no|mi|nal** **1** zu einem Nomen gehörend, als Nomen; **2** *Wirtsch.:* zum Nennwert; **No|mi|nal|ein|kom|men** *s.7* Einkommen ohne Berücksichtigung der Kaufkraft; *Ggs.:* Realeinkommen; **No|mi|na|lis|mus** *m. Gen. - nur Ez.* **1** Lehre, daß die Begriffe nur Namen sind und nichts Wirkliches bedeuten; **2** Lehre, daß das Geld nur Symbolcharakter habe; **No|mi|nal|prin|zip** *s. Gen.*-s *nur Ez.* *Wirtschaft:* das Prinzip „Mark = Mark" ohne Rücksicht auf die Änderung der Kaufkraft; **No|mi|nal|stil** *m.1 nur Ez.* Nomen (Substantive) bevorzugender Stil; **No|mi|nal|wert** *m.1* der einer Münze aufgeprägte oder einem Wertpapier aufgedruckte Wert, Nennwert; **No|mi|na|ti|on** [-tsjon] *w.10* Ernennung, Benennung; **No|mi|na|tiv** *m.1* erster Fall, Werfall; **no|mi|nell** **1** zum Nomen gehörig; **2** (nur) dem Namen nach, nicht wirklich; **no|mi|nie|ren** nennen, be-, ernennen
No|mo|gramm [griech.] *s.1* Schaubild, Zeichnung zum zeichnerischen Rechnen; **No|mo|gra|phie** *w.11* Verfahren, mit Nomogrammen rechnerische Probleme zeichnerisch zu lösen; **No|mo|kra|tie** *w.11* Herrschaft auf Grund von Gesetzen, im Unterschied zur Autokratie; **No|mos** *m. Gen. - Mz.*-moi **1** Gesetz, Ordnung; **2** *altgriech. Musik:* ein Melodietypus; **No|mo|the|sie** *w.11* *veraltet:* Gesetzgebung; **no|mo|the|tisch** *veraltet:* gesetzgebend
Non [lat.] *w.10* → None (**1**, **2**); **No|na** *w. Gen. - Mz.*-nen → None (**3**); **No|na|gon** [lat. + griech.] *s.1* Neuneck; **No|na|ri|me** [ital.] *w.11* *Verslehre:* um eine Zeile erweiterte Stanze
Non|cha|lance [nɔ̃ʃalā̃s, frz.] *w. Gen. - nur Ez.* liebenswürdige Lässigkeit, Ungezwungenheit; **non|cha|lant** [-nɔ̃ʃalā̃] liebenswürdiglässig, ungezwungen
Non|co|ope|ra|tion [nɔnkouɔpəreiʃn, engl.] *w. Gen. - nur Ez.* „Nicht-Zusammenarbeit" (Schlagwort Gandhis für den passiven Widerstand gegen die Engländer in Indien)
No|ne [lat.] *w.11* **1** neunter Ton der diaton. Tonleiter; **2** Intervall von neun Tonstufen; **3** Teil des kath. Stundengebets zur neunten Tagesstunde (3 Uhr nachm.); **4** *Mz., im altröm. Kalender:* der neunte Tag vor den Iden; **No|nen|ak|kord** *m.1* Akkord aus Grundton, Terz, Quinte und None
Non-Es|sen|ti|als [nɔnisenʃəlz, engl.] *Mz. Wirtsch.:* nicht lebensnotwendige Güter
No|nett [lat.] *s.1* **1** Komposition für neun Instrumente; **2** deren Spieler
Non|fic|tion-Li|te|ra|tur [-fikʃən-, engl.] *w.10 nur Ez.* Sach- und Fachbücher (im Unterschied zur schöngeistigen Literatur)
non|fi|gu|ra|tiv [lat.] *Malerei:* ungegenständlich
Non|food [nɔnfu:d, engl.] *s.9* *Wirtsch.:* *Bez. für* Waren des Einzelhandels, die nicht zu den Lebensmitteln gehören
No|ni|us [nach dem latinisierten Namen des port. Mathematikers P. Nuñez] *m. Gen. - Mz.*-ni|en *oder* -nus|se *an Meßgeräten:* verschiebbarer Hilfsmaßstab zum Ablesen von Zehntelgrößen
Non|kon|for|mis|mus [lat.] *m. Gen. - nur Ez.* Nichtübereinstimmung mit den herrschenden Ansichten, individualist. Einstellung; **Non|kon|for|mist** *m.10* **1** → Dissenter; **2** jmd., der mit den herrschenden Ansichten nicht übereinstimmt; **Non|kon|for|mi|tät** *w.10 nur Ez.* Nichtübereinstimmung
non li|cet [-tset, lat.] es ist nicht erlaubt, es gehört sich nicht
non li|quet [lat. „es ist nicht klar"] *Rechtsw.:* der Sachverhalt ist nicht geklärt, die Sache ist nicht zu entscheiden
non mul|ta, sed mul|tum [lat.] nicht vielerlei, sondern viel; vgl. multum, non multa
Non|ode [lat. + griech.] *w.11* Elektronenröhre mit neun Elektroden, Neunpolröhre
non olet [lat. „es (Geld) stinkt nicht"] man merkt dem Geld seine (unsaubere) Herkunft nicht an (angebl. Ausspruch Kaiser Vespasians, als man ihm die Besteuerung öffentlicher Bedürfnisanlagen zum Vorwurf machte)
Non|pa|reille [nɔ̃parej, frz.] *w.9* **1** *nur Ez.* ein Schriftgrad (6 Punkt); **2** *Mz.* winzige bunte Zuckerperlen zum Bestreuen von Kleingebäck oder Schokolade
Non|plus|ul|tra [lat. „nicht darüber hinaus"] *s. Gen.*-(s) *nur Ez.* das Höchste, Beste, Schönste
non pos|su|mus [lat.] „wir können nicht" (Weigerungsformel der röm. Kurie gegenüber der weltl. Macht)
Non|pro|li|fe|ra|ti|on [nɔnproulifəreiʃn, engl.] *w. Gen. - nur Ez.* Nichtweitergabe (von Atomwaffen)
Non scho|lae, sed vi|tae dis|ci|mus [lat., abgewandelt nach Seneca] Nicht für die Schule, sondern für das Leben lernen wir
Non|sens [lat.] *m. Gen. - nur Ez.* Unsinn, törichtes Gerede
Non|stop... [-stɔp, engl.] *in Zus.:* fortlaufend, ununterbrochen; **Non|stop|flug** *m.2* Flug ohne Zwischenlandung

non tan|to [ital.] *Mus.:* nicht so sehr; **non trop|po** *Mus.:* nicht zuviel
Non|valleur [nõvalœr, frz.] *m. 9* **1** entwertetes oder wertlos scheinendes Wertpapier; **2** Investition, die keine Rendite abwirft; **3** unverkäufliche Ware
Noo|lo|gie [-no:ɔ-, griech.] *w. 11 nur Ez.* (von R. Eucken begründete) Lehre, die sich mit dem selbständigen Eigenleben des Geistes befaßt
Noor [dän.] *s. 1 nddt.:* Haff
Nor|di|stik *w. 10 nur Ez.* Wissenschaft von den nord. Sprachen und Literaturen
Norm [lat.] *w. 10* **1** Richtschnur, Regel, Vorbild; **2** Größenvorschrift (z. B. DIN-Norm); **3** Leistungssoll; **4** *Buchw.:* auf der ersten Seite eines Druckbogens unten links stehende Bogenziffer mit Namen des Autors und abgekürztem Titel des Buches; **nor|mal** **1** der Norm entsprechend, vorschriftsmäßig, regelrecht, üblich, landläufig, herkömmlich; **2** geistig gesund; **nor|mal...**, **Nor|mal...** *in Zus.:* der Norm, der Regel entsprechend; **Nor|ma|le** *w. 11* **1** Richtmaß, Richtgröße; **2** *Math.:* Senkrechte auf der Tangente; **Nor|ma|li|en** *Mz.* Regeln, Vorschriften, Grundformen; **nor|ma|li|sie|ren** der Norm angleichen, normal gestalten, auf ein normales Maß zurückführen; **Nor|ma|li|tät** *w. 10 nur Ez.* normale Beschaffenheit; **Nor|mal|lö|sung** *w. 10* Lösung, die in 1 Liter Flüssigkeit 1 Mol des betreffenden Stoffes enthält; **Nor|mal|null** (*Abk.:* NN *oder* N. N.) *bei Höhenmessungen:* die vom mittleren Meeresniveau abgeleitete Ausgangsfläche, für Dtschl. die Höhe des mittleren Wasserstandes des Amsterdamer Pegels; **Nor|mal|pro|fil** *s. 1* **1** genormter Querschnitt (von Baustoffen, z. B. Walzeisen); **2** genormte lichte Höhe und Weite (von Brücken, Durchfahrten u. a.); **3** genormter Ladequerschnitt (z. B. von Eisenbahnwagen); **Nor|mal|ton** *m. 2 nur Ez. Mus.:* das auf 440 Hz festgelegte, eingestrichene A als Stimmton zum Stimmen von Instrumenten, Kammerton; **nor|ma|tiv** als Norm, Richtschnur dienend, maßgebend; **Nor|ma|ti|ve** *w. 11* grundlegende Bestimmung; **nor|men** nach einer Norm oder als Norm festlegen, einheitlich festlegen; genormte Ersatzteile; **nor|mie|ren** → normen; **Nor|mo|blast** [lat. + griech.] *m. 10 meist Mz.* kernhaltige Vorstufe eines roten Blutkörperchens; **Nor|mozyt** *m. 10 meist Mz.* normales rotes Blutkörperchen
No|so|lo|gie [griech.] *w. 11* Lehre von den Krankheiten, systematische Beschreibung der Krankheiten
No-Spiel *s. 1* formstrenges altjapanisches Singspiel mit historischen oder mythischen Stoffen
Nost|al|gie [griech.] *w. 11 nur Ez.* Heimweh, Sehnsucht nach der (als besser erscheinenden) Vergangenheit; **nost|al|gisch** auf Nostalgie beruhend, an Nostalgie leidend
No|stri|fi|ka|ti|on [-tsjon, lat.] *w. 10* **1** Einbürgerung; **2** Anerkennung eines ausländ. Diploms; **no|stri|fi|zie|ren** **1** einbürgern; **2** staatlich anerkennen; **No|stro|kon|to** *s. Gen.* -s *Mz.* -ten Konto eines Geldinstitutes bei einem anderen; vgl. Lorokonto
No|ta [lat.] *w. 9* **1** Aufzeichnung, Anmerkung; **2** kleine Rechnung; **3** Auftrag; in N. geben: in Auftrag geben; in N. nehmen: vermerken
No|ta|beln [frz.] *Mz., in Frankreich vom 14. Jh. bis 1789:* die gebildete, führende Oberschicht, Mitglieder der königl. Ratsversammlungen; *auch allg.:* auf Grund ihres Ranges, Vermögens oder Bildungsstandes angesehene Persönlichkeiten; **no|ta|be|ne** [lat.] (*Abk.:* NB) **1** wohlgemerkt; **2** übrigens, was ich noch sagen wollte; **No|ta|be|ne** *s. 9 oder Gen. - Mz. -* Merkzeichen, Merkzettel; **No|ta|bi|li|tät** *w. 10 nur Ez. veraltet:* Berühmtheit, Ansehen
No|tar [lat.] *m. 1* staatl. bestellter Jurist, der Rechtsgeschäfte beurkundet, Unterschriften beglaubigt usw.; **No|ta|ri|at** *s. 1* Amt, Büro eines Notars; **no|ta|ri|ell** von einem Notar (ausgeführt)
No|ta|ti|on [-tsjon, lat.] *w. 10* **1** Aufzeichnung (eines Musikstücks) in Notenschrift; **2** Aufzeichnung einer Schachpartie
No|te [lat.] *w. 11* **1** Beurteilung, Zensur; **2** Bemerkung, Anmerkung, *meist:* Fußnote; **3** musikal. Schriftzeichen; **4** Mitteilung (einer Regierung an eine andere); **5** Banknote, Geldschein; **6** *übertr.:* Prägung, Besonderheit; eine besondere, seine persönliche N. haben; **no|tie|ren** **1** aufschreiben, vormerken; **2** den Kurswert n.: festsetzen und veröffentlichen; **3** *Mus.:* in Notenschrift niederschreiben
No|ti|on [-tsjon, lat.] *w. 10* Begriff, Gedanke
No|tiz [lat.] *w. 10* **1** aufgeschriebene Bemerkung, schriftl. Angabe, Mitteilung; **2** Kenntnis, Beachtung; von jmdm. oder etwas keine N. nehmen: ihn bzw. es nicht beachten
no|to|risch [lat.] *leicht abwertend:* allbekannt; gewohnheitsmäßig; ein notorischer Lügner
Not|tur|no [ital.] *s. 9, Mz. auch:* -ni *ital. Bez. für* Nocturne
Nou|gat [-nu-, frz.] *s. 9, auch: m. 9* Süßware aus Kakao, Zucker, fein zerriebenen Mandeln oder Nüssen u. a.
Nou|veau Ro|man [-nuvo rɔmã, frz.] *m. Gen. - - nur Ez.* in Frankreich entwickelte Richtung des modernen Romans; **Nou|veau|té** [nuvote] *w. 9* Neuheit, Neuigkeit
No|va [lat.] **1** *w. Gen. - Mz.* -vä neuer Stern; *auch:* Fixstern, dessen Helligkeit plötzlich zunimmt; **2** *Mz. von* Novum; **No|va|ti|on** [-tsjon] *w. 10* **1** Erneuerung; **2** Umwandlung einer Schuld

No|ve|cen|to [-tʃɛn-, ital. „neunhundert" (nach 1000)] *s. Gen.*-(s) *nur Ez.* die kulturelle Epoche des 20. Jh. in Italien

No|vel|le [lat.-ital.] *w.11* **1** Nachtrag zu einem Gesetz; **2** in sich geschlossene Prosaerzählung; **No|vel|let|te** *w.11* kleine Novelle; **no|vel|lie|ren** ergänzen oder neu formulieren (Gesetz); **No|vel|list** *m.10* Novellendichter; **No|vel|li|stik** *w.10 nur Ez.* Novellendichtung; **no|vel|li|stisch** in der Art einer Novelle

No|ve|ne [lat.] *w.11 kath. Kirche:* neuntägige Andacht; **No|vi|tät** *w.10* Neuheit, Neuigkeit, Neuerscheinung; **No|vi|ze** *m.11* junger Mönch während der Probezeit; **No|vi|zi|at** *s.1* Probezeit (im Kloster); **No|vi|zin** *w.10* junge Nonne in der Probezeit

No|vo|ca|in [Kunstw. aus lat. novum „neu" und Kokain] *s.1 nur Ez.* ® ein Mittel zur örtl. Betäubung; **No|vum** [auch: no-] *s. Gen.*-s *Mz.*-va Neuheit, neu hinzukommende Tatsache, neuer Gesichtspunkt

No|xe [lat.] *w.11* krankheitserregende Ursache, Schädlichkeit; **No|xin** *s.1* aus abgestorbenem Körpereiweiß stammender Giftstoff

Np *chem. Zeichen für* Neptunium

Nr. *Abk. für* Nummer

NRT *Abk. für* Nettoregistertonne

ns *Abk. für* Nanosekunde

Nt *chem. Zeichen für* Niton

Nu|an|ce [nyãsə, österr.: nyãs, frz.] *w.11* feine Tönung, feine Abstufung, winzige Kleinigkeit, Spur; eine N. heller, dunkler, lauter, leiser; **nu|an|cie|ren** [nyãsi-] fein abstufen, kaum merklich verändern

Nu|buk [engl.] *s. Gen.*-s *nur Ez.* wildlederähnl. Rinds- oder Kalbsleder

Nu|dis|mus [lat.] *m. Gen.*- *nur Ez.* Freikörper-, Nacktkultur; **Nu|di|tät** *w.10* **1** *nur Ez.* Nacktheit, Schlüpfrigkeit; **2** Darstellung von nackten Körpern

Nu|gat *s.9 auch: m.9, eindeutschende Schreibung von* Nougat

Nug|get [nʌgit, engl.] *s.9* natürl. Goldklümpchen

nu|kle|ar [lat.] zum Atomkern gehörend, von ihm ausgehend; auf Kernspaltung beruhend; nukleare Waffen: Kernwaffen; **Nu|kle|ar|me|di|zin** *w.10 nur Ez.* Teilgebiet der Strahlenmedizin; **Nu|kle|in** *s.1*, **Nu|kle|in|säu|re** *w.11* hochmolekulare organ. Verbindung (Träger der Erbinformation); **Nu|kleo|id** *s.1 bei Bakterien:* dem Zellkern äquivalente Struktur; **Nu|kle|on** *s. Gen.*-s *Mz.*-kle|onen Baustein eines Atomkerns, Proton bzw. Neutron; **Nu|kleo|pro|te|id** *s.1* Verbindung von Nukleinsäuren mit Eiweiß; **Nu|kleo|tid** *s.1* eine organ. Basenverbindung, Baustein der Nukleinsäuren; **Nu|kle|us** *m. Gen.*- *Mz.*-klei [-kle|i:] **1** Zellkern; **2** Gallertkern, Zentrum der Zwischenwirbelscheibe; **3** Nervenkern, Verdichtung im Zentralnervensystem

null [lat.] kein, nichts; null Fehler; null Grad; null Uhr zwei; **Null** *w.10* **1** die Zahl 0; das geht in Null Komma nichts *ugs. scherzh.:* sehr schnell; **2** Null-, Gefrierpunkt; das Thermometer steht auf Null; **3** *übertr.:* bedeutungsloser Mensch; **4** *Skat:* Spiel, bei dem der Spieler keinen Stich machen darf, um zu gewinnen, Nullspiel; **Nul|lei|ter** (Null|lei-) *m.5, in elektrischen Stromkreisen mit mehreren Leitern:* der spannungslose, geerdete mittlere Leiter; **nul|len 1** mit dem Nulleiter verbinden (elektr. Maschine); **2** sich n. *ugs. scherzh.:* einen Geburtstag mit der Zahl 0 feiern; er hat sich zum dritten Mal genullt: er ist 30 Jahre alt geworden; **Nul|li|fi|ka|ti|on** [-tsjon] *w.10* Ungültigkeitserklärung, Aufhebung, Nichtigmachung; **nul|li|fi|zie|ren** für ungültig erklären, aufheben; **Null|in|stru|ment** *s.1* sehr empfindl. Meßinstrument, das bei der Nullmethode verwendet wird; **Nul|li|pa|ra** *w. Gen.*- *Mz.*-ren Frau, die noch nicht geboren hat; vgl. Multipara, Primipara; **Nul|li|tät** *w.10* **1** Nichtigkeit; **2** Ungültigkeit; **3** bedeutungslose Sache oder Person; **Null|me|ri|di|an** *m.1* Meridian von Greenwich; **Null|me|tho|de** *w.11* elektr. Meßmethode, bei der die Wirkung der zu messenden Größe durch die einer bekannten Größe kompensiert wird; sie wird überprüft mit dem Nullinstrument, das keinen Ausschlag zeigen darf; **Null|ni|veau** [-vo:] *s.9* Höhenlage als Ausgangspunkt für kartograph. Vermessungen; **Null|ope|ra|ti|on** [-tsjo:n] *w.10* Eingabe einer Information in den Computer ohne Rechenvorgang; **Null|ou|vert** [-uvɛr] *m.9 Skat:* Nullspiel, bei dem der Spieler seine Karten nach dem ersten Stich offen hinlegen muß; **Null|se|rie** [-riə] *w.11* Versuchsserie vor der Serienproduktion; **Null|ta|rif** *m.1* Tarif von 0 Pfennig

Nu|men [lat.] *s. Gen.*- *nur Ez.* göttl. Wesen ohne persönl. Gestalt, aber mit der Fähigkeit zu positiven oder negativen Wirkungen, göttl. Macht

Nu|me|ra|le [lat.] *s. Gen.*-s *Mz.*-lia *oder* -li|en Zahlwort, z. B. eins, zehn, zweiter, dreifach; **Nu|me|ri** *Mz. von* Numerus; **nu|me|rie|ren** mit Nummern versehen, beziffern; **nu|me|risch** der Zahl nach, hinsichtlich der Zahl; **Nu|me|ro** (*Abk.:* No., N°) *nur mit nachfolgender Zahlenangabe, veraltet:* Nummer; Numero vier; **Nu|me|rus** *m. Gen.*- *Mz.*-ri **1** Zahl; **2** Zahlform, *Sammelbez. für* Singular und Plural; **Nu|me|rus clau|sus** *m. Gen.*-- *nur Ez.* begrenzte Zahl (für die Zulassung zu einem Studium, einem Beruf)

nu|mi|nos [zu Numen] göttlich

Nu|mis|ma|tik [lat.] *w.10 nur Ez.* Münzkunde

Num|mer [lat.] *w.11* (*Abk.:* Nr.) **1** Zahl, Kennzahl; auf N. Sicher gehen *ugs. scherzh.;* bei jmdm. eine N. haben *ugs.:* bei jmdm. etwas gelten; **2** einzelnes Exemplar (einer Zeitschrift); **3** einzelne Darbietung (im Ka-

barett, Varieté, Zirkus); **4** *ugs. scherzh.:* Person, z. B. komische, ulkige N.
Num|mu|lit [lat.] *m.10* versteinerter Wurzelfüßer aus dem Tertiär
Nun|tia|tur [-tsja-, lat.] *w.10* Amt und Büro eines Nuntius; **Nun|ti|us** [-tsjus] *m. Gen.- Mz.*-ti|en [-tsjən] päpstl. Botschafter bei einer weltl. Regierung
nup|ti|al [-tsjal, lat.] *veraltet:* ehelich, Ehe..., hochzeitlich, Hochzeits...
Nurse [-nəs, engl.] *w. Gen.- Mz.*-s [-siz] *oder* -n, *engl. Bez. für* Kindermädchen
Nu|ta|ti|on [-tsjon, lat.] *w.10* **1** Schwankung (z. B. der Erdachse gegen den Himmelspol); **2** Krümmungsbewegung (von Pflanzen infolge ungleichen Wachstums)
Nu|tria [lat.-span.] *w.9* Biberratte, Sumpfbiber; **2** deren Fell
nu|trie|ren [lat.] ernähren; **Nu|tri|ment** *s.1* Nahrungsmittel; **Nu|tri|ti|on** [-tsjon] *w.10 nur Ez.* Ernährung; **nu|tri|tiv** nahrhaft
Nyk|ti|na|stie [griech.], **Nyk|ti|tro|pie** *w.11*, **Nyk|ti|tro|pis|mus** *m. Gen.- Mz.*-men Schlafbewegung der Pflanzen, z. B. Senken, Zusammenlegen der (Blüten-) Blätter; **Nykt-urie** *w.11* verstärkter nächtl. Harndrang
Ny|lon [nai-, Kunstw.] **1** *s. Gen.*-s *nur Ez.* eine Kunstfaser; **2** *s.9 Mz.* Nylonstrümpfe
Nym|phäa [griech.], **Nym|phäe** *w. Gen.- Mz.*-phä|en See-, Wasserrose; **Nym|phä|um** *s. Gen.*-s *Mz.*-phä|en **1** *urspr.:* Heiligtum einer Nymphe, einer Nymphe geweihter Brunnen; **2** *dann:* mit Figuren, Säulen, Nischen verzierte Brunnenanlage; **Nym|phe** *w.11* **1** *griech. Myth.:* weibl. Naturgottheit, z. B. Quell-, Baumnymphe; **2** Entwicklungsstadium mancher Insekten zwischen Larve und Puppe; **nym|pho|man** an Nymphomanie leidend, mannstoll; **Nym|pho|ma|nie** *w.11 nur Ez.* krankhaft gesteigerter Geschlechtstrieb (bei Frauen), Mannstollheit; **Nym|pho|ma-nin** *w.10* an Nymphomanie leidende Frau
Ny|norsk *s. Gen.- nur Ez. neuere Bez. für* Landsmål
Ny|stag|mus [griech.] *m. Gen.- nur Ez.* Augenzittern

O

O *chem. Zeichen für* Sauerstoff (Oxygenium)

Ö *Abk. für* Oersted

O' *vor irischen Namen Abk. für* „Sohn des", z. B. O'Connor

OAS **1** *Abk. für* Organisation de l'Armée Secrète (frz. Geheimorganisation zur Bekämpfung der Algerienpolitik de Gaulles); **2** *Abk. für* Organization of American States

Oa|se [ägypt.] *w. 11* **1** *in Trockenzonen:* Gebiet reichen Pflanzenwuchses an Quelle oder Wasserlauf; **2** *übertr.:* vom Lärm und Getriebe der Welt abgeschlossener Ort, z. B. eine Oase des Friedens, der Stille

OAU *Abk. für die 1963 gegründete* Organization of African Unity

Ob|duk|ti|on [-tsjon, lat.] *w. 10 Med.:* medizin. Untersuchung und Öffnung einer Leiche, um die Todesursache festzustellen, Autopsie, Leichenöffnung; **ob|du|zie|ren** eine Leiche o.: eine Obduktion an einer Leiche vornehmen

Ob|edi|enz [lat.] *w. 10 nur Ez.* **1** Gehorsam der Kleriker gegenüber ihren geistlichen Vorgesetzten; **2** *früher auch bei Papst- und Bischofswahlen:* Anhängerschaft des Wahlkandidaten

Obe|lisk [griech.] *m. 10* freistehender, vierkantiger, sich nach oben verjüngender Pfeiler mit pyramidenförmiger Spitze

Ob|jekt [lat.] *s. 1* **1** Sache, Gegenstand (der Verhandlung, Betrachtung, des Wahrnehmens); *Ggs.:* Subjekt (**1**); **2** *Gramm.:* Satzergänzung, z. B. Dativobjekt; **Ob|jekt|ero|tik** *w. 10 nur Ez.* sexuelle Befriedigung an einem Objekt; **Ob|jek|ti|on** [-tsjon] *w. 10* Übertragung von Empfindungen auf einen Gegenstand; **ob|jek|tiv** **1** gegenständlich, tatsächlich, sachlich; **2** unparteiisch; *Ggs.:* subjektiv (**2**); **Ob|jek|tiv** *s. 1, bei opt. Geräten:* dem Beobachtungsgegenstand zugewendete Linse; *Ggs.:* Okular; **Ob|jek|ti|va|ti|on** [-tsjon] *w. 10* Vergegenständlichung; **ob|jek|ti|vie|ren** zum Objekt machen, vergegenständlichen; **Ob|jek|ti|vis|mus** *m. Gen. - nur Ez.* Lehre, daß es vom Subjekt unabhängige Wahrheit und Werte gibt; *Ggs.:* Subjektivismus; **ob|jek|ti|vi|stisch** auf dem Objektivismus beruhend; **Ob|jek|ti|vi|tät** *w. 10 nur Ez.* Sachlichkeit, Vorurteilslosigkeit; *Ggs.:* Subjektivität

Ob|last [russ.] *w. 1 in der UdSSR:* Verwaltungsbezirk

Ob|la|te [lat.] *w. 11* **1** noch nicht geweihte Hostie; **2** dünnes, aus Weizenmehl gebackenes Scheibchen (als Unterlage für Kleingebäck); **3** eine Art Waffel; **4** *m. 11 MA:* für das Kloster bestimmtes und dort erzogenes Kind; **Ob|la|ti|on** [-tsjon] *w. 10* **1** → Offertorium; **2** freiwillige Gabe (der Gemeinde an die Kirche)

ob|li|gat [lat.] **1** erforderlich, unentbehrlich; **2** *Mus.:* als Begleitstimme selbständig geführt; **Ob|li|ga|ti|on** [-tsjon] *w. 10* **1** Verbindlichkeit, Verpflichtung; **2** Schuldverschreibung, festverzinsliches Wertpapier; **Ob|li|ga|tio|när** [-tsjo-] *m. 1 schweiz.:* Inhaber von Obligationen (**2**); **ob|li|ga|to|risch** vorgeschrieben, verbindlich; *Ggs.:* fakultativ; **Ob|li|ga|to|ri|um** *s. Gen.* -s *Mz.* -ri|en *schweiz.:* verbindl. Geltung; Verpflichtung; Pflichtfach; **Ob|li|go** [ital.] *s. 9* Verpflichtung, Haftung, Gewähr; ohne Obligo (*Abk.:* o. O.): unverbindlich, ohne Gewähr

Ob|li|te|ra|ti|on [-tsjon, lat.] *w. 10* **1** Tilgung, Löschung; **2** *Med.:* Ausfüllung von Hohlräumen durch krankhaft dort einwachsendes Gewebe; **ob|li|te|rie|ren** tilgen, löschen

Oboe [mlat.-frz.] *w. 11* ein Holzblasinstrument mit Doppelrohrblatt und konischer Bohrung; Oboe d'amore („Liebesoboe") Oboe mit birnenförmigem Schallbecher und zartem Klang; Oboe da caccia [katʃa] („Jagdoboe"): halbkreisförmig gebogene Oboe mit Schallbecher aus Messing; **Obo|ist** *m. 10* Oboenspieler

Obo|lus [griech.] *m. Gen. - Mz. - oder* -lus|se **1** kleine altgriech. Münze sowie Gewichtseinheit; **2** kleiner Beitrag, Scherflein; seinen O. entrichten; **3** versteinerter Armfüßer des Kambriums

Ob|se|qui|en [lat.] *Mz.* → Exequien

Ob|ser|vant [lat.] *m. 10* der strengeren Richtung eines Mönchsordens angehörender Mönch, z. B. bei den Franziskanern; **Ob|ser|vanz** *w. 10* **1** die strengere von zwei Richtungen eines Mönchsordens; **2** Gewohnheitsrecht; **Ob|ser|va|ti|on** [-tsjon] *w. 10* wissenschaftliche (auch kriminalist.) Beobachtung; **Ob|ser|va|tor** *m. 13* wissenschaftl. Beobachter (Beamter) an einer Sternwarte; **Ob|ser|va|to|ri|um** *s. Gen.* -s *Mz.* -ri|en astronomische, meteorologische oder geophysikalische Beobachtungsstation, Stern-, Wetterwarte

Ob|ses|si|on [lat.] *w. 10* Zwangsvorstellung; **ob|ses|siv** in der Art einer Obsession

Ob|si|di|an [lat.] *m. 1* kieselsäurereiches, glasiges, vulkanisches Gestein, Lavaglas

ob|skur [lat.] dunkel, unklar, verdächtig; **Ob|sku|rant** *m. 10 veraltet:* Dunkelmann, Feind der Aufklärung; **Ob|sku|ran|tis|mus** *m. Gen. - nur Ez.* Feindseligkeit gegenüber Aufklärung und Fortschritt; **Ob|sku|ri|tät** *w. 10 nur Ez.* Dunkelheit, Unklarheit

ob|so|let [lat.] ungebräuchlich, veraltet
Ob|ste|trik [lat.] *w. 10 nur Ez.* (Lehre von der) Geburtshilfe
ob|sti|nat [lat.] halsstarrig, eigensinnig, widerspenstig; **Ob|sti|na|ti|on** [-tsjon] *w. 10* Eigensinn, Widerspenstigkeit, Halsstarrigkeit
Ob|sti|pa|ti|on [-tsjon, lat.] *w. 10 Med.:* Verstopfung; **ob|sti|pie|ren** stopfen, Verstopfung bewirken
ob|stru|ie|ren [lat.] hindern, hemmen; **Obstruk|ti|on** [-tsjon] *w. 10* Verzögerung, Verschleppung (von Parlamentsbeschlüssen); **ob|struk|tiv** hindernd, hemmend
ob|szön [lat.] schamlos, unanständig; **Ob|szöni|tät** *w. 10* **1** *nur Ez.* Schamlosigkeit, Unanständigkeit; **2** obszöne Bemerkung oder Darstellung
Ob|tu|ra|ti|on [-tsjon, lat.] *w. 10* Verstopfung (von Hohlräumen, Hohlorganen); **Ob|tu|rator** *m. 13* Platte zum Schließen abnormer Körperöffnungen, bes. von Gaumenlücken
Obus *m. 1 Kurzw. für* Oberleitungsomnibus
Oc|ca|mis|mus *m. Gen. - nur Ez.* → Ockhamismus
Och|lo|kra|tie [griech.] *w. 11* Pöbelherrschaft, entartete Demokratie
Ock|ha|mis|mus *m. Gen. - nur Ez.* Lehre des engl. Theologen W. von Ockham, des Begründers des spätmittelalterl. Nominalismus
OD *Abk. für* Overdose (Überdosis)
Odal [skand.] *s. 1 im german. Recht:* Sippeneigentum an Grund und Boden
Oda|lis|ke [türk.] *w. 11 früher:* weiße türk. Haremssklavin
Odd Fel|lows [ɔd fɛlouz, engl.] *Mz. eigtl.:* Independent Order of Odd Fellows „Unabhängiger Orden überzähliger Gesellen": im 18. Jh. engl. freimaurerähnliche Vereinigung zur Unterstützung arbeitsloser Handwerker
Odds [engl. „Ungerade"] *nur Mz.* **1** Wette mit ungleichen Einsätzen; **2** *Sport:* Vorgaben
Ode [griech.] *w. 11* feierliches lyrisches Gedicht in freien Rhythmen
Ödem [griech.] *s. 1* Ansammlung von Wasser im Unterhautzellgewebe; **öde|ma|tös** ödemartig, mit Ödemen einhergehend
Ode|on [griech.] *s. 9 Name für* Musik-, Theatersaal, Kino, Vergnügungsstätte; **Ode|um** *s. Gen.* -s *Mz.* -de|en *Antike:* rundes Gebäude für künstler. Darbietungen
Odeur [odœr, frz.] *s. 9 oder s. 1* **1** wohlriechender Stoff; **2** Duft, Geruch
odi|ös, odi|os [lat.] **1** widerwärtig, verhaßt; **2** unausstehlich, gehässig
Ödi|pus|kom|plex [nach dem altgriech. König von Theben, der unwissentlich seinen Vater tötete und seine Mutter heiratete] *m. 1 nur Ez.* in früher Kindheit sich entwickelnde, übersteigerte Bindung an den andersgeschlechtlichen Elternteil
Odi|um [lat.] *s. Gen.* -s *nur Ez.* **1** Makel; **2** Haß, Feindschaft
Odon|to|lo|gie [griech.] *w. 11 nur Ez.* Zahnheilkunde
Odor [lat.] *s. Gen.* -s *Mz.* Odo|res [-re:s] *Med.:* Geruch
Odys|see [nach dem Heldenepos Homers über die Irrfahrt und Heimkehr des Odysseus] Irrfahrt, langwierige, schwierige Reise
Oe *Abk. für* Oersted
OECD *Abk. für* Organization for Economic Cooperation and Development: Organisation für wirtschaftl. Zusammenarbeit und Entwicklung
Oer|sted [œr-, nach dem dän. Physiker H. Chr. Ørsted] *s. Gen.* -(s) *Mz.* - (*Abk.:* Oe, Ö) Maßeinheit der magnetischen Feldstärke
Œuvre [œvr(ə), frz.] *s. 9* **1** *frz. Bez. für* Opus, Werk; **2** Gesamtheit der Werke (eines Künstlers)
off [engl.] *auf Weckuhren:* aus; **Off 1** *s. Gen.* -s *nur Ez., Film, Fernsehen:* Bereich außerhalb des Bildes; Stimme aus dem Off, der Sprecher ist im Off
of|fen|siv [lat.] angreifend, angriffslustig; *Ggs.:* defensiv; **Of|fen|si|ve** *w. 11* Angriff, Angriffsschlacht; *Ggs.:* Defensive
of|fe|rie|ren [lat.] anbieten; **Of|fert** *s. 1 österr. für* Offerte; **Of|fer|te** *w. 11* schriftl. Angebot;
Of|fer|to|ri|um *s. Gen.* -s *Mz.* -ri|en Teil der kirchl. Liturgie, Darbringung von Brot und Wein
Of|fice 1 [ɔfis, engl.] *s. Gen.* - *Mz.* -s [ɔfisiz] Büro; **2** [ɔfis, frz.] *s. Gen.* - *Mz.* -s [ɔfis] *schweiz.:* Anrichteraum (in Gaststätten); **Of|fi|ci|um** *s. Gen.* -s *Mz.* -ci|en **1** → Offizium; **2** O. divinum *kath. Kirche:* die dem Geistlichen vorbehaltenen liturg. Handlungen, *bes.:* das tägl. Stundengebet; **Of|fi|zi|al** *m. 1* **1** *kath. Kirche:* Vertreter des Bischofs bei der Ausübung der Gerichtsbarkeit; **2** *österr.:* ein Beamtentitel, z. B. Postoffizial; **Of|fi|zia|lat** *s. 1 kath. Kirche:* bischöfl. Gerichtsbarkeit; **Of|fi|zi|al|de|likt** *s. 1,* **Of|fi|zi|al|ver|ge|hen** *s. 7* Vergehen, das von Amts wegen verfolgt wird; **Of|fi|zi|al|ver|tei|di|ger** *m. 5* amtl. bestellter Verteidiger; **Of|fi|zi|ant** *m. 10* **1** *kath. Kirche:* den Gottesdienst durchführender Geistlicher; **2** unterer Beamter; **3** *süddt.:* Schulhausmeister; **of|fi|zi|ell 1** öffentlich (bekannt); *Ggs.:* inoffiziell; **2** amtlich, verbürgt; **3** feierlich, förmlich
Of|fi|zier [frz.] *m. 1* Soldat in einem Rang vom Leutnant an aufwärts
Of|fi|zin [lat.] *w. 10* **1** Arbeitsraum in einer Apotheke; **2** Druckerei; **of|fi|zi|nal, of|fi|zinell** als Heilmittel anerkannt, arzneilich
of|fi|zi|ös [frz.] halbamtlich, nicht verbürgt
Of|fi|zi|um [lat.] *s. Gen.* -s *Mz.* -zi|en *veraltet:* Amts-, Dienstpflicht
off li|mits [engl.] Zutritt verboten
off line [ɔf lain, engl.] nur indirekt mit einer EDV-Anlage verbunden, für Zwischenspeicher bestimmt; vgl. on line

Offlset [engl.] *m. 9 Funk, Fernsehen:* Frequenzversetzung; **Offlsetldruck** *m. 1* **1** *nur Ez.* ein Flachdruckverfahren; **2** dessen Erzeugnis
off shore ... [-ʃɔr, engl.] *in Zus.:* entfernt von der Küste, z. B. Off-shore-Bohrung
Off-Sprelcher [engl.] *m. 5* unsichtbarer Kommentator im Unterrichtsfilm; **Off-Stimlme** *w. 11 Theater, Film, Fernsehen:* Stimme eines unsichtbaren Sprechers; *Ggs.:* On-Stimme
Oger [frz.] *m. 5 im frz. Märchen:* Menschenfresser, Riese
o. k., O. K. [ɔke] *Abk. für* okay
Okalpi [afrik.] *s. 9* eine westafrik. Giraffenart
Okalrilna [ital. „Gänschen"] *w. Gen. - Mz.* -nen kleines, flötenartiges Musikinstrument aus Ton oder Porzellan in Form eines spitz zulaufenden Gänseeis mit Mundstück
okay [ɔke, engl., Herkunft unsicher] (*Abk.:* o. k., O. K.) in Ordnung
Oklkalsiolnallislmus *m. Gen. - nur Ez.* Lehre, die die Wechselwirkung von Leib und Seele verneint und die Übereinstimmung zwischen beiden auf Gott zurückführt; **oklkalsiolnell** *veraltet:* gelegentlich, Gelegenheits...
Oklkilspitlze [zu ital. occhio „Auge"] *w. 11* mit einem schiffchenförmigen Werkzeug hergestellte Knüpfspitze, Schiffchenarbeit
oklkluldielren [lat.] hemmen, schließen, versperren; **Oklklulsilon** *w. 10* **1** Verschluß, Sperre, Hemmung; **2** normale Bißstellung der Zähne; **3** Zusammentreffen von Warm- und Kaltluftfront; **oklklulsiv** hemmend, sperrend
oklkult [lat.] geheim, verborgen, übersinnlich; **Oklkulltislmus** *m. Gen. - nur Ez.* Lehre von den (vermuteten) außer- oder übersinnl. Kräften, z. B. von der Telepathie
Oklkulpant [lat.] *m. 10* jmd., der etwas okkupiert; **Oklkulpaltilon** [-tsjon] *w. 10* **1** Besetzung (fremden Staatsgebietes); **2** Aneignung (herrenlosen Gutes); **oklkulpaltolrisch** in der Art einer Okkupation, durch Okkupation; **oklkulpielren** besetzen, sich aneignen
Ökollolgie [griech.] *w. 11 nur Ez.* Lehre von den Beziehungen der Lebewesen zu ihrer Umwelt; **ökollolgisch** die Umwelt der Lebewesen betreffend, zu ihr gehörig; ökologische Nische: Teil der Umwelt, an dessen Lebensbedingungen eine bestimmte Art von Lebewesen angepaßt ist; **Ökoltop** *s. 1* ökologisch einheitl. Gebiet
Ökolnom [griech.] *m. 10 veraltet:* Landwirt, Gutsverwalter; **Ökolnolmie** *w. 11 nur Ez.* **1** *veraltet:* Landwirtschaftsbetrieb; **2** Wirtschaft; **3** Wirtschaftlichkeit, Sparsamkeit; **Ökolnolmik** *w. 10 nur Ez.* Wirtschaftswissenschaft; **ökolnolmisch** **1** zur Ökonomie gehörend; **2** wirtschaftlich, sparsam; **Ökolnolmislmus** *m. Gen. - nur Ez.* Betrachtungsweise nur vom wirtschaftl. Standpunkt aus; **ökolnolmilstisch;** in der Art des Ökonomismus
Ökolsylstem [griech.] *s. 1* Einheit von Lebewesen u. ihrem Lebensraum, Lebenseinheit; **Ökoltrolphollolgie** *w. 11 nur Ez.* Haushalts- und Ernährungswissenschaft; **Ökoltylpus** *m. Gen. - Mz.* -pen einem bestimmten Standort angepaßte Gruppe von Tieren oder Pflanzen
Okltalchord [-kɔrd, griech.] *s. 1* Musikinstrument mit acht Saiten; **Okltaleder** *m. 5 oder s. 5* Achtflächner; **okltaledlrisch** achtflächig; **Okltalgon** *s. 1* → Oktogon
Okltan *s. 1* ein Kohlenwasserstoff
Okltant [lat.] *m. 10* **1** Achtelkreis; **2** nautisches Winkelmeßgerät
Okltanlzahl [lat.] *w. 10* (*Abk.:* Oz) Maßzahl für die Klopffestigkeit von Treibstoffen
Okltav [lat.] *s. 1* (*Zeichen:* 8°) → Oktavformat; **Okltalve** *w. 11* **1** der achte Ton der diatonischen Tonleiter; **2** Intervall von acht Tönen; **Okltavlforlmat** *s. 1* ein Buchformat in der Größe eines Achtelbogens; **okltalvielren** eine Oktave höher spielen als angegeben; **Okltett** *s. 1* **1** Musikstück für acht Instrumente oder Singstimmen; **2** Gruppe von acht Instrumentalisten oder Sängern; **Okltolde** *w. 11* [griech.] Elektronenröhre mit acht Elektroden; **Okltoldelkalgon** *s. 1* Achtzehneck; **Oktolgon** *s. 1* Achteck; **okltolgolnal** achteckig; **Okltolpolde** *m. 11* achtarmiger Kopffüßer, Krake; **Okltopus** *m. Gen. - nur Ez.* eine Gattung von achtarmigen Kopffüßern
okltroylielren [-troa-, frz.] auferlegen, aufzwingen
okullar [lat.] mit dem Auge, für das Auge; **Okullar** *s. 1 bei optischen Geräten:* die dem Auge zugewendete Linse; *Ggs.:* Objektiv; **Okullaltilon** [-tsjon] *w. 10* das Okulieren; **okullielren** Pflanzen o. durch Einsetzen von Knospen (Augen) veredeln; **Okullierlreis** *s. 1* Pfropfreis
Ökulmelne [griech.] *w. 11 nur Ez.* **1** die bewohnte Erde; **2** → ökumenische Bewegung; **ökulmelnisch** zur Ökumene (**1**) gehörig; ökumenische Bewegung: Bestreben aller Christen zur Einigung in relig. Fragen; ökumenisches Konzil: Versammlung der Vertreter aller kath. Kirchen; ökumenische Trauung: Trauung eines Brautpaares verschiedener Konfession durch zwei Geistliche der betr. Konfessionen
Oklzildent [lat.] *m. 1 nur Ez.* Westen, Abendland (Europa); *Ggs.:* Orient; **oklzildenltal, oklzildenltallisch** abendländisch; *Ggs.:* orientalisch
oklzilpiltal [lat.] zum Hinterhaupt gehörig
Oldltilmer [-tai-, engl.] *m. 5* **1** altes Modell eines Fahrzeugs aus der Anfangszeit der Technik, z. B. Auto, Schiff, Flugzeug, Eisenbahnzug; **2** *scherzh.:* langjähriges Mitglied eines Vereins
olé! [span.] los!, vorwärts!, hurra!
Olea *Mz. von* Oleum

Ole|an|der [lat.-ital.] *m.5* ein mittelmeer. Zierstrauch

Ole|at [lat.] *s.1* Salz der Ölsäure; **Ole|fin** *s.1* geradkettiger Kohlenwasserstoff mit einer Doppelbindung; **Ole|in** *s.1* Ölsäure; **Ole|um** *s. Gen.*-s *Mz.* Olea **1** Öl; **2** rauchende Schwefelsäure

ol|fak|to|risch [lat.] zum Riechnerv gehörend, von ihm ausgehend; **Ol|fak|to|ri|um** *s. Gen.*-s *Mz.*-ri|en Riechmittel; **Ol|fak|to|ri|us** *m. Gen.* - *nur Ez.* Riechnerv

Oli|fant [altfrz.] *m.1* mittelalterl. Jagd- und Trinkhorn

Olig|ämie [griech.] *w.11* Blutarmut infolge Verringerung der Gesamtblutmenge; **Olig|ar|chie** *w.11* Herrschaft nur einer kleinen aristokrat. Schicht; **Oli|go|chä|ten** [-çɛ-] *m.10 Mz.* Klasse der Ringelwürmer mit wenig Borsten, Borstenwürmer; **oli|go|dy|na|misch** in kleinsten Mengen wirksam; **Oli|go|glo|bu|lie** *w.11* → Oligozythämie; **Oli|go|pha|gie** *w.11 nur Ez.* auf bestimmte Futterpflanzen und Beutetiere eingestellte Ernährungsweise; **Oli|go|phre|nie** *w.11 nur Ez.* erblicher oder früh erworbener Schwachsinn; **Oli|go|pol** *s.1* Marktbeherrschung durch wenige Anbieter; **oli|go|troph** humus-, nährstoffarm (Boden, Gewässer); **Oli|go|zän** *s.1 nur Ez.* mittlere Abteilung des Tertiärs; **Oli|gozyt|hä|mie** *w.11* Verminderung der roten Blutkörperchen, Oligoglobulie; **Olig|urie** *w.11* Verminderung der Harnabsonderung

Olim [lat. olim „einst"] *nur in den Wendungen* seit Olims Zeiten: seit jeher; zu Olims Zeiten: vor langer Zeit

Oli|ve [lat.] *w.11* **1** Ölbaum; **2** Frucht des Ölbaums; **Oli|vet|te** [-vɛtə] *w.11* olivenförmige Koralle, Glasperle; **Oli|vin** *s.1* ein olivgrünes Mineral

Olla po|dri|da [span.] *w. Gen.* -- *nur Ez.* span. Eintopfgericht aus Fleisch, geräucherter Wurst und Gemüse

Olymp [nach dem Olympos, dem Berg in Nordgriechenland] *m. Gen.*-s *nur Ez.* **1** *griech. Myth.:* Wohnsitz der Götter; **2** *ugs. scherzh.:* oberster Rang im Theater; **Olym|pia|de** *w.11* **1** *urspr.:* Zeitraum von vier Jahren zwischen zwei Olympischen Spielen; **2** *heute:* die Olympischen Spiele; **Olym|pi|er** *m.5* **1** *griech. Myth.:* Bewohner des Olymps (1); **2** *übertr.:* Mann von majestätischer Ruhe und Überlegenheit; **Olym|pio|ni|ke** *m.11* Sieger bei den Olympischen Spielen; **olym|pisch** **1** zum Olymp (**1**) gehörend; **2** zu den Olympischen Spielen gehörend; **3** *übertr.:* majestätisch ruhig

Om|bro|graph [griech.] *m.10* selbsttätig aufzeichnender Regenmesser, Regenschreiber, Pluviograph; **Om|bro|me|ter** *s.5* Regenmesser; **om|bro|phil** regen-, feuchtigkeitsliebend (Tier, Pflanze); **om|bro|phob** Regen, Feuchtigkeit meidend (Tier, Pflanze)

Om|buds|mann [schwed.] *m.4* Beauftragter des Parlaments, an den sich jeder Bürger zum Schutz gegen Behördenwillkür wenden kann; *auch allg.:* jmd., an den man sich mit Beschwerden wenden kann

Ome|ga *s.9* letzter Buchstabe des griech. Alphabets (Zeichen: Ω); vgl. Alpha

Ome|lett [ɔm-, frz.] *s.9*, **Ome|lette** [ɔmlɛt] *w.9* in der Pfanne gebackener Eierkuchen; O. aux confitures [- o kɔ̃fityr] mit Marmelade gefüllter Eierkuchen; O. aux fines herbes [- o finzɛrb] mit Kräutern gefüllter Eierkuchen; O. soufflé [- sufle] mit Eischnee aufgelockerter Eierkuchen

Omen [lat.] *s. Gen.*-s *Mz.* Omina Zeichen, Vorzeichen, Vorbedeutung; vgl. Nomen (**1**); **omi|nös** **1** *urspr.:* von schlimmer Vorbedeutung; **2** bedenklich, verdächtig

Omis|si|on [lat.] *w.10 veraltet:* Unterlassung; **Omis|siv|de|likt** *s.1* strafbare Unterlassung einer gebotenen Handlung, z.B. Hilfeleistung

Om|ni|bus [lat.] *m.1* vielsitziger Verkehrskraftwagen, Autobus; **om|ni|po|tent** allmächtig; **Om|ni|po|tenz** *w.10 nur Ez.* Allmacht; **Om|ni|prä|senz** *w.10 nur Ez.* Allgegenwart (Gottes); **Om|ni|um** *s. Gen.*-s *Mz.*-ni|en **1** *Radsport:* aus mehreren Wettbewerben zusammengesetzter Wettkampf im Bahnrennen; **2** *Reitsport:* Rennen, an dem jedes Pferd teilnehmen kann; **Om|ni|vo|re** [-vo-] *m.11* → Pantophage

on [engl.] *auf Weckuhren:* an; **On 1** *s. Gen.*-s *nur Ez., Film, Fernsehen:* Bereich innerhalb des Bildes; Sprecher im On

Ona|ger [griech.] *m.5* **1** altröm. Wurfmaschine; **2** südwestasiat. Halbesel

Ona|nie [nach Onan, einer Gestalt des AT] *w.11 nur Ez.* Masturbation; **ona|nie|ren** sich geschlechtl. selbst befriedigen, masturbieren; **Ona|nist** *m.10* jmd., der (gewohnheitsmäßig) onaniert

On|dit [ɔ̃di, frz. „man sagt"] *s.9* Gerücht

On|du|la|ti|on [-tsjon, lat.] *w.10* das Ondulieren; **on|du|lie|ren** das Haar o.: (mit der Brennschere) in Wellen legen

One|step [wʌnstɛp, engl. „ein Schritt"] *m.9, nach 1900:* ein schneller Gesellschaftstanz im $\frac{2}{4}$- oder $\frac{6}{8}$-Takt

on|ga|re|se [ital.] *Mus.:* auf ungarische Art

On|ko|lo|gie [griech.] *w.11 nur Ez.* Lehre von den Geschwulstkrankheiten

on line [ɔn lain, engl.] direkt mit einer EDV-Anlage verbunden; vgl. off line

Öno|lo|gie [griech.] *w.11 nur Ez.* Weinbaukunde

Ono|ma|sio|lo|gie [griech.] *w.11 nur Ez.* Begriffs-, Bezeichnungslehre, Lehre von den Wörtern, die jeweils für einen Begriff verwendet werden oder im Lauf der Zeit verwendet worden sind; **Ono|ma|stik** *w.10 nur Ez.* Namenkunde; **Ono|ma|sti|kon** *s. Gen.*-s

Mz.-ka **1** Namensverzeichnis; **2** Namenstags- oder Geburtstagsgedicht; **Ono|ma|to|lo|gie** *w.11 nur Ez.* → Onomastik; **Ono|ma|to|poe|se** *w.11* → Onomatopöie; **ono|ma|to|poe|tisch** lautmalend; onomatopoetische Wörter: laut-, schallnachahmende Wörter, z. B. surren, klirren, rattern; **Ono|ma|to|pö|ie** *w.11 nur Ez.* Lautmalerei

Öno|me|ter [griech.] *s.5* Gerät zum Messen des Alkoholgehalts des Weins

On parle fran|çais [ɔ̃ parl frãsɛ, frz.] Hier wird Französisch gesprochen (auf Schildern)

On-Stim|me [engl.] *w.11 Theater, Film, Fernsehen:* Stimme eines sichtbaren Sprechers; *Ggs.:* Off-Stimme

on the rocks [ɔn ðə -, engl.] auf Eiswürfel gegossen (Getränk)

on|tisch [griech.] dem Sein gemäß, seiend, Seins…; **On|to|ge|ne|se** *w.11 nur Ez.* Entwicklung des Lebewesens von der befruchteten Eizelle bis zum geschlechtsreifen Zustand; **on|to|ge|ne|tisch** auf Ontogenese beruhend; **On|to|ge|nie** *w.11 nur Ez.* → Ontogenese; **On|to|lo|gie** *w.11 nur Ez.* Lehre vom Sein

on-tur|nen [ɔntə:nən, aus engl. turn on „andrehen"] *ugs.:* Rauschgift nehmen

Onyx [griech.] *m.1* ein Mineral, ein Quarz; **Onyx|glas** *s.4* geädertes farbiges Kunstglas

o. O. *Abk. für* ohne → Obligo

Oo|ge|ne|se [oːɔ-, griech.] *w.11 nur Ez.* Entwicklung, Bildung der Eizelle; **oo|ge|ne|tisch** aus dem Ei (entstanden); **Oo|lith** *m.10* aus schaligen Kalkkügelchen aufgebautes Gestein, Rogenstein; **Oo|lo|gie** *w.11 nur Ez.* Lehre vom Vogelei; **Oo|my|ze|ten** *m.10 Mz.* Ordnung niederer Pilze (hauptsächlich Pflanzenschädlinge)

OP *Abk. für* Operationssaal

op. *Abk. für* Opus

O. P., O. Pr. *Abk. für* Ordinis Praedicatorum: vom Orden der Prediger (Dominikaner)

opak [lat.] undurchsichtig, aber durchscheinend, trübe; **Opak|glas** *s.4* undurchsichtiges Glas

Opal [sanskr.] *m.1* **1** ein Mineral, Halbedelstein; **2** feines Baumwollgewebe; **Opa|les|zenz** *w.10 nur Ez.* Schimmern, Schillern infolge Lichtbeugung wie beim Opal; **opa|les|zie|ren** wie Opal schimmern; **Opal|glas** *s.4* schwach trübes Milchglas; **opa|li|sie|ren** → opaleszieren

Opan|ke [serb.] *w.11* südosteurop. absatzloser Schuh mit aufgebogener Spitze

Op-Art [Kurzw. aus engl. optical art] *w. Gen. - nur Ez.* Kunstrichtung, bei der optische Effekte (durch bestimmte Farbsetzung) erstrebt werden

Opa|zi|tät [lat.] *w.10 nur Ez.* Undurchsichtigkeit, Lichtundurchlässigkeit; *Ggs.:* Transparenz

Oper [ital.] *w.11* **1** in Musik gesetztes Bühnenstück; **2** Gebäude für Aufführungen solcher Werke; **Ope|ra** **1** *ital. Form von* Oper; **2** *Mz. von* Opus

ope|ra|bel [lat.] so beschaffen, daß man es operieren kann

Ope|ra buf|fa [ital.] *w. Gen. -- Mz.*-re -fe komische Oper; **Ope|ra se|ria** *w. Gen. -- Mz.* -re -rie [-riːe:] ernste Oper

Ope|ra|teur [-tør] *m.1* Arzt, der operiert; **Ope|ra|ti|on** [-tsjon] *w.10* **1** chirurg. Eingriff; **2** Verfahren, Arbeitsvorgang; **3** militär. Unternehmen; **Ope|ra|ti|ons|ba|sis** *w. Gen. - Mz.*-basen Ausgangsgebiet einer (militär.) Operation; **Ope|ra|tions-Re|search** [ɔpərɛiʃns rizətʃ, engl.] *w. Gen. - nur Ez.* betriebswirtschaftl. Verfahrensforschung, Planungsforschung; **ope|ra|tiv** **1** chirurgisch, mit Hilfe einer Operation; **2** *Mil.:* strategisch; **Ope|ra|tor** *m.13* **1** ein Zeichen der mathemat. Logik; **2** jmd., der eine EDV-Anlage bedient

Ope|ret|te [ital.] *w.11* unterhaltsames, heiteres Bühnenstück mit Musik und zum Teil gesprochenen Dialogen

ope|rie|ren [lat.] **1** jmdn. o.: einen chirurg. Eingriff an jmdm. vornehmen; **2** eine militär. Operation durchführen; **3** handeln, verfahren

Ophio|la|trie [griech.] *w.11 nur Ez.* relig. Verehrung der Schlange, Schlangenanbetung; **Ophit** **1** *m.10* Schlangenanbeter; **2** *m.1* ein Mineral; **ophi|tisch** zur Ophiolatrie gehörend, auf ihr beruhend; **Ophi|uren** *Mz.* Schlangensterne, Stachelhäuter mit dünnen Armen

Oph|thal|mia|trie [griech.] *w.11 nur Ez.*, **Oph|thal|mia|trik** *w.10 nur Ez.* Augenheilkunde; **Oph|thal|mie** *w.11* Augenentzündung; **oph|thal|misch** zum Auge gehörig, von ihm ausgehend; **Oph|thal|mo|lo|gie** *w.11 nur Ez.* Augenheilkunde; **Oph|thal|mo|skop** *s.1* Gerät zur Untersuchung des Augenhintergrundes, Augenspiegel; **Oph|thal|mo|sko|pie** *w.11* Untersuchung des Augenhintergrundes

Opi|at [lat.] *s.1* opiumhaltiges Arzneimittel

Opi|ni|on|lea|der [-li:dər, engl.] *m.5* Meinungsbildner, z. B. Publizist

Opi|um *s. Gen.*-s *nur Ez.* aus Mohn gewonnenes Rauschgift

Opo|del|dok [von Paracelsus geprägtes Wort] *m. oder s. Gen.*-s *nur Ez. früher:* durchblutungsförderndes Heilmittel

Opos|sum [nordamerik. Indianerspr.] *s.9* **1** nordamerik. Beutelratte; **2** deren Pelz

Op|po|nent [lat.] *m.10* Gegner (im Redestreit); **op|po|nie|ren** eine gegenteilige Meinung vertreten, widersprechen

op|por|tun [lat.] (augenblicklich) günstig, angebracht, vorteilhaft; *Ggs.:* inopportun; **Op|por|tu|nis|mus** *m. Gen. - nur Ez.* Handeln unter dem Gesichtspunkt, was im Augenblick das Günstigste, Vorteilhafteste ist, Anpassung an die jeweilige Lage; **Op|por|tu|nist**

m.10 jmd., der so handelt, wie es im Augenblick am günstigsten ist; **Op|por|tu|ni|tät** *w.10* günstige, passende Gelegenheit, Vorteil

Op|po|si|ti|on [-tsjon, lat.] *w.10* **1** Gegensatz, Widerstand; O. machen *ugs.:* opponieren, widersprechen; **2** Gesamtheit der zur Regierung in Gegensatz stehenden Parteien; **3** Stellung eines Gestirns zur Sonne und zur Erde, so daß alle drei in einer Geraden liegen; **4** Stellung gegenüber, z. B. des Daumens zu den andern Fingern, (im Schach) der beiden Könige; **op|po|si|tio|nell** [-tsjo-] gegensätzlich, der Opposition angehörend, widersetzlich

op. post., op. posth. *Abk. für* opus postumum, opus posthumum

O. Pr. → O. P.

Op|tant [lat.] *m.10* jmd., der optiert; **op|ta|tiv** einen Wunsch ausdrückend (Verbform), im Optativ stehend; **Op|ta|tiv** *m.1* Wunschform des Verbums, im Dt. durch den Konjunktiv wiedergegeben; **op|tie|ren** für jmdn. oder einen Staat o.: sich für jmdn. oder für die Zugehörigkeit zu einem Staat entscheiden

Op|tik [griech.] *w.10* **1** *nur Ez.* Lehre vom Licht; **2** *an optischen Geräten:* Linsensystem; **3** *nur Ez.* optischer Eindruck, optische Wirkung; **Op|ti|ker** *m.5* Fachmann für Herstellung und Verkauf optischer Geräte

Op|ti|ma *Mz. von* Optimum; **op|ti|ma fi|de** [lat.] im besten Glauben; **op|ti|mal** best, bestmöglich; **Op|ti|mat** *m.10 im alten Rom:* Angehöriger der herrschenden Geschlechter und Mitglied des Senats; **Op|ti|me|ter** *s.5* Gerät zur Feinmessung von Länge und Dicke mit optischer Übertragung der Werte zur Ablesung; **op|ti|mie|ren** bestmöglich gestalten; **Op|ti|mis|mus** *m. Gen. - nur Ez.* positive Lebenseinstellung, Lebensbejahung, Zuversichtlichkeit allen Dingen gegenüber; *Ggs.:* Pessimismus; **Op|ti|mist** *m.10* **1** jmd., der dem Leben und den augenblickl. Gegebenheiten bejahend, zuversichtlich gegenübersteht; *Ggs.:* Pessimist; **2** kleinster Segelboottyp; **op|ti|mi|stisch** zuversichtlich; **Op|ti|mum** *s. Gen.* -s *Mz.* -ma das Beste, Wirksamste, Höchstmaß; *Ggs.:* Pessimum

Op|ti|on [-tsjon, lat.] *w.10* **1** Wahl, Entscheidung (für jmdn. oder die Zugehörigkeit zu einem Staat); **2** Wunsch nach Verlängerung eines Vertrages

op|tisch [lat.] zur Optik, zum Sehen, zum Licht gehörend, darauf beruhend, vom äußeren Eindruck her; optische Täuschung: Täuschung infolge einer falschen Wahrnehmung durch die Augen

Op|to|me|trie [griech.] *w.11 nur Ez.* Messung der Sehschärfe

opu|lent [lat.] reichlich, reichhaltig, üppig (Mahlzeit); *Ggs.:* frugal

Opun|tie [-tsjə, nach der altgriech. Stadt Opus] *w.11* eine Kakteengattung, Feigenkaktus

Opus [auch: ɔpus, lat.] *s. Gen. - Mz.* Opera (*Abk.:* op.) Werk, Kunstwerk, einzelnes Werk aus dem Gesamtschaffen eines Künstlers, bes. Komponisten; Opus post(h)umum (*Abk.:* op. post[h].): nachgelassenes Werk

Ör *m.1* → Öre

Ora [ital.] *w. Gen. - nur Ez.* Seewind am nördl. Gardasee

Ora et la|bo|ra [lat.] Bete und arbeite (alte Mönchsregel)

Ora|kel [lat.] *s.5* **1** *im alten Griechenland:* Stätte, an der Götter Weissagungen erteilten; **2** Weissagung, Zukunftsdeutung; **3** rätselhafter Ausspruch; **4** *nach altem Volksbrauch:* Versuch, Zukünftiges, Unbekanntes durch bestimmte Vorgänge (z. B. Bleigießen) zu erforschen; **ora|keln** in rätselhaften Andeutungen sprechen

oral [lat.] zum Mund gehörig, mit dem Mund, durch den Mund

orange [ɔrãʒ, frz.] rötlichgelb, apfelsinenfarbig; **Orange** **1** *s. Gen.*-(s) *nur Ez.* orange Farbe; **2** [ɔrãʒə] *w.11* Apfelsine; **Oran|gea|de** [ɔrãʒadə] *w.11* Orangenlimonade; **Oran|geat** [ɔrãʒat] *s.1 nur Ez.* kandierte Orangenschale; **Oran|ge|rie** [ɔrãʒə-] *w.11* **1** Gewächshaus mit Orangen; **2** Orangengarten (in Parks)

Orang-Utan [mal.] *m.9* eine Gattung der Menschenaffen

Orant [lat.] *m.10 bildende Kunst:* betende Gestalt

Ora pro no|bis [lat.] *im kath. Gottesdienst bei Anrufung eines Heiligen:* Bitte für uns

Ora|tio obli|qua [lat.] *w. Gen. - - nur Ez. Gramm.:* indirekte Rede; **Ora|tio rec|ta** *w. Gen. - - nur Ez. Gramm.:* direkte Rede

Ora|tor [lat.] *m.13 in der Antike:* (begabter) Redner; **Ora|to|ria|ner** *m.5* Mitglied eines Oratoriums (**2**); **ora|to|risch** rednerisch, rednerisch-schwungvoll, -mitreißend; **Ora|to|ri|um** *s. Gen.*-s *Mz.*-ri|en **1** Betraum, kleine Kapelle für den Gottesdienst, Hauskapelle (in Klöstern u. a.); **2** Kongregation von Priestern und Laien für Erziehung und Seelsorge, bes. die des Gründers, F. Neri; **3** geistliches, episch-dramatisches Musikwerk für Chor, Soli und Orchester

or|bi|ku|lar [lat.] *Med.:* kreis-, ringförmig; **Or|bis** *m. Gen. - nur Ez.* Kreis, Erdkreis; **Or|bis pic|tus** *m. Gen. - - nur Ez.* von J. A. Comenius herausgegebenes, volkstümliches, bebildertes Sprachlehrbuch, Bilderfibel; **Or|bit** *m.1* Kreisbahn eines Satelliten; **Or|bi|ta** *w. Gen. - Mz.*-tae [-tɛ:] Augenhöhle; **or|bi|tal** **1** zur Orbita gehörend; **2** in einem Orbit befindlich

Or|che|ster [-kɛ-, österr. auch: -çɛ-, griech.] *s.5* **1** *Theater:* vertiefter Raum für die Musiker vor der Bühne; vgl. Orchestra; **2** unter einem Dirigenten zusammenspielende größere Gruppe von Musikern mit verschiedenen Instrumenten; **Or|che|stra** [-kε-] *w. Gen. - Mz.* -stren, *altgriech. Theater:* Spielfläche für den Chor; **or|che|stral** [-kε-] zum Orchester gehörend, wie von einem Orchester gespielt, z. B. orchestraler Klang; **Or|che|stra|ti|on** [-kε-tsjon] *w. 10* Bearbeitung (eines Musikstücks) für Orchester; **or|che|strie|ren** für Orchester bearbeiten (Musikstück), instrumentieren; **Or|che|stri|on** [-kε-] *s. Gen.* -s *Mz.* -ri|en ein automat. Musikinstrument, Vorläufer des Grammophons

Or|chi|deen [griech.] *w. 11 Mz.* artenreiche Familie von Zierpflanzen; **Or|chis** 1 *m. Gen. - Mz. -* Hoden; 2 *w. Gen. - Mz. -* Knabenkraut; **Or|chi|tis** *w. Gen. - Mz.* -ti|den Hodenentzündung; **Or|chi|to|mie** *w. 11* Verschneidung, Kastration

Or|dal [angelsächs.-mlat.] *s. 1, Mz. auch:* -li|en, *mittelalterl. Recht:* Gottesurteil

Or|den [lat.] *m. 7* **1** weltl. Gemeinschaft mit bestimmter, weltanschaulich begründeter Lebensform; **2** Klostergenossenschaft, die nach bestimmter Regel lebt und bestimmte Gelübde abgelegt hat; **3** Auszeichnung, Ehrenzeichen

Or|der [lat.] *w. 11* **1** *veraltet:* Befehl; O. parieren: gehorchen; **2** *kaufmänn.:* Auftrag, Bestellung; **or|dern** bestellen (Ware); **Or|der|pa|pier** *s. 1* Wertpapier, das durch → Indossament an eine andere Person übertragen werden kann

Or|di|na|le *w. 11,* **Or|di|nal|zahl** *w. 10* Ordnungszahl, einordnendes Zahlwort, z. B. erster

or|di|när [lat.] **1** alltäglich, landläufig, allgemein; **2** zum Marktpreis; das Buch kostet o. 10,50 DM: im Laden; **3** *übertr.:* gewöhnlich, unanständig (Person, Witz)

Or|di|na|ri|at [lat.] *s. 1* **1** Amt eines ordentl. Professors, Lehrstuhl; **2** Verwaltungsbehörde des Bischofs, Generalvikariat; **Or|di|na|ri|um** *s. Gen.* -s *Mz.* -ri|en **1** ordentl. Staatshaushalt; **2** kath. Gottesdienstordnung; **Or|di|na|ri|us** *m. Gen. - Mz.* -ri|en **1** ordentl. Professor, Professor mit Lehrstuhl; **2** Klassenlehrer (an einer höheren Schule); **3** Träger der kirchl. Rechtsprechung, z. B. Papst, regierender Bischof, Abt; **Or|di|när|preis** *m. 1* Marktpreis, Ladenpreis (bes. eines Buches); **Or|di|na|te** *w. 11 Math.:* parallel zur Ordinatenachse abgemessener Linienabschnitt; **Or|di|na|ten|ach|se** *w. 11* senkrechte Achse im Koordinatensystem; **Or|di|na|ti|on** [-tsjon] *w. 10* **1** *kath. Kirche:* Priesterweihe; **2** *evang. Kirche:* Einsetzung, Berufung (eines Pfarrers); **3** ärztl. Verordnung; ärztl. Sprechstunde; **4** *österr. auch:* ärztl. Behandlungsraum; **Or|di|na|ti|ons|zim|mer** *s. 5* Sprechzimmer (des Arztes); **or|di|nie|ren** **1** *kath. Kirche:* zum Priester weihen; *evang. Kirche:* ins Amt einsetzen (Pfarrer); **2** Sprechstunde halten (Arzt)

Or|do|li|be|ra|lis|mus *m. Gen. - nur Ez.* freiheitliche, wettbewerbsorientierte Wirtschaftsordnung mit weitgehender Verantwortung des einzelnen

Or|don|nanz [lat.-frz.] *w. 10* Soldat, der einem Offizier für bestimmte Aufgaben, bes. das Übermitteln von Befehlen, zugeteilt ist; **Or|don|nanz|of|fi|zier** *m. 1* den Stabsoffizieren zugeteilter jüngerer Offizier

Or|do|vi|zi|um [lat.] *s. Gen.* -s *nur Ez.* eine Formation des Paläozoikums

Or|dre *w. 9, frz. Schreibung von* Order

Öre *w. Gen. - Mz. -* Währungseinheit in Norwegen, Schweden und Dänemark, 1/100 Krone

Ore|ade [griech.] *w. 11 griech. Myth.:* Bergnymphe

Or|gan [griech.] *s. 1* **1** Sinneswerkzeug, Körperteil mit bestimmter Funktion, z. B. Nase, Leber; ich habe dafür kein O. *übertr. ugs.:* keinen Sinn; **2** Stimme; ein lautes, volltönendes, angenehmes O. haben; **3** Zeitung oder Zeitschrift, die im Sinne einer Partei, für einen Verein, ein Fachgebiet schreibt; **4** Person oder Personengruppe in Staat, Gemeinde usw. mit bestimmten Aufgaben; ausführendes O.: Beauftragter; beratendes O.: Beirat; **Or|gan|bank** *w. 10* Sammelstelle für Organkonserven

Or|gan|dy [frz.] *m. 9* feines, steifes, durchscheinendes Baumwollgewebe

Or|ga|nell [lat.] *s. 12,* **Or|ga|nel|le** *w. 11 bei Einzellern:* organartige Plasmabildung; **Or|ga|nik** *w. 10 nur Ez.* Lehre von den Organen

Or|ga|ni|sa|ti|on [-tsjon, frz.] *w. 10* **1** *nur Ez.* planmäßiger Aufbau, Gliederung; **2** Gruppe, Verband mit bestimmtem Zweck; **Or|ga|ni|sa|tor** *m. 13* jmd., der etwas organisiert (hat), Gestalter; **or|ga|ni|sa|to|risch** bezüglich der Organisation, planvoll (aufbauend)

or|ga|nisch **1** zu einem Organ gehörig, davon ausgehend, hinsichtlich der Organe; **2** zur belebten Natur gehörend, tierisch und pflanzlich; *Ggs.:* anorganisch; organische Chemie: Chemie der Kohlenstoffverbindungen; **or|ga|ni|sie|ren** [frz.] **1** (planvoll) aufbauen, gestalten; **2** *ugs.:* auf nicht ganz einwandfreie Weise beschaffen; **or|ga|ni|siert** einer polit. oder gewerkschaftl. Organisation angehörend

or|ga|nis|misch zu einem Organismus gehörend, wie ein Organismus; **Or|ga|nis|mus** *m. Gen. - Mz.* -men **1** einheitliches, gegliedertes Ganzes, Gefüge; **2** Lebewesen

Or|ga|nist [lat.] *m. 10* Orgelspieler

Or|gan|kon|ser|ve *w. 11* konserviertes Organ (1) (zur Organverpflanzung); **Or|gan|neu|ro|se** *w. 11* durch seel. Einflüsse hervorgerufene organ. Erkrankung; **or|ga|no|gen** [griech.] **1** *Geol.:* unter Mithilfe von Organismen entstanden; **2** Organe bildend; **Or|ga|no|gra|phie** *w. 11* Beschreibung der Organe; **or|ga|no|id** *Med.:* organähnlich; **Or|ga|no|lo|gie** *w. 11 nur Ez.* Lehre von den Organen; **Or|ga|non** *s. Gen.*-s *nur Ez.* **1** *urspr.:* Bez. der logischen Schriften des Aristoteles, die als Werkzeug zur Erkenntnis der Wahrheit betrachtet wurden; **2** *danach allg.:* logische Schrift; **Or|gan-the|ra|pie** *w. 11* Verwendung von Heilmitteln, die aus menschlichen oder tierischen Organen oder deren Sekreten gewonnen wurden

Or|ga|num [lat.] *s. Gen.*-s *Mz.*-na **1** mehrstimmige Musik des MA; **2** Orgel

Or|gan|za [ital.] *w. Gen.*-s *nur Ez.* sehr feines Gewebe aus Naturseide

Or|gas|mus [griech.] *m. Gen. - Mz.* -men Höhepunkt der Erregung beim Geschlechtsakt; **or|ga|stisch** zum Orgasmus gehörend, wollüstig

Or|gi|as|mus [griech.] *m. Gen. - nur Ez.* ausschweifendes Feiern der Orgien im altgriech. Dionysoskult; **Or|gi|ast** *m. 10* ausgelassener, zügelloser Schwärmer; **Or|gie** [-gjə] *w. 11* **1** *im alten Griechenland:* mit wilder Trunkenheit gefeiertes kult. Fest; **2** *übertr.:* zügelloses Gelage, wilde Ausschweifung

Ori|ent [lat.] *m. 1 nur Ez.* Osten, Morgenland; *Ggs.:* Okzident; **Ori|en|ta|le** *m. 11* Bewohner des Orients; **Ori|en|ta|lia** *Mz.* Bücher, Bilder über den Orient; **ori|en|ta|lisch** zum Orient gehörend, aus ihm stammend; *Ggs.:* okzidental(isch); **Ori|en|ta|li|stik** *w. 10 nur Ez.* Wissenschaft von den oriental. Sprachen und Kulturen; **ori|en|ta|li|stisch** zur Orientalistik gehörend; **ori|en|tie|ren** **1** nach einer Himmelsrichtung einstellen, ausrichten; **2** sich o.: sich zurechtfinden, den Standort bestimmen; **3** jmdn. o.: jmdn. unterrichten, benachrichtigen

Ori|flam|me [mlat. „Goldflamme"] *w. 11 nur Ez.* Kriegsfahne der frz. Könige mit goldenen Sternen auf rotem Grund

Ori|ga|no [ital.] *m. Gen.*-(s) *nur Ez.* wilder Majoran

ori|gi|nal [lat.] **1** ursprünglich, urschriftlich, eigenhändig, echt; **2** eigen, schöpferisch; **Ori|gi|nal** *s. 1* **1** Urschrift, erste Niederschrift; **2** Urtext, fremdsprachiger Text, der übersetzt worden ist oder werden soll; **3** Urbild, vom Künstler geschaffenes Bild oder Standbild; **4** eigenartiger, meist auch witziger Mensch, Sonderling, Kauz; **Ori|gi|na|li|tät** *w. 10 nur Ez.* **1** Ursprünglichkeit, Echtheit; **2** Besonderheit, Eigenart, Eigentümlichkeit; **ori|gi|när** ursprünglich, nicht abgeleitet; **ori-gi|nell** **1** ursprünglich, echt, schöpferisch, *meist dafür:* original; **2** neu, neuartig und treffend; **3** eigenartig, merkwürdig und oft auch komisch oder heiter

Or|kan [mitelamerik. Indianerspr.] *m. 1* Sturm der höchsten Windstärke

Or|kus [lat.] *m. Gen. - nur Ez. röm. Myth.:* Unterwelt, Totenreich

Or|log [ndrl.] *m. 1 oder m. 9 veraltet:* Krieg; **Or|log|schiff** *s. 1 veraltet:* Kriegsschiff

Or|lon *s. Gen.*-s *nur Ez.* Ⓦ eine Kunstfaser

Or|na|ment [lat.] *s. 1* Verzierung, Schmuckform; **or|na|men|tal** in der Art eines Ornaments, schmückend; **or|na|men|tie|ren** verzieren, schmücken; **Or|na|men|tik** *w. 10 nur Ez.* **1** Kunst des Verzierens; **2** Gesamtheit der Ornamente (eines Bauwerks o. ä.)

Or|nat [lat.] *m. 1 oder s. 1* feierliche Amtstracht

Or|nis [griech.] *w. Gen. - nur Ez.* Vogelwelt (einer Landschaft); **Or|ni|tho|ga|mie** *w. 11 nur Ez.* Bestäubung (von Blüten) durch Vögel, Ornithophilie; **Or|ni|tho|lo|gie** *w. 11 nur Ez.* Vogelkunde; **Or|ni|tho|phi|lie** *w. 11 nur Ez.* → Ornithogamie; **Or|ni|tho|se** *w. 11* durch Vögel übertragene Krankheit

oro|gen [griech.] gebirgsbildend; **Oro|ge|ne|se** *w. 11* Gebirgsbildung; **oro|ge|ne|tisch** → orogen; **Oro|ge|nie** *w. 11 nur Ez. veraltet:* Lehre von der Gebirgsbildung; **Oro|gra|phie** *w. 11 nur Ez. veraltet:* Beschreibung der Geländeformen der Erdoberfläche; **Oro|me|trie** *w. 11 nur Ez. früher Bez. für* Morphometrie

Or|phik *w. 10 nur Ez.* griech. relig. Bewegung sowie deren Geheimlehre über die Entstehung der Welt und das Schicksal des Menschen nach dem Tode; **or|phisch** **1** zur Orphik gehörend, auf ihr beruhend; **2** dunkel, geheimnisvoll; **Or|phis|mus, Or|phi|zis|mus** *m. Gen. - nur Ez.* → Orphik

Or|ping|ton [nach der engl. Stadt] *s. 9* eine Hühnerrasse

Ör|sted *s. Gen.*-(s) *Mz.* - → Oersted

Or|tho|chro|ma|sie [-kro- griech.] *w. 11 nur Ez. Phot.:* richtige Wiedergabe aller Farben (außer Rot); **Orth|odon|tie** *w. 11* Zahnregulierung; **or|tho|dox** **1** recht-, strenggläubig; orthodoxe Kirche, griechisch-orthodoxe Kirche: die von Rom getrennte kath. Kirche, Ostkirche; **2** einer überkommenen Anschauung oder Lehrmeinung genau entsprechend, sie streng vertretend; **Or|tho|do|xie** *w. 11 nur Ez.* **1** Strenggläubigkeit; **2** starres Festhalten an einer Lehrmeinung oder überkommenen Anschauung; **or|tho|drom** in der Art der Orthodrome, geradläufig; **Or|tho|dro|me** *w. 11* kürzeste Verbindung zweier Punkte auf der Erdoberfläche; **Or|tho|ge|ne|se** *w. 11 nur Ez.* gerichtete, nicht umkehrbare stammesgeschichtl. Entwicklung der Lebewesen; **Or|tho|ge|stein** *s. 1* durch Umwandlung entstandenes Gestein magmat. Herkunft; *Ggs.:* Paragestein; **Or|tho|gna|thie** *w. 11* gerader, senkrechter Stand der Zähne; vgl. Prognathie; **Or|tho|gon** *s. 1* Rechteck; **or|tho|go|nal** rechtwinklig; **Or|tho|gra|phie** *w. 11* richtige Schreibung der Wörter, Rechtschreibung; **or|tho|gra|phisch** hinsichtl.

der Orthographie, rechtschreiblich; **or|tho|ke|phal** → orthozephal; **Or|tho|klas** *m. 1* Kalifeldspat; **orth|onym** unter dem richtigen Namen; vgl. anonym, pseudonym; o. erschienenes Buch; **Or|tho|pä|die** *w. 11* Heilkunde der Bewegungsorgane (Knochen, Gelenke, Muskeln); **Or|tho|pä|dist** *m. 10* Hersteller orthopädischer Geräte; **Or|tho|pte|re** *m. 11,* **Or|tho|pte|ron** *s. Gen.*-s *Mz.*-pte|ren Angehöriger einer Insektenordnung, Geradflügler; **Orth|op|ti|stin** *w. 10* Helferin des Augenarztes; **Or|tho|skop** *s. 1* Gerät zum Untersuchen von Kristallen; **Or|tho|sko|pie** *w. 11* richtige Wiedergabe (ohne Verzerrung) durch Linsen; **Or|tho|sta|se** *w. 11* aufrechte Körperhaltung; **Or|tho|stig|mat** *m. 10* winkelgetreu abbildendes Objektiv; **Or|tho|to|nie** *w. 11 nur Ez. Mus.:* richtige Betonung; **or|tho|trop** *Bot., bei Samenanlagen:* aufrecht stehend; **Or|tho|ver|bin|dung** *w. 10* **1** vollständig hydratisierte Säure; **2** Benzolabkömmling; **or|tho|ze|phal** mittelhohe Kopfform aufweisend; **Or|tho|ze|pha|lie** *w. 11* mittelhohe Kopfform

Or|to|lan [lat.-ital.] *m. 1* ein Finkenvogel, Gartenammer

Os *chem. Zeichen für* Osmium

Os|car *m. 9 Bez. für* die Statuette des → Academy-Award

Os|ku|la|ti|on [-tsjon, lat.] *w. 10 Geometrie:* Berührung zweiter Ordnung (von Kurven); **os|ku|lie|ren** sich berühren (Kurven)

Os|ma|ne [nach dem türk. Sultan Osman I.] *m. 11* türk. Bewohner des Osmanischen Reiches

Os|mi|um [griech.] *s. Gen.*-s *nur Ez.* (*Zeichen:* Os) chem. Element, ein Metall; **Os|mo|lo|gie** *w. 11 nur Ez.* Lehre von den Riechstoffen

Os|mo|se [griech.] *w. 11* Ausgleich von Lösungskonzentrationen an halbdurchlässigen Wänden; **os|mo|tisch** auf Osmose beruhend

Öso|pha|go|skop [griech.] *s. 1* Speiseröhrenspiegel; **Öso|pha|gus** *m. Gen. - Mz.*-gi Speiseröhre

Os|sa|ri|um [lat.] *s. Gen.*-s *Mz.*-ri|en **1** *Altertum:* Urne zum Aufbewahren von Gebeinen; **2** Beinhaus; **Os|se|in** *s. 1* Gerüsteiweiß der Knochen, zur Herstellung von Leim und Gelatine verwendet; **Os|si|fi|ka|ti|on** [-tsjon] *w. 10* Knochenbildung, Verknöcherung; **os|si|fi|zie|ren** verknöchern; **Os|sua|ri|um** *s. Gen.*-s *Mz.*-ri|en → Ossarium

osten|ta|tiv [lat.] augenfällig, betont, herausfordernd

Osteo|ek|to|mie [griech.] *w. 11* Herausmeißelung eines Knochenstücks; **osteo|gen** aus Knochen entstanden, knochenbildend; **Osteo|kla|sie** *w. 11* Zerbrechen verkrümmter Knochen, um sie geradezurichten; **Osteo|lo|gie** *w. 11 nur Ez.* Lehre von den Knochen; **Osteo|ly|se** *w. 11* Auflösung des Knochengewebes; **Oste|om** *s. 1* gutartige Geschwulst des Knochengewebes; **Osteo|ma|la|zie** *w. 11* Knochenerweichung; **Osteo|pla|stik** *w. 10* operative Schließung einer Knochenlücke durch Knochenersatz

Oste|ria [ital.] *w. Gen. - Mz.* -ri|en ital. Gaststätte

osti|nat [lat.] ständig wiederkehrend, ständig wiederholt

Osti|tis [griech.] *w. Gen. - Mz.*-sti|ti|den Knochenentzündung

Ost|ja|ke *m. 11 frühere Bez. für* Chante

Ostra|ka *Mz. von* Ostrakon; **Ostra|kis|mos** *griech. Form von* Ostrazismus; **Ostra|ko|de** [griech.] *m. 11* ein Muschelkrebs mit zweiklappiger Schale; **Ostra|kon** *s. Gen.*-s *Mz.*-ka Scherbe eines Tongefäßes, in Ägypten und im alten Griechenland als Schreibmaterial verwendet; **Ostra|zis|mus** *m. Gen. - nur Ez.* Volksgericht im alten Athen, auf Grund dessen ein Bürger verbannt werden konnte, Scherbengericht (als „Stimmzettel" wurden Ostraka verwendet)

Östro|gen *s. 1 nur Ez.* weibl. Geschlechtshormon

Os|zil|la|ti|on [-tsjon, lat.] *w. 10* Schwingung; **Os|zil|la|tor** *m. 13* **1** Gerät zum Erzeugen von Schwingungen; **2** um seine Ruhelage schwingendes Teilchen; **Os|zil|la|to|rie** [-riə] *w. 11* Blaualge; **os|zil|la|to|risch** schwingend, pendelnd; **os|zil|lie|ren** schwingen, pendeln; **Os|zil|lo|gramm** [lat. + griech.] *s. 1* aufgezeichnete Schwingung, Schwingungsbild; **Os|zil|lo|graph** *m. 10* Gerät zum Aufzeichnen von Schwingungen, Schwingungsschreiber

Ot|al|gie [griech.] *w. 11* Ohrenschmerz; **Ot|ia|trie** *w. 11 nur Ez.* → Otologie; **Oti|tis** *w. Gen. - Mz.* Oti|ti|den Ohrenentzündung; O. media: Mittelohrentzündung; **oto|gen** vom Ohr ausgehend, zum Ohr gehörend; **Oto|lith** *m. 10* Steinchen im Gleichgewichtsorgan des Ohres; **Oto|lo|gie** *w. 11 nur Ez.* Ohrenheilkunde; **Oto|rhi|no|la|ryn|go|lo|gie** *w. 11 nur Ez.* (*Abk.:* ORL) Hals-Nasen-Ohren-Heilkunde; **Oto|skle|ro|se** *w. 11* zur Schwerhörigkeit führende Verknöcherung des Mittelohres; **Oto|skop** *s. 1* Gerät zur Untersuchung des Ohres, Ohrenspiegel; **Oto|sko|pie** *w. 11* Untersuchung des Ohres mit dem Otoskop

ot|ta|va [ital.] (*Abk.:* 8···, 8va···) in der Oktave zu spielen; o. alta, o. sopra: eine Oktave höher; o. bassa, o. sotto: eine Oktave tiefer; **Ot|ta|ve|ri|me** *w. 11* ital. Stanze mit paarigem Reim in der 7. und 8. Zeile; **Ot|to|cen|to** [-tʃɛn-, ital. „achthundert" (nach 1000)] *s. Gen.*-(s) *nur Ez.* die kulturelle Epoche des 19. Jh. in Italien

Ot|to|ma|ne *w. 11 veraltet:* breites Ruhebett ohne Rückenlehne, *eigtl.:* türkisches Ruhebett

Ounce [auns, lat.-engl.] *w. Gen. - Mz.*-s [aun-

siz] (*Abk.:* oz.) engl. Gewichtseinheit, Unze, 28,35 g
out [aut, engl.] *veraltet, noch österr. und schweiz., bei Ballspielen:* aus, draußen; out sein *ugs.:* nicht modern sein, nicht Bescheid wissen; *Ggs.:* in; **Out** *s. 9* Raum außerhalb des Spielfeldes; **Out|cast** [autka:st] *m. 9 engl. Bez. für* Paria, Ausgestoßener; **Out|put** [autput] *m. 9* **1** Ausgangsleitung einer Antenne oder eines Verstärkers; **2** Warenausstoß; **3** die von einem Computer gelieferten Daten; *Ggs.:* Input
ou|trie|ren [u-, lat.-frz.] übertreiben; outrierte Ausdrucksweise
out|side [autsaid, engl.] *schweiz., Fußball:* aus, außerhalb (des Spielfeldes); **Out|side** *m. 9 schweiz., Fußball:* Außenstürmer; **Out|si|der** [autsaidər] *m. 5* Außenseiter (einer Gesellschaftsgruppe)
Ou|ver|tü|re [uvɛr-, frz.] *w. 11* **1** Vorspiel zu einer Oper oder Operette; **2** Einleitungssatz der Orchestersuite; **3** *auch* → Suite (**2**), bes. bei Bach
Ou|vrée [uvre, frz.] *w. Gen. - nur Ez.* gezwirnte Rohseide
Ou|zo [uzo] *m. 9* griech. Anislikör
Ova *Mz. von* Ovum; **oval** [ɔval, frz.] eirund, länglichrund; **Oval** *s. 1* ovale Form, ovale Fläche; **ova|ri|al** zum Ovarium gehörend; **Ova|ri|ek|to|mie, Ova|rio|to|mie** [latein. + griech.] *w. 11* operative Entfernung eines oder beider Eierstöcke; **Ova|ri|um** *s. Gen.* -s *Mz.* -ri|en Eierstock
Ova|ti|on [ɔvatsjon, lat.] *w. 10* Beifallssturm
Over|all [ouvərɔ:l, österr.: overal, engl.] *m. 9* Schutz-, Arbeitsanzug aus einem Stück; **Over|dose** [ouvərdous, engl.] *w. 9 Mz.* [-dousiz] (*Abk.:* OD) Überdosis (von Rauschgift); **Over|drive** [ouvərdraiv] *m. 9* Schnell-, Schongang (bes. beim Auto); **Over|state|ment** [ouvərsteitmənt] *s. 9* Übertreibung, übertreibende, betonte Ausdrucksweise; *Ggs.:* Understatement
Over|head-Pro|jek|tor [ouvərhɛd-, engl.] *m. 13* Gerät, das Bild und Text von einer beleuchteten Folie über einen Spiegel an die Wand hinter dem Vortragenden wirft, so daß dieser frontal im Blickkontakt mit den Zuhörern bleiben kann, Tageslichtprojektor
Ovi|dukt [lat.] *m. 1* Eileiter; **ovi|par** Eier legend; *Ggs.:* vivipar; **Ovi|pa|rie** *w. 11 nur Ez.* Fortpflanzung durch Eiablage; **Ovi|zid** *s. 1* Mittel zur Abtötung von Insekteneiern; **Ovo|ge|ne|se** *w. 11* → Oogenese; **ovo|id** eiförmig; **ovo|vi|vi|par** Eier mit mehr oder weniger entwickelten Embryonen legend; **Ovu|la|ti|on** [-tsjon] *w. 10* Austritt eines reifen Eies aus dem Eierstock, Eisprung; **Ovu|lum** *s. Gen.* -s *Mz.* -la, **Ovum** *s. Gen.* -s *Mz.* Ova Ei, Eizelle
Oxa|lat [lat.] *s. 1* Salz der Oxalsäure; **Oxa|lit** *m. 1* ein Mineral; **Oxal|säu|re** *w. 11 nur Ez.* Kleesäure, zweibasische, niedermolekulare Carbonsäure
Oxer [engl.] *m. 5* **1** Zaun zwischen Viehweiden; **2** *beim Springreiten:* Hindernis aus zwei hintereinanderstehenden Barrieren, die ihrerseits aus waagerecht übereinanderliegenden Stangen bestehen
Ox|ford [nach der engl. Stadt] *s. 9* gestreifter oder karierter Baumwollhemdenstoff
Oxid [griech.] *fachsprachl. nur so, ältere Schreibweise:* Oxyd *s. 1* Verbindung eines Elementes mit Sauerstoff; **Oxi|da|ti|on** [-tsjon] *früher:* Oxy|da|ti|on *w. 10* Aufnahme von, Verbindung mit Sauerstoff; **oxi|die|ren** Sauerstoff aufnehmen, sich mit Sauerstoff verbinden; **Oxy|gen** *s. Gen.* -s *nur Ez.* **Oxy|ge|ni|um** *s. Gen.* -s *nur Ez.* (*Zeichen:* O) chem. Element, Sauerstoff; **Oxy|hä|mo|glo|bin** *s. 1 nur Ez.* sauerstoffhaltiger Blutfarbstoff; **Oxy|mo|ron** *s. Gen.* -s *Mz.* -ra Stilfigur, Verbindung zweier sich eigentlich ausschließender Begriffe, z. B. alter Knabe, beredtes Schweigen; **Oxy|ure** *w. 11* Madenwurm, Schmarotzer im menschl. Darm; **Oxy|uria|sis** *w. Gen. - Mz.* -uria|sen Befall mit Madenwürmern
oz. *Abk. für* Ounce
Oz *Abk. für* Oktanzahl
Oze|an [griech.] *m. 1* Weltmeer; **Ozea|na|ri|um** *s. Gen.* -s *Mz.* -ri|en großes Meerwasseraquarium; **Ozea|ni|de** *w. 11 griech. Myth.:* Meernymphe; **Ozea|ni|stik** *w. 10 nur Ez.* Wissenschaft von den Sprachen und Kulturen der ozeanischen Völker; **Ozea|no|gra|phie** *w. 11 nur Ez.* Meereskunde; **Ozea|no|lo|gie** *w. 11 nur Ez., veraltet für* Ozeanographie
Ozel|le [lat.] *w. 11* Lichtsinnesorgan niederer Tiere
Oze|lot [aztek.] *m. 9 oder m. 1* eine amerik. Raubkatze, Pantherkatze
Ozo|ke|rit [griech.] *m. 1 nur Ez.* mineral. Wachs, Erdwachs
Ozon [griech.] *s., ugs.: m., Gen.* -s *nur Ez.* unstabile giftige Form des Sauerstoffs; **ozo|ni|sie|ren** mit Ozon behandeln; **Ozo|no|sphä|re** *w. 11 nur Ez.* ozonreiche Schicht der Erdatmosphäre

P

p *Abk. für* **1** piano; **2** Penni; **3** Pico; **4** Pond; **5** Proton
P 1 *Abk. für* Poise; **2** *chem. Zeichen für* Phosphor
p. *Abk. für* **1** Pagina; **2** pinxit
p- *chem. Zeichen für* para-
P. *Abk. für* **1** Pastor; **2** Pater; **3** Papa (**2**)
Pa *chem. Zeichen für* Protactinium
pa. *Abk. für* prima
p. a. *Abk. für* pro anno, per annum
p. A. *Abk. für* per Adresse
Pä|an [griech.] *m.1* **1** *urspr.:* altgriech. feierl. Dank-, Bitt- und Preisgesang an Apollon; **2** *später:* Kampf-, Siegeslied
Pace [peis, engl.] *w. Gen. - nur Ez.* Gangart des Pferdes, Schritt; **Pa|cer** [peisər] *m.5* im Paßgang gehendes Pferd
Pa|chul|ke [-xul-, tschech.] *m.11* ungehobelter Mensch
Päd|ago|ge [griech.] *m.1* Erzieher, Lehrer, Erziehungswissenschaftler; **Päd|ago|gik** *w.10 nur Ez.* Erziehungswissenschaft, Kunst des Erziehens; **päd|ago|gisch** erzieherisch
Pad|del [engl.] *s.5* frei zu führendes Ruder oder Doppelruder
Pad|dock [pædɔk, engl.] *m.9* Gehege, Laufgarten für Pferde
Pad|dy [pædi, mal.-engl.] **1** *m.9 nur Ez.* ungeschälter Reis; **2** [nach der Koseform für Patrick, dem Schutzheiligen Irlands] *m.9, Mz. auch* -dies *scherzh.:* Ire, Irländer
Päd|erast [griech.] *m.10* jmd., der Päderastie betreibt, Knabe; **Päd|era|stie** *w.11 nur Ez.* geschlechtl. Beziehung zwischen Männern und Knaben, Knabenliebe; **Päd|ia|ter** *m.5* Facharzt für Pädiatrie; **Päd|ia|trie** *w.11 nur Ez.* Kinderheilkunde
Pa|di|schah [pers.] *m.9 früher:* mohammedan. Fürst
Päd|odon|tie [griech.] *w.11 nur Ez.* Kinderzahnheilkunde; **Pä|do|ge|ne|se, Pä|do|ge|ne|sis** *w. Gen. - nur Ez.* Fortpflanzung im Jugend-, Larvenstadium; **Pä|do|lo|gie** *w.11 nur Ez. veraltete Bez. für* Kinder-, Jugendpsychologie; **Pä|do|phi|lie** *w.11 nur Ez.* erotische Zuneigung Erwachsener zu Kindern
Pa|dre [ital. „Vater"] *m.9 Anrede für* ital. Ordenspriester; **Pa|dro|na** *w. Gen. - Mz.* -ne *ital. Bez. für* Wirtin, Hausherrin; **Pa|dro|ne** *m. Gen.* -s *Mz.* -ni *ital. Bez. für* Wirt, Hausherr, Chef
Pa|el|la [-elja, katalan.] *w.9* span. Speise aus Reis mit Fleisch, Fisch oder Muscheln
Pa|fe|se [ital.] *w.11 meist Mz. österr.:* in Milch eingeweichte, in Fett gebackene Weißbrotscheibe, armer Ritter
pag. *Abk. für* Pagina
Pa|gaie [mal.-span.] *w.11* Stechpaddel für den Kanadier
Pa|ga|nis|mus [lat.] **1** *m. Gen. - nur Ez.* Heidentum; **2** *Mz.* -men heidnische Elemente im christl. Brauchtum
Pa|gat [ital.] *m.1 Tarock:* Trumpfkarte
Pa|ge [-ʒə, frz.] *m.11* **1** *früher:* Edelknabe, junger Adliger im fürstlichen Dienst; **2** *heute:* livrierter junger Hoteldiener, Bote
Pa|gi|na [lat.] *w. Gen. - Mz.* -nae [-nɛ:] (*Abk.:* p., pag.) *veraltet:* Buchseite, Seitenzahl; **pa|gi|nie|ren** mit Seitenzahlen versehen
Pa|go|de [sanskr.?] **1** *w.11, europ. Bez. für* (buddhist.) Tempel in Indien und Ostasien; **2** *m.11 oder w.11 fälschl. Bez. für* kleine, sitzende ostasiat. Götterfigur mit beweglichem Kopf
Pah|le|wi *s. Gen.* -(s) *nur Ez.* → Pehlewi
paille [paj(ə), frz.] *veraltet:* strohfarben, gelb;
Pail|let|te [pajetə] *w.11* kleines, rundes, aufnähbares Metallplättchen (für Abendkleider)
Paint-in [peint-, engl.] *s.9* Ausstellung, in der das Publikum selbst Bilder malen kann
Pair [pɛr, frz.] *m.9 früher in Frankreich:* Mitglied des Hochadels; **Pai|rie** [pɛ-] *w.11 nur Ez.* Pairswürde
Pa|ket [frz.] *s.1* **1** etwas in Papier o. ä. Verpacktes; **2** verschnürtes Bündel, z. B. Aktenpaket; **4** *übertr.:* mehrere zusammengehörige Pläne, Vorschläge u. ä. **pa|ke|tie|ren** zum Paket verschnüren, verpacken
Pakt [lat.] *m.1* Bündnis, Vertrag; **pak|tie|ren** einen Pakt abschließen; mit jmdm. p. *auch:* etwas im geheimen vereinbaren, gemeinsame Sache mit jmdm. machen
Pa|lä|an|thro|po|lo|gie [griech.] *w.11 nur Ez.* Wissenschaft vom vorgeschichtl. Menschen; **pa|lä|ark|tisch** *Tiergeographie:* altarktisch; paläarktische Region: Verbreitungsgebiet südlich des nördlichen Polarkreises, umfaßt Europa, Zentral- und Ostasien sowie Nordafrika; vgl. nearktisch
Pa|la|din [lat.] *m.1* **1** *urspr.:* einer der zwölf Begleiter Karls des Großen; **2** *danach:* treuer Gefolgsmann
Pa|lais [-lɛ, frz.] *s. Gen.* - [-lɛs] *Mz.* - [-lɛs] Palast, Schloß
Pa|lan|kin [sanskr.] *m.1 oder m.9* indische Sänfte
paläo..., Paläo... [griech.] *in Zus.:* alt..., Alt...
Pa|läo|an|thro|po|lo|gie *w.11 nur Ez.* → Paläanthropologie; **pa|läo|ark|tisch** → paläarktisch; **Pa|läo|bio|lo|gie** *w.11 nur Ez.* → Paläontologie; **Pa|läo|bo|ta|nik** *w.10 nur Ez.*

Lehre von den ausgestorbenen, versteinerten Pflanzen; **Pa|läo|geo|gra|phie** *w. 11 nur Ez.* Lehre von der geograph. Gestalt der Erde in vergangenen Erdzeitaltern; **Pa|läo|gra|phie** *w. 11 nur Ez.* Lehre von den Schriften und Schreibmaterialien des Altertums und des MA; **Pa|läo|lith** *m. 10* Steinwerkzeug des Paläolithikums; **Pa|läo|li|thi|ker** *m. 5* Mensch des Paläolithikums; **Pa|läo|li|thi|kum** *s. Gen.*-s *nur Ez.* Altsteinzeit; **Pa|lä|on|to|lo|gie** *w. 11 nur Ez.* Lehre von den Tieren und Pflanzen vergangener Erdzeitalter, Paläobiologie; **pa|läo|tro|pisch** zu den Tropen der Alten Welt gehörig; **Pa|läo|zän** *s. 1 nur Ez.* unterste Abteilung des Tertiärs; **Pa|läo|zoi|kum** *s. Gen.*-s *nur Ez.* Altertum der Erdgeschichte; **Pa|läo|zoo|lo|gie** *w. 11 nur Ez.* Lehre von den ausgestorbenen Tieren

Pa|las [lat.] *m. Gen.* - *Mz.*-las|se Hauptgebäude der mittelalterl. Burg; **Pa|last** *m. 2* Schloß, schloßartiges Gebäude

Pa|lä|stra [griech.] *w. Gen.* - *Mz.*-stren *im alten Griechenland:* Schule für Ringen, Fechten und Leibesübungen

pa|la|tal [lat.] zum Gaumen gehörend, am Gaumen gebildet, Gaumen…; **Pa|la|tal** *m. 1* am vorderen Gaumen gebildeter Laut: g, k vor e und i; **pa|la|ta|li|sie|ren** → mouillieren; **Pa|la|tin** [lat.] *m. 1* Pfalzgraf; **Pa|la|ti|nat** *s. 1* Pfalzgrafschaft

Pa|la|tschin|ke [rumän.] *w. 11 österr.:* gefüllter Eierkuchen

Pa|la|tum [lat.] *s. Gen.*-s *Mz.*-ta Gaumen

Pa|la|ver [port.] *s. 5* **1** *urspr.:* Ratsversammlung der Neger; Verhandlung zwischen Weißen und Eingeborenen; **2** *übertr.:* endloses Gerede, endlose Verhandlung; **pa|la|vern 1** endlos verhandeln; **2** sich angeregt unterhalten

Pa|laz|zo [ital.] *m. Gen.*-s *Mz.*-zi *ital. Bez. für* Palast, großes Wohnhaus in der Stadt

Pa|le|tot [-to:, frz.] *m. 9 veraltet:* zweireihiger Herrenmantel

Pa|let|te [lat.-frz.] *w. 11* **1** runde Holz- oder Metallscheibe mit Loch für den Daumen zum Mischen der Farben beim Malen; **2** Untersatz zum Stapeln für Versandgüter, die dadurch leichter gehoben und bewegt werden können; **pa|let|tie|ren** auf der Palette (**2**) stapeln und von da aus verladen

Pa|li [sanskr.] *s. Gen.*-(s) *nur Ez.* mittelindische Sprache, relig. Sprache auf Ceylon, in Birma und Thailand

Pa|lim|psest [griech.] *s. 1 Altertum:* beschriebenes, abgeschabtes und wieder neu beschriebenes Pergament

Pa|lin|drom [griech.] *s. 1* Wort oder Satz, das bzw. der vorwärts und rückwärts sinnvoll gelesen werden kann, z. B. Neger – Regen, Reittier

Pa|lin|ge|ne|se [griech.], **Pa|lin|ge|ne|sie** *w. 11*, **Pa|lin|ge|ne|sis** *w. Gen.* - *Mz.*-ne|sen **1** *Buddhismus u. a.:* Wiedergeburt (durch Seelenwanderung); **2** Wiederholung von Entwicklungsstufen der Stammesgeschichte während der Embryonalentwicklung; **3** Mischgesteinsbildung beim nochmaligen Schmelzen und Emporsteigen von Eruptivgesteinen

Pa|li|sa|de [lat.-frz.] *w. 11* **1** Befestigungspfahl; **2** Hindernis aus Pfählen

Pa|li|san|der [südamerik. Indianerspr.] *m. 5* sehr hartes, duftendes und schön gemasertes, südamerik. Edelholz

Pal|la [lat.] *w. Gen.* - *nur Ez.* **1** *im alten Rom:* weiter Frauenmantel; **2** *kath. Kirche:* Leinentuch über dem Meßkelch

Pal|la|di|um [lat.] *s. Gen.*-s *Mz.*-di|en **1** Kultbild der griech. Göttin Pallas Athene; **2** Schutzbild, schützendes Heiligtum; **3** (*Zeichen:* Pd) chem. Element, ein Metall

Pal|lasch [türk.-russ.] *m. 1* schwerer Degen

Pal|la|watsch *m. 1 nur Ez.* → Ballawatsch

Pal|lia|tiv [lat.] *s. 1*, **Pal|lia|ti|vum** *s. Gen.*-s *Mz.*-va schmerzlinderndes Mittel; **Pal|li|um** *s. Gen.*-s *Mz.*-li|en **1** *im alten Rom:* mantelartiger Umhang; **2** *MA:* (Krönungs-) Mantel der Kaiser; **3** *kath. Kirche:* lange, weiße, mit Kreuzen verzierte Binde um Schultern, Brust und Rücken als Abzeichen der Päpste und Erzbischöfe

Pal|ma|rum [lat.] *ohne Artikel* Sonntag vor Ostern, Palmsonntag; **Pal|me** [lat.] *w. 11* ein trop. Baum; **Pal|min** *s. 1 nur Ez.* Ⓦ aus der Kokosnuß gewonnenes Fett; **Pal|mi|tin** *s. 1 nur Ez.* Fett der Palmitinsäure; **Pal|mi|tin|säu|re** *w. 11 nur Ez.* im Palmöl sowie in den meisten tier. Fetten vorkommende Fettsäure

pal|pa|bel [lat.] *Med.:* tastbar, fühlbar; **Pal|pa|ti|on** [-tsjo̱n] *w. 10* Untersuchung durch Palpieren; **Pal|pe** *w. 11 bei Insekten:* Taster, fühlerartiger Anhang der Mundwerkzeuge; **pal|pie|ren** *Med.:* tasten, fühlen, klopfen; **Pal|pi|ta|ti|on** [-tsjo̱n] *w. 10* beschleunigter Pulsschlag, Herzklopfen; **pal|pi|tie|ren** beschleunigt schlagen (Herz, Puls)

Pam|pa [indian.] *w. 9* südamerik. Grassteppe; **Pam|pas|gras** *s. 4* eine Zierstaude, Silbergras

Pam|pel|mu|se [ndrl.] *w. 11* eine Zitrusfrucht, Grapefruit

Pam|pe|ro [span.] *m. 9* kalter Südsturm in Argentinien und Uruguay

Pam|phlet [mlat.] *s. 1* Streit-, Schmähschrift; **Pam|phle|tist** *m. 10* Verfasser eines Pamphlets

Pam|pu|sche *w. 11* → Babusche

Pan 1 [poln.] *m. Gen.*-s *Mz.*-Pa̱ni Herr; **2** [Kunstw. aus Polyacrylnitril] *s. Gen.*-s *nur Ez.* eine Kunstfaser

Pa|na|ché [-ʃe̱] *s. 9 frz. Schreibung von* Panaschee

Pa|na|de [ital.] *w. 11* Mischung aus Weißbrot und Ei für Füllungen und Suppeneinlagen

Pa|na|ma [nach dem Staat in Mittelamerika]

1 *m. 9* ein poröses Gewebe für Sporthemden, Sportanzüge u. a.; **2** Strohhut mit breiter Krempe

Pan|ame|ri|ka|nis|mus *m. Gen. - nur Ez.* Bestrebung zur Zusammenarbeit aller amerik. Staaten

Pa|na|ri|ti|um [-tsjum, lat.] *s. Gen.*-s *nur Ez.* Fingerentzündung, Nagelgeschwür

Pa|nasch [frz.] *m. 1* Federbusch, Helmzier; **Pa|na|schee** *s. 9* **1** gemischtes Kompott oder Eis; **2** → Panaschierung; **pa|na|schie|ren** **1** buntstreifig mustern; **2** mehrere Kandidaten zugleich wählen; **Pa|na|schie|rung** *w. 10* Weißfleckigkeit (von Blättern) infolge Mangels an Blattgrün; **Pa|na|schü|re** *w. 11* Farbenmischung

pan|chro|ma|tisch [-kro-, griech.] für alle Farben gleich empfindlich (Film)

Pan|da [ind.?] *m. 9* Kleinbär des Himalajas, Katzenbär

Pan|dai|mo|ni|on [griech.], **Pan|dä|mo|ni|um** [lat.] *s. Gen.*-s *Mz.*-ni|en Versammlungsort aller bösen Geister, aller Dämonen

Pan|da|ne [mal.] *w. 11* eine Zimmerpflanze, Schraubenbaum; **Pan|dang** *m. Gen.*-s *nur Ez.* Schraubenpalme

Pan|dek|ten [griech.] *Mz.* Sammlung altröm. Rechtsgrundsätze als Grundlage für das Corpus iuris civilis

Pan|de|mie [griech.] *w. 11* Epidemie von großem Ausmaß

Pan|dit [sanskr.] *m. 1 ind. Titel für* Gelehrten

Pan|dscha|bi **1** *m. Gen. - Mz.* - Einwohner des Pandschabs; **2** *s. Gen.*-(s) *nur Ez.* im Pandschab gesprochene neuindische Sprache

Pan|dur [ung.] *m. 10* **1** *früher:* bewaffneter ung. Diener; **2** *17./18. Jh.:* ung. Fußsoldat

Pa|neel [frz.] *s. 1* **1** Holztäfelung; **2** einzelnes Feld der Täfelung; **pa|neel|lie|ren** mit Paneel versehen, täfeln

Pan|egy|ri|ker [griech.] *m. 5* Verfasser eines Panegyrikus, Lobredner; **Pan|egy|ri|kos** *m. Gen. - Mz.*-koi, **Pan|egy|ri|kus** *m. Gen. - Mz.* -ken Fest-, Lobrede

Pa|nel [pænəl, engl.] *s. 9* **1** *Sozial-, Meinungsforschung:* für eine bestimmte Aufgabe ausgewählte Gruppe, z. B. Diskussionsrunde; **2** isolierter, typographisch umgrenzter Teil eines Werbemittels

pa|nem et cir|cen|ses [tsirtsense:s] [lat.] Brot und (Zirkus-)Spiele (Forderung der röm. Bevölkerung in der Zeit des wirtschaftl. Verfalls während der Kaiserzeit)

Pan|en|the|is|mus [griech.] *m. Gen. - nur Ez.* Lehre, daß das Weltall in Gott eingeschlossen sei; vgl. Pantheismus

Pan|flö|te *w. 11* antike Hirtenflöte aus fünf bis sieben nebeneinanderliegenden Pfeifen ohne Grifflöcher

Pan|ger|ma|nis|mus *m. Gen. - nur Ez. früher:* Bestrebung, alle Deutschen in einem Staat zu vereinigen; **Pan|hel|le|nis|mus** *m. Gen. - nur Ez. früher:* Bestrebung, alle Griechen in einem Staat zu vereinigen

Pa|ni [poln.] **1** *Mz. von* Pan (**1**); **2** *w. Gen. - Mz.* - Frau, Herrin *(poln. Anrede)*

Pa|nier [frz.] **1** *s. 1 veraltet:* **1** Banner; **2** Wahlspruch; **3** *w. Gen. - nur Ez. österr.:* Mischung zum Panieren; **pa|nie|ren** in einer Mischung aus Ei und Mehl oder geriebener Semmel wälzen

Pa|nik [nach dem griech. Hirtengott Pan] *w. 10* plötzliches, die Vernunft ausschaltendes Erschrecken, allgemeine Verwirrung (bes. bei Menschenansammlungen); **pa|nisch** alles, das ganze Innere erfüllend, alle ergreifend, sinnlos, wild, z. B. panische Angst, panisches Entsetzen

Pan|is|la|mis|mus *m. Gen. - nur Ez.* Bestrebung, alle islam. Völker zu vereinigen

Pan|je [poln.] *m. 9 scherzh. oder abfällig:* russischer Bauer; **Pan|je|pferd** *s. 1* kleines russisches Pferd

Pan|kar|di|tis [griech.] *w. Gen. - Mz.*-ti|den Herzentzündung

Pan|kra|ti|on [-tsjɔn, griech.] *s. Gen.*-s *nur Ez.* Allkampf, Zweikampf mit allen Mitteln

Pan|kre|as [griech.], *fachsprachl.:* Pan|cre|as *w. Gen. - Mz.* -aten Bauchspeicheldrüse; **Pan|krea|ti|tis** *w. Gen. - Mz.*-ti|ti|den Pankreasentzündung

Pan|lo|gis|mus *m. Gen. - nur Ez.* Lehre, daß das ganze Weltall von logischer, vernünftiger Natur sei

Pan|mi|xie [griech.] *w. 11* wahllose Vermischung von Erbanlagen bei unbehinderter Kreuzung von Tieren oder Pflanzen einer Population

Pan|ne [frz.] *w. 11* Schaden (am Fahrzeug)

Pan|op|ti|kum [griech.] *s. Gen.*-s *Mz.*-ken Wachsfiguren-, Kuriositätenkabinett

Pan|ora|ma [griech.] *s. Gen.*-s *Mz.*-men **1** Rundblick, Ausblick; **2** Rundgemälde; **3** Rundbild als hinterer Abschluß der Bühne zur Vortäuschung einer Landschaft; **Pan|ora|ma|auf|nah|me** *w. 11* aus mehreren, genau aneinanderpassenden photograph. Aufnahmen zusammengesetzte Aufnahme; **pan|ora|mie|ren** *Film:* durch langsames Schwenken der Kamera eine weite Landschaft vor Augen führen

Pan|psy|chis|mus *m. Gen. - nur Ez.* Lehre, daß die gesamte Natur, auch die unbelebte, beseelt sei; **Pan|se|xua|lis|mus** *m. Gen. - nur Ez. abwertende Bez. für die* Psychologie Freuds, der alle Triebkräfte auf die Sexualität zurückführte

Pan|sla|wis|mus *m. Gen. - nur Ez.* Bestrebung, alle slawischen Völker zu vereinigen; **Pan|so|phie** [griech.] *w. 11 nur Ez.* Gesamt-, Allweisheit, *bes. im 16./17. Jh.:* Versuch, alle Wissenschaften und die Religion zu vereinigen; **Pan|sper|mie** *w. 11 nur Ez.* Lehre, daß Lebenskeime von einem Himmelskörper zum andern übertragen würden und dadurch das Leben auf der Erde entstanden sei

Pan|ta|lo|ne [ital.] *m. Gen.*-s *Mz.*-ni Figur der Commedia dell'arte, komischer Alter; **Pan|ta|lons** [pãtalɔ̃s, frz.] *Mz.* während der Frz. Revolution in Mode gekommene lange Hosen

pan|ta rhei [griech. „alles fließt"] angeblicher Ausspruch Heraklits: alles Sein beruht auf ständigem Werden und Vergehen

Pan|the|is|mus *m. Gen. - nur Ez.* Lehre, daß Gott überall in der Natur sei, daß Gott und die Welt eine Einheit seien; vgl. Panentheismus; **Pan|the|on** *s.9* **1** *Antike:* Tempel für alle Götter; **2** Gesamtheit aller Götter eines Volkes; **3** Ehrentempel

Pan|ther [griech.] *m.5* → Leopard; **Pan|ther|kat|ze** *w.11* → Ozelot

Pan|ti|ne [frz.] *w.11 meist Mz.* Holzpantoffel

Pan|tof|fel [frz.] *m.14 meist Mz.* Hausschuh ohne Ferse; unter dem P. stehen *ugs. scherzh.:* zu Hause nichts zu sagen haben, unter dem Regiment der Ehefrau stehen

Pan|to|graph [griech.] *m.10* Gerät zum geometr. Vergrößern od. Verkleinern von Zeichnungen, Storchschnabel; **Pan|to|gra|phie** *w.11* mit dem Pantographen hergestellte Zeichnung

Pan|to|kra|tor [griech.] *m. Gen.*-s *nur Ez.* Allesbeherrscher (Bez. für Gott und den auferstandenen Christus sowie für den thronenden Christus in der Kunst)

Pan|to|let|te *w.11* leichter Sommerschuh ohne Fersenteil

Pan|to|me|ter [griech.] *s.5* Gerät zum Messen von Längen und Winkeln; **Pan|to|mi|me 1** *w.11* Darstellung von Szenen ohne Worte, nur mit Gebärden, Mienenspiel und Bewegungen; **2** *m.11* Künstler, der Pantomimen darstellt; **Pan|to|mi|mik** *w.10 nur Ez.* Kunst der Pantomime, Gebärden- und Mienenspiel; **Pan|to|pha|ge** *m.11* Tier, das sich von Pflanzen und Tieren ernährt, Allesfresser, Omnivore; **Pan|to|pha|gie** *w.11 nur Ez.* auf tier. und pflanzl. Nahrung eingestellte Ernährungsweise

Pan|try [pæn-, engl.] *w.9 auf Schiffen und in Flugzeugen:* Speisekammer, Anrichteraum

Pan|tschen-La|ma [tibet.] *m. Gen.*-(s) *Mz.*-s zweites Oberhaupt des Lamaismus nach dem Dalai-Lama

Pän|ul|ti|ma [lat.] *w. Gen. - Mz.*-mä *oder* -men vorletzte Silbe (eines Wortes)

Päo|nie [-njə, griech.] *w.11* Pfingstrose

p. a p. *Abk. für* poco a poco

Pa|pa [lat.] *m.9 nur Ez.* **1** *kath. Kirche: Bez. für* Papst; **2** (*Abk.:* P.) *Ostkirche:* Titel höherer Geistlicher; **Pa|pa|bi|le** [-le:] *m. Gen.*-s *Mz.*-li Kardinal, der Aussicht hat, zum Papst gewählt zu werden

Pa|pa|gal|lo [ital. „Papagei"] *m.9, Mz. auch* -li *in Mittelmeerländern:* einheim., zu Liebesabenteuern mit Touristinnen aufgelegter junger Mann; **Pa|pa|gei** *m.12* ein trop. Klettervogel

pa|pal [lat.] päpstlich; **Pa|pa|lis|mus** *m. Gen. - nur Ez.*, **Pa|pal|sy|stem** *s.1 nur Ez.* kirchliches System, in dem der Papst die oberste Gewalt ausübt; *Ggs.:* Episkopalismus; **Pa|pas** *m. Gen. - Mz. - Ostkirche:* Weltgeistlicher; **Pa|pat** *m. oder s.1* Amt, Würde des Papstes

Pa|pa|ve|rin [lat.] *s.1 nur Ez.* im Opium enthaltenes Alkaloid, als krampflösendes, blutdrucksenkendes und Schlafmittel verwendet

Pa|pa|ya [karib.] *w.9* Melonenbaum sowie dessen Frucht

Pa|pel [lat.] *w.11* entzündliche Hauterhebung, Bläschen, Knötchen

Pa|per|back [pɛɪpərbæk, engl.] *s.9* kartoniertes Buch; *Ggs.:* Hardcover

Pa|pe|te|rie [frz.] *w.11 schweiz.:* Schreibwarenhandlung

Pa|pier [griech.] **1** Blatt zum Beschreiben, Bedrucken, Verpacken; **2** *Börse* (*Abk.:* P.): Wertpapier; **3** Schriftstück; **4** *Mz.* Papiere: Ausweise; **Pa|pier col|lé** [papje kɔle, frz.] *s. Gen. - - Mz.*-s-s [-pje -le] Collage aus Papier- und Bildfetzen

Pa|pier|deutsch *s. Gen.*-(s) *nur Ez.* unlebendige, trockene Ausdrucksweise; **pa|pie|ren** aus Papier, wie Papier; **Pa|pier|krieg** *m.1 nur Ez.* zuviel Briefwechsel, Ausfüllen zu vieler Formulare; **Pa|pier|ma|ché** [-ʃe:, frz.] *s.9* formbare Masse aus feuchtem Papier, Leim u. a., Pappmaché

pa|pil|lar [lat.] warzenartig; **Pa|pil|lar|li|ni|en** *w.11 Mz.* die feinen linearen Hauterhebungen der Handflächen, bes. Fingerkuppen, und Fußsohlen; **Pa|pil|le** *w.11* Warze, warzenförmige Hauterhebung; **Pa|pil|lom** *s.1* warzenartige Geschwulst

Pa|pil|lo|te [papijɔtə, auch: papilɔtə, frz.] *w.11* dünner Lockenwickel; en papillote [ã papijɔt]: Zubereitung (von Fleisch, Fisch) in Folie

Pa|pi|ros|sa [russ.] *w. Gen. - Mz.*-sy russ. Zigarette mit langem, hohlem Pappmundstück

Pa|pis|mus [lat.] *m. Gen. - nur Ez. abwertend* **1** Papsttum; **2** engherzige Papsttreue; **Pa|pist** *m.10 abwertend:* Anhänger des Papsttums

Pap|pa|ta|ci|fie|ber [-tschi, ital.] *s.5 nur Ez.* Dreitagefieber

Papp|ma|ché [-ʃe:] *s.9* → Papiermaché

Pap|pus [griech.] *m. Gen. - Mz. - oder* -pus|se Haarkrone der Korbblütlerfrüchte

Pa|pri|ka [serb.-russ.] *m.9* eine Gemüse- und Gewürzpflanze

Pa|pua *m.9 oder Gen. - Mz. -* Eingeborener von Neuguinea

Pa|pu|la [lat.] *w. Gen. - Mz.*-lae [-lɛ:] → Papel

Pa|py|ri *Mz. von* Papyrus; **Pa|py|rin** [griech.] *s.1* Pergamentpapier; **Pa|py|ro|lo|gie** *w.11 nur Ez.* Lehre von den Papyri; **Pa|py|rus**

m. Gen. - Mz. -ri **1** in der Antike verwendetes, aus der Papyrusstaude gewonnenes Schreibblatt; **2** Schriftstück daraus

Pa|ra *m. Gen.* -s *Mz.* - kleinste jugoslaw. und türk. Währungseinheit

pa|ra... (*Zeichen:* p-) *Chem.:* Vorsilbe zur Kennzeichnung einer isomeren Form von Benzolderivaten

Pa|ra|bel [griech.] *w. 11* **1** *Math.:* ebene, symmetrische, ins Unendliche laufende, offene Kurve; **2** lehrhafte Erzählung, Gleichnis

Pa|ra|bio|se [griech.] *w. 11* Zusammenleben zweier miteinander verwachsener Lebewesen; **Pa|ra|bi|ont** *m. 10* Lebewesen, das mit einem andern der gleichen Art zusammengewachsen ist, z. B. siames. Zwilling

pa|ra|bo|lisch in der Art einer Parabel, gleichnishaft; **pa|ra|bo|li|sie|ren** in der Art einer Parabel darstellen; **Pa|ra|bo|lo|id** *m. 1* durch Rotation einer Parabel entstehender Körper

Pa|ra|de [frz.] *w. 11* **1** Vorbeimarsch von Truppen; **2** *Boxen, Fechten:* Abwehr eines Angriffs; **3** Verkürzen der Gangart oder Anhalten des Pferdes

Pa|ra|den|ti|tis [griech. + lat.] *w. Gen. - Mz.* -ti|ti|den → Parodontitis; **Pa|ra|den|to|se** *w. 11* → Parodontose

pa|ra|die|ren vorbeimarschieren; mit etwas p.: sich mit etwas brüsten

Pa|ra|dies [griech.] *s. 1* **1** Garten Gottes, Garten Eden, Himmel; **2** *in der altchristl. Basilika:* Vorhof mit Brunnen; **3** *übertr.:* Ort der Glückseligkeit, bes. schöner Ort; **Pa|ra|dies|ap|fel** *m. 6* **1** Zwergapfel; **2** *auch:* Tomate

Pa|ra|dig|ma [griech.] *s. Gen.* -s *Mz.* -men *oder* -ma|ta **1** Musterbeispiel; **2** *Gramm.:* Flexionsmuster; **pa|ra|dig|ma|tisch** musterhaft, beispielhaft

Pa|ra|dor *m. 1, in Spanien:* meist in histor. Gebäuden eingerichtetes Luxushotel

pa|ra|dox [griech.] widersinnig, widersprüchlich; **Pa|ra|dox** *s. 1* → Paradoxon; **Pa|ra|do|xie** *w. 11* Widersinnigkeit; **Pa|ra|do|xon** *s. Gen.* -s *Mz.* -xa widersinnige Folgerung oder Äußerung, die dem gesunden Menschenverstand zuwiderläuft

Par|af|fin [lat.] *s. 1* Gemisch gesättigter Kohlenwasserstoffe; *Mz.:* homologe Reihe der gesättigten Kohlenwasserstoffe

Pa|ra|ge|ne|se [griech.] *w. 11* gemeinsames Vorkommen bestimmter Mineralien auf einer Lagerstätte

Pa|ra|ge|stein *s. 1* durch Umwandlung aus einem Sediment gebildetes Gestein; *Ggs.:* Orthogestein

Pa|ra|graph [griech.] *m. 10* (*Zeichen:* §, *Mz.* §§) Abschnitt, Absatz (in Texten); **Pa|ra|gra|phen|rei|ter** *m. 5* jmd., der sich sklavisch an die Vorschriften hält; **Pa|ra|gra|phie** *w. 11 nur Ez.* Störung der Schreibfähigkeit, Verwechslung von Buchstaben oder Wörtern; **pa|ra|gra|phie|ren** in Paragraphen einteilen

Pa|ra|ki|ne|se [griech.] *w. 11* Störung im koordinierten Bewegungsablauf

Pa|ra|kla|se [griech.] *w. 11 Geol.:* durch Verwerfung entstandene Spalte

Pa|ra|li|po|me|non [griech.] *s. Gen.* -s *meist Mz.* -me|na Ergänzung, Nachtrag (zu einem literar. Werk)

par|al|lak|tisch [griech.] auf Parallaxe beruhend; **Par|al|la|xe** *w. 11* **1** Winkel zwischen zwei Sehstrahlen, der entsteht, wenn ein Punkt von zwei verschiedenen Punkten auf einer Geraden betrachtet wird; **2** *Phot.:* Unterschied zwischen dem Bildausschnitt im Sucher und dem, der dann auf dem Film erscheint; **Par|al|la|xen|se|kun|de** *w. 11* (*Kurzw.:* Parsec, Parsek, *Abk.:* pc) Maßeinheit für die Entfernung zwischen Sternen, etwa 3,25 Lichtjahre

par|al|lel [griech.] **1** in gleichbleibendem Abstand nebeneinander (verlaufend); **2** *übertr.:* gleichlaufend; **Par|al|le|le** *w. 11* **1** Gerade, die mit einer anderen Geraden in gleichbleibendem Abstand verläuft; **2** *übertr.:* etwas Ähnliches, ähnlicher Fall, ähnliches Ereignis; **Par|al|lel|epi|ped** *s. 1,* **Par|al|lel|epi|pe|don** *s. Gen.* -s *Mz.* -da *oder* -pe|den von drei Paaren paralleler Ebenen begrenzter Körper, Parallelflach; **par|al|le|li|sie|ren** (vergleichend) nebeneinanderstellen; **Par|al|le|lis|mus** *m. Gen. - Mz.* -men Übereinstimmung, Ähnlichkeit; gleicher Bau (von Sätzen oder Satzteilen); **Par|al|le|li|tät** *w. 10 nur Ez.* parallele Beschaffenheit, Gleichlauf, Übereinstimmung; **Par|al|le|lo|gramm** *s. 1* Viereck mit zwei Paar paralleler Seiten; **Par|al|lel|pro|jek|ti|on** [-tsjo:n] *w. 10* Darstellung eines räumlichen Gebildes auf einer Ebene durch parallele Strahlen

Pa|ra|lo|gie [griech.] *w. 11* **1** Vernunftwidrigkeit; **2** krankhaftes Vertauschen von Wörtern und Begriffen; **Pa|ra|lo|gis|mus** *m. Gen. - Mz.* -men Fehlschluß; **Pa|ra|lo|gi|stik** *w. 10 nur Ez.* Anwendung von Trugschlüssen

Pa|ra|ly|se [griech.] *w. 11* völlige Lähmung; progressive P.: Gehirnschwund infolge Syphilis; **pa|ra|ly|sie|ren** **1** lähmen; **2** *übertr.:* unwirksam machen; **Pa|ra|ly|ti|ker** *m. 5* jmd., der an Paralyse erkrankt ist

Pa|ra|ment [lat.] *s. 1 meist Mz.* Stoffgegenstand (Fahne, Decke) für gottesdienstliche Zwecke

Pa|ra|me|ter [griech.] *m. 5* **1** *Math.:* Hilfsgröße bei Berechnungen, die entweder konstant gelassen wird oder sich innerhalb bestimmter Werte ändern kann; **2** *Tech.:* Annahme von bestimmten Bedingungen beim theoret. Durchspielen von Betriebsabläufen u. ä.

Par|ä|ne|se [griech.] *w. 11* **1** Ermahnung; **2** Nutzanwendung am Schluß einer Rede oder Predigt

Pa|ra|noia [griech.] *w. Gen. - nur Ez.* mit festen Wahnvorstellungen verbundene seel. Störung; **pa|ra|no|id** an Paranoia leidend; **Pa|ra|noi|ker** *m.5* jmd., der an Paranoia leidet
Par|an|thro|pus [griech.] *m. Gen. - Mz.*-pi südafrik. Frühmensch
Pa|ra|nuß *w.2* Samen des Paranußbaums, Brasilnuß
Pa|ra|pha|sie [griech.] *w.11* Sprachstörung mit Verwechslung von Buchstaben, Silben, Wörtern
Pa|ra|phe [griech.] *w.11* Namenszug, Stempel mit dem Namenszug; **pa|ra|phie|ren** unterzeichnen
Pa|ra|phra|se [griech.] *w.11* **1** verdeutlichende Umschreibung (eines Textes, Sachverhalts); *auch:* freie Übertragung; **2** *Mus.:* Verzierung (einer Melodie); **pa|ra|phra|sie|ren 1** umschreiben; **2** verzieren; **pa|ra|phra|stisch** in der Art einer Paraphrase; **Pa|ra|phre|nie** *w.11* Form der Schizophrenie; **Pa|ra|pla|sie** *w.11 Med.:* Mißbildung; **Pa|ra|ple|gie** *w.11* doppelseitige Lähmung
Pa|ra|pluie [-ply, frz.] *m.9 oder s.9 veraltet:* Regenschirm
Pa|ra|psy|cho|lo|gie *w.11 nur Ez.* Teilgebiet der Psychologie, das sich mit den außersinnlichen (okkulten) Erscheinungen befaßt
Pa|ra|sit [griech.] *m.10* **1** pflanzlicher oder tierischer Schmarotzer; **2** *übertr.:* jmd., der sich auf Kosten anderer ernährt; **pa|ra|si|tär** in der Art eines Parasiten; **Pa|ra|si|tis|mus** *m. Gen. - nur Ez.* Leben eines Schmarotzers, Schmarotzertum; **Pa|ra|si|to|lo|gie** *w.11 nur Ez.* Lehre von den Parasiten, bes. den Krankheitserregern
Pa|ra|sol [lat.-frz.] *m.9 veraltet:* Sonnenschirm
Pa|ra|sym|pa|thi|kus *m. Gen. - nur Ez.* dem → Sympathikus entgegengesetzt wirkender Teil des Nervensystems
pa|rat [lat.] bereit, gebrauchsfertig; eine Antwort p. haben
pa|ra|tak|tisch [griech.] in der Art einer Parataxe, nebenordnend; *Ggs.:* hypotaktisch; **Pa|ra|ta|xe, Pa|ra|ta|xis** *w. Gen. - Mz.*-xen Nebenordnung, Nebeneinander (von Sätzen oder Satzteilen); *Ggs.:* Hypotaxe; **Pa|ra|ty|phus** *m. Gen. - nur Ez.* dem Typhus ähnliche, aber leichter verlaufende Infektionskrankheit; **pa|ra|ty|pisch** nichterblich
Pa|ra|vent [-vã, frz.] *m.9* Wand-, Ofenschirm
par avi|on [paravjõ frz.] durch Luftpost (Vermerk auf Postsendungen)
Pa|ra|zen|te|se [griech.] *w.11* Einstich, Durchstechung (bes. des Trommelfells)
par|bleu! [-blø, frz.] *veraltet:* Donnerwetter!
Par|cours [-kur, frz.] *m. Gen. - [-kurs] Mz. - [-kurs] bei Hindernisrennen:* die Reitbahn
Pard *m.1,* **Par|del** *m.5,* **Par|der** *m.5* → Leopard
par di|stance [-distãs, frz.] aus der Entfernung; ich verkehre mit ihm nur p. d.: nicht persönlich, nicht freundschaftlich
par|don! [-dõ, frz.] Verzeihung!, Entschuldigung; **Par|don** [-dõ] *m.9 nur Ez. veraltet:* Verzeihung, Gnade; (kein) Pardon geben; um Pardon bitten; **par|do|nie|ren** jmdn. p.: jmdm. P. geben
Par|dun [ndrl.] *s.9,* **Par|du|ne** *w.11* Tau, das Masten und Stengen abstützt
Par|en|chym [griech.] *s.1* **1** dünnwandiges, großräumiges, saftreiches Pflanzengewebe, das bes. dem Stoffaustausch dient, Grundgewebe; **2** Funktionsgewebe der Organe, im Unterschied z. B. zum Fettgewebe; **par|en|chy|ma|tös** aus Parenchym, mit Parenchym ausgefüllt
pa|ren|tal [lat.] zur Elterngeneration gehörend, von ihr herrührend; **Pa|ren|tal|ge|ne|ra|ti|on** [-tsjo:n] *w.10* Elterngeneration; **Pa|ren|ta|li|en** *Mz.* altröm. Totenfest; **Pa|ren|tel** *w.10* der Stammvater und alle seine Nachkommen
par|en|te|ral [griech.] nicht über den Verdauungsweg; parenterale Ernährung, Aufnahme: Ernährung, Aufnahme (von Stoffen) durch Injektion oder Infusion
Par|en|the|se [griech.] *w.11* **1** Klammer; **2** eingeschobener Satz oder Satzteil, Schaltsatz; **par|en|the|tisch** eingeschoben, nebenbei
Par|er|ga *Mz. von* Parergon; **Par|er|gon** [griech.] *s. Gen.*-s *Mz.*-ga *veraltet* **1** Anhang, Nachtrag; **2** gesammelte kleine Schriften
Pa|re|se [griech.] *w.11* unvollständige Lähmung, Erschlaffung, Schwäche
par ex|cel|lence [ɛksəlãs, frz.] schlechthin, beispielhaft
par force [-fɔrs, frz.] *veraltet:* mit Gewalt; **Par|force|jagd** [-fɔrs-] *w.10* Hetzjagd zu Pferde mit Hunden; **Par|force|ritt** *m.1* Gewaltritt
Par|fum [-fœ̃, frz.] *s.9 frz. Schreibung von* Parfüm; **Par|füm** *s.9, auch s.1* wohlriechende, wäßrige Flüssigkeit, Duftstoff; **Par|fü|me|rie** *w.11* Geschäft für Parfüms, Seifen, Kosmetika u. ä.; **par|fü|mie|ren** mit Parfüm versetzen oder einstäuben
pa|ri vgl., al pari; **Pa|ri** *m. Gen.*-(s) *nur Ez.* Nennwert; über, unter P. stehen
Pa|ria [drawid.] *m.9* **1** *europ. Bez. für:* Angehöriger einer niederen Kaste in Indien; **2** *übertr.:* Ausgestoßener, Entrechteter
pa|rie|ren [frz.] **1** abwehren, auffangen (Hieb, Angriff); **2** zum Stehen bringen (Pferd); **3** *veraltet:* zurechtschneiden, von Haut und Fett befreien (Fleisch); **4** gehorchen
pa|rie|tal [-rie-, lat.] **1** *Bot.:* wandständig, seitlich; **2** zum Scheitelbein gehörend; **Pa|rie|tal|au|ge** *s.14,* **Pa|rie|tal|or|gan** *s.1* Lichtsinnesorgan niederer Wirbeltiere, Scheitelauge
Pa|ri|si|enne [-sjɛn, frz.] *w. Gen. - nur Ez.*

1 mit Metallfäden durchzogenes Seidengewebe; **2** frz. Freiheitslied nach der Julirevolution 1830; **3** eine veraltete Schriftgattung
Pa|ri|syl|la|bum [lat.] *s. Gen.*-s *Mz.*-ba Substantiv, das in allen Kasus die gleiche Silbenzahl aufweist
Pa|ri|tät [lat.] *w.10* **1** Gleichstellung, Gleichberechtigung; *Ggs.:* Imparität; **2** Tauschverhältnis zwischen zwei Währungen; **pa|ri|tätisch** gleichberechtigt, gleichgestellt
Park [engl.] *m.9* **1** großer Garten; **2** Gesamtbestand an Fahrzeugen, *meist in Zus.:* Wagen-, Fuhrpark
Parka [eskimoisch] *m.9* wattierter, gesteppter Anorak mit Kapuze
Park-and-ride-Sy|stem [pa:rkəndraid-, engl.] *s.1* Verkehrssystem, bei dem Kraftfahrer ihre Fahrzeuge am Stadtrand parken und mit öffentlichen Verkehrsmitteln in die Stadt fahren; **par|ken** (sein Fahrzeug) einige Zeit stehen lassen
Par|kett [frz.] *s.1* **1** Fußbodentäfelung; **2** *Theater:* die vorderen Sitzreihen im Zuschauerraum; **3** *Pariser Börse:* Raum zum Abwickeln der Geschäfte; *auch:* Börsenverkehr; **Par|ket|te** *w.11 österr.:* einzelnes Brettchen des Parkettbodens; **par|ket|tie|ren** mit Parkett belegen
par|kie|ren *schweiz. für* parken
Par|ko|me|ter [engl. + griech.] *m.5 oder s.5* Parkuhr
Par|la|ment [engl.] *s.1* gewählte Volksvertretung mit beratender und gesetzgebender Funktion, Abgeordnetenhaus; **Par|la|men|tär** *m.1* Unterhändler (zwischen feindl. Heeren); **Par|la|men|ta|ri|er** *m.5* Angehöriger eines Parlaments; **Par|la|men|ta|ris|mus** *m. Gen.- nur Ez.* eine Form der Demokratie, in der das Parlament an der Regierung teilhat
Par|lan|do [ital.] *s.9, Mz. auch:* -di Sprechgesang; **par|lie|ren** [frz.] angeregt sprechen, fließend Konversation machen
Par|mä|ne [engl.] *w.11* eine Apfelsorte
Par|me|san [nach der ital. Stadt Parma] *m. Gen.*-s *nur Ez.* ein ital. Hartkäse
Par|naß [nach dem Parnassos, einem Berg in Griechenland] *m. Gen.*-nas|ses *nur Ez.* Reich der Dichtkunst, Sitz des Apoll und der Musen
par|ochi|al [-rɔxjal] zur Parochie gehörend; **Par|ochi|al|kir|che** *w.11* Pfarrkirche; **Par|ochie** [-xi, griech.] *w.11* Pfarrbezirk, Kirchspiel
Par|odie [griech.-frz.] *w.11* **1** komische, übertreibende Nachahmung eines literar. Werkes in der gleichen Form, aber mit anderem, lächerlichem Inhalt; vgl. Travestie; **2** Unterlegung von Musik mit anderem Text oder umgekehrt; **3** Austausch von Kompositionen innerhalb des eigenen Gesamtwerkes; **par|odie|ren** mit einer Parodie verspotten; **Par|odist** *m.10* Verfasser von Parodien (**1**); **par|odi|stisch** in der Art einer Parodie
Par|odon|ti|tis [griech.] *w. Gen.- Mz.*-ti|ti|den Zahnfleischentzündung; **Par|odon|to|se** *w.11* Zurückweichen des Zahnfleisches und Lockerung der Zähne
Pa|ro|le [frz.] *w.11* **1** Kennwort, Losung; **2** Leit-, Wahlspruch
Pa|ro|li [ital.] *s.9 beim Pharaospiel:* Verdoppelung des Einsatzes; jmdm. Paroli bieten *übertr.:* jmdm. etwas doppelt heimzahlen, *auch:* Widerstand leisten
Par|ömie [griech.] *w.11* altgriech. Sprichwort; **Par|ömio|lo|gie** *w.11 nur Ez.* Sprichwortkunde
Par|ony|chie [griech.] *w.11* Finger-, Nagelentzündung
Par|otis [griech.] *w. Gen.- Mz.*-ti|den Ohrspeicheldrüse; **Par|oti|tis** *w. Gen.- Mz.* -ti|ti|den Entzündung der Ohrspeicheldrüse, Mumps, Ziegenpeter
Par|oxys|mus [griech.] *m. Gen.- Mz.*-men **1** höchste Steigerung einer Krankheit, Anfall; **2** aufs höchste gesteigerte vulkan. Tätigkeit
Par|se *m.11* Anhänger des Parsismus
Par|sec, Par|sek *w. Gen.- Mz.-* (*Abk.:* pc) *Kurzw. für* Parallaxensekunde
par|sisch zu den Parsen, zum Parsismus gehörend, von ihnen ausgehend; **Par|sis|mus** *m. Gen.- nur Ez.* auf der Lehre Zarathustras beruhende Religion (urspr. in Persien)
Pars pro to|to [lat. „ein Teil für das Ganze"] *s. Gen.--- Mz.---* Stilfigur, bei der ein Teilbegriff für einen Gesamtbegriff verwendet wird, z. B. „Herd" statt „Haus"
Part [lat.] *m.1* **1** Teil, Anteil; **2** Stimme (eines Gesangs- oder Instrumentalstücks, z. B. Klavierpart); **3** Rolle (in einem Theaterstück)
part., Part. *Abk. für* parterre, Parterre
Par|te [ital.] *w.11 österr.:* Todesanzeige
Par|tei [frz.] *w.10* **1** Vereinigung von Personen mit gleichen polit. Ansichten zur Verwirklichung bestimmter polit. Ziele; **2** Mieter (einer Wohnung im Mietshaus); **3** Beklagter bzw. Kläger (im Rechtsstreit); **4** eine von mehreren, gegeneinander spielenden Gruppen; **Par|tei|chi|ne|sisch** *s. Gen.- nur Ez. ugs. spöttisch:* der in einer Partei gesprochene, für Außenstehende unverständliche Jargon
par|terre [-tɛr, frz.] im Erdgeschoß; **Par|terre** *s.9* **1** Erdgeschoß; **2** *Theater:* Saalplatz, mittlere und hintere Reihen des Zuschauerraums; **3** kunstvoll angelegte Blumenbeete; **Par|terre|akro|ba|tik** *w.10 nur Ez.* Bodenakrobatik, Akrobatik ohne Geräte
Par|the|no|ge|ne|se [griech.] *w.11* **1** Entwicklung einer Eizelle ohne vorhergehende Befruchtung, Jungfernzeugung; **2** Geburt (eines Gottes oder Helden) durch eine Jungfrau; **Par|the|no|kar|pie** *w.11* Entstehung von Früchten ohne Befruchtung und ohne Samenbildung

par|ti|al [-tsjal, lat.] *veraltet für* partiell; **Par|ti|al...** Teil...; **Par|ti|al|ob|li|ga|ti|on** [-tsjo:n] *w.10* Teilschuldverschreibung; **Par|ti|al|ton** *m.2* Oberton
Par|tie [frz.] *w.11* **1** Ausschnitt, Stück, Teil; **2** einzelne Gesangsrolle (in Opern, Oratorien usw.); **3** Heirat, Heiratsmöglichkeit; **4** Ausflug; **5** Einzelspiel, z. B. eine P. Schach; **6** Restposten (von Waren); **7** *Buchhandel:* Anzahl von Büchern, von denen eines gratis geliefert wird; **Par|tie|füh|rer** *m.5 österr.:* Vorarbeiter; **par|ti|ell** [-tsjɛl] teilweise; **Par|ti|kel** [latein.] *w.11* **1** Teilchen, kleinster Bestandteil; **2** *Gramm.:* unflektierbares Wort, z. B. Adverb, Präposition; **par|ti|ku|lar, par|ti|ku|lär** nur als Teil vorhanden, einzeln; **Par|ti|ku|la|ris|mus** *m. Gen. - nur Ez.* **1** Bestrebung (von staatl. Teilgebieten oder kleinen Ländern), die eigenen Interessen gegenüber dem Ganzen durchzusetzen; **2** Klein-, Vielstaaterei; **Par|ti|ku|lar|recht** *s.1* Recht des Einzel- oder Gliedstaates, Sonderrecht; **Par|ti|ku|lier** *m.1 Binnenschiffahrt:* Schiffseigentümer, der sein Schiff selbst fährt
Par|ti|san [frz.] *m.12 oder m.10* bewaffneter Widerstandskämpfer im Hinterland; **Par|ti|sa|ne** *w.11 15.–18. Jh.:* Stoßwaffe mit zweischneidiger Klinge
Par|ti|ta [ital.] *w. Gen. - Mz.* -ten → Suite (**2**); **Par|ti|te** *w.11* Waren-, Rechnungsposten, Geldsumme; **Par|ti|ti|on** [-tsjon] *w.10* **1** Teilung, Einteilung; **2** *Logik:* Zerlegung eines Begriffs in seine Merkmale; **par|ti|tiv** eine Teilung ausdrückend, teilend; **Par|ti|tiv|zahl** *w.10* Teilungs-, Bruchzahl, z. B. drei Viertel; **Par|ti|tur** *w.10* Aufzeichnung sämtl. Stimmgruppen eines Orchester- oder Chorwerkes Takt für Takt untereinander
Par|ti|zip [lat.] *s.1* Mittelwort; P. Präsens: Mittelwort der Gegenwart, z. B. gehend; P. Perfekt: Mittelwort der Vergangenheit, z. B. gegangen; **Par|ti|zi|pa|ti|on** [-tsjon] *w.10* das Partizipieren, Teilnahme; **par|ti|zi|pi|al** mit Hilfe eines, in der Art eines Partizips, mittelwörtlich; **Par|ti|zi|pi|ent** *m.10* jmd., der an etwas partizipiert; **par|ti|zi|pie|ren** an etwas p.: teilhaben, etwas abbekommen
Part|ner [engl.] *m.5* Teilhaber, Teilnehmer, Mitspieler; **Part|ner|look** [-luk] *m.9 nur Ez.* dem Partner gleichendes Aussehen; im P. gekleidet
par|tout [-tu, frz.] unbedingt, um jeden Preis
Par|tus [lat.] *m. Gen. - Mz. -* Geburt, Entbindung
Par|ty [parti, engl.] *w.9, Mz. auch:* -ties zwangloses Fest, geselliges Beisammensein
Par|usie [griech.] *w.11 nur Ez.* **1** Wiederkunft Christi beim Jüngsten Gericht; **2** *bei Plato:* die Anwesenheit der Ideen in den Dingen
Par|ve|nü [frz.] *m.9* Emporkömmling
Par|zel|le [frz.] *w.11* kleines, vermessenes Stück Bau- oder Gartenland, Grundstück; **par|zel|lie|ren** in Parzellen aufteilen
Par|zen [griech.] *w.11 Mz., röm. und griech. Myth.:* die drei Schicksalsgöttinnen
Pas [pa, frz.] *m. Gen. - Mz. -* Tanzschritt
Pasch [frz.] *m.1 oder m.2* **1** Wurf mit der gleichen Augenzahl auf mehreren Würfeln, z. B. Dreierpasch; **2** Dominostein mit gleicher Punktzahl auf beiden Hälften
Pa|scha 1 [türk.] *m.9 früher in der Türkei Titel für* höheren Offizier oder Beamten; **2** *übertr.:* herrischer Mann, der sich gern bedienen läßt; **3** [hebr.] *s. Gen.* -s *nur Ez. Nebenform von* Passah; **Pa|scha|jahr** *s.1* mit Ostern beginnendes Kirchenjahr
pa|schen 1 [frz.] würfeln; **2** [rotw.] schmuggeln; **Pa|scher** *m.5* Schmuggler
Pas de deux [padədø, frz.] *m. Gen. - - - Mz. - - - Ballett:* Tanz zu zweit
Pa|so do|ble [span.] *m. Gen. - - Mz. - -* rascher Gesellschaftstanz
Pas|pel [frz.] *w.11* schmaler Zierstreifen (an Nähten), Vorstoß; **pas|pe|lie|ren, pas|peln** mit einer Paspel verzieren
Pas|quill [ital.] *s.1* Schmäh-, Spottschrift; **Pas|quil|lant** *m.10* Verfasser eines Pasquills
Paß [lat.-frz.] *m.2* **1** schmaler Einschnitt im Gebirge, der als Übergang dient; **2** Personalausweis für Reisen ins Ausland; **3** *Jägerspr.:* Wechsel (mancher Wildarten); **4** eine gotische Maßwerkfigur aus mehreren Dreiviertelkreisen, z. B. Drei-, Vierpaß; **5** *Sport, bes. Fußball:* Zuspiel
pas|sa|bel [frz.] annehmbar, leidlich
Pas|sa|ca|glia [-kalja, ital.] *w. Gen. - Mz.* -gli|en [-kaljən] **1** *urspr.:* feierlicher span.-ital. Tanz; **2** *dann:* langsames Instrumentalstück mit ostinatem Baß; **Pas|sa|caille** [-kaj, frz.] *w.11 frz. Form von* Passacaglia
Pas|sa|de [frz.] *w.11* **1** leichter Galopp über eine kurze Strecke und zurück mit Fußwechsel bei der Wendung; **2** *Hohe Schule:* sehr langsamer, fast springender Trab mit kräftig gehobenen Vorderbeinen;
Pas|sa|ge [-ʒə, frz.] *w.11* **1** Durchgang, Durchfahrt; **2** Überfahrt, Reise mit Schiff oder Flugzeug übers Meer; **3** *Mus.:* Lauf, rasche Tonfolge; **4** *Hohe Schule:* langsamer Trab mit kräftig gehobenen Vorderbeinen; **5** → Passus (**2**); **Pas|sa|gier** [-ʒir] *m.1* Fahrgast, Fluggast
Pas|sah [hebr.] *s. Gen.* -s *nur Ez.* achttägiges jüd. Fest zum Andenken an den Auszug aus Ägypten
Pas|sant [frz.] *m.10* Fußgänger, Vorübergehender
Pas|sat [ndrl.] *m.1* gleichmäßiger trop. Wind, wechselnd zwischen Nordost und Südost; vgl. Antipassat
Pas|se [frz.] *w.11, an Kleidungsstücken:* auf- oder eingesetzter Stoffstreifen, bes. an den Schultern

pas|sé [-se, frz.] vergangen, vorbei, nicht mehr modern
Passe|par|tout [paspartu, frz.] **1** *s.9* Bilderrahmen aus Karton; **2** *auch m.9* Hauptschlüssel; **Passe|pied** [paspje] *m.9* altfrz. Rundtanz; **Passe|poil** [paspwal] *m.9 österr. für* Paspel
pas|sie|ren [frz.] **1** überschreiten, überfliegen, vorübergehen an, durchfahren, durchlaufen; eine Brücke, die Zensur p.; **2** durchseihen, durchs Sieb rühren; **3** geschehen, sich ereignen
Pas|si|flo|ra [lat.] *w. Gen. - Mz.* -ren Passionsblume
pas|sim [lat.] hier und da, verstreut (bei Zitaten)
Pas|si|on [lat.] **1** *w.10* starke Vorliebe, Leidenschaft; **2** *nur Ez.* Leidensgeschichte Christi; **3** Darstellung der Leidensgeschichte Christi in bildender Kunst und Musik; **Pas|sio|nal** *s.1,* **Pas|sio|na|le** *s.5,* **Pas|sio|nar** *s.1* Sammlung von Heiligenlegenden des MA; **pas|sio|na|to** *Mus.:* leidenschaftlich; **pas|sio|niert** begeistert, leidenschaftlich; passionierter Bergsteiger sein; **Pas|si|ons|blu|me** *w.11* Rankengewächs mit eßbaren Früchten (Grenadillen); **Pas|si|ons|sonn|tag** *m.1* zweiter Sonntag vor Ostern, Judika; **Pas|si|ons|spiel** *s.1* geistliches Drama über die Passion Christi; **Pas|si|ons|zeit** *w.10* Zeit zwischen Aschermittwoch und Ostern
pas|siv [auch: pas-, lat.] untätig, teilnahmslos, (still) duldend; *Ggs.:* aktiv; passives Wahlrecht: das Recht, gewählt zu werden; vgl. aktives Wahlrecht; **Pas|siv** *s.1* Leideform des Verbs; *Ggs.:* Aktiv (**1**); **Pas|si|va** *Mz.* Schulden; *Ggs.:* Aktiva; **Pas|siv|bür|ger** *m.5, in Staaten mit Wahlbeschränkungen:* Bürger ohne aktives und passives Wahlrecht; *Ggs.:* Aktivbürger; **Pas|siv|ge|schäft** *s.1* Bankgeschäft, bei dem die Bank (in der Regel durch Annahme verzinsl. Einlagen) bei ihren Kunden zum Schuldner wird; **pas|si|vie|ren** Verbindlichkeiten p.: in der Bilanz erfassen; unedle Metalle p.: mit einer gegen chem. Einflüsse widerstandsfähigen Schutzhaut überziehen; **Pas|si|vi|tät** *w.10 nur Ez.* **1** Untätigkeit, Teilnahmslosigkeit; **2** Widerstandsfähigkeit unedler Metalle gegen chem. Einflüsse
Pas|so|me|ter [lat. + griech.] *s.5* Schrittzähler
Pas|sus [lat.] *m. Gen. - Mz. -* **1** altröm. Längenmaß, Doppelschritt; **2** Abschnitt (aus einem Schriftwerk oder Schriftstück oder einer Rede)
Pa|sta [ital.] **1** *w. Gen. - Mz.* -sten streichbare Masse, z. B. Zahnpasta; **2** *w. Gen. - Mz.* -ste ital. Nudelgericht; **Pa|sta as|ciut|ta** [pastaʃuta] *w. Gen. - - Mz.* -ste -te [pasteʃute] ital. Nudelgericht; **Pa|ste** *w.11* → Pasta (**1**)
Pa|stell [ital.] *s.1* → Pastellzeichnung; **Pa|stell|far|be** *w.11* mit Bindemittel versetzte Farbe aus Kreide und Ton von zarter, samtiger Tönung; **Pa|stell|zeich|nung** *w.10* Zeichnung mit Pastellfarben
Pa|ste|te [ital.] *w.11* **1** mit Fleisch, Fisch oder Gemüse gefülltes Gebäck (meist aus Blätterteig); **2** sehr feine Leberwurst
pa|steu|ri|sie|ren [-stø-, nach dem frz. Biologen und Chemiker L. Pasteur] durch Erhitzen entkeimen und haltbar machen (Milch, Fruchtsaft)
Pa|stic|cio [pastitʃo, ital.] *s.9, Mz. auch:* -stic|ci [-stitʃi] **1** in betrügerischer Absicht in der Manier eines Künstlers gemaltes Bild; **2** aus Teilen der Werke eines oder mehrerer Komponisten zusammengesetzte Oper mit einem neuen Libretto, Flickoper; **Pastiche** [-stiʃ, frz.] *w.11 frz. Bez. für* Pasticcio
Pa|stil|le [lat.] *w.11* Kügelchen, Pille, Plätzchen
Pa|sti|nak [lat.] *m.1,* **Pa|sti|na|ke** *w.11* eine Gemüsepflanze
Pa|stor [auch: -stor, lat.] *m.13* (*Abk.:* P.) Geistlicher, Pfarrer; **pa|sto|ral** ländlich, in der Art der Hirten; **Pa|sto|ra|le** *w.11* **1** Hirtenmusik, ländlich-idyll. Musikstück; **2** *Barockzeit:* musikal. Schäferspiel; **3** *Malerei:* Darstellung einer Hirtenszene; **4** *s.5* Bischofsstab; **Pa|sto|ral|theo|lo|gie** *w.11 kath. Kirche:* praktische Theologie, Seelsorge; **Pa|sto|rat** *s.1* Amt, Amtsräume, Wohnung eines Pfarrers, Pfarramt, Pfarrhaus; **Pa|sto|rel|le** *w.11* Hirtenliedchen, Zwiegesang zwischen Schäfer und Schäferin; **Pa|sto|rin** *w.10* weibl. Pastor
pa|stos [ital.] **1** dick aufgetragen (Ölfarbe); dickflüssig, breiig; **pa|stös** *Med.:* aufgedunsen, aufgeschwemmt; **Pa|sto|si|tät** *w.10 nur Ez.* Teigigkeit, Dickflüssigkeit (der Schrift)
Pa|stou|rel|le [-stu-, frz.] *w.11* → Pastorelle
Pa|tel|la [lat.] *w. Gen. - Mz.* -len Kniescheibe; **pa|tel|lar** zur Patella gehörig, von ihr ausgehend; **Pa|tel|lar|re|flex** *m.1* Reflex beim Schlag gegen die Kniescheibe, Kniesehnenreflex
Pa|te|ne [lat.] *w.11* Teller zur Darreichung der Hostie
pa|tent [lat.] geschickt, tüchtig; praktisch, brauchbar; **Pa|tent** *s.1* **1** Urkunde über die Erwerbung eines Berufsgrades, z. B. Offizierspatent; **2** Urkunde über das Recht zur alleinigen Benutzung und gewerbl. Verwertung einer Erfindung; **pa|ten|tie|ren** **1** eine Erfindung p.: ihr durch Patent Schutz vor Nachahmung und Auswertung gewähren; **2** Metalloberflächen p.: sie durch Tauchen in Salz- oder Bleibäder vergüten; **Pa|tent|rezept** *s.1* einfaches, in vielen Schwierigkeiten anwendbares Rezept
Pa|ter [lat.] *m.5, Mz. auch:* -tres (*Abk.:* P., *Mz.* PP.) Vater (Anrede für Ordenspriester); **Pa|ter|fa|mi|li|as** *m. Gen. - Mz. - altröm. Bez. für* Familien-, Hausvater; **Pa|ter|na|lis|mus**

m. Gen. - nur Ez. Soziologie: väterliche Bevormundung (bes. durch den Arbeitgeber oder Staat); **pa|ter|na|li|stisch** bevormundend; **Pa|ter|ni|tät** *w. 10 nur Ez. veraltet:* Vaterschaft; **Pa|ter|no|ster 1** *s. 5* Vaterunser; **2** *m. 5* offener Aufzug, der dauernd fährt; Becherwerk, Wasserhebewerk; **Pa|ter|pec|ca|vi** [„Vater, ich habe gesündigt"] *s. Gen. - Mz. -* reuiges Geständnis, Sündenbekenntnis

pa|thé|ti|que [-tik, frz.] pathetisch; **pa|the|tisch** [griech.] erhaben, feierlich, salbungsvoll, voller Pathos

pa|tho|gen [griech.] krankheitserregend; **Pa|tho|ge|ne|se** *w. 11* Entstehung und Entwicklung einer Krankheit; **Pa|tho|gno|mik, Pa|tho|gno|stik** *w. 10 nur Ez.* Lehre von den Merkmalen einer Krankheit; **Pa|tho|lo|gie** *w. 11 nur Ez.* Wiss. von den Krankheiten; **pa|tho|lo|gisch 1** zur Pathologie gehörend, auf ihr beruhend; **2** krankhaft; **Pa|tho|pho|bie** *w. 11* Furcht vor Krankheiten; **Pa|tho|psy|cho|lo|gie** *w. 11 nur Ez.* Wiss. von den Krankheitserscheinungen im Seelenleben

Pa|thos [griech.] *s. Gen. - nur Ez.* **1** Feierlichkeit, erhabene Leidenschaftlichkeit; **2** übertriebener Gefühlsausdruck

Pa|tience [pasjãs, frz.] *w. 11* Kartengeduldsspiel

Pa|ti|ens [lat.] *s. Gen. - nur Ez.* Ziel des Geschehens im Satz, Akkusativobjekt; *Ggs.:* Agens **(3)**

Pa|ti|ent [patsjent, lat.] *m. 10* Kranker in ärztl. Behandlung

Pa|ti|na [ital.] *w. Gen. - nur Ez.* **1** grüner Überzug auf Kupfer und Kupferlegierungen, Edelrost; **2** *übertr.:* Spuren häufigen Gebrauchs; **pa|ti|nie|ren** mit künstl. Patina versehen

Pa|tio [-tjo, lat.-span.] *m. 9* Innenhof des südspan. Hauses

Pa|tis|se|rie [frz.] *w. 11* **1** *veraltet, noch schweiz.:* feines Backwerk; **2** *in Hotels:* Raum zur Herstellung von Backwerk; **3** *veraltet, noch schweiz.:* Feinbäckerei; **Pa|tis|sier** [-sje] *m. 9* Konditor (bes. in Hotels)

Pa|tois [-toa, frz.] *s. Gen. - nur Ez.* **1** auf dem Land gesprochene frz. Mundart; **2** *allg.:* Mundart, Provinzsprache

Pa|tres *Mz. von* Pater

Pa|tri|arch [griech.] *m. 10* **1** *AT:* Stammvater, Erzvater, z. B. Abraham; **2** Vorsteher mehrerer Kirchenprovinzen, z. B. der Bischof von Rom; **3** *in der Ostkirche sowie vielen Einzelkirchen Titel für* Oberbischof; **pa|tri|ar|cha|lisch** [-xa-] **1** zu den Patriarchen gehörig, von ihnen ausgehend; **2** vaterrechtlich; **3** altväterlich, ehrwürdig; **4** *übertr.:* väterlich-bevormundend, Ehrfurcht und Gehorsam fordernd; **Pa|tri|ar|chat** [-xat] *s. 1* **1** Vaterrecht, Herrschaft des Vaters; *Ggs.:* Matriarchat; **2** Amt, Würde eines kirchl. Patriarchen; **pa|tri|ar|chisch** einem Patriarchen entsprechend, ehrwürdig

pa|tri|mo|ni|al [lat.] zum Patrimonium gehörend, erbherrlich; **Pa|tri|mo|ni|al|ge|richts|bar|keit** *w. 10 nur Ez. früher:* Gerichtsbarkeit des Gutsherrn über seine Untergebenen; **Pa|tri|mo|ni|um** *s. Gen. -s Mz. -ni|en* **1** *röm. Recht:* väterl. Erbgut; **2** P. Petri: *urspr.* der Grundbesitz der röm. Kirche, *dann* der Kirchenstaat; **Pa|tri|ot** [lat.] *m. 10* jmd., der sein Vaterland liebt; **pa|trio|tisch** vaterländisch gesinnt, vaterlandsliebend; **Pa|trio|tis|mus** *m. Gen. - nur Ez.* Vaterlandsliebe; **Pa|tri|stik** *w. 10 nur Ez.* Lehre von den Schriften der Kirchenväter; **Pa|tri|sti|ker** *m. 5* Kenner der Patristik; **Pa|tri|ze** *w. 11* Stempel, Prägestock; *Ggs.:* Matrize; **Pa|tri|zi|at** *s. 1 nur Ez.* Gesamtheit der Patrizier; **Pa|tri|zi|er** *m. 5* **1** *im alten Rom:* Angehöriger des Adels; **2** *MA:* wohlhabender Bürger

Pa|tro|lo|ge [griech.] *m. 11* → Patristiker; **Pa|tro|lo|gie** *w. 11 nur Ez.* → Patristik

Pa|tron [lat.] *m. 1* **1** *im alten Rom:* Herr (seiner freigelassenen Sklaven); **2** *kath. Kirche:* Schutzheiliger (einer Kirche oder eines Berufsstandes); Stifter (einer Kirche); **3** *allg.:* Schirmherr, Schutzherr, Gönner; **4** Schiffseigentümer; **5** *abfällig:* Kerl; ein unverschämter, ungehobelter Patron; **Pa|tro|na** *w. Gen. - Mz. -nä* Schutzheilige; **Pa|tro|na|ge** [-ʒə] *w. 11* Günstlingswirtschaft; **Pa|tro|nat** *s. 1* **1** *im alten Rom:* Amt, Würde eines Patrons; **2** Rechtsstellung eines Kirchenstifters; **3** Schirmherrschaft

Pa|tro|ne [frz.] *w. 11* **1** mit Sprengstoff gefüllte und mit Zündvorrichtung versehene Metallhülse; **2** lichtundurchlässiger Behälter für einen Kleinbildfilm; **3** *Jacquardweberei:* auf kariertem Papier aufgezeichnetes Muster; **pa|tro|nie|ren** *österr.:* mit Hilfe von Schablonen bemalen

Pa|tro|nin [lat.] *w. 10* Schutzheilige, Schutzherrin; **Pa|tro|ny|mi|kon, Pa|tro|ny|mi|kum** *s. Gen. -s Mz. -ka* vom Namen des Vaters abgeleiteter Name, z. B. Hansen, Petrowitsch, Macmillan

Pa|trouil|le [patrulјə, frz.] *w. 11* Wachtrupp, Streife; P. gehen; **pa|trouil|lie|ren** [-trulji-] als Wachposten auf und ab gehen, Streife gehen

Pa|tro|zi|ni|um [lat.] *s. Gen. -s Mz. -ni|en* **1** *im alten Rom:* Vertretung durch einen Patron vor Gericht; **2** *MA:* Rechtsschutz des Gutsherrn für seine Untergebenen; **3** Schutzherrschaft eines Heiligen über eine Kirche; **4** Fest des Schutzheiligen

Pat|schu|li [ind.-engl.] *s. 9* ein asiat. Lippenblütler

patt [frz.] *Schach-, Damespiel:* zugunfähig; **Patt** *s. 9 Schach-, Damespiel:* zugunfähige Stellung, unentschiedener Ausgang, *auch übertr., z. B.* parlamentarisches Patt

Pat|te [frz.] *w. 11 an Kleidungsstücken:* Taschenklappe

Patltern [pætərn, engl.] *s. 9* Muster, Modell, Denkschema
patltielren [frz.] mit Raster, mit Notenlinien versehen
paulpelrielren [lat.] *Bot.:* sich kümmerlich entwickeln, Merkmale der Eltern weniger ausgeprägt zeigen; **Paulpelrislmus** *m. Gen. - nur Ez.* Massenarmut, allgemeine Verelendung; **Paulperltät** *w. 10 nur Ez. veraltet:* Armut, Dürftigkeit; **Paulperltätsleid** *m. 1 österr. Zivilprozeß:* eidl. Versicherung, die Prozeßkosten nicht zahlen zu können
paulschal [neulat.] alles zusammen (gerechnet); **Paulschalle** *w. 11* einmalige, ab- oder aufgerundete Bezahlung (statt Einzelzahlungen); **paulschallielren** zu einer Pauschalsumme zusammenrechnen, auf-, abrunden
Paulse 1 [griech.] *w. 11* Unterbrechung, Rast; **2** [frz.] *w. 11* Durchzeichnung, Kopie mittels durchsichtigen Papiers; **paulsen** [frz.] durchzeichnen, *meist:* ab-, durchpausen
paulsielren eine Pause machen
Palvalne [ital.] *w. 11* **1** *urspr.:* Schreittanz, Reigentanz; **2** *dann:* Satz der Suite (2)
Palvilan [frz.] *m. 1* Angehöriger einer Affengattung
Palvilllon [-vijɔ̃, auch: -viljɔ̃, frz.] *m. 9* kleines, freistehendes Gartenhaus; **2** Ausstellungskiosk; **3** *bes. an Barockbauten:* kleiner An-, Vorbau; **4** Festzelt; **Palvilllonlbaulweilse** *w. 11 nur Ez.* lockere, in Einzelgebäude aufgelöste Bauweise
Pax [lat.] *w. Gen. - nur Ez.* Friede; Pax Christi: 1944 in Lourdes entstandene kath. Weltfriedensbewegung; Pax Dei [dei] *MA:* Verbot der Fehde an bestimmten Tagen, Gottesfriede; Pax Romana: die Zeit des befriedeten Röm. Reiches von Augustus bis zur Völkerwanderung; 1921 in Freiburg entstandene kath. Studentenbewegung; Pax vobiscum!: Friede sei mit euch! (Gruß des kath. Bischofs)
Paylback [pɛibæk, engl.] *s. 9* Rückgewinnung investierten Kapitals; **Payling Guest** [pɛiiŋ gɛst, engl.] *m. Gen. --(s) Mz. --s* Gast, der in einer Familie aufgenommen wird, aber für Unterkunft und Verpflegung etwas bezahlt; **Paylout** [pɛiaut] *s. 9* → Payback
Palzilfilkaltilon [tsjon, lat.] *w. 10 nur Ez.* Befriedung; **Palzilfislmus** *m. Gen. - nur Ez.* Ablehnung des Krieges, Bestreben, den Frieden um jeden Preis zu erhalten; **Palzilfist** *m. 10* Anhänger des Pazifismus; **palzilfilzielren** befrieden
Pb *chem. Zeichen für* Blei (Plumbum)
pc *Abk. für* Parallaxensekunde
p. c. *Abk. für* per centum, pro centum; vgl. Prozent
p. Chr. *Abk. für* post Christum (natum): nach Christi Geburt
Pd *chem. Zeichen für* Palladium
p. e. *Abk. für* per exemplum

Pe-Ce-Falser [Kurzw. aus Polyvinylchlorid] *w. 11* eine Kunstfaser
Peldal [lat.] *s. 1* **1** Fußhebel, z. B. Gas-, Bremspedal, auch am Klavier zum Nachschwingenlassen oder Dämpfen der Töne, an der Harfe zum Umstimmen der Saiten; **2** *am Fahrrad:* Tretkurbel; **3** *Orgel:* mit den Füßen zu spielende Tastenreihe
Peldant [griech.] *m. 10* übertrieben genauer Mensch, Kleinigkeitskrämer; **Peldanltelrie** *w. 11 nur Ez.* übertriebene Genauigkeit; **pedanltisch** übertrieben ordentlich, äußerst genau
Peldell [mlat.] *m. 1 veraltet:* Hausmeister (an Schulen, Hochschulen)
Peldilkülre [lat.] *w. 11* **1** *nur Ez.* Fußpflege; vgl. Maniküre; **2** Fußpflegerin; **peldilkülren** jmdn. p. oder jmdm. die Füße p.: jmdm. die Füße pflegen, behandeln; vgl. maniküren; **Peldilskript** *s. 1* mit den Füßen geschriebener Text, z. B. von Armamputierten; vgl. Manuskript
Peldollolgie [griech.] *w. 11 nur Ez.* Bodenkunde; **Peldolmelter** *s. 5* Schrittzähler
Peer [pir, engl.] *m. 9* **1** Angehöriger des engl. Hochadels; **2** Mitglied des Oberhauses im engl. Parlament; **Peelrage** [piridʒ] *w. Gen. - nur Ez.* **1** Peerswürde; **2** Gesamtheit der Peers
Peglmaltit [griech.] *m. 1* aus Magma entstandenes, grobkörniges Gestein
Pehllelwi [pɛx-] *s. Gen. -(s) nur Ez.* mittelpers. Sprache und Schrift
Peiles [hebr.] *Mz.* Schläfenlocken (der orthodoxen Juden)
Peljolraltilon [-tsjon, lat.] *w. 10* Verschlechterung der Bedeutung eines Wortes, z. B. ordinär; **peljolraltiv** bedeutungsverschlechternd; **Peljolraltilvum** *s. Gen. -s Mz. -va* Wort mit bedeutungsverschlechterndem Bildungselement, z. B. frömmeln, kindisch
Pelkalri [indian.] *s. 9* amerik. Wildschwein, Nabelschwein
Pelkelsche [poln] *w. 11* **1** mit Pelz und Schnüren verzierter poln. Mantelrock; **2** mit Schnüren verzierte Festjacke der Verbindungsstudenten
Pelkilnelse *m. 1* Einwohner von Peking; **2** kleine, langhaarige Hunderasse mit stumpfer Schnauze
Pelkoe [pikou, chin.-engl.] *m. Gen. -s nur Ez. Bez. für* Teesorte aus dünnen, feinen Blättern oder aus Blattspitzen
pektlanlgilös [lat.] herzbeklemmend
Pekltenlmulschel [lat.] *w. 11* Kammuschel
Peklitin [griech.] *s. 1* quellfähiger, leicht gelierender Stoff in Pflanzen, bes. in unreifen Früchten; **Pekltilnalse** *w. 11 nur Ez.* ein Enzym
pekltolral [lat.] zur Brust gehörend, brust...;
Pekltolralle *s. 5, Mz. auch* -lilen **1** *Antike, MA:* Brustschmuck; **2** verziertes Brustkreuz

für Bischöfe und Äbte; **3** *auch:* Schließe am Bischofsmantel
pe|ku|ni|är [lat.] geldlich
pek|zie|ren [lat.] etwas p.: einen Fehler, eine Dummheit machen, etwas Böses begehen
pe|la|gi|al [griech.] → pelagisch; **Pe|la|gi|al** *s. Gen.*-s *nur Ez.* **1** der Lebensraum des Meeres und großer Binnenseen; **2** Gesamtheit der Organismen im Meer und in großen Binnenseen
Pe|la|gia|nis|mus *m. Gen.* - *nur Ez.* Lehre des irischen Mönchs Pelagius (5. Jh.), der entgegen der Gnadenlehre Augustins die Erbsünde ablehnte und die menschl. Willensfreiheit vertrat
pe|la|gisch [griech.] im Meer und in großen Binnenseen lebend
Pe|lar|go|nie [-njə, griech.] *w.11* eine Zierpflanze
Pe|las|ger *m.5* Angehöriger der sagenhaften Urbevölkerung Griechenlands
pêle-mêle [pɛlmɛl, frz.] durcheinander; **Pelemele** [pɛlmɛl] *s. Gen.*-(s) *nur Ez.* **1** Durcheinander, Mischmasch; **2** Süßspeise aus Vanillecreme und Früchten
Pe|le|ri|ne [frz.] *w.11* ärmelloser (Regen-)Umhang
Pe|li|kan [mlat.] *m.1* Angehöriger einer trop. und subtrop. Vogelgattung, Ruderfüßer
Pel|la|gra [ital.] *w. Gen.* - *nur Ez.* eine Hautkrankheit infolge Mangels an Vitamin B_2
pel|lu|zid [lat.] durchscheinend, lichtdurchlässig (von Mineralien); **Pel|lu|zi|di|tät** *w.10* Lichtdurchlässigkeit
Pe|lo|ta [lat.-span.] *w. Gen.* - *nur Ez.* bask. Ballspiel
Pe|lo|te [frz.] *w.11* Knäuel, Ball, Druckpolster (z. B. gegen Spreizfuß)
Pem|mi|kan [indian.] *m. Gen.*-s *nur Ez.* **1** *bei den nordamerik. Indianern:* zerstampftes, getrocknetes Fleisch und Fett, Dauerfleisch; **2** *danach:* Fleischpulverkonserve
Pem|phi|gus [griech.] *m. Gen.* - *nur Ez. Sammelbegriff für* eine Gruppe von Hautkrankheiten mit Blasenbildung, Schälblattern
PEN vgl. PEN-Club
Pe|nal|ty [-nəl-, engl.] *m.9 Fußball:* Strafstoß; *Eishockey:* Strafschuß
Pe|na|ten [lat.] *Mz.* **1** *röm. Myth.:* Götter von Haus und Herd; **2** *übertr.:* Heim und Wohnung; zu den P. zurückkehren: heimkehren
Pence [pɛns, engl.] *Mz.* von Penny (*Abk.:* d)
Pen|chant [pãʃã, frz.] *m.9 veraltet:* Vorliebe, Hang, Neigung
PEN-Club *m.9 nur Ez. Kurzw. aus* poets, essayists, novelists (internationale Schriftstellervereinigung)
Pen|dant [pãdã, frz.] *s.9* Gegenstück, Ergänzung
Pen|del [lat.] *s.5* frei hängender, um einen Punkt schwingender Körper; **pen|deln** **1** hin- und herschwingen; **2** sich regelmäßig zwischen zwei Orten hin- und zurückbewegen
Pen|den|tif [pãdã-, frz.] *s.9 Baukunst:* Eckzwickel zwischen quadrat. Unterbau und Kuppel; **Pen|dü|le** [pã-] *w.11* Tischpendeluhr, Stutzuhr
pe|ne|tra|bel [lat.] *veraltet:* durchdringbar; **pe|ne|trant** **1** durchdringend (Geruch, Geschmack); **2** *übertr.:* aufdringlich; **Pene|tranz** *w.10 nur Ez.* penetrante Beschaffenheit; **Pe|ne|tra|ti|on** [-tsjon] *w.10* Durchdringung, Durchsetzung; **pe|ne|trie|ren** durchdringen, durchsetzen
Pen|gö *m. Gen.*-s *Mz.* - (*Abk.: P) 1925–1946:* ung. Währungseinheit; *seit 1946:* Forint
pe|ni|bel [frz.] sehr sorgfältig, peinlich genau
Pe|ni|cil|lin [lat.] *s.1 nur Ez.* ein Antibiotikum
Pen|in|su|la [lat.] *w. Gen.* - *Mz.*-lae [-lɛ:] Halbinsel; **pen|in|su|lar, pen|in|su|la|risch** zu einer Halbinsel gehörend; wie eine Halbinsel
Pe|nis [lat.] *m. Gen.* - *Mz.*-nes *oder* -nis|se Begattungsorgan vieler Tiere und des Menschen, männl. Glied
Pe|ni|zil|lin *s.1 nur Ez.* → Penicillin
Pen|nal [lat.] *s.1 Schülerspr., veraltet:* höhere Schule; **Pen|nä|ler** *m.5 Schülerspr.:* Schüler einer höheren Schule, Gymnasiast
Penn|bru|der *m.6 ugs.:* Landstreicher
Pen|ne **1** [lat.] *w.11 Schülerspr.:* Schule; **2** [rotw.] *w.11* Kneipe, einfache Herberge
pen|nen [rotw.] *ugs.:* schlafen; **Pen|ner** *m.5* → Pennbruder
Pen|ni *m. Gen.*-(s) *Mz.*-(s) (*Abk.:* p) finn. Währungseinheit, 1/100 Markka
Pen|ny *m. Gen.*-s *Mz.* Pence *oder (bei wenigen Stücken)* -nies (*Abk.* d [= denarius]) engl. Währungseinheit, 1/10 Shilling; **Pen|ny-weight** [-wɛit] *s. Gen.* - *Mz.* - (*Abk.:* dwt., pwt.) engl. Gewichtseinheit für Edelmetalle, Edelsteine und Münzen, 1,5552 g
Pen|sa *Mz. von* Pensum
pen|see, pen|sée [pãse, frz.] *unflektierbar* dunkellila; **Pen|see** [pãse] *s.9* Stiefmütterchen
Pen|si|on [pãsjon, bayr., österr., schweiz.: pɛnsjon, frz.] *w.10* **1** Ruhestand; in P. gehen; **2** Ruhegehalt; P. beziehen; **3** Fremdenheim; **4** Unterkunft und Verköstigung; **5** *veraltet:* Pensionat; **Pen|sio|när** [pã-, bayr., österr., schweiz.: pɛn-] *m.1* **1** jmd., der im Ruhestand lebt; **2** Gast in einer Pension; **3** Zögling eines Pensionats; **Pen|sio|nat** *s.1* Internat; **pen|sio|nie|ren** [pã-, bayr., österr., schweiz.: pɛn-] in Ruhestand versetzen; **Pen|sio|nist** [pɛn-] *m.10 österr., schweiz.:* jmd., der Pension bezieht, Ruheständler
Pen|sum [lat.] *s. Gen.*-s *Mz.*-sa *oder* -sen in einer bestimmten Zeit zu erledigende Arbeit von bestimmtem Umfang
Pen|ta|chord [grch.] *s.1* Streich- oder Zupf-

instrument mit fünf Saiten; **Pen|ta|de** *w. 11* Zeitraum von fünf Tagen; **Pen|ta|eder** *m. 5* von fünf ebenen Flächen begrenzter Körper, Fünfflächner; **Pen|ta|gon** **1** *s. 1* Fünfeck; **2** *nur Ez.* das auf einem fünfeckigen Grundriß errichtete Verteidigungsministerium der USA in Washington; **pen|ta|go|nal** fünfeckig; **Pen|ta|gramm** *s. 1* fünfzackiger Stern, der in einem Zug gezeichnet werden kann, Drudenfuß; **pen|ta|mer** fünfteilig, fünfgliedrig; **Pent|ame|ron, Pent|ame|ro|ne** *s. Gen.* -(s) *nur Ez.* Sammlung neapolitan. Märchen, die an fünf Tagen erzählt werden; **Pen|ta|me|ter** *m. 5* fünffüßiger daktylischer Vers, der zusammen mit einem Hexameter ein Distichon bildet; **Pen|tan** *s. 1* ein gesättigter, aliphatischer Kohlenwasserstoff; **Pent|ar|chie** *w. 11* Herrschaft von fünf Großmächten; **Pen|ta|teuch** *m. Gen.* -(s) *nur Ez.* die fünf Bücher Mosis im AT; **Pent|ath|lon** *s. Gen.* -s *nur Ez.* antiker Fünfkampf: Ringen, Laufen, Weitsprung, Diskus- und Speerwerfen; **Penta|to|nik** *w. 10 nur Ez.* auf einer Tonleiter von fünf Tönen beruhendes System der mittelalterl. und oriental. Musik sowie der Musik vieler Naturvölker, Fünftonmusik

Pent|haus [engl.] *s. 4* bungalowartige Wohnanlage auf einem Flachdach

Pent|lan|dit [nach dem Entdecker, dem engl. Naturforscher J. B. Pentland] *s. Gen.* -s *nur Ez.* ein Mineral, Eisennickelkies

Pent|ode [griech.] *w. 11* Fünfpolröhre; **Pent|ose** *w. 11* einfacher Zucker mit fünf Sauerstoffatomen im Molekül

Pe|nun|se [rotwelsch] *w. 11 nur Ez., ugs.:* Geld

Pe|on [port.] *m. 10* lateinamerik. eingeborener Tagelöhner; **Peo|nage** [-ʒə, auch engl.: piənidʒ] *w. 11 nur Ez.* Lohnsystem in Lateinamerika, das durch Lohnvorschüsse u. a. häufig zur Verschuldung und Leibeigenschaft der Peonen führte

Pep [engl.] *m. Gen.* -s *nur Ez. ugs.:* Schwung, Temperament, Mumm

Pe|pe|ro|ni [ital.] *Mz.* Früchte des Paprikas

Pe|pi|ta [nach einer span. Tänzerin der Biedermeierzeit] **1** *s. 9 nur Ez.* kleines Hahnentrittmuster; **2** *m. 9* Stoff mit diesem Muster

Pe|plon [griech.] *s. 9, Mz. auch:* -plen, **Peplos** *m. Gen.* - *Mz.* - *oder* -plen altgriech. Frauengewand

Pep-Pill [engl.] *w. 9,* **Pep|pil|le** *w. 11* Weckmittel (Suchtstoff)

Pep|sin [griech.] *s. 1* ein Enzym des Magensaftes; **pep|tisch** verdauungsfördernd; **pep|ti|sie|ren** *Chem.:* (einen ausgeflockten Niederschlag) wieder auflösen; **Pep|ton** *s. 1* bei der Verdauung entstehendes Spaltprodukt von Eiweiß

per [lat.] durch, mit; per Adresse (*Abk.:* p. A.) bei, z. B. Herrn XY, p. A. Familie Z; vgl. per annum, per centum, per cassa, per conto, per pedes, per procura, per saldo, per ultimo

per an|num (*Abk.:* p. a.) *veraltet:* jährlich

per as|pe|ra ad astra [lat. „auf rauhen (Wegen) zu den Sternen"] durch Nacht zum Licht

Per|bo|rat *s. 1* chem. Verbindung aus Wasserstoffsuperoxid und Borat, Wasch- und Bleichmittel

per cas|sa [ital.] in bar

per cen|tum [lat.] vom Hundert, → pro centum; vgl. Prozent

Per|chlo|rat *s. 1* Salz der Überchlorsäure

per con|to [ital.] auf Rechnung

per|du [-dy, frz.] *ugs.:* verloren, weg

Per|emp|ti|on [-tsjon, lat.] *w. 10 Rechtsw., veraltet:* Verfall, Verjährung; **per|emp|to|risch** *Rechtsw.:* aufhebend, vernichtend; *Ggs.:* dilatorisch; **Per|em|ti|on** [-tsjon] *w. 10* → Peremption

per|en|nie|rend [lat.] überwinternd, wiederkommend, ausdauernd (Pflanzen)

per ex|em|plum [lat.] (*Abk.:* p. e.) *veraltet:* zum Beispiel

per|fekt [lat.] **1** vollkommen (ausgebildet); sie ist im Maschinenschreiben p.; perfekter Koch; **2** fließend; p. englisch sprechen; **3** abgemacht, abgeschlossen, gültig; die Sache, der Vertrag ist p.; **Per|fekt** [auch: pɛr-] *s. 1* Vergangenheitsform des Verbums, z. B. ich bin gegangen, ich habe gegessen; **per|fek|ti|bel** fähig zur Vervollkommnung; **Per|fek|ti|bi|li|tät** *w. 10 nur Ez.* Fähigkeit zur Vervollkommnung; **Per|fek|ti|on** [-tsjon] *w. 10* **1** Vollkommenheit, Vollendung; **2** *veraltet:* Abschluß eines Rechtsgeschäftes; **per|fek|tio|nie|ren** vervollkommnen; **Per|fek|tio|nis|mus** *m. Gen.* - *nur Ez.* **1** Lehre von der Vervollkommnung des Menschen als Sinn der Geschichte und Ziel der Menschheitsentwicklung; **2** *allg.:* übertriebenes Streben nach Vervollkommnung; **Per|fek|tio|nist** *m. 10* **1** Anhänger des Perfektionismus; **2** Angehöriger der methodist. Sekte der Perfektionisten, die nach Sündlosigkeit durch innere Wiedergeburt streben; **per|fek|tiv** eine zeitl. Begrenzung des Geschehens ausdrückend; **Per|fek|tiv** *s. 1,* **Per|fek|ti|vum** *s. Gen.* -s *Mz.* -va *in slaw. Sprachen:* Aspekt des Verbums, der das Ende eines Geschehens bezeichnet, z. B. vergehen; **Per|fek|tum** *s. Gen.* -s *Mz.* -ta *ältere Bez. für* Perfekt

per|fid [frz.], **per|fi|de** treulos, heimtückisch; **Per|fi|die** *w. 11* Treulosigkeit, Heimtücke; **Per|fi|di|tät** *w. 10 nur Ez.* perfide Beschaffenheit, perfides Wesen; die P. dieser Tat

Per|fo|ra|ti|on [-tsjon, lat.] *w. 10* Durchlöcherung, Durchbohrung; durchlochte Linie, Reißlinie; **Per|fo|ra|tor** *m. 13* Schreibmaschine zum Übertragen von Manuskripttexten auf Lochstreifen; **per|fo|rie|ren** durchlöchern, durchbohren

Per|ga|ment [nach der antiken Stadt Pergamon in Kleinasien] *s. 1* **1** zu Schreibpapier verarbeitete Tierhaut; **2** Schriftstück auf solcher Haut; **Per|ga|min** *s. 1 nur Ez.* pergamentähnliches, durchsichtiges Papier
Per|go|la [ital.] *w. Gen. - Mz.* -gollen Laube oder Laubengang aus Säulen, meist mit Rankengewächsen umwachsen
Pe|ri [pers.] *m. 9 oder w. 9 pers. Myth.:* feenhaftes Wesen
Pe|ri|anth [griech.] *s. 1* Blütenhülle aus Kelch und Blütenblättern
Pe|ri|car|di|um *s. Gen.* -s *Mz.* -di|en → Perikard
Pe|ri|chon|dri|um [-çɔn-] *s. Gen.* -s *Mz.* -dri|en Knorpelhaut
pe|ri|cu|lum in mo|ra [lat.] Gefahr ist im Verzug (= liegt im Zögern), schnelles Handeln wendet Unheil ab
Pe|ri|derm [griech.] *s. 1* sekundäres pflanzl. Abschlußgewebe
Pe|ri|dot [griech.] *m. 1* ein Mineral, Olivin; **Pe|ri|do|tit** *m. 1* ein Tiefengestein
Pe|ri|gä|um [griech.] *s. Gen.* -s *Mz.* -gälen der Erde am nächsten liegender Punkt einer Planetenbahn, Erdnähe
Pe|ri|gon [griech.] *s. 1*, **Pe|ri|go|ni|um** *s. Gen.* -s *Mz.* -ni|en Blütenhülle mit gleichgestalteten Blättern
Pe|ri|hel [griech.] *s. 1* der Sonne am nächsten liegender Punkt einer Planetenbahn, Sonnennähe; *Ggs.:* Aphel
Pe|ri|kard [griech.] *s. 1* Herzbeutel; **Pe|ri|kar|di|tis** *w. Gen. - Mz.* -tiden Herzbeutelentzündung
Pe|ri|karp [griech.] *s. 1* Fruchtwand, Fruchtschale
Pe|ri|klas *m. 1* ein Mineral
pe|ri|klin [griech.] parallel zur Organoberfläche (verlaufend); **Pe|ri|klin** *m. 1* ein Mineral, ein Feldspat
Pe|ri|ko|pe [griech.] *w. 11* **1** zum Vorlesen im Gottesdienst vorgeschriebener Bibelabschnitt; **2** größerer metrischer Abschnitt; **3** zusammenhängende Strophengruppe
Pe|ri|me|ter [griech.] *s. 5* Gerät zum Bestimmen des Umfangs des Gesichtsfeldes
pe|ri|na|tal [griech. + lat.] um die Zeit der Geburt
Pe|ri|ne|um [griech.] *s. Gen.* -s *Mz.* -ne|en Gegend zwischen After und Geschlechtsteilen, Damm
Pe|ri|ode [griech.] *w. 11* **1** Zeitraum, Zeitabschnitt; **2** Umlaufszeit (eines Gestirns); **3** Menstruation, Regel; **4** mehrgliedriger, kunstvoll gebauter Satz, Großsatz; **5** sich unendlich wiederholende Zahlengruppe hinter dem Komma eines Dezimalbruches; **6** zweiteilige Melodie, deren beide Teile meist mit dem gleichen Takt beginnen; **Pe|ri|oden|sy|stem** *s. 1 in der Fügung* P. der chem. Elemente: Tabelle der chem. Elemente, in der die Elemente nach Zahl der Protonen im Kern und gleichen chem. Eigenschaften zusammengefaßt sind; **Pe|ri|odi|kum** *s. Gen.* -s *meist Mz.* -ka mehr oder weniger regelmäßig erscheinende Zeitschrift; **pe|ri|odisch** regelmäßig (wiederkehrend), in gleichen Abständen; **pe|ri|odi|sie|ren** in Perioden, in Zeitabschnitte einteilen; **Pe|ri|odi|zi|tät** *w. 10 nur Ez.* periodische Wiederkehr
Pe|ri|odon|ti|tis [griech.] *w. Gen. - Mz.* -titiden Entzündung der Zahnwurzelhaut
Pe|ri|öke [griech.] *m. 11* freier, aber politisch rechtloser Einwohner Spartas
Pe|ri|ost [griech.] *s. 1* Knochenhaut; **Pe|ri|osti|tis** *w. Gen. - Mz.* -ostiltilden Knochenhautentzündung
Pe|ri|pa|te|ti|ker [nach dem Peripatos, dem Wandelgang, in dem Aristoteles auf und ab gehend lehrte] *m. 5* Schüler des Aristoteles
Pe|ri|pe|tie [griech.] *w. 11* Umschwung, Wendung (im Drama)
pe|ri|pher [griech.] **1** am Rande liegend; **2** *übertr.:* im Augenblick nicht so wichtig (Frage, Problem); **Pe|ri|phe|rie** *w. 11* **1** Umfangslinie; **2** Rand (bes. einer Stadt)
Pe|ri|phra|se [griech.] *w. 11* Umschreibung (eines Begriffes); **pe|ri|phra|sie|ren** umschreiben; **pe|ri|phra|stisch** umschreibend
Pe|ri|pte|ros [griech.] *m. Gen. - Mz.* -pte|ren griech. Tempel mit ihn umgebender Säulenhalle
Pe|ri|skop [griech.] *s. 1* Fernrohr mit geknicktem Strahlengang (für U-Boote)
Pe|ri|stal|tik [griech.] *w. 10 nur Ez.* fortschreitende, wellenförmige Bewegung von muskulösen Hohlorganen, z. B. der Speiseröhre; **pe|ri|stal|tisch** wellenförmig fortschreitend
Pe|ri|sta|se [griech.] *w. 11* Gesamtheit der Umwelteinflüsse, die auf ein Lebewesen vor und nach der Geburt einwirken
Pe|ri|styl [griech.] *s. 1*, **Pe|ri|sty|li|um** *s. Gen.* -s *Mz.* -li|en *in altgriech. Häusern:* von Säulen umgebener Innenhof
Pe|ri|to|ne|um [griech.] *s. Gen.* -s *Mz.* -ne|en Bauchfell; **Pe|ri|to|ni|tis** *w. Gen. - Mz.* -tiden Bauchfellentzündung
Per|kal [pers.-türk.] *m. 1* feinfädiges, dichtes Baumwollgewebe; **Per|ka|lin** *s. 1* appretierter Perkal (für Bucheinbände)
Per|ko|lat [lat.] *s. 1 Pharmazie:* mittels Perkolation hergestellter Auszug; **Per|ko|la|ti|on** [-tsjon] *w. 10* ein Lösungsverfahren zur Gewinnung pflanzl. Wirkstoffe; **per|ko|lie|ren** durch Perkolation gewinnen
Per|kus|si|on [lat.] *w. 10* **1** Erschütterung, Stoß; **2** Zündung (eines Explosivstoffes) durch Stoß oder Schlag; **3** Vorrichtung am Harmonium, bei der zur präziseren Tongebung ein Hämmerchen an die Metallzunge schlägt; **4** *Med.:* Untersuchung innerer Organe durch Beklopfen der Körperoberfläche; **5** [pəkʌʃn, engl.] *w. 9 Jazz:* Schlagzeug; **Per-**

kus|si|ons|in|stru|ment *s. 1 Mus.:* Schlaginstrument; **per|kus|so|risch** mittels Perkussion (4)
per|ku|tan [lat.] *Med.:* durch die Haut hindurch
per|ku|tie|ren [lat.] *Med.:* mit dem Perkussionshammer oder den Fingern beklopfen; **per|ku|to|risch** → perkussorisch
Per|lon [Kunstw.] *s. Gen.*-s *nur Ez.* ® eine Kunstfaser
Per|lu|stra|ti|on [-tsjon, lat.] *w. 10 österr.:* Untersuchung (eines Verdächtigen zur Feststellung der Identität); **per|lu|strie|ren** *österr.:* genau untersuchen (Verdächtigen)
Perm [nach der Stadt in der UdSSR] *s. Gen.* -s *nur Ez.* oberste Formation des Paläozoikums
per|ma|nent [lat.] dauernd, ständig, anhaltend, ununterbrochen; **Per|ma|nenz** *w. 10 nur Ez.* Dauerhaftigkeit
Per|man|ga|nat [lat.] *s. 1* Salz der Übermangansäure
per|mea|bel [lat.] durchdringbar, durchlässig
Per|miß [lat.] *m. 1 veraltet:* Erlaubnis, Erlaubnisschein; **per|mis|siv** freizügig, Freizügigkeit gewährend, nicht autoritär
per|mu|ta|bel [lat.] ver-, austauschbar; **Per|mu|ta|ti|on** [-tsjon] *w. 10* Umstellung der Reihenfolge, Vertauschung; **per|mu|tieren** vertauschen, in der Reihenfolge verändern;
Per|mu|tit *s. 1 Chem.:* anorgan. Ionenaustauscher auf Silicatbasis
Per|nam|buk|holz [nach dem brasilian. Staat Pernambuco] *s. 4* brasilianisches Rotholz
Per|nio|nen [lat.] *Mz.* Frostbeulen; **Per|nio|sis** *w. Gen.* - *nur Ez.* Frostschaden (der Haut)
per|ni|zi|ös [frz.] *Med.:* bösartig
Per|nod [-no, frz.] *m. 9* ein Wermut
Pe|ro|no|spo|ra [griech.] *Mz.* Gattung der Algenpilze, Erreger von Pflanzenkrankheiten
per|oral [lat.] *Med.:* durch den Mund
Per|oxid *s. 1* sauerstoffreiche chem. Verbindung
per pe|des [lat.] *ugs. scherzh.:* zu Fuß
Per|pen|di|kel [lat.] *s. 5 oder m. 5* **1** Uhrpendel; **2** Abstand zwischen den (gedachten) Senkrechten durch Vorder- und Hintersteven des Schiffes, gibt dessen Länge an; **per|pen|di|ku|lar, per|pen|di|ku|lär** senkrecht, lotrecht; **Per|pen|di|ku|lar|stil** *m. 1 nur Ez. Baukunst:* engl. Spielart der Gotik
per|pe|tu|ell [lat.] *veraltet:* beständig, fortwährend, dauernd; **Per|pe|tu|um mo|bi|le** *s. Gen.* - - *Mz.* - - *oder* -tua -bi|lia **1** etwas ständig Bewegliches; **2** nur theoretisch denkbare Maschine, die sich ständig ohne Energiezufuhr bewegt; **2** virtuoses, gleichmäßig schnelles Musikstück
per|plex [lat.] *ugs.:* verblüfft, überrascht
per pro|cu|ra [lat.] (*Abk.:* pp., ppa.) in Vollmacht (vor Unterschriften)
Per|ron [-rõ, frz.] *m. 9, österr., schweiz.:* [-ron] *m. 1* **1** *veraltet:* Bahnsteig; **2** Plattform (der Straßenbahn)
per sal|do [ital.] durch Ausgleich (der beiden Seiten eines Kontos; Bez. für den Restbestand eines Kontos)
per se [lat.] an sich, für sich, durch sich selbst; **Per|se|ität** *w. 10 nur Ez. Scholastik:* das Durch-sich-selbst-Sein
Per|se|ku|ti|on [-tsjon, lat.] *w. 10 veraltet:* Verfolgung; **Per|se|ku|ti|ons|de|li|ri|um** *s. Gen.*-s *Mz.*-ri|en Verfolgungswahn
Per|sen|ning [ndrl.] *w. 9 oder w. 10* wasserdichtes Segeltuch
Per|se|ve|ranz [lat.] *w. 10 nur Ez. veraltet:* Ausdauer, Beharrlichkeit; **Per|se|ve|ra|ti|on** [-tsjon] *w. 10* Beharren oder Wiederkehr von Geschehenem oder Gehörtem im Bewußtsein; **per|se|ve|rie|ren** beharren, beharrlich wiederkehren (von Bewußtseinsinhalten)
Per|sia|ner *m. 5* **1** Fell des neugeborenen Karakulschafes; **2** *ugs.:* Mantel aus diesem Fell
Per|si|fla|ge [-ʒə, frz.] *w. 11* (bes. literar.) Verspottung; **per|si|flie|ren** verspotten
per|si|stent [lat.] anhaltend, dauernd; **per|si|stie|ren** *veraltet:* (auf etwas) beharren
Per|son [lat.] *w. 10* **1** Mensch; ich für meine Person *ugs., besser:* ich selbst, was mich betrifft; in Person *ugs.:* selbst, durch und durch; er ist die Neugier in P.; **2** Figur, Gestalt (in literar. Werken); **3** *grammat. Bez. für* einen Sprecher, Angesprochenen oder jmdn. bzw. etwas, wovon gesprochen wird;
Per|so|na gra|ta *w. Gen.* - - *nur Ez.* **1** gern gesehener Mensch; **2** zum Dienst in einem fremden Staat zugelassener Diplomat; **Per|so|na in|gra|ta,** Per|so|na non gra|ta *w. Gen.* (-) - - *nur Ez.* **1** nicht (mehr) gern gesehener Mensch; **2** in einem fremden Staat nicht mehr erwünschter Diplomat; **per|so|nal** → personell; **Per|so|nal** *s. Gen.*-s *nur Ez.* Gesamtheit der Diener, Angestellten usw., Belegschaft; **per|so|nal..., Per|so|nal...** *in Zus.:* zur Person gehörend, die Person(en) betreffend, Personen..., Persönlichkeits...; **Per|so|nal|form** *w. 10* durch eine Person bestimmte (finite) Form eines Verbums, z. B. ich gehe, wir essen; **Per|so|na|li|en** *Mz.* Angaben über Name, Wohnung, Beruf, Personenstand einer Person; **Per|so|na|lis|mus** *m. Gen.* - *nur Ez.* **1** Glaube an einen persönl. Gott; **2** Richtung der Philosophie, nach der der Mensch als handelndes, wertendes (nicht primär als denkendes) Wesen aufzufassen ist; **Per|so|na|li|tät** *w. 10* Gesamtheit der das Wesen einer Person ausmachenden Eigenschaften, das Personsein; **Per|so|na|li|täts|prin|zip** *s. Gen.*-s *nur Ez.* Grundsatz, daß eine Straftat nach den im Heimatstaat des Täters gültigen Gesetzen bestraft wird; Ggs.: Territorialprinzip; **per|so|na|li|ter** *veraltet:* persönlich; **Per|so|nal|pro|no|men** *s. 7, Mz. auch:* -mi|na persönl. Fürwort, z. B. ich, du; **Per-**

so|nal|uni|on *w.10* **1** Vereinigung zweier selbständiger Staaten unter einem Monarchen; **2** Vereinigung mehrerer Ämter in der Hand einer Person; **per|so|nell 1** persönlich; **2** das Personal betreffend; **Per|so|ni|fi|ka|ti|on** [-tsjon] *w.10* Vermenschlichung (von Göttern, leblosen Dingen, Begriffen); **per|so|ni|fi|zie|ren** vermenschlichen

Per|spek|tiv [lat.] *s.1* kleines Fernrohr; **Per|spek|ti|ve** *w.11* **1** scheinbares Zusammentreffen paralleler Linien in einem entfernten Punkt (Fluchtpunkt); **2** Darstellung eines Raumes oder räuml. Körpers auf einer ebenen Fläche mit räuml. Wirkung; **3** *übertr.:* Zukunftsaussicht; **4** Blickwinkel, z. B. Frosch-, Vogelperspektive; **per|spek|ti|visch** die Perspektive betreffend, mit Hilfe der Perspektive, räumlich; **Per|spek|ti|vis|mus** *m. Gen. - nur Ez.* Lehre, daß Erkenntnis nur unter dem Blickwinkel des Erkennenden möglich sei, daß es keine standpunktfreie Erkenntnis gebe; **Per|spek|tiv|pla|nung** *w.10* langfristige Planung; **Per|spek|to|graph** *m.10* Zeichengerät zum Darstellen eines räuml. Gegenstandes

Per|spi|ra|ti|on [-tsjon, lat.] *w.10 nur Ez.* Hautatmung; **per|spi|ra|to|risch** die Ausdünstung fördernd

Per|tu|ba|ti|on [-tsjon, lat.] *w.10 Med.:* Durchblasung des Eileiters

Per|tur|ba|ti|on [-tsjon, lat.] *w.10 Astron.:* Verwirrung, Störung (der Bewegung eines Gestirns)

Per|tus|sis [lat.] *w. Gen. - nur Ez.* Keuchhusten

Pe|ru|bal|sam *m. Gen.-s nur Ez.* aus einem mittelamerik. Baum gewonnener Balsam

Pe|rü|cke (-rük|ke) [frz.] *w.11* **1** Haarersatz; **2** *Jägerspr.:* krankhafte Wucherung am Gehörn oder Geweih (von Reh, Elch und Hirsch)

per ul|ti|mo [lat.] am Monatsletzten (zu liefern, zu zahlen)

per|vers [lat.] widernatürlich, geschlechtlich unnormal empfindend; **Per|ver|si|on** *w.10* krankhafte Abweichung vom Normalen; **Per|ver|si|tät** *w.10* perverses Wesen, perverse Beschaffenheit, Widernatürlichkeit; **per|ver|tie|ren 1** vom Normalen abweichen (lassen); **2** verfälschen, falsch und unheilvoll anwenden oder verstehen

Per|zent *s.1 österr. Nebenform von* Prozent; **per|zen|tu|ell** *österr. Nebenform von* prozentuell

per|zep|ti|bel [lat.] wahrnehmbar, erfaßbar; **Per|zep|ti|bi|li|tät** *w.10 nur Ez.* Wahrnehmbarkeit, Wahrnehmungsfähigkeit; **Per|zep|ti|on** [-tsjon] *w.10* Wahrnehmung (als erste Stufe der Erkenntnis); **Per|zep|tio|na|lis|mus** [-tsjo-] *m. Gen. - nur Ez.* Lehre, daß die Wahrnehmung die Grundlage allen Denkens sei; **per|zep|tiv, per|zep|to|risch** auf Perzeption beruhend, mit Hilfe der Perzeption; **per|zi|pie|ren** wahrnehmen

Pe|sa|de [ital.-frz.] *w.11 Hohe Schule* → Levade

Pe|se|ta [span.] *w. Gen. - Mz.*-ten (*Abk.:* Pta.), **Pe|se|te** *w.11* span. Währungseinheit, 100 Centimos; **Pe|so** [span.] *m.9* Währungseinheit in Süd- und Mittelamerika

Pes|sar [lat.] *s.1* Stützring für die Gebärmutter bei Gebärmuttervorfall, *oder:* Verschlußring zur Empfängnisverhütung

Pes|si|mis|mus [lat.] *m. Gen. - nur Ez.* Neigung, bes. die Schattenseiten der Welt und des Lebens zu sehen, Schwarzseherei; *Ggs.:* Optimismus; **Pes|si|mist** *m.10* jmd., der das Leben und die augenblickl. Gegebenheiten nur von ihrer ungünstigen Seite her betrachtet; **pes|si|mi|stisch** nicht zuversichtlich, nur die negativen Seiten sehend; **Pes|si|mum** *s. Gen.*-s *Mz.*-ma schlechteste Bedingungen, das Ungünstigste; *Ggs.:* Optimum

Pest [lat.] *w.10 nur Ez.* schwere, epidemisch auftretende Infektionskrankheit; **Pe|sti|lenz** *w.10* **1** → Pest; **2** *allg.:* schwere Seuche; **pe|sti|len|zia|lisch** verpestet, stinkend; **Pe|sti|zid** *s.1* Schädlingsvertilgungsmittel

Pe|tal [griech.] *s.12,* Petallum *s. Gen.*-s *meist Mz.*-len Kron-, Blütenblatt; **pe|ta|lo|id** blütenblattartig

Pe|tar|de [frz.] *w.11* mit Sprengladung gefülltes Gefäß, früher zum Sprengen von Festungstoren, heute für Knalleffekte verwendet

Pe|te|chi|en [lat.-ital.] *Mz.* punktförmige Hautblutungen

Pe|tit [frz.] *w. Gen. - nur Ez.* ein Schriftgrad, 8 Punkt

Pe|ti|ti|on [-tsjon, lat.] *w.10* Bittschrift, Eingabe; **pe|ti|tio|nie|ren** [-tsjo-] eine Petition einreichen; um etwas p.

Pe|tits fours [pti fur, frz.] *Mz.* feines, mit bunter Zuckerglasur überzogenes Gebäck

Pe|tre|fakt [lat.] *s.1 oder s.12* Versteinerung;

Pe|tri|fi|ka|ti|on [-tsjon] *w.10* Vorgang des Versteinerns; **pe|tri|fi|zie|ren** versteinern; **Pe|tro|che|mie** *w.11 nur Ez.* Untersuchung von Gesteinen mit chem. Mitteln; **Pe|tro|ge|ne|se** [griech.] *w.11* Entstehung der Gesteine; **Pe|tro|gly|phe** *w.11* vorgeschichtl. Felszeichnung; **Pe|tro|gra|phie** *w.11 nur Ez.* Gesteinskunde; **Pe|trol** *s. Gen.*-s *nur Ez., schweiz. Nebenform von* Petroleum; **Pe|trol|che|mie** *w.11 nur Ez.* Zweig der Chemie, der sich mit der Verarbeitung von Erdöl und Erdgas befaßt; **Pe|tro|le|um** [griech. + lat.] *s. Gen.*-s *nur Ez.* **1** Erdöl; **2** Destillationsprodukt des Erdöls

Pe|tro|lo|gie *w.11 nur Ez.* Zweig der Petrographie, der sich bes. mit der Gesteinsbildung befaßt

Pet|schaft [tschech.] *s.1* kleiner Stempel zum Siegeln; **pet|schie|ren** mit Petschaft siegeln

Pet|ti|coat [-kout, engl.] *m.9* versteifter Halbunterrock
Pet|ting [engl.] *s.9* erotisch-sexuelles Spiel ohne Koitus
pet|to [ital.] *nur in der Wendung* etwas in p. haben: etwas bereithalten, z. B. eine Überraschung, eine Neuigkeit in p. haben
Pe|tu|nie [-njə, indian.] *w.11* eine Zierpflanze
peu à peu [pø a pø, frz.] nach und nach, allmählich
pe|xie|ren *Nebenform von* pekzieren
Pey|otl [pɛj-, aztek.] **1** *w.11* ein Kaktus, liefert Meskalin; **2** *s. Gen.*-(s) *nur Ez.* aus dem Kaktus gewonnenes, berauschendes Getränk
pF *Abk. für* Picofarad
ph *Abk. für* Phot
Phäa|ke [griech.] *m.11 bei Homer:* Angehöriger eines glücklichen, genußfreudigen Volkes auf einer griech. Insel
Phae|ton [fae-, nach dem Sohn des griech. Sonnengottes] *m.9* leichte, offene Kutsche
Pha|go|zyt [griech.] *m.10* Freßzelle, Zelle, die Fremdkörper, z. B. Bakterien, vernichtet
Pha|lanx [griech.] *w. Gen.* - *Mz.*-lan|gen **1** *Antike:* lange, geschlossene, mehrere Glieder tiefe Schlachtreihe; **2** Finger- und Zehenknochen; **3** *übertr.:* geschlossene, Widerstand leistende Front
phal|lisch in der Art eines Phallus, zum Phalluskult gehörig; **Phal|lus** [griech.] *m. Gen.* - *Mz.*-li *oder* -len (erigierter) Penis; **Phal|lus|kult** *m.1 bei manchen Völkern:* Verehrung des Phallus als Symbol der Fruchtbarkeit
Pha|ne|ro|ga|me [griech.] *w.11* Blütenpflanze, Samenpflanze; *Ggs.:* Kryptogame
Phä|no|lo|gie [griech.] *w.11 nur Ez.* Lehre von den Lebensvorgängen bei Tieren und Pflanzen im Hinblick auf den Jahresablauf; **Phä|no|men** *s.1* **1** mit den Sinnen wahrnehmbare Erscheinung, z. B. Naturphänomen; **2** seltenes, eigenartiges Ereignis; **3** hochbegabter, genialer Mensch; **phä|no|me|nal** unglaublich, erstaunlich, einzigartig; **Phä|no|me|na|lis|mus** *m. Gen.* - *nur Ez.* Lehre, daß alle Dinge nur Erscheinungsformen eines unerkennbaren Dinges „an sich" seien; **Phä|no|me|no|lo|gie** *w.11 nur Ez.* **1** Beschreibung von sinnlich wahrnehmbaren Gegebenheiten; **2** Lehre von den Erscheinungen des Dinges „an sich" (bei Kant), von den Erscheinungen des sich dialektisch aufwärtsbewegenden Bewußtseins (bei Hegel), von der „Wesenheit" der Dinge (bei Husserl); **Phä|no|typ** *m.12* das von Erbanlagen und Umwelt geprägte Erscheinungsbild eines Lebewesens; vgl. Genotyp, Idiotyp
Phan|ta|sie [griech.] *w.11* **1** *nur Ez.* Einbildungskraft, Einfallsreichtum, Erfindungsgabe; **2** vorgestelltes Bild, Träumerei; Trugbild, Wahngebilde; vgl. Fantasie; **phan|ta|sie|ren** **1** sich den Bildern der Einbildungskraft hingeben, sich etwas ausdenken; **2** *bes. Med.:* irre reden; **3** *Mus.:* frei gestaltend spielen; **Phan|tas|ma** *s. Gen.*-s *Mz.*-men Sinnestäuschung, Trugbild; **Phan|tas|ma|go|rie** *w.11* opt. Vorspiegelung von Scheinbildern, Darstellung von Gespenstererscheinungen, Trugbildern auf der Bühne; **Phan|tast** *m.10* Schwärmer, Mensch mit überspannten Ideen; **Phan|ta|ste|rei** *w.10* überspannte Idee; **Phan|ta|stik** *w.10 nur Ez.* phantast. Beschaffenheit; **phan|ta|stisch** **1** nur in der Phantasie bestehend, unwirklich; **2** großartig, herrlich
Phan|tom *s.1* **1** Trugbild; **2** *Med.:* Nachbildung von Körperteilen (für den Unterricht); **Phan|tom|bild** *s.3* nach Angaben von Zeugen hergestelltes Bild eines gesuchten Täters; **Phan|tom|schmerz** *m.12* scheinbarer Schmerz in einem amputierten Glied
Phäo|phy|zee [griech.] *w.11* Braunalge, Tang
Pha|rao [altägypt.-griech.] **1** *m. Gen.*-s *Mz.* -rao|nen altägypt. König; **2** *s.9 nur Ez.* ein frz. Kartenglücksspiel
Pha|ri|sä|er [aram.-lat.] *m.5* **1** Angehöriger der altjüd. gesetzesstrengen, relig.-polit. Partei; **2** *übertr.:* selbstgerechter, engstirniger Mensch; **Pha|ri|sä|is|mus** *m. Gen.* - *nur Ez.* **1** Lehre der Pharisäer; **2** Selbstgerechtigkeit
Phar|ma|ko|lo|gie [griech.] *w.11 nur Ez.* Wiss. von den Arzneimitteln; **Phar|ma|kon** *s. Gen.* -s *Mz.*-ka **1** Arzneimittel; **2** Gift; **Phar|ma|zeut** *m.10* Arzneikundiger, Apotheker; **Phar|ma|zeu|tik** *w.10 nur Ez.*, **Phar|ma|zie** *w.11 nur Ez.* Wiss. von der Zubereitung und Anwendung der Arzneimittel
Pha|rus [nach der Insel Pharos vor Alexandria] *m. Gen.* - *Mz.* - *oder* -rus|se *veraltet:* Leuchtturm
Pha|ryn|gi|tis [griech.] *w. Gen.* - *Mz.*-ti|den Rachenentzündung, -katarrh; **Pha|ryn|go|lo|gie** *w.11 nur Ez.* Lehre von den Krankheiten des Rachens; **Pha|ryn|go|skop** *s.1* Rachenspiegel; **Pha|ryn|go|sko|pie** *w.11* Untersuchung mit dem Pharyngoskop; **Pha|rynx** *m. Gen.* - *Mz.*-ryn|gen Rachen
Pha|se [griech.] *w.11* **1** Abschnitt, Stufe (einer Entwicklung); **2** Zeitraum, in dem ein nicht selbst leuchtender Himmelskörper zum Teil beleuchtet ist, z. B. Mondphase; **3** *Phys.:* Zustand eines schwingenden Körpers, bezogen auf den Anfangszustand; **4** *Elektr.:* Schwingungszustand von Strom und Spannung bei Wechselströmen; **5** *Mz.:* die drei Leiter beim Drehstromnetz; **phasisch** in Phasen
Pha|ze|lie [-ljə, griech.] *w.11* eine Zierpflanze, oft als Bienenweide angepflanzt, Bienenbrot, Büschelschön
Phel|lo|den|dron [griech.] *s. Gen.*-s *Mz.*-dren Korkbaum, ein ostasiat. Parkbaum; **Phel|lo|derm** *s.1 Bot.:* das unter dem Phellogen lie-

gende Gewebe; **Phel|lo|gen** *s. 1 Bot.:* korkbildendes Gewebe

Phe|nol [griech.] *s. 1* mit einer Hydroxylgruppe substituiertes Benzol; **Phe|nol|harz** *s. 1 Sammelbez. für* durch Polymerisation von Phenolen gewonnene Kunststoffe; **Phe|nol|phtha|le|in** *s. 1 nur Ez.* organ. Farbstoff (als Indikator für den pH-Wert verwendet); **Phe|no|plast** *m. 1* → Phenolharz; **Phe|nyl** *s. 1 nur Ez.* nach Abspaltung der OH-Gruppe bleibender, einwertiger Rest des Phenols

Phia|le [griech.] *w. 11* altgriech. flache Opfer- oder Trinkschale

Phil|an|throp [griech.] *m. 10* Menschenfreund; *Ggs.:* Misanthrop; **Phil|an|thro|pie** *w. 11 nur Ez.* Menschenfreundlichkeit; *Ggs.:* Misanthropie; **Phil|an|thro|pi|nis|mus, Phil|an|thro|pis|mus** *m. Gen. - nur Ez. im 18. Jh.:* pädagog. Bewegung, die eine auf der Lehre Rousseaus beruhende, menschenfreundl. und naturgemäße Erziehung anstrebte; **Phil|ate|lie** *w. 11 nur Ez.* Briefmarkenkunde; **Phil|ate|list** *m. 10* Briefmarkenkundiger, -sammler; **Phil|har|mo|nie** *w. 11 Name für* **1** Gesellschaft zur Pflege des Musiklebens; **2** Spitzenorchester; **3** *auch:* Konzertsaal; **Phil|har|mo|ni|ker** *m. 5* Angehöriger eines philharmon. Orchesters; **phil|har|mo|nisch** zur Musikliebe und -pflege gehörend, darauf beruhend; philharmonisches Orchester: die Musik pflegendes Orechester (auch als Name von solchen); **Phil|hel|le|ne** *m. 11* Freund der Griechen; **Phil|hel|le|nis|mus** *m. Gen. - nur Ez.* Bewegung zur Unterstützung der Griechen in ihrem Freiheitskampf gegen die Türken

Phil|ip|pi|ka *w. Gen. - Mz.* -ken **1** Rede des Demosthenes gegen König Philipp von Mazedonien; **2** *übertr.:* Strafrede

Phi|li|ster *m. 5* **1** *im Altertum:* Angehöriger eines nichtsemitischen Volkes in Palästina; **2** *übertr.:* engstirniger Mensch; **phi|li|strös** engstirnig, spießbürgerlich

Phi|lo|den|dron [griech.] *m. Gen.* -s *Mz.* -dren Vertreter einer Gattung trop. Kletterpflanzen, auch Zimmerpflanze

Phi|lo|lo|gie [griech.] *w. 11 nur Ez.* Wiss. von Sprache und Literatur; **phi|lo|lo|gisch** **1** zur Philologie gehörend; **2** *übertr.:* allzu wissenschaftlich genau, wissenschaftlich-trocken; **Phi|lo|se|mit** *m. 10* Freund der Juden; **Phi|lo|soph** *m. 10* jmd., der nach Erkenntnis und Wahrheit strebt, der nach dem letzten Sinn des Seins fragt; **Phi|lo|so|phem** *s. 1* Ergebnis der philosoph. Forschung, philosoph. Ausspruch; **Phi|lo|so|phie** *w. 11* Lehre vom Sein, vom Ursprung und Wesen der Dinge, vom Denken, Streben nach Erkenntnis und Wahrheit; **phi|lo|so|phie|ren** Philosophie betreiben; **phi|lo|so|phisch** **1** zur Philosophie gehörend, auf ihr beruhend; **2** tiefgründig, weise

Phi|mo|se [griech.] *w. 11* Verengung der Vorhaut

Phio|le [griech.] *w. 11* kleine, bauchige Glasflasche

Phle|bi|tis [griech.] *w. Gen. - Mz.* -ti|den Venenentzündung

Phleg|ma [griech.] *s. Gen.* -s *nur Ez.* Mangel an Erregbarkeit, unerschütterl. Ruhe, Trägheit; **Phleg|ma|ti|ker** *m. 5* schwer erregbarer, träger Mensch; **Phleg|ma|ti|kus** *m. Gen. - Mz.* -kus|se *ugs. scherzh. für* Phlegmatiker; **phleg|ma|tisch** nicht aus der Ruhe zu bringen, träge; **Phleg|mo|ne** *w. 11* Zellgewebsentzündung

Phlox [griech.] *m. 1 oder w. 1* Vertreter einer Zierpflanzengattung; **Phlo|xin** *s. 1 nur Ez.* ein organ. Farbstoff

Pho|bie [griech.] *w. 11* krankhafte Furcht (vor etwas)

Phon [griech.] *s. Gen.* -s *Mz.* - Maßeinheit der Lautstärke; **Pho|nem** *s. 1 Phonologie:* kleinste lautliche (gesprochene) Einheit, die bedeutungsunterscheidend wirkt, z. B. das a und u in „Hand" und „Hund"; vgl. Graphem; **Pho|ne|tik** *w. 10 nur Ez.* Lehre von der Art und Erzeugung der Laute, Lautlehre; vgl. Phonologie; **pho|ne|tisch** lautlich; **pho|nisch** zur Stimme gehörend, auf ihr beruhend

Phö|nix [griech.] *m. 1 griech. Myth.:* Vogel, der sich im Feuer verjüngt, Sinnbild der Unsterblichkeit; wie ein Ph. aus der Asche steigen

Pho|no|gramm [griech.] *s. 1* Aufzeichnung von Schall oder Tönen auf Schallplatte oder Tonband; **Pho|no|graph** *m. 10* erstes Schallaufzeichnungsgerät; **Pho|no|gra|phie** *w. 11 nur Ez.* Schallaufzeichnung; **Pho|no|kof|fer** *m. 5* tragbarer Plattenspieler; **Pho|no|lith** *m. 10* ein beim Anschlagen hell klingendes Ergußgestein, Klingstein; **Pho|no|lo|gie** *w. 11* Lehre von den Lauten und Lautgruppen hinsichtlich ihrer Funktion für die Bedeutung der Wörter; vgl. Phonetik; **Pho|no|me|ter** *s. 5* **1** Schallmesser; **2** Gerät zum Messen der Hörschärfe; **Pho|non** *s. 1* zur mathemat. Veranschaulichung der Schwingungen der Atome eines Kristallgitters angenommenes Teilchen, dessen Wanderungsgeschwindigkeit der für den jeweiligen Stoff charakteristischen Schallgeschwindigkeit entspricht, Schallquant; **Pho|no|thek** *w. 10* Sammlung von Tonbandaufnahmen; **Pho|no|ty|pi|stin** *w. 10* Maschinenschreiberin, die in ein Diktiergerät gesprochene Texte schreibt; **Phon|zahl** *w. 10* Phon angebende Zahl

Phos|gen [griech.] *s. 1 nur Ez.* ein giftiges Gas (Kampfstoff); **Phos|phat** *s. 1* Salz der Phosphorsäure; **Phos|phid** *s. 1* Verbindung eines Metalls mit Phosphor; **Phos|phit** *s. 1* Salz der phosphorigen Säure; **Phos|phor** *m. Gen.* -s *nur Ez.* (*Zeichen:* P) chem. Element; **Phos|pho|res|zenz** *w. 10 nur Ez.* Leuchten (von

Stoffen) nach Bestrahlen mit Licht; **phos|pho|res|zie|ren** nach Bestrahlen mit Licht leuchten; **Phos|pho|ris|mus** *m. Gen. - Mz.* -men Phosphorvergiftung; **Phos|pho|rit** *m.1* ein Mineral; **Phos|phor|säu|re** *w.11 nur Ez.* dreibasische schwache Mineralsäure

Phot [griech.] *s. Gen. - Mz.* - (*Abk.*: ph) *veraltet:* Einheit der Leuchtstärke, 10000 Lux; **Pho|to** **1** *s.9, schweiz.: w.9, Kurzw. für* Photographie; **2** *m.9 Kurzw. für* Photoapparat; **Pho|to|che|mie** *w.11 nur Ez.* Lehre von den chem. Wirkungen des Lichts; **Pho|to|che|mi|gra|phie** *w.11 nur Ez.* Herstellung von Ätzungen auf photograph. Wege; **Pho|to|ef|fekt** *m.1* Ablösung von Elektronen aus Metalloberflächen bei Einstrahlung von Licht, Gamma- oder Röntgenstrahlen; **Pho|to|elek|tri|zi|tät** *w.10 nur Ez.* Elektrizität durch Licht; **Pho|to|ele|ment** *s.1* Gerät zur Umwandlung von Licht in Elektrizität; **pho|to|gen** gut zum Photographieren geeignet, bildwirksam; **Pho|to|gramm** *s.1* photograph. Bild für Meßzwecke; **Pho|to|gramme|trie** (-gramm|me-) *w.11 nur Ez.* Verfahren zur maßstäbl. bildl. Geländedarstellung bzw. Geländevermessung mittels photograph. Aufnahmen; **Pho|to|graph** *m.10* jmd., der berufsmäßig photographiert; **Pho|to|gra|phie** *w.11* **1** *nur Ez.* Herstellung von Lichtbildern; **2** Lichtbild; **pho|to|gra|phie|ren** ein Lichtbild (von jmdm. oder etwas) herstellen; **Pho|to|gra|vü|re** *w.11* → Heliogravüre; **Pho|to|ko|pie** *w.11* Kopie (eines Schriftstücks oder Bildes) auf photograph. Wege; **pho|to|ko|pie|ren** etwas ph.: eine Photokopie von etwas herstellen; **pho|to|me|cha|nisch** mit Hilfe der Photographie mechanisch hergestellt; **Pho|to|me|ter** *s.5* Gerät zum Messen der Lichtstärke, Belichtungsmesser; **Pho|to|mo|dell** *s.1* jmd., der sich berufsmäßig für Werbe- oder künstler. Zwecke photographieren läßt; **Pho|to|mon|ta|ge** [-ʒə] *w.11* **1** *nur Ez.* Zusammensetzung von Lichtbildausschnitten zu einem Bild, um besondere Wirkung zu erzielen, und dessen nochmalige Photographie; **2** ein so entstandenes Lichtbild; **Pho|ton** *s. Gen.* -s *Mz.* -to|nen kleinstes Teilchen einer elektromagnet. Strahlung, Lichtquant; **Pho|to|phy|sio|lo|gie** *w.11 nur Ez.* Lehre von der Wirkung des Lichts auf die Entwicklung der Pflanzen; **Pho|to|sphä|re** *w.11* strahlende Gashülle der Sonne; **Pho|to|syn|the|se** *w.11* Aufbau von Stärke und Zucker in den Pflanzen aus Kohlendioxid und Wasser durch Chlorophyll, wobei die notwendige Energie durch das Sonnenlicht geliefert wird; **pho|to|tak|tisch** *Bot.:* sich auf einen Lichtreiz hin bewegend; **Pho|to|ta|xis** *w. Gen. - Mz.* -xen *Bot.:* auf einen Lichtreiz hin ausgelöste Bewegung; **Pho|to|thek** *w.10* geordnete Sammlung von Photographien; **Pho|to|the|ra|pie** *w.11 nur Ez.* Lichtheilverfahren; **pho|to|trop, pho|to|tro|pisch** auf Phototropismus beruhend, lichtwendig; **Pho|to|tro|pis|mus** *m. Gen. - nur Ez.* Krümmung (von Pflanzenteilen) zum Licht hin bei einseitigem Lichteinfall, Lichtwendigkeit, Heliotropismus; **Pho|to|zel|le** *w.11* Vorrichtung zur Umwandlung von Helligkeitsschwankungen in elektr. Stromschwankungen

Phra|se [griech.] *w.11* **1** kleinster, selbständiger Abschnitt (eines Musikstücks), Tongruppe; **2** *Gramm.:* Satz, Teilsatz; **3** Redewendung; **4** *übertr.:* leere, abgegriffene Redensart; Phrasen dreschen *ugs.:* leere Redensarten sagen, nichtssagend reden; **Phra|seo|lo|gie** *w.11* **1** Lehre von den für eine Sprache charakterist. Redewendungen; **2** Sammlung solcher Redewendungen; **phra|seo|lo|gisch** auf Phraseologie (**1**) beruhend; in der Art einer Phraseologie (**2**); phraseolog. Wörterbuch: W. für Redensarten und Redewendungen; **phra|sie|ren** ein Musikstück ph.: in melodisch-rhythmische Abschnitte einteilen

Phre|ne|sie [griech.] *w.11* Wahnsinn; **phre|ne|tisch** wahnsinnig; *vgl. aber:* frenetisch; **Phre|ni|kus** *m. Gen. - nur Ez.* Zwerchfellnerv; **Phre|ni|tis** *w. Gen. - Mz.* -ti|den Zwerchfellentzündung; **Phre|no|lo|gie** *w.11 nur Ez.* **1** → Kraniologie; **2** umstrittene Lehre vom Zusammenhang der Schädelformen mit Charaktereigenschaften

Phtha|le|in [griech.] *s.1 nur Ez.* ein synthet. Farbstoff; **Phthal|säu|re** *w.11 nur Ez.* dreibasische, starke, niedermolekulare Carbonsäure, Ausgangsstoff für Farb- und Sprengstoffe

Phthi|si|ker [griech.] *m.5* jmd., der an Phthisis leidet; **Phthi|sis** *w. Gen. - Mz.* -sen Lungentuberkulose; **phthi|tisch** an Phthisis leidend, auf ihr beruhend

pH-Wert *m.1* Maßzahl zur Bestimmung der Wasserstoffionenkonzentration in einer Lösung (Wasserstoffexponent)

Phy|ko|my|zet [griech.] *m.10 meist Mz.* niederer Pilz, Algenpilz

Phy|le [griech.] *w.11 im alten Griechenland* **1** *urspr.:* Geschlechterverband; **2** *dann:* Untergliederung der Gemeinden und Stadtstaaten; **phy|le|tisch** hinsichtlich der Abstammung

Phyl|lit [griech.] *m.1* dünnblättriger, kristalliner Schiefer

Phyl|lo|kak|tus [griech.] *m. Gen.- Mz.* -te|en Blattkaktus; **Phyl|lo|kla|di|um** *s. Gen.* -s *Mz.* -di|en blattartiger Pflanzensproß, Flachsproß; **Phyl|lo|po|de** *m.11* Blattfußkrebs, z. B. Wasserfloh; **Phyl|lo|xe|ra** *w. Gen. - Mz.* -ren Reblaus

Phy|lo|ge|ne|se [griech.], **Phy|lo|ge|nie** *w.11* Stammesgeschichte der Lebewesen

Phys|ia|trie [griech.] *w.11 nur Ez.* Naturheilkunde; **Phy|sik** *w.10 nur Ez.* Wissenschaft von den Gesetzmäßigkeiten der unbelebten Natur; **phy|si|ka|lisch** zur Physik gehörend, auf ihr beruhend; physikal. Chemie: Behandlung der chem. Erscheinungen mit physikal. Methoden; **Phy|si|ker** *m.5* Wissenschaftler auf dem Gebiet der Physik; **Phy|si|ko|che|mi|ker** *m.5* Wissenschaftler auf dem Gebiet der physikal. Chemie; **Phy|si|kum** *s. Gen.*-s *Mz.*-ka Vorprüfung während des Medizinstudiums (meist nach dem 4. Semester) in naturwissenschaftlichen Fächern und Anatomie; **Phy|si|kus** *m. Gen.* - *Mz.*-kus|se *veraltet:* Arzt, z. B. Kreisphysikus

Phy|sio|gno|mie [griech.] *w.11* äußere Erscheinung (eines Menschen oder Tieres), *bes.:* Gesichtsausdruck; **Phy|sio|gno|mik** *w.10 nur Ez.* Deutung der Physiognomie; **Phy|sio|kli|ma|to|lo|gie** *w.11 nur Ez.* Lehre vom Einfluß des Klimas auf den Menschen; **Phy|sio|lo|gie** *w.11 nur Ez.* Wiss. von den Lebensvorgängen; **Phy|sio|the|ra|pie** *w.11 nur Ez.* mit Wärme, Licht, Wasser usw. arbeitende Therapie; **Phy|sio|top** *m.1* kleinste landschaftliche Einheit, z. B. Mulde; **Phy|sis** *w. Gen.* - *nur Ez.* natürl. Beschaffenheit, natürl. Gestalt; **phy|sisch 1** natürlich, in der Natur begründet; **2** körperlich

phy|to|gen [griech.] aus Pflanzen entstanden; **Phy|to|geo|gra|phie** *w.11 nur Ez.* Pflanzengeographie, Geobotanik; **Phy|to|lo|gie** *w.11 nur Ez.* Pflanzenkunde; **Phy|to|pa|tho|lo|gie** *w.11 nur Ez.* Lehre von den Pflanzenkrankheiten; **Phy|to|pha|ge** *m.11* Pflanzenfresser; **Phy|to|plank|ton** *s. Gen.*-s *nur Ez.* Gesamtheit der im Wasser schwebenden pflanzl. Organismen; **Phy|to|the|ra|pie** *w.11 nur Ez.* Lehre von den Heilverfahren mit pflanzl. Stoffen, Pflanzenheilkunde

Pi *s.9* **1** (*Zeichen:* Π, π) griech. Buchstabe; **2** Ludolfsche Zahl, Zahl, die das Verhältnis vom Umfang zum Durchmesser des Kreises angibt (3,142)

Pi|af|fe [frz.] *w.11 Hohe Schule:* Trab auf der Stelle; **pi|af|fie|ren** eine Piaffe ausführen

Pia|ni|no [ital.] *s.9* kleines Klavier; **pia|nis|si|mo** (*Abk.* pp) *Mus.:* sehr leise; **pia|nis|sis|si|mo** (*Abk.* ppp) *Mus.:* äußerst leise; **Pia|nist** *m.10* Musiker, der berufsmäßig Klavier spielt, Klaviervirtuose; **pia|ni|stisch** zum Klavierspiel gehörend, hinsichtlich des Klavierspiels; **pia|no** (*Abk.:* p) *Mus.:* leise; **Pia|no** *s.9* **1** leises Spiel, leises Singen, leise zu spielende oder zu singende Stelle; **2** Klavier; **Pia|no|for|te** *s. Gen.*-s *Mz.*-(s) *ältere Bez. für* Piano (**2**); **Pia|no|la** *s.9* selbsttätig spielendes Klavier

Pi|as|sa|va [indian.-port.] *w. Gen.* - *Mz.*-ven Palmenart, die Piassavefasern liefert; **Pi|as|sa|ve|fa|ser** *w.11* grobe Palmenfaser für Taue, Matten u. ä.

Pia|ster [ital.] *m.5* **1** Währungseinheit in Indochina, 100 Centimes; **2** Währungseinheit in Ägypten, Syrien, im Libanon und in der Türkei, 1/100 Pfund

Pia|ti [ital.] *Mz. Mus.:* türk. Becken (Schlaginstrument)

Piaz|za [ital.] *w. Gen.* - *Mz.*-ze *ital. Bez. für* Marktplatz, Rathausplatz; **Piaz|zet|ta** *w. Gen.* - *Mz.*-te kleine Piazza

Pi|ca|dor *m.1* → Pikador

Pi|ca|ro [span.] *m.9 span. Bez. für* Schelm; vgl. pikaresk

Pickles [pɪklz] *Mz.* → Mixed Pickles

Pick|nick [engl.] *s.9 oder s.1* Mahlzeit im Freien; **pick|nicken** (-nik|ken) ein Picknick halten

Pi|co... (*Abk.:* p) Billionstel einer Maßeinheit, z. B. Picofarad

Pi|co|fa|rad *s. Gen.*-(s) *Mz.* - (*Abk.:* pF) ein Billionstel Farad

Pi|cot [-ko, frz.] *m.9* **1** kleine Zacke, Fadenöse am Rand von Spitzen; **2** Spitzkeil; **Pi|co|ta|ge** [-ʒə] *w.11 Bergbau:* Schachtausbau mit Picots

Pid|gin-Eng|lisch [pɪdʒin-, nach der chin. Aussprache von engl. „business"], **Pid|gin-Eng|lish** [-iŋgliʃ] *s. Gen.* - *nur Ez.* **1** Mischsprache aus Englisch und Chinesisch zur Verständigung zwischen Europäern und Ostasiaten; **2** vereinfachtes Englisch

Piece [pjɛs, frz.] *w.11 veraltet:* Musik- oder Theaterstück

Pie|de|stal [pje-, frz.] *s.1* Sockel, kleines Podest

Piek [engl.] *w.10 Seew.:* spitzes Ende, *auch:* vorderster und hinterster Teil des Schiffsraumes; *vgl. aber:* Pik

Pier *m.1 oder m.9, seemänn. w.9 oder w.10* senkrecht zum Ufer verlaufender Hafendamm, Landungsbrücke

Pier|ret|te [pjɛr-, frz.] *w.11* weibl. Gegenstück zum Pierrot; **Pier|rot** [pjɛro] *m.9 in der frz. Pantomime:* eine komische, melancholische Figur mit weißgeschminktem Gesicht

Pie|tà [pileta, ital.] *w.9* Darstellung Marias mit dem Leichnam Christi auf dem Schoß; **Pie|tät** [pile-] *w.10 nur Ez.* Ehrfurcht vor den Toten, vor der Religion und dem relig. Empfinden anderer; **Pie|tis|mus** [pile-] *m. Gen.* - *nur Ez. seit dem 17. Jh.:* eine evang. Bewegung zur Erneuerung der Kirche und des relig. Lebens im Sinne einer gefühlsbetonten Frömmigkeit und der Nächstenliebe

Pie|zo|elek|tri|zi|tät [pile-, griech. + lat.] *w.10 nur Ez.* Eigenschaft gewisser Kristalle (z. B. des Quarzes), bei Kompression oder Dehnung längs bestimmter Richtungen an den Enden eine Spannung zu erzeugen; **Pie|zo|me|ter** *s.5* Gerät zum Messen der Kompressibilität von Flüssigkeiten; **Pie|zo|quarz** *m.1* speziell gezüchteter Quarzkristall aus Quarzschmelzen mit bes. guten piezoelektr. Eigenschaften

Pi|geon-Eng|lish [pɪdʒiniŋgliʃ] *s. Gen.* - *nur Ez.* → Pidgin-Englisch

Pig|mẹnt [lat.] *s. 1* **1** Farbstoff im menschl., tier. und pflanzl. Körper; **2** Farbstoff für Anstriche, der im Bindemittel fein verteilt, aber nicht aufgelöst wird; **Pig|men|ta|ti|on** [-tsjon] *w. 10 nur Ez.* Färbung durch Pigment; **pig|men|tie|ren** **1** in kleinste Teilchen zerteilen (Farbstoff); **2** sich durch Pigment färben
Pi|gno|le [pinjo-, ital.] *w. 11 österr.:* **Pi|gno|lie** [pinjolјə] *w. 11* eßbarer Samenkern der Pinie
Pik 1 [engl.] *m. 1 oder m. 9* Bergspitze (bes. in Namen); **2** [frz.] *s. 9* Spielkartenfarbe, Schippe; **3** *m. 9 nur Ez. ugs.:* heimlicher Groll, *nur in der Wendung:* einen Pik auf jmdn. haben
Pi|ka|dor [span.] *m. 1* berittener Stierkämpfer, der den Stier durch Lanzenstiche reizt
pi|kant [frz.] **1** scharf gewürzt; **2** schlüpfrig, anzüglich (Bemerkung, Witz); **Pi|kan|te|rie** *w. 11* **1** *nur Ez.* Schlüpfrigkeit, Anzüglichkeit; **2** pikante Bemerkung
pi|ka|rẹsk vom →Picaro handelnd, in der Art des Picaros; pikaresker Roman: Schelmenroman
Pi|ke [frz.] *w. 11* Spieß (des Landsknechts); von der P. auf dienen: von Anfang, von der untersten Stufe an
Pi|kee [frz.] *m. 9, österr. auch s. 9* Baumwollgewebe mit leicht erhabenem Muster
Pi|kẹtt [frz.] *s. 1* **1** *veraltet:* Vorposten; **2** *schweiz.:* einsatzbereite Mannschaft (z. B. der Feuerwehr); **3** *nur Ez.* ein frz. Kartenspiel
pi|kie|ren [frz.] auf größere Abstände verpflanzen (junge Pflanzen); **pi|kiert** *ugs.:* beleidigt, gereizt
Pịk|ko|lo [ital.] *m. 9* **1** Kellnerlehrling; **2** kleine Schaumweinflasche (0,2 l); **Pịk|ko|lo|flö|te** *w. 11* kleine (Diskant-) Querflöte
pi|ko|bel|lo [ndrl. + ital.] *unflektierbar, ugs.:* sehr fein, ausgezeichnet
Pi|kör [frz.] *m. 1* Vorreiter bei der Parforcejagd
Pi|krat [griech.] *s. 1* Salz der Pikrinsäure; **Pi|krin|säu|re** *w. 11* eine sehr explosive aromat. Säure; **Pi|krit** *m. 1* ein Ergußgestein; **Pi|kro|pe|ge** *w. 11* Quelle mit Bitterwasser; **Pi|kro|to|xin** *s. 1 nur Ez.* in Kokkelskörnern enthaltenes, in der Medizin verwendetes Gift
Pik|to|gramm [lat. + griech.] *s. 1* bildl. Zeichen mit festgelegter, international verständl. Bedeutung, z. B. Verkehrszeichen; **Pik|to|gra|phie** *w. 11 nur Ez.* bildl. Darstellung eines Begriffs, Bilderschrift
Pi|lạs|ter [ital.] *m. 5* Wandpfeiler mit Basis und Kapitell
Pi|lau [pers.-türk.], **Pi|law** [-lạf] *m. Gen.* -s *nur Ez.* oriental. Speise aus Reis und Hammelfleisch
Pil|chard [pịltʃəd, engl.] *m. 9* Sardine
Pile [pail, engl. „Säule"] *s. 9* Inneres eines Kernreaktors
pi|lie|ren [lat.] zerstampfen, zerstoßen, zerreiben (bes. Rohseife zur Weiterverarbeitung)
Pi|lot [frz.] *m. 10* **1** Flugzeugführer; *auch:* Autorennfahrer; **2** *früher:* Lotse; **3** ein Raubfisch, Lotsenfisch; **4** ein Baumwollgewebe für Berufskleidung; **Pi|lot|bal|lon** [-lɔ̃] *m. 9* kleiner, unbemannter Ballon zum Feststellen des Höhenwindes
Pi|lo|te [frz.] *w. 11* Rammpfahl; **pi|lo|tie|ren** einrammen
Pi|mẹnt [lat.-span.] *m. 1 oder s. 1* ein Gewürz, Jamaikapfeffer, Nelkenpfeffer
Pim|pi|nẹl|le [lat.] *w. 11* eine Wiesenpflanze, Bibernelle
Pi|na|ko|thek [griech.] *w. 10 Name für* Gemäldesammlung
Pi|nạs|se [lat.-frz.] *w. 11* **1** *früher:* dreimastiges Segelschiff; **2** *heute:* Beiboot (auf Kriegsschiffen)
Pin|ce|nez [pɛ̃səne, frz.] *s. Gen.* -[-nes] *Mz.* -[-nes] *veraltet:* Brille ohne Bügel, Zwicker
Pịng|pong [österr.: -pɔŋ, engl.] *s. 9* Tischtennis
Pịn|gu|in [lat.?] *m. 1* ein flugunfähiger Schwimmvogel
Pi|nie [-njə, lat.] *w. 11* eine Kiefernart der Mittelmeerländer
pink [engl.] rosa
Pịnk [engl.] *w. 10,* **Pịn|ke** *w. 11* dreimastiges Segelboot
Pịn|ke [rotw.], **Pịn|ke|pin|ke** *w. Gen.* - *nur Ez. ugs.:* Geld
Pi|no|le [ital.] *w. 11* Teil der Spitzendrehbank zur Aufnahme der Spitze
Pịn|scher [engl.] *m. 5* eine kleine, zierliche Hunderasse
Pint [paint, engl.] *s. Gen.* -s *Mz.* - (*Abk.* pt.) engl. und nordamerik. Flüssigkeitsmaß, 0,5 Liter; **Pịn|te** *w. 11* **1** altes Flüssigkeitsmaß, 0,9 Liter; **2** *schweiz.:* Blechkanne; **3** *ugs.:* Kneipe, einfaches Wirtshaus
Pin-up-girl [pinʌpgə:l, engl.] *s. 9* **1** Bild eines leichtbekleideten Mädchens (meist Photo zum Anheften); **2** Mädchen, das einem solchen Bild gleicht
pinx. *Abk. für* pinxit; **pịn|xit** [lat. „hat (es) gemalt"] (*Abk.:* pinx. *oder* p.) Vermerk auf Bildern vor oder nach dem Namen des Malers
Pin|zẹt|te [frz.] *w. 11* kleines Greifinstrument mit geraden, federnden Schenkeln; **pin|zie|ren** Formobstbäume p.: die jungen Triebspitzen abschneiden
Pio|nier [frz.] *m. 1* **1** für techn. Aufgaben (Brückenbau, Sprengungen) ausgebildeter Soldat; **2** *übertr.:* Bahnbrecher, Wegbereiter; **3** *Mz.* Kinderorganisation der DDR
Pi|pa [chin.] *w. 9* viersaitige chinesische Laute
Pipe [paip, engl.] *w. 9 oder s. 9* engl. und nordamerik. Maß für Wein und Spirituosen,

400–570 Liter; **Pipe|line** [paiplain] *w.9* Rohrleitung, bes. für Erdöl
Pi|pet|te [frz.] *w.11* Saugröhrchen, Stechheber
Pique [pik, frz.] *s.9 frz. Schreibung von* Pik;
Pi|qué [-ke] *m.9 frz. Schreibung von* Pikee;
Pi|queur [-kœr] *m.1 frz. Schreibung von* Pikör
Pi|ran|ha [-nja, indian.-port.] *m.9* ein südamerik. Raubfisch
Pi|rat [griech.-ital.] *m.10* Seeräuber; **Pi|raten|sen|der** *m.5* Rundfunksender ohne amtl. Zulassung; **Pi|ra|te|rie** *w.11 nur Ez.* Seeräuberei
Pi|ra|ya *m.9* → Piranha
Pi|ro|ge [karib.] *w.11* Boot (Einbaum) der südamerik. Indianer und Südseeinsulaner
Pi|rog|ge [russ.] *w.11* mit Fleisch, Fisch, Reis oder Kraut gefüllte Pastete
Pi|rou|et|te [-ru-, frz.] *w.11* **1** *Eiskunstlauf, Ballett:* rasche, mehrmalige Drehung um die eigene Achse; **2** *Hohe Schule:* Drehung im Galopp um einen Hinterfuß; **3** *Ringen:* Drehung, um aus einem Griff freizukommen; **pirou|et|tie|ren** eine Pirouette ausführen
Pi|sang [mal.] *m.1* Banane; **Pi|sang|fa|ser** *w.11* aus Bananenfasern hergestellte Textilfaser
Pis|ci|na [lat.] *w. Gen.- Mz.*-nen **1** Taufbecken im Baptisterium; **2** Ausgußbecken im Chor neben dem Altar für das zur liturg. Handwaschung und Reinigung der Gefäße verwendete Wasser
Pis|soir [-soar, frz.] *s.9 veraltend:* Bedürfnisanstalt für Männer
Pi|sta|zie [-tsjə, pers.-lat.] *w.11* **1** eine Gattung der Sumachgewächse; **2** deren Frucht
Pi|ste [frz.] *w.11* **1** Hang, Bahn zum Rodeln und Schilaufen; **2** Radrennbahn; **3** Rollbahn (auf dem Flugplatz); **4** Einfassung der Manege
Pi|still [lat.] *s.1* **1** Mörserstößel, Stampfer; **2** *Bot.:* Stempel
Pi|sto|le [tschech.] *w.11* **1** eine Handfeuerwaffe; jmdm. die P. auf die Brust setzen *übertr.:* ihn zu einer Entscheidung zwingen; **2** alte span. und frz. Goldmünze, Dublone
Pi|ston [-stõ, frz.] *s.9* **1** Pumpkolben; **2** Ventil der Blechblasinstrumente; **3** ein Blechblasinstrument, Kornett; **4** *bei Gewehren:* Zündkegel
Pi|ta|val [-val, nach dem frz. Rechtsgelehrten F. G. de Pitaval] *m.9* Sammlung von Straf-rechts- oder Kriminalfällen
Pitch-Pine [pitʃpain, engl.] *w.9* Holz der nordamerik. Sumpf- oder Pechkiefer
Pi|thek|an|thro|pus [griech.] *m. Gen.- Mz.*-pi in China und auf Java gefundener Frühmensch; **pi|the|ko|id** dem Pithekanthropus ähnlich
pit|to|resk [ital.] malerisch
più [pju, ital.] *Mus.:* mehr, z. B. più vivace
Pi|vot [-vo, frz.] *m.9* Schwenkzapfen (an Drehkränen, Geschützen u. a.)
Piz [rätoroman.] *m.1* Spitze (in Namen von Bergen, z. B. Piz Palü)
pizz. *Abk. für* pizzicato
Piz|za [ital.] *w. Gen.- Mz.*-ze(n) *oder w.9* ital. Speise aus Hefeteig mit gewürztem Belag aus Tomaten, Käse, Wurst, Sardellen, Paprika u. a.; **Piz|ze|ria** *w. Gen.- Mz.*-ri|en Gaststätte, in der es bes. Pizza gibt
piz|zi|ca|to [ital.] *Mus., bei Streichinstrumenten:* gezupft (zu spielen); **Piz|zi|ca|to** *s. Gen.* -(s) *Mz.*-ti *oder s.9* Spiel mit gezupften Saiten
Pla|ce|bo [lat.] *s.9* Leerpräparat, Medikament ohne Wirkung, das bes. zu Drogentests verwendet wird; **Pla|ce|bo-Ef|fekt** *m.1* Wirkung eines Placebos, die nur auf Grund der erwarteten Wirkung der Droge eintritt
Place|ment [plasmã, frz.] *s.9* **1** Unterbringung, Anlage (von Kapital), Absatz (von Waren); **2** Sitzordnung (bei Tisch); *auch:* Modell einer Sitzordnung
pla|cie|ren [-si- oder -tsi-] **1** an einen bestimmten Platz stellen oder legen; **2** anlegen, unterbringen (Kapital); **3** einen Ball p.: so schlagen, daß er an einer bestimmten Stelle auftrifft; einen Hieb, Schlag p.: mit einem Hieb, Schlag genau treffen; sich p. *Sport:* einen der vorderen Plätze erreichen; **Pla|cierung** [-si-, -tsi-] *w.10* **1** das Placieren; **2** Einlauf (beim Wett-, bes. Pferderennen)
plä|die|ren [frz.] **1** ein Plädoyer halten; auf Freispruch p.; **2** sich (mit Worten) für etwas einsetzen; für etwas p.; **Plä|doyer** [-dwaje] *s.9* **1** zusammenfassende Rede (des Staatsanwalts oder Verteidigers); **2** Rede, mit der man für etwas eintritt, etwas befürwortet
Pla|fond [-fõ, frz.] *m.9* **1** (bes. künstlerisch gestaltete) Zimmerdecke; **pla|fo|nie|ren** *schweiz.:* nach oben hin begrenzen
Pla|gi|at [lat.] *s.1* Veröffentlichung des geistigen Werkes eines anderen oder Teile davon als eigenes Werk oder Verwendung im eigenen Werk; **Pla|gia|tor** *m.13* jmd., der ein Plagiat begangen hat; **pla|gi|ie|ren** Plagiat begehen
pla|gio|geo|trop [griech.] → plagiotrop; **Pla|gio|klas** *m.1 Bez. für* Kalknatronfeldspat; **pla|gio|trop** zur Richtung der Schwerkraft orientiert wachsend (Pflanzenteile)
Plaid [pleid, engl.] *s.9* (meist karierte) Reisedecke; *auch:* Umschlagtuch
Pla|kat [ndrl.] *s.1* öffentlicher Aushang in großem Format; **pla|ka|tie|ren** durch Plakat bekanntmachen; **pla|ka|tiv** **1** in der Art eines Plakats; **2** *übertr.:* betont, demonstrativ; **Pla|ket|te** *w.11* **1** kleine Platte mit bildl. Darstellung (auch Relief); **2** Gedenk-, Schaumünze
Pla|ko|der|men [griech.] *Mz.* eine Fischgruppe des Erdaltertums, Panzerfische
plan [lat.] eben, flach; **Plan** **1** *m.1 veraltet,*

noch poet. und in bestimmten Wendungen: ebene Fläche, freier Platz, z. B. Wiesenplan; auf dem Plan erscheinen: in Erscheinung treten; **2** *m.2* Vorhaben, Absicht, Entwurf; **3** *m.2* kartograph. Zeichnung, z. B. Gelände-, Stadtplan

Pla|na|rie [-riə, lat.] *w.11* ein Strudelwurm

Pla|net [griech.] *m.10* sich auf ellipt. Bahn um die Sonne bewegender, nicht selbst leuchtender Himmelskörper, Wandelstern; **pla|ne|ta|risch** zu den Planeten gehörend; **Pla|ne|ta|ri|um** *s. Gen.*-s *Mz.*-ri|en **1** Gerät zum Darstellen der Lage, Größe und Bewegungen der Himmelskörper; **2** Halle mit kuppelförmiger Decke, an der mittels Projektors die Erscheinungen am Sternhimmel gezeigt werden; **Pla|ne|ten|ge|trie|be** *s.5* Bauform eines Getriebes, bei der sich ein oder mehrere Zahnräder um zwei verschiedene Achsen drehen; **Pla|ne|to|id** *m.1* Kleinplanet, Asteroid

Plan|film *m.1* flach gelagerter Film, im Unterschied zum Rollfilm; **pla|nie|ren** einebnen, flach machen; **Pla|ni|glob** *s.12,* **Pla|ni|glo|bi|um** *s. Gen.*-s *Mz.*-bi|en Darstellung einer Erdhalbkugel auf ebener Fläche; **Pla|ni|me|ter** *s.5* Gerät zum Messen des Flächeninhalts ebener Figuren, Flächenmesser; **Pla|ni|me|trie** *w.11 nur Ez.* Geometrie der Fläche; **plan|kon|kav** auf einer Seite plan, auf der andern konkav (Linse); **plan|kon|vex** auf einer Seite plan, auf der andern konvex (Linse)

Plank|ter [griech.] *m.1* → Planktont; **Plank|ton** *s. Gen.*-s *nur Ez.* Gesamtheit der frei im Wasser schwebenden Pflanzen und Tiere ohne Eigenbewegung; *Ggs.:* Nekton; **Plank|tont** *m.10* einzelnes Lebewesen des Planktons

pla|no [lat.] flach, glatt, ungefalzt (Druckbogen); **plan|par|al|lel** in parallelen Ebenen; **Plan|qua|drat** *s.1 auf Landkarten:* durch parallele Längs- und Querlinien begrenztes Quadrat

Plan|ta|ge [-ʒə, frz.] *w.11* große Anpflanzung, z. B. Baumwoll-, Erdbeerplantage

plan|tar [lat.] zur Fußsohle gehörend, von ihr ausgehend

Pla|nu|la [lat.] *w.9* Larvenform von Quallen und Schwämmen

Pla|num [lat.] *s. Gen.*-s *nur Ez.* eingeebnete Fläche für die Bettung des Eisen- oder Straßenbahnkörpers

Plä|san|te|rie [frz.] *w.11 veraltet:* Scherz; **Plä|sier** *s.1 veraltet:* Vergnügen, Spaß

Plas|ma [griech.] *s. Gen.*-s *Mz.*-men **1** → Protoplasma; **2** flüssiger Bestandteil des Blutes, Blutplasma; **3** *m.,* grüner Chalzedon, Halbedelstein; **4** teilweise oder vollständig ionisiertes Gas; **Plas|mo|chin** [-xin] *s.1 nur Ez.* Mittel zur Malariatherapie; **Plas|mo|di|um** *s. Gen.*-s *Mz.*-di|en **1** eine Gattung von Einzellern (Sporentierchen), Malariaerreger; **2** vielkerniges Stadium der Schleimpilze; **Plas|mo|go|nie** *w.11 nur Ez.* (Theorie von der) Urzeugung aus toten organ. Stoffen; **Plas|mon** *s.1 nur Ez.* Gesamtheit der Erbfaktoren im Zytoplasma

Plast [griech.] *m.1 volkstüml. Bez. für* Kunststoff; **Pla|sti|den** *w.11 Mz.* Körperchen in den meisten Pflanzenzellen (bes. mit grünen Farbstoffen)

Pla|sti|fi|ka|tor [griech. + lat.] *m.13* Stoff, der anderen Stoffen (z. B. Lack) zugesetzt wird, um sie geschmeidiger zu machen, Weichmacher; **pla|sti|fi|zie|ren** weich, geschmeidig machen (Kunststoffe); **Pla|stik** *w.10* **1** *nur Ez.* Bildhauerkunst; **2** Werk der Bildhauerkunst, Skulptur; **3** *Med.:* Ersatz von zerstörten Geweben oder Organteilen; **4** *auch s.9* Kunststoff(gegenstand); **Pla|stik...** *in Zus.:* Kunststoff...; **Pla|sti|lin** *s.1,* **Pla|sti|li|na** *w. Gen.- nur Ez.* Ⓦ Knetmasse (zum Modellieren); **pla|stisch** **1** zur Plastik gehörend, in der Art der Plastik, körperlich, dreidimensional; **2** knetbar, formbar; **3** *übertr.:* anschaulich, bildhaft; **Pla|sti|zi|tät** *w.10 nur Ez.* **1** Formbarkeit; **2** *übertr.:* Anschaulichkeit, Bildhaftigkeit

Pla|stron [-strɔ̃, frz.] *s.9* **1** Brustplatte am Ringpanzer; **2** *Fechten:* Arm- oder Brustschutz; **3** breite Krawatte; **4** *früher:* Zierlatz an Frauenkleidern

Pla|ta|ne [griech.] *w.11* ein Laubbaum

Pla|teau [-to, frz.] *s.9* **1** Hochebene; **2** obere ebene Fläche eines Felsens; **Pla|teau|wa|gen** *m.7 österr.:* Tafelwagen

pla|te|resk [span.] wunderlich verziert; plateresker Stil: ornamentaler Stil der span. Spätgotik und Frührenaissance

Pla|tin [span.] *s. Gen.*-s *nur Ez.* (*Zeichen:* Pt) chem. Element, ein Edelmetall; **pla|ti|nie|ren** mit Platin überziehen; **Pla|ti|nit** *s.1 nur Ez.* Eisen-Nickel-Legierung als Ersatz für Platin; **Pla|ti|no|id** *s.1* Legierung aus Kupfer, Nickel, Zink und Wolfram für elektr. Widerstände

Pla|ti|tü|de [frz.] *w.11* nichtssagende, geistlose Redensart, Plattheit

Pla|to|ni|ker *m.5* Vertreter der Lehre des altgriech. Philosophen Plato; **pla|to|nisch** von Plato stammend, der Lehre Platos entsprechend; platonische Liebe: nichtsinnl., rein seelisch-geistige Liebe; **Pla|to|nis|mus** *m. Gen.- nur Ez.* Weiterentwicklung der Lehre Platos

pla|ty|ze|phal [griech.] flachköpfig; **Pla|ty|ze|pha|lie** *w.11 nur Ez.* flache Kopfform

plau|si|bel [lat.-frz.] einleuchtend, stichhaltig; jmdm. etwas p. machen: jmdm. etwas erklären; **plau|si|bi|lie|ren, plau|si|bi|li|sie|ren** plausibel machen, erklären

Play-back [plεibæk, engl.] *s.9 Film, Fernsehen:* nachträgl. Abstimmen der Bildaufnahme mit der schon vorliegenden Tonaufzeichnung; **Play|boy** [plεibɔi] *m.9* reicher junger

Mann, der nicht arbeitet, sondern nur seinem Vergnügen lebt; **Play|girl** [plɛigəːl] *s. 9 dem Playboy entsprechende Bez. für* reiches, attraktives junges Mädchen

Pla|zen|ta [lat.] *w. 9, Mz. auch* -ten **1** *beim Menschen und höheren Säugetier:* während der Schwangerschaft in der Gebärmutter sich bildendes Organ, das der Ernährung des Embryos dient, Mutterkuchen; **2** Verdickung des Fruchtblatts, auf der die Samenanlage entsteht; **pla|zen|tal, pla|zen|tar** zur Plazenta gehörend

Pla|zet [lat.] *s. 9* Einwilligung, Erlaubnis, Zustimmung

pla|zie|ren *eindeutschend für* placieren

Ple|be|jer [lat.] *m. 5* **1** *im alten Rom:* Angehöriger der Plebs; **2** *übertr.:* ungebildeter, ungehobelter Mensch; **ple|be|jisch 1** zu den Plebejern gehörig; **2** *übertr.:* ungebildet, ungehobelt

Ple|bis|zit [auch: -tsit] *s. 1* Volksabstimmung; **ple|bis|zi|tär** durch ein Plebiszit; **Plebs 1** *w. Gen. - nur Ez. im alten Rom:* die niederen Volksschichten, das Volk; **2** *m. Gen.* -es *nur Ez. übertr.:* das ungebildete Volk, Pöbel

Plein|air [plɛːnɛr, frz.] *s. Gen.* -s *nur Ez.*, **Plein|ai|ris|mus** *m. Gen. - nur Ez.*, **Plein|air|ma|le|rei** *w. 10 nur Ez.* Freilichtmalerei;

Plein|pou|voir [plɛ̃puvwar] *s. 9* unbeschränkte Vollmacht

Plei|sto|zän [griech.] *s. 1 nur Ez.* untere Abteilung des Quartärs, Eiszeitalter, Diluvium

plei|te [hebr.] *ugs.:* zahlungsunfähig, bankrott; ich bin p.: ich habe kein Geld mehr; **Plei|te** *w. 11* **1** Zahlungsunfähigkeit; P. machen; **2** Mißerfolg, Reinfall

Plek|tron [griech.], **Plek|trum** *s. Gen.* -s *Mz.* -tren Plättchen, mit dem die Saiten von Zupfinstrumenten angerissen werden

Ple|na|ri|um [lat.] *s. Gen.* -s *Mz.* -ri|en liturg. Buch mit dem vollständigen Text der Evangelien; **Ple|nar|sit|zung** *w. 10* Sitzung aller Mitglieder; **Ple|ni|po|tenz** *w. 10 nur Ez.* unbeschränkte Vollmacht; **ple|no or|ga|no** *bei der Orgel:* mit allen Registern, mit vollem Werk; **Ple|num** *s. Gen.* -s *nur Ez.* Vollversammlung (bes. des Parlaments)

Pleo|chro|is|mus [-kro-, griech.] *m. Gen. - nur Ez.* die Eigenschaft mancher Kristalle, in verschiedenen Richtungen verschiedene Farben zu zeigen; **pleo|morph** → polymorph; **Pleo|nas|mus** *m. Gen. - Mz.* -men Häufung sinnverwandter Ausdrücke, z. B. pechrabenschwarz

Ple|si|an|thro|pus [griech.] *m. Gen. - Mz.* -pi südafrik. Frühmensch des Pliozäns; **Ple|sio|sau|ri|er** *m. 5*, **Ple|sio|sau|rus** *m. Gen. - Mz.* -ri|er ausgestorbenes Kriechtier der Jura- und Kreidezeit

Pleu|ra [griech.] *w. Gen. - Mz.* -ren Brust-, Rippenfell; **pleu|ral** zur Pleura gehörig, von ihr ausgehend

Pleu|reu|se [plørøzə, frz.] *w. 11* **1** *urspr.:* Trauerflor; **2** *seit 1900:* lange Straußenfeder am Hut

Pleu|ri|tis [griech.] *w. Gen. - Mz.* -ti|den Brust-, Rippenfellentzündung; **Pleu|ro|pneu|mo|nie** *w. 11* Rippenfell- und Lungenentzündung

Pleu|ston [griech.] *s. Gen.* -s *nur Ez.* Gesamtheit der an der Wasseroberfläche lebenden Tiere und Pflanzen

ple|xi|form [lat.] *Med.:* geflechtartig; **Ple|xi|glas** *s. 4 nur Ez.* ein glasartiger, splitterfreier Kunststoff; **Ple|xus** *m. Gen. - Mz. -* Blut- bzw. Lymphgefäßgeflecht, Nervengeflecht

Plin|the [griech.] *w. 11* Sockel, Fußplatte (unter Säulen, Pfeilern, Statuen)

Plio|zän [griech.] *s. Gen.* -s *nur Ez.* oberste Abteilung des Tertiärs

Plis|see [frz.] *s. 9* gepreßte, schmale Falten; **plis|sie|ren** in Falten legen und pressen

Plom|be [frz.] *w. 11* **1** Metallsiegel (zur Verschlußsicherung von Behältern, Wagentüren u. a.); **2** Zahnfüllung; **plom|bie|ren** mit einer Plombe versehen

Plum|bat [lat.] *s. 1* Salz der Bleisäure; **Plum|bum** *s. Gen.* -s *nur Ez.* (*Zeichen:* Pb) chem. Element, Blei

Plu|meau [plymo, frz.] *s. 9* Federbett

Plum|pud|ding [plʌm-, engl.] *m. 9* gewürzter Rosinenpudding

Plun|ger [plʌndʒər, engl.], **Plun|scher** *m. 5* Maschinenteil, das regelmäßige Taktbewegungen ausführt (meist Kolben)

Plu|ral [lat.] *m. 1* Mehrzahl; *Ggs.:* Singular; **Plu|ra|le|tan|tum** *s. 9, Mz. auch:* Plu|ra|lia|tantum *Gramm.:* nur im Plural vorkommendes Wort, z. B. Leute; **Plu|ra|lis ma|je|sta|tis** *m. Gen. - - nur Ez.* „Plural der Erhabenheit", die Form „wir" statt „ich" (Bez. von Fürsten oder von Autoren im eigenen Werk für sich selbst); **Plu|ra|lis|mus** *m. Gen. - nur Ez.* **1** *Philos.:* Lehre, daß die Wirklichkeit aus vielen selbständigen Wesenheiten bestehe; *Ggs.:* Singularismus; **2** *Gesellschaftslehre:* Nebeneinanderbestehen verschiedener Ordnungsprinzipien und Wertsysteme; **plu|ra|li|stisch** auf dem Pluralismus beruhend, im Sinne des Pluralismus; **Plu|ra|li|tät** *w. 10 nur Ez.* Mehrheit

plus [lat.] (*Zeichen:* +) und, dazu, dazuzurechnen; *Ggs.:* minus; plus 10 Grad, 10 Grad plus: 10 Grad über Null; **Plus** *s. Gen. - Mz. -* **1** Überschuß, Gewinn, Mehrbetrag; **2** *ugs.:* Vorteil; *Ggs.:* Minus

Plüsch [frz.] *m. 1* Baumwollgewebe mit hohem Flor

Plus|pol *m. 1* positiver Pol; *Ggs.:* Minuspol; **Plus|punkt** *m. 1* **1** Punkt, der bei einem Fehler des einen Spielers dem anderen als Plus angerechnet wird; **2** Vorteil; *Ggs.:* Minuspunkt; **Plus|quam|per|fekt** *s. 1* Vergangen-

heitsform des Verbums, vollendete Vergangenheit, z. B. ich war gegangen, ich hatte gegessen; **Plus|zei|chen** *s. 7* (Zeichen: +) Additionszeichen; *Ggs.:* Minuszeichen
Plu|to|krat [griech.] *m. 10* **1** Angehöriger der Plutokratie; **2** *ugs.:* reicher Mann; **Plu|to|kra|tie** *w. 11* Herrschaftsform, bei der die Macht von der reichen Oberschicht ausgeübt wird, Geldherrschaft
plu|to|nisch [nach Pluton, dem griech. Gott der Unterwelt] **1** *griech. Myth.:* zur Unterwelt gehörend; **2** *Geol.:* auf Plutonismus beruhend; plutonische Gesteine: Tiefengesteine; **Plu|to|nis|mus** *m. Gen. - nur Ez.* → Vulkanismus; **Plu|to|nit** *s. 1* pluton. Gestein; **Plu|to|ni|um** *s. Gen. -s nur Ez.* (*Zeichen:* Pu) ein chem. Element
Plu|via|le [lat.] *s. 5* **1** mantelähnl., vorn offenes liturg. Gewand der kath. Priester; **2** *früher:* Krönungsmantel der dt. Kaiser und Könige; **Plu|vi|al|zeit** *w. 10* Regenzeit in den trop. und subtrop. Gebieten während der Eiszeit; **Plu|vio|graph** [lat. + griech.] *m. 10* Gerät zum Aufzeichnen der Niederschlagsmenge, selbstschreibender Regenmesser; **Plu|vio|me|ter** *s. 5* Regenmesser
Pm *chem. Zeichen für* Promethium
p. m. *Abk. für* **1** post meridiem; **2** pro mille; **3** pro memoria
Pneu *m. 9 Kurzw. für* **1** Pneumothorax; **2** *österr. kurz für* Pneumatik (1); **Pneu|ma** [griech.] *s. Gen. -s nur Ez.* **1** luftartige Substanz, Hauch, Atem; **2** *Philos.:* Seele, Lebenskraft; **Pneu|ma|tik** *w. 10* **1** *österr.:* Luftreifen; **2** *nur Ez.* Lehre von der Luft und ihren Bewegungen; **3** Luftdruckmechanik der Orgel; **Pneu|ma|ti|ker** *m. 5* **1** Vertreter einer altröm. Ärzteschule, die alle Lebenserscheinungen auf den Atem (Pneuma) zurückführte; **2** *Gnosis:* vom Geist Gottes Erleuchteter; **Pneu|ma|ti|sa|ti|on** *w. 10* Bildung von luftgefüllten Hohlräumen im Körpergewebe; **pneu|ma|tisch** **1** zum Pneuma gehörig, darauf beruhend, Luft, Atem betreffend; pneumat. Kammer: luftdicht abgeschlossene Kammer (für Operationen im Brustraum); **2** *Gnosis:* vom Geist Gottes erleuchtet; **Pneu|ma|to|chord** [-kǫrd] *s. 1* Windharfe, Äolsharfe; **Pneu|ma|to|lo|gie** *w. 11 nur Ez.* **1** *veraltete Bez. für* Psychologie; **2** *Philos.:* Lehre vom Geist; **3** *Theol.:* Lehre von den Engeln und Dämonen; **Pneu|ma|to|me|ter** *s. 5* Gerät zum Messen des Luftdrucks der Atemzüge; **Pneu|mo|graph** *m. 10* Gerät zum Aufzeichnen der Ausdehnung und Verengung des Brustkorbs beim Ein- und Ausatmen; **Pneu|mo|kok|kus** *m. Gen. - Mz. -ken* ein Kugelbakterium, Erreger der Lungenentzündung; **Pneu|mo|ko|ni|ose** *w. 11* chron. Entzündung der Atemwege infolge ständigen Einatmens bestimmter Staubarten, Staublunge; **Pneu|mo|ly|se** *w. 11* operative Ablösung der Lunge von der Brustwand (zur Ruhigstellung eines Lungenflügels); **Pneu|mo|nie** *w. 11* Lungenentzündung; **Pneu|mo|tho|rax** *m. 1 (Kurzw.:* Pneu) krankhafte oder künstlich herbeigeführte Luftansammlung im Brustfellraum
Po *chem. Zeichen für* Polonium
po|chie|ren [-ʃi-, frz.] Eier p.: in kochendes Essigwasser schlagen und garziehen lassen
po|co [ital.] *Mus.:* wenig, z. B. poco adagio; poco a poco: nach und nach
Pod|agra [griech.] *s. Gen. -s nur Ez.* Fußgicht
Po|dest [lat.] *s. 1* **1** erhöhter Tritt, größere Stufe, kleines Podium; **2** Treppenabsatz
Po|dex [lat.] *m. 1 ugs. scherzh.:* Gesäß, Popo
Po|di|um [lat.] *s. Gen. -s Mz. -di|en* Erhöhung des Fußbodens, erhöhter Teil des Raumes, kleine Bühne
Po|do|me|ter [griech.] *s. 5* Schrittzähler
Pod|sol [russ.] *m. Gen. -s nur Ez.* Grau-, Bleicherde; **Pod|sol|bo|den** *m. 8* ausgebleichter, unfruchtbar gewordener Boden; **pod|so|lie|ren** zu Podsolboden werden
Po|em [griech.] *s. 1 gelegentlich abwertend:* Gedicht; **Poe|sie** *w. 11* **1** Dichtkunst; **2** Dichtung in Versen oder gebundener Rede; *Ggs.:* Prosa; **3** Stimmungsgehalt, Zauber; **Po|et** *m. 10* Dichter; **Poe|ta lau|rea|tus** *m. Gen. -- Mz. -tae -ti* [-tɛ:] **1** *Antike:* mit dem Lorbeerkranz gekrönter Dichter; **2** *im MA und noch heute in England:* mit bestimmten Rechten verbundener Titel für den größten Dichter; **Poe|ta|ster** *m. 5* schlechter Dichter, Verseschmied; **Poe|tik** *w. 10 nur Ez.* Lehre von der Poesie; **poe|tisch** in der Art der Poesie, dichterisch; **poe|ti|sie|ren** dichterisch gestalten oder verklären; **Poe|to|lo|gie** *w. 11 nur Ez.* → Poetik
Po|fe|se *w. 11* → Pafese
Po|grom [russ.] *m. 1* Hetze, Ausschreitungen gegen relig. oder rassische Gruppen
poi|ki|lo|therm [griech.] wechselwarm; *Ggs.:* homöotherm; **Poi|ki|lo|ther|me** *Mz.* Tiere, deren Körpertemperatur von der Temperatur der Umgebung abhängt, Wechselwarmblüter; *Ggs.:* Homöotherme
Poi|lu [pwaly, frz.] *m. 9 im 1. Weltkrieg: Spitzname für* frz. Soldat
Point [poɛ̃, frz.] *m. 9* **1** *Kartenspiel:* Stich; **2** *Würfelspiel:* Auge; **Poin|te** [poɛ̃tə] *w. 11* Schlußeffekt (des Witzes), Witz (einer Sache), Hauptsache; **Poin|ter** [engl.] *m. 5* engl. Vorstehhund; **poin|tie|ren** [poɛ̃-, frz.] betonen, hervorheben; pointiert: das Wesentliche betonend; **Poin|til|lis|mus** [poɛ̃-] *m. Gen. - nur Ez.* spätimpressionist. Richtung der Malerei, die durch das dichte Nebeneinandersetzen von Farbpunkten gekennzeichnet ist, Neoimpressionismus
Poise [poaz, nach dem frz. Physiker J.-L.-M. Poiseville] *s. Gen. - Mz. -* (*Abk.:* P) Maßeinheit für die Viskosität von Flüssigkeiten
Po|kal [griech.-ital.] *m. 1* Trinkgefäß aus Kri-

stall oder Edelmetall mit Fuß und oft mit Deckel, auch als Preis bei Sportwettkämpfen
Po|ker [engl.] *s. Gen.*-s *nur Ez.* ein Kartenglücksspiel; **po|kern** Poker spielen
po|ku|lie|ren [lat.] trinken, zechen, bechern
Pol [griech.] *m. 1* **1** Drehpunkt, Mittel-, Zielpunkt; **2** Endpunkt der Erdachse, Nord- bzw. Südpol; **3** *Math.:* Unendlichkeitsstelle einer komplexen Funktion; **4** *Phys.:* Aus- bzw. Eintrittsstelle von statischen Feldern, z. B. an Magneten oder Spulen; *bei elektr. Stromquellen:* Aus- bzw. Eintrittsstelle des Stromes, Plus- bzw. Minuspol; **5** [aus frz. poil „Haar"] *m. 1* Flordecke von Samt und Plüsch
po|lạc|ca [ital.] *Mus.:* nach poln. Art, nach Art der Polonäse, z. B. Rondo alla p.
po|lar [griech.] **1** einen Pol oder die Pole (der Erde) betreffend, um einen Pol gelegen; **2** *übertr.:* gegensätzlich; **Po|la|ri|me|ter** *s. 5* Gerät zum Messen des Drehwinkels bei der optischen Aktivität von Flüssigkeiten; **Po|la|ri|sa|ti|on** [-tsjon] *w. 10* Ausrichtung von Transversalwellen in einer Vorzugsrichtung; **po|la|ri|sie|ren** Licht p.: in eine feste Schwingungsrichtung bringen; sich p.: sich zu Gegensätzen entwickeln, als Gegensätze hervortreten; **Po|la|ri|tät** *w. 10 nur Ez.* Vorhandensein, Ausbildung zweier Pole, Gegensätzlichkeit
Pọl|der [ndrl.] *m. 5* eingedeichtes Marschland, Koog
Po|le|mik [griech.-frz.] *w. 10* **1** bes. wissenschaftl., literar., meist in der Öffentlichkeit ausgetragener Streit; **2** scharfe, unsachl., meist persönlich gefärbte Kritik; **po|le|misch** **1** in der Art einer Polemik; **2** streitbar, feindselig, unsachlich; **po|le|mi|sie|ren** in der Art einer Polemik Kritik üben, *auch:* feindselig, unsachlich mit jmdm. streiten; gegen jmdn. p.
po|len an einen elektr. Pol anschließen
Po|lẹn|ta [ital.] *w. Gen.* - *nur Ez.* bes. in Italien beliebtes Gericht aus Maisgrieß
Po|lẹn|te [jidd.] *w. Gen.* - *nur Ez. abwertend:* Polizei
Po|li|ce [-sə, frz.] *w. 11* Urkunde über eine abgeschlossene Versicherung
Po|li|ci|nẹl|lo [-tʃi-, ital.] *m. Gen.*-(s) *Mz.*-li → Pulcinella
Po|li|en|ze|pha|li|tis [griech.] *w. Gen.* - *Mz.* -ti|den → Polioenzephalitis
Po|lier [frz.] *m. 1* Vorarbeiter der Maurer und Zimmerleute
po|lie|ren [lat.] glänzend machen, glätten, schleifen
Po|li|kli|nik [auch: pọ-, griech.] *w. 10* Krankenhaus oder Krankenhausabteilung zur ambulanten Behandlung
Po|lio *w. Gen.* - *nur Ez. Kurzw. für* Poliomyelitis; **Po|lio|en|ze|pha|li|tis** [griech.] *w. Gen.* - *Mz.*-ti|den Entzündung der grauen Hirnsubstanz; **Po|lio|mye|li|tis** *w. Gen.* - *Mz.*-ti|den Kinderlähmung
Pọ|lis [griech.] *w. Gen.* - *Mz.* Pọ|leis altgriech. Stadtstaat
Po|lịt|bü|ro *s. 9 Kurzw. für* Politisches Büro (Zentralausschuß einer kommunist. Partei)
Po|li|tẹs|se **1** [frz.] *w. 11 nur Ez. veraltet:* Höflichkeit; **2** [aus Polizei und Hosteß] *w. 11* Hilfspolizistin
po|li|tie|ren *österr.:* mit einem Poliermittel einreiben, polieren
Po|li|tik [auch: -tịk, griech.] *w. 10 nur Ez.* **1** Führung und Erhaltung eines Gemeinwesens, Staatskunst; **2** *übertr.:* Berechnung, berechnendes Verhalten; **Po|li|ti|kạs|ter** *m. 5* jmd., der über Politik redet, ohne viel davon zu verstehen, Biertischpolitiker; **Po|li|ti|kum** *s. Gen.*-s *Mz.*-ka Ereignis oder Tatsache von polit. Bedeutung; **Po|li|ti|kus** *m. Gen.* - *Mz.* -kus|se *ugs. scherzh.:* jmd., der sich mit Politik beschäftigt; **po|li|ti|sie|ren** **1** über Politik sprechen; **2** jmdn. p.: jmdn. zur Teilnahme an der Politik bringen; **3** etwas p.: in den Bereich der Politik bringen, politisch behandeln; **Po|lit|öko|no|mie** *w. 11 nur Ez. Kurzw. für* Politische Ökonomie (Volkswirtschaftslehre); **Po|li|to|lo|gie** *w. 11 nur Ez.* Wiss. von der Politik
Po|li|tur [lat.] *w. 10* **1** durch Polieren erzeugter Glanz; **2** Poliermittel
Po|li|zei [griech.] *w. 10 nur Ez.* **1** Behörde, die über die öffentl. Ordnung u. Sicherheit zu wachen hat; **2** ihre Amtsräume; **3** Gesamtheit ihrer Beamten; **Po|li|zịst** *m. 10* Beamter der Polizei (**1**)
Po|lịz|ze *w. 11 österr. für* Police
Pọl|ka [tschech.] *w. 9* böhm. Rundtanz im Wechselschritt
Pol|lu|ti|on [-tsjon, lat.] *w. 10* unwillkürl. (nächtl.) Samenerguß
Po|lo [engl.] *s. Gen.*-s *nur Ez.* dem Hockey ähnl. Ballspiel zu Pferd oder vom Fahrrad aus; **Po|lo|hemd** *s. 12* kurzärmeliges Trikothemd
Po|lo|nai|se [-nɛ-, frz.], **Po|lo|nä|se** *w. 11* poln. Tanz, meist zur Eröffnung eines Tanzfestes getanzt; **Po|lo|ni|um** *s. Gen.*-s *nur Ez.* (*Zeichen:* Po) chem. Element
Pol|schuh *m. 1* besondere Ausbildung der Pole eines Elektromagneten zur Herstellung eines bestimmten Verlaufs der Feldlinien; **Pol|stär|ke** *w. 11* Kraft, die von einem Magnetpol ausgeht
Po|ly|ad|di|ti|on [-tsjon, griech.] *w. 10* Verknüpfung kleiner Moleküle mit Mehrfachbindungen zu langen Molekülketten; **Po|ly|amid** *s. 1* ein elast., fadenbildender Kunststoff, z. B. Perlon; **Po|ly|an|drie** *w. 11 nur Ez.* Ehegemeinschaft einer Frau mit mehreren Männern, Vielmännerei; *Ggs.:* Polygynie; **Po|ly|ar|chie** *w. 11* Herrschaft mehrerer (Personen), im Unterschied zur Monarchie;

Po|ly|ar|thri|tis *w. Gen. - Mz.* -ti|den Entzündung mehrerer Gelenke; **Po|ly|äthy|len** *s. 1* durch Polymerisation von Äthylen entstehender, umweltfreundlicher Kunststoff; **po|ly|chrom** vielfarbig, bunt; **Po|ly|chro|mie** *w. 11 nur Ez.* Vielfarbigkeit; **po|ly|chro|mie|ren** bunt ausstatten, z. B. mit Mosaik; **po|ly|cy|clisch** aus mehreren Molekülringen bestehend; **Po|ly|dak|ty|lie** *w. 11* Ausbildung von mehr als fünf Fingern an einer Hand, Mehrfingrigkeit; **Po|ly|dä|mo|nis|mus** *m. Gen. - nur Ez.* Glaube an eine Vielzahl von Geistern; **Po|ly|eder** *m. 5 oder s. 5* von mindestens drei ebenen Flächen begrenzter Körper, Vielflächner; **Po|ly|ester** *m. 5* aus mehrbasischen Carbonsäuren durch Veresterung mit mehrwertigen Alkoholen entstehender Kunststoff; **po|ly|gam** **1** in Vielehe lebend; *auch:* sich zu mehreren Frauen zugleich hingezogen fühlend; *Ggs.:* monogam; **2** zwittrige und eingeschlechtige Blüten (auf einer Pflanze) aufweisend; **Po|ly|ga|mie** *w. 11 nur Ez.* Ehegemeinschaft mit mehreren Frauen bzw. Männern, Polyandrie, Polygynie; **po|ly|gen** **1** durch mehrere Erbfaktoren bestimmt; **2** durch mehrere Ursachen hervorgerufen; **Po|ly|ge|ne|se, Po|ly|ge|ne|sis** *w. Gen. - nur Ez.* biolog. Theorie von der Entstehung jeder Gruppe von Lebewesen aus mehreren Stammformen; **Po|ly|ge|nie** *w. 11 nur Ez.* polygene Beschaffenheit; **Po|ly|ge|nis|mus** *m. Gen. - nur Ez.* Ableitung der Menschenrassen aus mehreren Stammformen, Polyphyletismus; *Ggs.:* Monogenismus; **Po|ly|glo|bu|lie** *w. 11* → Polyzythämie; **po|ly|glott** **1** vielsprachig (Buchausgabe); **2** viele Sprachen sprechend; **Po|ly|glot|te** **1** *w. 11* mehrsprachiges Wörterbuch, Buch (z. B. Bibel) mit Text in mehreren Sprachen; **2** *m. 11* jmd., der viele Sprachen spricht; **Po|ly|gon** *s. 1* Vieleck; **po|ly|go|nal** vieleckig; **Po|ly|graph** *m. 10* Gerät zur Aufzeichnung von körperl. Reaktionen, aus denen sich Erregungszustände erkennen lassen, Mehrfachschreiber; **Po|ly|gy|nie** *w. 11 nur Ez.* Ehegemeinschaft eines Mannes mit mehreren Frauen, Vielweiberei; *Ggs.:* Polyandrie; **Po|ly|hi|stor** *m. 13* jmd., der auf vielen Gebieten bewandert ist, Vielwisser; **po|ly|hy|brid** sich in mehreren Erbmerkmalen unterscheidend; **Po|ly|hy|bri|de** *m. 11* Bastard aus polyhybriden Eltern; **po|ly|karp** in einem bestimmten Zeitraum mehrmals Blüten und Früchte tragend; **po|ly|mer** vielteilig, aus vielen niedermolekularen Einheiten bestehend; *Ggs.:* monomer; **Po|ly|mer** *s. 1,* **Po|ly|me|re** *w. 11* hochgradig verketteter, einheitlich aufgebauter Stoff; **Po|ly|me|rie** *w. 11* additives Zusammenwirken von Erbfaktoren bei der Ausbildung eines Merkmals; **Po|ly|me|ri|sat** *s. 1* durch Polymerisation entstandener Stoff; **Po|ly|me|ri|sa|ti|on** [-tsjon] *w. 10* Zusammenlagerung von Molekülen durch chem. Bindungen zu einem neuen Stoff; **po|ly|me|ri|sie|ren** zu größeren Molekülen vereinigen; **Po|ly|me|ter** *s. 5 Meteor.:* Gerät zum Messen von Temperatur, Luftfeuchtigkeit u. a., Vielzweckmeßgerät; **po|ly|morph** vielgestaltig; **Po|ly|mor|phie** *w. 11 nur Ez.,* **Po|ly|mor|phis|mus** *m. Gen. - nur Ez.* Vielgestaltigkeit; **Po|ly|nom** *s. 1 Math.:* aus mehreren, zu addierenden oder subtrahierenden Gliedern zusammengesetzter Ausdruck; **po|ly|nu|kle|ar** vielkernig; **Po|ly|opie** *w. 11 nur Ez.* Mehrfachsehen

Po|lyp [griech.] *m. 12* **1** gutartige Schleimhautgeschwulst; **2** *volkstüml. Bez. für* verschiedene Kopffüßer, bes. Kraken; **3** die festsitzende Form der Nesseltiere

Po|ly|pha|ge [griech.] *m. 11* Tier, das sich von verschiedenen Pflanzen oder Beutetieren ernährt; **Po|ly|pha|gie** *w. 11 nur Ez.* auf unterschiedl. Pflanzen oder Beutetiere eingestellte Ernährungsweise; vgl. Monophagie, Pantophagie; **po|ly|phon** vielstimmig; **Po|ly|pho|nie** *w. 11 nur Ez.* Vielstimmigkeit, Musik mit mehreren, mehr oder minder selbständig geführten Stimmen; vgl. Heterophonie, Homophonie; **Po|ly|phy|le|tis|mus** *m. Gen. - nur Ez.,* **Po|ly|phy|lie** *w. 11 nur Ez.* → Polygenismus; **Po|ly|ptyc|hon** [-çon] *s. Gen. -s Mz. -chen oder* -cha Altar mit mehr als zwei Flügeln; **Po|ly|rhyth|mik** *w. Gen. - nur Ez.* Nebeneinander verschiedener Rhythmen in den Stimmen eines Musikstücks; **Po|ly|sac|cha|rid** [-saxa-] *s. 1* aus einfachen Zuckern aufgebaute Verbindung, z. B. Stärke, Cellulose; **Po|ly|sper|mie** *w. 11* Eindringen mehrerer Samenzellen in eine Eizelle bei der Befruchtung; **Po|ly|sty|rol** *s. 1* ein Kunststoff; **Po|ly|syl|la|bum** *s. Gen. -s Mz. -ba* vielsilbiges Wort; **Po|ly|syl|lo|gis|mus** *m. Gen. - Mz. -men Logik:* Schlußkette, Folge von Schlüssen, bei der die Folgerung zugleich die Prämisse des nächsten Schlusses ist; **Po|ly|syn|de|ton** *s. Gen. -s Mz. -ta* durch ein Bindewort verbundene Wort- oder Satzreihe, z. B.: Und es wallet und siedet und brauset und zischt; *Ggs.:* Asyndeton; **Po|ly|syn|the|se, Po|ly|syn|the|sis** *w. Gen. - Mz. -the|sen* Zusammenfassung vieler Teile; **po|ly|syn|the|tisch** vielfach zusammengesetzt; polysynthetische Sprachen: Sprachen, bei denen Satzteile zu einem Wort zusammengesetzt werden, z. B. manche Indianersprachen, die Bantusprachen; **Po|ly|tech|ni|kum** *s. Gen. -s Mz. -ka* höhere techn. Fachschule; **Po|ly|the|is|mus** *m. Gen. - nur Ez.* Glaube an mehrere Götter, Vielgötterei; *Ggs.:* Monotheismus; **po|ly|to|nal** in mehreren Tonarten zugleich; **Po|ly|to|na|li|tät** *w. 10 nur Ez.* Nebeneinander mehrerer Tonarten zugleich in den Stimmen eines Musikstücks; **Po|ly|tri|chie** *w. 11* übermäßiger Haarwuchs; **po|ly|trop** *Biol.:* sehr anpassungsfähig; **Po|ly|tro|pis|mus** *m. Gen. - nur*

Ez. Biol.: große Anpassungsfähigkeit; **Po|ly|ure|than** *s. 1* ein Kunststoff; **Po|ly|urie** *w. 11* übermäßige Urinausscheidung; **po|ly|va|lent** in mehrfacher Beziehung wirksam; **Po|ly|vi|nyl|ace|tat** *s. 1* ein Kunststoff; **Po|ly|vi|nyl|al|ko|hol** *m. 1* ein Kunststoff; **Po|ly|vi|nyl|äther** *m. 5* ein Kunststoff; **Po|ly|vi|nyl|chlo|rid** *s. 1 nur Ez.* (*Abk.:* PVC) durch Polymerisation des Kohlenwasserstoffs Vinylchlorid gewonnener Kunststoff; **Po|ly|zyt|hä|mie** *w. 11* zu starke Vermehrung der roten Blutkörperchen, Rotblütigkeit, Polyglobulie

Po|ma|de [lat.-ital.] *w. 11* wohlriechendes Fett, z. B. Haar-, Lippenpomade; **po|ma|di|sie|ren** mit Pomade einreiben

Po|me|ran|ze [lat.-ital.] *w. 11* eine Zitrusfrucht, Gewürz- und Heilpflanze, Bitterorange

Pom|mer [griech.-frz.] *m. 5* altes Holzblasinstrument

Pommes chips [pɔm ʃip, frz.] *Mz.* roh in Fett gebackene, knusprige Kartoffelscheibchen, Kartoffelchips; **Pommes frites** [pɔm frit] *Mz.* roh in Fett gebackene Kartoffelstäbchen

Po|mo|lo|gie [lat. + griech.] *w. 11 nur Ez.* Obstkunde

Pomp [griech.-frz.] *m. 9 nur Ez.* übertriebene Pracht, übertriebener Aufwand, Prunk

Pom|pa|dour [-du:r, nach der Marquise de Pompadour] *m. 1 oder m. 9 früher:* beutelförmige Damenhandtasche

Pom|pon [pɔ̃pɔ̃, frz.] *m. 9* dicke Quaste, Troddel

pom|pös pomphaft

pon|ceau [pɔ̃so, frz.] hochrot; **Pon|ceau** *s. 9* hochroter Farbstoff

Pon|cho [-tʃo, span.] *m. 9* **1** viereckiger Umhang der mittel- und südamerik. Indianer mit einem Loch in der Mitte für den Kopf; **2** ärmelloser Umhang

Pond [lat.] *s. Gen.* -s *Mz.* - (*Abk.* p) Maßeinheit für die Kraft, entspricht dem Gewicht von einem Gramm (auf der Erde)

Pö|ni|tent [lat.] *m. 10 kath. Kirche:* Beichtender, Büßender; **Pö|ni|ten|ti|ar** [-tsjar] *m. 1* Beichtvater; **Pö|ni|tenz** *w. 10* Buße, Bußübung

Pon|ti|fex [lat.] *m. Gen.* - *Mz.* -ti|fi|zes [-tse:s] *im alten Rom:* Oberpriester; P. maximus: Titel des röm. Kaisers und dann des Papstes; **pon|ti|fi|kal** bischöflich; **Pon|ti|fi|kal|amt** *s. 4* vom Bischof gehaltene, feierl. Messe; **Pon|ti|fi|ka|le** *s. Gen.* -s *Mz.* -li|en liturg. Buch für die Amtshandlungen des Bischofs; **Pon|ti|fi|ka|li|en** *Mz.* **1** die dem Bischof vorbehaltenen Amtshandlungen, z. B. Firmung, Ordination; **2** die bei diesen getragenen Gewänder und Abzeichen; **Pon|ti|fi|kal|mes|se** *w. 11* → Pontifikalamt; **Pon|ti|fi|kat** *s. 1* Amt, Amtszeit eines Bischofs oder des Papstes; **Pon|ti|fi|zes** *Mz. von* Pontifex

pon|tisch [griech.] aus der Steppe stammend, steppenhaft

Pon|ton [auch: pɔ̃tɔ̃, frz.] *m. 9* **1** geschlossener Schwimmkörper (in Docks); **2** breites, flaches Boot als Teil einer schwimmenden Brücke

Po|ny [engl.] **1** *s. 9* kleine Pferderasse; **2** *Mz.* kurzgeschnittene, die Stirn bedeckende Haare

Pool [pul, engl.] *m. 9* **1** Vereinigung von Firmen zur Gewinnverteilung, Interessengemeinschaft; **2** Spieleinsatz

Pop... [entweder von engl. pop „knallen, klatschen" oder populär „volkstümlich"] *in Zus.:* modern, auffallend, bes. Jugendliche ansprechend, in der Art der Pop-Art

Po|panz [tschech.] *m. 1* **1** Schreckgestalt; **2** Strohpuppe, Vogelscheuche; **3** vom Willen anderer abhängiger Mensch

Pop-Art [engl.] *w. Gen.* - *nur Ez.* moderne Kunstrichtung, die besonders Gegenstände aus Alltag und Technik darstellt oder montiert

Pop|corn [-kɔ:rn, engl.] *s. 9* gerösteter Mais, Puffmais

Po|pe [griech.-russ.] *m. 11 russ. und griech.-orthodoxe Kirche:* niederer Geistlicher

Po|pe|lin [frz.] *m. 1,* **Po|pe|li|ne** *w. 11* fester Baumwollstoff für Hemden, Mäntel u. a.

Pop-Far|be *w. 11* auffallende, grelle Farbe; **Pop-Mu|sik** *w. 10 nur Ez.* eine in England und den USA entstandene Unterhaltungsmusik, von Beat und Rock nicht eindeutig abzugrenzen; **pop|pig** in der Art der Pop-Art, der Pop-Farben, auffallend, bunt

po|pu|lär [lat.] **1** volkstümlich, allgemeinverständlich; **2** volksfreundlich, beim Volk beliebt; **po|pu|la|ri|sie|ren** volkstümlich, allgemeinverständlich machen, (unter dem Volk) verbreiten; **Po|pu|la|ri|tät** *w. 10 nur Ez.* Volkstümlichkeit, Beliebtheit beim Volk; **po|pu|lär|wis|sen|schaft|lich** allgemeinverständlich dargestellt, aber wissenschaftlich fundiert; **Po|pu|la|ti|on** [-tsjon] *w. 10* **1** Bevölkerung; **2** *Biol.:* Gesamtheit der Lebewesen einer Art oder Rasse in einem bestimmten Gebiet; **3** *Astron.:* Gesamtheit der jungen, heißen Sterne (P. I) bzw. der älteren Sterne späterer Spektralklassen (P. II); **Po|pu|lis|mus** *m. Gen.* - *nur Ez.* frz. literar. Strömung seit 1929, die das Leben des einfachen Volkes wirklichkeitsnah darstellte

Po|re [griech.] *w. 11* feine Öffnung bes. der Haut

Pör|kel(t) [ung.], **Pör|köl(t)** *s. Gen.* -s *nur Ez.* gulaschähnl., mit Paprika gewürztes Gericht

Por|no *m. oder s. 9 Kurzw. für* pornograph. Film, Photo, Roman u. ä.; **Por|no|gra|phie** [griech.] *w. 11 nur Ez.* pornograph. Schriften und Bilder; **por|no|gra|phisch** die geschlechtl. Begierden mit primitiven Mitteln anreizend

po|rös [griech.-frz.] durchlässig, undicht

Por|phyr [griech.] *m.1* ein Ergußgestein; **Por|phy|rit** *m.1* ein Ergußgestein

Por|ree [lat.-frz.] *m.9* eine Gemüsepflanze, Lauch

Por|ridge [-ridʒ, engl.] *m. Gen.*-s *nur Ez.* in England als Frühstück beliebter Haferbrei

Port [lat.] *m.1* **1** Hafen; **2** *übertr.:* Zufluchtsort

Por|ta|ble [pɔrtəbl, engl.] *s.9* transportables Fernsehgerät

Por|tal [lat.] *s.1* Tor, architektonisch verzierter Eingang

Por|ta|men|to [ital.] *s. Gen.*-s *Mz.*-ti *Mus.:* gleitendes Verbinden von Tönen; **Por|ta|tiv** [frz.] *s.1* kleine, tragbare Orgel; **por|ta|to** [ital.] *Mus.:* getragen, aber nicht gebunden; **Por|te|chaise** [pɔrtʃɛz, frz.] *w.11 veraltet:* Sänfte; **Por|te|feuille** [pɔrtfœi] *s.9* **1** *veraltet:* Brieftasche, Aktentasche; **2** Amtsbereich (eines Ministers); **3** Wertpapierbestand einer Bank; **Porte|mon|naie** [-ne] *s.9* Geldtasche; **Port|epee** *s.9* Quaste am Degen oder Säbel (des Offiziers)

Por|ter [pɔr-, engl.] *m.5, österr.: s.5* starkes engl. Bier

Por|ti *Mz. von* Porto

Por|tier [-tje, frz.] *m.9* Pförtner, Hauswart; **Por|tie|re** [-tjɛrə] *w.11* schwerer Türvorhang

por|tie|ren [frz.] *schweiz.:* zur Wahl vorschlagen

Por|tier|lo|ge [-tjelo:ʒə] *w.11* Dienstraum des Portiers

Por|ti|kus [lat.] *m. Gen.- Mz.-* Säulenvorbau

Por|ti|on [-tsjon, lat.] *w.10* abgemessene Menge (einer Speise); er ist nur eine halbe P. *ugs. scherzh.:* er ist sehr klein und dünn

Por|to [ital.] *s.9, Mz. auch:* -ti Gebühr für die Beförderung von Postsendungen

Por|trait [-trɛ, frz.] *s.9 frz. Schreibung von* Porträt; **Por|trät** [-trɛ, auch: -trɛt] *s.9* Bildnis; **por|trä|tie|ren** jmdn. p.: jmds. Bildnis malen; **Por|trä|tist** *m.10* Maler von Porträts

Por|tu|lak [lat.] *m.1 oder m.9* eine Gemüsepflanze

Port|wein [nach der port. Stadt Porto] *m.1* ein dunkler Süßwein

Por|zel|lan [ital.] *s.1* **1** dichte, weiße, feine Tonware; **2** Tafelgeschirr daraus

Pos. *Abk. für* Position (**4**)

Po|sa|men|ten [frz.] *s.12 Mz. Sammelbez. für* Waren, die als Besatz für Kleidungsstücke dienen, z. B. Borten, Bänder, Schnüre, Quasten; **Po|sa|men|ter** *m.5,* Po|sa|men|tier *m.1,* Po|sa|men|tie|rer *m.5* Hersteller von, Händler mit Posamenten; **Po|sa|men|te|rie** *w.11* Geschäft für Posamenten; **po|sa|men|tie|ren** mit Posamenten besetzen

Po|sau|ne [lat.-frz.] *w.11* ein Blechblasinstrument; **Po|sau|nist** *m.10* Posaunenbläser

po|schie|ren → pochieren

Po|se [frz.] *w.11 Kunst:* Haltung, Stellung; *allg.:* gekünstelte, gezierte Haltung, Stellung; **Po|seur** [-zør] *m.1* jmd., der posiert; **po|sie|ren** **1** eine Pose einnehmen; **2** sich gekünstelt, geziert benehmen

Po|si|ti|on [-tsjon, lat.-frz.] *w.10* **1** Stellung (im Beruf), Lage (in der sich jmd. befindet); **2** *Math.:* Lage, Stelle (einer Figur oder Zahl); **3** Standort (eines Schiffes oder Flugzeugs, eines Gestirns); **4** Einzelposten (in einer Warenliste; *Abk.:* Pos.); **5** Bejahung; *Ggs.:* Negation (**1**); **po|si|tio|nell** [-tsjo-] durch die Position bedingt, hinsichtlich der Position; **po|si|ti|ons|lang** positionslange Silbe: kurze Silbe, die in der Metrik als lang gilt, wenn sie mit zwei oder mehr Konsonanten endet

po|si|tiv [lat.] **1** bejahend; *Ggs.:* negativ; **2** *Math.:* größer als Null; **3** *Elektr. in der Fügung* positive Ladung; den Protonen eigene Ladung, im Unterschied zur negativen Ladung der Elektronen; positiver Pol: Pluspol; **4** *Phot.:* Licht und Schatten bzw. Farben der Wirklichkeit entsprechend wiedergebend; **5** *Philos.:* wirklich, tatsächlich (vorhanden), gegeben; **6** *Med.:* vermutete Krankheitserreger o. ä. aufweisend; positiver Befund; **7** *übertr.:* günstig, ermutigend; [auch: -tif] *ugs.:* wirklich, bestimmt; das weiß ich p.; **Po|si|tiv** **1** *m.1 Gramm.:* Grundstufe der Steigerung; vgl. Komparativ, Superlativ; **2** [auch: -tif] *s.1* kleine Standorgel ohne Pedal; vgl. Portativ; **3** *s.1* Lichtbild in der wirklichkeitsgetreuen Wiedergabe von Licht und Schatten bzw. Farben; *Ggs.:* Negativ; **Po|si|ti|vis|mus** *m. Gen.- nur Ez.* Lehre, daß nur das Wirkliche, Tatsächliche, „Positive" die Erfahrung zur Erkenntnis führe und alle Metaphysik nutzlos sei; **Po|si|tron** *s.13* (*Zeichen:* e^{+}) Elementarteilchen mit elektr. positiver Ladung

Po|si|tur [lat.] *w.10* auf bestimmte Wirkung berechnete Haltung; sich in P. setzen

pos|ses|siv [lat.] *Gramm.:* besitzanzeigend; **Pos|ses|siv** *s.1,* **Pos|ses|siv|pro|no|men** *s.7, Mz. auch:*-mi|na, **Pos|ses|si|vum** *s. Gen.*-s *Mz.*-va besitzanzeigendes Fürwort; z. B. mein, dein, unser; **pos|ses|so|risch** *Rechtsw.:* den Besitz betreffend

pos|sier|lich [zu: Posse] klein und lustig, drollig

Post [ital.] **1** *w.10* staatl. Einrichtung zur Beförderung von Briefen, Paketen, Zahlungsanweisungen usw.; **2** *Mz. auch:* Postäm|ter, Postamt, Postgebäude; **3** *nur Ez.* Postdienst; **4** *nur Ez.* Briefe und Pakete, Postsendungen; **po|sta|lisch** die Post betreffend, zur Post gehörig

Po|sta|ment [lat.] *s.1* Unterbau, Sockel

post Chri|stum (na|tum) [lat.], *Abk.:* p. Chr. (n.), nach Christi Geburt, *heute meist:* n. Chr.; *Ggs.:* ante Christum (natum)

post|da|tie|ren [lat.] *veraltet:* mit einem späteren Datum versehen, nachdatieren

post|em|bryo|nal [lat. + griech.] nach der Geburt (eintretend, eingetreten)
Pos|ten [lat.-ital.] *m. 7* **1** Wache, Wachtposten; (auf) P. stehen; auf dem P. sein *ugs.:* gesund und munter sein; **2** Stelle, Ort; **3** Stellung, Amt; **4** Anzahl gleichartiger Waren, z. B. ein P. Handtücher; **5** Einzelbetrag (in einer Rechnung)
Po|ster [pou-, engl. „Plakat"] *m. oder s. Gen.*-s *Mz.*-(s), *im Dt. Bez. für* zu Dekorationszwecken entworfenes oder verwendetes Plakat
Po|ste|rio|ra [lat.] *Mz.* Nachfolgendes; **Po|ste|rio|ri|tät** *w. 10 nur Ez.* **1** späteres Erscheinen, Auftreten; **2** Nachfolgen, Nachstehen (im Amt, Rang); **Po|ste|ri|tät** *w. 10 nur Ez. veraltet:* Nachkommenschaft, Nachwelt
post fe|stum [lat. „nach dem Fest"] hinterher, zu spät
post|gla|zi|al [lat.] nach der Eiszeit (aufgetreten), nacheiszeitlich; *Ggs.:* präglazial
post|hum [lat.] → postum
po|stie|ren [lat.] (an einer bestimmten Stelle) aufstellen
Po|stil|le [lat.] *w. 11* Erbauungs-, Andachts-, Predigtbuch
Po|stil|li|on [ital.-frz.] *m. 1 früher:* Postkutscher; **Po|stil|lon d'amour** [-jõ damur] *m. Gen.* -- *Mz.*-s - [-jõ] Überbringer einer Liebesbotschaft
Post|lu|di|um [lat.] *s. Gen.*-s *Mz.*-di|en musikal. Nachspiel; *Ggs.:* Präludium
post me|ri|di|em [lat. „nach Mittag"] (*Abk.:* p. m.) nachmittags; *Ggs.:* ante meridiem
post|mor|tal [lat.] *Med.:* nach dem Tode (eingetreten, eintretend); *Ggs.:* prämortal;
post mor|tem nach dem Tode; **post|na|tal** nach der Geburt (eintretend, eingetreten); *Ggs.:* pränatal; **post|nu|me|ran|do** nach Empfang, nachträglich; p. bezahlen; *Ggs.:* pränumerando; **Post|nu|me|ra|ti|on** [-tsjon] *w. 10* Nachzahlung; *Ggs.:* Pränumeration
Po|sto [ital.] *m.* Stand, Stellung; *nur in der Wendung* Posto fassen: sich aufstellen
post|ope|ra|tiv [lat.] nach der Operation (eintretend, eingetreten)
Post|skript [lat.] *s. 1,* **Post|skrip|tum** *s. Gen.*-s *Mz.*-ta *oder* -te (*Abk.:* PS) Nachschrift (unter Briefen)
Po|stu|lant [lat.] *m. 10* **1** Bewerber, Kandidat; **2** Mitglied eines kath. Ordens während der Probezeit; **Po|stu|lat** *s. 1* **1** (sittl.) Forderung; **2** nicht beweisbare, aber glaubhafte und einleuchtende Annahme; **3** Probezeit bei der Aufnahme in einen kath. Orden; **po|stu|lie|ren** **1** fordern; **2** ein Postulat (über etwas) aufstellen
po|stum [lat.] nach dem Tode des Verfassers oder Komponisten veröffentlicht, nachgelassen; **Po|stu|mus** *m. Gen.* - *Mz.*-mi Spät-, Nachgeborener
post ur|bem con|di|tam [lat.] (*Abk.:* p. u. c.) nach der Gründung der Stadt (Rom; in der altröm. Jahreszählung)
Pot [engl.] *s. 9, ugs. für* Marihuana
Po|tem|kin|sche Dör|fer [patjom-, ugs.: -tjem, nach dem russ. Staatsmann G. A. Potemkin, der Dörfer errichten ließ, um Katharina II. Wohlstand vorzutäuschen] *Mz.* Täuschung, Vorspiegelung, Blendwerk
po|tent [lat.] **1** mächtig, leistungsfähig, vermögend; **2** beischlaf-, zeugungsfähig; **Po|ten|tat** *m. 10* regierender Fürst, Machthaber; **po|ten|ti|al** [-tsjal] eine Möglichkeit enthaltend, als Möglichkeit vorhanden; **Po|ten|ti|al** [-tsjal] *s. 1* **1** Leistungsfähigkeit; **2** *Phys.:* Maß für die Stärke eines Kraftfeldes an einem Punkt im Raum; **Po|ten|ti|al|dif|fe|renz** *w. 10,* **Po|ten|ti|al|ge|fäl|le** *s. 5* Unterschied der elektr. Kräfte bei aufgeladenen Körpern; **Po|ten|tia|lis** [-tsja-] *m. Gen.* - *Mz.*-les Aussageweise des Verbums, die eine Möglichkeit ausdrückt; **Po|ten|tia|li|tät** *w. 10* Möglichkeit, die zur Wirklichkeit werden kann; **po|ten|ti|ell** [-tsjel] möglich, denkbar; **Po|ten|tio|me|ter** *s. 5* Gerät zum Messen von Potentialdifferenzen, Spannungsteiler; **Po|ten|tio|me|trie** *w. 11 nur Ez.* ein chem. Analysenverfahren;
Po|tenz *w. 10* **1** Leistungsfähigkeit, Kraft, Macht; **2** Fähigkeit zum Beischlaf; **3** *Math.:* Produkt mehrerer gleichartiger Faktoren; eine Zahl in die dritte P. erheben: sie dreimal mit sich selbst multiplizieren; **4** *Homöopathie:* Verdünnungsgrad (eines Medikaments); **Po|tenz|ex|po|nent** *m. 10* Hochzahl einer Potenz; **po|ten|zi|ell** → potentiell; **po|ten|zie|ren** **1** steigern, erhöhen; **2** *Math.:* in die Potenz erheben, mit sich selbst multiplizieren (Zahl)
Pot|pour|ri [-pur-, span.-frz.] *s. 9* **1** durch Übergänge verbundene Zusammenstellung mehrerer Musikstücke oder Melodien zu einem Musikwerk; **2** *übertr.:* buntes Allerlei
Poul|ar|de [pu-, frz.] *w. 11* junges Masthuhn
Poule [pul, frz.] *w. 11* Spieleinsatz
Poul|et [pulε, frz.] *s. 9* sehr junges Masthuhn (zum Braten)
Pound [paund, engl.] *s. 9, Mz. auch:* - (*Abk.* lb., lbs.) engl. und nordamerik. Gewichtseinheit, 453 g
Pour le mé|rite [pu:r lə merit, frz. „für das Verdienst"] *m. Gen.* --- *Mz.* ---s *1740–1918 und seit 1952:* hoher dt. Verdienstorden
Pous|sa|ge [pusaʒə, frz.] *w. 11 ugs.:* Liebschaft, Liebesverhältnis; **pous|sie|ren** [pus-] **1** umwerben, umschmeicheln; **2** ein Liebesverhältnis (mit jmdm.) beginnen, haben; mit jmdm. p.
po|wer [frz.] armselig, dürftig
Po|widl [tschech.] *m. Gen.*-(s) *nur Ez.* Pflaumenmus
pp *Abk. für* pianissimo
pp. *Abk. für* per procura
P. P. *Abk. für* praemissis praemittendis

ppa. *Abk. für* per procura
ppp *Abk. für* pianississimo
Pr *chem. Zeichen für* Praseodym
PR *Abk. für* Public Relations
Prä [lat. „vor"] *s. 9* Vorrang, Vorteil; das Prä (vor jmdm.) haben; ein Prä jmdm. gegenüber haben
Prä|am|bel [lat.] *w. 11* **1** Einleitung (zu Staatsverträgen, Urkunden); **2** *in der alten Lauten- und Orgelliteratur:* Vorspiel
Prä|ben|dar [lat.] *m. 1* Inhaber einer Präbende, Pfründner; **Prä|ben|de** *w. 11* kirchl. Pfründe
Pra|cher [ndrl.] *m. 5* zudringl. Bettler; **prachern** zudringlich betteln
Prä|de|sti|na|ti|on [-tsjon, lat.] *w. 10 nur Ez.* Vorbestimmung, *nach Augustin und Calvin:* Bestimmtsein des Menschen zur Gnade oder Verdammnis durch Gott; **prä|de|sti|nie|ren** vorbestimmen; für etwas prädestiniert sein *ugs.:* für etwas besonders geeignet sein
Prä|de|ter|mi|na|ti|on [-tsjon, lat.] *w. 10 nur Ez. Biol.:* Vorherfestgelegtsein (von Entwicklungsvorgängen)
Prä|di|kant [lat.] *m. 10* Hilfsprediger
Prä|di|kat [lat.] *s. 1* **1** Titel, Rang, z. B. Adelsprädikat; **2** Bewertung, Zensur; **3** *Gramm.:* Satzaussage; Satzteil (Verb), der etwas über das Subjekt aussagt, z. B. das Kind „schläft", wir „sind quitt", der Vater „war Flieger"; **prä|di|ka|tiv** als Prädikat gebraucht, zu ihm gehörend; **Prä|di|ka|tiv** *s. 1* Sinnteil des zusammengesetzten Prädikats, z. B. das Kind ist „brav"; vgl. Kopula; **Prä|di|kats|no|men** *s. Gen.* -s *Mz.* -mi|na aus einem Nomen (Substantiv, Adjektiv) bestehendes Prädikativ, z. B.: er war „Flieger"
prä|dis|po|nie|ren [lat.] vorausbestimmen, empfänglichmachen; für eine Krankheit prädisponiert sein; **Prä|dis|po|si|ti|on** [-tsjon] *w. 10* Anlage, Empfänglichkeit (für eine Krankheit)
prä|di|zie|ren [lat.] **1** *Philos.:* durch ein Prädikat bestimmen (Begriff); **2** *Gramm.:* prädizierendes Verb: Verb, das ein Prädikatsnomen verlangt, z. B. sein
Prä|do|mi|na|ti|on [-tsjon, lat.] *w. 10* das Vorherrschen; **prä|do|mi|nie|ren** vorherrschen
prae|cep|tor Ger|ma|niae [-njɛː, lat. „Lehrer Deutschlands"] *m.* Beiname bedeutender Gelehrter, z. B. Melanchthons
prae|cox [lat.] *Med.:* vorzeitig (auftretend, stattfindend)
prae|mis|sis prae|mit|ten|dis [-siːs -diːs, lat. „nach Vorausschickung des Vorauszuschickenden"] (*Abk.:* P. P.) *veraltet:* man nehme an, der Titel sei vorausgeschickt (in Rundschreiben statt Namen und Titel der einzelnen Empfänger)
Prä|exi|stenz [lat.] *w. 10* **1** das Vorherdasein (z. B. der Seele vor dem Eintritt in den Körper, Christi bei Gott vor seiner Menschwerdung); **2** Existenz in einem früheren Leben; **prä|exi|stie|ren** vorher existieren
Prä|fa|ti|on [-tsjon, lat.] *w. 10 kath. Messe:* Gesang des Priesters vor der Wandlung
Prä|fekt [lat.] *m. 10* **1** *im alten Rom:* hoher Verwaltungsbeamter; **2** oberster Verwaltungsbeamter eines Departements (in Frankreich) oder einer Provinz (in Italien); **3** *in engl. Internaten:* älterer Schüler, der die Aufsicht über die jüngeren führt; **4** *in Deutschland:* Schüler eines Schulchores, der den Kantor als Dirigent vertritt; **5** *kath. Kirche:* leitender Geistlicher (in bestimmten Ämtern); **Prä|fek|tur** *w. 10* Amt, Amtsräume eines Präfekten (**1, 2**)
Prä|fe|renz [lat.] *w. 10* **1** Vorliebe, Vorrang, Vorzug; **2** *Kartenspiel:* Trumpfkarte
Prä|fix [auch: prɛ-, lat.] *s. 1* Vorsilbe, z. B. ent-, ver-
Prä|for|ma|ti|on [-tsjon, lat.] *w. 10 nur Ez.* angenommenes Vorgebildetsein des Organismus im Keim
prä|gla|zi|al [lat.] vor der Eiszeit (eingetreten), voreiszeitlich; *Ggs.:* postglazial
Prag|ma|ti|ker [griech.] *m. 5* **1** Vertreter des Pragmatismus; **2** jmd., für den der prakt. Nutzen allen Handelns und Denkens im Vordergrund steht; **prag|ma|tisch** **1** den Tatsachen, Erfahrungen entsprechend; **2** dem prakt. Nutzen dienend; **Prag|ma|tis|mus** *m. Gen. - nur Ez.* Lehre, daß nur das Handeln des Menschen mit seinen prakt. Konsequenzen als Grundlage der Erkenntnis dienen könne und das Handeln und Denken nur nach dem praktischen Nutzen zu werten seien
prä|gnant [lat.] kurz und treffend, knapp und genau
Prä|hi|sto|rie [-riə, lat.] *w. 11 nur Ez.* Vorgeschichte; **prä|hi|sto|risch** vorgeschichtlich
Prahm [tschech.] *m. 1* flacher Lastkahn
Prä|ju|diz [lat.] *s. 1* **1** richterl. Entscheidung, die bei folgenden ähnl. Fällen herangezogen wird; **2** Vorwegnahme einer Entscheidung durch zwingendes Verhalten; **3** vorgefaßte Meinung, Vorentscheidung; **prä|ju|di|zi|al, prä|ju|di|zi|ell** wichtig für spätere Entscheidungen in ähnl. Fällen; **prä|ju|di|zie|ren** eine Sache p.: der Entscheidung über eine Sache vorgreifen
Prä|kam|bri|um *s. Gen.* -s *nur Ez. Sammelbez. für* Archaikum und Algonkium
prä|klu|die|ren [lat.] *Rechtsw.:* ausschließen, verweigern (wegen Versäumnis einer gesetzl. Frist); **Prä|klu|si|on** *w. 10* Verweigerung; **Prä|klu|siv|frist** *w. 10* Frist, nach deren Ablauf ein Recht nicht mehr geltend gemacht werden kann
prä|ko|lum|bisch vor der Entdeckung durch Kolumbus; das präkolumbische Amerika
Prä|ko|ni|sa|ti|on [-tsjon, lat.] *w. 10* feierl. Ernennung eines Bischofs vor den Kardinälen

durch den Papst; **prä|ko|ni|sie|ren** vor den Kardinälen feierlich zum Bischof ernennen
Pra|krit [sanskr.] *s. Gen.*-s *nur Ez. Sammelbez. für* mittelind. Mundarten zwischen 500 v. Chr. und 1000 n. Chr., die neben dem Sanskrit, der Hochsprache, in der Literatur und Religion in Gebrauch waren
prak|ti|fi|zie|ren [lat.] in die Praxis umsetzen; **Prak|tik** *w.10* **1** Ausübung; **2** Handhabung, Verfahren; **3** Kniff, Kunstgriff; **4** *Mz.* Machenschaften; dunkle, üble Praktiken; **5** *15./17. Jh.:* Anhang zu einem Bauernkalender mit Wettervorhersagen u. a.; **Prak|ti|ka** *Mz. von* Praktikum; **prak|ti|ka|bel** **1** brauchbar, benützbar, zweckmäßig; **2** *Theat.:* fest, echt, begehbar (nicht markiert oder gemalt); **Prak|ti|kant** *m.10* jmd., der in der prakt. Ausbildung steht, der sein Praktikum macht; **Prak|ti|ker** *m.5* Mensch mit prakt. Erfahrung und Arbeitsweise; *Ggs.:* Theoretiker; **Prak|ti|kum** *s. Gen.*-s *Mz.*-ka *oder* -ken **1** Ausbildung in der prakt. Arbeit als Teil eines Studiums; **2** Kurs mit prakt. Übungen (bes. an Hochschulen); **Prak|ti|kus** *m. Gen.* - *Mz.*-kus|se *ugs. scherzh. für* Praktiker, prakt. Mensch; **prak|tisch** **1** in der Praxis, in Wirklichkeit, tatsächlich; *Ggs.:* theoretisch; praktischer Arzt: nicht spezialisierter Arzt; **2** brauchbar, gut zu handhaben; *Ggs.:* unpraktisch; **3** zu einem Praktikum gehörig, z. B. praktisches Jahr; **4** geschickt, findig (Person); **prak|ti|zie|ren** **1** in der Praxis anwenden, ins Werk setzen (Methode, Idee); **2** als Arzt tätig sein; praktizierender Arzt: in der Praxis tätiger Arzt, im Unterschied zum Hochschullehrer u. a.; **3** *ugs.:* befördern; etwas an eine andere Stelle p.
Prä|lat [lat.] *m.10* geistl. Würdenträger; **Prä|la|tur** *w.10* Amt, Amtsräume eines Prälaten
Prä|li|mi|nar|frie|den *m.7* vorläufiger Frieden; **Prä|li|mi|na|ri|en** [lat.] *Mz.* diplomatische Vorverhandlungen, vorläufige Vereinbarungen; **prä|li|mi|nie|ren** vorläufig vereinbaren
Pra|li|ne [frz.] *w.11* mit Schokolade überzogene Süßigkeit; **Pra|li|né** [-ne:] *s.9 frz. Schreibung von* Praline; **Pra|li|nee** *s.9 österr. für* Praline
prä|lu|die|ren [lat.] *Mus.:* einleitend und frei gestaltend spielen; **Prä|lu|di|um** *s. Gen.*-s *Mz.*-di|en Vorspiel; *Ggs.:* Postludium
Prä|ma|tu|ri|tät [lat.] *w.10 nur Ez.* vorzeitige Pubertät, Frühreife
Prä|mie [-mjə, lat.] *w.11* **1** Preis, Belohnung, Entgelt für Sonderleistung; **2** regelmäßig für eine Versicherung zu zahlende Gebühr; **prä|mie|ren, prä|mi|ie|ren** mit einer Prämie belohnen, auszeichnen
Prä|mis|se [lat.] *w.11* Voraussetzung, Vordersatz eines Schlusses
Prä|mon|stra|ten|ser [nach dem frz. Ort Prémontré] *m.5* Angehöriger eines kath. Ordens (in Deutschland bes. zur Missionierung der Ostgebiete)
prä|mor|tal [lat.] *Med.:* vor dem Tode (eintretend, eingetreten); *Ggs.:* postmortal
prä|na|tal [lat.] vor der Geburt (eintretend, eingetreten); *Ggs.:* postnatal
Prä|no|men [lat.] *s. Gen.*-s *Mz.*-mi|na Vorname
prä|nu|me|ran|do [lat.] im voraus (zu zahlen); *Ggs.:* postnumerando; **Prä|nu|me|ra|ti|on** [-tsjo:n] *w.10* Vorauszahlung; *Ggs.:* Postnumeration; **prä|nu|me|rie|ren** vorauszahlen
Prä|ok|ku|pa|ti|on [-tsjo:n, lat.] *w.10 nur Ez. veraltet* **1** Vorwegnahme; **2** Voreingenommenheit; **prä|ok|ku|pie|ren** *veraltet* jmdn. p.: **1** jmdm. zuvorkommen; **2** jmdn. befangen machen
prä|ope|ra|tiv vor einer Operation
Prä|pa|rat [lat.] *s.1* etwas kunstgerecht Zubereitetes, z. B. Medikament, getrocknete Pflanze, ausgestopftes Tier, Gewebsschnitt; **Prä|pa|ra|ti|on** [-tsjo:n] *w.10* **1** *veraltet:* Vorbereitung (für den Unterricht), Lernen der Hausaufgaben; **2** Herstellung eines Präparates; **Prä|pa|ra|tor** *m.13* Hersteller von naturwissenschaftl. Präparaten, Tierausstopfer; **prä|pa|rie|ren** **1** dauerhaft, haltbar machen; **2** zu Studienzwecken zerlegen, zerschneiden; **3** ein Lesestück p.: vorbereitend lesen und übersetzen; **4** sich p.: sich (auf eine Prüfung, den Unterricht) vorbereiten
Prä|pon|de|ranz [lat.] *w.10 nur Ez. veraltet:* Übergewicht, Vorherrschaft; **prä|pon|de|rie|ren** das Übergewicht haben, vorherrschen
Prä|po|si|ti|on [-tsjo:n, lat.] *w.10* Verhältniswort, z. B. bei, unter, für; **prä|po|si|tio|nal** [-tsjo-] an eine Präposition gebunden, z. B. präpositionales Attribut, Objekt; **Prä|po|si|tiv** *m.1* von einer Präposition abhängiger Kasus, z. B. im Russischen; **Prä|po|si|tur** *w.10* Stelle eines Präpositus; **Prä|po|si|tus** *m. Gen.* - *Mz.* - *oder* -ti Vorgesetzter, Vorsteher, Propst
prä|po|tent [lat.] **1** übermächtig, überlegen; **2** *österr.:* aufdringlich, überheblich
Prä|pu|ti|um [-tsjum, lat.] *s. Gen.*-s *Mz.*-ti|en [-tsjən] Vorhaut (des männl. Gliedes)
Prä|raf|fae|lit *m.10* Angehöriger einer Gruppe von engl. Malerdichtern, die nach dem Vorbild der Maler vor Raffael der Kunst einen neuen Sinn zu geben suchten
Prä|rie [frz.] *w.11* Grassteppe im Mittelwesten Nordamerikas
Prä|ro|ga|tiv [lat.] *s.1,* **Prä|ro|ga|ti|ve** *w.11* Vorrecht (des Herrschers)
Prä|sens [lat.] *s. Gen.* - *Mz.*-sen|tia [-tsja] *oder* -sen|zi|en Zeitform des Verbs, Gegenwart; P. historicum: histor. Präsens, das bei lebendiger Schilderung vergangener Ereignisse gebraucht wird; **prä|sent** anwesend, gegenwärtig; *Ggs.:* absent; **Prä|sent** *s.1* Geschenk; **Prä|sen|tant** *m.10* jmd., der etwas

(Urkunde, fälligen Wechsel) vorlegt; **Prä|sen|ta|ti|on** [-tsjon] *w.10* Vorlage, Vorzeigen; **Prä|sen|ta|ti|ons|recht** *s.1* Vorschlagsrecht (z. B. für die Besetzung einer freigewordenen Stelle); **prä|sen|tie|ren** vorlegen, vorzeigen, darreichen; sich p.: sich zur Schau stellen, sich zeigen; das Gewehr p.: senkrecht vor den Körper halten (als Ehrenbezeigung); **Prä|senz** *w.10 nur Ez.* **1** Anwesenheit; *Ggs.:* Absenz; **2** Zahl der Anwesenden; **Prä|senz|bi|blio|thek** *w.10* Bibliothek, deren Bücher nicht ausgeliehen werden, sondern nur im Lesesaal benutzt werden dürfen

Pra|seo|dym [griech.] *s. Gen.*-s *nur Ez.* (*Zeichen:* Pr) chem. Element, Metall der seltenen Erden

Prä|ser|va|tiv [lat.] *s.1* Schutz-, Verhütungsmittel (bes. gegen Empfängnis); **Prä|ser|ve** *w.11* nicht völlig keimfreie Konserve, Halbkonserve; **prä|ser|vie|ren** (vor einem Übel) schützen, bewahren

Prä|ses [lat.] *m. Gen.* - *Mz.*-si|des *oder* -si|den **1** Vorstand eines kath. kirchl. Vereins; **2** Vorsitzender einer evang. Synode, in Rheinland-Westfalen zugleich der Kirchenleitung; Kirchenpräsident; **Prä|si|de** *m.11 Stud.:* Leiter eines Kommerses; **Prä|si|dent** *m.10* Vorsitzender (einer Versammlung), Leiter (einer Behörde), Oberhaupt (eines Staates); *schweiz. auch:* Gemeindevorsteher; **prä|si|di|al** zum Präsidenten, Präsidium gehörend, von ihm ausgehend; **Prä|si|di|al|sy|stem** *s.1* Regierungsform, in der der Präsident weitgehende Vollmachten besitzt und zugleich Chef der Regierung ist; **prä|si|die|ren** **1** das Präsidium (1) innehaben; **2** *schweiz.* eine Versammlung p.: eine V. leiten, ihr vorsitzen; **Prä|si|di|um** *s. Gen.*-s *Mz.* -di|en **1** Leitung, Vorsitz, **2** leitendes Gremium; **3** obere Behörde (z. B. Regierungs-, Polizeipräsidium), *auch:* deren Gebäude

prä|skrip|tiv [lat.] auf Vorschriften beruhend

prä|su|mie|ren [lat.] annehmen, vermuten, voraussetzen; argwöhnen; **Prä|sum|ti|on** [-tsjon] *w.10* Annahme, Vermutung, Voraussetzung; **prä|sum|tiv** vermutlich, voraussetzend

Prä|ten|dent [lat.] *m.10* jmd., der Ansprüche auf etwas (Krone, Amt) erhebt, Bewerber; **prä|ten|die|ren** fordern, beanspruchen; **Prä|ten|ti|on** [-tsjon] *w.10* Anspruch, Forderung; **prä|ten|ti|ös** [-tsjøs] anmaßend, anspruchsvoll

Prä|te|ri|tum [lat.] *s. Gen.*-s *Mz.*-ta **1** *i. w. S.:* jede Vergangenheitsform des Verbums, Vergangenheit; **2** *i. e. S.* → Imperfekt

prä|ter prop|ter, prä|ter|prop|ter [lat.] ungefähr

Prä|text [auch: prɛ-, lat.] *m.1 veraltend:* Vorwand, Scheingrund

Prä|tor [lat.] *m.13 im alten Rom:* hoher Justizbeamter; **Prä|to|ria|ner** *m.5 im alten Rom:* Angehöriger der Leibwache der Kaiser und Feldherren; **Prä|tur** *w.10* Amt, Amtszeit des Prätors

Prau [mal.-engl.] *w.1* malaiisches Segelboot mit Auslegern

prä|va|lent [lat.] **1** vorherrschend, überwiegend; **2** überlegen; **prä|va|lie|ren** vorherrschen, überwiegen

Prä|ven|ti|on [-tsjon, lat.] *w.10* **1** Zuvorkommen; **2** *Strafrecht:* Vorbeugung; **prä|ven|tiv** vorbeugend; **Prä|ven|tiv|mit|tel** *s.5* (bes. die Empfängnis) verhütendes Mittel

Pra|xis [griech.] **1** *w. Gen.* - *nur Ez.* Tätigkeit, Ausübung (eines Berufs), prakt. Anwendung; *Ggs.:* Theorie; prakt. Erfahrung, Berufserfahrung; *ugs. auch:* Sprechstunde; P. halten; Tätigkeitsbereich; eine große P. haben; **2** *Mz.*-xen Räume für die Tätigkeit (bes. der Ärzte und Rechtsanwälte)

Prä|ze|dens [lat.] *s. Gen.* - *Mz.*-den|zi|en früherer Fall, früheres Beispiel; **Prä|ze|denz** *w.10* Vorrang, Vortritt (bes. in der Rangordnung der kath. Kirche bei Prozessionen); **Prä|ze|denz|fall** *m.2* Fall, der für spätere Fälle beispielgebend ist oder sein kann

Prä|zep|tor [lat.] *m.13 veraltet:* Lehrer, Erzieher

Prä|zes|si|on [lat.] *w.10 Phys.:* Schwanken der Achse eines rotierenden Körpers unter dem Einfluß äußerer Kräfte

Prä|zi|pi|tat [lat.] *s.1* **1** Bodensatz, chem. Niederschlag; **2** quecksilber- und chlorhaltige Verbindung (zur Salbenherstellung); **Prä|zi|pi|ta|ti|on** [-tsjon] *w.10 Chem.:* Ausfällung; **prä|zi|pi|tie|ren** *Chem.:* ausfällen; **Prä|zi|pi|tin** *s.1* Antikörper, der Fremdstoffe im Blut (z. B. nach Infektion) ausfällt; **Prä|zi|pu|um** *s. Gen.*-s *Mz.*-pua Betrag, der vor der Gewinnausschüttung einer Gesellschaft an einen Gesellschafter für besondere Leistungen gezahlt wird

prä|zis [lat.], **prä|zi|se** genau, exakt, treffend; **prä|zi|sie|ren** genauer ausdrücken; **Prä|zi|si|on** *w.10 nur Ez.* Genauigkeit, Exaktheit

Pre|del|la [ital.] *w. Gen.* - *Mz.*-s *oder* -len (meist verzierter) Sockel des Flügelaltars

pre|kär [lat.-frz.] peinlich, schwierig; prekäre Situation

Pre|lude [prelyd, frz.] *s.9* **1** *frz. Bez. für* Präludium; **2** der Fantasie ähnl. Musikstück für Klavier oder Orchester

Pre|mier [prəmje, frz.] *m.9 kurz für* Premierminister; **Pre|mie|re** [prəmjere] *w.11* Ur- oder Erstaufführung; **Pre|mier|leut|nant** *m.9 im alten dt. Heer:* Oberleutnant; **Pre|mier|mi|ni|ster** *m.5* Ministerpräsident

Pren|onym [lat. + griech.] *s.1* aus den eigenen Vornamen gebildeter Deckname, z. B. „Jean Paul" aus „Jean Paul Friedrich Richter"

Pres|by|ter [griech.] *m.5* **1** *Urchristentum:* Gemeindeältester; **2** *kath. Kirche:* Priester; **3** *evang.-reformierte Kirche:* Angehöriger des von der Gemeinde gewählten Kirchenvorstands; **Pres|by|te|ri|al|ver|fas|sung** *w.10 evang.-reformierte Kirche:* Kirchenverfassung, nach der die Kirche durch Geistliche und das Presbyterium verwaltet wird; **Pres|by|te|ria|ner** *m.5* Angehöriger der evang.-reformierten Kirche mit Presbyterialverfassung in England und Amerika; **Pres|by|te|ria|nis|mus** *m. Gen. - nur Ez.* Kirchenverwaltung durch Presbyterialverfassung; **Pres|by|te|ri|um** *s. Gen.*-s *Mz.*-ri|en **1** Chor(raum) der Kirche; **2** *kath. Kirche:* Priesterkollegium; **3** *evang.-reformierte Kirche:* von der Gemeinde gewählter Kirchenvorstand

pres|sant [frz.] eilig, dringlich; **pres|sie|ren** *nur unpersönlich:* es, die Sache pressiert: eilt, drängt, ist dringend; ich bin pressiert *ugs.:* ich habe es eilig; **Pres|si|on** *w.10* Druck, Zwang, Nötigung; Pressionen ausgesetzt sein

Pres|sure-Group [prɛʃəgru:p, engl.] *w.9* Interessengruppe, die durch Druckmittel, Propaganda oder eine Lobby Einfluß zu gewinnen sucht, bes. auf Regierung und Gesetzgebung

Pre|stige [-stiʒ, frz.] *s. Gen.*-s *nur Ez.* Ansehen, Geltung

pre|stis|si|mo [ital.] *Mus.:* sehr schnell; **pre|sto** *Mus.:* schnell

Pre|tio|sen [-tsjo-, lat.] *Mz. veraltet:* kostbarer Schmuck, Juwelen; **pre|zi|ös** [frz.] *veraltet* **1** kostbar; **2** geziert, unnatürlich; **Pre|zio|sen** *Mz.* → Pretiosen

Pria|mel [lat.] *w.11 oder s.5* scherzhaftes mittelalterl. Spruchgedicht

Prim [lat.] *w.10* **1** *kath. Kirche:* Morgengebet des Breviers; **2** *Fechten:* eine bestimmte Haltung der Klinge; **3** *Mus.* → Prime

Prim. *Abk. für* Primarius

pri|ma [lat.] **1** (*Abk.:* pa., Ia) erster Güte, erster Qualität, erstklassig; **2** *ugs.:* hervorragend, großartig; sehr tüchtig; **Pri|ma** *w. Gen. - Mz.*-men achte (Unterprima) und neunte Klasse (Oberprima) des Gymnasiums; **Pri|ma|bal|le|ri|na** *w. Gen. - Mz.*-nen erste Tänzerin (eines Balletts); **Pri|ma|don|na** *w. Gen. - Mz.*-nen *veraltet:* erste Sängerin (bes. der Barockoper)

Pri|ma|ge [-ʒə, frz., zu: Prämie] *w.11* → Primgeld

Pri|ma|ner [lat.] *m.5* Schüler der Prima; **pri|mär** die Grundlage, Voraussetzung bildend, erst…, Anfangs…; *Ggs.:* sekundär; **Pri|mar** *m.1* → Primararzt; **Pri|mär|af|fekt** *m.1* erstes Stadium oder Symptom einer Infektionskrankheit (bes. bei Lungen-Tbc und Syphilis); **Pri|mar|arzt** *m.2 österr.:* leitender Arzt einer Krankenhausabteilung; **Pri|ma|ri|us** *m. Gen. - Mz.*-ri|en **1** → Primararzt; **2** → Primgeiger; **Pri|mär|li|te|ra|tur** *w.10 nur Ez.* die Werke oder die Quellen selbst, im Unterschied zur Sekundärliteratur; **Pri|mar|schu|le** *w.11 schweiz.:* Volksschule; **Pri|mas** *m.1* **1** *Mz. auch:* -ma|ten *kath. Kirche:* Ehrentitel mancher Bischöfe, bes. des Papstes; **2** [ung.: -maʃ] erster Geiger einer (Zigeuner-)Kapelle; **Pri|mat** **1** *s.1 oder m.1* Vorrang, bevorzugte Stellung, Erstgeburtsrecht; **2** *m.10 meist Mz. Biol.:* Angehöriger der höchstentwickelten Säuger (Affe, Mensch), Herrentier; **pri|ma vi|sta** [ital. „beim ersten Blick"] *Mus.:* vom Blatt; ein Stück p. v. spielen; **Pri|ma|wech|sel** *m.5* erste Ausfertigung eins Wechsels; **Pri|me** *w.11* **1** erster Ton der diaton. Tonleiter; **2** Intervall im Einklang; **3** *Buchw.:* Kurzfassung des Buchtitels auf der ersten Seite des Bogens links unten; vgl. Sekunde (**5**)

Pri|mel [lat.] *w.11* eine Pflanzengattung; *i. e. S.:* Schlüsselblume, Himmelschlüssel

Prim|gei|ger *m.5* erster Geiger (in der Kammermusik); **Prim|geld** *s.3* Prämie, die dem Kapitän für bes. Leistungen vom Verlader gewährt wird, Frachtzuschlag; **Pri|mi|pa|ra** *w. Gen. - Mz.*-pa|ren Frau, die zum ersten Mal ein Kind bekommt, Erstgebärende; vgl. Nullipara, Multipara; **pri|mis|si|ma** *unflektierbar, ugs.:* sehr fein, vorzüglich

pri|mi|tiv [lat.-frz.] **1** ursprünglich, im Urzustand, urwüchsig; **2** einfach, dürftig, behelfsmäßig; **3** geistig wenig entwickelt; die Primitiven *besser:* die Naturvölker; **Pri|mi|ti|vis|mus** *m. Gen. - nur Ez.* Kunstrichtung, die von der Kunst der primitiven Völker angeregt wird; **Pri|mi|ti|vi|tät** *w.10 nur Ez.* primitive Beschaffenheit; **Pri|mi|tiv|ling** *m.1 ugs.:* primitiver Mensch

Pri|miz [lat.] *w.10 kath. Kirche:* erste Messe eines neugeweihten Priesters; **Pri|mi|zi|ant** *m.10* neugeweihter kath. Priester; **Pri|mi|zi|en** *Mz. im alten Rom:* die den Göttern dargebrachten ersten Früchte des Jahres; **pri|mo** [ital.] *Mus.:* der oder das erste, z. B. p. tempo: erstes (ursprüngl.) Tempo; violino primo: erste Geige; **Pri|mo** *s. Gen.*-s *nur Ez.* (*Abk.:* I^{mo}), *beim vierhändigen Klavierspiel:* Diskantpart; *Ggs.:* Secondo; **Pri|mo|ge|ni|tur** *w.10* Erstgeburtsrecht, Erbfolge des Erstgeborenen; vgl. Sekundogenitur; **Pri|mus** *m. Gen. - Mz.*-mus|se *oder* -mi Klassenbester; Primus inter pares: Erster unter Rangleichen; **Prim|zahl** *w.10* Zahl, die nur durch 1 und sich selbst geteilt werden kann, z. B. 7, 13

Prin|te [ndrl.] *w.11* harter Pfefferkuchen

Prin|ted in Ger|ma|ny [-dʒəməni, engl.] in Deutschland gedruckt (Vermerk in Büchern)

Prinz [lat.-frz.] *m.10* nicht regierendes Mitglied eines Fürstenhauses; **Prin|zeps** [lat.] *m. Gen. - Mz.*-zi|pes *im alten Rom* **1** Senator, der bei Abstimmungen zuerst stimmte; **2** *seit Augustus: Titel für den* röm. Kaiser; **Prin|zes|sin** [frz.] *w.10* weibl. Prinz; **Prinz|ge|mahl** *m.1* Gemahl einer regierenden Fürstin

Prin|zip [lat.] *s. Gen.*-s *Mz.*-pi|en, *auch: s.1*

1 Anfang, Ursprung, Grundlage; **2** Grundsatz, Regel, Richtschnur; **Prin|zi|pal** *m.1* **1** *veraltet:* Lehrherr, Geschäftsinhaber; **2** ein Orgelregister, Hauptstimme; **Prin|zi|pal|gläu|bi|ger** *m.5* Hauptgläubiger; **prin|zi|pa|li|ter** *veraltet:* vor allem, in erster Linie; **Prin|zi|pal|stim|men** *w.11 Mz.* die im Prospekt der Orgel aufgestellten Pfeifen; **Prin|zi|pat** *s.1* **1** *veraltet:* Vorrang; **2** *Bez. für die* Verfassungsform der älteren röm. Kaiserzeit; **prin|zi|pi|ell** grundsätzlich; **Prinz|re|gent** *m.10* Vertreter eines Monarchen

Pri|or [lat.] *m.13* Vorsteher eines Klosters, Stellvertreter eines Abtes; **Prio|rat** *s.1* Amt, Würde eines Priors; **Prio|ri|tät** *w.10* Vorrang, Erst-, Vorzugsrecht; Prioritäten: Wertpapiere mit Vorzugsrechten

Pri|se [frz.] *w.11* **1** Menge (eines Pulvers), die man mit drei Fingern fassen kann; **2** von einem kriegführenden Staat weggenommenes feindl. oder Konterbande führendes neutrales Schiff; **3** dessen Ladung

Pris|ma [griech.] *s. Gen.* -s *Mz.* -men **1** *Math.:* Körper, dessen Grund- und Deckfläche parallele und kongruente Vielecke und dessen Seitenflächen sämtlich Parallelogramme sind; **2** *Optik:* Körper aus einer brechenden Substanz (z. B. Glas), dient zur spektralen Zerlegung von Licht; **pris|ma|tisch** in der Art eines Prismas; **Pris|ma|to|id** *s.1* prismaähnl. Körper

pri|vat [-vat, lat.] **1** persönlich, nicht öffentlich, nicht offiziell, nicht amtlich; **2** häuslich, vertraut; **Pri|vat|do|zent** *m.10* Hochschullehrer ohne Beamtenstelle; **Pri|va|tier** [-tje] *m.9* *veraltet:* jmd., der privatisiert; **pri|va|tim** persönlich, vertraulich, unter vier Augen; **Pri|vat|ini|tia|ti|ve** *w.11* Handeln aus eigenem Antrieb; **Pri|va|ti|on** [-tsjon] *w.10 Logik:* negative Aussage, bei der das Prädikat das dem Subjekt Wesentliche nimmt, z. B. der Vogel kann nicht fliegen; **pri|va|ti|sie|ren** vom eigenen Vermögen leben, ohne beruflich zu arbeiten; **pri|va|tis|si|me** streng vertraulich, im engsten Kreis, unter vier Augen; **Pri|va|tis|si|mum** *s. Gen.* -s *Mz.* -mi **1** Vorlesung für einen kleinen, ausgewählten Hörerkreis; **2** unter vier Augen erteilte Ermahnung; **Pri|vat|pa|ti|ent** [-tsjent] *m.10* Patient, der die Arzt- und Krankenhauskosten selbst bezahlt; **Pri|vat|sta|ti|on** [-tsjo:n] *w.10* Krankenhausabteilung für Privatpatienten

Pri|vi|leg [lat.] *s. Gen.* -s *Mz.* -gi|en *oder s.1* alleiniges Recht, Vorrecht, Sonderrecht; **pri|vi|le|gie|ren** jmdn. p.: jmdm. ein Privileg gewähren, mit Privilegien ausstatten

Prix [pri, frz.] *m. Gen. - Mz. - frz. Bez. für* Preis; Grand Prix [grã pri]: Großer Preis

pro [lat.] für, je; **Pro** *s. Gen. - nur Ez.* das Für; *Ggs.:* Kontra; das Pro und das Kontra: das Für und Wider (einer Sache); **pro an|no** (*Abk.:* p. a.) jährlich

pro|ba|bel [lat.] glaubhaft, annehmbar; **Pro|ba|bi|lis|mus** *m. Gen. - nur Ez.* Lehre, daß wahre Erkenntnis nicht möglich sei und alles Wissen nur Wahrscheinlichkeitswert habe

Pro|band [lat.] *m.10* **1** *Genealogie:* jmd., für den eine Ahnentafel aufgestellt werden soll; **2** jmd., der in einer Anstalt untersucht und beobachtet wird; **3** *Psych.:* Versuchs-, Testperson; **pro|bat** bewährt, erprobt

Pro|blem [griech.] *s.1* schwierige, ungelöste Frage oder Aufgabe; **Pro|ble|ma|tik** *w.10 nur Ez.* **1** Schwierigkeit (einer Frage oder Aufgabe); **2** Komplex von Fragen oder Aufgaben; **pro|ble|ma|tisch** schwierig, fragwürdig; **pro|ble|ma|ti|sie|ren** erschweren, zum Problem machen; **Pro|blem|kind** *s.3* schwieriges, schwer erziehbares Kind; **pro|blem|los** keine Schwierigkeiten bietend

pro cen|tum [lat.] (*Abk.:* p. c.) pro Hundert

Pro|de|kan [lat.] *m.1* Vertreter des Dekans (einer Hochschule)

pro do|mo [lat. „für das eigene Haus"] für sich selbst, zum eigenen Nutzen; p. d. sprechen

Pro|drom [lat.] *s.1*, **Pro|dro|mal|sym|ptom** *s.1* eine Krankheit vorher anzeigende Erscheinung

Pro|duct-Ma|na|ger [prɔdʌkt mænidʒər, engl.] *m. Gen.* -s *Mz.* - jmd., der ein Produkt oder eine Produktgruppe eines Unternehmens in der Planung, Werbung, Verkaufsförderung usw. betreut; **Pro|dukt** [lat.] *s.1* **1** Erzeugnis, Ertrag; **2** Ergebnis (des Malnehmens; *auch übertr.:* einer Handlung oder Arbeit); **Pro|duk|ti|on** [-tsjon] *w.10* Herstellung, Erzeugung; **pro|duk|tiv** **1** Produkte erzeugend, fruchtbar; **2** schöpferisch; **Pro|duk|ti|vi|tät** *w.10 nur Ez.* **1** Ergiebigkeit, Fruchtbarkeit; **2** schöpfer. Kraft; **Pro|du|zent** *m.10* Hersteller, Erzeuger; **pro|du|zie|ren** hervorbringen, herstellen, erzeugen; sich p.: (vor andern) zeigen, was man kann

pro|fan [lat.] weltlich, nicht kirchlich; *Ggs.:* sakral (1); *übertr.:* alltäglich; **Pro|fa|na|ti|on** [-tsjon] *w.10* Entweihung; **Pro|fan|bau** *m. Gen.*-s *Mz.*-bau|ten Bau für weltl. Zwekke; *Ggs.:* Sakralbau; **pro|fa|nie|ren** entweihen, ins Alltägliche herabziehen; **Pro|fa|ni|tät** *w.10 nur Ez.* Unheiligkeit, Weltlichkeit

Pro|feß [lat.] **1** *w.1* Ablegung der Ordensgelübde; **2** *m.10* Ordensmitglied nach Ablegung der Ordensgelübde; **Pro|fes|si|on** *w.10 veraltet:* Beruf; **Pro|fes|sio|nal** [-fɛʃnəl, engl.] *m.9* (*Kurzw.:* Profi) Berufssportler; **pro|fes|sio|na|li|sie|ren** zur Erwerbsquelle, zum Beruf machen; **Pro|fes|sio|na|lis|mus** *m. Gen. - nur Ez.* Berufssportlertum, berufl. Ausübung des Sports; **pro|fes|sio|nell** beruflich; **pro|fes|sio|niert** berufs-, gewerbsmäßig; **Pro|fes|sio|nist** *m.10 österr.:* ausgebildeter Handwerker; **Pro|fes|sor** [lat.] *m.13* (*Abk.:* Prof.) **1** Hochschullehrer in Beamtenstellung; **2** *Titel für* verdienten Gelehrten, Künstler u. a.; **3** *früher Titel für* Lehrer an einer höheren Schule; **pro|fes|so|ral** in der Art eines Professors, gemessen und würdevoll; **Pro|fes|so|rin** *w.10* weibl. Professor; **Pro|fes|sur** *w.10* Amt eines Professors, Lehrstuhl; **Pro|fi** *m.9 Kurzw. für* Professional

Pro|fil [frz.] *s.1* **1** Seitenansicht (bes. des Gesichts); **2** senkrechter Schnitt durch die Erdkruste; **3** Längsschnitt; **4** Kerbung (von Gummireifen, Schuhsohlen); **5** Höhe und/oder Breite (eines Torbogens o. ä.); **6** *übertr.:* Eigenart, klare Haltung oder Richtung; **pro|fi|lie|ren** mit Profil versehen; sich p.: eine Eigenart, klare Haltung ausbilden, sich in bestimmter Richtung entwickeln; **Pro|fil|neu|ro|se** *w.11* Störung des Selbstgefühls infolge geschmälerten Prestiges

Pro|fit [auch: -fit, frz.] *m.1* Gewinn, Nutzen; **pro|fi|ta|bel** gewinnbringend; **pro|fi|tie|ren** von etwas oder jmdm. p.: von jmdm. oder etwas Nutzen haben, Gewinn aus etwas ziehen

pro for|ma [lat.] (nur) der Form wegen, zum Schein

Pro|fos [lat.] *m.1 oder m.10, in Landsknechtsheeren des MA:* Leiter des Militärgerichts, Feldrichter

pro|fund [lat.] tief, tiefgründig, gründlich (Wissen, Kenntnisse)

pro|fus [lat.] *Med.:* überreichlich, stark (z. B. Schweißabsonderung)

Pro|ge|nie [griech.] *w.11* Vorspringen des Unterkiefers, des Kinns; *Ggs.:* Prognathie

Pro|ge|ni|tur [lat.] *w.10* Nachkommenschaft

Pro|ge|ste|ron [lat. + griech.] *s.1 nur Ez.* Gelbkörperhormon

Pro|gna|thie [griech.] *w.11* Vorspringen des Oberkiefers; *Ggs.:* Progenie; vgl. Orthognathie

Pro|gno|se [griech.] *w.11* Voraus-, Vorhersage; **Pro|gno|stik** *w.10 nur Ez.* Lehre von den Prognosen; **Pro|gno|sti|kon, Pro|gno|sti|kum** *s. Gen.*-s *Mz.*-ka Vorzeichen (künftigen Geschehens, einer Krankheit); **pro|gno|stisch** vorhersagend; **pro|gno|sti|zie|ren** voraussagen (Künftiges), vorher erkennen (Krankheit)

Pro|gramm [griech.] *s.1* **1** Plan, Vorhaben; **2** Darlegung der Ziele und Grundsätze (einer künstler. Bewegung, einer Partei); **3** Folge von Darbietungen (im Rundfunk, Varieté usw.); **4** Blatt oder Heft mit der Darbietungsfolge; **5** Gesamtheit der einander folgenden Szenen (z. B. des Lebens Christi) in einer Darstellung der bildenden Kunst; **6** Angebot mehrer zusammengehöriger oder bes. zusammengestellter Waren, z. B. Möbel; **7** einem Computer eingegebene Anweisung für Rechenvorgänge; **8** *bei automat. Maschinen:* Aufeinanderfolge von Schaltvorgängen; **Pro|gram|ma|ti|ker** *m.5* jmd., der ein Programm (**1, 2**) aufstellt oder entwickelt; **pro|gram|mie|ren** einen Computer p.: für einen C. ein Programm aufstellen, einem C. ein Programm eingeben; programmierter Unterricht: U. durch Bücher oder Lernmaschinen, wobei der Lehrstoff in kleine einzelne Schritte und Aufgaben gegliedert ist, die sofort überprüft werden können; **Pro|gram|mie|rer** *m.5* jmd., der Computer programmiert; **Pro|gram|mier|spra|che** *w.11* aus binären Einheiten bestehendes System von Zeichen zum Verschlüsseln von Informationen für einen Computer, Computersprache, Maschinensprache; **Pro|grammu|sik** (-gramm|mu-) *w.10 nur Ez.* Musik, die außermusikal. Motive und Geräusche durch musikal. Mittel wiederzugeben versucht

Pro|gre|di|enz [lat.] *w.10 nur Ez.* fortgeschrittenes Stadium (einer Krankheit); **Progreß** *m.1* Fortschritt, Fortgang; **Pro|gres|si|on** *w.10* Steigerung, Zunahme; **Pro|gres|sist** *m.10* Anhänger einer Fortschrittspartei; **pro|gres|siv** **1** stufenweise fortschreitend, sich entwickelnd; *Ggs.:* degressiv; **2** fortschrittlich; **Pro|gres|sive Jazz** [-siv dʒæs, engl.] *m. Gen. -- nur Ez.* Richtung des Jazz seit 1940, gekennzeichnet durch afro-kuban. Rythmen und Instrumente sowie scharfe Dissonanzen

pro|hi|bie|ren [lat.] *veraltet:* verhindern, verbieten; **Pro|hi|bi|ti|on** [-tsjon] *w.10* Verbot, bes. der Herstellung von Alkohol; **Pro|hi|bi|tio|nist** *m.10* Anhänger der Prohibition; **pro|hi|bi|tiv** verhindernd, vorbeugend; **Pro|hi|bi|tiv|sy|stem** *s.1* System der Ein- und Ausfuhrbeschränkung durch Verbote oder hohe Zölle; **Pro|hi|bi|tiv|zoll** *m.2* Schutzzoll; **pro|hi|bi|to|risch** → prohibitiv

Pro|jekt [lat.] *s.1* Plan, Vorhaben, Entwurf; **Pro|jek|teur** [-tør] *m.1* Planer, Vorplaner; **pro|jek|tie|ren** planen, vorhaben, entwerfen; **Pro|jek|til** *s.1* Geschoß; **Pro|jek|ti|on** [-tsjon] *w.10* **1** zeichner. Darstellung von Körpern oder der gekrümmten Erdoberfläche auf einer Ebene; **2** Abbildung durchsichtiger oder undurchsichtiger Bilder mittels Lichtstrahlen auf einer Wand; **3** Übertragung (von Gefühlen, Vorstellungen) auf andere in der Weise, daß Wünsche, Erwartungen usw. dem andern zugeschrieben werden; **pro|jek|tiv** mit Hilfe der Projektion; **Pro|jek|tor** *m.13* Gerät zur Projektion von Bildern, Bildwerfer; **pro|ji|zie|ren** **1** auf einer ebenen Fläche zeichnerisch darstellen; **2** mittels Lichtstrahlen auf einer Bildwand abbilden; **3** übertragen; ein (eigenes) Gefühl auf jmdn. p.: sich einbilden, daß jmd. dieses Gefühl haben müsse

Pro|kla|ma|ti|on [-tsjon, lat.] *w.10* öffentl. Bekanntmachung, Aufruf; **pro|kla|mie|ren** öffentlich bekanntmachen

Pro|kli|se [griech.] *w.11,* **Pro|kli|sis** *w. Gen.* - *Mz.*-sen Verkürzung eines unbetonten Wortes durch Anlehnung an das folgende, stärker betonte Wort, z. B. 's geht, statt: es geht; *Ggs.:* Enklise; **Pro|kli|ti|kon** *s. Gen.* -s *Mz.* -ka unbetontes Wort, das sich an das folgende, stärker betonte anlehnt

Pro|kon|sul [lat.] *m. 11 im alten Rom:* Statthalter einer Provinz, der früher Konsul war

Pro|kru|stes|bett [nach Prokrustes, dem Unhold der griech. Sage, der vorbeikommende Wanderer in ein Bett legt und sie entweder mit Gewalt auseinanderzieht oder ihnen die Füße abschlägt, bis sie hineinpassen] *s. 12 nur Ez.* unangenehme Lage, in die jmd. hineingezwungen, oder Schema, in das etwas hineingepreßt werden soll

Prok|ti|tis [griech.] *w. Gen. - Mz.* -ti|ti|den Mastdarmentzündung; **Prok|to|pla|stik** *w. 10* künstl. After

Pro|ku|ra [lat.] *w. Gen. - Mz.* -ren im Handelsregister eingetragene Vollmacht zur Vertretung eines Unternehmers oder Unternehmens; **Pro|ku|ra|ti|on** [-tsjon] *w. 10* **1** Stellvertretung durch einen Bevollmächtigten; **2** Vollmacht; **Pro|ku|ra|tor** *m. 13* **1** *im alten Rom:* Provinzstatthalter; **2** *in der Republik Venedig:* einer der neun höchsten Staatsbeamten, unter denen der Doge gewählt wurde; **3** *in Klöstern:* Vermögens-, Wirtschaftsverwalter; **4** *allg.:* Bevollmächtigter, Vertreter; **Pro|ku|rist** *m. 10* kaufmänn. Angestellter, der Prokura hat

Pro|laps [lat.] *m. 1,* **Pro|lap|sus** *m. Gen. - Mz.* - Hervortreten, Ausstülpung eines inneren Organs, Vorfall

Pro|let [lat.] *m. 10* **1** *abwertend:* Proletarier; **2** *übertragen:* ungehobelter, ungebildeter Mensch; **Pro|le|ta|ri|at** *s. 1* Gesellschaftsklasse der Lohnempfänger, die keine Produktionsmittel besitzen, Arbeiterklasse; **Pro|le|ta|ri|er** *m. 5* Angehöriger des Proletariats; **pro|le|ta|ri|sie|ren** zum Proletarier machen

Pro|li|fe|ra|ti|on [-tsjon, lat.] *w. 10* Sprossung, Gewebsvermehrung, -wucherung; **pro|li|fe|rie|ren** sprossen, wuchern

pro lo|co [lat.] *veraltet:* anstelle, anstatt

Pro|log [griech.] *m. 1* Einleitung, Vorrede, Vorspiel; *Ggs.:* Epilog

Pro|lon|ga|ti|on [-tsjon, lat.] *w. 10* Verlängerung (einer Frist), Stundung; **pro|lon|gie|ren** verlängern

pro me|mo|ria [lat.] (*Abk.:* p. m.) zur Erinnerung (an), zum Gedächtnis (von)

Pro|me|na|de [frz.] *w. 11* **1** Spaziergang; **2** bequemer, ebener Spazierweg; **pro|me|nie|ren** geruhsam spazierengehen

Pro|mes|se [lat.] *w. 11* **1** schriftl. Versprechen, schriftl. Zusage; **2** Schuldverschreibung

pro|me|the|isch [nach Prometheus, dem Titan der griech. Sage] gewaltig, ungeheuer stark

Pro|me|thi|um *s. Gen.* -s *nur Ez.* (*Zeichen:* Pm) chem. Element

pro mil|le [lat.] (*Abk.:* p. m., *Zeichen:* ‰) für, auf tausend (Stück), vom Tausend; **Pro|mil|le** *s. Gen.* -s *Mz.* - ein Tausendstel; **Pro|mil|le|gren|ze** *w. 11* auf den Blutalkoholgehalt bezogene Grenze der Fahrtüchtigkeit

pro|mi|nent [lat.] bedeutend, hervorragend, allgemein bekannt (Persönlichkeit); **Pro|mi|nenz** *w. 10* Gesamtheit prominenter Persönlichkeiten

pro|mis|cue [-kue:, lat.] vermengt, durcheinander; **Pro|mis|kui|tät** *w. 10 nur Ez.* ungeregelter Geschlechtsverkehr mit verschiedenen Partnern

Pro|mo|ter [lat.] *m. 5* Veranstalter von Berufssportwettkämpfen; **Pro|mo|ti|on** **1** [-tsjon] *w. 10* Verleihung der Doktorwürde; **2** [-mouʃn, engl.] *w. Gen. - nur Ez.* Verkaufsförderung durch gezielte Werbe- und absatzpolit. Maßnahmen; **Pro|mo|tor** *m. 13* Förderer, Manager; **pro|mo|vie|ren** **1** die Doktorwürde erwerben; zum Dr. med. p.; die Doktorarbeit schreiben; über Th. Mann p.; **2** jmdn. p.: jmdm. die Doktorwürde verleihen

prompt [lat.] sofort, unverzüglich, rasch

Pro|mul|ga|ti|on [-tsjon, lat.] *w. 10* Verbreitung, Veröffentlichung, Bekanntgabe (z. B. eines Gesetzes); **pro|mul|gie|ren** veröffentlichen, bekanntgeben

Pro|no|men [lat.] *s. 7 oder Mz.* -mi|na Fürwort, Wort, das für ein Nomen steht, z. B. er, dieser; **Pro|no|mi|nal|ad|jek|tiv** *s. 1* unbestimmtes Für- oder Zahlwort, z. B. solche, viele; **Pro|no|mi|nal|ad|verb** *s. Gen.* -s *Mz.* -bi|en Adverb, das anstelle einer Fügung aus Verhältnis- und Fürwort steht, z. B. „damit" statt „mit dem, mit welchem"

pro|non|ciert [-nõsirt, frz.] deutlich, nachdrücklich; ein Wort p. aussprechen

Pro|nun|zia|mi|en|to [span.], *fälschl. auch:* Pro|nun|zia|men|to *s. 9* **1** *in Spanien und Lateinamerika:* polit. Demonstration; **2** Aufruf zum Staatsumsturz

Pro|ömi|on [griech.], **Pro|ömi|um** *s. Gen.* -s *Mz.* -mi|en *Antike* **1** Einleitung, Vorrede; **2** kleine Hymne vor dem Vortrag eines Epos durch den Rhapsoden

Pro|pä|deu|tik [griech.] *w. 10 nur Ez.* Einführung in eine Wissenschaft; **pro|pä|deu|tisch** einführend

Pro|pa|gan|da [lat.] *w. Gen. - nur Ez.* (bes. polit.) Werbung, Verbreitung von Ideen, Zielen, Theorien; **Pro|pa|gan|dist** *m. 10* jmd., der Propaganda treibt; **Pro|pa|ga|tion** [-tsjon] *w. 10 Biol.:* Ausbreitung, Vermehrung; **pro|pa|gie|ren** etwas p.: für etwas Propaganda machen, für etwas werben

Pro|pan [griech.], **Pro|pan|gas** *s. 1 nur Ez.* ein Brenn- und Treibstoff

Pro|pel|ler [lat.] *m. 5* Antriebsschraube für Flugzeuge und Schiffe

Pro|pen [griech.] *s. 1 nur Ez.* ungesättigter, aliphat. Kohlenwasserstoff

pro|per [frz.] sauber und ordentlich; **Pro|per-**

han|del *m. Gen.*-s *nur Ez.* Handel auf eigene Rechnung und Gefahr, Eigenhandel
Prophet [griech.] *m.10* Weissager, Seher, Verkündiger; **Pro|phe|tie** *w.11* Weissagung; **pro|phe|zei|en** vorhersagen, weissagen; **Pro|phe|zei|ung** *w.10* Vorhersage, Weissagung
Pro|phy|lak|ti|kum [griech.] *s. Gen.*-s *Mz.*-ka vorbeugendes Mittel; **pro|phy|lak|tisch** vorbeugend; **Pro|phy|la|xe** *w.11* Vorbeugung, Verhütung (bes. von Krankheiten)
pro|po|nie|ren [lat.] *veraltet:* vorschlagen
Pro|por|ti|on [-tsjon, lat.] *w.10* **1** Maß-, Größenverhältnis; vgl. Disproportion; **2** *Math.:* Verhältnisgleichung; **pro|por|tio|nal** [-tsjo-] hinsichtlich der Proportionen, im gleichen Verhältnis; **Pro|por|tio|nalle** *w.11 Math.:* Glied einer Proportion; **Pro|por|tio|na|li|tät** *w.10 nur Ez.* Beschaffenheit hinsichtlich der Proportionen, Verhältnismäßigkeit; **Pro|por|tio|nal|wahl** *w.10* Verhältniswahl; **pro|por|tio|niert** im Größen-, Maßverhältnis; gut, schlecht, richtig p.; **Pro|porz** *m.1* **1** *schweiz., österr.:* Verteilung der Mandate nach dem Verhältnis der abgegebenen Stimmen; **2** *österr.:* Besetzung von Ämtern je nach der Stärke der Parteien; **Pro|porz|wahl** *w.10 österr., schweiz.:* Verhältniswahl
pro|prio mo|tu [lat.] aus eigenem Antrieb
Pro|po|si|ti|on [-tsjon, lat.] *w.10* **1** *veraltet:* Vorschlag, Angebot; **2** Gesamtheit der für ein Pferderennen vorgesehenen Bedingungen, Ausschreibung
Pro|prä|tor [lat.] *m.13 im alten Rom:* Provinzstatthalter, der vorher Prätor war
Pro|pre|tät *w.10 veraltet:* Ordnung und Sauberkeit; vgl. proper
Propst [lat.] *m.2* **1** *kath. Kirche:* Vorsteher eines Kapitels oder Stifts; **2** *in einigen evang. Landeskirchen:* Vorsteher mehrerer Superintendenturen; **Prop|stei** *w.10* Amt, Amtsräume eines Propstes
Pro|pusk [russ.] *m.1* Passierschein, Ausweis
Pro|py|lä|en [griech.] *Mz.* **1** Säulenvorhalle; **2** Ein- oder Durchgang aus Säulen
Pro|py|len *s.1 nur Ez., veraltet für* Propen
Pro|rek|tor [lat.] *m.13* Stellvertreter des Rektors (einer Hochschule)
Pro|ro|ga|ti|on [-tsjon, lat.] *w.10* Verlängerung, Amtsverlängerung, Vertagung, Aufschub; **pro|ro|ga|tiv** aufschiebend, vertagend; **pro|ro|gie|ren** verlängern, aufschieben, vertagen
Pro|sa [lat.] *w. Gen. - nur Ez.* erzählende oder redner., nicht durch Rhythmus oder Reim gebundene Sprachform; *Ggs.:* Poesie (**2**); **Pro|sai|ker** *m.5* **1** → Prosaist; **2** nüchterner, prosaischer Mensch; **pro|sa|isch** **1** in Prosa (geschrieben); **2** *übertr.:* nüchtern, alltäglich; **Pro|sa|ist** *m.10* Prosa schreibender Schriftsteller
Pro|sek|tor [lat.] *m.13* Leiter einer Prosektur; **Pro|sek|tur** *w.10* Abteilung eines Krankenhauses, in der Sektionen durchgeführt werden
Pro|se|ku|ti|on [-tsjon, lat.] *w.10* gerichtl. Verfolgung
Pro|se|lyt [griech.] *m.10* jmd., der zu einer anderen Religion übergetreten ist, Neubekehrter; **Pro|se|ly|ten|ma|che|rei** *w.10 nur Ez.* eilige Werbung für eine Religion oder Anschauung, ohne wirklich zu überzeugen
Pro|se|mi|nar [lat.] *s.1* einführendes Seminar (an einer Hochschule), Vorseminar
Pros|en|chym *s.1* Verband von stark gestreckten Zellen im Parenchym, dient der Festigung und dem Stoffaustausch
pro|sit! [lat. „es möge (dir) nützen"] wohl bekomm's!; **Pro|sit** *s.9* Zutrunk; ein P. auf jmdn. ausbringen
pro|skri|bie|ren [lat.] (urspr. durch öffentl. Anschlag) ächten, für vogelfrei erklären; **Pro|skrip|ti|on** [-tsjon] *w.10* Ächtung
Pros|odie [griech.] *w.11 nur Ez.,* **Pros|odik** *w.10 nur Ez.* Lehre von der Behandlung der Sprache im Vers, Messung der Silben nach Länge, Betonung usw.
Pro|spekt [lat.] *m.1* **1** Ansicht (eines Gebäudes, Platzes, einer Straße); **2** *Theater:* halbrund gespannte Leinwand mit darauf gemalter oder projizierter Darstellung als Hintergrund der Bühne, Rundhorizont; **3** Schauseite (der Orgel); **4** (meist bebilderte) Werbeschrift; **pro|spek|tiv** der Aussicht, Möglichkeit nach, vorausschauend; **Pro|spek|tor** *m.13* jmd., der Bodenschätze erkundet
pro|spe|rie|ren [lat.] gedeihen, blühen, vorankommen; **Pro|spe|ri|tät** *w.10 nur Ez.* (bes. wirtschaftl.) Aufschwung, Blüte
Pro|sper|mie [griech.] *w.11* vorzeitiger Samenerguß
prost! *ugs. für* prosit!
Pro|sta|ta [griech.] *w. Gen. - nur Ez., beim Mann und männl. Säugetier:* am Anfang der Harnröhre liegende Drüse, deren Sekret die Samenflüssigkeit bildet, Vorsteherdrüse; **Pro|sta|ti|tis** *w. Gen. - Mz.* -ti|ti|den Entzündung der Prostata
pro|sti|tu|ie|ren [lat.] *veraltet:* bloßstellen, preisgeben; sich p.: sich um des Vorteils willen zu etwas hergeben; **Pro|sti|tu|ier|te** *w.17 oder 18* Frau, die gewerbsmäßig mit Männern Geschlechtsverkehr ausübt, Dirne, Hure; **Pro|sti|tu|ti|on** [-tsjon] *w.10 nur Ez.* gewerbsmäßige Ausübung des Geschlechtsverkehrs, Dirnenwesen
Pro|stra|ti|on [-tsjon, lat.] *w.10* **1** Fußfall, Sichniederwerfen (z. B. bei den kath. höheren Weihen); **2** Entkräftung, Erschöpfung
Pro|sze|ni|um [griech.] *s. Gen.*-s *Mz.*-ni|en Teil der Bühne zwischen Vorhang und Orchester; **Pro|sze|ni|ums|lo|ge** [-ʒə] *w.11* Loge im Zuschauerraum zu beiden Seiten des Proszeniums

prot. *Abk. für* protestantisch
Prot|ac|ti|ni|um [griech.] *s. Gen.*-s *nur Ez.* (*Zeichen:* Pa) chem. Element
Prot|ago|nist [griech.] *m. 10* **1** *altgriech. Theater:* erster Schauspieler; **2** *übertr.:* Vorkämpfer
Prot|an|drie [griech.] *w. 11 nur Ez., bei zwittrigen Pflanzen und Tieren:* Reifwerden der männl. Geschlechtsprodukte vor den weiblichen; *Ggs.:* Protogynie
Pro|te|gé [-ʒe, frz.] *m. 9* Schützling, Günstling; **pro|te|gie|ren** [-ʒi-] schützen, begünstigen, fördern
Pro|te|id [griech.] *s. 1* Protein, das neben dem Proteinanteil noch niedermolekulare Molekülgruppen enthält; **Pro|te|in** *s. 1* hochmolekulare Verbindung, Kondensationsprodukt von Aminosäuren
pro|te|isch in der Art einer Proteusnatur, wandelbar, unzuverlässig
Pro|tek|ti|on [-tsjon, lat.] *w. 10* **1** Schutz; **2** Förderung, Begünstigung; **Pro|tek|tio|nis|mus** *m. Gen.- nur Ez.* Schutz der einheim. Produktion gegen ausländ. Konkurrenz; **Pro|tek|tor** *m. 13* **1** Schützer; **2** Förderer, jmd., der einen anderen protegiert; **Pro|tek|to|rat** *s. 1* **1** Schutzherrschaft; **2** unter der Schutzherrschaft eines Staates stehendes Land
pro tem|po|re [lat.] (*Abk.:* p. t.) für jetzt, vorläufig
Pro|teo|ly|se [griech.] *w. 11* hydrolyt. Aufspaltung von Eiweißkörpern durch Enzyme oder Säuren
Pro|ter|an|drie *w. 11 nur Ez.* → Protandrie; **Pro|te|ro|zoi|kum** *s. Gen.*-s *nur Ez.* → Archäozoikum
Pro|test [lat.] *m. 1* **1** Einspruch, Widerspruch; **2** Beurkundung der vergebl. Präsentation eines Wechsels; **Pro|te|stant** *m. 10* Angehöriger der protestant. Kirche; **pro|te|stan|tisch** (*Abk.:* prot.) auf dem Protestantismus beruhend, zur protestant. Kirche gehörend; protestantische Kirche: die aus der Reformation hervorgegangene evang. (luther. und reformierte) Kirche; **Pro|te|stan|tis|mus** *m. Gen.- nur Ez.* die protestant. Kirche, protestant. Konfession; **pro|te|stie|ren** [lat.] Protest, Einspruch erheben, widersprechen
Pro|teus|na|tur [nach dem Meergreis der griech. Sage, der sich in viele Gestalten verwandeln kann] *w. 10* wetterwendischer, schnell die Gesinnung wechselnder Mensch
Pro|the|se [griech.] *w. 11* **1** künstl. Glied, Ersatzglied; **2** künstl. Zähne, Zahnersatz; **3** Hinzufügung eines Lautes am Wortanfang zur Erleichterung der Aussprache, z. B. span. estado „Staat"; **Pro|the|tik** *w. 10 nur Ez.* Herstellung von (bes. Zahn-) Prothesen
Pro|tist [griech.] *m. 10* einzelliges Lebewesen, Einzeller
pro|to|gen [griech.] am Fundort entstanden (Erzlagerstätte); **Pro|to|gy|nie** *w. 11 nur Ez., bei zwittrigen Pflanzen und Tieren:* Reifwerden der weibl. Geschlechtsprodukte vor den männlichen; *Ggs.:* Protandrie; **Pro|to|kla|se** *w. 11* Zertrümmerung von Gestein infolge Pressungen innerhalb noch nicht verfestigten Magmas; vgl. Kataklase; **Pro|to|koll** *s. 1* **1** (gleichzeitige) Niederschrift des Verlaufs oder Ergebnisses einer Versammlung, Verhandlung o. ä.; **2** Gesamtheit der im diplomat. Verkehr übl. äußeren Formen; **Pro|to|kol|lant** *m. 10* jmd., der etwas protokolliert; **pro|to|kol|la|risch** mittels Protokoll, als Protokoll; **pro|to|kol|lie|ren** als Protokoll (**1**) festhalten, mitschreiben, das Protokoll (**1**) führen
Pro|ton [griech.] *s. 13* (*Abk.:* p) positiv geladenes Elementarteilchen; **Pro|to|nen|syn|chro|tron** *s. 1* Protonenbeschleuniger
Pro|to|phyt [griech.] *m. 10,* **Pro|to|phy|ton** *s. Gen.*-s *Mz.*-phy|ten einzellige Pflanze; **Pro|to|plas|ma** *s. Gen.*-s *nur Ez.* Lebenssubstanz der pflanzl., tier. und menschl. Zelle; **Pro|to|typ** *m. 12* **1** Urbild, Vorbild, Muster; **2** erste Ausführung eines Flug- oder Fahrzeugs oder einer Maschine, nach der dann die Serie gebaut wird; **Pro|to|zo|on** *s. Gen.* -s *meist Mz.*-zo|en einzelliges Tier, Einzeller
Pro|tu|be|ranz [lat.] *w. 10* **1** Gaseruption (auf der Sonne); **2** Vorsprung, bes. an Knochen
Prot|ze [ital.] *w. 11* zweirädriger Vorderwagen für ein Geschütz
Prov. *Abk. für* Provinz
Pro|ve|ni|enz [lat.] *w. 10* Herkunft, Ursprung (von Waren u. a.)
Pro|verb *s. Gen.*-s *Mz.*-bi|en Sprichwort
Pro|vi|ant [lat.-ital.] *m. 1 nur Ez.* Verpflegung für einen begrenzten (kurzen) Zeitraum, Wegzehrung, Mundvorrat
pro|vi|den|ti|ell [-tsjel, lat.] *veraltet:* von der Vorsehung bestimmt; **Pro|vi|denz** *w. 10 nur Ez. veraltet:* Vorsehung
Pro|vinz [lat.] *w. 10* **1** (*Abk.:* Prov.) Landesteil, (staatl. oder kirchl.) Verwaltungsgebiet; **2** Hinterland (einer Stadt), ländl. Gebiet; **3** *ugs.:* kulturell rückständige Gegend; **Pro|vin|zi|al** *m. 1* Vorsteher einer Ordensprovinz; **Pro|vin|zia|lis|mus** **1** *m. Gen.- Mz.*-men mundartl. Ausdruck, z. B. bayr., österr.: Schmarrn, niederrhein.: jeck; **2** *nur Ez.* Kleinbürgerlichkeit, Beschränktheit; **pro|vin|zi|ell** kleinbürgerlich, engstirnig, kulturell rückständig;
Pro|vi|si|on [lat.] *w. 10* Vergütung durch prozentualen Anteil am Umsatz, Vermittlungsgebühr; **Pro|vi|sor** *m. 13* Verwalter einer Apotheke; **pro|vi|so|risch** vorläufig, behelfsmäßig; **Pro|vi|so|ri|um** *s. Gen.*-s *Mz.*-ri|en vorläufiger Zustand, vorläufige Lösung
Pro|vit|amin [lat.] *s. 1* Vorstufe eines Vitamins
Pro|vo [Kurzw. zu Provokateur] *m. 9 in den 60er Jahren:* Angehöriger einer Bewegung

von jungen Leuten, die sich (durch Verhalten, Lebensweise und -auffassung usw.) bewußt in Gegensatz zu ihrer Umwelt stellten, sich aber zur Umgestaltung der Gesellschaft bürgerlicher Methoden bedienten; **pro|vo|kant** [lat.] → provokatorisch; **Pro|vo|ka|teur** [-tør] *m.1* jmd., der andere provoziert; **Pro|vo|ka|ti|on** [-tsjon] *w.10* **1** Herausforderung, Aufreizung zu unüberlegten Äußerungen oder Handlungen; **2** *Med.:* künstl. Hervorrufen von Krankheitserscheinungen; **pro|vo|ka|to|risch** in der Art einer Provokation (**1**); **pro|vo|zie|ren** herausfordern, zu unüberlegten Äußerungen oder Handlungen aufreizen

Pro|ze|dur [lat.] *w.10* Verfahren, (schwierige oder unangenehme) Behandlung

Pro|zent [lat.] *s.1, nach Mengenangaben Mz.-* (*Abk.:* p. c., *Zeichen:* %) vom Hundert, Hundertstel; **Pro|zent|satz** *m.2* Anzahl von Prozenten; **pro|zen|tu|al,** *österr.:* **pro|zen|tu|ell** in Prozenten gerechnet, ausgedrückt, verhältnismäßig, im Verhältnis

Pro|zeß [lat.] *m.1* **1** Gerichtsverfahren; **2** Ablauf, Verlauf, Vorgang; **pro|zes|sie|ren** einen Prozeß führen; gegen jmdn. p.; **Pro|zes|si|on** *w.10* **1** *kath. Kirche:* feierl. Umzug, Bitt- oder Dankgang; **2** *allg.:* feierl. Aufzug

pro|zy|klisch einem (bestehenden) Zyklus gemäß; *Ggs.:* antizyklisch

prü|de [frz.] (in sexuellen Dingen) übertrieben empfindlich, sittsam, zimperlich; **Prü|de|rie** *w.11 nur Ez.* prüdes Wesen oder Verhalten

Prü|nel|le [lat.-frz.] *w.11* entsteinte, getrocknete Pflaume

Pru|ri|go [lat.] *m. oder w.9 nur Ez.* juckende Hautflechte; **Pru|ri|tus** *m. Gen. - nur Ez.* Hautjucken

Pru|ze *m.11* Angehöriger eines baltisch-litauischen Volksstammes

PS *Abk. für* Postskriptum

Psa|li|gra|phie [griech.] *w.11 nur Ez.* Kunst des Scherenschnittes

Psalm [griech.] *m.12* geistl. Lied aus dem AT; **Psal|mist** *m.10* Psalmendichter, Psalmensänger; **Psalm|odie** *w.11* Psalmengesang überwiegend auf einem Ton im Wechsel zwischen Chor und Vorsänger; **psalm|odie|ren** in der Art der Psalmodie singen; **Psal|ter** *m.5* **1** *nur Ez.* Buch der Psalmen im AT; **2** *im Magensystem der Wiederkäuer:* Blättermagen; **Psal|te|ri|um** *s. Gen.*-s *Mz.*-ri|en meist dreieckiges, zitherähnl. Zupfinstrument

Psam|mit [griech.] *m.1* feines Trümmergestein, z. B. Sandstein

Pseud|an|thi|um [griech.] *s. Gen.*-s *Mz.* -thi|en Scheinblüte, wie eine Einzelblüte aussehender Blütenstand; **Pseud|ar|thro|se** *w.11* an schlecht verheilten Knochenbruchstellen entstehendes „falsches" Gelenk, Scheingelenk; **Pseud|epi|gra|phen** *Mz.* einem Schriftsteller fälschlich zugeschriebene Schriften; **Pseu|do|lo|gie** *w.11 nur Ez.* krankhaftes Lügen; **pseud|onym** unter einem Decknamen; **Pseud|onym** *s.1* Deckname; **Pseu|do|po|di|en** *Mz., bei Wurzelfüßern:* vorübergehend gebildete, der Fortbewegung dienende Fortsätze aus Plasma, Scheinfüßchen

Psi|lo|me|lan [griech.] *s.1 nur Ez.* ein Mineral, Hartmanganerz

Psit|ta|ko|se [griech.] *w.11* Papageienkrankheit

Pso|ria|sis [griech.] *w. Gen. - Mz.*-asen Schuppenflechte

Psych|ago|ge *m.11* jmd., der auf dem Gebiet der Psychagogik tätig ist; **Psych|ago|gik** [griech.] *w.10 nur Ez.* „seelische Führung", pädagog. und psycholog. Einwirkung auf Gesunde und Kranke; **Psy|che** *w.11* **1** Seele, Seelenleben; **2** *österr. auch:* Frisiertoilette; **psy|che|de|lisch** bewußtseinserweiternd (Droge); **Psych|ia|ter** *m.5* Facharzt für Geistes- und Gemütskrankheiten; **Psych|ia|trie** *w.11 nur Ez.* Wiss. von den Geistes- und Gemütskrankheiten und ihrer Behandlung; **psy|chisch** seelisch, hinsichtlich des Seelen-, Gemütszustandes; **Psy|cho|ana|ly|se** *w.11* Methode zur Erkennung und Heilung seelischer Störungen; **Psy|cho|ana|ly|ti|ker** *m.5* jmd., der auf dem Gebiet der Psychoanalyse tätig ist; **Psy|cho|dra|ma** *s. Gen.*-s *Mz.*-men **1** Monodrama, das die seel. Konflikte der handelnden Person darstellt; **2** *Psychotherapie:* schauspieler. Darstellung der eigenen Konflikte durch den Patienten selbst; **psy|cho|gen** seelisch bedingt, seelisch verursacht; **Psy|cho|ge|ne|se, Psy|cho|ge|ne|sis** *w. Gen. - nur Ez.* Entstehung und Entwicklung der Seele und des Seelenlebens; **Psy|cho|gramm** *s.1* durch Psychographie gewonnenes Bild der Persönlichkeit; **Psy|cho|gra|phie** *w.11* psycholog. Beschreibung einer Person auf Grund von mündl. und schriftl. Äußerungen; **Psy|cho|id** *s.1* seelenähnl. Kraft (bei niederen Organismen); **Psy|cho|lo|gie** *w.11 nur Ez.* Wissenschaft von der Seele, vom Seelenleben; **psy|cho|lo|gi|sie|ren** unter psycholog. Gesichtspunkten betrachten, darstellen; **Psy|cho|lo|gis|mus** *m. Gen. - nur Ez.* Überbewertung der Psychologie; **Psy|cho|man|tie** *w.11* → Nekromantie; **Psy|cho|me|trie** *w.11 nur Ez.* Messung der Dauer psychischer Vorgänge; **Psy|cho|mo|to|rik** *w.10 nur Ez.* Gesamtheit der durch Seele und Willen beeinflußbaren Bewegungen; **psy|cho|nom** nach psych. Gesetzen ablaufend; **Psy|cho|path** *m.10* seelisch-charakterlich gestörter Mensch; **Psy|cho|pa|thie** *w.11 nur Ez.* seelisch-charakterl. Störung; **Psy|cho|pa|tho|lo|gie** *w.11 nur Ez.* → Pathopsychologie; **Psy|cho|phar|ma|kon** *s. Gen.*-s *Mz.*-ka auf den seel. Zustand wirkende Arznei; **Psy|cho|phy|sik** *w.10 nur Ez.* Lehre von den Wechselbeziehungen zwischen physischen Reizen und

Sinnesempfindungen; **Psy|cho|se** *w. 11* geistig-seelische Störung, Geistes-, Gemütskrankheit; **Psy|cho|so|ma|tik** *w. 10 nur Ez.* auf der Einheit von Seele und Körper fußende Lehre von der Einwirkung seelischer Einflüsse auf körperl. Vorgänge; **psy|cho|so|ma|tisch** auf der Einheit von Seele und Körper beruhend, von seelischen Vorgängen beeinflußt; **Psy|cho|the|ra|peut** *m. 10* Arzt oder Psychologe auf dem Gebiet der Psychotherapie; **Psy|cho|the|ra|pie** *w. 11 nur Ez.* Behandlung seelisch Gestörter durch seel. Einwirkung; **Psy|cho|ti|ker** *m. 5* jmd., der an einer Psychose leidet; **psy|cho|tisch** zu einer Psychose gehörend, an einer Psychose leidend

Psy|chro|me|ter [-kro-, griech.] *s. 5* Gerät zum Messen der Luftfeuchtigkeit

pt. *Abk. für* Pint

Pt *chem. Zeichen für* Platin

p. t. *Abk. für* pro tempore

Pta *Abk. für* Peseta

Pter|an|odon [griech.] *s. Gen.* -s *Mz.* -odonten amerik. Flugsaurier der Kreidezeit; **Pte|ri|do|phy|ten** *Mz. Sammelbez. für* Farnpflanzen; **Pte|ro|dak|ty|lus** *m. Gen.* - *Mz.* -tylen Flugsaurier der Jura- und Kreidezeit; **Pte|ro|po|de** *w. 11* Meeresschnecke mit ruderartigen Verbreiterungen am Schwimmfuß, Ruder-, Flügelschnecke; **Pte|ro|sau|ri|er** *m. 5* Angehöriger einer ausgestorbenen Ordnung der Reptilien, Flugsaurier; **pte|ry|got** geflügelt (Insekt)

Pto|ma|in [griech.] *s. 1 nur Ez.* bei der Verwesung von Leichen entstehendes Gift, Leichengift

Ptya|lin [griech.] *s. 1 nur Ez.* im Speichel enthaltenes Enzym

Pu *chem. Zeichen für* Plutonium

Pub [pʌb, engl. Kurzw. von public house] *s. 9 engl. Bez. für* Gastwirtschaft

pu|ber|tär [lat.] zur Pubertät gehörig, mit ihr zusammenhängend; **Pu|ber|tät** *w. 10 nur Ez.* Zeit der beginnenden Geschlechtsreife; **pu|ber|tie|ren** sich in der Pubertät befinden, in die Pubertät eintreten; **pu|bes|zent** geschlechtsreif; **Pu|bes|zenz** *w. 10 nur Ez.* Geschlechtsreifung

pu|bli|ce [-tse:, lat.] *veraltet:* öffentlich; **Pu|bli|ci|ty** [pʌblisiti, engl.] *w. Gen.* - *nur Ez.* Bekanntsein in der Öffentlichkeit, Aufsehen in der Öffentlichkeit; *auch:* Verbreitung in der Öffentlichkeit, Bemühung um Aufsehen; **Pu|blic Re|la|tions** [pʌblik rilɛiʃnz] *Mz.* Arbeit mit der Öffentlichkeit, Öffentlichkeitsarbeit, Bemühung um Vertrauen in der Öffentlichkeit; **pu|blik** [lat.] öffentlich, allgemein bekannt; **Pu|bli|ka|ti|on** [-tsjon] *w. 10* **1** das Publizieren, Veröffentlichung; **2** veröffentlichtes Druckwerk; **Pu|bli|kum** *s. Gen.* -s *nur Ez.* **1** Öffentlichkeit, Allgemeinheit; **2** Gesamtheit der Zuschauer, Zuhörer, Besucher oder Leser; **pu|bli|zie|ren** veröffentlichen; **Pu|bli|zist** *m. 10* **1** Zeitungswissenschaftler; **2** Zeitungs-, Tagesschriftsteller; **Pu|bli|zi|stik** *w. 10 nur Ez.* **1** Zeitungswissenschaft; **2** Zeitungs-, Tagesschriftstellerei; **Pu|bli|zi|tät** *w. 10 nur Ez.* Bekanntsein in der Öffentlichkeit

p. u. c. *Abk. für* post urbem conditam

Puck [engl.] *m. 9 Eishockey:* Hartgummischeibe (als Spielball)

Pud [russ.] *s. Gen.* -s *Mz.* - altes russ. Gewicht, 16,38 kg

Pud|deln [engl.] *s. Gen.* -s *nur Ez.* Verfahren zur Herstellung von Stahl aus Roheisen

Pud|ding [engl.] *m. 9* **1** *urspr.:* im Wasserbad gekochte Speise; **2** eine kalte Süßspeise

Pu|der [lat.-frz.] *m. 5* feines Pulver

Pu|du [indian.] *m. 9* südamerik. Zwerghirsch

pue|ril [puɛ-, lat.] kindlich (geblieben), zurückgeblieben; **Pue|ri|lis|mus** *m. Gen.* - *nur Ez.* kindisches Wesen; **Pu|er|pe|ral|fie|ber** *s. 5 nur Ez.* Kindbettfieber

Pul [pers.] *m. 9, nach Zahlen Mz.* - afghan. Währungseinheit, $^1/_{100}$ Afghani

Pul|ci|nel|la [-tʃi-, ital.] *m. Gen.* -(s) *Mz.* -li *in der Commedia dell'arte:* Hanswurst

Pulk 1 [poln., russ.] *m. 1* Verband von Truppen, Kampfflugzeugen oder Fahrzeugen; **2** [lapp.] *m. 9* bootförmiger Lastschlitten der Lappen; **Pul|ka** *m. 9* → Pulk (**2**)

Pull|man|wa|gen [nach dem amerik. Hersteller G. M. Pullman] *m. 7* bequem eingerichteter Eisenbahnwagen

Pull|over [engl.] *m. 5* über den Kopf zu ziehendes, gestricktes oder gewirktes Kleidungsstück für den Oberkörper; **Pull|un|der** [auch: -ʌndər] *m. 5* ärmelloser Pullover mit Ausschnitt, unter dem man eine Bluse trägt

pul|mo|nal [lat.] zur Lunge gehörend, von ihr ausgehend, Lungen...

Pulp [lat.] *m. 12* Fruchtmark, Fruchtmus; **Pul|pa** *w. Gen.* - *Mz.* -pae [-pɛ:] weiche, gefäßreiche Masse in der Zahnhöhle (Zahnmark) und in der Milz; **Pul|pe, Pül|pe** *w. 11* → Pulp; **Pul|pi|tis** *w. Gen.* - *Mz.* -tiden Entzündung der Pulpa; **pul|pös** fleischig, markig

Pul|que [-kə, span.] *m. Gen.* -s *nur Ez.* mexikan. Getränk aus gegorenem Agavensaft

Puls [lat.] *m. 1* an der Innenseite des Handgelenks fühlbare Druckwelle des Blutes, Pulsschlag; **Pul|sar** *m. 1* Himmelskörper, der periodisch kurze Stöße von Radiostrahlung abgibt; **Pul|sa|ti|on** [-tsjon] *w. 10 nur Ez.* **1** rhythm. Zusammenziehung des Herzens und dadurch ausgelöste Druckwelle in den Blutgefäßen, Pulsschlag; **2** period. Veränderung des Durchmessers eines Sternes; **Pul|sa|tor** *m. 13* Melkmaschine; **pul|sen** schlagen, klopfen, in Wellen strömen; **pul|sie|ren** **1** → pulsen; **2** *übertr.:* lebhaft strömen; pulsierendes Leben (in einer Stadt); **Pul|si|on** *w. 10* Stoß, Schlag, Schwungbewegung; **Pul-**

so|me|ter *s. 5* Dampfpumpe ohne Kolben mit Dampfkondensatoren
Pult [lat.] *s. 1* Tisch mit schräger Fläche
Pul|ver [lat.] *s. 5* fein zerteilter, fester Stoff; Medikament in dieser Form; er hat sein P. zu früh verschossen *übertr.:* er hat seine Einwände, Argumente verfrüht angebracht; er ist keinen Schuß P. wert *übertr.:* gar nichts wert; **Pul|ve|ri|sa|tor** *m. 13* Maschine zum Herstellen von Pulver; **pul|ve|ri|sie|ren** zu Pulver zermahlen oder zerstampfen
Pu|ma [peruan. Indianerspr.] *m. 9* eine Raubkatze, Silberlöwe, Kuguar
Pumps [pœmps, engl.] *Mz.* ausgeschnittene Damenschuhe ohne Spangen oder Verschnürung
Pu|na [indian.] *m. Gen. - Mz. -* kaltes, trockenes Hochland in Südamerika
Punch [pʌntʃ, engl.] **1** [zu Pulcinella] *m. 9, im engl. Puppenspiel und in der engl. Komödie:* Kasperle, Hanswurst; **2** [engl. „schlagen, stoßen"] *m. 9* Boxhieb; *nur Ez.:* Training am Punchingball; **Pun|cher** [pʌntʃər] *m. 5* **1** Boxer beim Training am Punchingball; **2** Boxer mit bes. großer Schlagkraft; **Pun|ching|ball** [pʌntʃiŋ-] *m. 2* an einer Leine frei hängender Ball zum Training für Boxer
Punc|tum punc|ti [lat. „Punkt des Punktes"] *s. Gen. - - nur Ez.* Hauptpunkt, Hauptsache; **Punc|tum sa|li|ens** *m. Gen. - - nur Ez.* „springender Punkt", Kernpunkt, Hauptsache
Pun|ker [auch paŋ-, engl.] *m. 5* Angehöriger einer Protestbewegung Jugendlicher gegen alles Normale und Etablierte, die durch brutales Äußeres provozieren wollen
Punkt [lat.] *m. 1* **1** sehr kleiner Fleck; **2** *Math.:* geometr. Gebilde ohne Ausdehnung, Stelle, an der sich zwei Linien schneiden; **3** ein Satzzeichen; **4** *Mus.:* Zeichen hinter einer Note, das diese um die Hälfte ihres Zeitwertes verlängert; **5** bestimmte Stelle, bestimmter Ort; **6** *übertr.:* Sache, Angelegenheit; Absatz, Abschnitt; **7** *Sport, Spiel:* Bewertungseinheit; **8** Zeitpunkt; Punkt 8 Uhr, *österr., schweiz.:* punkt 8 Uhr; **9** *Mz. -* (*Abk.:* p) Maßeinheit für den Schriftsatz, typograph. Punkt; eine Schrift von 7 Punkt; **Punk|tal|glas** *s. 4* in bestimmter Weise geschliffenes Brillenglas, das opt. Verzerrungen auch bei schrägem Durchblick aufhebt; **Punk|tat** *s. 1* mittels Punktion entnommene Körperflüssigkeit; **Punk|ta|ti|on** [-tsjon] *w. 10* **1** Vorvertrag, vorläufige Festlegung der wichtigsten Punkte; **2** Kennzeichnung der Vokale in der hebr. Schrift durch Punkte unter (oder über) den Konsonanten; **punk|tie|ren** **1** mit Punkt(en) versehen, durch Punkte andeuten; **2** jmdn. p.: an jmdm. eine Punktion vornehmen; **Punk|tier|na|del** *w. 11* Hohlnadel für die Punktion; **Punk|ti|on** [-tsjon] *w. 10* Entnahme von Flüssigkeit aus einer Körperhöhle mittels Punktiernadel zu diagnost. Zwecken; **punk|to** → in puncto; **punk|tu|ell** punktweise, auf einen oder mehrere Punkte bezogen; **Punk|tum!** Schluß!; **Punk|tur** *w. 10* → Punktion
Punsch [Hindi] *m. 1* heißes Getränk aus Rum, Wasser oder Tee, Zucker u. a.
Pun|ze [ital.] *w. 11* **1** meißelähnl. Werkzeug zum Treiben erhabener Muster auf Metall; **2** Stahlstift zur Lederbearbeitung; **3** *österr.:* Prüf-, Erkennungszeichen für den Gehalt an Edelmetall; **pun|zen, pun|zie|ren** **1** mit der Punze bearbeiten; **2** mit dem Prüfzeichen stempeln (Edelmetall)
pu|pil|lar [lat.] **1** zur Pupille gehörig; **2** → pupillarisch; **pu|pil|la|risch** zum Mündel gehörig, das Mündel betreffend; **Pu|pil|le** *w. 11* Sehloch im Auge
Pu|pin|spu|le [nach dem jugoslaw. Physiker M. I. Pupin] *w. 11* Spezialspule für den Bau von Nachrichtenkabeln niederer Frequenzen
pu|pi|par [lat.] puppengebärend, Larven gebärend, die sich sofort verpuppen
pur [lat.] rein, unverfälscht, lauter, unverdünnt
Pü|ree [frz.] *s. 9* Mus, Brei
Pur|gans [lat.] *s. Gen. - Mz. -gan|tia* [-tsja] *oder* -gan|zi|en Abführmittel; **Pur|ga|ti|on** [-tsjon] *w. 10 veraltet:* Reinigung, (gerichtl.) Rechtfertigung; **pur|ga|tiv** abführend; **Pur|ga|to|ri|um** *s. Gen. -s nur Ez.* Fegefeuer; **pur|gie|ren** abführen
pü|rie|ren zu Püree machen
Pu|ri|fi|ka|ti|on [-tsjon, lat.] *w. 10* liturg. Reinigung (bes. der Altargefäße während der Messe); **Pu|ri|fi|ka|to|ri|um** *s. Gen. -s Mz. -ri|en* Tuch zum Trocknen des Kelchs bei der Purifikation; **pu|ri|fi|zie|ren** *veraltet:* reinigen, läutern
Pu|rim [hebr.] *s. Gen. -s nur Ez.* jüd. Fest zur Erinnerung an die Rettung der pers. Juden durch Esther
Pu|rin [lat.] *s. 1* eine chem. Verbindung, Stammsubstanz z. B. von Koffein; **Pu|ris|mus** *m. Gen. - nur Ez.* übertriebenes Bestreben, die Sprache von Fremdwörtern und Verwilderungen oder ein Kunstwerk von stilfremden Elementen zu reinigen; **Pu|rist** *m. 10* Anhänger des Purismus; **Pu|ri|ta|ner** [lat.] *m. 5* **1** Anhänger des Puritanismus; **2** übertrieben sittenstrenger Mensch; **Pu|ri|ta|nis|mus** *m. Gen. - nur Ez.* streng calvinist. Richtung der engl. prot. Kirche, die eine Presbyterialverfassung erstrebte und für den einzelnen ein sittenstrenges Leben forderte; **Pu|ri|tät** *w. 10 nur Ez. veraltet:* Reinheit, Sittenstrenge
Pur|pur [griech.] *m. Gen. -s nur Ez.* **1** bläulichroter Farbstoff; **2** feierl. Gewand in dieser Farbe; **Pur|pu|rin** *s. 1 nur Ez.* ein in der Krappwurzel vorkommender Farbstoff
pu|ru|lent [lat.] eitrig; **Pu|ru|lenz** *w. 10 nur Ez.* Eiterung

Push|ball [puʃbɔ:l, engl.] *m. Gen.*-s *nur Ez.* ein amerik. Mannschafts-Ballspiel
Pu|sher [engl.] *m. 5 ugs., heute nicht mehr übliche Bezeichnung für* Rauschgifthändler, Händler mit „harten" Drogen; vgl. Dealer
Puß|ta [ung.] *w. Gen. - Mz.*-ten Grassteppe in Ungarn
Pu|stel [lat.] *w. 11* Bläschen, Pickel, Eiterbläschen; **pu|stu|lös** voller Pusteln, mit Pusteln einhergehend
pu|ta|tiv [lat.] vermeintlich, irrtümlich für gültig gehalten; **Pu|ta|tiv|ehe** *w. 11* ungültige, aber von den Partnern für gültig gehaltene Ehe; **Pu|ta|tiv|not|wehr** *w. 10 nur Ez.* Notwehr bei vermeintl. Angriff
Pu|tre|fak|ti|on [-tsjon, lat.] *w. 10,* **Pu|tres|zenz** *w. 10* Fäulnis, Verwesung; **pu|tres|zie|ren** verfaulen, verwesen
Pu|te [ital.] *w. 11 Malerei und bildende Kunst:* kleine Engelsfigur
put|ten [engl.] *Golf:* den Ball mit dem Putter so schlagen, daß er möglichst ins Loch rollt; **Put|ter** *m. 5* besonderer Golfschläger zum Putten
Pu|to *m. Gen.*-s *Mz.*-ten *oder* -ti → Putte
Puzzle [pʌzl, engl.] *s. 9,* **Puzzle|spiel** *s. 1* ein Geduldsspiel, bei dem aus kleinen ausgeschnittenen Stücken Bilder zusammengesetzt werden müssen
Puz|zo|lan [nach dem ital. Fundort Pozzuoli] *s. 1,* **Puz|zo|lan|er|de** *w. 11* ein Bindemittel für Zement und Beton
PVC *Abk. für* Polyvinylchlorid
Py|ämie [griech.] *w. 11* Blutvergiftung durch Eitererreger in der Blutbahn; **Py|ar|thro|se** *w. 11* eitrige Gelenkentzündung
Pye|li|tis [griech.] *w. Gen. - Mz.*-ti|den Nierenbeckenentzündung
Pyg|mäe [griech.] *m. 11* Angehöriger eines afrikan. Zwergvolkes; **pyg|mo|id** Rassenmerkmale der Pygmoiden aufweisend; **Pyg|mo|ide** *m. 11* Angehöriger einer kleinwüchsigen, den Pygmäen ähnl. Rasse
Py|ja|ma [pydʒama, *österr.:* pidʒama, Hindi] *m. 9, österr., schweiz.: s. 9* Schlafanzug
Py|kni|ker [griech.] *m. 5* Mensch mit pyknischem Körperbau; **py|knisch** gedrungen, untersetzt und zu Fettansatz neigend; **Py|kno|me|ter** *s. 5* Gerät zum Messen der Dichte von Flüssigkeiten
Py|lon [griech.] *m. 10,* **Py|lo|ne** *w. 11* **1** *ägypt. Baukunst:* von zwei wuchtigen Türmen flankiertes Eingangstor; **2** die Kabel oder Ketten tragender Pfeiler einer Hängebrücke; **Py|lo|ro|spas|mus** *m. Gen. - Mz.*-men krampfhafte Verengung des Magenausgangs, Pförtnerkrampf
pyo|gen [griech.] Eiterung hervorrufend; **Py|or|rhö** *w. 10,* **Py|or|rhoe** [-rø] *w. 11* Eiterfluß
Py|ra|mi|de [griech.] *w. 11* **1** Körper mit einem Vieleck als Grundfläche und dreieckigen, oben in einer Spitze zusammenlaufenden Seitenflächen; **2** in dieser Form erbautes Grabmal der Pharaonen
Pyr|ano|me|ter [griech.] *s. 5* Gerät zum Messen der Sonnen- und Himmelsstrahlung
Py|re|thrum [griech.] *s. Gen.*-s *Mz.*-thra Untergattung der Chrysanthemen, von der einige Arten Insektengift liefern
Py|re|ti|kum [griech.] *s. Gen.*-s *Mz.*-ka Fieber erzeugendes Heilmittel
Py|rit [griech.] *m. 1* ein Mineral, Eisenkies, Schwefelkies
py|ro|gen [griech.] **1** Fieber hervorrufend; **2** *Geol.:* aus einem Schmelzfluß entstanden; **Py|ro|ly|se** *w. 11* Zersetzung von chem. Verbindungen durch Hitze; Abfallvernichtung durch Verschwelung bei hoher Temperatur; **Py|ro|ma|ne** *m. 11* jmd., der an Pyromanie leidet; **Py|ro|ma|nie** *w. 11* krankhafter Trieb zur Brandstiftung; **Py|ro|me|ter** *s. 5* Gerät zum Messen hoher Temperaturen; **Py|ro|mor|phit** *m. 1* ein Mineral, Buntbleierz; **Py|ro|pho|bie** *w. 11* krankhafte Furcht vor Feuer; **py|ro|phor** bei relativ geringer Temperatur in feinster Verteilung an der Luft aufglühend, selbstentzündlich; **Py|ro|tech|nik** *w. 10 nur Ez.* Feuerwerkerei
Pyr|rhus|sieg [nach dem verlustreichen Sieg des Königs Pyrrhus von Epirus über die Römer 279 v. Chr.] *m. 1* mit zu großen Opfern erkaufter Sieg
Pyr|rol [griech.] *s. 1 nur Ez.* chem. Ringverbindung aus vier Kohlenstoffatomen und einem Stickstoffatom
Py|thia [nach der weissagenden griech. Priesterin in Delphi] *w. 9, Mz. auch:* -thi|en gern geheimnisvolle, orakelhafte Andeutungen machende Frau; **py|thisch** orakelhaft, rätselhaft
Py|thon [nach dem Ungeheuer der griech. Sage] *m. 9, Mz. auch:* -tho|nen, **Py|thon|schlan|ge** *w. 11* Angehörige einer Gattung eierlegender Riesenschlangen
Py|xis [griech.] *w. Gen. - Mz.*-xi|den *oder* Pyxi|des [-de:s] Behälter für die Hostie im Tabernakel

Q

q *Abk. für* Quintal
Q *Abk. für* Quetzal (**2**)
qcm *früher Abk. für* Quadratzentimeter
qdm *früher Abk. für* Quadratdezimeter
q. e. d. *Abk. für* quod erat demonstrandum
Qin|dar *m. Gen.* -(s) *Mz.* - dar|ka alban. Währungseinheit, 1/100 Lek
qkm *früher Abk. für* Quadratkilometer
qm *früher Abk. für* Quadratmeter
qmm *früher Abk. für* Quadratmillimeter
qr., qrs. *Abk. für* Quarter(s)
qua [lat.] (in der Eigenschaft) als; qua Theologe: als Theologe
Qua|der [lat.] *m. 5* **1** von gleichen, rechteckigen, parallelen Flächen begrenzter Körper; **2** behauener Steinblock; **Qua|dra|ge|si|ma** *w. Gen. - nur Ez.* vierzigtägige Fastenzeit vor Ostern; **Qua|dran|gel** *s. 5* Viereck; **qua|dran|gu|lär** viereckig; **Qua|drant** *m. 10* **1** Viertelkreis; **2** *früher:* Gerät zum Messen des Höhenwinkels und zum Bestimmen der Gestirnhöhe über dem Horizont; **3** Viertel eines Meridians oder des Äquators; **Qua|drat** *s. 1* **1** Viereck mit rechtwinklig aufeinanderstehenden gleichen Seiten; **2** zweite Potenz (einer Zahl); eine Zahl ins Q. erheben; **3** *Buchw.:* Metallstück zum Ausschließen, z. B. zum Füllen von Schlußzeilen; **Quadrat...** *in Zus.:* in die zweite Potenz erhoben, Flächen..., z. B. Quadratmeter; **Qua|drat|de|zi|me|ter** *s. 5, ugs.: m. 5* (*Abk.:* dm^2) Quadrat, dessen Seiten je 1 dm lang sind; **Qua|drat|fuß** *m. Gen. - Mz. -* Quadrat, dessen Seiten je 1 Fuß lang sind; **qua|dra|tisch 1** mit vier gleichen, senkrecht aufeinanderstehenden Seiten versehen; **2** in die zweite Potenz erhoben; quadratische Gleichung: Gleichung zweiten Grades; **Qua|drat|ki|lo|me|ter** *s. 5, ugs.: m. 5* (*Abk.:* km^2) Quadrat, dessen Seiten je 1 km lang sind; **Qua|drat|mei|le** *w. 11* Quadrat, dessen Seiten je 1 Meile lang sind; **Qua|drat|me|ter** *s. 5, ugs.: m. 5* (*Abk.:* m^2) Quadrat, dessen Seiten je 1 m lang sind; **Qua|drat|mil|li|me|ter** *s. 5, ugs.: m. 5* (*Abk.:* mm^2) Quadrat, dessen Seiten je 1 mm lang sind; **Qua|dra|tur** *w. 10* **1** Berechnung des Inhalts einer Fläche durch Integralrechnung; **2** Umwandlung einer krummlinig begrenzten Fläche in ein Quadrat mit gleichem Flächeninhalt; Qu. des Kreises *übertr.:* unlösbare Aufgabe (da ein Kreis nicht mit geometr. Mitteln in ein Quadrat verwandelt werden kann); **3** *Astron.:* Stellung eines Planeten, wenn er, von der Erde aus gesehen, zur Sonne im rechten Winkel steht, Geviertschein; **Qua|drat|wur|zel** *w. 11 allg. Bez. für* zweite Wurzel; **Qua|drat|zahl** *w. 10* die zweite Potenz einer Zahl, z. B. 9 (3^2); **Qua|drat|zen|ti|me|ter** *s. 5, ugs.: m. 5* (*Abk.:* cm^2) Quadrat, dessen Seiten je 1 cm lang sind; **Qua|drat|zoll** *m. Gen.* -s *Mz. -* Quadrat, dessen Seiten je 1 Zoll lang sind; **Qua|dri|en|na|le** *w. 11* alle vier Jahre stattfindende Ausstellung oder Vorführung von Werken der bildenden Kunst, der Musik u. a.; **Qua|dri|en|ni|um** *s. Gen.* -s *Mz.* -ni|en *veraltet:* Zeitraum von vier Jahren; **qua|drie|ren** ins Quadrat erheben, mit sich selbst multiplizieren; **Qua|dri|ga** *w. Gen. - Mz.* -gen *Antike:* zweirädriger, mit vier Pferden (nebeneinander) bespannter Wagen; **Qua|dril|le** [kadrilje, österr.: kadril] *w. 11* Tanz zu vieren oder vier Paaren; **Qua|dril|li|on** *w. 10* Million in der vierten Potenz, 10^{24}; vgl. Quintillion; **2** *in den USA für* Billiarde, 10^{15}; **Qua|dri|nom** *s. 1 Math.:* viergliedrige Größe; **Qua|dri|re|me** *w. 11* antikes Kriegsschiff mit vier Ruderbänken übereinander; **Qua|dri|vi|um** *s. Gen.* -s *nur Ez. MA:* die letzten (höheren) vier der Sieben Freien Künste: Arithmetik, Geometrie, Astronomie, Musik; vgl. Trivium; **Qua|dro|pho|nie** [lat. + griech.] *w. 11 nur Ez.* Tonwiedergabe, die mittels vier Kanälen und Lautsprechern noch vollkommeneres räuml. Hören ermöglicht als Stereophonie; **Qua|dru|pel** *s. 5 oder m. 5 Math.:* vier zusammengehörige Größen
Quae|stio [lat.] *w. Gen. - Mz.* -stio|nes [-ne:s] juristische Frage; Qu. facti: die Frage nach den Tatsachen, dem Sachverhalt (einer Straftat); Qu. iuris: die Frage nach der Strafwürdigkeit, der rechtlichen Faßbarkeit (einer Tat)
Quag|ga [hottentott.] *s. 9* ausgerottetes, zebraähnl. afrik. Wildpferd
Quai [kɛ, frz.] *m. 9 frz. Schreibung von* Kai
Quä|ker [engl. „Zitterer", urspr. Spottname] *m. 5* Angehöriger der „Gesellschaft der Freunde", einer engl.-amerik. relig. Gemeinschaft
Qua|li|fi|ka|ti|on [-tsjon, lat.] *w. 10* **1** Beurteilung; **2** Befähigung, Eignung; **3** Befähigungsnachweis; **4** Ausbildung; **qua|li|fi|zie|ren 1** kennzeichnen, beurteilen; **2** befähigen, fähig machen, ausbilden, weiterbilden, (durch Übung, Training) weiterentwickeln; qualifizierte Arbeit: bes. gute Arbeit; qualifizierte Mehrheit: für bestimmte Parlamentsbeschlüsse vorgeschriebene Mehrheit, z. B. Zweidrittelmehrheit; qualifizierte Straftat: Straftat unter erschwerenden Umständen; **Qua|li|tät** *w. 10* **1** Beschaffenheit, Güte, Sorte; *Ggs.:* Quantität; **2** Vokalfärbung;

qua|li|ta|tiv hinsichtlich der Qualität; *Ggs.:* quantitativ

Quant [lat.] *s.12* nicht weiter teilbare physikal. Größe (bes. im Zusammenhang mit Energiemengen, Lichtstrahlen und Drehimpulsen gebraucht); **quan|teln** in der Terminologie der Quantentheorie beschreiben; **Quan|ten|me|cha|nik** *w.10 nur Ez.*, **Quan|ten|theo|rie** *w.11 nur Ez.* Theorie zur Beschreibung von submikroskop. Vorgängen (z. B. innerhalb eines Atoms oder Atomkerns); **quan|ti|fi|zie|ren** der zahlenmäßigen Erfassung zugänglich machen; **Quan|ti|tät** *w.10* **1** Menge, Masse, Anzahl, Größe; *Ggs.:* Qualität; **2** Vokaldauer; **quan|ti|ta|tiv** hinsichtlich der Quantität; *Ggs.:* qualitativ; **Quan|ti|té ne|gli|geable** [kätite negliʒabl, frz.] *w. Gen. - - nur Ez.* wegen ihrer Geringfügigkeit außer acht zu lassende Menge oder Größe; **quan|ti|tie|ren** Silben qu.: Silben nach ihrer Länge (nicht: Betonung) messen; **Quan|tum** *s. Gen.* -s *Mz.* -ten (abgemessene) Menge

Qua|ran|tä|ne [ka-, frz.] *w.11 nur Ez.* Absonderung, Isolierung (ansteckungsverdächtiger Personen oder Tiere)

Quark [kwɔk, nach einem von J. Joyce geprägten Wort] *s.9* hypothet. Elementarteilchen

Quart [lat.] **1** *s. Gen.*-s *Mz.* - altes dt. Flüssigkeitsmaß, schwankend bis etwa 1 Liter; **2** *s. Gen.*-s *nur Ez.* → Quartformat; **3** *w.10 Mus.* → Quarte; **4** *w.10 Fechten:* eine bestimmte Haltung der Klinge

Quar|ta *w. Gen.* - *Mz.*-ten dritte Klasse des Gymnasiums; **Quar|tal** *s.1* Vierteljahr; **Quar|ta|na** *w. Gen.* - *Mz.*-nen, **Quar|ta|na|fie|ber** *s.5* Art der Malaria mit Fieberanfällen an jedem vierten Tag, Viertagefieber; **Quar|ta|ner** *m.5* Schüler der Quarta; **Quar|tan|fie|ber** *s.5* → Quartana; **Quar|tär** *s.1 nur Ez.* obere Formation des Känozoikums; **Quar|te** *w.11* **1** vierte Stufe der diaton. Tonleiter; **2** Intervall von vier Tönen; **Quar|tel** *s.5 bayr.:* Biermaß, Quart; **Quar|ter** [kwɔtər, engl.] *m.9* (*Abk.:* qr., *Mz.* qrs.) engl. Hohlmaß, 2 Pint; **Quar|ter|mei|ster** *m.5* Steuermann (eines Handelsschiffes); **Quar|te|ron** *m.10*, **Quar|te|ro|ne** *m.11 veraltet:* Mischling aus Weißen und Terzeronen; **Quar|tett** *s.1* **1** Musikstück für vier Singstimmen oder Instrumente sowie die Ausführenden; **2** Kartenspiel für Kinder; **Quart|for|mat** *s.1* (*Zeichen:* 4°) altes Buchformat in der Größe eines Viertelbogens; **Quar|tier** *s.1* **1** Unterkunft, Wohnung; **2** *österr., schweiz.:* Wohnviertel; **Quar|to|le** *w.11 Mus.:* Figur aus vier Noten im Taktwert von drei oder sechs Noten; **Quart|sext|ak|kord** *m.1* Umkehrung eines Dreiklangs aus der Grundstellung mit der Quinte als Grundton und darüberliegender Quarte und Sexte

Qua|sar [Kurzw. aus quasi-stellare Radioquelle] *m.1* Objekt am Sternhimmel mit (meist) starker Radiostrahlung und großer Rotverschiebung im Spektrum

qua|si [lat.] gleichsam, gewissermaßen; **Qua|si|mo|do|ge|ni|ti** erster Sonntag nach Ostern

Quas|sie [-sjə, angeblich nach dem Entdekker, dem Negersklaven Quassi] *w.11* südamerik. Bitterholzbaum, liefert Bitterstoff, der als Heilmittel verwendet wird

Quä|sti|on [lat.] *w.10* wissenschaftl. Streitfrage, die in der Diskussion entwickelt und gelöst wird; **Quä|stor** *m.13* **1** *im alten Rom:* hoher Finanzbeamter; **2** *an Hochschulen:* oberster Kassenbeamter; **3** *schweiz.:* Kassenwart (eines Vereins); **Quä|stur** *w.10* **1** *im alten Rom:* Amt des Quästors; **2** an Hochschulen: Kassenstelle

Qua|tem|ber [kirchenlat.] *m.5* **1** erster Tag eines Vierteljahres; **2** *kath. Kirche:* jeder der drei Buß- und Fastentage (Mittwoch, Freitag, Samstag) zu Beginn eines Vierteljahres (vom 3. Advent an gerechnet); **qua|ter|när** *Chem.:* aus vier Teilen bestehend; **Qua|ter|ne** *w.11 Lotto:* vier Gewinnzahlen, Vierergewinn; **Qua|ter|nio** *w. Gen.* - *Mz.* -nio|nen Zahl, Ganzes aus vier Einheiten; **Qua|ter|ni|on** *w.10* mathemat. Rechengröße (ähnlich den komplexen Zahlen)

Quat|tro|cen|to [-tʃɛn-, ital. „vierhundert" (nach 1000)] *s. Gen.*-(s) *nur Ez.* die künstler. Stilepoche des 15. Jh. in Italien

Que|bra|cho [kɛbratʃo, span.] *m.9 nur Ez.* sehr hartes, gerbstoffreiches Holz des südamerik. Quebrachobaumes

Que|chua [kɛtʃua] *m.9 oder Gen.* - *Mz.* - → Ketschua

Quem|pas [nach den Anfangssilben des Weihnachtsliedes Quem pastores laudavere „Den die Hirten lobten sehre"] *m. Gen.* - *nur Ez.*, **Quem|pas|lie|der** *s.3 Mz.* Lieder über die Weihnachtsgeschichte; **Quem|pas|sän|ger** *m.5 Mz.* Jugendliche, die früher im Gottesdienst oder in Umzügen die Quempaslieder sangen

Quent [lat.] *s. Gen.*-s *Mz.* - altes dt. Gewicht, 1,67 g; **Quent|chen** *s.7 übertr.:* kleine Menge, ein wenig

Que|re|le [lat.] *w.11, meist Mz., veraltend:* Klage, Streit, Streitigkeit; **Que|ru|lant** *m.10* Nörgler, Quengler; **que|ru|lie|ren** nörgeln, ein eingebildetes Recht verteidigen, grundlos klagen

Quer|ze|tin [lat. + frz.] *s.1 nur Ez.* gelber Farbstoff in der Rinde der nordamerik. Färbereiche und in einigen Blütenpflanzen; **Quer|zit** [lat.] *m.1 nur Ez.* in Eicheln enthaltener, süßer Alkohol, Eichelzucker; **Quer|zi|tron** [lat. + frz.] *s.1* gemahlene Rinde der nordamerik. Färbereiche

Que|sal, Quet|zal [kɛ-, aztek.] **1** *m.9* mittelamerik. Vogel mit buntem Gefieder und langen, grünen Schwanzfedern; **2** *m. Gen.*-s *Mz.*-

Währungseinheit in Guatemala, 100 Centavos

Queue [kø, frz. „Schwanz“] **1** *s.9, österr.: m.9* Billardstock; **2** *w.9 veraltet:* Ende einer Marschkolonne, lange Reihe, Schlange (von Menschen)

Que|zal [kɛ-] *m.9* → Quetzal

Quick-Test [nach A. J. Quick] *m.9* Test zur Bestimmung der Gerinnungszeit menschl. Blutes

Qui|dam [lat.] *m. Gen.- nur Ez. veraltet:* ein gewisser Jemand, ein gewisser ...; **Quid|di|tät** *w.10 nur Ez.* das Was-Sein, das Wesen (eines Dinges); **Quid|pro|quo** *s.9* Mißverständnis, Verwechslung (zweier Dinge); vgl. Quiproquo

Quie|tịs|mus [kwi|e-, lat.] *m. Gen.- nur Ez.* **1** Lehre, die das Einswerden mit Gott durch willen- und leidenschaftsloses Sichergeben in seinen Willen erstrebt; **2** Streben nach völliger Ruhe des Gemüts, Verzicht auf aktives Handeln; **Quie|tiv** *s.1,* **Quie|ti|vum** *s. Gen.-s Mz.-va* Beruhigungsmittel; **quie|to** [ital.] *Mus.:* ruhig

Quil|la|ja [indian.] *w.9* Seifenbaum

Qui|nar [lat.] *m.1* altröm. Silbermünze

Quind *fälschl. für* Qind

quin|kel|lie|ren → quinquelieren; **Quin|qua|ge|si|ma** [lat.] 50. Tag vor Ostern, Fastnachtssonntag; **quin|que|lie|ren** trällern, vor sich hin singen; **Quin|quẹn|ni|um** *s. Gen.-s Mz.*-ni|en Zeitraum von fünf Jahren, Jahrfünft; **Quin|quil|li|on** *w.10* → Quintillion; **Quịnt** *w.10* **1** *Mus.:* → Quinte; **2** *Fechten:* eine bestimmte Haltung der Klinge; **Quịn|ta** *Gen.- Mz.*-ten zweite Klasse des Gymnasiums; **Quin|tal** [frz.: kẽtạl, span. und port.: kintạl] *m. Gen.-s Mz.- (Abk.:* q) *früher:* frz., span., mittel- und südamerik. Gewicht, 1 Zentner; **Quin|ta|na** *w. Gen.- nur Ez.,* **Quin|ta|na|fie|ber** *s.5 nur Ez.* durch Läuse übertragene Infektionskrankheit mit Fieberanfällen an jedem fünften Tag, Fünftagefieber; **Quin|ta|ner** *m.5* Schüler der Quinta; **Quin|tar** *m.1 veraltet:* → Qindar; **Quịn|te** *w.11* **1** fünfter Ton der diaton. Tonleiter; **2** Intervall von fünf Tönen; **Quịn|ten|zir|kel** *m.5* Aufzeichnung sämtl. Tonarten in Kreisform, jeweils in Quinten fortschreitend; **Quin|tẹr|ne** *w.11* fünf Gewinnzahlen, Fünfergewinn; **Quin|te|ron** *m.10,* **Quin|te|ro|ne** *m.11 veraltet:* Mischling aus Weißen und Quarteronen; **Quịnt|es|senz** *w.10* Ergebnis, Hauptinhalt, Hauptgedanke, Wesen, Kern (einer Sache); **Quin|tẹtt** *s.1* Musikstück für fünf Singstimmen oder Instrumente sowie die Ausführenden; **Quin|til|li|ar|de** *w.11* 1000 Quintillionen, 10^{33}; **Quin|til|li|on** *w.10* fünfte Potenz einer Million, 10^{30}; **Quin|to|le** *w.11* Figur aus fünf Noten im Taktwert von drei, vier oder sechs Noten; **Quint|sẹxt|akkord** *m.1* Umkehrung eines Dreiklangs aus der Grundstellung mit der Terz als Grundton und darüberliegender Quinte und Sexte

Qui|pro|quo [lat.] *s.9* Verwechslung (zweier Personen); vgl. Quidproquo

Qui|pu [kị-, peruan. Indianerspr.] *s.9 oder Gen.- Mz.-, bei den Inkas:* mit Knoten versehene Fäden verschiedener Farbe und Länge, als Verständigungs- oder Merkzeichen, Knotenschnüre

Qui|ri|te [lat.] *m.11 im alten Rom Ehrentitel für* Vollbürger

Qui s'ex|cuse, s'ac|cuse [ki sekskyz sakyz, frz.] Wer sich (unaufgefordert) verteidigt, klagt sich an

Quịs|ling [nach dem norweg. Faschistenführer V. Quisling] *m.1* Verräter, Kollaborateur

Quis|qui|li|en [lat.] *nur Mz.* Kleinigkeiten, Nichtigkeiten

quitt [lat.] *unflektierbar, nur prädikativ:* ausgeglichen, frei von Verbindlichkeiten; wir sind quitt

Quịt|te [griech.] *w.11* **1** südosteurop. und oriental. Kernobststrauch oder -baum; **2** dessen apfel- bis birnenförmige Frucht

quit|tie|ren [frz.] einen Betrag qu.: den Empfang bescheinigen, eine Quittung über den empfangenen Betrag ausstellen; eine Rechnung qu.: den Empfang des Betrages auf der Rechnung bescheinigen; den Dienst qu.: aus dem Dienst ausscheiden, in den Ruhestand treten; eine Bemerkung mit einem Lächeln, einer Handbewegung qu.: beantworten; **Quịt|tung** *w.10* **1** Empfangsbescheinigung; **2** *übertr.:* Antwort, Strafe (für ein Verhalten)

Qui|vive [kivif, frz. „Wer lebt?“] *s., urspr. Ruf des frz. Wachpostens, im Dt. nur noch in der Wendung* auf dem Qu. sein: auf der Hut, aufmerksam sein, aufpassen

Quiz [kvịs, engl.] *s. Gen.- Mz.-* Frage-und-Antwort-Spiel; **Quiz|ma|ster** *m.5* Fragesteller, Conférencier bei einer Quizveranstaltung; **quiz|zen** [kvịsən] ein Quiz spielen; jmdn. qu.: jmdm. Quizfragen stellen

quọd ẹrat de|mon|strạn|dum [lat. „was zu beweisen war“] *(Abk.:* q. e. d.) Redensart am Schluß eines math. oder log. Beweises

Quọd|li|bet [lat. „was beliebt, was gefällt“] *s.9* **1** buntes Durcheinander; **2** mehrstimmiges Gesangsstück mit lustigen Texten

Quod li|cet Jo|vi, non li|cet bo|vi [lat. „Was Jupiter erlaubt ist, ist (noch lange) nicht dem Ochsen erlaubt“] Dasselbe schickt sich nicht für alle, nicht jeder darf dasselbe tun

Quo|rum [lat.] *s. Gen.-s nur Ez.* die zur Beschlußfassung notwendige Anzahl von Mitgliedern; *schweiz. auch:* die zur Wahl eines Vertreters erforderl. Zahl von Wählern

Quo|ta|ti|on [-tsjon, lat.] *w.10* **1** *Börse:* Kursnotierung; **2** Berechnung eines Anteils; **Quo|te** *w.11* auf den einzelnen entfallender Anteil, verhältnismäßiger Anteil; **Quo|ti|dia|na** *w. Gen.- Mz.*-nen Form der Malaria mit tägl. Fieberanfällen; **Quo|ti|ent** [-tsjęnt] *m.10* **1** zweigliedriger, durch Bruchstrich oder Teilungszeichen verbundener Zahlenausdruck, z. B. $^2/_3$, 2:3; **2** Ergebnis einer Division; **quo|tie|ren** den Kurs, Preis qu.: mitteilen, angeben; **quo|ti|sie|ren** eine Summe, Menge, einen Wert qu.: in Quoten aufteilen, anteilgemäß verteilen

Quo|us|que tan|dem? [lat., eigtl. Quousque tandem, Catilina, abutere patientia nostra? „Wie lange noch, Catilina, willst du unsere Geduld mißbrauchen?" (Anfang einer Rede Ciceros gegen den Verschwörer Catilina)] Wie lange noch?

Quo va|dis? [lat., eigtl. Domine, quo vadis? „Herr, wohin gehst du?" (Frage des aus dem Gefängnis entflohenen Petrus an den ihm erscheinenden Christus)] Wohin gehst du?

R

r *(stets in Kursivschrift) Abk. für* Radius

R *Abk. für* **1** rarus = selten, z. B. in Münzkatalogen; **2** recommandé; **3** Reaumur; **4** Retard; **5** *auf Münzen:* Rex (König); **6** Roma, Romanus; **7** Röntgen; **8** *Zeichen für* elektr. Widerstand

Ra *chem. Zeichen für* Radium

Ra|batt [ital.] *m.1* Preisnachlaß auf Handelsware

Ra|bat|te [frz.] *w.11* **1** schmales Pflanzenbeet; **2** *veraltet:* Aufschlag an Jacke und Ärmel

ra|bat|tie|ren [ital.] eine Ware r.: auf eine Ware Rabatt gewähren

Rab|bi [hebr. „mein Herr, mein Meister"] *m. Gen.*-(s) *Mz.*-s *od.* -bi|nen *in Palästina Ehrentitel für* Schriftgelehrten; **Rab|bi|nat** *s.1* Amt eines Rabbiners; **Rab|bi|ner** *m.5* mosaischer Geistlicher

ra|bi|at [lat.] jähzornig, wütend

Ra|bi|es [lat.] *w. Gen.* - *nur Ez.* Tollwut

Ra|bu|list [lat.] *m.10* Haarspalter, Wort-, Rechtsverdreher; **Ra|bu|li|stik** *w.10 nur Ez.* Haarspalterei, Wort-, Rechtsverdrehung

Race [reis, engl.] *s. Gen.* - *Mz.*-s [-siz] Wettfahrt, Wettrennen

Ra|chi|tis [-xi-, griech.] *w. Gen.* - *Mz.*-ti|den auf Mangel an Vitamin D beruhende, meist im Säuglingsalter auftretende Erweichung der Knochen, englische Krankheit

Ra|cing-Team [reisiŋ ti:m, engl.] *s. Gen.*-s *Mz.*-s aus Rennwagenfahrern gebildete Renngemeinschaft

Racket (Rak|ket) [rækit, engl.] *s.9* **1** Tennisschläger; **2** *in den USA:* Erpresserbande; **Racke|teer** (Rak|ke-) [rækəti:r] *m.9* Mitglied einer Erpresserbande

Ra|clette [-klet, frz.] *w. oder s.11* **1** schweiz. Käsesorte; **2** Speise aus heißem R. mit Tomaten od. Weinbeeren auf Toast oder gerösteter Kartoffel; **3** kleiner Grill zum Zubereiten dieses Gerichts

rad 1 *Abk. für* Radiant; **2** *Zeichen für* Rad;

Rad [Kurzw. aus engl. radiation absorbed dose] *s. Gen.* - *Mz.* - (*Zeichen:* rad) Maßeinheit für Strahlungsmenge

Ra|dar [auch: ra-, Kurzw. aus engl. radio detecting and ranging „durch Funkwellen auffinden und die Entfernung bestimmen"] *m. oder s. Gen.*-s *nur Ez.* ein Funkmeßverfahren

ra|di|al [lat.] von einem Punkt strahlenförmig ausgehend; **Ra|di|al|li|nie** [-njə] *w.11 österr.:* durchgehende Verbindung zw. Stadtmitte und Stadtrand (z. B. eine Omnibuslinie); **Ra|di|ant** *m.10* **1** *Astron.:* Punkt des Himmels, von dem her ein Sternschnuppenschwarm zu kommen scheint; **2** (*Abk.:* rad) *Math.:* in Grad gemessener Winkel, dessen Bogenmaß 1 ist; **ra|di|är** strahlenförmig angeordnet (z. B. Blüten); **Ra|dia|ti|on** [-tsjon] *w.10* Strahlung; **Ra|dia|tor** *m.13* Heizkörper, der die Luft überwiegend durch Strahlung erwärmt; *Ggs.:* Konvektor; **Ra|di|en 1** *Mz. von* Radius; **2** *Biol.:* strahlenförmige Gebilde

ra|die|ren [lat.] **1** mit der Radiernadel in eine Kupferplatte ritzen; **2** Schreibfehler o. ä. auslöschen; sich abwetzen (Reifen); **Ra|die|rung** *w.10* **1** dem Kupferstich ähnl. Verfahren, bei dem man mit einer Radiernadel eine Zeichnung in eine präparierte Kupferplatte ritzt und diese dann ätzt; **2** Abdruck davon

ra|di|kal [lat.] **1** gründlich, aufs Äußerste gehend, kompromißlos; **2** *Math.:* auf die Wurzel bezogen; **Ra|di|kal** *s.1* **1** *Math.:* Zeichen für das Wurzelziehen (√); **2** *Chem.:* eine Atomgruppe, die freie chem. Bindungen aufweist und daher nur kurzzeitig bei chem. Reaktionen als Zwischenprodukt auftritt

Ra|di|ka|le(r) *m.18 (17)* jmd. mit kompromißlosen (polit.) Ansichten; **Ra|di|ka|lins|ki** *m.9 ugs., verächtl.:* politisch extremer, zu Gewaltlösungen neigender Mensch; **ra|di|ka|li|sie|ren** zum Radikalismus aufstacheln; **Ra|di|ka|lis|mus** *m. Gen.* - *nur Ez.* **1** radikale polit. Richtung; **2** radikale Anschauungen, radikales Denken; **Ra|di|kal|ope|ra|ti|on** [-tsjo:n] *w.10* völlige operative Entfernung eines kranken Organs; **Ra|di|kand** *m.10* Zahl, deren Wurzel zu ziehen ist

Ra|dio [lat.] *s.9, schweiz.: m.9* Rundfunkgerät, Rundfunksender; **ra|dio|ak|tiv** Strahlung aussendend; **Ra|dio|ak|ti|vi|tät** *w.10 nur Ez.* die Eigenschaft, Strahlung aussenden zu können; **Ra|dio|astro|no|mie** *w.11 nur Ez.* Teilgebiet der Astronomie, das sich mit Empfang und Auswertung der aus dem Weltraum kommenden elektromagnet. Strahlung im Wellenlängenbereich der Radiowellen befaßt; **Ra|dio|bio|lo|gie** *w.11 nur Ez.* Teilgebiet der Biologie, das sich mit der Einwirkung radioaktiver Strahlung auf Lebewesen befaßt; **Ra|dio|che|mie** *w.11 nur Ez.* Teilgebiet der Chemie, das sich mit der Gewinnung, Verarbeitung und Anwendung radioaktiver Substanzen befaßt; **Ra|dio|ele|ment** *s.1* radioaktives Element; **ra|dio|gen** *ugs.:* für den Rundfunk geeignet (z. B. die Stimme eines Sprechers); **Ra|dio|gen** *s.1* aus radioaktivem Zerfall entstandenes chem. Element; **Ra|dio|gramm** *s.1* **1** Röntgenogramm;

2 *veraltet:* drahtloses Telegramm; **Ra|dio|gra|phie** *w.11* → Röntgenographie; **Ra|dio|in|di|ka|tor** *m.13 Med.:* Isotop eines radioaktiven chem. Elements, das für Nachweiszwecke in wissenschaftl. Untersuchungsverfahren verwendet wird; **Ra|dio|kar|bon|me|tho|de** *w.11* Methode zur Altersbestimmung von organ. Stoffen durch Feststellen des Gehalts an radioaktivem Kohlenstoff; **Ra|dio|la|rie** [-riə] *w.11* Strahlentierchen; **Ra|dio|lo|gie** *w.11 nur Ez.* Lehre von der Anwendung der Röntgenstrahlen; **Ra|dio|ly|se** *w.11* durch Ionenstrahlung bewirkte Veränderung in chem. Systemen; **Ra|dio|me|ter** *s.5* ein Strahlungsmeßgerät; **Ra|dio|me|trie** *w.11 nur Ez.* Verfahren zur Untersuchung der Radioaktivität von Gesteinen; **Ra|dio|pho|nie** *w.11 nur Ez.* drahtloses Telefonieren; **Ra|dio|sko|pie** *w.11* → Röntgenoskopie; **Ra|dio|son|de** *w.11* meteorolog. Beobachtungsballon, der seine Meßergebnisse zur Erde funkt; **Ra|dio|stern** *m.1* Stern, der innerhalb des Radiowellenbereichs elektromagnet. Strahlen aussendet; **Ra|dio|te|le|gra|phie** *w.11* drahtlose Telegraphie; **Ra|dio|te|le|skop** *s.1* Empfangsgerät für Radiostrahlungen aus dem Weltraum; **Ra|dio|the|ra|pie** *w.11* Heilbehandlung mit Strahlen; **Ra|dio|tho|ri|um** *s. Gen.*-s *nur Ez.* (*Zeichen:* RdTh) aus dem radioaktiven Zerfall von Thorium entstehendes chem. Element

Ra|di|um [lat.] *s. Gen.*-s *nur Ez.* (*Zeichen:* Ra) chem. Element; **Ra|di|um|ema|na|ti|on** [-tsjo:n] *w.10 nur Ez.* ein radioaktives Gas; **Ra|di|um|the|ra|pie** *w.11* Heilbehandlung mit Radiumstrahlen

Ra|di|us [lat.] *m. Gen.*- *Mz.*-di|en oder -dii (*Abk.: r*) halber Durchmesser; **Ra|di|us|vek|tor** *m.13* vom Mittelpunkt eines Kreises oder einer Kugel ausgehender Vektor

Ra|dix [lat.] *w. Gen.*- *Mz.*-di|zes *oder* -di|ces Wurzel; **ra|di|zie|ren** eine Zahl r.: die Wurzel aus einer Zahl ziehen

Ra|dom [Kurzw. aus engl. radar dome „Radarkuppel"] *s.9* Verkleidung von Radargeräten zum Schutz gegen Witterungseinflüsse

Ra|don [auch: -don, lat.] *s. Gen.*-s *nur Ez.* (*Zeichen:* Rn) chem. Element, ein Edelgas

Ra|dscha [auch: ra-, sanskr.] *m.9* Titel indischer Herrscher

Raf|fia|bast *m.1 nur Ez.* → Raphiabast

Raf|fi|na|de [frz.] *w.11* gemahlener, gereinigter Zucker; **Raf|fi|nat** *s.1* etwas, was raffiniert worden ist; **Raf|fi|na|ti|on** [-tsjon] *w.10* Reinigung, Verfeinerung (von natürl. und techn. Produkten); **Raf|fi|ne|ment** [-mã] *s.9* **1** Ausgesuchtheit, Überfeinerung; **2** durchtriebene Schlauheit; **Raf|fi|ne|rie** *w.11* Industrieanlage zur Raffination von Zucker, Öl, Kupfer u. a.; **Raf|fi|nes|se** *w.11* **1** Verfeinerung, Überfeinerung; mit allen Raffinessen: mit jedem nur erdenklichen Zubehör; **2** Durchtriebenheit; **Raf|fi|neur** [-nør] *m.1* eine Holzbearbeitungsmaschine; **raf|fi|nie|ren** reinigen, verfeinern; **raf|fi|niert** *übertr.:* schlau, durchtrieben, gerissen; **Raf|fi|no|se** *w.11* eine Zuckerart

Raf|fle|sie [-sjə, nach dem Engländer Th. S. Raffles] *w.11* eine trop. Schmarotzerpflanze mit riesigen Blüten, Riesenblume

Rag [ræg, amerik.] *m. Gen.*-(s) *nur Ez. Kurzw. für* Ragtime

Ra|ge [-ʒə, frz.] *w.11 nur Ez. ugs.:* Wut

Rag|lan|är|mel [nach Lord Raglan] *m.5* am Halsausschnitt angesetzter Ärmel

Ra|gout [-gu, frz.] *s.9* **1** Speise aus kleingeschnittenem Fleisch od. Fisch in gewürzter Soße; **2** *ugs. übertr.:* Mischmasch; **Ra|goût fin** [-gu fɛ̃] *s. Gen.*-- *Mz.*-s-s [-gu fɛ̃] feines Ragout (als Pastetenfüllung oder überbakken)

Rag|time [rægtaim, amerik.] *m. Gen.*-(s) *nur Ez.* stark synkopierter Vorläufer des Jazz

Raid [rɛid, engl.] *m.9* (lokal begrenzter) Einfall in feindl. Gebiet, Überraschungsangriff

Rai|gras [engl.] *s.4* Gattung der Süßgräser, Lolch

Rai|son [rɛzo, frz.] *frz. Schreibung von* Räson

Ra|ja [-dʒa] *m.9 engl. Schreibung von* Radscha

Ra|jah [türk.] *m. Gen.*- *Mz.*- *früher:* nichtislam. (rechtloser) Untertan des Sultans

Ra|ke *m. Gen.*-(s) *nur Ez.* → Raki

Ra|kel [frz.] *w.11* **1** *Siebdruck:* Gerät zum Quetschen der Druckfarbe durch das Sieb; **2** *Tiefdruck:* Gerät zum Wegstreichen der überschüssigen Farbe von der Druckplatte

Ra|ke|te [ital.] *w.11* durch Rückstoß angetriebener Flug- oder Feuerwerkskörper

Ra|ki [türk.] *m. Gen.*-(s) *nur Ez.* Branntwein aus Rosinen und Anissamen

rall. *Abk. für* rallentando; **ral|len|tan|do** [ital.] (*Abk.:* rall.) *Mus.:* langsamer werdend

Ral|ly, Ral|lye [rali oder rali, engl.: ræli] *w.9 Automobilsport:* Sternfahrt

Ra|ma|dan [arab.] *m. Gen.*-(s) *nur Ez.* neunter Monat des mohammedan. Jahres und Fastenmonat des Islams

Ra|mie [mal.-engl.] *w.11* ein süd- und ostasiat. Nesselgewächs, Faserpflanze

Ra|mi|fi|ka|ti|on [-tsjon, lat.] *w.10* Verästelung (bei Pflanzen); **ra|mi|fi|zie|ren** sich verästeln

Ram|pe [frz.] *w.11* **1** schiefe Ebene zum Anfahren von Gütern beim Verladen; **2** erhöhter Rand der Bühne, an dem innen Lampen angebracht sind

ram|po|nie|ren [ital.] *ugs.:* stark beschädigen

Ramsch **1** [frz.-nddt.] *m. Gen.*-(e)s *nur Ez.* Warenreste, Ausschuß-, Schleuderware, Plunder; **2** [frz.] *m.1 Skat:* Spielgang, wenn niemand reizt; **ram|schen** **1** *ugs.:* zu Schleuderpreisen kaufen (Ramschware); **2** *Skat:* ohne Reizen spielen

Ranch [ræntʃ, amerik.] *w. Gen.-Mz.*-es Viehfarm in Nordamerika; **Ran|cher** [ræntʃər] *m.5* nordamerikan. Viehzüchter
Rand [rænd, engl.] *m. Gen.-Mz.*- Währungseinheit in der Republik Südafrika
Ran|dal|leur [-lør] *m.1* → Randalierer; **randa|lie|ren** zügellos lärmen, toben; **Ran|da|lie|rer** *m.5* jmd., der randaliert
ran|do|mi|sie|ren [engl.] wahllos herausgreifen (für Experimente)
Rang [frz.] *m.2* Stellung, Stufe; *im Theater:* Stockwerk; jmdm. den Rang streitig machen: mit jmdm. wettstreiten, wetteifern
Ran|ger [reindʒər, engl.] *m.9* **1** *USA:* Angehöriger bestimmter Polizeieinheiten, Aufseher in Nationalparks, Waldhüter; **2** für den Guerillakrieg ausgebildeter Soldat
ran|gie|ren [raŋʒi-, rãʒi-, frz.] **1** (Güterwagen) verschieben; **2** eine Rangstellung einnehmen
Ran|kü|ne [raŋ-, frz.] *w.11 veraltet:* Groll, Rachsucht
Ra|nun|kel [lat.] *w.11* Hahnenfuß
Ra|phia [madagass.-neulat.] *w. Gen.-Mz.* -phi|en afrik. Palmenart sowie Blattfaser davon; **Ra|phia|bast** *m.1* Bastfaser aus den Blättern von Raphiapalmen
ra|pid, ra|pi|de [lat.] sehr schnell, reißend, schlagartig
Ra|pier [frz.] *s.1* Fechtdegen; **ra|pie|ren** **1** zerreiben (Tabakblätter, für Schnupftabak); **2** von Hautresten und Sehnen reinigen (Fleisch)
Ra|pil|li *Mz.* → Lapilli
Rap|port [frz.] *m.1* **1** *Mil.:* Bericht, Meldung; **2** *Psych.:* Kontakt zwischen Psychotherapeuten und Patienten, auch zwischen Hypnotiseur und hypnotisierter Person; **3** Aufeinanderfolge gleichartiger Muster (z. B. auf Tapeten) oder Bindungen (bei Geweben); **rap|por|tie|ren** melden, berichten
Rap|tus [lat.] *m. Gen.-Mz.*-tus|se **1** stürmischer Krankheitsanfall, heftige Erregung, Koller; **2** *ugs. scherzh.:* Rappel
rar [lat.] selten; sich rar machen *ugs.:* sich selten zeigen; **Ra|ra** *Mz. Bibliothekswesen:* seltene Bücher
Ra|re|fi|ka|ti|on [-tsjon, lat.] *w.10 Med.:* Gewebsschwund; **ra|re|fi|zie|ren** **1** verdünnen; **2** schwinden (Körpergewebe)
Ra|ri|tät [lat.] *w.10* Seltenheit, Kostbarkeit, wertvolles Sammlungsstück
Ras [arab. „Kopf"] *m. Gen.-Mz.*- **1** Vorgebirge, Gipfel; **2** Fürstentitel in Abessinien
ra|sant [frz.] **1** flach verlaufend (Geschoßbahn); **2** *ugs.:* äußerst schnell; **Ra|sanz** *w.10 nur Ez.* **1** flache Verlaufsbahn; **2** *ugs.:* hohes Tempo
ra|sie|ren [frz.] den Bart, das Haar, die Augenbrauen r.: unmittelbar an der Haut abschneiden
Rä|son [rɛzõ, ugs.: rɛzɔŋ, frz.] *w. Gen.- nur Ez.:* Vernunft, Einsicht, Gehorsam; jmdn. zur R. bringen; **Rä|so|neur** [-nør] *m.1* jmd., der ständig räsoniert, Nörgler; **rä|so|nie|ren** viel und laut nörgeln, schimpfen
Ras|pa [span.] *w.9* ein lateinamerik. Gesellschaftstanz
Ras|se [frz.] *w.11* durch gleiche erbl. Merkmale gekennzeichnete Gruppe von Menschen oder Tieren; **Ras|sis|mus** *m. Gen.- nur Ez.* übersteigertes Rassenbewußtsein
Ra|ster [lat.] *m.5* **1** *Druck-, Fernsehtechnik:* aus Punkten, Linien oder Flächen gebildetes, netzähnl. Muster; **2** Einheit im Fertigbau
Ra|stral [lat.] *s.1* fünfzinkiges Gerät zum Einritzen von Notenlinien auf einer Metallplatte; **ra|strie|ren** **1** mittels Rastral mit Notenlinien versehen; **2** *österr. auch:* karieren (Papier)
Ra|sur [lat.] *w.10* **1** Vorgang des Rasierens; rasierte Stelle; **2** Vorgang des Radierens; ausradierte Stelle
Ra|te [ital.] *w.11* verhältnismäßiger Anteil, Teilbetrag, Teilzahlung; etwas auf Raten kaufen
Rate-Cut|ting [reitkʌtiŋ, engl.] *s.9 Handelsschiffahrt:* Frachtkostenunterbietung
Rate|me|ter [reitmi:tər, engl.] *m.5* Gerät zur Bestimmung von Mittelwerten in Frequenzmischungen und zur Messung der Frequenz kurzzeitiger Impulse
Rate of re|turn [reit ɔv ritən, engl.] *s. Gen.--- Mz.*-s-- *Wirtsch.:* Ertragsquote
Ra|ti|fi|ka|ti|on [-tsjon, lat.] *w.10* Bestätigung, Genehmigung (bes. von Staatsverträgen durch das Parlament); **ra|ti|fi|zie|ren** bestätigen, genehmigen
Ra|ti|né [-ne, frz.] *m.9* flauschiger Stoff mit lockigem Flor; **ra|ti|nie|ren** auf der Oberfläche kräuseln (Gewebe)
Ra|tio **1** [ratsjo, lat.] *w. Gen.- nur Ez.* Vernunft; Vernunftgrund; vgl. ultima ratio; **2** [reiʃou, engl.] *w.9 Wirtsch.:* das Verhältnis zweier Größen bezeichnende Kennziffer;
Ra|ti|on [-tsjon] *w.10* **1** zugeteilte Menge; **2** tägl. Bedarf an Lebensmitteln; eiserne R.: Vorrat für den Notfall; **ra|tio|nal** auf Vernunft beruhend, vernunftgemäß; **Ra|tio|na|le** *s. Gen.*-s *Mz.*-lia liturg. Schultertuch einiger kath. Bischöfe; **Ra|tio|na|li|sa|tor** *m.13* jmd., der etwas rationalisiert; **ra|tio|na|li|sie|ren** **1** zweckmäßig, wirtschaftlich einrichten; **2** *Psych.:* nachträglich begründen; **Ra|tio|na|lis|mus** *m. Gen.- nur Ez.* Lehre von der Vernunft als oberstem Prinzip der Welt und des Erkennens; **Ra|tio|na|li|tät** *w.10 nur Ez.* Eigenschaft von Zahlen, sich als Bruch wiedergeben zu lassen; **ra|tio|nell** zweckmäßig, mit sparsamen Mitteln; **ra|tio|nie|ren** planmäßig einteilen
Rä|to|ro|ma|ne *m.11* Nachkomme der rätischen Altbevölkerung in den Alpen
Rau|te [lat.] *w.11* **1** eine Pflanzengattung;

2 *Math.:* Rhombus; 3 eine Diamantenschliffart; 4 Spielkartenfarbe, Karo
Ra|vi|o|li [-vi-, ital.] *Mz.* mit Fleisch gefüllte Vierecke aus Nudelteig
Ray|gras *s. 4* → Raigras
Ray|on [rɛjɔ̃, frz.] *m. 9* **1** Abteilung (eines Kaufhauses); **2** *österr.:* Dienstbereich (z. B. eines Polizeibeamten), Verwaltungsbezirk; **3** [rɛiən, engl.] *m. 9 nur Ez. angelsächs. Schreibung von* Reyon; **Ray|on|chef** *m. 9* Abteilungsleiter (im Kaufhaus); **rayo|nie|ren** [rɛjo-] *österr.:* in Bezirke einteilen
ra|ze|mos, ra|ze|mös [lat.] traubenförmig
Raz|zia [arab.-frz.] *w. 9, Mz.* auch: -zi|en Durchsuchungs- und Festnahmeaktion der Polizei
Rb *chem. Zeichen für* Rubidium
Rbl. *Abk. für* Rubel
Rc. *Abk. für* recipe!
Re *chem. Zeichen für* Rhenium
Re [lat.] *s. 9 Kartenspiel:* Erwiderung auf ein Kontra; Re bieten, ansagen
Rea|dy-made [rędi mɛid, engl. „fertig zum Gebrauch"] *s. Gen. - Mz.*-s Bez. für einen industriell erzeugten Gegenstand (z. B. Teil der Automobilkarosserie, Flaschenständer, Rad), der zum Kunstgegenstand erhoben wird
Rea|gens [lat.] *s. Gen. - Mz.*-gen|zi|en, **Rea|genz** *s. Gen.*-es *Mz.*-zi|en *Chem.:* Stoff, der bei Berührung mit einem andern Stoff auf bestimmte Weise reagiert und daher zum Nachweis oder zur Mengenbestimmung von Substanzen dient; **Rea|genz|glas** *s. 4* schmales, hohes Glas für chem. Versuche; **rea|gi|bel** reaktionsfähig; **rea|gie|ren 1** zurückwirken, auf etwas ansprechen; sauer reagieren *ugs.:* auf etwas hin mißmutig, böse werden, etwas ablehnen; **2** *Chem.:* eine Reaktion eingehen; **Re|akt** *m. 1 Psych.:* Handlung, die als Antwort auf bestimmte mitmenschl. Verhaltensweisen zustande kommt; **Re|ak|tanz** *w. 10 Elektr.:* Blindwiderstand; **Re|ak|ti|on** [-tsjon] *w. 10* **1** das Reagieren, Beantwortung eines Reizes, Rückwirkung; **2** *Chem.:* Vorgang, der eine stoffl. Veränderung der beteiligten Substanzen zur Folge hat; **3** *nur Ez.* Bestreben, an veralteten (polit., kirchl. o. ä.) Institutionen festzuhalten oder sie wiederzuerrichten; **4** Gesamtheit der Reaktionäre; **re|ak|tio|när** (geistig) rückschrittlich; **Re|ak|tio|när** *m. 1* jmd., der am Veralteten festhält u. fortschrittl. Entwicklungen bekämpft; **re|ak|tiv** auf etwas zurückwirkend; **Re|ak|tiv** *s. 1* durch Reizerlebnisse bedingtes psych. Verhalten; **re|ak|ti|vie|ren 1** wieder beleben, wieder in Tätigkeit setzen; **2** *Chem.:* wieder wirksam machen; **Re|ak|tor** *m. 13 i. w. S.:* Behälter, in dem chem. oder physikal. Reaktionen unter kontrollierten Bedingungen ablaufen; *i. e. S.:* Anlage zur Umwandlung von Kernenergie in Wärmeenergie und schließlich in Elektrizität, Kernreaktor
re|al [lat.] wirklich, sachlich, dinglich, der Realität entsprechend
Re|al [lat.-span. bzw. port.] *m. Gen.*-s *Mz. span.* -alen, *port.* Reis alte span., port., mexikan. und brasil. Silbermünze
Re|al|akt [lat.] *m. 1 Rechtsw.:* **1** tatsächl. Handlung; **2** *österr.:* ein Grundstück betreffende Gerichtshandlung; **Re|al|ein|kom|men** *s. 7* tatsächliches Einkommen im Hinblick auf die Kaufkraft des Geldes; *Ggs.:* Nominaleinkommen; **Re|al|en|zy|klo|pä|die** *w. 11* → Reallexikon
Re|al|gar [arab.-frz.] *m. 1* ein Mineral
Re|al|gym|na|si|um [lat. + griech.] *s. Gen.*-s *Mz.*-si|en *früher:* höhere Schule, in der neue Sprachen oder Mathematik und Naturwissenschaften stärker betont wurden; *heutige Bez.:* neusprachl. Gymnasium; **Rea|li|en** [lat.] *Mz.* **1** Tatsachen, wirkliche Dinge; **2** Sachkenntnisse; **3** neusprachl. und naturwissenschaftl. Fächer; **Re|al|in|ju|rie** [-riə] *w. 11 Rechtsw.:* Beleidigung durch Tätlichkeit; **Rea|li|sa|ti|on** [-tsjon] *w. 10 nur Ez.* das Realisieren; **Rea|li|sa|tor** *m. 13* geschlechtsbestimmender Zellfaktor; **rea|li|sie|ren 1** verwirklichen; **2** zu Geld machen, gegen Bargeld verkaufen; **3** verstehen, sich klarmachen, einsehen; **Rea|lis|mus** *m. Gen. - nur Ez.* **1** Wirklichkeits-, Tatsachensinn; **2** Lehre von einer Wirklichkeit außerhalb des menschl. Bewußtseins; **3** *Kunst:* wirklichkeitsgetreue Darstellungsweise; **Rea|list** *m. 10* **1** sachlich und nüchtern denkender Mensch; **2** Vertreter des künstlerischen Realismus; **Rea|li|stik** *w. 10 nur Ez.* Wirklichkeitstreue; **Rea|li|tät** *w. 10* **1** Gegebenheit, Wirklichkeit; **2** *Mz.* Grundstücke; **rea|li|ter** in Wirklichkeit; **Re|al|ka|pi|tal** *s. 1, Mz. auch:* -li|en angelegtes Kapital, Sachkapital; **Re|al|ka|ta|log** *m. 1* nach Sachgebieten geordneter Bibliothekskatalog; **Re|al|kauf** *m. 2* Kauf, bei dem Vertragsabschluß und Übergabe des Kaufgegenstandes zusammenfallen; **Re|al|kon|kur|renz** *w. 10 nur Ez.* Verletzung mehrerer Strafgesetze durch mehrere Handlungen, Tatmehrheit; vgl. Idealkonkurrenz; **Re|al|kre|dit** *m. 1* durch dingliche Sicherheitsleistung gedeckter Kredit; **Re|al|last** *w. 10* Belastung eines Grundstücks durch regelmäßige Sach- oder Geldleistungen; **Re|al|le|xi|kon** *s. Gen.*-s *Mz.* -ka *oder* -ken Lexikon der Sachbegriffe eines Wissensgebietes; **Re|al|lohn** *m. 2* → Realeinkommen; **Re|al|ob|li|ga|ti|on** [-tsjo:n] *w. 10* Pfandbrief, Grundstückshaftung (bei der Hypothek); **Re|al|po|li|tik** *w. 10* Politik, die sich an die Gegebenheiten hält und das erreichbare Mögliche anstrebt; **Re|al|schu|le** *w. 11* Lehranstalt, die zum mittleren Bildungsabschluß führt; **Re|al|steu|er** *w. 11* auf einzelnen Vermögensgegen-

ständen lastende Steuer; **Real-Time-Ver|fah|ren** [ril taim, engl.] *s.7* eine Arbeitsmethode in der Datenverarbeitung; **Re|al|uni|on** *w.10* Vereinigung mehrerer selbständiger Staaten zu einer völkerrechtl. Einheit

Re|ani|ma|ti|on [-tsjon, lat.] *w.10* Wiederbelebung, z. B. durch künstl. Atmung

Re|as|se|ku|ranz [lat.] *w.10* Rückversicherung

Re|au|mur [re:omyr, nach dem frz. Physiker R.-A. Ferchault de Réaumur] (*Abk.:* R) Maßeinheit des (veralteten) 80gradigen Thermometers

Rẹb|bach [jidd.] *m. Gen.-s nur Ez. Gaunerspr.:* Gewinn, Vorteil (bes. aus Betrug)

Re|bẹll [frz.] *m.10* Aufrührer, Empörer; **re|bel|lie|ren** sich empören, sich auflehnen; **Re|bel|li|on** *w.10* Empörung, Aufstand; **re|bẹl|lisch** aufrührerisch, widersetzlich

Re|bound-Ef|fekt [ribaund, engl. „Rückschlag"] *m.1 Med.:* ein Regulationsmechanismus im Hormonhaushalt

Re|bus [lat.] *m. od. s. Gen.- Mz.*-bus|se Bilderrätsel, bei dem aus aneinandergereihten Bildern ein Wort oder Satz zu erraten ist; **re|bus sic stan|ti|bus** so wie die Dinge stehen

Rec. *Abk. für* recipe!

Re|call [rikɔl, engl.] *m. Gen.*-(s) *Mz.*-s *in den USA:* Entlassung von Beamten durch öffentl. Abstimmung

Re|cei|ver [risivər, engl.] *m.5* **1** *bei Verbunddampfmaschinen:* Behälter, der den Dampf zwischen Hoch- und Niederdruckzylinder aufnimmt; **2** Rundfunkempfänger mit Verstärker (für Hi-Fi-Wiedergabe)

Re|chaud [rəʃo, frz.] *m.9 od. s.9* **1** Wärmeplatte; **2** *österr.:* Gaskocher

Re|cher|che [reʃɛrʃə, auch: rə-, frz.] *w.11* Nachforschung; **Re|cher|cheur** [reʃɛrʃør, auch: rə-] *m.1* jmd., der recherchiert; **re|cher|chie|ren** [reʃɛrʃi-, auch: rə-] Ermittlungen anstellen, nachforschen

re|ci|pe! [retsipe:, lat.] (*Abk.:* Rc., Rec., Rp.) *auf ärztl. Rezepten:* nimm! (Formel vor der Anwendungsvorschrift)

Re|ci|tal [risaitəl, engl.], **Ré|ci|tal** [resital, frz.] *s.9* Veranstaltung, die nur von einem einzigen Künstler oder nur mit den Werken eines einzigen Künstlers bestritten wird; **re|ci|tan|do** [retʃi-, ital.] *Mus.:* sprechend, rezitierend; **Re|ci|ta|ti|vo** [retʃi-] → Rezitativ

re|com|man|dé [rəkɔmãde] (*Abk.:* R) *Post: frz. Bez. für* eingeschrieben

Re|con|qui|sta [rekɔnkista, span. rɛkɔŋkista] *w. Gen.- nur Ez. MA:* Zurückgewinnung Spaniens von den Arabern durch die christl. Spanier

Re|cor|der [engl.] *m.5* **1** Gerät zum Aufzeichnen auf Tonträger, bes. auf Tonband; **2** *ugs. kurz für* Tonbandgerät

rec|te [rekte:, lat.] recht, richtig, eigentlich

Rẹc|tor ma|gni|fi|cus [lat.] *m. Gen.*-s -, *Mz.* -to|res -fi|ci [-tsi] *veraltet:* Titel eines Hochschulrektors

Re|cyc|ling [ri:saikliŋ, engl.] *s. Gen.*-(s) *nur Ez.* Wiederverwertung von Abfällen

Re|dak|teur [-tør, lat.-frz.] *m.1* Angestellter eines Verlages oder einer Zeitung, der Manuskripte beurteilt und für die Veröffentlichung bearbeitet; **Re|dak|ti|on** [-tsjon] *w.10* **1** Manuskriptbearbeitung; **2** Gesamtheit der Redakteure (eines Verlages oder einer Zeitung); **3** Arbeitsräume der Redakteure; **re|dak|tio|nẹll** [-tsjo-] zur Redaktion (**1**) gehörend, auf ihr beruhend, in der Redaktion (**3**); **Re|dak|tor** *m.13* **1** wissenschaftl. Herausgeber; **2** *schweiz.:* Redakteur; **Re|dak|tri|ce** [-sə, frz.] *w.11 österr.:* Redakteurin

re|da|tie|ren [lat.-frz.] mit einem früheren Datum versehen, zurückdatieren (Brief)

Red|emp|to|rịst [lat.] *m.10* Angehöriger der Congregatio Sanctissimi Redemptoris (Kongregation vom Allerheiligsten Erlöser), eines kath. Ordens für Seelsorge und Volksmission

re|di|gie|ren [lat.-frz.] bearbeiten (Manuskript)

Re|din|gote [redẽgɔt, engl.-frz.] *w.11* taillierter Mantel

Re|dis|kont [ital.] *m.1* Weiterverkauf (eines diskontierten Wechsels); **re|dis|kon|tie|ren** weiterverkaufen (Wechsel)

re|di|vi|vus [-vivus, lat.] *nicht flektierbar, nur nachgestellt:* wiedererstanden; Goethe redivivus!

Re|dou|te [-du-, frz. rədut] *w.11* **1** *früher:* Festungsschanze; **2** *veraltet, noch bayr.-österr.:* (vornehmer) Maskenball; **3** *veraltet:* Fest-, Tanzsaal

Red|ox|sy|stem *s.1 Chem. Kurzw. für* Reduktions-Oxydations-System

Re|dres|se|ment [-mã, frz.] *s.9* **1** Wiedereinrenkung oder Einrichtung (eines ausgerenkten oder gebrochenen Knochens); **2** orthopäd. Behandlung (bes. von Mißbildungen an Beinen und Füßen); **re|dres|sie|ren** **1** wiedereinrenken, einrichten (Knochen); **2** korrigieren (Mißbildungen)

Re|duk|ti|on [-tsjon, lat.] *w.10* **1** Zurückführung, Verringerung, Herabsetzung; **2** *Chem.:* Entzug von Sauerstoff aus einer chem. Verbindung oder Anlagerung von Wasserstoff an eine solche; **Re|duk|ti|ons|mit|tel** *s.5 Chem.:* Stoff, der anderen Substanzen Sauerstoff entziehen kann; **Re|duk|ti|ons|tei|lung** *w.10* → Meiose; **Re|duk|tor** *m.13* **1** ein Transformator; **2** Glimmlampe zur Verringerung der Netzspannung

re|dun|dant [lat.-engl.] überreichlich, weitschweifig, überflüssig; **Re|dun|danz** *w.10 nur Ez.* **1** Überreichlichkeit, Überflüssiges; **2** *Informationstheorie:* Überschuß (an Worten, Zeichen) über das zur Übermittlung einer Information notwendige Mindestmaß hinaus

Re|du|pli|ka|ti|on [-tsjon, lat.] *w.10* Verdopplung (einer Silbe oder eines Wortes), z. B. Mama; **re|du|pli|zie|ren** verdoppeln (Silbe, Wort)
re|du|zi|bel [lat.] zurückführbar, zerlegbar (eines mathemat. Ausdrucks); *Ggs.:* irreduzibel; **re|du|zie|ren** zurückführen, verringern, herabsetzen; **re|du|ziert** *übertr. ugs.:* nicht voll einsatz- oder aufnahmefähig (bes. infolge Krankheit)
Red|wood [rędwud, engl.] *s.9* Rotholz (bes. der kaliforn. Mammutbäume)
re|ęll [frz.] **1** ehrlich, anständig, zuverlässig (bes. im Geschäftsleben); **2** wirklich vorhanden, begründet
Re|en|try [ri:ęntri, engl.] *m. oder s. Gen. - Mz.*-tries Wiedereintritt (eines Weltraumfahrzeugs in die Erdatmosphäre)
Re|evo|lu|ti|on [-tsjon, neulat.] *w.10* Wiederkehr des Bewußtseins (nach einem epilept. Anfall)
Re|ex|pọrt [lat.] *m.1,* **Re|ex|por|ta|ti|on** [-tsjon] *w.10* Wiederausfuhr (importierter Güter); **re|ex|por|tie|ren** wieder ausführen
ref. *Abk. für* reformiert
Re|fait [rəfę, frz.] *s.9 Kartenspiel:* Unentschieden
Re|fạk|tie [-tsjə, lat.-ndrl.] *w.11* **1** Vergütung für beschädigte, fehlerhafte, unbrauchbar gewordene Ware; **2** Rückvergütung von Frachtkosten; **re|fak|tie|ren** eine Ware r.: Preisnachlaß auf eine Ware gewähren
Re|fek|to|ri|um [lat.] *s. Gen.*-s *Mz.*-ri|en Speisesaal (im Kloster)
Re|fe|rat [lat.] *s.1* **1** Vortrag, Bericht; **2** Arbeitsgebiet eines Referenten; **Re|fe|rẹn|da** *Mz. von* Referendum; **Re|fe|ren|dar** *m.1* Beamtenanwärter (nach der ersten Staatsprüfung); **Re|fe|rẹn|dum** *s. Gen.*-s *Mz.*-da *oder* -den Volksabstimmung; **Re|fe|rẹnt** *m.10* Vortragender, Berichterstatter, Sachbearbeiter; **Re|fe|rẹnz** *w.10* Empfehlung, Auskunft über eine Person; jmd., der eine Auskunft oder Empfehlung geben kann; **re|fe|rie|ren** [frz.] vortragen, berichten, ein Referat halten
Re|fi|nan|zie|rung [lat.-frz.] *w.10* Geldbeschaffung aus Fremdmitteln, um Kredit geben zu können
Re|fla|ti|on [-tsjon, lat.] *w.10* Erhöhung der umlaufenden Geldmenge; **re|fla|tio|när** [-tsjo-] mittels Reflation
Re|flek|tạnt [lat.] *m.10* Bewerber, Interessent; **re|flek|tie|ren** **1** zurückstrahlen, widerspiegeln; **2** nachdenken; **3** auf etwas r.: etwas haben wollen oder anstreben, sich um etwas bewerben; **Re|flẹk|tor** *m.13* **1** Vorrichtung zur Rückstrahlung und Bündelung elektromagnet. Wellen, bes. von Licht, z. B. Hohlspiegel; **2** Hülle um spaltbares Material im Kernreaktor; **re|flek|to|risch** durch einen Reflex ausgelöst; **Re|flex** *m.1* **1** Rückstrahlung (von Licht); **2** *Biol.:* unwillkürl. Reizbeantwortung; **Re|fle|xi|on** *w.10* **1** Zurückwerfen (von Teilchen oder Wellen, z. B. Licht) an Grenzflächen zwischen verschiedenen Medien, z. B. zwischen Luft und Glas; **2** auf die eigenen Handlungen und Gedanken gerichtetes prüfendes Nachdenken; **re|fle|xiv** *Gramm.:* rückbezüglich; reflexives Verb (z. B. sich beeilen); **Re|fle|xiv** *s.1* **1** Reflexivpronomen; **2** reflexives Verb; **Re|fle|xiv|pro|no|men** *s.7, Mz. auch:* -mi|na rückbezügl. Fürwort: sich; **Re|fle|xi|vum** *s. Gen.*-s *Mz.*-va → Reflexiv; **Re|fle|xo|lo|gie** *w.11 nur Ez.* Richtung der Psychologie, die das menschl. und tier. Verhalten auf die Reflexe zurückzuführen sucht
Re|fọrm [lat.-frz.] *w.10* verbessernde Neu-, Umgestaltung; **reform.** *Abk. für* reformiert;
Re|for|ma|ti|on [-tsjon, lat.] *w.10* **1** Wiederherstellung (eines ursprüngl. Zustandes), Erneuerung; **2** *nur Ez.* Glaubensbewegung des 16. Jh., die zur Entstehung des Protestantismus führte; **Re|for|ma|tor** *m.13* **1** Erneuerer, Neugestalter; **2** Begründer der Reformation (**2**): Luther, Zwingli, Calvin; **re|for|mie|ren** verbessern, erneuern; **re|for|miert** (*Abk.:* ref., reform.) zur reformierten Kirche gehörend; reformierte Kirche: die durch die Reformation Zwinglis und Calvins entstandene Kirche, im Unterschied zur luther. Kirche; **Re|for|mis|mus** *m. Gen. - nur Ez.* **1** Streben nach Veränderung sozialer oder polit. Zustände durch Reformen; **2** gemäßigter Sozialismus
Re|frain [rəfrę̃, frz.] *m.9* Kehrreim
re|frak|tär [lat.] *Med.:* widerspenstig, unempfänglich, unbeeinflußbar; auf einen Reiz nicht reagierend; **Re|frak|tär** *m.1 schweiz.:* jmd., der sich der Militärdienstpflicht entzieht; **Re|frak|tar|pha|se** *w.11* Ruhezeit von Muskel- und Nervenfasern unmittelbar nach Ablauf einer Erregungsphase; **Re|frak|ti|on** [-tsjon] *w.10* **1** Brechung (von Lichtwellen, bes. des Sternenlichtes beim Eintritt in die Erdatmosphäre); **2** Brechungswert (der Augenlinse); **Re|frak|to|me|ter** [lat. + griech.] *s.5* opt. Meßgerät zur Bestimmung der Refraktion (**1**); **Re|frạk|tor** [lat.] *m.13* Linsenfernrohr; **re|frak|tu|rie|ren** einen gebrochenen, schlecht geheilten Knochen r.: operativ nochmals zerbrechen
Re|fri|ge|rans [lat.] *s. Gen. - Mz.*-ran|tia [-tsja] *oder* -zi|en *Med.:* abkühlendes, fiebersenkendes Heilmittel; **Re|fri|ge|ra|ti|on** [-tsjon] *w.10* **1** Erkältung; **2** künstl. Unterkühlung (z. B. vor einem chirurg. Eingriff); **Re|fri|ge|ra|tor** *m.13* Gefriermaschine
Re|fu|gi|al|ge|biet [lat.] *s.1* Rückzugsgebiet (für Tiere und Pflanzen, z. B. in den Eiszeiten); **Re|fu|gié, Ré|fu|gié** [refyʒje, frz.] *m.9* Flüchtling (aus Glaubensgründen, bes. Hugenotte); **Re|fu|gi|um** *s. Gen.*-s *Mz.*-gi|en Zufluchtsort

reg. *Abk. für* registered
Reg. *Abk. für* Regiment (**2**)
re|gal [lat.] königlich
Re|gal 1 [frz.] *s.1* kleine Orgel mit Zungenpfeifen; Zungenpfeifenregister (von Orgeln); **2** *auch:* Re|ga|le [lat.] *s. Gen.*-s *Mz.*-li|en wirtschaftlich nutzbares Hoheitsrecht (z. B. Münzrecht); **3** [ital.] Gestell mit Fächern (für Bücher, Waren) **Re|ga|li|tät** *w.10 nur Ez., früher:* Anspruch auf Regalien
Re|gat|ta [ital.] *w. Gen.* - *Mz.*-ten Bootswettfahrt
Ré|gence [reʒã̱s, frz.] *w. Gen. - nur Ez.* frz. Kunstrichtung zur Zeit der Regentschaft Philipps von Orléans; **Re|gen|cy** [ri̱dʒənsi, engl.] *s. Gen. - nur Ez.* engl. Kunstrichtung zur Zeit der Regentschaft Georges IV.
Re|ge|ne|rat [lat.] *s.1 Chem.:* Rohstoff, der durch Aufarbeitung gewonnen wird (z. B. Kautschuk aus Altgummi); **Re|ge|ne|ra|ti|on** [-tsjo̱n] *w.10* **1** Wiederherstellung, Erneuerung; **2** *Med.:* Heilungsprozeß; **3** *Biol.:* Neubildung zerstörter oder verlorener Zellen, Gewebe und Körperteile; *Ggs.:* Degeneration; **3** Wiederherstellung bestimmter Eigenschaften von Rohstoffen (z. B. Kautschuk aus Altgummi); **re|ge|ne|ra|tiv** durch Regeneration entstanden, Regeneration bewirkend; **Re|ge|ne|ra|tor** *m.13* Luftvorwärmer bei Industriefeuerungen; **re|ge|ne|ra|to|risch** → regenerativ; **re|ge|ne|rie|ren** **1** wiederherstellen, erneuern; **2** *Biol.:* neu bilden (Zellen, Gewebe, Körperteile); *Ggs.:* degenerieren; **3** *Chem.:* zurückgewinnen (Rohstoffe aus Altmaterial)
Re|gens [lat.] *m. Gen. - Mz.*-gen|tes oder -gen|ten Vorsteher (bes. eines kath. Priesterseminars)
Re|gens cho|ri [ko̱-, lat.] *österr.:* Re|gens|cho-ri, *m. Gen. - - Mz.*-gen|tes - Leiter eines kath. Kirchenchores
Re|gent [lat.] *m.10* regierender Fürst oder dessen Stellvertreter; **Re|gen|tes** *Mz. von* Regens
Re|ges *Mz. von* Rex
Re|gest [lat.] *s.12,* **Re|ge|stum** *s. Gen.*-s *Mz.* -sta knappe Zusammenfassung des Rechtsinhalts einer Urkunde
Re|gie [-ʒi̱, lat.-frz.] *w.11* **1** *nur Ez.* Verwaltung öffentlicher Unternehmen durch Staat oder Gemeinde; **2** *österr.:* staatl. Verkaufsmonopol (z. B. Tabakregie); **3** *nur Ez.* künstler. Leitung (eines Theaterstücks, Films u. ä.); **Re|gie|be|trieb** *m.1* von einer öffentl. Körperschaft (z. B. dem Staat) geführter Betrieb; **Re|gi|en** [-ʒi̱ən] *w.11 Mz. österr.:* Regiekosten, Unkosten
re|gie|ren [lat.] **1** beherrschen, lenken, leiten; *Gramm.:* nach sich ziehen, fordern; **2** herrschen; **Re|gie|rung** *w.10* **1** Leitung des Staates, Herrschaft; **2** oberste Behörde eines Staates, Gesamtheit der Minister
Re|gime [-ʒi̱m, frz.] *s. Gen.*-(s) *Mz.*-s *oder* -[-ʒi̱mə] Regierung, Regierungsform
Re|gi|ment [lat.] **1** *s.1* Herrschaft, Leitung; das R. führen; **2** *s.3* (*Abk.:* Reg., Regt., Rgt.) Truppeneinheit
Re|gi|na coe|li [tsø̱-, lat. „Königin des Himmels", Anfang eines österl. Marienhymnus] *kath. Bez. für* Maria
Re|gio|lekt [lat. + griech.] *m.1* Sprachgebrauch innerhalb einer Region; **Re|gi|on** [lat.] *w.10* Bereich, Gegend; in höheren Regionen schweben *ugs. übertr.:* nicht in der Wirklichkeit leben; **re|gio|nal** zu einer Region gehörig, sie betreffend; **Re|gio|na|lis-mus** *m. Gen. - nur Ez.* **1** Streben eines Landesteils nach (größerer) Eigenständigkeit im Staatsganzen; **2** Zusammenarbeit mehrerer Staaten zur Lösung gemeinsamer Probleme ihres Gebietes (z. B. in der Europäischen Wirtschaftsgemeinschaft); **3** Heimatdichtung; **re|gio|när** zu einem bestimmten Abschnitt der Körperoberfläche gehörend
Re|gis|seur [-ʒisø̱r, frz.] *m.1 Theater, Film, Funk, Fernsehen:* jmd., der Regie führt, Spielleiter
Re|gi|ster [mlat.] *s.5* **1** Verzeichnis, Liste; **2** eingeschnittene Abecestufen (z. B. am Rand von Telefonbüchern); **3** alphabetisch geordnetes Personen- oder Sachverzeichnis (am Ende von Büchern); **4** *Rechtsw.:* amtl. Verzeichnis über rechtlich wichtige Tatsachen (z. B. Handelsregister); **5** *Buchw.:* Aufeinanderpassen der Druckzeilen von Vorder- und Rückseite; R. halten; **6** *Mus.:* Tonbereich, der von einem Sänger mit gleicher Stimmbandeinstellung gesungen werden kann; *bei der Orgel:* Pfeifenreihe mit gleichem Klangcharakter; alle Register ziehen, spielen lassen *ugs. übertr.:* etwas mit aller Energie betreiben; **7** *in Datenverarbeitungsmaschinen:* ein Speicher; **Re|gi|ster|brief** *m.1* Bescheinigung über die Eintragung eines Schiffes ins Schiffsregister; **re|gi|stered** [re̱dʒistəd, engl.] (*Abk.:* reg., Zeichen: ®) **1** in ein Register eingetragen (Firma), gesetzlich geschützt; **2** *Post: engl. Bez. für* eingeschrieben; **Re|gi|ster|ton|ne** *w.11* (*Abk.:* RT) Raummaß für Schiffe, 2,8 m³; **Re|gi|stra|tur** *w.10* **1** Abteilung für die Ablage des Schriftverkehrs; **2** Aktenschrank; **3** alle Registerzüge der Orgel; **re|gi|strie|ren** **1** in ein Register eintragen, aufzeichnen, buchen; **2** *übertr.:* bewußt wahrnehmen, feststellen; **3** *Mus.:* Orgelregister ziehen, Registerstimmen mischen
Re|gle|ment [regləmã̱, frz.] *s.9, schweiz.:* [-me̱nt] *s.1,* Dienstvorschrift, Geschäftsordnung; **re|gle|men|tie|ren** [-mɛn-] durch Vorschriften regeln, behördlich anordnen, beaufsichtigen
Re|glet|te [frz.] *w.11 Buchw.:* nichtdruckender Metallstreifen für den Durchschuß; **Re-**

gleur [-glør] *m. 1 in Uhren:* den Gang regelnde Spirale

Re|gnum [lat.] *s. Gen.*-s *Mz.*-gna Herrschaft, (König-)Reich

re|gre|die|ren [lat.] zurückgehen, zurückfallen, sich zurückziehen; **Re|greß** *m. 1* **1** *Philos.:* Zurückschreiten von der Wirkung zur Ursache; **2** *Rechtsw.:* Ersatz, Entschädigung; Ersatzanspruch an den Hauptschuldner; **Re|gres|sat** *m. 10* jmd., auf den ein Regreß genommen wird; **Re|gres|si|on** *w. 10* Rückbildung, Rückzug, Zurückbewegung; **re|gres|siv** zurückgreifend, zurückgehend, sich zurückbildend

Regt. *Abk. für* Regiment (**2**)

Re|gu|la fal|si [lat. „Regel des Falschen"] *w. Gen. -- nur Ez. Math.:* ein Verfahren zur Lösung von Gleichungen; **Re|gu|la fi|dei** [-deli, „Regel des Glaubens"] *w. Gen. -- Mz.* -lae - [-lɛ:] die Grundlehren der christl. Kirchen (bes. die Glaubensbekenntnisse); **Re|gu|lar** *m. 1* Mitglied einer Gemeinschaft, die nach festen Regeln lebt, z. B. einer Kongregation, eines Ordens; **re|gu|lär** **1** der Regel entsprechend; *Ggs.:* irregulär; **2** *Math.:* regelmäßig (Körper); **Re|gu|la|re** *m. 11* → Regular; **Re|gu|la|ri|tät** *w. 10 nur Ez.* Regelmäßigkeit, Richtigkeit; *Ggs.:* Irregularität; **Re|gu|lar|kle|ri|ker** *m. 5* **1** Mönch, der nicht in dem Kloster lebt, in das er eingetreten ist; **2** Ordensgeistlicher; **3** *Mz.* den neuzeitl. Formen der Seelsorge angepaßte Ordensgemeinschaft; **Re|gu|la|ti|on** [-tsjon] *w. 10* Regelung, Regulierung, Anpassung, Ausgleich; **re|gu|la|tiv** regelnd, als Regel dienend; **Re|gula|tiv** *s. 1* regelnde Vorschrift, steuerndes Element; **Re|gu|la|tor** *m. 13* **1** Pendeluhr mit regulierbarem Pendel; Gangregler (einer Maschine); **re|gu|lie|ren** **1** regeln, ordnen, in gleichmäßigen Gang bringen; **2** einer Ordensregel unterwerfen; regulierter Kleriker → Regularkleriker; **3** begradigen (Flußlauf)

re|gu|li|nisch [lat.] aus reinem Metall, gediegen; **Re|gu|lus** **1** *m. Gen.* - *Mz.*-lus|se Metallklumpen unter der Schmelzofenschlacke; *auch:* gediegenes Metall; **2** *Mz. auch:* -li ein Vogel, Goldhähnchen

Re|ha|bi|li|tand [lat.] *m. 10* jmd., der rehabilitiert wird; **Re|ha|bi|li|ta|ti|on** [-tsjon] *w. 10* **1** Wiederherstellung der ursprüngl. Lage, Wiedereinsetzung in frühere Rechte, Rechtfertigung, Ehrenrettung; **2** Rückführung von Kranken, Verletzten, Süchtigen mit Dauerschäden zu größtmöglicher Leistungsfähigkeit; Wiedereingliederung ehemaliger Strafgefangener in die Gesellschaft; **re|ha|bi|li|tie|ren** rechtfertigen, in die ursprüngl. Lage oder in frühere Rechte wiedereinsetzen

Re|haut [rəo, frz.] *m. 9* lichte Stelle (auf Gemälden)

Rei|bach *m. Gen.*-s *nur Ez.* → Rebbach

Re|im|plan|ta|ti|on [-tsjon, neulat.] *w. 10 Med.:* Wiedereinpflanzung (bes. eines gezogenen Zahnes ins Zahnbett)

Re|im|port [neulat.] *m. 1,* **Re|im|por|ta|ti|on** [-tsjon] *w. 10* Wiedereinfuhr

Rei|ne|clau|de [rɛ:nəklodə] *w. 11 frz. Schreibung von* Reneklode

Rei|net|te [renɛtə, frz.] *w. 11 österr. und schweiz. Nebenform von* Renette

Re|in|fek|ti|on [-tsjon, lat.] *w. 10* Wiederansteckung (mit den gleichen Erregern); **re|in|fi|zie|ren** sich r.: sich erneut anstecken

Re|in|fu|si|on [lat.] *w. 10* Übertragung eigenen Blutes

Re|in|kar|na|ti|on [-tsjon, lat.] *w. 10* Wiederverkörperung, erneute Fleischwerdung (der Seele nach dem Tode); **re|in|kar|nie|ren** sich r.: sich wiederverkörpern

re|in|stal|lie|ren [lat.] wiedereinsetzen (in ein Amt)

Re|in|te|gra|ti|on [-tsjon, lat.] *w. 10* Wiederherstellung (einer Ganzheit); **re|in|te|grie|ren** wiederherstellen, erneuern

re|in|ve|stie|ren [lat.] erneut investieren; **Re|in|ve|sti|ti|on** [-tsjon] *w. 10* erneute Investition

Réis [rɛis] *Mz. von* Real (**1**)

re|ite|re|tur [reli-, lat.] (*Abk.:* reit.) es werde erneuert (ärztl. Anweisung auf Rezepten)

Reiz|ker [tschech.] *m. 5* Vertreter einer Pilzgattung

Re|jek|ti|on [-tsjon, lat.] *w. 10* **1** *Rechtsw.:* Abweisung (von Anträgen oder Klagen); **2** *Med.:* Abstoßung (bes. von transplantierten Organen); **Re|jek|to|ri|um** *s. Gen.*-s *Mz.*-ri|en abweisendes Urteil eines übergeordneten Gerichtes

Re|ka|pi|tu|la|ti|on [-tsjon, lat.] *w. 10* Wiederholung, Zusammenfassung (der Hauptpunkte), **re|ka|pi|tu|lie|ren** zusammenfassend wiederholen

Re|kla|mant [lat.] *m. 10* jmd., der eine Beschwerde führt, Einspruch erhebt; **Re|kla|ma|ti|on** [-tsjon] *w. 10* Beschwerde, Beanstandung (von Mängeln); **Re|kla|me** [lat.-frz.] *w. 11* Werbung (für Waren); **Re|kla|me|chef** [-ʃɛf] *m. 9* Werbeleiter; **re|kla|mie|ren** **1** beanstanden, zurückfordern; **2** sich beschweren, Einspruch erheben

Re|kli|na|ti|on [-tsjon, lat.] *w. 10 Med.:* Zurückbiegung (der krankhaft gekrümmten Wirbelsäule)

re|ko|gnos|zie|ren [lat.] *Mil.:* auskundschaften, aufklären

Re|kom|bi|na|ti|on [-tsjon, lat.] *w. 10* **1** *Biol.:* Neuzusammenstellung (von Erbfaktoren); **2** *Phys.:* Wiedervereinigung (verschieden geladener Ionen zu neutralen Gebilden)

Re|kom|man|da|ti|on [-tsjon, lat.] *w. 10* **1** *veraltet:* Empfehlung; **2** *österr.:* Einschreiben (Post); **re|kom|man|die|ren** **1** *veraltet:* empfehlen; **2** *österr.:* einschreiben lassen; rekommandierter Brief: eingeschriebener Brief

Re|kom|pens [lat.], **Re|kom|pen|sa|ti|on** [-tsjon] *w. 10* Entschädigung; **re|kom|pen|sie|ren** entschädigen
Re|kon|sti|tu|ti|on [-tsjon, lat.] *w. 10* Wiederherstellung
re|kon|stru|ie|ren [lat.] nachbilden, wiederherstellen; **Re|kon|struk|ti|on** [-tsjon] *w. 10* Nachbildung, Wiederherstellung
Re|kon|va|les|zent [lat.] *m. 10* Genesender; **Re|kon|va|les|zenz** *w. 10 nur Ez.* Genesung
Re|kon|zi|lia|ti|on [-tsjon, lat.] *w. 10* **1** erneute Weihe (einer Kirche); **2** Wiederaufnahme (eines Büßers) in die Kirchengemeinschaft
Re|kord [lat.-engl.] *m. 1* Höchstleistung (eines Sportlers); **Re|kord...** *in Zus.:* höchste Steigerung, z. B. Rekordbesuch; **Re|kor|der** *m. 5* → Recorder
Re|krea|ti|on [-tsjon, lat.] *w. 10 veraltet:* Erholung, Erfrischung; **re|kre|ie|ren** sich r. *veraltet:* sich erfrischen, sich erholen
Re|krut [frz.] *m. 10* Soldat in der Grundausbildung; **re|kru|tie|ren** **1** (als Rekrut) einberufen; **2** sich r.: sich ergänzen, sich zusammensetzen
Rek|ta *Mz. von* Rektum
Rek|ta|in|dos|sa|ment [lat.-ital.] *s. 1,* **Rek|ta|klau|sel** [lat.] *w. 11* Verbot der Übertragung durch Indossament (auf Orderpapieren)
rek|tal [lat.] zum Mastdarm gehörend, im, durch den Mastdarm; Temperatur r. messen; **Rek|tal|tem|pe|ra|tur** [lat.] *w. 10* im Mastdarm gemessene Körpertemperatur
rekt|an|gu|lär [lat.] rechtwinklig
Rek|ta|pa|pier *s. 1* auf den Namen des Berechtigten lautendes (unübertragbares) Wertpapier; **Rek|ta|scheck** *m. 9 oder m. 1* Scheck mit Rektaklausel; **Rekt|as|zen|si|on** [lat.] *w. 10 in Sternkarten:* Koordinate eines Sterns; **rek|te** → recte; **Rek|ti|fi|kat** *s. 1 Chem.:* Fraktion (nach wiederholter Destillation); **Rek|ti|fi|ka|ti|on** [-tsjon] *w. 10* **1** *veraltet:* Berichtigung, Reinigung; **2** *Chem.:* wiederholte Destillation; **3** *Math.:* Längenbestimmung des Bogens einer gekrümmten Kurve
Rek|ti|on [-tsjon, lat.] *w. 10* Fähigkeit eines Wortes, einen bestimmten Kasus eines von ihm abhängigen Wortes oder eine bestimmte Präposition zu fordern
Rek|to [lat.] *s. 9* Vorderseite (eines Blattes im Buch); *Ggs.:* Verso
Rek|tor [mlat.] *m. 13* **1** Leiter (einer Hochschule oder Schule); **2** leitender Geistlicher (einer Nebenkirche o. ä.); **Rek|to|rat** *s. 1* Amt, Amtszeit, Diensträume eines Rektors; **Rek|to|rin** *w. 10* weibl. Rektor
Rek|to|skop [lat. + griech.] *s. 1 Med.:* Mastdarmspiegel; **Rek|to|sko|pie** *w. 11* Untersuchung des Mastdarms mit dem Rektoskop; **Rek|tum** [lat.] *s. Gen.* -s *Mz.* -ta Mastdarm
Re|ku|pe|ra|ti|on [-tsjon, lat.] *w. 10 nur Ez. bei Kokereiöfen:* Verfahren zur Luftvorwärmung durch heiße Abgase; **Re|ku|pe|ra|tor** *m. 13* Luftvorwärmer
Re|kur|rens|fie|ber [lat.] *s. 5* Rückfallfieber; **re|kur|rie|ren** *veraltet* **1** (zu etwas) Zuflucht nehmen; **2** *Rechtsw.:* Beschwerde, Berufung einlegen; **Re|kurs** *m. 1 Rechtsw. veraltet:* Beschwerde, Berufung; **Re|kur|si|ons|for|mel** [lat.] *w. 11* mathemat. Formel, durch deren immer wiederkehrende Anwendung ein Problem schließlich gelöst wird; **re|kur|siv** *Math.:* (auf bekannte Werte) zurückgehend
Re|lais [rəlɛ, frz.] *s. Gen.* - [rəlɛ(s)] *Mz.* - [rəlɛs] **1** *früher:* Postenkette; **2** *früher:* Station zum Wechseln der Postpferde; **3** elektr. Gerät, das mit Hilfe von kleinen Energien große schaltet; **Re|lais|sta|ti|on** [-tsjo:n] *w. 10* Verstärkerstelle bei der Nachrichtenübertragung zur Auffrischung der durch Leitungsverluste geschwächten Signale
Re|laps [lat.] *m. 1* Rückfall (in eine Krankheit), erneuter Anfall (z. B. von Fieber)
Re|la|ti|on [-tsjon, lat.] *w. 10* Beziehung, Verhältnis (mehrerer Dinge zueinander); **re|la|tiv** **1** auf etwas bezogen; **2** eingeschränkt, verhältnismäßig; *Ggs.:* absolut; **3** *Gramm.:* auf ein vorher genanntes Wort bezüglich; **Re|la|tiv** *s. 1* → Relativpronomen; **Re|la|ti|va** [-va] *Mz. von* Relativum; **re|la|ti|vie|ren** [-vi-] **1** in Beziehung setzen; **2** einschränken, als bedingt ansehen; **Re|la|ti|vis|mus** *m. Gen.* - *nur Ez.* Lehre, daß nur relative, keine absolute Erkenntnis möglich sei, daß alle Dinge nur in ihren Beziehungen zueinander, aber nicht an sich erkennbar seien; **Re|la|ti|vi|tät** *w. 10* **1** Bezüglichkeit, Bezogenheit; **2** Bedingtheit, eingeschränkte Gültigkeit; **Re|la|ti|vi|täts|theo|rie** *w. 11 nur Ez.* von Albert Einstein aufgestellte Theorie über Raum, Zeit, Masse und Energie, in der die Lichtgeschwindigkeit als die höchste für Materie erreichbare Geschwindigkeit angesehen wird und die Masse m und Energie E über die Lichtgeschwindigkeit c in der Beziehung $E = mc^2$ verbunden sind; **Re|la|tiv|pro|no|men** *s. 7, Mz. auch:* -mi|na, **Re|la|ti|vum** *s. Gen.* -s *Mz.* -va, *Gramm.:* bezügliches Fürwort
Re|la|xans [lat.] *s. Gen.* - *Mz.* -xan|tia [-tsja] *od.* -zi|en Entspannung oder Erschlaffung bewirkendes Arzneimittel; **Re|la|xa|ti|on** [-tsjon] *w. 10* **1** Erschlaffung, Entspannung (z. B. von Muskeln); **2** *Phys.:* das Zurückbleiben einer Wirkung hinter einer Ursache; **3** Wiederherstellung eines chemischen Gleichgewichts nach einer vorangegangenen Störung
Re|lease-Zen|trum [riliz-, engl.] *s. Gen.* -s *Mz.* -tren durch Privatinitiative entstandene Einrichtung zur Behandlung von Süchtigen
Re|le|ga|ti|on [-tsjon, lat.] *w. 10* Verweisung (von einer Schule oder Hochschule); **rele-**

gie|ren (von einer Schule oder Hochschule) verweisen
re|le|vant [-vant, lat.-frz.] von Belang, erheblich, wichtig; *Ggs.:* irrelevant; **Re|le|vanz** *w.10* Wichtigkeit, Erheblichkeit
Re|lia|bi|li|tät [lat.] *w.10* Zuverlässigkeit, Meßgenauigkeit (bei Testverfahren)
Re|li|ef [-ljef, frz.] *s.9 oder s.1* **1** Form der Erdoberfläche; **2** kartograph. Nachbildung der Erdoberfläche; **3** aus einer Fläche erhaben herausgearbeitete Plastik
Re|li|gi|on [lat.] *w.10* **1** Glaube an eine oder mehrere überird. Mächte sowie deren Kult; **2** Glaubensbekenntnis, z. B. christl. R.; **re|li|gi|ös** **1** zur Religion gehörend, auf ihr beruhend; **2** einer Religion verbunden, gläubig, fromm; *Ggs.:* irreligiös; **Re|li|gio|se(r)** *m.18(17)* Mitglied einer kath. relig. Genossenschaft mit einfachen Gelübden; **Re|li|gio|si|tät** *w.10 nur Ez.* Verbundensein mit einer Religion, Gläubigkeit; *Ggs.:* Irreligiosität
re|likt [lat.] nur noch als Relikt vorkommend; **Re|likt** *s.1* Überrest, Überbleibsel aus der Vergangenheit, z. B. Pflanze, Tier, geolog. Formation, Sprachform; **Re|lik|ten** *nur Mz. veraltet:* Hinterbliebene, Hinterlassenschaft; **Re|lik|ten|fau|na,** Re|likt|fau|na *w. Gen. - Mz.*-nen Reste ehemals weitverbreiteter Tierarten; **Re|lik|ten|flo|ra,** Re|likt|flo|ra *w. Gen. - Mz.*-ren Reste ehemals weitverbreiteter Pflanzenarten
Re|li|qui|ar [mlat.] *s.1* Reliquienbehälter; **Re|li|quie** [-kviə] *w.11* kultisch verehrter Überrest (eines Heiligen), einem Heiligen einstmals gehörender Gegenstand
Re|luk|tanz [lat.] *w.10 Phys.:* magnet. Widerstand
rem [engl., Kurzw. aus roentgen equivalent man] *s. Gen. - Mz. -* Maßeinheit für absorbierte Strahlung (zur Untersuchung ihrer biolog. Wirksamkeit); vgl. rep
Re|make [rimeik, engl.] *s.9* Wiederholung, Neufassung, *bes.:* Wiederverfilmung
re|ma|nent [lat.] zurückbleibend; **Re|ma|nenz** *w.10* **1** *nur Ez. Phys.:* remanenter Magnetismus (Restmagnetismus in Stahl und Eisen nach Verschwinden des magnetisierenden Feldes); **2** verbleibende Dauererregung (in gewissen Hirnzentren)
Re|ma|nit *m.1* ⓦ ein nichtrostender Stahl
Rem|bours [rābur, frz.] *m. Gen. - Mz. -* **1** Erstattung (von Auslagen); **2** *Überseehandel:* Zahlung durch Vermittlung einer Bank; **rem|bour|sie|ren** **1** erstatten, vergüten; **2** durch Rembours (**2**) begleichen
Re|me|di|um *s. Gen.*-s *Mz.*-dia *oder* -di|en **1** Heil-, Arzneimittel; **2** *bei Münzen:* zulässige Abweichung vom festgelegten Gewicht und Feingehalt
Re|mi|grant [lat.] *m.10* Rückwanderer; vgl. Emigrant; **re|mi|grie|ren** zurückwandern
re|mi|li|ta|ri|sie|ren [lat.-frz.] wiederbewaffnen (Land)
Re|mi|nis|zenz [lat.] *w.10* Erinnerung, Anklang, Nachwirkung; **Re|mi|nis|ze|re** [lat. „gedenke!"] fünfter Sonntag vor Ostern
re|mis [rəmi, frz.] *unflektierbar, bes. Schach:* unentschieden; **Re|mis** *s. Gen. - Mz. - oder* -mi|sen unentschiedener Ausgang; **Re|mi|se** *w.11* **1** *veraltet:* Abstell-, Wagenschuppen; **2** *Forstw.:* Schutzgehölz für Niederwild; **3** unentschiedene Schachpartie; **Re|mi|sier** [rəmizje, frz.] *m.9* Börsenmakler; **re|mi|sie|ren** unentschiedenen Ausgang erzielen
Re|mis|si|on [lat.] *w.10* **1** Rückgabe, Rücksendung; **2** vorübergehendes Nachlassen (von Krankheitserscheinungen); **3** Zurückwerfen (von Licht an undurchsichtigen Flächen); **4** *veraltet:* Milderung, Strafnachlaß;
Re|mit|ten|de *w.11* nicht verkauftes Druckwerk, das dem Verlag zurückgegeben wird; **Re|mit|tent** *m.10* Wechselnehmer; **re|mit|tie|ren** **1** zurückgeben, zurücksenden; **2** zeitweilig nachlassen (von Krankheitserscheinungen); remittierendes Fieber
re|mo|ne|ti|sie|ren [lat.] wieder als Zahlungsmittel zulassen (Münzen)
Re|mon|ta|ge [-ʒə, frz.] *w.11* **1** Wiedererrichtung (abgerissener Industrieanlagen); **2** Zusammenbau einer Uhr; **re|mon|tant** [auch: remɔ̃tant] zweimal (im Jahr) blühend; **Re|mon|te** [auch: -mɔ̃tə] *w.11* **1** in Ausbildung befindl. Militärpferd; **2** Auffrischung des Pferdebestandes; **re|mon|tie|ren** **1** wiederaufbauen; zusammensetzen; **2** zum zweiten Mal blühen; **3** *Mil.:* Jungpferde ankaufen
Re|mor|queur [-kør, frz.] *m.1 österr.:* (kleiner) Schleppdampfer; **re|mor|quie|ren** [-ki-] mit Remorqueur schleppen
Re|mou|la|de [-mu-, frz.] *w.11* pikante kalte Soße aus Öl, Ei und Gewürzen
Re|mu|ne|ra|ti|on [-tsjon, lat.] *w.10 veraltet, noch österr.:* Vergütung, Sonderzahlung, Belohnung, z. B. Weihnachtsremuneration
Ren [auch: ren, skand.] *s.9 oder s.1* eine Hirschart
Re|nais|sance [-rənesās, frz.] *w.11* Wiederaufleben früherer Kulturformen, bes. der Antike im 14. bis 16. Jh. in Europa
re|nal [lat.] zu den Nieren gehörend, von ihnen ausgehend
Ren|con|tre [rākɔ̃trə] *s.9* → Renkontre
Ren|dant [frz.] *m.10 veraltet:* Kassenverwalter (einer Gemeinde); **Ren|dan|tur** *w.10 veraltet:* Kassenstelle, -behörde
Ren|de|ment [rādəmā, frz.] *s.9* Ertrag, Ausbeute (von Produkten aus einem Rohstoff)
Ren|dez|vous [rādevu, frz.] *s. Gen. -* [-vus] *Mz. -* [-vus] **1** Verabredung, Stelldichein; **2** *übertr.:* Annäherung von Weltraumfahrzeugen aneinander (zur Kopplung); **Ren|dez|vous|tech|nik** *w.10* Technik der Annäherung von Weltraumfahrzeugen

Ren|di|te [ital.] *w.11* Gewinn, Zinsertrag (aus Kapitalanlage); **Ren|di|ten|haus** *s.4 schweiz.:* Mietshaus

Re|ne|gat [lat.] *m.10* Abtrünniger (eines Glaubens, *im kommunist. Sprachgebrauch auch:* einer polit. Überzeugung)

Re|ne|klo|de [frz. reine Claude „Königin Claudia", eine Gemahlin Franz' I. von Frankreich] *w.11* eine Pflaumenart

Re|net|te [frz.] *w.11* eine Apfelsorte

Ren|for|cé [rãfɔrse, frz.] *m.9 oder s.9* ein Baumwollgewebe

re|ni|tent [lat.] widerspenstig, widersetzlich

Ren|kon|tre [rãkɔ̃trə, frz.] *s.9 veraltet:* Zusammenstoß, unerwartete Feindberührung

Re|nom|mee [frz.] *s.9* Ruf, Leumund, Ansehen; **re|nom|mie|ren** prahlen, aufschneiden; **re|nom|miert** angesehen, namhaft; **Re|nom|mist** *m.10* Prahler, Angeber

Re|non|ce [rənɔ̃s(ə), frz.] *w.11 Kartenspiel:* Fehlfarbe; **re|non|cie|ren** [-si-] *veraltet:* verzichten

Re|no|va|ti|on [-vatsjon, lat.] *w.10* Wiederherstellung, Instandsetzung, Erneuerung; **re|no|vie|ren** [-vi-] instandsetzen, erneuern

ren|ta|bel [frz.] vorteilhaft, gewinnbringend; **Ren|ta|bi|li|tät** *w.10 nur Ez.* Wirtschaftlichkeit, Verzinsung

Rent|amt *s.4* Dienststelle für Finanz-, Kassenverwaltung; **Ren|te** [frz.] *w.11* regelmäßiges Einkommen aus Versicherung, Vermögen o. ä.

Ren|tier *s.1* → Ren

Ren|tier [-tje, frz.] *m.9* jmd., der von einer (privaten) Rente lebt; **Ren|tie|re** [-tje-] *w.11* weibl. Rentier; **ren|tie|ren** sich r.: Zinsen tragen, Gewinn bringen; *übertr.:* sich lohnen

Re|nu|me|ra|ti|on [-tsjon, lat.] *w.10* Rückzahlung

Ren|voi [rãvoa, frz.] *m. Gen. - nur Ez.* **1** *Wirtsch.:* Rücksendung; **2** *Rechtsw.:* Zurück-, Weiterverweisung

Re|ok|ku|pa|ti|on [-tsjon, lat.] *w.10 Mil.:* Wiederbesetzung (eines Gebietes)

Re|or|ga|ni|sa|ti|on [-tsjon, lat.-frz.] *w.10* **1** Neuregelung, Umgestaltung; **2** Genesung, Neubildung von Körpergewebe; **re|or|ga|ni|sie|ren** neu ordnen, neu gestalten

rep [engl., Kurzw. aus roentgen equivalent physical] *s. Gen. - Mz. -* Maßeinheit für absorbierte Strahlung; vgl. rem

rep. *Abk. für* **1** repartiert; **2** repetatur

Rep. *Abk. für* repetatur

re|pa|ra|bel [lat.] wiederherstellbar, so beschaffen, daß man es reparieren kann; *Ggs.:* irreparabel; **Re|pa|ra|ti|on** [-tsjon] *w.10* **1** eine Form der Regeneration, Ersatz von Körpergewebe; **2** *nur Mz.* Kriegsentschädigungen (zugunsten des Siegers); **Re|pa|ra|tur** *w.10* Ausbesserung, Instandsetzung; **re|pa|rie|ren** ausbessern, instand setzen

re|par|tie|ren [lat.-frz.] **1** (Kosten) umlegen; **2** (Wertpapiere anteilsmäßig) zuteilen; **re|par|tiert** (*Abk.:* rep.) zugeteilt (Börsenwerte)

re|pas|sie|ren [lat.] **1** *veraltet:* zurückweisen; **2** aufnehmen (Laufmasche); **3** nachbehandeln (Werkstück); **4** nochmals prüfen, durchsehen

Re|pa|tri|ant [lat.] *m.10* jmd., der repatriiert wird; **re|pa|tri|ie|ren** **1** in die Heimat entlassen (Gefangene); **2** wieder einbürgern

Re|pel|lent [engl.] *s.9 Chem.:* Mittel, das Wasser u. ä. abstößt, ohne zu schaden, oder Schädlinge fernhält, ohne diese zu töten (z. B. Schutzanstrich, Räuchermittel)

Re|per|kus|si|on [lat.] *w.10* **1** Rückprall, Zurückwerfung; **2** Sprechton (beim Psalmenvortrag); **3** *Musik:* Durchführung des Themas durch alle Stimmen (bei der Fuge); *auch:* mehrfache Wiederholung des gleichen Tons

Re|per|toire [-toar, lat.-frz.] *s.9* Bestand an eingeübten Stücken bzw. Rollen (bei Orchestern, Schauspielern, Musikern); **Re|per|to|ri|um** [lat.] *s. Gen.* -s *Mz.* -ri|en Nachschlagewerk

re|pe|ta|tur [lat. „es werde erneuert"] (*Abk.:* rep., Rep.) ärztl. Angabe auf Rezepten, daß die Verordnung wiederholt ausgeführt werden darf; **Re|pe|tent** *m.10 veraltet:* **1** → Repetitor; **2** Schüler, der eine Klasse wiederholt; **re|pe|tie|ren** wiederholen; **Re|pe|tier|gewehr** *s.1* Mehrladegewehr; **Re|pe|tier|uhr** *w.10* Taschenuhr mit Schlagwerk; **Re|pe|ti|ti|on** [-tsjon] *w.10* Wiederholung; **Re|pe|ti|tor** *m.13* Akademiker, der Studenten (bes. der jurist. Fakultät) durch Wiederholung des Stoffes auf die Prüfung vorbereitet, Einpauker; **Re|pe|ti|to|ri|um** *s. Gen.* -s *Mz.* -ri|en **1** Wiederholungsunterricht; **2** Wiederholungslehrbuch

Re|plan|ta|ti|on [-tsjon] *w.10* → Reimplantation

Re|plik [lat.] *w.10* **1** Erwiderung, Einrede (vor Gericht); vgl. Duplik; **2** Nachbildung eines Kunstwerks durch den Künstler selbst; vgl. Kopie (3); **re|pli|zie|ren** [lat.] **1** eine Replik anfertigen; **2** etwas r.: auf etwas antworten, entgegnen

re|po|ni|bel [lat.] wiedereinrichtbar (Bruch, Verrenkung); *Ggs.:* irreponibel; **re|po|nie|ren** wiedereinrichten

Re|port [lat.-frz.] *m.1* **1** Bericht; **2** Vergütung dafür, daß eine Lieferung später als vereinbart erfolgt; *Ggs.:* Deport; **Re|por|ta|ge** [-ʒə] *w.11* (aktueller) Bericht eines Reporters; **Re|por|ter** *m.5* Berichterstatter (für Presse, Funk, Fernsehen)

Re|po|si|ti|on [-tsjon, lat.] *w.10* Wiedereinrichtung (von Brüchen oder Verrenkungen)

re|prä|sen|ta|bel [lat.-frz.] stattlich, wirkungsvoll; **Re|prä|sen|tant** *m.10* Vertreter, Handelsvertreter; Volksvertreter, Abgeordneter; **Re|prä|sen|tan|ten|haus** *s.4* zweite Kammer des US-amerikan. Parlaments; **Re|prä|sen|tanz** *w. 10* (geschäftl.) Vertretung; **Re|prä|sen|ta|ti|on** [-tsjon] *w. 10* **1** würdiges Auftreten; gesellschaftl. Aufwand; **2** Stellvertretung, *bes.:* Volksvertretung durch Abgeordnete; **re|prä|sen|ta|tiv** **1** vertretend, eine Personenmenge nach ihren Merkmalen widerspiegelnd; repräsentativer Querschnitt; **2** wirkungsvoll, würdig; **Re|prä|sen|ta|tiv|er|he|bung** *w. 10* Erhebung auf Grund einer Stichprobe, bei der das Ergebnis stellvertretend für das Ganze gewertet wird; **Re|prä|sen|ta|tiv|sy|stem** *s. 1* auf Volksvertretung durch Abgeordnete beruhendes polit. System; **re|prä|sen|tie|ren** **1** vertreten; (einen Wert) darstellen; **2** würdig auftreten, einen der gesellschaftl. Stellung entsprechenden Aufwand treiben

Re|pres|sa|lie [-ljə, lat.] *w. 11* Vergeltung, Gegenmaßnahme, Druckmittel; **Re|pres|si|on** *w. 10* Hemmung, Unterdrückung; **re|pres|siv** unterdrückend, entgegenwirkend

Re|print [ri:print, engl.] *s. 9* (photomechan.) Nach-, Neudruck

Re|pri|se [lat.-frz.] *w. 11* **1** *allg.:* Wiederaufnahme, Zurücknahme; **2** *Börse:* Steigen gefallener Kurse; **3** *Mus.:* Wiederholung; **4** *Theater:* Wiederaufnahme eines Stückes in den Spielplan; **5** *Seerecht:* Zurückeroberung einer Prise

re|pri|va|ti|sie|ren [-va-] öffentl. Eigentum r.: in Privatbesitz rücküberführen, entnationalisieren

Re|pro... *in Zus.: Kurzw. für* Reproduktion, z. B. Reprokamera

Re|pro|duk|ti|on [-tsjon, lat.] *w. 10* **1** Wiedergabe, Nachbildung (durch Photographie oder Druck); **2** Vervielfältigung; **3** Fortpflanzung; **4** Wiederbeschaffung oder Wiederherstellung (betriebl. genutzter Güter); **re|pro|duk|tiv** **1** nachschaffend; **2** *Med.:* wiederersetzend; **re|pro|du|zie|ren** (durch Photographie oder Druck) wiedergeben; aus dem Gedächtnis hervorholen und zum Ausdruck bringen; **Re|pro|gra|phie** [lat. + griech.] *w. 11* Verfahren der Reproduktion von Dokumenten wie Photokopie, Mikrokopie usw.

Rep|til [lat.] *s. Gen.*-s *Mz.*-li|en *oder s. 1* Kriechtier

Re|pu|blik [auch: -blik, lat.-frz.] *w. 10* Staatsform, in der die Regierung auf bestimmte Zeit gewählt wird; **Re|pu|bli|ka|ner** *m. 5* Anhänger der republikan. Staatsform oder einer republikan. Partei; **Re|pu|bli|ka|nis|mus** *m. Gen.* - *nur Ez. veraltet:* Streben nach republikan. Staatsform

Re|pu|dia|ti|on [-tsjon, lat.] *w. 10 veraltet:* Verschmähung, Zurückweisung (z. B. von Geld, das keine oder nur geringe Kaufkraft besitzt)

Re|pu|gnanz [lat.] *w. 10 Philos.:* Gegensatz, Widerstreit

Re|puls [lat.] *m. 1 veraltet:* Ablehnung (eines Gesuchs); **Re|pul|si|on** *w. 10 Tech.:* Abstoßung, Rückstoß; **Re|pul|si|ons|mo|tor** *m. 13* ein Wechselstrommotor; **re|pul|siv** zurück-, abstoßend

Re|pun|ze [lat.-ital.] *w. 11* Feingehaltsstempel (auf Waren aus Edelmetall); **re|pun|zie|ren** mit einer Repunze versehen

Re|pu|ta|ti|on [-tsjon, lat.-frz.] *w. 10 nur Ez.* Ansehen, Ruf; **re|pu|tier|lich** *veraltet:* achtbar, ehrbar, angesehen

Re|qui|em [-kviεm, lat.] *s. 9 österr. Mz. auch:* -qui|en **1** kath. Totenmesse; **2** deren Vertonung; **re|qui|es|cat in pa|ce** [-kat -tsə] (*Abk.:* R. I. P.) er, sie ruhe in Frieden (Grabinschrift, nach der Schlußformel der kath. Totenmesse)

re|qui|rie|ren [lat.] **1** (für militär. Zwecke) beschlagnahmen, **2** *ugs. scherzh.:* wegnehmen, entwenden; **3** untersuchen, nachforschen; **4** um Rechtshilfe ersuchen; **Re|qui|sit** *s. 12* **1** Arbeitsgerät, Zubehör; **2** *meist Mz.* Ausstattungsgegenstände (für Bühnenstücke oder Filme); **Re|qui|si|teur** [-tør, lat.-frz.] *m. 1 Theater:* Verwalter der Requisiten; **Re|qui|si|ti|on** [-tsjon, lat.] *w. 10* **1** Beschlagnahme (für militär. Zwecke); **2** Ersuchen um Rechtshilfe

RES, R. E. S. *Med.: Abk. für* retikuloendotheliales System

Res co|gi|tans [lat. „denkendes Wesen"] *w. Gen.* -- *nur Ez. Philos.:* Geist, Seele

Re|search [risətʃ, engl.] *s. Gen.*-(s) *Mz.*-s Forschung; *bes. Markt-, Meinungsforschung:* Ermittlung, Feststellung

Re|se|da [lat.] *w. 9,* **Re|se|de** *w. 11* eine Zierpflanze

Re|sek|ti|on [-tsjon, lat.] *w. 10* chirurg. Entfernung (eines Organs oder Organteils)

Re|sen [griech.-lat.] *s. 1* ein Bestandteil des Harzes

Re|ser|va|ge [-vaʒə, lat.-frz.] *w. 11 nur Ez. beim Zeugdruck:* Schutzbeize für die nichtdruckenden Stellen; **Re|ser|vat** [-vat, lat.] *s. 1* **1** Rechtsvorbehalt, Sonderrecht; **2** Schutzgebiet für Volksgruppen (bes. die Indianer in Nordamerika), für Tiere oder Pflanzen; **Re|ser|vat|fall** *m. 2 kath. Kirche:* Fall, der dem Papst od. einem Bischof zur Entscheidung vorbehalten ist; **Re|ser|va|tio men|ta|lis** [-tsjo] *w. Gen.* -- *Mz.* -tio|nes [-tsjones] -ta|les *Rechtsw.:* geheimer Vorbehalt; **Re|ser|va|ti|on** [-tsjon] *w. 10* → Reservat; **Re|ser|vat|recht** *s. 1* Sonderrecht; **Re|ser|ve** *w. 11* **1** *nur Ez.* Verschlossenheit, Zurückhaltung; **2** Ersatz, Vorrat, Rücklage; etwas in Reserve haben: vorrätig haben; stille Reserven *Wirtsch.:* Kapitalrücklage; **3** *Mil.:* Gesamtheit der Reservisten; *auch:* im Krieg bereitgehaltene Ersatztruppe; **re|ser|vie|ren** vorbestellen; **re|ser|viert** **1** vorbestellt; **2** *übertr.:* abweisend, kühl, zurückhaltend; **Re|ser|vist** *m. 10* aus dem ak-

tiven Dienst ausgeschiedener Wehrpflichtiger; **Re|ser|voir** [-voar, frz.] *s. 1* **1** Sammelbehälter, Speicher (z. B. für Wasser); **2** *übertr.:* Bestand, Vorrat
Res ex|ten|sa [lat. „ausgedehntes Wesen"] *w. Gen. - - nur Ez. Philos.:* Materie, Stoff
re|se|zie|ren [lat.] chirurgisch entfernen, herausschneiden
Re|si|dent [lat.] *m. 10* **1** Gesandter der dritten Rangklasse; **2** Vertreter einer Kolonialmacht bei einem eingeborenen Fürsten; **3** Statthalter; **Re|si|denz** *w. 10* Wohn-, Amtssitz eines weltl. oder geistl. Oberhauptes, Regierungssitz, Hauptstadt; **Re|si|denz-pflicht** *w. 10 nur Ez.* Pflicht, am Dienstort zu wohnen (bei Beamten, Rechtsanwälten u. a.); **re|si|die|ren** seinen Regierungs-, Amts- bzw. Wohnsitz haben
re|si|du|al [lat.] *Med.:* restlich, zurückbleibend; **Re|si|du|um** *s. Gen.* -s *Mz.* -du|en Rest, Rückstand, Bodensatz
Re|si|gna|ti|on [rezignatsjon oder -ziŋna-, lat.] *w. 10 nur Ez.* **1** Entsagung, Verzicht, Ergebung (in das Schicksal); **2** *auch:* freiwillige Niederlegung eines öffentl. Amtes; **re|si|gnie-ren** [-zigni- oder -ziŋni-] sich in sein Schicksal ergeben; **re|si|gniert** verzichtend, entsagend, (in seine Lage) ergeben, mutlos
Re|si|nat [lat.] *s. 1* ein Salz der Harzsäure
Ré|si|stance [rezistãs, frz.] *w. Gen. - nur Ez.* frz. Widerstandsbewegung im Zweiten Weltkrieg; **re|si|stent** [lat.] widerstandsfähig; **Re-si|stenz** *w. 10* Widerstand, Gegenwehr; Widerstandsfähigkeit (des Organismus gegen Krankheitserreger), Unempfindlichkeit (von Bakterien gegen bestimmte Arzneimittel); **re|si|stie|ren** widerstehen, ausdauern, zählebig sein; **re|si|stiv** widerstehend; **Re|si|sti|vi-tät** *w. 10 nur Ez. Med.:* Widerstandsfähigkeit
re|so|lut [lat.-frz.] beherzt, entschlossen, tatkräftig, energisch; **Re|so|lu|ti|on** [-tsjon, lat.] *w. 10* **1** Entschließung, Beschluß; **2** Rückgang (von Krankheitserscheinungen); **Re|sol-ven|te** *w. 11* Hilfsgleichung (zur Lösung einer algebraischen Aufgabe); **re|sol|vie|ren** **1** eine Resolution fassen; **2** *Math.:* eine Hilfsgleichung zur Lösung einer algebraischen Aufgabe aufstellen; **3** *veraltet:* beschließen; sich r.: sich entschließen
Re|so|nanz [lat.] *w. 10* **1** Mittönen, Mitschwingen; **2** *nur Ez. übertr.:* Anklang, Widerhall; **Re|so|nanz|bo|den** *m. 8 bei Saiteninstrumenten:* klangverstärkender Holzboden; **Re|so|nanz|sai|te** *w. 11* → Aliquotsaite; **Re-so|na|tor** *m. 13* mitschwingender Körper, z. B. das Holzgehäuse bei Saiteninstrumenten; **re|so|nie|ren** mitschwingen
Re|so|pal [Kunstw.] *s. 1 nur Ez.* ® ein Kunststoff
Re|sor|bens [lat.] *s. Gen. - Mz.* -ben|tia [-tsja] *oder* -ben|zi|en *Med.:* Mittel zur Anregung der Resorption; **re|sor|bie|ren** aufnehmen, einsaugen; **Re|sorp|ti|on** [-tsjon] *w. 10* Aufnahme, Aufsaugen (eines gelösten Stoffes)
Re|sor|zin [Kunstw.] *s. 1 nur Ez. Chem.:* ein zweiwertiges Phenol (als Antiseptikum und für Farbstoffherstellung verwendet)
re|so|zia|li|sie|ren wieder in die Gesellschaft eingliedern (ehemalige Strafgefangene)
resp. *Abk. für* respektive; **Re|spekt** [lat.-frz.] *m. 1 nur Ez.* **1** Achtung, Ehrerbietung, Ehrfurcht; **2** → Respektrand; **re|spek|ta|bel** achtbar, achtunggebietend; **Re|spekt|blatt** *s. 4* leeres Blatt (am Anfang eines Buches oder eines mehrseitigen Schriftstückes); **re|spek-tie|ren** **1** achten, anerkennen, ehren; **2** *Wirtschaft:* bezahlen (Wechsel); **re|spek|tiv** *veraltet:* jeweilig; **re|spek|ti|ve** (*Abk.:* resp.) beziehungsweise; **Re|spekt|rand** *m. 4* leerer Rand (z. B. auf Brief- oder Buchseiten)
re|spi|ra|bel [mlat.] *Med.:* atembar (Gas, Luft); **Re|spi|ra|ti|on** [-tsjon, lat.] *w. 10 nur Ez.* Atmung; **Re|spi|ra|tor** *m. 13* Atemfilter, -gerät; **re|spi|rie|ren** atmen; **Re|spi|ro** [ital.] *m. 9 nur Ez.* Aufschub, Zahlungsfrist
re|spon|die|ren [lat.] antworten (im Wechselgesang); **Re|spon|so|ri|um** *s. Gen.* -s *Mz.* -ri|en kirchl. Wechselgesang
Res pu|bli|ca [lat. „öffentl. Sache"] *w. Gen. - - Mz. - -cae* [-kɛ:] Gemeinwesen, Staat
Res|sen|ti|ment [rɛsãtimã, frz.] *s. 9* gefühlsmäßige Ablehnung, meist aus früheren, teilweise nicht mehr bewußten Erfahrungen heraus; Ressentiments: negative Gefühle, z. B. Abneigung, Groll, Ärger
Res|sort [rɛsor, frz.] *s. 9* Amts-, Geschäftsbereich, Aufgabengebiet; **res|sor|tie|ren** *veraltet:* unterstehen, einem Ressort zugehören
Res|sour|ce [-surs(ə), lat.-frz.] *w. 11 meist Mz.* Rohstoff-, Hilfsquellen, Geldmittel
Re|stant [lat.-ital.] *m. 10* **1** Schuldner im Zahlungsrückstand; **2** unverkäufl. Ware, Ladenhüter; **3** nicht abgehobenes Wertpapier;
Re|stanz *w. 10 schweiz.:* Restbetrag
Re|stau|rant [rɛstorã, lat.-frz.] *s. 9* Gaststätte; **Re|stau|ra|teur** [rɛstoratør] *m. 1* Gastwirt; **Re|stau|ra|ti|on** *w. 10* **1** [rɛstoratsjon] *veraltet, noch österr.:* Gaststätte; **2** [rɛstauratsjon] Erhaltung, Ausbesserung (beschädigter Kunstwerke), Wiederherstellung (früherer polit. oder relig. Zustände); **re|stau|ra|tiv** [rɛstau-] auf die Wiederherstellung alter Ordnungen gerichtet; **Re|stau|ra|tor** [rɛstau-] *m. 13* Fachmann, der Kunstwerke restauriert; **re|stau-rie|ren** [rɛstau-] **1** ausbessern (Kunstwerk), wiederherstellen (frühere polit. oder relig. Zustände); **2** sich r.: sich erfrischen, erholen
re|sti|tu|ie|ren [lat.] wiederherstellen, wiedereinsetzen; **Re|sti|tu|ti|on** [-tsjon] *w. 10* **1** Rückgabe (entzogener Vermögensgegenstände), Wiedergutmachung (der einem anderen Staat zugefügten Rechtsverletzung); **2** *Biol.:* Art der Regeneration
Re|stric|tio men|ta|lis [-striktsjo, lat.]

w. Gen. -- Mz. -tio|nes [-tsjones] -ta|les → Reservatio mentalis; **Re|strik|ti|on** [-tsjon] *w.10* **1** Beschränkung, Einschränkung; **2** Vorbehalt; **re|strik|tiv** einengend, einschränkend; *Ggs.:* extensiv (**3**); **re|strin|gie|ren** **1** einschränken; **2** *Med.:* zusammenziehen
Re|sul|tan|te [lat.-frz.] *w.11* **1** *Math.:* aus den Koeffizienten von Gleichungen gebildete Determinante; **2** *Phys.:* aus Überlagerung mehrerer Kräfte entstehende Kraft; **Re|sul|tat** *s.1* Ergebnis; **re|sul|tie|ren** sich (als Resultat) ergeben, sich herleiten; **Re|sul|tie|ren|de** *w.11* → Resultante (**1**)
Re|sü|mee [lat.-frz.] *s.9* Übersicht, (abschließende) Zusammenfassung; **re|sü|mie|ren** abschließend zusammenfassen
Re|sur|rek|ti|on [-tsjon, lat.] *w.10* Auferstehung (der Toten)
Re|ta|bel [frz.] *s.5* Altaraufsatz; **re|ta|blie|ren** *veraltet, noch schweiz.:* wiederherstellen, wiedereinsetzen
Re|take [riteik, engl.] *s.9* *Film:* Neuaufnahme (einer mißlungenen Einstellung)
Re|tard [rətar, frz.] (*Abk.:* R) *an Uhren:* zurück, d. h. langsamer; **Re|tar|da|ti|on** [-tsjon, lat.] *w.10* Verzögerung (bes. der körperl. oder geistigen Entwicklung); *Ggs.:* Akzeleration; **re|tar|die|ren** **1** hemmen, verlangsamen; retardierendes Moment: den Handlungsablauf von Drama oder Roman unterbrechender Einschub; **2** *veraltet:* nachgehen (Uhren); **re|tar|diert** (geistig oder körperlich) zurückgeblieben
Re|ten|ti|on [-tsjon, lat.] *w.10* **1** Zurückhaltung (auszuscheidender Körperflüssigkeiten), Zurückbleiben (der Organentwicklung); **2** Erinnerungsvermögen; **3** *veraltet:* Zurückbehaltung (einer Leistung)
Re|ti|kül *m.1 oder s.1* → Ridikül; **re|ti|ku|lar, re|ti|ku|lär** [lat.] netzförmig (Gewebe); **re|ti|ku|liert** netzartig (Gläser); **re|ti|ku|lo|en|do|the|li|al** *in der Fügung* retikuloendotheliales System (*Abk.:* RES): System zusammenwirkender Zellen zur Abwehr von Krankheiten; **Re|ti|ku|lo|zyt** [lat. + griech.] *m.10 meist Mz.* Art der roten Blutkörperchen; **Re|ti|ku|lum** *s. Gen.* -s *Mz.* -la **1** netzartiges Gewebe; **2** Netzmagen (der Wiederkäuer); **Re|ti|na** [mlat.] *w. Gen. - Mz.* -nae [-nɛ:] Netzhaut (des Auges); **Re|ti|ni|tis** *w. Gen. - Mz.* -ti|den Netzhautentzündung
Re|ti|ra|de [frz.] *w.11 veraltet* **1** Abort; **2** Rückzug; **re|ti|rie|ren** sich zurückziehen, sich in Sicherheit bringen
Re|tor|si|on [lat.] *w.10* Gegenmaßnahme, Vergeltung (bes. eines Staates gegen die Maßnahme eines anderen Staates)
Re|tor|te [lat.] *w.11* birnenförmiges, gläsernes Destilliergefäß; aus der Retorte *ugs.:* künstlich; **Re|tor|ten|ba|by** *s.9, ugs.:* durch künstl. Befruchtung entstandenes Kind
re|tour [rətur, frz.] zurück; **Re|tour|bil|lett** [-turbiljet] *s.9 oder s.1 veraltet, noch schweiz.:* Rückfahrkarte; **Re|tour|kar|te** [-tur-] *w.11 österr.:* Rückfahrkarte; **Re|tour|kut|sche** [-tur-] *w.11 ugs.:* Zurückgeben einer Beleidigung oder eines Vorwurfs mit ähnl. Worten; **re|tour|nie|ren** [-tur-] zurückgeben, zurücksenden
Re|trai|te [rətrɛt(ə), frz.] *w.11 Mil. veraltet:* **1** Rückzug; **2** Zapfenstreich (der Kavallerie);
Re|trak|ti|on [-tsjon, lat.] *w.10 Med.:* Schrumpfung, Verkürzung
Re|trans|fu|si|on [lat.] *w.10* → Reinfusion
Re|tri|bu|ti|on [-tsjon, lat.] *w.10* Rückgabe, Erstattung, Vergütung
re|tro|ak|tiv [lat.] *Psych.:* zurückwirkend; **Re|tro|fle|xi|on** *w.10* Knickung (von Organen) nach hinten; **re|tro|grad** *Med.:* gegenläufig; **Re|tro|gres|si|on** *w.10 nur Ez.* Rückläufigkeit, Abklingen; **re|tro|spek|tiv** rückblickend; **Re|tro|spek|ti|ve** *w.11* Rückblick, Rückschau; **Re|tro|ver|si|on** *w.10* **1** Rückwärtsneigung (eines Organs); **2** Rückübersetzung (in die Originalsprache); **re|tro|ver|tie|ren** **1** rückwärtsneigen; **2** rückübersetzen; **re|tro|ze|die|ren** **1** wieder abtreten; rückversichern; **2** *veraltet:* zurückweichen; **Re|tro|zes|si|on** *w.10* Rückversicherung
Ret|si|na *m. (griech.: w.) Gen.* -(s) *nur Ez.* ein griech. Wein, der in geharzten Fässern aufbewahrt oder mit Harz versetzt wird
Re|turn [ritən, engl.] *m.9 Tennis:* zurückgeschlagener Ball
Re|tu|sche [frz.] *w.11* Verbesserung, Überarbeitung (bes. von Photographien); **Re|tu|scheur** [-ʃør] *m.1* Facharbeiter, der Retuschen vornimmt; **re|tu|schie|ren** verbessern, überarbeiten (Photographien u. ä.); *auch übertr.:* schönfärben
Re|uni|on **1** [reunjon, frz.] *w.10 veraltet:* Vereinigung, Wiedervereinigung; **2** [reynjõ] *w.9 veraltet:* gesellige Veranstaltung
re|üs|sie|ren [frz.] *veraltend:* Erfolg haben
Rev. *Abk. für* Reverend, Reverendus
Re|vak|zi|na|ti|on [-tsjon, lat.] *w.10* Wiederimpfung; **re|vak|zi|nie|ren** erneut impfen
re|va|li|die|ren [lat.] wieder gültig werden; **re|va|lie|ren** **1** *Kaufmannsspr.:* decken (Schuld); **2** sich schadlos halten; **re|va|lo|ri|sie|ren** wieder auf den ursprüngl. Wert bringen (Währung); **Re|val|va|ti|on** [-tsjon] *w.10* Aufwertung; **re|val|vie|ren** durch Wechselkursänderung aufwerten (Währung)
Re|van|che [rəvãʃ(ə), frz.] *w.11* **1** Rache, Vergeltung; **2** *Sport:* Sieg (nach vorheriger Niederlage gegen denselben Gegner); jmdm. R. geben *Sport:* jmdm. die Möglichkeit geben, seine Niederlage wettzumachen; **re|van|chie|ren** [-vãʃi-] sich r.: **1** sich rächen; **2** sich erkenntlich zeigen (durch Gegenleistung); **Re|van|chis|mus** [-vãʃis-] *m. Gen. - nur Ez. im kommunist. Sprachgebrauch:* Vergeltungspolitik, Streben nach Rückeroberung

Re|veille [rəvɛj, frz.] *w.11* militär. Signal zum Wecken
Re|ve|la|ti|on [-tsjon, lat.] *w.10 Philos.:* Enthüllung, Offenbarung
Re|ve|nue [rəvəny, frz.] *w.11* Einkommen, Kapitalertrag
Re|ver|be|ra|ti|on [-tsjon, lat.] *w.10* Rückstrahlung (z. B. von Wärme); **re|ver|be|rie|ren** zurückstrahlen (z. B. Wärme)
Re|ve|rend [rɛvərənd, engl.] *m. Gen.-s nur Ez.* (*Abk.:* Rev.) *in England und den USA:* Hochwürden (Titel für evang. Geistliche); **Re|ve|ren|dis|si|mus** [lat.] *m. Gen. - nur Ez.* Hochwürdigster (Titel für kath. Prälaten); **Re|ve|ren|dus** *m. Gen. - nur Ez.* (*Abk.:* Rev.) Hochwürden (Titel für kath. Geistliche); **Re|ve|renz** *w.10* **1** Ehrerbietung; jmdm. seine R. erweisen; **2** Ehrenbezeigung, Verbeugung; seine R. machen
Re|ve|rie [revəri, frz.] *w.11* Träumerei, träumer. Musikstück
Re|vers 1 [-vɛr, frz.] *s., österr.: m. Gen.* - [-vɛrs] *Mz.* - [-vɛrs] Aufschlag (an der Kostüm- und Herrenjacke, am Mantel); **2** [-vɛrs] *m.1 veraltend, noch österr.:* Rückseite einer Münze; *Ggs.:* Avers; **3** [-vɛrs] *m.1* schriftl. Erklärung, Verpflichtung; einen R. unterschreiben
re|ver|si|bel [-vɛr-, lat.] umkehrbar; *Ggs.:* irreversibel; **Re|ver|si|bi|li|tät** *w.10 nur Ez.* Umkehrbarkeit; **Re|ver|si|ble** [-vɛrzibəl, frz.] *m.9* **1** Gewebe mit einer matten und einer glänzenden Seite; **2** beidseitig tragbarer Stoff; **re|ver|sie|ren** [lat.] eine Maschine r.: ihren Gang umsteuern; **Re|ver|si|on** *w.10* Umdrehung, Umkehrung; **Re|ver|si|ons|pen|del** *s.5* Pendel zur Messung der Erdbeschleunigung; **Re|vers|sy|stem** *s.1* Verfahren zur Sicherstellung der Preisbindung
Re|vi|dent [lat.] *m.10* **1** jmd., der Revision beantragt; **2** *österr.:* ein Beamtentitel; **re|vi|die|ren** durchsehen, überprüfen; seine Meinung r.: seine Meinung ändern
Re|vier [-vir, lat.-frz.] *s.1* **1** Bezirk, Gebiet, (Tätigkeits-)Bereich; **2** *Bergbau:* Abbaugebiet; **3** *Jägerspr.:* Wohn-, Brut- oder Jagdgebiet (eines Tieres); **4** *Mil.:* Krankenstation; **5** kleine Polizeistation, Meldestelle; **re|vie|ren** *Jägerspr.:* nach Wild suchen (Jagdhund)
Re|view [rivju, engl.] *w.10 engl. Bez. für* Übersicht, Rundschau (oft Titel von Zeitschriften)
Re|vi|re|ment [rəvir(ə)mã, frz.] *s.9* **1** Umbesetzung (von diplomat. oder militär. Posten); **2** Abrechnungsart zwischen Schuldner und Gläubiger
re|vi|si|bel [lat.] *Rechtsw.:* durch Revision anfechtbar; **Re|vi|si|bi|li|tät** *w.10 nur Ez.* Anfechtbarkeit; **Re|vi|si|on** *w.10* **1** Änderung (einer Meinung), Abänderung (eines Vertrages, einer Grenze); **2** *Betriebswirtschaft:* Überprüfung, Kontrolle; **3** *Buchw.:* letztes Korrekturlesen (vor dem Druckbeginn); **4** Rechtsmittel zur Überprüfung der rechtl. Seite eines Urteils durch ein höheres Gericht; Revision einlegen; **Re|vi|sio|nis|mus** *m. Gen. - nur Ez.* **1** Streben nach Änderung eines polit. Zustandes oder Programms; **2** reformer. Richtung in der Sozialdemokratie; **Re|vi|sor** *m.13* **1** Korrektor, der Revision (3) liest; **2** Buch-, Rechnungsprüfer
Re|vo|ka|ti|on [-tsjon, lat.] *w.10* Widerruf, Rücknahme (eines Auftrags); **Re|voke** [rivouk, engl.] *w. Gen. - Mz.-s Kartenspiel:* falsches Bedienen
Re|vol|te [frz.] *w.11* Aufruhr, Aufstand; **re|vol|tie|ren** sich auflehnen, sich empören; **Re|vo|lu|ti|on** [-tsjon, lat.] *w.10* **1** (bes. polit.) Umsturz, Umwälzung; **2** *Astron.:* Gestirnumlauf; **3** Periode stürmischer erdgeschichtl. Vorgänge, bes. Gebirgsbildung; **4** *Skat:* Solospiel; **re|vo|lu|tio|när** [-tsjo-] eine Revolution (1) erstrebend, hervorrufend; **Re|vo|lu|tio|när** *m.1* jmd., der eine Revolution hervorruft oder an einer R. teilnimmt; **re|vo|lu|tio|nie|ren** grundlegend umwandeln; **Re|vo|luz|zer** *m.5, abwertend für* Revolutionär
Re|vol|ver [lat.-engl.] *m.5* **1** Handfeuerwaffe mit Trommelmagazin; **2** drehbare Einspannvorrichtung (für verschiedene Werkzeuge, Optiken o. ä.); **re|vol|vie|ren** *Tech.:* zurückdrehen; **Re|vol|ving|kre|dit** *m.1* **1** Kredit, der laufend erneuert wird; **2** langfristiger Kredit, der jeweils durch aneinander anschließende kurzfristige Kredite gedeckt wird
re|vo|zie|ren [lat.] widerrufen, (sein Wort) zurücknehmen, (einen Antrag vor Gericht) zurückziehen
Re|vue [-vy, frz.] *w.11* **1** *frz. Bez. für* Überblick, Rundschau (oft Titel von Zeitschriften); **2** Bühnenstück mit Musik, Tanz und großer Ausstattung; **3** *veraltet:* Truppenschau; R. passieren lassen *übertr.:* (im Geist) an sich vorbeiziehen lassen; **Re|vue|girl** [rəvygə:l] *s.9* Tänzerin in einer Revue (2)
Rex [lat.] **1** *m. Gen. - Mz.* Reges [-ge:s] König; **2** *m. Gen. - Mz.-e Schülerspr.:* Rektor
Rey|on [rɛjɔ̃, engl.-frz.] *m. oder s. Gen. - nur Ez.* eine Kunstseide
Re|zen|sent [lat.] *m.10* Verfasser einer Rezension; **re|zen|sie|ren** kritisch besprechen; **Re|zen|si|on** *w.10* **1** krit. Besprechung (neuer Bücher, Theateraufführungen, Filme usw.); **2** Bearbeitung eines Textes (zur Neuausgabe); **Re|zen|si|ons|ex|em|plar** *s.1* Buch, das einem Kritiker gratis zur Besprechung überlassen wird
re|zent [lat.] **1** *Biol., Ethnologie:* in der Gegenwart (noch) lebend; *Ggs.:* fossil; **2** *Geol.:* in jüngerer Erdzeit entstanden (Gestein); **3** *allg.:* neu, frisch
Re|ze|pis|se [österr.: -pis, lat.] *w.11* Empfangsbescheinigung
Re|zept [lat.] *s.1* **1** Anleitung zum Kochen;

2 ärztl. Verordnung; **3** *übertr. ugs.:* Vorschlag zum Vorgehen, zum Handeln; **Re|zep|ta|ku|lum** *s. Gen.* -s *Mz.* -la **1** *Bot.:* Blütenboden; **2** *Zool.:* sackförmiger Behälter (z. B. zur Aufnahme von Spermien); **re|zep|tie|ren** ein Medikament r.: ein Rezept über ein M. ausstellen; **Re|zep|ti|on** [-tsjon] *w. 10* **1** Übernahme, Aufnahme, Empfang; **2** Empfangsraum (im Hotel); **re|zep|tiv** **1** (nur) aufnehmend; **2** empfänglich; **Re|zep|tor** *m. 13 meist Mz.* nervöses Organ zur Aufnahme von Reizen; **Re|zep|tur** *w. 10* **1** Herstellung eines Medikaments nach Rezept; **2** Vorschrift für das Zusammenstellen und Mischen von Chemikalien; **3** *in Apotheken:* Raum zur Arzneimittelherstellung

Re|zeß [lat.] *m. 1* Auseinandersetzung, Vergleich; Vertrag; **Re|zes|si|on** *w. 10* Rückgang (des wirtschaftl. Wachstums); **re|zes|siv** von anderen Erbfaktoren (ganz oder teilweise) überdeckt; *Ggs.:* dominant; **Re|zes|si|vi|tät** *w. 10 nur Ez. Vererbungslehre:* Zurücktreten eines bestimmten Merkmals; *Ggs.:* Dominanz

re|zi|div [lat.] *Med.:* wiederkehrend, rückfällig; **Re|zi|div** *s. 1 Med.:* Rückfall

Re|zi|pi|ent [-pjent, lat.] *m. 10* **1** Glasglocke, die luftleer gepumpt werden kann; **2** Empfänger (einer Nachricht oder Information); **re|zi|pie|ren** auf-, übernehmen

re|zi|prok [lat.] **1** aufeinander bezogen, wechselseitig; **2** umgekehrt; reziproker Wert: Wert, der durch Vertauschen von Zähler und Nenner eines Bruches entstanden ist, Kehrwert; **Re|zi|pro|zi|tät** *w. 10* Wechselseitigkeit

re|zi|tan|do → recitando; **Re|zi|ta|ti|on** [-tsjon, lat.] *w. 10* künstler. Vortrag (von Gedichten u. ä.); **Re|zi|ta|tiv** [ital.] *s. 1* Sprechgesang (in Oratorien, Opern u. a.); **Re|zi|ta|tor** [lat.] *m. 13* Vortragskünstler; **re|zi|ta|to|risch** in der Art einer Rezitation; **re|zi|tie|ren** künstlerisch vortragen

rf., rfz. *Abk. für* rinforzando

Rgt. *Abk. für* Regiment **(2)**

rh *Abk. für* Rhesusfaktor (negativ)

Rh **1** *Abk. für* Rhesusfaktor (positiv); **2** *chem. Zeichen für* Rhodium

Rha|bar|ber [griech.-ital.] *m. 5* eine Heil- und Nutzpflanze

Rhab|dom [griech.] *s. 1* Sehstäbchen (im Auge); **Rhab|do|man|tie** *w. 11 nur Ez.* Wahrsagerei mittels geworfener Stäbchen oder Wünschelrute

Rhap|so|de [griech.] *m. 11* altgriech. fahrender Sänger; **Rhap|so|die** *w. 11* **1** erzählendes Gedicht bzw. Gedicht in freien Rhythmen; **2** balladenhaftes Musikstück; **rhap|so|disch** **1** in Form einer Rhapsodie; **2** bruchstückhaft, zusammenhanglos

Rhe|ni|um *s. Gen.* -s *nur Ez.* (*Zeichen:* Re) chem. Element, ein Metall

Rheo|gra|phie [griech.] *w. 11* Messung von Schwankungen der Pulsation an Extremitäten; **Rheo|lo|gie** *w. 11 nur Ez.* Fließkunde, Lehre vom Verhalten fast fester oder zähflüssiger Körper; **rheo|phil** *Biol.:* strömendes Wasser bevorzugend; **Rheo|stat** *m. 1* regelbarer elektr. Widerstand; **Rheo|ta|xis** *w. Gen.* - *Mz.* -xen Fähigkeit von Tieren, sich mit ihrer Körperachse in Richtung einer strömenden Flüssigkeit zu stellen; **Rheo|tro|pis|mus** *m. Gen.* - *Mz.* -men Wachstum von Pflanzenteilen in Richtung strömender Flüssigkeit

Rhe|sus [neulat.] *m. Gen.* - *Mz.* -, **Rhe|sus|affe** *m. 11* meerkatzenartiger Affe, wichtiges Versuchstier der Medizin; **Rhe|sus|fak|tor** *m. 13* (*Abk.:* Rh-Faktor; rh = Rhesusfaktor negativ [Rh-negativ]; Rh = Rhesusfaktor positiv [Rh-positiv]) von der Blutgruppe unabhängiger, erbl. Faktor des Blutes, der bei Blutübertragung und Schwangerschaft zu schweren Störungen führen kann (bei Rhesusaffen erstmalig festgestellt)

Rhe|tor [griech.] *m. 13 im alten Griechenland:* Redner, Lehrer der Beredsamkeit; **Rhe|to|rik** *w. Gen.* - *nur Ez.* Redekunst; **Rhe|to|ri|ker** *m. 5* Redekünstler, Lehrer der Rhetorik; **rhe|to|risch** auf Rhetorik beruhend, rednerisch; *übertr.:* schönrednerisch; rhetorische Frage: Frage, auf die keine Antwort erwartet wird

Rheu|ma *s. 9 nur Ez. Kurzw. für* Rheumatismus; **Rheu|ma|ti|ker** *m. 5* jmd., der an Rheumatismus leidet; **Rheu|ma|tis|mus** [griech.] *m. Gen.* - *Mz.* -men Entzündung der Gelenke, Muskeln und Sehnen; **rheu|ma|to|id** dem Rheumatismus ähnlich; **Rheu|ma|to|lo|ge** *m. 11* Facharzt für rheumat. Erkrankungen

Rh-Faktor *m. 13 Abk. für* Rhesusfaktor

Rhi|ni|tis [griech.] *w. Gen.* - *Mz.* -ti|den Nasenschleimhautentzündung; **Rhi|no|lo|gie** *w. 11 nur Ez.* Nasenheilkunde; **Rhi|no|pla|stik** *w. 10* künstl. Nasenersatz; **Rhi|no|skop** *s. 1* Nasenspiegel; **Rhi|no|sko|pie** *w. 11* Untersuchung des Naseninneren mit dem Rhinoskop; **Rhi|no|ze|ros** *s. 1 Gen. auch:* - Nashorn

rhi|zo|id [griech.] wurzelartig; **Rhi|zom** *s. 1* Wurzelstock; **Rhi|zo|pho|re** *w. 11* Baum mit Luft- oder Stelzwurzeln; **Rhi|zo|po|de** *m. 11 meist Mz.* einzelliges Tier, das sich durch Scheinfüßchen fortbewegt, Wurzelfüßer; **Rhi|zo|po|di|um** *s. Gen.* -s *Mz.* -di|en Scheinfüßchen (der Rhizopoden); **Rhi|zo|sphä|re** *w. 11* Bodenschicht, die mit Wurzeln durchsetzt ist

Rhod|amin [griech.] *s. 1 meist Mz.* ein roter Farbstoff

Rho|dan [griech.] *s. 1 nur Ez.* die einwertige Schwefel-Kohlenstoff-Stickstoff-Gruppe in chem. Verbindungen; **Rho|da|nid** *s. 1* Salz der Rhodanwasserstoffsäure

rho|di|nie|ren [griech.] mit Rhodium überzie-

hen; **Rho|di|um** *s. Gen.*-s *nur Ez.* (*Zeichen:* Rh) chem. Element, ein Metall
Rho|do|den|dron [griech.] *s. oder m. Gen.*-s *Mz.*-dren eine Zierpflanze
Rho|do|nit [griech.] *m.1* ein Mineral, ein Schmuckstein; **Rho|do|phy|zeen** *Mz.* Rotalgen; **Rho|dop|sin** *s.1 nur Ez.* Sehpurpur
Rhom|ben *Mz. von* Rhombus; **rhom|bisch** [griech.] in Form eines Rhombus; **Rhom|bo|eder** *s.5* durch sechs Rhomben begrenzter Körper; **Rhom|bo|id** *s.1* schiefwinkliges Parallelogramm mit ungleich langen Seitenpaaren, Drachenviereck; **Rhom|bus** *m. Gen.- Mz.*-ben gleichseitiges, schiefwinkliges Parallelogramm, Raute
Rho|ta|zis|mus [griech.] *m. Gen.- Mz.* -men Wechsel eines stimmhaften s mit r in wurzelverwandten Wörtern, z. B. Öse – Ohr
Rhus [griech.] *m. Gen.- Mz.*- ein Zierstrauch oder -baum, Essigbaum
Rhyn|cho|te [-çotə, griech.] *m.11 meist Mz.* Insekt mit schnabelähnl. Mundwerkzeugen, Schnabelkerfe
Rhyth|men *Mz. von* Rhythmus; **Rhyth|mik** [griech.] *w.10 nur Ez.* **1** Lehre vom Rhythmus; **2** rhythmische Gymnastik; **Rhyth|mi|ker** *m.5* Komponist oder Musiker, der rhythmische Elemente stark betont; **rhyth|misch** Rhythmus aufweisend, auf ihm beruhend, hinsichtlich des Rhythmus; **rhyth|mi|sie|ren** in einen Rhythmus bringen; **Rhythmus** *m. Gen.- Mz.*-men Gliederung eines Ton- oder Bewegungsablaufs in zeitlich oder inhaltlich gleiche bzw. ähnliche, periodisch wiederkehrende Abschnitte (z. B. in der Musik), gleichmäßiger Wechsel
Ri|al *m. Gen.- Mz.*- (*Abk.:* Rl) Währungseinheit in Iran, 100 Dinar
Ri|as|kü|ste [span.] *w.11* Küstenform mit zahlreichen ertrunkenen Tälern senkrecht zur Küstenlinie
Ri|bi|sel, Ri|bisl [lat.-frz.] *w.11 österr.:* Johannisbeere
Ri|bo|fla|vin [-vin, Kunstw. aus Ribose + lat. flavus „gelb"] *s. Gen.*-s *nur Ez.* ein Vitamin (B_2); **Ri|bo|nu|kle|in|säu|re** (*Abk.:* RNS) [Kunstw. aus Ribose + lat. nucleus „Kern"] *w.11* ein hochmolekularer Stoff in den Zellen aller Lebewesen (wichtig für Eiweißsynthese); **Ri|bo|se** *w.11* Einfachzucker mit 5 O-Atomen; **Ri|bo|som** *s.12* Körnchen im Zellplasma (Ort der Eiweißsynthese)
Ri|cer|car [-tʃɛrkar, lat.-ital.] *s.1,* **Ri|cer|ca|re** *s. Gen.*-s *Mz.*-ri *Mus.:* Vorform der Fuge
Ri|che|lieu|sticke|rei [-ljø-, nach dem frz. Staatsmann Richelieu] (-stik|ke-) *w.10* Weißstickerei mit ausgeschnittenen, umstochenen, durch Stege verbundenen Mustern
Ricket|tsi|en (Rik|kett-) [nach dem amerik. Pathologen H. T. Ricketts] *w.11 Mz.* eine Gruppe von bakterienähnl. Organismen, Erreger von Fleckfieber u. a.
Ri|deau [rido, frz.] *m.9 schweiz.:* Vorhang
ri|di|kül [frz.] lächerlich; **Ri|di|kül** *m.1 od. s.1 veraltet:* Handarbeitstasche
Rien ne va plus [riɛ̃ nə va ply, frz.] Es geht nichts mehr (Ansage beim Roulettespiel)
Ries [arab.] *s. Gen.- Mz.*- Mengeneinheit für Papier, 1000 Bogen
Ri|gau|don [-godɔ̃, frz.] *m.9* provenzal. Volkstanz des 16. Jh.
Rigg [engl.] *s.9,* **Rig|gung** *w.10 Seew.:* Masten und Takelung
Right or wrong, my coun|try! [rait ɔːr rɔŋ mai kʌntri, engl.] Recht oder Unrecht, (es ist) mein Vaterland (polit. Schlagwort nach einem Ausspruch des amerik. Admirals S. Decatur)
ri|gid [lat.], **ri|gi|de** starr, steif
Ri|gi|di|tät *w.10 nur Ez.* Starre, Versteifung
Ri|go|le [frz.] *w.11* Rinne, Entwässerungsgraben; **ri|go|len** tief pflügen oder umgraben
Ri|gor [lat.] *m. Gen.*-s *nur Ez.* Muskelstarre; **Ri|go|ris|mus** *m. Gen.- nur Ez.* übermäßige Strenge, starres Festhalten an Grundsätzen, Unerbittlichkeit; **ri|go|ros** unerbittlich, rücksichtslos; **Ri|go|ro|si|tät** *w.10 nur Ez.* Unerbittlichkeit, Rücksichtslosigkeit; **ri|go|ro|so** [ital.] *Mus.:* genau im Takt; **Ri|go|ro|sum** [lat.] *s. Gen.*-s *Mz.*-sa mündl. Teil der Doktorprüfung
Ri|kam|bio [ital.] *m. Gen.*-s *Mz.*-bi|en Wechsel, den ein Rückgriffsberechtigter eines zu Protest gegangenen Wechsels auf einen der Vorbesitzer zieht, Rückwechsel, Ritratte
Rik|scha [jap.] *w.9 in Ostasien:* zweirädriges, von einem Mann zu Fuß oder mit dem Fahrrad gezogenes Fahrzeug zur Personenbeförderung
Riks|mål [-mo:l, norw.] *s. Gen.*-(s) *nur Ez.* norweg., neben dem Landsmål gültige Schriftsprache
Ri|mes|se [lat.-ital.] *w.11* **1** Begleichung einer Schuld durch Übersendung eines Wechsels; **2** der übersandte Wechsel
Ri|na|sci|men|to [-ʃi-] *s. Gen.*-(s) *nur Ez. ital. Bez. für* Renaissance
rin|for|zan|do [ital.] (*Abk.:* rf., rfz.) *Mus.:* stärker werdend; **rin|for|za|to** *Mus.:* plötzlich verstärkt
Rin|glot|te *w.11 österr. für* Reneklode
rip. *Abk. für* ripieno
R. I. P. *Abk. für* requiescat in pace
ri|pie|no [-pjɛ-, ital.] *Mus.:* mit dem ganzen Orchester
Ri|po|ste [lat.-ital.] *w.11 Fechten:* Gegenangriff nach erfolgreicher Parade
Rips [engl.] *m.1* geripptes Gewebe
Ri|sa|lit [ital.] *m.1* senkrecht in ganzer Höhe vorspringender Teil eines Gebäudes
Ri|si|ko [ital.] *s. Gen.*-s *Mz.*-ken *oder* -s, *österr. Mz. auch:* Ris|ken Gefahr, *bes.:* Verlustgefahr
Ri|si|pi|si, Ri|si-Pi|si [aus ital. riso con piselli

„Reis mit Erbsen“] *s. Gen.*-(s) *Mz.*- ein Reisgericht
ris|kant [frz.] gewagt, gefährlich; **ris|kie|ren** wagen; Kopf und Kragen r. *ugs.:* sein Leben wagen; eine Lippe r. *ugs.:* seine Meinung offen sagen
Ri|skon|tro [ital.] *s. 9 nur Ez.* → Skontro
Ri|sor|gi|men|to [-dʒi-, ital. „Wiedererstehung“] *s. Gen.*-(s) *nur Ez.* ital. Einigungsbewegung zwischen 1815 und 1871
Ri|sot|to [-zɔto, ital.] *m. Gen.*-(s) *Mz.*-s, *österr. u. schweiz. ugs. auch s. Gen.* - *Mz.*-(s) in Butter gerösteter, gewürzter, dick gekochter Reis
ri|stor|nie|ren 1 → stornieren; **2** zurückerstatten (Versicherungsprämie); **Ri|stor|no** *m. 9 oder s. 9* **1** → Storno; **2** Vergütung (einer Prämie)
rit. *Abk. für* ritardando, ritenuto
ri|tard. *Abk. für* ritardando; **ri|tar|dan|do** [ital.] (*Abk.:* rit., ritard.) *Mus.:* langsamer werdend; *Ggs.:* accelerando
ri|te [-te: lat.] **1** richtig, ordnungsgemäß; **2** genügend, gerade noch ausreichend (niedrigste Note bei der Doktorprüfung)
ri|ten. *Abk. für* ritenuto
Ri|ten *Mz. von* Ritus; **Ri|ten|kon|gre|ga|ti|on** [-tsjo:n, lat.] *w. 10 nur Ez.* eine päpstl. Verwaltungsbehörde
ri|te|nu|to [ital.] (*Abk.:* rit., riten.) *Mus.:* zurückhaltend
Ri|tor|nell [ital.] *s. 1* **1** ital. Volksliedform mit dreizeiligen Strophen; **2** instrumentales Zwischenspiel zwischen den Strophen eines Liedes; **3** *im Concerto grosso:* → Tutti
Ri|trat|te [ital.] *w. 11* → Rikambio
ri|tu|al [lat.] → rituell; **Ri|tu|al** *s. 1, Mz. auch:* -li|en **1** Gesamtheit der Riten (eines Kultes); **2** *auch:* einzelner → Ritus; **Ri|tua|le** *s. 1 nur Ez.* Buch mit Anweisungen für die kath. Liturgie; **ri|tua|li|sie|ren** zum Ritus erheben, in ritueller Form durchführen; **Ri|tua|lis|mus** *m. Gen.* - *nur Ez.* Bestrebung in der anglikan. Kirche, die kath. Riten wiedereinzuführen; **Ri|tu|al|mord** *m. 1* Mord zu rituellem Zweck, Menschenopfer; **ri|tu|ell** auf einem Ritus beruhend, nach einem Ritus, in der Art eines Ritus; **Ri|tus** *m. Gen.* - *Mz.*-ten kultischer Brauch, relig. Handlung
Ri|va|le [-va-, lat.-frz.] *m. 11* Nebenbuhler, Mitbewerber; **ri|va|li|sie|ren** wetteifern; **Ri|va|li|tät** *w. 10* Nebenbuhlerschaft, Wettbewerb
Ri|yal [rijal, arab.] *m. Gen.* - *Mz.* - (*Abk.:* Rl, SRl) Währungseinheit in Saudi-Arabien
Ri|zi|nus [lat.] *m. Gen.* - *Mz.* - *oder* -nus|se eine Heilpflanze; **Ri|zi|nus|öl** *s. 1 nur Ez.* aus den Samen des Rizinus gewonnenes Abführmittel
Rl *Abk. für* Rial, Riyal
Rn *chem. Zeichen für* Radon
RNS *Abk. für* Ribonukleinsäure

Road|ster [roudstər, engl.] *m. 5* offener, zweisitziger Sportkraftwagen
Roast|beef [roustbi:f, *ugs. auch:* rɔst-, engl.] *s. 9* Rindslendenbraten
Rob|ber [engl.] *m. 5 Bridge, Whist:* Doppelpartie, Spiel aus zwei Gewinnpartien
Ro|be [frz.] *w. 11* **1** Abendkleid; **2** Amtstracht (der Richter, Geistlichen u. ä.)
Ro|bi|nie [-njə, lat.] *w. 11* ein Zierbaum oder -strauch
Ro|bin|so|na|de *w. 11* **1** [nach Robinson Crusoe, der Titelgestalt eines Romans von D. Defoe] Abenteuerroman eines Schiffbrüchigen oder abenteuerl. Erlebnis; **2** [nach dem engl. Torhüter J. Robinson] *Fuß-, Handball:* Hechtsprung des Torwarts
Ro|bo|rans [lat.] *s. Gen.* - *Mz.*-ran|tia [-tsja] *oder* -ran|zi|en *Med.:* Stärkungsmittel
ro|bo|ten [tschech.] *ugs.:* hart arbeiten; **Ro|bo|ter** *m. 5* **1** „Maschinenmensch“, elektronisch gesteuerter Automat; **2** *ugs.:* jmd., der viel und schwer arbeitet
ro|bust [lat.] derb, stämmig und kräftig
Ro|cail|le [rokaj(ə), frz.] *s. 9 oder w. 9* muschelförmiges Ornament (bes. im Rokoko)
Roch [pers.-arab.] *m. Gen.* - *nur Ez.* Riesenvogel (in pers. und arab. Märchen)
Ro|cha|de [-ʃa-, sanskr.-frz.] *w. 11* **1** *Schach:* Doppelzug mit König und Turm; **2** *Sport:* Stellungswechsel (z. B. der Fußballspieler)
Ro|chett [rɔʃɛt, frz.] *s. 9* Chorhemd (kath. Geistlicher)
ro|chie|ren [-xi- oder -ʃi-, pers.-frz.] eine Rochade (**1** und **2**) ausführen
Rock 1 *m. Gen.* - *nur Ez.* → Roch; **2** *m. Gen.*-s *nur Ez. kurz für* Rock 'n' Roll
Rock and Roll → Rock 'n' Roll
Rocken|bol|le (Rok|ken-) [Eindeutschung von Rokambole] *w. 11 norddt.:* Perlzwiebel
Rocker (Rok|ker) [engl.] *m. 5* motorisierter jugendl. Rowdy
Rock 'n' Roll [-rɔknroul, amerik. „wiegen und rollen“] *m. Gen.* - - - *nur Ez.* **1** ein amerik. Musikstil; **2** ein amerik. Tanz
Rock|well|här|te [nach dem engl. Ingenieur S. P. Rockwell] *w. 11 nur Ez.* (*Abk.:* RH) Maß für die Härte von Werkstoffen
Ro|deo [span.] *m. 9* **1** *in den westl. USA:* Zusammentreiben von Vieh; **2** Reiterschau der Cowboys
Ro|do|mon|ta|de [ital.] *w. 11* Großtuerei, Prahlerei
Ro|ga|te [lat. „bittet!“, nach Joh. 16,24] fünfter Sonntag nach Ostern
Ro|ko|ko [auch: rɔkɔko, österr.: rɔkɔko, frz.] *s. Gen.*-(s) *nur Ez.* Stilrichtung Anfang des 18. Jh. mit beschwingten, zierlichen Formen
Rol|lo *s. 9* aufrollbarer Vorhang, Rouleau
Ro|ma|dur [österr.: -dur, frz.] *m. 9* ein frz. Weichkäse
Ro|man [lat.-frz.] *m. 1* große Erzählung in

Prosa, in der die Auseinandersetzung einer Person mit ihrer Umwelt gezeigt wird; **Ro|man|cier** [-mäsje, frz.] *m.9* Romanschriftsteller

Ro|ma|ne *m.11* Angehöriger eines Volkes mit roman. Sprache

Ro|ma|ni *s. Gen. - nur Ez.* Sprache der Zigeuner

Ro|ma|nia *w. Gen. - nur Ez. Sammelbez. für* alle Länder, in denen eine roman. Sprache gesprochen wird; **Ro|ma|nik** *w. Gen. - nur Ez.* europ. Kunststil von etwa 1000 bis 1250; **ro|ma|nisch** **1** zu den Romanen gehörig, von ihnen stammend; romanische Sprachen: idg., aus dem Vulgärlatein entstandene Sprachen, z. B. Französisch, Portugiesisch, Rumänisch; **2** zur Romanik gehörig, in der Art der Romanik; **ro|ma|ni|sie|ren** nach Art der Romanen gestalten, romanisch (**1**) machen; **Ro|ma|nis|mus** *m. Gen. - nur Ez.* **1** römisch-kath. Einstellung; **2** Richtung der ndrl. Malerei im 16. Jh., die sich bes. an die italien. Malerei anlehnte; **Ro|ma|ni|stik** *w. Gen. - nur Ez.* **1** Wissenschaft von den roman. Sprachen und Literaturen; **2** Lehre vom röm. Recht

Ro|man|tik *w. Gen. - nur Ez.* **1** europ. geistig-künstler. Bewegung von etwa 1800 bis 1830; **2** Träumerei, Schwärmerei; **3** abenteuerl., phantast. Beschaffenheit; **ro|man|ti|sie|ren** romantisch machen, der Romantik entsprechend gestalten; **Ro|man|ti|zis|mus** *m. Gen. - nur Ez.* Nachahmung der Romantik

Ro|mantsch *s. Gen. -(s) nur Ez.* → Romaunsch

Ro|man|ze [span.] *w.11* **1** volkstüml. Verserzählung; **2** *seit dem 18. Jh.:* liedartiges Gesangsstück; *dann auch:* stimmungsvolles Instrumentalstück; **3** *übertr.:* romant. Liebeserlebnis; **Ro|man|ze|ro** *m.9* span. Romanzensammlung

Ro|maunsch, Ro|mauntsch *s. Gen. -(s) nur Ez.* Sprache der Rätoromanen

Rom|mé [-me:, frz.] *s. Gen. -s nur Ez.* ein Kartenspiel

Ron|de [rɔ̃d(ə), frz.] *w.11 früher* **1** nächtl. Rundgang zur Überprüfung der Wachen; **2** der diesen Rundgang ausführende Offizier mit seinen Leuten; **3** rundes Blech, aus dem ein Werkstück hergestellt wird; **Ron|deau** **1** [rɔ̃do] *s.9* aus dem zum Rundtanz gesungenen Lied entwickelte Gedichtform mit bestimmtem Kehrreim; **2** [rɔndo] *s.9 österr.:* rundes Beet, runder Platz; **Ron|dell** *s.1* rundes Beet, runder Platz, runder Festungsturm; **Ron|do** *s.9* Musikstück mit mehrmals wiederkehrendem Hauptthema

rönt|gen [nach dem dt. Physiker W. C. Röntgen] *Imperfekt nicht üblich:* mit Röntgenstrahlen durchleuchten; ich röntge ihn, habe ihn geröntgt; **Rönt|gen** *ohne Artikel* (*Abk.:* R) Maßeinheit für Strahlendosis; **rönt|ge|ni|sie|ren** *österr. für* röntgen; **Rönt|gen|kar|zi|nom** *s.1* Hautkrebs infolge Röntgenbestrahlung; **Rönt|ge|no|gramm** *s.1* Röntgenaufnahme; **Rönt|ge|no|gra|phie** *w.11* Röntgenuntersuchung; **Rönt|ge|no|lo|gie** *w.11 nur Ez.* Lehre von Röntgenuntersuchungen, -diagnostik und -therapie; **Rönt|ge|no|sko|pie** *w.11* Durchleuchtung mit Röntgenstrahlen

Roo|ming-in [ru:-, engl.] *s. Gen. -(s) nur Ez. auf Entbindungsstationen:* Unterbringen des Säuglings im Zimmer der Mutter

Roque|fort [rɔkfo:r, nach dem südfrz. Ort] *m.9* ein frz. Edelpilzkäse aus Schafsmilch

Ro|sa|ri|um [lat.] *s. Gen. -s Mz. -ri|en* Rosenpflanzung, Rosengarten; **ro|sé** [-ze, frz.] *unflektierbar:* rosa; **Ro|sé** [-ze] *m.9 frz. Bez. für* Weißherbst, sehr heller Rotwein, bei dem die farbstoffreichen Schalen rasch ausgekeltert wurden

Ro|se|no|bel [auch: -no-, engl.] *m.5* alte engl. Goldmünze

Ro|seo|la [lat.], **Ro|seo|le** *w. Gen. - Mz. -len* rotfleckiger Hautausschlag, z. B. bei Typhus;

Ro|set|te [frz.] *w.11* **1** rosenartiges Ornament, oft als Fensteröffnung; **2** kleine, runde Stoffschleife; **3** Schlifform von Edelsteinen;

Ro|sé|wein [-ze-] *m.1* → Rosé

Ro|si|nan|te [nach dem Pferd des Don Quichote] *w.11* altes Pferd, Klepper

Ro|si|ne [lat.-frz.] *w.11* getrocknete Weinbeere

Ros|ma|rin [lat.] *m.1 nur Ez.* eine Gewürzpflanze

Ro|stra [lat.] *w. Gen. - Mz. -stren im alten Rom:* Rednertribüne

Ro|ta [lat.] *w. Gen. - nur Ez.* → Rota Romana

Ro|tang [mal.] *m.1,* **Ro|tang|pal|me** *w.11* eine Palmenart, liefert rotes, als Farbstoff verwendetes Harz

Ro|ta|print *w. Gen. - nur Ez.* Ⓦ eine Druckmaschine

Ro|ta Ro|ma|na [lat.] *w. Gen. - - nur Ez.* oberste Gerichtsbehörde der kath. Kirche

Ro|ta|ti|on [-tsjon, lat.] *w.10* Drehung, Umdrehung um eine Achse; **Ro|ta|ti|ons|el|lip|so|id** *m.1* durch Rotation einer Ellipse entstehender Körper; **Ro|ta|to|ri|en** *Mz.* Rädertierchen

Ro|tel *s.9 Kurzw. aus* rollendes Hotel, Anhänger eines Reisebusses mit Schlafkojen für die Fahrgäste, für Reisen über sehr weite Strecken

ro|tie|ren [lat.] sich (um eine Achse) drehen

Ro|tis|se|rie [frz.] *w.11* **1** Speisewirtschaft mit Straßenverkauf; **2** Restaurant mit Spezialitäten vom Grill; **Ro|tis|seur** [-sør] *m.1* der in großen Restaurants für die Zubereitung von Braten zuständige Koch

Ro|tor [lat.] *m.13* **1** umlaufendes Maschinen- oder Geräteteil; **2** Drehflügel (des Hubschraubers); **Ro|tor|an|ten|ne** *w.11* drehbare Antenne

Ro|tun|da *w. Gen. - nur Ez.* eine Schriftart; **Ro|tun|de** [lat.] *w. 11* kleiner Rundbau

Rot|welsch [rotw.] *s. Gen.-(s) nur Ez.* Gauner-, Vagabundensprache, Landstreicherjargon

Roué [rue, frz.] *m. 9* Wüstling mit äußerlich gesittetem Auftreten

Rouge [ruʒ, frz.] *s. Gen.-(s) nur Ez.* **1** rote Schminke, Wangenrot; **2** Farbe beim Roulette; **Rouge et noir, Rouge-et-noir** [ruːʒ eː nwar, „rot und schwarz"] *s. Gen. - nur Ez.* ein Kartenglücksspiel

Rou|la|de [ru-, frz.] *w. 11* gefüllte, gebratene Fleischrolle; **Rou|leau** [rulo] *s. 9 frz. Schreibung von* Rollo; **Rou|lett** [ru-] *s. 1 oder s. 9,* **Rou|lette** [rulɛt] *s. 9* ein Glücksspiel; **rou|lie|ren** [ru-] *veraltet:* umlaufen

Round-table-Kon|fe|renz [raund tɛibl-, engl.] *w. 10* Konferenz am runden Tisch, d. h. von Gleichberechtigten

Rou|te [ru-, frz.] *w. 11* (vorgeschriebener oder geplanter) Reiseweg, Marsch-, Flugstrecke

Rou|ti|ne [ru-, frz.] *w. 11 nur Ez.* Übung, durch Übung und Erfahrung gewonnene Fertigkeit; R. in etwas haben; **Rou|ti|nier** [rutinje] *m. 9* jmd., der Routine in einer Tätigkeit besitzt (gelegentlich etwas abwertend im Unterschied zum schöpfer. Menschen); **rou|ti|niert** geübt, (durch Übung) geschickt

Row|dy [raudi, engl.] *m. 9* roher, Streit suchender Mensch, brutaler Raufbold

roy|al [frz.: roajal, engl.: rɔiəl] *frz. und engl. Bez. für* königlich; **Roya|lis|mus** [roaja-, ugs.: rɔia-] *m. Gen. - nur Ez.* Königstreue; **Roy|al|ty** [rɔiəlti] *s. Gen. - Mz.*-ties [-tiːz] Lizenzhonorar, Tantieme

Rp *Abk. für* Rupiah

RP *Abk. für frz.* réponse payée: Antwort bezahlt (auf Telegrammen)

Rp. *Abk. für* recipe

RR *Abk. für* rarissimus = sehr selten; **RRR** *Abk. für* rarissime = äußerst selten (in Münzkatalogen u. ä.)

RSFSR *Abk. für* Russische Sozialist. Föderative Sowjetrepublik

RT *Abk. für* Registertonne

Ru *chem. Zeichen für* Ruthenium

ru|ba|to [ital.] *Mus.:* frei im Tempo; **Ru|ba|to** *s. Gen.-(s) Mz.*-ti *oder* -s *Mus.:* im Tempo freier Vortrag

Rub|ber [rʌbər, engl.] *m. 5* **1** *nur Ez. engl. Bez. für* Gummi, Kautschuk; **2** → Robber

Ru|bel *m. 5* (*Abk.:* Rbl.) Währungseinheit in der UdSSR, 100 Kopeken

Ru|bi|di|um [lat.] *s. Gen.-s nur Ez.* (*Zeichen:* Rb) chem. Element, ein Metall

Ru|bin [lat.] *m. 1* ein roter Edelstein

Ru|bra, Ru|bren *Mz. von* Rubrum; **Ru|brik** [lat.] *w. 10* **1** Titel, Überschrift; **2** Spalte, Abschnitt, Abteilung; **ru|bri|zie|ren** **1** mit Überschriften versehen; **2** in Rubriken (**2**) ordnen, einordnen; **Ru|brum** *s. Gen.-s Mz.*-bra *oder* -bren *veraltet:* Aktenaufschrift, kurze Inhaltsangabe

Rud|beckie (-beck|kie) [-kjə, nach dem schwed. Botaniker O. Rudbeck] *w. 11* eine Zierpflanze, Sonnenhut

rü|de [frz.] grob, ungesittet, rücksichtslos

Ru|de|ral|pflan|ze [lat.] *w. 11* Pflanze, die auf stickstoffreichen Schuttplätzen wächst

Ru|di|ment [lat.] *s. 1* Rest, Überbleibsel, verkümmertes Organ; **ru|di|men|tär** nicht ausgebildet, verkümmert (Organ)

Rug|by [rʌgbi, engl.] *s. Gen.-s nur Ez.* ein Ballspiel zwischen zwei Mannschaften

Ru|in [lat.-frz.] *m. Gen.-s nur Ez.* Zusammenbruch, Verfall, Vermögensverlust; **Rui|ne** *w. 11* verfallenes Gebäude; **rui|nie|ren** zugrunde richten, verderben, zerstören; **rui|nös** zum Ruin führend, verderblich, zerstörerisch

Rum [engl.] *m. 9* Branntwein aus Zuckerrohr

Ru|mantsch, Ru|mauntsch *s. Gen.-(s) nur Ez.* → Romaunsch

Rum|ba [kuban.] *w. 9, ugs. auch: m. 9* ein Gesellschaftstanz

Rum|my [rɔmi, frz.-engl.] *s. Gen.-s nur Ez. österr. für* Rommé

Ru|mor [lat.] *m. Gen.-s nur Ez. veraltet:* Lärm, Tumult; **ru|mo|ren** **1** poltern, dumpf lärmen; **2** es rumort in ihm *übertr.:* etwas in ihm drängt zum Ausdruck

Rump|steak [rʌmpstɛk, dt. meist rumpsteːk, engl.] *s. 9* kurz gebratene Lendenschnitte vom Rind

Run [rʌn, engl.] *m. 9* Ansturm (auf Banken, auf Mangelware)

Ru|ne [altnord.] *w. 11* germ. Schriftzeichen; **Ru|no|lo|ge** *m. 11* Kenner, Erforscher der Runen

Ru|pi|ah *w. Gen. - Mz. -* (*Abk.:* Rp) Währungseinheit in Indonesien, 100 Sen; **Ru|pie** [-pjə] *w. 11* Währungseinheit in Indien, Pakistan, Ceylon, 100 Cent

Rup|tur [lat.] *w. 10 Med.:* Zerreißung

ru|ral [lat.] *veraltet:* ländlich, bäuerlich

Rush [rʌʃ, engl.] *m. 9 Sport:* plötzl. Vorstoß (eines Läufers oder Pferdes); **Rush-Hour** [-auə] *w. 9 engl. Bez. für* Zeit der größten Verkehrsdichte

Ru|sti|ka [lat.] *w. Gen. - nur Ez.* **1** Mauerwerk aus roh behauenen Quadern; **2** eine altröm. Schriftart, Sonderform der Kapitalis; **ru|sti|kal** ländlich, bäuerlich; **Ru|sti|zi|tät** *w. 10 nur Ez. veraltet:* Plumpheit

Ru|the|ne *m. 11* Angehöriger eines in Ostgalizien, Nordostungarn und einem Teil der Bukowina lebenden ukrainischen Volksstammes

Ru|the|ni|um *s. Gen.-s nur Ez.* (*Zeichen:* Ru) chem. Element, ein Metall

Ru|til [lat.] *s. 1* ein Mineral; **Ru|ti|lis|mus** *m. Gen. - nur Ez.* Rothaarigkeit

S

s 1 *Astron. Abk. für* Sekunde *(hochgestellt);* **2** *Abk. für* Shilling
S *chem. Zeichen für* Schwefel
$ *Zeichen für* Dollar
s. *Abk. für* Segno
S. *Abk. für* San, Sant', Santa, Santo, São
Sa. *Abk. für* Summa
s. a. *Abk. für* sine anno
Sa|ba|dil|le [span.] *w.11* ein Liliengewächs, dessen Samen als Heil- und Ungezieferbekämpfungsmittel verwendet werden
Sab|bat [hebr.] *m.1* der jüd. Ruhetag der Woche, Samstag; **Sab|ba|ta|ri|er** *m.5,* **Sab|ba|tist** *m.10* Angehöriger einer der christl. Sekten, die den Sabbat feiern; **Sab|bat|jahr** *s.1 nach dem jüd. Kalender:* jedes siebente Jahr, in dem die Felder nicht bebaut wurden, Ruhejahr
Sa|bo|ta|ge [-ʒə, frz.] *w.11* Vereitelung der Ziele anderer durch passiven Widerstand, Beschädigung oder Zerstörung von Produktionsmitteln o. ä.; **Sa|bo|teur** [-tør] *m.1* jmd., der Sabotage verübt hat; **sa|bo|tie|ren** durch Sabotage vereiteln, behindern
Sa|bre [hebr.] *m.9* in Israel geborenes jüd. Kind
Sac|cha|ra|se [saxa-, griech.] *w.11* Rohrzucker spaltendes Enzym; **Sac|cha|ri|me|ter** *s.5* Gerät zum Bestimmen der Konzentration von Rohrzuckerlösungen; **Sac|cha|rin** *s.1 nur Ez.* künstl. Süßstoff
Sac|co di Ro|ma [ital.] *m. Gen.- - - nur Ez.* Plünderung Roms durch die Söldner Kaiser Karls V. 1527/28
Sa|cha|rin *s.1 nur Ez.* → Saccharin
Sad|du|zä|er [hebr.] *m.5* Angehöriger einer altjüd. Partei, Gegner der Pharisäer
Sa|dis|mus [nach dem frz. Schriftsteller D.-A.-F. Marquis de Sade] *m. Gen.- nur Ez.* **1** geschlechtl. Erregung durch Zufügen von körperl. Schmerzen; vgl. Masochismus; **2** *allg.:* Lust an Grausamkeiten; **Sa|dist** *m.10* jmd., der (geschlechtl.) Befriedigung darin findet, andere körperlich oder seelisch zu quälen
Sa|fa|ri [arab.] *w.9* **1** Karawanenreise in Afrika; **2** Gesellschaftsreise in Afrika, zur Jagd oder zur Beobachtung von Tieren, z. B. Fotosafari
Safe [seif, engl.] *s.9* **1** Geldschrank aus Stahl; **2** zu mietendes Sicherheitsfach in den Stahlkammern einer Bank
Saf|fi|an [pers.-poln.] *m.1 nur Ez.,* **Saf|fi|an|le|der** *s.5 nur Ez.* feines Ziegenleder
Saf|flor [arab.-ital.], **Sa|flor** *m.1* Färberdistel
Sa|fran [arab.] *m.1* **1** aus Krokussen gewonnener, gelber Farbstoff; **2** aus Krokussen gewonnenes Gewürz
Sa|ga [altnord.] *w.9* isländ. Prosaerzählung bes. des 11. bis 14. Jh.
sa|git|tal [lat.] *Biol.:* parallel zur Mittelachse (liegend)
Sa|go [mal.] *m.9 nur Ez., süddt., österr. auch: s.9 nur Ez.* gekörnte Stärke aus dem Mark der Sagopalme oder aus Kartoffeln
Sa|hib [arab.-Hindi] *m.9* Herr (früher in Persien und Indien Anrede für Europäer)
saint [sɛ̃, frz.] *vor frz. männl. Heiligennamen:* der heilige, z. B. saint Paul; *aber vor Ortsnamen* → Saint (**2**); **Saint 1** [sənt, engl.] (*Abk.:* St.) *vor engl. Heiligennamen und davon abgeleiteten Ortsnamen:* der, die heilige, z. B. Saint Peter, St. Peter; **2** [sɛ̃] (*Abk.:* St) *vor frz., von Heiligennamen abgeleiteten Ortsnamen,* z. B. Saint-Bernard, St-Bernard; vgl. saint; **sainte** [sɛ̃t, frz.] *vor frz. weibl. Heiligennamen:* die heilige, z. B. sainte Marie; vgl. Sainte; **Sainte** [sɛ̃t] (*Abk.:* Ste) *vor frz., von weibl. Heiligennamen abgeleiteten Ortsnamen,* z. B. Sainte-Marie, Ste-Marie;
Saint-Si|mo|nis|mus [sɛ̃-, nach C.-H. Graf von Saint-Simon] *m. Gen.- nur Ez.* frz. sozialist. Lehre
Sai|son [sɛzɔ̃, frz.] *w.9* Hauptbetriebs-, -geschäftszeit, Hauptreisezeit, Theaterspielzeit
Sa|ke [jap.] *m. Gen.-(s) nur Ez.* Reiswein
Sak|ko [österr.: -ko, ital.] *m.9, fachsprachl. sowie österr.: s.9* Jacke des Herrenanzugs
sa|kra! [verkürzt aus Sakrament] *ugs.:* verdammt!; **sa|kral** [lat.] **1** zum Gottesdienst, zur Kirche gehörend, heilig; *Ggs.:* profan; **2** zum Kreuzbein gehörend, von ihm ausgehend; **Sa|kral|bau** *m. Gen.-(e)s Mz.-*bau|ten kirchl. Bau, Kirche; *Ggs.:* Profanbau; **Sa|kra|ment** *s.1* Glaubensgeheimnis; göttl. Gnadenzeichen; gottesdienstl. Handlung, bei der göttl. Gnadengaben vermittelt werden, z. B. Taufe, Abendmahl; **Sa|kra|ment!** *ugs.:* Donnerwetter!; **sa|kra|men|tal** zum Sakrament gehörig, heilig; **Sa|kra|men|ta|li|en** *s. Mz., Ez.:* -ta|le, den Sakramenten ähnl. gottesdienstl. Handlungen, z. B. Besprengung mit Weihwasser; *auch:* die geweihten Dinge, z. B. Weihwasser; **Sa|kra|men|tar** *s.1,* **Sa|kra|men|ta|ri|um** *s. Gen.-s Mz.-*ri|en *MA:* Buch mit den Gebeten der Messe, Vorläufer des Meßbuchs; **Sa|kra|ments|häus|chen** *s.7* Behälter mit dem Gefäß für die Hostie, oft turmartig und reich verziert; **Sa|kri|fi|zi|um** *s. Gen.-s Mz.-*zi|en Opfer, *bes.:* kath. Meßopfer; **Sa|kri|leg** *s.1,* **Sa|kri|le|gi|um** *s. Gen.-s Mz.-*gi|en Vergehen gegen Heiliges, z. B.

Gotteslästerung, Kirchenraub; **Sa|kri|stan** *m. 1 kath. Kirche:* Küster, Mesner; **Sa|kri|stei** *w. 10* Nebenraum in der Kirche für den Geistlichen und die gottesdienstl. Geräte; **sa|kro|sankt** geheiligt, unantastbar
Sä|ku|la *Mz. von* Säkulum; **sä|ku|lar** [lat.] **1** alle hundert Jahre wiederkehrend; **2** weltlich; **Sä|ku|lar|fei|er** *w. 11* Hundertjahrfeier; **Sä|ku|la|ri|sa|ti|on** [-tsjon] *w. 10* Überführung kirchl. Besitzes in weltl. Hand, Verweltlichung; **sä|ku|la|ri|sie|ren** in weltl. Besitz überführen, verweltlichen; **Sä|ku|lar|kle|ri|ker** *m. 5* kath. Geistlicher, der nicht im Kloster lebt, Weltgeistlicher; **Sä|ku|lum** *s. Gen.*-s *Mz.*-la Jahrhundert
Sa|lam! [arab.] Friede! (mohammedan. Grußwort)
Sa|la|man|der [griech.] *m. 5* **1** ein Schwanzlurch; **2** ein student. Trinkbrauch; einen S. reiben
Sa|la|mi [ital.] *w. Gen.* - *Mz.*-(s) eine Wurstsorte; **Sa|la|mi|tak|tik** *w. 10 nur Ez.* Taktik, mit kleinen Forderungen und Übergriffen bestimmte polit. Ziele zu erreichen
Sa|lär [frz.] *s. 1 schweiz.:* Gehalt, Lohn; **sa|la|rie|ren** *schweiz.:* besolden, entlohnen
sal|die|ren [ital.] ein Konto s.: den Saldo eines Kontos feststellen; eine Rechnung s.: ausgleichen, *österr.:* die Bezahlung einer Rechnung bestätigen; **Sal|do** *m. 9, Mz. auch* -den *oder* -di *Buchführung:* Unterschiedsbetrag zwischen der Soll- und der Habenseite eines Kontos
Sa|lem! → Salam!; Salem aleikum!: Friede sei mit euch! (arab. Gruß)
Sa|le|sia|ner [nach dem Bischof F. von Sales] *m. 5* Angehöriger einer kath. Priesterkongregation für Erziehung und Äußere Mission
Sales|ma|na|ger [sɛilzmænidʒər, engl.] *m. 5* Verkaufsleiter; **Sales|pro|mo|ter** [sɛilzprəmoutər] *m. 5* Vertriebskaufmann mit der Aufgabe der Absatzsteigerung; **Sales|pro|mo|tion** [sɛilzprəmouʃn] *w. Gen.* - *nur Ez.* Verkaufsförderung
Sa|let|tel [ital.], **Sa|lettl** *s. 14 österr.:* Laube, Gartenhaus, Lusthäuschen, Loggia
Sa|li|cin [lat.] *s. 1 nur Ez.* aus Weidenrinde gewonnenes Fiebermittel; **Sa|li|cy|lat** *s. 1* Salz der Salicylsäure; **Sa|li|cyl|säu|re** *w. 11 nur Ez.* organ. Säure (als Konservierungsmittel, zur Fiebersenkung u. a.)
Sa|li|ne [lat.] *w. 11* Anlage zur Gewinnung von Kochsalz durch Sieden oder Verdunstung
Sa|li|zin *s. 1 nur Ez.* → Salicin; **Sa|li|zyl|säu|re** *w. 11 nur Ez.* → Salicylsäure
Salk|imp|fung [engl.: sɔk, nach dem US-amerik. Bakteriologen J. E. Salk] *w. 10* Schutzimpfung gegen Kinderlähmung
Salm 1 [zu: Psalm] *m. 1* langweiliges Gerede; **2** [lat.] *m. 1* Lachs
Sal|mi|ak [auch: sal-, lat.] *m. Gen.*-s *nur Ez.* Ammoniumchlorid, eine salzige Verbindung aus Ammoniak und Chlorwasserstoff; **Sal|mi|ak|geist** *m. Gen.*-(e)s *nur Ez.* wäßrige Ammoniaklösung
Sal|mo|nel|len [nach dem US-amerik. Bakteriologen D. E. Salmon] *Mz.* Bakterien, die Darmkrankheiten, z. B. Fleischvergiftung, hervorrufen
Sal|mo|ni|den [lat.] *Mz.* lachsartige Fische
sa|lo|mo|nisch in der Art des Salomo, des bibl. Königs von Israel und Juda; salomonisches Urteil: weises Urteil
Sa|lon [-lɔ̃, österr.: -lon] *m. 9* **1** Empfangs-, Besuchszimmer; elegant eingerichteter Raum für gesellschaftl. Veranstaltungen (z. B. auf Schiffen); **2** Mode- oder Frisörgeschäft; **3** Ausstellungsraum; **4** *17./19. Jh.:* regelmäßig zusammentreffender Kreis literarisch oder künstlerisch interessierter Menschen
Sa|lon|lö|we [-lɔ̃-] *m. 11* eleganter, etwas oberflächl. Mann der Gesellschaft; **Sa|lon|mu|sik** *w. 10* gefällige Unterhaltungsmusik; **Sa|lon|wa|gen** *m. 7* luxuriös ausgestatteter Eisenbahnwagen
sa|lopp [frz.] nachlässig, bequem (Kleidung), ungezwungen (Ausdrucksweise)
Sal|pe|ter [lat.] *m. 5 Sammelbez. für* natürlich vorkommende oder künstlich hergestellte Alkalimetallsalze der Salpetersäure; **Sal|pe|ter|säu|re** *w. 11 nur Ez.* starke, einwertige Mineralsäure
Sal|pin|gi|tis [griech.] *w. Gen.* - *Mz.*-ti|den Eileiterentzündung; **Sal|pinx** *w. Gen.* - *Mz.*-pin|gen **1** altgriech. Signaltrompete aus Bronze oder Eisen; **2** trichterförmig erweiterte Röhre, z. B. Ohrtrompete, Eileiter
Sal|se [lat.] *w. 11* **1** *veraltet:* salzige Soße; **2** Schlammsprudel (in Erdölgebieten)
SALT *Abk. für* Strategic Arms Limitation Talk (die seit 1969 zwischen den USA und der UdSSR geführten Gespräche über Begrenzung und Abbau strateg. Waffensysteme)
Sal|ta [ital.] *s. Gen.*-s *nur Ez.* ein Brettspiel; **Sal|ta|rel|lo** *m. Gen.*-s *Mz.*-li **1** ital. Springtanz; **2** Teil der Lautensuite; **sal|ta|to** *Mus.:* mit springendem Bogen (zu spielen); **Sal|to** *m. 9, Mz. auch:* -ti Überschlag in der Luft; **Sal|to mor|ta|le** *m. Gen.*- - *Mz.*- - *oder* -ti -li „Todessprung", mehrfacher Salto
sa|lu|ber [lat.] gesund, heilsam; **Sa|lu|bri|tät** *w. 10 nur Ez.* Gesundheit, Heilsamkeit
Sa|lut [lat.] *m. 1* militär. Ehrengruß (durch Abfeuern einer Salve von Schüssen); Salut schießen; **sa|lu|tie|ren** militärisch grüßen; **Sa|lu|tis|mus** *m. Gen.* - *nur Ez.* Lehre der Heilsarmee; **Sa|lu|tist** *m. 10* Angehöriger der Heilsarmee
Sal|va|ti|on [-tsjon, lat.] *w. 10 veraltet:* Rettung; **Sal|va|tion Ar|my** [sælveiʃn a:rmi, engl.] *w. Gen.*- - *nur Ez., engl. Bez. für* Heils-

armee; **Sal|va|tor** *m.13 nur Ez.* Retter, Erlöser, Heiland; **Sal|va|to|ria|ner** *m.5* Angehöriger einer kath. Priesterkongregation für Seelsorge und Mission
sal|va ve|nia [lat.] (*Abk.:* s. v.) *veraltet:* mit Erlaubnis, mit Verlaub (zu sagen)
sa|lve! [lat.] sei gegrüßt! **Sa|lve** *w.11* gleichzeitiges Abfeuern mehrerer Feuerwaffen; **sal|vie|ren** *veraltet:* retten, in Sicherheit bringen; **sal|vis omis|sis** (*Abk.:* s. o.) unter Vorbehalt von Auslassungen; **sal|vo er|ro|re** [lat.] (*Abk.:* s. e.) Irrtum vorbehalten (beim Kontokorrent); **sal|vo er|ro|re cal|cu|li** (*Abk.:* s. e. c.) unter Vorbehalt eines Rechenfehlers; **sal|vo er|ro|re et omis|sio|ne** (*Abk.:* s. e. e. o.) Irrtum und Auslassung vorbehalten (beim Kontokorrent); **sal|vo ti|tu|lo** (*Abk.:* S. T.) *veraltet:* mit Vorbehalt des richtigen Titels
Sa|ma|ri|ter [nach dem barmherzigen Mann aus Samaria in der Bibel] *m.5* freiwilliger Krankenpfleger
Sa|ma|ri|um [nach dem Mineral Samarskit] *s. Gen.-s nur Ez.* (*Zeichen:* Sm) chem. Element
Sa|mar|kand [nach der Stadt in der Usbek. Sowjetrepublik] *m.9* handgeknüpfter Teppich mit Medaillonmuster
Sa|mar|skit [nach dem russ. Mineralogen Samarski] *m.1* ein Mineral
Sam|ba [afrik.-port.] *w.9, ugs. und österr.: m.9* ein Gesellschaftstanz
Sam|bo *m.9* → Zambo
sä|misch [türk.] mit Fett gegerbt
Sam|is|dat [russ. Kurzw. „Selbstverlag"] *m. Gen.-(s) nur Ez. Bez. für* Untergrundliteratur in der UdSSR
Sa|mi|sen [-sɛn, jap.] *w. Gen.- Mz.-* jap. Gitarre mit drei Saiten, die mit einem Kiel angerissen werden
Sa|mos *m. Gen.- Mz.-* Wein von der griech. Insel Samos
Sa|mo|war [russ.] *m.1* russ. Teemaschine
Sam|pan [chin.] *m.9* chin. Wohnboot
Sa|mum [ugs. auch sa-; arab.] *m.1* heißer Wüstenwind in Nordafrika und Vorderasien
Sa|mu|rai [jap.] *m.9 oder Gen.- Mz.-* Angehöriger des jap. Kriegeradels
San [ital., span.] (*Abk.:* S.) *vor ital. und span. männl. Heiligennamen und davon abgeleiteten Ortsnamen, die mit einem Konsonanten beginnen (ital. außer Sp und St, span. außer Do und To):* der heilige, z. B. San Pietro; vgl. Sant', Santa, Santo
Sa|na|to|ri|um [lat.] *s. Gen.-s Mz.*-ri|en Heilstätte, Genesungsheim
San|cta [lat.] *weibl. Form von* Sanctus (**1**); **San|cta Se|des** *w. Gen.-- nur Ez.* **1** *lat. Bez. für* Heiliger Stuhl; **2** *übertr.:* Papst und päpstl. Gewalt; **san|cta sim|pli|ci|tas!** heilige Einfalt! (Ausruf angesichts einer von jmdm. begangenen Torheit); **Sanc|ti|tas** *w. Gen.- nur Ez.* Heiligkeit (Titel des Papstes); **Sanc|tus 1** *lat. Bez. für* Sankt; **2** [nach dem Anfangswort des Lobgesangs] *s. Gen.- Mz.-* Lobgesang der kath. Messe
San|da|le [pers.-griech.] *w.11* leichter, durch Riemchen zusammengehaltener Schuh; **San|da|let|te** *w.11* leichte Sommersandale für Damen
San|da|rak [sanskr.-frz.] *m.1 nur Ez.* Harz einer trop. Zypresse für Lack, Kitt u. a.
San|del|baum [sanskr.-ital.] *m.2* ein indomalaiischer Laubbaum; **San|del|holz** *s.4 nur Ez.* wohlriechendes Holz des Sandelbaumes (für Schnitzarbeiten und Räuchermittel)
San|dschak [türk.] *m.9* **1** *früher:* türk. Standarte als Hoheitszeichen; **2** ehemaliger türk. Verwaltungsbezirk
Sand|wich [sændwitʃ, engl.: sænwitʃ] *s. Gen. -es Mz.-es* belegte doppelte Weißbrotschnitte; **Sand|wich|bau|wei|se** *w.11* Bauweise, bei der Teile aus Platten bestehen, die aus verschiedenem Material und in unterschiedl. Stärke zusammengefügt wurden; **Sand|wich-man** [sændwitʃmæn] *m. Gen.-s Mz.-men* [-mən], **Sand|wich|mann** *m.4 ugs. scherzh.:* jmd., der mit zwei Reklameschildern auf Brust und Rücken durch die Straßen geht
san|fo|ri|sie|ren [nach dem Erfinder Sanford L. Cluett] Gewebe s.: durch Hitze schrumpfen lassen, damit sie beim Waschen nicht eingehen, krumpfecht machen
San|gui|ni|ker [lat.] *m.5* Mensch mit lebhaftem, heiterem Temperament
San|he|drin *m.1 nur Ez., hebr. Form von* Synedrium
sa|nie|ren [lat.] **1** gesund machen, heilen; **2** alte Stadtteile s.: in alten Stadtteilen gesunde, hygienisch einwandfreie Lebensverhältnisse schaffen; **3** einen Betrieb s.: wieder leistungsfähig machen, seine finanziellen Verhältnisse aufbessern oder ordnen; **4** sich s.: seinen Gewinn (bei etwas) finden; **sa|ni|tär** der Gesundheit, Hygiene dienend; sanitäre Anlagen: Kanalisation, Toiletten usw.; **sa|ni|ta|risch** *schweiz. für* sanitär; **Sa|ni|tät** *w.10 nur Ez. schweiz.:* Kriegssanitätswesen; **Sa|ni|tä|ter** *m.5* in der Ersten Hilfe ausgebildeter Krankenpfleger
Sankt [lat.] (*Abk.:* St.) *vor dt. männl. und weibl. Heiligennamen und davon abgeleiteten Ortsnamen:* der, die heilige, z. B. Sankt Andreas, St. Andreas, Sankt Andreasberg, St. Andreasberg, Sankt-Peters-Kirche, St.-Peters-Kirche; **Sank|ti|fi|ka|ti|on** [-tsjon] *w.10* Heiligsprechung; **sank|ti|fi|zie|ren** heiligsprechen; **Sank|ti|on** [-tsjon] *w.10* **1** Anerkennung, Bestätigung, Erteilung der Gesetzeskraft; **2** *Mz.* Zwangsstrafmaßnahmen; **sank-tio|nie|ren** [-tsjo-] bestätigen, Gesetzeskraft erteilen; **Sank|tis|si|mum** *s. Gen.-s nur Ez., kath. Kirche:* Allerheiligstes, geweihte Hostie; **Sank|tu|ar** *s.1,* **Sank|tua|ri|um** *s. Gen.-s Mz.*-ri|en **1** Heiligtum; **2** *kath. Kir-*

che: Altarraum; **3** Aufbewahrungsort für Reliquien, Reliquienschrein
Sans|cu|lot|te [sã(s)ky-, frz. „ohne (Knie-) Hose"] *m.11* Spottname für die revolutionären Proletarier in der Frz. Revolution, da sie keine Kniehosen (Culottes) trugen wie die höheren Stände, sondern lange Hosen (Pantalons)
San|se|vie|ria [nach dem Fürsten von San Severo (Süditalien)], **San|se|vie|rie** [-riə] *w. Gen.- Mz.*-ri|en ein Liliengewächs, Zierpflanze
Sans|krit [altind.] *s. Gen.*-s *nur Ez.* altind., noch heute gebräuchl. Literatur- und Wissenschaftssprache; **Sans|kri|tist** *m.10* Kenner des Sanskrits
Sans|sou|ci [sãsusi, frz. „ohne Sorge"] Name von Schlössern, bes. eines Rokokoschlößchens in Potsdam
Sant' [ital.] (*Abk.:* S.) *vor ital. männl. und weibl. Heiligennamen und davon abgeleiteten Ortsnamen, die mit einem Vokal beginnen:* der, die heilige, z. B. Sant' Angelo, Sant' Agata; vgl. San, Santa, Santo; **San|ta** (*Abk.:* ital.: S., span., port.: Sta.) *vor ital., span. und port. weibl. Heiligennamen und manchen Ortsnamen, die mit einem Konsonanten beginnen:* die heilige, z. B. Santa Clara, Santa Cruz; vgl. Sant', Santo, San; **San|te** *Mz.* (*Abk.:* SS.) *vor ital. weibl. Heiligennamen:* die heiligen, z. B. Sante Maria e Maddalena; **San|ti** *Mz.* (*Abk.:* SS.) *vor ital. männl. Heiligennamen:* die heiligen, z. B. Santi Pietro e Paolo, Santi Apostoli; **San|to** (*Abk.:* S.) *vor ital., span. und port. männl. Heiligennamen und davon abgeleiteten Ortsnamen, die mit St oder Sp (ital.) bzw. mit Do oder To (span.) oder mit Vokal (port.) beginnen:* der heilige, z. B. Santo Stefano, Santo Spirito, Santo Domingo, Santo Tomàs, Santo André; vgl. San, Sant', Santa
São [sãu, port.] (*Abk.:* S.) *vor port. männl. Heiligennamen und davon abgeleiteten Ortsnamen, die mit einem Konsonanten beginnen:* der heilige, z. B. São Paolo; vgl. San, Santo, Santa
Sa|phir [auch: -fir, griech.] *m.1* ein Mineral, Edelstein
sa|pi|en|ti sat [lat. „dem Weisen (ist es) genug"] für den Eingeweihten ist keine weitere Erklärung nötig
Sa|pi|ne [frz.] *w.11* Werkzeug zum Wegziehen gefällter Bäume
Sa|po|na|ria [lat.] *w. Gen.- Mz.*-riae [-riɛ:] eine Zier- und Heilpflanze, deren Wurzel Saponin enthält, Seifenkraut; **Sa|po|nin** *s.1* ein Glucosid, Reinigungs- und Arzneimittel
Sap|pe [frz.] *w.11 früher:* Laufgraben im Stellungskrieg
Sap|pel *m.5* → Sapine
Sap|peur [-pør, frz.] *m.1 früher:* Soldat für den Sappenbau
sap|phisch [zapfiʃ oder zafiʃ, nach der altgriech. Dichterin Sappho] sapphische Liebe: Homosexualität zwischen Frauen, lesbische Liebe; sapphische Strophe: Strophe aus drei elfsilbigen Versen und einem abschließenden fünfsilbigen Vers
sa|pri|sti! [lat.-frz.] *veraltet:* potztausend! (Ausruf der Überraschung)
Sa|pro|bie [-bjə, griech.] *w.11,* **Sa|pro|bi|ont** *m.10* in faulenden Stoffen lebendes tier. oder pflanzl. Lebewesen; **sa|pro|gen** fäulniserregend; **Sa|pro|pel** *s.1* Schlamm aus Pflanzen- und Tierresten auf dem Grund stehender Gewässer, Faulschlamm; **Sa|pro|pha|ge** *m.11* von faulenden Stoffen lebendes Tier; **sa|pro|phil** von faulenden Stoffen lebend; **Sa|pro|phyt** *m.10* von faulenden Stoffen lebende Pflanze
Sa|ra|ban|de [frz.: -bãd] *w.11* **1** *17./18. Jh.:* ruhiger frz. Gesellschaftstanz; **2** Satz der Suite (**2**)
Sa|ra|fan [pers.-russ.] *m.1 18./19. Jh.:* russ. Frauen-Trachtenrock mit Leibchen
Sa|ra|ze|ne [arab.] *m.11 MA* **1** *Bez. für* Araber; **2** *Bez. für* Mohammedaner
Sar|del|le [ital.] *w.11* ein Heringsfisch
Sar|di|ne [ital.] *w.11* ein Heringsfisch, Jugendform des Pilchards
sar|do|nisch [nach dem Giftkraut Sardonia] krampfhaft; sardonisches Lachen: krampfhaftes Lachen; *Med.:* scheinbares Lachen bei krankhafter Gesichtsverzerrung
Sard|onyx [griech.] *m.1* ein Mineral, ein Onyx
Sa|ri [sanskr.] *m.9* kunstvoll gewickeltes ind. Frauengewand
Sar|kas|mus [griech.] **1** *m. Gen.- nur Ez.* bitterer Spott; **2** *m. Gen.- Mz.*-men sarkast. Äußerung
Sar|kom [griech.] *s.1,* **Sar|ko|ma** *s. Gen.*-s *Mz.*-malta bösartige Bindegewebsgeschwulst; **sar|ko|ma|tös** in der Art eines Sarkoms; **Sar|ko|phag** *m.1* prunkvoller Sarg, Steinsarg
Sa|rong [mal.] *m.9* bunter, gewickelter indones. Frauenrock
Sar|raß [poln.] *m.1* Säbel mit schwerer Klinge
Sar|sa|pa|ril|le [span.] *w.11 Sammelbez. für* mehrere mittel- und südamerik. Stechwinden, aus deren Wurzeln ein blutreinigendes, schweiß- und harntreibendes Mittel gewonnen wird
Sar|se|nett [mlat.-engl.] *m.1* dichter Futterstoff aus Baumwolle
Sas|sa|fras [indian.] *m. Gen.- Mz.*-, **Sas|sa|fras|baum** *m.2* nordamerik. Baum, aus dessen Wurzel ein äther. Öl gewonnen wird
Sas|sa|ni|de *m.11* Angehöriger eines persischen Herrschergeschlechts vom 3. bis ins 7. Jh.
Sa|tan [griech.] *m.1* **1** Teufel, Widersacher

Gottes; **2** *übertr.:* boshafter, grausamer Mensch
Sa|tel|lit [lat.] *m.10* **1** einen Planeten umkreisender Himmels- oder künstl. Raumkörper, Trabant; **2** *abwertend:* ständiger Begleiter, ergebener Gefolgsmann, Trabant; **Sa|tel|li|ten|staat** *m.12* formal selbständiger, in Wirklichkeit aber von einer Großmacht abhängiger Staat; **Sa|tel|li|ten|stadt** *w.2* → Trabantenstadt
Sa|tem|spra|chen *w.11 Mz. früher Bez. für* die idg. Sprachen, die das Wort „hundert" nach iran. „satem" bilden; vgl. Kentumsprachen
Sa|tin [-tɛ̃, arab.-frz.] *m.9* atlasähnlicher Stoff; **Sa|ti|na|ge** [-ʒə] *w.11* Glättung (von Papier, Stoff); **Sa|ti|né|pa|pier** [-ne-] *s.1* Papier mit glänzender, glatter Oberfläche; **sa|ti|nie|ren** glätten (Stoff, Papier)
Sa|ti|re [lat.] *w.11* mit Ironie und scharfem Spott menschl. Schwächen und Laster geißelnde Dichtung; **Sa|ti|ri|ker** *m.5* **1** Satirendichter; **2** Spötter
Sa|tis|fak|ti|on [-tsjon, lat.] *w.10* Genugtuung (durch Ehrenerklärung oder Duell)
Sa|trap [pers.] *m.10 im alten Persien:* Provinzstatthalter; **Sa|tra|pie** *w.11* von einem Satrapen verwaltete Provinz
Sa|tsu|ma [jap.] *w.9* eine (meist kernlose) Mandarinenart
Sa|tu|ra|ti|on [-tsjon, lat.] *w.10* **1** *Chem.:* Sättigung, Neutralisierung; **2** Verfahren bei der Zuckerproduktion; **sa|tu|rie|ren** **1** *Chem.:* sättigen, neutralisieren; **2** jmdn. s.: jmds. Ansprüche befriedigen, jmdn. wirtschaftlich befriedigen
Sa|tur|na|li|en *Mz.* altröm. Fest zu Ehren des Saturn
Sa|tyr [griech.] *m. Gen.* -s *oder* -n *Mz.* -n **1** *griech. Myth.:* lüsterner Naturdämon im Gefolge des Dionysos, halb Bock, halb Mensch; **2** *übertr.:* geiler, grob sinnl. Mensch; **Sa|ty|ri|a|sis** *w. Gen. - nur Ez.* krankhaft übersteigerter Geschlechtstrieb (beim Mann); **Sa|tyr|spiel** *s.1* altgriech. Posse, bei der Satyrn den Chor bilden
Sau|ce [zosə, frz.] *w.11 frz. Schreibung von* Soße; **Sau|cie|re** [zosjerə] *w.11* Soßenschüssel; **sau|cie|ren** [zosi-] mit einer Soße behandeln (Tabak)
Sau|na [finn.] *w.9* Heißluftbad; **sau|nen** eine Sauna nehmen
Sau|ri|er [griech.] *m.5* **1** ausgestorbenes, meist riesenhaftes Reptil; **2** Vertreter der schuppentragenden Reptilien, Echse; **Sau|ro|lith** *m.10* versteinerter Saurier; **Saur|op|si|den** *m.11 Mz. Sammelbez. für* Kriechtiere und Vögel
Sau|ternes [sotɛrn, nach dem frz. Herkunftsort] *m. Gen. - Mz. -* ein frz. Weißwein
Sauve|garde [so:vgard, frz.] *w.11 früher:* Schutzwache, Schutzbrief
Sa|va|n|ne [indian.-span.] *w.11 in trop. Gebieten:* Grassteppe mit einzeln stehenden Bäumen oder Baumgruppen
Sa|voir-vi|vre [savoarvivrə, frz.] *s. Gen. - nur Ez.* kultivierte Lebensart
Sa|xi|fra|ga [lat.] *w. Gen. - Mz.* -gen Steinbrech
Sa|xo|phon [nach dem belg. Erfinder, A. Sax + griech.] *s.1* ein Metallblasinstrument
sa|zer|do|tal [lat.] priesterlich; **Sa|zer|do|ti|um** [-tsjum] *s. Gen.* -s *nur Ez.* Priesteramt, geistl. Gewalt des Papstes
sb *Abk. für* Stilb
Sb *chem. Zeichen für* Antimon (lat. stibium)
Sbir|re [ital.] *m.11 früher:* ital. Polizei-, Gerichtsdiener
Sc *chem. Zeichen für* Scandium
sc. *Abk. für* scilicet, sculpsit
Sca|bi|es *w. Gen. - nur Ez.* → Skabies
Scam|pi [ital.] *m. Mz., Ez.:* -po *ital. Bez. für* eine Krebsart
Scan|di|um [lat.] *s. Gen.* -s *nur Ez.* (*Zeichen:* Sc) chem. Element, ein Metall
Sca|ra|mouche [-muʃ, frz.] *m.9 frz. Bez. für* Skaramuz
Scat [skæt, engl.] *m. Gen.* -s *nur Ez. Jazz:* ein Gesangsstil, bei dem mit einzelnen Silben improvisiert wird
Scha|b|bes [jidd.] *m. Gen. - Mz. -* → Sabbat
Scha|blo|ne *w.11* **1** ausgeschnittene Vorlage, Muster; **2** *übertr.:* herkömml. übl. Form; **scha|blo|nie|ren, scha|blo|ni|sie|ren** nach einer Schablone gestalten
Scha|bracke (-brak|ke) [türk.] *w.11 früher:* lange, verzierte Decke unter dem Sattel; **2** *abwertend:* altes Pferd; **3** *ugs. abwertend:* abgenutzter Gegenstand; **Scha|bracken|hyä|ne** *w.11* eine südafrik. Hyänenart
Schach [pers.] **1** altes, urspr. oriental. Brettspiel für zwei Personen; **2** Warnruf an den König (in diesem Spiel)
Scha|cher [jidd.] *m.5 nur Ez.* **1** Handel mit vielem Feilschen; **2** gewinnsüchtiges Geschäftemachen
Scha|fi|it *m.10* Angehöriger einer mohammedan. Rechtsschule
Scha|fott [ndrl.] *s.1* erhöhte Hinrichtungsstätte, Blutgerüst
Schah [pers. „König"] *m.9 in Iran Titel für* Herrscher; **Schah|in|schah** [„König der Könige"] *m.9* offizieller Titel des Herrschers in Iran
Scha|kal [sanskr.-türk.] *m.1* ein Wildhund
schä|kern [jidd.] neckischen Spaß treiben (mit dem andern Geschlecht), kokett scherzen
Schal [engl.] *m.9 oder m.1* **1** langes, schmales Halstuch; **2** jeder der beiden langen, rechts und links des Fensters herabhängenden Teile der Übergardine
Scha|lom! [hebr.] Friede! (hebräisches Grußwort)

Scha|lot|te [frz.] *w.11* eine Lauchart, kleine Zwiebel
Scha|lup|pe [frz.] *w.11* **1** größeres Beiboot; **2** Küstenfahrzeug
Scha|ma|de [frz.] *w.11 früher:* Signal zum Zeichen der Ergebung; S. schlagen *übertr.:* klein beigeben
Scha|ma|ne [sanskr.-tungus.] *m.11 bei Naturvölkern:* Zauberpriester; **Scha|ma|nis|mus** *m. Gen.- nur Ez. bei Naturvölkern:* Glaube an die Fähigkeit mancher Menschen, Geister zu beschwören
Scha|mi|sen *w. Gen.- Mz.-* → Samisen
Scha|mot|te [ital.] *w.11 nur Ez.* feuerfester Ton (bes. für Öfen); **scha|mot|tie|ren** mit Schamottesteinen auskleiden
Scham|pun [Hindi-engl.] *s.1 nur Ez.* Haarwaschmittel; **scham|pu|nie|ren** mit Schampun waschen
Scham|pus *m. Gen.- nur Ez. ugs. scherzh.:* Champagner
schang|hai|en [auch: -hai-, nach der chines. Stadt Schanghai] gewaltsam anheuern (Matrosen)
Schan|ker [frz.] *m.5* **1** harter S.: Primäraffekt der Syphilis; **2** weicher S.: infektiöses Geschwür am Geschlechtsteil
Schan|tung|sei|de [nach der chines. Provinz] *w.11* Seide mit ungleichmäßig starken Fäden
Schap|pe [frz.] *w.11* Abfallseide
Scha|ra|de [frz.] *w.11* **1** Silbenrätsel; **2** lebendes Bild, dargestellte kurze Szene, deren Inhalt erraten werden muß
Schä|re [schwed.] *w.11 meist Mz.* kleine Felseninsel vor der finn. und skandinav. Küste
Scha|ria *w. Gen.- nur Ez.* → Scheria
Schar|lach [pers.-mlat.] *m.1* **1** leuchtendes Rot, Scharlachfarbe; **2** *nur Ez.* eine Infektionskrankheit
Schar|la|tan [ital.] *m.1* jmd., der von seinem Fach nichts versteht, *bes.:* Kurpfuscher, Quacksalber; **Schar|la|ta|ne|rie** *w.11* Vorgehen, Verhalten eines Scharlatans
Scharm *m. Gen.-s nur Ez. eindeutschend für* Charme; **schar|mant** *eindeutschend für* charmant; **schar|mie|ren** *veraltet:* (durch Scharm) bezaubern, entzücken
Schar|müt|zel [ital.] *s.5* kleines Gefecht, militärische Plänkelei; **schar|mut|zie|ren** *veraltet:* schöntun, liebeln
Schar|nier [frz.] *s.1* Drehgelenk (an Türen)
Schär|pe [frz.] *w.11* breites, um die Taille oder schräg über Schulter und Brust getragenes Band
Schar|pie [frz.] *w.11 früher:* zerzupfte Leinwand (anstelle von Watte)
schar|rie|ren [frz.] Stein s.: parallele Rillen in Stein schlagen
Schar|wen|zel [tschech.] *m.5* **1** *Kartenspiel:* Wenzel, Unter, Bube; **2** *übertr.:* jmd., der scharwenzelt, Liebediener; **schar|wen|zeln** liebedienern, übertrieben diensteifrig sein
Schasch|lik [russ.] *s.9* am Spieß gebratene Fleisch-, Speck- und Zwiebelstückchen
schas|sen [frz.] *ugs.:* schimpflich entlassen, (aus der Schule, Stellung) hinauswerfen
Scha|tul|le [mlat.] *w.11* **1** *früher:* Privatkasse eines Fürsten; **2** Geld-, Schmuckkasten
Schech *m.1 Nebenform von* Scheich
Scheck [engl.] *m.9, auch: m.1* eine Zahlungsanweisung an Bank oder Post
Sched|bau [engl.] *m. Gen.-(e)s Mz.-*baulten einstöckige Halle mit Scheddach; **Scheddach** *s.4* Sägedach
Scheich [arab.] *m.1 oder m.9* **1** *im Vorderen Orient Titel für* Häuptling eines Beduinenstammes; Dorfältester, Ortsvorsteher; mohammedan. Prediger; **2** *ugs.:* unangenehmer Kerl; **Scheik** *m.9* → Scheich (**1**)
Sche|kel *m.5* → Sekel
Schelf [engl.] *m.1 oder s.1* der vom Meer bedeckte Rand eines Kontinents, Festlandssockel, Kontinentalsockel
Schel|lack [ndrl.] *m.1* harzige Ausscheidung von Schildläusen, für Lacke u. a. verwendet
Sche|ma [griech.] *s.9, Mz. auch:*-malta **1** vereinfachte zeichner. Darstellung; **2** Muster, Vorbild; **3** vorgeschriebenes Vorgehen, Verfahren; nach Schema F *ugs.:* immer auf dieselbe, übliche Art; **sche|ma|tisch** in der Art eines Schemas, vereinfacht; **sche|ma|ti|sie|ren** in ein Schema bringen; **Sche|ma|tis|mus** **1** *m. Gen.- nur Ez.* allzu schematische, vereinfachte Behandlung oder Betrachtung; **2** *Mz.*-men Rangliste von Amtspersonen
Schen, Scheng *s. Gen.-(s) Mz.-* chin. Mundorgel
Scher|bett *m.9* → Sorbet
Sche|ria [arab.] *w. Gen.- nur Ez.* das im Koran niedergelegte Rechtssystem des Islams
Sche|rif [arab.] *m.1 oder m.10* Titel der Nachkommen Mohammeds; **Sche|riff** *m.9* → Sheriff
scher|zan|do [skεr-, ital.] *Mus.:* scherzend;
Scher|zo [skεr-] *s.9, Mz. auch:*-zi **1** kurzes, heiteres Musikstück, Scherzstück; **2** Satz der Sonate
Schi [norw.] *m. Gen.-s Mz.* Schiler, *bayr., österr. Mz. auch:*- am Stiefel zu befestigendes, langes, schmales Brett zur Fortbewegung auf Schnee, auch als Sportgerät, Schneeschuh
Schi'a [arab.] *w. Gen.- nur Ez.* eine der beiden Hauptrichtungen des Islams, die Partei Alis, des Schwiegersohns Mohammeds, und seiner Nachkommen; vgl. Schiit
Schi|bob *m.9* lenkbarer Schlitten mit nur einer Kufe und sattelähnl. Sitz, der Fahrer hat kurze Schier an den Füßen
schick [frz.] **1** modisch, elegant; **2** *ugs. auch:* sehr schön, sehr gut, erfreulich, großartig;
Schick *m. Gen.-s nur Ez.* **1** Eleganz, modische Feinheit; **2** *schweiz.:* vorteilhafter Handel; Glück, guter Fund; **Schicke|ria** (-klk-)

w. Gen. - nur Ez. reiche Gesellschaftsschicht mit extravagantem Lebensstil
Schick|se [jidd.] *w. 11* **1** *urspr.:* nichtjüd. Mädchen; **2** *heute:* unangenehme weibl. Person
Schi|er *Mz. von* Schi
Schi|fi|nish [-niʃ] *s. 9* preiswerte Möglichkeit für Sportler zu Saisonende, Schi zu fahren
schif|ten [engl.] **1** ein Segel vor dem Wind auf die andere Seite bringen; **2** die Lage wechseln; **3** verrutschen (Ladung); **4** zusammennageln (Dachsparren); **Schif|ter** *m. 5* Dachsparren
Schi|is|mus [arab.] *m. Gen. - nur Ez.* Lehre der Schi'a; **Schi|it** *m. 10* Anhänger der Schi'a; vgl. Sunnit
Schi|ka|ne [frz.] *w. 11* **1** absichtlich bereitete Schwierigkeit; **2** *ugs.:* Kniff, Feinheit; **schi|ka|nie|ren** jmdn. s.: jmdm. absichtlich Schwierigkeiten bereiten; **schi|ka|nös** *ugs.:* böswillig, Schikanen bereitend
Schi|kjö|ring [-jø:-, norw.] *s. 9* Schifahren, indem man sich von Pferden, Pferdeschlitten oder Motorfahrzeug ziehen läßt
Schi|lift *m. 1* Seilbahn, mit der Schiläufer bergauf befördert werden
Schi|mä|re [griech.] *w. 11* Trugbild, Hirngespinst; vgl. Chimära; **schi|mä|risch** trügerisch
Schim|pan|se [afrik.] *m. 11* Vertreter einer Gattung von Menschenaffen
Schi|na|kel [ung.] *s. 5 österr.:* kleines Boot
Schin|to|is|mus [jap.] *m. Gen. - nur Ez.* die urspr. Religion der Japaner, Glaube an Naturgottheiten, verbunden mit Ahnenkult
Schi|ras [nach der iran. Stadt] *m. Gen. - Mz. -* ein pers. geknüpfter Teppich
Schi|rok|ko [ital.] *m. 9* warmer, oft stürmischer Wind in den Mittelmeerländern
Schir|ting [engl.] *m. 1 oder m. 9* ein starkes Baumwollgewebe für Möbelbezüge und Bucheinbände
Schir|wan [nach der Landschaft im Kaukasus] *m. 9* Teppich mit geometr. Muster
Schis|ma [auch: sçis-, griech.] *s. Gen. -s Mz. -men* Kirchenspaltung; **Schis|ma|ti|ker** *m. 5* jmd., der ein Schisma verursacht, jmd., der von der kirchl. Lehre abweicht, Abtrünniger
schi|zo|gen [griech.] *Biol.:* durch Spaltung entstanden; **Schi|zo|go|nie** *w. 11* Form der ungeschlechtl. Fortpflanzung, wobei durch Zellteilung eine Vielzahl von Zellen entsteht; **schi|zo|id** seelisch gespalten; **schi|zo|phren** **1** an Schizophrenie leidend; **2** *übertr.:* spaltsinnig, widersprüchlich im Denken und Handeln; **Schi|zo|phre|nie** *w. 11 nur Ez.* Gruppe von Geisteskrankheiten mit gestörtem Zusammenhang zwischen Wollen, Denken und Fühlen, Spaltungsirresein; **Schi|zo|phyt** *m. 10* Spaltpflanze; **schi|zo|thym** zur Absonderung neigend, in sich gekehrt (Person, Charakter)
Schlach|ta [poln.] *w. Gen. - nur Ez. früher:* der poln. Adel; **Schlach|tschitz** *m. 10* Angehöriger der Schlachta
Schla|mas|sel [jidd.] *m. 5 oder s. 5* ärgerliche, verfahrene Angelegenheit
Schle|mihl [hebr.] *m. 1 ugs.:* vom Pech verfolgter Mensch, Pechvogel, Unglücksrabe
schlemm [engl.] *Bridge, Whist, in der Wendung* schlemm machen: alle Stiche bekommen
Schlup [engl.] *w. 9 oder w. 10* kleines, kutterartiges Boot, *auch:* Polizeiboot
Schmalt [ital.] *m. 1* → Email; **Schmal|te** *w. 11* Kobaltschmelzmasse zum Blaufärben von Glasuren
Schmet|ten [tschech.] *m. 7 nur Ez. österr., schles.:* Sahne, Rahm
Schmie|re [jidd.] *nur in der Wendung:* Schmiere stehen: Wache stehen (bei Streichen und Verbrechen)
Schmock [slowen., nach einer Gestalt aus G. Freytags „Journalisten"] *m. 9 oder m. 1* gesinnungsloser Journalist
schmol|lis! [lat.] *Stud.:* Zuruf beim Brüderschafttrinken; mit jmdm. Schmollis trinken; vgl. fiduzit
Schmon|zes [jidd.] *m. Gen. - nur Ez.* dummes Gerede
Schmu [hebr.] *m. Gen. -s nur Ez. ugs.:* leichter Betrug (bes. beim Spiel); Schmu machen
Schmug|gel [engl.] *m. 5 nur Ez.* ungesetzliches Aus- und Einführen von Waren, Schleichhandel; **schmug|geln** ungesetzlich aus- oder einführen; **Schmugg|ler** jmd., der Schmuggel betreibt
Schmus [hebr.] *m. 1 nur Ez. ugs.:* schmeichler., übertrieben liebenswürdiges Gerede; **schmu|sen** *ugs.:* zärtlich sein; mit jmdm. s.
Schock [engl.] *m. 9* plötzl. Nervenerschütterung; **schockant** (schok|kant) anstößig, schockierend; **schocken** (schok|ken) jmdn. s.: **1** jmdm. einen Schock versetzen; geschockt sein: einen Schock erlitten haben; **2** mit künstlich hervorgerufenem Schock behandeln; **Schocker** (Schok|ker) *m. 5* schokkierender Film oder Roman, *auch:* Gruselfilm; **schockie|ren** (schok|kie-) jmdn. s.: jmds. Gefühl für Anstand und gute Sitte, für gutes Benehmen schwer verletzen; **schocking** (schok|king) *eindeutschende Schreibung von* shocking
Scho|far [hebr.] *m. Gen. -(s) Mz. -fa|roth im jüd. Kult:* Widderhorn, das am Neujahrstag geblasen wird
scho|fel [jidd.] schäbig, geizig; erbärmlich; **Scho|fel** *m. 5 ugs.:* schlechte Ware
Schof|för [frz.] *m. 1 eindeutschende Schreibung von* Chauffeur
Scho|gun *m. 1* → Shogun
Scho|ko|la|de [aztek.] *w. 11* Nahrungs- und Genußmittel, auch Getränk aus Kakao, Milch und Zucker
Scho|lar [mlat.] *m. 10 MA:* fahrender Schü-

ler, fahrender Student; **Scho|larch** [lat. + griech.] *m.10 MA:* Vorsteher, Aufseher an einer Klosterschule; **Scho|la|stik** *w.10 nur Ez.* **1** die auf der antiken Philosophie beruhende christl. Philosophie und Wissenschaft des MA; **2** *auch übertr.:* engstirnige Schulweisheit; **Scho|la|sti|ker** *m.5* **1** Vertreter der Scholastik; **2** *bes. bei den Jesuiten:* junger Ordensgeistlicher während des Studiums; **3** *übertr.:* Buchstabengelehrter; **Scho|la|sti|zis|mus** *m. Gen. - nur Ez.* **1** Überbewertung der Scholastik; **2** *übertr.:* Haarspalterei, Spitzfindigkeit

Scho|li|ast [griech.] *m.10* Verfasser von Scholien; **Scho|lie** [-ljə] *w.11,* **Scho|li|on** *s. Gen.*-s *Mz.*-li|en erklärende Randbemerkung in antiken Literaturwerken

Scho|ner [engl.] *m.5* mehrmastiges Segelschiff

Scho|se [frz.] *w.11 ugs.:* Sache, Angelegenheit

Schott [arab.] *m. Gen.*-s *Mz.*-s Salzwüste in Nordafrika

schraf|fie|ren [ital.] dicht mit feinen, parallelen Strichen ausfüllen (Fläche); **Schraf|fur** *w.10* schraffierte Fläche

Schrap|nell [nach dem engl. Offizier H. Shrapnel] *s.1 oder s.9* mit Kugeln gefülltes Geschoß, das kurz vor dem Ziel zerspringt

Schred|der *m.5, eindeutschende Schreibung von* Shredder

schrin|ken [engl.] Gewebe s.: feucht machen, um das Einlaufen zu verhindern

Schu|bi|ack [ndrl.] *m.1 oder m.9 norddt.* **1** Bettler; **2** Lump, Gauner

Schwa|dron [ital.] *w.10* Einheit der Kavallerie; **Schwa|dro|na|de** *w.11* prahler. Gerede, lauter Wortschwall; **Schwa|dro|neur** [-nør] *m.1* jmd., der viel schwadroniert; **schwa|dro|nie|ren** prahlerisch oder aufdringlich reden

Schwer|ath|le|tik *w.10 nur Ez. Sammelbez. für* Boxen, Ringen, Judo, Gewichtheben

schwoi|en [ndrl.], **schwo|jen** *Seew.:* sich vor Anker drehen (Schiff)

Sci|ence Fic|tion, Sci|ence-fic|tion [saiənsfikʃən, engl.] *w. Gen. -- Mz.* --s phantasievolle, utop. Schilderungen auf naturwissenschaftlich-techn. Grundlage

scil. *Abk. für* scilicet; **sci|li|cet** [stsi-, lat.] (*Abk.:* sc., scil.) nämlich

Scor|da|tu|ra *w. Gen. - Mz.*-ren → Skordatur

Score [skɔːr, engl.] *s.9* **1** *Sport:* Punktzahl, Spielstand; **2** *Psych.:* in Zahlen ausgedrückte Leistung (im Experiment oder Test)

Scotch|ter|ri|er [skɔtʃ-] *m.5* schwarzer, sehr kurzbeiniger schott. Terrier

Scrabble [skræbl, engl.] *s. Gen.*-s *Mz.*- Gesellschaftsspiel, bei dem Buchstaben zu Wörtern zusammengesetzt werden müssen

Scribble [skribl, engl.] *m.9* erster Entwurf

Scrip [engl.] *m.9* **1** Gutschein über nicht gezahlte Zinsen; **2** *in England und den USA:* Zwischenschein für neu auszugebende Aktien

Script|girl [-gəːl, engl.] *s.9* Sekretärin des Regisseurs bei Filmaufnahmen

Scu|do [ital.] *m. Gen.*-s *Mz.*-di alte ital. Münze

sculps. *Abk. für* sculpsit; **sculp|sit** [lat. „hat (es) gestochen"] (*Abk.:* sc., sculps.) Vermerk auf Kupfer- oder Stahlstichen hinter dem Namen des Künstlers

Scyl|la [stsyl-] *w. Gen. - nur Ez.* **1** antiker Name für eine gefährl. Felsklippe gegenüber der Charybdis, einem Felsenschlund und Meeresstrudel, in der Straße von Messina; **2** *griech. Myth.:* Seeungeheuer auf dieser Klippe, das die Vorüberfahrenden verschlingt; zwischen Scylla und Charybdis *übertr.:* zwischen zwei Gefahren oder Zwangslagen

s. e. *Abk. für* salvo errore

Se *chem. Zeichen für* Selen

Seal [sil, engl.] *m.9* Fell des Seebären; **Seal|skin** [sil-] *m.9 oder s.9* **1** Fell der Bärenrobbe; **2** Plüschgewebe, Nachahmung des Seals

Sé|ance [seãs, frz.] *w.11* spiritist. Sitzung

SEATO *Kurzw. für* South-East Asia Treaty Organization (Südostasien-Verteidigungspakt)

Se|bor|rhö [lat. + griech.] *w.10,* **Se|bor|rhoe** [-rø] *w.11* übermäßige Absonderung der Talgdrüsen der Haut, Schmerfluß

sec 1 *Abk. für* Sekans; **2** *Astron. Abk. für* Sekunde; **3** [sɛk, frz.] herb, trocken (Wein, Sekt)

s. e. c. *Abk. für* salvo errore calculi

Sec|co|ma|le|rei *w.10* Malerei auf trockenen Putz; vgl. al secco

Se|cen|tis|mus [-tʃɛn-, ital.] *m. Gen. - nur Ez.* der überladene Stil der ital. Barockdichtung des 17. Jh.; **Se|cen|tist** *m.10* Vertreter des Secentismus sowie des Secento; **Se|cen|to** [-tʃɛn-, ital. „sechshundert" (nach 1000)] *s. Gen.*-(s) *nur Ez.* die künstler. Stilepoche des 17. Jh. in Italien

Se|cond-hand-Ge|schäft [sɛkəndhænd-, engl.] *s.1* Geschäft mit Waren aus zweiter Hand, mit gebrauchten Waren

Se|con|do [ital.] *s.9 beim vierhändigen Klavierspiel:* zweite Stimme; *Ggs.:* Primo

Se|cret Ser|vice [sikrit səvis] *m. Gen. -- nur Ez.* der brit. Geheimdienst

se|da|tiv [lat.] beruhigend, einschläfernd; **Se|da|tiv** *s.1,* **Se|da|ti|vum** *s. Gen.*-s *Mz.*-va Beruhigungsmittel

Se|dez [lat.] *s.1* (*Zeichen:* 16°), **Se|dez|for|mat** *s.1* altes Buchformat in der Größe eines Sechzehntelbogens

se|die|ren mit einem Sedativum behandeln, beruhigen

Se|di|ment [lat.] *s.1* **1** Ablagerung, Absatz-, Schichtgestein; **2** *Chem.:* Bodensatz; **se|di-**

me|n|tär durch Ablagerungen entstanden; **Se|di|men|ta|ti|on** [-tsjon] *w.10* Sedimentbildung, Vorgang des Ablagerns
Se|dis|va|kanz [lat.] *w.10* Zeitraum, während dessen der päpstl. oder ein bischöfl. Stuhl nicht besetzt ist
Se|dum [lat.] *s. Gen.*-s *Mz.*-da Dickblattgewächs
s. e. e. o. *Abk. für* salvo errore et omissione
s. e. et o. → s. e. e. o.
Seg|ment [lat.] *s.1* Abschnitt, Glied; **seg|men|tal** in der Form eines Segments; **seg|men|tär** aus Segmenten (bestehend); **Seg|men|ta|ti|on** [-tsjon] *w.10* **1** Aufgliederung des Marktes in Marktsegmente, z. B. nach Käufergruppen oder Absatzräumen; **2** *Meinungsforschung:* Aufgliederung der zu befragenden Personen; **Seg|ment|bo|gen** *m.7 Baukunst:* Flachbogen
Se|gno [sɛnjo, ital.] *s.9, Mz. auch:* -gni (*Abk.:* S) *Mus.:* Zeichen; da capo al segno: nochmals bis zum Zeichen (zu spielen, zu singen); da capo dal segno: nochmals vom Zeichen an (zu spielen, zu singen)
Se|gre|gat [lat.] *s.1 veraltet:* Ausgeschiedenes; **Se|gre|ga|ti|on** [-tsjon] *w.10* **1** *veraltet:* Ausscheidung; **2** *amerik. Bez. für* Absonderung (von andersgearteten Minderheiten der Bevölkerung)
Se|gui|dil|la [segidilja, span.] *w. Gen.* - *nur Ez.* ein span. Tanz
Sei|cen|to [sɛitʃɛnto, ital.] *s. Gen.*-(s) *nur Ez.* → Secento
Seiches [sɛʃ, frz.] *w.9 Mz.* Schwankungen des Wasserspiegels in Binnenseen
Sei|gneur [sɛnjœr, frz.] *m.9* **1** *im alten Frankreich:* Lehnsherr; **2** *heute:* vornehmer, weltgewandter Herr
Sei|sing [ndrl.] *s.1 Seew.:* kurzes Tau
Seis|mik [griech.] *w.10 nur Ez.* Lehre von den Erdbeben; **seis|misch** Erdbeben betreffend, auf Erdbeben beruhend; **Seis|mo|gramm** *s.1* Aufzeichnung eines Erdbebens; **Seis|mo|graph** *m.10* Gerät zum Aufzeichnen von Erdbeben; **Seis|mo|lo|gie** *w.11 nur Ez.* → Seismik; **Seis|mo|me|ter** *s.5* Gerät zum Messen der Erdbebenstärke
Sejm [sɛjm, saim, poln.] *m.1* **1** *im Königreich Polen:* Reichstag; **2** *heute:* poln. Volksvertretung
sek., Sek. *Abk. für* Sekunde
Se|kans [lat.] *m. Gen.* - *Mz.*-kan|ten (*Abk.:* sec) eine Winkelfunktion, Verhältnis der Hypotenuse zur Ankathete; **Se|kan|te** *w.11* Gerade, die eine Kurve schneidet
Se|kel *m.5* alte hebr., phöniz. und babylon. Gewichts- und Währungseinheit, etwa 15 g
sek|kant [ital.] *veraltet, noch österr.:* lästig, zudringlich; **sek|kie|ren** *veraltet, noch österr.:* belästigen
Sek|ko|ma|le|rei *w.10* → Seccomalerei
Se|kond *w.10 Fechten:* eine bestimmte Haltung der Klinge; **Se|kon|de|leut|nant** [-kɔ̃-, frz.] *m.9 veraltet:* Unterleutnant
se|kret [lat.] *veraltet:* geheim, abgesondert; **Se|kret** *s.1* **1** Ausscheidung, nach außen abgesonderte Flüssigkeit, z. B. von Drüsen; *Ggs.:* Inkret; **2** *kath. Kirche;* stilles Gebet des Priesters während der Messe; **Se|kre|tar** *m.1* Geschäftsführer (einer gelehrten Körperschaft); **Se|kre|tär** *m.1* **1** kaufmänn. Angestellter, der die Korrespondenz führt u. a.; **2** Dienstbez. für bestimmte Beamte; **3** hoher Funktionär einer Partei; **4** Schreibschrank; **5** ein afrik. Raubvogel; **Se|kre|ta|ri|at** *s.1* Dienststelle eines Sekretärs; **Se|kre|ta|ri|us** *m. Gen.* - *Mz.*-rii *veraltet für* Sekretär (**1**, **2**); **se|kre|tie|ren** **1** absondern; **2** geheimhalten, verschließen; **Se|kre|ti|on** [-tsjon] *w.10* Absonderung von Sekret; vgl. Inkretion; **se|kre|to|risch** auf Sekretion beruhend; *Ggs.:* inkretorisch
Sekt [ital.] *m.1* Schaumwein
Sek|te [lat.] *w.11* kleinere relig. Gemeinschaft, die sich von einer größeren Glaubensgemeinschaft gelöst hat und meist von dieser abgelehnt wird; **Sek|tie|rer** *m.5* **1** Angehöriger einer Sekte; **2** polit. Eigenbrötler
Sek|ti|on [-tsjon, lat.] *w.10* **1** Abteilung, Gruppe; **2** Streckenabschnitt (einer Schipiste); **3** *Med.* Leichenöffnung; **Sek|ti|ons|chef** [-ʃɛf] *m.9* Leiter einer Sektion (**1**)
Sek|tor [lat.] *m.13* **1** Sachgebiet; **2** Abschnitt, Gebietsteil; **3** *nach 1945:* jedes der vier Besatzungsgebiete in Berlin; **4** *Math.:* Ausschnitt (eines Kreises, einer Kugel)
Se|kun|da [lat.] *w. Gen.* - *Mz.*-den sechste (Untersekunda) und siebente Klasse (Obersekunda) des Gymnasiums; **Se|kund|ak|kord** *m.1 Mus.:* dritte Umkehrung des Dominantseptimenakkords; **Se|kun|da|ner** *m.5* Schüler der Sekunda; **Se|kun|dant** *m.10* **1** Betreuer, Beistand (beim Duell, Boxkampf); **2** *auch allg.:* Helfer, Beschützer; **se|kun|där** **1** zweitrangig, in zweiter Linie in Betracht kommend; **2** nachträglich hinzugekommen; *Ggs.:* primär; **Se|kun|dar|arzt** *m.2 österr.:* Krankenhausarzt ohne eigene Abteilung; **Se|kun|där|emis|si|on** *w.11* nach Zwischenprozessen auftretende Aussendung von Teilchen (z. B. Elektronen); **Se|kun|där|in|fek|ti|on** [-tsjo:n] *w.10* zweite Infektion (mit anderen Erregern) eines bereits befallenen Organismus; **Se|kun|dar|leh|rer** *m.5 schweiz.:* Lehrer an einer Sekundarschule; **Se|kun|där|li|te|ra|tur** *w.10 nur Ez.* Literatur über Werke der Dichtkunst, im Unterschied zur Primärliteratur; **Se|kun|dar|schu|le** *w.11 schweiz.:* höhere Volksschule; **Se|kun|där|strom** *m.2* elektr. Strom in der Sekundärwicklung; **Se|kun|där|wick|lung** *w.10* Wicklung eines Transformators, an der die transformierte Spannung abgenommen werden kann; **Se|kun|da|wech|sel** *m.5* zweite Ausfertigung eines Wechsels; **Se-**

kun|de *w. 11* **1** (*Abk.:* s, sec, sek, Sek., *Astron.:* ˢ) 60. Teil einer Minute; **2** (*Zeichen:* ″) 60. Teil einer (Winkel-)Altminute, Altsekunde; **3** (*Zeichen:* ″) der 100. Teil einer (Winkel-)Neuminute, Neusekunde; **4** *Mus.:* zweite Stufe der diaton. Tonleiter; Intervall von zwei Tönen; **5** *Buchw.:* Signatur auf der dritten Seite eines Druckbogens; vgl. Prime (**3**); **se|kun|die|ren** jmdm. s. **1** jmdm. beistehen, jmdn. betreuen (im Duell, Boxkampf); **2** jmdm. helfen, jmdn. schützen; **Se|kun|do|ge|ni|tur** *w. 10* Besitzrecht des zweiten Sohnes (eines Herrscherhauses) und seiner Nachkommen; vgl. Primogenitur

Se|ku|rit [lat.-engl.] *s. Gen.-s nur Ez.* Ⓦ nicht splitterndes Sicherheitsglas

se|la! [hebr.] *ugs.:* abgemacht!; in Ordnung!, Schluß!; **Se|la** *s. 9 in den Psalmen des AT:* Musikzeichen

se|la|don [-dɔ̃, nach der Kleiderfarbe des → Seladon] *unflektierbar:* zartgrün; **Se|la|don** [-dɔ̃, nach dem Helden eines frz. Schäferromans] **1** *m. 9 veraltet:* schmachtender Liebhaber; **2** *s. 9* altes chin. Porzellan mit grüner Glasur

Se|lam → Salam; **Se|lam|lik** *m. 9, im Wohnhaus der Mohammedaner:* Empfangsraum

Sel|dschu|ke *m. 11* Angehöriger eines türk. Herrschergeschlechts

se|lek|tie|ren [lat.] auswählen (bes. zur Zucht); **Se|lek|ti|on** [-tsjo̱n] *w. 10* Auswahl, Auslese, Zuchtwahl; **se|lek|tio|nie|ren** [-tsjo-] *schweiz.* → selektieren; **Se|lek|ti|ons|theo|rie** *w. 11 nur Ez.* Theorie von der natürl. Zuchtwahl im Laufe der Stammesgeschichte; **se|lek|tiv** **1** auswählend; **2** trennscharf (Rundfunkempfänger); **Se|lek|ti|vi|tät** *w. 10 nur Ez.* Trennschärfe

Se|len [griech.] *s. 1 nur Ez.* (*Zeichen:* Se) chem. Element; **Se|le|nat** *s. 1* Salz der Selensäure; **Se|le|nit** *s. 1* Salz der selenigen Säure; **Se|le|no|gra|phie** *w. 11 nur Ez.* Beschreibung der physikal. und topograph. Beschaffenheit des Mondes; **Se|le|no|lo|gie** *w. 11 nur Ez.* Wissenschaft vom Mond; **Se|len|zel|le** *w. 11* ein Photoelement mit Selensperrschicht

Se|leu|ki|de, Se|leu|zi|de *m. 11* Angehöriger eines syrischen Herrschergeschlechts mazedon. Abstammung

Self... [engl.] *in Zus.:* Selbst...

Self|ak|tor [-æktər] *m. 9* automat. Spinnmaschine; **Self|ap|peal** [-əpi:l] *m. 9 nur Ez.* Werbewirkung, die eine Ware durch sich selbst ausübt; **Self|de|mand** [-dima:nd] *s. Gen.-s nur Ez.* Regelung des tägl. Rhythmus der Nahrungsaufnahme durch den Säugling selbst je nach seinem Bedürfnis; **Self|made|man** [-mɛidmæn] *m. Gen.-s Mz.-men* [-mən] jmd., der sich aus eigener Kraft hochgearbeitet hat; **Self|pa|cing** [-pɛisiŋ] *s. Gen.-s nur Ez., beim Lernen im Sprachlabor:* Regelung des Arbeitstempos durch den Schüler selbst

Sel|le|rie [griech.], *österr.:* [-ri̱] *m. 9, österr.: w. 11* eine Gemüsepflanze

Se|man|tik [griech.] *w. 10 nur Ez.* **1** Lehre von der Bedeutung der Wörter, Silben usw. und ihrer Wandlungen; **2** Lehre von den in einer Wissenschaft verwendeten Zeichen und Symbolen

Se|ma|phor [griech.] *s. 1 oder m. 1* Signalmast mit schwenkbaren Armen

Se|ma|sio|lo|gie [griech.] *w. 11 nur Ez. ältere Bez. für* Semantik (**1**); **Se|meio|gra|phie** *w. 11* **1** Lehre von den musikal. Zeichen; **2** Zeichen-, Notenschrift; **Se|mem** *s. 1* Bedeutung eines Morphems

Se|men [lat.] *s. Gen.-s Mz.-mi|na* Samen (von Pflanzen), Samenkorn

Se|me|ster [lat.] *s. 5* **1** Studienhalbjahr; **2** *ugs. übertr.:* Student eines bestimmten S.; er ist schon ein älteres, höheres S.

Se|mi|fi|na|le *s. 5 Sport:* Vorschlußrunde; **Se|mi|ko|lon** *s. 9, Mz. auch:* -la (*Zeichen:* ;) Strichpunkt; **se|mi|lu|nar** halbmondförmig

Se|mi|na *Mz. von* Semen

Se|mi|nar [lat.] *s. 1, österr. Mz. auch:* -ri|en **1** Übungskurs an Hochschulen; **2** Hochschulinstitut; **3** Ausbildungsanstalt (für Geistliche, Lehrer u. a.); **Se|mi|na|rist** *m. 10* Angehöriger eines Seminars (**3**)

Se|mio|lo|gie [griech.] *w. 11 nur Ez.* → Semiotik (**1**); **Se|mio|tik** *w. 10 nur Ez.* **1** *Med.:* Lehre von den Krankheitserscheinungen, Semiologie, Symptomatologie; **2** *Sprachw.:* Lehre von den Zeichen (Verkehrszeichen, Formeln usw.)

se|mi|per|mea|bel [lat.] halbdurchlässig

Se|mit [nach Sem, einem Sohn Noahs] *m. 10* Angehöriger einer vorderasiat. und nordafrikan. Völkergruppe; **Se|mi|ti|stik** *w. 10 nur Ez.* Wissenschaft von den semit. Sprachen und Literaturen

Sem|per ali|quid hae|ret [lat.] Etwas bleibt immer hängen (von bösem Gerede); **sem|per idem** immer dasselbe

Sem|stwo [russ.] *m. 9, 1864 bis 1917:* russ. Selbstverwaltungsverband

Sen [jap., chin.] *m. oder s. Gen.- Mz.-* **1** jap. Währungseinheit, ¹/₁₀₀ Yen; **2** indones. Währungseinheit, ¹/₁₀₀ Rupiah

sen. *Abk. für* senior

Se|nat [lat.] *m. 1* **1** *im alten Rom:* Rat der Ältesten, oberste Regierungsbehörde; **2** *in verschiedenen Staaten:* erste Kammer des Parlaments; **3** *in Hamburg, Bremen und Westberlin Bez. für die* Regierung; **4** *an Hochschulen:* Selbstverwaltungsbehörde; **5** *an dt. höheren Gerichten:* Richterkollegium, z. B. Strafsenat; **Se|na|tor** *m. 13* Mitglied des Senats; **Se|na|tus Po|pu|lus|que Ro|ma|nus** (*Abk.:* SPQR, S. P. Q. R.) Senat und Volk von Rom

Se|nes|zenz [lat.] *w. 10 nur Ez.* das Altern, Altwerden

Se|nhor [sɛnjo̱r, port.] *m. Gen.*-s *Mz.*-res Herr *(port. Anrede, alleinstehend und vor dem Namen);* **Se|nho|ra** [sɛnjo̱ra] *w.9* Frau, Dame *(port. Anrede, alleinstehend und vor dem Namen);* **Se|nho|rita** [sɛnjo-] *w.9* Fräulein *(port. Anrede, alleinstehend und vor dem Namen)*

se|nil [lat.] greisenhaft, altersschwach; *Ggs.:* juvenil; **Se|ni|li|tät** *w.10 nur Ez.* Greisenhaftigkeit, Altersschwäche; **se|ni|or** (*Abk.:* sen.) älter, der Ältere *(hinter Namen);* Otto Schmidt sen.; *Ggs.:* junior; **Se|ni|or** *m.13* **1** der Ältere; *Ggs.:* Junior; **2** Vorsitzender, Alterspräsident; **3** *Sport:* Angehöriger einer bestimmten Altersklasse; **Se|nio|rat** *s.1* **1** → Majorat; *Ggs.:* Juniorat; **2** *veraltet:* Ältestenwürde; **Se|ni|or|chef** [-ʃɛf] *m.9* der ältere von zwei Chefs (eines Betriebes); *Ggs.:* Juniorchef

Se|na [arab.] *w. Gen.- nur Ez.* → Kassia

Se|non [nach der frz. Stadt Sens] *s. Gen.*-s *nur Ez.* Stufe der oberen Kreideformation

Se|ñor [sɛnjo̱r, span.] *m. Gen.*-s *Mz.*-res Herr *(span. Anrede, alleinstehend und vor dem Namen);* **Se|ño|ra** [sɛnjo̱ra] *w.9* Frau, Dame *(span. Anrede, alleinstehend und vor dem Namen);* **Se|ño|ri|ta** [sɛnjo-] *w.9* Fräulein *(span. Anrede, alleinstehend und vor dem Namen)*

Sen|sal [ital.] *m.1 österr.:* Vermittler von Warenkäufen, Warenmakler; *auch:* Börsenmakler; **Sen|sa|lie** [-ljə], **Sen|sa|rie** [-riə] *w.11 österr.:* Maklergebühr

Sen|sa|ti|on [-tsjo̱n, lat.-frz.] *w.10* **1** *urspr.:* Sinnesempfindung; **2** *heute:* aufsehenerregendes Ereignis, Aufsehen, große Überraschung; **sen|sa|tio|nell** aufsehenerregend

Sense [sɛns, engl.] *m. Gen.- nur Ez.* Sinn (für etwas); er hat keinen Sense für moderne Kunst

sen|si|bel [lat.] reizempfindlich, empfindsam, feinfühlig; **Sen|si|bi|li|sa|tor** *m.13* Farbstoff, der die Farbempfindlichkeit photograph. Schichten erhöht; **sen|si|bi|li|sie|ren** empfindlicher machen; **Sen|si|bi|li|tät** *w.10 nur Ez.* Reizempfindlichkeit, Empfindsamkeit; *bei Rundfunk- und Meßgeräten:* Empfangsempfindlichkeit; **Sen|si|lle** *w.11* Sinneszelle; **sen|si|tiv** leicht reizbar, überempfindlich; **sen|si|ti|vie|ren** stark empfindlich machen (photograph. Schicht); **Sen|si|ti|vi|tät** *w.10 nur Ez.* **1** *Med.:* Überempfindlichkeit; **2** Feinfühligkeit; **Sen|si|to|me|ter** *s.5* Gerät zum Messen der Lichtempfindlichkeit photograph. Schichten; **Sen|si|to|me|trie** *w.11 nur Ez.* Messung der Lichtempfindlichkeit; **Sen|sor** *m.13* hochempfindl. elektron. Test- und Kontrollgerät; **sen|so|ri|ell, sen|so|risch** zu den Sinnesorganen gehörend, auf ihnen beruhend; **Sen|so|ri|um** *s. Gen.*-s *nur Ez.* Gesamtheit der Sinnesorgane, Wahrnehmungsapparat, Bewußtsein; **Sen|sua|lis|mus** *m. Gen.- nur Ez.* Lehre, daß alle Erkenntnis nur auf den Sinneswahrnehmungen beruhe; **Sen|sua|li|tät** *w.10 nur Ez.* Empfindungsvermögen; **sen|su|ell** auf den Sinnen beruhend, sinnlich wahrnehmbar, Sinnes...; **Sen|sus** *m. Gen.-Mz.-* Sinn, Empfindung; **Sen|sus com|mu|nis** *m. Gen.-- nur Ez.* gesunder Menschenverstand

Sen|tenz [lat.] *w.10* **1** allgemeingültiger, einprägsamer, knapp formulierter Ausspruch, Sinnspruch; **2** richterl. Urteilsspruch; **sen|ten|zi|ös** in der Art einer Sentenz, knapp formuliert, einprägsam

Sen|ti|ment [sãtimã, frz.] *s.9* Empfindung, Gefühl, Gefühlsäußerung; **sen|ti|men|tal** (übertrieben) gefühlvoll, gefühls-, rührselig; **Sen|ti|men|ta|le** *w.11 in der Fügung* jugendliche S.: Rollenfach des jungen, gefühlvollen Mädchens; **Sen|ti|men|ta|li|tät** *w.10* Gefühls-, Rührseligkeit, übertriebene Gefühlsäußerung; bitte keine Sentimentalitäten!

sen|za [ital.] *Mus.:* ohne, z. B. s. pedale: ohne Pedal

se|pa|rat [lat.] abgesondert, einzeln; **Se|pa|ra|ti|on** [-tsjo̱n] *w.10* Abtrennung, Absonderung; **Se|pa|ra|tis|mus** *m. Gen.- nur Ez. meist abwertend:* Streben nach Abtrennung, Loslösung, Verselbständigung (in polit., relig., rass. oder geistiger Hinsicht); **Se|pa|ra|tor** *m.13* Schleuder zum Trennen von Stoffgemischen, z. B. Milchzentrifuge, Erzscheider; **Sé|pa|rée** [-re̱, frz.] *s.9* abgetrennter Gästeraum, Nische; **se|pa|rie|ren** absondern, trennen, loslösen; sich von anderen s.

Se|phar|dim [auch: -di̱m, hebr.] *Mz.* die span.-port. Juden und ihre Nachkommen; vgl. Aschkenasim

se|pia [griech.] dunkelbraun, schwarzbraun; **Se|pia** **1** *w. Gen.- Mz.*-pi|en → Sepie; **2** *w. Gen.- nur Ez.* aus dem Sekret des Tintenfisches gewonnener, dunkelbrauner Farbstoff; **Se|pie** [-pjə] *w.11* Tintenfisch; **Se|pio|lith** *m.10* Meerschaum

Se|poy [si̱poi, Hindi-engl.] *m.9* Soldat der aus Eingeborenen bestehenden früheren brit. Kolonialtruppe in Indien

Sep|pu|ku [auch: -pu̱-, jap.] *s. Gen.*-(s) *Mz.*-s → Harakiri

Sep|sis [griech.] *w. Gen.- Mz.*-sen Blutvergiftung

Sep|ta *Mz. von* Septum

Sept|ak|kord *m.1* → Septimenakkord

Sep|ten|nat *s.1,* **Sep|ten|ni|um** *s. Gen.*-s *Mz.* -ni|en Zeitraum von sieben Jahren; **Sep|tett** *s.1* Musikstück für sieben Instrumente oder Singstimmen sowie die Ausführenden selbst

Sep|tim [lat.] *w.10 österr. für* Septime; **Sep|ti|me** [auch: -ti̱-] *w.11* **1** siebenter Ton der diaton. Tonleiter; **2** Intervall von sieben Tönen; **Sep|ti|men|ak|kord** [auch: -ti̱-] *m.1* Akkord aus Grundton, Terz, Quinte und Septime; **Sep|ti|mo|le** *w.11* → Septole

sep|tisch [griech.] Krankheitserreger enthaltend, Sepsis hervorrufend
Sep|to|le [lat.] *w.11 Mus.:* Gruppe von sieben Noten mit dem Taktwert von sechs oder acht Noten; **Sep|tua|gin|ta** *w. Gen. - nur Ez.* im 3. Jh. von angeblich 70 Gelehrten angefertigte griech. Übersetzung des AT
Sep|tum [lat.] *s. Gen.*-s *Mz.*-ta Scheidewand (in einem Organ, z. B. im Herzen)
seq. *Abk. für* sequens; **seqq.** *Abk. für* sequentes; **se|quens** [lat.] (*Abk.:* seq.) *veraltet:* folgend; **se|quen|tes** (*Abk.:* seqq.) *veraltet* **1** die folgenden (Seiten); **2** die Folgenden, die Nachkommen; Vivant s.!: Die Folgenden sollen leben!; **Se|quenz** *w.10* **1** Folge, Reihe; **2** *in der Liturgie des MA:* hymnusähnlicher Gesang; **3** *Mus.:* auf einer anderen Tonstufe wiederholte Tonfolge; **4** *Film:* im Handlungsablauf aufeinanderfolgende Reihe von Einstellungen; **5** *Kartenspiel:* mindestens drei aufeinanderfolgende Karten der gleichen Farbe; **6** *im programmierten Unterricht:* Lerneinheit
Se|que|ster [lat.] **1** *s.5* abgestorbenes Gewebe-, *bes.:* Knochenstück; **2** *m.5* behördlich eingesetzter Verwalter oder Verwahrer; **Se|que|stra|ti|on** [-tsjon] *w.10* Verwaltung, Verwahrung durch einen Sequester; **se|que|strie|ren** durch einen Sequester verwalten, verwahren
Se|quo|ia, Se|quo|ie [-jə, Indianerspr.] *w.11* ein nordamerik. Nadelbaum
Se|ra *Mz. von* Serum
Se|rail [auch: -raj, türk.] *s.9* Palast (des türk. Sultans)
Se|raph [hebr.] *m.1, Mz. auch:* -phim, *im AT:* sechsflügeliger Engel; **se|ra|phisch** engelsgleich
se|ren [lat.] *veraltet:* heiter
Se|ren *Mz. von* Serum
Se|re|na|de [ital.] *w.11* **1** abendliches Ständchen, Abendmusik; **2** mehrsätziges Musikstück
Se|re|nis|si|mus [lat.] *m. Gen. - Mz.*-mi **1** *Titel für* regierenden Fürsten, Durchlaucht; **2** *scherzh.:* Fürst eines Kleinstaates; **Se|re|ni|tät** *w.10 nur Ez. veraltet:* Heiterkeit
Serge [zɛrʒ, frz.] *w.11, österr. auch: m.11* Futterstoff aus Seide, Baum- oder Zellwolle in Köperbindung
Ser|geant [zɛrʒant, frz.] *m.10* Unteroffizier
Se|rie [-riə, schweiz.: -ri, lat.] *w.11* Reihe, Folge, gleichartige Gruppe (z. B. von Sammelgegenständen); **se|ri|ell** **1** zeitlich und logisch aufeinanderfolgend; **2** *Mus.:* nach Toneigenschaften gegliederte u. in Zahlenreihen festgelegte Tonreihen verwendend, darauf aufbauend; serielle Musik: Form der Zwölftonmusik
Se|ri|fe [ndrl.-engl.] *w.11 in Antiquaschriften:* kleiner Querstrich am Kopf und Fuß mancher Buchstaben
Se|ri|gra|phie [lat. + griech.] *w.11* Siebdruck
se|ri|ös [lat.-frz.] ernst, ernstgemeint, gediegen; **Se|rio|si|tät** *w.10 nur Ez.* seriöses Wesen, Ernst
Se|rir [arab.] *w.1* afrik. Geröll- oder Kieswüste
Ser|mon [lat.] *m.1* **1** *veraltet:* Rede; **2** *heute:* langweiliger Vortrag, Strafpredigt
Se|ro|dia|gno|stik [lat. + griech.] *w.10* Erkennung von Krankheiten aus dem Blutserum oder der Gehirn- und Rückenmarksflüssigkeit; **Se|ro|lo|gie** *w.11 nur Ez.* Lehre vom Blutserum; **se|rös** serumhaltig, serumähnlich; **Se|ro|the|ra|pie** *w.11 nur Ez.* Heilbehandlung mit Serum
Ser|pen|tin [lat.] *m.1* ein Mineral; **Ser|pen|ti|ne** *w.11* **1** Windung, Schlangenlinie, Kehre; **2** in Kehren ansteigender Weg an Berghängen
Ser|sche *w.11 eindeutschende Schreibung von* Serge
Se|rum [lat.] *s. Gen.*-s *Mz.*-ra *oder* -ren wäßriger, nicht gerinnender Bestandteil des Blutes und der Lymphe
Ser|val [port.] *m.1 oder m.9* eine afrik. Raubkatze
Ser|ve|lat|wurst *w.2* → Zervelatwurst
Ser|vi|ce **1** [-vis, frz.] *s. Gen. - oder*-s [-visəs] *Mz. -* [-visə] zusammengehöriges Eßgeschirr, z. B. Kaffeeservice; Gedeck; **2** [səvis, engl.] *m. Gen. - Mz.*-s [-visiz] Kundendienst, Bedienung; **Ser|vice|wel|le** [səvis-] *w.11* Rundfunksendung mit Unterhaltungsmusik, Angaben über den Autoverkehr, Suchmeldungen u. ä.; **ser|vie|ren** Speisen auftragen, bei Tisch bedienen; **Ser|vi|et|te** *w.11* Mundtuch
ser|vil [lat.] unterwürfig; **Ser|vit** *m.10* Angehöriger des Bettelordens der Diener Mariä; **Ser|vi|tut** *s.1* Nutzungsrecht (an einer fremden Sache); **Ser|vo|ge|rät** *s.1* Hilfsgerät für schwer zu handhabende Steuerungen; **Ser|vo|mo|tor** *m.12* Hilfsmotor; **Ser|vus!** *bayr., österr.:* Guten Tag!, Auf Wiedersehen!
Se|sam [semit.-lat.] *m.9* eine Ölpflanze
ses|sil [lat.] festgewachsen, festsitzend (manche Wassertiere); **Ses|si|on** *w.10* Sitzung, Sitzungsperiode
Se|ster [lat.] *m.5* altes Hohlmaß, Scheffel, 15 Liter; **Se|sterz** *m.1* altröm. Silbermünze, 1/4 Denar; **Se|ster|zi|um** *s. Gen.*-s *Mz.*-zi|en 1000 Sesterze; **Se|sti|ne** *w.11* **1** sechszeilige Strophe; **2** Gedicht aus sechs Strophen zu je sechs Zeilen und einer dreisilbigen Strophe am Ende
Set [engl.] *s.9* **1** mehrere gleiche zusammengehörige Gegenstände, Satz; **2** kleines Tischdeckchen aus Stoff oder Bast für ein Gedeck; **3** *nach Zahlenangaben Mz. - Buchw.:* Maßeinheit für die Dickte der Monotypeschrift; **4** *m. Gen.*-(s) *nur Ez.* körperl. Zustand eines Rauschgiftsüchtigen
Set|te|cen|tist [-tʃɛn-] *m.10* Künstler des Set-

tecento; **Set|te|cen|to** [-tʃɛn-, ital. „siebenhundert“ (nach 1000)] *s. Gen.*-(s) *nur Ez.* die künstler. Stilepoche des 18. Jh. in Italien
Set|ter [engl.] *m.5* engl. Vorsteh- und Stöberhund
Set|ting [engl.] *s.9* unmittelbare Umgebung eines Rauschgiftsüchtigen während des Rauschzustandes
Settle|ment [sɛttl-, engl.] *s.9 engl. Bez. für* Niederlassung, Ansiedlung
Sèvres|por|zel|lan [sɛvrə-] *s.1* Porzellan aus der frz. Stadt Sèvres
Sex [lat.] *m. Gen.*-es *nur Ez. Kurzw. für* Sexus, Geschlecht, Geschlechtlichkeit; *ugs.:* Sex-Appeal
se|xa|ge|si|mal [lat.] auf der Zahl 60 aufbauend, sechzigteilig; **Se|xa|ge|si|mal|sy|stem** *s.1* Zahlensystem, das auf der Zahl 60 aufgebaut ist
Sex-Ap|peal [-əpil, engl.] *m. Gen.*-s *nur Ez.* Anziehungskraft (bes. einer Frau) auf das andere Geschlecht; **Sex|bom|be** *w.11 ugs. derb:* Frau mit starkem Sex-Appeal; **Sex-muf|fel** *m.5 ugs. scherzh.:* jmd., der für Sexuelles, für Erotik keinen Sinn hat; **Se|xo|lo-gie** *w.11 nur Ez.* Sexualforschung; **Sex|shop** [-ʃɔp] *m.9* Geschäft, in dem Bücher sexuellen Inhalts und Gegenstände zur sexuellen Anregung verkauft werden
Sex|ta [lat.] *w. Gen.* - *Mz.*-ten unterste Klasse des Gymnasiums; **Sext|ak|kord** *m.1* erste Umkehrung eines Dreiklangs, Akkord aus Grundton, Terz und Sexte; **Sex|ta|ner** *m.5* Schüler der Sexta; **Sex|tant** *m.10* astronom. Winkelmeßinstrument; **Sex|te** *w.11* **1** sechster Ton der diaton. Tonleiter; **2** Intervall von sechs Tönen; **Sex|tett** *s.1* Musikstück für sechs Instrumente oder Singstimmen sowie die Ausführenden selbst; **Sex|to|le** *w.11* Gruppe von sechs Noten im Taktwert von vier Noten
se|xu|al…, Se|xu|al… [lat.] *in Zus.:* das Geschlechtliche betreffend, geschlechts…, Geschlechts…; **Se|xua|li|tät** *w.10 nur Ez.* Geschlechtlichkeit; **Se|xu|al|or|gan** *s.1* Geschlechtsorgan; **se|xu|ell** Geschlechtliches betreffend, auf ihm beruhend, geschlechtlich; **Se|xus** *m. Gen.* - *nur Ez.* Geschlecht; **se|xy** [engl.] *ugs.:* geschlechtlich anziehend, geschlechtlich reizvoll
se|zer|nie|ren [lat.] *Med.:* entfernen, abtrennen, absondern
Se|zes|si|on [lat.] *w.10* **1** Trennung, Loslösung; **2** Name einer Künstlergruppe, die sich von einer bestehenden Künstlergemeinschaft losgelöst hat; **3** Streben der nordamerik. Südstaaten, sich von den Nordstaaten zu trennen (1861–65); **Se|zes|sio|nist** *m.10* Angehöriger einer Sezession (**2**); **Se|zes|si|ons-stil** *m.1 nur Ez.* Stil der Wiener Sezession, österr. Richtung des Jugendstils
se|zie|ren [lat.] **1** anatomisch untersuchen, zerlegen (Leiche); **2** *übertr. ugs.:* genau untersuchen
sf *Abk. für* sforzando, sforzato; **sfor|zan|do** → sforzato; **sfor|za|to** (*Abk.:* sf) *Mus.:* betont, mit starkem Ton, akzentuiert; **Sfor|za-to** *s.9, Mz. auch* -ti *Mus.:* starke Betonung
sfu|ma|to [ital.] mit weichen, verschwimmenden Umrissen (gemalt)
Sgraf|fi|to [ital.] *s.9, Mz. auch:* -ti wetterbeständige Zeichnung, die in den noch feuchten Putz eingeritzt wird
sh *Abk. für* Shilling
Shag [ʃæg, engl.] *m.9 nur Ez.* feingeschnittener Pfeifentabak
Shake [ʃɛik, engl.] **1** *m.9* ein Mischgetränk; **2** *s.9 Mus., Jazz:* Trompeten- oder Posaunenvibrato über einer Note; Betonung einer Note; Tanz mit schüttelnden Körperbewegungen; **Shake|hands** [ʃɛikhændz] *s. Gen.* - *nur Ez.* Händeschütteln, Händedruck; S. machen; **Sha|ker** [ʃɛikər] *m.5* Mixbecher
Sham|poo [ʃæmpu:], **Sham|poon** [ʃæmpu:n] *s.9 engl. Schreibung von* Schampun; **sham-poo|nie|ren** *engl. Schreibung von* schampunieren
Shan|ty [ʃænti, engl.] *s.9, Mz. auch:* -ties Seemannslied
Sha|ping|ma|schi|ne [ʃɛi-, engl.] *w.11* Waagerechtstoßmaschine, eine Metallhobelmaschine
Share [ʃɛr, engl.] *m. Gen.*-(s) *Mz.*-s Kapitalanteil, Aktie
sharp [ʃarp, engl.] *Mus.: engl. Bez. für die* Erhöhung eines Tons um einen halben Ton, z.B. F sharp = Fis; *Ggs.:* flat
Shed|bau [ʃɛd-, engl.] *m. Gen.*-(e)s *Mz.*-ten → Schedbau; **Shed|dach** *s.4* → Scheddach
Sheng [ʃɛng, chin.] *s.9* ein chines. Blasinstrument, Mundorgel
She|riff [ʃɛ-, engl.] *m.9 in England und den USA:* höchster Vollzugsbeamter einer Grafschaft, in den USA auch mit richterl. Befugnissen
Sher|pa [ʃɛr-, tibet.] *m.9 oder Gen.* - *Mz.* - Angehöriger eines Volksstammes im Himalaja
Sher|ry [ʃɛri, engl. Form von Jerez] *m.9* ein Süßwein aus der span. Stadt Jerez de la Frontera
Shet|land [ʃɛt-, nach den brit. Shetlandinseln] *m.9* ein graumelierter Wollstoff
Shil|ling [ʃil-, engl.] *m.9, nach Zahlen Mz. auch:* - (*Abk.:* s, sh) Währungseinheit in Großbritannien (bis 1971, 1/20 Pfund Sterling)
Shim|my [ʃim-, engl.] *m.9* ein nordamerik. Gesellschaftstanz der 20er Jahre
Shin|to|is|mus [ʃin-] → Schintoismus
Shit [ʃit, engl.] *s.9 nur Ez. ugs.:* Haschisch
shocking (shok|king) [ʃɔkiŋ, engl.] *unflektierbar:* anstößig, den Anstand, die gute Sitte verletzend

Shod|dy [ʃɔdi, engl.] *s. Gen.*-s *nur Ez.* Garn aus zerrissenen Woll- oder Seidenlumpen, Reißgarn

Sho|gun [ʃo-, jap.] *m. 1 früher jap. Titel für* Feldherr

Shop [ʃɔp, engl.] *m. 9 engl. Bez. für* Laden, Geschäft; **Shop|ping-Cen|ter** [ʃɔpiŋsɛntər] *s. 9 engl. Bez. für* Einkaufszentrum

Shore|här|te [ʃɔr-, nach dem engl. Physiker Shore] *w. 11 Maßbez. für* die Härte von Metallen, Fallhärte

Short|drink [ʃɔrt-, engl.] *m. 9* unverdünntes, stark alkohol. Getränk; *Ggs.:* Longdrink; **Shorts** [ʃɔrts] *Mz.* kurze Sommerhosen; **Short Sto|ry** [ʃɔrt stɔri] *w. Gen.* - - *Mz.* - -s *oder* - -ries Kurzgeschichte, Kurznovelle; **Shor|ty** [ʃɔr-] *m. 9* Damenschlafanzug mit kurzem Höschen, *auch:* kurzes Höschen

Show [ʃou, engl.] *w. 9* Schau, Darbietung, Vorführung; **Show|down** [ʃoudaun] *s. 9* **1** *Poker:* Aufdecken der Karten; **2** *in Wildwestfilmen:* entscheidender Kampf zwischen den beiden Helden; **3** *allg.:* Macht-, Kraftprobe; **Show|ge|schäft** *s. 1 nur Ez.* mit öffentl. Darbietungen verbundene Vergnügungs- und Unterhaltungsindustrie; **Show|man** [ʃoumən] *m. Gen.*-s *Mz.*-men [-mən] im Showgeschäft beschäftigte männl. Person; **Show|ma|ster** [ʃouma:stər] *m. 9* Conférencier bei einer Show

Shred|der [ʃrɛd-, engl.] *m. 5* Maschine zum Verschrotten von Autowracks

Shrimps [engl.] *Mz.* Krabben

Shunt [ʃʌnt, engl.] *m. 9* Vorschaltwiderstand zur Veränderung des Meßbereichs z. B. eines Amperemeters

Si *chem. Zeichen für* Silicium

SI *Abk. für* Système International d'Unités (seit 1971 internationales metr. System)

Si|al [Kurzw. aus Silicium und Aluminium] *s. Gen.*-s *nur Ez.* oberster Teil der Erdkruste

Si|bi|lant [lat.] *m. 10* Zischlaut, z. B. s, sch

Si|byl|le *w. 11 im alten Griechenland:* Wahrsagerin; **si|byl|li|nisch** weissagend, geheimnisvoll

sic! [sik, lat.] (wirklich) so! (z. B. als Randbemerkung bei ungewöhnl. Ausdrücken oder Schreibungen im Text)

Si|ci|lia|na [-tʃi-, ital.] *w. Gen.* - *Mz.*-nen langsamer Satz eines Musikstücks in wiegendem Rhythmus; **Si|ci|lia|no** [-tʃi-] *m. 9, Mz. auch:* -ni langsamer sizilian. Hirtentanz; **Si|ci|li|enne** [sisiljɛn, frz.] *w. 11 frz. Bez. für* Siciliano

Sic tran|sit glo|ria mun|di [sik, lat.] So vergeht der Ruhm der Welt

Side|board [saidbɔ:rd, engl.] *s. 9* niedriger, breiter Geschirrschrank

si|de|risch **1** [lat.] auf die Fixsterne bezogen, zu den Fixsternen gehörig; siderisches Jahr: Sternenjahr; **2** [griech.] aus Eisen bestehend; siderisches Pendel: Pendel, das in der Hand mancher Menschen über Wasser- oder Erzadern ausschlägt; **Si|de|rit** *m. 1* ein Mineral, Eisenspat; **Si|de|ro|lith** [lat. + griech.] *m. 1 oder m. 10* ein eisenhaltiger Meteorit; **Si|de|ro|lo|gie** *w. 11 nur Ez.* Lehre vom Eisen; **si|de|ro|phil** sich gern mit Eisen verbindend

sie|na [sie-, nach der rotbraunen Erde um die ital. Stadt Siena] *unflektierbar:* rotbraun; **Sie|na** *s. Gen.*-s *nur Ez.* rotbraune Farbe

Si|er|ra [span.] *w. 9, Mz. auch:* -ren Gebirgszug, -kette

Sie|sta [siɛ-, ital. „sechste" (Tagesstunde)] *w. Gen.* - *Mz.*-sten Mittagsruhe

Sif|flet [-fle, frz.], **Sif|flöt** *m. 9,* **Sif|flö|te** *w. 11* kleines Orgelregister, Flötenzug

Si|gel [lat.] *s. 5* Wortkürzungs-, Abkürzungszeichen, z. B. in der Kurzschrift

Sight|see|ing [saitsi:iŋ, engl.] *s. Gen.*-s *nur Ez. engl. Bez. für* Besichtigung von Sehenswürdigkeiten

Si|gil|la|rie [-riə, lat.] *w. 11* ein Bärlappbaum des Devons, Karbons und Perms, Siegelbaum

Si|gle *w. 11* → Sigel

sign. *Abk. für* signatum; **Si|gna** *Mz. von* Signum; **Si|gnal** [auch: siŋnal, lat.] *s. 1* **1** Zeichen mit festgelegter Bedeutung; **2** Warnzeichen; **Si|gnal|e|ment** [-mã, frz.] *s. 9, österr., schweiz.:* [-mɛnt] *s. 1* kurze Personenbeschreibung; **si|gnal|li|sie|ren** **1** durch Signal(e) übermitteln; **2** ankündigen; **Si|gna|tar|macht** [lat.] *w. 2* Macht, die einen Vertrag unterzeichnet (hat); **si|gna|tum** (*Abk.:* sign.) unterzeichnet; **Si|gna|tur** *w. 10* **1** Zeichen, meist Buchstabe(n) oder Zahl(en); **2** abgekürzter Namenszug (bei Unterschriften); **3** *auf Landkarten:* bildl. Zeichen zur Darstellung bestimmter Gegenstände, Kartenzeichen; **4** *Buchw.:* laufende Nummer auf der ersten Seite eines Druckbogens links unten; **5** *Buchw.:* Kerbe, Einschnitt am Fuß einer Letter; **6** *Bibliothekswesen:* Kennzeichen eines Buches, Buchnummer; **Si|gnet** [sinje, siŋnet, signet] *s. 9* **1** Zeichen einer Druckerei oder eines Verlages; **2** Schutzmarke, Warenzeichen; **si|gnie|ren** [auch: siŋni-] mit einem Signum, einer Signatur versehen; ein Buch s.: in ein Buch seinen Namen schreiben (als Verfasser); **si|gni|fi|kant** bezeichnend, bedeutsam

Si|gnor [sinjor, ital.] Herr *(nur vor dem Namen);* vgl. Signore; **Si|gno|ra** [sinjo-] *w. Gen.* - *Mz.*-re Frau, Dame *(ital. Anrede, alleinstehend oder vor dem Namen);* **Si|gno|re** [sinjorə] *m. Gen.*-s *Mz.*-ri Herr *(ital. Anrede ohne Namen);* vgl. Signor; **Si|gno|ria** [sinjo-] *w. Gen.* - *Mz.*-rie, *eindeutschend:* -ri|en, *in den ital. Stadtstaaten:* oberste Behörde, Rat der Stadt; **Si|gno|ri|na** *w. Gen.* - *Mz.*-ne Fräulein *(ital. Anrede, alleinstehend oder vor dem Namen)*

Si|gnum [auch: si-, lat.] *s. Gen.*-s *Mz.*-gna

1 Zeichen, Kennzeichen; 2 abgekürzter Name (in Unterschriften)
Sikh [sanskr.] *m.9* Anhänger des Sikhismus; **Si|khis|mus** *m. Gen. - nur Ez.* ind., militärisch organisierte Religionsgemeinschaft im Pandschab
Sik|ka|tiv [lat.] *s.1* Trockenmittel für Ölfarben
Si|la|ge [-ʒə, frz.] *w.11* **1** Einbringen (von Grünfutter) ins Silo; **2** im Silo aufbewahrtes Grünfutter
Sild [norw.] *m.1* junger Hering
Si|len [griech.] *m.1 griech. Myth.:* **1** dicker, trunkener Begleiter des Dionysos; **2** alter Satyr, meist mit Bocksbeinen, stumpfer Nase und Glatze
Si|len|ti|um [-tsjum, lat.] *s., nur als Ausruf* Silentium!: Schweigen!, Ruhe!, *oder in der Wendung:* S. gebieten
Sil|hou|et|te [siluetə, nach dem frz. Finanzminister E. de Silhouette] *w.11* Schattenriß, Schattenbild, Scherenschnitt; **sil|hou|et|tie|ren** *veraltet:* als Silhouette zeichnen oder schneiden
Si|li|cat [lat.] *s.1* Salz der Kieselsäure; **Si|li|ci|um** *s. Gen.-s nur Ez.* (*Zeichen:* Si) chem. Element
si|lie|ren ins Silo einbringen (Grünfutter)
Si|li|fi|ka|ti|on [-tsjon, lat.] *w.10 nur Ez.* Verkieselung; **si|li|fi|zie|ren** verkieseln; **Si|li|kon** *s.1* sehr beständiger Kunststoff; **Si|li|ko|se** *w.11* Erkrankung der Lunge durch ständig eingeatmeten kieselsäurehaltigen Staub, Steinstaublunge; **Si|li|zi|um** *s. Gen.-s nur Ez.* → Silicium
Silk 1 [engl.] *m.1* glänzender Kleiderstoff; **2** [griech.] *m.1 nur Ez.* Petersilie
Sill *m.1* → Sild
Si|lo [span.] *s.9* Speicher für Gärfutter oder Getreide
Si|lu|min *s.1 nur Ez.* ® Legierung aus Aluminium und Silicium
Si|lur [nach dem Volksstamm der Silurer] *s. Gen.-s nur Ez.* eine mittlere Formation des Paläozoikums
Sil|va|ner *m.5* eine weiße Traubensorte
Sil|ve|ster [nach dem Papst Silvester I.] *s. Gen.-s nur Ez.* letzter Tag des Jahres, 31. Dezember
Si|ma [lat.] **1** *w.9, Mz. auch:* -men, *an antiken Tempeln:* Traufrinne; **2** *s. Gen.-s nur Ez.* eine durch Silicium- und Magnesiumgehalt gekennzeichnete Schicht der Erdkruste
Si|mi|li [lat.] *s.9 oder m.9* Nachahmung (von Edelsteinen); **Si|mi|li|stein** *m.1* unechter Edelstein
Si|mo|nie [nach dem angebl. Wundertäter Simon Magus im 1. Jh.] *w.11* **1** Kauf und Verkauf von geistl. Ämtern; **2** Erschleichung eines Amtes; **si|mo|nisch, si|mo|ni|stisch** auf Simonie beruhend
sim|pel [lat.] **1** einfach; **2** einfältig, anspruchslos; **Sim|pel** *m.5 süddt.:* Einfaltspinsel, Dummkopf
Sim|pla [lat.] *Mz. von* Simplum; **Sim|plex** *s.1, Mz. auch:* -pli|zia einfaches, nicht zusammengesetztes Wort, z. B. Kind, Freundschaft; *Ggs.:* Kompositum; **sim|pli|ci|ter** *veraltet:* schlechthin; **Sim|pli|fi|ka|ti|on** [-tsjon] *w.10* Vereinfachung; **sim|pli|fi|zie|ren** (zu sehr) vereinfachen; **Sim|pli|zia** *Mz. von* Simplex; **Sim|pli|zia|de** *w.11* Nachahmung des Romans „Simplicissimus" von Grimmelshausen, Roman um einen einfältigen Menschen im Getriebe der Welt; **Sim|pli|zi|tät** *w.10 nur Ez.* Einfachheit, Einfalt; **Sim|plum** *s. Gen.-s Mz.*-pla *Wirtschaft:* einfacher Steuersatz
Si|mu|lant [lat.] *m.10* jmd., der eine Krankheit simuliert; **Si|mu|la|ti|on** [-tsjon] *w.10* Vortäuschung (einer Krankheit); *Ggs.:* Dissimulation; **Si|mu|la|tor** *m.13* Apparat, in dem zu Lehr- und Trainingszwecken Bedingungen hergestellt werden können, wie sie in der Natur gegeben sind, z. B. Flugsimulator; **si|mu|lie|ren 1** eine Krankheit s.: vortäuschen; einen techn. Vorgang s.: unter künstlich herbeigeführten, der Wirklichkeit entsprechenden Bedingungen ablaufen lassen; **2** sich verstellen, so tun, als ob; *Ggs.:* dissimulieren
si|mul|tan [mlat.] gemeinsam, gleichzeitig; **Si|mul|tan|büh|ne** *w.11 MA:* Bühne, auf der alle Schauplätze nebeneinander aufgebaut sind und während des Stückes sichtbar bleiben; **Si|mul|tan|dol|met|scher** *m.5* Dolmetscher, der einen Text übersetzt, während dieser noch gesprochen wird; **Si|mul|ta|nei|tät** [-nei-] *w.10 nur Ez.* Gleichzeitigkeit, Gemeinsamkeit; **Si|mul|ta|ne|um** *s. Gen.-s nur Ez.* Nutzungsrecht an kirchl. Einrichtungen durch Angehörige verschiedener Bekenntnisse; **Si|mul|ta|ni|tät** *w.10 nur Ez.* → Simultaneität; **Si|mul|tan|kir|che** *w.11* Kirche, die von Angehörigen verschiedener Bekenntnisse benutzt wird; **Si|mul|tan|schu|le** *w.11* Schule für Kinder verschiedener Bekenntnisse, Gemeinschaftsschule; **Si|mul|tan|spiel** *s.1* Schachspiel gegen mehrere Partner gleichzeitig
sin *Abk. für* Sinus
Sin|an|thro|pus [lat. + griech.] *m. Gen. - nur Ez.* in China gefundene Frühmenschenform, Pekingmensch
si|ne an|no [lat.] (*Abk.:* s. a.) ohne Jahr (Vermerk in bibliograph. Angaben, wenn das Erscheinungsjahr des Buches nicht angegeben ist; **si|ne ira et stu|dio** ohne Zorn und Eifer (d.h. ohne Haß oder Vorliebe), sachlich; etwas sine ira et studio vortragen, erklären
Si|ne|ku|re [lat.] *w.11* Pfründe ohne Amtspflichten, einträgl., müheloses Amt
si|ne lo|co [lat.] (*Abk.:* s. l.) ohne Ort (Vermerk in bibliographischen Angaben, wenn der Erscheinungsort des Buches nicht

angegeben ist); **si|ne lo|co et an|no** (*Abk.:* s. l. e. a.) ohne Ort und Jahr (Vermerk in bibliograph. Angaben); **si|ne tem|po|re** (*Abk.:* s. t.) ohne Zeit, d. h. ohne akadem. Viertel, pünktlich (bei Zeitangaben für Vorlesungen an Hochschulen); die Vorlesung beginnt um 9 Uhr s. t.; *Ggs.:* cum tempore

Sin|fo|nie [griech.] *w. 11* mehrsätziges Musikstück für Orchester; **Sin|fo|nie|or|che|ster** [-kε-] *s. 5* Name großer Orchester; **Sin|fo|ni|et|ta** *w. Gen. - Mz.*-ten kleine Sinfonie; **Sin|fo|nik** *w. 10 nur Ez.* **1** Lehre von der sinfon. Gestaltung; **2** sinfon. Schaffen; **Sin|fo|ni|ker** *m. 5* **1** Komponist von Sinfonien; **2** Mitglied eines Sinfonieorchesters

Sing. *Abk. für* Singular; **Single** [siŋgl, engl.] *s. 9* **1** *Tennis:* Einzelspiel (zweier Spieler); **2** *Mus.:* kleine Schallplatte mit nur je einem Titel auf der Vorder- und Rückseite; **3** *allg.:* Einzelstück; **4** *übertr. ugs.:* allein und selbständig lebende Person; sie lebt als Single; **Sin|gu|lar** [lat.] *m. 1* (*Abk.:* Sing., Sg.) Einzahl; *Ggs.:* Plural; **sin|gu|lär** einzeln, vereinzelt; **Sin|gu|la|re|tan|tum** *s. 9, Mz. auch:* Sin|gu|la|ria|tan|tum Wort, das nur in der Einzahl vorkommt, z. B. Kälte, Hunger; **Sin|gu|la|ris|mus** *m. Gen. - nur Ez.* Lehre, daß die Welt eine Einheit aus nur scheinbar selbständigen Teilen und auf ein einziges Prinzip zurückzuführen sei; *Ggs.:* Pluralismus; **Sin|gu|la|ri|tät** *w. 10 nur Ez.* vereinzelte Erscheinung, Seltenheit

Si|ni|ca *Mz.* Bücher, Bilder, Dokumente über China

si|ni|ster [lat.] unheilvoll, unselig, unglücklich

Sinn Fein [ʃin fein, ir. „wir allein"] *w. Gen. - - nur Ez.* 1905 gegründete nationalist. Bewegung und Partei in Irland

Si|no|lo|gie [griech.] *w. 11 nur Ez.* Wissenschaft von der chin. Sprache und Kultur

si|nu|ös [lat.] *Med.:* ausgebuchtet, mit vielen Vertiefungen; **Si|nus** *m. Gen. - Mz.*-nus|se **1** *Math.:* eine Winkelfunktion, Verhältnis der Gegenkathete zur Hypotenuse; **2** *Med.:* Hohlraum, Vertiefung, Ausbuchtung; **Si|nus|kur|ve** *w. 11* zeichner. Darstellung des Sinus; **Si|nus|schwin|gung** *w. 10* Schwingung, deren Verlauf zeichnerisch als Sinuskurve darstellbar ist

Si|pho [-fo:, griech.] *m. Gen.*-s *Mz.*-pho|nen Atemröhre der Weichtiere; **Si|phon** [-fɔ̃, österr.: -fon, griech.-frz.] *m. 9* **1** Geruchverschluß (bei Abwasserleitungen); **2** Gefäß mit Druckverschluß für kohlensäurehaltige Getränke; **Si|pho|no|pho|re** *w. 11* Röhrenqualle

Sir [sə, engl.] *m. 9* **1** Herr *(engl. Anrede ohne Namen);* **2** engl. Titel für Adligen *(in Verbindung mit dem Vornamen);* **Sire** [sir, frz.] *m. 9* Majestät *(frz. Anrede ohne Namen)*

Si|re|ne [griech.] *w. 11* **1** *meist Mz., griech. Myth.:* auf einer Insel lebende Mädchen mit Vogelleib, die vorbeifahrende Schiffer mit ihrem Gesang anlockten und töteten; **2** Gerät zur Erzeugung eines Warntones; **3** Seekuh

Sir|ta|ki *m. 9* ein griech. Volkstanz

Si|rup [arab.] *m. 1* **1** bei der Gewinnung von Zucker entstehender, zähflüssiger Zuckersaft; **2** dickflüssiger Saft aus Obstsaft und Zucker

Si|sal [nach der amerikan. Hafenstadt] *m. 1 nur Ez.* **1** Blattfaser der Sisalagave; **2** daraus hergestelltes Garn; **Si|sal|aga|ve** eine trop. Pflanze

si|stie|ren [lat.] *Rechtsw.:* **1** aufheben, einstellen (Verfahren); **2** zur Feststellung der Personalien zur Polizeiwache bringen

Si|strum [griech.] *s. Gen.*-s *Mz.*-stren altägypt. Rasselinstrument

Si|sy|phus|ar|beit [nach dem sagenhaften griech. König von Korinth] *w. 10 übertr.:* mühevolle, vergebl. Arbeit

Si|tar [iran.] *m. 9* ein iran. Zupfinstrument

Sit-in [engl.] *s. 9* Sitzstreik (bes. von Studenten, um auf Mißstände hinzuweisen)

Sit|tich [griech.] *m. 1* ein Papagei

Si|tua|ti|on [-tsjon, lat.] *w. 10* Sachlage, Lage, Zustand; **si|tua|tiv** durch die Situation bedingt, auf einer bestimmten Situation beruhend; **si|tu|iert** in einer bestimmten Lebensstellung (befindlich); gut s. sein

Si|tu|la [lat.] *w. Gen. - Mz.*-tu|len eimerartiges Gefäß der Bronzezeit

Si|tus [lat.] *m. Gen. - Mz. -* die natürl. Lage der Organe im Körper, bes. des Embryos in der Gebärmutter

sit ve|nia ver|bo [lat. „es sei Erlaubnis (gegeben) dem Wort"] man verzeihe das harte Wort, mit Verlaub zu sagen

Si|zi|lia|na *w. Gen. - Mz.*-nen → Siciliana; **Si|zi|lia|ne** *w. 11* → Siziliennc; **Si|zi|li|enne** [-ljεn] *w. 11* **1** eine Form der Stanze; **2** → Eolienne

SJ *Abk. für* Societas Jesu: (von der) Gesellschaft Jesu, Jesuit *(hinter dem Namen)*

Ska|bi|es [lat.] *w. Gen. - nur Ez.* eine Hautkrankheit, Krätze; **ska|bi|ös** an Skabies erkrankt; **Ska|bio|se** *w. 11* eine Pflanzengattung

Skai *s. 9 nur Ez.* ® ein Kunstleder

skål! [skɔl, skand.] prosit!

Ska|la [lat.] *w. Gen. - Mz.*-len **1** *an Meßgeräten:* Maßeinteilung; **2** Reihe, Folge zusammengehöriger Dinge, z. B. Farbskala; **ska|lar** eindimensional, durch eine einzige Zahl darstellbar; **Ska|lar** *m. 1* skalare Größe (z. B. Zeit, Temperatur)

Skal|de [altnord.] *m. 11* altnord. Dichter und Sänger

Ska|le|no|eder [griech.] *s. 5* durch zwölf gleichseitige Dreiecke begrenzter Körper, eine Kristallform

Skalp [engl.] *m. 1 früher bei den nordamerik. Indianern:* abgezogene Kopfhaut des Feindes als Siegestrophäe

Skal|pell [lat.] *s.1* kleines chirurg. Messer **skal|pie|ren** jmdn. s.: jmdm. die Kopfhaut abziehen
Skan|dal [griech.] *m.1* **1** aufsehenerregendes Ärgernis; **2** Unerhörtes, Empörendes; **skan|dal|ös** unerhört
skan|die|ren [lat.] mit starker Betonung der Hebungen Verse lesen oder sprechen
Skan|di|um *s. Gen. - nur Ez.* → Scandium
Ska|po|lith [lat. + griech.] *m.1 oder m.10* ein Mineral
Ska|pu|lier [mlat.] *s.1 bei manchen Mönchstrachten:* bis zu den Füßen reichender Überwurf über Brust und Rücken
Ska|ra|bä|us [griech.] *m. Gen. - Mz.* -bä|len **1** ein Blatthornkäfer; **2** *im alten Ägypten:* Nachbildung des Käfers aus Stein, Ton oder Metall, als Siegel oder Amulett benutzt
Ska|ra|muz [ital.] *m.1 in der Commedia dell' arte und im frz. Lustspiel:* Figur des prahlerischen Soldaten
Skarn [schwed.] *m.1* eine aus Kalken entstandene Kontaktlagerstätte (mit Eisen u. a.)
Skat [ital.] *m.1 nur Ez.* ein Kartenspiel
Skate|board [skɛitbɔ:rd, engl.] *s.9* lenkbares Rollbrett, auf dem der Fahrer frei steht, zum Fahren auf der Ebene und am Hang, Rollerbrett; **Skate|board|ding** *s. Gen. - nur Ez.* mittels Skateboard betriebener Sport
Ska|tol [griech.] *s. Gen.* -s *nur Ez.* übelriechende organische Verbindung (im Kot); **Ska|to|pha|gie** *w.11 nur Ez.* → Koprophagie
Ske|le|ton [engl.] *m.9* niedriger Sportschlitten
Ske|lett [griech.] *s.1* Knochengerüst, Gerippe; **ske|let|tie|ren** einen Körper s.: das Skelett eines Körpers bloßlegen
Skep|sis [griech.] *w. Gen. - nur Ez.* Zweifel, Ungläubigkeit; **Skep|ti|ker** *m.5* **1** Anhänger des Skeptizismus; **2** jmd., der stets skeptisch ist, Zweifler; **skep|tisch** zweifelnd, ungläubig; **Skep|ti|zis|mus** *m. Gen. - nur Ez.* **1** philos. Richtung, die die Möglichkeit der Erkenntnis der Wirklichkeit in Frage stellt und den Zweifel zum Denkprinzip erhebt; **2** skept. Einstellung, Zweifelsucht
Sketch [skɛtʃ, engl.], *eindeutschend:* **Sketsch** *m.1* kurzes Bühnenstück, meist mit witzigem Schlußeffekt
Ski [ʃi] *m. Gen.* -s *Mz.* Ski|er → Schi
Skiff [engl.] *s.1* schmales, sportl. Einmannruderboot
Ski|fu|ni [ʃi-, Kurzw. aus Ski und ital. funicolare „Drahtseilbahn“] *m.9 schweiz.:* Schlittenlift, -seilbahn
Skin|ef|fekt [zu engl. skin „Haut“] *m.1 Elektr.:* bei Leitern größeren Querschnitts zu beobachtende Erscheinung, daß der Strom nur in den äußeren Randschichten fließt
Skink [griech.] *m.1* eine Echse
Skip|per [engl.] *m.5* Kapitän einer Segeljacht
Skiz|ze [ital.] *w.11* **1** Entwurf, unfertige Zeichnung; **2** kurze, nicht ganz ausgearbeitete Erzählung; **skiz|zie|ren** in einer Skizze darstellen, andeuten, umreißen
Skla|ve [-və oder -fə, griech.] *m.11* **1** Leibeigener; **2** *übertr.:* jmd., der von etwas oder jmdm. abhängig ist
Skle|ra [griech.] *w. Gen. - Mz.* -ren Lederhaut (des Auges), das Weiße im Auge; **Skle|ri|tis** *w. Gen. - Mz.* -ti|den Entzündung der Sklera; **Skle|ro|der|mie** *w.11* allmähl. Verlederung, Verhärtung der Haut, Darrsucht; **Skle|rom** *s.1* **1** → Sklerodermie; **2** mit Knotenbildung verbundene Erkrankung der Rachen- und Kehlkopfschleimhaut; **Skle|ro|me|ter** *s.5* Gerät zum Bestimmen der Härte von Kristallen; **Skle|ro|se** *w.11* Verhärtung, Verkalkung eines Organs; **Skle|ro|ti|ker** *m.5* jmd., der an einer Sklerose leidet
Sko|li|on [griech.] *s. Gen.* -s *Mz.* -li|en altgriech. Tischlied verschiedenen Inhalts, von den Gästen abwechselnd gesungen
Sko|lio|se, Sko|lio|sis *w. Gen. - Mz.* -sen Rückgratverkrümmung nach der Seite
skon|tie|ren [ital.] eine Rechnung, einen Betrag s.: das Skonto von einer R., einem B. abziehen; **Skon|to** *s.9 oder m.9* geringer Abzug vom Rechnungsbetrag bei sofortiger Zahlung
Skon|tra|ti|on [-tsjon, ital.] *w.10* das Skontrieren; **skon|trie|ren** den neuen Bestand durch Aufrechnung der Zu- und Abgänge ermitteln; **Skon|tro** *s.9* Buch mit den Eintragungen der tägl. Zu- und Abgänge
Skoo|ter [sku-, engl.] *m.5 auf Jahrmärkten:* elektr. Kleinauto; Fahrbahn dafür
Skor|but [mlat.] *m. Gen.* -s *nur Ez.* Krankheit infolge Mangels an Vitamin C
Skor|da|tur [lat.-ital.] *w.10 bei Saiteninstrumenten:* Umstimmung (von Saiten, z. B. zum Erzielen von Klangeffekten)
Skor|pi|on [griech.] *m.1* ein Spinnentier mit Giftstachel
Sko|tom [griech.] *s.1* krankhafter Ausfall eines Teils des Gesichtsfeldes, dunkler Fleck vor dem Auge
skr, *schweiz.:* **sKr,** *Abk. für* schwed. Krone
Skri|bent [lat.] *m.10* Vielschreiber, Schreiberling; **Skript** *s.12* **1** schriftl. Ausarbeitung, Schriftstück; **2** Drehbuch; **Skript|girl** [-gə:l] *s.9* → Scriptgirl; **Skrip|tum** *s. Gen.* -s *Mz.* -ten **1** *veraltet für* Skript; **2** *österr.:* Vorlesungsmitschrift
Skro|fel [lat.] *w.11* Halsdrüsengeschwulst, verdickter Halslymphknoten; Skrofeln → Skrofulose; **skro|fu|lös** an Skrofulose erkrankt; **Skro|fu|lo|se** *w.11* tuberkulöse Haut- und Lymphknotenerkrankung bei Kindern
Skro|ta [lat.] *Mz. von* Skrotum; **Skro|tal|bruch** *m.2* Hodenbruch; **Skro|tum** *s. Gen.* -s *Mz.* -ta Hodensack
Skrubs [skrʌbs, engl.] *Mz.* minderwertige Tabakblätter

Skru|pel [lat.] *m.5 meist Mz.* Bedenken, Gewissensbisse; **skru|pu|lös** bedenklich, ängstlich

Skru|ti|ni|um [lat.] *s. Gen.* -s *Mz.* -ni|en **1** *bei kirchl., selten auch bei polit. Wahlen:* Sammlung und Prüfung der Stimmen; **2** Prüfung der Kandidaten (durch den Bischof) für die Priesterweihe

Sku|do *m. Gen.* -s *Mz.* -di → Scudo

Skull|boot [engl.] *s.1* Sportruderboot mit zwei Rudern für einen Ruderer; **skul|len** im Skullboot rudern; **Skul|ler** *m.5* **1** → Skullboot; **2** Ruderer im Skullboot

skulp|tie|ren [lat.] → skulpturieren; **Skulp|tur** *w.10 nur Ez.* **1** Bildhauerkunst; **2** Werk der Bildhauerkunst, Plastik, Statue; **skulp|tu|rie|ren** als Skulptur darstellen, bildhauerisch bearbeiten

Skunk [indian.] *m.9* **1** ein marderähnl. Raubtier, Stinktier; **2** dessen Pelz

Skup|schti|na [serbokroat.] *w.9* das jugoslaw. Parlament

skur|ril [lat.] possenhaft, drollig

Skŭs [frz.] *m. Gen.* - *Mz.* - *Tarock:* Trumpfkarte

Skye|ter|ri|er [skai-, nach der Hebrideninsel Skye] *m.5* eine Terrierrasse

Sky|jacker (-jak|ker) [skaidʒækər, engl.] *m.5* Luftpirat; **Sky|lab** [skailæb] *s. Gen.* -s *nur Ez.* zeitweilig bemannte, US-amerik. Weltraumstation, Himmelslaboratorium; **Sky|light** [skailait] *s.9 auf Schiffen:* Oberlicht, Luke; **Sky|line** [skailain] *w.9* Horizont(linie); Silhouette einer Stadt

Skyl|la *w. Gen.* - *nur Ez.* → Scylla

Sky|phos [griech.] *m. Gen.* - *Mz.* -phoi altgriech. Trinkbecher mit waagerechten Henkeln am oberen Rand

Sky|sur|fer [skaisə:fər, engl.] *m.5* Segelflieger mit einem Flugkörper aus Segeltuch und Metallstangen in Form eines Vogels, der durch Gewichtsverlagerung gesteuert wird, Drachenflieger

Sky|the *m.11 im Altertum Bez. für* Bewohner der südruss. Steppe

s. l. *Abk.: für* sine loco

Sla|lom [norw.] *m.9 oder s.9* Schilauf oder Kanufahrt durch abgesteckte Tore, Torlauf

Slang [slæŋ, engl.] *m.9* nachlässige Umgangssprache, bes. im Engl.

Slap|stick [slæp-, engl.] *m.9* groteske, unwahrscheinl. Filmszene

Sla|we *m.11* Angehöriger einer ost- und südosteurop. Völkergruppe; **sla|wi|sie|ren** slawisch machen; **Sla|wis|mus** *m. Gen.* - *Mz.* -men in eine andere Sprache übernommene slaw. Spracheigentümlichkeit; **Sla|wi|stik** *w.10 nur Ez.* Wissenschaft von den slaw. Sprachen und Literaturen; **sla|wo|phil** slawenfreundlich; **Sla|wo|phi|lie** *w.11 nur Ez.* Vorliebe für alles Slawische

s. l. e. a. *Abk. für* sine loco et anno

Sli|bo|witz [serb.] *m.1* aus Pflaumen hergestellter Branntwein

Slip [engl.] *m.9* **1** *Seew.:* schiefe Ebene; **2** kurzes Unterhöschen; **3** *Börse:* Abrechnungszettel; **Slip|per** *m.5* **1** Straßenschuh ohne Schnürung; **2** *österr.:* leichter Mantel; **3** *Bankw.:* Formularstreifen, bes. bei Ausführung von Börsenaufträgen

Sli|wo|witz *m.1* → Slibowitz

Slo|gan [-gən, engl.] *m.9* Schlagwort, bes. in der Werbung, z. B. „Persil bleibt Persil"

Sloop [slup] *w.9 oder w.10* → Schlup

Slow|fox [slou-, engl.] *m.1* ein Gesellschaftstanz, vom Blues beeinflußter, langsamer Foxtrott

Slow Mo|tion [slou mouʃən] *w. Gen.* - - *nur Ez. engl. Bez. für* Zeitlupe

Slums [slʌmz, engl.] *m.9 Mz.* Elendsviertel, bes. in London

Slup *w.9 oder w.10* → Schlup

Sm *chem. Zeichen für* Samarium

S. M. *Abk. für* Seine Majestät

Small Talk [smɔ:l tɔk, engl.] *s. Gen.* - -s *nur Ez.* belangloses Gespräch, Geplauder

Smal|te *w.11* → Schmalte

Sma|ragd [griech.] *m.1* ein Mineral, grüner Edelstein

smart [engl.] **1** hübsch und elegant, schneidig; **2** findig, pfiffig, geschickt, durchtrieben (Geschäftsmann)

Smog [engl.] *m.9* dichter, schmutziger Nebel über Industriestädten

Smok|ar|beit [slaw.] *w.10* Verzierung an Kleidungsstücken, bei der der Stoff durch einen Zierstich in kleine Fältchen gezogen wird

Smoke-in [smouk-, engl.] *s.9 ugs.:* Beisammensein zum gemeinsamen Haschischrauchen

smo|ken mit Zierstich in Fältchen ziehen

Smo|king [engl.] *m.9, österr.: m.1* Herren-Gesellschaftsanzug mit seidenen Rockaufschlägen

smor|zan|do [ital.] *Mus.:* ersterbend, verlöschend

Smyr|na [nach der türk. Stadt Smyrna, heute: Izmir] *m.9* ein Teppich mit großer Musterung

Sn *chem. Zeichen für* Stannum = Zinn

Snack|bar [snæk-, engl.] *w.9 engl. Bez. für* Imbißstube

Snif|fing [engl.] *s. Gen.* -s *nur Ez.* Einatmen von Dämpfen mancher Stoffe, um einen Rauschzustand herbeizuführen

Snob [engl.] *m.9* jmd., der sich (bes. infolge seines Reichtums und seiner gesellschaftl. Stellung) andern überlegen fühlt; **Sno|bis|mus** *m. Gen.* - *nur Ez.* Einstellung, Verhalten eines Snobs

s. o. *Abk. für* salvis omissis

So|bran|je *w.11 oder s.11* die bulgar. Volksvertretung

So|brie|tät [-briə-, lat.] *w. 10 nur Ez. veraltet:* Mäßigkeit
So|cie|tas Je|su [-tsiə-, lat.] *w. Gen. - - nur Ez.* (*Abk.:* SJ) die Gesellschaft Jesu, der Jesuitenorden
So|da [span.] **1** *w. Gen. - oder s. Gen. -s nur Ez.* Natriumcarbonat; **2** *s. Gen. -s nur Ez., kurz für* Sodawasser
So|da|le [lat.] *m. 11* Mitglied einer Sodalität; **So|da|li|tät** *w. 10* kath. Bruderschaft oder Genossenschaft
So|da|lith [span. + griech.] *m. 1* ein Mineral
So|da|was|ser *s. 5 nur Ez.* mit Kohlensäure versetztes Wasser, Selterswasser
So|do|mie [nach der bibl. Stadt Sodom] *w. 11 nur Ez.* Unzucht mit Tieren; **So|do|mit** *m. 10* jmd., der Sodomie betreibt
So|fa [arab.-frz.] *s. 9* gepolstertes Sitz- und Liegemöbel mit Rückenlehne und Armlehnen
Sof|fit|te [frz.] *w. 11* **1** Dekorationsteil als oberer Abschluß des Bühnenbildes; **2** lange Glühlampe mit Stromanschluß an beiden Enden; **Sof|fit|ten|lam|pe** *w. 11* → Soffitte (**2**)
Soft-Eis [sɔft-, engl. „weich"] *s. 1 nur Ez.* ein Milchspeiseeis; **Soft|ware** [sɔftwɛə] *w. Gen. - nur Ez.* die einer EDV-Anlage eingespeicherten Programme; vgl. Hardware
soi|gniert [soanjirt, frz.] gepflegt (Person)
Soi|ree [soare, frz.] *w. 11* Abendgesellschaft, Abendveranstaltung
So|ja|boh|ne [chin.] *w. 11* eine Nutzpflanze mit ölhaltigen Samen
So|kra|ti|ker *m. 5* Anhänger des altgriech. Philosophen Sokrates und seiner Lehre
Sol 1 *m. 9, nach Zahlen Mz. -* Währungseinheit in Peru; **2** *s. 1* kolloidale Lösung
so|la fi|de [lat.] allein durch den Glauben (Grundsatz der Rechtfertigungslehre Luthers)
So|la|nin [lat.] *s. 1* giftiges Alkaloid mehrerer Nachtschattengewächse; **So|la|num** *s. Gen. -s Mz. -la|nen* Nachtschatten
so|lar [lat.] zur Sonne gehörend, von ihr ausgehend; **So|lar** *s. 1* Sonnenjahr; **So|la|ri|sa|ti|on** [-tsjon] *w. 10* Umkehrung der Lichteinwirkung im Entwickler bei stark überbelichtetem Negativ; **So|la|ri|um** *s. Gen. -s Mz. -ri|en* Anlage zur Höhensonnenbestrahlung; **So|lar|kon|stan|te** *w. 11* die auf der Erde ankommende Strahlungsintensität der Sonne, meist gemessen in Kalorien pro m^2 und Minute
So|lar|ple|xus *m. Gen. - Mz. -* Nervengeflecht unter dem Zwerchfell, Sonnengeflecht
So|la|wech|sel [ital.] *m. 5* Wechsel, in dem sich der Aussteller zur Zahlung einer Geldsumme verpflichtet, Eigenwechsel
Sold [lat.] *m. 1 nur Ez.* Lohn (des Soldaten)
Sol|da|nel|la [ital.], **Sol|da|nel|le** *w. Gen. - Mz. -len* Troddelblume, Alpenglöckchen
Sol|dat [lat.-ital.] *m. 10* **1** Angehöriger der Streitmacht eines Staates; **2** *bei staatenbildenden Insekten:* für die Verteidigung des Stockes sorgendes Insekt; **3** *Schachspiel:* Bauer; **4** Feuerwanze
Sol|da|tes|ka *w. Gen. - Mz. -ken* roher Soldatenhaufe, zügelloses Kriegsvolk
so|lenn [lat.] *veraltet:* feierlich, festlich; **So|len|ni|tät** *w. 10 nur Ez.* Feierlichkeit
Sol|fa|ta|ra [ital.], **Sol|fa|ta|re** *w. Gen. - Mz. -ren* vulkan. Ausströmen schwefelhaltiger Wasserdämpfe
sol|feg|gie|ren [-dʒi-, ital.] ein Solfeggio singen; **Sol|feg|gio** [-fɛdʒo] *s. Gen. -s Mz. -feg|gi|en* [-fɛdʒən] mit den → Solmisationssilben gesungenes Übungsstück
So|li *Mz. von* Solo
so|lid → solide
So|li|dar|haf|tung *w. 10 nur Ez.* Haftung mehrerer Personen als Gesamtschuldner; **so|li|da|risch** gemeinsam, eng verbunden, übereinstimmend, einig; **so|li|da|ri|sie|ren** sich (mit jmdm.) solidarisch erklären, sich (mit jmdm.) verbinden; **So|li|da|ris|mus** *m. Gen. - nur Ez.* Lehre vom Verbundensein aller Menschen zum Zweck des allgemeinen Wohls; **So|li|da|ri|tät** *w. 10 nur Ez.* Zusammengehörigkeitsgefühl, Verbundenheit; **So|li|dar|schuld|ner** *m. 5* Gesamtschuldner
so|li|de [lat.] **1** haltbar, fest, gut gebaut; **2** zuverlässig, charakterfest, anständig; **3** häuslich, nicht ausschweifend; **so|li|die|ren** *veraltet:* befestigen, sichern; **So|li|di|tät** *w. 10 nur Ez.* **1** Haltbarkeit, Festigkeit; **2** Anständigkeit, Zuverlässigkeit
So|ling *s. 9 oder m. 9* Segelboottyp sowie olymp. Segelklasse
So|lip|sis|mus [lat.] *m. Gen. - nur Ez.* philosophische Lehre, daß nur das eigene Ich wirklich sei und die Welt nur in dessen Vorstellung existiere
So|list *m. 10* vom Orchester, Chor oder einem Instrument begleiteter, einzeln hervortretender Sänger oder Spieler, Einzelsänger, -spieler; **so|li|tär** einsam, nicht im Rudel (lebend), nicht staatenbildend (Tier); **So|li|tär** *m. 1* **1** großer, einzeln gefaßter Diamant; **2** ein Geduldsspiel; **So|li|tü|de** *w. 11* Einsamkeit (oft Name von Schlössern)
Sol|li|zi|tant [lat.] *m. 10 veraltet:* Bittsteller; **Sol|li|zi|ta|ti|on** [-tsjon] *w. 10 veraltet:* förmliche Bitte, Gesuch; **sol|li|zi|tie|ren** ein Bittgesuch einreichen
So|lux|lam|pe *w. 11* ⓦ Lampe zur Wärmebestrahlung
Sol|mi|sa|ti|on [-tsjon, nach den beiden Silben sol und mi] *w. 10* System für die Bez. der Töne der diaton. Tonleiter mit den sog. Solmisationssilben; **Sol|mi|sa|ti|ons|sil|ben** *w. 11 Mz.* die Silben „do, re, mi, fa, sol, la, si" zur Bez. der Töne der diaton. Tonleiter anstatt c, d, e usw.; **sol|mi|sie|ren** mit den Solmisationssilben singen

so|lo [ital.] *unflektierbar, Mus.:* allein, für sich; solo singen, spielen; ich bin ganz solo *ugs. scherzh.;* **So|lo** *s. Gen.* -s *Mz.* -li *Mus.:* **1** Gesang bzw. Instrumentalspiel eines einzelnen Sängers bzw. Spielers; *Ggs.:* Tutti; **2** Tanz eines einzelnen Tänzers
So|lö|zis|mus [griech.] *m. Gen.* - *Mz.* -men grober sprachl. Fehler
Sol|sti|ti|um [-tsjum, lat.] *s. Gen.* -s *Mz.* -ti|en [-tsjən] Sonnenwende
so|lu|bel [lat.] *Chem.:* löslich; **So|lu|tio** [-tsjo] *w. Gen.* - *Mz.* -tio|nes [-tsjo-], **So|lu|ti|on** [-tsjon] *w. 10* Arzneimittellösung
So|lu|tré|en [sɔlytreɛ̃, nach dem frz. Fundort Solutré] *s. Gen.* -s *nur Ez.* Kulturstufe der jüngeren Altsteinzeit
sol|va|bel [lat.] **1** auflösbar; **2** *veraltet:* zahlungsfähig, solvent; **Sol|vens** [-vɛns] *s. Gen.* - *Mz.* -ven|tia [-tsja] oder -ven|zi|en schleimlösendes Mittel; **sol|vent** zahlungsfähig; **Sol|venz** *w. 10 nur Ez.* Zahlungsfähigkeit; **sol|vie|ren** [-vi-] **1** *Chem.:* auflösen; **2** zahlen
So|ma [griech.] *s. 9* Leib, Körper
So|ma|li 1 *m. Gen.* -(s) *Mz.* So|mal Angehöriger eines hamit. Volksstammes in Ostafrika; **2** *s. Gen.* -(s) *nur Ez.* dessen Sprache
so|ma|tisch [zu: Soma] leiblich, körperlich; **so|ma|to|gen 1** körperlich bedingt, durch den Körper verursacht; **2** von Körperzellen (nicht von der Erbmasse) gebildet; **So|ma|to|lo|gie** *w. 11 nur Ez.* Lehre vom menschl. Körper
Som|bre|ro [span.] *m. 9* breitrandiger Strohhut in Mittel- und Südamerika
Som|mi|tä|ten [lat.-frz.] *w. 10 Mz. veraltet:* hochgestellte Personen
som|nam|bul [lat.] nacht-, schlafwandlerisch, mondsüchtig; **Som|nam|bu|lis|mus** *m. Gen.* - *nur Ez.* Mondsüchtigkeit, Schlaf-, Nachtwandeln; **som|no|lent** benommen, schlafsuchtig, krankhaft schläfrig; **Som|no|lenz** *w. 10 nur Ez.* Benommenheit; krankhafte Schläfrigkeit, Schlafsucht
So|nant [lat.] *m. 10* selbsttönender, silbenbildender Laut, Vokal; **So|na|te** [ital.] *w. 11* drei- oder viersätziges Musikstück für ein oder mehrere Instrumente; **So|na|ti|ne** *w. 11* kleine Sonate
Son|de [frz.] *w. 11* **1** Instrument zum Einführen in Körperhöhlen; **2** dünner Schlauch zur künstl. Ernährung; **3** *Bergbau:* Probebohrung (Erdöl u. a.); **4** Instrument zum Messen von Druck, Richtung, Geschwindigkeit und Temperatur von Flüssigkeiten; **5** *Weltraumfahrt:* unbemannter Flugkörper
son|die|ren [frz.] **1** mit der Sonde untersuchen; **2** *übertr.:* erkunden, erforschen, z. B. die Lage sondieren
So|nett [ital.] *s. 1* Gedicht aus zwei vier- und zwei dreizeiligen Strophen
Song [engl.] *m. 9* **1** *seit B. Brecht:* scharf satir., dem Bänkellied ähnl. und dem Jazz nahestehendes Lied; **2** *danach allg.:* Schlager, Lied
so|nor [lat.] klangvoll, tönend; sonore Laute → Sonorlaute; **So|nor|lau|te** *m. 1 Mz. Sammelbez. für* Nasale und Liquiden
So|phis|ma [griech.] *s. Gen.* -s *Mz.* -men, **So|phis|mus** *m. Gen.* - *Mz.* -men Scheinbeweis, Trugschluß; **So|phist** *m. 10* **1** *urspr.:* Denker, Wissenschaftler, wandernder Lehrer der Weisheit und Redekunst; **2** *seit Sokrates:* spitzfindiger Gelehrter, Wortklauber; **So|phi|stik** *w. 10 nur Ez.* **1** Lehre der Sophisten; **2** spitzfindige Weisheit, Scheinweisheit; **So|phi|sti|ka|ti|on** [-tsjon] *w. 10* Vernunftschluß, Schluß von etwas, das man kennt, auf etwas, das man nicht kennt und nicht beweisen kann; **so|phi|stisch** in der Art eines Sophisten, spitzfindig
So|por [lat.] *m. Gen.* -s *nur Ez.* starke Benommenheit, Schlaftrunkenheit; **so|po|rös** stark benommen, schlaftrunken
so|pra [ital.] *beim Spiel auf Tasteninstrumenten:* „oben“, über die andere Hand hinwegzuführen; *Ggs.:* sotto
So|pran [lat.-ital.] *m. 1* **1** *bei Frauen und Knaben:* höchste Stimmlage; **2** Sopransänger(in); **3** Gesamtheit der hohen Frauen- oder Knabenstimmen im Chor; **4** höchste Stimmlage bei Musikinstrumenten, z. B. Sopranblockflöte; **So|pra|nist** *m. 10* Sopransänger
So|pra|por|te [lat.-ital.] *w. 11, bes. im Barock und Rokoko:* Verzierung über der Tür
Sor|be *m. 11* Angehöriger eines westslaw. Volksstammes
Sor|bet [türk.-ital.], **Sor|bett** *m. 9* **1** Fruchtsaft mit Eis; **2** Halbgefrorenes
Sor|bin|säu|re [lat.] *w. 11* eine organ. Säure, Konservierungsmittel
Sor|bit [lat.] *m. 1 nur Ez.* **1** ein Fruchtalkohol; **2** ein feinkörniges Stahlgefüge
Sor|di|no [ital.] *m. Gen.* -s *Mz.* -ni *bei Musikinstrumenten:* Dämpfer
Sor|gho [ital.] *m. 9,* **Sor|ghum** *s. 9* Mohrenhirse
Sorp|ti|on [-tsjon, lat.] *w. 10* Aufnahme eines gasförmigen oder gelösten Stoffes; vgl. Absorption, Adsorption
Sor|te [lat.-ital.] *w. 11* **1** Art, Güteklasse; **2** *Mz. Bankw.: Bez. für* ausländische Banknoten und Münzen; **sor|tie|ren** nach Sorten, nach bestimmten Gesichtspunkten ordnen; sortiert: ausgewählt; ein gut, schlecht sortiertes Warenangebot; **Sor|ti|le|gi|um** *s. Gen.* -s *Mz.* -gi|en Weissagung durch Lose; **Sor|ti|ment** *s. 1* **1** Gesamtheit der vorhandenen (Waren-) Sorten, Warenangebot; **2** *kurz für* Sortimentsbuchhandel; **Sor|ti|men|ter** *m. 5* Buchhändler im Sortiment (2); **Sor|ti|ments|buch|han|del** *m. Gen.* -s *nur Ez.* Handel in Ladengeschäften mit Büchern der verschiedensten Verlage, Ladenbuchhandel

SOS *s. Gen. - nur Ez.* Morsezeichen als Hilferuf von Schiffen in Seenot (gedeutet als engl. „save our souls“: „rettet unsere Seelen“ oder „save our ship“: „rettet unser Schiff“; in Wirklichkeit eine Zusammenstellung von Zeichen, die sich bes. leicht merken lassen
So|ße [frz.] *w.11* gewürzte Flüssigkeit aus Bratensaft, Brühe (und Mehl) oder Mehl, Milch, Ei (und Zucker); **so|ßie|ren** → saucieren
so|ste|nu|to [ital.] *Mus.:* breit, getragen
So|ter [griech.] *m.1* **1** *im alten Griechenland:* Retter, Erlöser; **2** *im NT:* Beiname Christi; **So|te|rio|lo|gie** *w.11 nur Ez.* Lehre vom Erlösungswerk Christi, Heilslehre
Sot|ti|se [frz.] *w.11 veraltet:* **1** Dummheit; **2** Grobheit, Flegelei; **3** Stichelei, freche Bemerkung
sot|to [ital.] *beim Spiel auf Tasteninstrumenten:* „unten“, bei gekreuzten Händen unten liegend; *Ggs.:* sopra; **sot|to vo|ce** [-votʃə] *Mus.:* gedämpft, halblaut
Sou [su, frz.] *m.9* frz. Währungseinheit, 5 Centimes
Sou|bret|te [su-, frz.] *w.11 Oper, Operette:* Sopransängerin für heitere Rollen
Sou|che [suʃə, frz.] *w.11* Teil eines Wertpapiers, der zur Kontrolle der Echtheit zurückbehalten wird
Sou|chong [sutʃɔŋ, chin.] *m.9* Teesorte aus großen, breiten Blättern
Souf|flé [sufle, frz.] *s.9* **1** Speise aus geschlagenen, in der Pfanne gebackenen Eiern mit Zucker; **2** lockerer Eierauflauf
Souf|fleur [suflør, frz.] *m.1 Theater:* jmd., der während des Spiels die Rollen flüsternd mitliest und damit den Schauspielern einsagt; **Souf|fleu|se** [sufløzə] *w.11* weibl. Souffleur; **souf|flie|ren** [suf-] **1** jmdn. s.: jmdm. vor-, einsagen; **2** als Souffleur tätig sein
Soul [soul, engl.] *m.9 nur Ez.* gefühlsbetonter Jazz oder Beat
Sound [saund, engl.] *m.9* Art des Klingens; im S. der alten Musik spielen; **Sound|track** [saundtræk] *m.9* Tonstreifen oder Musik zu einem Ton- oder Fernsehfilm
Sou|per [supe, frz.] *s.9* großes, festliches Abendessen; **sou|pie|ren** [su-] festlich zu Abend essen
Sou|ta|che [sutaʃ(ə), frz.] *w.11* schmale, geflochtene Schnur (als Besatz); **sou|ta|chie|ren** [sutaʃi-] mit einer Soutache versehen
Sou|ta|ne [su-, frz.] *w.11* fußlanges Übergewand der kath. Geistlichen; **Sou|ta|nel|le** [su-] *w.11* knielange Soutane
Sou|ter|rain [sutərɛ̃, frz.] *s.9* Kellergeschoß
Sou|ve|nir [suvənir, frz.] *s.9* Andenken
sou|ve|rän [suvə-, frz.] **1** unumschränkt herrschend, die Herrschergewalt ausübend; **2** überlegen; eine Situation souverän meistern; **Sou|ve|rän** *m.1* **1** Herrscher; **2** *schweiz.:* Gesamtheit der Stimmbürger; **Sou|ve|rä|ni|tät** *w.10 nur Ez.* **1** Herrschergewalt, Oberhoheit; **2** Unabhängigkeit; **3** Überlegenheit; **So|ve|reign** [sʌvərin, engl.] *m.9, nach Zahlen Mz.* - frühere engl. Goldmünze, 20 Shilling
Sow|chos [-xɔs oder -çɔs, russ.] *s. Gen.- Mz.* -cho|se [-ço-], **Sow|cho|se** *w.11 in der UdSSR:* Staatsgut
So|wjet [russ. „Rat“] *m.9* **1** *in der UdSSR: urspr.* Arbeiter- und Soldatenrat, *heute* Verwaltungsbehörde; **2** *Mz.* die Sowjets *ugs.:* die Sowjetrussen; **so|wje|ti|sie|ren** nach sowjet. Muster gestalten; **So|wjet|rus|se** [auch: sɔ-] *m.11* Einwohner der Sowjetunion
So|zi *m.9 früher abwertendes Kurzw. für* Sozialdemokrat
so|zia|bel [lat.] **1** gesellschaftlich; **2** gesellig, umgänglich; **So|zia|bi|li|tät** *w.10 nur Ez.* Geselligkeit, Umgänglichkeit; **so|zi|al** die Gemeinschaft, Gesellschaft betreffend, zu ihr gehörig, ihr dienend, gemeinnützig, wohltätig; **So|zi|al|de|mo|krat** *m.10* Angehöriger einer sozialdemokrat. Partei; **So|zi|al|de|mo|kra|tie** *w.11* **1** polit. Richtung, die Sozialismus und Demokratie zu verbinden sucht; **2** Gesamtheit der sozialdemokrat. Parteien; **so|zi|al|de|mo|kra|tisch** sozial und demokratisch (eingestellt); **So|zi|al|hy|gie|ne** [-gje:-] *w.11 nur Ez.* öffentl. Gesundheitspflege; **So|zi|al|in|di|ka|to|ren** *m.13 Mz.* Kriterien, die den Lebensstandard qualitativ (nicht quantitativ) beschreiben; **So|zia|li|sa|ti|on** [-tsjon] *w.10* Einordnung des einzelnen in die Gemeinschaft; **so|zia|li|sie|ren** **1** in staatl. oder gesellschaftl. Eigentum überführen; **2** in die Gemeinschaft einordnen, gemeinschaftsfähig machen; **So|zia|li|sie|rung** *w.10* Verstaatlichung, Vergesellschaftung; **So|zia|lis|mus** *m. Gen. - nur Ez.* Bewegung zum Umsturz oder zur Umgestaltung der kapitalist. Staats- und Wirtschaftsordnung mit dem Ziel der Sozialisierung der Produktionsmittel und Kontrolle der Produktion durch den Staat; **So|zia|list** *m.10* Vertreter, Anhänger des Sozialismus; **So|zi|al|ka|pi|tal** *s. Gen. -s nur Ez.* alle Rücklagen für soziale Zwecke; **So|zi|al|öko|no|mie** *w.11 nur Ez.* Volkswirtschaftslehre; **So|zi|al|päd|ago|gik** *w.10 nur Ez.* Erziehung des einzelnen in seinem Verhältnis zur Gemeinschaft; **So|zi|al|part|ner** *m.5* Arbeitnehmer und Arbeitgeber bzw. deren Vertreter; **So|zi|al|po|li|tik** *w.10 nur Ez.* alle Maßnahmen des Staates zur Unterstützung der wirtschaftlich schwachen Bevölkerungsschichten; **So|zi|al|pre|stige** [-sti:ʒ] *s. Gen. -s nur Ez.* gesellschaftl. Ansehen, Geltung; **So|zi|al|pro|dukt** *s.1* der Geldwert aller jährlich produzierten Güter und Dienstleistungen einer Volkswirtschaft nach Abzug von Abgaben und Unkosten, Nationaleinkommen; **So|zi|al|psy|cho|lo|gie** *w.11 nur Ez.* Zweig der Psychologie, der sich mit dem Verhalten des

einzelnen gegenüber der Gemeinschaft sowie mit sozialen Gruppen befaßt; **So|zi|al|rent|ner** *m.5* jmd., der eine staatl. Rente bezieht
So|zie|tät [-tsje-] *w.10* **1** *veraltet:* Genossenschaft; **2** *Zool.:* Gesellschaft (von Tieren); **so|zi|ie|ren** sich s.: sich wirtschaftlich vereinigen
So|zio|gramm [lat. + griech.] *s.1* graph. Darstellung der sozialen Beziehungen innerhalb einer Gruppe; **So|zio|lekt** *m.1* spezif. Sprachform einer sozialen Schicht; **So|zio|lin|gui|stik** *w.10 nur Ez.* Lehre vom Sprachverhalten sozialer Gruppen; **So|zio|lo|gie** [lat. + griech.] *w.11 nur Ez.* Gesellschaftswissenschaft; **So|zio|me|trie** *w.11 nur Ez.* Untersuchung der sozialen Beziehungen innerhalb einer Gruppe; **so|zio|morph** von der Gesellschaft geformt; vgl. biomorph, technomorph
So|zi|us [lat.] *m. Gen. - Mz.* -zi|us|se **1** Teilhaber; **2** Beifahrer (auf dem Motorrad)
Spa|dil|le [-diljə, lat.] *w.11 Lomber:* höchste Trumpfkarte, Pik-As
Spa|gat [ital.] *m.1* **1** völliges Spreizen der Beine nach vorn und hinten; **2** *bayr., österr.:* Bindfaden; **Spa|ghet|ti** *nur Mz.* lange, dünne Nudeln
Spa|gi|rik [griech.] *w.10 nur Ez.* **1** *früher:* Alchimie; **2** *heute:* Arzneimittelzubereitung aus Pflanzen; **Spa|gi|ri|ker** *m.5 früher:* Alchimist
Spa|hi [pers.] *m.9* **1** *früher:* (urspr. adliger) Reitersoldat im türk. Heer; **2** Angehöriger einer aus nordafrik. Eingeborenen bestehenden frz. Reitertruppe
Spa|lett [ital.] *s.1 österr.:* hölzerner Fensterladen; **Spa|lier** *s.1* **1** Holzgitter an einer Mauer zum Befestigen von Kletterpflanzen oder jungen Obstbäumen; **2** eine Gasse bildende Doppelreihe von Personen zum Empfang hochgestellter Persönlichkeiten
Span|dril|le [lat.-frz.] *w.11* dreieckige Fläche zwischen einem Bogen und der rechteckigen Begrenzung der Maueröffnung, Bogenzwickel
Spa|ni|el [-njel, span.-engl.] *m.5* eine langhaarige Hunderasse mit Schlappohren; **Spa|nio|le** [frz.] *m.11* von Spanien nach Nordafrika, dem Balkan u. a. Ländern ausgewanderter Jude
Spar|ring [engl.] **1** *s. Gen.* -s *nur Ez.* Boxtraining; **2** *m.9* Übungsball dafür
Spart *m.1 oder s.1* → Esparto
Spar|ta|kia|de [nach Spartacus, dem Führer des Sklavenaufstandes im Röm. Reich 73 v. Chr.] *w.11 in den Ostblockstaaten:* internationales Sportlertreffen mit Wettkämpfen; **Spar|ta|kist** *m.10* Angehöriger des Spartakusbundes; **Spar|ta|kus|bund** *m. Gen.* -(e)s *nur Ez.* Vereinigung linksstehender Sozialisten 1917, Vorläufer der kommunist. Partei Deutschlands
spar|ta|nisch **1** streng, hart; **2** genügsam
Spar|te [ital.] *w.11* Abteilung, Fach, Wissens-, Geschäftszweig
Spar|te|rie [frz.] *w.11* Flechtwerk aus Span oder Bast
Spart|gras *s.4 nur Ez.* → Esparto
Spar|ti|at *m.10 im alten Sparta:* Vollbürger mit allen polit. Rechten, im Unterschied zum Heloten und Perioken
spar|tie|ren [ital.] in Partitur setzen (Musikwerk, das nur in einzelnen Stimmen aufgezeichnet ist)
spas|ma|tisch [griech.], **spas|misch, spas|mo|disch** in der Art eines Spasmus, krampfartig, krampfhaft; **Spas|mo|ly|ti|kum** *s. Gen.* -s *Mz.* -ka krampflösendes Mittel; **Spas|mo|phi|lie** *w.11 nur Ez.* → Tetanie; **Spas|mus** *m. Gen. - Mz.* -men Krampf; **spa|stisch** → spasmisch
Spa|tha [griech.] *w. Gen. - Mz.* -then **1** german. Schwert; **2** Hochblatt an kolbenförmigen Blütenständen (bei Palmen u. a.)
Spa|ti|en [-tsjən] *Mz. von* Spatium; **Spa|tio|naut** [lat.-griech.] *m.10, frz. Bez. für* Weltraumfahrer; vgl. Astronaut, Kosmonaut; **spa|tio|nie|ren** [-tsjo-, lat.] mit Spatium versehen, sperren (Schriftsatz); **spa|ti|ös** [-tsjøs] weiträumig (gesetzt), mit Zwischenräumen (Schriftsatz); **Spa|ti|um** [-tsjum] *s. Gen.* -s *Mz.* -ti|en [-tsjən] Zwischenraum (zwischen den Druckbuchstaben)
Spea|ker [spi-, engl.] *m.5 im brit. Unterhaus und im Repräsentantenhaus der USA:* Leiter der Sitzungen, Präsident
spe|die|ren [lat.-ital.] versenden, befördern; **Spe|di|teur** [-tør] *m.1* Unternehmer, der Güter oder Möbel befördert; **Spe|di|ti|on** [-tsjon] *w.10* **1** Unternehmen zur Beförderung von Gütern und Möbeln; **2** Versandabteilung (eines Betriebes); **spe|di|tiv** *schweiz.:* rasch, zügig
Speech [spitʃ, engl.] *m.1, Mz. auch* -es [-tʃız] Rede, Ansprache
Speed [spid, engl.] *m.9* **1** *Sport:* Geschwindigkeit, Geschwindigkeitssteigerung (eines Läufers oder Pferdes); **2** Anregungs-, Aufputschmittel; **Speed|way-Ren|nen** [spidwεi-] *s.7 neuere Bez. für* Dirt-Track-Rennen
Speik [lat.] *m.1 Sammelbez. für* mehrere alpine Pflanzenarten
Spek|ta|bi|li|tät [lat.] *w.10 Titel für den* Dekan einer Hochschule; Eure (*Abk.:* Ew.) Spektabilität(en); Seine S.; **Spek|ta|kel** **1** *s.5 veraltet:* Schauspiel; **2** *s. oder m.5* Aufregung, Lärm; **spek|ta|keln** ein Spektakel machen, lärmen; **spek|ta|ku|lär** aufsehenerregend; **spek|ta|ku|lös** **1** *veraltet:* seltsam; **2** *ugs. scherzh. für* spektakulär
Spek|tra *Mz. von* Spektrum; **spek|tral** [lat.] das Spektrum betreffend, von ihm ausgehend; **Spek|tral|ana|ly|se** *w.11* Bestimmung der Zusammensetzung eines strahlenden Körpers aus der Art des ausgesandten Spektrums; **Spek|tral|far|be** *w.11* Licht von nur einer Wellenlänge; Spektralfarben: die durch

Zerlegung eines Spektrums entstehenden, reinen, unvermischten Farben; **Spek|tral|li|nie** *w.11* für eine bestimmte Lichtwellenlänge charakterist. Linie in bestimmter Farbe; **Spek|tro|graph** *m.10* Gerät zur Aufzeichnung von Spektren; **Spek|tro|gra|phie** *w.11 nur Ez.* Zerlegung von Licht in die Spektralfarben; **Spek|tro|me|ter** *s.5* Gerät zur Ausmessung der Linien eines Spektrums; **Spek|tro|skop** *s.1* Gerät zur Spektroskopie; **Spek|tro|sko|pie** *w.11* Untersuchung von Spektren; **Spek|trum** *s. Gen.* -s *Mz.* -tra *oder* -tren **1** durch Zerlegung von Licht (oder anderer Strahlung) in seine einzelnen Farben (Wellenlängen) entstehendes farbiges Band; **2** *übertr.:* Vielfalt

Spe|ku|la *Mz. von* Spekulum; **Spe|ku|lant** [lat.] *m.10* **1** jmd., der spekuliert; **2** jmd., der um des Gewinns willen gewagte Geschäfte macht; **Spe|ku|la|ti|on** [-tsjon] *w.10* **1** Versuch, durch Überlegung über die Erfahrung hinaus zur Erkenntnis (bes. Gottes) zu gelangen; **2** Geschäft (bes. mit Wertpapieren oder Grundstücken) auf Grund von Preisschwankungen; **3** bloße Vermutung

Spe|ku|la|ti|us [-tsjus, lat.] *m. Gen.* - *Mz.* - ein Pfefferkuchen

spe|ku|la|tiv [lat.] **1** auf Spekulation beruhend; **2** grüblerisch; **spe|ku|lie|ren** **1** auf Grund von Spekulationen Handel treiben; **2** auf etwas spekulieren *ugs.:* mit etwas rechnen, auf etwas warten; **Spe|ku|lum** *s. Gen.* -s *Mz.* -la mit Spiegel versehenes Instrument zur Untersuchung von Körperhöhlen

Spe|läo|lo|gie [griech.] *w.11 nur Ez.* Höhlenkunde

Spe|lun|ke [griech.] *w.11* **1** schlechte, verrufene Kneipe; **2** schmutziger, verkommener Wohnraum

Spen|ser [nach dem engl. Minister G. J. Spencer] *m.5 österr. neben:* Spenzer; **Spenzer** *m.5 veraltet:* enganliegendes Jäckchen mit Schoß

Spe|renz|chen [mlat.], **Spe|ren|zi|en** *nur Mz. ugs.:* Ausflüchte, Schwierigkeiten; mach keine S.!

Sper|ma [griech.] *s. Gen.* -s *Mz.* -men *oder* -ma|ta *bei Mensch und Tier:* Samenzellen enthaltende Flüssigkeit, Samenflüssigkeit; **Sper|ma|ti|tis** *w. Gen.* - *Mz.* -ti|ti|den Entzündung des Samenstrangs; **Sper|ma|to|ge|ne|se** *w.11* Samenbildung in den Hoden; **Sper|ma|to|phy|ten** *m.10 Mz. Sammelbez. für* Samen-, Blütenpflanzen; **Sper|ma|tor|rhö** *w.10*, **Sper|ma|tor|rhoe** [-rø] *w.11* Samenerguß ohne geschlechtl. Erregung; **Sper|ma|to|zo|on** *s. Gen.* -s *Mz.* -zo|en → Spermium; **Sper|ma|zet** *s. Gen.* -(e)s *nur Ez.*, **Sper|ma|ze|ti** *s. Gen.* -s *nur Ez.* aus Kopf und Rückenkanal des Pottwals gewonnene, fettartige Masse, Walrat; **Sper|mi|en** *Mz. von* Spermium; **Sper|mio|ge|ne|se** *w.11* → Spermatogenese; **Sper|mi|um** *s. Gen.* -s *Mz.* -mi|en *bei Mensch und Tier:* männl. Samenzelle

Spe|sen [lat.] *nur Mz.* Auslagen, Unkosten

Spe|ze|rei [ital.] *w.10 meist Mz.* Gewürz; **Spe|ze|rei|wa|ren** *w.11 Mz.* **1** → Spezereien; **2** *schweiz.:* Gemischtwaren

Spe|zi [zu: speziell] *m.9 süddt., österr., schweiz.:* enger Freund, Kumpan; **spe|zi|al** [lat.] → speziell; **Spe|zi|al** *m.1* guter Wein vom Faß; **spe|zi|al...**, **Spe|zi|al...** *in Zus.:* einzel..., Einzel..., sonder..., Sonder..., besonder..., Fach...; **Spe|zi|al|arzt** *m.2* Facharzt; **Spe|zia|li|en** *Mz. veraltet:* Besonderheiten, Einzelheiten; **Spe|zia|li|sa|ti|on** [-tsjon] *w.10* **1** Unterscheidung, Gliederung; **2** eingehendes Studium eines bestimmten Wissensgebietes; **spe|zia|li|sie|ren** unterscheiden, gliedern, einzeln anführen; sich auf etwas s.: sich mit einem Teilgebiet bes. eingehend befassen; **Spe|zia|list** *m.10* jmd., der sich auf etwas spezialisiert hat, Fachmann, Facharzt; **Spe|zia|li|tät** *w.10* **1** Besonderheit, etwas Besonderes; **2** Fach, Gebiet, mit dem man sich am meisten beschäftigt hat; **spe|zi|ell** **1** *Adj.:* einzeln, besonders; spezielle Wünsche; **2** *Adv.:* besonders, eigens; das ist speziell für mich gemacht worden; auf dein Spezielles! *ugs.:* auf dein spezielles Wohl!; **Spe|zi|es** [-tsje:s] *w. Gen.* - *Mz.* - **1** Art, Gattung; **2** *Biol.:* Art; **3** *Math.:* Grundrechnungsart; **4** Teemischung; **Spe|zi|es|kauf** *m.2* Kauf einer genau bestimmten Sache; **Spe|zi|es|ta|ler** *m.5 früher:* Taler in Hartgeld; **Spe|zi|fi|ka** *Mz. von* Spezifikum; **Spe|zi|fi|ka|ti|on** [-tsjon] *w.10* unterscheidende Gliederung, Aufschlüsselung; **Spe|zi|fi|kum** *s. Gen.* -s *Mz.* -ka **1** etwas Besonderes, Eigentümliches; **2** gegen eine bestimmte Krankheit wirkendes Mittel; **spe|zi|fisch** eigen, eigentümlich, arteigen, kennzeichnend; spezifisches Gewicht: Gewicht der Gewichtseinheit eines Stoffes; spezifische Wärme: Wärmemenge, die nötig ist, um 1 g eines Stoffes um 1° zu erwärmen; **spe|zi|fi|zie|ren** unterscheidend gliedern, einzeln anführen; **Spe|zi|men** *s. Gen.* -s *Mz.* -zi|mi|na **1** Muster, Probe; **2** Versuch, Probearbeit

Sphä|re [griech.] *w.11* **1** Kugel, Himmelskugel; **2** Kreis, Gesichtskreis, Wirkungskreis, Bereich, Machtbereich; **Sphä|ren|har|mo|nie** *w.11 nur Ez.*, **Sphä|ren|mu|sik** *w.10 nur Ez. nach Pythagoras:* durch die Bewegung der Himmelskörper entstehende, für den Menschen nicht hörbare Töne; **sphä|risch** zur Himmelskugel gehörend, auf sie bezüglich; sphärisches Dreieck: Dreieck auf der Oberfläche einer Kugel; sphärische Trigonometrie: Trigonometrie auf der Kugeloberfläche; **Sphä|ro|id** *s.1* fast kugelförmiger Körper, Rotationsellipsoid; **Sphä|ro|lith** *m.10* kugelförmiges Gesteins- oder Kristallgebilde; **Sphä|ro|lo|gie** *w.11 nur Ez.* Lehre von der

Kugel; **Sphä|ro|me|ter** *s.5* Gerät zum Messen von Krümmungen, Kugelmesser

Sphen [griech.] *m.1 nur Ez.* ein Mineral, Titanit; **sphe|no|id** keilförmig; **Sphe|no|id** *s.1* **1** keilförmige Kristallform; **2** *Anat.:* Keilbein; **sphe|noi|dal** → sphenoid

Sphinx [sfıŋks, griech.] **1** *m. Gen. - Mz.* Sphin|gen, *ugs. auch: w.1, ägypt. Myth.:* Fabelwesen mit Löwenleib und Menschenkopf, Sinnbild des Herrschers; **2** *w. Gen. - nur Ez. griech. Myth.:* Ungeheuer mit Löwenleib und Frauenkopf, das jeden tötete, der das aufgegebene Rätsel nicht lösen konnte; *übertr. scherzh.:* sich geheimnisvoll gebende Person

Sphra|gi|stik [griech.] *w.10 nur Ez.* Siegelkunde

Sphyg|mo|gramm [griech.] *s.1* mit dem Sphygmographen aufgezeichnete Pulskurve; **Sphyg|mo|graph** *m.10* Gerät zum selbsttätigen Aufzeichnen des Pulses, Pulsschreiber; **Sphyg|mo|ma|no|me|ter** *s.5* Blutdruckmesser

spic|ca|to [spika-, ital.] *Mus.:* in deutlich voneinander abgesetzten Tönen, mit Springbogen (zu spielen); **Spic|ca|to** *s. Gen. -s Mz. -ti Mus.:* Spiel mit Springbogen

Spi|der [spai-, engl.] *m.5* zweisitziger Sportwagen mit aufklappbarem Verdeck

Spikes [spaiks, engl.] *Mz.* **1** Rennschuhe mit herausstehenden Stahldornen an der Sohle; **2** Stahlstifte in Autoreifen; **Spike(s)|rei|fen** *m.7* Autoreifen mit Spikes für das Fahren auf verschneiten und vereisten Straßen

Spill|la|ge [-ʒə, engl.] *w.11* Warenverlust infolge Eindringens von Feuchtigkeit

Spin [engl.] *m. Gen. -s nur Ez.* die den Elementarteilchen zugeschriebene Eigendrehung

Spi|na [lat.] *w. Gen. - Mz. -nen* Knochenfortsatz, Knochendorn, Rückgrat; **spi|nal** zur Wirbelsäule gehörig, von ihr ausgehend

Spi|nat [pers.] *m.1* ein Gänsefußgewächs, Gemüsepflanze

Spi|nell [lat.] *m.1* ein Mineral, ein Edelstein

Spi|nett [nach dem ital. Erfinder G. Spinetti] *s.1* ein Tasteninstrument, bei dem die Saiten durch Tastendruck mit einem Kiel angerissen werden

Spin|na|ker [Herkunft unsicher] *m.5* großes dreieckiges Beisegel

spi|nös [lat.] schwierig, knifflig, spitzfindig

Spin|tha|ri|skop [griech.], **Spin|the|ri|skop** *s.1* Gerät zum Beobachten von Lichtblitzen mit einem Vergrößerungsglas

spin|ti|sie|ren [ital.?] grübeln

Spi|on [frz.] *m.1* **1** jmd., der Spionage treibt, Kundschafter, Horcher; **2** Spiegel außen am Fenster, in dem man die Straße überblicken kann; **3** Guckloch (in Türen); **Spio|na|ge** [-ʒə] *w.11 nur Ez.* heiml. Auskundschaften von polit., wirtschaftl. oder militär. Geheimnissen eines fremden Staates; **spio|nie|ren** sich als Spion betätigen

Spi|räe [lat.] *w.11* ein ostasiat. Zierstrauch

Spi|ra|le [lat.] *w.11* **1** sich um einen Punkt oder eine Achse windende Linie; **2** Gegenstand in dieser Form; **spi|ra|lig** wie eine Spirale; **Spi|ral|ne|bel** *m.5* Sternsystem in spiralig erscheinender Form

Spi|rans [lat.] *m. Gen. - Mz.* -ran|ten, **Spi|rant** *m.10* Reibelaut, z. B. f, v, s, sch

Spi|ril|le [griech.] *w.11* schraubenförmiges Bakterium; **Spi|ril|lo|se** *w.11* durch Spirillen hervorgerufene Infektionskrankheit

Spi|rit [spi-, engl.] *m.9 Okkultismus:* Geist (eines Verstorbenen); **Spi|ri|tis|mus** [ʃpi-] *m. Gen. - nur Ez.* Glaube an Geister sowie an die Erscheinungen der Seelen von Toten und an die Möglichkeit, mit ihnen zu verkehren; **Spi|ri|tist** Anhänger des Spiritismus; **spi|ri|tu|al** → spirituell; **Spi|ri|tu|al** **1** [-al, lat.] *m.12 oder 10, in Klöstern, kath. Orden und Seminaren:* leitender Geistlicher, Seelsorger; **2** [spiritjuəl, engl.] *s.9* geistl. Lied der Neger in den nordamerik. Südstaaten; **Spi|ri|tua|li|en** *Mz.* geistl. Dinge; **spi|ri|tua|li|sie|ren** vergeistigen; **Spi|ri|tua|lis|mus** *m. Gen. - nur Ez.* Lehre, daß der Geist das einzig Wirkliche und das Körperliche nur seine Erscheinungsweise sei; **Spi|ri|tua|list** *m.10* Anhänger des Spiritualismus; **Spi|ri|tua|li|tät** *w.10 nur Ez.* Geistigkeit; **spi|ri|tu|ell** geistig; **spi|ri|tu|os** Weingeist enthaltend; **spi|ri|tu|ös** **1** → spirituos; **2** geistig; **Spi|ri|tuo|sen** *Mz.* geistige (= alkohol.) Getränke; **spi|ri|tuo|so** [spi-, ital.] *Mus.:* geistvoll, feurig; **Spi|ri|tus** *m. Gen. - nur Ez.* **1** [spi-] Hauch, Atem, Geist; S. asper (*Zeichen:* ῾) *in der griech. Schrift:* über Vokalen Zeichen für die Aussprache mit anlautendem h, z. B. ὁ (= ho); S. rector: führender Geist, treibende Kraft; **2** [ʃpi-] Alkohol, Weingeist, Sprit

Spi|ro|chä|te [-çɛ-, griech.] *w.11* schraubenförmiges Bakterium; **Spi|ro|chä|to|se** *w.11* durch Spirochäten hervorgerufene Infektionskrankheit, z. B. Syphilis

Spi|ro|me|ter [lat. + griech.] *s.5* Gerät zum Messen der Leistungsfähigkeit der Lunge, Atmungsmesser

Spi|tal [lat.] *s.4 Kurzform von* Hospital; **Spit|tel** *s.5 volkstüml.* **1** Spital; **2** Armenhaus

Splanch|no|lo|gie [splanç-, griech.] *w.11 nur Ez.* Lehre von den Eingeweiden

Spleen [ʃplin, engl.] *m.1* kleine Verrücktheit, Schrulle, sonderbare Idee; **splee|nig** ein bißchen verrückt, schrullig

splen|did [lat.] **1** großzügig, freigebig; **2** *Buchw.:* weiträumig, mit Zwischenräumen; splendid gesetzter Text; **Splen|did iso|la|tion** [splendid aizəleiʃn, engl.] Schlagwort für die polit. Unabhängigkeit Englands von Europa; **Splen|di|di|tät** *w.10 nur Ez. veraltet:* Freigebigkeit, Großzügigkeit

Splitting [engl.] *s. Gen. -s nur Ez.* Form der Besteuerung von berufstätigen Eheleuten

Spo|di|um [griech.] *s. Gen.* -s *nur Ez.* Knochenkohle; **Spo|du|men** *m.1* ein Mineral

Spoi|ler [engl.] *m.5* Windleitblech am Kraftfahrzeug

Spo|li|en [lat.] *Mz. von* Spolium; **Spo|li|en|recht** *s.1 nur Ez.* Recht auf das Spolium eines kath. Geistlichen; **Spo|li|um** *s. Gen.* -s *Mz.* -li|en **1** *im alten Rom:* Kriegsbeute; **2** *früher:* Nachlaß (eines kath. Geistlichen); **3** Teil eines Kunstwerks, das einem andern entnommen wurde

Spon|de|us [griech.] *m. Gen.* - *Mz.* -de|en Versfuß aus zwei langen Silben

Spon|dy|li|tis [griech.] *w. Gen.* - *Mz.* -ti|den Wirbelentzündung; **Spon|dy|lo|se** *w.11* Erkrankung der Zwischenwirbelscheiben (Bandscheiben); **spon|dy|lo|tisch** an Spondylose erkrankt

Spon|gie [-gjə, griech.] *w. Gen.* - *Mz.* -gi|en Angehöriger eines Stammes festsitzender Wassertiere, Schwamm; **Spon|gin** *s.1 nur Ez.* faserige Gerüstsubstanz der Hornschwämme; **spon|gi|ös** schwammig

Spon|sa|li|en [lat.] *Mz. veraltet:* Verlobungsgeschenke; **spon|sern** durch einen Sponsor bezahlen; **Spon|sor** *m.13* **1** jmd.. der eine Funk- oder Fernsehsendung, einen Film oder ein Theaterstück finanziell fördert, wenn darin für sein Unternehmen Reklame gemacht wird; **2** *Rundfunk, Fernsehen:* Auftraggeber für eine Werbesendung; **3** Auftraggeber für eine demoskop. Untersuchung; **4** Geldgeber, Förderer (z. B. im Sport)

spon|tan [lat.] von selbst, aus eigenem Antrieb, aus einer plötzl. Regung heraus; **Spon|ta|nei|tät** [-neli-], **Spon|ta|ni|tät** *w.10 nur Ez.* spontanes Geschehen, spontanes Handeln

spo|ra|disch [griech.] vereinzelt (vorkommend), hin und wieder; **Spo|ran|gi|um** *s. Gen.* -s *Mz.* -gi|en Sporenbehälter; **Spo|re** *w.11* der ungeschlechtl. Fortpflanzung, oft auch der Überdauerung ungünstiger Lebensperioden dienende Zelle vieler blütenloser Pflanzen

spo|ro|gen [griech.] Sporen erzeugend; **Spo|ro|phyt** *m.10, bei Pflanzen mit Generationswechsel:* sporenbildende (ungeschlechtl.) Generation; **Spo|ro|zo|on** *s. Gen.* -s *meist Mz.* -zo|en Sporentierchen

Sport [engl.] *m.1* **1** systemat. körperl. Betätigung zur Gesunderhaltung oder zum Wettbewerb mit anderen; **2** Gesamtheit der Leibesübungen; **3** *auch übertr. ugs.:* Neigung, Vorliebe, Liebhaberei; etwas aus Sport betreiben

Spor|tel [lat.] *w.11 MA:* Gebühr für Amtshandlungen

spor|teln ein wenig Sport treiben; **spor|tiv** [engl.] sportlich

Spot [engl.] *m.9* **1** *Funk, Fernsehen:* kurze Werbesendung; **2** → Spotlight; **Spot|geschäft** *s.1* Geschäft gegen sofortige Bezahlung und Lieferung; **Spot|light** [-lait] *s.9 Theater:* gezielte Beleuchtung nur einer Person oder eines Gegenstandes, Punktlicht

SPQR, S. P. Q. R. *Abk. für* Senatus Populusque Romanus

Sprach|bar|rie|re [-ri|e:-] *w.11* Behinderung der sprachl. Entwicklung bei Kindern aus Elternhäusern mit geringem Bildungsstand; **Sprach|denk|mal** *s.4* sprachlich bedeutendes oder interessantes Schriftwerk aus früherer Zeit; **Sprach|geo|gra|phie** *w.11 nur Ez.* Wissenschaft von der geograph. Verbreitung der Sprachen und Mundarten, Areallinguistik; **Sprach|la|bor** *s.9* elektron. Anlage mit untereinander verbundenen Geräten (Kopfhörern, Mikrophonen u. a.) am Steuerpult (Lehrertisch) und an den Schülerplätzen zur Aufnahme und Wiedergabe gesprochener Sprache, zum individuellen Lernen

Spray [sprɛi, engl.] *s.9* **1** Flüssigkeit zum Zerstäuben, z. B. Haarspray; **2** Apparat zum Zerstäuben von Flüssigkeit; **spray|en** [sprɛiən] mit einem Spray bestäuben

Spread [sprẹd, engl.] *s.9* Brotaufstrich aus Fett, Kräutern, pikanten oder süßen Zutaten

Sprink|ler [engl.] *m.5* Gerät zum Beregnen größerer Flächen (als Feuerschutz und Rasensprenger)

Sprint [engl.] *m.1 oder m.9* **1** Kurzstreckenlauf; **2** Radrennfahrt über eine kurze Strecke; **sprin|ten** eine kurze Strecke schnell laufen; **Sprin|ter** *m.5* Kurzstreckenläufer

Sprit *m.1* **1** → Spiritus (**2**); **2** Treibstoff

Spu|man|te [ital.] *m.9* ital. Schaumwein

Spurt [engl.] *m.9 oder m.1* Steigerung der Geschwindigkeit auf kurzer Strecke (bei Wettläufen); **spur|ten** einen Spurt machen, das Tempo auf kurzer Strecke steigern

Spu|ta *Mz. von* Sputum

Sput|nik [russ.] *m.9* erster Typ der sowjetischen Erdsatelliten

Spu|tum [lat.] *s. Gen.* -s *Mz.* -ta aus den Luftwegen durch Husten oder Räuspern entfernter Schleim, Auswurf

sq. *Abk. für* sequens; **sqq.** *Abk. für* sequentes

Squash [skwɔʃ, lat.-engl.] **1** *s. Gen.* -(s) *nur Ez.* eine Art Zimmertennis, bei dem der Ball gegen eine Wand geschlagen wird (direkt oder über die Seitenwände) und in ein bestimmtes Spielfeld zurückprallen muß; **2** *s.9* aus Zitrusfrüchten gepreßter Saft (mit Fruchtfleisch)

Squat|ter [skwɔtər, lat.-engl.] *m.5* jmd., der sich ohne Rechtstitel auf einem herrenlosen oder regierungseigenen Stück Land angesiedelt hat

Squaw [skwɔ, indian.-engl.] *w.9 engl. Bez. für* nordamerik. Indianerfrau

Squire [skwaiə, engl.] *m.9* engl. Gutsbesitzer (auch Titel)

sr *Abk. für* Steradiant

Sr *chem. Zeichen für* Strontium
SS. *Abk. für* Santi, Sante
ssp. *Abk. für* Subspezies
SSR *Abk. für* Sozialistische Sowjetrepublik
St *Abk. für* **1** Saint; **2** Stratus
St. *Abk. für* Sankt, Saint
s. t. *Abk. für* sine tempore
S. T. *Abk. für* salvo titulo
Sta. *Abk. für* Santa
Staat [lat.] *m. 12* **1** innerhalb festgelegter geograph. Grenzen lebende menschl. Gemeinschaft unter einer obersten, mit bestimmten Rechten und Pflichten ausgestatteten Gewalt; **2** *nur Ez. übertr.:* die Regierung eines Staates; **3** zweckdienlich organisierte Gemeinschaft mancher Tiere; **4** *nur Ez. ugs.:* Prunk, Pracht, Aufwand; mit etwas Staat machen *ugs.:* Aufwand treiben, sich mit etwas sehen lassen; **5** *nur Ez. ugs.:* prächtige Kleidung; **Staats|rä|son** [-zõ] *w. Gen. - nur Ez.* Staatsklugheit
Sta|bat ma|ter [lat., eigtl.: Stabat mater dolorosa „(Es) stand die Mutter schmerzerfüllt"; Anfangsworte eines Marienhymnus aus dem 13. Jh.] *s. Gen. - - nur Ez.* Marienlied
Sta|bel|le [lat.] *w. 11 schweiz.:* Schemel
sta|bil [lat.] fest, standfest, dauerhaft, widerstandsfähig; **Sta|bi|li|sa|tor** *m. 13* Gerät zum Unterdrücken von Veränderungen eines Gleichgewichts; **sta|bi|li|sie|ren** stabil machen, festigen; **Sta|bi|li|tät** *w. 10 nur Ez.* Festigkeit, Dauerhaftigkeit; Standfestigkeit, sicheres Gleichgewicht
stac|ca|to [ital.] *Mus.:* jeder Ton einzeln gestoßen; **Stac|ca|to** *s. Gen. -(s) Mz. -ti, Mus.:* Spiel mit kurz gestoßenen Tönen
sta|di|al [lat.] abschnitts-, stufenweise; **Sta|di|en** *Mz. von* Stadion, Stadium; **Sta|di|on** *s. Gen. -s Mz. -di|en* **1** altgriech. Wegemaß; **2** Wettkampfplatz, Kampfbahn; **Sta|di|um** *s. Gen. -s Mz. -di|en* Entwicklungsstufe, Abschnitt, Zustand
Staf|fet|te [ital.] *w. 11* **1** *früher:* berittener Eilbote; **2** Gruppe von Läufern beim Staffellauf
Staf|fa|ge [-ʒə, frz.] *w. 11* schmückendes Beiwerk, Nebensächliches; **Staf|fa|ge|fi|gur** *w. 10 Malerei, Phot.:* Mensch oder Tier zur Belebung des Vordergrundes; **staf|fie|ren** ausstatten; vgl. ausstaffieren; *österr.:* verzieren, schmücken (z. B. Hut)
Stag|fla|ti|on [-tsjon, Bildung aus stagnieren und Inflation] *w. 10* Wirtschaftslage, in der bei steigenden Preisen Beschäftigung und Produktion zurückgehen
Sta|gio|ne [-dʒo-, ital.] *w. Gen. - Mz. -ni ital. Theater:* Spielzeit
Sta|gna|ti|on [-tsjon, lat.] *w. 10* Stillstand, Stockung; **sta|gnie|ren** stocken, stillstehen, nicht vorangehen
Sta|ket [ital.] *s. 1* Lattenzaun; **Sta|ke|te** *w. 11 österr.:* Holzlatte
stak|ka|to → staccato
Sta|lag|mit [griech.] *m. 10 oder m. 1* von unten nach oben sich aufbauendes Tropfsteingebilde; **Sta|lak|tit** *m. 10 oder m. 1* von oben nach unten wachsendes Tropfsteingebilde
Sta|li|nis|mus *m. Gen. - nur Ez.* der von Stalin weiterentwickelte Marxismus; **Sta|lin|or|gel** *w. 11 im 2. Weltkrieg:* von den sowjet. Truppen benützte Vorrichtung zum gleichzeitigen Abschießen mehrerer Raketengeschosse
Stam|pi|glie [-ljə, ital.] *w. 11 österr.:* **1** Gerät zum Stempeln; **2** Stempelaufdruck
Stan|dard [engl.] *m. 9* Richt-, Eichmaß, Norm; Durchschnittsbeschaffenheit; Normalausführung (einer Ware); **stan|dar|di|sie|ren** einem Standard angleichen, auf einen Standard bringen, normen; **Stan|dard|werk** *s. 1* grundlegendes Werk (der Fachliteratur)
Stangs *m. Gen. - Mz. -* thailänd. Währungseinheit, $^1/_{100}$ Baht
Sta|nit|zel [Herkunft unsicher] *s. 5 österr.:* spitze Tüte
Sta|ni|za [russ.] *w. Gen. - Mz. -zen* Kosakendorf
Stan|nin [lat.] *s. 1 nur Ez.* Zinnkies; **Stan|ni|ol** *s. 1* Zinnfolie, *ugs. auch:* Aluminiumfolie; **Stan|ni|ol|pa|pier** *s. 1* → Stanniol; **Stan|num** *s. Gen. -s nur Ez.* (*chem. Zeichen:* Sn) Zinn
stan|te pe|de [lat.] stehenden Fußes, sofort; ich bin s. p. umgekehrt
Stan|ze *w. 11* **1** [ital.] Strophe mit acht jambischen Zeilen; **2** [dän.?] Prägestempel, Maschine zum Ausschneiden; **stan|zen** mit der Stanze (**2**) ausschneiden oder prägen
Sta|pe|lie [-ljə, nach dem ndrl. Arzt J. B. van Stapel] *w. 11* eine kakteenähnliche südafrik. Pflanze, Ordensstern
Sta|phy|lo|kok|ken [griech.] *Mz., Ez.:* -kokkus, traubenförmig zusammenhängende Kugelbakterien
Star [engl.] *m. 9* **1** berühmte(r) Sänger(in), Schauspieler(in) oder Sportler(in); **2** Segelboottyp sowie olymp. Segelklasse; **Star...** *in Zus. ugs.:* der, die fähigste, wichtigste, bedeutendste ..., z. B. Starreporter, Staranwalt; **Star|figh|ter** [starfaitər] *m. 5* ein Flugzeugtyp; **Star|let** *s. 9* Nachwuchsfilmschauspielerin, Filmsternchen
Sta|rost [russ.] *m. 10* **1** *früher in Polen:* Inhaber eines vom König verliehenen Lehens; **2** *auch:* Gerichtsstatthalter; **3** *im zarist. Rußland:* Gemeindevorsteher; **Sta|ro|stei** *w. 10 früher in Polen:* vom König verliehenes Lehen
Stars and Stripes [starz ənd straips, engl. „Sterne und Streifen"] die Nationalflagge der USA
Start [engl.] *m. 9 oder m. 1* **1** Beginn, Anfang, Ablauf, Abfahrt, Abflug; **2** Ablauf-, Abfahrts-, Abflugstelle; **star|ten** **1** zu laufen, fahren, springen beginnen; **2** in Bewegung setzen, beginnen lassen; ein Rennen, ein Flugzeug starten; **Star|ter** *m. 5* **1** *Sport:* jmd.,

der das Zeichen zum Start gibt; **2** *an Kraftfahrzeugen, veraltet:* Anlasser; **Start|ma|schi|ne** *w.11 bei Pferderennen:* Vorrichtung aus mehreren über die Bahn gespannten Gurten, die zum Start hochgezogen werden
Sta|se [griech.] *w.11,* **Sta|sis** *w. Gen. - Mz.* -sen, *Med.:* Stauung, Stockung, bes. des Blutes
sta|ta|risch [lat.] langsam fortschreitend, oft verweilend; statarische Lektüre: durch häufige Erläuterungen unterbrochene Lektüre
State De|part|ment [steit dipartmənt, engl.] *s. Gen. - -s nur Ez.* das Außenministerium der USA
State|ment [steit-, engl.] *s.9* Feststellung, Verlautbarung
Sta|tik [lat.] *w.10 nur Ez.* Lehre von den in ruhenden Körpern wirkenden Kräften; *Ggs.:* Dynamik; **Sta|ti|ker** *m.5* Fachmann auf dem Gebiet der Statik
Sta|ti|on [-tsjon, lat.] *w.10* **1** Bahnhof, Haltestelle, Haltepunkt; **2** Aufenthalt; S. machen; **3** Funksendestelle; **4** wissenschaftl. Beobachtungsstelle; meteorologische S.; **5** Abteilung (eines Krankenhauses); **sta|tio|när** [-tsjo-] **1** in Ruhe befindlich, **2** ortsfest; *Ggs.:* ambulant; stationäre Behandlung: B. im Krankenhaus; **sta|tio|nie|ren** [-tsjo-] an einen Standort stellen, an einem Platz aufstellen; Truppen s.: ihnen einen Standort zuweisen; **sta|ti|ös** [-tsjøs] *veraltet:* stattlich
sta|tisch **1** die Statik betreffend, auf Statik beruhend; statisches Organ: Gleichgewichtsorgan; statischer Sinn: Schweresinn; **2** ruhend, stillstehend, wenig bewegt; *Ggs.:* dynamisch
Sta|tist [lat.] *m.10 Theater, Film:* Darsteller einer stummen Rolle; **Sta|ti|ste|rie** *w.11 nur Ez. Theater, Film:* Gesamtheit der Statisten; **Sta|ti|stik** *w.10* **1** zahlenmäßige Erfassung, Gruppierung und systematische Darstellung von Tatbeständen, die sich aus Massenerscheinungen ergeben; **2** Darstellung statist. Daten in Tabellenform; **Sta|ti|sti|ker** *m.5* Fachmann auf dem Gebiet der Statistik; **sta|ti|stisch** auf Grund, mittels einer Statistik; **Sta|tiv** *s.1* Ständer für physikal., photograph. u. a. Geräte; **Sta|to|blast** *m.10 bei Moostierchen:* Überwinterungsknospe; **Sta|to|lith** *m.10, meist Mz.* **1** körniger Einschluß in gewissen Pflanzenzellen; **2** Gehörsteinchen im Gleichgewichtsorgan des Ohrs; **Sta|tor** *m.13* feststehender Teil einer elektr. Maschine, Ständer; **sta|tua|risch** wie eine Statue, statuenhaft; **Sta|tue** *w.11* bildhauerisch gestaltete Figur, Standbild; **Sta|tu|et|te** *w.11* kleine Statue; **sta|tu|ie|ren** feststellen, festsetzen; ein Exempel s.: ein (warnendes, abschreckendes) Beispiel geben; **Sta|tur** *w.10* Wuchs, Gestalt; **Sta|tus** *m. Gen. - Mz. -* Lage, Zustand; gesellschaftl. Stellung; Status nascendi: Zustand des Entstehens; Status quo: gegenwärtiger Zustand; Status quo ante: vorheriger Zustand; **Sta|tut** *s.12* Satzung, Gesetz, Vorschrift; **sta|tu|ta|risch** den Statuten entsprechend, satzungsgemäß
Ste. *Abk. für* Sainte
Steak [stek, engl.] *s.9* kurzgebratene Fleischscheibe
Stea|mer [sti-, engl.] *m.9 engl. Bez. für* Dampfer
Stea|rin [griech.] *s.1* aus Fettspaltung gewonnene, wachsartige Masse
Stea|tit *m.1* → Talk; **Stea|tom** *s.1* Talggeschwulst; **Stea|to|se** *w.11* Verfettung
Steeple|chase [stipəltʃeis, engl.] *w.11* Hindernisrennen zu Pferde, Jagdrennen; **Steep|ler** [stip-] *m.5* für die Steeplechase geeignetes Pferd
Ste|go|don [griech.] *m. Gen. -s Mz. -do|n|ten* ausgestorbenes Rüsseltier, Vorläufer des Elefanten; **Ste|go|sau|ri|er** *m.5* ein Dinosaurier
Ste|le [griech.] *w.11* **1** Pfeiler, Säule als Grab- oder Gedenkstein, oft mit Bildnis des Toten; **2** Leitbündelstrang des Pflanzensprosses
stel|lar [lat.] zu den Fixsternen gehörend, sie betreffend; **Stel|lar|astro|no|mie** *w.11 nur Ez.* Erforschung der Fixsterne, Sternhaufen und Sternsysteme
Stel|le|ra|tor [engl.] *m.13* Versuchsanordnung zum Erzielen einer kontrollierten Kernfusion
Stem|ma [griech.] *s. Gen. -s Mz. -malta* **1** Stammbaum; **2** Reihe der Fassungen (eines Literaturdenkmals) im Laufe der Überlieferung, Überlieferungsreihe
Ste|no [griech.] *w. Gen. - nur Ez. ugs. Kurzw. für* Stenographie; **Ste|no|dak|ty|lo** *w.9 schweiz. Kurzw. für* Stenodaktylographin → Stenotypistin; **Ste|no|graf** *m.10,* **Ste|no|gra|fie** *w.11 nur Ez.,* **ste|no|gra|fie|ren** *eindeutschende Schreibung von* Stenograph, Stenographie, stenographieren; **Ste|no|gramm** *s.1* Niederschrift in Stenographie; ein S. aufnehmen; **Ste|no|graph** *m.10* jmd., der beruflich stenographiert; **Ste|no|gra|phie** *w.11 nur Ez.* Schrift mit besonderen Zeichen zum schnellen Schreiben, Kurzschrift; **ste|no|gra|phie|ren** in Kurzschrift schreiben
sten|ök [griech.] an bestimmte Standorte gebunden (Pflanze, Tier); **Ste|no|kar|die** *w.11* Herzbeklemmung; **Ste|no|kon|to|ri|stin** *w.10* Kontoristin mit Kenntnissen in Stenographie und Maschinenschreiben; **ste|no|phag** auf bestimmte Nahrung angewiesen (Tier, Pflanze); **Ste|no|se** *w.11,* **Ste|no|sis** *w. Gen. - Mz.* -sen Verengung (von Hohlräumen oder Hohlorganen); **ste|no|therm** auf gleichbleibende Temperatur angewiesen (Tier, Pflanze); **ste|no|top** in nur einem oder in wenigen Lebensräumen verbreitet (Tier, Pflanze); **ste|no|ty|pie|ren** in Stenographie nieder-

schreiben und dann in Maschinenschrift übertragen; **Ste|no|ty|pi|stin** *w.10* Angestellte für Stenographieren und Maschinenschreiben

Sten|tor|stim|me [nach dem griech. Sagenhelden Stentor] *w.11* laute, dröhnende Stimme

Step [engl.] *m.9* → Steptanz; **Step|ei|sen** *s.7* an den Schuhsohlen angebrachtes Eisenplättchen für den Steptanz

Ste|pha|nit [nach dem Erzherzog Stephan von Österreich] *m.1 nur Ez.* ein Mineral

Step|pe [russ.] *w.11* baumlose Grasebene

step|pen Step tanzen

Step|tanz *m.2* Tanz in Schuhen mit Stepeisen, wobei mit Sohlen und Fersen der Rhythmus geschlagen wird

Ster [griech.] *m.1 oder m.9* altes Raummaß für Holz, Raummeter

Ste|ra|di|ant [griech. + lat.] *m.10* (*Abk.:* sr) Einheit des Raumwinkels

Ste|reo [griech.] *s.9 Kurzw. für* Stereotypie; **ste|reo..., Ste|reo...** *in Zus.* **1** starr, fest; **2** räumlich, Raum...; **Ste|reo|akus|tik** *w.10 nur Ez.* räuml. Hören, räuml. Hörbarkeit; **Ste|reo|an|la|ge** *w.11* Anlage zum stereophon. Empfang und Hören (von Schallplatten, Tonbändern, Rundfunksendungen); **Ste|reo|che|mie** *w.11 nur Ez.* Zweiggebiet der Chemie, das die räuml. Anordnung der Atome im Molekül erforscht; **Ste|reo|film** *m.1 Kurzw. für* stereoskopischer Film; **ste|reo|fon, Ste|reo|fo|nie** *w.11 nur Ez. eindeutschende Schreibung von* stereophon, Stereophonie; **ste|reo|gra|phisch** räumlich (gezeichnet); **Ste|reo|ka|me|ra** *w.9* Kamera mit zwei Objektiven in Augenabstand zum Erzielen räuml. Bilder; **Ste|reo|me|trie** *w.11 nur Ez.* Lehre von der Berechnung der Oberflächen und Rauminhalte von Körpern; **ste|reo|phon** mehrkanalig, räumlich (hörbar); *Ggs.:* monophon; **Ste|reo|pho|nie** *w.11 nur Ez.* räuml. Tonwiedergabe, Raumtontechnik; **Ste|reo|pho|to|gra|phie** *w.11* **1** (Verfahren zur) Herstellung von Photographien, die, im Stereoskop betrachtet, räumlich wirken; **2** die Photographie selbst; **Ste|reo|skop** *s.1* Gerät zum Betrachten von Stereophotographien; **Ste|reo|sko|pie** *w.11* Raumbildtechnik; **ste|reo|sko|pisch** räumlich (sichtbar, wirkend); stereoskopischer Film: dreidimensionaler Film, Film mit räuml. Wirkung, Raumfilm; **Ste|reo|ton** *m.2 nur Ez.* räumlich wirkender Ton, Raumton; **ste|reo|typ** **1** feststehend, unveränderlich; **2** *übertr.:* immer wieder gleich, sich ständig wiederholend; stereotype Antwort, stereotypes Lächeln; **Ste|reo|typ|druck** *m.1* Druck von Druckplatten, unveränderter Nachdruck; **Ste|reo|ty|peur** [-pør] *m.1* Facharbeiter für die Herstellung von Stereotypien; **Ste|reo|ty|pie** *w.11* **1** *nur Ez.* Herstellung von Druckplatten aus Bleilegierung; **2** die Druckplatte selbst; **3** krankhafte ständige Wiederholung der gleichen Bewegung oder Äußerung; **ste|reo|ty|pie|ren** etwas s.: Stereotypien (**2**) von etwas herstellen

ste|ril [lat.] **1** keimfrei; **2** unfruchtbar, zeugungsunfähig (bei erhaltener Potenz); **3** *übertr.:* übertrieben geistig, allzu intellektuell, nicht mehr natürlich; **Ste|ri|li|sa|ti|on** [-tsjon] *w.10* das Keimfrei-, Unfruchtbarmachen; **Ste|ri|li|sa|tor** *m.13,* **Ste|ri|li|sier|ap|pa|rat** *m.1* Apparat zum Sterilisieren ärztl. Instrumente; **ste|ri|li|sie|ren** **1** keimfrei machen; **2** unfruchtbar, zeugungsunfähig machen; **Ste|ri|li|tät** *w.10 nur Ez.* sterile Beschaffenheit

Ste|rin [griech.] *s.1 meist Mz.* Gruppe biologisch wichtiger aromatischer Kohlenwasserstoffe

Ster|let [russ.] *m.1* kleiner Stör

Ster|ling [engl.: stə-] *m.1* altengl. Münzeinheit; Pfund Sterling (*Zeichen:* £): brit. Währungseinheit

ster|nal zum Sternum gehörend, von ihm ausgehend; **Ster|num** [griech.-lat.] *s. Gen.* -s *Mz.* -na Brustbein

Ste|roi|de *s.1 Mz.* Gruppe komplexer organ. Verbindungen, z. B. die Gallensäuren, Vitamine der D-Gruppe, Keimdrüsenhormone

Ste|tho|skop [griech.] *s.1* schalleitender Gummischlauch (früher: kurzes Rohr) zur Auskultation

Ste|ward [-stjuərd, engl.] *m.9 auf Schiffen und in Flugzeugen:* Betreuer der Reisenden; **Ste|war|deß** [stjuərdɛs] *w. Gen.* - *Mz.* -des|sen weibl. Steward

Sthe|nie [griech.] *w.11 nur Ez. Med.:* Kraft, Kraftfülle; **sthe|nisch** *Med.:* kraftvoll

Sti|bi|um [ägypt.-lat.] *s. Gen.* -s *nur Ez.* (*chem. Zeichen:* Sb) Antimon

Sti|cho|man|tie [griech.] *w.11* Wahrsagung aus einer willkürlich mit der Nadel aufgeschlagenen Buchstelle; **Sti|cho|my|thie** *w.11 im altgriech. Drama:* Wechsel von Rede und Gegenrede mit jeder Verszeile

Stig|ma [griech.] *s. Gen.* -s *Mz.* -men *oder* -ma|ta **1** Kennzeichen, Mal, Brandmal; **2** Wundmal (Christi); **3** Narbe (des Fruchtknotens); **4** Augenfleck (der Geißeltierchen); **5** Atemöffnung (der Insekten); **Stig|ma|ti|sa|ti|on** [-tsjon] *w.10* Hautblutung, bes. das Erscheinen der Wundmale Christi am Körper mancher Menschen; **stig|ma|ti|siert** mit Wundmalen, *bes.:* den Wundmalen Christi, behaftet

Stil [lat.] *m.1* **1** Schreibart, Ausdrucks-, Mal-, Kompositionsweise usw. (eines Künstlers), Gepräge (eines Kunstwerks, Bauwerks, einer Zeit), z. B. Erzähl-, Mal-, Baustil, Renaissancestil; **2** Technik, Verfahren, z. B. Schwimmstil; **3** Art, Form, z. B. Lebensstil

Stilb [griech.] *s. Gen.* - *Mz.* - (*Abk.:* sb), *früher:* Maßeinheit der Leuchtdichte, *heute:* → Candela

Stil|blü|te *w. 11* erheiternder sprachlicher Mißgriff
Stil|ett [lat.] *s. 1* kleiner Dolch mit dreikantiger Klinge
sti|li|sie|ren [lat.] künstlerisch vereinfachen (z. B. Naturformen); **Sti|list** *m. 10* jmd., der die sprachl. Formen und Möglichkeiten (gut oder schlecht) beherrscht; ein guter, schlechter S. sein; **Sti|li|stik** *w. 10 nur Ez.* Lehre vom sprachl. Stil, Stilkunde; **Sti|lus** *m. Gen. - Mz.* -li antiker Griffel zum Schreiben auf Wachstafeln
Sti|mu|lans [lat.] *s. Gen. - Mz.* -lan|tia [-tsja] *oder* -lan|zi|en Anregungsmittel; **Sti|mu|la|ti|on** [-tsjon] *w. 10* Anregung; **Sti|mu|la|tor** *m. 13* Vorrichtung, die einen Reiz auslöst; **sti|mu|lie|ren** anregen; **Sti|mu|lus** *m. Gen. - Mz.* -li Antrieb, Reiz
Sti|pen|di|at [lat.] *m. 10* jmd., der ein Stipendium bezieht; **Sti|pen|dist** *m. 10, österr. für* Stipendiat; **Sti|pen|di|um** *s. Gen.* -s *Mz.* -di|en finanzielle Unterstützung für Schüler, Studenten und junge Wissenschaftler
Sti|pu|la|ti|on [-tsjon, lat.] *w. 10 röm. Recht:* mündlicher Vertrag; **sti|pu|lie|ren** vereinbaren
Stoa [griech. „Säulenhalle"] *w. Gen. - nur Ez.* griech. Philosophenschule um 300 v. Chr., die nach Selbstüberwindung und Einklang mit der Natur und der Weltseele strebte
Sto|cha|stik [-xa-, griech.] *w. Gen. - nur Ez.* Lehre von den Zufallsgrößen und zufälligen Ereignissen und der Möglichkeit ihrer statist. Auswertung; **sto|cha|stisch** zufällig
Stö|chio|me|trie [støçio-, griech.] *w. 11 nur Ez.* Ermittlung von Formeln, Gewichtsverhältnissen bei chem. Reaktionen u. a.
Stock [engl.] *m. 9* Warenvorrat; Grundkapital (einer Handelsgesellschaft); **Stock|job|ber** [stɔkdʒɔbər, engl.] *m. 5* Börsenspekulant, Aktienhändler
Stoi|ker *m. 5* **1** Vertreter der Stoa; **2** *übertr.:* unerschütterlich ruhiger, gleichmütiger Mensch; **sto|isch** **1** zur Stoa gehörend, von ihr stammend; **2** *übertr.:* unerschütterlich, z. B. stoische Ruhe, stoische Gelassenheit; **Stoi|zis|mus** *m. Gen. - nur Ez.* unerschütterl. Ruhe, Gelassenheit
Stokes [stouks, nach dem engl. Physiker S.] *s. Gen. - Mz. -* (*Abk.:* St) Maßeinheit für die Zähigkeit eines Stoffes
Sto|la [griech.] *w. Gen. - Mz.* -len **1** altröm. weißes, mit Borten verziertes Frauengewand; **2** schmaler, über die Schultern hängender Teil des priesterl. Meßgewandes; **3** langer, breiter Schal
Sto|ma [griech.] *s. Gen.* -s *Mz.* -malta Mund, Spalt, Öffnung; **Sto|ma|chi|kum** [-xi-] *s. Gen.* -s *Mz.* -ka magenstärkendes Mittel; **Sto|ma|ti|tis** *w. Gen. - Mz.* -ti|ti|den Mundschleimhautentzündung; **sto|ma|to|gen** vom Mund und seinen Organen stammend; **Sto|ma|to|lo|gie** *w. 11 nur Ez.* Lehre von der Mundhöhle und ihren Krankheiten
stop [engl.] *in Telegrammen Bez. für* Punkt; **stop!** halt!; **stopp!** halt!; **Stopp** *m. 9* **1** Halt, Stockung; **2** das Anhalten von Kraftwagen, um sich mitnehmen zu lassen; **stop|pen** **1** mit der Stoppuhr messen; **2** halten, anhalten, stehenbleiben; **Stop|per** *m. 5* **1** jmd., der mit der Stoppuhr die Zeit mißt; **2** *Fußball:* Mittelläufer; **3** jmd., der Autos anhält, um mitgenommen zu werden
Store [stor, engl.] *m. 6* **1** *meist Mz.* weißer, durchsichtiger Fenstervorhang; **2** Vorrat, Lager
Stor|nel|lo [ital.] *s. 9, Mz. auch:* -li dreizeiliges ital. Liedchen
stor|nie|ren [ital.] **1** ungültig machen, durch Gegenbuchung ausgleichen; einen Betrag s.; **2** *österr.:* rückgängig machen; einen Auftrag s.; **Stor|no** *s. Gen.* -s *Mz.* -ni **1** Rückbuchung, Löschung; **2** *österr.:* das Rückgängigmachen
Stor|ting [stur-, norw.] *s. 9 oder s. 1* Volksvertretung in Norwegen
Sto|ry [stori, engl.] *w. 9, Mz. engl.:* -ries **1** Kurzgeschichte; **2** *Lit., Film, Theater:* Handlungsaufbau, Fabel
Sto|tin|ka *w. Gen. - Mz.* -ki bulgar. Währungseinheit, 1/100 Lew
Stout [staut, engl.] *m. 9* dunkles, bitteres engl. Bier
Stöv|chen [støf-, ndrl.] *s. 7* **1** *nddt.:* Kohlenbecken; **2** Untersatz mit Kerze zum Warmhalten von Tee oder Kaffee; **Sto|ve** *w. 11 nddt.:* Trockenraum; **sto|ven, sto|wen** *nddt.:* dünsten, schmoren; gestovtes, gestowtes Obst
Stra|bis|mus [griech.] *m. Gen. - nur Ez.* das Schielen; **Stra|bo|me|ter** *s. 5* Gerät zum Messen des Schielwinkels
Straddle [strædl, engl.] *m. 9, beim Hochsprung:* Sprung seitlich über die Latte mit dem Kopf zuerst und gespreizten Beinen, Wälzsprung, Tauchwälzer
Stra|di|va|ri [-va-] *w. 9* von dem ital. Geigenbauer A. Stradivari (1644–1737) gebaute Geige
Stra|gu|la [lat.] *m. 9 nur Ez.* Ⓦ ein linoleumähnlicher Fußbodenbelag
Stra|min [ndrl.] *m. 1* Gitterleinen (für Stickereien)
Strange|ness [streindʒ-, engl.] *w. Gen. - nur Ez.* bei bestimmten Elementarteilchen beobachtete Eigenschaft beim Entstehen und Zerfall
Stran|gu|la|ti|on [-tsjon, griech.-lat.] *w. 10* **1** Erdrosselung; **2** *Med.:* Abschnürung, Abklemmung; **stran|gu|lie|ren** **1** erdrosseln; **2** abschnüren
Strang|urie [griech.] *w. 11* häufiges, aber nur geringes und schmerzhaftes Wasserlassen, Harnzwang
Stra|pa|ze [ital.] *w. 11* große Anstrengung;

stra|pa|zie|ren stark in Anspruch nehmen, häufig benutzen; ein Kleidungsstück, jmds. Nerven s.; **stra|pa|zi|ös** anstrengend
Straps [engl.] *m. 11* Strumpfhalter
Stra|te|ge [griech.] *m. 11* jmd., der sich auf Strategie versteht; **Stra|te|gem** *s. 1* Kriegslist; **Stra|te|gie** *w. 11 nur Ez.* Kunst der Kriegführung, Feldherrnkunst; **stra|te|gisch** die Strategie betreffend, auf ihr beruhend
Stra|ti|fi|ka|ti|on [-tsjon, lat.] *w. 10* Schichtung (von Gesteinen), Ablagerung in Schichten; Schichtung von Saatgut in feuchtem Sand zum Vorkeimen; **stra|ti|fi|zie|ren** in Schichten ablagern, lagern; **Stra|ti|gra|phie** *w. 11 nur Ez.* Lehre von der Gesteinsschichtung; **Stra|to|ku|mu|lus** *m. Gen. - Mz.* -li niedrige, gegliederte Schichtwolke; **Stra|to|skop** *s. 1* von einem unbemannten Ballon in große Höhe getragenes, ferngesteuertes Spiegelteleskop für Aufnahmen von der Sonne; **Stra|to|sphä|re** *w. 11* mittlere Schicht der Erdatmosphäre zwischen etwa 10 und 80 km; **Stra|tus** *m. Gen. - Mz.* -ti, **Stra|tus|wol|ke** *w. 11* niedrige Schichtwolke
Straz|za [ital.] *w. Gen. - Mz.* -zen Abfall bei der Rohseidenverarbeitung
Streik [engl.] *m. 9* vorübergehende Arbeitsniederlegung (von Arbeitnehmern); **strei|ken** **1** einen Streik durchführen, aus Protest nicht arbeiten; **2** nicht mitmachen, die Teilnahme verweigern; nicht mehr funktionieren
Strep|to|kok|ken [griech.] *Mz., Ez.:* -kok|kus kugelförmige, schnurartig zusammenhängende Bakterien, Eitererreger; **Strep|to|my|cin** *s. 1 nur Ez.* ein Antibiotikum, bes. gegen Tuberkulose
Streß [engl.] *m. 1* **1** anhaltende körperl. (und seel.) Belastung durch nicht ausgetragenen Konflikt, Überbeanspruchung oder schädl. Reize; **2** *Geol.:* einseitig gerichteter Druck (bei der Gesteinsumwandlung); **stres|sen** sehr anstrengen, erschöpfen; **Stres|sor** *m. 13* etwas, das einen Streß ausübt
Stretch [strɛtʃ, engl.] *m. Gen.* -es *Mz.* -es ein elast. Gewebe, bes. für Strümpfe
Stret|ta [ital.] *w. 9* bravouröser Schluß einer Arie oder eines Musikstücks in beschleunigtem Tempo
Stri|dor [lat.] *m. Gen.* -s *nur Ez. Med.:* pfeifendes Atemgeräusch; **Stri|du|la|ti|on** [-tsjon] *w. 10 bei Insekten:* Hervorbringen zirpender Laute; **stri|du|lie|ren** zirpen
strikt [lat.], *auch:* strik|te **1** streng (Befehl, Anweisung); **2** peinlich genau
Strik|ti|on [-tsjon, lat.] *w. 10* Zusammenziehung; **Strik|tur** *w. 10* krankhafte Verengung (z. B. der Harnröhre)
string. *Abk. für* stringendo; **strin|gen|do** [strindʒɛn-, ital.] *Mus.:* drängend; **strin|gent** zwingend, bündig; **Strin|genz** *w. 10 nur Ez.* zwingende Beweiskraft; **strin|gie|ren** *Med.:* zusammenziehen, abschnüren
Strip [engl.] *m. 9* gebrauchsfertig in Streifen geschnittenes Wundpflaster; **strip|pen** Striptease vorführen; **Strip|pe|rin** *w. 10* Stripteasetänzerin; **Strip|ping** [engl.] *s. Gen.* -s *nur Ez.* spezielle Kernumwandlung
Strip|tease [stripti:z, engl.] *s. Gen. - nur Ez. im Varieté:* Entkleidungsvorführung
stri|scian|do [striʃan-, ital.] *Mus.:* schleifend, gleitend
Striz|zi [ital.?] *m. 9 österr.* **1** leichtsinniger Mensch; **2** Zuhälter
Stro|bo|skop [griech.] *s. 1* opt. Gerät zum Auflösen oder Zusammensetzen von Bewegungsabläufen; **stro|bo|sko|pisch** mit dem Stroboskop, auf ihm beruhend; stroboskopischer Effekt: Verschmelzung einzelner, sich rasch bewegender Bilder auf der Netzhaut des Auges zu einer fortlaufenden Bewegung
Stro|ma [griech.] *s. Gen.* -s *Mz.* -ma|ta **1** *Bot.:* farblose Grundsubstanz (in Farbstoffträgern); **2** *Zool.:* Gerüst aus Bindegewebe (in drüsigen Organen)
Stron|tia|nit [-tsja-, nach dem Fundort Strontian in Schottland] *m. 1 nur Ez.* ein Mineral; **Stron|ti|um** [-tsjum] *s. Gen.* -s *nur Ez.* (*Zeichen:* Sr) chem. Element, ein Metall
Stroph|an|thin [griech.] *s. 1 nur Ez.* ein Heilmittel gegen Herzkrankheiten; **Stroph|an|thus** *m. Gen. - nur Ez.* eine Gattung der Hundsgiftgewächse
Stro|phe [griech.] *w. 11* mehrzeiliger Abschnitt eines Gedichts oder Liedes
Stropp [ndrl.] *m. 9* **1** *Seew.:* Schlinge oder Ring aus Tau, Kette oder Draht; **2** *nddt. scherzh.:* Schlingel
Struck [engl.: strʌk] *m. 9 oder s. 9* ein kordsamtähnl. Gewebe
Struk|tur [lat.] *w. 10* Bau, Aufbau, Gefüge, Gliederung; **Struk|tu|ra|lis|mus** *m. Gen. nur Ez.* Lehre vom Aufbau der Sprache aus ihren kleinsten Elementen, den Phonemen und Morphemen, ohne Rücksicht auf ihre Bedeutung; **Struk|tur|ana|ly|se** *w. 11* Untersuchung des Aufbaus von Körpern; **struk|tu|rell** der Struktur nach; **Struk|tur|for|mel** *w. 11* Schreibweise für chem. Verbindungen (mit Elementsymbolen und Wertigkeitsstrichen); **struk|tu|rie|ren** etwas s.: die Struktur von etwas bestimmen; mit einer Struktur versehen; auf bestimmte Weise strukturiert sein: eine bestimmte Struktur haben
Stru|ma [lat.] *w. Gen. - Mz.* -men *oder* -mae [-mɛ:] Kropf; **stru|mös** kropfartig
Strych|nin [griech.] *s. 1 nur Ez.* ein Alkaloid der Brechnuß, Heilmittel zur Anregung von Kreislauf, Atmung u. a.
Stu|art|kra|gen [stjuət-, nach dem schott. Adelsgeschlecht] *m. 7 16./17. Jh.:* hoher Spitzenkragen an Frauenkleidern
Stuck [ital.] *m. 1 nur Ez.* **1** Masse aus Gips, Kalk, Sand und Leimwasser zum Verzieren von Zimmerdecken und -wänden; **2** die Ver-

zierung(en) selbst; **stuckieren** (stuk|kie-) mit Stuck verzieren

stud. *Abk. für* studiosus = Student, z. B. stud. med.: studiosus medicinae, Student der Medizin; **Stu|dent** [lat.] *m.10* Schüler an einer Hochschule; **Stu|die** *w.11* **1** schriftl. wissenschaftl. Arbeit, Untersuchung; **2** Vorarbeit zu einem wissenschaftl. Werk; **3** Entwurf, Skizze zu einem Kunstwerk, bes. der Malerei; **Stu|di|en|as|ses|sor** *m.13* noch nicht fest angestellter Lehrer an einer höheren Schule; **Stu|di|en|di|rek|tor** *m.13* **1** Leiter einer Fachschule; **2** stellvertretender Leiter einer höheren Schule; **Stu|di|en|pro|fes|sor** *m.13 früher und seit 1951 wieder in Bayern:* Titel für Studienrat nach einer bestimmten Anzahl von Dienstjahren; **Stu|di|en|rat** *m.2* festangestellter Lehrer an einer höheren Schule; **Stu|di|en|re|fe|ren|dar** *m.1* Lehrer an einer höheren Schule vor der zweiten Staatsprüfung; **stu|die|ren** **1** eine Hochschule besuchen; **2** ein Fach s.: an einer Hochschule erlernen; **3** etwas s.: etwas gründlich untersuchen, erforschen, sich mit etwas gründlich befassen; ein studierter Mann *nicht korrekt für:* jmd., der etwas studiert hat; **Stu|di|ker** *m.5 ugs.:* Student; **Stu|dio** **1** *s.9* Arbeitsraum (bes. von Künstlern); *Funk, Fernsehen:* Sende-, Aufnahmeraum; **2** *m.9 ugs. scherzh.:* Student; Bruder Studio; **Stu|dio|sus** *m. Gen. - Mz.* -si *oder* -sen Student; **Stu|di|um** *s. Gen.* -s *Mz.* -di|en **1** Ausbildung an einer Hochschule; **2** wissenschaftl., gründl. Untersuchung; **Stu|di|um ge|ne|ra|le** *s. Gen.* -s - *nur Ez.* **1** *MA:* Frühform der Universität; **2** *an Hochschulen der BRD:* allgemeinbildende Vorlesungen

Stuk|ka|teur [-tør] *m.1* Stuckarbeiter; **Stukka|tur** *w.10* Stuckarbeit

Stunt|man [stʌntmən, engl.] *m. Gen.* -s *Mz.* -men [-mən] als Double für einen Filmschauspieler bei gefährl. Szenen (z. B. Akrobatik) eintretender Darsteller

Stu|pa [sanskr.] *m.9* buddhist. Sakralbau für eine Reliquie

stu|pend [lat.] erstaunlich; stupendes Wissen, Können

stu|pid [lat.], **stu|pi|de** **1** dumm, beschränkt (Person); **2** langweilig, ermüdend eintönig (Tätigkeit); **Stu|pi|di|tät** *w.10 nur Ez.* **1** Dummheit; **2** Langweiligkeit

Stu|por [lat.] *m. Gen.* -s *nur Ez.* Zustand körperl. Unbeweglichkeit und völliger Reaktionsunfähigkeit bei erhaltenem Bewußtsein

stu|prie|ren [lat.] vergewaltigen; **Stu|prum** *s. Gen.* -s *Mz.* -pra Vergewaltigung

Stuß [jidd.] *m.1 nur Ez. ugs.:* Unsinn, dummes Zeug; Stuß reden, machen

sty|gisch [nach dem Styx, dem Fluß der Unterwelt in der griech. Sage] schaurig

Sty|ling [stai-, engl.] *s. Gen.* -s *nur Ez. Autoindustrie:* Formgebung im Karosseriebau; **Sty|list** [stai-] *m.1* Gestalter von Industrieformen, bes. im Kraftfahrzeugbau

Sty|lit [griech.] *m.10* frühchristl. Säulenheiliger

Sty|lo|gra|phie [lat. + griech.] *w.11* Herstellung von Kupferdruckplatten; **Sty|lus** [lat.] *m. Gen. - Mz.* -li **1** Stift; **2** stiftförmiges Medikament, Zäpfchen

Sty|rol *s.1 nur Ez.* eine farblose, wie Benzin riechende Flüssigkeit (chem.: Phenyläthylen)

Sty|ro|por *s.1 nur Ez.* ® ein harter, spröder Schaumstoff

Sua|da [lat.], **Sua|de** *w. Gen. - Mz.* -den Rede-, Wortschwall

Sua|he|li **1** *m.9 oder Gen. - Mz. -* Angehöriger eines ostafrik. Volksstammes; **2** *s. Gen.* -(s) *nur Ez.* dessen Sprache

sub|al|pin zur unteren Vegetationsstufe der Alpen gehörig

sub|al|tern [lat.] untergeordnet, unselbständig (Angestellter, Arbeit)

Sub|do|mi|nan|te *w.11* **1** vierte Stufe der diaton. Tonleiter; **2** Dreiklang auf diesem Ton

sub|fos|sil in geschichtl. Zeit ausgestorben

sub|gla|zi|al unter dem Gletscher- und Inlandeis (liegend, stattfindend)

Sub|jekt [lat.] *s.1* **1** *Philos.:* das denkende Ich; *Ggs.:* Objekt (**1**); **2** *Gramm.:* Satzgegenstand; **3** *abwertend:* Person, z. B. erbärmliches, widerwärtiges S.; **Sub|jek|ti|on** [-tsjon] *w.10 Rhetorik:* Aufwerfen einer Frage, die man selbst beantwortet; **sub|jek|tiv** [auch: sub-] **1** zum Subjekt gehörig, von ihm ausgehend; **2** persönlich, nicht sachlich, parteiisch; *Ggs.:* objektiv (**2**); **Sub|jek|ti|vis|mus** *m. Gen. - nur Ez.* **1** Lehre, daß alle Erkenntnis nur für das Subjekt, nicht allgemein gültig sei; *Ggs.:* Objektivismus; **2** Ichbezogenheit; **Sub|jek|ti|vi|tät** *w.10 nur Ez.* persönl. Auffassung, Unsachlichkeit; *Ggs.:* Objektivität

Sub|kon|ti|nent *m.1* Teil eines Kontinents, der durch seine Größe und geograph. Lage eine gewisse Eigenständigkeit aufweist, z. B. der indische S.: Vorderindien

Sub|kul|tur *w.10* relativ eigenständige und in sich geschlossene Kultur einer kleineren Gruppe, die innerhalb einer Gesellschaft lebt, an deren Kultur aber nicht voll teilnimmt, z. B. die Kultur der Hippies

sub|ku|tan [lat.] **1** unter der Haut (befindlich); **2** unter die Haut; subkutane Einspritzung

sub|lim [lat.] verfeinert, erhaben, nur einem feinen Verständnis zugänglich; **Sub|li|mat** *s.1* **1** durch Sublimation gewonnener Stoff; **2** *Bez. für* das Chlorid des zweiwertigen Quecksilbers; **Sub|li|ma|ti|on** [-tsjon] *w.10* Übergang eines Stoffes aus dem festen in den gasförmigen Aggregatzustand (oder umgekehrt), wobei der flüssige Zustand übersprungen wird; **sub|li|mie|ren** **1** verfeinern, ins Erhabene steigern; **2** einer Sublimation unterwerfen; **Sub|li|mie|rung** *w.10* **1** Verfeinerung, Steigerung ins Erhabene; **2** *Chem.* → Sublimation

sub|lu|na|risch [lat.] irdisch, *eigtl.:* unter dem Mond

sub|ma|rin [lat.] unterseeisch

sub|mers [lat.] unter Wasser lebend; *Ggs.:* emers; **Sub|mer|si|on** *w.10 veraltet:* Überschwemmung

sub|mi|kro|sko|pisch mit dem Ultramikroskop nicht mehr erkennbar

sub|miß [lat.] *veraltet:* ehrerbietig, ergeben, unterwürfig; ich bitte submissest um die Erlaubnis; **Sub|mis|si|on** *w.10* **1** *veraltet:* Ehrerbietung, Ergebenheit; **2** Vergebung von Arbeiten an denjenigen mit den geringsten Forderungen; **Sub|mit|tent** *m.10* jmd., der sich um einen ausgeschriebenen Auftrag bewirbt; **sub|mit|tie|ren** sich um einen ausgeschriebenen Auftrag bewerben

Sub|or|di|na|ti|on [-tsjon, lat.] *w.10* **1** *veraltet:* Unterordnung, Gehorsam (im Dienst); **2** *Gramm.:* Unterordnung (von Satzteilen), Hypotaxe; **sub|or|di|nie|ren** unterordnen; subordinierende Konjunktion: Bindewort, das einen Nebensatz mit einem Hauptsatz verbindet, z. B. obwohl, weil

sub|po|lar zwischen Polar- und gemäßigter Zone (liegend)

sub ro|sa [lat.] unter dem Siegel (der Verschwiegenheit)

sub|si|di|är [lat.], **sub|si|dia|risch** behelfsweise, zur Aushilfe dienend; **Sub|si|di|um** *s. Gen.* -s *Mz.* -di|en **1** *veraltet:* Beistand, Rückhalt; **2** *Mz.* Hilfsgelder

Sub|si|stenz [lat.] *w.10* **1** *Philos.:* das Bestehen durch sich selbst; **2** *veraltet:* Lebensunterhalt; **sub|si|stie|ren** **1** durch sich selbst bestehen; **2** *veraltet:* seinen Lebensunterhalt finden

Sub|skri|bent [lat.] *m.10* jmd., der etwas subskribiert; **sub|skri|bie|ren** vorbestellen und sich damit zur Abnahme verpflichten (bes. von Büchern); **Sub|skrip|ti|on** [-tsjon] *w.10* Vorbestellung und Verpflichtung zur Abnahme; **Sub|skrip|ti|ons|preis** *m.1* etwas geringerer Preis bei Subskription

sub spe|cie ae|ter|ni|ta|tis [spetsje: ɛter-, lat. „unter dem Gesichtspunkt der Ewigkeit"] unter der Voraussetzung unbeschränkter Dauer; **Sub|spe|zi|es** *w. Gen. - Mz. -* (*Abk.:* ssp.) *Biol.:* Unterart

Subst. *Abk. für* Substantiv; **Sub|stan|tia|li|tät** [-tsja-, lat.] *w.10 nur Ez.* das Substanzsein, Wesentlichkeit; **sub|stan|ti|ell** [-tsjel] **1** wesenhaft, wesentlich, substanzhaft; **2** stofflich, materiell; **sub|stan|ti|ie|ren** **1** durch Tatsachen belegen, begründen; **2** mit Vollmacht ausstatten; **Sub|stan|tiv** *s.1* Hauptwort, Dingwort; **sub|stan|ti|vie|ren** zum Substantiv machen, in substantiv. Form bringen, z. B. „zur Anwendung bringen" statt „anwenden"; **sub|stan|ti|visch** wie ein Substantiv, als Substantiv, hauptwörtlich; **Sub|stanz** *w.10* **1** *Philos.:* Wesen (aller Dinge), Urgrund (alles Seins); **2** *Phys.:* Materie, Stoff; **3** *übertr. ugs.:* Vorrat, Kapital, Vermögen; Inneres, Kern (einer Sache)

sub|sti|tu|ie|ren [lat.] austauschen, ersetzen; **Sub|sti|tut** **1** *s.1* Ersatz, Ersatzmittel; **2** *m.10* Ersatzmann, Stellvertreter; **Sub|sti|tu|ti|on** [-tsjon] *w.10* Ersatz, Austausch, Stellvertretung

Sub|strat [lat.] *s.1* **1** Grund, Grundlage, Unterlage; **2** Nährboden; **3** Sprache eines unterworfenen Volkes, die sich der des Siegers angleicht und sie zugleich beeinflußt; *Ggs.:* Superstrat

Sub|struk|ti|on [-tsjon, lat.] *w.10 Bauwesen:* Unterbau, Grundbau

sub|su|mie|ren [lat.] **1** ein-, unterordnen (bes. einen engeren Begriff einem umfassenderen); **2** zusammenfassen; **3** *Rechtsw.:* Tatbestandsmerkmale s.: sie mit dem Gesetz vergleichen, sie einem Gesetz unterordnen; **sub|sump|tiv** → subsumtiv; **Sub|sum|ti|on** [-tsjon] *w.10* Unterordnung, Zusammenfassung; **sub|sum|tiv** unterordnend, einbegreifend

sub|til [lat.] **1** zart, fein (Gefühl); **2** spitzfindig, scharfsinnig, genau, sorgfältig (Kritik, Unterscheidung); **3** schwierig (Aufgabe, Charakter); **Sub|ti|li|tät** *w.10 nur Ez.* subtile Beschaffenheit

Sub|tra|hend [lat.] *m.10* Zahl, die von einer anderen Zahl abgezogen werden soll; *Ggs.:* Minuend; **sub|tra|hie|ren** abziehen; eine Zahl von einer anderen Zahl s.; **Sub|trak|ti|on** [-tsjon] *w.10* das Abziehen, eine der vier Grundrechenarten; *Ggs.:* Addition

Sub|tro|pen *Mz.* Zone zwischen Tropen und gemäßigter Zone; **sub|tro|pisch** zu den Subtropen gehörend

sub|ur|ban [lat.] vorstädtisch; **sub|ur|bi|ka|risch** [lat.] zur Stadt (Rom) gehörig; suburbikarische Bistümer: sieben kleine Bistümer in der Nähe Roms, deren Bischöfe zugleich Kardinäle sind

sub|ve|nie|ren [lat.] *veraltet:* beistehen, zu Hilfe kommen; **Sub|ven|ti|on** [-tsjon] *w.10* zweckgebundene Unterstützung aus öffentl. Mitteln; **sub|ven|tio|nie|ren** [-tsjo-] durch Subvention unterstützen

Sub|ver|si|on [lat.] *w.10* Sturz einer Regierung, Staatsumsturz; **sub|ver|siv** umstürzlerisch, zerstörend

sub vo|ce [votsə, lat.] (*Abk.:* s. v.) *Sprachw.:* unter dem Stichwort

Suc|cu|bus *m. Gen. - Mz.* -cu|ben → Sukkubus

Su|cre [span.] *m. Gen. - Mz. -* Währungseinheit in Ecuador, 100 Centavos

Su|da|ti|on [-tsjon, lat.] *w.10* das Schwitzen; **Su|da|to|ri|um** *s. Gen.* -s *Mz.* -ri|en Schwitzbad

Süf|fi|sance [-zãs, frz.] *w. Gen. - nur Ez.* Dünkel, Selbstgefälligkeit, überhebl. Spott; **süf|fi-**

sant dünkelhaft, selbstgefällig, spöttisch-überheblich
Suf|fix [auch suf-, lat.] *s.1* Nachsilbe, z. B. -lich, -keit
suf|fi|zi|ent [lat.] *Med.:* ausreichend; **Suf|fi|zi|enz** *w.10 Med.:* ausreichende Fähigkeit
Suf|fra|gan [lat.] *m.1 kath. Kirche:* einem Erzbischof unterstehender Diözesanbischof
Suf|fra|get|te [lat.] *w.11 seit 1840 in England und den USA:* Kämpferin für die Gleichberechtigung der Frauen; **Suf|fra|gi|um** *s. Gen.* -s *Mz.* -gi|en **1** Stimmrecht; **2** Abstimmung
Suf|fu|si|on [lat.] *w.10* Blutaustritt größeren Ausmaßes unter der Haut; vgl. Sugillation
Su|fi [arab. „mit Wolle Bekleideter"] *m.9* Anhänger des Sufismus; **Su|fis|mus** *m. Gen. - nur Ez.* asket-myst. Richtung des Islams
sug|ge|rie|ren [lat.] jmdm. etwas s.: jmdm. etwas einreden; **sug|ge|sti|bel** leicht beeinflußbar; **Sug|ge|sti|bi|li|tät** *w.10 nur Ez.* Beeinflußbarkeit; **Sug|ge|sti|on** *w.10* Beeinflussung, Willensübertragung; **sug|ge|stiv** beeinflussend, (auf den andern) stark einwirkend; **Sug|ge|stiv|fra|ge** *w.11* Frage, die dem andern die Antwort in den Mund legt; **Sug|ge|sti|vi|tät** *w.10 nur Ez.* Fähigkeit, jmdn. zu beeinflussen
Su|gil|la|ti|on [-tsjon, lat.] *w.10* Blutaustritt geringeren Ausmaßes unter der Haut; vgl. Suffusion
sui ge|ne|ris [lat.] von seiner eigenen Art, durch sich selbst eine Klasse bildend, einzig, besonders
Sui|te [syit(ə), frz.] *w.11* **1** militär. oder fürstl. Gefolge; **2** Musikstück aus mehreren Tanzsätzen in der gleichen Tonart, Partita; **3** *veraltet:* Zimmerflucht; **4** *in Hotels:* zwei Einzelzimmer mit gemeinsamem Bad
Sui|zid [lat.] *m.1* Selbstmord
Su|jet [syʒe, frz.] *s.9* Gegenstand, Thema (einer künstler. Darstellung)
Suk|ka|de [frz.] *w.11* kandierte Schale von Zitrusfrüchten, z. B. Orangeat, Zitronat
Suk|ku|bus [lat.] *m. Gen. - Mz.* -ku|ben *im Volksglauben des MA:* mit einem Mann buhlende Hexe; *Ggs.:* Inkubus
suk|ku|lent [lat.] *Biol.:* saftig, fleischig; **Suk|ku|len|te** *w.11 in Trockengebieten:* wasserspeichernde Pflanze; **Suk|ku|lenz** *w.10 nur Ez. Biol.:* Saftfülle
Suk|kurs [lat.] *m.1 nur Ez. veraltend:* Unterstützung, Hilfe
Suk|zes|si|on [lat.] *w.10* **1** Rechtsnachfolge, Thronfolge; **2** Aufeinanderfolge verschiedener Pflanzengesellschaften am selben Ort; **suk|zes|siv, suk|zes|si|ve** allmählich (eintretend), nach und nach
Sul|fat [lat.] *s.1* Salz der Schwefelsäure; **Sul|fid** *s.1* Salz der Schwefelwasserstoffsäure; **Sul|fit** *s.1* Salz der schwefligen Säure; **Sul|fon|amid** *s.1* chem. Verbindung mit bakterienhemmender Wirkung; **Sul|fur** *s. Gen.* -s *nur Ez.* (*Zeichen:* S) chem. Element, Schwefel
Sul|ky [sʌlki, engl.] *s.9* zweirädriger, einspänniger Wagen für Trabrennen
Sul|tan [arab.] *m.1 Titel für* mohammedan. Herrscher; **Sul|ta|nat** *s.1* Herrschaft und Herrschaftsgebiet eines Sultans; **Sul|ta|ni|ne** *w.11* große, helle Rosine
Su|mach [arab.] *m.1* Holzgewächs mit Steinfrüchten, das Gerbstoff liefert
Sum|ma [lat.] *w. Gen. - Mz.* -men **1** *in der Scholastik:* zusammenfassende Darstellung eines theolog.-philosoph. Lehrsystems; **2** (*Abk.:* Sa.) *veraltet:* Summe; **sum|ma cum lau|de** mit höchstem Lob, ausgezeichnet (beste Note bei akadem. Prüfungen); vgl. magna cum laude; **Sum|mand** *m.10* Zahl, die zu einer anderen hinzugezählt werden soll, Addend; **sum|ma|risch** kurz zusammengefaßt, bündig; *auch:* oberflächlich; **sum|ma sum|ma|rum** [„die Summe der Summen"] alles in allem, insgesamt; **Sum|ma|ti|on** [-tsjon] *w.10* Bildung einer Summe, Zusammenrechnung; **Sum|me** *w.11* **1** Ergebnis einer Zusammenzählung; **2** Geldbetrag; **sum|mie|ren** [lat.] **1** zusammenzählen; **2** sich s.: anwachsen, sich anhäufen
Sum|mum bo|num [lat.] *s. Gen. -- nur Ez.* höchstes Gut; **Sum|mus Epi|sco|pus** *m. Gen. -- nur Ez.* **1** höchster Bischof, der Papst; **2** *bis 1918:* der Landesherr als Oberhaupt der evang. Landeskirche
Su|mo *s. Gen.* -(s) *nur Ez.* sehr alte Form des japan. Ringkampfs
Sun|na [arab.] *w. Gen. - nur Ez.* Sammlung von Aussprüchen Mohammeds, neben dem Koran Glaubensgrundlage des Islams; **Sun|nit** *m.10* Anhänger der Sunna; vgl. Schiit
su|per [lat.] *ugs.:* vorzüglich, sehr gut; **Su|per** **1** *s.5 nur Ez.* eine Treibstoffsorte; **2** *m.5 Kurzw. für* Superheterodynempfänger
su|per..., Su|per... *in Zus.:* ober..., Ober..., über..., Über..., *ugs.:* sehr, z. B. superklug
Su|per|ar|bi|tri|um [lat.] *s. Gen.* -s *Mz.* -tri|en *österr.:* endgültige Entscheidung
su|perb [frz.], **sü|perb** vorzüglich
Su|per|ego *s.9 Psych.:* „Über-Ich", innere Kontrollinstanz des Menschen, Gewissen; **su|per|fi|zi|ell** *Med.:* oberflächlich; **Su|per|het** *m.9 Kurzw. für* Superheterodynempfänger: Überlagerungsempfänger (für bes. guten Empfang); **Su|per|in|ten|dent** *m.10 evang. Kirche:* Vorsteher eines Kirchenkreises, Ephorus; **Su|per|in|ten|den|tur** *w.10* Amt und Amtsräume des Superintendenten; **Su|per|in|fek|ti|on** *w.10* nochmalige Infektion mit den gleichen Erregern
Su|pe|ri|or [lat.] *m.13 kath. Kirche:* Vorsteher eines Klosters oder Ordens; **Su|pe|rio|rin** *w.10* weibl. Superior; **Su|pe|rio|ri|tät** *w.10 nur Ez.* Überlegenheit, Übergewicht
Su|per|kar|go *m.9* vom Absender bevoll-

mächtigter Begleiter und Kontrolleur einer Fracht; **Su|per|la|tiv** *m. 1* **1** *Gramm.:* zweite Steigerungsstufe, Höchst-, Meiststufe, z. B. am schönsten; vgl. Komparativ, Positiv; **2** *allg.:* übertreibender Ausdruck; **Su|per|la|ti|vis|mus** *m. Gen. - nur Ez.* übertriebene Verwendung von Superlativen; **Su|per|markt** *m. 2* großes Lebensmittelgeschäft mit Selbstbedienung und etwas niedrigeren Preisen; **Su|per|na|tu|ra|lis|mus** *m. Gen. - nur Ez.* → Supranaturalismus; **Su|per|no|va** *w. Gen. - Mz.* -vae [-vɛ:] *Astron.:* Nova von überragender Helligkeit; **Su|per|oxid** *s. 1* → Peroxid; **Su|per|phosphat** *s. 1* ein Phosphordünger; **Su|per|strat** *s. 1* Sprache eines Eroberervolkes, die diejenige des besiegten Volkes überlagert und zugleich von ihr beeinflußt wird; *Ggs.:* Substrat (**3**); **Su|per|vi|si|on** *w. 10* Kontrolle, Aufsicht, Leitung

Su|pi|num [lat.] *s. Gen.* -s *Mz.* -na *im Latein.:* substantiv. Verbalform, z. B. lectum „um zu lesen"

Sup|pe|da|ne|um [lat.] *s. Gen.* -s *Mz.* -nea Fußstütze, *bes.:* Stützleiste unter den Füßen des gekreuzigten Christus

Sup|ple|ant [lat.] *m. 10 schweiz.:* Stellvertreter (in einer Behörde)

Sup|ple|ment [lat.] *s. 1* Ergänzung, Nachtrag, Anhang (zu einem Schriftwerk); **sup|ple|men|tär** ergänzend; **Sup|ple|ment|band** *m. 2* Ergänzungsband; **Sup|ple|ment|win|kel** *m. 5* Winkel, der einen anderen zu 180° ergänzt; vgl. Komplementwinkel

Sup|plik [lat.] *w. 10 veraltet:* Bittgesuch; **Sup|pli|kant** *m. 10 veraltet:* Bittsteller; **sup|pli|zie|ren** *veraltet:* ein Bittgesuch einreichen, (inständig) bitten

sup|po|nie|ren [lat.] voraussetzen, annehmen

Sup|port [lat.] *m. 1 an Werkzeugmaschinen:* Vorrichtung zum Halten und Führen des Werkstücks

Sup|po|si|ti|on [-tsjon, lat.] *w. 10* Voraussetzung, Annahme; **Sup|po|si|to|ri|um** *s. Gen.* -s *Mz.* -ri|en Heilmittel in Zäpfchenform, das in den Darm eingeführt wird, Zäpfchen; **Sup|po|si|tum** *s. Gen.* -s *Mz.* -ta *veraltet:* das Vorausgesetzte, Angenommene

Sup|pres|si|on [lat.] *w. 10 Med.:* Unterdrükkung; **sup|pres|siv** *Med.:* unterdrückend, zurückdrängend; **sup|pri|mie|ren** unterdrücken, zurückdrängen

Su|pra|lei|ter *m. 5* Stoff, der bei gewisser, sehr geringer Temperatur keinen meßbaren elektr. Widerstand mehr aufweist; **su|pra|na|tio|nal** [-tsjo-] übernational, überstaatlich; **Su|pra|na|tu|ra|lis|mus** *m. Gen. - nur Ez.* über die Natur und das Natürliche hinausgehende Denkweise, Glaube an Übernatürliches, bes. an eine übernatürl. Offenbarung; **Su|pra|port** *s. 1*, **Su|pra|por|te** *w. 11* → Sopraporte

Su|pre|mat [lat.] *m. 1 oder s. 1*, **Su|pre|ma|tie** *w. 11* **1** Oberherrschaft (des Papstes); **2** Überordnung, Vorrang; **Su|pre|mats|eid**, Su|pre|mat|eid *m. 1 in England 1534–1829:* von den Beamten zu leistender Eid, den König auch als obersten Kirchenherrn und die protestant. Thronfolge anzuerkennen

Su|re [arab.] *w. 11* Abschnitt, Kapitel des Korans

Surf [səf, engl. „Brandung"], **Sur|fen, Sur|fing, Surf|ri|ding** [səfraidiŋ] *s. Gen.* -s *nur Ez.* Wellenreiten auf einem Brett über die Brandung, Brandungsreiten

Sur|plus [frz.: syrply, engl.: səpləs] *m. Gen. - Mz. -* Überschuß, Gewinn

Sur|rea|lis|mus [frz. sur „über"] *m. Gen. - nur Ez. seit etwa 1917:* künstler. Richtung, die das Überwirkliche, Traumhafte, Unbewußte darzustellen sucht

Sur|ro|gat [lat.] *s. 1* Ersatz, Behelf, Ersatzstoff; **Sur|ro|ga|ti|on** [-tsjon] *w. 10* Ersatz, Austausch eines Vermögenswertes gegen einen anderen, der denselben Rechtsverhältnissen unterliegt

Sur|sum cor|da! [lat.] Empor die Herzen! (Anfangsworte der Präfation in der kath. Messe)

sus|pekt [lat.] verdächtig

sus|pen|die|ren [lat.] **1** (bis auf weiteres) des Amtes entheben (Beamte, bes. Geistliche); **2** (zeitweilig) aufheben; **3** *Chem.:* in einer Flüssigkeit fein verteilen (kleinste Teilchen); **4** *Med.:* schwebend aufhängen (Glieder); **Sus|pen|si|on** *w. 10* das Suspendieren; **sus|pen|siv** aufhebend, aufschiebend; **Sus|pen|so|ri|um** *s. Gen.* -s *Mz.* -ri|en Tragverband, Armschlinge, Tragbeutel (für den Hodensack)

Su|tra [sanskr.] *w. Gen. - Mz.* -tren *in der altind. Lit.:* kurzer, einprägsamer Lehrsatz

Su|um cui|que [lat.] Jedem das Seine (Wahlspruch Friedrichs I. von Preußen und des preuß. Schwarzen-Adler-Ordens)

su|ze|rän [frz.] oberherrschaftlich; **Su|ze|rän** *m. 1* Oberherr; die Suzeränität ausübender Staat; **Su|ze|rä|ni|tät** *w. 10 nur Ez.* Oberherrschaft (eines Staates über einen halbsouveränen Staat)

s. v. *Abk. für* salva venia, sub voce

Swamps [swɔmps, engl.] *Mz.* Sumpfwald an subtrop. Küsten

Swan|boy [swɔn-, engl.] *s. 9 nur Ez.* auf beiden Seiten gerauhtes, meist weißes Baumwollgewebe

Swap|ge|schäft [swɔp-, engl.] *s. 1* Verkauf oder Kauf von Devisen bei gleichzeitigem Kauf oder Verkauf des gleichen Betrages per Termin, um Kursschwankungen auszugleichen

Swa|sti|ka [sanskr.] *w. Gen. - Mz.* -ken altind. Hakenkreuz, Sonnenkreuz

Sweep|stake [swipsteik, engl.] *s. Gen.* -(s) *Mz.* -s Verlosung, bei der die Gewinnummern schon vorher gezogen worden sind

Sweet [swit, engl.] *m. 9 nur Ez.* dem Jazz nachgebildete, aber nicht improvisierte Unterhaltungs- und Schlagermusik
Swim|ming-pool [-pu:l, engl.] *m. 9* Schwimmbecken
Swing [engl.] *m. Gen.* -(s) *nur Ez.* **1** ruhige, schwingende, synkopierte Bewegung der Melodie im Jazz; **2** entsprechender Musikstil als Übergang zum modernen Jazz; **3** Tanz in diesem Stil; **4** *bei bilateralen Handelsverträgen:* höchste gegenseitig eingeräumte Kreditquote; **swin|gen** im Stil des Swing (**2**) spielen; **2** Swing tanzen
Sy|ko|mo|re [griech.] *w. 11* ostafrik. Feigenbaum, Maulbeerfeige
syl|la|bisch [griech.] **1** silbenweise; **2** *Mus.:* zu jedem Ton eine Silbe; **Syl|la|bus** *m. Gen. - Mz. - oder* -bi Zusammenfassung, Verzeichnis
Syl|lep|se [griech.] *w. 11,* **Syl|lep|sis** *w. Gen. - Mz.* -sen unkorrekte Beziehung eines Prädikats oder Attributs auf mehrere in Genus und Numerus verschiedene Subjekte; z. B. eine Person *wurde* getötet und drei weitere schwer verletzt; **syl|lep|tisch** in der Art einer Syllepse
Syl|lo|gis|mus [griech.] *m. Gen. - Mz.* -men *Logik:* Schluß vom Allgemeinen aufs Besondere; **Syl|lo|gi|stik** *w. 10 nur Ez.* Lehre von den Syllogismen
Syl|phe [lat.] **1** *m. 11 im Volksglauben des MA:* männlicher Luftgeist; **2** *w. 11* weiblicher Luftgeist; **Syl|phi|de** *w. 11* **1** weiblicher Luftgeist; **2** zartes, anmutiges junges Mädchen
Syl|ve|ster → Silvester
Sym|bi|ont [griech.] *m. 10* Lebewesen, das mit einem anderen in Symbiose lebt; **Sym|bio|se** *w. 11* dauerndes Zusammenleben zweier Tiere oder Pflanzen bzw. von Tier und Pflanze zu beiderseitigem Nutzen; vgl. Synözie; **sym|bio|tisch** in Symbiose
Sym|bol [griech.] *s. 1* **1** Sinnbild, bildhaftes Zeichen, das einen tieferen Sinn ausdrückt; **2** Zeichen für einen physikal. Begriff oder ein chem. Element; **Sym|bo|lik** *w. 10 nur Ez.* **1** sinnbildl. Bedeutung oder Darstellung; **2** Anwendung von Symbolen; **sym|bo|lisch** in der Art eines Symbols, mit Hilfe eines Symbols; **sym|bo|li|sie|ren** durch ein Symbol darstellen; **Sym|bo|lis|mus** *m. Gen. - nur Ez. Ende 19. Jh.:* literar. Richtung, die nach symbolhafter Darstellung der hinter dem Gegenständlichen liegenden Ideen strebte; **sym|bo|li|stisch** zum Symbolismus gehörend, in der Art des Symbolismus
Sym|me|trie [griech.] *w. 11* spiegelbildl. Gleichheit; **Sym|me|trie|ach|se** *w. 11* Gerade, die einen Körper in zwei gleiche Hälften zerlegt; **Sym|me|trie|ebe|ne** *w. 11* Ebene, die einen Körper in zwei gleiche Hälften zerlegt; **sym|me|trisch** auf beiden Seiten der Mittelachse ein Spiegelbild ergebend, spiegelbildlich, spiegelgleich
sym|pa|the|tisch [griech.] Gefühlswirkung ausübend, geheimkräftig; sympathetische Kur: angebl. Heilverfahren durch Gesundbeten o. ä.; sympathetische Tinte: Tinte, die zunächst unsichtbar schreibt und erst nach bes. Behandlung erscheint; **Sym|pa|thie** *w. 11* Zuneigung, Wohlgefallen, Verwandtschaft der Gesinnungen, Empfindungen, Seelenverwandtschaft; **Sym|pa|thi|kus** *m. Gen. - nur Ez., bei Säugetieren und beim Menschen:* Teil des vegetativen Nervensystems, einer der Lebensnerven; **Sym|pa|thi|sant** *m. 10* jmd., der mit einer polit. Partei oder Gruppe sympathisiert; **sym|pa|thisch** **1** auf Sympathie beruhend, wohlgefällig, angenehm; **2** auf dem Sympathikus beruhend, mit ihm verbunden; **sym|pa|thi|sie|ren** übereinstimmen; mit jmdm. oder etwas s.: Neigung zu jmdm. oder etwas haben
Sym|pho|nie *w. 11* → Sinfonie; **Sym|pho|ni|ker** *m. 5* → Sinfoniker
sym|phro|ni|stisch [griech.] *veraltet:* sachlich übereinstimmend
Sym|po|si|on [griech.], **Sym|po|si|um** *s. Gen.* -s *Mz.* -si|en **1** *im alten Griechenland:* Trinkgelage; **2** dabei geführtes wissenschaftl. Gespräch; **3** *heute:* Tagung mit zwanglosen wissenschaftl. Vorträgen und Diskussionen
Sym|ptom [griech.] *s. 1* Zeichen, Kennzeichen, Merkmal (bes. einer Krankheit); **sym|pto|ma|tisch** kennzeichnend, typisch; **Sym|pto|ma|to|lo|gie** *w. 11 nur Ez.* Lehre von den Krankheitszeichen, Semiotik
Syn|ago|ge [griech.] *w. 11 urspr.:* jüd. Gemeinde; *dann:* jüd. Gotteshaus
Syn|al|la|ge [-ge:, griech.] *w. 11* gegenseitiger Vertrag; **syn|al|lag|ma|tisch** gegenseitig; synallagmatischer Vertrag → Synallage
syn|an|drisch [griech.] verwachsene Staubblätter aufweisend; **Syn|an|dri|um** *s. Gen.* -s *Mz.* -dri|en die zu einem einzigen Gebilde verwachsenen Staubblätter einer Blüte
Syn|äs|the|sie [griech.] *w. 11* Miterregung eines Sinnesorgans, wenn ein anderes gereizt wird, Verknüpfung mehrerer Sinnesempfindungen, z. B. die Vorstellung von Farben beim Hören von Klängen
syn|chron [-kron, griech.] zeitlich übereinstimmend, gleichlaufend, gleichzeitig; **Syn|chro|ni|sa|ti|on** [-tsjon] *w. 10* das Synchronisieren, zeitl. Gleichschaltung; **syn|chro|ni|sie|ren** **1** in zeitl. Übereinstimmung bringen, zeitlich gleichschalten; in Gleichlauf bringen (techn. Geräte); **2** *Film:* Bild- und Tonspur auf einem Tonband vereinigen; *beim fremdsprachl. Film:* ein Tonband in der eigenen Sprache herstellen und mit den Mundbewegungen der Schauspieler in Übereinstimmung bringen; **Syn|chro|nis|mus** *m. Gen. - nur Ez.* zeitl. Übereinstimmung; **syn|chro|ni-**

stisch zeitlich gleichschaltend; **Syn|chron|ma|schi|ne** *w.11* Wechselstrommaschine, bei der die Frequenz der erzeugten Spannung proportional der Umdrehungsgeschwindigkeit ist; **Syn|chron|mo|tor** *m.12* als Motor arbeitende Synchronmaschine; **Syn|chro|tron** *s.1* Beschleuniger für geladene Elementarteilchen, bei dem diese auf einer Kreisbahn auf sehr hohe Energien beschleunigt werden

syn|de|tisch [griech.] durch Bindewörter verbunden (Satzteile, Sätze); *Ggs.:* asyndetisch

Syn|di|ka|lis|mus [griech.] *m. Gen. - nur Ez.* Lehre einer revolutionären sozialist. Arbeiterbewegung (bes. in roman. Ländern), die die Übernahme der Produktionsmittel durch die Gewerkschaften erstrebte; **Syn|di|kat** *s.1* **1** Amt eines Syndikus; **2** Absatzkartell; zentrale Verkaufsstelle mit eigener Rechtspersönlichkeit, z. B. Kalisyndikat; **Syn|di|kus** *m. Gen. - Mz.* -ken *oder* -zi ständiger Rechtsbeistand von Wirtschaftsunternehmen u. a.; **syn|di|zie|ren** zu einem Syndikat zusammenschließen

Syn|drom [griech.] *s.1* Krankheitsbild, das sich aus dem Zusammentreffen verschiedener (für sich allein nicht charakterist.) Symptome ergibt

Syn|edri|on [griech.] *s. Gen.* -s *Mz.* -dri|en altgriech. Ratsbehörde; **Syn|edri|um** *s. Gen.* -s *Mz.* -dri|en *im alten Jerusalem:* oberste Staatsbehörde und oberstes Gericht

Syn|ek|do|che [-xe:, griech.] *w.11* Stilmittel, bei dem ein engerer oder konkreter Begriff für einen umfassenden oder abstrakten gesetzt wird, z. B. „der Deutsche" statt „die Deutschen" oder „Brot" statt „Nahrung"

syn|er|ge|tisch [griech.] zusammenwirkend; **Syn|er|gie** *w.11* das Zusammenwirken (z. B. von Muskeln); **Syn|er|gis|mus** *m. Gen. - nur Ez.* **1** Zusammenwirken in gleicher Richtung (von Muskeln, Arzneimitteln u. a.); **2** Lehre, daß der Mensch selbst mitwirken müsse, um Gottes Gnade zu erlangen

syn|karp [griech.] zu einem einzigen Fruchtknoten verwachsen; **Syn|kar|pie** *w.11* Verwachsung der Fruchtblätter einer Blüte zu einem einzigen Fruchtknoten

syn|kli|nal [griech.] *Geol.:* muldenförmig; **Syn|kli|na|le, Syn|kli|ne** *w.11 Geol.:* Mulde

Syn|ko|pe [griech.] *w.11* **1** *Gramm.:* Ausfall eines unbetonten Vokals im Wortinnern, z. B. freud'ge statt „freudige"; **2** *Metrik:* Ausfall einer Senkung im Vers; **3** *Mus.:* Betonung eines unbetonten Taktteils, während der normalerweise betonte ohne Akzent bleibt; **syn|ko|pie|ren 1** durch Weglassen zusammenziehen (Wort, Vers); **2** an unbetonter Stelle betonen; synkopierter Rhythmus

Syn|kre|tis|mus [griech.] *m. Gen. - nur Ez.* Vermischung mehrerer Religionen, philosoph. Lehren, Auffassungen usw.; **Syn|kre|tist** *m.10* Vertreter eines Synkretismus

Syn|kri|se [griech.] *w.11,* **Syn|kri|sis** *w. Gen. - Mz.* -kri|sen Vergleichung, Zusammensetzung, Verbindung, Vermischung; **syn|kri|tisch** vergleichend, verbindend

Syn|od [griech.] *m.1 in den orthodoxen und autokephalen Kirchen:* oberste Behörde; **syn|odal** zur Synode gehörig, auf ihr beruhend; **Syn|oda|le** *m.11* Mitglied einer Synode; **Syn|odal|ver|fas|sung** *w.10 ev. Kirche:* Verfassung, nach der die Verwaltung bei der Synode liegt; vgl. Konsistorialverfassung; **Syn|ode** *w.11* **1** *evang. Kirche:* aus Geistlichen und Laien bestehende Verwaltungsbehörde; Kirchenversammlung; vgl. Konsistorium; **2** *kath. Kirche* → Konzil

syn|onym [griech.] bedeutungsähnlich, bedeutungsgleich (Wörter); **Syn|onym** *s.1* Wort von ähnl. oder gleicher Bedeutung, sinnverwandtes Wort, z. B. „flach" im Verhältnis zu „platt"; **Syn|ony|mik** *w.10 nur Ez.* **1** Sinn-, Bedeutungsverwandtschaft; **2** Lehre von der Bedeutungsverwandtschaft der Wörter

Syn|op|se [griech.] *w.11,* **Syn|op|sis** *w. Gen. - Mz.* -op|sen vergleichende Übersicht, bes. der Berichte gleichen Inhalts im Matthäus-, Markus- und Lukasevangelium; **Syn|op|tik** *w.10 nur Ez.* großräumige Wetterbeobachtung; **Syn|op|ti|ker** *m.5 Mz.* die Evangelisten Matthäus, Markus und Lukas; **syn|op|tisch** übersichtlich nebeneinander-, zusammengestellt; synoptische Evangelien: die E. der Synoptiker; synoptische Meteorologie → Synoptik

Syn|özie [griech.] *w.11* dauerndes Zusammenleben zweier Lebewesen (Tiere oder Pflanzen bzw. Tier und Pflanze), bei dem nur eines einen Nutzen davon hat; vgl. Symbiose

Syn|tag|ma [griech.] *s. Gen.* -s *Mz.* -men **1** *veraltet:* Sammlung von Schriften verwandten Inhalts; **2** *Sprachw.:* syntaktisch verbundene Gruppe von Wörtern, die bei Stellungswechsel im Satz nicht getrennt werden kann, z. B. aus voller Kehle, im großen und ganzen; **syn|tak|tisch** zur Syntax gehörend, auf ihr beruhend; **Syn|tax** *w. Gen. - nur Ez.* Lehre vom Satzbau, Satzlehre

Syn|the|se [griech.] *w.11* **1** Aufbau, Verbindung von Teilen zu einem Ganzen; **2** Verbindung zweier gegensätzl. Begriffe oder Aussagen (These und Antithese) zu einer höheren Einheit; die so gewonnene Einheit selbst; **3** Herstellung einer chem. Verbindung aus gegebenen Stoffen; **Syn|the|si|zer** [-saizər, griech. + engl.] *m.5* elektronisch gesteuertes Gerät zur Musikübertragung; **Syn|the|tics** *Mz.* Textilien aus Kunstfasern; **Syn|the|tik** *w.10 nur Ez.* nicht zergliedernde Betrachtung mathemat. Probleme, im Unterschied zur Analytik; **syn|the|tisch 1** *Chem.:* künstlich (hergestellt); aus einfachen Stoffen aufgebaut; **2** zusammensetzend; synthetische Sprachen: Sprachen, in denen die Flexion durch Endungen und Vorsilben gebildet wird (nicht durch Hilfszeitwörter); **3** *Philos.:* vom Allgemeinen zum Besonderen führend

Sy|phi|lis [nach Syphilus, dem Schäfer in einem lat. Lehrgedicht des 16. Jh.] *w. Gen. - nur Ez.* (wegen ihrer spät auftretenden Symptome gefährl.) Geschlechtskrankheit, Lustseuche, Lues; **Sy|phi|li|ti|ker** *m.5* jmd., der an Syphilis erkrankt ist; **sy|phi|li|tisch** auf Syphilis beruhend, an S. erkrankt

Sy|rin|ge [griech.] *w.11* Flieder; **Sy|rinx** *w. Gen. - Mz.* -rin|gen **1** Stimmorgan der Vögel; **2** Hirten-, Panflöte

Sy|ro|lo|gie *w.11 nur Ez.* Wissenschaft von den Sprachen und der Kultur Syriens

Sy|stem [griech.] *s.1* **1** Aufbau, Gefüge, Gesamtheit (von miteinander verbundenen Teilen), gegliedertes, geordnetes Ganzes; **2** Ordnungsprinzip; **Sy|ste|ma|tik** *w.10* **1** Aufbau eines Systems; **2** Kunst, ein System aufzubauen, planmäßige Darstellung; **3** Lehre vom System einer Wissenschaft; **Sy|ste|ma|ti|ker** *m.5* jmd., der ein System beherrscht, der systematisch arbeitet; **sy|ste|ma|tisch** mit Hilfe eines Systems, nach einem System; **sy|ste|ma|ti|sie|ren** in ein System bringen, nach einem System gliedern

Sy|sto|le [-le:, griech.] *w. Gen. - Mz.* -sto|len Zusammenziehung des Herzmuskels; *Ggs.:* Diastole

Sze|nar [griech.] *s.1* → Szenarium; **Sze|na|rio** [ital.] *s. Gen.* -s *Mz.* -ri|en **1** *Theater:* → Szenarium (**1**); **2** Entwurf eines Zukunftsmodells; **Sze|na|ri|um** [griech.-lat.] *s. Gen.* -s *Mz.* -ri|en **1** *Theater:* Verzeichnis der für eine Aufführung nötigen Dekorationen, Requisiten und techn. Vorgänge; **2** *Film:* literar. Teil eines Drehbuchs; **Sze|ne** *w.11* **1** Bühne; **2** Schauplatz; **3** Teil eines Aktes, Auftritt; **4** Vorgang, Anblick; **5** heftige Auseinandersetzung, Streit, Zank; jmdm. eine S. machen; **6** Bereich (in dem etwas vorgeht), z. B. Drogenszene, Musikszene; **Sze|ne|rie** *w.11* **1** Bühnenbild; **2** Landschaft, Gegend; **sze|nisch** zu einer Szene gehörend, in der Art einer Szene

Szep|ter *s.5 veraltete Schreibung von* Zepter

szi|en|ti|fisch [stsiɛn-, lat.] wissenschaftlich; **Szi|en|tis|mus** *m. Gen. - nur Ez.* **1** auf Wissen und Wissenschaft (nicht auf Glauben) gegründete Anschauungsweise; **2** Lehre der Christian Science

Szil|la [griech.] *w. Gen. - Mz.* -len eine Heil- und Zierpflanze, Blaustern

Szin|til|la|ti|on [-tsjon, lat.] *w.10* **1** das Blitzen, Funkeln (von Lichtern, z. B. der Sterne); **2** das Aufblitzen mineral. Stoffe beim Auftreffen radioaktiver Strahlen; **szin|til|lie|ren** aufleuchten, blitzen, funkeln

Szyl|la *w. Gen. - nur Ez.* = Scylla

Szy|the *m.11* = Skythe

T

T **1** *chem. Zeichen für* Tritium; **2** *Abk. für* Tera...
Ta *chem. Zeichen für* Tantal
Tab [engl.] *m.1* vorspringender Teil einer Karteikarte (zur Kennzeichnung)
Ta|bak [auch: ta, auch, bes. österr.: -bak, karib.] *m.1* **1** ein Kraut, dessen Blätter Nikotin enthalten; **2** daraus hergestelltes Genußmittel; **Ta|ba|ko|sis** *w. Gen. - Mz.*-sen Erkrankung der Atmungsorgane durch Einatmen von Tabakstaub, Tabaklunge; **Ta|ba|tie|re** [-tje-, frz.] *w.11* Schnupftabaksdose; *österr. auch:* Zigarettendose
ta|bel|la|risch [lat.] in Form einer Tabelle; **ta|bel|la|ri|sie|ren** in Tabellen anordnen; **Ta|bel|le** *w.11* Übersicht in Spalten oder Listen
Ta|ber|na|kel [lat.] *s.5, auch: m.5* **1** *kath. Kirche:* Altarschrein für die geweihte Hostie; **2** *auch:* turmartiges Dach über Standbildern, Altären u. a.
Ta|bes [lat.] *w. Gen. - nur Ez.* Auszehrung, Schwund, Schwindsucht; Tabes dorsalis: Rückenmarksschwindsucht; **Ta|bi|ker** *m.5* jmd., der an Tabes leidet
Ta|blar [lat.] *s.1 schweiz.:* Brett (im Regal); **Ta|bleau** [-blo, frz.] *s.9* **1** *Theater:* wirkungsvoll gruppiertes Bild; **2** *österr.:* übersichtl. Darstellung eines Vorgangs auf einzelnen Tafeln; **3** Tableau!: Ausruf, wenn man sich im Gespräch geschlagen geben muß; **Table d'hôte** [ta:bldot] *w. Gen. -- nur Ez. veraltet, in Hotels:* gemeinsame Speisetafel; **Ta|blett** *s.1* Brett mit erhöhtem Rand zum Tragen von Speisen, Geschirr usw.; **Ta|blet|te** *w.11* Arzneimittel in fester, runder, flacher Form
Ta|bo|rit [nach der tschech. Stadt Tabor] *m.10* Angehöriger der radikalen Gruppe der Hussiten
Tä|bris [nach der iran. Stadt] *m. Gen. - Mz. -* ein Perserteppich mit Medaillonmuster
ta|bu [polynes.] unantastbar, heilig, verboten; **Ta|bu** *s.9* **1** *bei Naturvölkern:* Vorschrift, bestimmte Dinge zu meiden oder nicht zu berühren; **2** *danach:* Verbotenes, etwas, worüber man nicht spricht; **ta|bu|ie|ren, ta|bui|sie|ren** mit einem Tabu belegen
Ta|bu|la ra|sa [lat.] *w. Gen. -- nur Ez.* **1** *urspr.:* abradierte Schreibtafel; **2** *übertr.:* unbeschriebenes Blatt; T. r. machen: reinen Tisch machen, mit allem aufräumen; **Ta|bu|la|tor** *m.13 an Schreib- und Rechenmaschinen:* Einstelltaste zum Schreiben von Tabellen; **Ta|bu|la|tur** *w.10* **1** *im Meistergesang:* Tafeln mit den Regeln; **2** *14./18. Jh.:* Notenschriftsystem für Instrumentalmusik; **Ta|bu|rett** *s.1 veraltet:* niedriger Stuhl, Hocker
ta|cet [-tsɛt, lat.] *Mus.:* (es) schweigt (Angabe, daß ein Instrument Pause hat)
ta|chi|nie|ren [-xi-] *österr.:* faulenzen, sich der Arbeit entziehen; **Ta|chi|nie|rer** *m.5 österr.:* Faulenzer
Ta|chis|mus [-ʃis-, lat.-frz.] *m. Gen. - nur Ez.* eine Richtung der ungegenständl. Malerei
Ta|cho|graph [griech.] *m.10* Instrument zum Aufzeichnen von Geschwindigkeiten; **Ta|cho|me|ter** *s.5* Gerät zum Messen der Geschwindigkeit; **Ta|chy|graph** *m.10* **1** *Antike:* jmd., der die Tachygraphie beherrschte; **2** → Tachograph; **Ta|chy|gra|phie** *w.11 Antike:* Kurzschriftsystem aus Zeichen für Silben; **Ta|chy|kar|die** *w.11 nur Ez.* stark beschleunigter Herzschlag, Herzjagen; **Ta|chy|me|ter** *s.5* Schnellmeßgerät für Entfernung und Höhenwinkel mit nur einer Einstellung
Tacks [engl.], **Täcks** *m.1 Schuhmacherei:* kleiner, keilförmiger Stahlnagel
Ta|dschi|ke *m.11* Angehöriger eines iran. Volksstammes
Tae|kwon|do [korean.] *s. Gen. - nur Ez.* korean. Form der waffenlosen Selbstverteidigung (ähnlich dem Karate)
Tael [tɛl, chin.] *s.9, nach Zahlenangaben Mz. -* alte chin. Gewichtseinheit und Münze
Taft [pers.] *m.1* ein glänzendes Seiden- oder Halbseidengewebe
Ta|ge|tes [lat.] *w. Gen. - nur Ez.* Studenten-, Samtblume
Tai|fun [chin.] *m.1* Wirbelsturm, bes. in Südostasien
Tai|ga [russ.] *w. Gen. - nur Ez.* Wald- und Sumpfgebiet in Sibirien
Tail|le [taljə, frz.] *w.11* **1** Teil des Rumpfes zwischen Brust bzw. Rücken und Hüften; **2** *Kartenspiel:* Aufdecken der Blätter; **3** *in Frankreich 15. Jh. bis 1789:* Steuer der nicht privilegierten Stände; **Tail|leur** [tajœr] **1** *m.1* Schneider; **2** *m.1 bei Glücksspielen:* Bankhalter; **3** *s.9 schweiz.:* Schneiderkostüm; **tail|lie|ren** [taji-] **1** auf Taille arbeiten, in der Taille eng arbeiten; **2** *Kartenspiel:* aufdecken (die Karten)
tail|or|made [tɛiləmɛid, engl.] *nur prädikativ:* vom Schneider gearbeitet
Take [tɛik, engl.] *s.9 oder m.9 Film, Fernsehen:* Einstellung, kurze Szene
Täks *m.1* → Tacks
Takt [lat.] *m.1* **1** rhythm. Maßeinheit von Musikstücken; kleinster Teil eines Musikstücks; **2** regelmäßige Bewegung, Arbeitsgang (von Motoren, Maschinen); **3** Abschnitt bei der Arbeit am Fließband; **4** *nur Ez.* Feingefühl, Gefühl für das richtige Ver-

halten; Takt haben, besitzen; **tak|tie|ren** 1 *Mus.:* den Takt schlagen; 2 *allg.:* klug vorgehen

Tak|tik [griech.] *w.10* 1 Kunst der Kampf-, Truppenführung; 2 *übertr.:* planmäßiges Vorgehen; **Tak|ti|ker** *m.5* jmd., der eine Taktik anwendet; ein guter, schlechter T. sein

tak|til [lat.] auf dem Tastsinn beruhend

tak|tisch auf Taktik beruhend, die Taktik betreffend; taktisch richtig, falsch, taktischer Fehler

Takt|stra|ße *w.11* Fließband, auf dem das Werkstück automatisch weiterrückt

Ta|lar [lat.] *m.1* weites, schwarzes, knöchellanges Amtsgewand der Geistlichen, Richter u. a.

Ta|lent [griech.] *s.1* 1 antike Gewichts- und Münzeinheit; 2 Begabung, angeborene Fähigkeit; **ta|len|tiert** Talent besitzend, begabt

Ta|li|on [lat.] *w.10 MA:* Vergeltung, Bestrafung durch gleichartige Handlung

Ta|lis|man [pers.] *m.1* kleiner, vermeintlich schützender oder glückbringender Gegenstand

Talk [arab.], **Tal|kum** *s. Gen.*-s *nur Ez.* ein Mineral, Speckstein, Steatit

Talk|ma|ster [tɔkma:stər, engl.] *m.5* Leiter der Interviews einer Talk-Show; **Talk-Show** [-tɔkʃou] *w.9* Fernsehsendung, in der bekannte Personen interviewt werden

tal|mi [frz.] *österr. für* talmin; **Tal|mi** *s. Gen.* -s *nur Ez.* 1 goldfarbene Kupfer-Zink-Legierung; 2 Unechtes; **tal|min** unecht

Tal|mud [hebr.] *m. Gen.*-s *nur Ez.* Sammlung der Gesetze, Lehren und relig. Überlieferungen des nachbibl. Judentums; **Tal|mu|dist** *m.10* Kenner des Talmuds

Ta|lon [-lɔ̃, frz.] *m.9* 1 Gutschein; 2 *bei Wertpapieren:* Erneuerungsschein; 3 Zinsabschnitt; 4 *Kartenspiel:* nicht verteilter Kartenrest; 5 *Domino:* Kaufstein

Ta|ma|rin|de [arab.] *w.11* ein trop. Baum (Hülsenfrüchtler)

Ta|ma|ris|ke [lat.] *w.11* Angehörige einer Gattung heidekrautähnl. Sträucher

Tam|bour [-bu:r, arab.] *m.1, schweiz. m.12* 1 *Mil.:* Trommler; 2 *Baukunst:* mit Fenstern versehener Sockel einer Kuppel; **Tam|bour-ma|jor** *m.1* Leiter eines Spielmannszuges; **Tam|bur** *m.1* Stickrahmen; **tam|bu|rie|ren** 1 mit Kettenstichen besticken; 2 Haare (in eine Perücke) einknoten; **Tam|bu|rin** *s.1* 1 kleine, flache Handtrommel mit Schellen; 2 kleines, flaches, trommelartiges Gerät zum Ballspiel

Ta|mil *s. Gen.*-(s) *nur Ez.* zu den drawid. Sprachen gehörende Sprache der Tamilen; **Ta|mi|le** *m.11* Angehöriger eines drawid. Volksstammes im Süden Vorderindiens und auf Ceylon

Tam|pon [auch: tãpɔ̃, frz.] *m.9* Watte- oder Zellstoffbausch; **Tam|po|na|de** *w.11* Ausstopfen (von Körperhöhlen) mit Tampons; **tam|po|nie|ren** mit Tampons ausstopfen

Tam|tam [Hindi] 1 [auch: tam-] *s.9* ostasiat. Musikinstrument, Gong; 2 *s.9 nur Ez. ugs.:* Aufhebens, Aufwand, Getue

Ta|na|gra|fi|gu|ren [auch: ta-, nach dem griech. Fundort Tanagra] *w.10 Mz.* zierl., bemalte Tonfigürchen des 4.–3. Jh. v. Chr.

Tan|dem [lat.] *s.9* 1 Fahrrad für zwei Fahrer hintereinander; 2 Maschine mit zwei hintereinandergeschalteten Antrieben

tang *Abk. für* Tangens

Tang *m.1 Sammelbez. für* mehrere Formen der Braunalgen

Tan|gens [lat.] *m. Gen.- Mz.-* (*Abk.:* tang, tg) *Math.:* eine Winkelfunktion, Verhältnis der Gegenkathete zur Ankathete; **Tan|gen|te** *w.11* Gerade, die eine Kurve in einem Punkt berührt; **tan|gen|ti|al** [-tsjal] eine Kurve oder gekrümmte Fläche in einem Punkt berührend; **tan|gie|ren** 1 berühren (Kurve oder gekrümmte Fläche); 2 *übertr.:* berühren, betreffen

Tan|go [span.] *m.9* ein Gesellschaftstanz

Tank [Herkunft unsicher] *m.9 oder m.1* 1 großer Behälter für feuergefährl. Flüssigkeiten; 2 *früher Bez. für* Panzerkampfwagen

Tan|ka [jap.] *s. Gen.*-(s) *Mz.* - jap. Kurzgedicht aus einer drei- und einer zweizeiligen Strophe

tan|ken aufnehmen, einfüllen (Treibstoff); **Tan|ker** *m.5* Schiff, das Flüssigkeit, bes. Treibstoff, befördert

Tan|nat *s.1* Salz der Gerbsäure; vgl. Tannin; **tan|nie|ren** [frz.] mit Tannin beizen; **Tan|nin** *s.1 nur Ez.* (meist aus Gallen gewonnener) Gerbstoff

Tan|tal [griech.] *s. Gen.*-s *nur Ez.* (*Zeichen:* Ta) chem. Element; **Tan|ta|lus|qua|len** [nach dem König Tantalus der griech. Sage] *w.10 Mz.* Qualen, die man aussteht, wenn man etwas Ersehntes, das erreichbar ist, nicht bekommt

Tan|tie|me [tãtjɛmə, frz.] *w.11 meist Mz.* Gewinnanteil

tant mieux [tã miø, frz.] um so besser

Tan|tris|mus [sanskr.] *m. Gen.- nur Ez.* ind. Lehre, daß alles im Weltall in myst. Verbindung miteinander stehe

Tao [tau, chin. „Weg"] *s. Gen.- nur Ez. chin. Philos.:* der Urgrund alles Seins sowie der Weg dorthin; **Tao|is|mus** *m. Gen.- nur Ez.* die Lehre vom Tao

Tape [tεip, engl.] *s.9* 1 Papierstreifen zum Aufnehmen von Morsezeichen; 2 Tonband; **Tape-Re|cor|ding** [-rikɔr-] *s.9* das Aufnehmen auf Tonband

Ta|pet [lat.] *s.1 urspr.:* Tischdecke auf dem Sitzungstisch: *nur noch in der Wendung* etwas aufs Tapet bringen: etwas zur Sprache bringen; **Ta|pe|te** *w.11* Papier, Seide oder

Leder zum Verkleiden von Wandflächen; **ta|pe|zie|ren** mit Tapete bekleben
Ta|pio|ka [Tupispr.] *w. Gen. - nur Ez.* aus den Knollen des Manioks gewonnene Stärke
Ta|pir [österr.: -pir, indian.] *m. 1* ein schweinähnl. Huftier
Ta|pis|se|rie [frz.] *w. 11* **1** Teppichwirkerei; **2** Wandteppich; **3** Kreuzstichstickerei auf gitterartigem Gewebe
Ta|ra [ital.] *w. Gen. - Mz.*-ren **1** Gewicht der Verpackung; **2** die Verpackung selbst
Ta|ran|tel [ital.] *w. 11* eine Wolfsspinne; **Ta|ran|tel|la** *w. 9 Mz. auch:* -len lebhafter ital. Volkstanz
Ta|rar [frz.] *m. 1* Gerät zum Reinigen von Getreide
Tar|busch [arab.] *m. 9 arab. Bez. für* Fes
Ta|ren *Mz. von* Tara; **ta|rie|ren** ein Gefäß, eine Verpackung t.: sein bzw. ihr Gewicht feststellen
Ta|rif [arab.-ital.] *m. 1* **1** festgelegte Summe für Preise, Löhne, Gehälter, Steuern usw.; **2** amtl. Verzeichnis davon; **Ta|ri|feur** [-før] *m. 1* jmd., der Tarife bestimmt; **ta|ri|fie|ren** etwas t.: den Tarif von etwas festsetzen, in einen Tarif aufnehmen
Tar|la|tan [frz.] *m. 1* durchsichtiges, gestreiftes Baumwollgewebe
Ta|ro [polynes.] *m. 9* stärkehaltiger Wurzelstock einer trop. Nutzpflanze
Ta|rock [ital.] *s. oder m. Gen.*-s *nur Ez.* ein Kartenspiel für drei Spieler; **ta|rockie|ren** (-rok|kie-) *im Tarock:* Trumpf ausspielen
Tar|pan *m. 1* ausgestorbenes europäisches Wildpferd
Tar|sus [griech.] *m. Gen. - Mz.*-sen **1** Fußglied (der Gliederfüßer); **2** Fußwurzel; **3** Lidknorpel (im Oberlid)
Tar|tan [tartən, engl.] *m. 9* **1** dicke, wollene, karierte Reisedecke; **2** Wollstoff mit schott. Muster; **3** Kunststoff zum Beschichten von Sportbahnen
Tar|ta|ne [arab.-ital.] *w. 11* einmastiges Fischerboot
Tar|tar *m. 10 fälschlich für* Tatar
Tar|ta|ros [griech.] *m. Gen. - nur Ez. griech. Myth.:* tiefster Teil der Unterwelt; **Tar|ta|rus** *m. Gen. - nur Ez.* **1** *lat. Form von* Tartaros; **2** Weinstein; **Tar|trat** *s. 1* Salz der Weinsäure
Tar|tüff [nach Tartuffe, der Titelgestalt einer Komödie von Molière] *m. 9* Heuchler
TASS *w. Gen. -* Nachrichtenagentur der UdSSR
Ta|sta|tur [ital.] *w. 10* Gesamtheit der Tasten (an Klavier, Schreibmaschine usw.); **Ta|ste** *w. 11* Hebel, der mit dem Finger heruntergedrückt wird
Ta|tar *m. 10* **1** Angehöriger eines mongol. Volksstammes; **2** *auch:* Angehöriger eines mongol.-türk. Mischvolkes in der UdSSR; **Ta|tar|beef|steak** [-bi:fstɛk] *s. 9* rohes, gehacktes, mit Ei, Zwiebel, Essig und Öl angemachtes Rindfleisch; **Ta|ta|ren|nach|richt** *w. 10* erfundene, aber wahr erscheinende Nachricht
ta|tau|ie|ren [tahit.], **tä|to|wie|ren** jmdn., einen Körperteil t.: mit Nadelstichen farbige, nicht mehr entfernbare Zeichnungen in die Haut einbringen; **Tä|to|wie|rung** *w. 10* **1** das Tätowieren; **2** tätowiertes Bild oder Zeichen auf der Haut
Tat|ter|sall [nach dem Engländer R. Tattersall] *m. 9* Reithalle, Reitbahn
tau|schie|ren [arab.] Metall t.: mit anderem, edlerem Metall durch Einhämmern verzieren
Tau|ta|zis|mus [griech.] *m. Gen. - Mz.*-men unschöne Häufung gleicher Anfangslaute in mehreren aufeinanderfolgenden Wörtern;
Tau|to|lo|gie *w. 11* Bezeichnung derselben Sache durch mehrere Ausdrücke, z. B. alter Greis, schon bereits; **Tau|to|me|rie** *w. 11 nur Ez.* ein chem. Gleichgewicht infolge Protonenumlagerung
Ta|ver|ne [lat.] *w. 11* Schenke
Ta|xa|me|ter [lat. + griech.] *s. 5* **1** *in Mietautos:* Fahrpreisanzeiger; **2** *veraltet für* Taxi; **Ta|xa|ti|on** [-tsjon, lat.] *w. 10* Schätzung; **Ta|xa|tor** *m. 13* jmd., der etwas taxiert; **Ta|xe** *w. 11* **1** festgesetzter Preis; Gebühr, Abgabe, z. B. Kurtaxe; **2** → Taxi; **ta|xen** → taxieren; **Ta|xi** [Kurzw.] *s. 9, schweiz. auch: m. 9* Personenkraftwagen, den man einschließlich Fahrer für kurze Strecken mieten kann, Mietauto
Ta|xi|der|mie [griech.] *w. 11 nur Ez.* das Ausstopfen (von Tieren)
Ta|xie [griech.] *w. 11* durch Reiz von außen ausgelöste und auf diesen gerichtete Bewegung (von Pflanzen)
ta|xie|ren [lat.] schätzen
Ta|xi|girl [-gə:l, lat. + engl.] *s. 9* in Tanzlokalen angestellte Tanzpartnerin
Ta|xis *w. Gen. - Mz.* -xen → Taxie
Ta|xo|no|mie [griech.] *w. 11* Einordnung in ein biolog. System
Tax|preis *m. 1* durch Taxieren ermittelter Preis
Ta|xus [lat.] *m. Gen. - Mz. -* Eibe
Tax|wert *m. 1* durch Taxieren ermittelter Wert
Tb **1** *chem. Zeichen für* Terbium; **2** *Abk. für* Tuberkulose
Tbc *Abk. für* Tuberkulose
Tc *chem. Zeichen für* Technetium
Te *chem. Zeichen für* Tellur
Teach-in [ti:tʃ-, engl.] *s. 9* Informationsveranstaltung von Studenten zu einem bestimmten Thema
Teak|holz [tik-] *s. 4* Holz des Teakbaums
Team [tim, engl.] *s. 9* **1** *Sport:* Mannschaft; **2** *allg.:* Arbeitsgruppe; **Team|tea|ching** [timti:tʃiŋ] *s. 9* Vorlesungsreihe, in der mehrere Dozenten nacheinander ein Thema von verschiedenen Seiten beleuchten; **Team|work** [timwə:k] *s. 9 nur Ez.* gute Zusammenarbeit,

Arbeit eines gut aufeinander abgestimmten Teams
Tea|room [ti:ru:m, engl.], **Tea-Room** *m.9 in Hotels und Restaurants:* Teestube; **2** *schweiz.:* Café oder Restaurant, in dem nur alkoholfreie Getränke ausgeschenkt werden
Tech|ne|ti|um [-tsjum, griech.] *s. Gen.*-s *nur Ez.* (*Zeichen:* Tc) ein chem. Element
Tech|nik [griech.] *w.10* **1** *nur Ez.* die Gesamtheit aller Mittel, die Natur dem Menschen nutzbar zu machen; **2** *nur Ez. Sammelbez. für* die Ingenieurwissenschaften; **3** Gesamtheit der Regeln und Verfahren einer Tätigkeit, z. B. Fahrtechnik; **4** *österr.:* Technische Hochschule; **Tech|ni|ker** *m.5* **1** Facharbeiter oder Fachmann auf einem Gebiet der Technik; **2** jmd., der technisch bes. begabt ist; **Tech|ni|kum** *s. Gen.*-s *Mz.*-ken techn. Fachschule; **tech|nisch** die Technik betreffend, zu ihr gehörend, auf ihr beruhend; **tech|ni|sie|ren** auf techn. Betrieb umstellen, für techn. Betrieb einrichten; **Tech|ni|zis|mus** *m. Gen.* - *Mz.*-men techn. Ausdruck, techn. Redewendung; **Tech|no|kra|tie** *w.11 nur Ez.* in den USA entstandene Lehre, daß Technik und Techniker Wirtschaft und Gesellschaft beherrschen (bzw. beherrschen sollten); *auch:* die techn. Führungsschicht; **Tech|no|lekt** *m.1* Fachsprache; **Tech|no|lo|gie** *w.11 nur Ez.* Lehre von den techn. Produktionsverfahren, Herstellungs- und Verarbeitungskunde; **tech|no|morph** durch die Technik geformt; vgl. biomorph, soziomorph
Tech|tel|mech|tel [ital.?] *s.5* Liebelei, Liebesverhältnis
Te|de|um [lat., Anfangsworte des Hymnus Te Deum laudamus „Dich, Gott, loben wir"] *s.9* altkirchl. Lobgesang
TEE *Abk. für* Trans-Europ-Express
Tee [chin.-engl.] *m.9* **1** die aufbereiteten Blätter des Teestrauchs; **2** Getränk daraus; **3** Aufguß der getrockneten Teile, meist Blätter oder Blüten, bestimmter Pflanzen; **Tee|in** *s.1 nur Ez.* → Tein
Teen [ti:n] *m.9,* **Teen|ager** [ti:nɛidʒər, engl.] *m.5* Mädchen (oder Junge) zwischen 13 und 19 Jahren
Te|fil|la [hebr.] *w. Gen.* - *nur Ez.* jüd. Gebet und Gebetbuch; **Te|fil|lin** *Mz.* jüd. Gebetsriemen
Tef|lon *s.1* ⓦ Kunststoff zum Imprägnieren, Beschichten u. a.
Te|in *s.1 nur Ez.* im Tee enthaltenes Koffein
Teint [tɛ̃, frz.] *m.9* Farbe, Zustand der Gesichtshaut
tek|tie|ren [lat.] durch Überkleben unkenntlich machen (Text); **Tek|to|ge|ne|se** *w.11* Gebirgsbildung; **Tek|to|nik** *w.10 nur Ez.* **1** Lehre vom Aufbau und von den Bewegungen der Erdkruste; **2** Lehre vom Zusammenfügen von Einzelteilen, bes. der Bauteile, zu einem Ganzen; **3** Lehre vom inneren Aufbau eines Kunstwerkes; **tek|to|nisch** **1** den Bau der Erdkruste betreffend; durch Bewegungen der Erdkruste hervorgerufen; **2** den Aufbau, die Gliederung betreffend; **Tek|to|nit** *s.1* durch tekton. Veränderungen geformtes Gestein; **Tek|tur** *w.10 Buchw.:* **1** Decke, Deckblatt; **2** Berichtigung (eines Textes) durch Überkleben
Te|le|di|dak|tik [griech.] *w.10 nur Ez.* Lehrmethode mit Hilfe des Fernsehens; **Te|le|fon** *s.1* Fernsprecher; **Te|le|fo|nat** *s.1* Telefongespräch; **Te|le|fo|nie** *w.11 nur Ez.* Fernsprechwesen; **te|le|fo|nie|ren** mittels Telefon (mit jmdm.) sprechen; **Te|le|fo|ni|stin** *w.10* Angestellte, die Telefongespräche vermittelt; **te|le|gen** für Fernsehaufnahmen geeignet; **Te|le|go|nie** *w.11* angebl. Beeinflussung späterer Geburten durch den, der die erste Befruchtung vollzogen hat; **Te|le|graf** *m.10 eindeutschende Schreibung von* Telegraph; **Te|le|gramm** *s.1* telegraphisch übermittelte Nachricht; **Te|le|gramm|adres|se** *w.11* verkürzte Adresse für Telegramme; **Te|le|graph** *m.10* Gerät zur Nachrichtenübermittlung durch elektr., akust. oder opt. Zeichen: **Te|le|gra|phie** *w.11 nur Ez.* Nachrichtenübermittlung durch Telegraphen; **te|le|gra|phie|ren** durch Telegraph übermitteln; **te|le|gra|phisch** mittels Telegraphs, zur Telegraphie gehörend, auf ihr beruhend; **Te|le|gra|phist** *m.10* Angestellter, der telegraphisch Nachrichten übermittelt; **Te|le|ki|ne|se** *w.11 Okkultismus:* angebl. Bewegung von Gegenständen durch übersinnl. Kräfte; **Te|le|kol|leg** *s.9* allgemeinbildender oder fachl. Fernunterricht im Fernsehen; **Te|le|la|bor** *s.9* Einheit von mehreren Schülerarbeitsplätzen, an denen je ein Monitor montiert ist (für Fernsehunterricht); **Te|le|me|ter** *s.5* Entfernungsmesser; **Te|le|me|trie** *w.11 nur Ez.* Messen von Entfernungen; **Te|le|ob|jek|tiv** *s.1* langbrennweitiges Objektiv zur Aufnahme weit entfernter Gegenstände; **Te|leo|lo|gie** *w.11 nur Ez.* Lehre, daß die Entwicklung der Natur zweckmäßig und zielgerichtet sei; **Te|le|osti|er** *m.5* Knochenfisch; **Te|le|pa|thie** *w.11 nur Ez.* Wahrnehmung von Vorgängen über weite Entfernung oder Übertragung von Gedanken ohne Hilfe der Sinnesorgane; **te|le|pa|thisch** auf Telepathie beruhend; **Te|le|phon** *s.1 ältere Schreibung von* Telefon; **Te|le|pho|to|gra|phie** *w.11* Photographie mit Teleobjektiv, Fernphotographie; **Te|le|play|er** [-plɛiər, griech. + engl.] *m.5* ein EVR-Abspielgerät; **Te|le|skop** [griech.] *s.1* Fernrohr; **Te|le|skop|au|ge** *s.14 bes. bei Tiefseefischen:* längsachsig gestrecktes Auge; **te|le|sko|pisch** mittels Teleskops; **Te|le|type|set|ter** [-taip-, griech. + engl.] *m.5* ferngesteuerte Setzmaschine; **Te|le|un|ter|richt** *m.1 nur Ez.* Unterricht mittels Fernsehens, schulinternes Fernsehen; **Te|le|vi|si|on** (*Abk.:* TV)

w. 10 nur Ez. Fernsehen; **Te|lex** [Kurzw. aus engl. Teleprinter exchange] *s. Gen. - nur Ez.* Fernschreibernetz

Tel|lur [lat.] *s. Gen.*-s *nur Ez.* (*Zeichen:* Te) ein chem. Element; **tel|lu|risch** von der Erde herrührend, Erd...; **Tel|lu|rit** *s. 1* Salz der tellurigen Säure; **Tel|lu|ri|um** *s. Gen.*-s *Mz.* -ri|en Gerät zum Veranschaulichen der Bewegungen von Erde, Sonne und Mond

tel quel [tɛlkɛl, frz. „so wie"] internationale Handelsformel für den Ausschluß von Gewährleistungsansprüchen

Tem|pel [lat.] *m. 5* **1** geheiligte, kult. Zwekken dienende Stätte; **2** einer Gottheit geweihter, nichtchristl. Bau; jmdn. zum T. hinausjagen *übertr. ugs.:* jmdn. hinauswerfen; **Tem|pel|herr** *m. 10* Angehöriger des Templerordens, eines geistl. Ritterordens zum Schutz des Heiligen Grabes; **Tem|peln** *s. Gen.*-s *nur Ez.* ein Kartenglücksspiel

Tem|pe|ra|far|be [lat.] *w. 11* mit Bindemitteln versetzte Farbe, die rasch trocknet und danach wasserunlöslich wird; **Tem|pe|ra|ma|le|rei** *w. 10 nur Ez.* Malerei mit Temperafarben

Tem|pe|ra|ment [lat.] *s. 1* **1** *i. w. S.:* angeborene Wesensart, Gemütsart; **2** *nur Ez., i. e. S.:* Lebhaftigkeit, Erregbarkeit, Schwung, Beweglichkeit, Munterkeit

Tem|pe|ra mu|tan|tur [lat.] Die Zeiten ändern sich

Tem|pe|ra|tur [lat.] *w. 10* **1** Wärmegrad, Wärmezustand; **2** leichtes Fieber; **3** *bei Tasteninstrumenten:* temperierte Stimmung; **Tem|pe|renz** *w. 10 nur Ez.* Mäßigkeit, bes. bezüglich des Alkoholgenusses; **Tem|pe|renz|ler** *m. 5* Angehöriger eines Temperenzvereins; **Tem|pe|renz|ver|ein** *m. 1* Verein zur Verbreitung der Enthaltsamkeit von Alkohol; **Tem|per|guß** *m. 2* ein Gußverfahren mittels Tempern; **tem|pe|rie|ren** **1** in gleichmäßige Temperatur bringen (Räume); **2** *übertr.:* mäßigen, mildern; **3** temperierte Stimmung *Mus.:* Stimmung (von Instrumenten) auf Grund der in zwölf Halbtöne eingeteilten Oktave; **tem|pern** [engl.] erhitzen zwecks Änderung der Materialeigenschaften

Tem|pest [engl.] *s. 9* Segelboottyp sowie olymp. Segelklasse

tem|pie|ren [lat.] ein Geschoß tempieren: den Zeitzünder eines Geschosses einstellen; **Tem|pi pas|sa|ti** [ital.] *Mz.* vergangene Zeiten

Temp|ler *m. 5* → Tempelherr

Tem|po [lat.-ital.] *s. 9* *Mus.:* *Mz.*-pi Geschwindigkeit, Schnelligkeit; **Tem|po|ra** *Mz. von* Tempus; **tem|po|ral** **1** das Tempus betreffend, zeitlich; **2** zu den Schläfen gehörend; vgl. Temporalis

Tem|po|ra|li|en [lat.] *Mz.* **1** kirchl. Vermögen, kirchl. Einkünfte; **2** weltl. Hoheitsrechte der Kirche; **Tem|po|ra|lis** *w. Gen.- Mz.*-les [-le:s] *Med.:* Schläfe; **tem|po|rär** zeitweilig, vorübergehend, nicht dauernd; **Tem|pus** *s. Gen.*- *Mz.*-po|ra Zeitform des Verbums, z. B. Präsens

ten. *Abk. für* tenuto

Te|na|kel [lat.] *s. 5* Manuskripthalter (des Schriftsetzers)

Te|na|zi|tät [lat.] *w. 10 nur Ez.* **1** Zähigkeit, Ziehbarkeit, Zug-, Reißfestigkeit; **2** Beharrlichkeit, Ausdauer, Hartnäckigkeit

Ten|denz [lat.] *w. 10* **1** Streben, Neigung, Hang; **2** erkennbare Absicht (eines Buches, Theaterstücks); **3** *Börse:* Stimmung; **ten|den|zi|ell** der Tendenz nach; **ten|den|zi|ös** eine Tendenz erkennen lassend, parteilich gefärbt

Ten|der [engl.] *m. 5* **1** Vorratswagen für die Dampflokomotive (mit Kohle, Wasser usw.); **2** Begleit-, Versorgungsschiff

ten|die|ren [lat.] zu etwas t.: zu etwas neigen

Ten|nis [lat.-frz.] *s. Gen. - nur Ez.* ein Ballspiel zwischen zwei oder vier Spielern

Ten|no [jap.] *m. 9* Titel des jap. Kaisers

Te|nor [lat.] *m. Gen.*-s *nur Ez.* **1** Inhalt, Sinn, Haltung, Einstellung; der T. eines Briefes; **2** *Rechtsw.:* entscheidender Teil eines Urteils; **3** *Mus. des MA:* den Cantus firmus bildende Hauptmelodiestimme; **Te|nor** [ital.] *m. 2* **1** hohe Stimmlage der Männer; **2** Sänger mit dieser Stimme; **3** Gesamtheit der hohen Männerstimmen im Chor; **4** Stimmlage bei Musikinstrumenten, z. B. Tenorblockflöte; **te|no|ral** tenorartig, in Tenorlage; **Te|nor|buf|fo** *m. 9* Rollenfach des komischen Tenors

Te|no|to|mie [griech.] *w. 11* Sehnendurchtrennung

Ten|si|on [lat.] *w. 10* Spannung, Druck (von Gasen, Dämpfen)

Ten|sor [lat.] *m. 13* **1** Spannmuskel; **2** eine mathemat. Rechengröße

Ten|ta|kel [lat.] *m. 5 oder s. 5* *bei fleischfressenden Pflanzen:* Fanghaar; **2** *bei wirbellosen Wassertieren:* Fühler oder Fangarm; **Ten|ta|ku|lit** *m. 10* ein fossiles, wahrscheinlich zu den Mollusken gehörendes Tier; **Ten|ta|ku|li|ten|kalk** *m. Gen.*-(e)s *nur Ez.* von Tentakuliten gebildete Kalkablagerung

ten|tie|ren [lat.] *österr.:* beabsichtigen, vorhaben

Te|nu|is [lat.] *w. Gen.- Mz.*-nu|es [-e:s] stimmloser Verschlußlaut, p, t, k

te|nu|to [ital.] (*Abk.:* ten.) *Mus.:* in gleicher Tonstärke gehalten

Te|phrit [griech.] *m. 1* ein Ergußgestein

Te|pi|da|ri|um [lat.] *s. Gen.*-s *Mz.*-ri|en **1** *im röm. Bad:* Warmluftraum; **2** *veraltet:* Gewächshaus mit mittlerer Temperatur

Te|qui|la [tekila, indian.] *m. Gen.*-(s) *nur Ez.* mexikan. Branntwein aus Agavensaft

Te|ra... [griech.] (*Abk.:* T) *in Zus.:* das Billionenfache (einer Maßeinheit), 10^{12}

Te|ra|to|lo|gie [griech.] *w. 11 nur Ez.* Lehre von den Mißbildungen der Lebewesen; **Te|ra|tom** *s. 1* angeborene Geschwulst

Ter|bi|um [nach dem schwed. Ort Ytterby]

s. Gen.-s *nur Ez.* (*Zeichen:* Tb) chem. Element, ein Metall der seltenen Erden
Te|re|bin|the [griech.] *w. 11* eine Pistazienart
Term [lat.] *m. 1* **1** *Math.:* Glied einer Formel, einer Reihe oder eines Produktes; **2** *Phys.:* ein bestimmter Energiezustand, den ein atomares System aus Elektronen und Atomen in der Gesamtheit seiner möglichen Zustände gerade einnimmt
Ter|min [lat.] *m. 1* bestimmter Zeitpunkt, z. B. für Zahlungen, Verhandlungen; **Ter|mi|nal** [engl.: təminəl] *s. 9* **1** *Verkehrswesen:* Endstation; **2** *Datenverarbeitung:* Datenausgabe; **Ter|min|ge|schäft** *s. 1* Geschäft, das nicht sofort nach Vertragsabschluß, sondern zu einem späteren Termin, aber zum gleichen Kurs erfolgen soll; *Ggs.:* Lokogeschäft; **Ter|mi|ni** *Mz. von* Terminus; **ter|mi|nie|ren** etwas t.: für etwas einen Termin festlegen, etwas befristen; **Ter|mi|nis|mus** *m. Gen.- nur Ez.* Lehre, daß alles Denken nur in Begriffen vor sich gehe; **Ter|min|kurs** *m. 1* Kurs, der einem Termingeschäft zugrunde liegt; **Ter|mi|no|lo|gie** *w. 11* Gesamtheit der Fachausdrücke (eines Wissensgebietes), z. B. medizinische T.; **Ter|mi|nus** *m. Gen.- Mz.*-ni **1** Zeitpunkt, Stichtag; Terminus ad quem: Zeitpunkt, bis zu dem etwas befristet ist oder ausgeführt sein muß; Terminus a quo: Zeitpunkt, von dem an etwas ausgeführt werden muß, an dem etwas beginnt; **2** *eigtl.:* Terminus technicus: Fachausdruck
Ter|mi|te [lat.] *w. 11* ein staatenbildendes Insekt, Weiße Ameise
Ter|mon [Kunstw. aus terminieren und Hormon] *s. 1 bei Algen:* geschlechtsbestimmender Wirkstoff
ter|när [lat.] aus drei Einheiten oder Stoffen bestehend, dreifach
Ter|pen [griech.] *s. 1* aus Isopreneinheiten aufgebauter Kohlenwasserstoff; **Ter|pen|tin** *s. 1, österr. auch m. 1* Balsam von verschiedenen Nadelbäumen
Ter|rain [-rɛ̃, frz.] *s. 9* **1** Gelände; **2** Baugrundstück; **Ter|ra in|co|gni|ta** [lat.] *w. Gen.-- nur Ez.* unbekanntes, unerforschtes Land, etwas Unerforschtes; **Ter|ra|kot|ta** [ital.] **1** *w. Gen.- nur Ez.* gebrannter Ton; **2** *w. Gen.- Mz.*-ten kleine Figur aus gebranntem Ton; **Ter|ra|kot|te** *w. 11* → Terrakotta (2); **Ter|ra|ri|um** [lat.] *s. Gen.*-s *Mz.* -ri|en Behälter zum Halten von kleinen Kriechtieren und Lurchen; **Ter|ras|se** [frz.] *w. 11* **1** waagerechte Stufe im Gelände; **2** an ein Haus angebauter, ebenerdiger oder leicht erhöhter Platz; **ter|ras|sie|ren** terrassenförmig, stufenförmig anlegen; **Ter|raz|zo** [ital.] *m. Gen.*-s *Mz.*-zi mosaikartiger Fußboden aus kleinen, farbigen Steinen und Zement; **ter|re|strisch** [lat.] **1** zur Erde gehörig, Erd..., irdisch; **2** zum Festland gehörig, auf dem Festland entstanden, auf ihm lebend
Ter|ri|er [engl.] *m. 5* kleine bis mittelgroße Hunderasse
ter|ri|gen [lat. + griech.] *Biol.:* vom Festland stammend
Ter|ri|ne [frz.] *w. 11* Schüssel, *bes.:* Suppenschüssel
ter|ri|to|ri|al [lat.] zu einem Territorium gehörig, auf einem Territorium beruhend, es beherrschend; **Ter|ri|to|ria|lis|mus** *m. Gen.- nur Ez.* → Territorialsystem; **Ter|ri|to|ria|li|tät** *w. 10 nur Ez.* Zugehörigkeit zu einem Territorium; **Ter|ri|to|ria|li|täts|prin|zip** *s. Gen.* -s *nur Ez.* **1** Grundsatz, daß jeder, der sich in einem Staat aufhält, dessen Gewalt untersteht; **2** Grundsatz, daß jeder auf dem Gebiet eines Staates Geborene mit der Geburt dessen Staatsangehörigkeit erwirbt; **3** Grundsatz, daß eine Straftat nach den Gesetzen des Staates, in dem sie begangen wurde, bestraft wird, ohne Rücksicht auf die Staatsangehörigkeit des Täters; *Ggs.:* Personalitätsprinzip; **Ter|ri|to|ri|al|sy|stem** *s. 1* Staatsform, in der die Kirche dem Staat untergeordnet ist; **Ter|ri|to|ri|um** *s. Gen.*-s *Mz.* -ri|en Land, Gebiet, Hoheitsgebiet
Ter|ror [lat.] *m. Gen.*-s *nur Ez.* **1** Schrecken infolge von ausgeübter oder angedrohter Gewalt; **2** brutales Vorgehen, Schreckensherrschaft; **ter|ro|ri|sie|ren** durch Gewaltakte in Schrecken versetzen; **Ter|ro|ris|mus** *m. Gen.- nur Ez.* Anwendung von Gewalt zur Durchsetzung polit., militär. od. krimineller Ziele, Gewalt-, Schreckensherrschaft; **Ter|ro|rist** *m. 10* jmd., der Terror ausübt
Ter|tia [-tsja, lat.] *w. Gen.- Mz.*-ti|en [-tsjən] **1** vierte (Untertertia) und fünfte Klasse (Obertertia) des Gymnasiums; **2** *nur Ez.* ein Schriftgrad, 16 Punkt; **Ter|tia|na|fie|ber** [-tsja-] *s. 5 nur Ez.* Art der Malaria mit Fieberanfällen an jedem dritten Tag; **Ter|tia|ner** [-tsja-] *m. 5* Schüler der Tertia; **ter|ti|är** [-tsjɛr] **1** die dritte Stelle einnehmend; **2** zum Tertiär gehörig, aus ihm stammend; **Ter|ti|är** [-tsjɛr] *s. 1 nur Ez.* untere Formation des Känozoikums; **Ter|tia|ri|er** [-tsja-] *m. 5* Angehöriger des Tertiarierordens, eines kath. Laienordens; **Ter|tia|wech|sel** *m. 5* dritte Ausfertigung eines Wechsels; **Ter|ti|um com|pa|ra|tio|nis** [-tsjum -tsjo-] *s. Gen.-- Mz.*-tia -nis Vergleichspunkt, dritter Faktor, der zwei zu vergleichende Dinge verbindet; **Ter|ti|us gau|dens** [-tsjus] *m. Gen.-- nur Ez.* der sich freuende (lachende) Dritte
Te|ryl|len [Kunstw.] *s. Gen.*-s *nur Ez.* eine Kunstfaser
Terz [lat.] *w. 10* **1** dritter Ton der diaton. Tonleiter; **2** Intervall von drei Tonstufen; **3** *Fechten:* eine bestimmte Haltung der Klinge; **4** drittes Stundengebet
Ter|ze|rol [ital.] *s. 1* kleine Pistole; **Ter|ze|ro|ne** [lat.] *m. 11* Mischling aus einem europiden und einem Mulatten-Elternteil; **Ter|zett**

[ital.] *s. 1* **1** Musikstück für drei Singstimmen oder drei gleiche Instrumente; **2** die ausführenden Musiker; vgl. Trio; **Ter|zi|är** [lat.] *m. 1* → Tertiarier; **Ter|zi|ne** [ital.] *w. 11* ital. Gedichtform aus dreizeiligen Strophen

Te|sching [Herkunft unsicher] *m. 1* Kleinkalibergewehr oder -pistole

Tes|la [nach dem serbisch-amerik. Physiker N. Tesla] *s. Gen. - Mz. -* (*Zeichen:* T) Maßeinheit der magnetischen Flußdichte; **Tes|la|trans|for|ma|tor** *m. 13* Gerät zur Spannungsumwandlung

Test [engl.] *m. 1 oder m. 9* Versuch, Probe, Untersuchung, Eignungsprüfung

Te|sta|ment [lat.] *s. 1* **1** letztwillige Verfügung, Letzter Wille; **2** Teil der Bibel; Altes, Neues T.; **te|sta|men|ta|risch** durch Testament, letztwillig

Te|stat [lat.] *s. 1* Bescheinigung, schriftl. Bestätigung (bes. über den Besuch von Vorlesungen); **Te|sta|tor** *m. 13* **1** jmd., der ein Testament gemacht hat, Erblasser; **2** jmd., der ein Testat gegeben hat

Te|sta|zee [-tseə, lat.] *w. 11* ein Wurzelfüßer mit Gehäuse, Schalenamöbe

te|sten [engl.] durch Test untersuchen, erproben, prüfen; **Te|ster** *m. 5* Material-, Warenprüfer

te|stie|ren [lat.] bescheinigen

Te|sti|kel [lat.] *m. 5* Hoden

Te|sti|mo|ni|um [lat.] *s. Gen.* -s *Mz.* -ni|en Zeugnis

Te|stis [lat.] *m. Gen. - Mz.* -stes [-ste:s] Hoden; **Te|sto|ste|ron** [lat. + griech.] *s. 1 nur Ez.* ein männl. Geschlechtshormon

Te|ta|nie [griech.] *w. 11 nur Ez.* schmerzhafter Muskelkrampf, Starrkrampf, Spasmophilie; **te|ta|nisch** starrkrampfartig; **Te|ta|nus** *m. Gen. - nur Ez.* Wundstarrkrampf

Te|te [tɛt(ə), frz.] *w. 11* Spitze (einer Marschkolonne); **Tête-à-tête** [tɛtatɛt] *s. 9* trautes Beisammensein, Liebesstündchen

Te|tra|chlor|koh|len|stoff *m. 1 nur Ez.* eine farblose Flüssigkeit, hauptsächlich als Lösungsmittel verwendet; **Te|tra|chord** [-kɔrd, griech.] *m. 1 oder s. 1* Folge von vier Tönen einer Oktave, halbe Oktave; **Te|tra|de** *w. 11* aus vier Einheiten bestehendes Ganzes; **Te|tra|eder** *m. 5* von vier gleichseitigen Dreiecken begrenzter Körper, dreiseitige Pyramide; **Te|tra|edrit** *m. 1* ein Mineral, Fahlerz; **Te|tra|gon** *s. 1* Viereck; **te|tra|go|nal** viereckig; **Te|tra|lo|gie** *w. 11* **1** *im altgriech. Theater:* Folge von drei Tragödien und einem Satyrspiel; **2** aus vier selbständigen Teilen bestehendes Literaturwerk oder Musikdrama; **Te|tra|me|ter** *m. 5* Vers aus vier Versfüßen; **Te|tra|po|de** *m. 11* Vierfüßer; **Te|trarch** *m. 10 Antike:* Herrscher über den vierten Teil eines Landes, Vierfürst; **Te|trar|chie** *w. 11* Herrschaftsgebiet von vier Tetrarchen bzw. eines Tetrarchen; **Te|tro|de** *w. 11* Elektronenröhre mit den vier Polen Anode, Kathode, Steuer- und Schirmgitter, Vierpolröhre

Tex [lat.] *s. Gen. - Mz. -* (*Zeichen:* tex) Maßeinheit zur Bestimmung von Garnen nach Stärke und Gewicht

Text [lat.] **1** *m. 1* Wortlaut; Dichtung (zu einem Musikstück, z. B. Operntext); Bibelstelle (als Grundlage einer Predigt); **2** *w. Gen. - nur Ez.* ein Schriftgrad, 20 Punkt; **tex|ten** einen Schlager- oder Werbetext verfassen; **Tex|ter** *m. 5* Verfasser von Schlager- oder Werbetexten

tex|til [lat.] zur Textiltechnik oder -industrie gehörig; **Tex|ti|li|en** *Mz. Sammelbez. für* Gewebe, Gewirke, Faserstoffe sowie Kleidung und Wäsche

Text|kri|tik *w. 10* Prüfung eines literar. Textes auf seine Echtheit oder um die ursprüngl. Fassung zu ermitteln

Tex|tur [lat.] *w. 10* **1** Gewebe, Faserung; **2** Gefüge, Anordnung (der Teile in einem Stoff); **Tex|tu|ra** *w. Gen. - nur Ez.* got. Schrift

tg *Abk. für* Tangens

Th *chem. Zeichen für* Thorium

Tha|la|mo|phor [griech.] *m. 12* → Foraminifere; **Tha|la|mus** *m. Gen. - Mz.* -mi Ansammlung grauer Substanz im Zwischenhirn, Nervenkerngebiet

tha|las|so|gen [griech.] durch die Tätigkeit des Meeres entstanden; **Tha|las|so|gra|phie** *w. 11 nur Ez.* Meereskunde; **Tha|las|so|me|ter** *s. 5* **1** Meerestiefenmesser; **2** Gezeitenmesser

Thal|li|um [griech.] *s. Gen.* -s *nur Ez.* (*Zeichen:* Tl) chem. Element, ein Metall

Thal|lo|phyt [griech.] *m. 10* Pflanze, die keine Wurzeln und Sprosse bildet, sondern kugeligen, flächen- oder fadenförmigen Bau hat, Lagerpflanze, z. B. Alge, Pilz, Flechte; *Ggs.:* Kormophyt; **Thal|lus** *m. Gen. - Mz.* -li Körper der Thallophyten

Thau|ma|to|lo|gie [griech.] *w. 11 nur Ez. Theologie:* Lehre von den Wundern; **Thau|ma|turg** *m. 10* Wundertäter

Thea|ter [griech.] *s. 5* **1** *Sammelbez. für* Schauspiel, Oper, Operette, Bühnentanz; **2** Gebäude für deren Aufführungen, Schauspiel-, Opernhaus; **3** Bühne; **4** Gesamtheit der Bühnenwerke eines Volkes oder einer Epoche; **5** *übertr. ugs.:* Aufhebens, Aufregung, Getue

Thea|ti|ner [nach Theate, dem lat. Namen der ital. Stadt Chieti] *m. 5* Angehöriger eines kath. ital. Ordens

Thea|tra|lik [griech.] *w. Gen. - nur Ez.* unnatürl., gespreiztes Wesen; **thea|tra|lisch** **1** zum Theater gehörig; **2** *meist übertr.:* unnatürlich, gespreizt

The|is|mus [griech.] *m. Gen. - nur Ez.* Glaube an einen einzigen, persönl. Gott, der die Welt erschaffen hat und lenkt; vgl. Deismus

The|ke [griech.] *w. 11* Schanktisch; *auch:* Ladentisch

The|le|ma [griech.] *s. Gen.*-s *Mz.*-le|ma|ta *Philos.:* Wille; **The|le|ma|tis|mus** *m. Gen.* - *nur Ez.*, **The|le|ma|to|lo|gie** *w.11 nur Ez.*, **The|lis|mus** *m. Gen.* - *nur Ez.* → Voluntarismus

The|ma [griech.] *s. Gen.*-s *Mz.*-men *oder* -ma|ta **1** Gegenstand, Stoff (einer Abhandlung, eines Aufsatzes, eines Vortrags usw.); **2** Hauptmelodie (eines Musikstücks); **3** Leit-, Grundgedanke; **The|ma|tik** *w.10 nur Ez.* Themenstellung; **the|ma|tisch** zum Thema gehörig, das Thema betreffend

Theo|bro|min [griech.] *s.1 nur Ez.* Alkaloid der Kakaobohne und des Tees

Theo|di|zee [griech.] *w.11* philosoph. Rechtfertigung Gottes; Versuch, den Glauben an Gott mit dem Vorhandensein des Bösen in der Welt in Einklang zu bringen

Theo|do|lit [arab.?] *m.10* Winkelmeßgerät

Theo|gno|sie [griech.], **Theo|gno|sis** *w. Gen.* - *nur Ez.* Gotteserkenntnis; **Theo|go|nie** *w.11 Myth.:* Auffassung, Lehre von der Abstammung der Götter; **Theo|kra|tie** *w.11* Staatsform, bei der staatl. und religiöse Gewalt vereinigt sind und der Herrscher als Vertreter Gottes betrachtet wird; **Theo|la|trie** *w.11* Gottesverehrung; **Theo|lo|gie** *w.11 i. w. S.:* Lehre von den Religionen, Religionswissenschaft; *i. e. S.:* Lehre von der christl. Religion; **Theo|ma|nie** *w.11 nur Ez.* religiöser Wahnsinn; **Theo|man|tie** *w.11* angebl. Weissagung durch göttl. Eingebung; **theo|morph** in göttl. Gestalt (auftretend, dargestellt); **Theo|pha|nie** *w.11* Gotteserscheinung

Theo|phyl|lin [griech.] *s.1 nur Ez.* Alkaloid des Tees, Heilmittel zur Wasserausscheidung

The|or|be [ital.] *w.11, Mus. 16./18. Jh.:* Baßlaute

Theo|rem [griech.] *s.1 bes. Math.:* Lehrsatz; **Theo|re|ti|ker** *m.5* jmd., der eine Sache gedanklich, begrifflich betrachtet oder untersucht, Wissenschaftler; *Ggs.:* Praktiker; **theo|re|tisch** gedanklich, begrifflich; *Ggs.:* praktisch (**1**); **theo|re|ti|sie|ren** eine Sache nur von der gedankl., begriffl. Seite betrachten; **Theo|rie** *w.11* **1** rein gedankl. Betrachtung; *Ggs.:* Praxis (**1**); **2** Lehre, Lehrmeinung; **3** Darstellung gesicherter wissenschaftlicher Erkenntnisse; **4** *übertr.:* wirklichkeitsferne Betrachtungsweise

Theo|so|phie [griech.] *w.11* Lehre, Auffassung, nach der die Welt und ihr Sinn nur in myst. Berührung mit Gott erfaßt werden können

The|ra|peut [griech.] *m.10* jmd., der eine Therapie anwendet, behandelnder Arzt; **The|ra|peu|tik** *w.10 nur Ez.* Lehre von der Behandlung der Krankheiten; **The|ra|peu|ti|kum** *s. Gen.*-s *Mz.*-ka Heilmittel; **the|ra|peu|tisch** mit Hilfe einer Therapie; **The|ra|pie** *w.11* Behandlung von Krankheiten; **the|ra|pie|ren** eine Therapie anwenden

therm..., **Therm...** [griech.] *in Zus.* warm..., Wärme...

ther|mal auf Wärme beruhend, durch sie bewirkt; **Ther|mal|bad** *s.4* Bad von einer warmen Quelle; Ort mit warmer Quelle; **Ther|mal|quel|le** *w.11* warme Quelle; **Ther|me** *w.11* **1** warme Quelle; **2** *Mz., im antiken Rom:* öffentliche Bäder; **Ther|mik** *w.10 nur Ez.* aufwärtsströmende Warmluft; **Therm|ion** *s.12 meist Mz.* aus glühendem Metall austretendes, positiv geladenes Ion; **ther|misch** auf Wärme beruhend; **Ther|mi|stor** *m.13* temperaturabhängiges elektron. Bauelement, dessen Widerstandsänderung bei Temperaturschwankungen zu Meßzwecken ausgenutzt wird; **Ther|mit** *s.1* Ⓦ ein zum Schweißen verwendetes Gemisch (Eisenoxid und Aluminiumpulver); **Ther|mo|che|mie** *w. Gen.* - *nur Ez.* Zweig der Chemie, der sich mit den reaktionsbedingten Wärmemengen befaßt; **Ther|mo|chro|mie** [-krɔ-] *w.11* Farbveränderung (von Stoffen) bei Temperaturveränderungen; **Ther|mo|dy|na|mik** *w.10 nur Ez.* Lehre von den Beziehungen zwischen Wärme und Teilchenbewegung; **ther|mo|elek|trisch** auf Wärme und Elektrizität beruhend; thermoelektrischer Effekt: Umwandlung von Wärmeenergie; **Ther|mo|elek|tri|zi|tät** *w.10 nur Ez.* durch Temperaturdifferenz hervorgerufene elektr. Spannung; **Ther|mo|element** *s.1* Gerät zum Messen von Temperaturdifferenzen; **Ther|mo|graph** *m.10* Gerät zum selbsttätigen Aufzeichnen der Lufttemperatur; **Ther|mo|me|ter** *s.5* Gerät zum Messen der Temperatur; **ther|mo|nu|kle|ar** auf Kernfusion infolge Wärme beruhend; **thermo|phil** wärmeliebend; **Ther|mo|phi|lie** *w.11 nur Ez.* Bevorzugung warmer Lebensräume; **Ther|mo|phor** *m.1* wärmespeicherndes Gerät; **Ther|mo|plast** *m.1* in Wärme formbarer Kunststoff; **ther|mo|pla|stisch** aus Thermoplast; **Ther|mos|fla|sche** *w.11* Gefäß zum Warm- oder Kühlhalten von Speisen und Getränken; **ther|mo|sta|bil** wärmebeständig; **Ther|mo|stat** *m.10* Gerät, das die Temperatur in einem Raum in etwa gleichbleibender Höhe hält, Wärmeregler; **Ther|mo|the|ra|pie** *w.11* Heilbehandlung durch Wärme

the|sau|rie|ren [lat.] ansammeln, anhäufen, horten (Geld, Gold u. ä.); **The|sau|rus** [„Schatzhaus"] *m. Gen.* - *Mz.*-ri *oder* -ren wissenschaftl. Sammlung, *bes.:* großes Wörterverzeichnis alter Sprachen, z. B. Thesaurus linguae Latinae

The|se [griech.] *w.11* (wissenschaftlich zu beweisende) Behauptung, Lehrsatz

The|sis [griech.] *w. Gen.* - *Mz.*-sen **1** *altgriech. Metrik:* betonter Taktteil, Hebung; *Ggs.:* Arsis (**1**); **2** *altröm. Metrik:* unbetonter Taktteil, Senkung; **3** *moderne Metrik:* Hebung; **4** *Mus.:* durch Senken der Hand (beim Dirigieren) gekennzeichneter, betonter Taktteil

Thes|pis|kar|ren [nach dem mutmaßl. Begründer der altathen. Tragödie] *m. 7 scherzh.:* Wanderbühne
The|tik [griech.] *w. 10 nur Ez.* Lehre von den Thesen oder dogmat. Lehren; **the|tisch** in der Art einer These, behauptend
The|urg [griech.] *m. 10* jmd., der sich durch Magie vermeintlich mit Göttern und Geistern in Verbindung setzen kann; **The|ur|gie** *w. 11* Kunst der Götter- und Geisterbeschwörung
Thig|mo|ta|xis [griech.] *w. Gen. - Mz.* -xen *bei Pflanzen und niederen Tieren:* Orientierungsbewegung nach einem Berührungsreiz
Thio|äther [griech.] *m. 5 nur Ez.* eine organ. Schwefelverbindung; **Thio|phen** *s. 1 nur Ez.* ringförmige Kohlenstoffverbindung mit einem Schwefelatom im Ring; **Thio|plast** *m. 1* ein kautschukähnl., schwefelhaltiger Kunststoff
Tho|los [griech.] *w. oder m. Gen. - Mz.* -loi altgriech. Rundbau, dessen Cella von Säulen umgeben ist
Tho|mis|mus *m. Gen. - nur Ez.* Lehre des ital. Philosophen und Theologen Thomas von Aquin
Tho|ra [fachsprachl.: -ra, hebr. „Lehre"] *w. Gen. - nur Ez.* das in den fünf Büchern Mosis enthaltene jüd. Gesetz
tho|ra|kal [griech.] zum Thorax gehörig, von ihm ausgehend; **Tho|rax** *m. 1* **1** *beim Menschen und bei Wirbeltieren:* Brustkorb; **2** *bei Gliederfüßern:* mittlerer Körperabschnitt
Tho|ri|um *s. Gen.* -s *nur Ez.* (*Zeichen:* Th) chem. Element
Thren|odie [griech.] *w. 11,* **Thre|nos** *m. Gen. - Mz.* -noi altgriech. Totenklage, Wechselgesang zwischen Vorsänger und Chor
Thril|ler [θril-, engl.] *m. 5* reißerischer, aufregender Roman, Film u. ä.
Thrips [griech.] *m. Gen. - Mz.* - ein Insekt, Tausendflügler, Fransenflügler
Throm|bin [griech.] *s. 1 nur Ez.* Blutgerinnung bewirkendes Enzym; **Throm|bo|se** *w. 11* Blutgerinnung innerhalb eines Blutgefäßes, bes. einer Vene; **Throm|bo|zyt** *m. 10* Blutplättchen; **Throm|bus** *m. Gen. - Mz.* -ben Blutpfropf innerhalb eines Blutgefäßes, bes. einer Vene
Thron [griech.] *m. 1* **1** prunkvoller Sessel eines Herrschers; **2** *Sinnbild für* Regierung, Herrschergewalt; **thro|nen** feierlich sitzen; **Thron|prä|ten|dent** *m. 10* jmd., der auf den Thron Anspruch erhebt
Thu|ja [griech.], *österr.:* **Thu|je** *w. Gen. - Mz.* -jen ein immergrüner Strauch, Lebensbaum
Thu|li|um *s. Gen.* -s *nur Ez.* (*Zeichen:* Tm) chem. Element
Thun|fisch [griech.-ital.] *m. 1 Sammelbez. für* eine Reihe großer Makrelen
Thy|mi|an [griech.] *m. 1* eine Gewürz- und Heilpflanze
Thy|mus [griech.] *m. Gen. - nur Ez.,* **Thy|mus|drü|se** *w. 11* hinter dem Brustbein liegende Drüse, Wachstumsdrüse, Bries
Thy|ri|stor [griech.] *m. 13* ein Halbleiterbauelement
Thyr|oxin [griech.] *s. 1 nur Ez.* Hauptbestandteil des Schilddrüsenhormons
Thyr|sos [griech.] *m. Gen. - Mz.* -si, **Thyr|sus|stab** *m. 2* mit Weinlaub umwundener Stab des Gottes Dionysos und seines Gefolges
Ti *chem. Zeichen für* Titan (**2**)
Tia|ra [griech.] *w. Gen. - Mz.* -ren **1** hohe, spitze Kopfbedeckung der altpers. Könige; **2** mit einer aus drei Reifen bestehenden Krone verzierte, hohe Mütze des Papstes
Tick [ital.-frz.] *m. 9* **1** zwanghaft in Abständen wiederholte Bewegung; **2** *übertr. ugs.:* Angewohnheit, Schrulle, Klaps
Ticket (Tik|ket) [engl.] *s. 9* Fahr-, Flug-, Eintrittskarte
Tiek|holz *s. 4 eindeutschende Schreibung von* Teakholz
Til|bu|ry [-bəri, engl.] *m. 9* zweirädriger, einspänniger Wagen mit Klappverdeck
Til|de [lat.-span.] *w. 11* **1** Zeichen (~) über einem Vokal zur Bez. der nasalen Aussprache, z. B. port. São, oder über dem n zur Bez. der mouillierten Aussprache, z. B. span. Señor [sɛnjor]; **2** Zeichen für die Wiederholung eines Wortes oder Wortteiles
Tim|bre [tẽbrə, frz.] *s. 9* Klangfarbe (der Singstimme); **tim|brie|ren** [tẽ-] mit einem bestimmten Timbre ausstatten; dunkel timbrierte Stimme
ti|men [taimən, engl.] **1** mit der Stoppuhr messen; **2** eine Handlung, einen Vorgang timen: den richtigen Zeitpunkt, Einsatz dafür festlegen; **Ti|ming** [tai-] *s. Gen.* -s *nur Ez.* das Aufeinanderabstimmen von Vorgängen, um den günstigsten Zeitpunkt für eine Sache festlegen zu können
Ti|mo|kra|tie [griech.] *w. 11* Staatsform, in der die Rechte und Pflichten der Bürger nach ihrem Besitz festgelegt werden
Tim|pa|no [griech.-ital.] *m. Gen.* -s *meist Mz.* -ni Kesselpauke
tin|gie|ren [lat.] *Chem.:* färben; **Tink|ti|on** [-tsjon] *w. 10 Chem.:* Färbung; **Tink|tur** *w. 10* Auszug aus einem pflanzl. oder tier. Stoff
Tin|nef [jidd.] *m. 9 nur Ez. ugs.* **1** wertloses Zeug, Schund; **2** Unsinn, dummes Zeug
Tip [engl.] *m. 9* Wink, Hinweis
Ti|pi [indian.] *s. 9* spitzes Zelt der nordamerik. Prärieindianer; vgl. Wigwam
Ti|pi|ta|ka *s. Gen. - nur Ez.* → Tripitaka
tip|pen [engl.] **1** leicht berühren; jmdn., *oder:* jmdm. auf die Schulter tippen; **2** auf der Maschine schreiben; **3** im Lotto oder Toto spielen
Ti|ra|de [ital.] *w. 11* **1** Wortschwall, Redeerguß; **2** *Mus.:* Lauf schnell aufeinanderfolgender Töne

Ti|ro|li|enne [-ljẹn, frz.] *w. 11* auf Tiroler Liedern beruhender Rundtanz
Ti|ro|ni|sche No|ten *w. 11 Mz.* von dem Freigelassenen Tiro, dem Sekretär Ciceros, entwickeltes Kurzschriftsystem
Ti|tan [griech.] **1** *m. 10 griech. Myth.:* Angehöriger eines Riesengeschlechts; *allg.:* Riese; **2** *s. Gen.* -s *nur Ez.* (*Zeichen:* Ti) chem. Element, ein Metall; **Ti|ta|ni|de** *m. 1* Nachkomme der Titanen; **ti|ta|nisch** riesenhaft; **Ti|ta|nit** *m. 1* ein Mineral; **Ti|ta|no|ma|chie** [-xi] *w. 11* Kampf zwischen Zeus und den Titanen
Ti|tel [auch: tị-, griech.] *m. 5* **1** Überschrift; **2** Amts-, Dienstbezeichnung, ehrenvolle Bez. für jmdn., der sich besondere Verdienste erworben hat; **Ti|tel|lei** *w. 10* dem Text (eines Buches) vorausgehende Seiten
Ti|ter [frz.] *m. 5* **1** in Gramm je Liter angegebener Gehalt von gelöstem Stoff in einer Lösung; **2** Maßbez. für die Feinheit von Textilfasern
Ti|to|is|mus *m. Gen. - nur Ez. Bez. für* die kommunist., aber von der UdSSR unabhängige Politik des jugoslaw. Staatsmannes J. B. Tito
Ti|tra|ti|on [-tsjon] *w. 10* Bestimmung des Titers; **Ti|trier|ana|ly|se** *w. 11* Maßanalyse; **ti|trie|ren** etwas t.: den Titer von etwas bestimmen; **Ti|tri|me|trie** *w. 11* Maßanalyse
Ti|tu|lar [lat.] *m. 1* jmd., der ein Amt nur dem Titel nach innehat, z. B. Titularbischof; **Ti|tu|la|tur** *w. 10* Anrede mit allen Titeln; **ti|tu|lie|ren** mit dem Titel anreden
Tị|vo|li [nach der ital. Stadt] *s. 9* ital. Kugelspiel
Tjạlk [ndrl.] *w. 10* einmastiges Küstensegelboot
tkm *Abk. für* Tonnenkilometer
Tl *chem. Zeichen für* Thallium
Tm *chem. Zeichen für* Thulium
Tme|sis [griech.] *w. Gen. - Mz.* -sen Trennung von eigentlich zusammengehörigen Wörtern, z. B. ich erkenne es an, ich sah ihn bald wieder
TNT *Abk. für* Trinitrotoluol
Toast [toust, engl.] *m. 1* **1** geröstete Weißbrotscheibe; **2** Trinkspruch; einen Toast auf jmdn. ausbringen; **toa|sten** [tou-] **1** rösten (Weißbrot); **2** einen Trinkspruch ausbringen; **Toa|ster** [tou-] *m. 5* Brotröster
To|bak *m. 1 veraltet, nur noch in den scherzhaften Wendungen* Anno Tobak (vgl. anno) *und* starker Tobak: derber Ausdruck, derber Witz, Zumutung
To|bọg|gan [indian.-engl.] *m. 9* **1** kanad. Schlitten ohne Kufen; **2** *auf Jahrmärkten:* Förderband mit anschließender Rutschbahn
Toc|ca|ta [ital.] *w. Gen. - Mz.* -ten frei gestaltetes, bewegtes Musikstück, bes. für Tasteninstrumente
Tọd|dy [Hindi] *m. 9* **1** Palmwein; **2** dem Grog ähnl. Getränk
Tọf|fee [-fi:, engl.] *s. 9* weiches Sahnebonbon
To|ga [lat.] *w. Gen. - Mz.* -gen *im alten Rom:* weites Obergewand für Männer
To|hu|wa|bo|hu [hebr.] *s. 9* Durcheinander, Wirrwarr
Toi|lẹt|te [toa-, frz.] *w. 11* **1** Frisiertisch, Spiegeltisch; **2** festl. Kleidung; **3** Abort, Klosett; **4** *nur Ez.* das Ankleiden und Frisieren; T. machen
To|ka|dil|le [-dịljə, span.] *s. Gen.* -s *nur Ez.* ein Brettspiel
To|kai|er, To|ka|jer [auch: tọ-, nach der ung. Stadt Tokaj] *m. 5* ein ung. Süßwein
Tok|ka|te *w. Gen. - Mz.* -ten → Toccata
To|ko|go|nie [griech.] *w. 11* geschlechtl. Fortpflanzung
to|le|ra|bel [lat.] so, daß man es tolerieren kann, duldbar, erträglich; *Ggs.:* intolerabel; **to|le|rạnt** duldsam, nachsichtig; *Ggs.:* intolerant; **To|le|rạnz** **1** *w. 10 nur Ez.* Duldsamkeit, Nachsicht; *Ggs.:* Intoleranz; **2** *w. 10* zulässige Abweichung; **To|le|rạnz|do|sis** *w. Gen. - Mz.* -sen zulässige Dosis an radioaktiver Strahlung; **to|le|rie|ren** dulden, geschehen lassen
Tọl|patsch [ung.] *m. 1* ungeschickter Mensch
Tol|te|ke *m. 11* Angehöriger eines altmexikan. Kulturvolkes
To|lu|bal|sam [nach der kolumbian. Stadt Tolú] *m. 1* aus einer südamerik. Pflanze gewonnenes Heil-, Räucher- und Kosmetikmittel; **To|lui|din** *s. 1 nur Ez.* ein Toluolabkömmling (für Farbstoffsynthesen u. a.); **To|lu|ol** *s. 1 nur Ez.* ein aromat. Kohlenwasserstoff, Methylbenzol
Tom. *Abk. für* Tomus
To|ma|hawk [tọməhɔ:k, indian.-engl.] *m. 9* Streitaxt der nordamerik. Indianer
To|ma|te [aztek.] *w. 11* **1** eine Gemüsepflanze; **2** deren Frucht
Tọm|bak [siames.] *m. 9 nur Ez.* Kupfer-Zink-Legierung (für unechten Schmuck)
Tọm|bo|la [ital.] *w. 9, Mz. auch:* -len *bei Festen:* Verlosung
Tọm|my [engl. Koseform von Thomas] *m. 9 scherzh.:* engl. Soldat
To|mo|gra|phie [griech.] *w. 11* schichtweises Durchleuchten mit Röntgenstrahlen, Röntgen-Schichtaufnahme
To|mus [griech.] (*Abk.:* Tom.) *m. Gen. - Mz.* -mi *veraltet:* Teil, Band (eines Schriftwerkes)
to|nal [frz.] *Mus.:* auf den Grundton einer Tonart (die Tonika) bezogen; *Ggs.:* atonal; **To|na|li|tät** *w. 10 nur Ez. Mus.:* Bezogenheit (von Tönen) auf den Grundton ihrer Tonart; *Ggs.:* Atonalität
Tọn|do [ital.] *s. 9, Mz. auch:* -di rundes Gemälde oder Relief
Tọ|nic (Wa|ter) [-wɔ:tə, engl.] *s. Gen.* -s *Mz.* -s mit Chinin und Kohlensäure versetztes Mineralwasser
To|ni|ka [ital.] *w. Gen. - Mz.* -ken Grundton

(einer Tonleiter); **To|ni|ka-Do-Me|tho|de** *w. 11 nur Ez.* Methode des Gesangsunterrichts, bei der nach Solmisationssilben gesungen wird

To|ni|kum [griech.] *s. Gen.*-s *Mz.*-ka stärkendes Arzneimittel

to|nisch **1** auf der Tonika aufgebaut; **2** *Med.:* stärkend; tonisches Mittel: Tonikum; **3** den Tonus betreffend; **to|ni|sie|ren** *Med.:* stärken

Ton|na|ge [-ʒə, frz.] *w. 11* in Registertonnen gemessener Rauminhalt (von Schiffen); **Ton|nen|ki|lo|me|ter** *s. 5* (*Abk.:* tkm) *im Gütertransportverkehr:* Maßeinheit für die Arbeitsleistung, das Produkt aus Gewicht und Weg

Ton|sil|le [lat.] *w. 11 meist Mz.* paariges Organ am Gaumen und im Rachen, Mandel; **Ton|sill|ek|to|mie** *w. 11* operative Entfernung der Tonsillen; **Ton|sil|li|tis** *w. Gen.* - *Mz.* -ti|den Mandelentzündung; **Ton|sil|lo|to|mie** *w. 11* operatives Kappen der Tonsillen

Ton|sur [lat.] *w. 10* runde, geschorene Stelle auf dem Kopf von Mönchen; **ton|su|rie|ren** mit einer Tonsur versehen

To|nus [griech.] *m. Gen.* - *nur Ez.* Spannungszustand (des Körpergewebes, bes. von Muskeln)

To|pas [griech.] *m. 1* ein Mineral, ein Edelstein

top|fit [engl.] *Sport:* in bester Form, in bester körperl. Verfassung

To|pik [griech.] *w. 10 nur Ez.* **1** *griech. Rhetorik:* Lehre von den Topoi; vgl. Topos; **2** *veraltet:* Lehre von der Wort- und Satzstellung

To|pi|nam|bur [nach dem südamerik. Indianerstamm der Tupinamba] *m. 9 oder* [-bur] *m. 1 oder w. 10* eine Sonnenblumenart mit eßbarer, kartoffelähnl. Knolle

to|pisch [griech.] *Med.:* äußerlich (wirkend)

Top|ma|nage|ment [-mænidʒmənt, engl.] *s. 9* oberste Leitung (eines Unternehmens); **Top|ma|na|ger** *m. 5* oberster Leiter (eines Unternehmens)

To|po|graph [griech.] *m. 10* Vermessungsingenieur; **To|po|gra|phie** *w. 11* Beschreibung geographischer Örtlichkeiten, Ortskunde, Lagebeschreibung; **To|poi** *Mz. von* Topos; **To|po|lo|gie** *w. 11 Geometrie:* Lehre von der Anordnung von Punktmengen; **Top|ono|ma|stik** *w. 10 nur Ez.* Ortsnamenkunde; **To|pos** *m. Gen.* - *Mz.*-poi **1** *antike Rhetorik:* allgemein anerkannter Gesichtspunkt, Redewendung; **2** *Literaturwissenschaft:* traditionelles Ausdrucksschema

Topp [ndrl.] *m. 1 Seew.:* oberes Ende des Mastes; **top|pen** [engl.] **1** Benzin t.: durch Destillation vom Rohöl trennen; **2** Rahen, Stengen t.: mit einem am Mast befestigten Tau höher oder tiefer stellen

Top|star [engl.] *m. 9 ugs.:* bes. beliebter Bühnen- oder Filmstar

Toque [tɔk, frz.] *w. 9 16. Jh.:* kleiner, barettartiger Hut

tor|die|ren [zu: Torsion] verdrehen

To|rea|dor [span.] *m. 1 oder m. 10* berittener Stierkämpfer; **To|re|ro** *m. 9* Stierkämpfer (zu Fuß)

To|reut [griech.] *m. 10* Kunsthandwerker, der Metalle ziseliert, treibt u. a.; **To|reu|tik** *w. Gen.* - *nur Ez.* künstler. Metallbearbeitung

Tor|kret [lat.] *m. 1 nur Ez.* ⓦ Spritzbeton; **tor|kre|tie|ren** mit Torkret verputzen

Tor|men|till [lat.] *s. Gen.*-s *nur Ez.* **1** eine Heilpflanze, Blutwurz; **2** aus deren Wurzel gewonnenes, zusammenziehendes Heilmittel

Törn [engl.] *m. 9* **1** *Segelsport:* Spazierfahrt, Rundfahrt, Ausflug; vgl. Turn; **2** *Seew.:* Tauschlinge

Tor|na|do [span.] *m. 9* Wirbelsturm im südl. Nordamerika

Tor|ni|ster [slaw.] *m. 5* Ranzen (bes. der Soldaten); *auch:* Schulranzen

To|ro [tɔ-, span.] *m. 9 span. Bez. für* Stier

tor|pe|die|ren [lat.] **1** mit Torpedo beschießen; **2** *übertr.:* zu verhindern suchen, stören;

Tor|pe|do *m. 9* Unterwassergeschoß

tor|pid [lat.] *Med.:* **1** schlaff, regungslos; **2** stumpfsinnig; **Tor|pi|di|tät** *w. 10 nur Ez.*, **Tor|por** *m. Gen.*-s *nur Ez. Med.:* **1** Schlaffheit, Regungslosigkeit; **2** Stumpfsinn

tor|quie|ren [lat.] **1** *veraltet:* quälen, peinigen; **2** *Tech.:* drehen, krümmen

Torr [nach dem ital. Mathematiker E. Torricelli] *s. Gen.* - *Mz.* - Maßeinheit für den Luftdruck

Tor|si|on [lat.] *w. 10 Tech., Med.:* Verdrehung um die eigene Längsachse

Tor|so [griech.-ital.] *m. 9* **1** unvollendete oder nicht vollständig erhaltene Statue; **2** Bruchstück, unvollendetes Werk

Tort [lat.] *m. Gen.*-s *nur Ez.* Kränkung; jmdm. einen Tort antun, jmdm. etwas zum Tort tun

Tor|te [ital.] *w. 11* runder, mit Obst belegter oder mit Creme o. ä. gefüllter Kuchen; **Tor|te|lett** *s. 9* Törtchen

Tor|til|la [-tilja, span.] *w. 9 in Spanien und Lateinamerika:* kleiner, flacher, runder Kuchen aus Maismehl

Tor|tur [lat.] *w. 10* **1** *früher:* Folter; die T. anwenden; **2** *heute:* Qual, Plage

To|ry [tɔri, engl.] *m. Gen.*-s *Mz.*-ries *früher:* Angehöriger einer der beiden Parteien des Oberhauses im brit. Parlament; vgl. Whig; *heute:* Konservativer

to|sto [ital.] *Mus.:* hurtig, flink

to|tal [lat.] ganz, gänzlich, völlig; **To|ta|le** *w. 11 Film, Fernsehen:* Aufnahme in ganzer Szenenbreite; **To|ta|li|sa|tor** *m. 13* **1** *bei Rennen und Turnieren:* Einrichtung zum Wetten; **2** Sammelgefäß zum Messen von Niederschlägen in schwer zugängl. Gebieten; **to|ta|li|sie|ren** zusammenzählen; als Gesamtheit überblicken; **to|ta|li|tär** **1** alles umfassend; **2** sich alles unterwerfend (Staat, Regierung); **To|ta|li|ta|ris|mus** *m. Gen. - nur Ez.* Herrschaftsform, in der der Staat alle Lebensbereiche regelt und beaufsichtigt; **To|ta|li|tät** *w. 10 nur Ez.* Gesamtheit, Ganzheit; **To|tal|re|flek|to|me|ter** *s. 5* Gerät zum Bestimmen von Brechungsindizes

To|tem [Algonkin] *s. 9 bei Naturvölkern:* Lebewesen oder Ding, dem sich eine Gruppe verbunden fühlt, dem übernatürl. Kräfte zugeschrieben werden und das nicht verletzt werden darf; **To|te|mis|mus** *m. Gen. - nur Ez.* Glaube an die übernatürl. Kraft eines Totems, Verehrung eines Totems

To|to [Kurzw. für Totalisator] *m. 9, ugs.: s. 9* Wette im Fußball- und Pferdesport

Touch [tʌtʃ, engl.] *m. 9* Anflug, Einschlag, besondere Note; weltstädtischer Touch, mit dem Touch einer Weltstadt; **tou|chie|ren** [tuʃi-, frz.] berühren (z. B. Hindernis beim Springen, die Billardkugel vorzeitig u. a.)

Tou|pet [tupe, frz.] *s. 9* Stück Haarersatz, Haarteil; **tou|pie|ren** [tu-] mit dem Kamm aufbauschen (Haar)

Tour [tur, frz.] *w. 10* **1** Umdrehung (einer Maschine); auf Touren kommen *übertr. ugs.:* in Schwung kommen, in Eifer geraten; **2** Ausflug; **3** Runde (des Karussells, beim Tanzen); **4** *ugs.:* Art, Weise; in *einer* Tour: ununterbrochen; auf *die* Tour darfst du mir nicht kommen; **Tour de France** [tu:r də frãs] *w. Gen. - - - nur Ez.* Straßen-Radrennen von Berufsradfahrern durch Frankreich; **Tour de Suisse** [tu:r də syis] *w. Gen. - - - nur Ez.* Straßen-Radrennen von Berufsradfahrern durch die Schweiz; **Tou|ris|mus** [tu-] *m. Gen. - nur Ez.* Reisewesen, Fremdenverkehrswesen; **Tou|rist** *m. 10* Wanderer, Reisender; **Tou|ri|sten|klas|se** *w. 11 nur Ez. auf Dampfern, in Flugzeugen und in Schlafwagen:* Klasse mit ermäßigtem Preis; **Tou|ri|stik** *w. 10 nur Ez.* das Wandern, *bes.:* Bergsteigen

Tour|né [turne, frz.] *s. 9* als Trumpf aufgedecktes Kartenblatt; **Tourne|dos** [turndo, frz.] *s. Gen. - [-dos] Mz. - [-dos]* kurz gebratene Lendenschnitte, garniert auf Toast; **Tour|nee** *w. 11* Gastspielreise (von Künstlern); **tour|nie|ren** **1** die Spielkarte(n) aufdecken; **2** in Formen ausstechen oder schneiden (Kartoffeln, Butter zum Garnieren)

To|wa|rischtsch [russ.] *m. Gen. - Mz. -i in der UdSSR Anrede für* Genosse

Tower [tauə, engl.] *m. 5* **1** *nur Ez.* ein histor. Gebäude in London; **2** Kontrollturm eines Flughafens

To|xi|der|mie [griech.] *w. 11* durch Arzneimittel hervorgerufener Hautausschlag; **to|xi|gen** durch Vergiftung entstanden; **To|xi|ka** *Mz. von* Toxikum; **To|xi|ko|lo|gie** *w. 11 nur Ez.* Lehre von den Giften und Vergiftungen; **To|xi|ko|se** *w. 11* Vergiftung; **To|xi|kum** *s. Gen. -s Mz. -ka* Gift; **To|xin** *s. 1* organischer Giftstoff, *bes.:* Bakteriengift; **to|xisch** **1** giftig; **2** durch Toxine hervorgerufen; **To|xi|zi|tät** *w. 10 nur Ez.* Giftigkeit; **to|xo|gen** → toxigen; **To|xo|id** *s. 1* entgiftetes Toxin, das im Körper Antitoxine bilden kann; **To|xo|plas|mo|se** *w. 11* auf den Menschen übertragbare Tierkrankheit

Tra|bant [slaw.] *m. 10* **1** *früher:* Leibwächter; **2** *heute:* abhängiger Begleiter; **3** → Satellit; **Tra|ban|ten|stadt** *w. 2* in der Nähe einer Großstadt gelegene und mit dieser unter derselben Verwaltung stehende, große Siedlung mit Geschäften und kulturellen Einrichtungen, Satellitenstadt

Tra|cer [treisər, engl.] *m. 5* radioaktiver Markierungsstoff zum Nachweisen biochemischer Vorgänge im Organismus

Tra|chea [-xea-, griech.] *w. Gen. - Mz. -che|en* [-xeən], **Tra|chee** *w. 11* **1** Luft-, Atemröhre; **2** *bei Pflanzen:* wasserleitendes Gefäß; **Tra|cheo|skop** *s. 1* Gerät mit Spiegel zur Untersuchung der Luftröhre; **Tra|cheo|to|mie** *w. 11* Luftröhrenschnitt; **Tra|chom** *s. 1* hartnäckige Bindehautentzündung, Ägypt. Augenkrankheit, Körnerkrankheit; **Tra|chyt** *m. 1* ein Ergußgestein

Track [træk, engl.] *m. 9* **1** *Seew.:* Route (eines Schiffes), die eingehalten werden muß; **2** *engl. Bez. für* Trabrennbahn; **3** *Sammelbez. für* Kette, Seil, Riemen

Tra|des|kan|tie [-tsjə, nach dem Engländer J. Tradescant] *w. 11* eine Zierpflanze

tra|die|ren [lat.] überliefern; **Tra|di|ti|on** [-tsjon] *w. 10* **1** Überlieferung; **2** Herkommen, Brauch, Gewohnheit; **Tra|di|tio|na|lis|mus** *m. Gen. - nur Ez.* Festhalten am Überlieferten, Herkömmlichen; **tra|di|tio|nell** der Tradition gemäß

Tra|fik [ital.] *w. 10 österr.:* **1** Tabakhandel; **2** Tabakgeschäft; **Tra|fi|kant** *m. 10* Inhaber einer Trafik **(2)**

Tra|fo *m. 9 Kurzw. für* Transformator

Tra|gant [griech.] *m. 1* **1** Angehöriger einer Gattung der Schmetterlingsblütler; **2** daraus gewonnenes Bindemittel für Tabletten, Farbstoffe u. a.

tra|gie|ren [lat.] tragisch gestalten, tragisch spielen (Rolle); **Tra|gik** *w. 10 nur Ez.* unabwendbares trauriges Geschehen, erschütterndes Leid; **Tra|gi|ker** Tragödiendichter; **Tra|gi|ko|mik** *w. Gen. - nur Ez.* Komik, die einen Anflug von Tragik, bzw. Tragik, die einen Anflug von Komik hat; **tra|gi|ko|misch** tragisch und komisch zugleich; **Tra|gi|ko|mö|die** [-djə] *w. 11* halb tragisches, halb komisches Schauspiel; **tra|gisch** auf Tragik beruhend, erschütternd

Tra|gö|de [griech.] *m. 11* Schauspieler, der tragische Rollen spielt, Heldendarsteller; **Tra|gö|die** [-djə] *w. 11* **1** Schauspiel mit tragischem Ausgang, Trauerspiel; **2** unabwendbar trauriges Geschehen, erschütterndes Unglück, leidvoller Vorgang; **Tra|gö|din** *w. 10* Schauspielerin, die tragische Rollen spielt

Trai|ler [treı-, engl.] *m. 5* **1** einige Szenen eines Films, die als Werbung einem anderen Film vorangehen; **2** nicht belichtetes Ende eines Filmstreifens; **3** beladener Sattelschlepper; **4** Autoanhänger zum Transport leichter Sportboote

Train [trɛ̃, österr. auch: trɛn, frz.] *m. 9* Troß

Trai|nee [treini, engl.] Mitarbeiter eines Unternehmens, der zwecks umfassender Ausbildung alle Abteilungen durchläuft; **Trai|ner** [trɛ- oder tre-] *m. 5* jmd., der Sportler oder Pferde auf Wettkämpfe vorbereitet; **trai|nie|ren** [trɛ-] auf einen Wettkampf vorbereiten; seinen Körper t.: stählen, üben; **Trai|ning** [trɛ- oder tre-] *s. 9* systematisches körperl. Üben

Trai|teur [trɛtør, frz.] *m. 1* Koch feiner Speisen; Gastwirt, der fertige Speisen auch ins Haus liefert; Leiter einer Großküche

Tra|jekt [lat.] *s. 1* Fährschiff für Eisenbahnzüge, Automobile u. a. Fahrzeuge; **Tra|jek|to|rie** [-riə] *w. 11* Kurve, die eine andere senkrecht schneidet (z. B. bei Differentialgleichungen); **Tra|jekt|schiff** *s. 1* → Trajekt

Trakt [lat.] *m. 1* **1** größerer Gebäudeteil, Flügel; **2** Strecke; **Trak|tan|dum** *s. Gen.* -s *Mz.* -den *schweiz.:* Verhandlungsgegenstand; **Trak|tat** *s. 1* **1** wissenschaftl. Abhandlung, **2** relig. Flugschrift; **Trak|tät|chen** *s. 7 abschätzig:* Erbauungsschrift; **trak|tie|ren** *ugs.* **1** (schlecht) behandeln; jmdn. mit Schlägen t.; **2** bewirten, *auch:* überfüttern; **Trak|ti|on** [-tsjon] *w. 10* Ziehen, Zug, Zugkraft, Anzugskraft; **Trak|tor** *m. 13* Schleppfahrzeug, Zugmaschine; **Trak|to|rist** *m. 10, in der DDR:* Traktorfahrer; **Trak|trix** *w. Gen.* - *Mz.* -tri|zes [-tse:s] ebene Kurve, deren Tangenten von einer Geraden stets im gleichen Abstand vom Tangentenberührungspunkt geschnitten werden; **Trak|tur** *w. 10, an der Orgel:* Vorrichtung zum Weiterleiten des Tastendrucks

Tral|je [lat.-frz.] *w. 11* Gitter-, Geländerstab

Tram *w. 9, schweiz.: s. 9, Kurzw. für* Trambahn; **Tram|bahn** [engl.] *w. 10* Straßenbahn

Tra|mi|ner [nach dem Südtiroler Ort Tramin] *m. 5* **1** eine weiße Traubensorte; **2** Rotwein aus Tramin

Tra|mon|ta|na [ital.], **Tra|mon|ta|ne** *w. Gen.* - *Mz.* -nen *in Oberitalien:* von den Alpen her wehender Nordwind

Tramp [auch: træmp, engl.] *m. 9* **1** Landstreicher, wandernder Gelegenheitsarbeiter; **2** Schiff ohne feste Route, das Gelegenheitsfahrten unternimmt; **tram|pen** [auch: træm-] reisen, indem man Autos anhält und sich mitnehmen läßt; **Tram|per** [auch: træm-] *m. 5* jmd., der trampt

Tram|po|lin [dt. + ital.] *s. 1* federndes Sprungbrett für sportliche und artistische Übungen

Tramp|schiffahrt (-schiff|fahrt) [auch: træmp-] *w. 10 nur Ez.* nicht an feste Routen gebundene Schiffahrt

Tran|ce [trãs(ə), lat.-frz.] *w. 11 nur Ez.* schlafähnl. Zustand des Entrücktseins (bei Hypnose, in relig. Ekstase u. ä.)

Tran|che [trãʃ(ə), frz.] *w. 11* **1** fingerdicke Fleisch- oder Fischscheibe; **2** Teilbetrag einer Anleihe

tran|chie|ren [trãʃi-, frz.] zerlegen, zerteilen (Geflügel, Braten)

Tran|quil|li|zer [trænkwilaizər, lat.-engl.] *m. 5* beruhigendes Arzneimittel; **tran|quil|lo** [ital.] *Mus.:* ruhig

Trans|ak|ti|on [-tsjon, lat.] *w. 10* großes Geld- oder Bankgeschäft

tran|schie|ren *österr., süddt. für* tranchieren

Trans|duk|tor [lat.] *m. 13* magnetischer Verstärker

Tran|sept [lat.] *s. 1 oder m. 1* Querschiff (der Kirche)

Trans-Eu|rop-Ex|press *m. 1* (*Abk.:* TEE) Fernschnellzug im internationalen Verkehr

Trans|fer [lat.] *m. Gen.* -s *nur Ez.* **1** Zahlung ins Ausland in fremder Währung; **2** Übertragung einer Geldsumme von einer Währung in die andere; **3** Überführung im Reiseverkehr, z. B. vom Flughafen zum Hotel; **trans|fe|ra|bel** in fremde Währung umwechselbar; **trans|fe|rie|ren** **1** ins Ausland zahlen; **2** in eine andere Währung übertragen; **Trans|fer|stra|ße** *w. 11 Industrie:* vollautomatische Folge von Werkzeugmaschinen und Transporteinrichtungen

Trans|fi|gu|ra|ti|on [-tsjon, lat.] *w. 10* Verklärung (Christi)

Trans|fo|ka|tor [lat.] *m. 13* Objektiv mit stufenlos verstellbarer Brennweite, Gummilinse

Trans|for|ma|ti|on [-tsjon, lat.] *w. 10* Umformung, Umwandlung; **Trans|for|ma|tor** *m. 13* (*Kurzw.:* Trafo) Gerät zum Erhöhen oder Herabsetzen von elektr. Spannung; **trans|for|mie|ren** **1** umformen, umwandeln; **2** Wechselstrom t.: umspannen, seine Spannung erhöhen oder verringern

trans|fun|die|ren [lat.] übertragen (Blut); **Trans|fu|si|on** *w. 10* Übertragung, z. B. Bluttransfusion

trans|gre|die|ren [lat.] langsam überfluten; **Trans|gres|si|on** *w. 10* langsames Überfluten von sich senkenden Festlandsteilen durch das Meer

Tran|si|stor [lat.] *m. 13* elektron. Verstärker oder Schalter aus Halbleiterelementen; **Tran|si|stor|ra|dio** *s. 9* Radio, dessen Verstärker aus Transistoren bestehen

Tran|sit [lat.] *m. 1* Durchgang, Durchfuhr; **Tran|sit|han|del** *m. Gen.* -s *nur Ez.* Handel zwischen zwei Ländern, wobei die Waren durch ein drittes Land hindurch befördert

werden; **tran|si|tie|ren** Waren t.: durch ein anderes Land hindurch befördern
tran|si|tiv [auch: -tif, lat.] *Gramm.:* zielend; transitive Verben: Verben, die ein Akkusativobjekt bei sich haben und ein persönl. Passiv bilden können, z. B. schlagen, essen; *Ggs.:* intransitiv; **Tran|si|tiv** *s. 1* transitives Verb; *Ggs.:* Intransitiv; **tran|si|ti|vie|ren** ein intransitives Verb t.: es als transitives Verb gebrauchen, z. B. „Das Eis ist abgetaut" und: „Ich habe den Kühlschrank abgetaut"
tran|si|to|risch [lat.] vorübergehend, später wegfallend; **Tran|si|to|ri|um** *s. Gen.*-s *Mz.* -ri|en einmalige Bewilligung von Ausgaben (im Staatshaushalt)
Tran|sit|pas|sa|gier *m. 1* Durchreisepassagier
trans|kon|ti|nen|tal [lat.] einen Kontinent durchquerend
tran|skri|bie|ren [lat.] **1** in eine andere Schrift oder in phonet. Umschrift übertragen; **2** für ein anderes Instrument umschreiben (Musikstück); **Tran|skrip|ti|on** [-tsjon] *w. 10* lautgetreues Umschreiben einer Schrift in eine andere Schrift; vgl. Transliteration; **2** möglichst klanggetreues Umschreiben eines Musikstücks für ein anderes Instrument
Trans|la|ti|on [-tsjon, lat.] *w. 10* **1** Übersetzung, Übertragung; **2** Parallelverschiebung (von Kristallflächen); **3** fortschreitende geradlinige Bewegung, im Unterschied zur Rotation
Trans|li|te|ra|ti|on [-tsjon, lat.] *w. 10* buchstabengetreues Umschreiben einer Schrift in eine andere; vgl. Transkription; **trans|li|te|rie|ren** buchstabengetreu umschreiben
Trans|lo|ka|ti|on [-tsjon, lat.] *w. 10* **1** *veraltet:* Ortsveränderung; **2** *Biol.:* eine Mutationsform mit Übertragung von Chromosomenstücken; **trans|lo|zie|ren** verlagern
trans|lu|na|risch [lat.] jenseits des Mondes befindlich
Trans|mis|si|on [lat.] *w. 10* **1** Übertragung, Übermittlung; **2** *Phys.:* Durchlässigkeit für Strahlungen; **Trans|mis|si|ons|wel|le** *w. 11* Antriebswelle für Treibriemen, Getriebewelle; **Trans|mit|ter** *m. 5* Sender, Übertrager; **trans|mit|tie|ren** übertragen, übersenden
trans|oze|a|nisch jenseits des Ozeans liegend, überseeisch
trans|pa|rent [lat.] durchsichtig; **Trans|pa|rent** *s. 1* **1** Spruchband; **2** Bild auf durchsichtigem Material, das von hinten beleuchtet wird; **Trans|pa|renz** *w. 10 nur Ez.* **1** Durchsichtigkeit; *Ggs.:* Opazität; **2** *übertr.:* Durchschaubarkeit, Erkennbarkeit
Tran|spi|ra|ti|on [-tsjon, lat.] *w. 10* **1** Schweißabsonderung; **2** *bei Pflanzen:* Abgabe von Wasserdampf; **tran|spi|rie|ren** **1** schwitzen; **2** Wasserdampf abgeben (Pflanze)
Trans|plan|tat [lat.] *s. 1* verpflanztes Gewebestück; **Trans|plan|ta|ti|on** [-tsjon] *w. 10* **1** Verpflanzung (lebenden Gewebes), Gewebsverpflanzung; **2** *Bot.:* Pfropfung; **trans|plan|tie|ren** verpflanzen
trans|po|nie|ren [lat.] in eine andere Tonart umsetzen
Trans|port [lat.] *m. 1* Beförderung; **trans|por|ta|bel** tragbar, beweglich; **Trans|por|ter** *m. 5* Kraftfahrzeug, Flugzeug oder Schiff, das große Mengen von Gütern transportieren kann; **Trans|por|teur** [-tør] *m. 1* **1** Spediteur; **2** Winkelmesser; **3** *an Nähmaschinen:* Vorrichtung zum ruckweisen Weiterbefördern des Stoffes; **trans|por|tie|ren** befördern
Trans|po|si|ti|on [-tsjon, lat.] *w. 10* Umsetzung in eine andere Tonart
trans|so|nisch [lat.] über der Schallgeschwindigkeit liegend
Trans|sub|stan|tia|tion [-tsjatsjon, lat.] *w. 10* *kath. Kirche:* die Wandlung von Brot und Wein in Leib und Blut Christi beim Abendmahl
Trans|su|dat [lat.] *s. 1* bei der Transsudation abgesonderte Flüssigkeit; **Trans|su|da|ti|on** [-tsjon] *w. 10* nicht entzündl. Absonderung und Ansammlung von Flüssigkeit in Körperhöhlen
Trans|uran *s. 1 meist Mz. Sammelbez. für* radioaktive chem. Elemente mit höherer Ordnungszahl als Uran; **trans|ura|nisch** im Periodensystem der chem. Elemente nach dem Uran stehend
trans|ver|sal [lat.] quer zur Längsachse (verlaufend), senkrecht zur Ausbreitungsrichtung (verlaufend); **Trans|ver|sal|bahn** *w. 10* ein Land durchquerende Eisenbahn; **Trans|ver|sa|le** *w. 11* **1** eine Figur durchschneidende Gerade; **2** ein Land durchquerende Eisenbahnstrecke oder Fahrstraße; **Trans|ver|sal|schwin|gung** *w. 10* Schwingung, bei der Energiebewegung und Teilchen- bzw. Feldbewegung senkrecht aufeinanderstehen; **Trans|ver|sal|wel|le** *w. 11* Welle, bei der die Ausbreitungsrichtung der Energie und die Schwingungsbewegung senkrecht aufeinanderstehen
trans|ve|stie|ren [lat.] sich wie das andere Geschlecht kleiden (und benehmen); **Trans|ve|stis|mus** *m. Gen. - nur Ez.* krankhafte Neigung, sich wie das andere Geschlecht zu kleiden (und zu benehmen); **Trans|ve|stit** *m. 10* jmd., der an Transvestismus leidet
tran|szen|dent [lat.] die Grenzen des sinnlich Wahrnehmbaren überschreitend, übersinnlich; **tran|szen|den|tal** **1** *in der Scholastik* → transzendent; **2** *bei Kant:* vor aller auf Erfahrung beruhenden Erkenntnis liegend und diese erst ermöglichend; **Tran|szen|denz** *w. 10 nur Ez.* das Überschreiten der Grenzen der Erfahrung und des Bewußtseins; **tran|szen|die|ren** über sinnl. Wahrnehmung und Erfahrung hinausgehen
Trap *m. 9* → Traps

Tra|pez [griech.] *s. 1* **1** Viereck mit zwei parallelen Seiten; **2** Schwebe-, Schaukelreck; **Tra|pe|zo|id** *s. 1* Viereck ohne parallele Seiten
Trap|per [engl.] *m. 5* nordamerik. Pelztierjäger
Trap|pist [nach der Abtei La Trappe in Frankreich] *m. 10* Angehöriger des Trappistenordens, eines aus dem Zisterzienserorden hervorgegangenen Mönchsordens
Traps [engl.] *m. 1* **1** Verschlußschraube am Siphon; **2** Geruchverschluß
Traß [ital.] *m. 1* ein vulkan. Tuff
Tras|sant [ital.] *m. 10* Aussteller eines Wechsels; **Tras|sat** *m. 10* jmd., an den eine Zahlungsaufforderung gerichtet ist; *Wechselverkehr:* Bezogener
Tras|se [ital.] **1** *Mz. von* Traß; **2** *w. 11* festgelegte Linie für Straße oder Bahnstrecke; **Tras|see** *s. 9, schweiz. für* Trasse (**2**); **tras|sieren** eine Strecke t.: sie vermessen, den Verlauf einer Strecke festlegen
Trat|te [ital.] *w. 11* gezogener Wechsel
Trat|to|ria [ital.] *w. Gen. - Mz.* -ri|en ital. Gastwirtschaft
Trau|ma [griech.] *s. Gen.* -s *Mz.* -men *oder* -ma|ta **1** Wunde; **2** seel. Erschütterung, Schock; **Trau|ma|tin** *s. 1* Hormon, das bei Verletzungen verstärkte Zellteilung anregt; **trau|ma|tisch** durch ein Trauma hervorgerufen, in der Art eines Traumas; *Ggs.:* idiopathisch; **Trau|ma|to|lo|gie** *w. 11 nur Ez.* Lehre von der Wundbehandlung
Tra|vel|ler|scheck [trævələr-, engl.] *m. 9* Reisescheck
tra|vers [-vẹrs, frz.] quer, quer gestreift; **Travers** *s. Gen. - nur Ez.,* **Tra|ver|sa|le** *w. 11 Hohe Schule:* Gang (des Pferdes) schräg seitwärts; **Tra|ver|se** *w. 11* **1** *Baukunst:* Querbalken, Querträger; **2** Querverbindung zweier Maschinenteile; **3** *Flußregulierung:* quer zur Strömung angebrachter, buhnenartiger Bau; **Tra|vers|flö|te** *w. 11* Querflöte; **tra|ver|sie|ren** **1** eine Fläche quer oder schräg durchschreiten oder -reiten; **2** eine Felswand t.: sich an einer Felswand waagerecht vorarbeiten
Tra|ver|tin *m. 1* Kalksinter bzw. -tuff (bes. der aus den Sabinerbergen)
Tra|ve|stie [lat.] *w. 11* satir. Umdichtung eines Literaturwerkes, wobei nur die Form, nicht der Inhalt verändert wird; vgl. Parodie (**1**); **tra|ve|stie|ren** in einer Travestie verspotten
Trawl [trɔl, engl.] *s. 9 Fischerei:* Grundschleppnetz; **Traw|ler** [trɔlər] *m. 5* mit Trawl arbeitendes Fischerboot
Treat|ment [tritmənt, engl.] *s. 9, Film, Fernsehen:* Vorstufe des Drehbuchs mit Angabe der Schauplätze, ausgearbeiteten Dialogen und Handlungsabläufen
Tre|cen|tist [-tʃɛn-] *m. 10* Künstler des Trecentos; **Tre|cen|to** [-tʃẹn-, ital. „300" (nach 1000)] *s. Gen.* -(s) *nur Ez.* die künstlerische Stilepoche des 14. Jh. in Italien
Treck [lat.] *m. 9* Zug, z. B. Flüchtlingstreck; Auszug, Auswanderung; **trecken** (trek|ken) **1** mit einem Treck wandern; **2** ziehen, schleppen; **Trecker** (Trek|ker) *m. 5* Zugmaschine, Traktor
Treff [lat.-frz.] *s. 9 Kartenspiel:* Kleeblatt; da ist Treff Trumpf *übertr. ugs.:* das kann gut, aber auch schlecht ausgehen
trei|fe [hebr.] *jidd. Bez. für* unrein, den jüd. Speisevorschriften nicht entsprechend; *Ggs.:* koscher
Trek|king [ndrl.] *s. Gen.* -s *nur Ez.* Wandern im Hochgebirge mit Trägern
Tre|ma **1** [griech.] *s. 9, Mz. auch:* -malta (*Zeichen:* ¨) Zeichen über einem von zwei nebeneinanderstehenden Vokalen, die getrennt auszusprechen sind, z. B. frz. naïf (im Deutschen meist nicht mehr geschrieben), oder zur langen Aussprache des ersten Vokals, z. B. in ndrl. u. frz. Namen: -daël [-da:l], Staël; **2** [lat.] *s. 9 nur Ez. Med.:* Lücke zwischen den Schneidezähnen
Tre|ma|to|de [griech.] *w. 11* Saugwurm
tre|mo|lie|ren [lat.-ital.] (technisch fehlerhaft) bebend singen; **Tre|mo|lo** *s. 9, Mz. auch:* -li **1** *nur Ez.* Beben (beim Singen); **2** *bei Streich- und Tasteninstrumenten:* sehr schnelle Wiederholung zweier Töne oder Akkorde im Wechsel; **Tre|mor** *m. Gen.* -s *Mz.* -mo|res *Med.:* Zittern; **Tre|mu|lant** *m. 10 an der Orgel:* Vorrichtung, um Vibrieren (Schwebung) des Tons zu erzeugen
Trench|coat [trẹntʃkout, engl.] *m. 9* Regenmantel aus Gabardine oder Popeline
Trend [engl.] *m. 9* Richtung (einer Entwicklung)
Tren|se [ndrl.] *w. 11* einfacher Zaum mit Gebißstange und Zügel
Trente-et-qua|rante [trãtekarãt, frz.] *s. Gen. - nur Ez.* ein Kartenglücksspiel; **Trente-et-un** [trãtœ̃] *s. Gen. - nur Ez.* ein Kartenglücksspiel
Tre|pan [griech.] *m. 1* chirurg. Gerät zum Anbohren des Schädels; **Tre|pa|na|ti|on** [-tsjon] *w. 10 Med.:* Schädelöffnung; **tre|pa|nie|ren** mit dem Trepan öffnen (Schädel)
Tre|sor [griech.] *m. 1* **1** Stahlschrank (für Geld und Wertsachen); **2** *in Banken:* stark gesicherter, meist unterird. Raum mit Stahlschränken
Tres|se [griech.-frz.] *w. 11* Borte, Besatz (meist) aus Gold- oder Silberfäden
Treu|ga Dei [lat.] *w. Gen. - - nur Ez. MA:* Gottesfriede, kirchl. Verbot der Fehde an bestimmten Tagen
Tre|vi|ra *s. 9 nur Ez.* Ⓦⓩ ein Kunstfasergewebe
Tria|de [griech.] *w. 11* Dreiheit, Dreizahl, drei zusammengehörige, gleichartige Dinge oder Wesen
Tri|al and er|ror [traiəl ənd ẹrə, engl.] Ver-

such und Irrtum, Bez. für eine Lernmethode, bei der durch Probieren eine Lösung gefunden wird (bes. bei Tierversuchen angewendet)

Tri|an|gel [lat.] *m.5* **1** Musikinstrument aus einem zum Dreieck gebogenen Metallstab, der mit einem Metallstäbchen angeschlagen wird; **2** *ugs.:* dreieckiger Riß (im Stoff); **tri|an|gu|lär** dreieckig; **Tri|an|gu|la|ti|on** [-tsjon] *w.10* Landvermessung mit Hilfe eines Netzes von Dreiecken; **Tri|an|gu|la|ti|ons|punkt** *m.1, bei der Triangulation:* Punkt, der im Gelände markiert ist und der jeweils dem Eckpunkt eines Dreiecks auf der Karte entspricht, trigonometr. Punkt; **tri|an|gu|lie|ren** mittels eines Netzes von Dreiecken vermessen

Tri|as [griech.] *w. Gen. - nur Ez.* **1** untere Formation des Mesozoikums; **2** Dreiklang; *allg.:* Dreiheit, Dreizahl; **tri|as|sisch** zur Trias (1) gehörend, aus ihr stammend

Tri|ba|de [griech.] *w.11* homosexuelle Frau; **Tri|ba|die** *w.11 nur Ez.* Homosexualität zwischen Frauen

Tri|ba|lis|mus [engl.] *m. Gen. - nur Ez.* Stammesbewußtsein, stammesgebundene Politik (bes. in afrik. Staaten)

Tri|bun [lat.] *m.12 oder m.10 im alten Rom* **1** Bezirksbeamter; **2** zweithöchster Offizier einer Legion; **3** Sonderbeamter zum Schutz des Volkes gegen Beamtenwillkür, Volkstribun; **Tri|bu|nal** *s.1 im alten Rom* **1** *urspr.:* erhöhter Platz für den Richter; **2** *dann:* Gerichtshof; **Tri|bu|nat** *s.1* Amt eines Tribuns; **Tri|bü|ne** *w.11* **1** Rednerbühne; **2** Gerüst mit Sitzreihen für Zuschauer; **3** *auch:* die Zuschauer selbst

Tri|but [lat.] *m.1* **1** Beitrag, Steuer; **2** *übertr.:* Hochachtung, Anerkennung; jmds. Leistung den schuldigen T. zollen; **tri|bu|tär** *veraltet:* steuerpflichtig

Tri|cel [-tsel] *m. Gen.-s nur Ez.* ein Kunstfasergewebe

Tri|chi|ne [-çi-, griech.] *w.11* in den Muskeln mancher Säugetiere, z. B. des Schweins, schmarotzender Fadenwurm; **tri|chi|nös** von Trichinen befallen (Fleisch); **Tri|chi|no|se** *w.11 nur Ez.* durch Trichinen hervorgerufene Krankheit

Tri|chlor|äthy|len *s. Gen.-s nur Ez.* ein Lösungs- und Reinigungsmittel

Tri|cho|to|mie [griech. „Dreiteilung"] *w.11* **1** Auffassung von der Dreiteilung des Menschen in Leib, Geist und Seele; **2** *Rechtsw.:* Einteilung der Straftaten in Übertretung, Vergehen und Verbrechen; **3** *Math.: Bez. für die* Eigenschaft einer Ordnungsrelation; **4** *übertr.:* Haarspalterei

Tri|ci|ni|um [-tsi-, lat.] *s. Gen.-s Mz.-ni|en 15./16. Jh.:* Musikstück für drei Singstimmen oder Instrumente

Trick [engl.] *m.9* **1** Kunstgriff, Kniff; **2** *Whist:* höherer Stich; **trick|sen** *Sport, bes. Fußball:* den Gegner t.: geschickt umspielen

Trick|track [frz.] *s.9 nur Ez.* ein Brettspiel für zwei Personen mit Würfeln und Steinen, Puffspiel

Tri|dent [lat.] *m.10* Dreizack (als Waffe, z. B. Poseidons)

Tri|du|um [lat.] *s. Gen.-s Mz.-du|en* Zeitraum von drei Tagen

Tri|en|na|le [lat.] *w.11* alle drei Jahre stattfindende Veranstaltung; **Tri|en|ni|um** *s. Gen.-s Mz.-ni|en* Zeitraum von drei Jahren

Tri|ere [griech.] *w.11, im alten Griechenland:* Kriegsschiff mit drei Ruderbänken übereinander, Trireme

Tri|eur [-ør, frz.] *m.1* Maschine zum Trennen der Getreidekörner von Unkrautsamen

Tri|fo|kal|glas [lat.] *s.4* Brillenglas mit dreifachem Schliff für unterschiedl. Entfernungen

Tri|fo|li|um [lat.] *s. Gen.-s Mz.-li|en* Klee

Tri|fo|ri|um [lat.] *s. Gen.-s Mz.-ri|en in roman. und got. Kirchen:* Galerie mit dreifachen Bogenstellungen über den Arkaden des Mittel- oder Querschiffs

Tri|ga [lat.] *w. Gen.- Mz.-s oder -gen* Dreigespann

Tri|ge|mi|nus [lat.] *m. Gen.- nur Ez.* der aus drei Ästen bestehende fünfte Hirnnerv, der Gesicht und Kaumuskeln versorgt; **Tri|ge|mi|nus|neur|al|gie** *w.11* Gesichtsschmerz

Tri|glyph [griech.] *m.1,* **Tri|gly|phe** *w.11 am Fries des dor. Tempels:* schlitzförmig senkrecht dreigeteiltes Feld, das mit Metopen abwechselt, Dreischlitz

Tri|gon [griech.] *s.1* Dreieck; **tri|go|nal** dreieckig; **Tri|go|no|me|trie** *w.11 nur Ez.* Dreiecksberechnung; sphärische T.: Berechnung von Dreiecken im Raum; **tri|go|no|me|trisch** auf Trigonometrie beruhend, mit ihrer Hilfe; trigonometrischer Punkt → Triangulationspunkt

tri|klin [griech.], **tri|kli|nisch** drei verschieden lange, sich schiefwinklig schneidende Achsen aufweisend; **Tri|kli|ni|um** *s. Gen.-s Mz.-ni|en* **1** *im alten Rom:* Speiseraum mit dem an drei Seiten von Liegestätten umgebenen Eßtisch; **2** der Eßtisch mit den Liegestätten

Tri|ko|li|ne [frz.] *w.11 nur Ez.* feines, geripptes Gewebe (für Oberhemden)

tri|ko|lor [frz.] dreifarbig; **Tri|ko|lo|re** *w.11* dreifarbige Fahne, bes. die der frz. Republik

Tri|kot [-ko, frz.] *m.9 oder s.9* **1** gewirkter Stoff; **2** hautenges, dehnbares Kleidungsstück aus solchem Stoff; **Tri|ko|ta|ge** [-ʒə] *w.11 meist Mz.* Wirkware

Tril|li|ar|de [lat.] *w.11* 1000 Trillionen; **Tril|li|on** *w.10* eine Million Billionen, 10^{18}

Tri|lo|bit [griech.] *m.10* ausgestorbener Gliederfüßer, Dreilapper

Tri|lo|gie [griech.] *w.11* aus drei selbständigen Teilen bestehendes Literaturwerk

Tri|ma|ran [lat. + drawid.] *s. 1* Segelboot mit drei Rümpfen
tri|mer [griech.] *Bot.:* dreiteilig
Tri|me|ster [lat.] *s. 5* ein Drittel eines Studienjahres
Tri|me|ter [griech.] *m. 5* aus drei Versfüßen bestehender Vers
Trimm [engl.] *m. 1 nur Ez.* **1** Schwimmlage eines Schiffes bezüglich seiner Querachse, Trimmlage; **2** *auch:* Zustand eines Schiffes hinsichtlich seiner Pflege; **trim|men 1** ein Schiff oder Flugzeug t.: durch Gewichtsverteilung eine günstige Schwimm- bzw. Fluglage herstellen; **2** ein Schiff t. *auch:* es in einen ordentl. Zustand bringen; **3** Kohlen t. *Seew.:* sie aus den Bunkern zu den Kesseln schaffen; **4** einen Schwingkreis t.: auf eine bestimmte Frequenz einstellen; **5** einen Hund t.: ihm das Fell scheren; **6** *übertr.* jmdn. oder etwas t.: in einen gewünschten Zustand bringen; *auch ugs.* jmdn. oder ein Tier auf etwas t.: ihn bzw. es gezielt erziehen, ihm etwas Bestimmtes beibringen; sich t.: sich leistungsfähig machen; **Trim|mer** *m. 1* **1** jmd., der Kohlen trimmt; **2** *Elektr.:* Bauelement zum Trimmen von Schwingkreisen; **Trimm-tank** *m. 9* Wassertank zum Trimmen (1) des Schiffes
tri|morph [griech.] *Bot.:* dreigestaltig; **Tri-mor|phis|mus** *m. Gen. - nur Ez. Bot.:* Dreigestaltigkeit
Tri|ni|ta|ri|er *m. 5* Angehöriger eines kath. Ordens, urspr. zum Loskauf christl. Sklaven, später Bettelorden; **Tri|ni|tät** *w. 10 nur Ez.* Dreieinigkeit, Dreifaltigkeit; **Tri|ni|ta|tis** Sonntag nach Pfingsten
Tri|ni|tro|to|lu|ol *s. 1 nur Ez.* (*Abk.* TNT) ein hochexplosiver Sprengstoff
Tri|nom [griech.] *s. 1* dreigliedriger mathemat. Ausdruck, dreigliedrige Zahlengröße; **tri|no|misch** dreigliedrig
Trio [ital.] *s. 9* **1** Musikstück für drei verschiedene Instrumente; vgl. Terzett; **2** die ausführenden Musiker; **3** Teil des Menuetts und Scherzos; **4** *ugs.:* drei zusammengehörige Personen
Tri|ode [griech.] *w. 11* Elektronenröhre mit drei Polen: Anode, Kathode, Steuergitter
Trio|le [ital.] *w. 11* Gruppe von drei Noten im Taktwert von zwei (*auch:* vier) Noten
Trio|lett [frz.] *s. 1* Gedicht aus acht Zeilen mit zwei Reimen, wobei die erste Zeile auch als 4. und zusammen mit der zweiten als 7. und 8. Zeile auftritt
Trio|so|na|te *w. 11* Sonate für zwei Soloinstrumente und Generalbaß
Tri|özie [griech.] *w. 11 nur Ez.* Vorhandensein von männl., weibl. und zwittrigen Blüten auf verschiedenen Individuen, Dreihäusigkeit; **tri|özisch** dreihäusig
Trip [engl.] *m. 9* **1** Ausflug, kleine Reise; **2** Rauschzustand; vgl. Bad Trip, Horror-Trip; **3** für eine oder mehrere Personen ausreichende Menge eines Rauschgifts
Tri|pel 1 [lat.] *s. 5 Math.:* drei zusammengehörige Dinge, z. B. Dreieckspunkte oder -seiten; **2** [nach der Stadt Tripoli im Libanon] *m. 5 nur Ez.* Kieselgur; **Tri|pel|al|li|anz** [lat. + frz.] *w. 10,* **Tri|pel|en|ten|te** [-ätät] *w. 11* Dreibund, Dreierbündnis; **Tri|pel|fu|ge** *w. 11* Fuge mit drei durchgeführten Themen; **Tri|pel|kon|zert** *s. 1* Konzert für drei Soloinstrumente und Orchester; **Tri|pel|takt** *m. 1 Mus.:* dreiteiliger Takt, z. B. 3/4-Takt
tri|phi|bisch [griech.] *Mil.:* zu Lande, zu Wasser und in der Luft
Tri|phthong [griech.] *m. 1* drei ineinander übergehende, vokalische Laute, z. B. in frz. ouaille [uaj] „Schaf" oder in Uruguay [-gwai], Dreilaut; vgl. Monophthong, Diphthong
Tri|pi|ta|ka [sanskr. „Dreikorb"] *s. Gen. - nur Ez.* die aus drei Teilen („Körben") bestehende Lehre des Buddhismus
Tri|plik [lat.-frz.] *w. 10* Antwort (des Klägers) auf eine Duplik (des Beklagten); **Tri-pli|kat** *s. 1* dritte Ausfertigung; **Tri|pli|ka-ti|on** [-tsjon] *w. 10 Rhetorik:* dreimalige Wiederholung desselben Wortes oder Satzes; **Tri|pli|zi|tät** *w. 10 nur Ez.* dreifaches Vorhandensein, dreimaliges Vorkommen; **tri|plo|id** mit dreifachem Chromosomensatz versehen
Trip|ma|dam *w. 10* eine Art der Fetthenne, Gewürz- und Gemüsepflanze
Tri|po|den *Mz. von* Tripus; **Tri|po|die** *w. 11* Einheit aus drei gleichen Versfüßen
Tri|ptik [griech.] *s. 9* → Triptyk; **Tri|pty|chon** [-çɔn] *s. Gen.* -s *Mz.* -chen aus drei beweglich miteinander verbundenen Teilen bestehendes Tafelgemälde (meist Altarbild); **Tri|ptyk** *s. 9* dreiteiliger Schein für den Grenzübertritt von Kraft- und Wasserfahrzeugen
Tri|pus [griech.] *m. Gen. - Mz.* -po|den altgriech. Dreifuß für Gefäße
Tri|re|me *w. 11* → Triere
Tri|sek|ti|on [-tsjon, lat.] *w. 10* Dreiteilung (des Winkels)
trist [lat.-frz.] traurig, öde
Tri|sti|chon [-çɔn, griech.] *s. Gen.* -s *Mz.* -chen Gedicht, Versgruppe aus drei Zeilen
tri|syl|la|bisch [griech.] dreisilbig; **Tri|syl|la-bum** *s. Gen.* -s *Mz.* -ba dreisilbiges Wort
Tri|the|is|mus [lat.] *m. Gen. - nur Ez.* (von der kath. Kirche verworfener) Glaube an die Dreieinigkeit als drei getrennte Personen
Tri|ti|um [-tsjum, griech.] *s. Gen.* -s *nur Ez.* (*Zeichen:* T) Isotop des Wasserstoffs
Tri|ton 1 *m. Gen.* -s *Mz.* -to|nen *griech. Myth.:* Meergottheit, halb Mensch, halb Fisch; **2** *s. Gen.* -s *Mz.* -to|nen Kern eines Tritiumatoms; **Tri|tons|horn** *s. 4* Angehöriger einer Gattung Meeresschnecken
Tri|to|nus [lat.] *m. Gen. - nur Ez.* Intervall aus drei ganzen Tönen, übermäßige Quarte
Tri|umph [lat.] *m. 1* **1** *im alten Rom:* feierl.

Einzug des Siegers nach der Schlacht; **2** Freude, Genugtuung über einen Sieg; **3** Siegesfeier; **tri|um|phal** herrlich, großartig; **Tri|um|pha|tor** *m.13 im alten Rom:* siegreicher Feldherr beim feierl. Einzug in die Stadt; **Tri|umph|bo|gen** *m.7* **1** *im alten Rom:* Ehrentor für den Einzug des Triumphators; **2** *im Kirchenbau:* Bogen zwischen Mittelschiff und Chor; **tri|um|phie|ren** über einen Sieg oder Erfolg jubeln, frohlocken; **Tri|umph|kreuz** *s.1* Kruzifix unter dem Triumphbogen; **Tri|umph|zug** *m.2* **1** *im alten Rom:* Einzug des Triumphators; **2** *allg.:* mit Jubel begleiteter Einzug

Tri|um|vir [lat.] *m. Gen.*-s *oder* -n *Mz.*-n Mitglied eines Triumvirats; **Tri|um|vi|rat** *s.1 im alten Rom:* Gremium von drei Männern zur Erledigung von Staatsgeschäften; Dreimännerherrschaft

tri|va|lent [lat.] *Chem.:* dreiwertig

tri|vi|al [lat.] alltäglich, abgedroschen, platt, geistlos; **Tri|via|li|tät** *w.10* **1** triviale Beschaffenheit; **2** triviale Rede, triviale Äußerung; **Tri|vi|al|li|te|ra|tur** *w.10 nur Ez.* leichteste Unterhaltungsliteratur

Tri|vi|um [lat.] *s. Gen.*-s *nur Ez. MA:* die ersten (unteren) drei der Sieben Freien Künste: Grammatik, Dialektik und Rhetorik; vgl. Quadrivium

Tri|zeps [lat.] *m.1* dreiköpfiger Muskel

Tro|chan|ter [-xan-, griech.] *m.5* Vorsprung am Oberschenkelknochen, Rollhügel

Tro|chä|us [-xε-, griech.] *m. Gen.- Mz.*-en Versfuß aus einer langen, betonten und einer kurzen, unbetonten Silbe, Choreus

Tro|chit [-xit, griech.] *m.10* versteinerter Stielteil der Seelilie; **Tro|chi|ten|kalk** *m. Gen.*-s *nur Ez.* Trochiten enthaltender Muschelkalk

Tro|cho|pho|ra [griech.] *w. Gen.- Mz.*-phoren Larve der Ringelwürmer

Trocken|ele|ment *s.1* galvan. Element mit eingedicktem Elektrolyten

Tro|glo|dyt [griech.] *m.10* Höhlenbewohner

Troi|ka [russ.] *w. Gen.- Mz.*-ken **1** aus drei Pferden bestehendes Gespann; **2** mit drei Pferden bespannter Wagen

tro|ja|nisch zu der antiken kleinasiat. Stadt Troja gehörig, von dort stammend; Trojanisches Pferd *griech. Myth.:* hölzernes Pferd, in dessen hohlem Bauch sich eine Schar griech. Krieger (Danaer) verbarg; sie wurden darin von den Trojanern in die Stadt gebracht, deren Eroberung durch diese List den Griechen gelang

Tro|kar [frz.] *m.1 oder 9* hohle Metallnadel mit dreikantiger Spitze (für Punktionen)

tro|kie|ren [lat.-frz.] austauschen (Waren)

Troll [altnord.] *m.1 nord. Myth.:* Dämon, Unhold

Trol|ley|bus [trɔli-, engl.] *m.1 schweiz.:* Oberleitungsomnibus

Trom|be [frz.] *w.11* Wirbelwind, Windhose, Wasserhose, Sandhose

Trom|pe|te [frz.] *w.11* ein Blechblasinstrument; **trom|pe|ten** **1** die Trompete blasen; **2** *übertr. scherzh.:* laut und durchdringend rufen; sich geräuschvoll die Nase schneuzen; **Trom|pe|ter** *m.5* Musiker, der die Trompete bläst

Tro|pe [griech.] *w.11* bildl. Ausdruck, z. B. „silbernes Band“ statt „Fluß“

Tro|pen [griech.] *nur Mz.* heiße Zone der Erde zwischen den beiden Wendekreisen

Tro|phäe [griech.] *w.11* **1** Siegeszeichen, z. B. erbeutete Fahne; **2** Zeichen der erfolgreichen Jagd, z. B. Geweih

tro|phisch [griech.] auf der Ernährung (der Gewebe, Muskeln) beruhend, sie bewirkend; **Tro|pho|bi|ose** *w.11* Form der Symbiose, wobei ein Tier dem andern die Nahrung liefert und dafür von diesem geschützt wird, z. B. Blattläuse in Ameisenstaaten

Tro|pi|cal [trɔpikəl, engl.] *m.9* luftdurchlässiger Anzugstoff; **Tro|pi|ka** *w. Gen.- nur Ez.* schwere Form der Malaria; **tro|pisch** aus den Tropen stammend, zu ihnen gehörend, wie in den Tropen; **Tro|pis|mus** *m. Gen.- Mz.*-men durch äußeren Reiz hervorgerufene Bewegung (von Pflanzenorganen); **Tro|po|pau|se** *w.11* Grenze zwischen Tropo- und Stratosphäre; **Tro|po|phyt** *m.10* an starken Wechsel zwischen niederschlagsreicher und -armer Jahreszeit angepaßte Pflanze

Tro|pos *m. Gen.- Mz.*-poi → Trope

Tro|po|sphä|re [griech.] *w.11* **1** unterste Schicht der Erdatmosphäre bis 12 km; **2** Meerestiefe zwischen 200 und 600 m

trop|po [ital.] *Mus.:* zu viel, zu sehr; allegro ma non troppo: lebhaft, aber nicht zu sehr

Tro|pus [griech.] *m. Gen.- Mz.*-pen **1** → Trope; **2** textlich-melod. Erweiterung der Liturgie, Sequenz; **3** daraus entstandene mittelalterl. geistl. Liedform

Trot|teur [-tør, frz.] *m.9* bequemer Straßenschuh mit flachem Absatz; **Trot|toir** [-twar, frz.] *s.9* erhöhter Fußweg neben der Fahrstraße

Trotz|kis|mus *m. Gen.- nur Ez. im kommunist. Sprachgebrauch:* von der sowjet. Parteilinie abweichende polit. Einstellung im Sinne des russ. Politikers L. D. Trotzki

Trou|ba|dour [-dur, auch: tru-, frz.] *m.1 oder m.9* provenzal. Minnesänger; vgl. Trouvère

Trouble [trabl, engl.] *m. Gen.*-s *nur Ez. ugs.:* Mühe, Umstände, Schwierigkeiten, Ungelegenheiten

Trou|pier [trupje, frz.] *m.9* altgedienter, erfahrener Offizier (niederen Ranges), Haudegen

Trou|vère [truvεr, frz.] *m.9* nordfrz. Minnesänger; vgl. Troubadour

Troy|ge|wicht [trɔi-, nach der frz. Stadt

Troyes] *s. 1 in England und den USA:* Gewicht für Edelmetalle und Edelsteine
Trubel [frz.] *m. 5 nur Ez.* geschäftiges, lärmendes Treiben, lustiges Durcheinander
Truck|sy|stem [trʌk-, engl.] *s. 1 nur Ez. früher:* Lohnzahlungssystem, bei dem der Arbeitnehmer ausschließlich Waren oder Gutscheine erhielt
Trüf|fel [lat.-ndrl.] *m. 5* **1** unterird. lebender Pilz; **2** Praline mit feiner, weicher Füllung
Trul|lo [ital.] *m. Gen.* -s *Mz.* -li *in Apulien:* rundgebautes, steinernes Bauernhaus mit kegelförmigem Dach
Trumpf [lat.] *m. 2* **1** *Kartenspiel:* Farbe oder Karte einer Farbe, die die anderen Farben sticht; **2** *übertr.:* Vorteil; einen Trumpf ausspielen, in der Hand haben; **trump|fen** *Kartenspiel:* mit einer Trumpfkarte stechen
Trust [trʌst, engl.] *m. 9* Zusammenschluß mehrerer Unternehmen unter einheitl. Führung; **Tru|stee** [trʌsti] *m. 9 engl. Bez. für* Treuhänder
Try|pa|no|so|ma [griech.] *s. Gen.* - *Mz.* -men Geißeltierchen
Tryp|sin [griech.] *s. 1 nur Ez.* Ferment der Bauchspeicheldrüse
Tsan|tsa [indian.] *w. 9 bei südamerik. Indianern:* von Knochen befreiter, getrockneter, eingeschrumpfter Kopf als Trophäe, Schrumpfkopf
Tscha|ko [ung.] *m. 9* urspr. ungar. militär. Kopfbedeckung mit Schild und zylinderförmigem Oberteil, später auch von dt. Polizisten getragen
Tscha|ma|ra [tschech.] *w. Gen.* - *Mz.* -s *oder* -ren Schnürrock der tschech. und poln. Nationaltracht
Tschan|du [Hindi] *s. Gen.* -s *nur Ez.* zum Rauchen zubereitetes Opium
Tschap|ka [poln.] *w. 9* Kopfbedeckung der Ulanen mit viereckigem Oberteil
Tschar|dasch *m. 1 eindeutschende Schreibung von* Csárdás
tschau! *eindeutschende Schreibung von ital.* ciao: auf Wiedersehen!
Tsche|ka [russ. Kurzwort] *w. Gen.* - *nur Ez. 1917–1922:* die polit. Polizei der UdSSR
Tsche|re|mis|se *m. 11* Angehöriger eines ostfinn. Volkes, *Selbstbez.:* Mari
Tscher|kes|se *m. 11* Angehöriger einer kaukas. Völkergruppe
Tscher|wo|nez [russ.] *m. Gen.* - *Mz.* -won|zen *urspr.:* russ. Goldmünze, *1922–1947:* Banknote im Wert von 10 Rubel
Tschi|buk [türk.] *m. 9* lange türk. Tabakspfeife
Tschi|kosch *m. 1 eindeutschende Schreibung von* Csikós
Tschi|nuk *m. 9 oder Gen.* - *Mz.* -, *eindeutschende Schreibung von* Chinook
Tschis|men [ung.] *Mz.* farbige ungarische Stiefel
Tschuk|tsche *m. 11* Angehöriger eines altsibir. Volkes
tschüs! *ugs. Kurzform von* adjüs, *eigtl.* adieu: auf Wiedersehen!
Tschu|wa|sche *m. 11* Angehöriger eines Mischvolkes an der Wolga
Tse|tse|flie|ge *w. 11* Stechfliege, Überträgerin der Schlafkrankheit
T-Shirt [tiʃəːt, engl., zu: Trikot] *s. 9* kurzärmeliges Hemd aus Trikot, meist ohne Kragen
Tsu|ga *w. Gen.* - *Mz.* -s *oder* -gen Hemlocktanne
TU *Abk. für* Technische Universität
Tua|reg **1** *m. 9 oder Gen.* - *Mz.* - Angehöriger eines Berbervolkes in der Sahara; **2** *s. Gen.* -s *nur Ez.* dessen Sprache
Tua res agi|tur [lat.] Um deine Sache handelt es sich, es geht dich an
Tub [tʌb, engl.] *s. Gen.* - *Mz.* - engl. Gewichtseinheit für Butter (38,102 kg) und Tee (27,216 kg)
Tu|ba [lat.] *w. Gen.* - *Mz.* -ben **1** ein Blechblasinstrument; **2** Ohrtrompete; **3** Eileiter; **Tu|bar|gra|vi|di|tät** *w. 10* Eileiterschwangerschaft; **Tu|be** **1** biegsamer, röhrenförmiger Behälter; auf die Tube drücken *ugs.:* Gas geben, eine Sache in Gang bringen; **2** → Tuba (**3**)
Tu|ber|kel [lat.] *m. 5, österr. auch: w. 11,* **Tu|ber|kel|bak|te|ri|um** *s. Gen.* -s *Mz.* -ri|en Erreger der Tuberkulose; **tu|ber|ku|lar** knotig, knötchenartig; **Tu|ber|ku|lin** *s. 1 nur Ez.* aus Zerfallsprodukten der Tuberkelbakterien gewonnener Giftstoff, mit dem Tuberkulose nachgewiesen werden kann; **tu|ber|ku|lös** an Tuberkulose erkrankt, mit Tuberkeln behaftet; **Tu|ber|ku|lo|se** *w. 11* (*Abk.:* Tb, Tbc) durch Tuberkelbakterien hervorgerufene chron. Infektionskrankheit; **Tu|ber|ku|lo|sta|ti|kum** *s. Gen.* -s *Mz.* -ka die Ausbreitung der Tuberkeln hemmendes Heilmittel
Tu|be|ro|se [lat.] *w. 11* eine mexikan. Zierpflanze
tu|bu|lär [lat.], **tu|bu|lös** röhren-, schlauchförmig; **Tu|bus** *m. Gen.* - *Mz.* -ben, *auch:* -bus|se **1** Röhre; **2** Zwischenring
Tu|dor|bo|gen [tju-, nach dem engl. Königsgeschlecht der Tudors] *m. 7 in der engl. Spätgotik:* flacher Spitzbogen
Tuff *m. 1* **1** [ital.] Gestein aus erstarrten, verkitteten vulkan. Auswürfen; **2** [frz.] Strauß oder Büschel kurzstieliger Blumen; **3** [frz.] vielfach gebundene Schleife (z. B. auf Pralinenschachteln)
Tuf|ting [engl.: tʌf-] *s. 9* ein Teppichgewebe
Tu|kan [indian.] *m. 1* spechtartiger Vogel Mittel- und Südamerikas, Pfefferfresser
Tu|lar|ämie [nach der kaliforn. Stadt Tulare + griech.] *w. 11* auf den Menschen übertragbare Infektionskrankheit der Nagetiere, Hasenpest

Tu|li|pan [türk.] *m.1,* **Tu|li|pa|ne** *w.11, veraltet für* Tulpe
Tüll [nach der frz. Stadt Tulle] *m.1* ein feines, netzartiges Gewebe
Tul|pe [türk.-pers.] *w.11* eine Zierpflanze
Tum|ba [lat.] *w. Gen.- Mz.*-ben Grabdenkmal in Form eines Sarkophags
Tu|mes|zenz [lat.] *w.10 Med.:* Schwellung
Tu|mor [lat.] *m.13* Geschwulst
Tu|mu|li *Mz. von* Tumulus
Tu|mult [lat.] *m.1* Aufruhr, lärmendes, aufgeregtes Durcheinander; **Tu|mul|tu|ant** *m.10* Unruhestifter; **tu|mul|tua|risch, tu|mul|tu|ös** aufgeregt lärmend
Tu|mu|lus [lat.] *m. Gen.- Mz.*-li vorgeschichtl. Hügelgrab
Tun|dra [russ.] *w. Gen.- Mz.*-dren *in den Polargebieten:* baumlose Steppe jenseits der Waldgrenzen
Tu|nell *s.1, süddt., österr. für* Tunnel
tu|nen [tju-, engl.] **1** *Elektroakustik:* einstellen, abstimmen; **2** ein Kraftfahrzeug t.: es auf hohe Leistung trimmen, „frisieren"; **Tu|ner** [tju-] *m.5* Radiogerät ohne Verstärker
Tung|baum [chin.] *m.2* ein chin. Baum, aus dem Holzöl gewonnen wird
Tung|stein [schwed.] *m.1* ein Mineral
Tun|gu|se *m.11* Angehöriger einer Völkergruppe in Sibirien und Nordostchina
Tu|ni|ka [lat.] *w. Gen.- Mz.*-ken *im alten Rom:* langes, hemdartiges, weißes Gewand; **Tu|ni|ka|te** *w.11* sackförmiges, festsitzendes Meerestier, ältestes Wirbeltier, Manteltier
Tun|nel [frz.] *m.5* unterird. Straße
Tu|pa|ma|ro [nach dem Inka Tupac Amaru] *m.9 urspr.:* Aufständischer in Montevideo; *danach:* Angehöriger einer radikalen, gewalttätigen Gruppe
Tu|pi **1** *m.9 oder Gen.- Mz.-* Angehöriger eines südamerik. Indianervolkes; **2** *s. Gen.- nur Ez.* dessen Sprache
Tur|ban [türk.-pers.] *m.1* **1** Kopfbedeckung der Mohammedaner (nicht mehr in der Türkei); **2** *danach:* um den Kopf geschlungener Schal (als Kopfbedeckung für Frauen)
Tur|bel|la|rie [-riə, lat.] *w.11* Strudelwurm;
Tur|bi|ne *w.11* Kraftmaschine zur Erzeugung einer kreisenden Bewegung; **Tur|bo|ge|ne|ra|tor** *m.13* durch Turbinen angetriebener Generator; **Tur|bo|prop** *w.9 Kurzw. für* Propellerturbine; **Tur|bo|prop-Flug|zeug** *s.1* Flugzeug mit Turbinen-Propeller-Luftstrahltriebwerk; **tur|bu|lent** wirbelnd, stürmisch, sehr unruhig; **Tur|bu|lenz** *w.10 nur Ez.* **1** ungeordnete Strömung (Wirbel); **2** *übertr.:* große Unruhe, wirbelndes Durcheinander
Turf [engl.] *m.1 nur Ez.* **1** Pferderennbahn; **2** Pferderennen; **3** Pferderennsport
Tur|ges|zenz [lat.] *w.10 nur Ez.* **1** Straffheit der Pflanzenzellen; **2** *Med.:* Anschwellung, Blutreichtum; **tur|ges|zie|ren** *Med.:* anschwellen, prall gefüllt sein; **Tur|gor** *m. Gen.*-s *nur Ez.* **1** *Bot.:* Innendruck auf die Zellwand; **2** *Med.:* Spannungszustand (der Gewebe)
Tür|ke *m.11* **1** Angehöriger einer in Asien verbreiteten Völkergruppe; **2** Einwohner der Türkei; **Tür|kis** *m.1* ein Edelstein; **Tur|ko** *m.9 früher:* farbiger Fußsoldat des frz. Kolonialheeres in Algerien; **Tur|ko|lo|gie** *w.11 nur Ez.* Wissenschaft von den Sprachen und Kulturen der Turkvölker; **Turk|völ|ker** *s.4 Mz. Sammelbez. für* eine in Nord-, Mittel-, Kleinasien und Osteuropa verbreitete Völkergruppe
Tur|ma|lin [singales.-frz.] *m.1* ein Edelstein
Turn [tən, engl.] *m.9* **1** *Kunstflug:* Kehre; **2** *Segelsport:* kurze Fahrt; **3** Rauschzustand nach dem Genuß eines Rauschgifts
Tur|nier [griech.-frz.] *s.1* **1** *früher:* ritterl. Kampfspiel; **2** *heute:* sportl. Wettkampf größeren Ausmaßes; **tur|nie|ren** *veraltet:* im Turnier kämpfen
Tur|nü|re [frz.] *w.11 19. Jh.:* hinten unter dem Kleiderrock getragenes Gestell oder Polster
Tur|nus [lat.] *m. Gen.- Mz.*-nus|se regelmäßiger Wechsel, festgelegter Umlauf, sich regelmäßig wiederholender Ablauf
Tusch [frz.] *m.1* nacheinander erklingender Dreiklangstoß der Musikkapelle
Tu|sche [frz.] *w.11* Zeichentinte; **tu|schen** mit Tusche zeichnen; **tu|schie|ren** Metall t.: Unebenheiten mittels Tusche sichtbar machen und dann glätten
Tus|ku|lum [nach der altröm. Stadt Tusculum] *s. Gen.*-s *Mz.*-la behagl. Landsitz
Tu|tel [lat.] *w.10* Vormundschaft; **tu|te|la|risch** vormundschaftlich
Tu|tio|ris|mus [lat.] *m. Gen.- nur Ez.* die Einstellung, zwischen zwei Möglichkeiten immer die sicherere zu wählen
Tu|tor [lat.] *m.13* **1** *im röm. Recht:* Vormund; **2** *allg.:* älterer Student als Ratgeber jüngerer Studenten; **Tu|to|rin** *w.10* weibl. Tutor (2)
tut|ti [ital.] *Mus.:* alle (Stimmen); **Tut|ti** *s.9 Mus.:* Spiel aller Stimmen, des vollen Orchesters; *Ggs.:* Solo; **Tut|ti|frut|ti** *s.9* Süßspeise aus Früchten, Speiseeis mit Früchten
TV *Abk. für* Television
Tweed [twid, engl.] *m.9* kräftiges, kleingemustertes Woll- oder Mischgewebe
Twen [engl.] *m.9* Mann oder Mädchen zwischen 20 und 29 Jahren
Twen|ter [ndrl.] *m.5* zweijähriges Pferd
Twill [engl.] *m.9 oder m.1* Seiden- oder feines Baumwollgewebe
Twin|set [engl.] *m.9* kurzärmeliger, kragenloser Pullover mit Jacke aus gleicher Wolle und Farbe
Twist [engl.] *m.1* **1** aus mehreren Fäden lokker gedrehtes Baumwollgarn; **2** ein Modetanz; **twi|sten** Twist tanzen

Two|step [tustep, engl.] *m. 9* schneller engl. Gesellschaftstanz

Ty|che [-çe:, griech.] *w. 11 nur Ez.* Zufall, Glück; **Ty|chis|mus** *m. Gen. - nur Ez.* Lehre, daß alles Geschehen vom Zufall beherrscht wird

Tym|pa|na *Mz. von* Tympanum *und* Tympanon; **Tym|pa|nal|or|gan** *s. 1 bei Insekten:* Gehörorgan; **Tym|pa|nie** *w. 11* durch falsche Fütterung hervorgerufene Krankheit der Wiederkäuer, Blähsucht, Trommelsucht; **Tym|pa|non** [griech.] *s. Gen.*-s *Mz.*-na oft mit Relief oder Malerei verziertes Feld über Fenstern und Türen, Bogen-, Giebelfeld; **Tympa|num** *s. Gen.*-s *Mz.*-na **1** *Anat.:* Trommelfell; **2** Kesselpauke; **3** → Tympanon

Tyn|dall|ef|fekt [tịndəl-, nach dem ir. Physiker J. Tyndall] *m. 1* Streuung des Lichts an kleinsten Teilchen

Typ [griech.] *m. 12* **1** Urbild, Urform, Muster; **2** Modell, Bauart; **3** Gattung, „Schlag"; **4** Gepräge, das mehrere Personen gemeinsam haben; **5** eine solche Person selbst; **6** *ugs.:* Kerl, Bursche, Mensch; **Ty|pe** *w. 11* **1** aus Blei gegossener Druckbuchstabe, Letter; **2** *Bez. für den* Grad der Ausmahlung von Mehl; **3** *ugs.:* komischer, ulkiger Mensch; **ty|pen** *Industrie:* nur in bestimmten Größen (Typen) herstellen (zur Rationalisierung)

Ty|phli|tis [griech.] *w. Gen. - Mz.*-ti|den Blinddarmentzündung; **Ty|phlon** *s. 1* Blinddarm

Ty|phon [griech.] *m. Gen.*-s *Mz.*-pho|ne *veraltet:* Wirbelsturm, Wasserhose; **Ty|phon** *m. 1* Schiffs-, Fabriksirene

ty|phös [griech.] typhusartig, auf Typhus beruhend; **Ty|phus** *m. Gen. - nur Ez.* eine fieberhafte Infektionskrankheit

Ty|pik [griech.] *w. 10 nur Ez.* Lehre von den Typen (**4**, **5**); **ty|pisch 1** für einen Typ charakteristisch, kennzeichnend; **2** einen Typ darstellend, mustergültig; **ty|pi|sie|ren** als Typ, nicht als Individualität, darstellen, einordnen; nach Typen einteilen; **Ty|po|graph** *m. 10* **1** Gestalter des Schriftsatzes; **2** Schriftsetzer; **3** Zeilensetz- und -gießmaschine; **Ty|po|gra|phie** *w. 11 nur Ez.* **1** Buchdruckerkunst; **2** Gestaltung des Schriftsatzes; **ty|po|gra|phisch** die Typographie betreffend, auf ihr beruhend, zu ihr gehörend; typographisches Maßsystem: auf dem typograph. Punkt beruhendes Maßsystem; typographischer Punkt: kleinste Maßeinheit in der Typographie, 0,3759 mm; **Ty|po|lo|gie** *w. 11* Lehre von den Typen (**4**, **5**); **Ty|po|maß** *s. 1,* **Ty|po|me|ter** *s. 5* Maßstab für das typograph. Maßsystem, Buchstaben-, Zeilenmesser; **Ty|po|skript** *s. 1* maschinengeschriebenes Manuskript (als Vorlage für den Setzer); **Ty|pung** *w. 10 nur Ez.* das Typen; **Ty|pus** *m. Gen. - Mz.*-pen → Typ (**1**, **3**, **4**, **5**)

Ty|rann [griech.] *m. 10* **1** Gewaltherrscher; **2** *übertr.:* herrschsüchtiger Mensch; **Ty|rannis** *w. Gen. - nur Ez.* Gewaltherrschaft; **ty|ran|ni|sie|ren** jmdn. t.: jmdn. unterdrücken, jmdm. seinen Willen aufzwingen

Ty|ro|li|enne [-ljẹn] *w. 11* → Tirolienne

U

U *chem. Zeichen für* Uran
über|di|men|sio|nal, **über|di|men|sio|niert** über die normalen Ausmaße hinausgehend, übergroß
über|kan|di|delt *ugs.:* überspannt, ein bißchen verrückt
über|kom|pen|sie|ren zu stark kompensieren; er überkompensiert seine Hemmungen
Über|mi|kro|skop *s. 1* Elektronenmikroskop
über|or|ga|ni|sie|ren *nur im Infinitiv und Partizip üblich* zu genau organisieren (und dadurch erschweren); die Sache ist überorganisiert
über|trai|niert [-trɛ-] durch zu starkes Training überanstrengt
Ubi be|ne, ibi pa|tria [lat.] Wo (es mir) gut (geht), da (ist mein) Vaterland (nach einem Ausspruch Ciceros)
Ubi|quist [lat.] *m. 10* über die ganze Erde verbreitete Tier- oder Pflanzenart; **ubi|qui|tär** überall vorkommend; **Ubi|qui|tät** *w. 10 nur Ez.* Allgegenwart
Ud|mur|te *m. 11* Angehöriger eines ostfinn. Volkes
UdSSR *Abk. für* Union der Sozialistischen Sowjetrepubliken
UFO, Ufo *Kurzw. für engl.* unidentified flying object bzw. unbekanntes Flugobjekt, „fliegende Untertasse"
Ugri|er *m. 5 Mz. Sammelbez. für* Ungarn, Wogulen und Chanten
Ukas [russ.] *m. 1* **1** *früher:* Erlaß des Zaren; **2** *allg.:* Befehl, Verordnung
Ukel|ei [poln.] *m. 1 oder m. 9* ein Karpfenfisch, aus dessen Schuppen Farbstoff für künstl. Perlen gewonnen wird
Uku|le|le [hawaiisch] *w. 11* kleine Gitarre mit vier Seiten
UKW *Abk. für* Ultrakurzwelle
Ulan [türk.] *m. 10* **1** *urspr.:* poln. leichter Lanzenreiter; **2** *in Dtschl. bis zum 1. Weltkrieg:* Angehöriger der schweren Kavallerie; **Ulan|ka** *w. 9* Waffenrock der Ulanen
Ul|cus [lat.], **Ul|kus** *m. Gen. - Mz.* -ze|ra Geschwür
Ul|ster [nach dem alten Namen für Nordirland] *m. 5* **1** schwerer Mantelstoff; **2** zweireihiger Herrenmantel
ult. *Abk. für* ultimo; **Ul|ti|ma** [lat.] *w. Gen. - Mz.* -mä letzte Silbe (eines Wortes); **Ul|ti|ma ra|tio** [-tsjo] *w. Gen. - - nur Ez.* letztes Mittel, letzter Ausweg; **ul|ti|ma|tiv** **1** in Form eines Ultimatums; **2** *übertr.:* nachdrücklich; **Ul|ti|ma|tum** *s. Gen.* -s *Mz.* -ma|ten befristete, mit einer Drohung verbundene Aufforderung; **ul|ti|mo** (*Abk.:* ult.) am letzten (des Monats), z. B. ultimo Mai; **Ul|ti|mo** *m. 9* letzter (Tag des Monats); wir liefern per Ultimo
Ul|tra [lat.] *m. 9* Angehöriger einer extremen polit. Richtung; **Ul|tra|kurz|wel|le** *w. 11* (*Abk.:* UKW) elektromagnet. Welle unter 10 m Länge; **Ul|tra|ma|rin** *s. Gen.* -s *nur Ez.* blaue Farbe; **Ul|tra|mi|kro|skop** *s. 1* Mikroskop zum Betrachten kleinster Teilchen, die mit dem gewöhnl. Mikroskop nicht erkennbar sind; **ul|tra|mon|tan** [„jenseits der Berge" = der Alpen] streng päpstlich gesinnt; **Ul|tra|mon|ta|nis|mus** *m. Gen. - nur Ez.* streng päpstl. Einstellung
ul|tra|rot → infrarot; **Ul|tra|rot** *s. Gen.* -(s) *nur Ez.* → Infrarot; **Ul|tra|schall** *m. Gen.* -s *nur Ez.* die nicht hörbaren Schallwellen über 20 kHz, Überschall; vgl. Infraschall; **Ul|tra|strah|lung** *w. 10* energiereiche Strahlung aus dem Weltraum, Höhenstrahlung, kosmische Strahlung; **ul|tra|vio|lett** (*Abk.:* UV) im Spektrum jenseits des Violetts liegend; ultraviolette Strahlen (*Abk.:* UV-Strahlen); **Ul|tra|vio|lett** *s. Gen.* -s *nur Ez.* kurzwellige Strahlung, die im Spektrum jenseits der violetten Seite des in Spektralfarben zerlegten Lichtes liegt
Ul|ze|ra *Mz. von* Ulkus; **Ul|ze|ra|ti|on** [-tsjon] *w. 10* Geschwürbildung; **ul|ze|rie|ren** geschwürig werden; **ul|ze|rös** geschwürig
Um|bel|li|fe|re [lat.] *w. 11* Doldenblütler
Um|ber [lat.] **1** *m. 5* → Umbra; **2** *m. 14* ein Speisefisch; **Um|bra** *w. Gen. - nur Ez.* **1** dunkelbraune Farbe, Umber; **2** dunkler Kern eines Sonnenfleckes; **Um|bral|glas** *s. 4* Glas für Sonnenbrillen
um|funk|tio|nie|ren eine Sache u.: einer Sache eine andere Funktion geben
um|po|len **1** eine elektr. Schaltung u.: ihren Plus- und Minuspol vertauschen; **2** *übertr.:* eine Sache u.: sie auf entgegengesetzte Weise verändern
um|quar|tie|ren jmdn. u.: jmdm. ein anderes Quartier, Zimmer, eine andere Unterkunft, Behausung geben
um|struk|tu|rie|ren eine Sache u.: einer Sache eine andere Struktur geben, die Struktur einer Sache ändern
UN *Abk. für* United Nations: Vereinte Nationen; vgl. UNO
una cor|da [ital. „eine Saite"] *Mus.:* mit dem Dämpfungspedal (zu spielen)
Una Sanc|ta [lat.] *w. Gen. - - nur Ez.* die eine heilige (Kirche des Apostol. Glaubensbekenntnisses)
Uncle Sam [ʌŋkl sæm, engl.] *ohne Artikel, Gen. - - nur Ez. scherzh.:* US-Amerikaner

Un|der|ground [ʌndəgraund, engl.] *m. 9 nur Ez.* Protestbewegung
Un|der|state|ment [ʌndəsteitmənt, engl.] *s. 9* Untertreibung; *Ggs.:* Overstatement
Un|de|zi|me [lat.] *w. 11 Mus.* **1** der elfte Ton vom Grundton aus; **2** Intervall von elf Tönen
Un|du|la|ti|on [-tsjon, lat.] *w. 10* **1** *Phys.:* Wellenbewegung; **2** *Geol.:* Muldenbildung; **un|du|la|to|risch** wellenförmig; **un|du|lie|ren** sich wellenförmig bewegen oder verlaufen
UNESCO *w. Gen. - Kurzw. für* United Nations Educational, Scientific and Cultural Organization: Organisation der Vereinten Nationen für Erziehung, Wissenschaft und Kultur
un|fair [-fɛ:r, engl.] nicht anständig, nicht ehrlich
un|ge|niert [auch: -ʒənirt] ohne sich zu genieren, frei, ungezwungen
Un|gu|en|tum [lat.] *s. Gen.*-s *Mz.*-ta (*Abk.:* Ungt.) Salbe
Un|gu|lat [lat.] *m. 10* Huftier
uni [yni, auch: yni, frz.] einfarbig
Uni *ugs. Kurzw. für* Universität
UNICEF *w. Gen. - Kurzw. für* United Nations International Children's Emergency Fund: Internationaler Kinderhilfsfonds der Vereinten Nationen
unie|ren [lat.] vereinigen (bes. Religionsgemeinschaften); **Uni|fi|ka|ti|on** [-tsjon] *w. 10* Vereinheitlichung; **uni|fi|zie|ren** vereinheitlichen; **uni|form** einheitlich, einförmig; **Uni-form** [auch: uni-] *w. 10* einheitliche Dienstkleidung; **uni|for|mie|ren** einheitlich machen, *bes.:* einheitlich kleiden, in eine Uniform stecken; **Uni|for|mis|mus** *m. Gen. - nur Ez.* (übertriebenes) Streben nach Einheitlichkeit; **Uni|for|mi|tät** *w. 10* Einheitlichkeit, Einförmigkeit; **Uni|ka** *Mz. von* Unikum; **Uni|kat** *s. 1* einzige Ausfertigung (eines Schriftstücks, Kunstwerks o. ä.); **Uni|kum** *s. Gen.*-s *Mz.*-ka **1** Einziges (seiner Art), etwas Seltenes, nur einmal Hergestelltes; **2** *übertr.:* origineller Mensch; **uni|la|te|ral** einseitig, nur auf einer Seite gelegen; **Unio my|sti|ca** *w. Gen. - - nur Ez. Mystik:* die geheimnisvolle Vereinigung (der Seele mit Gott); **Uni|on** *w. 10* Vereinigung, Bund, Zusammenschluß (bes. von Staaten und von Kirchen); **Unio|nist** *m. 10* Anhänger einer Union; **Uni|on Jack** [junjən dʒæk, engl.] *m. Gen.*--s *Mz.*--s *volkstüml. Bez. für* die brit. Nationalflagge; **Uni|ons|par|tei|en** *w. 10 Mz. Sammelbez. für* CDU und CSU; **uni|pe-tal** einblättrig (Pflanze); **uni|po|lar** einpolig; **uni|son** [ital.] einstimmig oder in Oktaven (singend, spielend); **Uni|so|no** *s. Gen.*-s *Mz.*-s oder -ni einstimmiger Gesang, einstimmiges Spiel, Gesang, Spiel in Oktaven; **uni|tär** [lat.] → unitarisch; **Uni|ta|ri|er** *m. 5* Anhänger einer Richtung der protestant. Kirche, die die Dreifaltigkeit ablehnt und die Einheit Gottes betont; **uni|ta|risch** Einheit erstrebend; **Uni|ta|ris|mus** *m. Gen. - nur Ez.* Streben nach Einheit, nach Festigung der Zentralgewalt, nach einem Einheitsstaat; *Ggs.:* Föderalismus
Uni|ted Na|tions [junaitid nɛiʃnz, engl.] *Mz.* (*Abk.:* UN) Vereinte Nationen; vgl. UNO
uni|ver|sal [-vɛr-, lat.] allgemein, umfassend, gesamt; **Uni|ver|sal|er|be** *m. 11* Alleinerbe; **Uni|ver|sal|ge|nie** [-ʒəni:] *s. 9 ugs.:* jmd., der auf vielen Gebieten sehr befähigt ist; **Uni-ver|sal|ge|schich|te** *w. 11 nur Ez.* Weltgeschichte; **Uni|ver|sa|li|en** *Mz.* Gattungsbegriffe, allgemeine Begriffe; **Uni|ver|sal|in|stru-ment** *s. 1* Winkelmeßgerät zum Bestimmen von Höhe und Azimut eines Gestirns; **Uni|ver|sa|lis|mus** *m. Gen. - nur Ez.* **1** Lehre, daß das Ganze dem Einzelnen übergeordnet sein müsse; **2** Vielseitigkeit, Begabung oder Betätigung auf vielen Gebieten; **Uni|ver|sa|li-tät** *w. 10 nur Ez.* **1** Gesamtheit, Allseitigkeit; **2** Vielseitigkeit, vielseitige Bildung, umfassendes Wissen; **Uni|ver|sal|mit|tel** *s. 5* Allheilmittel, Allerweltsmittel; **uni|ver|sell** → universal; **Uni|ver|si|tas lit|te|ra|rum** [„Gesamtheit der Wissenschaften"] *w. Gen. - - nur Ez. lat. Bez. für* Universität; **Uni|ver|si|tät** *w. 10* Hochschule, Lehr- und Forschungsanstalt für alle Wissengebiete; **Uni|ver|sum** *s. Gen.*-s *nur Ez.* das Weltall
Unk|ti|on [-tsjon, lat.] *w. 10* Einreibung, Salbung
Un|kul|tur *w. 10 nur Ez.* Mangel an Kultur, unkultiviertes Benehmen
UNO *w. Gen. - nur Ez. Kurzw. für* United Nations Organization: Organisation der Vereinten Nationen
un po|co [ital.] *Mus.:* ein wenig
un|pro|por|tio|niert [-tsjo-] schlecht proportioniert
un|ter|ju|beln jmdm. etwas u. *ugs.:* heimlich zuschieben
un|ter|mi|nie|ren **1** untergraben, unterhöhlen und mit Sprengladung füllen; **2** *übertr.:* langsam zerstören; seine Stellung ist unterminiert
un|ter|pri|vi|le|giert benachteiligt, unterdrückt
Un|ze [lat.] *w. 11* **1** alte Gewichtseinheit von 28 bis 100 g; *heute noch in englischsprachigen Ländern:* 28,35 g (Ounce); *früher auch als Zahlungsmittel;* **2** Schneeleopard
Un|zia|le [lat.] *w. 11,* **Un|zi|al|schrift** *w. 10* mittelalterl. griech. und röm. Schrift aus abgerundeten Großbuchstaben
Upa|ni|schad [sanskr.] *w. Gen. - meist Mz.* -schaden altind. philosoph.-theolog. Schrift
UPI [ju:piai] *Abk. für* United Press International: Vereinigte Internationale Presse (eine US-amerik. Nachrichtenagentur)
Up|per|cut [ʌpərkʌt, engl.] *m. 9 Boxen:* Schlag von unten gegen das Kinn des Gegners
Up|per ten [ʌpər tɛn, engl. „obere zehn"]

Mz. die oberen Zehntausend, die Oberschicht
up to date [ʌp tə deit, engl.] auf dem laufenden, zeitgemäß, der Mode entsprechend
Ur|ä|mie [griech.] *w.11* durch mangelhafte Ausscheidung von Urin hervorgerufene Krankheit, Harnvergiftung
Uran [nach dem Planeten Uranus] *s.1 nur Ez.* (*Zeichen:* U) ein chem. Element; **Ura|ni|den** *m.11 Mz. Sammelbez. für* Uran, Neptunium, Plutonium
Ura|ni|er *m.5* → Uranist
Ura|ni|nit *s.1 nur Ez.* ein Mineral, Uranpecherz, Pechblende
Ura|nis|mus [nach dem griech. Gott Uranos] *m. Gen. - nur Ez.* Homosexualität (bei Männern); **Ura|nist** *m.10* Homosexueller
Ura|no|lo|gie [griech.] *w.11 veraltet:* Himmelskunde
Urat [griech.] *s.1* Salz der Harnsäure
Urä|us|schlan|ge [nach einer ägypt. Göttin] *w.11* eine afrik. Giftschlange
ur|ban [lat.] städtisch; *übertr.:* weltmännisch; **ur|ba|ni|sie|ren 1** städtisch machen, verstädtern; **2** verfeinern; **Ur|ba|ni|stik** *w.10 nur Ez.* Forschung auf dem Gebiet des Städtebaus; **Ur|ba|ni|tät** *w.10 nur Ez.* **1** weltmänn. Gewandtheit und Höflichkeit; **2** *neuerdings auch:* städt. Leben, städt. Lebensform
ur|bi et or|bi [lat.] der Stadt (Rom) und dem Erdkreis (Formel für die Segenspendung des Papstes)
Urbs ae|ter|na [lat. „ewige Stadt"] *w. Gen. - - nur Ez. Bez. für* Rom
Ur|du *s. Gen.-(s) nur Ez. ind. Bez. für:* Hindustani
Urea [griech.] *w. Gen. - nur Ez.* Harnstoff; **Ure|ase** *w.11 nur Ez.* ein Enzym; **Ure|id** *s.1* jede vom Harnstoff abgeleitete chem. Verbindung
Ureo|me|ter [griech.] *s.5* Gerät zum Messen des Harnstoffs im Urin; **Ure|se** *w.11* Harnen, Wasserlassen; **Ure|ter** *m. Gen.-s Mz. -te|ren* Harnleiter; **ure|thrisch** harntreibend; **Ure|thri|tis** *w. Gen. - Mz.*-ti|den Harnröhrenentzündung; **Ure|thro|skop** *s.1* Gerät zur Untersuchung der Harnröhre
ur|gent [lat.] dringend; **Ur|genz** *w.10 nur Ez.* Dringlichkeit
ur|gie|ren [lat.] *bes. österr.:* dringlich machen, um sofortige Erledigung (von etwas) bitten; ein Gesuch u.
Uri|an 1 *m.1* unwillkommener Gast; **2** *nur Ez.* der Teufel
Uri|as|brief [nach Uria, dem Heerführer Davids] *m.1* Brief, der dem Überbringer Unheil bringt
Urin [griech.] *m.1* Harn; **Uri|nal** *s.1* Harnflasche, Harnglas; **uri|nie|ren** Wasser lassen, harnen; **uri|nös 1** harnähnlich; **2** harnstoffhaltig
Ur|ne [lat.] *w.11* **1** henkelloses Gefäß mit Deckel zum Aufbewahren der Asche eines Toten; **2** Behälter für die Stimmzettel (bei Wahlen)
uro|ge|ni|tal [griech. + lat.] zu den Harn- und Geschlechtsorganen gehörend, von ihnen ausgehend; **Uro|ge|ni|tal|sy|stem** *s.1* die Harn- und Geschlechtsorgane; **Uro|lith** [griech.] *m.10* Harnstein; **Uro|lo|gie** *w.11 nur Ez.* Lehre von den Harnorganen; **Uro|me|ter** *s.5* Gerät zum Bestimmen des spezif. Gewichts von Harn, Harnwaage
Ur|su|li|ne *w.11*, **Ur|su|li|ne|rin** *w.10* Angehörige eines kath. Ordens
Ur|ti|ka [lat.] *w. Gen. - Mz.*-kä *bzw.* -cae [-kɛː] Quaddel; **Ur|ti|ka|ria** *w. Gen. - nur Ez.* Nesselausschlag, Nesselsucht
US(A) *w. Gen. - Abk. für* United Staates (of America): Vereinigte Staaten (von Amerika)
Usam|ba|ra|veil|chen [nach dem ostafrik. Bergland Usambara] *s.7* eine Zimmerpflanze
Usance [yzãs, frz.] *w.11 bes. im Handel:* Brauch, Gepflogenheit; **Usan|cen|han|del** *m.6 nur Ez.* Devisenhandel zu Kursen in einer anderen Währung als der Landeswährung der Devisenhändler
Us|be|ke *m.11* Angehöriger eines Turkvolkes
User [ju-, engl.] *m.5* jmd., der regelmäßig Rauschgift nimmt
Uso [ital.] *m.9 Handel:* Brauch, Gepflogenheit; **Uso|wech|sel** *m.5* Wechsel, der nach dem am Zahlungsort übl. Brauch zu zahlen ist; **usu|ell** [lat.] üblich, gebräuchlich; **Usu|ka|pi|on** *w.10 röm. Recht:* Eigentumserwerb durch langen Gebrauch; **Usur** *w.10 Med.:* Abnützung, Schwund; **Usur|pa|ti|on** [-tsjon] *w.10* widerrechtl. Machtergreifung, Thronraub; **Usur|pa|tor** *m.13* jmd., der Usurpation begangen hat, Thronräuber; **usur|pie|ren** gewaltsam nehmen, an sich reißen, rauben; die Macht, den Thron u.; **Usus** *m. Gen. - nur Ez.* Brauch, Gepflogenheit, Sitte; es ist (so) U., daß ...; **Usus|fruk|tus** *m. Gen. - nur Ez.* Nießbrauch
Utah [juta] **1** *m.9 oder m. Gen. - Mz. -* Angehöriger eines nordamerik. Indianervolkes; **2** *s. Gen. - nur Ez.* dessen Sprache
Uten|sil [lat.] *s. Gen.-s, meist Mz.* -li|en; **Uten|si|li|en** *Mz.* kleine Gebrauchsgegenstände, z.B. Schreib-, Waschutensilien
ute|rin [lat.] zum Uterus gehörig, von ihm ausgehend
Ute|ro|skop *s.1* Gerät zur Untersuchung des Uterus
Ute|rus *m. Gen.-Mz.*-ri Gebärmutter
Uti|li|ta|ri|er [lat.] *m.5* → Utilitarist; **Uti|li|ta|ris|mus** *m. Gen. - nur Ez.* Lehre, daß der Nutzen Grundlage und Zweck des menschl. Handelns sei und der Gemeinschaft dienstbar gemacht werden müsse; **Uti|li|ta|rist** *m.10* Anhänger des Utilitarismus
Uto|pia [nach dem Titel eines Romans von

Thomas Morus] *s. Gen.*-(s) *nur Ez.* Wunsch-, Traumland; **Uto|pie** *w. 11* **1** Schilderung eines künftigen (gesellschaftl. o. ä.) Lebens oder Zustandes; **2** Plan ohne reale Grundlage, Wunschtraum; **Uto|pi|en** *s. Gen.*-(s) *nur Ez.* → Utopia; **uto|pisch** unerfüllbar, nur in der Vorstellung vorhanden, erträumt; Unmögliches erstrebend; utopischer Roman: Roman über einen (noch) nicht existierenden Staat oder eine zukünftige Gesellschaft; *auch:* technisch-wissenschaftl. Zukunftsroman; **Uto|pis|mus 1** *m. Gen.- nur Ez.* Neigung zu Utopien; **2** *m. Gen.- Mz.*-men utop. Vorstellung; **Uto|pist** *m. 10* **1** Vertreter einer Utopie (**1**); **2** jmd., der zu Utopien (**2**) neigt

Utra|quis|mus [lat.] *m. Gen.- nur Ez.* Lehre der Utraquisten; vgl. Kalixtiner; **Utra|quist** *m. 10* → Kalixtiner

UV *Abk. für* ultraviolett

Uvi|ol *s. Gen.*-s *nur Ez. Kurzw. für* Ultraviolett; **Uvi|ol|glas** *s. 4* ⓦ für ultraviolette Strahlen durchlässiges Glas

Uvu|la [-vu-, lat.] *w. Gen.- Mz.*-lae [-lɛ:] Gaumenzäpfchen; **Uvu|lar** *m. 1* mit dem Gaumenzäpfchen gebildeter Laut, z. B. das Gaumen-r

V

v. *Abk. für* verte!, vide
V 1 *röm. Zahlzeichen für* 5; **2** *Abk. für* Volt; **3** *(stets in Kursivschrift) Abk. für* Volumen; **4** *chem. Zeichen für* Vanadin; **5** *Zeichen für* vertatur
V. *Abk. für* Vers
VA *Abk. für* Voltampere
va banque [vabāk, frz.] *beim Glücksspiel:* es gilt die Bank; va banque spielen: um den gesamten Einsatz der Bank spielen; *übertr.:* alles einsetzen, alles wagen
va|cat [va-, lat.] es fehlt, es ist nicht vorhanden; vgl. Vakat
Vac|ci|na|ti|on [vaktsinatsjon] *w. 10* → Vakzination
Vache|le|der [vaʃ-, frz.] *s. 5* Rindsleder (für Schuhsohlen)
Va|de|me|kum [va:-, lat. „geh mit mir“] *s. 9* kleines Lehrbuch, Ratgeber, den man bei sich tragen kann
Va|di|um [va-, lat.] *s. Gen.* -s *Mz.* -di|en *im alten dt. Recht:* Gegenstand als symbol. Pfand; Anzahlung
va|dos [va-, lat.] *in der Fügung* vadoses Wasser: in der Erdkruste befindliches, von Niederschlägen und Oberflächengewässern herrührendes Wasser; *Ggs.:* juveniles Wasser
Vae vic|tis! [vɛ: vikti:s, lat.] Wehe den Besiegten!
vag [vag] → vage; **Va|ga|bon|dage** [-bōdaʒ] *w. 11 nur Ez., österr. für* Vagabundage; **Va|ga|bund** [va-, frz.] *m. 10* **1** Landstreicher; **2** *übertr.:* ruheloser, häufig den Wohnsitz wechselnder Mensch; **Va|ga|bun|da|ge** [-ʒə] *w. 11 nur Ez.* Landstreicherei; **va|ga|bun|die|ren** **1** als Vagabund leben; **2** *übertr.:* ein ruheloses Leben führen; **Va|gant** *m. 10 MA:* fahrender Spielmann, fahrender Schüler
va|ge [va-, frz.] unbestimmt, verschwommen, ungenau
va|gie|ren [va-, lat.] umherziehen, -schweifen; **va|gil** frei beweglich, fähig zur Ausbreitung (Tier); **Va|gi|li|tät** *w. 10 nur Ez.* Fähigkeit zur Ausbreitung über den Biotop hinaus
Va|gi|na [auch: va-, lat.] *w. Gen. - Mz.* -nen weibl. Scheide; **va|gi|nal** zur Vagina gehörend, von ihr ausgehend; **Va|gi|nis|mus** *m. Gen. - nur Ez.* Scheidenkrampf
Va|go|to|nie [va-, lat.] *w. 11* erhöhte Erregbarkeit des parasympath. Nervensystems; **Va|go|to|ni|ker** *m. 5* jmd., der an Vagotonie leidet; **Va|gus** [va-] *m. Gen. - nur Ez.* Hauptnerv des parasympath. Nervensystems, Nervus vagus
va|kant [va-, lat.] offen, leer, unbesetzt (Stelle); **Va|kanz** *w. 10* **1** unbesetzte Stelle; **2** *süddt., veraltet:* Ferien; **Va|kat** [va-] *s. 9* leere Seite (eines Druckbogens); **Va|ku|blitz** *m. 1* ein Elektronenblitzgerät; **Va|kuo|le** *w. 11 bes. bei Einzellern:* mit Flüssigkeit oder Nahrung gefülltes Bläschen; **Va|ku|um** *s. Gen.* -s *Mz.* -kua **1** luftverdünnter, nahezu luftleerer Raum; **2** *übertr.:* unausgefüllter Raum, unausgefüllte Zeit; **Va|ku|um|brem|se** *w. 11* Bremse, deren Bremsdruck durch Kräfte verstärkt wird, die durch das Vakuum in der Ansaugleitung eines Motors entstehen; **va|ku|umie|ren** bei verringertem Luftdruck verdampfen (Flüssigkeit); **Va|ku|um|me|ter** *s. 5* Manometer für niedrigen Druck; **Va|ku|um|pum|pe** *w. 11* Pumpe zum Erzeugen eines Vakuums
Vak|zin [vak-, lat.] *s. 1* →Vakzine; **Vak|zi|na|ti|on** [-tsjon] *w. 10* Impfung mit Vakzinen; **Vak|zi|ne** *w. 11* Impfstoff aus abgetöteten oder abgeschwächten Krankheitserregern; **vak|zi|nie|ren** mit Vakzinen impfen
Val *Abk. für* Grammäquivalent
va|le! [va-, lat.] leb wohl!
Va|len|ciennes|spit|ze [valāsjen-, nach der frz. Stadt Valenciennes] *w. 11* feine Klöppelspitze mit Blumenmustern
Va|lenz [va-, lat.] *w. 10* Wertigkeit; **1** *Chem.:* Maßzahl für die Fähigkeit eines Atoms, Elektronen aufzunehmen oder abzugeben; **2** *Gramm.:* Fähigkeit von Verben, Ergänzungen zu verlangen, z. B. ich verspreche „es ihm“, ich fälle „den Baum“
Va|le|ria|na [va-, lat.] *w. Gen. - Mz.* -nen Baldrian; **Va|le|ri|an|säu|re** *w. 11 Ez.* Baldriansäure; **Va|le|ri|at** *s. 1* Salz der Valeriansäure
Va|let [va-, lat.] *s. 9 veraltet:* Abschied, Abschiedsgruß, Lebewohl; jmdm. V. sagen; jmdm. (das) V. geben
Va|let [vale, frz.] *m. 9 frz. Kartenspiel:* Bube
Va|leur [valœr, frz.] *m. 9* **1** *veraltet:* Wertpapier; **2** *Mz. Malerei:* Farbtonwerte, Abstufung von Licht und Schatten; **Va|li|di|tät** *w. 10 nur Ez.* Wertigkeit, Gültigkeit
Va|lo|ren [va-, lat.] *m. 12 Mz.* Wertgegenstände, Wertpapiere, auch Banknoten; **Va|lo|ri|sa|ti|on** [-tsjon] *w. 10* Steigerung der Preise (durch Stapeln, Aufkäufe, Anbaubeschränkungen u. a.); **va|lo|ri|sie|ren** Waren v.: den Wert, Preis von Waren steigern
Va|lu|ta [va-, lat.] *w. Gen. - Mz.* -ten **1** Wert (einer Währung an einem bestimmten Tag); **2** Geldsorte, Währung; ausländische V.; **3** *Bankwesen:* Datum, an dem eine Gutschrift oder Belastung für einen Kunden erfolgt; **4** *Mz.* Zinsscheine ausländ. Effekten; **va|lu|tie|ren** **1** bewerten; **2** terminlich festle-

gen; **3** *Bankwesen:* zu einem bestimmten Tag gutschreiben oder belasten; **Va|lva|ti|on** [-tsjon] *w.10* Wertbestimmung (bes. von ausländ. Münzen)
Vamp [vęmp, engl.] *m.9* verführerische, doch kalt berechnende Frau; **Vam|pir** [vam-, österr.: -pir, slaw.] *m.1* **1** eine (nicht blutsaugende) Fledermaus; **2** *im Volksglauben:* blutsaugendes Nachtgespenst; **3** *übertr.:* Wucherer, Blutsauger
van [van, auch: fan] *ndrl.:* von (vor Namen), z. B. van Eyck
Va|na|dat [va-] *s.1* Salz der Vanadinsäure; **Va|na|din** [nach Vanadis, dem Beinamen der german. Göttin Freia], **Va|na|di|um** *s. Gen.* -s *nur Ez. (Zeichen:* V) chem. Element, ein Metall
Van-Allen-Gür|tel [vęn ælən-, nach dem US-amerik. Physiker J. A. Van Allen] *m.5 Bez. für* die zwei Strahlungsgürtel der Erde
Van|da|le [van-] *m.11* → Wandale
Va|nil|le [vaniljə, lat.-frz.] *w.11 nur Ez.* **1** eine Orchidee; **2** ein Gewürz
Va|ni|tas va|ni|ta|tum [va-, lat. „Eitelkeit der Eitelkeiten"] Alles ist eitel!
Va|peur [vapœr, frz.] *m.9* **1** *nur Ez.* ein Baumwollgewebe; **2** *Mz.* Blähungen; *übertr.:* Launen
Va|po|ri|me|ter [lat. + griech.] *s.5* Gerät zum Bestimmen des Alkoholgehalts einer Flüssigkeit aus dem Dampfdruck beim Sieden; **Va|po|ri|sa|ti|on** [-tsjon] *w.10* **1** Verdampfung; **2** Bestimmung des Alkoholgehalts einer Flüssigkeit mittels Vaporimeter; **3** Blutstillung durch Wasserdampf; **va|po|ri|sie|ren** **1** verdampfen; **2** den Alkoholgehalt (von etwas) feststellen
Va|que|ro [-kε-, span.] *m.9* nord- und mittelamerik. Rinderhirt
var. *Abk. für* varietas = Varietät (bei naturwissenschaftl. Namen); **Va|ria** [va-, lat.] *Mz. Bibliothekswesen:* Verschiedenes; **va|ria|bel** veränderlich, schwankend; **Va|ria|bi|li|tät** *w.10 nur Ez.* Veränderlichkeit; **Va|ria|ble** *w.11 Math.:* veränderl. Größe; **Va|ri|an|te** *w.11* **1** abweichende Form; **2** veränderl. math. Größe; **3** abweichende Lesart (bei Texten); **Va|ri|anz** *w.10* **1** Abweichung; **2** *nur Ez.* Veränderlichkeit; **Va|ria|ti|on** [-tsjon] *w.10* Abweichung, Veränderung, Abwandlung; **Va|rie|tät** [variə-] *w.10* **1** Verschiedenheit, Andersartigkeit; **2** (*Abk.:* var.) *Biol.:* abweichende Form einer Art; **Va|rie|té** [variəte] *s.9* Bühne für artist., tänzer. und musikal. Darbietungen; **va|ri|ie|ren** **1** verschieden sein, abweichen; **2** abwandeln
va|ri|kös [va-, lat.] in Form von Varizen, mit Varizen behaftet, krampfaderig; **Va|ri|ko|si|tät** *w.10 nur Ez.* Bildung von Varizen; **Va|ri|ko|ze|le** *w.11* Krampfaderbruch
Va|rio|la [va-, lat.] *w. Gen.* - *Mz.* -lae [-lε:] *oder* -len, **Va|rio|le** *w.11* Pocken, eine Infektionskrankheit
Va|rio|me|ter [lat. + griech.] *s.5* **1** Gerät zum Messen der Steig- und Sinkgeschwindigkeit von Flugkörpern; **2** Gerät zum Messen sehr kleiner Luftdruckänderungen; **3** Gerät zum Bestimmen der Schwankungen des erdmagnet. Feldes; **4** elektron. Bauteil mit veränderbarer Kapazität bzw. Induktivität
Va|ri|stor [va-, lat.] *m.13* Vorschaltwiderstand, der Stromstärke und Spannung im nachfolgenden Stromkreis begrenzt
Va|ri|ty|per [væritaipər, engl.] *m.5* photomechan. Schreib- und Setzmaschine
Va|rix [va-, lat.] *w. Gen.* - *Mz.* -ri|zen, **Va|ri|ze** *w.11* Krampfader; **Va|ri|zel|len** *Mz.* Windpocken
va|sal [va-, lat.] zu den Blutgefäßen gehörend, von ihnen ausgehend
Va|sall [va-, kelt.-mlat.] *m.10* **1** *MA:* Lehnsmann, Gefolgsmann; **2** *allg.:* Abhängiger; **Va|sal|len|staat** *m.10* von einer Großmacht abhängiger Staat
Va|se [va-, lat.] *w.11* künstlerisch gestaltetes Gefäß für Schnittblumen
Vas|ek|to|mie [vas-, lat. + griech.] *w.11* operative Entfernung eines Blutgefäßes bzw. eines Teils des männl. Samenleiters (zur Sterilisation)
Va|se|lin [va-, Kunstw.] *s. Gen.* -s *nur Ez.*, **Va|se|li|ne** *w. Gen.* - *nur Ez.* eine Fettsalbe
vas|ku|lär [vas-, lat.] zu den kleinen Blutgefäßen gehörig, von ihnen ausgehend; **Vas|ku|la|ri|sa|ti|on** [-tsjon] *w.10* Versorgung mit feinsten Blutgefäßen; **vas|ku|lös** blutgefäßreich; **Va|so|li|ga|tur** *w.10* Unterbindung eines Blutgefäßes; **Va|so|mo|to|ren** *Mz.* Gefäßnerven; **va|so|mo|to|risch** zu den Vasomotoren gehörend, auf ihnen beruhend; **Va|so|to|mie** *w.11* → Vasektomie
Va|sta|ti|on [-tsjon] *w.10 veraltet:* Verwüstung
Va|ti|kan [lat.] *m.1 nur Ez.* **1** Residenz des Papstes in Rom; **2** die päpstl. Regierung
Vaude|ville [vod(ə)vil, frz.] *s.9* **1** possenhaftes Singspiel; **2** Schlager daraus
Ve|da [ve-] *w. Gen.* - *Mz.* -den → Weda
Ve|du|te [ve-, ital.] *w.11* sachgetreue Ansicht (Gemälde, Zeichnung, Stich) einer Stadt oder Landschaft
Ve|ge|ta|bi|li|en [ve-, lat.] *Mz.* pflanzl. Stoffe, pflanzliche Nahrungsmittel; **ve|ge|ta|bi|lisch** pflanzlich; **Ve|ge|ta|ria|ner** *m.5* → Vegetarier; **Ve|ge|ta|ria|nis|mus** *m. Gen.* - *nur Ez.* → Vegetarismus; **Ve|ge|ta|ri|er** *m.5* jmd., der sich nur von pflanzl. Kost ernährt; **ve|ge|ta|risch** pflanzlich; v. leben: nur von pflanzl. Kost leben; **Ve|ge|ta|ris|mus** *m. Gen.* - *nur Ez.* Ernährung nur von pflanzl. Kost; **Ve|ge|ta|ti|on** [-tsjon] *w.10 nur Ez.* Pflanzenwuchs; **Ve|ge|ta|ti|ons|pe|ri|ode** *w.11* Zeitraum des stärksten Pflanzenwuchses innerhalb eines

Jahres; **Ve|ge|ta|ti|ons|punkt** *m.1* Spitze an Sproß oder Wurzel, von der hauptsächlich das Wachstum ausgeht; **ve|ge|ta|tiv** **1** *Biol.:* pflanzlich, ungeschlechtlich; **2** *Med.:* nicht dem Willen unterliegend (Nerv); **Ve|ge|ta|ti|vum** *s. Gen.* -s *nur Ez.* vegetatives Nervensystem; **ve|ge|tie|ren** kümmerlich dahinleben

ve|he|ment [ve-, lat.] ungestüm, heftig; **Ve|he|menz** *w.10 nur Ez.* Ungestüm, Heftigkeit

Ve|hi|kel [ve-, lat.] *s.5* altes, altmod. oder schlechtes Fahrzeug; *auch übertr.:* Mittel zum Zweck

Vek|tor [vɛk-, lat.] *m.13* gerichtete Größe in einer Ebene oder im Raum

Ve|la [ve-] *Mz. von* Velum

Ve|lar [ve-, lat.] *m.1,* **Ve|lar|laut** *m.1* am hinteren Gaumen gebildeter Laut, z. B. g, k (vor a, o, u), ch (wie in „ach"), Hintergaumenlaut, Kehllaut

Ve|lin [vəlin, frz.: vəlɛ̃] *s. Gen.* -s *nur Ez.*, **Ve|lin|pa|pier** *s.1* weiches, pergamentartiges Papier (für Bucheinbände)

Ve|lo [ve-, Kurzw. aus Veloziped] *s.9 schweiz.:* Fahrrad; **Ve|lo|drom** *s.1* Hallenradrennbahn

Ve|lour, Ve|lours [vəlur, frz.] *m. Gen.* - [-lurs] *Mz.* - [-lurs] ein samtartiges Gewebe; **Ve|lour(s)|le|der** *s.5* auf der Fleischseite samtartig zugerichtetes Leder

Ve|lo|zi|ped [vɛ-, lat.-frz.] *s.1 veraltet:* Fahrrad

Velt|li|ner [vɛlt-, schweiz.: fɛlt-] *m.5* Wein aus der Landschaft Veltlin oberhalb des Comer Sees

Ve|lum [ve-, lat.] *s. Gen.* -s *Mz.* -la **1** rechteckiges Schultertuch des kath. Priesters; Tuch zum Bedecken des Kelchs und des Ziboriums; **2** *Anat.:* bewegl. Platte, z. B. hinterer, weicher Gaumen, Gaumensegel (Velum palatinum), Herzklappensegel; **3** *Zool.:* Schirmrand mancher Medusen; **4** *Bot.:* häutige Hülle bei jungen Blätterpilzen

Ve|vet [vɛlvət, engl.] *m.9* Baumwollsamt

ven. *Abk. für* venerabilis

Ven|det|ta [vɛn-, ital.] *w. Gen.* - *Mz.* -ten Blutrache

Ve|ne [ve-, lat.] *w.11* zum Herzen führendes Blutgefäß; vgl. Arterie

ve|ne|ra|bel [ve-, lat.] *veraltet:* ehrwürdig; **Ve|ne|ra|bi|le** *s. Gen.* -s *nur Ez. kath. Kirche:* Allerheiligstes; **ve|ne|ra|bi|lis** *(Abk.:* ven.) *bes. im Titel kath. Geistlicher:* hoch-, ehrwürdig

ve|ne|risch [ve-, nach der Liebesgöttin Venus] Geschlechtskrankheiten betreffend; venerische Krankheit: Geschlechtskrankheit; **Ve|ne|ro|lo|gie** *w.11 nur Ez.* Lehre von den Geschlechtskrankheiten

Ve|nia le|gen|di [ve-, lat. „Erlaubnis zu lesen"] *w. Gen.* - - *nur Ez.* Berechtigung, an einer Hochschule zu lehren

Ve|ni, vi|di, vi|ci [veni, vidi, vitsi, lat.] Ich kam, ich sah, ich siegte (Mitteilung Cäsars nach der Schlacht bei Zela 47 v. Chr.)

ve|nös [ve-, lat.] zu den Venen gehörig, von ihnen ausgehend, von ihnen geleitet

Ven|til [vɛn-, lat.] *s.1* **1** Absperrvorrichtung für Gase und Flüssigkeiten; **2** *bei Blechblasinstrumenten:* Vorrichtung zum Verändern der Grundstimmung; **3** *bei der Orgel:* Vorrichtung zum Regeln der Windzufuhr; **4** *übertr.:* Möglichkeit, ein aufgestautes Gefühl abzureagieren; **Ven|ti|la|tor** *m.13* Gerät zum Lüften von Räumen, zur Bewetterung von Bergwerken usw.; **ven|ti|lie|ren** **1** lüften; **2** genau überlegen, erwägen

ven|tral [vɛn-, lat.] zum Bauch gehörend; bauchwärts gelegen; **Ven|tri|kel** *m.5 Anat.:* Hohlraum, Kammer, Herz-, Hirnkammer; **ven|tri|ku|lar** zum Ventrikel gehörend; **Ven|tri|lo|quist** *m.10* Bauchredner

Ve|ran|da [ve-, Hindi] *w. Gen.* - *Mz.* -den überdachter, verglaster (vorgebauter oder eingezogener) Raum am Haus

Verb [vɛrb, lat.] *s.12* Zeitwort, Tätigkeitswort, z. B. essen, schlagen; **ver|bal** **1** als Verb gebraucht, zeitwörtlich; **2** durch Worte, mündlich; **Ver|bal|ad|jek|tiv** *s.1* aus einem Verb gebildetes Adjektiv, z. B. am „kommenden" Tag, der „geplatzte" Reifen; **Ver|ba|le** *s. Gen.* -s *Mz.* -li|en von einem Verb abgeleitetes Wort, z. B. „Schläfer" von „schlafen"; **Ver|bal|in|ju|rie** [-riə] *w.11* Beleidigung durch Worte, Beschimpfung; **ver|ba|li|sie|ren** **1** zu einem Verb umbilden (Wort), z. B. „Funk" zu „funken"; **2** in Worte fassen, formulieren; **Ver|ba|lis|mus** *m. Gen.* - *nur Ez.* Übergewicht der Worte über die Sache, Neigung zum Wortemachen; **Ver|ba|list** *m.10* jmd., der auf das Wort, auf die Formulierung mehr Wert legt als auf die Sache; **ver|ba|li|ter** *veraltet:* wörtlich; **Ver|bal|no|te** *w.11* zur mündl. Mitteilung bestimmte, meist vertrauliche diplomat. Note; **Ver|bal|prä|fix** *s.1* einem Verb vorangestelltes Präfix, z. B. be- (beschauen), ver- (verschwinden); **Ver|bal|stil** *m.1 nur Ez.* Stil, der Verben bevorzugt, im Unterschied zum Nominalstil; **Ver|bal|sub|stan|tiv** *s.1* von einem Verb abgeleitetes Substantiv, z. B. Fluß, Eroberung; **Ver|bal|suf|fix** *s.1* an den Stamm des Verbs angefügte Silbe, z. B. -eln (lächeln), -igen (bändigen), -ieren (posieren)

ver|bar|ri|ka|die|ren mit Hindernissen versperren

Ver|be|ne [vɛr-, lat.] *w.11* eine Heilpflanze, Eisenkraut

Ver|bum [vɛr-, lat.] *s. Gen.* -s *Mz.* -ben → Verb

ver|char|tern [-tʃar-, auch: -ʃar-, engl.] vermieten (Schiff, Flugzeug)

ver|chro|men [-kro-] mit Chrom überziehen

Ver|dikt [lat.] *s.1* Urteil, Entscheidung

Ver|dü|re [vɛr-, frz.] *w. 11, vom MA bis ins 18. Jh.:* gewirkter Wandteppich in überwiegend grünen Farben, bes. mit Pflanzendarstellungen
ver|fi|chen [-fiʃən] Texte, Bilder v.: Mikrofiches davon herstellen
Ve|ri|fi|ka|ti|on [ve- -tsjon, lat.] *w. 10:* Wahrheits-, Richtigkeitsnachweis, Beglaubigung; **ve|ri|fi|zie|ren** nachprüfen, als richtig nachweisen, beglaubigen, bestätigen; **Ve|ris|mus** *m. Gen. - nur Ez.* Kunstrichtung, die eine kraß wirklichkeitsgetreue Darstellung anstrebt; **ve|ri|ta|bel** *veraltet:* wahrhaft, echt
ver|ju|beln verschwenden (Geld)
ver|ju|xen *ugs.:* verschwenden (Geld)
ver|kad|men → kadmieren
ver|kal|ku|lie|ren sich v.: sich verrechnen
ver|kit|schen **1** kitschig gestalten; *meist im Partizip:* verkitscht; **2** [rotw.] *ugs.:* verkaufen
ver|klau|su|lie|ren **1** mit (zu vielen) Klauseln versehen (Vertrag); **2** *übertr.:* zu umständlich, zu schwierig und dadurch schwer verständlich darstellen
ver|kon|su|mie|ren [lat.] *ugs.:* verbrauchen, aufessen
ver|ma|le|dei|en [lat.] *veraltet:* verfluchen; *noch als Partizip in Wendungen wie:* dieser vermaledeite Leim hält nicht
ver|mas|seln [jidd.] *ugs.:* verderben, falsch machen
ver|meil [vɛrmɛj, frz.] hochrot; **Ver|meil** *s. Gen. -s nur Ez.* vergoldetes Silber
Ver|mil|lon [vɛrmijɔ̃, frz.] *s. Gen. -s nur Ez.* fein gemahlener Zinnober
ver|mi|nen mit Minen durchsetzen; vermintes Gelände, Gewässer
ver|mu|ren [engl.] vor zwei Anker legen (Schiff)
Ver|na|li|sa|ti|on [-tsjon, lat.] *w. 10* → Jarowisation
Ver|nis|sa|ge [vɛrnisaʒ(ə), frz.] *w. 11* **1** Ausstellung der neuen Bilder eines lebenden Malers; **2** Eröffnung einer Kunstausstellung (mit geladenen Gästen); **3** *Fernsehen:* das Vorstellen eines Künstlers (dem Publikum)
Ve|ro|ni|ka [griech.] *w. Gen. - Mz.* -ken eine Wiesenpflanze, Männertreu, Ehrenpreis
ver|pönt [lat.] nicht gern gesehen, nach herrschender Sitte nicht zulässig
ver|pro|le|ta|ri|sie|ren zum Proletarier werden
ver|pro|vi|an|tie|ren mit Proviant versorgen
ver|ram|schen billig verkaufen (Waren)
Vers [fers, auch: fęrs, lat.] *m. 1 (Abk.:* V.) **1** Zeile einer Strophe; *ugs. auch:* Strophe; **2** *in der Bibel:* kleinster Abschnitt des Textes
Ver|sal [vɛr-, lat.] *m. Gen. -s Mz.* -li|en, **Ver|sal|buch|sta|be** *m. 15* Großbuchstabe
ver|sa|til [vɛr-, lat.] **1** beweglich, gewandt (im Ausdruck); **2** ruhelos, wandelbar; **Ver|sa|ti|li|tät** *w. 10 nur Ez.* **1** Beweglichkeit, Gewandtheit; **2** Ruhelosigkeit, Wandelbarkeit

ver|schą|chern [jidd.] zu hohem Preis verkaufen
Vers|fuß [fers-] *m. 2* kleinste rhythm. Einheit eines Verses, z. B. Jambus, Trochäus
ver|siert [vɛr-, lat.-frz.] erfahren, bewandert, geübt; versierter Fachmann
Ver|si|fi|ka|ti|on [vɛr- -tsjon, lat.] *w. 10* das Versifizieren; **ver|si|fi|zie|ren** in Verse bringen, in Verse verwandeln
ver|sim|peln **1** (zu sehr) vereinfachen; **2** seine geistigen Interessen verlieren, einfältig werden
Ver|si|on [vɛr-, lat.] *w. 10* Fassung, Lesart, Darstellung
ver|skla|ven zum Sklaven machen; ein Volk versklaven
ver|snobt zum Snob geworden
Ver|so [vęr-, lat.] *s. 9* Rückseite (eines Buchblattes, einer Handschrift); *Ggs.:* Rekto
ver|spe|ku|lie|ren sich v.: sich (beim Spekulieren) verrechnen, Erwartungen nicht erfüllt sehen
ver|step|pen zu Steppe werden
vert. *Abk. für* vertatur; **ver|ta|tur** [vɛr-, lat.] (*Abk.:* vert.; *Zeichen:* ⅄) *Buchw.:* man wende (Korrekturzeichen bei Buchstaben, die auf dem Kopf stehen)
ver|te! [vęr-, lat.] (*Abk.:* v.) wende (um)!, bitte wenden!
ver|te|bral [vɛr-, lat.] zu den Wirbeln, zur Wirbelsäule gehörend; **Ver|te|bra|ten** *m. 10 Mz. Sammelbez. für* Wirbeltiere
ver|ti|kal [vɛr-, lat.] senkrecht; *Ggs.:* horizontal; **Ver|ti|ka|le** *w. 11 oder w. 17* senkrechte Linie, senkrechte Stellung, Senkrechte; *Ggs.:* Horizontale; **Ver|ti|ka|lis|mus** *m. Gen. - nur Ez. Baukunst:* Bestreben, die vertikalen Linien gegenüber den horizontalen zu betonen, z. B. in der Gotik
Ver|ti|ko [vęr-, angeblich nach dem Tischler Vertikow] *s. 9* kleiner Zierschrank mit Aufsatz
ver|to|backen (-bak|ken) *ugs.:* verhauen
ver|tru|sten [-trʌ-, engl.] in einen Trust eingliedern
Ver|ve [vęrvə, frz.] *w. 11 nur Ez.* Schwung; etwas mit großer Verve darstellen, gestalten, tun
Ve|si|ca [ve-, lat.] *w. Gen. - Mz.* -cae [-tsɛ:] Blase, *bes.:* Harnblase; **Ve|si|ka|to|ri|um** *s. Gen. -s Mz.* -ri|en blasenziehendes Arzneimittel; **ve|si|ku|lär** bläschenartig
Ves|per [fęs-, lat.] **1** *w. 11* Gebetsstunde des kath. Breviers gegen Abend; Gottesdienst gegen Abend; **2** *auch s. 14 süddt., österr.:* Zwischenmahlzeit am Nachmittag; **Vęs|per|bild** *s. 3* Darstellung der Muttergottes mit dem Leichnam Christi auf dem Schoß, Pietà; **vęs|pern** *süddt., österr.:* eine Nachmittagsmahlzeit einnehmen
Ve|sta|lin [vɛ-, lat.] *w. 10* Priesterin der altröm. Göttin Vesta

Ve|sti|bül [vɛ-, lat.] *s.1* Vorhalle, Treppenhalle; **Ve|sti|bu|lum** *s. Gen.*-s *Mz.*-la **1** *im altröm. Haus:* Vorhalle; **2** *Anat.:* Eingang zu einem Hohlraum

Ve|sti|tur [vɛ-, lat.] *w.10* → Investitur

Ve|su|vi|an [vɛzuvjan, nach dem ital. Vulkan Vesuv] *s.1 nur Ez.* ein Mineral

Ve|te|ran [vɛ-, lat.] *m.10* Soldat, der schon an einem früheren Feldzug teilgenommen hat; alter Soldat; *auch allg.:* alter Mann, der sich im Dienst bewährt hat

Ve|te|ri|när [lat.] *m.1* Tierarzt; **Ve|te|ri|när|me|di|zin** *w. Gen.* - *nur Ez.* Tiermedizin, Tierheilkunde

Ve|to [ve-, lat. „ich verbiete"] *s.9* Einspruch; sein Veto einlegen

Vet|tel [fɛt-, lat.] *w.11* liederl., schlampiges (altes) Weib

Ve|xier|bild [vɛ-, lat.] *s.3* Bilderrätsel, Bild, in das eine zu suchende Figur versteckt eingezeichnet ist; **ve|xie|ren** jmdn. v.: sich über jmdn. lustig machen, jmdn. necken, *auch:* quälen; **Ve|xier|schloß** *s.4* Buchstaben-, Zahlenschloß; **Ve|xier|spie|gel** *m.5* verzerrender Spiegel

Ve|zier [vɛzir] *m.1* → Wesir

via [via, lat.] (auf dem Wege) über; nach Rom via Zürich fliegen; **Via|dukt** *s.1* Talbrücke, Überführung; **Via|ti|kum** *s. Gen.* -s *Mz.*-ka *oder* -ken *kath. Kirche:* letzte Kommunion (für Sterbende)

Vi|bra|phon [vi-, lat. + griech.] *s.1* ein elektron. Musikinstrument; **Vi|bra|ti|on** [-tsjon] *w.10* Schwingung, feine Erschütterung, Vibrieren; **vi|bra|to** *Mus.:* bebend, fein schwingend; **Vi|bra|to** *s.9, Mz. auch:* -ti leichtes Beben (des Tons der Singstimme und bei Streich- und Holzblasinstrumenten); **Vi|bra|tor** *m.13* Gerät zum Erzeugen von Schwingungen; **vi|brie|ren** leicht schwingen, beben (Saite, Ton)

Vi|bur|num [vi-, lat.] *s. Gen.*-s *nur Ez.* ein Zierstrauch, Schneeball

vi|ce ver|sa [vitsə vɛrsa, lat.] (*Abk.:* v. v.) umgekehrt

Vickers|här|te (Vik|kers-) [vik-, nach dem brit. Konzern Vickers] *w.11 nur Ez.* (*Abk.:* HV) Maß für die Härte von Werkstoffen

Vi|com|te [vikɔ̃t, frz.] *m.9* frz. Titel für Adligen zwischen Baron und Graf; **Vi|com|tesse** [vikɔ̃tɛs] *w.11* weibl. Vicomte

vid. *Abk. für* videatur; **vi|de** [vi-, lat.] (*Abk.:* v.) *veraltet:* siehe; **vi|dea|tur** (*Abk.:* vid.) *veraltet:* man sehe nach; **Vi|deo-Re|cor|der** [vi-, lat.] *m.5* Gerät zur Speicherung und Wiedergabe von Fernsehbildfolgen; **Vi|deo|thek** *w.10* Sammlung (und Ausleihe) von Filmen und Fernsehaufzeichnungen

Vi|di [lat. „ich habe (es) gesehen"] *s.9* schriftl. Zeichen als Bestätigung der Kenntnisnahme

Vi|et|cong [viɛt-] *m. Gen.* - *nur Ez.* Partisan bzw. Partisanenbewegung in Südvietnam während des Bürgerkrieges; **Vi|et|min, Vi|et-Min, Vi|et Minh** [Kurzw.] *w. Gen.* - *bzw.* - - *nur Ez.* Unabhängigkeitsbewegung in Vietnam

vif [vif, frz.] lebendig, beweglich, munter, regsam

Vi|gil [vi-, lat.] *w. Gen.* - *Mz.*-li|en Abend vor einem hohen kath. Fest; **vi|gi|lant** aufmerksam, pfiffig, schlau; **Vi|gi|lie** [-ljə] *w.11* → Vigil; **vi|gi|lie|ren** aufmerksam sein, aufpassen

Vi|gnet|te [vinjɛtə, frz.] *w.11* Zierbildchen oder kleine Zierform (am Schluß von Kapiteln, auf dem Titelblatt u. ä.)

Vi|go|gne [vigɔnjə, frz., zu: Vikunja] *w.11*, **Vi|go|gne|wol|le** *w.11* Garn aus Baumwolle und Wolle

Vi|gor [vi-, lat.] *m. Gen.*-s *nur Ez. veraltet:* Lebenskraft, Rüstigkeit; **vi|go|ro|so** *Mus.:* kräftig, energisch

Vi|kar [vi-, lat.] *m.1* **1** Stellvertreter, in der kath. Kirche eines Geistlichen, in der Schweiz eines Lehrers; **2** evang. Theologe nach der ersten Prüfung; **Vi|ka|ri|at** *s.1* Amt eines Vikars; **Vi|ka|rin** *w.10* **1** weibl. Vikar; **2** evang. Theologin nach der zweiten Prüfung

Vik|ti|mo|lo|gie [lat. + griech.] *w.11 nur Ez.* Teil der Kriminologie, der sich mit den Beziehungen zwischen Verbrecher und Opfer befaßt

Vik|to|ria [vik-, lat.] Sieg, *nur in Wendungen wie:* V. rufen, schießen

Vik|tua|li|en [vik-, lat.] *Mz., veraltet, noch österr.:* Lebensmittel; **Vik|tua|li|en|brü|der** *m.6 Mz.* → Vitalienbrüder

Vi|kun|ja [vi-, span.] *w. Gen.* - *Mz.*-jen eine Lamaart

Vil|la [vila, lat.] *w. Gen.* - *Mz.*-len Landhaus, größeres Einzelwohnhaus

Vil|la|nell [vil-, lat.-ital.] *s.1*, **Vil|la|nel|la, Vil|la|nel|le** *w. Gen.* - *Mz.*-len *16./17. Jh.:* ital. Bauern-, Hirten-, Tanzliedchen

Vi|nai|gret|te [vinɛgrɛtə, frz.] *w.11* eine mit Essig und Kräutern gewürzte, pikante Soße

Vin|di|ka|ti|on [vin- -tsjon, lat.] *w.10* Anspruch des Eigentümers auf Herausgabe seiner Sache gegenüber dem Besitzer; **vin|di|zie|ren** eine Vindikation geltend machen

Vingt-et-un [vɛ̃teœ̃, frz. „einundzwanzig"], **Vingt-un** [vɛ̃tœ̃] *s. Gen.* - *nur Ez.* ein Kartenglücksspiel

Vi|nyl|grup|pe [vi-, lat. + griech.] *w.11* eine einwertige, ungesättigte organ. Molekülgruppe mit zwei Kohlenstoffatomen

Vio|la [vi-, lat.-ital.] *w. Gen.* - *Mz.*-len **1** eine Pflanzengattung, Veilchen, Stiefmütterchen; **2** ein Streichinstrument, Bratsche; Viola d'amore: Geige mit 6–7 Darmsaiten und je einer nur mitklingenden Metallsaite; Viola da braccio [bratʃɔ]: Armgeige, Bratsche;

Viola da gamba: Kniegeige, Gambe; **Viole** *w. 11* → Viola (**1**)
violent [vio-, lat.] *veraltet:* gewaltsam
violett [vio-, lat.] veilchenfarbig, blaurot; **Violett** *s. Gen.*-(s) *nur Ez.* blaurote Farbe
Violine [vio-, ital.] *w. 11* Geige; **Violinist** *m. 10* Geiger; **Violoncellist** [-tʃɛl-] *m. 10* Musiker, der Violoncello spielt; **Violoncello** [-tʃɛl-] *s. Gen.*-s *Mz.*-li (*Kurzw.:* Cello) Kniegeige; **Violone** *m. 9 Mz. auch* -ni Baßgeige, Kontrabaß
VIP [vip oder vi:aipi] *w. 9 Abk. für engl.* very important person: sehr wichtige Person
Viper [vi-, lat.] *w. 11* eine Giftschlange
Viraginität [lat.] *w. 10 nur Ez.* männl. Geschlechtsempfinden (bei Frauen)
Virement [virmã, frz.] *s. 9 im Staatshaushalt:* Übertragung von Mitteln eines Titels auf einen anderen oder auf ein anderes Jahr
Viren *Mz. von* Virus
Virginia [vir-, engl.: vədʒinjə, nach dem Staat der USA] *w. 9* lange, dünne, schwere Zigarre
Virginität [vir-, lat.] *w. 10 nur Ez.* Jungfräulichkeit, Unberührtheit
viril [vi-, lat.] männlich; **Virilität** *w. 10 nur Ez.* Männlichkeit, Manneskraft; **Virilstimme** *w. 11 im Reichstag bis 1806 und im Bundestag 1815–1866:* fürstl. Einzelstimme; *Ggs.:* Kuriatstimme
Virologie [lat. + griech.] *w. 11 nur Ez.* Lehre von den Viren; **virös** [lat.] von Viren befallen; **Virose** *w. 11* Viruskrankheit
Virtualität [lat.] *w. 10* (innewohnende) Kraft, Möglichkeit; **virtuell** der Möglichkeit nach vorhanden, nur gedacht, scheinbar; virtuelles Bild *Optik:* scheinbares Bild; **virtuos** meisterhaft, (technisch) vollkommen; **Virtuose** *m. 11* Künstler, bes. Musiker, der die Technik seiner Kunst glänzend beherrscht, **Virtuosität** *w. 10 nur Ez.* Meisterschaft, meisterhaftes Können (eines Musikers)
virulent [vi-, lat.] ansteckend, krankheitserregend; **Virulenz** *w. 10 nur Ez.* virulente Beschaffenheit; **Virus** [vi-] *s., ugs. auch: m., Gen.*- *Mz.*-ren Krankheitserreger
Visa [vi-] *Mz. von* Visum
Visage [vizaʒə, frz.] *w. 11 ugs. abwertend:* Gesicht
vis-à-vis [vizavi, frz.] gegenüber; **Visavis** [vizavi] *s. Gen.*- [-vi:s] *Mz.*- [-vi:s] das Gegenüber
Viscera *Mz.* → Viszera
Visconte [vis-, ital.] *m. Gen.*- *Mz.*-ti ital. Titel für Adligen zwischen Graf und Baron; **Viscontessa** *w. Gen.*- *Mz.*-sen, *ital.:* -se weibl. Visconte; **Viscount** [vaikaunt, engl.] *m. 9* engl. Titel für Adligen zwischen Graf und Baron; **Viscountess** [vaikauntis] *w. Gen.*- *Mz.*-tesses [-tisiz] weibl. Viscount
visibel [vi-, lat.] *veraltet:* sichtbar; **Visier** *s. 1* **1** bewegl., das Gesicht schützender Teil des Helms; **2** *an Feuerwaffen:* Zielvorrichtung; **visieren** **1** (nach etwas) zielen; **2** eichen; **3** mit Visum versehen (Paß); **4** *veraltet:* beglaubigen; **Visierlinie** [-njə] *w. 11* die gedachte Linie zwischen Kimme und Korn; **Visierung** *w. 10 MA und Renaissance:* Entwurf, Werkzeichnung
Vision [vi-, lat.] *w. 10* Traumgesicht, Trugbild, Erscheinung vor dem geistigen Auge; **visionär** in der Art einer Vision, traumhaft, seherisch
Visitation [vi- -tsjon, lat.] *w. 10* prüfende Besichtigung; Durch-, Untersuchung (der Kleidung, des Gepäcks); **Visitator** *m. 13 veraltet:* jmd., der etwas visitiert; **Visite** *w. 11* Besuch (bes. zur Untersuchung von Kranken); **Visitenkarte** *österr.:* **Visitkarte** *w. 11* kleine Karte mit Aufdruck des Namens oder der Firma (meist mit Adresse), Besuchskarte; **visitieren** **1** (zwecks Prüfung) besuchen; **2** durchsuchen
viskos [vis-, lat.], *auch:* **viskös** zähflüssig, leimartig; **Viskose** *w. 11 nur Ez.* eine Zelluloseverbindung, Ausgangsstoff für Kunstfasern; **Viskosimeter** *s. 5* Gerät zum Messen der Zähigkeit von Flüssigkeiten; **Viskosität** *w. 10 nur Ez.* Zähflüssigkeit
Vista [vi-, ital.] *w. Gen.*- *nur Ez.* Sicht, Vorzeigen (eines Wechsels); **Vistawechsel** *m. 5* Sichtwechsel, Wechsel, der bei Vorlage oder eine bestimmte Zeit danach fällig wird
Vistra [vi-] *w. Gen.*- *nur Ez.* ⓦ eine Zellwollfaser
visualisieren [engl.] in Bildform, in Anschauung umsetzen; **Visualizer** [viʒuəlaizər] *m. 5* graph. Gestalter von Werbeideen; **visuell** [lat.] zum Sehen gehörend, durch Sehen hervorgerufen; visueller Typ: jmd., der sich Gesehenes besser merken kann als Gehörtes; *Ggs.:* akustischer Typ; **Visum** [vi-] *s. Gen.*-s *Mz.*-sa *oder* -sen Erlaubnis, Sichtvermerk zum Aufenthalt in einem Staat
Viszera [vis-, lat.] *Mz.* Eingeweide; **viszeral** zu den Eingeweiden gehörend, von ihnen ausgehend
Vita [vi-, lat. „Leben"] *w. Gen.*- *Mz.*-tae [-tɛ:] Lebensbeschreibung; **vital** zum Leben gehörig; voller Lebenskraft; **Vitalfärbung** *w. 10* Färben lebender Gewebe
Vitalienbrüder [lat.] *m. 6 Mz. 14./15. Jh.:* Seeräuber in der Ostsee
Vitalismus [vi-, lat.] *m. Gen.*- *nur Ez.* Lehre, daß dem organ. Leben eine über die chemisch-physikal. Vorgänge hinausgehende Lebenskraft innewohne; **Vitalität** *w. 10 nur Ez.* Lebensfähigkeit, Lebenskraft, Lebendigkeit; **Vitamin** *s. 1* ein lebenswichtiger Wirkstoff; **vitaminieren, vitaminisieren** mit Vitaminen anreichern
vitiös [vitsjøs, lat.] fehlerhaft, lasterhaft, bösartig; **Vitium** [vitsjum] *s. Gen.*-s *Mz.*-tia [-tsja] *Med.:* Fehler, Übel

Viltralge [vitraʒə, frz.] *w. 11 veraltet:* (meist weißer) undurchsichtiger Fenstervorhang
Viltrilne [vi-, lat.] *w. 11* Glasschrank; Schauschrank, Schaukasten
Viltriliol [vi-, mlat.] *s. 1 veraltete Bez. für* wasserhaltige Sulfate zweiwertiger Metalle, bes. Eisen- und Kupfervitriol; **Viltrit** *m. 1* Glanzkohle, eine meist streifige Lage in Steinkohlen
vilvalce [vivatʃə, ital.] *Mus.:* lebhaft, munter; **vilvalcislsilmo** [vivatʃis-] äußerst lebhaft; **Vivant!** [vivant, lat.] Sie sollen leben!; Vivant sequentes!: Die Folgenden (= die nach uns Kommenden) sollen leben!; **Vilvalrilum** *s. Gen.*-s *Mz.*-rilen kleine Anlage zum Halten von Land- und Wassertieren; **Vilvat!** [vivat] Er lebe!; Vivat, crescat, floreat! Er (sie, es) lebe, wachse, gedeihe!; **Vilvat** *s. 9* Hoch-, Heilruf
Vilvialnit [vivia-, nach dem engl. Mineralogen J. G. Vivian] *s. 1* Blaueisenerde, Blauerz
vilvilpar [vivi-, lat.] lebendgebärend; *Ggs.:* ovipar; **Vilvilseklti|on** [-tsjon] *w. 10* operativer Eingriff am lebenden Tier (zu Forschungszwecken); **vilvilselzielren** ein Tier v.: eine Vivisektion an einem lebenden Tier durchführen; **vilvo** [ital.] *Mus.:* lebhaft, lebendig
Vilze... [fi-, auch: vi-, lat.] *in Zus.:* stellvertretende(r) ..., z. B. Vizekanzler, Vizepräsident
Vizltum [fits-, auch: vits-] *m. 1 MA:* Regierungsbeamter, Vertreter des Landesherrn (in einem Bezirk)
Vlies [flis, ndrl.] *s. 1* Rohwolle vom Schaf; das Goldene Vlies *griech. Myth.:* das Fell eines goldenen Widders; **Vlielselline** *w. 11 nur Ez.* Ⓦ Stoff aus Fasern, Kunstharz und Kautschuk zum Versteifen, z. B. von Kragen
voilà! [voala, frz.] sieh her!, sieh da!, hier ist ...!
Voile [voal, frz.] *m. 9* schleierartiges Gewebe
Volkalbel [vɔ-, lat.] *w. 11* einzelnes Wort, bes. aus einer fremden Sprache; **Volkalbullar** *s. 1* **1** Wörterverzeichnis; **2** Gesamtheit der Wörter, Wortschatz (einer Sprache, eines Menschen); **Volkalbullarilum** *s. Gen.*-s *Mz.* -rilen *veraltet:* Vokabular
volkal [vɔ-, lat.] für Singstimmen, zur Singstimme gehörig; **Volkal** *m. 1* Selbstlaut, a, e, i, o, u; vgl. Konsonant; **Volkallilsatilon** [-tsjon] *w. 10 nur Ez.* **1** Aussprache der Vokale (beim Singen); **2** Bezeichnung der fehlenden Vokale eines ohne Vokale geschriebenen Textes (z. B. im Hebräischen) durch Punkte oder Striche unter den zugehörigen Konsonanten; **volkallisch** in der Art eines Vokals, mit einem Vokal; **Volkallilse** *w. 11* Gesangsübung nur mit Vokalen; **volkallilsielren** **1** *beim Singen:* die Vokale bilden, aussprechen; **2** mit Vokalzeichen versehen (Text); **3** als Vokal aussprechen, z. B. das l als i in bayr. „Oide" statt „Alte"; **Volkallislmus** *m. Gen. - nur Ez.* **1** Bestand an Vokalen (einer Sprache oder Sprachstufe); **2** histor. Entwicklung der Vokale; **Volkallquarltett** *s. 1* Quartett für Singstimmen, Gesangsquartett
Volkaltilon [vokatsjon, lat.] *w. 10* Berufung (in ein Amt); **Volkaltiv** [vo-] *m. 1 Gramm.:* Anredefall, z. B. im Latein.: Christe! (o Christus!)
vol. *Abk. für* Volumen **(2)**
Vol.-% *Abk. für* Volumprozent
Volland [fo-] *m. Gen.*-s *nur Ez. alte Bez. für* Teufel; Junker V.
Vollant [vɔlã, frz.] *m. 9* **1** gefältelter Besatz, Falbel; **2** *veraltet:* Steuer, Lenkrad (des Autos)
Vollalpük *s. Gen.*-s *nur Ez.* eine Welthilfssprache
Vol-au-vent [vɔlovã, frz.] *m. 9* mit Fleisch gefüllte Blätterteigpastete
Vollielre [vɔljerə, frz.] *w. 11* großer Vogelkäfig, Vogelhaus
Volkslde|molkraltie *w. 11* Staatsform in kommunist. Ländern, bei der die Macht in den Händen der kommunist. Partei liegt, in der aber oft noch Reste der parlamentar. Demokratie erhalten sind; **Volksletylmollolgie** *w. 11* volkstüml. Umwandlung eines nicht allgemein verständl. Wortes in ein ähnliches, bekanntes, z. B. ahd. „heviana" = die Hebende in „Hebamme"; **Volkslfront** *w. 10* Koalition der bürgerl. Linken mit Sozialisten und Kommunisten; **Volkslkomlmislsalrilat** *s. 1 in der UdSSR bis 1946:* Ministerium; **Volkslrelpulblik** *w. 10* Staat mit der Verfassungsform einer Volksdemokratie; **Volksltribun** *m. 12 oder m. 10* → Tribun **(3)**
Vollleylball [vɔle-, engl.] *m. 2 nur Ez.* ein Ballspiel für zwei Mannschaften, wobei der Ball mit den Händen über ein Netz geschlagen wird, Flugball
Volllkaslko *s. Gen.*-s *nur Ez.* Kaskoversicherung gegen sämtl. Schäden
Vollonltär [vɔlɔn- oder vɔlɔ̃-, lat.-frz.] *m. 1* jmd., der (meist unentgeltlich) zur Ausbildung in einem Betrieb arbeitet; **vollonltielren** als Volontär arbeiten
Volslker [vɔls-] *m. 5* Angehöriger eines italischen Volksstammes
Volt [vɔlt, nach dem ital. Physiker A. Volta] *s. Gen.*-(s) *Mz.* - (*Abk.:* V) Maßeinheit für die elektr. Spannung
vollta [vɔl-, ital.] *Mus.:* -mal, z. B. prima volta, seconda volta: das erste-, zweitemal; **Vollta** [vɔl-] *w. Gen. - Mz.*-ten *16./17. Jh.:* schneller Springtanz
Volltalelelment [vɔl-, zu: Volt] *s. 1* galvanisches Element; **Volltalmelter** *s. 5* Gerät zum Messen der Stromstärke; **Voltlamlpelre** *s. Gen.* -(s) *Mz.* - (*Abk.:* VA) Maßeinheit für die elektrische Leistung, entspricht dem Watt
Vollte [vɔl-, ital.] *w. 11* **1** *Taschenspielerei:*

Kunstgriff beim Kartenmischen; **2** *Reitsport:* kreisförmige Figur; **vol|tie|ren** → voltigieren; **Vol|ti|geur** [-ʒør] *m.1* Artist, der voltigiert; **vol|ti|gie|ren** [-ʒi-] auf dem galoppierenden Pferd turnen

Volt|me|ter [vɔlt-] *s.5* Gerät zum Messen der elektr. Spannung

vo|lu|bel [lat.] *veraltet:* beweglich, behende, rasch

Vo|lu|men [vo-, lat.] *s.7, Mz. auch:* -mi|na **1** (*Abk.: V*) Rauminhalt; **2** (*Abk.:* vol.) Band (eines Schriftwerkes), z. B. vol. II; **Vo|lu|men|ein|heit** *w.10* Einheit des Rauminhalts; **Vo|lu|men|pro|zent** *s.1* → Volumprozent; **Vo|lu|me|ter** *s.5* Gerät zum Messen der Dichte einer Flüssigkeit; **Vo|lu|me|trie** *w.11 nur Ez.* Maßanalyse; **Vo|lum|ge|wicht** *s.1* spezif. Gewicht; **Vo|lu|mi|na** *Mz. von* Volumen; **vo|lu|mi|nös** umfangreich; **Vo|lum|pro|zent** *s.1* (*Abk.:* Vol.-%) Prozent, auf den Rauminhalt bezogen

Vo|lun|ta|ris|mus [lat.] *m. Gen. - nur Ez.* Lehre, daß der Wille das Grundprinzip alles Seins und Geschehens sei, Thelismus, Thelematologie; **vo|lun|ta|tiv** **1** auf dem Willen beruhend; **2** *Sprachw.:* einen Wunsch ausdrükkend

vo|lup|tu|ös [lat.] Begierde erregend

Vo|lu|te [vo-, lat.] *w.11 Baukunst:* Ornament in Form einer Spirale, Konvolute

vol|vie|ren [lat.] rollen, wälzen; *übertr.:* gründlich bedenken

vo|mie|ren [vo-, lat.] sich erbrechen; **Vo|mi|tiv** *s.1,* **Vo|mi|ti|vum** *s. Gen.*-s *Mz.*-va, **Vo|mi|to|ri|um** *s. Gen.*-s *Mz.*-ri|en Brechmittel

Vo|ra|zi|tät [vo-, lat.] *w.10 nur Ez.* Gefräßigkeit, Gier, Heißhunger

Vo|ta [vo-] *Mz. von* Votum; **Vo|tant** [lat.] *m.10* jmd., der votiert (hat); **Vo|ta|ti|on** [-tsjon] *w.10 veraltet:* Abstimmung; **Vo|ten** *Mz. von* Votum; **vo|tie|ren** abstimmen, sich entscheiden; für etwas v.; **Vo|tiv|bild** *s.3* auf Grund eines Gelübdes einem Heiligen geweihtes Bild; **Vo|tiv|kir|che** *w.11* einem Heiligen geweihte Kirche; **Vo|tiv|mes|se** *w.11* für einen bestimmten Zweck oder eine Person gelesene Messe; **Vo|tum** *s. Gen.*-s *Mz.*-ta *oder* -ten **1** Gelübde; **2** Meinungsäußerung, Urteil, Stimme; sein V. abgeben

Vou|te [vutə, lat.-frz.] *w.11 Bauw.:* Hohlkehle als Verstärkung zwischen Decke und Wand

Vox [vɔks, lat.] *w. Gen. - Mz.* Vo|ces [votse:s] Stimme; Vox populi: Stimme des Volkes

Voya|geur [voajaʒœr, frz.] *m.1 veraltet:* Handelsreisender

Voy|eur [voajœr, frz.] *m.1* verborgener Zuschauer (bei geschlechtl. Handlungen)

vo|zie|ren [lat.] vorladen (vor Gericht), berufen

V. S. O. P. *Abk. für engl.* very superior old product: sehr hervorragendes altes Erzeugnis (als Gütebezeichnung für abgelagerten Weinbrand)

VTOL-Flug|zeug [Abk. für engl. vertical take-off and landing] *s.1* Senkrechtstarter

vul|gär [vul-, lat.] gewöhnlich, gemein, ordinär; **Vul|ga|ri|tät** *w.10 nur Ez.* vulgäre Beschaffenheit; **Vul|gär|la|tein** *s. Gen.*-s *nur Ez.* umgangssprachl. Form der latein. Sprache; **Vul|ga|ta** [lat. „allgemeingebräuchlich"] *w. Gen. - nur Ez.* von der kath. Kirche als maßgeblich erklärte lateinische Bibelübersetzung; **vul|go** gemeinhin, gewöhnlich; *vor Namen:* genannt; Meyer, vulgo Berger

Vul|kan [vul-, nach Vulcanus, dem röm. Gott des Feuers] *m.1 i. w. S.:* Stelle der Erdoberfläche, an der Magma austritt; *i. e. S.:* feuerspeiender Berg; **Vul|kan|fi|ber** *w.11 nur Ez.* ein hornartiger Kunststoff; **Vul|ka|ni|sa|ti|on** [-tsjon] *w.10 nur Ez.* Umwandlung von Rohkautschuk in Gummi durch Einarbeiten von Schwefel; **vul|ka|nisch** von einem Vulkan stammend; **vul|ka|ni|sie|ren** mit Schwefel oder einer ähnl. chem. Verbindung behandeln; **Vul|ka|nis|mus** *m. Gen. - nur Ez.* **1** *zusammenfassende Bez. für* alle Kräfte und Erscheinungen, die mit dem Empordringen von Stoffen aus dem Erdinnern zusammenhängen; **2** Auffassung, daß der größte Teil aller geolog. Veränderungen auf die Einwirkung von Hitze zurückzuführen sei, Plutonismus; *Ggs.:* Neptunismus; **Vul|ka|nit** *m.1* Ergußgestein; **Vul|ka|no|lo|gie** *w.11 nur Ez.* Lehre vom Vulkanismus (1)

vul|ne|ra|bel [vul-, lat.] *Med.:* verletzlich, verwundbar; **Vul|ne|ra|bi|li|tät** *w.10 nur Ez.* Verletzlichkeit, Verwundbarkeit

Vul|va [vul-, lat.] *w. Gen. - Mz.*-ven äußeres weibl. Geschlechtsteil, Scham

v. v. *Abk. für* vice versa

W

W *Abk. für* Watt
Wad [engl.] *s.1 nur Ez.* ein Mineral
Wa|di [arab.] *s.9* nur bei Regen wasserführendes Flußbett, Trockental
Wag|gon [-gõ, engl. mit französisierender Aussprache] *m.9* Eisenbahnwagen, *bes.:* Güterwagen
Wahl|lo|ko|mo|ti|ve *w.11 ugs.:* im Wahlkampf Persönlichkeit von besonderer Beliebtheit und Zugkraft
Wal|kie-tal|kie [wɔ:kitɔki, engl.] *s.9* sehr kleines Funk(sprech)gerät
Wal|la|by [wɔləbi, austr.] *m. Gen.*-s *Mz.*-bies Angehöriger einer Art der Känguruhs
Wal|lo|ne *m.11* Nachkomme romanisierter Kelten und Germanen (Belgen) in Belgien und Nordfrankreich
Wal|lo|ne [ital.] *w.11* Fruchtbecher der Eichel
Wam|pum [Algonkin] *m.1 bei nordamerik. Indianern:* Schnur mit Muschelschalen (als Schmuck und Zahlungsmittel)
Wan|da|le *m.11* Angehöriger eines ostgerman. Volkes; *übertr.:* zerstörungswütiger Mensch; **Wan|da|lis|mus** [fälschlich nach den Wandalen] *m. Gen.*- *nur Ez.* Zerstörungswut
Wa|pi|ti [Algonkin] *m.9* eine nordamerik. Hirschart
Wa|rä|ger *m.5* Normanne in Osteuropa
Wa|ran [arab.] *m.1* eine trop. Echse
War|dein [mlat.] *m.1* Prüfer, z. B. Bergwardein: Erzprüfer; **war|die|ren** prüfen, bewerten
Warp [engl.] *m.1* **1** *Weberei:* Kettgarn, Kettfaden; **2** *Seew.:* leichte Trosse, Warpleine;
Warp|an|ker *m.5* kleiner Anker
War|rant [engl.: wɔrənt] *m.9* Lagerschein
wash and wear [wɔʃ ənd wɛə, engl.] *Bez. für* bügelfreie Textilien
Was|ser|stoff|su|per|oxid *s.1 nur Ez.* Verbindung von Wasserstoff und Sauerstoff, die im Unterschied zum normalen Wasser ein zusätzl. Sauerstoffatom besitzt, starkes Bleich- und Oxydationsmittel
wa|ter|proof [wɔtərpru:f, engl.] wasserdicht (bes. als Garantiebez.); **Wa|ter|proof** *m.9* wasserdichter Stoff (für Regenbekleidung)
Watt [nach dem engl. Ingenieur J. Watt] *s. Gen.*-s *Mz.*- (*Abk.:* W) Maßeinheit der elektr. Leistung (Produkt von 1 Ampere und 1 Volt); **Watt|me|ter** *s.5* Gerät zum Messen der elektr. Leistung; **Watt|se|kun|de** *w.11* (*Abk.:* Ws) Maßeinheit der elektr. Energie, Leistung von 1 Watt während einer Sekunde; **Watt|stun|de** *w.11* (*Abk.:* Wh) Maßeinheit der elektr. Energie, Leistung von 1 Watt während einer Stunde
WC *s. Gen.*-(s) *Mz.*-s *Abk. für* Wasserklosett (engl. watercloset)
Weck|amin [zu: wecken und Amin] *s.1* Herz und Kreislauf anregender Wirkstoff
We|da [sanskr. „Wissen"] *m. Gen.*-s *Mz.* -den Name mehrerer indischer religiöser Schriften
Wedg|wood|wa|re [wɛdʒwud-, nach dem engl. Kunsttöpfer J. Wedgwood] *w.11* feines, unglasiertes, gefärbtes und verziertes Steingut
we|disch zu den Weden gehörig
Wel|ter|ge|wicht [engl.] *s.1* eine Gewichtsklasse in der Schwerathletik
Wen|de *m.11* Angehöriger eines westslaw. Volkes
Werst [russ.] *w.10, nach Zahlenangaben Mz.*- russ. Längenmaß, etwa 1 km
We|sir [pers.-arab.] *m.1 in islam. Staaten:* Minister; **We|si|rat** *s.1* Amt, Würde eines Wesirs
Wes|ley|a|ner [nach den engl. Theologen J. und C. Wesley] *m.5* Methodist
We|stern *m.7* im sog. Wilden Westen Nordamerikas spielender Film, Wildwestfilm
West|over [-ovər, engl.] *m.5 veraltet:* ärmelloser Pullover
Wh *Abk. für* Wattstunde
Whig [wig, engl.] *m.9 früher:* Angehöriger einer der beiden Parteien des Oberhauses im brit. Parlament; vgl. Tory
Whip [wip, engl.] *m.9 im engl. Parlament:* Fraktionsmitglied mit bestimmten Aufgaben vor und bei den Sitzungen, Einpeitscher;
Whip|cord [-kɔ:rd] *m.9* ein schräggeripptes Kammgarngewebe
Whis|key [wiski] *m.9, in Irland und den USA Schreibung für* Whisky; **Whis|ky** [wiski, engl.] *m.9* ein Branntwein aus Getreide;
Whis|ky|so|da *m.9* Whisky mit Mineralwasser
Whist [wist, engl.] *s. Gen.*-s *nur Ez.* ein Kartenspiel
Whit|worth|ge|win|de [witwə:θ-, nach dem engl. Erfinder Sir J. Whitworth] *s.5* ein Schraubengewinde
Who's who [hu:s hu, engl. „wer ist wer"] *s. Gen.*-- *Mz.*--s Titel von biograph. Lexika
Wi|cli|fit *m.10* → Wiklifit
Wig|wam [indian.] *m.9* Hauszelt der nordamerik. Indianer; vgl. Tipi
Wi|king [auch: vi-, altnord.] *m.3,* **Wi|kin|ger** *m.5* Normanne
Wi|kli|fit *m.10* Anhänger der Lehre des engl. Theologen und Vorläufers der Reformatoren John Wiclif

Wilaljet [türk.] *s.9 in der Türkei:* Verwaltungsbezirk
Windljamlmer [engl.] *m.5* großes Segelschiff
Windlsurlfer [-sə:-, engl.] *m.5* aus einem Brett mit Mast, Segel und Schwert bestehendes Boot, das im Stehen durch Drehen des Segels gesteuert wird; **Windlsurlfing** *s.9 nur Ez.* Segelsport mit dem Windsurfer
Wodlka [russ. „Wässerchen"] *m.9* russ. Branntwein
Wolgulle *m.11 frühere Bez. für* Manse
Woillach [russ.] *m.1* wollene Pferdedecke
Woilwolde [poln.] *m.11* **1** *früher in Polen, Siebenbürgen u. a.:* gewählter Fürst; **2** *in Polen 1918–39 und 1945–50:* oberster Beamter einer Provinz; **Woilwodlschaft** *w.10* Verwaltungsbezirk in Polen
wollhylnisch [nach der ukrain. Landschaft Wolynien] *in der Fügung* Wolhynisches Fieber: durch Läuse übertragene Infektionskrankheit, Fünftagefieber
Womlbat [austr.] *m.9* ein austr. Beuteltier
Worcelsterlsolße [wustər-, nach der engl. Stadt Worcester] *w.11* eine pikante Soße
Worklshop [wəkʃɔp, engl.] *m.9* **1** Seminar, in dem durch Diskussion, Gedankenaustausch u. prakt. Vorführungen Kenntnisse vermittelt werden; **2** Ort, an dem ein Kunstwerk entsteht; **3** künstlerische Methode; **Worksong** [wək-] *m.9* Arbeitslied der nordamerik. Neger, häufig Wechselgesang zwischen Vorsänger und Gruppe
Worldlcup [wəldkʌp, engl.] *m.9* für verschiedene sportl. Wettkämpfe (Schisport, Fußball u. a.) ausgeschriebener Preis, Weltcup, Weltpokal; *auch:* der Wettkampf selbst
wrack [engl.] nicht mehr ausbesserungsfähig, unbrauchbar; **Wrack** *s.9* unbrauchbar gewordenes Schiff, Flugzeug, Auto; *übertr.:* Mensch mit zerrütteter Gesundheit
wricken (wriklken) [ndrl.], **wriglgeln** ein Boot w.: mit einem am Heck befestigten Riemen vorwärtsbewegen
wrinlgen [engl.] auswinden (Wäsche); *meist:* auswringen
Ws *Abk. für* Wattsekunde
Wylanldot [waiəndɔt] *m.9 oder Gen. - Mz. -* Angehöriger eines nordamerik. Indianerstammes, Hurone; **Wylanldotte** [waiəndɔt] *s.9 oder w.11* eine Haushuhnrasse

X

X *röm. Zahlzeichen für* 10
Xan|then [griech.] *s. 1 nur Ez.* aromat., vom Benzol abgeleitete Verbindung, Grundkörper einer Gruppe von licht- und waschbeständigen Farbstoffen (Xanthenfarbstoffen); **Xan|thin** *s. 1 nur Ez.* ein dem Koffein verwandtes Alkaloid
Xan|thip|pe [nach der Frau des Sokrates] *w. 11* zänkische Frau
Xan|tho|gen|säu|re [griech.] *w. 11* anorgan. Säure mit Schwefel- und Kohlenstoffatomen, Ausgangsprodukt für Pflanzenschutz- und Vulkanisationsmittel; **Xan|to|phyll** *s. 1 nur Ez.* gelber pflanzl. Farbstoff
X-Chro|mo|som [-krɔ-, griech.] *s. 12* das weibl. Geschlecht festlegendes Chromosom
Xe *chem. Zeichen für* Xenon
Xe|nie [-njə, griech.] *w. 11,* **Xe|ni|on** *s. Gen.* -s *Mz.* -ni|en **1** *urspr.:* Gastgeschenk; **2** *dann:* Sinnspruch; **3** *auch:* kurzes Spottgedicht
Xe|no|kra|tie [griech.] *w. 11* Fremdherrschaft; **Xe|non** *s. Gen.* -s *nur Ez.* (*Zeichen:* Xe) chemisches Element, ein Edelgas; **Xe|no|phi|lie** *w. 11 nur Ez.* Vorliebe für alles Fremdartige; **Xe|no|pho|bie** *w. 11 nur Ez.* Abneigung gegen alles Fremdartige
Xe|ro|der|mie [griech.] *w. 11* vorzeitiges Altern der Haut (Trockenheit, Faltenbildung u. ä.) infolge mangelnder Regenerationsfähigkeit; **Xe|ro|gra|phie** *w. 11* ein Vervielfältigungsverfahren; **xe|ro|gra|phie|ren** mittels Xerographie vervielfältigen; **Xe|ro|ko|pie** *w. 11* mittels Xerographie hergestellte Kopie; **xe|ro|phil** Trockenheit liebend (von Pflanzen); *Ggs.:* hygrophil; **Xe|ro|phi|lie** *w. 11 nur Ez.* Vorliebe für Trockenheit; *Ggs.:* Hygrophilie; **Xer|oph|thal|mie** *w. 11,* **Xer|oph|thalmus** *m. Gen. - Mz.* -men Austrocknung der Horn- und Bindehaut des Auges, Augendarre; **Xe|ro|phyt** *m. 10* Trockenheit liebende Pflanze; *Ggs.:* Hygrophyt; **Xe|ro|se** *w. 11* → Xerophthalmie; **xe|ro|therm** **1** trocken-heiß (Klima); **2** trocken-heißes Klima bevorzugend (Pflanze); **xe|ro|tisch** **1** *Med.:* eingetrocknet; **2** *Bot.:* an Trockenheit angepaßt
Xy|lem [griech.] *s. 1* wasserleitender, stark verholzender Gefäßteil der Pflanzen
Xy|lo|gra|phie [griech.] **1** *w. 11 nur Ez.* Holzschneidekunst; **2** *w. 11* Holzschnitt; **Xy|lol** *s. 1* ein aromat. Kohlenwasserstoff, Lösungsmittel; **Xy|lo|lith** *m. 1* ® ein Kunststoff für Fußböden, Steinholz; **Xy|lo|me|ter** *s. 5* Gerät zum Messen des Rauminhalts unregelmäßig geformter Holzstücke durch Wasserverdrängung; **Xy|lo|phon** *s. 1* Musikinstrument, bei dem kleine, horizontal in einem Rahmen befestigte Stäbe aus Holz oder Metall mit Holzhämmerchen angeschlagen werden; **Xy|lo|se** *w. 11 nur Ez.* Zucker mit fünf Kohlenstoffatomen, Holzzucker

Y

Y *chem. Zeichen für* Yttrium
Yak *m. 9* → Jak
Yams *s. Gen. - Mz. -* → Jams
Yang → Jin und Jang
Yan|kee [jɛŋki, engl.] *m. 9 Spitzname für den* Amerikaner der nördlichen USA; **Yan-kee-doodle** [-du:dl] *m. Gen. -(s) nur Ez.* Marschlied aus der Zeit des amerik. Unabhängigkeitskrieges
Yard [engl.] *s. 9, nach Zahlenangaben Mz. auch: -* (*Abk.:* Yd., *Mz.:* Yds.) *in angloamerik. Ländern:* Längenmaß, 0,91 m
Yawl [jɔl, engl.] *w. 9 oder w. 1* zweimastiges Sportsegelboot
Yb *chem. Zeichen für* Ytterbium
Y-Chro|mo|som [-krɔ-, griech.] *s. 12* das männliche Geschlecht festlegendes Chromosom
Yd., Yds. *Abk. für* Yard, Yards
Yen [jap.] *m. Gen. -s Mz. -* jap. Währungseinheit, 100 Sen
Ye|ti [nepales.] *m. 9* angeblich im Himalaja vorkommendes, menschenähnl. Lebewesen, Schneemensch
Yin und Yang → Jin und Jang
Ylang-Ylang [ilaŋ-, mal.] *s. 9* trop. Baum, aus dessen Blüten ätherisches Öl gewonnen wird
YMCA [waiɛmsi:ɛi, engl.] *Abk. für* Young Men's Christian Association: Christl. Verein junger Männer
Yo|ga *m. Gen. -(s) nur Ez.* → Joga
Yo|ghurt *m. 1 oder s. 1* → Joghurt
Yo|gi *m. 9* → Jogi
Yo|him|bin [afrik.-lat.] *s. Gen. -s nur Ez.* aus einem westafrik. Baum gewonnenes Aphrodisiakum
Yo|mud *m. Gen. -(s) Mz. -s* → Jomud
Young|ster [jʌŋ-, engl.] *m. 5 oder 9* **1** junger Sportler; **2** zweijähriges Reitpferd
Ysop [i-, hebr.-griech.] *m. 1* eine südeurop. Gewürzpflanze
Ytong [i-, Kunstw.] *m. 9 nur Ez.* Ⓦz ein Leichtbeton, Gasbeton
Yt|ter|bi|um [nach dem schwed. Ort Ytterby] *s. Gen. -s nur Ez.* (*Zeichen:* Yb) chem. Element; **Yt|tri|um** *s. Gen. -s nur Ez.* (*Zeichen:* Y) chem. Element
Yü|an *m. 9 oder Gen. - Mz. -* frühere chin. Währungseinheit
Yuc|ca [indian.-span.] *w. 9* eine Zierpflanze, Palmlilie

Z

Zam|ba [θam-, span.] *w. 9* weibl. Zambo; **Zam|bo** [θam-] *m. 9* Mischling aus einem negriden und einem indian. Elternteil
Za|nel|la [ital.] *m. 9* Gewebe in Atlasbindung
Zan|te|des|chia [-kja, nach dem ital. Botaniker G. Zantedeschi] *w. Gen. - Mz.* -chi|en [-kjən] eine Zimmerpflanze, Kalla
za|po|nie|ren mit Zaponlack überziehen; **Za-pon|lack** [Kunstw.] *m. 1 nur Ez.* farbloser Schutzlack für Metalle
Zar [lat.] *m. 10 früher in Rußland, Bulgarien, Serbien:* Titel des Herrschers; **Za|re|witsch** *m. 1* Sohn des russ. Zaren, russ. Kronprinz; **Za|rew|na** *w. 9* Tochter des russ. Zaren; **Za-rin** *w. 10* weibl. Zar; Gemahlin des Zaren; **Za|ris|mus** *m. Gen. - nur Ez.* Zarenherrschaft; **Za|ri|za** *w. Gen. - Mz.* -s *oder* -zen Gemahlin des Zaren
Zä|si|um *s. Gen.* -s *nur Ez.* → Cäsium
Za|ster [zigeuner.] *m. 5 nur Ez. ugs.:* Geld
Zä|sur [lat.] *w. 10* Einschnitt, Ruhepunkt (im Vers, in der musikal. Tonfolge, in der geschichtl. Entwicklung)
z. D. *Abk. für* zur → Disposition
Ze|ba|ot, Ze|ba|oth [hebr.] *im AT Bez. für* Gott
Ze|bra [afrik.] *s. 9* afrikan. Wildpferd mit schwarz-weiß gestreiftem Fell; **Ze|bra|holz** *s. 4,* **Ze|bra|no** *s. 9 nur Ez.* trop. Holz mit dunkler Maserung auf hellem Grund; **Ze-bro|id** *s. 1* Kreuzung zwischen Zebra und Pferd bzw. Esel
Ze|bu [tibet.] *s. 9* eine Hausrindform, Buckelrind
Ze|chi|ne [arab.-ital.] *w. 11* alte venezian. Goldmünze, dem Dukaten entsprechend
Ze|dent [lat.] *m. 10* Gläubiger, der seine Forderung an einen Dritten abtritt
Ze|der [griech.] *w. 11* ein Nadelbaum
ze|die|ren [lat.] abtreten (Anspruch, Forderung)
Ze|dre|la|holz [griech.] *s. 4 nur Ez.* rotes, leichtes, aromat. Holz der Zedrele (für Zigarrenkisten u. ä.); **Ze|dre|le** *w. 11* ein mittelamerik. Baum
Ze|in [lat.] *s. 1 nur Ez.* ein Eiweiß im Maiskorn
Ze|le|brant [lat.] *m. 10* die Messe lesender Priester; **Ze|le|bra|ti|on** [-tsjon] *w. 10* Feier (des Meßopfers); **ze|le|brie|ren** feiern; die Messe z.: die Messe lesen; **Ze|le|bri|tät** *w. 10* **1** *nur Ez.* Feierlichkeit; **2** *veraltet:* berühmte Person
zel|lu|lar [lat.] aus Zellen bestehend, zur Zelle, zu den Zellen gehörig; **Zel|lu|lar|the-ra|pie** *w. 11 nur Ez.* Anregung des Stoffwechsels durch Einspritzen lebender Zellen, Frischzellentherapie; **Zel|lu|li|tis** *w. Gen. - Mz.* -ti|den Entzündung des Zellgewebes; **Zel|lu|loid** *s. 1 nur Ez.* ein Kunststoff; **Zel|lu-lo|se** *w. 11* ein hochmolekulares pflanzl. Kohlenhydrat
Zell|wol|le *w. 11 nur Ez.* eine Kunstfaser
Ze|lot [griech.] *m. 10* Glaubenseiferer, Fanatiker; **Ze|lo|tis|mus** *m. Gen. - nur Ez.* übertriebener Glaubenseifer
Ze|ment [lat.] *m. 1 nur Ez.* **1** ein abbindender Baustoff; **2** Hartsubstanz des Zahnes, Zahnkitt; **3** Masse für Zahnfüllungen; **Ze|men|ta-ti|on** [-tsjon] *w. 10 nur Ez.* **1** Ausgießung mit Zement; **2** Anreicherung von Kohlenstoff in Stahloberflächen (zur späteren Härtung); **3** *Chem.:* Metallabscheidung aus Lösung durch Zugabe eines leichter oxidierbaren Metalls; **ze|men|tie|ren** **1** mit Zement ausfüllen oder auskleiden; **2** mit Kohlenstoff anreichern; **3** *Chem.:* der Zementation unterwerfen; **4** einen Standpunkt, eine Meinung z. *übertr.:* unwiderruflich, starr festlegen
Zen [jap. „Meditation"] *s. Gen. - nur Ez.,* **Zen-Bud|dhis|mus** *m. Gen. - nur Ez.* japan. Form des Buddhismus
Ze|nit [arab.] *m. 1* senkrecht über dem Beobachter liegender Punkt des Himmelsgewölbes, Scheitelpunkt; *übertr.:* Höhepunkt
Ze|no|taph [griech.] *m. 10* leeres Grabmal zum Gedenken an einen woanders bestatteten Toten
zen|sie|ren [lat.] **1** bewerten, mit einer Note versehen (Schularbeit); **2** der Zensur unterziehen (Film, Buch, Brief); **Zen|sor** *m. 13* **1** *im alten Rom:* mit dem Zensus (und zugleich sittenrichterl. Aufgaben) betrauter Beamter; **2** *heute:* Prüfer (von Filmen, Briefen, Druckwerken u. a.); **Zen|sur** *w. 10* **1** *nur Ez. im alten Rom:* Amt des Zensors; **2** Prüfung (von Filmen, Briefen, Büchern u. a.); **3** Bewertungsnote, Schulnote; **zen|su|rie|ren** *schweiz., österr. für* zensieren (2); **Zen|sus** *m. Gen. - Mz. -* **1** *im alten Rom:* Schätzung des Vermögens der Bürger; **2** *heute:* statist. Erfassung, (Volks-)Zählung
Zent [lat.] *w. 10* **1** Hundertschaft; **2** *im fränk. Reich:* Gerichtsbezirk
Zen|taur [griech.] *m. 10 griech. Myth.:* Fabelwesen mit Menschenkopf und -brust und Pferdeleib
Zen|te|nar [lat.] *m. 1* hundert Jahre alter Mensch; **Zen|te|nar|fei|er** *w. 11,* **Zen|te|na-ri|um** *s. Gen.* -s *Mz.* -ri|en Hundertjahrfeier
zen|tern [lat.] den Ball z. *österr., Fußball:* zur Mitte spielen

zen|te|si|mal [lat.] hundertteilig; **Zen|te|si|mal|waa|ge** *w. 11* Waage, bei der ein Gewicht der hundertfachen Last das Gleichgewicht hält

Zen|ti|fo|lie [-ljə, lat. „Hundertblättrige"] *w. 11* stark gefüllte Rosenart; **Zen|ti|grad** [auch: tsɛn-] *m. 1, nach Zahlenangaben Mz. -* 1/100 Grad; **Zen|ti|gramm** [auch: tsɛn-] *s. Gen.* -s *Mz.* - (*Abk.*: cg) 1/100 g; **Zen|ti|li|ter** [auch: tsɛn-] *s. 5, ugs.: m. 5* (*Abk.*: cl) 1/100 Liter; **Zen|ti|me|ter** [auch: tsɛn-] *s. 5, ugs.: m. 5* (*Abk.*: cm) 1/100 Meter

Zent|ner [lat.] *m. 5* (*Abk.*: Ztr.) Maßeinheit, 100 Pfund = 50 kg; *in Österreich und der Schweiz auch* 100 kg (Meterzentner)

zen|tral [lat.] **1** im Mittelpunkt (liegend, stehend); **2** *übertr.:* wichtigst; das zentrale Problem ist folgendes; **zen|tral...**, **Zen|tral...** *in Zus.:* mittel..., Mittel..., in der Mitte liegend, vom Mittelpunkt, von einer einzigen Stelle aus gesteuert; **Zen|tra|le** *w. 11* **1** Mittel-, Ausgangspunkt; **2** Hauptgeschäft; **3** Stelle, an der mehrere Arbeitsgänge zusammenlaufen; **4** *in Betrieben, Büros usw.:* Fernsprechvermittlungsstelle; **Zen|tra|li|sa|ti|on** [-tsjon] *w. 10 nur Ez.* **1** Vereinigung in einem Punkt; **2** Übertragung der Leitung, Steuerung an eine einzige Stelle; Leitung, Steuerung von einer einzigen Stelle aus, Zentralisierung; **zen|tra|li|sie|ren** **1** in einem Punkt, im Mittelpunkt vereinigen; **2** von einer einzigen Stelle aus steuern, leiten lassen; **Zen|tra|lis|mus** *m. Gen. - nur Ez.* Streben nach Einheitlichkeit, nach einheitl. Leitung (des Staates, der Verwaltung); **Zen|tral|ko|mi|tee** *s. 9* (*Abk.*: ZK) *in kommunist. und manchen sozialist. Parteien:* oberstes leitendes Organ; **zen|trie|ren** auf die Mitte hin richten, einstellen; **zen|tri|fu|gal** vom Mittelpunkt wegstrebend; **Zen|tri|fu|gal|kraft** *w. 2* bei drehender Bewegung nach außen wirkende Kraft, Fliehkraft; *Ggs.:* Zentripetalkraft; **Zen|tri|fu|ge** *w. 11* sich drehendes Gerät zum Trennen von Stoffen (bes. Flüssigkeiten) verschiedenen spezif. Gewichts; **zen|tri|fu|gie|ren** mittels Zentrifuge trennen; **zen|tri|pe|tal** zum Mittelpunkt strebend; **Zen|tri|pe|tal|kraft** *w. 2* bei drehender Bewegung auf den Mittelpunkt zu wirkende Kraft; *Ggs.:* Zentrifugalkraft; **zen|trisch** im Mittelpunkt (gelegen), zum Mittelpunkt hin (strebend); **Zen|tri|win|kel** *m. 5* Winkel zwischen zwei Kreisradien; **Zen|trum** *s. Gen.* -s *Mz.* -tren **1** Mitte, Mittelpunkt; **2** *kurz für* Zentrumspartei; **3** Innenstadt; **Zen|trums|par|tei** *w. 10 nur Ez.* 1870–1933 und 1945–1957 katholische politische Partei (nach ihren Plätzen in der Mitte des Sitzungssaales im Parlament)

Zen|tu|rie [-riə, lat.] *w. 11 im alten Rom:* Heeresabteilung von 100 Mann, Hundertschaft; **Zen|tu|rio** *m. Gen.* -s *Mz.* -rio|nen Anführer einer Zenturie; **Zen|tu|ri|um** *s. Gen.* -s *nur Ez. früher Bez. für* Fermium

Zeo|lith [griech.] *m. 1* ein Mineral, das beim Schmelzen schäumt

Ze|pha|lo|po|de *m. 11* → Kephalopode

Ze|phir [griech.] **1** *m. Gen.* -s *nur Ez. im Altertum:* warmer Westwind; *poet., veraltet:* milder Wind; **2** *m. 1, österr. Mz.* -phi|re ein feines Baumwollgewebe; **Ze|phir|wol|le** *w. 11* weiches, lockeres Wollgarn

Zep|ter [griech.] *s. 5* Herrscherstab, Sinnbild der Macht; das Z. führen, schwingen *übertr.:* bestimmen, befehlen

Zer *s. Gen.* -s *nur Ez.* → Cer

Ze|rat [lat.] *s. 1* mit Wachs zubereitete Salbe

Zer|be|rus [nach Kerberos, dem Hund der griech. Sage, der den Eingang zur Unterwelt bewacht] *m. Gen. - Mz.* -rus|se *scherzh.:* grimmiger Wächter

Ze|rea|li|en [nach der röm. Göttin Ceres] *Mz.* Feldfrüchte, *bes.:* Getreide; vgl. Cerealien

ze|re|bel|lar [lat.] zum Zerebellum gehörend, von ihm ausgehend; **Ze|re|bel|lum** *s. Gen.* -s *Mz.* -la Kleinhirn; **ze|re|bral** zum Zerebrum gehörend, von ihm ausgehend; **Ze|re|bral** *m. 1*, **Ze|re|bral|laut** *m. 1* mit der Zungenspitze am Gaumen gebildeter Laut, Kakuminal(laut); **ze|re|bro|spi|nal** zum Gehirn und Rückenmark gehörend, von ihnen ausgehend; **Ze|re|brum** *s. Gen.* -s *Mz.* -bra Großhirn

Ze|re|mo|nie [auch: -monjə, lat.] *w. 11* feierl., an bestimmte Regeln gebundene Handlung; **ze|re|mo|ni|ell** in der Art einer, nach einer bestimmten Zeremonie verlaufend, förmlich; **Ze|re|mo|ni|ell** *s. 1* Gesamtheit der Zeremonien bei bestimmten Anlässen; **Ze|re|mo|ni|en|mei|ster** *m. 5 früher an Fürstenhöfen:* der für die Einhaltung des Hofzeremoniells verantwortl. Beamte; **ze|re|mo|ni|ös** förmlich, gemessen, steif

Ze|re|sin [lat.] *s. 1 nur Ez.* Erdwachs

Ze|re|vis [lat.] *s. Gen. - Mz.* - bestickte, schirmlose Kopfbedeckung (der Verbindungsstudenten)

Ze|ri|um *s. Gen.* -s *nur Ez.* → Cer

Ze|ro [zero, arab.] *w. 9 oder s. 9* **1** Null; **2** *Roulett:* Gewinnfeld des Bankhalters

Ze|ro|gra|phie [griech.] *w. 11* Wachsgravierung; **Ze|ro|pla|stik** *w. 10* **1** *nur Ez.* Wachsbildnerei; **2** Wachsbildwerk, Wachsmodell (für Bronzeguß)

Zer|ti|fi|kat [lat.] *s. 1* **1** amtl. Bescheinigung; **2** Anteilschein einer Kapitalanlagegesellschaft; **zer|ti|fi|zie|ren** bescheinigen

Zer|ve|lat|wurst [sɛrvə-, lat.] *w. 2* Hartwurst, Dauerwurst

zer|vi|kal [-vi-, lat.] zum Hals, Nacken, Gebärmutterhals gehörend

Zes|sa|li|en *Mz.* → Zissalien; **zes|si|bel** [lat.] übertragbar, abtretbar (Forderung); **Zes|si-**

on *w.10* Abtretung einer Forderung an einen Dritten; **Zes|sio|nar** *m.1* jmd., an den eine Forderung abgetreten wird
Ze|tin [lat.] *s.1 nur Ez.* Bestandteil des Walrats
Zeug|ma [griech.] *s.9, Mz. auch:* -mal|ta Stilfigur, bei der ein Satzteil (meist das Prädikat) nur einmal gesetzt wird, obwohl es mehrmals stehen müßte, z. B. „Der See kann sich, der Landvogt nicht erbarmen" (Schiller)
Zi|be|be [arab.] *w.11 südostdt.:* Rosine
Zi|bet [arab.-ital.] *m. Gen.*-s *nur Ez.* als Duftstoff verwendete Afterdrüsenabsonderung der Zibetkatze; **Zi|bet|kat|ze** *w.11* ein Raubtier, Schleichkatze
Zi|bo|ri|um [griech.-lat.] *s. Gen.*-s *Mz.*-ri|en **1** Gefäß zum Aufbewahren der Hostie, Hostienkelch; **2** von Säulen getragenes Dach über dem Altar
Zi|cho|rie [tsiçoriə, griech.] *w.11* **1** Wegwarte; **2** aus deren Wurzel gewonnener Kaffeezusatz
Zi|der [hebr.] *m.5* Obstwein, *bes.:* Apfelwein
Ziff. *Abk. für* Ziffer; **Zif|fer** *w.1* Zahlzeichen
Zi|ga|ret|te [frz.] *w.11* mit feingeschnittenem Tabak gefülltes Papierröhrchen; **Zi|ga|ril|lo** [-ljo, span.] *s.9 oder m.9* kleine Zigarre; **Zigar|re** *w.11* **1** fest zusammengerollte Tabakblätter; **2** *übertr. ugs.:* energische Rüge
Zi|geu|ner *m.5* **1** Angehöriger eines weitverbreiteten Wandervolkes; **2** *übertr.:* unsteter Mensch
Zi|ka|de [lat.] *w.11* ein Insekt
Zik|ku|rat [akkad.] *w.9 sumer., babylon., assyr. Baukunst:* turmartiger, stufenförmiger Tempel
zi|li|ar [lat.] wimpernähnlich, mit Wimpern versehen, strahlig; **Zi|li|ar|kör|per** *m.5* vorderer, verdickter Teil der Aderhaut des Auges, Strahlenkörper; **Zi|lia|ten** *Mz.* Wimpertierchen; **Zi|lie** [-ljə] *w.11* feines Haar, Wimper
Zim|bal *s.1 oder s.9,* **Zim|bel** *w.11* → Zymbal
Zi|ment [ital.] *s.1 bayr., österr.:* metallenes, zylindr. Hohlmaß (der Gastwirte); **zi|mentie|ren** *bayr., österr.:* mit dem Ziment abmessen
Zi|mier [griech.-frz.] *s.1 oder w.10* Helmschmuck
zi|mo|lisch von der griech. Insel Kimolos stammend; zimolische Erde: hellgrauer Ton
Zi|ne|ra|ria [lat.], **Zi|ne|ra|rie** [-riə] *w. Gen.- Mz.*-ri|en eine Zimmerpflanze, Aschenblume
Zin|gu|lum [lat.] *s. Gen.*-s *Mz.*-la **1** Schnur zum Gürten der Albe; **2** Schärpe der Soutane
Zink [neulat.] *s.1 nur Ez.* (*Zeichen:* Zn) chem. Element, ein Metall
Zin|ko *s.9 Kurzw. für* Zinkographie (**2**);
Zin|ko|gra|phie *w.11* **1** *nur Ez.* Flachdruckverfahren mittels Zinkplatte, Zinkdruck; **2** mit diesem Verfahren hergestellter Abdruck
Zin|na|mom [lat.] *s.1* Zimt
Zin|no|ber [lat.] **1** *m.5 nur Ez.* ein Mineral; **2** *auch, bes. österr.: s.5 nur Ez.* rote Farbe; **3** *m.5 nur Ez. ugs.:* Unsinn, Unfug; Kram, Zeug, Sachen; der ganze Z.; mach nicht solchen Z.!
Zio|nis|mus [nach Zion, der bibl. Bez. für Jerusalem] *m. Gen.- nur Ez.* Bewegung zur Aufrichtung und Sicherung eines nationalen jüd. Staates
zir|ka [lat.] (*Abk.:* ca.) ungefähr, etwa
Zir|kel [lat.] *m.5* **1** Gerät zum Zeichnen von Kreisen und Abtragen von Strecken; **2** geselliger Kreis von Personen, Klub, z. B. Lesezirkel; **Zir|kel|de|fi|ni|ti|on** [-tsjo:n] *w.10* Definition, bei der das Wort, das erklärt werden soll, mit zur Erklärung benutzt wird, z. B.: Das Wetter ist der Ablauf meteorologischer Erscheinungen; **zir|keln** **1** genau abmessen; **2** *übertr. ugs.:* tüfteln, genau überlegen
Zir|kon [grch.] *m.1 nur Ez.* ein Mineral; **Zirko|ni|um** *s. Gen.*-s *nur Ez.* (*Zeichen:* Zr) chem. Element, ein Metall
zir|ku|lar [lat.], **zir|ku|lär** kreisförmig; **Zir|kular** *s.1 veraltet:* Rundschreiben; **Zir|ku|larno|te** *w.11* ein mehreren Staaten zugleich zugestelltes diplomat. Schreiben; **Zir|ku|lati|on** [-tsjon] *w.10* das Zirkulieren; **zir|kulie|ren** umlaufen, in Umlauf sein (Geld, Gerücht), sich in einem Kreislauf bewegen (Blut, Luft); **Zir|kum|flex** *m.1* (*Zeichen:* ˆ) Dehnungszeichen über einem Vokal, z. B. in frz. fenêtre [fənɛtrə] „Fenster"; vgl. Accent circonflexe; **Zir|kum|po|lar|stern** *m.1* Stern, der für den Beobachtungsort nie untergeht; **zir|kum|skript** *Med.:* scharf umgrenzt; **Zirkum|skrip|ti|on** [-tsjon] *w.10* **1** Umschreibung; **2** Abgrenzung (kirchl. Verwaltungsgebiete); **3** Grenzlinie; **Zir|kum|zi|si|on** *w.10* **1** Beschneidung (der Vorhaut des Penis); **2** Umschneidung (eines Geschwürs); **Zir|kus** *m.1* **1** *im alten Rom:* kreisförmige Bahn für Wagen- u. a. Rennen; **2** *heute:* Unternehmen, das Tierdressuren, artistische und andere Darbietungen zeigt; **3** Gebäude, Zelt dafür; **4** *übertr. ugs.:* lärmendes Durcheinander, Trubel, Aufhebens, Umstände um nichts
Zir|ren *Mz. von* Zirrus
Zir|rho|se [griech.] *w.11* entzündl. Bindegewebswucherung, die auch Drüsengewebe angreift
Zir|ro|ku|mu|lus [lat.] *m. Gen.- Mz.*-li Schäfchenwolke; **Zir|ro|stra|tus** *m. Gen.- Mz.-* Schleierwolke; **Zir|rus** **1** *m. Gen.- Mz.-* Zirruswolke; **2** *m. Gen.- Mz.*-ren Ranke; rankenförmiger Körperanhang bei Wassertieren; **Zir|rus|wol|ke** *w.11* aus Eisteilchen bestehende Wolke, Federwolke, Eiswolke
zir|zen|sisch [lat.] *in der Fügung* zirzensische

Spiele *im alten Rom:* Wagen- und Pferderennen im Zirkus
zis|al|pin [lat.] diesseits der Alpen (von Rom aus gesehen)
Zi|se|leur [-lør, frz.] *m.1* Metallstecher; **zi|se|lie|ren** mittels Stichel, Punze verzieren (Metall)
Zis|sa|li|en [lat.] *Mz.* schlecht geprägte Münzen, die wieder eingeschmolzen werden müssen
Zis|soi|de [griech.] *w.11* algebraische Kurve dritter Ordnung, ähnelt der Spitze eines Efeublatts
Zi|ster|ne [lat.] *w.11* gemauerter Behälter für Regenwasser
Zi|ster|zi|en|ser [nach dem frz. Kloster Cîteaux] *m.5* Angehöriger eines benediktin. Mönchsordens
Zist|ro|se [griech.] *w.11* ein weiß- und rotblühender Strauch der Mittelmeerländer
Zi|ta|del|le [lat.-ital.] *w.11* Befestigungsanlage in einer Stadt, Kernbau einer Festung
Zi|tat [lat.] *s.1* **1** wörtlich angeführte Stelle aus einem Buch; **2** oft gebrauchter Ausspruch, geflügeltes Wort; **Zi|ta|ti|on** [-tsjon] *w.10* **1** Vorladung (vor eine Behörde, vor Gericht); **2** wörtl. Anführen (einer Stelle aus einem Buch)
Zi|ther [griech.] *w.11* ein Zupfinstrument
zi|tie|ren [lat.] **1** wörtlich anführen, wörtlich wiedergeben; **2** vorladen, zum Erscheinen auffordern; jmdn. vor Gericht, zu sich z.
Zi|trat *s.1* Salz der Zitronensäure; **Zi|trin** *m.1* **1** ein Mineral, Halbedelstein (Goldtopas); **2** Wirkstoff im Vitamin P; **Zi|tro|nat** *s.1 nur Ez.* kandierte Zitronenschale; **Zi|tro|ne** *w.11* eine Zitrusfrucht; **Zi|trus|frucht** *w.2* Frucht der Zitrusgewächse; **Zi|trus|ge|wächs** *s.1* eine Pflanzengattung, zu der u. a. Zitrone, Apfelsine, Mandarine, Pampelmuse gehören
Zi|vet|te [-vet(ə)] *w.11* → Zibetkatze
zi|vil [-vil, lat.] **1** bürgerlich, nichtmilitärisch; **2** *übertr. ugs.:* mäßig, angemessen; zivile Preise; **Zi|vil** *s. Gen.*-s *nur Ez.* nichtmilitär. Kleidung; **Zi|vil|cou|ra|ge** [-ʒə] *w.11 nur Ez.* Mut, die eigene Überzeugung zu vertreten; **Zi|vil|ehe** *w.11* standesamtlich (nicht kirchlich) geschlossene Ehe; **Zi|vi|li|sa|ti|on** [-tsjon] *w.10 nur Ez.* durch Technik und Wissenschaften verbesserte und verfeinerte Lebensform, im Unterschied zur Kultur; **zi|vi|li|sa|to|risch** auf Zivilisation beruhend, sie fördernd; **zi|vi|li|sie|ren** mit den Mitteln der Technik und Wissenschaft verfeinern; **Zi|vi|list** *m.10* Bürger, der nicht dem Militär angehört; **Zi|vil|pro|zeß** *m.1* Gerichtsverfahren auf Grund des Zivilrechts, im Unterschied zum Strafprozeß; **Zi|vil|recht** *s.1 nur Ez.* bürgerl. Recht, im Unterschied zu Strafrecht, Staatsrecht, Völkerrecht
ZK *Abk. für* Zentralkomitee
Zl *Abk. für* Zloty
Zlo|ty [slɔ-, poln.] *m. Gen. - Mz. -* poln. Währungseinheit, 100 Groszy (vgl. Grosz)
Zn *chem. Zeichen für* Zink
Zo|bel [russ.] *m.5* **1** ein Marder; **2** dessen Pelz
zo|dia|kal [griech.] zum Zodiakus gehörend, von ihm ausgehend; **Zo|dia|kal|licht** *s.3 nur Ez.* kegelförmiger Lichtstreifen längs des Zodiakus; **Zo|dia|kus** *m. Gen. - nur Ez.* Folge der zwölf Sternbilder auf der Ekliptik, Tierkreis
Zö|le|stin [lat.] *m.1* ein Mineral; **Zö|le|sti|ner** [nach Papst Cölestinus V.] *m.5* Angehöriger einer ehemaligen Benediktinerkongregation; **zö|le|stisch** [lat.] *veraltet:* himmlisch
Zö|li|bat [lat.] *s.1 oder m.1 nur Ez.* vorgeschriebene Ehelosigkeit (der kath. Geistlichen); **zö|li|ba|tär** im Zölibat (lebend)
Zö|me|te|ri|um [griech.] *s. Gen.*-s *Mz.*-ri|en Ruhestätte, Friedhof; *auch:* Katakombe
Zö|na|kel [lat.] *s.5 in Klöstern:* Speisesaal
zo|nal zu einer Zone gehörend; **Zo|ne** [griech.] *w.11* Gebiet, Bezirk, Gegend, Landstreifen
Zö|no|bit [lat.] *m.10* im Kloster lebender Mönch, im Unterschied zum Eremiten; **Zö|no|bi|um** *s. Gen.*-s *Mz.*-bi|en **1** Kloster; **2** Vereinigung einzelliger Pflanzen oder Tiere, Zellkolonie
Zoo *m.9 Kurzw. für* zoologischer Garten
zoo|gen [tso:ɔ-, griech.] aus tier. Resten gebildet (Gestein); **Zoo|geo|gra|phie** *w.11 nur Ez.* Tiergeographie; **Zoo|gra|phie** *w.11* Benennung und Einordnung der Tiere in ein biolog. System; **Zoo|la|trie** *w.11* Verehrung von Tiergöttern, Tierkult; **Zoo|lith** *m.10* tier. Versteinerung; **Zoo|lo|gie** *w.11 nur Ez.* Wissenschaft von den Tieren, Tierkunde; **zoo|lo|gisch** zur Zoologie gehörend, auf ihr beruhend; zoologischer Garten: große Anlage zur Schaustellung von Tieren
Zoom [zum, engl.] *s.9* stufenlos verstellbares photograph. Objektiv, Gummilinse; **zoo|men** [zu-] mittels Zoom im Sucher heranholen oder entfernen
zoo|morph [griech.] tiergestaltig; **Zo|on** *s. Gen.*-s *Mz.* (*nur in Zus.*) ...zo|en Lebewesen; Zoon politikon: gesellig lebendes Wesen (bei Aristoteles Bez. für den Menschen); **Zoo|no|se** *w.11* von Tieren auf Menschen übertragbare Infektionskrankheit; **zoo|phag** fleischfressend; **Zoo|pha|ge** *m.11* fleischfressendes Lebewesen; **Zoo|phyt** *m.10* Pflanzentier, *veraltete Bez. für* festsitzendes Hohltier, Schwamm; **Zoo|plank|ton** *s. Gen.*-s *nur Ez. Sammelbez. für* die frei im Wasser schwebenden Tiere; **Zoo|to|mie** *w.11 nur Ez.* Zerlegung von Tierkörpern zu Lehrzwecken, Tieranatomie; **Zoo|to|xin** *s.1* tier. Gift
Zo|res [hebr.] *m. Gen. - nur Ez.* Ärger, Bedrängnis; *bes. südwestdt.:* Durcheinander

Zo|ril|la [span.] *m. 9* ein afrik. Marder
Zo|roa|stris|mus *m. Gen. - nur Ez.* von dem altpers. Philosophen Zoroaster (Zarathustra) begründete monotheist. Religion
Zo|te [frz.] *w. 11* grob unanständiger Witz; **zo|ten** Zoten erzählen; **zo|tig** grob unanständig
Zr *chem. Zeichen für* Zirkonium
Ztr. *Abk. für* Zentner
Zua|ve [-və, frz.] *m. 11* **1** Angehöriger eines alger. Berberstammes; **2** Angehöriger einer ehemaligen frz. Kolonialtruppe
Zu|lu **1** *m. 9 oder Gen. - Mz. -* Angehöriger eines Volkes der Bantuneger; **2** *s. Gen.* -(s) *nur Ez.* dessen Sprache
Zy|an *s. 1 nur Ez.* → Cyan; **Zy|an|ka|li** *s. Gen.* -s *nur Ez.* sehr giftiges Kaliumsalz der Blausäure
Zy|gä|ne [griech.] *w. 11* ein Schmetterling, Blutströpfchen
Zy|go|ma [griech.] *s. Gen.* -s *Mz.* -go|ma|ta Teil des Gesichtsschädels, Jochbogen
Zy|go|te [griech.] *w. 11* durch Verschmelzung zweier Gameten entstandene Zelle
Zy|kas [lat.] *w. Gen. - Mz. -* Palmfarn
Zy|kla|men [griech.] *s. 7, österr.:* Zy|kla|me *w. 11* Alpenveilchen
Zy|klen *Mz. von* Zyklus; **Zy|kli|ker** *m. 5 Mz.* Gruppe von altgriech. Dichtern, deren Werke zusammen mit der Ilias und Odyssee zu einem Zyklus vereinigt wurden; **zy|klisch** in der Art eines Zyklus, regelmäßig wiederkehrend; **zy|klo|id** kreisförmig; **Zy|kloi|de** *w. 11* algebraische Kurve, die von einem Punkt des Halbmessers eines Kreises beschrieben wird, wenn der Kreis auf einer Geraden abrollt
Zy|klon [griech.] *m. 1* **1** Wirbelsturm (in den Tropen); **2** Gerät zum Trennen feinkörniger Mineralgemische; **3** ein sehr giftiges Schädlingsbekämpfungsmittel; **Zy|klo|ne** *w. 11* Tiefdruckgebiet
Zy|klop [griech.] *m. 10 griech. Myth.:* einäugiger Riese; **Zy|klo|pen|mau|er** *w. 11* frühgeschichtl. Mauer aus unbehauenen, aber fugenlos aneinandergefügten Steinen; **zy|klo|pisch** riesenhaft
zy|klo|thym [griech.] gesellig, aufgeschlossen, rasch die Stimmung wechselnd; **Zy|klo|tron** *s. 1* Beschleuniger für geladene Elementarteilchen, bei dem diese auf spiralförmigen Bahnen auf sehr hohe Energien beschleunigt werden
Zy|klus [griech.-lat.] *m. Gen. - Mz.* -klen **1** Kreis, Kreislauf; **2** Reihe, Folge (mehrerer gleichartiger Werke); **3** Menstruation
Zy|lin|der [griech.-lat.] *m. 5* **1** röhrenförmiger Körper; **2** röhrenförmiger Herrenhut aus Seidensamt; **Zy|lin|der|pro|jek|ti|on** [-tsjo:n] *w. 10* eine Kartenprojektion; **zy|lin|drisch** zylinderförmig
Zy|ma [griech.] *s. Gen.* -s *Mz.* -ma|ta Gärstoff, Hefe; **Zy|ma|se** *w. 11* Zucker vergärendes Enzym(gemisch)
Zym|bal [griech.-lat.] *s. 1 oder s. 9* **1** Schlaginstrument, Vorläufer des Beckens; **2** Glokkenspiel
zy|misch [griech.] auf Gärung beruhend; **Zy|mo|lo|gie** *w. 11 nur Ez.* Lehre von der Gärung; **zy|mo|tisch** Gärung bewirkend
Zyn|ege|tik [griech.] *w. 10 nur Ez.* Kunst, Hunde zu dressieren
Zy|ni|ker [griech.] *m. 5* zynischer Mensch; vgl. Kyniker; **zy|nisch** bissig-spöttisch, verletzend-frech; **Zy|nis|mus** *m. Gen. - Mz.* -men verletzender, bissiger, pietätloser Spott
Zy|per|gras [griech.] *s. 4* Vertreter einer Gattung der Sauergräser
Zy|pres|se [griech.] *w. 11* Vertreter einer Nadelbaumgattung
Zy|ste [griech.] *w. 11* **1** mit Flüssigkeit gefüllte Geschwulst; **2** *bei niederen Tieren:* derbhülliges Gebilde zur Überdauerung bzw. Fortpflanzung; **Zy|ste|in** *s. 1 nur Ez.* → Cystein; **Zy|stin** *s. 1 nur Ez.* → Cystin; **Zy|stis** *w. Gen. - Mz.* -sten Blase, Harnblase; **zystisch** blasenartig; **Zy|sti|tis** *w. Gen. - Mz.* -sti|ti|den Blasenentzündung; **Zy|sto|skop** *s. 1* Gerät zum Untersuchen der Harnblase, Blasenspiegel; **Zy|sto|sko|pie** *w. 11* Untersuchung mit dem Zystoskop; **Zy|sto|sto|mie** *w. 11* Anlegen einer Blasenfistel; **Zy|sto|tomie** *w. 11* Blasenschnitt
Zy|to|blast [griech.] *m. 10* Zellkern; **zy|to|gen** *Biol.:* von einer Zelle gebildet; **Zy|to|lo|gie** *w. 11 nur Ez.* Lehre von den Zellen; **Zy|to|ly|se** *w. 11* Auflösung der Zelle; **Zy|to|plas|ma** *s. Gen.* -s *Mz.* -men Zellplasma; **Zy|to|som** *s. 1,* **Zy|to|so|ma** *s. Gen.* -s *Mz.* -ma|ta Zellkörper; **Zy|to|sta|ti|kum** *s. Gen.* -s *Mz.* -ka das Wachstum der Zellen (bes. der Krebszellen) hemmendes Arzneimittel; **Zy|to|stom** *s. 1,* **Zy|to|sto|ma** *s. Gen.* -s *Mz.* -ma|ta Zellmund (der Einzeller); **Zy|to|to|xin** *s. 1* die Gewebszellen angreifendes Gift (z. B. Blei, Quecksilber), Zellgift

Knaur

Starke Seiten für Frauen

(3151)

(3277)

(3291)

(3123)

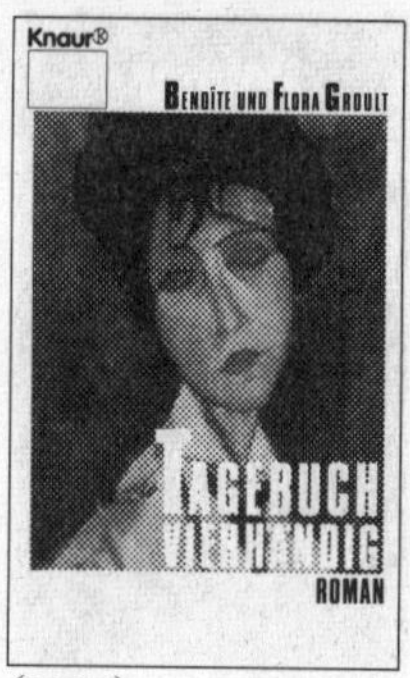

(2997)

(3143)

Knaur

Hoimar von Ditfurth

Foto: Leif Geiges

(3852)

(4049)

(4803)

Polit-Thriller von Michael Molsner

(2087)

(2800)

(2801)

(2802)

(2803)